珍藏本
纪念版

汉译世界学术名著丛书

第一哲学

上卷

〔德〕胡塞尔 著

王炳文 译

商務印書館
SINCE 1897 The Commercial Press

2017年·北京

Edmund Husserl
ERSTE PHILOSOPHIE(1923/24)
根据 Kluwer Publishers B. V. 1959 版本译出

汉译世界学术名著丛书
（120年纪念版·珍藏本）
出 版 说 明

2017年2月11日，商务印书馆迎来120岁的生日。120年前，商务印书馆前贤怀揣文化救国的理想，抱持“昌明教育，开启民智”的使命，立足本土，放眼寰宇，以出版为津梁，沟通中西，为中国、为世界提供最富智慧的思想文化成果。无论世事白云苍狗，潮流左右激荡，甚至战火硝烟弥漫，始终践行学术报国之志，无改初心。

迻译世界各国学术名著，即其一端。早在20世纪初年便出版《原富》《天演论》等影响至今的代表性著作，1950年代后更致力于外国哲学和社会科学经典的译介，及至1980年代，辑为“汉译世界学术名著丛书”，汇涓为流，蔚为大观。丛书自1981年开始出版，历时三十余年，迄今已推出七百种，是我国现代出版史上规模最大、最为重要的学术翻译工程。

丛书所选之书，立场观点不囿于一派，学科领域不限于一门，皆为文明开启以来，各时代、各国家、各民族的思想与文化精粹，代表着人类已经到达过的精神境界。丛书系统译介世界学术经典，引领时代思想，为本土原创学术的发展提供丰富的文化滋养，为推动中国现代学术和现代化进程做出了突出的贡献。

为纪念商务印书馆成立120周年，我们整体推出“汉译世界学术名著丛书”120年纪念版的珍藏本，寄望既利于文化积累，又便于研读查考，同时向长期支持丛书出版的译者、编者和读者致以敬意。

两甲子后的今天，商务印书馆又站在了一个新的历史时间节点上。我们不仅要铭记先辈的身影和足迹，更须让我们的步伐充满新的时代精神。这是商务人代代相传的事业，更是与国家和民族的命运始终紧密相连的事业。我们责无旁贷，必须做好我们这代人的传承与创造，让我们的努力和成果不仅凝聚成民族文化的记忆，还能成为后来人可以接续的事业。唯此，才能不负前贤，无愧来者。

商务印书馆编辑部

2017年10月

目　　录

第一哲学(1923/24)

上　卷

批判的理念史

第一篇　从柏拉图的哲学理念到它近代在笛卡儿那里的初步实现①

---

① 本书的这个篇名以及全部的篇、章、讲的名称都是编者加的;"**增补**"部分的许多标题也是如此。参看"**编者导言**"第 XIV 页*,以及"**校勘附注**",特别是第 420 页和 441 页。在正文中,凡不是由胡塞尔本人拟定的标题均加上尖括号〈〉。

* 这里的页码,以及后面正文中提到的本书的页码,均是德文原版的页码,在此中文版中,用边码标出。——译者注

第二篇　洛克自我学尝试的基础和自我学的永久性难题

第三篇 通过贝克莱和休谟以及独断论的合理主义,现象学之怀疑论的预备形式的形成

增　补

A. 文章

B. 附录

编 者 导 言 XI

公众迄今找不到有关胡塞尔在《**纯粹现象学和现象学哲学的理念**》(1913)第一卷发表[①]与1928年末修订《**形式逻辑和超越论的逻辑**》[②]之间这个时期工作的任何重要证据。在这个时期,他本人只出版了一些篇幅较小的论文,而且这些论文是在一些偏僻的,有时甚至是西方人不容易去的地方发表的,因此几乎不为人所知[③]。胡塞尔档案馆的出版工作,就其本身而言,首先必须适合于使由胡塞尔原来已经确定要发表并已为此做了准备的著作成为可供使用的[④];即使其中有的不是在所提到的这个时期形成的。当

---

① 1913年首次在胡塞尔编辑的《**哲学与现象学研究年鉴**》第Ⅰ卷发表,并由马克斯·尼迈耶出版社(哈勒/萨尔)出版了单行本;1923年和1928年未经修改出版了第二、三版;1950年出版了新的,根据作者亲自补充,由瓦尔特·毕迈尔编辑的增订版,《**胡塞尔全集**》第Ⅲ卷。

② 1929年发表于《**哲学与现象学研究年鉴**》第Ⅹ卷,并由马克斯·尼迈耶出版社(哈勒/萨尔)出版单行本。

③ 《**哲学文化的理念**》,发表于《**日本-德国科学技术杂志**》第Ⅰ卷第2期,吕贝克,1923年;参看本书第203页以下;并参看"**校勘附注**"中的注释;《**创造,它的问题与它的方法**》,发表于日本杂志《**改造**》,东京,1923年第3期第9页以下(用德文发表);1924年,特刊(4月号)第31页以下(用日文发表)。

④ 关于胡塞尔档案馆的活动,请参看H.L.万·布雷达和R.博姆《**卢汶胡塞尔档案馆**》,载于《**格赖斯学会哲学年鉴**》LⅫ(1953年)第24页以下;同一文章用法文"***Les Archives Husserl á Louvain***"为题载于《**哲学研究**》(***Les Etudes Philosophiques***)新刊Ⅸ(1954年)第3页以下。

然，在这期间出版的《**理念**》第二卷和第三卷的“最后的最完善的稿本”，是产生自 1924/25 年，而且《**胡塞尔全集**》中的版本也是
XII 根据这个稿本；但是它最终也是以更早得多的文本为根据的[①]。有关胡塞尔在这个时期工作的这一类提示，不管它们是涉及以前的，还是以后的，也许包含了从《**理念**》以来胡塞尔的**全部**已知著作。

在一方面是《**理念**》，另一方面是《**形式逻辑和超越论的逻辑**》与《**笛卡儿式的沉思**》[②]之间的时期，与由胡塞尔生活中的下面这种外在的日期所限定的时期，几乎是一致的：他受聘为弗赖堡（布莱斯高）大学正教授，在那里他 1916 年夏季学期开始讲课，1928 年退休，从 1928/29 年冬季学期起，他在该大学讲课和讨论课方面的教学活动便明显减少了，1929/30 年的冬季学期，他宣告了最后一次教学活动。在其**弗赖堡大学教学活动**的这个时期，胡塞尔几乎就像另外一个人，总是按照德国大学中“**教学与研究统一**”的理想而生活。这是一个集中精力于教学和研究的时期，这个时期的工作并没有直接导致发表任何已完成的作品。胡塞尔在这些年的**讲课**中展开的种种思路，具有他的思想和研究的全部重要性。从这里已经可以清楚看出，对于胡塞尔当时讲课中现象学所呈现的现象学的“诸发展形态”之认识，也许将会怎样对认识现象学思想的统一起决定性作用，至少将会成为有关现象学思想统一之出现

---

① 《**理念**》第二卷，第三卷，玛丽·毕迈尔编辑，《胡塞尔全集》第Ⅳ卷和第Ⅴ卷，马提奴司·尼伊霍夫出版社（海牙）1952 年；特别请参看第Ⅳ卷“**编者导言**”。

② 《**笛卡儿式的沉思和巴黎演讲**》，最初是由施特凡·施特拉塞尔编辑的《**胡塞尔全集**》第Ⅰ卷，马提奴司·尼伊霍夫出版社（海牙）1950 年。

的任何判断必不可少的前提。

《**第一哲学**》，即胡塞尔在这个题目下于1923/24年冬季学期在弗赖堡大学进行的每周四课时讲课的修改稿，构成他在这个时期思想进程道路上现象学发展的里程碑和高峰。

第一哲学1923/24的本文——本文的形成[①]外观上是由胡塞尔在弗赖堡教学活动时期的全部工作，甚至拟好的稿件，所特有的一些特征表明的。——各次讲课的绝大部分是在学期备课时写就的，有的部分甚至只是一课一课地每次在课堂讲课之前写就的。尽管如此，这种思想步骤决不具有即兴创作的特征，胡塞尔是按照以前多年孕育的纲要和此前多次尝试过的对该纲要的论述而设计他的表述的。在这里涉及到什么样的历史关联，以后还会论述。然而特别是《**第一哲学**》的第二部分，"体系的"部分的思想进程，具有一种——由其"体系的"意图引起的——**沉思风格**，这种风格例如不仅允许而且有时还可能要求，似乎是将这整个思想进程的一个完整部分打断，并在以后——特别是按照后来随之而来的新步骤——赋予它以一种新解释，这种新解释乍看上去只能显示为一种几乎是毁灭性自我批判的外观。实际上在这当中也只是清楚地表明思想之一再地集中于持续不断地努力沉思，思想之一再地集中于"有关第一哲学的沉思"之严格性。 XIII

胡塞尔讲课的速记稿——同样绝大部分也是1923/24年冬季

① 关于本文的问题，详见附录中有关正文的校勘附注。第418页以下*。

* 在这里及以下凡提到本书中页码的地方，均指德文原文中的页码，中译本中用边码标出。——译者注

学期写好的——由当时作为胡塞尔的研究助手或工作助手而开始其活动的**L. 兰德格雷贝**用打字机打印出来，同时间或从文体上加以修饰。后来胡塞尔主要是对以这个稿本形式存在的本文进行多次加工；他作了许多修改，旁注，扩充；有一些部分，主要是第一部分，“历史部分”，被完全重新修改过，由兰德格雷贝再次用打字机打印出来，由胡塞尔再次加工修改；还添加了若干附录。胡塞尔在1923/24年《**第一哲学**》本文上的这些工作，可能一直延续到大约1928年。

尽管如此，两部分中仍有一些缺少任何有关它们系统章节划
XIV 分的外在标记；仅有一个兰德格雷贝受胡塞尔委托所加的，有的地方经胡塞尔修改过的“**内容目录**”①。打字稿只是按照讲课——在“历史部分”中的第一至第二十七讲，在“体系部分”中的第二十八讲至第五十四讲——划分的。偶尔也可以看到重新修改的一些提示，如“新的一章”，§，“附注”，“在正文中用小号印刷体”②。

编者认为，必须向自己提出这样一项任务，即超出批判地建立最后的本文——在这件事情上，这方面的工作由于卢汶胡塞尔档案馆的**S. 施特拉塞尔**最初将胡塞尔速记的页边旁注等等打印成打字稿，而变得容易了——而设法通过设置篇章，和为各篇、各章拟定标题，使宏大的本文变得条理清晰。顺便说说，在胡塞尔生前，这通常是委托他的学生和助手完成的任务，但是如果没有对他们的建议进行详细审查，和对这些建议的赞同，他当然是不会委托

① 参看附录Ⅰ，第298页以下。

② 参看“**正文的校勘附注**”，第420页以下。

他们去做的。编者试图在形式上保持篇章的划分方式尽可能与胡塞尔著作中惯用的方式相似；不过编者保留了讲课的导言——尽管经胡塞尔改写后现存的本文在篇幅和内容方面都与该冬季学期的实际课堂讲课有明显不同——作为真实可靠地留传下来的导言。此外，在设置篇章时，是按照以下原则进行的，即标题应该使人们能够了解内容和思想进程，不管标题可能怎样措辞，在这些措辞中仍然放弃任何解释的**意图**。此外标题中使用的术语，尽可能从胡塞尔的语言中，特别是从这部著作本身的语言中提取。——此外我当然清楚，在这里也如在其他情况下一样，可以为这位正直的历史学家——安排历史而不是解释历史——的良好意图之实 XV 现，设置一些界限。在胡塞尔的《**第一哲学**》中呈现的当前这种安排，能实现它的并不过高的目的。

由上面提到的胡塞尔在正文中显然是考虑到印刷才写的注释，已经表明，胡塞尔本人至少有时想到了要出版1923/24年的《**第一哲学**》。对此还可以提供另外一些证据。然而在胡塞尔生前未能出版，而且直到今天也未能出版。必须强调指出，为《**第一哲学**》所写的笔记，正如它们现在呈现在公众面前的那样，尚未处于胡塞尔本人认为能够发表的那种论述的成熟阶段。

迄今知道《**第一哲学**》的公众，是1923/24年冬季学期胡塞尔的听众；此外还有胡塞尔的朋友和学生中那些胡塞尔当时将兰德格雷贝的打印本交给他们阅读的人；最后还有访问卢汶胡塞尔档案馆时偶尔看到过这个手稿的那些人。

对于胡塞尔本人来说，《**第一哲学 1923/24**》的设定，阐明和结果，毕竟“只是”通向新的，也许是彻底更新了的研究，问题提法和沉思的出发点或出发道路[①]。但是现在这里不应该研究在《**第一哲学**》中展开的这些新的理念、动机、问题、解答和构想。宁可说这个导言首先具有这样一种任务，即列举那些能促使人们注意胡塞尔对他有关纯粹现象学和现象学哲学之理念的追求中诸种关联之
XVI 统一的历史资料。在这里，这种关联应该如胡塞尔自己对他思想发展的解释让人们看到的那样来描述。因此正如可以指出的那样，在这种对现象学的解释本身中，作为第一哲学的现象学概念，很长时间具有那种“目的理念”的支配地位，通过这种“目的理念”的实现，现象学才真正在哲学上生成并存在，而且正是作为最高意义上的哲学生成并存在。

“第一哲学”的名称与理念。——“众所周知，‘第一哲学’作为一门哲学学科的名称，是由亚里士多德引入的，但是在亚里士多德以后的时代，被偶然使用的‘形而上学’这种表达方式所排斥”[②]。胡塞尔就是这样开始他1923/24年冬季学期的讲课的。接着他立即就说：“当我重新采纳亚里士多德创造的这种表达方式时，我恰恰就是从它不常使用这种情况中……获得了很大的

---

① 对此特别请参看当前这一版第Ⅷ卷的“**增补部分**”。由《**第一哲学**》——它的“体系部分”——引入的最重要研究方向之一，就是“现象学心理学”的研究方向。关于它的问题，胡塞尔于1925年冬季学期，1926/27年冬季学期，并再次在1928年冬季学期，举行了基础的讲座。与此有关的手稿，保存于胡塞尔档案馆FⅠ36，FⅠ33，FⅠ44目录号下。列入当前版另外一卷的《**现象学的心理学**》的出版，目前正由W.毕迈尔准备中。

② 第3页。

预期好处……”[①]。因为对于胡塞尔来说，形而上学恰恰不是第一哲学，第一哲学必须是“一种有关进行认识的，进行评价的和实践的理性之普遍理论”[②]。因此，胡塞尔的第一哲学沉思（如他本人明确地称呼它的[③]），就找到了与笛卡儿第一哲学沉思的紧密联系；但是笛卡儿的第一哲学沉思也仍然是*形而上学的*沉思[④]。虽然胡塞尔并不完全“否定”形而上学；但是，他批判笛卡儿的主要之点仍然是，后者陷入了“独断论形而上学的道路”[⑤]，因为他在**第一哲学**的基础知识中让形而上学东西有发展余地。

胡塞尔的第一哲学是“超越论的认识论”；这种超越论的认识论“是先于一切形而上学的形而上学之可能性的条件，在它形成之后，它必然以对一切客观的意义赋予和方法进行规范这样一种经常的功能伴随全部形而上学工作。只要认识论和形而上学恰好‘应该能被称作是**科学**’，对这种由认识论和形而上学的**意义**先验地预先规定的关系，就决不会有任何改变。”[⑥]正如开始时引证的第一哲学的定义本身已经是的那样，现在这第一哲学的第二个定义更是明确地要我们参考**康德**。

另一方面，胡塞尔又将第一哲学定义为“关于一切可能的

① 第3页。

② 第6页。

③ 参看本“**导言**”下边“**第一哲学在胡塞尔研究中的地位**”；此外请参看胡塞尔《**笛卡儿式的沉思**》的标题。

④ 在由冯·吕伊内斯大公翻译的，经笛卡儿亲自修订的第一个法文译本（巴黎1647年）中，该著作题目是《**勒内·笛卡儿关于第一哲学的形而上学沉思**》（***Les Meditations Metaphisiques de René Des-Cartes ,Touchant La Premiere Philosophie***）。

⑤ 第183页。

⑥ 第369页。

认识之纯粹的(先验的)原理之总体的和关于在这些原理中系统地包含的,因此能纯粹由这些原理演绎的先验真理之总和的科学"[①]。与此相对,"诸'真正的',即按照合理的方法'阐明的'事实科学之总体,也构成……一种合理体系之统一,这些事实科学,是'第二哲学'的诸学科,它们的相关项和领域,是事实的现实性之统一"[②]。最后,"事实不是现象学与逻辑学的领域,而是形而上学的领域"[③]。——它的问题——它是"一种新的意义上的形而上学"——是"在事实性世界的和事实性精神生活的构成中显露出来的超越论的事实之非合理东西的问题"[④]。"在自然之中的精神,以及精神对其自然的适应,进行认识的精神之发展,人类一般的科学和文化活动之发展——所有这些也有其哲学的诸方面,但是没有认识论的方面,没有属于第一哲学的那些方面;我可以说,它们不属于第一哲学,而属于'最末哲学'"[⑤]。

因此胡塞尔的"将哲学必然地奠立并划分为两个阶段,一个是所谓的'第一'哲学,一个是'第二'哲学"[⑥],而"第二"哲学最终就是形而上学的这样一种"理念",大体上可使人们想起**谢林**关于"肯

---

① 第13页以下。在这里关于"能演绎的先验的真理"的说法,与《**理念**》一书中的表述并不矛盾。另外请参看第187页的注及下一页。

② 第14页。

③ 第394页。

④ 第188页。

⑤ 第385页。

⑥ 第14页。

定的哲学”和“否定的哲学”的划分①。

确定胡塞尔与谢林的关系当然是一项纯粹**解释性**的任务；有 XVIII
关历史-事实联系的文件是极其缺乏的。我们要强调指出这一点②。我们在这里只是为了“理念史的”关联才可以提到谢林，在这种关联中，后来**E. 冯·哈特曼**（胡塞尔与他也只有极少历史上有据可查的联系）也许是第一个将“认识论”称作“第一哲学”的人③。因为他无疑企图借此——如一般总是的那样——与后期谢林的洞察联系起来，也企图这样地理解“新康德主义”的意义。但是同时由于“否定的哲学”的**暂时性**变成了“认识论”的**优先性**，谢林这种区分的意义在他那里正如接下来在新康德主义那里一样，也更彻底地改变了。

总是有关于胡塞尔与新康德主义者，特别是与保罗·那托尔

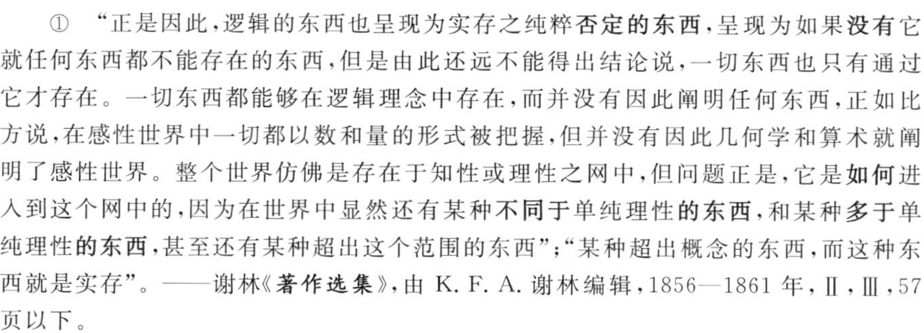

① “正是因此，逻辑的东西也呈现为实存之纯粹**否定的东西**，呈现为如果**没有**它就任何东西都不能存在的东西，但是由此还远不能得出结论说，一切东西也只有通过它才存在。一切东西都能够在逻辑理念中存在，而并没有因此阐明任何东西，正如比方说，在感性世界中一切都以数和量的形式被把握，但并没有因此几何学和算术就阐明了感性世界。整个世界仿佛是存在于知性或理性之网中，但问题正是，它是**如何**进入到这个网中的，因为在世界中显然还有某种**不同于**单纯理性**的东西**，和某种**多于**单纯理性**的东西**，甚至还有某种超出这个范围的东西”；“某种超出概念的东西，而这种东西就是实存”。——谢林《**著作选集**》，由 K. F. A. 谢林编辑，1856—1861 年，Ⅱ，Ⅲ，57 页以下。

② 还请参看本“**导言**”以下的论述；参看“**增补**”；参看“**人名索引**”第 467 页以下。

③ “认识论是真正的**第一哲学**；关于以下情况的判定从一开始就与对认识论问题的正确的或错误的态度有关，即有关的思想家在其解决形而上学问题的努力中是处于正确道路上还是处于错误道路上；这一点，对于充分意识到由康德首次引起人们注意的认识论之重要性的当今这个时代的一个体系，比以往任何时候都更适合……”。——E. 冯·哈特曼：《**无意识的哲学**》，柏林，1878 年第 8 版，该书第 1 卷“**序言**”，第 XXV 页。

普之间关系的很有用的历史资料[①]。而且在这里值得注意的是，
XIX 有记载，是那托尔普，而不是胡塞尔本人，第一个认识到具有其要奠立第一哲学这种内在必然要求的“新现象学”，并且就是用“新现象学”这个词表达这种第一哲学的。在他的批判性论文《**关于逻辑方法的问题。关于E.胡塞尔的〈纯粹现象学引论〉**》中，即关于《**逻辑研究**》第一卷，那托尔普写道：“谁要是认为从纯粹理论上独立地奠立有关对象性真理的逻辑学是可能的，就不会同时又轻易承认一种形而上学，而会认为，形而上学恰好因此而溶解为逻辑学，旧的‘存在论’如康德所说的，溶解为‘纯粹知性的分析论’；完全抛开以下一点不论，即认识的批判作为哲学的基础科学，确实有正当的权利要求‘第一哲学’（πρώτη φιλοσοφία）这个称号”[②]。在那托尔普看来，胡塞尔的《**引论**》当然还没有满足它的这个固有的内在的要求，因为在这里仍然还是“不可消除地存在着形式的东西与质料的东西，先验的东西与经验的东西，因此还有逻辑学东西与心理学东西，客观东西与主观东西等等的对立；或者为了用一个词并且同时也是用他自己的术语来说，理想东西与现实东西的对立”[③]。

胡塞尔很早就注意到那托尔普的这个论述了。在1901年8月22日致友人**古斯塔夫·阿尔布莱希特**的信中，他谈到了那托尔

① 胡塞尔——他与那托尔普一样，密切注视着他同时代人中很少有人感兴趣的这些工作——至迟从1894年起到那托尔普去世的1924年，与后者保持着频繁的通信，这些通信，特别是在这里使我们感兴趣的这个时期，经常是以哲学问题为对象的。——关于胡塞尔与那托尔普的这种关系及其整个重要意义，编者打算另行说明。

② 所引书第271页。

③ 所引书第282页。

普的论述，并且写道："那托尔普正确地看出，我为纯粹逻辑学提出的目标本质上与康德认识批判的目标是一致的"[1]。胡塞尔在个人使用的那托尔普那篇论文的本子中，亲自在那托尔普有关的句子上划了重点线，此外，在上边引证的地方，"认识批判"和"第一哲学"这些词同样也划了重点线[2]。

后来在《**逻辑研究**》新版"**序言**"的草稿中，胡塞尔详细探讨了 XX
那托尔普那篇文章中的提示和批评[3]。在那里写道，那托尔普在他的"有关《**引论**》的重要提示中"，"出色地"表明了正在开始的现象学之"状况"[4]。胡塞尔拒绝了他的批评。但是在这同一上下文关联中可以看到这样的提示："只是在很晚的时候，大约是 1908 年，才获得下面这种重要的认识，即应该在**超越论的现象学和合理的心理学之间**作出区分，这种区分对于真正意义上的超越论哲学，特别是对于作为真正'**第一**'**哲学**的现象学之功能具有重要意义"[5]。我们在这里只想从中推断这样一种可能性，即胡塞尔事实上从那托尔普那里吸取了关于作为第一哲学的"超越论的认识论"（超越论现象学）的想法或用语。另一方面，还应该指出，在超越论现象学和"合理的心理学"之间的划分，决不立即就等同于那种第

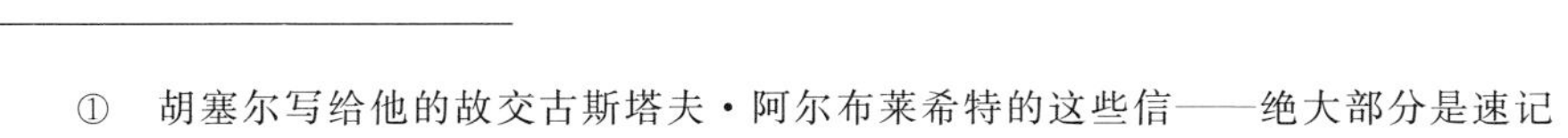

① 胡塞尔写给他的故交古斯塔夫·阿尔布莱希特的这些信——绝大部分是速记的——存放于卢汶胡塞尔档案馆 RIA 目录下。

② 所引用的那托尔普论文的单行本（那托尔普赠给胡塞尔的），存放于卢汶胡塞尔档案馆。

③ 胡塞尔《〈**逻辑研究**〉'**序言**'**的草稿**》（1913 年）由芬克编辑，载于《**哲学杂志**》（***Tijdschrift voor Philosophie***）Ⅰ（1939 年），第 106—133 页和 319—338 页。

④ 同上第 113 页。

⑤ 同上第 337 页以下，"……'第一'哲学"的着重号是编者加的。

一哲学和第二哲学之间的划分[①]。

《第一哲学 1923/24》在胡塞尔著作中的地位。——无论如何,我们可以这样认为——首先也是《**第一哲学** 1923/24》的内容本身说明了这一点,——即胡塞尔关于作为第一哲学的现象学之构想是与超越论还原的原理之发现同时发生的,这个发现导致了“超越论的”现象学与“合理的心理学”的那种区分。因此它恐怕不能追溯到由瓦尔特·毕迈尔出版的 1907 年关于《**现象学的理念**》[②]
XXI 的“**五篇演讲**”以前时期。在 1909 年夏季学期的哥丁根讲课中(它们是以“关于认识的现象学之导论”为题预告的,在手稿中,胡塞尔加的标题是“现象学及其方法之理念”),这种想法就已经得到表达,在正文中得到一些描述,后来在稍后(1921 年)胡塞尔加的封面上的内容说明中,特别得到强调:作为“**第一哲学**”的**现象学**[③]。

但是这在很长时间仍会是一项任务的标题,而不会是一项已完成著作的标题,在某些方面也许永远不是。

在其为《**理念**》全书写的载于 1913 年出版的该书第一卷卷首的导言中,作者预告说:

“**第三卷**,即最后一卷,是讨论哲学之理念的。它将会引起一

① 请参看胡塞尔关于“两个对立对子:事实与本质,实在东西与非实在东西”的双重区分。《**理念**》第一卷,第 7 页。

② 《**胡塞尔全集**》第Ⅱ卷,海牙,马提奴司·尼伊霍夫出版社,1950 年。参看该书由瓦尔特·毕迈尔写的“**编者导言**”;在那里也谈到了 1909 年哥丁根的讲课。

③ 讲课的速记稿存放于卢汶胡塞尔档案馆 FI17 和 FI18 目录号下。

种认识，即真正的哲学（它的理念就是实现绝对认识之理念）置根于纯粹的现象学之中，而这是在极其庄重的意义上说的，即系统而严格地奠立并阐明这种**一切哲学当中的第一哲学**，乃是将能作为科学出现的其他哲学必不可少的前提条件”[①]。

主要是由于**玛丽·毕迈尔**的研究（其成果写在由她编辑出版的《**理念**》第二卷和第三卷导言中），《**理念**》的写作史，特别是前边引证的胡塞尔1913年导言中拟定的全书计划的命运已是众所周知了[②]。在最后修订《理念》第二卷和第三卷——1924/25年——时，胡塞尔放弃了最初的计划。后来根据遗书出版的《理念》第二卷和第三卷，在最初的计划中是当作第二卷第1和第2部分。因此在全书现今的这个版本中，第三卷——玛丽·毕迈尔拟定的标题——的题目是：“**现象学和科学的基础**”——而不是作为第一哲学的现象学。 XXII

至少在1922年胡塞尔仍还坚持《**理念**》原来的计划。而且他放弃原来的计划决不就意味着他将那项**任务**放到一边或甚至放弃了那项**任务**。相反地，正好是在同一时期，他以全部的和重新活跃起来的专注开始从事这项任务；随即，出版一部新的现象学基本著作——代替《**理念**》的续篇——的计划就与这项工作结合起来了。于是就产生了导致制订1923/24年“第一哲学”讲课手稿的构思。

1922年胡塞尔在伦敦以“**现象学的方法与现象学哲学**”为题

① 《**理念**》，《**胡塞尔全集**》第Ⅲ卷第8页；“一切哲学当中的第一哲学”的着重号是编者加的。

② 特别是上引书第XIV页及下一页，在第XVI页提示《**第一哲学**》的地方，误将年份1923/24写作1922/23。

举行了四次简称“**伦敦演讲**”的讲课[1]。讲课的构思构成了持续多年发展的基本部分。在短时期，胡塞尔似乎曾想到将这个讲课的本文发表。然而在他 1923 年 8 月 31 日写给他的学生和友人**罗曼·茵加登**的信中说：“我没有将伦敦演讲付印。我将它扩充为每周四个课时的冬季讲课，在第二年冬季我进一步丰富了它，并和我的助手和学生准备将它付印。它是一个……在现象学意义上的并具有‘**第一哲学沉思**’（***meditationes de prima philosophia***）形式的哲学体系之构想，这些沉思作为‘开端’一定会从本质上开启真正的哲学”[2]。

上面提到的两个冬季讲课的第一次，就是直接“以伦敦演讲为基础”——其中有些部分逐字逐句运用了它的本文，但是它的思考有显著修改和扩充——的 1922/23 年冬季学期在弗赖堡讲授的《**哲学导论**》[3]。

XXIII 另一次讲课所涉及的是《**第一哲学**》，它是 1923/24 年在这个题目下讲授的。其中第一讲也明确地涉及到了“前一个冬季导论课”的基础性准备工作[4]。

此外在致茵加登的另一封信[5]中，胡塞尔关于这两次相互补

---

① 《**伦敦演讲**》的手稿存放于卢汶胡塞尔档案馆 FII3 和 MII3 目录号下。

② 这里引用的胡塞尔致茵加登信的副本（茵加登教授慷慨地将这些副本供胡塞尔档案馆使用）存放于胡塞尔档案馆 RII 目录号下。这里引用的书信中的省略号，表示该信原件中有而副本中缺少的词句。

③ 《**哲学导论 1922/23**》的手稿存放于卢汶胡塞尔档案馆 BI37，BIV2；FI29/MI2 目录号下。关于由《**伦敦演讲**》手稿所做的补充，请参看上边的注①。

④ 参看下面第 6 页。

⑤ 茵加登为这封信注明的日期是“大约临近 1924 年圣诞节时”，按照其内容，可以估计日期至少是在 1923/24 年冬季学期结束时。

充的讲课，如下写道："一个是'第一哲学'，它能够彻底从现象学上奠立现象学还原的意义和有效范围；另一个是作为任何客观的认识批判之最后基础的对超越论现象学认识之批判的构想。我相信在这当中，而且在其他许多方面，都取得了重要进展，并将现象学的哲学提高到了一个新阶段。……现在我正在修改这个草稿，准备在年鉴上发表，——按照最普遍、最彻底观点的'**第一哲学的沉思**'(***meditationes de prima philosophia***)。我认为，现在它会成功"。

众所周知，在20年代计划出版的东西未能实现，其原因毫无疑问就是：胡塞尔本人一直认为已修改过的本文的形式仍还不够充分。

后来在1929年发表了《**形式逻辑与超越论逻辑**》，它的手稿在这位退休教授的自由工作时间里已经形成了，胡塞尔为了完满结束他一生的工作，决心充分利用这段时间。他于1930年3月15日写给他的英国友人**G.道斯·希克斯**的信中说："我的逻辑学著作是我一生这些收获当中的第一个成果，但不是最重要成果。……对于我来说，更重要的是我的……伦敦演讲的思想进程的最后文字加工和具体贯彻，我也将这些演讲当作我1929年2月底巴黎大学演讲的基础"①。

因此按照列举的证据，只是在身后才由胡塞尔档案馆用德文 XXIV
原文出版的，产生自《**巴黎演讲**》的《**笛卡儿式的沉思**》之形成(为了

① 致希克斯(胡塞尔1922年伦敦演讲就是在他主持下进行的)的这封信，存放于卢汶胡塞尔档案馆 K I H 目录号下。

了解它，请参看该书的编者**施特凡·斯特拉塞尔**的导言[①])，始终处于以《**伦敦演讲**》为开端的同一条发展路线上。《**笛卡儿式的沉思**》按照胡塞尔最后据以计划发表的形式，就是**第一哲学**。

但是，《**形式逻辑和超越论的逻辑**》所体现的“**逻辑理性批判尝试**”[②]，也被归入已经处于1922/23年导论性讲课的“超越论的—现象学的认识之批判”和1923/24年《**第一哲学**》之间的这同一关联之中。请比较胡塞尔为《**形式逻辑和超越论的逻辑**》写的导言(在其中联系第一哲学的理念对这部著作从历史观察角度看的体系上的地位，作了明确的阐述)和1923/24年讲课“历史部分”的相应部分。

1930年为《**理念**》写的“**后记**”提供了对所提到的现象学哲学发展路线的进一步了解[③]。

因此《**第一哲学1923/24**》与胡塞尔后来的著作以及当时发表的著作的关系是很密切的，以至于至少对这个讲课的“体系部分”与1929年的《**笛卡儿式的沉思**》的关系进行更仔细的比较研究，看来可能是适当的。这种研究会在编者要置于下一卷，即《**全集**》第Ⅷ卷卷首的特别前言中找到其位置；第Ⅷ卷将包括《**第一哲学**》的“体系部分”，即“**现象学还原的理论**”[④]。

---

① 见该导言。

② 《**形式逻辑和超越论的逻辑**》的副标题。

③ 《**理念后记**》德文首次发表于《**哲学与现象学研究年鉴**》第Ⅺ卷，第549页以下；单行本由马克斯·尼迈耶出版社出版，哈勒/萨尔，1930年；现收入《胡塞尔全集》第Ⅴ卷，第138页以下。

④ 参看《**胡塞尔全集**》第Ⅷ卷“**编者前言**”。

本讲课的结构。——这里是关于《**第一哲学** 1923/24》的两个部分总体计划的概述。——如果“第一哲学”这个称号是哲学基础学科的称号，那么它的应用当然就在自身中包含着有关哲学一般之本质的规定。因此胡塞尔用哲学之“第一的东西”这种说法首先是指这种对于哲学本身来说是本质的东西，即哲学从其最早起源时起就要求由最终辩护而来的知识，并且想成为这样的知识。在这种意义上，胡塞尔想用“第一哲学”这个名字称谓哲学本身的本质——至少是按照“理念”(“目的理念”)称谓哲学的本质。这个理念构成哲学本质的东西如何能更具体地理解这个理念，它可能已经沿着什么样的道路接近并且肯定已经接近它的实现，讲课第一部分“**批判的理念史**”的论述，即从**苏格拉底**和**柏拉图**到**莱布尼茨**和康德的有关哲学史的论述，就是说明这些东西的。由于胡塞尔本人明确说明的理由，在这种论述中，重点放到对**洛克**，**贝克莱**和**休谟**思想的探讨上。在这种情况下，在这里“历史的部分”中哲学史研究特有的方法，应该从这一部分之已说明过的目的去理解。 XXV

对于哲学的理念所进行的历史思考，为这位“自身思考者”提供一种彻底重新开始的动机，并提供对于“绝对状况”的必然洞察，只有从这种绝对状况出发，他才能够以真正最终负责的态度使哲学开始。“体系部分”就是从查明这种状况开始的。就此而言，与“第一哲学”之理念要求的“绝对状况”中之开端相对应的，是另一种措施，这个措施如胡塞尔在这里说明的，一定是借助“确真的还原”之批判方法规定的。随即表明，确真的还原没有已在它之前进行的“超越论的还原”是不可能发生的，“超越论的还原”首先开辟

并发掘出超越论的主观性之经验领域；这个领域于是成了“确真的批判”之可能的和必然的课题，“第一哲学”必须在这种批判中被建立起来。可是确真的还原本身在1923/24年《**第一哲学**》的论述中
XXVI 没有再被实行。而这里十分重要的首先也是另外一件事情：即被作为“第一哲学”的哲学之理念当作首要的东西所要求的超越论的还原，只不过就是——这一点绝对需要一种特别的证明——**“现象学的还原”**。由此就会表明，哲学的理念必须由它本身出发在现象学的还原理论中被系统地解释和阐明。于是现象学的还原从它那个方面对于现象学本身具有这样一种意义，即它将现象学从它的“较高的”，“超越论的朴素性”，提高到现象学的**哲学**的水平。**“现象学还原的理论”**是本讲课第二部分的题目。

增补部分。——这个全集第Ⅶ卷包含被胡塞尔题名为“**批判的理念史**”的讲课的第一部分，即“历史部分”的讲课，以及外加的正文本身范围内的“增补”部分。将“正文”与在这个范围之内的补充的文章和附录联结起来的编辑技术的处理，这种处理的意图和原则，在其他地方已经有所说明，顺便提一下，在这一版第Ⅵ卷也已经实施了[①]。这种处理方法在我们的场合的运用，只是在下面一点上与这些原则不一致，即作为增补部分而刊登在本卷中的文章和附录产生的时间，没有一篇比正文产生的时间晚得多，但有一

① 参看《**欧洲科学的危机与超越论现象学**》，瓦尔特·毕迈尔编辑的《**胡塞尔全集**》第Ⅵ卷，海牙，马提奴司·尼伊霍夫出版社，1954年。参看由瓦尔特·毕迈尔写的“**编者导言**”，以及H.L.万·布雷达和R.博姆：“**关于卢汶胡塞尔档案馆**”，同上书。

些却早得多;这些文章和附录产生的时间从 1903 年持续到 1926 年[①]。以下特殊情况似乎使编者有权利偏离他原则上仍完全坚持的那种规则。

《**第一哲学**》中的 1923 年"**批判的理念史**",是所获得的有关胡塞尔哲学史探讨的最完整的最连贯的记录。这里应该指出,胡塞尔对过去的哲学和哲学家的研究,虽然在他工作中——直到最后, XXVII 尽管有《**危机**》——只占有十分次要的位置,但比起人们通常认为的,仍然远为广泛。只有他的教学责任感能够说明这种情况的原因。胡塞尔在他的哈勒、哥丁根和弗赖堡的教学活动进程中,大致预告过以下有关哲学史内容的**讲课**:

哲学史,哈勒 1897/98,1899,1900,1901;**哲学通史**,哥丁根 1902,1903,1904,1905,1906,1907,1908,1909,1915,弗赖堡 1916/17;**哲学通史,从古代到 19 世纪初**,哥丁根 1911,1912,1913;**哲学通史(直到康德,包括康德)**,哥丁根 1914;**哲学通史,从最初的起源到 19 世纪**,弗赖堡 1918/19。此外还有:**文艺复兴时期的哲学**,哥丁根 1903;**康德哲学**,哈勒 1900/01;**康德的超越论哲学**,弗赖堡 1917;**近代哲学史(从康德到当今)**,哥丁根 1903/04;**康德和近代哲学**,哥丁根 1913/14,1915/16;**康德和康德以后的哲学**,哈勒 1899/1900,哥丁根 1905/06,1907/08,1909/10,1911/12;**近代哲学史**,哈勒 1890/91,弗赖堡 1921,1922,1924/25,1927/28。

---

① 关于增补部分各篇产生的详细日期,请见"**增补部分的校勘附注**",第 438 页以下。

此外还有：**斯宾诺莎以来的宗教哲学史**，哈勒 1895/96；**教育学通史**，哥丁根 1903/04，1910，1913/14，1915/16[①]。

胡塞尔举办的——以及从预告中得知的——有关哲学史内容的讨论课涉及以下这些问题：

贝克莱：《**人类知识原理**》，哥丁根 1901/02，1907，弗赖堡 1916/17，1924/25；**笛卡儿**：《**沉思录**》，哈勒/1892，1896/97，哥丁根 1916；与**洛克**的《**人类理智论**》相联系讨论**笛卡儿**的《**沉思录**》，哥丁根 1913/14；**费希特**：《**人的使命**》，哥丁根 1903，1915；弗赖堡 1918；**休谟**：《**自然宗教对话录**》，哈勒 1895/96，《**人性论**》，哈勒 1899，哥丁根 1902/03，1904/05，1907/08，1910/11，1914/15，弗赖堡 1921；《**道德原理探究**》，哥丁根 1908/09；**康德**：《**未来一切形而上学导论**》，哈勒 1897/98，1899/1900，与《**纯粹理性批判**》相联系 XXVIII 讨论该书，哥丁根 1905/06；《**纯粹理性批判**》，哈勒 1889，1900/01；哥丁根 1902，1909/10，1911/12；弗赖堡 1917，1918/19；《**实践理性批判**》和《**道德形而上学探本**》，哥丁根 1901，1909，1914；**莱布尼茨**：《**人类理智新论**》，与**洛克**的《**人类理智论**》相联系讨论，哥丁根 1904；**洛克**：《**人类理智论**》，哈勒 1891/92，1898/99（此外在有关笛卡儿和莱布尼茨的讨论中也联系到这部著作）；**洛采**：《**逻辑学**》，哥丁根 1912；**马赫**：《**经验分析**》，哥丁根 1911；**穆勒**：《**逻辑学**》，哈勒

① 在这里及以下，单一年份（如 1908）表示该年的夏季学期；双年份（如 1907/08）表示冬季学期。

1895，；**叔本华：《作为意志和表象的世界》**，哈勒 1892/93，以及一篇选定的文章，哈勒 1897；**斯宾诺莎：《伦理学》**，哈勒 1900[①]。

就由胡塞尔为这些讲课和讨论课草拟的文本而言，在胡塞尔档案馆中只能找到很少的断编残简。即使是这些以及其他在胡塞尔的教学活动中没有很紧密联系的胡塞尔有关哲学史的现存笔记，虽然它们还是足够广泛的，但与全部遗稿相比，仍然限于数量上微不足道的手稿。

1923 年的这部《**批判的理念史**》的出版，提供一种可能性，即如果将它与从胡塞尔思想各个时期而来的增补部分中适当选择的文本结合起来，——在参考《**危机**》一书中历史部分[②]的情况下，——就能提供出一种对于胡塞尔自己意识到的与哲学史的关联之证据的非常接近于完善的概观。倘若我们做到了这一点，那么这本书就在它构思第一**哲学**当中的开创性地位之外，也许还可能获得一种独立的文献方面的意义，但这需要胡塞尔的研究者有一种特殊的兴趣。

因此如果例如《**哲学文化的理念**》这篇文章[③]，以及附录Ⅳ至

① 这个胡塞尔有关哲学史方面教学活动分类一览表引自 L. 盖尔贝尔未发表的著作。此外，这个表可能主要依据 H. L. 万・布雷达的查询和记载。——同时很可能有一部分预告过的讨论课胡塞尔未能举行，或是被用于别的题目。关于胡塞尔主持的哲学专著讨论课的特征，H. 施皮格伯格教授慷慨地供胡塞尔档案馆使用的笔记能够提供说明，这里涉及的是胡塞尔这一类讨论课中的最后一次，即关于贝克莱的讨论课，弗赖堡 1924/25。

② 见前面提到的《**欧洲科学的危机与超越论现象学**》；特别是第Ⅱ和第Ⅲ部分。

③ 参看第 203 页以下。

XXIX Ⅶ[1]，就这样补充了胡塞尔关于哲学“在希腊时代最早的孕育”之图像，附录Ⅹ至ⅩⅢ[2]，补充了正文中有关从笛卡儿到休谟之近代哲学的论述，那么正是因此我们同样也决定出版的另一些部分宁可说却表明胡塞尔研究哲学史的**限度**，甚至表明他在哲学史领域中所知道东西的**限度**。附录Ⅷ[3]提供一篇在这个方面令人感兴趣的文章，其中胡塞尔涉及到了**柏罗丁**，附录Ⅸ[4]提供了另一篇令人感兴趣的文章，它表明了胡塞尔与**尼古拉斯·冯·库萨**的关系。对于因这些摘记不充分而感到惊讶并对发表它们而感到奇怪的读者，我们不想说什么。这些短文的文献价值使我们感到有理由让它们占它们所需要的将近三个印刷页。

在这个图像中仍然留下一些空白。胡塞尔与中世纪哲学没有任何建立于特殊历史研究和文本研究基础之上的关系[5]。——我们在这里不想也不可能考虑胡塞尔与他同**时代**哲学家之间关系的零散证据，特别是因为其中最重要的证据不是作为研究手稿存在，而是以书信和在有关作者著作中亲笔写的旁注形式存在的[6]。人们会对最终未能更多地澄清胡塞尔与德国**唯心论哲学**之间的关系感到遗憾。甚至《**批判的理念史**》最后一章[7]，也很少提供说明，由

---

① 参看第 311—328 页。

② 参看第 330—350 页。

③ 参看第 328 页及下一页。

④ 参看第 329 页及下一页。

⑤ 尽管如此，众所周知，通过**布伦塔诺**的中介，经院哲学的思想仍然对于胡塞尔的“新现象学”产生了某种影响。

⑥ 卢汶胡塞尔档案馆有胡塞尔哲学—科学方面的私人藏书。

⑦ 参看第 182—199 页。

胡塞尔保存的他早期历年都讲授的“**哲学通史**”的结束部分(作为附录XXI[①]刊登的),以及在附录Ⅱ,Ⅲ,Ⅳ[②]和附录XXII[③]中的附注,也几乎没有提供说明。事实上在这里我们也是处于“现象学唯心主义”之明确的历史的自身理解之界限上。在这里,从本质上说,只有也许可能会收入到本书下卷中的胡塞尔1917年和1918年关于“**费希特的人类理想**”的讲课[④],能够提供更详细的有文献资料根据的东西,随后也许对于一些模糊线索的检查以及在他的那本**费希特**的书中的标记,并且最后还有对于胡塞尔与他的同时代人——特别是**新康德主义者**——的争论中间接涉及到德国唯心主义之处的考察,能够提供更详细的有文献资料根据的东西。 XXX

如果我们这样谈论胡塞尔对德国唯心主义哲学的关系,那么我们在这里是在狭义上理解德国唯心主义哲学这个名称的,据此**康德**思想其实不应该算入其中。因为关于胡塞尔与康德的关系以及他与康德的争论,我们有丰富的材料。由编者从其中选出的文本出现在附录XV至附录XX[⑤],以及论述“**康德哥白尼式的反转以及这种哥白尼式的根本转向之意义**”[⑥]和“**康德与超越论哲学的理念**”[⑦]的

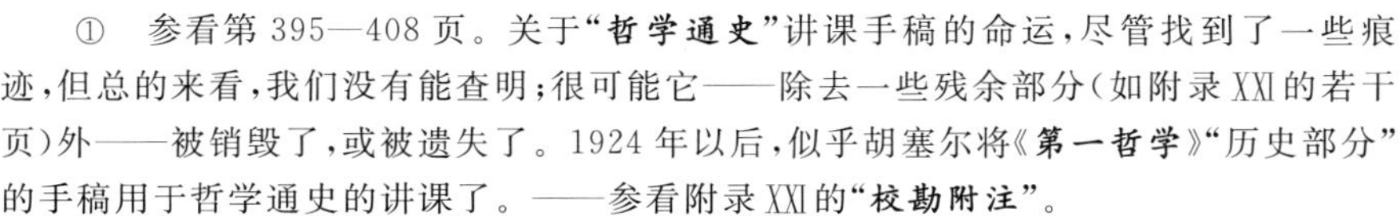

① 参看第395—408页。关于“**哲学通史**”讲课手稿的命运,尽管找到了一些痕迹,但总的来看,我们没有能查明;很可能它——除去一些残余部分(如附录XXI的若干页)外——被销毁了,或被遗失了。1924年以后,似乎胡塞尔将《**第一哲学**》“历史部分”的手稿用于哲学通史的讲课了。——参看附录XXI的“**校勘附注**”。

② 参看第305—315页。

③ 参看第408—412页。

④ 1917年的三次讲课,1918年又重讲;保存于胡塞尔档案馆FⅠ22目录号下。

⑤ 参看第350—395页。

⑥ 参看第208—229页。

⑦ 参看第230—287页。

文章中。对于在这个范围内就这个问题增加增补部分的考虑，看来是适当的，这不仅因为《**第一哲学 1923/24**》的“历史部分”恰好也只延伸到康德，而且还因为就事情本身而言有重要兴趣。

我们发表的胡塞尔的这些康德研究中最早的研究产生于1903年和他最早的有关康德的讲课(附录XV)。附录XVI，XVII，XIX和
XXXI XX再现了1908年前后的全部笔记。因此它们是与胡塞尔对他自己的“哥白尼式的转向”之根本的方法上的沉思——它是通过“现象学还原”的理念规定的——之最初的构想同时产生的。这种同时性的含义值得给予重视[①]。大约就在写《**批判的理念史**》时期，胡塞尔写了我们作为附录发表的论述莱布尼茨和康德的文章。1923/24年冬季学期关于“**第一哲学**”的讲课结束以后，胡塞尔立即就再度致力于深入的康德研究，这种研究在论述《**康德的哥白尼式的反转**》这篇文章中获得其最初的表现。另外这种研究有其外部动因，即胡塞尔应邀于康德诞辰二百周年纪念日为弗赖堡大学的康德纪念会举行纪念演讲。在1924年底，胡塞尔对他于当年5月1日举行的这个演讲的本文一再进行修改，想要以更详尽形式在他的《**哲学与现象学研究年鉴**》上发表。它最终形成了我们同样也刊登在增补部分的这个内容丰富的手稿，题名为《**康德和超越论哲学的理念**》。因此，这篇文章是第一次发表，虽然胡塞尔1924年6月16日已经写信给茵加登说：“我希望不久能寄给您我的康德演讲——康德和超越论哲学的理念——的单行本，它不久

① 参看瓦尔特·毕迈尔在他为《**现象学的理念**》写的导言中的提示，该书第VII页及下一页；以及我在本书“**导言**”中在“**第一哲学的名称与理念**”中的评论，第XVI页及以下几页。

就会付印”[1]。这就是说当时并没有发表。但是这里刊登的该文的“**序言**”也可作为这种短暂的出版意愿的证据[2]。

《**康德和超越论哲学的理念**》这篇文章看来在许多方面都使我们特别感兴趣。上面刚刚提到的“**序言**”包含有胡塞尔对于从《**逻辑研究**》起直到构思《**第一哲学 1923/24**》现象学发展的论述。甚 XXXII
至在这个讲课的“体系部分”结束以后，还在对这篇文章进行写作和修改，因此顺便说说，在它的主题和阐述方面，也已部分地以关于《**现象学还原的理论**》之研究结果为前提。现在，特别是那篇“**序言**”，为关于《**理念**》最初的计划与《**第一哲学**》的论述之间有直接联系的看法，提供了进一步的辩护。关于《**纯粹现象学和现象学哲学的理念**》，在提示这部著作的这个完整标题之全部意义时，它写道：“关于作为本身是第一哲学的，因此是作为一种普遍哲学的，即一种由绝对最终根源而奠立的普遍科学的开端部分和基础部分的本质的一描述的现象学”的“规定，预先就被说明了（而且不仅是在标题中）”；“通过超出单纯描述而提高描述现象学，但仍保持在本质学态度中，这导致一切先验科学之体系；从超越论的先验性过渡到超越论的事实，这导致具有超越论基础的一切经验科学之体系”[3]。这篇文章，特别是它的核心部分的第Ⅲ节[4]，对于作为“超越论的事实科学”之根据的第一哲学的意义，即曾打算赋予最初计划的《**理念**》第三卷的意义，又提供了进一步说明。在为《**理念**》全

① 出处同上。

② 参看第 230 页。

③ 参看第 324 页。

④ 第 248—270 页，特别是第 256—259 页。

书写的导言中写道:"在多大程度上超越论现象学作为……一种研究的**事实**是可以达到的,这样一种事实科学与形而上学的理念可能具有什么关系,这只有在最后的一系列研究中才能得到考虑"①。

但是另一方面,如果关于本书内容的提示已经使人们大体上
XXIII 想到了胡塞尔最后一部重要著作,即《**欧洲科学的危机与超越论现象学**》的内容,那么《**康德和超越论哲学的理念**》这篇文章,就使人们特别清晰地想起《**危机**》一书中类似的论述。只要从这篇产生自1924年的研究文章向产生自1936/37年的《**危机**》中有关康德研究之过渡是连续的,那么从《**逻辑研究**》以后时期起直到最后胡塞尔对康德之关系的发展就表现出一种自始至终的连贯性。

在这里,下面的情况也许仍然值得一提,即正如以后胡塞尔在与他批判康德的关联中阐明"生活世界"的预先给予问题一样②,在1924年这篇论述康德的文章中已经出现了"生活世界"这个术语③,——尽管仍是在一个不引人注目的地方,而且不具有决定性基本概念之地位。

但是对于理解1923年《**批判的理念史**》与1934/37年《**危机**》的问题之间的关系来说,也许在当前这一卷中发表的——作为增

① 《**理念**》,《**胡塞尔全集**》第Ⅲ卷第7页。

② 参看《**危机**》,《**胡塞尔全集**》第Ⅵ卷,第Ⅲ部分A,第105页以下。——在这里我们要提到,《**危机**》这一著作在下面这个范围内与胡塞尔的第一哲学之理念有特殊关系,即第一哲学的理念是在"**现象学哲学导论**"这个副标题中清楚显示出来的。然而第一哲学之理念在这里用"超越论哲学"这个称谓,而不再用"第一哲学"这个称谓表示,这两个术语对于胡塞尔来说,可能是等值的。

③ 第232页:"只要现实的生活世界,即处于体验之给予性方式之中的世界被考察,世界就获得无限的广度"。

补部分的第四篇文章——《**严格科学之理念不是历史的生成而是理想的生成之问题**》这篇研究论文[①]要重要得多。如果对于胡塞尔的历史哲学理念之发展来说，如其在《**危机**》中被阐明的，其特征是从对**哲学历史**的思考过渡到**历史哲学**，那么对于这种过渡——从《**批判的理念史**》向后来的《**现象学哲学导论**》[②]的过渡（在“欧洲人的危机”问题的起点上）——来说，我们在上面提到的有关生成问题的研究论文中发现了最初的证据之一，这种生成事实上不仅 XXIV
“不是历史的，而是理想的”，而且同时是历史的**和**理想的[③]。然而这里不是解释这个问题的地方。

我们还要指出，编者以在上面就正文说明过的类似方式，在增补部分有些地方做了段落编排，并加了由编者拟定的标题。因此，特别是在本卷中，每一个附录都有标题。这种“介入”也只是想有助于使本文条理清晰。

最后在这里不能不对卢汶胡塞尔档案馆和科隆胡塞尔档案馆的协作者：玛丽夫人和瓦尔特·毕迈尔博士，泽格尔博士小姐以及我的妻子——为了他们大家多方面的协作与帮助——致以谢意。

为这一版准备工作中能以之为基础的许多工作，应该感谢 L. 兰德格雷贝教授（基尔），和 S. 施特拉塞尔（内伊梅根），以及盖勒贝尔博士夫人（卢汶）；此外，为了有关“**第一哲学**”讲课形成时期详

---

① 参看第 288—297 页；顺便说说，在这里可以找到“自然的—实践的—生活”之世界的问题的一些提示；第 293 页。

② 《**危机**》的副标题。

③ 因为“**理想的生成问题**”本身是“理解在历史的东西中以最隐蔽的形式进行规定的必然性问题”。第 296 页。

细的有价值的报告,应该感谢兰德格雷贝教授。

另外请允许编者对卢汶胡塞尔档案馆主任,H. L. 万·布雷达神甫教授致以谢意,他以全副精力关心此项工作,耐心而坦率地进行指导,提供意见和支持。

鲁道夫·博姆

卢汶,1955 年夏

第一哲学(1923/24)

上　　卷

批判的理念史

上　　卷[①]

3

批判的理念史

〈第一篇　从柏拉图的哲学理念到它近代在笛卡儿那里的初步实现〉

〈第一章　哲学理念及其历史起源〉

第一讲:〈关于赋予现象学以第一哲学发展形态的历史任务。〉

众所周知,“第一哲学”作为一门哲学学科的名称,是由**亚里士多德**引入的,但是在亚里士多德以后的时代,被偶然使用的“形而上学”这种表达方式所排斥。当我重新采纳亚里士多德创造的这

① 参看附录Ⅰ,第298页以下。——编者注

个表达方式时，我恰好就是从它不常使用这种情况中获得了很大的预期好处，即它在我们心里只唤起字面的意义，而不唤起历史上留传下来的东西的多种多样沉淀物，这些沉淀物作为形而上学的模糊概念，使人胡乱想起从前形形色色的形而上学体系。这种字面的意义，如其在最初创造这个术语时被正确理解的，在过去是用于从形式上预先规定一种理论目的，这个目的应该实现这个新的学科及其只有在以后才能清楚规定的问题内容。不管我们的讲课
4 所应致力的科学在其问题内容方面离亚里士多德第一哲学的问题内容有多么远，那种形式上预先规定的东西仍然能够很好地为我们服务，因此我们采用这个词，并将我们最初的思考与它联系起来。

第一哲学——从它的字面的意义上肯定会读出什么呢？看来它一定是这样一种哲学，它在以它们的全部和整体而构成哲学这门学问的诸一般哲学中，恰好是第一的。因为诸科学并不是以任意的组合随便地表现出秩序，而是自己本身就有秩序，就是说，具有秩序的原理，因此，第一哲学当然就意味着那样一种哲学，它“本身”就是，即由于内在本质根据就是，第一哲学。在这里这可能意味着，它按照价值和地位是第一哲学：仿佛它自身是藏有哲学宝典的圣殿，而其余的哲学，“第二”哲学，只应该是必要的预备阶段，仿佛是进入那个圣殿所要经过的前厅。但这也可能是另一种意思，而且是一种从本质根据上甚至更容易理解的意思，肯定是我们在这里应该优先考虑的意思。科学是由有目的的劳动产生的劳动构成物；目的的统一性按照相关的有目的活动的合理的连续，创造出秩序的统一性。每一门科学本身，都提供给我们无穷多样的精神

构成物，我们称它们为真理。但一门科学的诸真理并不是一堆无联系的东西，正如相关联地科学家的活动并不是对真理的零散而无计划的探求和生产一样。所有的个别生产活动都处于更高的指导性目的理念的指导之下，最终是处于科学本身的最高目的理念的指导之下。因此正如已为所进行的劳动预先制定了规则一样，一切个别的真理也都具有系统的形态，也就是说刻印在它们上面的目的论形态。诸个别真理，按照固定的秩序，形成较低的目的形式和较高的目的形式的联结；比如它们相互联结成推论，证明，理论，在最顶端，属于整个科学的，是理论的理想的整体，一种在无穷地向前追求的科学中无限伸展的，并且进行越来越高的构成的包罗一切的理论的理想的整体[①]。

因此以上所述对于哲学——只要我们真的将它想象为科 5
学——也一定适合。据此，它必须为它的全部真理的生产和所生产的真理有一个理论的开端。在这种情况下，“第一哲学”这个名字就指一种关于开端的科学学科；它会使人们期待，哲学的最高目的理念为这种开端或者诸开端的完整领域要求一种独特的，自身完整的学科，这个学科具有在思想准备诸方面，精确表达方面，然后是科学解答方面的诸开端的独特难题。由于内在的不可避免的必然性，这个学科应该先行于其他一切哲学学科，并从方法上和理论上为其他一切哲学学科奠定基础。依此，这个入口，这个第一哲学的开端本身，也就是所有一般哲学的开端。因此，就从事哲学研究的主体，我们必须说，哲学的开始者，从真正意义上说，是那样一

① 参看附录Ⅱ，第305页以下。——编者注

种人，他从哲学的开端起，真正地，因此是以绝对经受住检验的真理，或者说得更确切些，以最彻底的洞察，形成第一哲学。只要在最初的研究中没有成功地做到这一点，在这种意义上就还没有哲学的开始者，同样也就没有真正现实的第一哲学本身。但是一旦这最初的研究成功了，那也就会有通常的另一种字义上的哲学的开始者，即作为学徒的开始者，他在自己明智的思想中，模仿生产别人以前已思考过的真理，并借此在自己本身上模仿形成第一哲学的开始者。

借助于这种按照第一哲学的字面意义的解释，同时也就预先为我讲课的目的提供了最初的形式的规定。这应是第一哲学的理念之一种严肃尝试，并且在富有启发的讲述之中，同时应该是尝试给一起思考的听众指出一些必然的道路，沿着这些道路，他们可能在真正意义上成为第一哲学本身的共同开始者，并因此而成为一般而言的开始的哲学家。首先我必须说，第一哲学所迫切需要的
6 东西决不是早已在历史上留传下来的哲学体系中就满足了，就是说，以具有无法反驳的合理性的真正科学的形式满足了。因此，这里所涉及的不仅是为了生动地描述古老的历史遗产，并且在这个方面仅仅使学生们从精神上进行把握的工作变得容易些。当然这同时就是说，我不能承认某一种历史上的哲学是具有最终有效性形式的哲学，即具有哲学绝对需要的最严格科学形式的哲学。没有严格科学的开端，就没有严格科学的继续发展。只有借助于一种严格的第一哲学，一般严格的哲学，常青的哲学（*philosophia perennis*），才能出现，它虽然是不断生成的哲学（只要一切科学的本质都具有无限性），但仍具有最终有效性的本质形式。

另一方面，我确信，通过新的超越论现象学的出现，就已经初步出现了一种真正的和正确的第一哲学；但在某种程度上可以说只是以初步地、尚不充分地接近的形式出现的。在弗赖堡的若干讲课中，我曾以不同形式尝试，将这种接近提高到尽可能高的程度，最彻底地澄清诸主导理念、方法、基本概念，同时尝试，赋予现象学以第一哲学的理念所要求的发展形态，即以最彻底的哲学的自身意识，以绝对的，有条理的必然性自身形成的开端哲学的形态。在去年冬季的导论性讲课中[①]，我认为基本上实现了这个目标。在现在这个讲课中，我希望能进行更进一步的简化和改造。至少我希望能重新说明，第一哲学的理念是逐步扩展的；它将实现普遍科学—理论的必然的真正的理念，因此它包括理性生活的全部理论，就是说，包括进行认识，进行评价和进行实践的理性之普遍理论。并且我希望再一次说明，第一哲学能够改造我们的全部 7
科学活动，并能够将我们从一切科学的专科主义中解放出来。

首先我要讲导论，它应该为我们提供我们的研究不可缺少的内在前提。到目前为止我们甚至不知道，在许许多多的，可惜很不清晰的哲学概念中，我们应该选择哪一个作为指导。不论我们选择哪一个，它首先只是作为空洞而抽象的，形式的语词概念呈现给我们[②]。因此它没有力量使我们的心灵激动起来，将我们的意志力动员起来。如前所述，这里涉及的并不是无足轻重的事情，而是对整个哲学的改革，其中包括对所有科学的全面改革。不论在哪

① **《哲学导论》**(1922/23)。——编者注。

② 参看附录Ⅲ，第310页以下。——编者注

一个文化领域，凡是涉及到根本而全面改革的地方，那里的推动力都是深深激动人心的需要；一般的精神状况使心灵感到深刻不满，以至于心灵不再能在它当时的形式和规范中继续生活了。但是如果考虑到改变这种状况，建立有关领域精神生活的令人满意的目标和方法的诸可能性，那显然就需要对这种状况的内在动机形成的根源，和在这里在一种牢固生成了的精神创造的类型学中不安地操劳的人类的整个精神结构，进行深入思考。但是这种思考只有从历史才能获得充分的照明，历史由今天得到解释，反过来又照明今天，使今天成为可充分理解的。因此我们想从今天的科学与哲学呈现给我们的纷繁的多样性出发，回溯到原始开端的时代。所以对于我们来说，历史的回顾首先应作为精神的准备；这种回顾应该形成能将我们的兴趣与我们的意志动员起来的诸种极其有力的动机。

如果我今天从几十年来在我心中成熟起来的信念的角度来说，在回溯整个欧洲哲学史时主要是哪些哲学家在为我照路，那我
8 就要举出两位或者三位哲学家的名字，这是哲学的最伟大的开始者，开路者的名字。首先我要举出**柏拉图**，或者更确切地说，无与伦比的双星**苏格拉底—柏拉图**。对于真正的和标准的科学理念的创造，或者哲学理念的创造（这两种说法长时间都准确表达相同东西），以及对于方法问题发现，要追溯到这两位思想家，而作为已完成的创造，要追溯到柏拉图。

其次我要举出**笛卡儿**。他的《**第一哲学沉思**》由于以下原因在哲学史上意味着一种全新的开端，即他以迄今为止闻所未闻的彻底精神，尝试发现哲学的绝对必然的开端，就此而言，他尝试从绝

对的而且充分纯粹的对自身认识中获得这种开端。从这种值得纪念的“对于第一哲学的沉思”中产生出贯穿于整个近代的，将全部哲学重新塑造为超越论哲学的趋向。但是由此不仅标明了近代哲学的根本特征，而且也无可怀疑地标明了整个未来一切科学哲学的基本特征。

首先我们来考察通向真正的和彻底的哲学的较早的苏格拉底—柏拉图式的开端。就此我们作一些引论[①]。早期的，朴素地指向外部世界的希腊哲学[②]，在其发展中经历了一种由诡辩学派的怀疑引起的断裂。理性的诸理念在其全部基本形态中，看来都由于诡辩学派的辩论而失效了。诡辩学者们将任何意义上真的东西本身——存在者本身，美的东西本身，善的东西本身——，都说成是虚假的幻想，以给人以深刻印象的辩论证明是主观的臆想。因此哲学失去其目标意义。对于原则上只是主观的—相对的存在者，美，善，不可能有任何自在为真的命题和理论，不可能有任何科学，或（在当时这样说也是一样）不可能有任何哲学。然而这不仅
涉及到哲学。整个行动的生活都失去了它坚定的规范目标，实践 9
的理性生活的理念失去了它的效力。**苏格拉底**第一个认识到在诡辩学派的悖论中轻率地了结的问题，是人类在其走向真正人性道路上的命运攸关的问题。众所周知，他只是作为实践的改革家而对这种怀疑作出反应。

① 从这里以下直到第 10 页“……具有此种本质的……”是胡塞尔稍加改动从他的文章《**哲学文化的理念**》引用到本讲课中的。参看载于“**增补**”部分的该文，第 203 页以下。——编者注

② 参看附录Ⅳ，第 311 页以下。——编者注

后来，**柏拉图**将这种反应的重点转移到科学上，他成了科学理论的改革者。他在不放弃苏格拉底的推动的同时，指出了人类自主发展的道路，即在人类首先是经由科学，经由以由对方法的彻底洞察而来的新精神改造了的科学，向理性人类发展意义上的道路。

我们将按照一些具有决定意义的主要学说，依次阐明苏格拉底的，然后是柏拉图的毕生工作的意义。关于前者，我们将依照由柏拉图留给我们的丰富记述。

苏格拉底从伦理学方面对生活的改革具有以下特点，即他将真正令人满意的生活解释为由纯粹理性而来的生活。这就是说，是这样一种生活，在其中人以不懈的自身沉思的和作出彻底说明的方式，对自己的生活目标，然后当然是(以生活目标为中介)对自己的生活道路，对自己当下的手段，进行批判——进行最后评价的批判。这种作出说明和批判，是作为认识过程进行的，而且按照苏格拉底的说法，是作为向一切正当性之最初源泉以及对一切正当性的认识之最初源泉的有步骤回溯而进行的；——用我们的话来说——，就是通过回溯到彻底的清晰性，“洞察”，“自明性”，而进行的。人的一切清醒的生活，都是作为外在的和内在的追求和行动而发生的。但是，一切行动都是由意见、信念推动的；有关周围世界现实实在东西的存在的意见，而且还有有关价值的意见，关于美与丑，关于善与恶，有用或无用等等的意见。大多数这样的意见都是十分模糊的，远离任何原初的清晰性。苏格拉底的认识方法是一种进行彻底澄清的方法。按照这种方法，将仅只是主观以为美的和善的东西，与在已完成的澄清中显露出来的美和善本身，通过
10 标准化的方法进行对比，并借此获得关于它的真正的知识。苏格

拉底正是要表明，只有这种借助于充分的自明性而原初地产生的真正知识，才是唯一能使人们成为真正有道德的人的那种东西；或者这样说也是一样的，即才是那种唯一能使人获得真正幸福，获得最大可能纯粹满足的东西。真正的知识是合理的或道德高尚的生活之必要的（按照苏格拉底的看法是充分的）条件。缺乏理解，糊里糊涂地盲目混日子，放弃通过澄清而竭力获取有关美与善本身的真正知识的消极态度，这正是使人遭遇厄运，使人追逐愚蠢目的的东西。通过以反思方式弄清楚人所真正谋求的东西，以及弄清楚所有那些在这当中人们在自以为是美的东西和丑的东西，有益的东西和有害的东西中不明确地以之为前提的东西，就能区分开正确与错误，真与假。能够作这种区分，是因为正是通过这种已完成的澄清，事物本身的本质内容才能达到直观的实现。与此同时，有价值的东西与无价值的东西本身也才能达到直观的实现。

每一种这样的澄清，立即就获得示范性的意义。在生活、历史、神话的个别特殊情况中作为真正的东西或本源的东西本身和作为衡量不清晰的单纯的意见的标准而被看到的东西，立即就呈现为普遍东西的实例。在根据事物本性进行的纯粹的本质直观中——在其中一切经验上偶然的东西都具有非本质东西的和自由变项的特性——，它被看作一般而言的本质上真正的东西。由于这种纯粹的（或先验的）普遍性，它作为对一切可想到的具有此种本质的特殊情况的有效规范而起作用①。因此更具体地说，如果我们不是想到日常生活，由神话或历史而来的实例，而是想到“任

① 参看第8页编者注。——编者注

何一个一般的人”，作为在这样的一般状况下进行评价，进行追求
的人——他被转向如此形成的目标，在一般如此形成的道路上行
动——，那么一般来说以下情况就是很显然的，即如此形成的目标
和道路一般或是真正的，或在相反的情况下，它们一般不是真正
11 的，是不合理的，当在这种澄清中呈现的美和善本身显然与事先所
以为的东西矛盾，因此将这种意见作为不合法的消除了时，这后一
种情况就是必然的。

第二讲：〈柏拉图的辩证法和哲学的科学之理念。〉

让我们概括一下：**苏格拉底**这位伦理的实践家，在反对否定任何合理生活意义的那种诡辩术中，将一切清醒的个人生活中的根本对立，即在模糊的意见与自明性之间的根本对立，置于——伦理的一实践的——兴趣中心。他第一个认识到理性的普遍方法的必要性，并认识到这种方法的根本意义用现代的说法就是，对理性进行直观的和先验的批判。或者更确切地说，他将这种方法的根本意义认作是通过沉思对自身进行澄清的方法，这种沉思是以作为一切最终有效性之最初源泉的确真的自明性完成的。他第一个看到作为纯粹本质直观之绝对自身给予性的纯粹的和普遍的本质东西的自在存在。与这种发现相关联，由**苏格拉底**为伦理生活所普遍要求的彻底说明，当然就获得一种具有深刻意义的形态，即按照必须由纯粹本质直观突显出来的理性的普遍理念而对积极的生活进行原则性规范的或正当性证明的形态。

众所周知，在苏格拉底那里，由于缺乏理论的—科学的意图，所有这些都缺少作为有关真正生活实践方法之科学理论的那种真正科学的表达和系统的展开；尽管如此，仍然可以肯定，在苏格拉底那里，事实上已经有理性批判的基本思想的萌芽形式，它们在理论上和技术上的形成以及最富有成果的继续发展，乃是**柏拉图**的不朽功绩。

现在我们就转向**柏拉图**。

柏拉图将苏格拉底的提供彻底说明的原则转用于科学[①]。理论的认识、研究和论证，首先确实只是进行追求和行动的生活之一 12
种方式。因此在这里也需要就其**真正性**的原则进行彻底思考。

如果说**苏格拉底**对生活的改革针对诡辩学者，是因为他们借助于他们的主观主义搅乱并败坏了一般伦理信念，那么**柏拉图**针对他们，则是将他们当成科学（“哲学”）的败坏者[②]。诡辩学者在这两方面很少遇到反抗，并且他们造成了十分有害的影响，因为当时既缺乏真正的一般理性的生活，也缺乏真正的科学认识的生活。即使在这时，一切合理性也仅仅是朴素的要求，关于它们的最后目标和道路的最终可能性和正当性，本身是模糊不清的。

真正的理性生活，特别是真正的科学研究和在科学上取得成就的活动，必须通过彻底进行澄清的思考而根本超越朴素态度的阶段，理想地说，必须具备对所有步骤十分充足的正当性证明，而

---

① 从这里以下至17页“进行最终规范的权威……”是胡塞尔从他的文章《**哲学文化的理念**》引用到讲课中的。请参看重新发表于“**增补**”部分的该文章，第203页以下。——编者注

② 参看附录Ⅴ，第315页以下。——编者注

最高的是，必须具备由以洞察所获得的原理而来的正当性证明。

柏拉图试图以高度的严肃性，按照这种苏格拉底的精神，克服敌视科学的怀疑。由于这种高度的严肃性，他成了一切真正科学之父。他成了一切真正科学之父，这是由于，他不是轻率地对待诡辩学派反对自身有效的认识之可能性的和规约任何合理东西的科学之可能性的论证，而是通过对这些论证的深入研究而给以原则性批判；由于与此同时对这种认识的和这种科学的可能性进行了积极探究，而这种探究是（在对苏格拉底问答法的最深刻理解的指引下）按照对其一般本质规范之直观的本质澄清和自明的展示之精神进行的；最后是由于他全力以赴地根据这些原则性的洞察将真正的科学本身引上轨道。

我们可以说，正是由于**柏拉图**，这些纯粹的理念：真正的认识，
13 真正的理论和科学，以及——包含着它们全部的——真正的哲学，才进入到人类的意识；同样，柏拉图也是将它们认作哲学上最重要的（因为是最根本的）研究课题并加以研究的第一人①。柏拉图还是有关方法的哲学问题和科学的创立者，即能系统实现认识本质本身中具有的“哲学”的最高目的理念之方法的创立者。真正的认识，真正的真理（自身有效的，进行最终有效规定的真理），真实的和真正的意义上的存在者（作为进行最终有效规定的诸真理的同一基底）对于他来说，变成了本质的相关物。有关能在可能的真正的认识中得到的自身有效的全部真理的总体概念，必然构成理论上联结起来的，按一定方法进行的统一体，即一种普遍科学的统一

① 参看附录Ⅵ，第316页以下。——编者注

体。这在柏拉图意义上，就是哲学。因此，它的相关物就是一切确实存在的东西构成的整体。

因此一种新的哲学理念出现了，它决定了整个以后的发展。从现在起，它应该不仅是一般而言的科学，不仅是一种纯粹的以认识为指向的兴趣之朴素的构成物；也不仅如以前那样是普遍的科学，而且同时是绝对被证明为正当的科学。它应该是这样一种科学，它在每一个步骤和每一个方面都力求达到最终的有效性，并且根据实际实现了的正当性证明而力求达到这种最终有效性，这种正当性证明可以被认识者（以及每一个共同进行认识的人）在任何时候当作绝对正当性证明以已完成的洞察加以辩护。

由于柏拉图的辩证法，由于新时代的这个开端，就已经预示，这种更高的和真正的意义上的哲学，只有根据对哲学可能性之诸条件预先进行的根本研究才有可能。正如被包含于一个有生命的胚胎中一样，在这里，包含着有关哲学之必然奠立和哲学之必然划分为两个等级，即所谓“第一”哲学等级和“第二”哲学等级的在未来有重要意义的理念。一种绝对证明自身正当的普遍的方法论；或者用理论方式表达，一种关于一切可能认识之纯粹的（先验的）
原理之总体的，和关于这些原理中系统地包含的，因此能纯粹由这 14
些原理演绎而来的先验真理之总和的科学，作为第一哲学，走在前面。如我们能够看到的，由此，一切确实能实现的先验科学的那种由一切原理性根本真理的本质关联而不可分割地联结起来的统一体，就被划定了范围。

在第二等级上，出现了诸“真正的”，即以合理的方法“进行阐明的”事实科学之总体。这些事实科学在其全部进行正当性证明的论证中，都回溯到第一哲学，回溯到一般而言可能的合理的方法之先验体系，合理的方法由它们的不断运用中获得一种普遍的合理性，这正是那种进行特殊“说明”的合理性，这种特殊“说明”能够由诸先验原理（因此任何时候都是以对确真必然性的洞察）证明每一个按一定方法采取的步骤是最终有效地被证明为正当的。同时这些科学——始终是理想地说——由最高先验原理本身的已知系统统一而获得一种合理系统的统一，这些科学是“第二哲学”的诸学科，它们的相关物和领域，乃是事实的现实性之统一。

但是如果我们再返回到柏拉图本人，那么现在也应该强调指出，他决不仅仅想要做一个科学的改革家。按照他最终的目的，即使在诸种科学的努力中，他在任何时候也都仍然是苏格拉底的弟子，因此在最一般意义上，他仍然是伦理的实践家。因此他的理论研究还有一种更深刻的意义。简要说来，这里所涉及的是以下这种远未能按照其充分的意义，按照其整个的合法的影响范围，加以测度的基本信念：即人的每一个理性活动最终有效的论证、保证、正当性证明，都是以进行述谓判断的理论理性的形式并以此理论理性为媒介进行的，——并且最终是借助哲学进行的。人类修养提高到真正的纯粹的人性高度，要以具有其根本上已扎根的，并且已经联结起来的整体性的真正的科学之发展为前提。真正的科学是一切合理性之认识的场所；有才能的人类领导者——执政官——也从科学中取得他们据以合理规整共同体生活的诸种洞察。

15　由于这样一种见解，一种新型文化理念的轮廓就被勾画出来了，即作为这样一种文化的理念，在这种文化中，科学的文化形态不仅也在其他文化的形态中间成长起来，并越来越有意识地向它的“真正”科学的目标（*Telos*）努力，而且在这种文化中，科学有能力承担一切共同体生活的，因此一切一般文化的君主（ἡγεμονικόν）的职能，并且越来越有意识地承担这种职能，——相似于在个别心灵当中，理智（νοῦς）对于心灵的其他部分所承担的职能。人类发展作为教化的过程，不仅是作为在单个的人那里的发展进行的，而且是作为在“人的群体”的教化中的发展进行的。将人教化为真正的和“纯粹的”人的文化之最高可能性条件，是获得真正的科学。真正的科学是提高并尽可能获得所有其他真正文化的必要手段，同时本身也是这种文化的一种形态。一切真正的和真实的东西，必须证明自身是这样的东西，并且本身只有作为自由的、来自目的之真正性的自明性的产物，才有可能。一切真正东西的最后证明，最后认识，都具有判断性认识的形态，并且作为这样的东西，服从科学的规范。它通过根本的正当性证明，而具有其最高的合理的形态，就是说，作为哲学的形态。

柏拉图也从本质特征上预示了这些（在这里当然是提高了的）思想，他准备了这些思想，而且也以其诸原始形式论证了这些思想。无疑，这种主要表明欧洲文化特征的普遍合理化趋向，通过首先自身合理形成的科学，而最先在柏拉图这个天才人物那里出现了。仅仅作为他的影响的结果，这种趋向具有在一般文化意识本身中被承认了的规范之越来越有力地形成着的形式，最后（在启蒙运动时期）具有也有意识地指导文化发展的目的理念的形式。

在这方面，特别是下面这种认识具有开创性，即个别的人及其生活必须作为在共同体及其共同体生活的统一中发挥功能的组成

16 部分来考察。因此理性的理念也不仅是个别人的理念，而是共同体的理念，因此在这些理念下按社会方式联结起来的人类，以及社会生活形态的历史上生成的形式，应该按照规范进行判断。众所周知，由其通常的发展形态看来，柏拉图称这种共同体为国家，“人的群体”。很显然，指导国家的是自然产生的，普遍地必然地规定实践—政治生活的思想和行为的统觉。这种统觉将乡镇、城邦、国家，看作就像单个的人那样，是进行感觉的，实践上作决定的，行动着的东西，——看作是有点像人格的东西。实际上，正如所有原初的统觉一样，这种统觉本身也有一种原初的正当性。因此，柏拉图成了有关社会理性的学说的奠基者，有关一般真正合理的人的—共同体的学说的奠基者，或更确切地说，有关一般真正社会生活的学说的奠基者，——简要地说，成了作为完整的和真正的伦理学的社会伦理学的奠基者。这种社会伦理学在柏拉图看来完全是在上述意义上具有一种由他的原理性的哲学理念而来的特殊的特征。即，如果说**苏格拉底**将合理的生活建立于明智地证明为正当的知识之上，那么在**柏拉图**那里，就是哲学，绝对证明为正当的科学，支持这种知识；而且在这种情况下，共同体的生活支持合理的个人生活，人的群体支持个人。这样一来，哲学就变成了合理的基础，变成了真正的、确实合理的共同体及其确实合理的生活之可能性的根本条件。——尽管这在柏拉图那里还局限于国家共同体的理念，并且是受时代限制地被思考的，但他的这些基本思想也能很容易地普遍扩展到可以任意广泛理解的共同体化了的人类。由此就为一种新的人类和人类文化的理念，而且是作为由哲学的理性而来的人类和人类文化的理念，开辟了道路。

这种理念在纯粹合理性方面会怎样进一步提高，它的实践的可能性能达到多么远，它在多大程度上能被承认是最高的实践规范，以及在多大程度上起作用，所有这些在这里都是未解决的问
题。但是，无论如何，柏拉图的严格哲学的基本思想，作为能通过 17
它进行改革的共同体生活的功能，事实上产生了一种持续不断的和日益增强的影响，它有意识地或无意识地决定着欧洲文化发展的本质特征和命运。科学传播到生活的全部领域，并且在它发展所及的范围内，到处都要求具有进行最终规范的权威之重要性。

〈第二章　逻辑学的奠立和形式的—直谓的分析学之限度〉

第三讲:〈作为推理逻辑或一致性逻辑的亚里士多德—斯多噶学派的传统逻辑。〉

在上一讲我们已经了解了柏拉图的哲学理念。现在首先使我们感兴趣的是欧洲科学的发展:柏拉图的推动是如何发展的,发展到什么程度。

以柏拉图的辩证法为起点,新哲学,逻辑学,一般形而上学(亚里士多德的第一哲学),数学,具有各种不同学科的自然科学和精神科学(如物理学,生物学,心理学,伦理学和政治学),只是柏拉图的作为绝对证明自身正当的科学的哲学之理念的不充分的实现。我们可以说,柏拉图的追求一切科学认识的充分的最后的合理性的这种彻底主义,正是由于达到了——不仅是在逻辑学(它具有在专业方面预先照亮具体科学工作的一般方法论功能)的系统提高方面,而且也在专门科学本身的阐明方面达到了——这种合理性的低级阶段,而减弱了。现在,这些科学认识是现实地发生的,是在对其方法坚持不懈地彻底地批判思考中发生的。这些科学认识在这些方面——特别是在一开始就受到偏爱的数学认识领域——

立即就获得了一些合理性，这种合理性远远地超出了作为可靠向导的逻辑学能由科学地确定下来的诸规范法则证明为正当的东 18
西。另外，这二者，逻辑学的发展和科学的发展，从一开始就是以可以理解的方式携手并进的。在瞄准批判的正当性证明，同时瞄准原理性东西，因此瞄准纯粹一般性东西的过程中，在最早数学的原始理论成就中，在它的推论和证明中，理想形式的以及形式法则的固定结构一定早就已经不由得产生出来了。下面这种情况一定是引人注目的，即在判断活动中产生的基本的和复合的判断构成物，以明显的必然性连结到一些固定的形式上，如果它们一般而言可能是真的，可能是可以按照它们的事态理解的。按照真正柏拉图的精神，纯粹判断的形式，尽管并不充分，还是获得了理想的—概念的含义，并且揭示出在其中奠立的纯粹合理的诸法则，由这些法则，表达了判断的真（以及同样还有判断的假）之可能性的诸形式条件。由此就产生了纯粹的，并且是形式的逻辑学的基本成分，我们还可以说，纯粹合理的科学论的基本成分，这种科学论的规范正是由于它的形式的普遍性而一定具有完全普遍的有效性。科学一般，任何可以想象到的科学，肯定都想获得真理，它们想在它们的陈述行为中产生一些陈述内容，这些陈述内容不仅是由陈述主体所做出的判断，而且是由他们自明地证明的判断，并且是任何时候都可以再次自明地证明的判断。因此很清楚，形式逻辑的法则正是作为形成可能的真判断的纯形式的法则而一定对所有可以想象到科学具有规范的意义，并对它们全体具有完全必然的有效性。

对**亚里士多德**分析学之伟大成就继续加以发展的**斯多噶学派**逻辑学，具有这样一种伟大的功绩，即它首次以一致的纯粹性突出

强调了真正严格的形式的逻辑学这种必然的理念。它通过它的重要的——然而却被弃之不顾的，甚至被完全忘却了的——关于语言的意谓(λεκτόν)的学说，为这种逻辑学奠定了基础。在这种学说中，第一次准确地表达了作为在判断活动中所作出的判断(在意识
19 对象意义上的判断)的命题这种理念，并且将三段论的规则性与命题的纯粹形式联系起来。

从本质上说，这种逻辑学以及整个传统逻辑学，并不是真正关于真理的逻辑学，而仅仅是一种无矛盾的逻辑学，一致性的逻辑学，推理的逻辑学。更准确地说，这是在数千年间发展起来的合理的理论，它们构成在其他方面不管怎样改变着的逻辑学的核心部分，这种逻辑学仅限于研究已经作为判断在对它们的事实真理或可能性的任何询问之前按照其单纯分析学的意义能够前后一贯地坚持下去的可能性之形式条件。因为这里涉及到一种**康德**有关分析的思想的学说就已经以之为目标的极其重要的区分，但是，不论是康德还是后来的人，都未曾使这种区分达到科学上非常必需的澄清，所以在这里我想离开本题作一些系统的补充，这种补充可以满足对根本的清晰性的一切需要。

让我们来设想，有人连续地下判断，并将判断一个接一个地排列起来，使已作出的诸判断对他内在地继续有效；在这种情况下，一般所产生的就不仅是诸判断构成的排列，而是这样一种排列，它在共同有效性的统一中，在总体判断的统一中，仍然不断地被意指；一种判断的统一贯穿到所有个别的诸判断中。这不是那些以意识流中的单纯先后相继出现的判断。宁可说，它们在通过判断活动现实地生产出来以后仍然以精神把握的方式继续着，并且是

这样地继续着，即在连续当中被一起把握，在一次性地把握当中被一起把握，它们具有一种将判断的意义与判断的意义联结起来，在判断活动的进程中有意义地形成的统一，即共同构成一整体的，相互交织的，在个别的判断中有牢固基础的判断的统一，这个判断赋予所有诸个别判断以内在地属于同一整体的有效性统一。一篇文章的多种多样陈述，就以这种方式具有普遍交织的判断的统一，而每一种理论，每一种完整的科学，也按照它们的方式，具有这种普遍交织的判断统一。

在每一个这样地包含着的判断统一的内部，判断与判断都能够以可以理解的方式处于特殊的关联中，或者在以后进入这样的
关联中。它们可能构成特殊种类的判断统一，即一致的或非一致 20
的统一。因此，每一个推论都是一致性的判断统一。在推论活动中，所谓被推论出的判断，不仅是在前提判断之后出现；它不仅是相继地被判断，而且结论的判断是从作为前提的判断推论出来的。“被推论出”的东西是在它们当中已经——而且是以判断的方式——包含的东西。借助于它已经“预先断定”的东西，现在现实地并且准确地被断定了。例如，如果我们判断，并且是同时判断：每一个 A 都是 B，并且每一个 B 都是 C，那么，我们可以“因此”并且作为在这当中明显地同时包含的东西而判断：每一个 A 都是 C。因此结论句并不是一个单独的判断产物，而是一个由前提产生的判断。只要我们坚持这个前提是我们的意见，只要我们坚持它对我们有效，我们就不仅能够一般地进一步判断说：每一个 A 都是 C，而且我们还能看到，这个判断任何时候都能够由那些前提产生出来，就是说，作为“被预先断定的”东西以某种方式“存在于”

它们之中。

有时我们在进行判断时，按照这个判断是包含于这些前提之中的这样一种想法，从前提得到一个新的判断。但如果我们仔细观察我们以前所作出的这些前提判断，以及这个新的判断本身，如果我们将我们的判断的意思弄清楚，我们有时就会看到，这个结论的判断，并不是真的包含于前提判断之中。但是在另外一些情况下，如在每一个明智地进行的推论中，我们都能看到，结论句是这个前提的真正的结论句，真正是由前提判断的设定活动而被规定为能够同时设定的句子。因此我们认识到，所包含的东西是一种相关的性质，这种性质应完全归于处于与前提判断本身关系之中的作为同一的陈述句的结论判断，正如反过来我们认识到，前提判断具有相应的、应归于作为对其意义本身的同一的判断的前提判断的性质，即在自身中先天地具有这些结论判断；我们认识到，前提判断是对于任何时候都可能的、能在现实的判断活动中实行的自明的转变之起始判断，在这种转变中结论判断以其一致性的性质自明地呈现出来。

推论的一致性（正如它纯粹属于作为判断活动的判断活动那
21 样）的相反的性格是不一致，或矛盾。例如，如果我们判断说：每一个 A 都是 B，那么尽管我们仍然有这个信念，但是今后很可能出现这样的情况，即譬如说由于一种特殊经验的证明，我们判断说，在这里这个 A 不是 B。但是只要我们的目光转回到从前的那个判断，并且按照它的意义将它弄清楚，我们就认识到，这个新的判断与以前的判断矛盾，以及反过来，以前的判断与这个后来的判断矛盾。我们必须譬如说根据这个经验坚持新的判断，因此随之而

来的就是由于这种情况立即抛弃从前的判断，并将它转变为否定的判断：并非每一个 A 都是 B。

最后我们还要举出一种以被包含和被排斥这两种情况，或说以包含和排斥这两种情况，同时出现的进一步的关系：譬如句子 A 和 B 可能处于这样一种情况中，即它们彼此既不处于包含关系，也不处于排斥关系，例如这样的两个句子：U 是 X，和 Y 是 Z；在这种情况下，它们具有相容性，这种相容性在这里意味着无矛盾性。

我们立即就看到，这在我们判断生活中并不是偶然的经验的事件，相反，这里所涉及的是本质的法则，是能够普遍认出的纯粹理想的一般的有效性，是涉及到一致性，不一致性，以及无矛盾性的纯粹的法则，我们并且看到，对于这些法则来说唯有判断的纯粹**形式**是决定性的。因此，例如我们在刚才关于不一致性所说的东西中，立即就认出这样的法则：如果 B 和 A 矛盾，那么它就被 A “所排斥”，如果 A 被设定，那么关于 B 的设定就被取消。通过探究这些法则，我们认识到，判断的一致性与矛盾，判断的包含、排斥与相容，都是判断关系，这些关系通过相互交织的理想的法则而相互联系。另外更进一步的观察，还有间接的一致与矛盾和直接的一致与矛盾的区分，在考虑到所有这些东西的情况下，通过对不同的判断形式和可能的前提结合的形式的系统追踪考察，我们就达到联合成一种自成一体的系统的理论之统一的具有多种多样形态的法则性。

现在重要的是注意以下问题。纯粹判断上的一致与作为不一 22
致的矛盾以及相容，与纯粹作为判断的判断有关，而并不关心这些判断即使仅仅是可能真的或者仅仅可能是假的。在这里我们必须

清楚区分两种不同情况。

1)在证明的意义上理解的判断,即我们通过追溯到“事情本身”而确信,它们是真的或者不是真的,同样地,以下面的方式明智地阐明判断,即我们突出强调它们的可能性,它们可能的真或假,也许是突出强调它们的先验的可能性或它们的先验的不可能性(背理性)。

2)而下面则是某种完全不同的情况,即我们通过注意在纯粹作为一致性句子的这些判断当中,什么东西同时被判断,或什么东西通过它们作为矛盾而被排除,纯粹以“分析的方式弄清”判断。我现在谈的是陈述句的**分析的判断意义**(单纯的含义统一);在这当中我所理解的能从每一个判断中或陈述中领会出来的,并且总是能在重复当中一再自明地视为同一的意指,对于这种判断的意指的自明的领会,与人们是否借助于进行澄清的和进行证明的直观回溯到被判断的事物领域完全没有关系。

如我们还可以说的,我们由此区分开“纯粹的判断”(纯粹的含义统一),和与判断相对应的事实的可能性或者事实的真实性,“意义”这一有歧义的表达式的另一些概念标志后者。

整个传统的三段论,因此几乎整个传统的形式逻辑,就其先验的核心内容来说,其实只是说出了关于保持无矛盾性之条件的法则,或者更确切地说,突出一致性,使一致性得以真正保持,排除不一致性的法则。因此真理概念和可能性,不可能性,必然性的概念,其实不属于能够在这里清楚划界的有关普遍无矛盾性的本质
23 条件的和有关纯粹一致性思想的形式学科。当我们将目光完全仅仅指向作为陈述之纯粹含义的判断并将其纯粹的形式完全弄清

时，就认出了有关一致性的合理的法则性。而判断如何能达到事实方面的切合性，我们如何能够判定真与假，事实方面的可能性和不可能性，这些问题这里不予考虑。

当然，真理与真理的样式为一方，纯粹的判断包含，判断排除和判断共存为另一方，二者之间并非没有密切联系。这种联系由以下情况表明，例如，没有一个能在其中证明有矛盾的判断，也没有一个能在其中证明有矛盾的综合统一的判断体系（这个判断体系同时就是一个判断），因此没有一种能在其中证明有矛盾的理论，能是真的。

任何矛盾都是假的：在这里我们将一个全然的矛盾理解为由一些判断组成的一个判断，在它的判断成分当中，至少有一个成分排斥另一个成分，与另一个成分相矛盾。但是我们也可以这样表述这个法则：如果 A 与 B 相矛盾并且 A 是真的，那么 B 就是假的，如果 B 是真的，A 就是假的。即使我们不选取真理，而选取可能性和必然性，或它们的对立面，相应的法则也是有效的。此外，关于一致性关系，关于纯粹判断包含关系，我们也有类似的法则。首先是这样一个基本法则：如果包含句是真的（可能的），那么被包含句就是真的（可能的），如果被包含句是假的（不可能的），那么包含句就是假的，它的全部前提就是假的。所有这些连结法则必须作为从一致性句子区分开的独特原则，小心地提出来。此外我们也必须在纯粹的概念成分中划分出属于不同领域的有效性概念。在一致性逻辑中，这个法则就是：如果结论句无效，则前提句也无效，只是在这样一种范围内无效：即被推断判断的放弃引起包含判断的放弃。这与另一个法则相关联，即每一种推论关系都可以反

过来，结论句的否定作为一致关系含有对前提句的否定。但是在真理逻辑中，并不谈论那样一种使一个可能的判断成为判断或者拒绝对这个作为已作出的判断的判断给予判断设定之支持的有效性和无效性；而是谈论真理的有效性和作为真理派生物的有效性。

正是由于与这些形式的一般的连结规则之这种相互联系，无
24 疑证明了单纯一致性和无矛盾性的形式逻辑是有关真理的逻辑之很有价值的初级阶段；但却仅仅是初级阶段。而真正的认识兴趣是要使真的判断和普遍真的东西成为可能，在最高程度上，是使普遍的认识，使普遍的绝对的证明为正当的真理体系之产生成为可能，使柏拉图意义上的哲学成为可能。因此超越这种无疑是非常合理的，在纯粹本质法则中运动的一致性逻辑，需要一种有关获取真理的完全合理的方法论。但是在这个方面，人们并没有走出很远，即使在最普遍的，并且实际上很难理解的使真理一般成为可能的问题方面，也没有走出很远——暂时抛开已经走出很远的关于使真正的科学或者哲学成为可能问题不谈。

第四讲：〈补论：作为分析数学的有关一致性的普遍逻辑，形式存在论的相关探讨方法，以及有关真理逻辑的问题。〉

在上一讲我们已经说明了形式逻辑的合理的理论之特征。这种由**亚里士多德**在分析学名目下构想出来的，嗣后又得到补充和纯化的逻辑学，可以说构成传统逻辑学的不可改变的组成部分。当时，这种逻辑学就其主要核心部分来说，是支配着一致性，不一

致性，无矛盾性的诸本质法则之合理的系统学。我曾试图阐明（当然此前传统本身并未看到这一点），其实由此一种独特的**学科**已被划定了界限，这个学科，即使人们完全理解了它的意义，在它特有的理论成分中也决不同时包含真理的概念以及这一概念的各种派生物和样式。真理的派生物，在这里如同可能性（作为可能的真理），必然性，盖然性等等一样，是一些具有它们的否定的概念。

我们分离出一致性逻辑（为了再一次回到这个问题上），是基于这样一种情况，即作为单纯**判断之意义（命题）**——或者如我们在以陈述方式下判断的领域中也可以说的，**陈述句的同一的含** 25
义——的判断，通过“单纯的解释”，就能够自明地领会出来。我们曾指出，这种自明性，在对于可能的和现实的真理的一切询问之前就存在着；或者这样说也是等值的，即这种自明性不依赖这个判断在对它的事态的关系上是不是进行直观的判断，以及此外这个判断的意指是不是或多或少由直观的充实所满足。

以下情况构成**单纯解释的这种自明性**之本质，即对于这种自明性来说，绝不依赖下面这种情况，即人们要就当下陈述含义的真实性或只不过就当下陈述含义的可能的真实性检验它们，就是说，转向对于这个陈述的含义的（因此对于人们在这里以判断所意指的**东西**的）澄清性的或证明性的示例阐明。更确切地说，由此所完成的是一种完全不同方式的和完全不同方向的澄清。通过术语上的区分，我们能够将强调陈述之同一的“分析的”意义（如在“2小于3”这个陈述中的“分析的”意义）的**分析的解释**与**事实方面的澄清或证明**以及在其中呈现的可能性或真实性对立起来。这里所标示的是一种完全不同的意义概念；特别是在否定的说法中，譬如“2

大于3"，那就意味着"没有意义"，就是说，它自然地有一种**分析的意义**，它是一个句子，这个句子按照在判断式的陈述中所意味的东西，是十分清楚的；但是**事实方**面的意义，可能性与真实性，却在这里丧失了，正如在澄清中，在回溯到对于"2"和"3"和"大于"的事实方面的解释时所表明的那样。我们还可以说，对于指向分析意义的自明性，对于分析的解释的自明性，**单纯符号的，单纯语言的判断**就足够了；而对于可能性和真实性，这种判断却决不能完成任何事情，同样，对于有效性的必然性、盖然性，以及对于它们的反面，也不能完成任何事情。

由于联系到这种区分，这就意味着：纯粹地理解，整个三段论就是——如果我们用亚里士多德的话来说——"分析学"，它所涉
26 及的是单纯的同一的理想的陈述含义，或作为分析解释之成分的判断；正是因为像一致性与不一致性，被包含与被排斥，同样还有具有无矛盾性方式的分析的相容性这些关系，仅只涉及作为纯粹的判断意指，判断意义的这些判断。

但是，**传统逻辑学**却正是不仅仅想成为分析的一致性的和无矛盾性的逻辑学。它的确经常谈论**真理**以及它的派生物——，这不仅仅是联系到一致性时附带地谈论的，而且它想成为真理的方法。当然，它甚至没有能想到最重要的东西。因为它并没有从理论上占有我们刚才谈到过的属于判断活动的双重自明性，因而并没有占有有关判断意义的不同的附属的概念。所以它并没有以一种对于一致性必要的方法论上的区分而提供属于一致性的东西，此外，它没有通过区分真理与真理的模态而提供正是特别属于后者的东西，就是说，没有提供能够以具有形式的普遍有效性的先验

法则形态，由事实方面的切合性之自明性，为判断表明的东西。

因此，历史上的逻辑学在方法程序方面有一个很大的缺点，然而这种逻辑学作为一切认识的普遍的和原理性的方法论，按照它自身的程序，本来应该满足最高的方法论上的要求。既然它在关系到自己本身时仍然处于不确定性和不彻底性之中，那么，它的方法上的规范对于一切认识活动本身就肯定都是不充分的，模糊的。

除去已经详细说明过的东西，这种逻辑学实际上并没有取得很大进展。如我们将会看到的，它即使在那个它唯一从理论上得到发展的、原则上是片面的范围中，也仍然是不充分的。在这里应该强调指出一个非常重要的缺欠，即一种不允许的限制。传统逻辑学表明，它没有能力从理论上满足以谓词进行规定的判断与判断的基底之间的关联作用，因此也不能满足谓词的真理与真正存在着的对象性之间的关联作用。每一个谓词性陈述的意义（本身）
都涉及到某个对象，它对该对象有所陈述，它以判断的形式称谓该 27
对象，它对于该对象作出某种规定。涉及谓词判断的一致性与真理的形式理论，相关联地也要求有关可能判断的名词性的对象性东西本身的形式理论，作为能够以纯粹的一致性或无矛盾性思维的，即能够以判断方式设定的理论，此外，同样也要求有关不仅能一致地思维的一般的对象，而且是在可能的真理中存在的对象一般的理论。

更详细地解释就是：可以询问，什么东西被先验地和以形式的普遍性看作是一般对象；以形式的普遍性，这就是，作为一切可以想象的一般对象，并且纯粹作为可以想象的一般对象；但这也就是说，只不过是作为对象的意义，就如同它们能够在可能的判断意义中（在逻辑意义上的句子中）作为被归于它们（无条件地被归于它们，或有前提地被归于它们，或有条件地被归于它们，确信地被归于它们，猜测地被归于它们，可能地被归于它们）的属性，相关状态等等的基底而出现的那样。每一个判断都是关于这个或那个东西的判断，并且有关的基底作为意义的成分，作为对象的意义，本身属于在这里称作判断的意义统一之联结。分析数学（在集合论，算术，流形理论中），作为思想对象所标示的，只不过就是这些对象的意义。更详细地说，在这里不仅询问通过同一的基底（按照意义以为是同一的基底）被结合起来的可能判断之可能的综合的结合，而且询问这样的综合的联结，在其中判断一致地被联结，因此相关联地，同一的对象借助于无矛盾的规定而被确定地思考。如果我们将具有形式普遍性的对象之意义作为由具有任何意义形态的判断之意义，或是由某种从先验可能的并能以概念方式构成的形态中挑选出来的形态构成的基底来思考，那么在这种情况下，因此也就是询问在其中这些同一的基底能以一致性被设定的先验的形态体系，并询问这些基底在这体系当中所呈现的一致的规定形式。每
28 一种一致的规定之形式，同时都是有关对象一般的，即作为可以这种形式无矛盾地规定的对象的法则。系统地建立有关可能对象一般的规定方式之直接自明地一致的体系，以及以构成方式分析地演绎出一切在其中一致地包含的规定形态，这乃是流形论的任务。这种有关某物或某物一般的原理，即有关作为可能的谓词的意义（它们应该是能在进一步的述谓中一致地判断的）之基底的对象一般的原理，是**形式存在论**。它只是一种有关一致的判断一般以及它们借以组成前后连贯一致的判断体系的诸形式之原理的相关的

考察方式。一种充分全面地被思考的直谓逻辑，自动地就是一种形式存在论，反过来，一种被**充分**阐明的形式存在论，自动地就是一种形式直谓学。

范畴概念，即先验可能的诸规定形式（借助于这些形式，思想对象以可能的，能够一致地下判断的判断被规定），不同于判断本身借以被规定的那些概念，因此，存在论的范畴与直谓的范畴是彼此对立的。但另一方面，句子或判断——对此我们还可以说，“思想事态”或“被思想的”事态本身——本身是存在论范畴，只要句子在其中作为规定的基底起作用的每一种判断形成是可能的。研究思想对象借以由思想对象产生的一切可能的生产形态，以及研究为这些形态产生的诸规定，本身当然具有形式存在论的任务。形式存在论包含有思想对象的一切可能规定必然在其中出现的一切可能的判断形态。

然而只要看到以下情况就足够了，即在这里一些不可分割的
相互关联将对象与判断（或者“诸对象”与“诸判断”——二者在当
前的态度中作为单纯设定的意义，作为单纯“被思想之物”）联结起
来，以及唯一先验的科学就是那种科学，它通过回溯到自己本身而
探讨对象与事态，时而特别地指向事态的形态或判断的形态，以及
属于它们的一致性法则，时而指向对象的基底以及它们的一致性 29
规定。所有在这里出现的概念，分析的—逻辑的范畴，都是纯粹由
这些“意义”汲取来的概念。正如对于句子只谈论一致性，而不谈
论真理一样，对于对象只谈论它的无矛盾地可想象性，而不谈论它
们的事实方面的可能性或现实性。因此全部的形式存在论**或**形式
直谓学，真正全面地来看，每一个都是分析学。

不管传统逻辑学在按一定方法进行研究方面怎样有缺点，不管这种只是按照**莱布尼茨**的精神在普遍数学（*mathesis universalis*）的名称下才真正得以不完全实现的普遍形式逻辑的和包含于其中的形式存在论的理念离传统逻辑学有多么远，由此还是产生了以下情况，即在与这种逻辑学相对照的诸专门科学的学科中，也产生了一种单独的，而且是**数学的学科**，它与算术一样，完全属于**形式存在论**的理念范围，作为形式存在论的重要的但较小的分支。因此，在科学人类的历史意识中，在逻辑学和算术的名称下分开的东西，而且像逻辑学与物理学或逻辑学与政治学那样分开得很远的东西，其实是十分紧密地联系着的；算术和直谓逻辑（例如三段论法）二者被作为分支学科划入一门逻辑学的，而且甚至已经是纯粹分析地理解的逻辑学的完整的理念之中。另一方面，在历史的意识中紧密联系在一起的东西，如算术和几何学，却必须划分开。几何学需要空间直观，几何学的概念必须追溯到事物性的领域，追溯到空间性的领域。相反在算术中，它的概念表达某物一般的样式，如集合和部分，并且从原则上说这里所不可缺少的自明性的性质，与允许获得判断的一致性这种逻辑的一直谓的概念的性质是相同的。更仔细观察，整个算术，因此整个分析数学，实际上只不过是一种不同指向的分析学，是一种只不过不同指向的一致性逻辑学。就是说，不是指向谓词的设定，指向判断，宁可说，它们所涉及的是“思想对象”的设定。但是在这里不允许我进一步论述，我不得不满足于这种单纯的提示。

传统逻辑学的上述缺点，正是与对于真理与真实的存在的探讨中的，以及对于其余的与这些理念本质上相连接的其他理念的探讨中的，对于诸样式变化的探讨中的某些非常根本的方法论上的缺点紧密相连的。如果逻辑学实际上，并且在柏拉图的辩证法的伟大意图影响下，想成为获取真理的**普遍的和根本的方法论**，那么这种研究就不仅需要从主题上指向刚才描述过的真理和真实的存在的相互关系的层次，而且还必须将本身处于与上述一个对象相互关联之中的另外一个相互关联的对象当成课题。**判断是进行判断的行为中的被判断的东西，而进行判断的行为是主观的生活。**原初真的判断活动是在洞察中被证实的判断活动，而真正存在着的对象性，是在进行经验的体验活动中，或以任何其他方式自身亲眼目睹和自身把握的体验活动中，呈现给进行经验的主观的对象性，和在可以理解的判断活动中的被规定的对象性。客观上真的判断活动，是一种必然对每一个人都能以可以理解的方式证实的或能够证实的等等的判断活动。不仅在作为同一的陈述意义的判断方面和在作为同一的基底意义的对象方面，需要一种判断的和真理的研究，一种对象的和现实性的研究，而且在判断活动的主观东西方面，在领会活动的，在共主观地和最终有效地证明活动的，设定对象的活动的，经验对象的活动的主观东西方面，此外特别是在所有诸如被以为的对象和真正的对象，作为语句的判断和真理本身在进行认识的体验活动中，在意识中自身呈现的诸主观样式方面，也需要一种判断的和真理的研究，一种对象的和现实性的研究。

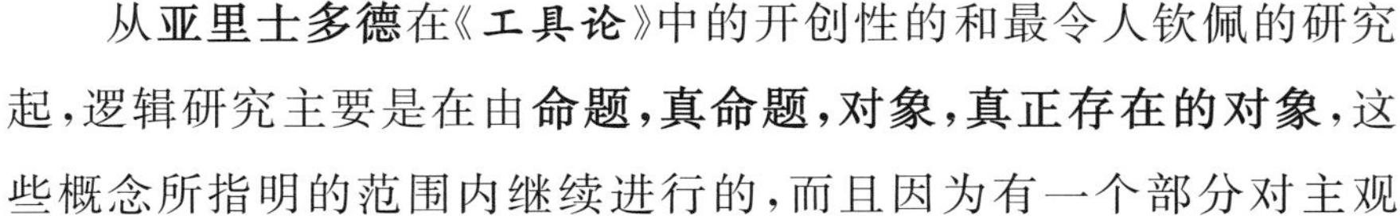

从**亚里士多德**在《**工具论**》中的开创性的和最令人钦佩的研究起，逻辑研究主要是在由**命题，真命题，对象，真正存在的对象**，这些概念所指明的范围内继续进行的，而且因为有一个部分对主观 31

反思的思考有用，这实际上是十分自然的进程。谁作为科学家要反对普遍的怀疑——而且防止诡辩论的怀疑的确曾是迫使希腊思想发展一种基本的方法论的历史动机——，谁就要因此而开始彻底思考借助认识行为能在多大程度上获得真理和真正的存在，而且他首先会去看自称的科学成就的内容，去看**命题和理论**，但是在这种情况下，他必然会被引向以认识的方面为目标的主观指向的思考。因为他要弄清楚自明性与模糊的意指的区别，一致的判断与矛盾的判断的区别，由此就产生出一种证明认识之正当性的最初的方法，这就为科学最初的奠立开辟了道路。

〈第三章　由诡辩论的怀疑所引起的对于进行认识的主观性之最初思考〉

第五讲：〈理念认识的发现以及诸哲学的科学、合理的科学之希腊起源。〉

在上一讲中我开始谈到，对柏拉图辩证法的诸种研究，这些彻底的方法论上的思考，虽然很快就在逻辑学中，在科学的方法论中产生了效果，但是这种逻辑学由于它的片面性，绝没有实现所想要的一种足够充分的方法论的，和一种能借助该方法论获得的哲学的，柏拉图意义上的哲学的理念。我说的片面性是指，这种逻辑学从来没有达到对由真理和真正的存在，更一般而言，还有判断（句子的含义）和判断的对象，这种相互关联的对子所标志的课题层面，进行科学的理论研究。但是我同时指出了将这种理想的统一与进行认识的主观性联系起来的第二种相互关联，或者说指出了以下情况，即我们称作陈述句的那个同一的东西和真理，是在各种 32
各样判断模态中，在主观体验的“如何”这种主观方式中，呈现出来的，同样，判断的对象是以不同的方式，或是清楚或是不清楚地被经验到的，或以任何其他方式被意识到的。让我们想想开始的动因，在这里就是想想决定了苏格拉底—柏拉图的反应的，并因此将

新的意义上的哲学的理念和服务于它的方法论引向发展的历史上的动因。一个人作为科学家面对怀疑这种事实以及这种怀疑对每一种在“科学”或哲学名称下的客观认识之可能性的否定，他虽然首先会将目光指向同时代的或留传下来的诸哲学的内容，因此指向它们的原理和理论，但是他必然很快就会被引向涉及对这些理论的认识方面的、对它们的主观产生方式的那些主观的思考之中。首先他将会明白这样一点，即一般的判断，进行判断的句子，不管它处于多么鲜明的信念之中，仍不能称作合理的判断，仍不能称作真正意义上的认识活动。他会将可以理解的，对事物与事态本身进行切近观察的，并且在切近观察中进行规定的判断活动，与模糊的，远离事物的“意指活动”进行对比。他会想，这种单纯的意指活动首先必须显示它的真理价值，而这只有借助于与那种相应的，将事物本身置于眼前的直观进行比较，而且不是借助于随便的直观，而是借助于一种特殊的直观，简要说，就是通过变成自明的等等，才能做到。同样地，而且是为了相同的目的，他会思考呈现事物的直观的价值，或者也许会考虑这种直观单纯主张的东西；例如在外部经验的情况下，他也许会明白，外部经验虽然是作为对经验对象本身的亲自观察和把握活动而主观地呈现出来的，但是经验者在这种情况下所获得的经常只是一种流动的存在，而决不是最终有效的存在本身，他每次在这里把握到的东西，总是带有单纯的意指，而这种单纯的意指决不能达到存在本身的真正的充实，即使在向补充经验的奋力进展中，也不能达到；因此，外部经验决不是一
33 种能够满足对其对象本身的自身拥有，自身把握之要求的意识。
但是科学并不是要一般地达到通常的宽泛的意义上的真理，而是

要达到**客观的**真理。那么为了这样地获得客观性需要什么呢？

因此，作为否定认识一般客观真理之可能性的，否定任何一般真正存在之可能性的普遍怀疑的**诡辩哲学**，不得不进行这样一些反思；这种反思的目的就是要证明以下东西的正当性，或者说，对以下东西进行普遍的反思—批判的思考：以体验方式在认识活动本身中以表象活动和判断活动的，直观东西的和非直观东西的极其不同的方式存在的东西；和在有关完善的或真正的认识，和不完善的认识的不同认识的谈论——而最高的是有关科学上客观的认识的谈论——中充当根据的东西；以及最终一定会提供给一切规范概念以可能意义的东西。

尽管在这种形式中对认识的反思，由于目光指向在经验和判断中被意指东西之给予性的诸主观样式，而处于这种发展的顶峰，但是由此并不表明，很快就达到了对这个在这里开辟的主观认识样式领域的，以及进行认识的主观性一般本身的全面的富有成果的理论研究，在人们能够形成有关存在于这种主观指向之中的，为认识批判地证明自身正当性之目的所必需的研究方法，因此能够成功发展一种彻底的和真正的认识方法以前，已经过去了数千年。但并不是说，仿佛最初的认识批判的思考，仿佛**柏拉图**的不倦的和深刻的预备性研究，以及他的许多后继者的决不会再被弃之不顾的对认识的思考，仍然是没有科学成果的；情况完全相反。只是应该说，缺乏具有主观方面认识的真正合理的本质学说形式的必要效果，而是代替这种效果很快就形成了一些专门的科学，它们的比 34
较令人满意的完善性决没有对减少那些缺陷有所助益。这种情况意味着什么，我们很快就会了解。

首先有几点要进一步说明。**有关真正认识的主观方式**的一些最初的深刻的思考，作为最重要的和最早的成果，带来了关于作为有关确真真理之认识的理念认识的发现。存在着一种有关纯粹本质概念的原初可理解的——也是完善的——产生，本质的法则，有关可洞察的确真的普遍性和必然性的法则，在这些本质概念基础上建立起来。这种发现就在已经存在的数学的纯化和从原理方面完善化中，在将它改造为作为纯粹理念科学的纯粹数学中，产生了效果。

这里应该注意，虽然人们将严格科学的历史，首先是在最狭义上理解的精密科学的历史，以正当理由追溯到久远过去的柏拉图时代，但是对这种历史在前柏拉图时代的形成，则只能承认有科学的前形态的性格。因此，数学主要是由于在柏拉图辩证法中完成的主观的—方法论的准备工作，才获得它的专门的科学的特征。只是因此，它才成为一种**纯粹的**几何学和算术①。它所涉及的是**理想可能的**空间构成物和数量构成物，从规范的方面思考能直观地看到的、所有这些可能性都向它接近的极限理念。现在直接的本质概念和本质法则被与这些纯粹接近的理想（“纯粹的”单位，“纯粹的”直线等等）联系起来，而这些本质概念和本质法则，作为“公理”，具有纯粹演绎的全部结构。纯粹数学的第一位经典的系统化者**欧几里得**，是著名的柏拉图主义者。他根据伟大的先行者**攸多克索**，在《几何学原理》(*Elementen*)中按照柏拉图学派的理想，提供了纯粹合理科学的第一个得到贯彻的设想；但是我们必须

① 附录Ⅶ第327页以下为下面的文字提供了一种异文。——编者注

更确切地说：几何学是在一般方法论之外，按照由这种方法论奠立的合理性理想所构想并获得成功的第一门科学。它是按照纯粹理 35
念的直观创立其基本概念，形成理念的法则和本质的法则的**第一门科学**，这些法则是以确实的自明性，因此是作为绝对有效的必然性而表明出来的。它是第一门这样一种科学，即它通过系统规整而以直接的本质法则为基础建立起来，并且，通过以纯粹推论的形式系统地向上层建筑推论出一切在其中间包含的本质法则，它依据这些本质法则合理地说明由纯粹合理的法则性的这些储备产生的一切特殊情况，以及在其应用中能够提供的事实，将它们作为先验必然性东西而变成可以理解的。

但是另一方面应该强调指出：在这种认识批判的预备性研究中所产生的合理性理想，在方法论本身的内部，获得一种系统的效果，而且是与将数学改造为纯粹合理的数学同时获得这种效果的。我在这里所指的当然是已经由柏拉图的亲授弟子**亚里士多德**奠立的**分析学**。这种分析学，尽管有其作为有关命题，真理，真正存在的形式逻辑的进一步发展方面的不完善之处，但是从一开始就构成一种按其自身意义是合理的学科的基本组成部分，构成一种对于一致性和真理的本质法则之系统的以演绎方式不断进行的展示，此外它还从方法论上决定了对特殊判断和事实判断按照其被认为的真理和可能性，按照其被认为的一致性与不一致性等等合理进行规范。

因此这种**有关认识的普遍的方法论**，开始是作为一种对被否定的真正认识之可能性进行深入思考的、对这种可能性通过普遍反思而进行沉思的预备性研究；从这种预备性研究中，它获得了**合**

理性的最初的理想。这种理想既然在固有的方法论的范围内在一定方向上实现了，它就开始在这个方向上——即在由判断，被判断的对象，真理，真正的存在这些概念所标示的维度上——将自己形成一种合理的方法论。因此，由它内在的，在其自身中自动产生的动机，开创了一种发展，在这种发展中，它开始将自己形成为一种
36 纯粹**合理的**科学的学科，一种按照从前由它自己设计的理念而成为纯粹合理的科学的学科，正如在这方法论之外，作为合理的并且是真正的科学的算术和几何学，以及同样在更以后的其他科学，按照这同一的理念被构想一样。在这里应该提到按照其最早的当然是最原始的开端而言，在古代就已渴求发展的**进行合理说明的自然科学**，应该提到物理学和天文学的开端。当然，这种科学本身不可能成为一种纯粹合理的科学，但是只要它通过运用作为方法工具的纯数学使经验知识获得原理的必然性，它就确实具有（但很长时间未被充分理解）**合理的事实性说明的新形态**。

以这种方式不仅在方法论的范围之内而且在方法论的范围之外创造出来的这些合理的科学，是一些历史上全新类型的科学。它们体现了一种预先形成的方法论的理想（当然这种理想只有在科学的体现中才是完全确定的），这种理想对于整个以后时代，即使在今天，仍然构成真正科学的概念。但是不管它们做出多么大的成就，特别是不管这种纯粹的数学怎样对普通的意识可以说是**典范地**代表真正科学的理念，并且数千年来对于要新建立的科学作为最令人惊羡的典范起作用，——它们以及所有后来的科学，仅仅是“**专门的科学**”，或如我们更好地说的，仅仅是**独断论的科学**，由于一些正当的理由，我们必须将它们与哲学的科学对置起来。

独断论的科学与**哲学的**科学的这种对立会表明什么呢？我们迄今的进程预先就提供我们一种指导，使我们至少是猜测性地理解一种一切独断论的合理性的难以满足但却是必然迫切需要的东西。**哲学的科学**——只要我们将柏拉图的哲学理念作为认识的最高目的理念来把握，它对于我们就只能意味着：**由绝对的正当性证明而来的**科学，因此是这样的一些科学，它们能够从每一个方面为 37
它们的认识辩护，或者换句话说，科学家在其中能够从每一个可以想到的方面充分证明每一种认识形成物的正当性，以至于没有任何一个可以在这里提出的正当性问题没有得到解答，没有任何一个对这类问题有任何重要意义的认识特性未被考虑，不论它们所涉及的是陈述的分析意义，还是相应的直观事物内容，还是认识活动在其中发生的以及被陈述的东西和被认识的东西唯一能在其中出现的各种不同主观样式。

这种在每一个方面都最终证明为正当的合理性在新出现的诸科学中是怎样的呢？这正是我们下面要研究的问题。

第六讲：〈在柏拉图的辩证法理念中所包含的对有关认识之理论的要求。〉

我们在上一讲是以这样一个问题结束的，即新型的科学的，那些喜欢称自己本身为“合理的科学”的科学的合理性情况如何呢？它们确实符合（甚至欧几里得几何学，合理性的这个真正的世界奇迹，也曾符合）柏拉图的哲学学科的理念吗？作为这样的学科，它创造真实的和真正的知识吗？并因此在每一个真实的命题中都会

最终对我们说这个存在者实际上是什么吗？“最终”——这就是说，以一种在其中**一切合理的问题都有其结果**的方式。

让我们来思考一下。在科学理论——这些理论是在形式的或纯粹的逻辑学、纯粹的算术、几何学、说明性自然科学这些名称下成长起来的——的原初的奠立和以引用的方式模仿的生产中，诸命题决不是随便被放进去的，或是在不假思索的意指活动中接受下来的。在这里不仅是一般地下判断，而是以有**洞察力的方式**下判断，不论是在直接的洞察中，还是在间接的洞察中，就是说是在对结果的必然性之意识中下判断。在这里，当下的判断思想，当下
38 的陈述含义内容，以有洞察力的方式适合于有关的科学的努力在显然充分的切合性中所指向的当下领域的对象本身，事态本身。

因此那时在这里所获得的东西，是以对要达到的成就之意识而获得的，而研究者和奠立者本人在伴随的反思的检验中相信这种成就是能达到的。在这里还能更多地要求什么呢？然而——在这里实际上不是可以想象更多的东西吗，比科学家在其思想劳动期间经常实行的进行检验的反思更高的成就吗？这样一些反思就在于纯粹地观察思想行为的进程和结果，观察自行生产的含义内容，被引起的和主动实行的经验或其他的进行澄清的和进行证明的直观；特别是观察，在这种情况下含义的内容是否在一定程度上由相应的直观的内容满足了，是否因此所意指的东西纯粹作为这样的东西，即我们称作纯粹的分析的意义的东西，准确地适合于在充分意义上直观地呈现于面前的东西，或者，是否最终到处都不适合，而必须放弃或改变意见。在这种情况下，他，‘科学家’，总是指向他已经确定要在理论上规定为自己的目标的那同一个对象；但

是在进行研究的过程中他会问自己，例如，他是否已经足够仔细地观察了这个对象，他是否还必须从另外一个方面观察它，如果由于这些新的观察证明必须改变对这些对象的规定，他就会用以下方式为这种改变进行辩护，例如他会说，“这个对象实际上并不是我当初以为的那样，我从它那里获得的一个新的方面告诉了我这一点”，等等。由于这种考虑，下面一点就变得很清楚，即这位科学家由于为了证明他行为的正当性而偶尔决心进行的反思目光的转变，使自己明白了，在他对他在心目中总是作为同一的东西而想到的对象作规定时，确实是对象借以呈现给他的对象之多种多样的主观的显现方式是决定性的。不管他根据需要多多少少是小心地和非常急迫地做这种事情，在每一种情况下，它都是一种单纯的看和一种保持在这种主观指向的看的范围中的，加以确认的和通过 39
记忆而加以把握的，或加以拒绝和加以思考的实践行为。这样的看和行为总是附着于单个的情况，好像它本身就是个别科学行为的组成部分。

但是在这里不是本该提出更多的要求吗？人们在这里不能而且不必提出**一般性**的问题吗？这里不是涉及到在可能的认识之主观一般中的认识生活之能够普遍说明的事件，涉及到完全配得上一种独特的理论兴趣的事件吗？然而在科学家偶然的进行正当性证明的思考中，对于在进行认识的主观性中发生的过程只是进行一些**附带说明**。在这里，在偶然的一瞥中他从对象的诸方面得到的东西，只是在该对象总是——只要将它看成是同一个对象——借以向他呈现的许许多多样式当中的很少一部分；作为他时而从前面看，时而从后面看的同一个对象，有时是在知觉中呈现在自己面前，有时是在回忆中呈现在自己面前，当他专心致志于他的研究时，他就仅只是观察这个对象，后来，当他的注意力分散时，这个对象就重又退入到意识的背景之中，它时而清楚明晰地，时而模糊地出现在眼前等等。

在这里不是必然会有一种对**所有**这些问题的理论研究吗？这种研究将**一般认识行为**按照其全部的样式变成**理论的课题**，然后进一步将具有普遍性质的认识行为，在这里就是科学的认识行为，变成**理论的课题**，——这种研究不是必然会提供一些普遍的洞察吗？这些洞察即使对于在不同科学中各自进行研究的科学家也有很大益处，甚至也许使他有可能对于他的独一无二的行为进行一种更高形式的正当性证明，一种原理性的标准化？因此他本人，每一门科学的科学家，在这里都会十分感兴趣。然而这里所涉及的是对进行认识的科学家进行他的思想劳动时在他那里所发生的**生动的生活**之多样性进行理论研究；在那种生活中，存在有他的进行认识的有所成就的活动本身，尽管这对他仍然是隐蔽的，或者说，
40 在这种生活中，存在有形成着那种作为认识构成物，作为认识目标和认识途径继续存在于他心中的东西的形成活动这种**内在东西**。科学家在理论上进行思考时，在理论上作出成就时，**生活**在这种他在此期间甚至并**没有**看到的这些进程中。他所看到的，是这些进程中形成着的成果以及达到成果的途径；即在变化不定的经验中，在变化不定的主观观点、看法中，作为同一的事物呈现的被经验之物；或是在变化不定的进行陈述和判断的行为中，作为同一的东西呈现的判断，作为人们总是可以再一次提到的同一的命题，譬如，“2×2＝4”；此外还有在进行证明的认识活动中，与在对象诸方面

被看到的东西相吻合的那些命题在每一次证明中都同一地表明的正确性的性格等等。只当科学家从这种朴素实行的思想转变到新的反思的态度——这种态度也是为了从主观诸方面证明他的行为的正当性所需要的——，从以前所隐匿了的主观生活中才会有一些东西才会进入他的进行把握的视线之中，他的经验对象的，判断的，这些判断的正确性的主观给予方式之这个或那个令他感兴趣的成分才会进入他的进行把握的视线之中；但是正如我们刚才说过的，仅仅是偶尔以具体细节方式进入他的视线之中，而根本没有作为理论课题进入他的视线之中。

但是很清楚，而且通过对在作为科学的成就活动的认识活动
中存在的东西之更确切回忆，也作为非常迫切需要的东西感觉到，
对这种进行认识的生活，对表象活动，判断活动，论证活动，检验性
的正当性证明活动，这些极其多种多样的认识活动，进行理论的而
且是全面的研究，正如通常在这里能够由模糊的一般的语言称谓
所表达的那样，乃是非常必需的。然而这乃是这样一些生命活动，
在其中，对于每一个处于不同的并且总是重新起作用的行动之中
的认识者，同一的认识统一，同一的经验对象和思想对象，同一的
陈述句，最后还有同一的真理和错误，主观地在意识中形成起来。
他所拥有的东西，他只是作为他的拥有活动的被拥有物，作为他的
经验活动的被经验物，他的思想活动的思想上的被组合物，作为在
他的主观生活中以某种方式“形成”的某种东西，才拥有的。如果 41
它在这里是指“一个东西”和“同一个东西”，新的感觉和回忆能够
与之关联的这个同一的感觉对象，这个同一的判断，这个同一的在
重复的统一中所获得的真理，那么称它为“同一个东西”，就的确只

能是由于在其中各种不同的主观活动,各种不同的生命成分达到综合的那种主观的“视为同一的活动”;因此是由于在其中这种“同一的东西”以某种方式在主观上得以形成的那种统一意识。对于认识者来说,只能存在某种只能被称为“一个东西”和“同一个东西”的东西,因为它正是在这种被称作“视为同一”的活动的这种主观体验中产生的。同一的认识的统一,然后又是这些认识统一之同一的种和属(事物一般,对象一般,或经验命题一般,更一般而言,命题一般),在这里从一开始就向我们表明,它们能够在其中以进行认识的生活之方式在意识上形成的那些多种多样的主观的样式,是在一种稳定的和与自身相符合的种中,以及在属的类型学中,进行的。预先就能够估计到,**这种主观的认识样式之被规整的类型学的普遍性,会与认识之统一的普遍性**达到一致。只有在这些主观的认识样式中,这些认识的统一才能在主观上呈现出来。

我们无疑会发现,我们表象的,我们思想的每一个对象,**对于每一个人**都是可以表象的,可以思想的,同样我们会发现,每一个判断的思想,每一个任意陈述的含义,都能够被每一个人重复理解,并且能够一再地重复理解。这原因确实在于,在每一个人那里,在其中产生同一意义的那个进行表象的,进行理解的,构成意义的意识之具有同等价值的主观体验是可能的。我们无疑会发现,我们能够看到的真理,每一个人都能看到。真理的**普遍有效性**,就是对这种洞察的相应的主观的体验之普遍的随时随地的可再生产性;对于一切客观的东西和逻辑的东西也是如此。然而在这里预先就有对以下情况的提示,即在规则中隐藏的那种被以为的
42 对象、被以为的判断内容、被认识的真理、被推出的结论等等在

其中被意识到的主观生活之运动，是以确定的**类型形态**进行的，并且在这样进行时总是成就相同的东西，因此事实上在认识活动的类型学和被认识东西的统一的形态之间，存在着一种**有规则的相互关联**。在理想的一统一的意识意义上，在同一的被意指的东西上，在所谓的洞察中，出现了"真正的存在者"，"真正的东西"这样一些特殊性质；在这里，进行认识的生活必然会在"洞察"，"自明性"等名称下有一种特殊的形态，即**合理性**的形态，进行创造的生活之正当性的方式，确切意义上的认识活动的方式。哪一些是它的本质形态，以及它们应该如何从理论上把握，这将是特别重要的问题。

那么**哪一个**是在这个方向上有其课题领域的**科学**呢？它在什么地方呢？那种习惯于将逻辑学理解为认识的普遍方法的人会说，当然是逻辑学，因此也想将逻辑学理解为完全按照柏拉图的辩证法建立的科学。

然而从亚里士多德的分析学出发的形式逻辑学肯定不是这种科学，至少当我们赋予它以我们从前谈到过的绝对必要的明确的界限时不是这种科学。形式逻辑是一种完全独立的合理的科学，它作为它的领域，它的课题的层次，有对象一般和判断一般的相互关系，也许还有存在着的对象一般，真判断一般，以及一切附属的形式变换的相互关系。但是为思想对象和可能的对象一般制定先验的法则，这并不意味着为对象在其中被意识的诸主观样式（在主观认识中对象就是以那些样式被给予的）制定法则。同样，为判断一般，为判断一致性关系一般，为判断的真理一般制定先验法则，这并不意味着将处于下判断的活动的实行当中的、判断在其中出

现的主观样式，或判断在其中在主观上被规定为真理或者被规定
43 为或然性东西的自明性样式，当成课题，并为此制定先验的法则。形式逻辑中的“判断”所说的正是在陈述活动的多种多样主观活动中表明的，并且任何时候都能认出的同一的陈述含义，同一的命题，例如“2×2＝4”。具有先验普遍性的命题一般，如其是形式逻辑的课题那样，构成理想对象的特殊领域，如数在算术中一样。与命题相似，数也是一种同一的理想之物，在这里它是计数活动和有关数的思想之主观上极其不同的样式中同一的东西。因此，正如在算术中纯粹是数而不是在计数活动中和其他算术意识中的主观行为构成课题领域一样，在形式直谓逻辑中，是命题构成课题领域。

总而言之，我们看到，**纯粹形式逻辑**作为合理的学科，在这个方面与所有其他在新的合理意义上的科学是相同的。与所有那些科学一样，它是**存在方面的**，而不是**认识论的**，并不指向进行认识的主观性和主观样式。因此这不仅适用于那些根据我们的提示在仔细观察下从一开始就在课题上与最早产生的三段论法，或者更确切地说，直谓逻辑学，密切相关的诸合理学科，不仅适用于算术，以及所有其他形式的分析的数学的学科。如果这种狭义上或广义上理解的形式逻辑对于所有其他的科学具有一种优越的地位，如果它属于一切科学的普遍方法论的领域，如果它表达出一些可以说一切科学都能使用的，并且一切科学都受其约束的理想的法则，那么这是由于逻辑学以及包含着逻辑学的普遍数学（*mathesis universalis*）谈论的正是一般对象和一般判断，或更确切地说，一般真理，谈论对象能够借以想象的一切样式，谈论对象总是涉及的

可能判断的一切形式。但是，在一切科学中当然都形成理论，因此形成判断的构成物，在一切科学中，都有对象被判断；因此，形式逻辑以及一切逻辑的一数学的学科，肯定适用于一切科学，一切可能想象到的科学的构成物，以及一切可以想象到的科学的命题和理论，或者如我们还可以说的，形式逻辑的法则一旦被发现，就必然 44
具有一种使命，即对一切科学就其理论内容进行规范，并因此作为正当性证明的原理对它们起作用。

但是另一方面，如上所述，形式逻辑，连同数学分析，与所有其他科学相同之处就在于，它与所有其他科学一样，在认识的主观性之中没有看到自己的研究领域。然而通过这些考察，这种对于一种与认识的主观方面相关联的科学的要求，对于我们变得重要起来了。这是一种系统研究一般认识的，以及一切对象领域和科学领域的主观方面的科学。它以下面这种无与伦比的特性从所有通常科学构成的系列中凸现出来，即它以完全相同的方式与一切可以想象的科学相关联，并且对于一切科学都具有相同的任务：研究它们的认识的主观方面。

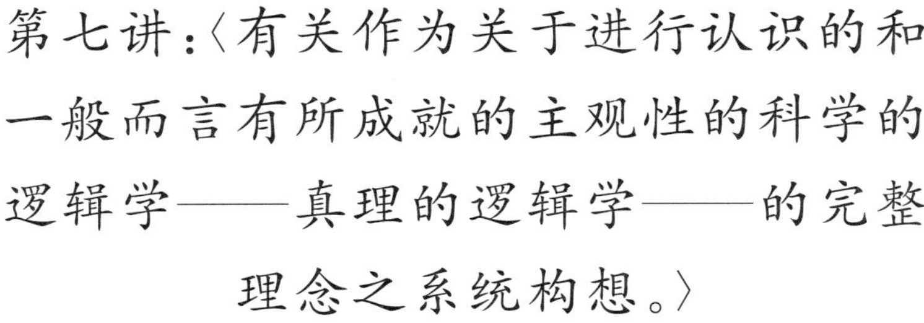

第七讲：〈有关作为关于进行认识的和一般而言有所成就的主观性的科学的逻辑学——真理的逻辑学——的完整理念之系统构想。〉

我们所要求的有关认识和主观东西的科学与形式逻辑有某些相似；但是它与一切科学发生关系并包含一切科学的方式，却是完全不同的。一切科学都通过认识与对象发生关系，并在它们的理论内容上按照意义与对象发生关系。在一切科学中，对象都是现实的和可能的判断之对象，是现实的和可能的真理之基底。但是所有这些理论的内容，作为对**统一的**内容的认识，都具有对于现实的和可能的进行认识的主观的一种原初的并且经常保持着的关系，这种进行认识的主观，以多种多样主观的认识方式，在自身中，在意识上形成并且任何时候都能形成同一的对象，相同的判断、真理。有关这种意识上东西和一般主观性的**普遍的科学**——它在认
45 识生活中形成，并且只要它在认识生活中形成各种各样的“客观东西”，各种形式的客观的意义和客观的真理，它因此也就在课题上包含一切科学之认识活动的**一切可能的主观东西**——，与逻辑学在其概念和法则中在课题上包含一切科学之一切可能的**客观东西**的方式相似。换一种说法，作为有关一般客观性的合理科学的逻辑学——不管它的理念能扩展多么远（也许还扩展得超出普遍数学[*mathesis universalis*]）——，具有作为必然对应物的**有关认识活动的逻辑学**，一种科学，也许甚至是一种有关一般认识的主观性的合理科学；这两种科学——这二者可能被划分为由诸单个的学科构成的息息相关的两组科学——处于必然的相互关联之中。“逻辑学”（*Logik*）这个词，在下面这样下一个限度内是适合的，即逻各斯（*Logos*）不仅在客观的方面表示被认识的东西，陈述的含义，真的概念等诸如此类的东西，而且也表示理性，因此表示主观的，认识的方面。

在这里还应该作如下补充说明。如果在这种有关认识活动的逻辑学中正是那个东西，即认识的主观东西，成了课题，那么这当

然又是在认识活动中发生的。在这种情况下，它是新的陈述和真理的对象，而这些新的陈述和真理从它们这个方面来说，又是在科学家的认识活动中以变化不定的主观方式形成的。因此很清楚，所要求的有关认识的主观东西的普遍科学，也具有一种值得注意的特点：即它与自己本身，即与它自己的认识的主观方面相关联。在这里它又一次与客观的逻辑学有相似之处，客观的逻辑学作为普遍的客观的科学与自身相关联，但只是在这样一个限度内与自身相关联，即它本身在其概念与命题中，所突出的是客观性东西。每一个定律，甚至每一个逻辑定律，都是一个命题。如果它是逻辑定律，如矛盾律（它对于一切命题都表达真理），那么它就返回来与自己本身相关联，只要它本身是一个命题。这个矛盾律所说的是：如果一个命题是真的，那么与它相矛盾的命题就是假的——这对于所有可以想到的命题都有效。但是这个定律也是一个命题，因此也服从于它本身所表达的这个普遍有效的真理。因此，客观逻辑学作为定律也在课题上返回来与自己本身相关联。一种类似 46
的，只是相关联的返向关联到自己本身，显然一定会适合于进行认识的主观性的逻辑。一切认识的活动也一定会服从于使认识活动成立的主观认识活动的普遍法则，这些法则是借助认识活动才成为可认识的。

关于所要求的有关认识的科学，还不得不提出另外一点评论意见。如果我们将它理解为一种指向主观的认识生活的逻辑学，那么我们立即就会想到一些普遍的洞察，它们可以被用作正当性证明的原理，并且在这里正是在主观的方面起作用。我们也会立即想到**科学的**研究活动和思维活动，它的目的是有关就其真正的存在和本质加以规定的对象领域的真正的理论。然而不仅是如果没有对于**不真的**认识活动（按照最普遍的种属特性，它确实总是可以被称作“认识活动”的）的根本研究，就不可能对真正的认识活动进行规范化和为了规范的目的对它进行研究；而且还应该考虑到，我们称作**理论的**认识活动或科学的认识活动的东西，只是一种**卓越的高级的形态**，它返向关联到较低的认识阶段；因此返向关联到形式多样的感性的直观活动和感性的想象活动，以及附属的感性直观的判断方式，这些判断方式作为前科学的人类之认识生活的典型形式，不仅在历史上先行于科学的判断方式，甚至在动物那里就已存在，而且它们对于科学思维本身作为总是而且必然是共同发挥功能的基础和附加物而发挥其功能。当然有关进行认识的主观性的科学之完整形态，肯定会达到能够追寻其领域之实质性关系的那种程度，而且这个领域已经被理解得能够以某种方式达到种属方面的实质性关系。确实，通常没有人会想要建立譬如关于三角形的科学，同时又想要建立一种特别的关于圆的科学；同样在这里人们也不会仅仅要求一种有关进行认识的科学的理性之科学，
47 学，而不要求一种在最广义上理解的关于认识活动一般的最全面的科学，在其中，不管多么的简单形态的全部知觉、回忆、起作用的想象，如同先验的和经验的科学理论思维活动一样，都在理论上受到考虑。

但是最后我们还被推进得更远。有谁会想将进行认识的主观性与进行感觉、进行追求、进行渴望、进行考虑、进行活动的主观性分离开，与在任何较低的和较高的意义上进行评价的，以及在有目的的活动中有所成就的主观性分离开呢？人们将理论的理性看成

是与进行评价的理性，例如，进行美学评价的理性，相似的东西，又将它看成是与实践理性——在这里人们特别想到形成伦理生活的正确方式——相似的东西。但是主观性并不因此被分成在同一个主观性中外在地并列的分离的片段。感觉活动的诸成分，和努力活动的或有目的意识的愿望活动的诸成分，存在于认识之中，认识的诸成分存在于所有其他行为方式和理性方式中。到处都出现一些相似的问题，并且是相互紧密交织地出现的，一些具有我们关于认识所熟悉的相同类型的问题。主观的认识生活和在其中被意识到的认识的统一之间的相互关联，与进行感觉的，进行评价的，进行劳动创造的生活和在其中被意识到的价值领域的统一，目的的统一之间的相互关联，明显相似。如果我们在认识领域中将例如多种多样的主观的经验活动与在意识中同一的经验客体区分开，我们就会指出，在这个客体作为这个同一的东西显然地存在于这里的同时，它有一种无穷变换着的在主观上的呈现，而对于我们来说，当然是只有通过它以某种方式对我们呈现，它才能被我们意识；我们就是这样区分开主观的东西与客观的东西，此外我们当然也一定会以类似的方式在一个艺术作品，在一支交响曲，一件雕塑艺术品上进行区分。只当我们的感觉以一定的主观方式进行倾诉，这个美的构成物对于我们才是美的东西，而这又是以下面的情况为前提，即交响曲的声音以某种主观的方式，以某种主观上感受到的强度，以某种主观上的节律被意识到，或者，对于雕塑品来说，这座大理石雕像从某些侧面，从某些角度上，以某种主观上有效的 48
亮度等等，在主观上被看到；只有在这时候，感觉才会进行倾诉，并且正是按照在审美方面进行感觉的意识之形式进行倾诉。在审美

欣赏中，在这件艺术品在其中以充分的现实性为我们在此存在的意识中，发生着诸表象方式以及通过它们而被奠立的诸感觉方式的某种和谐，发生着被明确规整的主观的体验活动。但是在这里被意识到的美的东西本身，并不是这个多种形态的生活，这个它在其中被意识到的意识。观察者在意识上面对的和在审美方面欣赏的东西，是这个构成物，这个美的构成物，以及它的审美评价的特性，而对该构成物从审美意识上拥有的活动处于其中的这个主观的多种形态的认识生活和感觉生活，对于他当然是隐匿的。

大家看到，实际上我们关于美的统一与美的主观性遇到了相似的问题，甚至遇到了美的理性的问题，这些问题涉及到美的**真实性或真正性**，而且很显然，**凡是在任何一种意义上谈到理性时都会遇到**。所有这些问题在解决时都是彼此交织在一起的，进行认识的主观性，进行审美的主观性，伦理的主观性，并不是在认识活动，审美活动，评价活动，行动等名称下完成一些分离的内容上彼此相异的活动，而是完成一些内在地交织在一起的，经常交互奠立的，具有那些表明自身是相应的根据的统一性成就的行为。因此我们预先就看到，存在的将只是一种有关主观性的完整的科学，而且是关于那种在自身中形成作为意见的统一或是合理性证明的统一的一切可能的意识统一的主观性的科学。如果我们将意识作为在意识中拥有某物：拥有事物，拥有数，拥有命题，拥有美与善的东西，拥有目的构成物，拥有劳动行为的活动来谈论，那么这并不是一种对于这种统一的到处都相同的，自身无差别的拥有，而是如粗浅的反思就已经表明的，按照这种统一，甚至是在同一个东西那里，它也是一种极其多种多样的主观生活。它是这样一种生活，它按照它在主观中进行的方式，将统一作为当时被以为的统一，并且对于它来说也许是以真实性和真正性的方式被看到的统一而完成的。49 意识上拥有，只是作为意识的成就而拥有。

还有一点需要探讨。现在所考虑的科学应该是关于一般主观东西的普遍科学，即关于那种一切客观东西都在其中被意识，并且总能被意识的主观东西的普遍科学。或者说，我们为这种科学提出这样的课题，即研究一切与意识的主观和作为**对**某物之意识的意识本身有关的东西。它本来应该考虑一切可以想象到的方式，即考虑主观如何能表现为意识上主动的，以及它如何将自己本身规定为譬如说合理地或不合理地进行认识的，进行评价的，进行意愿的主观，它应该对意识的一切可区分的属和种进行决定性的研究，并且是在**经常考虑到意识的客体**，考虑到总是在意识本身中被以为的，不管怎样被意识到的统一的情况下进行研究。

这同一些统一也许是另外一些科学的课题，客观科学的课题，或者甚至是实践生活的课题，即作为人们恰好担心的，人们实际思考的，也许通过行动处理的东西。成为客观的课题，成为理论的或实践的课题，是一种不同的情况，——它不同于以多种多样形式与此相关的意识的客观东西成为有关意识的主观性之科学的（主观的）课题的情况；在这种科学中这个课题特别是从下面这种角度被思考的，即具有这样或那样形式的同一客观东西借以在意识中呈现的多种多样主观的显现方式，统觉的形态，主观的性格，是**怎样的**，是**如何**被规定的。

我们有我们称作客观的科学的诸科学，所有的对象都被归入客观的科学之中；然而所有的对象同时也属于我们的关于意识主观性的科学。作为客观的科学的对象，它们被划分为科学上分开的诸领域。每一门这样的科学都有自己的领域，而每一门另外的科学都有另外一个领域。但是**所有**科学的**所有**对象同时又**一起**属于那种有关认识的主观性和意识的主观性一般的普遍科学。客观
50 科学想要根据一致性经验在理论中规定自己领域中的对象，因此，自然科学规定自然的对象，语言科学规定语言的对象等等。如果意识科学是研究这同样的一些对象，与此同时还一起研究一切种类的对象，那么它就具有一种不同的意义，并且表明是一种完全不同种类的研究。这里的问题并不是在一致的经验中按照其现实的意义被把握的对象，个别地以及在相互关系中，在理论真理中是什么，而是这个**认识活动**是怎样的，**如何**从理论上被规定的，以及这些对象和对象一般在其中作为统一，作为同一的对象，能够被意识的各种各样可能的意识，通常是如何被规定的。因此例如这就是说，经验活动是怎样的，以及在其中被经验的东西作为现实性和连续存在的现实性而被意识的经验的一致性是怎样的，另外还有，在其中被经验的东西后来被贬抑为幻觉的经验过程是怎样的，有关空间事物的什么样的显现方式，关于这里与那里、左与右的什么样主观上的区分，或者关于形态或颜色的透视的什么样主观上的区分等等，能够作为客观的东西向经验者呈现，然后进一步向判断的思维者呈现，并且一定能够呈现的主观方式来考虑。

因此我们的科学探讨作为**意识之客观东西**的和作为在主观样式中呈现的东西的**各种各样客观东西**；意识的主观和意识本身不能与意识的对象性东西分离开考察，而是相反地，意识在自身中就具有被意识的东西本身，而且它正是如它本身具有被意识的东西

那样地成为研究的课题。这不仅对于在任何一种被限制的意识之意义上的认识对象有效，而且也对于任何种类的和任何特性的进行评价的意识生活和实践的意识生活有效。

然而同时应该补充说，一切种类的意识统一，对于可能的认识来说，任何时候都是现成存在的，因此也能变成理论的对象，以至于科学能与它们全体相关联，而且实际上已经与它们全体相关联了。例如有关审美的对象的科学（当它是艺术科学时），有关经济
财富的科学等等，就是如此。因此与此相应，关于进行认识的主观 51
性的完整科学，出于这样的理由，当然也一定会涉及到总是在形成着的不管哪一种意识生活之统一的全部方式。

既然我们前进到这么远，那就是该问下边这个问题的时候了——由此我们就又回到了历史的考察——：古希腊肯定没有感觉到需要这样一种有关在意识这个称号下完成意识统一的主观性的科学吗？希腊哲学在它的普遍认识的努力中通过奠立在各个方面都越来越新的诸科学的确取得了进展。

希腊哲学能忽略下面这种情况吗，即在生活之自然的朴素的进展中，那种仅只致力于认识的统一，价值和目的的统一的兴趣，也能够经验到一种倒转，在这种倒转中，从前在朴素的意识实行中被隐蔽了的意识，对自我变成明显的和可以研究的？

它能够忽略下面这种情况吗，即由此就对一切种类的对象提出一些没有一种有关这些对象的合理的客观的科学曾答复过的问题，以及下面这种情况，即通常不管多么合理科学——如果它不假思索地放弃了关于它的对象的一个完整的问题维度——决不能充分满足哲学科学的理念？

〈第四章　历史上有关主观性的科学的初步尝试〉

第八讲:〈亚里士多德对心理学的创立以及一般心理学的基本问题。〉

因此我们必须说:自从有了处于生成中的作为有关真正的认识的和真正的科学的方法论的**逻辑学**以来,相似地,自从有了同样已开始发展起来的作为有关实践上合理的行为的,“合乎道德的”
52 行为的方法论的**伦理学**以来,人们自始就被决定,将理论兴趣转向在其合理的和不合理的行为中认识着和行动着的主观性。**诡辩学派**对认识之可能性加以攻击的态度,恰好在这个方面肯定起了推动作用。这种必须选取的道路,已由自然的朴素的世界观预先规定了。各种理性与非理性都是表示人的心灵能力的名称,即表示某些在科学中,在实践的智慧与德行中,在政治中,在国家宪法等等中,发挥作用的精神成就之能力的名称。因此这就导致对作为**科学的课题**的人以及人的心灵生活的研究,由此出发,关于这种生活的低级阶段,也导致对动物和动物的心灵生活的研究;**心理学**的理论研究是**在与逻辑学的和伦理学的问题的联系中**进行的。

但是除去对这些方法论的理性理论的需要之外,人们随即也被导向对**心理学**的迫切需要。在由柏拉图，以及在富有成果的继续发展中由亚里士多德，构想出合理科学的普遍理念并加以实现以后，一些有才智的人就已经被那种规定整个以后发展的任务所吸引了，这项任务就是，在诸种越来越新的合理的科学中实现这种普遍理念，不论是通过以逻辑方法将旧的哲学或科学改造为合理的哲学或科学，还是通过在一切可以达到的领域建立全新的哲学或科学。因此如同对于物理的自然一样，对于有生命的自然，对于动物和人，此外对于社会生活，当然也必须创立新的科学；在兴趣方面，关于人的科学，人类学，心理学的科学，在这里当然是与物理的科学紧密结合地前进的，因为甚至在自然的客观的考察中，心灵存在与身体存在实际上也是以有生命的统一之形式交织在一起的。

因此在古代，在像**亚里士多德**这样的巨匠那里，就已经产生了**关于主观性的普遍科学的最初构想**，即作为一种心理学的普遍科学，而且它必须像研究一切心灵的功能那样研究人的理性的功能；它是在研究宇宙的经验科学系列中的诸客观科学之一，比起其他科学来，它对逻辑学和伦理学处于一种突出的关系中，并且通过它 53
们与所有其他的科学和它们的领域处于一种突出的关系中。

但是心理学一出现，就真正成了有哲学才智的人物的一种持久的负担。从一开始它就恰好没有能够抓住那个在前几讲中我们开始讨论认识和认识统一时，以及在联系到逻辑学而后也联系到伦理学这两门方法论学科时，我们所遇到的难题。尽管人们经常谈论进行认识的理性的和实践的理性的能力，但却缺乏一种能够按照正确方法**通过系统描述**将这种能力与之相关的**活动领域**，以及因此一般地将**作为对某物之意识的意识突出出来**并从理论上把握住的方法。这真是一种根本的缺陷，它必然会使心理学发展为一种真正的，在合理的描述和说明方面不断进步的科学之稳定形态成为不可能。人和动物的心灵生活，在每一次生命的搏动中，肯定是对这种和那种东西的意识。作为整体，它可以被说成是不断重新形成的意识的连续统一之流，即进行表象的意识，进行判断的意识，进行感觉的意识，进行追求的意识，进行行动的意识之流，这种意识有极其多种多样的形式，在这种意识中，通过在对象方面和主观显现方式方面的不断变化，一方面，主观的体验本身被意识到，如感觉材料，情感，意愿等等，但另一方面，与它连接在一起，空间中的事物，植物和动物，神秘的力量，诸神与魔鬼，多种多样的文化形态，社会风习，价值，善，目的等等，也被意识到。**心理学如果不对作为对某物之意识的意识**，在某种程度上就是对作为心灵生活的 ABC，**进行系统的基本分析**，如何能够走上正确的轨道呢！

但是在这里使我们感兴趣的这种意识研究中的缺陷，决不是
54 作为在其他客观科学中的一种客观科学的心理学本身所具有的一种单纯的缺陷，一种作为阻碍心理学上升到真正的进行合理说明的科学阶段，因此阻碍它成为与数学的自然科学相称的伙伴的方法上的缺陷。意识研究甚至也适合于逻辑学和伦理学，而这里使我们感兴趣的是心理学在这个方面的这样一种要求，即要求成为这些根本的方法论的基础，要求成为在科学中以及生活实践中进行的一切根本规范化的原初力量源泉，并因此而高踞于在通常情况下与它相并列的一切其他客观科学之上。

尽管初看起来下面这种情况是十分显然的，即心理学是那种

能由其中从理论上产生出有关认识和行为的方法论的关于主观性的科学，而实际上只当逻辑学和伦理学不再想是并且不再能是有关在科学行为和伦理行为中人之行为方式的经验的—技术的规则体系时，这才是显然的。但是逻辑学实际上只被认为是有关认识活动的经验工艺学，被认为是譬如像建筑学那样的工艺学吗？按照它的起源来说，决不是这样。逻辑学从一开始就提供有关对象一般，命题和真理一般的先验法则，因此，它的目的即使在主观方面也是十分明显地指向关于认识活动，关于一般判断活动和理解活动的先验规范的。在这里可能想到下面这个问题：这些先验的法则，即其纯粹理想意义包含着有效性之绝对普遍性和必然性的那些命题，能够依赖于人的偶然的事实性，依赖于在这个宇宙的事实内部的人（*homo*）这个事实的动物物种的偶然的事实性吗？这样一种依赖性不是必然意味着，一切逻辑法则恰好只具有动物法则的有效性，因此这种依赖性岂不肯定是由于以下情况而发生的吗，即人的物种的一种变化，人的认识行为的事实性规则过程的一种适当变化，也能引起并且一定会引起逻辑法则的变化？但如果我们因此放弃这些法则的绝对有效性，我们就会陷入严重的困境。如果逻辑法则所具有的真的是单纯经验的—人类学的有效性，那 55
么具有其在这里被当作前提的生物学的特性，其中也包括心理学的特性的人类物种本身的事实性的情况会怎样呢？另外在这里同样被当作前提的整个世界的事实性的情况又会怎样呢？科学会提供有关世界的知识，特别是，自然人类学和心理人类学会提供关于人的知识。只当这种科学真的有效，我们才能实际上真正说，人存在并且服从于某些心理学法则。但是如果那个从始至终提供给这

种科学以及全部科学以原理上正当性的东西(即借助其逻辑原理提供这种正当性的逻辑学),本身依赖于人的事实性,那么它就依赖于一般而言只有通过它才能是正当的,因而是有效的东西。这是一个明显的循环。即使我们只援引最基本的逻辑学原理,这种循环就已经出现了:如果矛盾律具有一种纯粹经验的—相对的,依赖于人类物种的事实性的有效性,那么这个物种的变化就能使矛盾律不再有效。可是在这种情况下,甚至对于这另一种类的人也可以说,他存在又不存在,他这样存在又不这样存在,他是另一种类的人又不是另一种类的人,等等。

我们看到,每一种科学借以毫无顾虑地与世界关联——在这当中这个世界作为毫无疑问的经验事实而被当作前提——的那种不言而喻性,本身带有诸种困难;因此在这里首先是逻辑学借以被看作与这个世界的事实性,而且特别是与进行认识的人的事实性相关联的那种不言而喻性,带有诸种困难。在其作为柏拉图辩证法的最初构想和规定中,逻辑学应该是有关一般认识之可能性的根本科学。它想要完全从原理上探讨在认识行为中获取真理成就的可能性。它反对全面彻底否定这种可能性的诡辩学派。因此,如果逻辑学真的从根本上被拟定出来,它就必须从一开始并且完全从原则上对任何一种认识的和真理的可能性提出质疑;而这是由于逻辑学甚至不允许运用人的存在以及被认为不言而喻的世界的存在作为已澄清的经验事实。因为即使这种存在也只是由认识
56 而来的事实,并且必须作为认识的事实就其可能性加以质疑。

不管**柏拉图**怎样努力要以这种彻底精神建立逻辑学,他并没有达到必要的开端和方法;而**亚里士多德**本来就已经陷入预先给

予的世界这种十分自然的不言而喻性之中了，正是因此，他放弃了对认识的一切彻底论证。因此，这门古代科学，尽管它要求成为哲学，成为最终证明为正当的并且完全令人满意的科学，尽管它取得了令人赞叹的成就，但它只是完成了我们称作独断科学并且我们只能承认是真正哲学科学的预备阶段而不是哲学科学本身的东西。

只要进行认识的主观性——在一切现实的和可能的认识和科学之中它必须作为本质相关项被补充考虑进来——未被研究，只要有关一切可能的进行认识的意识——在其中一切真正的存在都表明是主观的成就——的普遍的和纯粹的科学未被建立起来，就没有任何一种通常很合理的科学是在完全意义上合理的。如我们已说过的，关于认识的主观性的科学与所有的科学相对峙，从最广义上理解，它是一门探讨意识的主观、意识和意识上以为的一般对象性的科学。这门科学与作为相关物的所有其他科学以下面的方式相对峙，即它使其他科学在每一步上，而且即使是按照最初级的经验在意识上成就的东西，都根据这种主观的有所成就的活动成为原则上可以理解的，并由此才成为最终合理的。只要人们将这种科学与心理学看成一个东西，只要人们将这种科学固有的原则立场认识错了，没有达到为它开辟领域的彻底方法，一切科学的以及一切认识的对象性，因此宇宙本身，就带有晦暗性，谜团，矛盾，这些东西使我们看不到世界和一切存在之纯粹的和真正的意义。只当科学按照下面的方法从理论上规定世界，因此规定一切认识的对象性，即在这里表达认识成就的每一个真实陈述不带有任何可以想象到的在某一方面搅乱认识对象的晦暗性和矛盾，科学才 57

能成为最终意义上的科学，成为哲学。

但是，这样一种科学的必要性和特征，整个古代暂时仍然是看不见的，而缺少这种科学却还是经常能被以某种方式感觉到，因此以前的科学的不充分性也能被感觉到。这种情况在历史上的标志，可以说就是**怀疑论的永存**。怀疑论作为一种不可战胜的否定精神伴随着古代科学的繁荣发展，在这种发展中，每一种新的哲学形态，总是有一种新的反哲学形态与之对立。一般来说，在这里怀疑论始终是顽强地以种种精心编造的论据证明每一种哲学的不可能性，即证明最终自身证明为正当的科学的不可能性，尽管有人们以为能借以在诸哲学学派中克服这种不可能性的种种反驳意见。怀疑论的九头蛇总是长出新的头，甚至被砍掉的头也很快又重新长出来。怀疑论(它在它的辩论中不放过任何一门专门科学，甚至不放过精密的数学)的这种永不停息的繁衍至少证明，柏拉图以后的科学事实上并没有完成它按照它的要求作为哲学应该完成的事情，即由绝对的正当性证明而来的认识。否则它就会使怀疑论的活动成为不可能，它就一定会彻底消除怀疑论的悖论。它就一定会通过回溯到这些悖论的诱惑人的主观上令人信服的力量之最后源泉，在它特有的根本的正当性证明的实证态度中，满足是这些源泉中真正力量的东西。哲学也曾将许多有价值的洞见归功于这种反对怀疑论的持续斗争①，——但是可以说，哲学并没有能击中怀疑论的要害，只要怀疑论是暗地里从哲学尚完全没有看到的那个维度——即纯粹意识的维度——吸取力量。

---

①　参看附录Ⅷ，第328页以下。——编者注

第九讲：〈怀疑论——它在哲学史中“永存”的根本意义。笛卡儿的决定性步骤。〉 58

甚至在最古老的怀疑论的辩论背后，在古代诡辩学派的辩论背后，就已经有哲学从来也未能把握住的一种真理内容。在这些最古老的诡辩学者那里，一些最重要的哲学动机就已经在叩门了，而他们却没有发现这一点。在这种情况发生的那个时候，一个新的认识领域便展示出来了，而且是一切知识最终都必须由它证明其地位的那个知识领域。我们在这里有必要了解一下诡辩学派辩论的最深刻的真理意义。

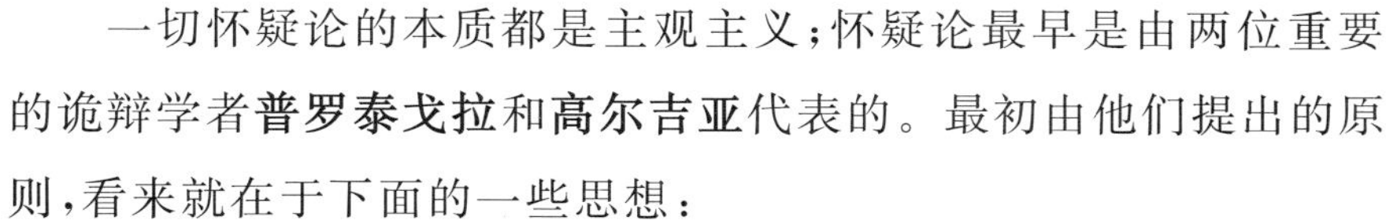

一切怀疑论的本质都是主观主义；怀疑论最早是由两位重要的诡辩学者**普罗泰戈拉**和**高尔吉亚**代表的。最初由他们提出的原则，看来就在于下面的一些思想：

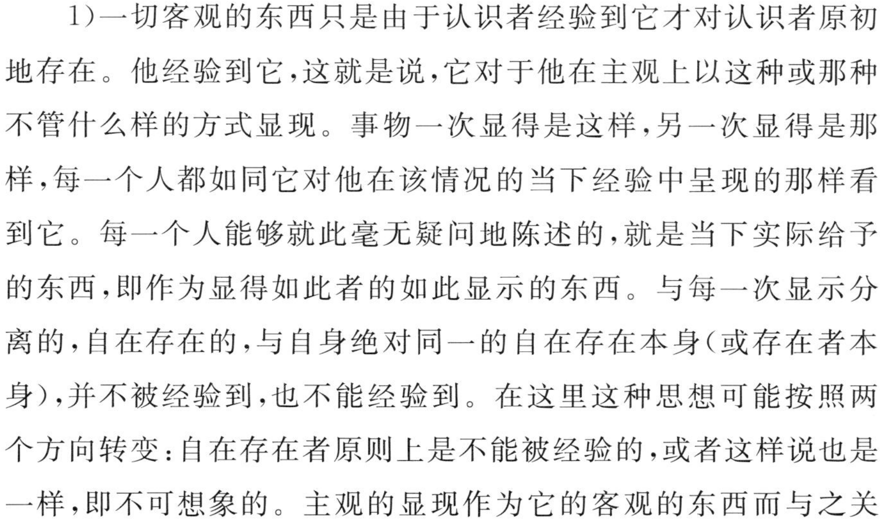

1）一切客观的东西只是由于认识者经验到它才对认识者原初地存在。他经验到它，这就是说，它对于他在主观上以这种或那种不管什么样的方式显现。事物一次显得是这样，另一次显得是那样，每一个人都如同它对他在该情况的当下经验中呈现的那样看到它。每一个人能够就此毫无疑问地陈述的，就是当下实际给予的东西，即作为显得如此者的如此显示的东西。与每一次显示分离的，自在存在的，与自身绝对同一的自在存在本身（或存在者本身），并不被经验到，也不能经验到。在这里这种思想可能按照两个方向转变：自在存在者原则上是不能被经验的，或者这样说也是一样，即不可想象的。主观的显现作为它的客观的东西而与之关

联的真正存在者,乃是无稽之谈。或者可以认为,尽管存在着这样的东西,但是没有任何作为依赖经验的,因此依赖变化不定的显现者的主观,能够有一天知道它的某种东西。

2)**高尔吉亚**,这位更彻底的,因此在哲学方面特别引人注目的诡辩论者,代表前一种更为极端的论点,但这是在由他留传下来的主要论点(与他的名字相联系的三个论证中的第一个论证)的意义上代表的,并不是依据前面讨论过的本身有重要意义的普罗泰戈
59 拉的认识,即一切事物性东西(或如我们也许完全可以更一般地说的,一切一般对象性东西),对于认识的主观来说,只有在变化无常的主观显现方式中才是可经验的。高尔吉亚的思想,简单来说就是:一切我认为是存在着的东西,我的认识,我的表象活动的表象(在被表象之物的意义上),我的思想活动的思想,当然是存在的。但是当表象活动使一"外在东西",超越于表象活动的东西,成为可表象的时,正是这个处于自己本身中的表象活动表象这个"外部"之物。在这方面,不论被表象之物被看成经验过的东西,还是被看成虚构的东西,如在大海上的车战,都是一样的。如果我们追踪高尔吉亚的这个(不是十分清楚地留传下来的)论辩直到它的最后结论,那么我们就必须用第一人称的表达说:当我将"进行证明的经验"与经验相比较,当我将一个在理智的思维中产生的洞察正是作为"洞察",作为"自明性",作为认识(ἐπιστήμη),与一种模糊的意见,一种纯粹的 δόξα 区分开来,并特别喜欢它时,我必然仍是停留于我的主观性的范围之中。不管我对此有什么样的特征说明,什么样的对思想必然性的感觉,对绝对普遍有效性的意识等等,在这方面都没有任何改变。在我的表象里面,在我的主观意识里面出

现的一切差别，一切优选的性质，都应该是我能够查明的。但如果情况是这样，那么一切作为“真的”，作为“必然的”，作为“法则”，“事实”的东西，以及不管什么有待规定的东西，就只能在我的“表象活动”中加以特征描述；并且一般而言，只有我的表象活动的被表象之物才是可设定的，而其他东西是完全不可想象的，——因此，假定自在存在者，假定某种据说不论是否被表象都是存在的东西，是没有任何意义的。

在如此机智的悖论中，在怀疑论的论辩中——关于这些东西人们并不太清楚它们在多大程度上是真正严肃的看法——，尽管以粗糙模糊的形式，出现了一种在人类哲学意识中具有最普遍意义的全新的动机。世界的朴素的预先给予性第一次成了问题，并且由此，世界本身，在对它认识的原则可能性方面，在它自在存在
的根本意义方面，也成了问题。换一种说法，实在的宇宙，在稍后，60
一般可能的客观性的全体，第一次被“以超越论的方式”来考察，被当作可能的认识对象，一般可能意识的对象，来考察。实在宇宙被在与主观性的关联中考察（对于主观性而言，它应该能够以意识的方式在此存在），并且纯粹在这种关联中被考察，就是说，即使这个主观性也纯粹被看作实行这种超越论功能的主观性，它的意识，即超越论的功能本身，被看作这样的东西，在其中或通过它，一切可以想象到的客观本身为意识的主观保持着它们对这个主观应该能够具有的一切内容和意义。

正如我们以上论述表明的，在古代恰好是诡辩学派的以及由它引起的怀疑论的这种超越论的推动，没有产生效果。处于其在专门科学方面卓有成效的独断论客观主义之中的正在繁荣的哲

学，以及还有这种怀疑论的新哲学，并没有达到对这里出现的，需要彻底领悟的这些问题之实质重要性的理解。

直到近代情况基本上仍是如此。尽管历史学家们关于将欧洲历史分为古代、中世纪和近代的这种久已惯用的划分在多大程度上有其内在根据的问题有争论，但就哲学而言，就科学文化的历史而言，却可能没有争论。在这里毫无疑问的是，近代哲学与从**柏拉图**以后的哲学相比，标志一种从根本特征上是新的发展系列，**笛卡儿**以他的《**关于第一哲学的沉思**》开创了一个新时代，为哲学历史发展之流提供了一个全新的方向。

笛卡儿的，因此整个近代的哲学新颖之处[①]就在于，它以一种全新的精神重新开始进行反对在一般发展状况中仍还没有克服的怀疑论的斗争；它试图从其最终的根本的根源上真正彻底地把握怀疑论，并由此而最终克服它。在这里，是下面这样一种信念起着内在的指导作用，即这样一种克服决不具有仅仅排除富有成果地
61 进行创造的客观科学无须关心的那些纠缠不休的否定的功能，而是在怀疑论的辩论中有一些对于客观科学和普遍哲学具有决定命运的重要性的动机；更详细地说，是下面这样一种信念：即在这些辩论中，客观科学的根本的不明确性，方法上的不完善性，变得可以感觉到了，对这些辩论的宝贵的内核加以纯化，并从理论上加以说明，一定能够导致确保迄今为止的科学，同时以一种新的精神实行它，以一种新的方法阐明它，使它证明自身为正当的。但是所有这一切最终都归于这样一个信念，即我们唯有沿着这条道路才能

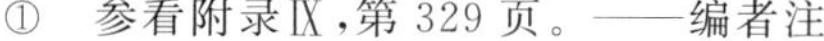

① 参看附录Ⅸ，第 329 页。——编者注

使普遍哲学的这个原初的并且是绝对必然的理念不断得到实现。

根据已经取得的发展，我们还可以说：这种近代哲学的最深刻意义就是，其推动力（尽管尚未澄清）不断地推动着它的下面这样一种任务内在地落到它身上，即在一种更高的意义上实行怀疑论传统的彻底的主观主义。换句话说，它的发展就是为了以一种新的，更严肃的主观主义，以一种最彻底的理论上的认真态度绝对证明为正当的主观主义，简短说，以超越论的主观主义，克服那种否定客观认识和客观科学之可能性的似是而非的，不严肃的，轻率的主观主义。

近代是从**笛卡儿**开始的。因为他第一个试图从理论上满足作为怀疑论论证之基础的无可争辩地为真的东西；他第一个从理论上占有了即使最极端的怀疑论否定也要以它为前提的，并且在怀疑论的否定进行论证时也要返向联系到它上面的最普遍的存在基础，即某种对它自己本身毫不怀疑的进行认识的主观性。当然，**奥古斯丁**已经以某种方式占有了它，他已经指出了我思（*ego cogito*）的无可怀疑性。但是在笛卡儿那里这种新的转向是通过以下方式 62
发生的，即他从单纯反论证的反怀疑论的要点中获得了一种理论上的发现。只要他将这种超越论的主观性放到通过怀疑而引起的对于哲学之可能性追问观点下来考察，这种主观性对于他就必然正好变成理论上的基本论题。

这里应该注意，这个我思（*cogito*）行为以其确定无疑性当然立即就驳倒了绝对否定态度这种轻率的极端，这种绝对否定态度否定任何一般真理，因此不仅否定客观真理，而且否定在我思（*ego cogito*）之名下的任何一种主观真理。但是，以此并没有驳倒那样

一种怀疑论，那种怀疑论一向反对哲学的可能性，而其实只是想要反对认识与“自在”存在的对象有关的“自在真理”之可能性。因此这首先涉及到“客观的”，自在存在着的世界，与此紧密相连，此外也涉及到柏拉图的自在存在着的“理念”，逻辑的和数学的自在有效的原理，任何一种自在有效的科学，或者如我们还可以说的，诸客观的科学。这种怀疑论，而且只有这种怀疑论，具有一种伟大的历史使命，即迫使哲学走上超越论哲学的轨道。按照**笛卡儿**的想法——但不是按照奥古斯丁的想法——，这个“我思”是一个“阿基米德点”，真正的哲学本身应该依靠它实现系统的，绝对可靠的发展。真正的哲学应该在这种纯粹自身认识的绝对根据之上，通过一种在这个自身认识范围内以绝对证明自身正当的方法实行的思想进程，作为内在的产物产生出来；正是作为从绝对的开端起并且在每一步骤上都绝对证明自身正当的行为产生出来。因此这个我思（*ego cogito*）是纯粹在自身之上建立的哲学的，普遍知识（*sapientia universalis*）的第一的而且是唯一的基础。

但是另一方面还应该强调指出：笛卡儿的《**沉思录**》并不想成为笛卡儿的偶然的主观的思考，或者甚至成为一种传达作者思想的文学艺术形式。宁可说，它们明显地呈现为按照其动机形成的
63 方式和次序是必然的思考，这些思考是彻底进行哲学思考的主观本身必然一定会经历的思考；作为已经选择了哲学理念作为其生活之指导目的理念的，并且正是由于在其认识生活中主动地实现这个理念才成为真正的哲学家的这个主观，必须进行这样的思考。由此可见，笛卡儿《**沉思录**》的永恒意义就在于此。它描绘或者企图描绘哲学开始时必然的样式。只有通过沉思，这位哲学家才能

开始，但是这个沉思的过程，方法，有一种必然的形态。另一方面，在这种情况下相关联地，哲学本身的开端，开端的理论，其难题的方法和准则，也必然会在客观理论方面产生出来。二者必然会在发展中一起呈现出来，并且二者按其方式必然会科学地呈现出来。

第十讲：〈笛卡儿的沉思。〉

对历史的一瞥表明，由此而产生出一种巨大的推动力，它很快就在伟大的生成中并在这种发展的全新形态中产生了效果。从《**沉思录**》开始，哲学就坚持不懈地努力将这些最初模糊不清地冒出来的新问题提升到原则上清晰而明确的阶段；只是在这个阶段上才使得对这些问题真正富有成果的探讨成为可能。但是，尽管有越来越新的处方，并付出了巨大的努力，哲学并没有以一种完全令人满意的方式做到这一点。即使是整个发展的出发点，就已经带有引起严重后果的不清晰性。在六个沉思的最初的并且最重要的两个沉思中，虽然有一种重要的发现，而且正是那种由此超越论哲学才得以开始的必须首先完成的发现，即对超越论上纯粹的、自身绝对封闭的、任何时候都能绝对无疑地认识它自身的主观性的发现。但是笛卡儿本人并未能把握住这一发现的真正意义。在他的众所周知的“*我思，我在*”(*ego cogito*，*ego sum*)这句看似寻常的格言背后，事实上显露出一些极其广大的但却是昏暗的深度。笛卡儿的情形与哥伦布相似，后者发现了新大陆，但对此毫无所知，64
而仅仅以为发现了一条通向古老印度的新海路。这在笛卡儿那里就是，他没有理解一种新的，要重新彻底建立的哲学之问题的最深

刻的意义，或者这样说本质上也是一样，即他没有理解一种置根于我思(*ego cogito*)之中的超越论的认识根据和科学根据的真正意义。但其原因又在于，他没有以正确的方法从怀疑论那里学习。

为了说明这一点，首先让我们粗略回忆一下笛卡儿在《**沉思录**》中的思想进程，在规划我们自己的有关严格建立真正哲学的方法时，我们将再一次更缜密地研讨这个思想进程[①]。

笛卡儿说，迄今为止所有的科学尚没有一种是真正严格的，绝对被建立起来科学。为了获得这样的科学，为了能以绝对精确的和系统的结构获得一种普遍的科学，一种哲学，我们必须进行清算，根本怀疑迄今为止的一切认识。我们的原则就是，凡不是十分稳固到能绝对经得起任何哪怕只是可以想象到的怀疑的东西，都不予承认。但是在这种情况下，通常意义上的整个宇宙，通过我们的感性给予的这整个世界，就立即从我们可以承认为有效性的范围中消失了。因为我们大家都承认，感性可能给人以假象；任何时候都存在这样的可能性，即我们如果遵循感性，就会迷路。尽管我可以怀疑整个世界，也许根本怀疑整个世界，但是有一件事情是不可怀疑的：这恰恰就是我在怀疑，另外还有这样一件事情，即这个世界在感官上向我显现，我现在有某些知觉，我如此这般地对它们下判断，我有所感受而作出评价，我有渴求，有意愿等等。我存在：我是思维者(*sum cogitans*)，我是这种具有这些知觉、回忆、判断、感受等等的流逝着的意识生活的主体；我绝对可靠地，绝对无可怀疑地是这个流之中的主体。我存在，即使这个世界，也包括我的身

① 参看《**第一哲学**》下卷，《**胡塞尔全集**》第Ⅷ卷。——编者注

体不存在；我存在，不管这个可以怀疑的世界是否存在。由此可 65
见，具有我的绝对生活的我的绝对的存在和为我存在乃是一个自身绝对封闭的存在，而正是这个存在，是我们就我们这方面刚刚称作超越论主观性的东西。

很显然，这个我甚至只不过就是纯粹地被理解的具体的作为我的我，纯粹精神上的主观，它摆脱了对一切有关不是它本身的，不在它自身之内的东西的同时设定。但是如果这个纯粹的我在它的意识中感性地经验到客观的世界，并且以它的认识活动建立诸种科学，那么这在多大程度上不是对具有主观自明性的主观显现和主观上产生的判断的单纯内在拥有呢？如果说，理性的洞察，科学的判断，与日常不确定的和模糊的判断相比具有优越性，这是一种自明性，那么这种自明性本身毕竟仍还是一种主观的意识事件。什么东西使人们有权利赋予这种主观特性以作为自在有效真理——这种自在有效真理可以要求有超出主观体验之外的有效性——之标准的价值？或者说，在认识活动指向据说是在主观以外的世界的地方，什么东西能使我在这里（在这里我仅仅直接地和毫无疑问地确信我自身和我的主观体验）有权利相信，这就是这个世界，而且实际上需要这种客观的科学，来提供主观特性所要求的在主观以外的价值？

笛卡儿在试图证明自明性及其超越主观的效力的正当性时，迷失于早就被看出的并且受到许多指责的循环之中。正如他漫不经心地从人的纯粹的自我的这个最终的特性推论出上帝的必然存在一样——由于自明性的标准，上帝不能欺骗我们；同样现在可以运用这个标准，并且在它的指导下，推论到数学和数学自然科学的

客观有效性，并由此推论到正如这种科学对其所认识的自然之真实存在。于是就建立起两个实体的学说，根据这种学说，具有最终哲学真理的真正的客观世界是由物质物体和与它有因果性联系的精神本质构成的，每一个精神本质都如同我的自我（*ego*）一样，是自在自为地绝对地存在着的[①]。

66 规定新的发展的思想特征，看来就是这样。它的第一个高峰，即我思（*ego cogito*），无疑是一种在一定程度上能完全理解的发现。这是一种非常新的，而且是无比重要的洞察，因此它产生了巨大而持久的影响。这个在其自在和自为的存在中直接意识到其自身，对自己本身来说可绝对无疑地经验的主观性，第一次被以其纯粹自为存在的形式，以其构成其纯粹生活的意识流的形式，突出出来，并且被明确地界定了。而且也使以下一点变得显而易见了，即对于自我在这里和随便什么地方可以设定的，可以想象的不论什么东西，它只是作为在自我的意识生活中显现的东西，作为自我主观上以某种方式意识到的东西，而可以设定和可以想象的。由此恰好是怀疑论的相对主义将一切可认识的存在——只不过恰恰是以怀疑论的方式——还原于其上的那个“纯粹主观东西”的领域，被从科学上突出出来了：如果一切可思想的东西，可认识的东西，都是显现者，那就只有被称作显现的主观事实才是可认识的，因此不存在有关自在存在者的认识，有关真实东西的认识。

我已经说过，在笛卡儿那里缺乏对由这种哲学的相对主义所提出的，并且是完全不容拒绝的任务的，即哲学的、一般科学的任

① 参看附录Ⅺ，第335页以下。——编者注

务的真正意义之深入研究；现在再也不能继续以理性的朴素自信心，以对理性以纯粹朴素性有条不紊前进之自明性的信赖，进行研究了。

什么东西由于怀疑论而成了问题呢？是客观认识的一般可能性，是获得伸展到当下意识之外以及当下寄宿于意识本身之中的意见和显现之外的认识之可能性，作为这样的认识，它们要求认识自在存在着的对象，自在存在着的真理。当由于这种怀疑而实现了从朴素地专心于认识呈现着的对象而到反思的态度——在反思的态度中，进行认识的意识进入到视线中，而被认识的东西必须作为多种多样认识活动的统一并在与认识活动的关联中来考察——的转变时，在这种情况下，自在存在的和自在有效的可能性和意义，必然立即就变成难以理解的了。一方面人们面对这样的事实，67
即对于认识者而言，通过他的认识，通过在他本身中以多种多样的形式有意识地完成的意义赋予和判断成就，一切对象都意味着它们所意味的东西，值它们所值的东西，是它们所是的东西。但是另一方面，世界作为不言而喻的事实，要求它的权利，而且人们感到不得不提出这样的问题：即关于“外部”实在存在的意义和权利究竟怎么样了？一种纯粹内在的认识成就，对于心灵之外的存在，对于自在自为地“在外面”某个地方存在的某物，以及对于通常的自在自为的存在者，各种各样的通常意义上的存在，能意味什么呢？在这里人们本来应该最终意识到：即使这些有关外部和自在存在的谈论，也只有从认识中取得其意义，关于外部存在的每一个命题，每一个论证和认识，都是在认识本身内部完成的判断的成就和认识的成就。

然而这一点至少在笛卡儿将纯粹的主观性，即自身封闭的我思（*ego cogito*）突出出来的时刻就十分明显地显露出来了。但是在这种情况下人们不是应该说，所有含糊不清之处，以及在这里由于注意到进行认识的意识，以及由于必然发生的将一切对象东西和真理返向联系到可能的认识而陷入的困境，人们越来越深地卷入其中的一切不可理解的谜团，都是由以下情况产生的，即人们恰好根本没有研究过作为有所成就的意识的意识？

迄今为止一切科学研究都是客观指向的，在朴素地经验和朴素地认识时，到处都预先就已经有了客观性，并将它当成前提。但是从来也没有从根本上把下面这个问题当成课题，当成真心的课题，即这个进行认识的主观性是如何在它的纯粹的意识生活中完成“客观性”这种意义的成就，判断的成就和洞察的成就的；这里不是把这样的问题当成课题：这种主观性是如何从理论上不断地规定它预先在经验中，在经验的相信中所拥有的客观性；而是将下面这个问题当成课题，即这种主观性是如何在自身中一定会达到这种拥有的。因为它只拥有它在自身中所成就的东西；即使是最简
68 单的“在自己面前有一个东西”这种知觉活动，就已经是意识，并且以极其多样的结构实行了意义赋予和现实性设定：只不过反思和反思的研究需要就此认识某种东西，某种科学上非常有用的东西。只是由于笛卡儿将这种纯粹主观性突出出来，并由此而将应纯粹在自身中，在其内在的封闭性中进行考察的意识的关联突出出来，才使与一切客观研究任务不同的这项任务的意义能得以清楚而明确地保住。如果要从理论上规定这些预先给予认识者的对象，那么现在必然产生的这种超越论的研究就需要做一件非常不同的事

情，即原则上不可以**承认**客观东西的预先给予的拥有，客观东西的绝对在此存在。它的任务甚至就在于，一般地，并且以每一种方式和在每一个阶段上研究，在认识中，客观性本身以及各个范畴的客观性，是如何主观地，对认识者并在其进行认识的“拥有”中作为这样的东西被构成的；因此就是研究，认识即使作为最简单的知觉，是如何成就一种客观的预先给予性，以及接下来，它是如何完成更高的认识成就的。

因此实际上超越论的科学有一种完全不同于一切客观科学的，与所有客观科学相分离的，然而却作为相关物与所有客观科学相关联的课题。我们预先就看到，对于这种新式的科学而言，一切都取决于这种科学能完全防止它的任务，并且防止它的研究有任何向朴素的—客观的研究态度的倒退。但是只有笛卡儿的，然而——正如我们还要谈到的——本质上需要净化的发现及其方法，才能有效地做到这一点。

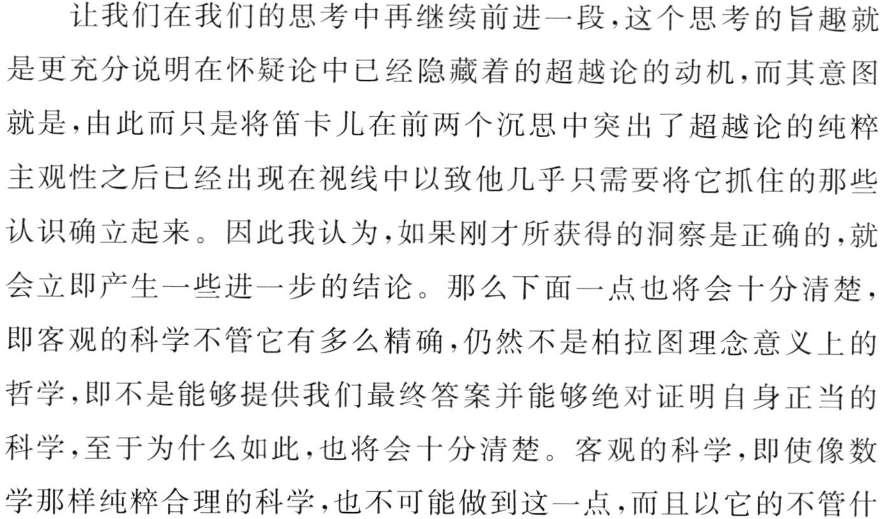

让我们在我们的思考中再继续前进一段，这个思考的旨趣就是更充分说明在怀疑论中已经隐藏着的超越论的动机，而其意图就是，由此而只是将笛卡儿在前两个沉思中突出了超越论的纯粹主观性之后已经出现在视线中以致他几乎只需要将它抓住的那些认识确立起来。因此我认为，如果刚才所获得的洞察是正确的，就会立即产生一些进一步的结论。那么下面一点也将会十分清楚，即客观的科学不管它有多么精确，仍然不是柏拉图理念意义上的 69
哲学，即不是能够提供我们最终答案并能够绝对证明自身正当的科学，至于为什么如此，也将会十分清楚。客观的科学，即使像数学那样纯粹合理的科学，也不可能做到这一点，而且以它的不管什

么自明的原理中的任何独特的原理，也不可能做到这一点。只当直向的研究方向的合理性虽然没有被否定，但就其根本的意义，就其成就的本质（可能性）受到怀疑，并获得了由超越论认识成就的研究而产生的那种合理性，只当由于不理解在客观存在，客观真理，与进行认识而有所成就的意识之间的本质关系而产生的一切混乱和曲解，通过对超越论科学的具体阐明而消除时，哲学才能够产生。

这里涉及的绝不是一些可以附带加到客观科学上的，从根本上说与它们并无多大关系的，无足轻重的澄清。只要自为存在的对象性的意义，即作为只能由进行认识的意识产生的意义，是模糊不清的和神秘莫测的，以朴素的不言而喻性预先给定的世界的意义，以及最后一切在客观科学中被认识的现实性和真理的意义，就也是不清晰的。哪里有不清晰性，哪里也就有荒谬。实际上，即使是最完善的客观科学的合理性，即使是数学的合理性，也不能防止大量荒谬的理论，这些理论在时间的进展中以变化不定的形式附着在科学成果上，并且肯定在超越论的误解中有其根源。即使在怀疑论的否定中，作为相关物就已经包含一种涉及有待认识的现实性全体的荒谬立场，即唯我论的立场：宇宙被还原到我自身，唯有我存在，所有其余的东西都是我心中的主观虚构；但是，至少我能有关于我的知识。——但是承认并高度评价客观科学的那些立场，也陷入越来越新的荒谬理论之中，这些理论被称作唯物论，各种各样的唯心论，心理一元论，柏拉图化了的实在论等等。

70　人们超出物理学之外需要并寻求一种形而上学，对于每一种其他的科学也与此很类似地需要并寻求一种形而上学，这种情况肯定主要在以下方面有其根源，即超越论的解释和误解受通常是遵循其自身的按一定方法进行的进程的客观理论和客观科学的束缚，最后总是将它自己的方法论本身搞乱。但是如果情况是这样，即在有根据的科学认识中，有一种必然的层次，按照这种层次，在较低层次的科学之上建立起被称作“形而上学”的较高的层次，而这种形而上学是探讨某些不管哪一类的最高的和最终的问题的，那么对于我们来说，至少以下一点预先就是肯定的，即这样一种（不管可以怎样理解的）形而上学，如果它真的是有关最终东西的科学，并且真的是绝对被建立起来的科学，它就需要一种有关超越论主观性的科学，并且以下一点也是肯定的，即这种形而上学绝不能奠立有关超越论主观性的科学，并为它提供任何前提。这一点对于形而上学以及每一种科学都有效。

第十一讲：〈对于超越论科学之第一次真正的展望。从笛卡儿的沉思过渡到洛克。〉

科学不允许有其从最初的和最原始的建立起的一切建立之意义和认识的价值都依赖于其回答的，因此科学要求认识的整个存在之意义也依赖于其回答的任何问题，是未解决的，或者甚至未被询问的。而这样的问题就是超越论的问题，而且由于下面这个原因，这些问题就已经具有十分卓越的性质，即它们一定先行于一切客观的，一切非超越论的问题，因此有关超越论的主观性的科学，也先行于所有其他的科学，先行于客观的科学；当然，不是在历史生成的意义上，而是在哲学理念，因此是最真正和最严格的科学之必然理念所规定的意义上，先行于客观的科学。因为这种科学所想要的，不多不少正是真正兑现它的作为科学的意义；而这就是说，只要它自己本身，它的方法和结果，未被理解，因此只要它还处
71 于一种经常谈论事物，并为事物提出一些它始终不理解其根本意义的理论的状况中，它本身就不会被承认为科学。

因此在这里这意思决不仅仅是说，超越论科学的功能就是防止一切科学（而且通过反思地返向关联防止自己本身）有某些令人不快的曲解，这些曲解可能或是它们的方法本身带有的，或是通过它们的方法认识到的对象性的存在之意义本身带有的。这种说法简直几乎就是说，仿佛在严格避开一切由对进行认识的、进行构成的意识的考虑中不管怎样产生的概念和思想的情况下，一堵抵挡一切超越论东西的牢固的护墙，或经过周密思考将目光固定到在直向目光指向中和直向自明性中产生的事实性关系上，就已经能够创造出最严格的最充分的科学。但是没有曲解还并不就表明获得正确的解释，而且未被询问的问题，或许是最重大的问题，也都是未得到答复的问题。

为了在客观的照准方向上完成科学理论的，客观科学理论的重要成果，也许戴上这种防止超越论的眼罩有时是有用的，这甚至是必要的辅助手段。但是如果这种精神上的眼罩仿佛是牢固地扎了根，如果这种对超越论东西的忽视变成了习惯的盲目性，那么为得到不发生曲解的好处而付出的代价就太昂贵了；因为现在要取消一切解释，甚至要取消那些我们为了知道我们实际上是什么，以及最后连同世界一起什么，以及世界最终要求我们有什么样的实践的—伦理的态度，而必须实行的那种解释。

实际上情况决不是下面这样的，即在朴素的经验设定中无条件地为我们在此存在的世界，向进行认识的主观性的返向关联（特别是当这个主观性按照笛卡儿的方式被看作纯粹的主观性时），对于真实的存在本身及其绝对的意义无权说任何东西。**莱布尼茨**在其对单子论的天才概述中就曾认为：按照其最后的真实的存在，一切存在者都还原到诸单子，而只不过就是说，还原到笛卡儿式的诸自我（*ego*）。最终可能就是，以超越论哲学的方式建立的世界考察，作为绝对必然性恰好要求一种这样的或类似的解释。而且如 72
果人们使对认识的超越论考察与形而上学最密切地联系起来，这种超越论哲学的世界考察也许就会被证明是正当的；正如在这种情况下，最终地、绝对地被奠立的，因此是超越论的科学，当然一定会成就下面这件事情，即借助于它对存在之意义的澄清而将我们引上有关这种存在的最后的答案。

在我们穿过了由笛卡儿的我思（*ego cogito*）展示出来的，并同时使怀疑的动机产生充分效果的哲学疑难问题的地平线以后，我们再一次返回到笛卡儿本人，这位近代的伟大开始者。

在这里我们不得不遗憾地说，他对于这个的确明显存在于他视野之中的重要的疑难问题毫无所知。正如我们还可以说的，关于超越论的意识科学之必然性和理念，他毫无所知。然而他有不朽的名声，即他通过对于超越论的自我（*ego*）的发现，发掘出了这个课题，并且在纯粹意识生活的多样性中揭示出这种科学的研究领域。

这种推动着他的关于迄今为止的科学之不充分性的意识，以及关于一种绝对的、免受一切可能怀疑的科学之必然性的意识，虽然在一个宏伟的并给人以深刻印象的思想进程和体系中产生了效果，但是并没有立即就在那些这里所要求的沉思中，没有在至少按照其**风格**能预知未来哲学的一种体系中产生效果。他并没有提供那些能阐明由怀疑论所引起的难题（作为超越论的难题）之最内在意义的，能阐明客观科学的独断论的朴素性之最内在的意义的，以及最后，能阐明最充分的科学之最内在意义的沉思；没有提供能设计出通向它，通向作为超越论的科学的它的必然道路的沉思。笛卡儿是哲学之真正的开始者，是哲学本身，真正的，但只是处于开端之开端上的哲学本身之真正的开始者。就是说，只有他的沉思的开端（这个开端在我思[*ego cogito*]中达到顶峰），才预先规定了那种对于《**第一哲学沉思**》是典型的风格的必然的风格（尽管有其
73 始终是朴素的和粗糙的思想进程）；因为在其中占支配地位的不是有关在这里发生的东西之最终明晰的洞察，而是伟大天才的纯粹直觉。

笛卡儿在由他打开的超越论哲学，唯一真正彻底的哲学之门前，停步不前；他没有踏上进入这个从未进入过的，但是非常需要进入的“母亲之邦”的路程。他的哲学彻底精神不起作用了。他关于人们必须追溯到超越论的主观性之中的一切认识之根据的信念，并没有为他和以后的时代带来真正的成果，因为他恰好没有能满足这种彻底精神的更深刻的意义。他误解了他自己的良好的开端，因为他没有将进行澄清的思考推进到完满的结束。因此他立即就被他以前可能认为是荒谬的问题所压倒。笛卡儿与新哲学的新的并且是造福社会的推动一起所带来的一切巨大的危害，都正是与此有关。他的含糊不清，他的假问题，他的建立于同样错误的

数学科学根据之上的错误的两个实体的学说，影响了后人，迷惑了后人。因此笛卡儿并没有成为建立于超越论基础之上的，建立于我思（*ego cogito*）之上的，因此是真正超越论哲学的创始人，以至于他仍然完全囿于客观主义的先入之见中。他的哲学沉思方法论的整个设置，最终是服务于将客观世界，客观科学的基础，以及客观科学本身，从怀疑论的攻击中拯救出来，他的目的特别在于赋予具有其在新的生成中所具有的形式和方法的数学和数学自然科学以绝对有效性的权利和对所有真正科学的典范作用。

由他发现的这个纯粹的自我（*ego*），对于他来说，不外就是纯粹的心灵，是以绝对的无可怀疑性提供给每一个认识者的，并且**仅仅**以直接性提供给他的客观世界的一小部分，正是要由这一小部分通过推论而保证其余的世界。正是因为他没有理解真正的超越论难题——他不过是由于自明性问题偶然遇到这个难题——，所 74
以他没有看到这整个看法以及他所奠立的自明性理论的荒谬性。他没有看到关于将自明性理解为真理的标准，理解为真理的单纯标志的看法的荒谬性，没有看到一切据说又保证这种标志之合法性的论证荒谬性。他没有看到据说是从超越论的领域，从纯粹的自我（*ego*），进入到客观领域的一切被信以为真的推论的荒谬性。作为一份坏的遗产，这种荒谬性以一切超越论的“实在论”的理论之形式贯穿于近代，而另外一些荒谬的动机今后还会继续下去。笛卡儿的**客观主义的根本态度**，及其论证科学的整个风格，赋予新的精密科学以及其他一切竭力仿效其榜样的实证科学一种虚假的权利，即将自己看成绝对的科学，并且最终将自己作为原初独立的科学与哲学对立起来。这种客观主义的特征要求形成一些有关理

性的心理学主义的和自然主义的理论，由于这些理论所隐藏的荒谬性，人们好几个世纪都不得不费心操劳。

这种情况与古代柏拉图以后的情况有些相似，在那里我们也许完全可以谈论心理学主义和自然主义。在这里也如同在那里一样，这些词所表示的是由于混淆了超越论的问题与心理学的或生物学—自然科学的问题而产生的有关理性的根本错误的理论。在古代，**柏拉图**是开始者，他指向根本怀疑认识之可能性、在“辩证法”的名称下思考对认识之可能性的具体解决并尝试一些最初构想的怀疑论。但是如我们指出的，**从亚里士多德**起，这种彻底主义的活力由于处于刚刚才获得成功的客观科学所造成的印象就已经减弱了，这些客观科学给人以非常深刻印象，以至于人们不可能有更多兴趣认真思考怀疑论疑难问题的深刻含义了。因此人们很少能觉察到在古代逻辑学和伦理学中存在的心理学主义。

75 我说，在近代情况有些相似。**笛卡儿**的彻底主义由于没有受到足够深入的探讨，就没有得到认真的效仿，而诸科学却在这时以特有的方法波澜壮阔地而且是独立地发展起来了。然而又是与古代相似，认识的问题起着巨大的作用，以至于它面对诸实证科学不可能也肯定没有消失，而可能并肯定一再地将兴趣转向自身。对认识问题的理论探讨又是以心理学主义和自然主义的形态产生效果的。

洛克的《**人类理智论**》对于以后发展的命运具有特别的重要性。这是一部建立在经验基础上的近代感觉主义心理学的基本著作，同时也是认识论方面的心理学主义的基本著作。在这里发生了一种引人注目的，并且是很有教益的转移。不再认真谈论关于彻底的哲学，关于在绝对可靠的基础上系统地建立一种预先进行了彻底怀疑的科学了。世界是永久存在的，客观科学的可能性从根本上说也是永久存在的。但是为了能够促进客观科学，需要对客观科学的工具，即人类的理智，以正确的方法进行研究。按照洛克的看法，在这种情况下，必然作为不言而喻的和具体探讨的课题的东西，不外就是笛卡儿的自我(*ego*)，只不过这个自我被以自然客观的方式理解为人的纯粹自在的心灵，如其本身在明白的内在的经验中发生的那样的我们人的精神。如果说笛卡儿没有将我思(*ego cogito*)当成一种特殊的科学的主题，——而这在他从根本上建立认识方面带来了足够严重的后果——，那么洛克的新颖之处就是他将这个我思(*ego cogito*)当成了主题，但他完全是按照自然主义观点这样做的，这个自我(*ego*)被当成在预先给予的世界之中的心灵。

洛克所努力争取的并不是一种充分意义上的心理学；他明确地排除了对于精神之一切心理—物理的，或如他所说的，“物理的”研究；但当然仍是一门被归属于作为一种封闭的联系的完整心理学学科。就是说，心灵作为它的身体的心灵属于世界，因此它属于心理物理因果联系的紧密联系之中；而既从其内在性方面，又从其外在的因果性联系——这种因果性联系服从于普遍联系的因果性 76
法则——方面对心灵加以研究，正是这种完整心理学的任务。但是洛克想要提供一种心灵的单纯的发展史，他想按照心灵固有的内在的存在，并纯粹根据内在的经验，以单纯“历史的”方法研究心灵。这种与历史东西对照表明，这里所涉及的是对纯粹心灵的内在性的描述性考察，此外还涉及对心灵的发展——从心灵生活最

初出现开始——进行系统的描述。不过这还不表示他本来要谋求的东西，因为另一方面，“**人类理智论**”这个题目表示，研究理智的发展，认识能力的发展，是洛克本来的目的所在。洛克正是想要在这条道路上阐明认识以及一切可以描述地区分的认识之种类的本质、可能性、有效性的程度、范围和界限，并且接下来阐明诸可能的和合理的科学之本质，基本种类和正当性范畴，以及对它们而言是基本的方法，并借助于这些阐明而获得应该指导作为处于科学行为中的理性生物的人的规范，而这些就是这部著作的真正课题。此外他也想到了与人的伦理行为及其规范化相似的东西。

洛克没有看到，按照其纯粹性理解并且从本质上理解的对于可能的有效性的认识问题，与他的方法的客观主义是不相容的；他没有看到，这些问题当然要求对客观性的宇宙——正如笛卡儿已经做过的那样——彻底加以怀疑，并且要求完全仅仅保持在纯粹意识的基础之上。他更没有看到，这里的真正任务就是系统地研究作为**对某物之意识**的意识，并且特别是就下面一些突出的意识方面进行研究，即意识在其中在自明性和有洞察力的论证之名下原初地在其自身的关联中对于认识者产生对对象性东西的自身拥有和自身证明的那些意识方面；这甚至是笛卡儿也忽略了的，而由
77 于这种忽略，使笛卡儿没有能建立起真正的超越论哲学。洛克没有看到，真正的客观性，就是某种只有在意识中才能获得意义和原初实现的表现的东西，或者说，他没有看到，真正的存在表明一种能够按照本质特性和法则进行直观理解的内在于主观的目的论；他没有看到，正是这个内在于主观的目的论是在这里必须完成的。

〈第二篇　洛克自我学尝试的基础和自我学的永久性难题〉 78

〈第一章　洛克的视界之根本性限制及其原因〉

第十二讲:〈客观主义的朴素的独断论。〉

在上一讲结束时谈到的东西我们还可以按照以下方式表述:**洛克**没有看到由古代怀疑论提出的根本的认识问题,因此这个问题自然也没有成为他的《**人类理智论**》的研究课题。然而《**人类理智论**》的确想要成为有关知性的理论,成为一种认识论,而且是这样一种认识论,它想要结束形而上学的无休止的争论,并想要为一切科学获得为它们的改善所必需的,为它们的完美所要求的对于它们的成就之真正意义的,对于它们的基本概念和方法之最后来源的澄清。在这里,目的是指向原理性的东西,既指向一切一般科学和科学本身所共有的东西,也指向那种规定有关本质上彼此分开诸科学类型的差别的东西,如规定经验科学与纯粹合理科学的差别的东西。

如果说笛卡儿在追求一种作为绝对被奠立的，绝对证明自身为正当的科学体系的真实的和真正的哲学时，曾偶然发现了认识问题，并且他至少也已经要求一种应该先行于一切真正科学的有关知性的理论；那么正是洛克想要真正阐明这种理论，而且正是为了这样的目的。然而洛克并不是笛卡儿思想的合法继承人，他没
79 有接受存在于《**沉思录**》中的最有价值的推动。而且我们同样也不得不指责笛卡儿说，他偶然发现了超越论的认识问题，并没有真正理解这个问题本身，而是曲解了它，因此他有关彻底奠立的普遍科学或哲学的计划也必然遭到失败。他没有提出超越论的自我学和其中包含的超越论的认识理论，而是走上了神学的认识论和独断论的形而上学的错误道路。但是洛克也抛弃了这个笛卡儿式的**开端**的重要而有意义的东西，就是说恰好抛弃了这个直接动机的源头，人们本来可以在这种动机的引导下，随时转向更好的发展，可以转向哲学，首先是转向超越论的认识论。

洛克不是像笛卡儿那样从对一切科学和经验世界本身加以怀疑开始，而是完全朴素地假定诸种新的客观科学的有效性，他更将被经验的世界的在此存在看成是不言而喻的。他没有看到在他的以及所有类似的认识学说中包含的荒谬之处和循环论证；而最重要的是完全确信这种被经验世界的在此存在。从洛克以来在认识论著作中作为课题的东西，可以预先以一种模糊的一般的表达称作“对一般客观认识的澄清”。在这里认识首先是一种用来表示有关客观东西的主观意识之全部多种多样方式的最一般的名称，在这些方式中，有关的自我所经历的东西正是可以用下面这句话最

一般地表达的东西:我意识到客观的东西;而这根据情况用一些特殊的表达式表示为:我知觉到一些事物,一些人等等,我记忆起它们,预料到它们,我模糊地想象它们;我以确信或不确信的方式做所有这一类事情,它们被我作为单纯的可能性而意识到,或者我以为,它们在这里或那里存在着,或者我曾确信,而现在变得没有把握,或最终相信它们不存在。当然,这里也包含一切述谓的判断活 80
动(进行理解的把握),特别是理论的—科学的判断活动。

与所有这些意识上的拥有活动——它们在最广义上意味着对某某意义的“以为活动”,和对这种或那种确实性样式的“以为活动”——相对立的,是纯粹的想象活动或虚构活动,这不是真正的以为活动,而恰好是想象自己进入一种意指活动的活动。由于一些稍微明显的理由——对此我们不必在这里讨论——,意识上的拥有也将认识活动这个题目拉进它的范围中来。实行这个范围的认识,就是说以这种或那种特殊的意识样式意识到任何一个客观东西,并不意味着在现实的认识领域中有这种意识上的拥有本身;这意味着在课题上与有关的客体打交道,但并不意味着将对该客体之意识上的拥有当成课题。对认识加以澄清的任务,更明确地说,对进行认识的体验加以澄清的任务,因此在以下一点上有其来源和意义:即要了解这种进行认识的体验活动。在通常的直接指向客体的认识活动中,客体可能以各种不同的程度被认识,被认出,以各种不同的程度获得其清晰性,其自明性;但是在那种情况下,这个认识活动本身,作为处于其一切变化不定的主观样式中的主观体验活动——客体正是在这种主观体验活动中对于我们变成客体的——,仍然是未被认识的,模糊不清的。

但是建立于对这种最广泛意义上的认识的诸形态之全面研究基础上的这种认识论之特殊的目的就在于，澄清那种存在于**确切**意义上的认识成就之中的特殊的认识活动。每一种形式的和每一种特殊形态的一般的以为活动，一般的意识，都从属于一种可能的目的论的判断活动。它或者从一开始，或者能够将自我之指向目的（*Telos*）的，指向具有其真实的存在与本质的客体本身的活动纳入到自身之中。被以为的认识（作为一般的意指活动）与确切意义上的认识——作为在其中认识者意识到达到目的本身的那种认识（那种卓越的意指活动）——是彼此分开的。与此相关联，属于单纯的意指活动，属于单纯有目的的（单纯有意图的）意识之形态的，
81 有意识的诸种过渡形态：证明及其否定的对立面，即反驳；一个统一的意识，一条认识的道路，将单纯的目的性活动带入到执行的目的性活动中，或在相反的情况下，带入到对另外一种结果的意识，在其中呈现出从前的目的性意指活动与之相矛盾、并在其中被“取消”的那种自身被把握住的东西，被达到的目的。这些在确切意义上的卓越的认识过程，这些理性成就活动的目的论过程，在自然的实行中是被掩盖了的，未被认识的，甚至也不再被认出。它们需要通过澄清而强调突出出来，需要那种从课题上指向它们的、能使它们清楚地理解自身的反思，它们需要一种指向它们的系统地进行认识的研究，通过这种研究，人们将会理解，这种有关客观东西的进行认识的成就活动究竟是什么，它是如何做到通过获取活动而得到一个客观的东西，或者，客观的东西如何能一次被理解为单纯被以为的东西，而另一次则被理解为真正存在的东西，被理解为被达到的目的——并且以后任何时候都能达到的目的。

不清楚的是，例如，如何在我们的外在经验中，在主观体验之流——它在我们的清醒的意识生活中构成一个稳定的层面——中，恰好完成这种使得下面这样的表达成为可能的成就：“我经常经验到空间—时间的自然”，“我经验到某些事物”，等等。在当下的经验活动本身中作为意指有：那里有一个事物，一个客观的东西，它处于如此这般的状态中，如此这般地变化着，对那边的那另一个事物产生影响，等等。在经验活动本身中就有：那里的那个事物在其全部的主观变化中是同一的客观东西，它虽然是现在进入到经验之中的，但并不是现在才生成的，它存在着，并且继续自在自为地存在着，即使我“将目光转向别处”，它也继续自在自为地存在着，等等。如果人们问：自在自为地存在着的东西，如何能够在我的主观经验活动本身中被给予我，本身被把握，正是通过经验而成为我自己的，那么这个问题就表明，在这里不清楚，不明白：经验活动本身是什么，它如何能在自己本身中有客观的东西，如何能意识到自在的存在者，并且在意识上表明自在的存在者。但这就是说：在经验活动中认识的是被经验的东西，但并不是这个经验活动，不是通过经验而有所成就的活动的本质和意义。但这是很自然的，因为主观的生活，在这里就是经验活动，在其固有本质方面被掩盖了，从来没有被研究过。对于理论思维在其中进行的多种多样主观体验，情况也是如此。通过根据经验而形成概念，通过以 82
述谓方式下判断，我们形成作为理论洞察的定理，将它们结合成诸种越来越高级的形态。我们称我们如此获得的东西为关于真正存在着的客体的真理，并且相信，它们具有在我们主观行为中形成的“自在的”有效性，这种情况与被经验的客体由于经验证明的连贯

的一致性被我们认为是自在存在着的很相似。这又需要一种进行阐明的，以述谓方式指向进行认识的生活和进行认识的成就活动的研究，只有这样才能使我们理解在这种认识的生活的内在性中，作为被以为的和被获得的理论真理，或更确切地说，作为客观存在，作为理论上真的规定的基础而真正成就的东西。

如果我们大体上明白，一切认识论问题的目的是什么，一般客观的认识在本质的普遍性上带有哪些不可理解的东西，而认识论的任务正是将这些不可理解的东西以这种普遍性转变为理论上可理解的东西和清晰的东西，——那么现在我们肯定也就完全清楚并确信，在认识论中对于客观经验的前理论的给予性的任何利用，以及由客观科学而来的任何前提，都是不允许的。这样一种利用显然会表明是一种荒谬的*转移话题*（μετάβασιζ）。认识论的普遍的课题，有关进行认识的“理性”的理论的普遍课题，将一切客观性理解为可能的认识活动的被认识的客观性，然而却不是绝对的客观性。由经验或者甚至由理论思维提供的客观性，以及借助于已经获得的越来越新的认识所有物而获得的客观性，这乃是以朴素的—自然的方式，从已获悉的东西，从进行理解的判断和洞察，向新的获悉，新的判断和洞察进展，最终进展到理论，科学。但正是这一点的确是个谜，而且在每一步骤上都是个谜。所完成的事情，行为，在每一个这样的步骤上，都存在于“这里”，唯有它被看到，唯有它是“课题”，而刚刚存在过的这种行为本身存在于其中的意识
83 上的生活与成就活动，却不是课题。通过经验和理论思维对它加以观察和研究，将在现实生活中未看到的，因此是未理解的生活变成可以理解的，变成理论上谈论的东西，——这与对待客观性的自

然态度的所有问题相比都是一种新的难题。因此很清楚，从事客观的“实证的”科学，和在纯粹主观性范围内将对客观东西的一切意识上的拥有，获悉，掌握，以及还有对于述谓真理，理论之一切意识上的以为和获得，作为纯粹主观上有所成就的活动变成可以理解的，这是根本不同的两回事。这种根本的，并且是完全无法消除的区分，显然是存在的，即使从来也没有从对于在其中客观东西为认识者形成的主观东西之最初的模糊不清的意识和不理解中产生出怀疑论的动机，即那种否认超越的世界，或至少认为这个世界是不可认识的，因此怀疑有关客观存在者的科学之可能性的那种否定态度，这种区分也是存在的。既然这种情况出现了，那就更清楚，凡是在存在方面或在认识可能性方面怀疑世界，而有关世界的意识又仍然未被触及的地方，就不能假定客观的存在为前提，就不能假定客观科学的前提为前提。而且在想要通过阐明客观性以及对客观性的认识纯粹由意识而拥有的意义来应付怀疑论的那些研究中，也不能。

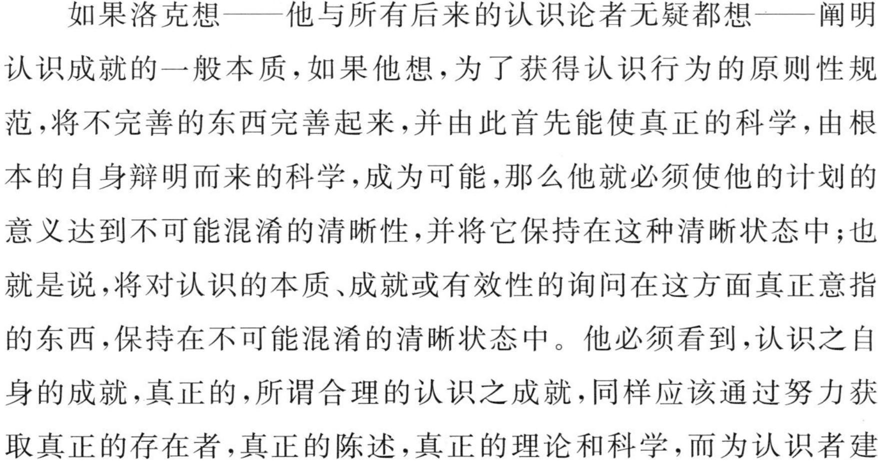

如果洛克想——他与所有后来的认识论者无疑都想——阐明认识成就的一般本质，如果他想，为了获得认识行为的原则性规范，将不完善的东西完善起来，并由此首先能使真正的科学，由根本的自身辩明而来的科学，成为可能，那么他就必须使他的计划的意义达到不可能混淆的清晰性，并将它保持在这种清晰状态中；也就是说，将对认识的本质、成就或有效性的询问在这方面真正意指的东西，保持在不可能混淆的清晰状态中。他必须看到，认识之自身的成就，真正的，所谓合理的认识之成就，同样应该通过努力获取真正的存在者，真正的陈述，真正的理论和科学，而为认识者建

84 立一切种类和形态的客观性。必须看到以下情况，并且牢牢把握住：作为**能**在主观性中**获得**的客观性，在任何其他地方都不能有它的场所，而只能在它的意识领域本身中（在现实的和可能的意识的意识领域本身中）；必须看到并牢牢把握住：将客观性作为意识能譬如说通过摹写或指示而指向的某种东西置于一切可能的意识之外，不可能有任何意义。仿佛意识所指向的东西，即使是摹写的意识和指示的意识所指向的东西，可以在别处呈现出来，而不是在意识中呈现出来，仿佛这种指向活动本身是以另外的方式实现的，而不是在正在执行的认证活动之综合中实现的。在这种情况下，也必须首先看到，一切直接地和不言而喻地作为在此存在的而被给予的东西，只是作为经验活动的被给予之物才是这种东西，并且只有从经验活动中才能获得意义和有效性。

人们本来以为，既然笛卡儿的*我思*（*cogito*）及其受到普遍怀疑的世界和科学之重要基础被发现出来，那么通过稍微深入的研究就能够很容易看到上述这一点。但是倒退回自然的—朴素的思想态度的倾向非常强烈；而且笛卡儿的彻底精神在这里本来就不够用，洛克就更是如此，他对于像彻底精神这样的东西从一开始就是陌生的。以至于他由于不理解而早已抛弃了笛卡儿的**开端**，这个克服朴素独断论的真正的开端，而由于他完全陷入到朴素态度之中，为未来深入钻研摆脱了荒谬性的认识论，与此同时还有哲学之任何开端所依赖的那种根本的洞察，即对这个问题本身之纯粹意义的洞察，造成了极其严重的困难。

洛克虽然固执地坚持他的朴素独断论的态度，却想要解决知性和理性的根本问题。在这种情况下，这些问题对于他就完全理所当然地变成了心理学的问题。真正的客观的科学和哲学的奠立是在一种本身是客观的科学的,即心理学的基础上进行的:客观的科学和哲学对于这位具有自然倾向的哲学家来说,理所当然地呈现为这样一种应在其中研究真正的认识和科学的方法之 85
本质和规范的科学。这样,一些根本不同的问题就在由洛克指引的整个近代被混淆在一起了。这些问题反映在"认识论","理性理论"这些名字的双重含义中,——这些问题具有原则上的区别,然而却又有内在的本质的联系。两个任务——将它们分离开,另一方面又以可充分理解的方式使它们彼此关联,从此刻起成了哲学继续发展的任务;如果这种真实的和真正的哲学有一天从哲学的混乱中产生出来的话,这就是它的任务。因为**认识论**,**知性**的理论,**理性**的理论,这可以表示,并且是合法地表示:**人的认识活动的心理学**,或更确切地说,作为人的心灵能力的人的理性的心理学,这种心灵能力在人的心灵生活的整个关联中构成一个组成部分,正如认识的心理学构成整个心理学的一个组成部分一样。另一方面,这同一些词还可以表示:一种**超越论的**认识理论和理性理论,对于它来说,任何心理学都不是它的出生地,不是有用前提的所在地,而是如任何客观科学以及任何被归属于客观科学的存在领域一样,是成问题的,就是说,一起属于问题。

不管这种混乱对于以后时代产生什么样的严重后果,不管它多么长久地阻碍通往真正理性理论的道路,它仍然没有完全改变这种较新哲学的发展方向。刚才除去将两个方面的难题区分开之外,我也已经涉及到它们内在的联系了。一种贯穿于数个世纪之中的混淆——在其中这些问题在两个方面都总是只作为令人捉摸不透的问题，或是不正眼看待的问题而被探讨——，当然一定有其具有内在联系的、具有本质关联的根源；而这些根源，在认识论的兴趣变得如此有活力之后，一定也会有效地显示出来，它们一定都会为从心理学向超越论难题的转变保留诸种可能性。在客观的心理学方法的朴素性当中，尽管有意义的改变和多义性，仍然有从那
86 些本质的关联中产生的很有价值的要素，以及与此相连的很有价值的走向未来的推动力。因此，为了叙述推动未来发展（这种发展趋向于建立超越论的知性理论和超越论的哲学）的那种动机，我们有各种理由进一步谈谈洛克。

从某个方面说，这种心理学主义确实是一种进步，就是说，作为对有关天赋观念（*ideae innatae*）学说的**笛卡儿式的柏拉图主义**和**剑桥的柏拉图主义**的反动是一种进步。也许我们完全可以称这种天赋观念的学说为心理学主义，并且更确切地称作**神学的**心理学主义。在这种学说中在认识论上所考虑的，就是赋予某些作为基本概念的概念，以及属于这些基本概念的作为一切科学之公理式的基本定理的，作为适合的原理性的规范的定理，以十分优越的地位，所有科学的理论，或更确切地说，所有的理论行为，从原则上说，完全受这些概念和定理的约束。这当然涉及到一切逻辑学的基本概念，但是也涉及到形式的数学的基本概念，而且还涉及到伦理学的基本概念。因为很显然，正如逻辑学的基本概念对于科学的成就一样，伦理学的基本概念和基本定理对于整个生活实践也具有一种类似的地位；它们作为所有合理的实践都受其约束的绝对有效的原则性规范而呈现出来。因此与它相伴随有一些对于有

关实践理性之理论的相似的问题提法。每一个人都在自己思想中主观地占有这些原理性的东西，并且以绝对的自明性把握它们的绝对正当性。但是按照神学的心理学主义，这种绝对的，超主观的，以确真的自明性显露出来的正当性之最后来源，乃是神，是神最初将这些基本概念和基本定理种植在每一个心灵中；因此这是一种对一切理论的或一切合理实践的根本原理之超主观的有效性的一种神学的—心理学的阐明。

洛克在他的著名的并且在他那个时代非常有影响的第一部著作《**人类理智论**》中，对已经提到的神学的自明性理论在笛卡儿那里与之相关联的这种理论作出了反应。现在他使自己与这种神学的心理学主义相对立的东西，就是这种新的心理学主义，自然主义的心理学主义。他的心理学以及以心理学方式对认识论的论证，排除一切神学的前提；因此正如新的自然科学一样，他的心理学是纯粹来自经验的科学，或更确切地说，是纯粹归纳的事实科学。 87

但是，正如我们已经知道的，这是一种有特殊限制的心理学，它只应服务于解决进行认识的理性和实践的理性的问题，为此它放弃任何心理—物理的问题提法；因此它是一种纯粹建立在内在经验基础上的心理学。在下面这个限度内这里有一个重要的动机，即洛克显然能感觉到（通过他的具体论述，他的读者就更能感觉到），只有描述的方法才适合于认识的问题。下面一点已经变得很明显了，即认识问题的解决，最后，合理的有效性问题的解决，按照它的意义，只有根据对于认识现象本身的直接直观的考察才能获得；因此这种解决一定是在笛卡儿的我思（*ego cogito*）的范围内，在认识体验对认识者的自身呈现这个毫无疑问的基础上进行的。事实上，凡是客观认识的任何一种现实的和可能的有效性受到怀疑和应受到批判的地方，这种进行认识的生活本身，作为在任何一种批判的提问中被当作前提的东西，作为在这种意义上是毫无疑问的东西，作为反思的考察随时可以直接进入的东西，按照其现实的和可能的意义，肯定就是一种无可怀疑的事实。不管从洛克方面对我思(*ego cogito*)作了怎样客观主义的，即人类学—心理学的曲解，下面这种情况的确是一种巨大的进步，即现在人们至少是在心理学的转向中和心理学的曲解中，因此是作为一种心理学的自我学，作为一种人的内心生活的历史而尝试发展一种纯粹的自我学，——而这项任务却被笛卡儿忽略了。

第十三讲：〈经验主义的先入之见——认识论中的心理学主义。〉

事实上如果当时在洛克那里真的发生了这里在方法上所要求的那些对反思地和纯粹内在地对自身进行描述的自我(*ego*)之内在直观的意识中存在东西的描述，发生了一种对意识生活的真正基本的分析，并真正指明意识之由基本东西构成的建筑物，那么这
88 种成就就不仅对于一种真正的心理学，而且也对于一种超越论的自我学，具有最终有效的意义。这种描述的本质内容，在澄清了曲解之后，在经过相应的进一步探讨的情况下，对于超越论的科学会很有好处。

更准确地说，这里的失误有好多方面的原因。其中之一涉及到经验—归纳的考察方法的根本缺陷。新的心理学，如其由笛卡

儿本人及其同时代哲学家**霍布斯**形成的那样，是作为模仿新的自然科学的纯粹归纳的科学建立起来的，我们可以说，是作为有关心灵东西的“自然科学”建立起来的。只要是为了某些哲学目的而着意于首先将它作为有关处于内在经验范围中的心灵生活之单纯描述的自然史形成起来，如洛克当初做的那样，它就仍然是这种东西。

但是现在应该考虑到，正如分析的逻辑学一样，在历史上与它错综复杂地交织在一起出现的理性理论，作为一种原理性的学说，甚至作为可以想象到的最具原理性的学说，按照其固有的意义，同样也一定会生成为一种先验的理论，一种由其本质的直观而获取知识的理念科学这种原初的柏拉图意义上的先验理论。无疑也存在一种经验的知性理论和一种有关人的知性的经验类型学，不论是非常一般地与人这个经验的种，还是也在特殊类型中与种族，民族，时代，阶级，个人，年龄等等相关联的人的知性的类型学。对诸如此类的类型，可以进行经验的描述和归纳的研究，或许人们从这些研究中也能有收获，在个人教育和国民教育等等方面有收获。但是当人们与此同时到处谈论知识性或谈论缺乏知性，谈论较大或较小的知性成就，谈论类型上的错误等等时，在所有这些谈论的背后，或在所有这些谈论之上，就存在一种纯粹的逻辑学，作为规定意义的东西，作为进行规范的东西；并且存在一种有关对由在意识生活中未被认出地完成的、有所成就的活动而来的这种成就进行最深刻的和最终的理解的超越论的理论，它作为对这种根本的本质进行阐明的理论，乃是**先验的**。

如果人们在这里发现一种困难，即像澄清经验知识的本质一

89 样好地澄清先验知识的本质确实属于这样一种理论本身的普遍任务，如果人们在被托付给每一个以最充分的普遍性理解的认识论之向自己本身的**回溯**中最终确实发现了一些困难，那就肯定同样能够预先看到，如果这种回溯被进行，它就只能以理念科学的形式和要求被进行，以一种有关认识的主观性及其可能成就之本质的纯粹合理科学的形式和要求被进行。但是下面这种情况总还是可以想象的，即有人以为是实行了经验的认识，例如实行了认识心理学，而实际上他获得了有关先验必然性的认识。因此在我们的实证主义时代，就有足够多的数学家，他们将他们的纯粹先验的，实际上是被他们以纯粹普遍性和必然性认识到的知识，认为是经验的知识，——因为他们由于对他们的清楚的行为的不清楚的反思，而受到时髦理论的侵害。

在这个意义上我认为，洛克的内在的描述本来可能是在认识论上非常富有成果的，尽管对它的根本意义有曲解。如果洛克真的按照一定方法进行了正确的意识分析，如果他按照保持纯粹状态的内在经验和内在想象，对现实的和可能的内在体验之进行自身呈现的具体形态进行了系统的基本分析，并借此在小心谨慎的、用术语确定的概念形态中完成了精确的描述，事情实际上本来就会是这样的。但是没有发生这样的描述，不论是在洛克那里，还是在其他的心理学家和心理学主义的认识论者那里，都没有发生。

这的确是科学历史中最值得注意的事实之一。涉及具有数学形式的无限性（数学的流形）的理论上的说明很难成功，这种说明只有通过高度整体化的和阶梯式重叠构成的，有高度技巧的概念形态和演绎理论，才能完成，这一点并不令人惊异。但是在方法上有什么比描述看上去更简单和更容易呢！不过在掌握重要的世界领域——这些领域，如自然历史的领域，有大量极其复杂地被构成 90 的形态——方面的描述的系统学，给科学精神造成许多困难。但是这里涉及的是客观的描述，这些描述当中的每一个，在每一进展中，和在确定多种多样的客观观察和归纳的、客观上有规则地紧密关联的诸特殊特征方面，特别还要以大量的活动和漫长的路程等等为前提。在纯粹主观的领域则不同。在这里，每一个描述，只要它开始了，就在相应的经验中抓住了它的对象。这种通过经验而进行的把握活动肯定不会本身就是一种特殊的困难的环境，就是说，仿佛存在着一些完全不能达到所描述对象的根本性危险。但奇怪的是，在洛克的心理学和认识论中情况却正是如此。人们主张要在纯粹内在经验中描述被经验的东西，然而却从来也没有真正实行这种纯粹的经验，从来也没有看到它的真正的内容，从来也没有在它的范围之内进行真正的分析，因此从来也没有能完成一种真正的系统的描述。

洛克方法的失效有着深刻的，存在于进行描述同时又被描述的主观性的本质之中的原因。因此这些困难绝不是偶然有。外在的经验，一般客观的经验，是自然态度的经验。通常人对自身的经验也属于自然态度的经验。这是一种人在其实践的—活动的生活中，在与同胞的交流中，一再地返回到自己本身时，与单纯对物的经验交替地实行的那种作为自然的、敞开的、像是从自身中流出的生命活动的对自身的经验。如果现在心理学作为经验的科学尝试进行描述和说明，那么这种自然的对自身经验就为它服务，正如空间事物的经验，所谓“感性的”、“外在的”经验，为自然科学家服务一样。

心理学最一般地有什么样方法上的理由，并且一般而言，真正科学的心理学肯定有什么样方法上的理由，要在纯粹意识之内，在自身经验范围中，在纯粹内在的自身经验范围中，实行描述，因此，
91 从本质上说，就是在笛卡儿所要求的，但也许应该批判地加以限制的有关毫无疑问的自身给予性之自明性的范围中，实行描述，这个问题在这里与我们无关。对于洛克以及心理学化了的认识论，如我们已经听说的，这样的理由就在于认识在本质方面以及在知性的有效性方面的疑难问题。在这里，有一种确实毫无疑问的思想作指导，即只当人们看到了认识的成就本身，通过进行确定的分析将它分解，才能说明认识的成就，因此，科学的说明，只能在科学描述的基础上进行。但是在这种情况下，这种描述的客体显然就是认识，如其以纯粹固有本质性存在的那样的，并且如其以这种固有本质性只是在纯粹的我思（*ego cogito*）中，或如洛克说的，在内在的经验中，被给予的那样的认识。

但是在这里，阻碍实行真正纯粹的内在的经验的，以及实行无可置疑地进行观察、进行确定的经验的应予重视的原因，正存在于描述状况本身的本性之中。关于内在观察的困难，随着时代推移，特别是在最近，已经讨论得够多了；这是由以下情况引起的，即不同观察者的描述——与外在经验领域中的描述完全不同（尽管外在经验领域的描述根本没有为本身要求一种确定无疑的自明性）——很少想协调。每一种将描述结果作为自在地真的结果而给以无可争辩的、真正令人信服的强调的尝试——通过这种强调，也许争论就会得到判定——都失败了。但是只要人们实际上正好

没有内在的经验，没有对有关的纯粹内在性的纯粹描述，对于这种困难的一切讨论都很少有益。如我们以后将要详细证明的，为了能够根本得到这种内在的经验，为了能保持它的纯粹性，以及能带来对保持这种纯粹性的科学上的自信，它需要一种特殊的方法，即现象学还原的方法。因为仅当自然的客观主义的态度以及它的全部给予性都被禁止（这种方法正是教我们做这件事），仅当因此使通常不可避免的客观被经验之物的混入（或者同样也可以说，对纯粹内在性而言的超越东西的混入）成为完全不可能，这种困难才能克服。只有在这种情况下实际上才能看到，在“内在东西”，即纯粹 92
以我思（*ego cogito*）的自明性所包含东西这个名称下存在的是什么。而且只有在这种情况下，才呈现出来，才能够并且一定会看到——如果先入之见没有以某种催眠术又使人们看不到真正被看到的东西——，整个内在生活完全就是意识，而同时又是被意识之物，因此只应作为这样的东西加以描述。

然而在这种情况下很快就表明，真正的内在性并不像在洛克白板（*tabula rasa*）说中那样是某种像一个场所，像一个平面或一个空间那样的东西，可移动的精神目光只是从各个方面向那里扫过去，向在其中出现的被给予东西扫过去，在空间形式的规则次序的指导下，将这些被给予东西一个接一个地，朴素地把握住，并确定下来。而是在不断重新开始的反思中和在不同阶段的反思中——这些反思是从已经反思地被给予的东西开始的——，有惊人数量的意识样式呈现出来，意识本身可能以许多的、极其不同的方式再次作为意识的被意识之物显现出来；而这后一个意识在不

断进行的关联中又作为意识的被意识之物显现出来；甚至会呈现出多种多样的连续统一体，对于意识的意识的意识等等的连续统一体。在这里，内在东西在其中被把握的知觉活动本身，就一起属于内在地可知觉东西；甚至对此也可以进行反思，而且只是因此我们才知道它，并通过描述也将它一起算作“内在经验”的领域；当然，这种描述活动，这种理论思维活动，同样也被算作“内在经验”的领域；在现实的实行中未被把握住、未被观察到的东西，通过反思而成为可把握的和可描述的，而这种更高阶段的描述活动又通过反思而成为可描述的，如此等等。这种内在地被经验之物或可经验之物，作为被意识之物，总是与它的意识具有不可分割的联系，由于这种情况，它也是未被观察、未被把握地属于纯粹内在领域。这种意识，从它这方面说，并不是某种附加上去的东西，和被从其体验内容分离开的东西，相反，意识是对于它的内容的意识，而内容则是它的意识的内容；二者不可分割地是一个东西。至于有多么丰富的描述特征属于“对某物的意识”这样的具体物，以及在最简单的情况中就已经有最复杂的结构，这些完全无须提及。

对所有这些，洛克以及后来的人毫无所知。以下情况非常令
93 人惊奇，然而又是根据对内在的原因和历史障碍之认识才成为可以理解的，即心理学和认识论可以在数百年的时间里谈论纯粹内在经验的被给予性，谈论这些被给予性的各种不同的种和属——作为在这里存在着的知觉、表象、判断活动、意愿活动、感受等等，——人们以为将所有这些东西都以描述性概念在科学上确定下来了，但是在那时人们根本从来就没有看见，也从来没有学会看

见那里可能存在的东西。以下情况也没有任何改善，即人们不是想把这种方法理解为单纯内在知觉的方法，而是想把它理解为广义上的经验方法，因此，特别是想把它理解为内在经验的方法，——而在这种情况下就放弃了内在记忆的绝对自明性，因为根本的情况，对于记忆与对于知觉是相同的。如果其由基本的原始概念（作为一切心理学的概念都由它们而形成的那些概念）构成的整个体系并非由作为唯一源泉的纯粹内在经验得来的那种心理学，真的是不可想象的，那么近代心理学就呈现一种奇特的景象，即它以为它作为科学已经很好地被建立起来了，以为它有它的概念材料，这些概念材料甚至是以描述方式从内在经验中获取来的，然而实际上它却不曾辨认出这个纯粹内在经验的领域，这个唯一能提供真正概念的领域。经过必要的改变，这同样的话也可以用来说近代的认识论，而决不仅是用来说洛克学派的心理学主义的认识论。

第十四讲：〈近代自然科学的典范作用乃是阻碍形成真正直观主义意识科学的原因。〉

然而正如已经提到过的，还存在一些历史的，由近代思想史状况产生的原因，这些原因从一开始就作为起阻碍作用的先入之见起作用，并且妨碍了按照其特性了解在目光指向纯粹内在性时所给予的东西。

在这方面，新自然科学的典范作用对于心理学曾产生过，而且

94 现在根本上还产生着极其有害的影响。它曾在多大程度上迷惑天才思想家，我们在**霍布斯**那里就已经看到了。自然科学被霍布斯极力看成是真正的而且是哲学上最终可能的科学之原型，以至于他不仅赋予物质的自然以绝对的存在，而且还反过来，将一切绝对的存在，甚至也将内在地经验到的心灵的存在，都还原为自然。如果说笛卡儿将纯粹地理解的自我(*ego*)和它的思维(*cogitationes*)绝对地设定为精神实体，那么霍布斯就将这种主观的内在生活看作是纯粹主观的假象，它的真正存在存在于物质的心理—物理的关联之中。因此他成了近代唯物主义的创始人，并且也成了新的唯物主义心理学的创始人。

洛克当然没有让自然科学的典范作用以这种方式影响自己。但是这种典范作用对于他的影响也是有严重后果的，尽管是以另一种方式。首先，他也将这种典范作用绝对化，并且将如他理解的他那个时代的科学所规定的自然绝对化。因此，物质的物体是具有其时间性和空间性的、具有其物理特性的、因此仅仅具有几何学的—力学的规定的绝对实在性东西。在这里洛克划分出第一性的特征和力。这些第一性的特征，或原初的特征，即数量，形态，位置，运动或静止，是物质的物体在任何状态中都不可分离地具有的性质。物体借助这些性质赋予其他物体和我们的感官以力的作用。如果我们现在考察一下对于物体的经验直观，即在其中我们之外的物质性事物在感官上对我们呈现的，在我们心中主观地呈现的“观念”，那么这些观念就也含有作为外部的第一性的质的类似物；但是另一方面还有特殊的感性的质，如颜色，声音，热与冷，

等等，它们不具有与物质实在性相似的实在的质；它们只是主观
的，只当它们由于心理—物理的因果性的关联而指示几何学的—
力学的特性时，它们才具有客观的重要性。感觉到的声音指示具
有一定规则形式的空气振动，并借助这种振动得到因果性“说明”；
同样，感觉到的颜色由物体的发散，或其他的物理运动过程来“说 95
明”；到处都是如此。洛克说，这种自在存在的物质物体不仅是第
一性的质的基底，而且是力的基底。这些力被洛克看作是在内在
经验中原初地经验到的心灵的力之类似物。质和与它相关联的力
并不是以单纯复合物或混合物的形式组成物质实在的独立成分，
相反，它们存在于统一的基底之中，存在于实体之中，而这种实体
则是完全未被认识的东西，是我不知其为何物（*Je ne sai quoi*）的
东西。

这种对于自然科学和它的自然科学上的自然的解释，以及对于最终的、真正的自然对外部经验意义上的自然之关系的解释，由于自然科学的典范作用，反过来影响到对心理学的解释，以及对心灵及内在经验的被给予之物的解释；众所周知，在洛克那里，这种解释也在心理学之形而上学含义的意义上，反过来影响到对心理学的解释，即正如物理的活动和状态一样，心灵的活动和状态也以某种不知道的基底，某种作为载体的心灵实体作基础，他由此得出结论说，人们不可能知道，它与在对外部经验的科学研究中作为物质实体而当作基础的东西是不是同一个东西。

新的自然科学以及与它掺杂在一起的形而上学对洛克和整个近代的知性理论的这种影响，并不需要就从这里取得的这些特殊

的预先确信进行深入的批判检查。这种批判只要一般地指出下面
这个错误的循环就已经足够了，这个循环就在于，理性的理论按照
其固有的意义是对理性一般的批判，而不是在作为不言而喻地被
承认的前提的基础上对于特殊认识的正当性进行检验这种通常意
义上的批判；换句话说，这个循环就在于，它的目的是要阐明，如何
在一些形态的主观的意指活动之不可逾越的媒介（如进行经验的
意指活动，进行理论探讨的意指活动，进行判断的意指活动，进行
评价的意指活动，进行实践的意指活动的媒介）中，总是显示出某
种像在所谓理性活动中的客观正当性的某种东西，这种客观正当
性如何以一种特殊的有效性样式，以洞察的有效性样式，获得原初
96 的意义，以及如何由此而产生一种不容更改的规范之力量，一种或
是绝对真实性的规范，或是可能性的，盖然性的规范之力量。理性
的理论肯定是从下面这种认识中产生的，即自我（*ego*）的一切意
识，它的一切意指活动，因此它有关一切种类的客观东西的一切意
指活动，都是在进行思维的自我（*ego*）之封闭状态中实行的；以及
从这样一种认识中产生的，即一切有关真理和正当性的谈论，都是
从某些特殊的奠定洞察的意指活动中获取其在主观性本身之中的
意义的，而这种意指活动，根据意指活动和被意指之物的特殊形式
而具有其不同的意义形态。既然由于涉及到在实行客观的认识时
可以说是处于匿名状态的进行认识的生活之隐蔽性而产生了揭开
这种匿名性的需要，既然由这些不清晰性产生出谜和怀疑，并且理
性的客观认识和客观成就成了理性理论的课题，这种不清晰性以
及因此这种理性的问题本身，就以同样的方式涉及到一切认识活

动，一切客观的意指活动和奠立活动。因此一切客观的确信都被一起包含到这个问题的这种普遍性之中。因此理性理论的这种客观上无前提性所说的就是这种不言而喻的东西，并且不外就是指人们应该经常地将作为原则上是普遍的问题的理性理论的问题之意义记在心中，并因此特别不允许设定本身在这个问题的普遍性中一起受到怀疑的东西为前提。

因此，在洛克的作法当中，正如在一切自然主义的（人类学主义的，心理学主义的）理性理论的作法当中一样，有一种荒谬的循环。这种作法将自然，自然科学作为有效的而设定为前提，然而同时又询问它的有效性之可能性。

然而这种自然科学的影响，以及被它所推崇的自然主义的思想方法的影响，还表现为洛克认识论的另外一个十分重要的，以引起严重后果的方式决定了未来发展的特点：这个特点表现在我们称作将意识自然化方面，我们这里所说的东西，需要更详细的论述。

根据刚才强调说明的东西，洛克并不是笛卡儿下面这种尝试的继承人，即尝试以一种纯粹建立在我思（*ego cogito*）基础之上的操作方法使客观认识和客观科学之可能性成为可以理解的，并将 97
它绝对奠立起来；因此就是尝试突出强调一切认识在其中实行的纯粹主观性的权利，以及任何种类的超越的，客观的认识，在其在我思（*ego cogito*）的范围内证明其可能性和权利之前，不予承认。但是另一方面，有关一切超越东西一定会在其中显示出来并得到证实的纯粹内在性的想法，对于洛克也是决定性的，尽管有独断论操作方法的朴素的不彻底性。对于精神而言，唯一直接给予的东西就是它自己的观念，——这是在洛克的《**人类理智论**》中经常重复的一个原理。笛卡儿在思维（*cogitatio*）及其作为所思对象的所思对象（*cogitatum qua cogitatum*）的名称下，作为直接的，绝对无疑地有保证的被给予性，作为自我（*ego*）通过反思在纯粹意识中实行的清晰而明确的知觉（*clare et distincta perceptio*），纯粹地规定了的东西，在洛克那里，正是由于这种直接性，而被称作“观念”。

洛克想要提供，并且想要借以解决认识论问题的那种意识的“历史”，与这些“观念”之领域有关。毫无疑问，一些重要的，然而却尚未最后成熟的动机，在起点上，而且在他以后的方法中，指导着他，并且在将来也继续产生影响（“认识论”）。因此洛克思考（他甚至把这——尽管有些含糊地——说成是他整个计划的原初动机），为什么形而上学家的无休止的争论是以如此不能令人满意的方式进行的，为什么他们根本没有通过他们的努力取得确定无疑的、令彼此信服的结果？因为他们使用的是一些关于上帝与世界、关于物体与精神、关于实体与偶性、关于空间与时间、关于数与量、力、原因、结果等等模糊的表象，而没有去询问这些表象的起源，它们的清晰的原初的意义，也就是说，没有能使自己确信，这些表象以及借助它们而构想的形而上学思想构成物，是否也许会缺少任何本身能在清晰的直观下被实现的可能性；或者如洛克所表达的，这些表象是否超越了人类认识按照其本性所具有的界限。与此相
98 反，洛克想将一切形而上学向后推移（当然，他很少真正这样做），而首先构想一种“人的认识之最初开端的历史”。他想——这对他

是一回事——追溯到作为内在知觉直接对象的和作为思想直接对象的观念，系统地指明诸简单观念，并描述精神加于这些简单观念之上的诸种精神操作；然后进展到较高的知识构成物，就这样一般地指出精神如何一步一步地原初地形成它一般有能力达到的全部知识。这就是洛克也将其与心理—物理的说明对立起来，并将其看作认识论的任务的"历史的"研究。

但是在这里还应该加上以下一些说明与补充。处于其原初形式中的"观念"，如其在内在经验中最初呈现的那样，能够很容易分辨，能够按照其一致与差别很容易地认出来。在这里没有任何错误的根源发生。但是在原初的呈现以后，这些"观念"如果或多或少昏暗地、模糊地回到单纯复制的形态，在这种情况下，它们就很容易被不加区分地相互交织在一起。与此相关联还有一种在其他情况下很有用的语言思维带来的危险。我们人类有一种能力，即将一切可以清楚地区分的感性观念，即所谓语词，用作各种各样其他观念的记号，并且以特殊形式加以思维。如果这些语词的含义是指向清晰的直观，此外如果我们在任何时候都能从昏暗的复制中——在其中这些提供含义的直观仍在记忆中对我们保持不变——再回溯到原初的清晰观念，因此使这些含义对我们成为清晰的，那么我们的语言思维就具有意义和真理，并在任何时候都能代表它的真理。但是如果我们在思想中继续使用模糊的语词和语词含义，我们就总是由它们构成一些新的语词思维，和新的意指，而却没有通过回溯到原初的直观使我们相信，一种可能的清晰的意义，一种真理的含义，是否与这些构成物相符，在这种情况下，这个思想就是无价值的。

按照洛克的看法，在这里产生一项重要的任务，即阐明我们全
99 部的本身是后天获得的或留传下来的概念，即在我们生活中所使用的或多或少是含糊不清的含义表象；但首先是阐明我们全部自然的和科学的世界解释的基本概念，基本表象，就是说在一切科学中都起着普遍的和主导的作用的概念和表象；这正是前面提到的那些概念，即精神与物体，事物与特性，空间与时间，等等。所有这些概念都缺乏清晰性与明确性，由此所产生的错误显然一定会具有特别深远的影响。因此，最重要的任务就是在这些概念上通过澄清而回溯到原初的观念，根据这些观念给予这些概念以新的界定和确定的形态，并且尽可能按照它们的最终的、原初清晰的概念成分对它们进行分析。

在这里洛克发展了一种尽管有其表述方面可疑的模糊不清之处但实质上是重要的思想：如果我们能系统地揭示出在纯粹意识中以原初直观状态产生的全部基本的观念（在这里被理解为作为所思的所思[*cogitato qua cogitato*]）；此外如果我们能系统地展示出使这些简单观念原初直观地结合成复合观念的方式，那么由此人的可能的认识之全部领域就预先勾画出来了；就是说，我们预先就为一切可能的概念，一切可能的语词含义，规定了观念的材料，规定了可以说是基本观念的和合法概念的初步知识。并且我们也就预先规定了通过缩减观念而结合成真正直观复合观念的方式，因此可以说是规定了一切可能的真正的思想借以被划界的那些构成方法的初步知识。

显而易见，在这种按一定方法进行的设计中，要求形成一种有重要意义的动机，并由此能为认识论提供一种目的。我们会相信，在这里同样存在着一种对真正直观主义的预感，这种直观主义是

以超越论方式建立认识所本质固有的;它是对一种真正认识论之有步骤进行的方式之预感,并且是对依赖这种认识论而重新建立一切科学之预感,通过这种重新建立,这些科学才第一次变成最深 100
刻的最终意义上的严格科学。因为随着超越论认识论之变得成熟,显然有一种新的科学之理想呈现出来,即一种从直到一切认识构成物之最后的原初根源上,并因此也是从一切在这些认识构成物中认出的存在之原初的真正意义之最后的原初根源上,对自身进行理解的,并对自身辩护的科学之理想。

但是这种预感——由于我们的说明当然已被远远地超越了——并没有能够产生富有成果的影响。为对认识进行普遍说明的这个理念本身获得十分必须的清晰性的每一条道路,都由于洛克很快就陷入其中的将意识朴素地自然化而被阻塞了。

这种将意识朴素地自然化是由以下情况产生的,即完全按照与作为外部经验领域的空间世界类比的方式思考纯粹内在经验领域,思考这个所谓的"观念"的领域。洛克由古代传统中重新采纳的著名的白板(*tabula rasa*)的比喻就很能说明特点。当心灵觉醒而有意识时,它就好像一张未被书写过的白纸,经验在它上面写下记号。这时在心灵中,或更确切地说,在内在经验领域中,所出现的东西,是这些以后越来越新的记号,越来越新的观念[①]。在这个

---

① 不应该忽视洛克在他将感觉(*sensation*)与反思(*reflection*)对照所引起的下边这种混乱。这种混乱与其他一些混乱一起变成了心理学和认识论的传统。人们通常将它们翻译为外在的经验和内在的经验,但是甚至由于不清晰性而没有注意到感觉起的双重作用:首先作为笛卡儿意义上的思维(*cogitatio*),连同它的感觉上的所思之物(*cogitatum*),作为现象,作为意识的白板上的观念(*idea*),始终不涉及下边的问题:即被涉及的被经验的事物是存在还是不存在,以及如笛卡儿所想要问的,整个世界作为

比喻中，表现出一种物化的倾向，这种倾向在洛克哲学的继续发展中产生了越来越强烈的影响。在书写板上的记号，粉笔道道或墨
101 水道道，是事物的事件，并且也只是用符号表达具有事物性质的东西。正如空间是物理事物的存在领域一样，意识的领域，空的书写板，是内在于心灵的事物性东西的空间。正如自然科学，首先是描述的自然科学，然后是说明的自然科学，是对外部经验的事物和过程，外部空间的事物和过程进行论述，对它们进行描述和因果性说明一样，心理学在意识领域中对于观念构成物也具有类似的任务。

可能的超越论的假象，是否一直是“可疑的”。这种感觉上的我思（*cogito*）的存在，连同它的所思之物（*cogitatum*），是未被洛克否认的毫无疑问的我思（*ego cogito*）的自明性，正是因此，它属于意识的白板上的观念；如果我们形成有关纯粹意识经验的，或者如果人们愿意说，“内在的”经验的正确概念，那么这个概念因此也包括一切“观念”，也包括在这种意义上的关于感觉的观念。另一方面，这种感觉决不是那种其对象不是观念，而是“通过”这些感性观念而被经验到的空间事物的外部经验。不管这种“通过”可能是怎样的，以及这种作为观念的纯粹的事物现象的情况和在外部经验的自然状态中被经验事物的情况是怎样的，下面一点是确定无疑的，即这里是两个东西，并且在从一个到另一个的过渡中存在着一种态度的转变；在一种态度中，我们实行知觉上的相信，并且“拥有”这种在此存在着的事物；在另外一种态度中，这种相信是被禁止的，我们所有的不是事物，而是“事物现象”。因此我们不可称二者为外部的经验（外部的知觉及其派生物）。显然，正确的概念是（在相信中实行的）事物经验的概念，而另一个概念则产生“内在的”经验的特殊形态，即有关事物现象的经验的和以反思方式而来的有关通过知觉而对事物的意指、相信等等的活动的经验的特殊形态。如果我们澄清了这种混乱，那么洛克的作法仍可称作是将一切认识问题还原到内在经验的，纯粹观念经验的或意识经验的基础上；所有这些都是在真正意义上理解的。就是说，在这种情况下，不允许用感性观念这个名称经常标记外在地被经验的事物（甚至那些不能被经验的，并且以所谓必然性被当作基础的实体），而同时又标记作为“观念”的事物现象。这种根本性的混淆，由于它传染到了事物特性（与特性的现象及其有透视变形的感觉材料等等相对比而言）上，直到今天还仍然贯穿于心理学和认识论的文献中——尽管有我早已提出的说明。

新的受到许多称赞的自然科学成了一般真正科学的典范，而且这种典范还以下面这种方式产生影响，即人们现在就像是不言而喻地将空间—事物实在性的形式当成了任何一种实在性，甚至是心灵的实在性的典范。这甚至已经就是**笛卡儿**的二元论，**霍布斯**的唯物论，**斯宾诺莎**的平行论的来源，而在**洛克**那里甚至导致将意识的生活解释为建立于心灵实体这个起承载作用的或获取作用的基础之上的偶然的存在，——以与应作为感性观念的或感性特性的复合体之基础的物质实体类比的方法解释成这种东西。但是在这里将内在经验的被给予性自然化的根源，还存在于洛克对于"观念"领域的白板式的理解中。

102 〈第二章　批判地阐明洛克研究中隐藏的真正的和持久的疑难问题〉

第十五讲:〈内在性问题和意识中的综合统一问题。〉

如果心灵的实在性真的具有与自然相同的存在论上的类型,那么被严格准确地解释为科学的心理学实际上一定会显得完全像一种自然科学。它就一定会是一种纯粹归纳关系的科学,并且是一种完全不同的种类,是有关仅与归纳关系紧密相连的一些关系的科学,因此一定会根本排斥心理学研究和理论的本质上不同的方法。在洛克似乎将内在经验的白板(*tabula rasa*)作为心理学和认识论的必然的第一的认识领域,作为一切描述和归纳的理论研究建立于其上的不言而喻的基本领域突出出来之后,这种受到自然科学典范作用影响的纯粹自然主义的,纯粹归纳的心理学的型式,现在获得一种特殊的特征。但是洛克决不是那种严格前后一贯的人,他本人并没有实行这样的心理学和认识论。是**休谟**第一个这样做了,而且我们将会听到,这在哲学上意味着什么,而这不外就是一切哲学和科学本身的终结;用一句话说:一种根本荒谬的怀疑论,它只是由于它在历史上全新的风格才值得人们注意。在洛克的著作中，只有这种终结的所谓的开端，这个开端乍看上去是完全无害的，但是通过思考者可以深刻感觉到的它的变化无常的东西，而继续向一些新的形态发展。

对于洛克来说，内在的经验包括自我，即“精神”，当下具有的全部直接被给予的东西。这些被给予的东西，不言而喻地就是在主观性范围内的现实事件，正如外部经验的被给予之物就是外部自然中的现实事件一样。但是这种对比有其潜在的危险，它甚至在洛克的描述中就已可以感觉到了。在这里有不同的注视方向可 103
以考虑。一方面，白板的**自我**方面：当这个白板是内在经验领域时，它就是这个进行经验的自我的领域；而内在的经验活动，则是这个自我对于这个领域中的事件在意识上的拥有活动。

此外，这个自我不仅**拥有**作为内在地被经验之物的被给予之物，而且它还**被**它**刺激**，它被意识的平板上的记号刺激，并且在作出反应时它还采取行动，它解释诸性质，它使自己明白，它将昏暗的被记忆之物唤醒，它将它们结合起来，对它们进行比较，使它们发生关联，等等。洛克由于他的诚实，从来没有背弃所看到的东西，因此他甚至提到了“精神”的活动，而且也提到了下面这一点，即这些活动不仅一般地发生，而且还被“精神”直接地意识，就是说，本身又作为观念被记录在意识的平板上。但是尽管如此，在这里经常暗含地谈到的，并且在对内在经验的描述中总是一定会谈到的这个自我的情况如何呢？洛克谈到它，或如他说的，谈到“精神”，几乎就像是在意识的平板前面站着一个在做记号的人，——这是一种多么明显的胡说——，此外他把这个自我解释为不可认识的实体。有时他称它为一个观念，有时他又否认它是一个观念。

这后者就是他的本来的意思，而且按照他的看法，如果观念（本来的观念）的领域就是可能知识的范围，那么这个自我就被还原为意识体验的复合，正如另一方面，事物被还原为“性质”的复合，或以一种我们已知道的混淆的说法，被还原为感性观念的复合一样。但这是无法令人接受的；因为这个自我作为行动的主体，作为有关一切观念的感知者，是不能否定掉的，正如不能否定掉由变化无常的感性的复合构成的同一的事物一样。而且在后一方面还显示出一种明显的困难，即一般观念的复合，即使是感性的观念的复合，也仍然是存在于主观性内部的。

众所周知，**笛卡儿**不仅重视思维（*cogitatio*）的自明性，而且还
104 重视这个思维中的自我（*ego*）的自明性，——而且甚至将主要重点放到这后一种自明性上。但这个自我是什么，它是如何呈现呢？它是一种形而上学的思维者实体（*substantia cogitans*）吗？是一种，按照洛克的意思说，我不知为何物的东西（*Je ne sais quoi*），一种我必须补充考虑到、补充设定到内在意识的诸体验之上，白板的诸体验之上的某物吗，就如同按照洛克学说的类比，将不可知的物质基底补充考虑到和补充设定到外部事物经验材料上去一样？但是下面这种情况并不是直接自明的，即我在对我的进行注意的，进行知觉的，进行判断的，进行评价的，进行意愿的行为体验进行反思时，我发现它们决不是一些作为没有自我的事态，而是必然地也处于我思（*ego cogito*）这种普遍形式中。我在它们上面或它们当中不可分割地，并且是完全直接地发现这个到处都是同一的意识—自我。每一个这样的行为—体验，如果我看出它是这个自我的行为，从它那方面说，它就是一种反思行为的课题，而且现在再

一次通过反思，我认出它是这个自我的，在行为—体验中行动着的这同一的自我的行为体验。以下情况是确实的，而且具有最充分的普遍性：即每一个任意的意识体验，即使不是这个自我的行为的那种意识体验，也正是以这样的方式而是**我的**体验；例如我认出听一个曲调的活动——在我听这个曲调时我并没有以一种进行注意的行为指向这个听的活动，而在事后，在一种回顾的看中，作为未进行注意的听的活动意识到它（或者说，意识到作为未被注意到的曲调的曲调），——以一种相似的方式，在自明的反思中，认出这个听的活动是我的体验，并且是在这些反思之综合的实行中，作为一切体验之同一个自我的我的体验，我总是称这一切体验是我的，并且总是应该能够称作是我的，而且这一切体验，根据这些反思和综合，在我所是的这同一的自我之持续不断的自明的同一化的情况下，我只能这样称谓。我要问：所有这些为什么没有在对内在经验的描述中作为基本的事实表述出来，为什么没有说：我在内在意识的领域中发现了多种多样变化着的体验，但是作为这个我的自我的每一自我，以及这一个自我，是处于绝对同一性之中的——？

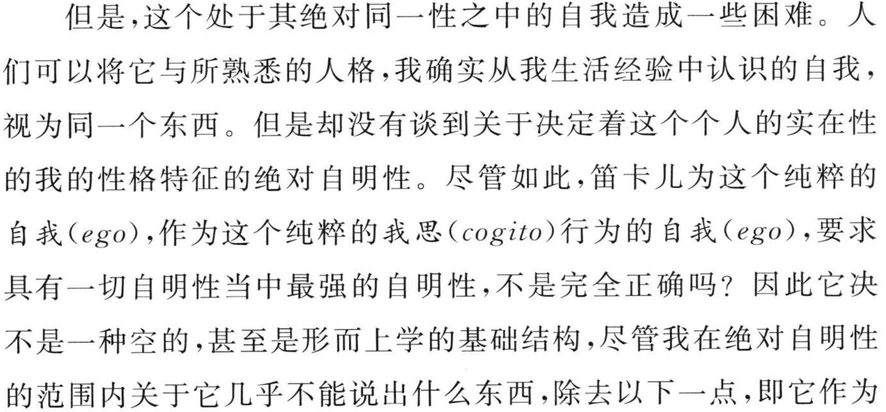

但是，这个处于其绝对同一性之中的自我造成一些困难。人们可以将它与所熟悉的人格，我确实从我生活经验中认识的自我，视为同一个东西。但是却没有谈到关于决定着这个个人的实在性的我的性格特征的绝对自明性。尽管如此，笛卡儿为这个纯粹的 105
自我（*ego*），作为这个纯粹的我思（*cogito*）行为的自我（*ego*），要求具有一切自明性当中最强的自明性，不是完全正确吗？因此它决不是一种空的，甚至是形而上学的基础结构，尽管我在绝对自明性的范围内关于它几乎不能说出什么东西，除去以下一点，即它作为

不会丧失的，并且在数字上是同一的自我极，属于一切可以想到的，我应该可以称作是我的体验的那些体验。但肯定不是作为部分而属于；一种体验的每一个部分都会随该体验的消失而消失，而且任何一种新的体验都不能有一个**部分**与以前的体验真正是同一的。

如果人们从一开始就被预先以自然主义的方式占据了，因此只是瞄准与外部世界类似的东西，不瞄准内部事物（因为这里甚至从一开始就不能谈论保持着的事物），因此就确实是指向与实在事件类似的东西，那当然就不能太多地涉及这个"纯粹的自我"。人们肯定不能将体验自然化，而却将一种像数字上同一的自我，一种绝对同一的东西（它自明地属于所有的体验，然而本身却不是实在的东西，不是实在的部分，不是实在的附属物）那样的自然态度的无稽之谈，加到它们上面。在这里我们理解了为什么所有受自然主义先入之见影响的心理学——这涉及到几乎全部近代的心理学——看不到纯粹的自我的原因；理解了为什么如果心灵被纯粹以自然方式认为是一种与物理实在平行的实在，如果内在意识的领域被认为是实在体验的领域，这些心理学就一定看不到纯粹自我。

洛克本人还没有完全看不到自我，但是他不知道如何去对付这个自我。既然他选取了自然主义的思想方向，然而却又坚持这个自我，那就会产生一种应该被消除的互不相容的动机之间的紧张关系。如果自然主义仍然是决定性的，在自然主义的教义之进一步发展中，就一定会消除这个自我，或者说得更确切些，消除构成这个自我之基础的心灵实体。

这种将意识自然化的错误，在另一些方面也显露出来了，并且陷入一些荒谬的观点和理论，这些观点和理论的荒谬性虽然由于普遍的暧昧性而未能得到揭示，但是作为内部的紧张关系，当时已变得可以感觉到了。

在这里首先应该阐明，将意识自然化，不仅使人看不到这个自 106
我，而且使人看不到意识作为意识本质固有的一切东西。正如意识没有自我是不可想象的一样，它没有一些什么东西，没有在其中被意识的某种“对象性”，也是不可想象的。因此，任何不将这个自我以及在其中被意识之物（作为这个意识的被意识之物）同时描述和同时进行理论探讨的对意识的描述，都是不可能的，更不要说更高程度上的对意识的理论探讨了。因此按照自然的通常的表达方式，意识与某种对象性东西“相关联”，并且在这种情况下，“意识”这个词表示体验，如对于某物的某种知觉，对于某物的某种记忆，把一个记号体验为对于某物的记号，把一种喜欢体验为对于某物的喜欢，等等。如果所涉及的是自我—行为，如：我看到并且注意到某个眼前的东西，或者我通过回忆，并且通过对所回忆东西的怀着兴趣的理解而注意过去的东西等等，那么这在一种特殊的意义上就意味着，我使自己与有关的对象之物发生关联，或者还意味着，我指向该对象之物；第三人称的自我：这个当下的自我与自身关联或指向自身；而另一方面，行为体验本身，始终仍然意味着按照它自身的方式与这个有关的某物相关联。这种关联——按照**布伦塔诺**，被称作意向的关联（并且据此这些体验也被称作意向的体验）——相比于我们或是归之于对象相互间的关系的，或是归之于自我或对某些对象的当下意识的通常的关联，有一种本质上不同

的意义。意向关联的对象，作为纯粹被包含于行为中，被包含于意向体验活动本身中的那种关联的对象，正如布伦塔诺继经院哲学之后也采用的说法，是单纯的意向对象，内在的对象。它是纯粹**作为**被以为东西的在行为中被以为的东西，不去问，也不去断定：它实际上是否“真的”存在。凡是我们在通常的以及缓和了的意义上简单地作出一个关系陈述的地方，这个陈述按照它固有的意义就提出一种将存在者与存在者安置在关系中的要求，并且将这种关系本身称作是，并且断定是真正存在着的对象之间的关系（至于这
107 些对象是现实的还是理想的，则是无关紧要的）。就存在于行为本身中的与其对象的关系来说，如我们所看到的，情况则不同；它与之关联的对象，是并且始终是它的对象，不管这对象的真实存在情况如何。可是，如果我通过知觉与我的环境中的某个对象发生关联，譬如说，与那边小溪边的那棵树发生关联，据此我说，我看见那棵树，这当然是按照这种说法的通常意义说的，即那棵树实际上在那里**存在着**，然而另一方面，这棵树同时又是作为在这个知觉活动中被知觉的东西而被意指。因此在这里就有一种通常的关系陈述，在其中同时一起包含并一起陈述了一种意向的关联。但是如果我们对这棵树的存在提出怀疑，或者我们任意克制自己而不对有关它的存在采取任何立场，那么这对以下情况并不产生任何改变，即知觉体验本身仍是有关“这棵树”的知觉，并且仍是它所是的东西，即是对同一个东西的知觉，在自身中与它的内在对象相关联，即使后来证实这个知觉应该被评价为幻觉。为了清晰起见，我们必须就此做一件有益的事情，即区分当前意识的内在对象（内在的意向的对象），作为在这个意识的内在性中被意识的对象本身，

和绝对的对象，作为在通常的陈述中作为基底对象（作为所陈述的对象）而被陈述的东西，因此是以下边这种意义被陈述的，即它实际上存在着。如果我们处于存在的信念之中，对象就会被我们看作是实际上存在着的东西，——正如当我们通过经验直截了当地指出“这棵”树，这棵在那里的树时一样，——在这种情况下，我们就会以通常的态度和说法干脆说：“这棵树……”，并且在这种情况下，任何这样的陈述都不言而喻地是意指作为真实的树的这棵树[①]。

通过这些非常必需的澄清，才第一次理解了作为意识对象性 108
（作为内在地意向的对象性）而与每一个意识不可分割的东西之真正意义，因此也理解了**纯粹内在的描述**之意义。如果当下被以为的东西并不恰好像它在有关的意识中自在自为地就是被以为的东西那样地被描述，并且如果我们由于重又陷入自然态度——在自然态度中，我们将使我们的全部知识对于陈述活动起决定性作用——，而将这样一些恰好是来自其他的信念，来自我们通常的，不管多么有根据的知识的特征，包括进对意向对象的描述中，那么这种纯粹内在的描述之意义就会被超出并被废除。

既然每一种意识体验都在自身中“具有”其内在的对象，那就也应该注意到，这个“在自身中具有”并不可能有真实内在性的意义，仿佛内在的意向对象作为实在的片段，作为实在的要素，作为部分，寄居于有关它的意识之中。这样的看法显然是荒谬的；例如，我们所想起来的过去，如我们已经说过的，是在记忆的活动本

① 参看附录XIII，第349页及下一页。——编者注

身中被记忆起来的过去，我们所期待的将来，是在期待活动本身中被预期的将来；但是“被以为的过去或将来本身”，“内在意向的过去或将来本身”，并不像现实的过去或现实的将来，在当下的体验中是真实的组成部分。体验的真实部分，作为内在的时间流的事实，每一个本身都是体验过程的内在的时间上的组成部分。但是我们在其中重又回忆起同一的东西，预先预期同一东西的那些多种多样的回忆或预期，在内在的时间性中，是诸被分割开的体验，不可能共有任何一个部分。这在任何其他事例上都得到了证明。如我们称作回忆的意识行为，就其本身而言，是对某种被回忆起的过去的意识；同样，我们称作外部知觉活动的意识，就其本身而言，是对于被感觉到的外部东西的意识。到处都是如此。

因此，这种本质上不可分割的内在性并不是真实的内在性，并不是真实的包含在内的东西；那样的看法显然是荒谬的。这并不排斥以下情况，即意识也能够按照其真实的片段，按照其部分，被询问和描述。显然，即使譬如说述谓的判断，也有其作为内在的时间过程之被分开的步骤和片段，有其主词设定，有其与此相关联的
109 谓词设定等等。同样，被分开的意识体验，也能联结成一个整体，**真实地**联结成一个整体。但是另一方面，恰恰也一定会看到，意识与意识的联结，对于意向对象也意味着某种东西，并且作为意识的联结，完成一种自然事物中肯定没有类似物的成就。这种成就就在于，它作为“综合”产生一种统一的意向的对象性。这个对象性对于作为**一个**意识的被联结的意识来说，乃是它的对象性。然而我们也许最好再着重谈谈这后者，即意识和意识不仅是一般地联结起来，而且——一个本身值得注意的特征——是联结为一个本

身有其内在的对象性的意识；在这种情况下，这个属于综合的对象性在被结合的意识体验的诸对象性中有必然的基础。将综合像某种真实的联结那样来看待（比如在一种流行的方式中想用一些真实结合的形式——“格式塔性质”——满足它），这就意味着看不到意识所特有的东西而陷于荒谬之中。

此外，与此相关联一定会看到，对象在意识上的同一性，正是将为有关**一个对象**的谈论提供根据的东西回溯到一种综合，在那里，多种多样的意识，例如各种不同的和形形色色的知觉，通过综合，联合为一种有关一个东西和同一个对象的意识，在这当中，这个“一个东西和同一个”本身在意识上同时在此存在，本身以意向方式存在。并且还必须看到，与这种持久存在着的综合方式并列，这个或那个东西的统一性和同一性，以及一般而言的**对象**，作为对于这个自我而言的对象，被意识到，反过来，这个自我本身则是一种普遍综合的指标，通过这种普遍综合，所有这些作为我的意识的无限多样的意识，具有一种普遍的统一，不是对象性的统一，而是**自我性**的统一；或者更确切地说，一定会看到，通过这种综合，这个意识生活的“常设的和持久的自我”不断地被构成并被意识到。

第十六讲：〈意识综合在其自我—对象—两极化中内在内容的非实在性和关于共主观性问题。评贝克莱对于洛克的批评。〉 110

这种在**自我**与**对象**名称下的两个方面的两极化——这种两极化是一切意识生活本身以绝对的必然性而具有的——具有这样一

种性质，即应该认为在自然现实中有它的类似物是荒谬的。实在的东西具有实在的要素，实在的部分和成分。但是意识的综合按照属于这种极的形式所具有的内在内容是**非实在的**，如果人们毕竟已开始在这里看到，在这里认识到，这种非实在性必须同时被描述为意识之不可分割的包含物，而且必须按照它们借以属于当下意识的全部变化着的样式来描述，那么描述工作之真正的无限性就展示出来了。

在这种情况下，人们首先会注意到多种多样反思的方向，借助于这些反思方向，也才能清楚显示出，对某物的意识，例如，对被知觉物的知觉活动，对被期待物的期待活动，对被判断物的判断活动等等，与在其中被意识的东西相比，并不是一种空虚的东西，或一种在描述方面贫乏的东西，充其量只有在质上的差别；仿佛例如知觉活动和记忆活动只是由于一种不可名状的“意识的质”而有所不同。

宁可说这是一些极其复杂的意识方式，它们在极其不同的方面改变着，并且完成着越来越新的意向的成就，这些成就早已处于这些粗略地称谓的名称之每一个别的名称下了，如知觉活动，或更确切地说，对事物的知觉活动，或回忆活动，期待活动，判断活动，领会活动，以及还有评价活动，希望活动，意愿活动，等等。意识，不管它是看上去最简单的知觉活动，还是没有注意到任何东西的意识上的拥有活动，都决不是一种空洞地拥有某物，仿佛像这个主观在这种情况下仅仅是在衣袋里有它的意向对象一样。

但是**洛克**和他的后继者根本不想认真观察一下这种拥有活
111 动，并且真正如它本质上所是的那样描述它。当自然科学家实行一些经验时，他完全只是去看在经验中被经验的事物和过程，并如他通过经验而拥有它们那样去看待它们，并且在这种情况下目的只在于通过描述和说明从理论上研究这种已拥有的东西，这是可以理解的。仅仅指向客观性，这是自然科学方法的本质部分。这也包括不考虑主观东西，甚至故意使主观东西不起作用。但是对于心理学家和认识论者来说，一切主观的东西都一起属于研究的课题；因此这种对于客观东西的主观拥有活动就不是某种他们应该轻视的东西。它本身是某种应该按照其固有本质描述的东西。但这被拥有的东西本身是不能与拥有活动分割开的。

如果我们观察某一个意向体验，例如一个简单的外部经验活动，那么反思的考察就会表明，在这里可以看到多种多样的东西；就在对一个事物的单纯看的活动本身上就已经有多少东西啊！——对象的无限变化着的主观的视景，然而这种主观的视景却不是自然中的，空间本身中的任何东西，而正是关于这个事物的主观的视景。如我们早已经一度提到的，在知觉上被以为的事物只能在知觉上被意识，而并没有以某种方式具有外观；由此就已经预示了一种内容丰富的描述方面的课题。不仅是在有关事物的知觉方面有极其多种多样的这样的主观描述的课题。事实表明，对于每一种意识都表明相同情况。即使是那种普遍的意识上的拥有活动——由于它一切个别的体验活动就其本身来说都是有意识的，即所谓“内部的”意识——，都是一种具有最精微的意向结构的，尽管当然是被深深地隐蔽了的意向结构的，真正的奇迹构造。

为了不致产生混淆，在这里我想使人们注意以下情况，即意识

这个概念是一个多义的概念，因此作为在这里涉及的分析之课题，可以说出以下这些不同的东西，即1）自我之普遍的意识，即这样一种意识，在其中自我在意识上拥有在任何一种意义上为他存在的和可由它把握的一切东西，在其中把握这一切处于视野之普遍统一中的东西，外在的和内在的东西，非自我性的东西和自我性的东西，处于最不相同阶段的个别的意向体验以及它们的真实的内容和理念的内容；
112 2）在本来的笛卡儿意义上的意识，因此是借助具有笛卡儿式的自明性的我思（*ego cogito*）标明的意识。在这里，超越的存在，譬如，物理的自然，并不被设定为是现实性，并不被承认为是存在的，而是相反地，以人为的方法使之不起作用；3）诸意向性的体验，它们在这里作为知觉，愿望，意愿等等，个别地在笛卡儿式的领域中出现。

这些人看不到处于所有这些普遍的和个别的形态之中的意识之固有本质，这对于每一个已经熟悉了真正描述的人，都在以下方面表明出来，即，洛克的描述与他的后继者的描述一样，甚至没有能达到正确的真实的分析和描述，即按照真实的部分和真实的联结而进行的分析和描述，因为这些分析和描述将意向地包含着的东西——这些东西在这里当然必然地不可分割地一起以某种方式被看到——总是一再地误解为是真实地包含着的东西。由于这种误解，于是就产生出使人们在数百年间徒然烦劳的根本错误的问题。这种根本错误存在于一种与那些独断论预设路线完全不同的路线上，按照独断论预设的路线，例如，在认识论的研究中，这些研究本来应该首先让人们理解其可能性的客观世界和心理学因果性却被假定为前提，——此外，虽然这一种和另一种误解彼此间是冲突的，但在理论中却是紧密联系着的。

为了用一个例子说明以上所述的东西，我要指出已经变得众
所周知的和普遍流行的洛克有关第一性性质的第二性性质的学
说。被看作是内在体验的，因此被看作是内部经验之事实的外部
经验，是有关事物的经验，有关植物、天体等等的经验。但是人们
认为，这些事物本身并不在外部经验之中，不在主观的体验之中。
因此不言而喻的是，我们内在地拥有的东西，是一种外部事物只是
或多或少完善地与它符合的内部的知觉肖像。因此这个古老的幼
稚的肖像理论，就由于这种被信以为真的不言而喻性被纳入有关
内部经验的学说之中了。按照洛克对新的自然科学的解释和自然 113
科学家们本身的解释，这种内部的知觉肖像，乃是真正的肖像和因
果性的表征之混合物；关于所谓在外部知觉中以感性直观方式显
现的对象之所谓第一性的性质或原初的性质的第一种肖像；被看
到的广延作为内部的肖像真正存在着，并且真的是肖像，只要它是
外部事物本身上的广延的类似物。按照自然科学的理论，事物在
自身中的确是有广延的。同样，肖像本身也有大小，形状，位置，运
动，数量，等等。与此相反，特殊的感性性质，即所谓“第二性的”性
质，“派生的”性质，没有与自然事物本身的任何性质相似的东西，
自然事物没有视觉上的特性，听觉上的特性，等等。在自然本身
中，存在着某种运动的过程，一般而言，存在着某些仅具有第一性
性质的，具有数学的—机械的性质的事物，而且这些过程和事物只
是由于这样的特性以及属于它们的因果性，而是对于能在我们的
知觉肖像中指出的感觉的声音，感觉的颜色等等加以说明的原因。

值得注意的是，这种学说的彻底荒谬性并没有影响它几乎是

普遍地起作用；是**贝克莱**第一个认识到这种荒谬性，但也只能对它做不充分的阐明；他无可争辩地指出了这种学说的部分荒谬性，即通过指出没有某种特殊的感性的鉴定广延是不可想象的，因此一般而言，没有第二性性质，第一性性质是不可想象的，而指出了这种学说的荒谬性。但是他这位洛克的内在自然主义门生，没有能够说出进行最终澄清的东西。虽然他还说了其他一些好的东西，他也以他的天才眼光看出了洛克有关外部存在的学说的荒谬性，以及导致超越的—物理的东西的每一种因果性推论的荒谬性。外部事物的内部知觉肖像，按照洛克的说法，应该是因果性地来自外部自然事物的不同感官的感性事实之联结的复合体。精神不可能以别的方式，而只能这样地将一种我不知为何物（*Je ne sai quoi*）的东西作为“承载者”而当作联结的复合体的基础，在这里，是一种
114 从结果推到超越的原因的因果性推论在发挥作用。贝克莱很出色地提出反对意见说，这样的推论是不可证明的和不可想象的。因为根据在洛克看来是唯一直接给予的东西，即一切感性事实都属于它的那个白板（*tabula rasa*）上的直接给予之物，很容易理解，如何由被给予的心理的事实，以联结—归纳的方法，推论到新的心理的事实，从被给予的感性的复合物推论到新的感性的复合物；或者还可以理解，如何从感性地经验到的身体推论到未被经验到的他人的心灵生活——按照有关自己的身体与自己的心理东西之经验到的统一的类比。但是推论到一种我不知为何物（*Je ne sai quoi*）的东西，一种原则上不可经验的东西——在自己内在领域中没有任何有关它的类似物——则是毫无意义的。虽然由于这种思想的主要特征，**贝克莱**已经处于正确道路上，但是他并没有能提供一种

有关外部东西在内部东西中意向的构成之真正的阐明和理论，因为他本人与洛克一样没有看到**意向性**，因此也未能揭示出意向性问题的层面。

然而首先人们一定会对下面这种情况感到惊讶，即洛克以及和他有相同解释的自然科学家对将世界双重化，甚至千重化，很少有异议。一方面，我们有所谓的自然本身，所谓的原型，另一方面，我们在每一个主观中有一个由知觉肖像构成的自己的体系，但是这个体系与自然有些不同，然而本身同样也是自然，是自为的实在世界。此外我们还有一种稀奇古怪的东西，即主观作为人的主观同时通过它的身体而应该是客观世界的部分，以至于诸主观的世界同时又被纳入所谓的客观世界之中。人们可能会反驳说，它不是世界，而只是世界的肖像，它本来只是在个别主观之中联结起来的感觉复合体；而联结的复合体并不是事物。我会回答说，好极了，但是事物究竟应该通过什么和联结的复合体相区别呢？如果人们承认洛克的学说，那么人们就必须说：我们必须在唯一被给予的内在感觉事实复合体之上设想一种作为原因的外在复合体，那种内在复合体的类似物，而且如果下面这种情况是真的，即如果没有起承载作用的实体，我们就不可能设想一个这样的真正的外部 115
复合体，那么我们为什么就不应该为这内在的复合体——它原则上具有同样的形式——也想出一个内在的实体呢？因此，这些内部的总体肖像事实上而且不容反驳地不外就是外部事物在其中被摹写的内部事物。

这样的东西对于我们可能借以设想超越的自然的一切其他形式也一定有效。因此，即使我们放弃洛克的我不知其为何物（*je*

ne sai quoi)的东西,也仍然有效。如果我们正好坚持采纳一种有关内在东西和外在东西的即使仅仅是不完善的肖像之类的东西,它就一定会有效。

贝克莱的如下说法原则上不对吗,即感觉只能与感觉相似,联结的感觉复合物之类似物本身必然又是联结的感觉复合物,而感觉没有进行感觉的主观性是不可想象的?——因此我们只是在诸主观的数目上增加了另外一个主观作为附属于所谓客观自然的相关物,而没有对于"客观的自然"这个复合体的所谓作为原型的客观性之优先权的意义作最低限度的理解。然而还应该注意,每一个主观纯粹在自己本身中经验自然,因此它决不能走出它的所谓的肖像。当他将经验与经验结合起来,经验到它的肖像的和谐,换句话说,相信事物、一般自然的合法存在的时候,显然他决不会想到任何理由去从事那种由误解而产生和虚构的向超越东西的推论。因此,作为个别的自我,是处于自己的直接经验之中的。超越自己的主观性和自身经验的自然之唯一方法,就是移情到另一个主观性之中,就是有内在根据地设定与自己经验到的精神性之物和感性的"肖像"相似的精神性之物和相似的感性的"肖像"。但是此外为什么我们要称这些事物为与**我们**所看到的事物同一的事物,为什么我们要把我们大家看到的自然作为**一个**自然来谈论?洛克本来应该这样考虑和这样提问。

然而就已有的进展而言,我们已经为观察事态本身,意向性的事态本身,和理解白板说心理学家之根本的盲目性,做了充分的准备。

第十七讲:〈关于"外在性"的构成问题:关于事物在知觉中自身给予性之笛卡儿式的自明性。〉 116

既然我们已经获得了对于意向性,对于作为对某物之意识的意识的识别力,那么我们就会从我们这方面反驳说:所有这些内在的肖像和白板上的记号,关于超越的自然的肖像和记号,都是被引入歧途的反思的虚构之物。这些虚构之物,只是在认识论的原始状态的最初阶段中才是可信的,这种原始状态或者是还根本不知道纯粹主观性,或者是还不知道将纯粹主观性当作意识的主观性与之打交道。肖像理论在最古老的希腊哲学中就已经出现了,这种情况只是表明,这种最初的像初学者那样地抛弃了自然世界生活的态度连同这种自然世界生活对被经验的外在性事物之自然的热衷,表明向哲学的反思之最初转变,这种反思将内部东西与外部东西联系起来,并且立即就转向了这种虚构。

但是如果我们利用笛卡儿式的突出纯粹的思维(*cogitatio*)的方法——这个方法表明当下的主观体验是绝对自明的体验,并且允许在绝对自明性的范围内按照真实的成分和意向的存在物进行分析——;并且如果我们将这种方法运用于有关外部知觉之类型的体验;那么下面的情况不是绝对自明的吗,即如果我例如看到一张桌子,一幢房子,一棵树,我并不是看到某种像是主观的感觉复合物的东西,或某种像是"有关……"的东西之内部肖像的东西,或是有关桌子或房子的记号等等,而恰好是看到桌子本身,

房子本身？

确实，被知觉的事物，虽然我知觉到它，却可能是一个虚幻的事物，我也许会受骗。我有充分的根据在单纯以为的知觉事物与真实的事物之间进行区分。但是这种充分的根据如果不是在我的进行经验的生活，同一的内在生活——我可以按照它绝对自明的特有的存在在任何时候以这种方法询问和研究它——的内部，又能在什么地方呢？在从知觉向知觉之特有的过渡中，只要它作为一致的综合之统一持续不断地发生，那么我就说，一度作为本身具
117 体地在此存在而设定的东西，譬如这张桌子，就不断地作为同一的东西表现出来，并且这个进行设定的意向也不断地得到证实。但是在另一些情况下，却可能是这种进行经验的、进行同一化的设定突然遭受到一种由不一致而引起的未曾预料到的断裂，我也许会看到，迄今作为在此存在着而被知觉的东西，现在获得一种无效性之性格；或者我看到，迄今未被触动地在此存在这种性格可以说是被用一个删除号删除了。但是只要这后一种情况没有发生，只要经验将它的一致性保持在它的综合统一之中，在这个限度内，被知觉东西就正好是作为正常地被知觉东西直接地在这里存在。已经能够预料到，我对于被知觉东西的真正存在根本不可能理解为别的，而只能理解为由表现之持久性而产生的关于一种在未来经验过程中决不会违反的表现之理念，以至于我从前从一个事物获得的这个经验，不可能被任何以后的经验所抛弃，而只会被它们所补充，并同时被证实。无论如何，下面一点是明显的，即当一个事物真正存在时，这个真正的事物不可能是别的，而只能是被知觉到的事物，说这个被知觉到的事物仅仅是自在存在着的真实的事物的

肖像或记号，这个真实事物作为它本身所是的东西，并不处于我知觉中，这是根本错误的。

在这里我们还要考虑以下的问题。在什么时候我可以说，我在我的直观中有关于事物的一种类似物或一种单纯的肖像，而没有事物本身？因为可以说，类似物是某种与它相同、与它或多或少相似的不同东西的类似物。因此，我有的不是事物，而是另外一种东西，是与事物或多或少相似的东西。但是，我现在看见的树木和房屋，并不因为它们与其他的树木和房屋相似而是它们的类似物。类似物是某种在其中有另外一种东西与自身相似的东西，作为一种被给予之物——这个被给予之物是另外一种相似物的代表，是类似性的标记——，在其中没有客观的特性，而是有一种奇特的在主观理解中发挥功能的方式。因此，它以一种特殊的类似化的意识为前提，只有在这种意识中，这个类似物才有其真正的意义场所。

在真正的肖像方面就更是如此。一幅肖像只是对于那个在一种特殊的意识中，一种进行摹写的意识中，从其上获得作为肖像的 118
意义的人，才是一幅肖像；在直观地被给予的东西中，或在这种直观地被给予的东西之具体呈现的个别特征中，一定有另外一种东西，本身被给予的东西，在意识上呈现给我，如在以绘画的或制图的形式表现的，作为直观地浮现在眼前的风景中，风景本身未被看到，它在这里只是通过图示以摹写的方式呈现的。在这里在知觉上当前的是挂在墙上的东西，镶在镜框里的油画，或是放在桌子上的铜版画。这个图画中的肖像是一个与这种知觉一起被意识到的构造物，它本身由于一种特殊的意识只是为我在此存在，这个构造

物通过这种意识，在这种通过知觉的奠立中一起显现出来。如果在这种构造物中有另外的东西，即一个存在者，但不是当前的东西，为我准当前化，那么我就恰恰必须完成一种对以摹写方式进行的准当前化的相应的意识，在其中这种直观的构造物也分有以准当前化方式进行的描述之意义和有效性。

很显然，与直接的知觉相比，这里有一些根本不同的意识方式参与进来，如果我们是直接地看到事物，就不能谈论这些意识方式。同样，这里涉及的不是对事物本身的拥有，而是对另一东西之记号的拥有。属于记号本身的是“是另一东西之记号”这种特殊的意识，一种具有十分奇特的意向的结构之意识。

但是现在人们会说：确实，通常的感觉活动当然并不从一开始就是以类似化方式进行的代表活动，或借助肖像或记号的代表活动。它是知觉活动而不是别的东西。但是在这里被知觉的东西岂不正是外部自然事物本身吗，而且为了获得真实的事态，我们不正是必须使这种新的意识方式起作用吗？

然而在这里首先需要忠实地描述纯粹按照知觉之特有意义在这里直接知觉到的东西。需要强调指出，这种直接知觉到的东西
119 不是由作为真实部分属于当下知觉的，因此随着知觉产生，随着知觉消失的感性材料构成的复合体，而只不过是譬如说，这里的这张桌子，只是时而从这个侧面，时而从那个侧面被知觉到，并且在自身综合地统一的知觉之进展中，显然变得越来越丰富，越来越多种多样。但是它本身，这张桌子（这种综合的统一，这个意识上同一的对象）始终是这样一种东西，它这在这种进展中显示并表明它的存在内容，并且证实它的实际的在此存在；只不过前提是，所发生

的不一致并没有迫使我们仿佛勾销它的存在，并且说：它仅仅是一种幻觉。因此如我们所说过的，每一种可以想象到的证实，实在性证明，在这种情况下所证明的东西，就是在知觉中以自身在此存在这种意识特性所意识到的综合的统一，而且不外就是**外在东西本身**，空间事物本身，它本身从一开始就是超越的东西。否则关于它的知识会从何处来呢？关于它的知识如何能够由别的东西，而不是由知觉以及由处于一致的知觉关联中的知觉本身的连续证实证明呢？什么东西能够完成类比、摹写、标记呢？除知觉外没有任何东西能完成。如果我已经经验到事物本身，并且在经验中直接地提供了并证明了它的在此存在，那么我就以可以想到的最原初方式获得了有关外部世界的知识，我就能借助被给予的事物类推其他事物，以摹写方式表达其他事物，借助标记而实行准现前化，譬如由于见到一个旗语而想起一艘船的到来。但是想要首先通过这一类的类比与符号去获取一个其自身还从来没有被经验而且是按其存在方式被经验的东西，这能有什么意义呢？毕竟是赋予这些标记和符号以意义的意识按照它正在实行的证实之来源和方式，而使自己返回到可能的知觉，使自己返回到对超越东西知觉，如果这种知觉能够标记超越的东西的话。

因此，用关于某种不同的东西之类似物或记号，现在甚至用一种不可认识的东西，不可知觉的东西，去偷换人们在知觉中作为被知觉之物而自明地意识到的东西，是荒谬的。人们能产生这样的想法，并且能从这种想法中发现一种可以理解的理论，显然是由于
以下情况，即人们由于朴素的自然化，在内在经验领域中就只想看 120
到某种像意识平板上的事实的东西，并且现在未经留意地，而且完

全是朴素地在这个平板的后面设置一个完整的人的主观，这个主观当然就在平板之外另外还看到这个世界，这个主观现在通过来来回回地张望，使平板上的记号与它的外部世界联系起来，进行比较，认识相互间的因果关系，并据此而能够将平板上的事实制成他的认识需要的类似物或因果性记号。人们不是以内在心理学的和内在认识论的内在态度进行分析，专注于纯粹的我思（*ego cogito*），以及它的意向的内容，而是按照自然朴素的外在的观察，将自己与其他人看成是预先给予的世界之部分，并且将他们的内在生活——在这里这种内在生活被与身体一起在空间性中定位，好像它本身是某种像空间事物的东西——看成是实在的，通过实在的统一形式——按照流行的看法和说法："格式塔性质"——结合或融合起来的诸事实的一种单纯复合体，这些事实在它们的不断变动中，只是通过一种彼此外在的，即可纯粹归纳地认识的因果性而被规整。人们没有看到，在纯粹"内在经验"中，因此在对于作为思维（*cogitationes*）之流的被给予之物的反思之纯粹直观呈现中，所表现出的东西，与一切自然的东西相比，显示出一种完全不同的存在方式；人们没有看到，这恰好完全是思维（*cogitatio*），是关于处于多种多样变化着的显现方式的"如何"之中的内在意向"对象"之意识，并且这种通过我们前边称作将自我置于中心的做法，而被普遍地置于中心。

但是要理解外在性是如何在进行经验的意识流本身中以及在它的综合的关联中构成的，此外如何能满足被认为的存在与真正的存在之间的区分，如何能满足主观的显现方式与显现者本身的真正的区分，以及满足具有其真实性的这个"本身"；然后进一步在最后阶段如何能使科学的认识之可能性、本质、成就达到最终澄清的理解，这根本就不是一件容易的事情。但是只有对处于所有这样的成就之中的纯粹意识本身的本质描述，才能够产生这种理解。121
以要求根据内在经验对知性进行研究这种形式猜到这一点，无论如何是洛克的一种并非无足轻重的功绩。但是在这里可以考虑的不是以自然主义方式误解了的内在经验，而是在内在的自明性范围内进行的对以下情况的查明，即意识生活作为具有其全部类型的意识生活，本身是什么，并且成就什么，个别地，以及按照它的综合的关联，按照它的意向的动机，是什么，并成就什么。在这里，不许从纯粹内在性的态度中漏掉任何一项查明，被证明的东西必须正如其在纯粹意识本身中那样被对待和被承认，并且在其中被以为的东西必须正如其被以为的那样被对待和被承认。因此例如被知觉东西正是这样，正是在它作为被知觉东西呈现的那种意义上，或在知觉本身赋予它的那种意义上被对待和被承认；因此例如在时间方面将时间上当前在此存在这种意义赋予它；同样被回忆的东西，正如其作为被回忆的东西而呈现的那样，因此在这里就是以"曾存在过的事情"这种意义被对待和被承认，这件事情只是由于这种意义赋予才恰好获得这种意义，到处都是如此；正如在这里个别的对象由某种意识方式而获得其主观的时间样式一样，并且，按照以前偶尔研究过的东西，诸如类似物，肖像，记号等等主观的样式，则由其他意识方式获得它们的意义。

因此地地道道的对象，在每一个方面和每一个可以想象的主观的和客观的意义上都完全如实地，客观地看待的对象，都有其将其作为对象，而且是作为非常确定的对象加以构成的，来自赋予意

义的意识的意义，由于这种赋予意义的意识，这些对象对于意识的
主观正是意味着它们所意味的东西，并且按照可能性和现实性，是
它们所是的东西。对于对象性的每一种基本方式来说，都必须按
照其结构研究意识的以及意识综合的相关的基本方式，正是作为
有效性统一的如此形成的对象性，作为意识的成就，在这些意识的
相关的基本方式中被构成。已经经常强调过的越来越新的阶段的
给予性样式，当然属于这种结构；关于属于内在意向的个别的对象
之时间性：现在、刚才、将来的样式就是如此；或是关于空间事物及
122 其空间性：指向这边和指向那边，指向后边和指向前边等等的定位
样式，多种多样透视的给予性样式，对空间形态之透视的给予性样
式，还有对空间形态上“扩展着的”色彩之透视的给予性样式；或者
按变动着的事物的诸侧面的给予性方式，——简短说来，自然科学
观察方式所排斥的一切“单纯主观的东西”都属于这种结构。但是
全部的对象性，甚至是理想的对象性，都是诸多种多样给予方式的
统一。与具体的意识体验并行，“处于‘如何’之中的诸对象
性”——它们是意识体验之内在的意向的对象——也获得“综合的
统一”，但这必须在直观的反思中从每一个方面揭示出来，准确地
描述，并由此而被理解。

自然主义的心理学和认识论对于所有这样的一方面是进行认识的以及其他的意识，另一方面是“这种意识”的对象性之间的相互关联的问题，对于所有这样的世界在进行认识的主观性中主观地构成的问题，换句话说，对于作为一切意义赋予和有效性之源泉的主观性的所有的问题，原则上都是视而不见的。而这就是说，它看不到真正的认识论的认识问题，用经验的说法，甚至看不到心理

学的认识问题。洛克在他的《**人类理智论**》中与笛卡儿相反，着手建立有关我思(*ego cogito*)的被给予之物的科学，由此而开始了一种进展，如果我们没有看错这种进展，那么现在就很清楚，他没有能够向前推进到有关一切认识之真正的基础科学，另一方面，他也没有能够向前推进到一种建立在内在经验基础之上的真正的客观的心理学。

我们所完成的批判在疑难问题方面向我们表明了洛克式的认识论之内在自然主义方法论上的荒谬之处。此外以下情况也变得清楚了，即由于人们停留于自然的客观的态度中，即使想要形成一种客观的心理学，这种对意向的东西、对心灵的意识生活根本特性视而不见的情况，也必然会使一种真正的心理学成为不可能。一种自然主义的白板式的心理学，如洛克所着手进行的那种心理学，如在数百年中不断被改进的那种心理学，一定会失败，一定会仍然依赖于归纳的外在性东西。一切对于精神生活来说是原初本质的 123
东西，一切作为对于某物之意识的以及作为对于自我之意识的意识之最值得注意的特征，多种多样的综合——它们按照现实性和可能性，按照被动性和自由的主动性，赋予意识流以可以理解的统一的特性和可以理解的生成的特性，它们使意识成为普遍合理的法则性之场所——的一切奇观，所有这些一直都未被考虑，所有这些至多是在自然主义的伪装和自然主义的误解中无意识地并且是不合科学地提出来的。

尽管这确实处于直观的范围之内，处于对在意识中总是包含的意指和被意指之物的直观的解释能力的范围之内，却一直未被考虑。自然科学的方法恰恰使人们看不到在行动着的生活中以及

在一切精神科学中经常被实行的精神的经验，以及经常被实行的揭示精神的动机形成、揭示隐藏的共同的意指行为、揭示理论的和实践的前提等等的方法。经验和经验的方法只允许具有一种方式，这种方式必须完全是与自然科学上实行的本质方式完全相同的。

但是我们在这里的问题并不是正确的心理学方法的问题。我们的兴趣是一种绝对的、由认识对于它自己的成就之最终自身理解而来的科学之可能性，因此，只是奠定一种真正的理性理论。既然现在客观心理学的和一般客观科学的一切要求都被这种兴趣排除了，那么在这里就确实呈现出一种客观的心理学与有关理性和一般主观性的纯粹理论的兴趣之非常紧密的联系。因此我们并非毫无根据地对发端于洛克的心理学做一些考察，而且必须做一些考察。

如果我们考虑一下我们对于洛克理性理论方法的批判叙述所获得的东西，那么这种方法一方面由于它的客观主义和“心理学主
124 义”，因此由于它到处以客观世界和客观科学为前提，并且将他的理性理论建立在心理学，作为客观的、与所谓客观科学结合在一起的科学的心理学之上，而陷于荒谬。为了特别强调一个重要之点，我们说，洛克的理论由于理解自己最重要的主导动机并使其产生效果的整个方式而陷入荒谬之中；我们当然是指这样一种动机，即到意识之中去寻找一切概念和一切一般认识构成物的起源，将进行生产的行为追溯到对“观念”本身的以及对越来越新的观念的直接的直观——用现今流行的说法，就是追溯到“内在的”直观，或“对自身的经验”。洛克的理性理论对这种经验做了完全是朴素的

解释，与理性问题固有意义相悖的解释，解释成是心理—物理经验的一个成分，在自然客观意义上的对自身经验（作为与身体东西客观地结合在一起的心灵东西的经验）。

但是我们刚才进行的批判涉及到另外一种在后果方面更为重要的荒谬之处。因为比起没有能力区分开心理学的自身经验和超越论的自身经验，因此也区分开心理学的意识流统一和超越论的意识流统一来，没有能力将意识按照其本质特性看作是意识，并对这样的意识进行纯粹的经验分析，并且接下来进行纯粹直观的分析，对可能的意识形式及其合乎本质法则的变化、关联和综合进行分析，就更为糟糕。如果人们像洛克和整个后来的心理学那样看不到一切意识生活的这种根本特征——而这是由于我们称作将意识自然化这种朴素的先入之见造成的——，意向性，作为对……的意识的意识，这些名称所展示的这些巨大任务，当然就仍然是被隐匿的。我们将这种先入之见的特征说成是将意识流理解为“观念”的集合，“事实”的集合，就如同一张起初尚未书写过的白纸上的或是在一间“黑暗的房屋”中的心理事实，于是在这里诸部分被认为是真实的部分，诸连结被认为是真实的连结，诸统一形式被认为是真实的统一形式，并且只被认为是这样的东西。虽然像是无法避免地一再谈论意向的存在，但从来也不是根据系统的本质观察和进行确定的描述而谈论，在那种观察和描述中，诸意向的存在应作为系统查明的，并且应就其意向的复杂情况加以密切注意的存在，125
被当成课题。

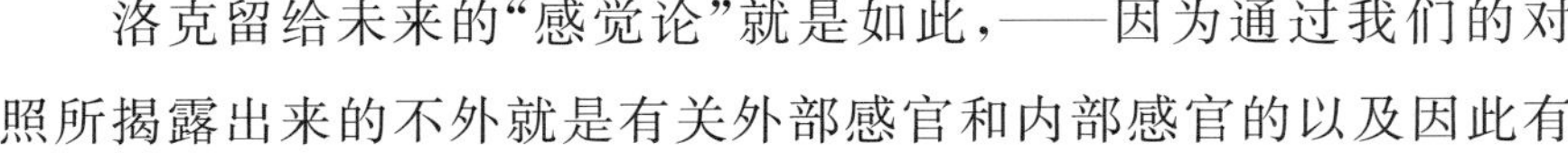

洛克留给未来的“感觉论”就是如此，——因为通过我们的对照所揭露出来的不外就是有关外部感官和内部感官的以及因此有

关一切以外部经验和内部经验的“事实”进行操作的一切认识论上错误的传统学说之根本意义，或者宁可说是荒谬性。这种感觉论使由洛克的这部著作开始的两种发展，即作为客观科学的心理学的发展，以及作为哲学的基础科学的理性理论的发展，陷于停顿。如果不克服这种心理学主义和一般客观主义（如果没有好的意义上的实证主义），任何有关理性的哲学都是不可能的——而这就同样意味着真正的哲学是不可能的。但是不克服感觉论，不克服意识的自然主义，甚至连作为真正客观科学的心理学也不可能。仅仅按照自然主义的误解去了解心理学经验事实的根本领域，了解意识的根本领域，因此根本不是按照它的原初本质了解它的那种心理学，我们必须拒绝承认是真正的科学。

假如心理学作为这样一种东西毕竟能够开始，那么它就一定是以系统的和纯粹内在的意识分析之形式进行的——即以心理学的“现象学”之形式进行的。现象学的基本分析和基本描述为它建立起初步的知识。研究这种初步知识以及能先验地由它产生的诸形态，或属于它的结构上的和发生学上的本质法则，构成——如在今天第一次表明的——一门完整的科学，而且是一门先验的科学。这门科学必然地先于任何一门经验心理学（先于有关心理学经验的事实的科学）——“它应该能够作为严格的科学出现”。它不是别的，而正是有关心理东西本身固有本质的科学。建立在这种现象学的心理学（它本身是这样一种心理学，即它对其先验的性
126 质作了错误的判断）基础之上的心理学主义是可以医治的。它也许危害到真正理性理论的和真正哲学的发展，甚至从原则上使这种发展成为不可能。然而它是一种比较容易改正的错误——只要

意识的分析是从真正的直观得来的并且是真正的意向的分析。经过从自然态度向超越论态度的变换，经过将一切预先设定的以及能同时设定的客观性“放到括号里”，一切内在的分析仍然保留在其本质核心之中，并且在认识论上仍然是有用的。

另一方面，感觉论的心理学主义则是无法医治的。它关于心理东西本身所提出的东西，从一开始就不是真正的发现，不是由意识生活本身特特有本质得来的发现。揭示意向性就是从精神上**理解**意向性，理解认识及其构成物，在其中特别是理解真理、正当性这样的构成物，这是通过按一定方法揭示意向的，进行基本构成的诸关联而理解意向的构成物。这是以科学的描述的方法进行的，是科学地理解意向的构成物。相反，凡是人们甚至还没有开始看到意向的关联之方式，因此没有建立起理解活动之基础的地方，就根本不会有什么可理解的东西，因此就没有什么明白易懂的东西。但是，心理学上的生成按照其本质也是明白易懂的生成，因此任何自然主义的心理学必然只提供对心理学上的生成之虚假说明。

〈第三章　经验主义有关抽象的理论，作为其未达到有关纯粹意识的本质科学之理念的标志〉

第十八讲：〈对于普遍本质在直观上的自身给予性之错误认识。〉

我们的批判之特殊基础是上面提到的洛克有关物质实体以及有关其性质的学说，或者说，是他要指出真正的外在性如何在观念领域中内在地呈现出来，只直接具有其观念的白板（*tabula rasa*）
127 的主观如何在这种白板上获得外在性的肖像和有关外在性之真正存在的信念的这种尝试。

此外我们的批判本来可以在同样的意义上进展到洛克论述的所有方面，他的论述另外还涉及到对自然的认识之诸基本范畴，涉及到空间、时间、力、原因、结果等等，——然而我们并没有很大兴趣向这个方向继续前进。

洛克论述语言与思维，真理与知识，科学等等各章的情况，以及洛克**关于抽象的理论**的情况，则完全不同。如果说，存在于第一类研究背后的是有关自然、自在存在的世界在进行认识的意识中之构成这个难题，那么现在所涉及的则是特殊的逻各斯这个难题，是逻辑范畴的形式构架，这种形式构架为了成为科学上真正的现实性，成为在理论的真理中被规定的现实性，就必须承认被经验的世界及其实在的范畴。

现在这里需要强调指出一种新型的根本错误，这些错误从英国经验论以来就以带来严重后果的形式规定着整个近代哲学。这些错误无疑是一种古老的传统恶习，是古代怀疑论和中世纪唯名论的遗产，它随同**霍布斯**一起进入到近代所谓的经验论。我们的新课题，是关于对在正确理解的**柏拉图**意义上的理念和理想法则盲目无知的问题。

几乎可以说是从定义上规定传统经验论特征的东西，就是下面这个原则性的先入之见，即只有个别的东西能够以原初直观的形式存在。随着否定普遍性东西的可直观把握性，同时也就否定了普遍性东西的可能存在；在直观主义思想的指导下，合法的思想当然必须被直观地证明；凡是不能被直观表象的，并且（在现实的存在成了问题的地方）不能被知觉的东西，它就不能存在。

这种看起来是不言而喻地将直观与个别直观视为同一，将进行自身把握的直观与知觉视为同一的作法，转入到具有洛克的新特征的经验论中，即内在自然主义的经验论中。对概念本质的直观，对普遍语词之相关物的直观，因此另一方面还有这种本质本身 128
的存在，都不被承认。直观认识的全体就是能够在意识的平板上显示的观念的全体。直观和“知觉”，或者说，和“经验”，是一回事。换句话说，在这个平板上的事实也如同自然中的事实一样，完全是有时间性的个别的事态，是在与外在经验具有相同的性质的内在经验中被给予的是心理上个别的东西。

同样，洛克有关直观的知识和以实例说明的知识之学说，以及以此为基础对与经验科学有鲜明区别的纯粹逻辑、纯粹数学和纯粹道德的承认，显然与他有关“普遍观念”的详尽学说相矛盾。但是如果更仔细观察，那么按照洛克的看法，抽象的观念只不过是能由众多彼此相似事物中任意一个单个的事物取出来的，在所有这些相同的事物中相同地重现的一个个别的单个因素，此外，抽象的观念表示某种起代表作用的功能，这种功能是我们为了有用而在陈述和思想中赋予个别单个因素的。例如，许多事物作为红的事物彼此是相似的，因此我们就能将具有这种一致性的这个因素，这个在所有这些事物中以相同方式重现的因素，作为一种特殊的观念单独抽取出来，这个观念当然是个别的事物。但是精神将这个东西用作代表或典型，以便据此将出现的每一个在自身中同样具有红这种因素的具体事物，作为红的事物来思考，就是说，将它当成一个在自身中具有与抽象典型的红相似的因素，即红的事物来思考；正是这种情况使得极其有用的普遍的名称成为可能，使得普遍词语，如红、圆等的形成及使用成为可能。

但是虽然在这里常常联系到意识功能，联系到比较、抽象、代表、规范等活动，虽然洛克通常也详尽地论述了心理活动，如矛盾、关联、连结、区分、视为同一等等，然而在这里如同在所有类似情况下一样，没有谈到有关作为“对……的意识”的对普遍东西的意识
129 之分析和描述，没有谈到对这种意识的进行客观化的成就之意向上的澄清。对于意向性的难题完全缺乏理解。因此他也没有认识到，在普遍的思想之功能中作为它的特殊的进行客观化的成就，产生出具有逐级关联的**特有的**对象性，而且是在这种思想的原本形

式中原初直观地产生的，就是说，作为直接自身给予的东西产生的。在洛克那里本来就没有对以下情况以描述方式加以确定，即感性知觉活动的不同意识体验，在其内在性中能够意识到在数字上同一的同一个事物，他本来就没有觉察到，实在的东西，个别的超越之物，不可能是虚假地出现的，而是十分严格地以真正的本身在知觉中作为知觉之被知觉物出现的，因此他更没有看到，完全类似的情况对于涉及到普遍本质关系的普遍的直观，用柏拉图的说法，对于“理念”，也是有效的，同样对于理解普遍的事态或理念的状况，也是有效的。这在整个经验论中也仍没有看到，不管洛克有关抽象的理论在直到今天的以后时代经受了什么样的变化，仍没有看到在一切普遍的思想和陈述中，作为不容否认的意义在意识上存在的东西，以及在有洞察力的陈述中，作为毫无疑问地自身被给予之物而存在的东西。

普遍的本质也是对象，在意识上作为对象被意指，正如通常关于对象，特别是关于个别对象一样，它们可以被正当地或不正当地，可以理解地或不可以理解地陈述。正如通常的对象，个别的对象一样，普遍的本质是处于仅仅意指它而不意指别的东西的多种多样意识中的统一，并且也可以像通常的对象一样，或许能以卓越的方式被意识，通过这种方式达到对自身的直接把握；因此与在知觉中被知觉到的事物完全类似。如果一个事物能够时而不清楚地或是空洞而非直观地被意识到，时而在自身把握的知觉中或在进行再次当准前化的回忆的这种从前的自身把握中被意识到，那么普遍东西，各种普遍性阶段的概念本质，如一般的颜色和声音，如三角形一般的图形，等等，也可以被意识。它可以时而不清楚地被

130 思考和讨论，时而清楚地并且在充分的直观中，它本身作为存在着的普遍东西，被直观和把握。在这里，以下一点也在视为同一这种相应的综合中变得明白了，即时而这样时而那样地被意识的东西，而且无论如何是在不同的并且是分离的体验中被意识的东西，乃是在数字上同一的一个东西，并且是同一个东西，或者说，这同一个东西，时而是单纯被以为的东西，时而是自身给予的东西。在这里充实的综合，被以为的东西，也通过对预先意指之"正当性"的强调而被回溯到自身被把握的东西，回溯到进行证明的确认之综合；在这里，在返回到自身给予的直观时，意指也可能由于矛盾而破灭，例如证明被以为的规则三角形不成立。

综合地在自身中隐藏着的诸体验，由于它们意指普遍的东西，由于作为普遍东西之显现在自身原本地拥有普遍东西，它们决不像具有例如比有关同一事物的经验更多的事物经验那样共同具有一种真实的成分；只是具有在关普遍性东西之意识的诸方面的明显差别：体验本身自然是个别的内在的事实，而它们在自身中意向地意指的或自身具有的普遍东西，却不是个别东西，而恰好是普遍东西。因此，在真正的实在的意义上，存在着普遍的思想活动，普遍的表象活动，普遍的直观活动，这并不是古怪的柏拉图主义的虚构，而是意识本身提供给我们的原理，我们只是在这个限度内询问它，只是询问在它本身中作为意指和成就以绝对自明性存在的东西。

任何一种理性理论，任何一种哲学，在科学上都是根本不可能的，如果它虽然在一般传统意义上一直经常谈论自明性，洞察，但却不能以意向的描述之方式询问自明的意识，不将这种意识认为是它按其本质所是的东西，即对象性东西的自身给予或自身把握；这些对象性东西在原初真正的思想活动过程中，即在这里积极地形成这些对象性东西本身的思想活动过程中，作为它们本身，可以说是具体地被意识到。但是把握自身被给予的东西与直接的直观是一回事，如果人们（如已经发生过的）说，思想活动与直接的直观 131
相反是间接的意识，而反对对具有其直接性的直观这一概念的这种扩大，那是愚蠢的。据说，直观表示被动性，表示接受一种对象。而思想活动是从这样被给予的东西出发的多种多样的主动性。难道我们应该停止称概念的构成以及甚至推论、证明是间接的吗？我要说，这种反对意见是愚蠢的。正如按照其性质即使外部经验的“被动性”也有其多种多样的关联一样，这种关联例如在变化着的知觉活动中，也在时间的相继中，使多种多样统觉达到综合，然而被经验到的对象仍然是“直接地”被直观的对象，正是自身被给予的对象；在思想活动中也与此相似。正如我一再详细说明过的，属于这里的正好有被连结到一个综合的活动统一之上的多样性，此外，为了意识到对象的统一，这些活动还有真正性和原初性的形式，因此它们通过生产而构成对象的统一，这个对象在这种生产中是自身被给予的对象。积极综合的这个完整的结构在这里是自身给予性的统一，它完成这里涉及的有关对象东西的直接直观的意识，例如有关推理系列之对象统一的意识，或有关整个证明关联之对象统一的意识，有关整个理论之对象统一的意识。上帝本来也能直接地提供这样的东西，只要它实行真正生产的这种活动关联，它甚至也能有想法，只要它思想，而它在连结当中思考的一切东西都是思想的连结统一所要求的。每一种对象性都有其被给予性的

直接性，有其直观的特性，自身被给予的自明性的特性。但数百年的时间里人们却不是这样看，而是实际上没有能走出中世纪有关自然的光(*lumen naturale*)的谈论已形象地表明的东西：一种类似光的莫名其妙的性质，一种对思想之必然性的“感觉”等等，构成自明的思想活动的优越性，于是在这件事情上就产生了对于根据进行追问的这个荒谬问题，即为什么这种标记就一定会表示**真理**。因此我们自从笛卡儿诉之于无比的诚实(*veracitas*)以来，就仍然处于这种古老的困境之中。

132 第十九讲：〈直观理念扩展的必然性。〉

特别是就普遍东西通过看而被把握来说——这种把握是我们作为对个别现前东西的知觉之准确类似物或对个别过去回忆之准确类似物而要求的——，下面的情况的确是确定无疑的，即在进行普遍的直观时，在意识领域中有具体的单个直观，这些单个的直观甚至作为普遍直观本身的必然起功能作用的基础而一起属于普遍直观。此外下面的情况也是确定无疑的，即单个直观在这里被实行的方式，和譬如在对一般红的直观的情况下，一些单个的红的事物被意识到的方式，与在以下场合有本质不同，在那里，单个的直观恰好没有处于这样的功能之中，没有服务于在其基础上形成普遍东西，并通过看而把握普遍东西。因为如果在其他情况下，是个别单个事物在这里作为单个事物被把握，被意指，被设定，那么现在，普遍的东西，红本身，而且只是这个东西，被意指，作为存在着的普遍东西被看到，被把握。

我们——这个我们已经作到了将目光校准到意识本身上以及意识的意向内容上，并且在这种目光校准中作出了这样的一些陈述——现在要预先清楚规定进一步的行动。现在的任务是，相互对照地说明这些不同意识方式的特征，并以分析的方式描述：单个直观的意识经受了哪些变化，它以什么方式，借助什么样的结构，完成了在这里称作普遍的、有洞察力的看的活动的新成就。此外还应该考虑到这里也像到处一样的清晰性或直观性之可能的完善性程度，它的特征，最后还应该考虑到非直观的思想活动及其样式，它的方式，考虑到在一种单纯的空洞的先行把握行动中，通过在自身中的意指活动而构成被以为的普遍性的那种非直观的意义。但是在这种情况下，所有那些本质上紧密关联的最普遍的形态——在其中普遍的东西在思想活动中被意指，并且在有洞察力的思想活动本身中被看到并被给予——当然也必须得到满足，但是那些只在一些特殊领域中出现的特别类型也必须得到满足。如果我判断说：红是一种颜色，三角形是直线图形这个属中的一个种，那么种和属就是“关于它有所陈述的”对象，即基底对象。但是 133
如果我判断说：一个一般三角形的诸角之和为二直角，即任何一个三角形的诸角之和为二直角，或者我判断说：一条红色的带子，用复数说法，一些红色带子，在风中飘动。那么我想到的就不是全称的“一”和“一般”，而是特称的“一”和“一般”，同样也想到普遍性的形式。在全部中，在“红”，“任何一个红”，“每一个红”中，有某种共同的东西，然而意识方式却不同，此外原初自明地自身给予的方式也不同。

涉及“纯粹的或理想的直线”这样一种卓越形态的普遍东西的

研究，以及一般而言涉及几何学的概念和本质之“理想的”纯粹性的研究，处于完全不同的方向。这种“理想的”纯粹性与概念上的普遍东西相反，譬如与植物学之描述的普遍概念所指明的普遍东西相反，与那些当然同样能直观地把握的类型，例如像总状的，伞形的，还有圆形的，椭圆形的等等这些词所表达的那些类型相反，在那里，一切几何学上的理想的东西，都是绝对不考虑的，并且是绝对在意指之外的。不仅对于空间形态是如此，而且在一切个别的和本身能类型化的领域中都是如此。理想的概念和类型，尽管它们不是单个的事物，也被按照单个事物的方式观察，也被按照单个事物的方式以图画形式描述。对于普遍东西的这些以及所有的特殊形态，也必须提出并解决关于澄清构成它们的意识的这些类似的问题。

因此对于学会了将意识作为意识来理解和描述的人来说，就显示出一种难题，一种无穷进展的难题。

从洛克以来的关于抽象的学说则完全不同。它通过以下方法将对普遍性的意识以及普遍东西本身像变戏法一样变没有了，即它指向在真正自明的直观的思想中必然发挥功能的对单个东西的直观，然后说，此外“再也没有别的了”，只有单纯的代表。例如，被看到的或虚构的三角形，在以几何学方式直观的思想活动中，被用作随便哪一个三角形的代表者。但是这种“单纯的代表”是什么呢？准确地说，当我们譬如在“三角形一般”这个例子中与有关的
134 有洞察力的思想活动本身打交道时，如同它能在直接的反思中被询问的那样同它本身打交道时，这个代表根本不是别的，而正是被否定了的普遍的直观活动本身，——即使在这种情况下“代表”这

个多义词也是不适合的。但自然主义的态度使人们在理论上看不到这一点。当然，经验主义者也体会到了这一点，甚至以某种方式看到了这一点，但却不承认。被自然科学说明的典范所迷惑，人们到处都想以同样方式进行说明。当人们以附属的进行说明的自然法则像观察封闭的事物领域一样观察内在经验的领域时，人们就以自然的和因果性的说明之问题偷换了认识论上起源之问题，偷换了对构成任何一种客观性的意识进行澄清之问题。人们不是以超越论的方式实行作为通过回溯而进行的考察的纯粹对自身的认识，不是对使意识的意向性及其成就变得明白易懂的内容进行分析和直接的描述，而是陷入一种根据被以自然态度误解了的内在经验而进行的心理的—因果性的构思；在这里，对于普遍的被给予之物的领域，以及有关普遍东西之意识的领域，也是如此。然而在这里所有这样的构思都获得了说明的假象，这些假象是由于在理论上蔑视意识——意识的意义内容与被当作因果性基础的意义内容莫名其妙地混淆在一起——而为这些构思所具有的。

不仅**洛克**有关抽象的理论的这种原则性错误，而且非常著名的**贝克莱**的以及所有后来的有关抽象的理论的这种原则性错误都不是在个别点上涉及思想活动。相反，逻各斯的整个领域被以同样方式涉及到了。因此全部的思想成就，全部理论和科学，都变得不可理解了；而且不仅如此，对于能够看到这种后果的人来说，一切科学的可能性原则上都被放弃了。白板（*tabula rasa*）式的心理学主义和经验主义，由于它有关思想活动的理论，本来已经就是极端的、尽管仍然是自身被隐藏了起来的怀疑论，并且被指责为具有一切真正的任何形式的怀疑论所特有的可以想象到的最根本的荒

谬性。因为如果人们揭示出在这种心理学主义和经验主义的理论
135 中一贯地包含着的东西，那么以下情况就变得明显了，即它由于这种理论的内容，从根本上否定了一切一般思想成就的可能性，而且还否定了它在它自己的进行思想的行为中，在它自己的理论形态中，作为可能的和现实地完成的成就而要求的东西。甚至**休谟**——他几乎可以说是专业的怀疑论者——虽然在其他方面揭示出经验主义怀疑论的后果，但是在普遍思想方面，他却没有看到极端怀疑论的后果，——假如他不是为了不使他的怀疑论的理论失去其全部的影响力，以及不使这种理论从一开始就显得是站不住脚的和荒谬可笑的，而故意对它缄默不语的话。不管怎样，**洛克**以及所有其他内在经验的自然主义者真诚地认为，思想活动的成就，以及科学中思想活动的成就，并没有被放弃，而是只从心理学上说明了，变成可以理解的了；而在纯粹合理科学中的纯粹思想活动的成就则完全是另一回事。

因为数百年的批判归根到底是失灵了，所以这里十分感兴趣的是从原则性的根本之点方面，从公理式的认识与真理方面，说明怀疑论的状况。因此换句话说，我们这里要批判在**休谟**有关观念关系之认识的这个标题下历史上著名的学说，这个学说休谟本人曾用作他的怀疑论论证的基础。但是就所有本质方面来说，这个学说是来自洛克。

某些命题直接地并且是完全自明地具有较低的和较高的普遍性的，即那些可以看作有关关系的普遍命题的命题；例如，红的不同于绿的，2＜3，等等。按照经验主义学说的信条，只有个别东西是直观地被给予的和真正存在着的；因此，我通过对这些普遍命题

的理解，实际上总是只提供个别事实的个别关系。并不存在对一般东西的看和从一般关系方面的看。但是什么东西会提供我们以断言这些普遍命题的权利呢？在这里不可思议的代表在转用到关系事态这种普遍性时也能有某种帮助吗——如果它正是应该与这样一个断言相连结，即普遍东西本身是看不到的？我从哪里知道，我可以这样地将“这个红和这个绿”这种被个别地看到的关系用作 136
在这里所谈到的这种意义上的任何类似情况的代表呢？然而在这些命题的意义中就包含下面这种意义，即不论什么时候我表象一个红，不论什么地方我表象一个绿，必然存在着有关的关系。如果人们解释说，被看到的或想象上直观的红和正是这样的绿的本性就是，在人的意识中一起被给予，只有在这种相关的连结中才能出现，那么我们根本就不想问：这个心理学的法则是从哪里以及根据什么样的归纳被得到的，经验主义者是从哪里知道作为自然法则的这种东西的某些方面的。无论如何，不管谁直截了当地下判断，并且理解这个公理所说的东西，他就不是谈论心灵，现今的和全部过去的，自己的和他人的心灵等等，以及谈论心理学的法则，而只不过是谈论他看到的和理解到的，完全直接地看到和理解到的东西，而这无非就是：红不同于绿等等。而下面的情况并不清楚，即每次引入心理学的法则，都完全改变这些公理的意义；此外，如果心灵的自然法则就是，凡是这些关系项被意识到的地方，这种相关的连结总会出现，那么被给予的单个情况中只应该是这个单个的关系在这里存在，而所涉及的东西并不是这单纯单个情况是如何可能的，而是普遍的法则知识以及正是这个公理的法则知识，作为真正的法则性知识，是如何可能的。

因此归根到底始终是同一种方法，它在意识的平板背后设置一个主观，这个主观知道并且通过思考而成就所有那些一定会正好在平板本身上，即在内在意识本身中，作为意识的成就出现的（但人们却通过解释粗暴地将它除掉的）东西。

因此我们看到，这种经验论只不过是一种假的直观主义，或一种假的经验主义，因为所谓它贯彻了它的凡不是它从直观中得来的均不予陈述的原则，只不过是一种假象；所谓它回溯到了经验，回溯到了把握自身的看，并且以事物和事态本身衡量任何被陈述东西，只不过是一种假象。我们确信这一点不仅是根据有关公理的思想之心理学主义解释，另外还根据一般有关合理的思想之心理学主义解释，——这些解释，如果认真看待，就一定会导致对合

137 理思想的公开拒绝；此外我们不仅确信在其中存在有，并由于以下情况是以最极端的形式在其中存在有荒谬的怀疑，即现在甚至有关纯粹逻辑公理的、有关矛盾公理的认识与有效性也受到了怀疑；更进一步，我们还确信，按照经验主义，其实甚至连有关个别东西之判断的可能性，也是我们始终不能理解的，不能得到的。

我们只需注意以下情况，即一个个别的陈述，如“这个声音比那个声音高”，有一种统一的陈述意义，如果我直接认出正是这个被陈述的东西本身，因此就是认出事态本身，我就直接地认出这个被陈述意义的真理。现在首先让我们将重点放在这样一点上，即这里的“声音”和“较高”这些概念是作为陈述意义的组成部分而出现的，并且是在与直观的比较中作为被陈述的事态本身的组成部分出现的。“声音”和“较高”这些词的词义按照意义，是通过直观被充实的，但并不是通过对于两个声音和一个对这二者的感性的

联结之单纯感性经验充实的，而是这个直观的充实涉及到的正是作为普遍性东西之个别性的感性的个别性。但是对于这种普遍东西的怀疑也消除了在单个的情况中的普遍东西，而且因为个别的陈述没有一起被意指的概念上的普遍性是不可想象的，因此这就已经足以认识到，经验论甚至使有关个别东西的单称的陈述也显得是不可理解的和不可能的。

但是在这里下面的问题也是很有兴趣的：陈述的以及即使是个别的陈述之全部语法形式的情况究竟如何呢？主词形式和谓词形式的情况，“是”与“不是”等等的情况如何呢？我们在通常的谈话中说：我看见这幢房子有红色的屋顶，我听见这个声音比那个声音高；我们不只是说看见听见房子、屋顶、声音本身。在自然界中有诸种事物，但在自然界中却没有这些具有其主词和谓词形式的事态，没有较高这种关系，以及另一方面作为不同事物的较低这种相反关系，这些关系在任何情况下本身又是在整个句子的直观东 138
西中的、在事态中的非独立因素。事实上，“经验活动”不仅仅是经验个别事实的活动，经验活动是对于自身给予，自身把握，自身拥有等等的意识，而且是对于能一般地并且在任何意识形态中被意指的东西，能在许许多多单个形式的陈述形态中被意指的东西，此外正是能在这种意义形成中清楚地被给予的，本身能被看到的，并能作为真正存在者被把握的东西的意识。没有这种对于直观——这种直观准确地适合于意识上一切形态的意指活动，准确地适合于也许是完全非直观的意指活动——理念的扩展，就不可能谈论对认识状况的描述，以及对有关认识与真正存在取得一致的描述。

显然，只当我们下决心将所有的先入之见搁置一旁，并且将经

验或直观与自明性，与确切意义上的认识，看成是同一个东西，只当我们认识到，这种扩展了的“经验”不是别的，而是对于被意指之物准确地如其被意指那样地自身把握；只有在这种情况下，我们才能认真考虑去理解认识，因此去理解，不仅由朴素的无概念的经验构成的世界，而且还有逻辑的客观性，因此具有其全部现实的和理想的形式的任何种类和阶段的客观性，如何能够对于我们具有意义，具有可以证明的存在。意识在其自己本身中，在其本质形态中，创造意义，并且在自明性的形态中创造可能的和真正的意义，作为对于未被充实的思想意向的可能充实之形态，一种在自身给予的形态中的充实之形态，或更确切地说，在与这种形态“比照”中的充实之形态。

但是根据我们的批判分析，唯一可能的方法也是清楚的，这种方法能够有助于开始考虑明显地由古代怀疑论产生的，以及在它的继续影响下由近代的经验论产生的有关认识之可能性和意义的问题，甚至有助于事先就着手使这些问题摆脱混乱，模糊性，充满矛盾的暧昧性，将这些问题转变成真正的纯粹的问题，作为这样的问题，它们必须与一切客观主义的问题对立起来。除去下面这种
139 方法没有别的方法，即回溯到**笛卡儿式的**基础，回溯到认识的主观性及其纯粹的意识，然后按照它自明地固有的意义，按照它的可能的意义充实的或自明性——每一种形式的客观性，作为在自身把握中被把握的自身，以这种自明性原初地在意识上构成——的本质形态询问这种意识本身。

而且不仅如此。还有一个更重要的步骤表明是必需的。关于可能认识的问题，对原初的意识构成之方式的阐明，这些在历史上

都没有作为指向单个对象以及对单个对象的意识的问题出现过；由于怀疑论的否定，有关自在存在着的事物**一般**之经验的可能性和认识**一般**的可能性，变成难以理解的了；在稍后，关于普遍性的意识一般以及理念一般的存在方式，与真理一般相关联的自明性一般，等等，同样也变得难以理解了。在这里同样清楚的是，一旦人们有了纯粹的理念，如数学的理念以及纯粹直谓逻辑的理念，就一定会随身带来在对象方面的纯粹普遍性，同样还有在意识方面的纯粹普遍性；换句话说，人们就会意识到，能够也必须对于具有其基本形态及其超越论成就的超越论的意识，按照**本质直观**方法进行考察，因此，如我们可能会说的，按照被纯粹地理解的**柏拉图**的方法进行考察。有关对象一般之种属的或数学形式的每一个纯粹理念，都返回到与被如此形成的或被如此塑造的对象性相关联的意识方式之本质学难题上，在这种情况下，这些意识方式本身是在本质学的普遍性中被思考的，而且必须在以本质学的方法进行的真正的研究中被表明是“理念”。

因此在这里就这样从对于经验论的批判中呈现出有关一种完全不同的、由纯粹“内在经验”开始的有关主观性之科学的观念，一种有关自我一般、可能的纯粹意识一般、可能的意识对象一般之本质学科学的观念，在这种科学中，一切事实性都被排除了，只是在敞开的可能性之范围中作为诸可能性之一而被一起包含着。通过 140
更深入研究甚至会表明，能够就个别对象和被个别规定的意识，例如这些人的和这个世界的意识，所提出的一切超越论的问题，只能够并且只允许像关于确定的自然事物的和确定的自然一般的几何学问题那样被讨论。这就是说，必然的方法就是，将个别事例看作

先验普遍东西的个别事例，因此，由事实而来的问题被置于纯粹可能性及其先验性的领域中。超越论的哲学**首先**是，而且必然是先验的哲学，**然后**才运用于事实。

但是，这是什么意思，在这里还不能讨论。无论如何我们坚持认为，照耀我们的——但还完全是从远处照耀我们的——正是：有关纯粹主观性及其纯粹意识生活之普遍的本质科学的理念，即这样一种科学的理念，它作为本质学的（“先验的”）科学，系统研究这种生活的以及在其中按照理想的可能性构成的对象性东西的诸理想可能性之整个领域；简言之，一种**有关**我思（*ego cogito*）的**本质学的科学**。

〈第三篇　通过贝克莱和休谟以及独断论的合理主义，现象学之怀疑论的预备形式的形成〉 141

〈第一章　从洛克到贝克莱的纯粹内在哲学之彻底结论〉

第二十讲：〈洛克及其后继者所进行的对怀疑论的革新之积极的历史意义。〉

我们对**洛克**哲学的批判在以下限度内产生一种自然的结果，即我们在这种哲学中批判地指明了，无须强制，并且无须预先做任何进一步的解释，就能够在它本身中指出什么。我们经常是在一定距离上进行这种批判，以使这种批判变成对具有由洛克奠立的这种新型式的每一种哲学的批判。正是这种新的，对于近代哲学的总体面貌本质上起决定性作用的型式，即认识论上的白板式的心理学主义型式，是那种以正当理由在很长时间内吸引了我们，并且在它只不过是前后一贯地向所谓内在哲学或内在“实证主义”的进一步发展中，还一定会继续吸引我们的东西。这种发展是由洛克的两位天才学生，**贝克莱**和**休谟**引起的。洛克的思想与这两位思想家处于不可分割的历史统一之中，可以说，是在他们那里得到圆满实现，洛克是哲学之生气勃勃的现代之精神的主要来源之一。

但是按照我们的理念史的—批判的考察之整个进程和意义，
142 正是这个来源最使我们感兴趣。因为我们在这种考察中所涉及的只是揭示贯穿于数千年中的动机之统一，这种动机作为发展的推动力存在于一切哲学之中，只要哲学想成为真正的哲学，并且想以一切哲学的方法成为真正的哲学，只要它想成为真正方法。哲学在一些哲学中比较满意，但从来没有最终满意，哲学被继续推向越来越新的按一定方法进行的沉思；它采取了按一定方法进行的越来越新的形态，但却从来没有结束。哲学从来**没有结束**，在这里这就意味着：由一种真正方法的力量而来的真正生成之真正开始。但是在这里真正的方法只能意味着那样一种方法，它能以绝对毫无怀疑的自明性被理解，并能被看作唯一满足哲学意义的，唯一被哲学所要求的方法。

应该理解，哲学按照它的作为绝对被证明为正当的科学的这种按一定方法进行的指导理念，在早期产生的客观的—合理的科学之按一定方法进行的理想中，不可能感到满足，相反地，它要求一种完全新式的按一定方法进行的操作方式，没有这种东西，哲学以及因此真正的科学一般，就决不可能生成，甚至即使只是开始生成这样的科学也不可能。应该指出，某些基于一切哲学思维活动都置根于其中的那种认识状况本身之本性中的障碍，会将精神的目光从对纯粹意识的注视方向引开，因此从一切基础的工作必须

在其中进行的合适的工作场所引开。此外还必须指出下面这样一些障碍，它们妨碍把握自明的意向性东西，因此也妨碍形成在这里唯一能借以进行工作的真正意向的方法。当然应该阐明生成中的哲学在其中逐步认识到这个纯粹意识领域的那些发展阶段——如哲学在这种情况下将纯粹意识领域认作是必要的工作场所那样，然而哲学起初对于它特有的本质，它特有的工作方式仍然是盲目无知的；而且直到真正哲学的真正方法和最初的开端在最近几十年最终出现时，而且如我们确信的，以新的现象学形态出现时，始终是如此。

因此我们理解到，**洛克**对我们来说具有十分特殊的历史重要性。不管他多么枯燥和烦琐——而且他确实也是相当枯燥和烦琐的——，不管他在形而上学的沉思和世界观察的直观方面多么贫 143
乏，在所有能提升心灵或能使心灵想起进行拼搏的人类生活中之悲剧性东西方面多么贫乏；不管他的经验论和他的学派的经验论，如在任何时候都被感觉到的那样，多么有失体统；洛克的哲学不仅按照它原初的型式，而且按照它以后继续发展成内在哲学的型式，都仍然是在通向真正方法的艰难道路上的一个重要阶段。

洛克的哲学由于以下情况肯定会引起我们的兴趣，即如我们曾指出过的，它是一种怀疑论——但是本身被掩盖了的怀疑论——，这种怀疑论在以后的继续发展中——尽管并不是在每一个方向上——实际上是被掩盖了，而现在作为休谟的怀疑论，对这种新哲学提出一个重要的要求，即以一种对于每一种彻底的怀疑论都是必然的形式克服它，也就是说，在一种更高的意义上实现它。

因此洛克的心理学主义作为怀疑论的一种新形式，作为与古代怀疑论对立的新怀疑论，——古代怀疑论，如我们已经指出的，对于古代哲学的发展有非常重要的意义——就已经引起我们的兴趣了。然而在对其原初形态的反应中，在对诡辩术的反应中，首先有一种作为由绝对正当性证明而来的科学的哲学之理念和问题产生出来。

让我们重新回忆一下已经知道的东西。我们曾确信，古代尽管非常努力，并且这种努力在某些方面是卓有成效的，但并没有能够真正满足这种理念。古代创造了客观的合理的科学，一种看起来十分令人满意的科学，这种科学尽管有成就，仍受到内在的怀疑之累，就是说，它仍没有能力回答就处于与它的认识关联之中的它的对象所提出来的谜一般的问题，即超越论的问题。因此在古代，怀疑论作为一种广泛的流派始终存在，并且实际上始终不可克服。

至于近代，正如我们看到的，它是作为**柏拉图**的意图之复活而
144 开始的。**笛卡儿**以原始的动力恢复了从根本上证明自身正当的普遍科学之理念，并试图以一种新的方法实现这种理念。这个企图没有成功，虽然笛卡儿迈出了最初的绝对必要的一步，并且实际上在我思（*ego cogito*）中发现了阿基米德点，或更确切地说，阿基米德式的基础，发现了最初奠定基础之绝对可靠的和必要的工作基础。但是笛卡儿恰好没有发现这就是工作基础，并且没有发现一定是这里的工作方式和方法的东西。因此他只提供了一种必然在历史上第一个产生效果的巨大推动。但是他犯了一个根本错误，即认为仅通过一种起支撑作用的基础就能绝对证明客观科学——如其作为古代科学类型已被建立起来的那样，充其量以合理自然

科学的新形态被建立起来的那样——的正当性，而无须按一定方法对它本身加以改变。正是因此——但是它所开启的基础的研究以及神学—形而上学的普遍观点，对于实证科学的工作似乎是多余的——，笛卡儿为一种新的独断论扫清了道路，他给予了实证科学以自由，让实证科学站立于自身之上，而将其余的东西让给一种对它起补充作用的形而上学，一种正如这些个别的科学本身一样的客观的—独断论的科学。

在**笛卡儿**之后，又一个新的步骤首先是由洛克完成的。他是从笛卡儿的我思（*cogito*）寻找通向有关我思（*cogito*）的科学之道路的第一人，并且是提出下面这种符合一定的方法之要求的第一人，即按照直观主义的方法普遍地为认识提供根据和为科学提供根据，就是说，将一切认识都追溯到它在意识中的，在内在的经验中的直观起源，并由这些起源得到澄清。尽管不成熟并有暧昧之处，但是洛克认识到，既然一切作为现实性和真实性而对主观呈现的东西，都是在主观自身的意识生活中呈现出来的，并且只在这里呈现出来，既然有关正确与错误，真与假，可能与不可能的一切证明，是只在意识的内在性中才发生的成就，是由主观完成的成就，那就只有一种有关意识领域的，有关笛卡儿的直接自明性之领域 145
的系统研究，才能使认识问题获得确定的表达和真正的解决。这种在那种发展状况中不可避免地、朴素地将客观的自然研究和世界研究的统觉习惯向笛卡儿式的内在自明性领域的转用，就将他引向了白板说的自然主义的心理学主义，正如我们的批判所指出的，这种心理学主义按照其类型，就已经必然是怀疑论，因此由于荒谬而失败了。

就这种新式的怀疑论而言，并且顾及到这些事实，就得出，他仍能够开辟一个新纪元，并能够继续地规定直到今天的这个近代，能够为直到今天的近代规定一种与为古代规定的面貌相似的面貌。正如古代总是有怀疑论学派的潮流与柏拉图主义以及以它为出发点的合理主义哲学的潮流并行发展一样，在近代总是有经验主义哲学的相反潮流与笛卡儿主义以及以它为出发点的合理主义哲学潮流并行发展。于是人们可以说，怀疑论的根深蒂固在两种情况下都证明，合理主义还不是**真正的**合理主义，就是说证明，它还不能实现真正合理主义的科学的，即在完全的绝对的意义上自身证明为正当的科学之理念，更不能实现一种这样的科学之普遍统一的体系之理念了。

但是就这种对比中存在有真理而言，这种真理却还不是完全的真理。古代的怀疑论甚至经常是否定主义，并且有意识地成为否定主义。它是一种反哲学，这种反哲学根本不承认任何哲学是真正的哲学，而这就包含根本不承认任何客观哲学是真正的哲学，并且宣布原则上没有任何哲学是可能的。它没有任何肯定的认识领域和肯定的工作领域，除去它的构造怀疑论悖论的技术之外，它不知道任何真正的方法。只是后来医学方面的经验主义者的经验主义应视为例外，但是这种经验主义并不决定古代哲学的整个面貌。

近代经验论的情况则不同。如果我们抛开**休谟**这个孤立的重要的非凡人物，那么经验论并不想成为否定主义，甚至不想成为怀疑论。即使是休谟后来的模仿者或效法者，“似乎”哲学家们，也不
146 想夺走客观科学的光荣，而只是想以正确的方式解释它。休谟本

人确实认为客观科学是完全不合理的，但是他并没有想抛弃客观科学。不管在**洛克**白板式的经验哲学中隐藏多少荒谬东西，以及一切具有全部怀疑论结论的东西，它仍然是一种具有方法并实际上按照其方法行事的认识论和心理学。它根本不是空洞的体系，不是概念式的烦琐哲学。经验主义者完全是致力于可具体把握的问题，并且致力于通过自身努力工作而实际解决这些问题。他手中实际上也掌握着某种东西，他的工作并不是完全没有结果的，在他手中为他形成某种东西，因此人们从洛克及其后继者那里可以学到某些东西；人们总是看到他们看到的东西，并且看到，他们看到某种东西，与此同时在进行着的工作中还有某种东西形成。

人们可能会问，但是这怎么能与我们的批判相协调呢？我回答说：重要的东西，不仅是事实上划时代的东西，而且是有持久意义的东西，乃是直观主义方法的首次出现，正是已说过的下面这个原则的首次出现，即回溯到直观的起源，自明性的起源，并且以系统的方法澄清这个原则，从这些最初的起源澄清一切认识。在这里，下面这种洞察是决定性的，即在我思（*ego cogito*）这个标题下存在一种一切起源之自身封闭的领域，唯一绝对自身给予东西和直接自明东西之领域，这个领域一定会成为一切研究的原初领域。在这种形式东西中存在着经验主义永久的正当性。尽管它不能将意识纯粹作为意识来理解，并且如我们已说过的，甚至不能按照其本质和意向的成就询问意识本身，尽管它由于将意识自然化而对意识作出错误解释，并且以自然主义的虚构偷换真正看到的东西，但是总的来说，事实上它仍是在它为自己选定的基础上活动的，并且，尽管有这些误解甚至恶意的虚构，被看到的精神关联仍然是基

础。这些关联对于那些细心的读者，也是显而易见的。只不过这些关联并没有被从科学上把握，而且从来也没有被从科学上把握，
147 从来没有按照它们的纯粹的意义和意义关联被描述，特别是按照意向性之本质所要求的方法被探讨。近代经验主义的巨大力量以及改善它、通过它而完成一种真正科学的心理学和认识论的持续不断的尝试，只能这样理解。

因此主要是洛克及其学派使我们感兴趣也就不言而喻了。说不言而喻，这是因为，我们正处于依据历史—批判的材料从越来越新的方面指出以下情况的道路上，即哲学本身的意义以及由这种意义所要求的方法的意义促使人们走向直观主义，但是这种真正的方法，这种真正的直观主义，并不是**洛克**的直观主义，也不是来源于他的内在哲学——这样的哲学必然以怀疑论和荒谬而告终——的直观主义，而是超越论现象学的直观主义，即那种有关我思（*ego cogito*）的科学的直观主义，或者如我们还可以说的，那种自我学的直观主义，这种自我学对自我（*ego*）和我思（*cogito*）以及所思对象（*cogotatum*）准确地如其在直观中实际呈现的那样加以探讨，按照其具体的生活内容探讨生动地流动着的意识生活以及在其中被意识到的东西，这种自我学现在形成了意识分析的以及揭示隐蔽的意向性的完美无缺方法，这些方法以绝对的无所畏惧的无偏见性向前挺进，并且在每一步骤上都与纯粹被直观到的东西，与绝对无可怀疑地被经验到的东西相一致。

因此对内在经验的经验主义之彻底批判比起对其他哲学之批判更重要。它是这样一种批判，它通过指出经验主义者在绝对被给予东西中真正看到的东西，以及另一方面指出它作为基础的东

西，使我们从客观主义的先入之见中摆脱出来，这种客观主义的先入之见使我们看不到特殊的超越论东西，看不到纯粹主观性，看不到在纯粹意识这个标题下所发生的、一切可能的客观性在其中对一个可能的自我具有意义和存在的生活与有所成就的活动。正是因此，这种批判开辟了一条通向克服一切怀疑论，同样也克服经验论的怀疑论这种成就的道路，这种成就我们以前曾用下面的话提到过，即克服一种彻底的怀疑论，就意味着在一种好的意义上实现它。这种实现本身，在最充分的意义上当然就是说：这种批判只能大体上使这种真正的阐明工作，使它的方法和它的地平线变成显 148
然可见的。但是就是这种批判就已经在下面这种程度上使经验主义实现了（并且在譬如说比从诡辩哲学向**苏格拉底**或**笛卡儿**之关键性的转变更高意义上使它实现了），即这种批判帮助经验主义的直观主义作为直观主义而得到其真正的权利，并因此仿佛是面对它自己而捍卫经验主义，仿佛是给予它的真正的自我和它的主导理论以说话的余地，或者从假的经验主义中将真实的和真正的经验主义解剖出来。

第二十一讲：〈贝克莱对实在世界构成问题的发现及其自然主义的误解。〉

为了将我们的理念史考察引向结束，我们首先必须谈谈洛克的心理学主义向纯粹内在哲学的发展。

洛克将超越的世界的存在，将新的自然科学，将在自然科学家中间流传的有关感性直观事物之主观性质与客观性质的解释，作为预先给予的东西假定为前提，而另一方面，他却将他的直观主义用于按一定方法对内在经验中纯粹被给予之物的分析，这种充满矛盾的作法，必然引起反感；但是洛克著作的新颖之处和重要意义，就本身而言，并且对于该时代而言，就在于这种直观主义。只有我们自己的"观念"是直接给予的，只有我们直接自明的内在经验领域是直接给予的。因此这必然是科学的—心理学的研究之原初领域，同样也是对一切认识问题进行科学阐明的原初领域。这在当时是明白易懂的。当时没有一个人能对将意识自然化提出异议，在那时这种自然化是与自然的思维特征相一致的。因此洛克的其他按一定方法进行的操作在当时也是明白易懂的，这种操作根据内在经验诸成分而观察内在经验中被给予之物，并对它们进行发生学的—起源的分析：在已经发展了的意识中出现的诸复杂的事物，必须以发生学的方式由诸要素建立起来，同时一起成为可描述的和在发展方面可理解的。

于是下面的情况在当时其实也是不言而喻的，即在这种直观
149 主义—发生学的方法中，超越意识的客观性，外部的实在性，只是作为白板上的内部现象来考虑的，因此并不是作为实在性本身，而是作为经验的内容，作为感觉上的显现来考虑的。再者，如果只有这种现象是原初唯一被给予的和自明的，而一切认识，因此即使是存在于经验之中的认识，按照其可能性，也只有通过这种内在的分析才能说明，那就不可以设定任何客观性作为前提。因此在当时这是处于每一个立足于直观主义方法基础之上的，并且原则上是清楚地进行思考的读者之视野中的。

因此在洛克著作本身中，有一种志在纯粹内在哲学的意图。

这种意图在洛克那里甚至在许多详细的个别阐述中也已经清楚地显露出来了，如在他明确提出的下面这个原理中，即认识作为对于真理的意识，只应该被视为关于我们自己的观念之一致与不一致的知觉；然而在这里就包含下面的意思：有关原则上超越之物的认识是不可想象的；但是洛克有关**超越性**的学说很少想与此取得一致。因此以下情况是很容易想到的，即按照一定方法将洛克的直观主义纯化，并且在严格排除了超越的预设之后，在内在被给予之物这个唯一的前提下，详细研究有关对超越性之认识这个难题。但这是以自然主义态度进行的，因为那时还不能将意识当作意识来看待，还不能运用意向的方法。

贝克莱正是从这里开始的。他是近代最彻底的，并且事实上是最有独创性的哲学家之一。近代经验主义的认识论和近代心理学将他尊崇为自己最伟大的先驱者；但是正如我所认为的，近代并没有能理解他思想中最好的东西，即超出他对于洛克自然主义内在分析之当然是值得钦佩的改进以外的东西。

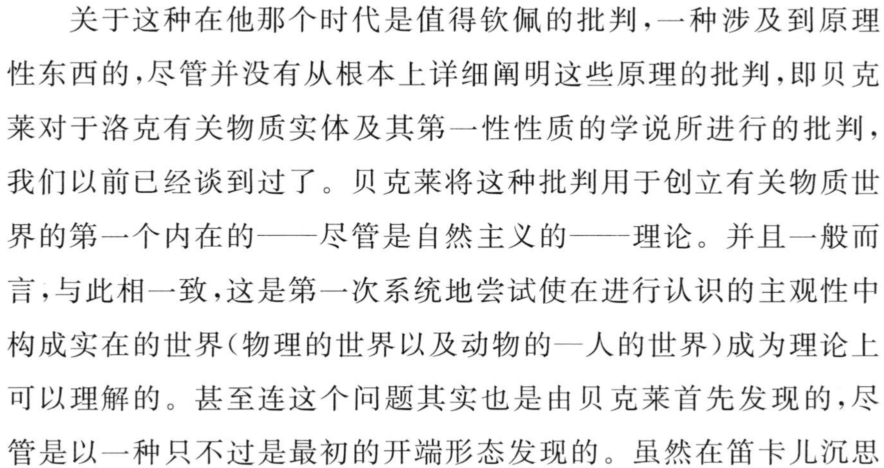

关于这种在他那个时代是值得钦佩的批判，一种涉及到原理性东西的，尽管并没有从根本上详细阐明这些原理的批判，即贝克莱对于洛克有关物质实体及其第一性性质的学说所进行的批判，150
我们以前已经谈到过了。贝克莱将这种批判用于创立有关物质世界的第一个内在的——尽管是自然主义的——理论。并且一般而言，与此相一致，这是第一次系统地尝试使在进行认识的主观性中构成实在的世界（物理的世界以及动物的—人的世界）成为理论上可以理解的。甚至连这个问题其实也是由贝克莱首先发现的，尽管是以一种只不过是最初的开端形态发现的。虽然在笛卡儿沉思

中已经有了这个问题的萌芽形式，只要笛卡儿沉思的主要任务的确是要阐明，自我（*ego*）如何从它的思维（*cogitationes*）之直接自明的领域获得对于超越的客观性的、对于外部世界和神的相信。但是尽管在这里有完整的新的认识论的开端，甚至有基本问题的萌芽，然而却缺少下面这样一种洞察，即在这里首先应该将直接的意识领域本身纳入到系统的工作之中，询问这个直接的意识领域本身，并且从这个领域本身——只要它的确是唯有在它的诸现象中才意识到外部世界的——探究这个外部世界的意义。

洛克的直观主义，当它正是被纯粹地理解时，而且只当它被这样理解时，就被引向这条道路。贝克莱一确立这种纯粹内在的态度，立即就看出了这个问题，并试图解决这个问题。贝克莱以天才的独创性恢复了自然经验的这种权利。外部经验作为有关外部世界本身的经验，是纯粹内在地，被当成自我（*ego*）的体验，而呈现出来的。被看到的东西，被听到的东西，被感性地把握的东西，是作为自然本身，是它本身，原本地呈现出来的，而不是任何模本呈现出来。如果不以知觉作基础，就不可能做任何推论。

另一方面，贝克莱仍然囿于白板说的自然主义。他以感觉论方式将具有其被知觉状态之自明性的当下被知觉事物与由感觉事实的构成的，由视觉的、触觉的、听觉的以及其他事实构成的当下的复合体混淆起来，而没有注意到，被以知觉活动之连续的方式自明地给予的**同一的**事物，正是作为自明地同一的事物，而决不可能
151 是感觉事实的经常的变动。他像所有感觉论者一样，甚至像所有自然主义学派的心理学主义者一样，没有觉察到涉及到经常变动着的诸方面的显现方式的变动，涉及到即使是每一个别事物特征

的显现方式的变动，与显现着的事物本身以及显现着的事物之显现着的特征，而且是纯粹作为显现着的特征之间的自明的，可以在内在性中把握的区别。如果承认这些有透视变形的显现是感觉事实，那么贝克莱的命题因此就表示：认识者的被经验的世界无非就是他当下的感觉复合物；他以被经验事物有透视变形的显现之多样性偷换了被经验事物的统一，而这正是与以下情况相联系的，即他看不到对事物的意识是统一的意识，看不到在连续的经验活动中存在的意识的综合，看不到被经验的事物本身是在多种多样意指活动之连续性中的综合统一[①]。

因此对于感觉论者来说，提供给不同种类的感觉如颜色、声音等等这些自身分离的事实以经验统一的东西，就是单纯的联结。事物不外**就是**结合的复合体，这些复合体按照习惯相互指明，在感性经验中以共存与相继的方式按照经验规则出现。**贝克莱**已经将自然的因果性归结为单纯习惯上的期待了。联结是一切经验推论的原理，我可以这样从一些内在的材料推论到另一些内在的材料，

---

① 这些混淆由来已久，正如另一方面今天的心理学和认识论仍然难以根除地应用它们一样。正是因此也许解释几句还是有用的。**霍布斯**（后来还有洛克）将知觉的事物——被知觉的诸特征之基底统一——与在感觉反映中任何时候都会变得显而易见的感觉事实的复合体——这种复合体“有”其作为集体要素的个别事实，但是根本没“有”特征——看成是同一个东西。应该清楚记住，每一个个别的特性在对它的知觉的连续性中就已作为自明的综合的统一而被给予了。例如被知觉事物的颜色——我看见它是没有变化的，当我有规则地移动目光时，它就更进一步凸现出来等等——正是作为这同一的事物颜色而被看到的；而将这同一的颜色从一个要素到一个要素地呈现出来（颜色透视的透视变形）的感觉事实，则是经常改变的。在校准方向的改变中，即在从真正指向这个被知觉事物以及诸被知觉的特征，向指向这同一些东西的透视上的呈现的过渡中，这种关系——并且是作为必然的关系——就会变成自明的。

但决不能推论到超越的东西，推论到不可感知的东西；正如超越的
152 自然作为在超越的空间中的超越的物质存在领域是虚构，只能归
结为无非是内在的，以联结方式而统一起来的感觉复合体的被经验的自然一样，自然的法则性被还原为这些复合体的归纳的法则性，最后被还原为感性事实在意识中出现与消失的联结规则。这里没有任何真正的影响与被影响，没有任何真正的因果性，只有对于合乎规则的、能以归纳方式预期的后继而言的合乎规则的先行。真正的因果性只是自我—因果性。

第二十二讲：〈贝克莱单子论的萌芽；与莱布尼茨比较。向休谟过渡。〉

感觉事实，感觉复合物，只当被感知，只当在主观中被意识，才是可以想象的。为它们设定一些奇特的物质的实体，是没有意义的，**洛克**的*我不知为何物*（*Je ne sai quoi*）的东西就已表明了这些物质实体的不可想象性。它们为了自己的存在只需要意识它们的精神。另一方面，——精神本身是实体，它是唯一可以想象的存在，独立自为的存在，而且它的存在就是有意识，能感知，另一方面，是主动地存在，实行真正的因果性。真正的现实性被还原为精神。

但是，既然直接被给予我的只有我自己的观念领域，我从哪里知道有其他的自我—主观的存在呢？想要否认为了超越的自然而超出观念领域的可能性，而另一方面却容许超越的东西，即具有他我形式的超越的东西，这岂不是错误的吗？但是向我以外的精神

的推论，比起向物质的超越性的推论来，有着完全不同的根据，然而却没有受到认真的思考。可惜**贝克莱**在几乎是唯一受到注意的《**人类知识原理**》中没有讨论这个有关精神外部的世界的问题，但是在《**希勒斯和菲洛斯的三篇对话**》中，却很好地讨论了这个问题。它的思想进程非常值得注意。我们在这里应该以不拘泥于字句的形式对某些地方给以重点叙述。

正如事物可以通过联结—归纳而相互指示一样，同样它们也可以以特殊的方式指示自我的东西，自我行为，自我意指，判断等等；在这方面，也能产生习惯的结合与预期。我意识领域中的某些 153
感性事物由于与我称作我的身体的东西相似，就能够指示并非是属于我的那些精神性东西，自我行为，主观的体验关联。我的身体，作为经常在我的意识领域中存在的东西，是和我的精神生活紧密结合的。一个按照其行为和举动都与它充分相似的事物，当然会指示一种类似的心灵生活。这种推论完全是明白易懂的，而且并没有指向不可知的东西，而是从类似东西推论到类似东西。但却是以下面这样的方式推论的，即我借助于与其身体的关联，提供了他人的主观，是以经验指示的方式一起提供的，也指示了以下情况，即这些他人的主观有它们感性的知觉，它们与我一样经验着正是这样的感觉事物的复合体，它们与我一起“共同”拥有“同一个”世界或自然；但这只是一种说法（*façon de parler*）；在实在的现实中存在的，只是我和其他人，我们当中的每一个都有自己的知觉，有自己的感觉复合物，在每一个人那里，他的感觉复合物都被以归纳方式规整，并且作为自然的秩序都是可认识的；只不过令人不可思议的是，正如诸主观的相互理解表明的，在所有的人那里构成具

有相同经验复合物的相同秩序的唯一的并且是完全相同的自然。这种不可思议的共主观的秩序或众人共有的自然的创造者,是上帝,正是根据这些事实一定会推论到上帝,因此我们就有了一种目的论证明的内在型式。

虽然这种理论非常粗糙,虽然它非常缺乏一种深入细致的和科学上小心谨慎的展开,但它却是第一个以内在性为根据而建立的有关超越性的理论,是从内在地进行的经验本身得出的必然的理论要求出发,而且纯粹从这种要求本身出发,从科学上规定被经验世界之意义的第一个尝试。在这里我们也看到了**贝克莱**的理论与同时代的**莱布尼茨**的单子论的本质不同。这两种理论的结果非常相近,而它们的结构和论证方法却非常不同。

154 **莱布尼茨**的单子论有一种对于数学自然科学,以及对于按照数学的精密理论在真理中,在自然科学的真理中,被规定的物质的自然,进行形而上学说明的风格。但需要将这种自然科学的真理与宗教和神学的真理调和起来;将由自然科学规定的自然之意义,这种原子的力学,与由宗教所要求的一切现世的存在与事件,因此还有一切自然的存在与事件之目的论的意义调和起来。**莱布尼茨**在他的单子论中提供了一个天才的概观。他发现了通过对自然作精神性解释——这种解释将一种内在的单子论的意义通过说明而当作自然科学的意义的基础,并为此而搜集论据——而实现这种调和的可能性。

在另一方面,**贝克莱**,克罗因教区的主教,当然也对神学方面感兴趣,甚至仅仅对神学方面感兴趣,而不像莱布尼茨对神学和自然科学两个方面感兴趣,因为他也决不是自然科学家。在他那里新颖的东西倒是下面这一点，即他不是从形而上学和神学方面进行解释，而是提供一幅无前提的—系统的—科学的研究，就这种研究来说，原初对于它起决定性作用的神学兴趣完全是无关紧要的。洛克的批判提供给贝克莱一种纯粹内在的基础，在此基础上，他试图以描述的和发生学的方式指出外部知识的纯粹内在特性，这是这样一些特性，在其中内在地包含着随时都能自明地指出的被经验的和可经验的自然本身的意义。因此他不是进行解释和奠定基础，相反地是在指出，并试图进一步证明：一切自然科学都与这种外部经验的内在意义有关，自然科学所认识的事物，不是别的，而是现实地和直接地被感知的事物，自然科学家的一切科学操作方法都能由此得到满足。

正如我们事先已经提到过的，在这方面第一次呈现出——尽管是以极其粗糙的，并带有自然主义荒谬性的——外在性作为纯粹自身封闭的意识内在性之现象的基本理论问题。**莱布尼茨**很接近于这个问题，这个问题几乎就处在他的视野之中。但是他并没
有清楚看到这个问题主要的哲学意义；关于系统地、严格科学地研 155
究纯粹的意识领域以及研究在其纯粹内在性中发生的意义赋予的思想，对于他来说，尚没有成为他进行哲学思考的推动力。但是在**贝克莱**对**洛克**朝向内在直观主义的诸种含糊不清的开端之纯化中，就有了一种新式的意识科学之最初萌芽，这种意识科学作为有关纯粹意识的科学必须与作为客观世界的科学和全部传统心理学分开，无论每一种心理学怎样必须与意识的体验打交道。然而**贝克莱**本人并没有对这种纯粹意识科学进行系统研究。甚至根本没有将它的理念作为一切认识和科学的基础标定出来。尽管他的

《**人类知识原理**》，甚至还有他的天才处女作《**视觉新论**》（后一著作带有一些必要的修改），就已经准备了这种科学的理念。

贝克莱的完成者是**大卫·休谟**，但是休谟在内在的自然主义方面远远了超过了贝克莱。休谟在哲学史上的无与伦比的重要性首先在于，他在贝克莱的理论和批判中看出了一种新型的心理学的出现，并且将这种新型的心理学认作是一切可能的一般科学之基础科学；其次在于，他试图运用由贝克莱完成的，部分地也是由洛克以不纯正的形式完成的工作，系统地阐明这种科学，而且是以一种具有鲜明一贯性的内在自然主义风格进行这种阐明。正是因此，休谟奠定了一种本质上新型的彻底的心理学主义，这种心理学主义将一切科学建立在心理学之上，而且是建立在纯粹内在的，同时是纯粹感觉论的心理学之上。

正是在这个决定性之点上，休谟总是被误解。如果人们将休谟的心理学理解为一种有关客观世界中的人的心灵生活的客观科
156 学这种通常意义上的心理学，那就可以说，从他的理论中什么也没有理解。但是，休谟自己的话将人们引上歧途，而且他从来也没有进行过必要的对比。但是人们一定会从他的几乎完全前后一贯的按一定方法进行的操作中看出他心理学的意义，此外还一定会从历史关联中将这种意义解释出来。如果人们在他的《**人性论**》序言中读到：关于人的理论是其他科学唯一牢固的基础；或者读到：没有任何有意义的问题，其解决不是同时包括在有关人的理论之中的，只要我们没有熟悉有关人的理论的科学，就没有任何有意义的问题能够以唯一的确定性加以判定；此外，如果这意味着，在对人性原理的阐明中就包含着诸科学的完整体系，如果人们此外还读

到另外一些句子，它们确认，在这里不应排除任何可以想象到的科学，甚至数学和自然科学的最终奠定也必须借助有关人的理论来实现，——我说，如果人们读到所有这些东西，那么人们就会面对一种极端的人类学主义，它似乎没有为任何其他解释留下余地。

然而如果我们更仔细地研究这部著作本身，并且一方面看看在其中只有知觉领域中的事件被假定为前提的，或者说，在理论上被确定的那种方法，另一方面看看不仅超越的物理的自然，而且全部的客观世界以及任何属于它的范畴的形式，都应借以被证明为知觉领域中虚构的东西的那些结果，那就很清楚，所有这一切恰恰不是通常的心理学；因此根本不是一种建立在作为存在着的东西被给予的，并且作为存在着的东西被承认的空间时间上的实在的世界基础之上的经验科学。一种证明整个世界，包括人，人的心灵，个人，个人的联合等等，无非是虚构的科学，不可能是关于通常意义上的人和人的心灵等等的科学，不可能是以有关人的经验科学为前提的科学。不可能指望在像休谟这样的人那里有这种荒谬的东西，而且它也不可能存在于休谟的著作中。

实际上，这种休谟式的心理学是**对于有关纯粹意识的被经验物之科学的第一次系统尝试**，如果休谟没有将自我也说成是单纯的虚构，我就会说它是一种纯粹自我学的尝试。它是一种白板式的心理学，这种心理学，由于一种根本性的克制，并不想把任何东西用作白板上的内在存在的东西，因此，它只是探求直接自明的意识存在的东西，并且正是在这个范围内（因此是在以感觉论方式解释的我思[*ego cogito*]的范围内）探求心理学的法则，据说按照这些法则能获得心理学的说明。我们还可以说，它是有关具体的基 157

本的疑难问题之第一个系统的全面的构想，第一个具体的和纯粹内在的认识论。或许我们还可以说，休谟的《人性论》是有关纯粹现象学的第一个构想，但却是具有纯粹感觉论的和纯粹经验论的现象学之形态的纯粹现象学构想。

第二章 〈休谟的实证主义——怀疑论的完成，同时又是迈向超越论的基础科学之决定性准备步骤〉

第二十三讲：〈休谟以唯名论方式将一切观念还原为印象，以及这一原则中包含的荒谬之处。〉

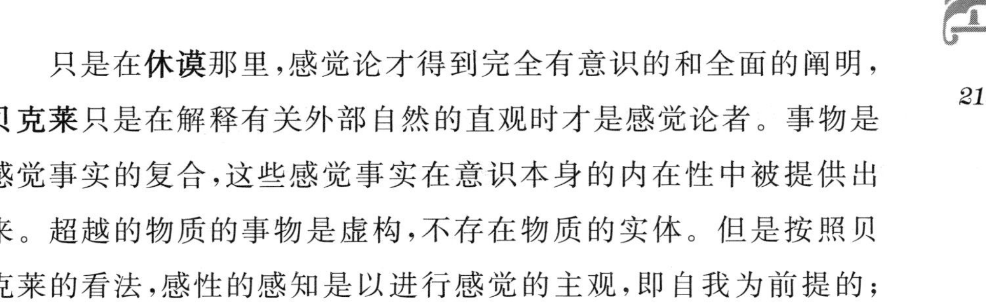

只是在**休谟**那里，感觉论才得到完全有意识的和全面的阐明，**贝克莱**只是在解释有关外部自然的直观时才是感觉论者。事物是感觉事实的复合，这些感觉事实在意识本身的内在性中被提供出来。超越的物质的事物是虚构，不存在物质的实体。但是按照贝克莱的看法，感性的感知是以进行感觉的主观，即自我为前提的；对于贝克莱来说，这个自我并不是对于比如说只是被结合起来的心理体验之集合的单纯名称。宁可说，一切感性的感知，还有一切通常的主观事件，一切自我活动和自我状态，在作为精神实体的自我中都有一种统一的原则。但**休谟**否定的正是这一点：不论什么时候我思考我自身时，作为可在意识上显示东西，我通过反思发现 158
的是什么呢？是对于热与冷，光亮与阴影，爱与恨等等的感知，但是我不可能发现像自我之类的东西，自我这个词与之对应的特殊

的“印象”。自我，这不外是一束各种各样的、以不可思议的速度彼此相随的感知。因此对于休谟本人来说，在这里紧接着就有这样一个重要的问题，即下面这种情况是怎么发生的：尽管有感知的这种经常不断的变动，我还是将自己看成同一的自我，每一个自我不只被理解为一堆体验，而是被理解为同一的个人？但是不管怎样，正如物体的实体，作为感性事实之基础的统一被抹掉一样，精神的统一，作为全部心灵体验之基础的统一也被抹掉了。现在心灵甚至不能与白板相比，或者与各种各样短暂易逝的心理形象在其上出现的舞台相比。因为，没有任何实在的东西与这个白板、这个舞台对应。心灵并不是诸体验在其中存在的事物，相反，唯一的结合者是规则性，它纯粹按照实际情况，按照共存与相继，对诸种心理体验加以规整。

这样，对世界进行解释的感觉论就获得其全面的扩展和完整性。全部的存在，物体的存在和精神的存在，都被还原为心理的事实，还原为许多没有自我的感知[①]。这种与初创时的精密自然科学的原子论—机械论自然观相似，是引人注目的。物理的自然，被认为是自为地存在着的原子之时间—空间上的组合，只不过被自然法则的统一性所包括，而自然法则则一义地规整所有的物理事件，所有的原子运动。因此意识的自然主义就以相似的方式将主观性化解为意识的原子，化解为服从于共存与相继这种单纯事实性法则的最终的事实性要素。这些意识的原子就是诸感知（在休谟这里，它们与洛克的“观念”所指的是同一个东西），与外部的自

① 参看附录XIV，第305页。——编者注

然法则相对应，在这里是联想与习惯的内部法则，以及一些与它们 159
紧密关联的类似型式之法则。但这并不是一些真正彼此对立的平行的法则，相反，心理的法则是一切存在之真正的根本法则；由于这些内在的心理法则，所有一切存在，连同一切所属的以及被认为独立的法则性，都被还原为感知和感知的构成物。

然而休谟并没有以此为前提，相反，他正是借助于一种系统进展的，并且是无前提的心理学来证明这一点。这种心理学从直接的心理的被给予物出发，并且将为它存在的基本法则——联想的法则，回忆的法则等等——以经验方式确定为一切内在心理生成的原初法则。一切在物体的和精神的经验世界名目下为当下的主观在此存在的东西，一切熟知的客观形式，如空间，时间，因果性，事物，力，能力，个人，社会，国家，法，道德，等等，必须借助这种心理学来解释，同样，要求认识这整个世界或世界的个别领域的一切科学之方法和成就，也必须借助这种心理学来解释。但是，这种对一切存在和一切科学之最深刻的心理学解释的结果就是：整个世界连同一切客观性东西，不外就是由假象构成物，由虚构构成的系统，这些假象的构成物和虚构，是在主观性中按照内在心理学法则必然地生成的；而科学则是主观性的自我欺骗，或是一种有助于为生活目的而编织虚构的技巧。

但是现在必须更仔细察看一下休谟的心理学和认识论的自以为的无前提性和彻底实事求是精神，以及一般而言的整个的按一定方法进行的形式。首先我们注意到，在这里完全缺乏任何如**笛卡儿**为了系统地建立哲学认为是必需的那种基本考察。对于笛卡儿来说，这种基本考察是一件非常重要的事情，以至于他以不断更新的形式尝试这种考察，一方面是他的《**方法谈**》，《**沉思**》和《**原理**》，另一方面是他的遗著，都表明了这一点。哲学应当成为绝对160 证明自身正当的普遍的科学，因此这种基本考察就想成为一种基础性的沉思，它思考作为一种系统的、涉及一切科学的、完全正确的认识的普遍的绝对的认识之正当性证明的方法，并且拟定这种必然的方法，并证明这种方法的正当性。——如我们说过的，有关最后奠基的方法的这种彻底思考，在休谟那里是找不到的。因此他的彻底主义并不是真正的彻底主义。真正的彻底主义意味着由最终的自身思考和自身澄清而来的最终的自身辩明。直接被给予东西的自明性，即总是当前的自己的体验的自明性，是一种当作不言而喻的东西接受下来的遗产，而不是通过细心批判本身赢得的；通过经验而奠立一切知识的经验主义原则，也是如此。这个原则的意义是由**洛克**有关澄清活动的直观主义规定的。

这个原则在**休谟**那里以将一切观念还原到印象这样一种按一定方法进行的形式，以一种给人以深刻印象的虚假的清晰性呈现出来。印象是原初逼真而鲜明的感知，在它们消逝之后，它们的微弱的余象、映象通过复制而再现，这些东西被休谟称为观念。当这些印象被混合起来，在所谓的思想中被结合为新的观念时，就产生一些被作为映象而感觉到的观念、思想，它们作为构成物，本身并不是由原初印象来的，并不与也许后来可证明的真正印象相关联。远离事物的思想的一切错误、一切颠倒的根源，就在于此。据此，实行认识的批判就是在以下这个方面对我们的一切思想、一切“观念”，进行检查，即原初的印象是否以及在多大程度上与它们符合，对于它们，这些印象是否以及在多大程度上是可以证明的。显而易见，在这里决定性的——按照最粗糙的感觉论的粗略说法——就是，对洛克的直观主义以及一切经验论起主导作用的那种对立：即不清晰的，远离事物的意见，空洞的，即使是人为的思想构成物，——如在陷于经院哲学的文字雕琢之中的抽象思辨那里——和与此相反的清晰的直观，以清晰的直观内容所满足的判断（即能通过陈述准确地将它们直观地给予自己的东西表达出来的判断） 161
之间对立，一切有关意见的真正的证明，必定就在于，将意见与自身呈现的直观进行比较，将意见变成自明的。

然而为了一种想从理论上严肃地阐明认识的内在的认识心理学，这里需要对所有那些这种原则性的根本理解（它肯定不是别的，而是对认识成就本身的说明）在本质部分上以之为前提并要求的东西进行细心描述；因此需要描述说明与证明的综合，描述赋予权利以及它的否定的对立面，剥夺权利的综合；需要准确地描述综合的意识转变，在这种转变中，一种不清晰的思想拥有了进行充实的清晰性以及对这种思想加以证实的正当性和真实性，如不清晰的思想“本身”现在具有了正是它以前“单纯意指”的东西，而且正是如它意指它的那样拥有它，而这涉及这个意指活动的全部枝节和形式；或者，在相反的情况下，必须指出，这种剥夺权利的情况是怎样的，在这里一种意指活动如何得到一种直观，即意指活动指向这种直观，而这种直观却并不与它相称，而是取消了它；以及整个这后一种情况意味着什么。但是，在所有这一切之前，当然必须对暂时只以模糊的一般性表示的“单纯的意指”，空洞的思想，空洞的语词概念等等名目，有一种细心的，科学上严格的描述；——并且与此相对，对“直观”进行描述；这些意识类型之根本本质的、并且

到处参与起作用的特殊化，必须被确切指出来，并加以确切描述。

但是在休谟那里，以及在后来的感觉论风格的心理学和认识论那里，都不能发现与此有关的任何东西。一切都被在有关印象和观念的谈论中，以及在为一切观念指出相应印象的要求中，粗暴地拉平了。这种感觉论甚至都没有达到关于作为内在回忆的心象或想象的观念与标志在特殊意义上进行判断的思维及其所有组成部分这种意义上的思想的根本本质的划分。在所谓的印象方面，也是如此。在印象中没有区分开在每一个思想结构以前所呈现的
162 个别直观的东西，和具有这种结构的直观的东西。是自然主义的偏见使人们看不到一切根本本质的东西以及在心理学方面和认识论方面具有决定意义的东西，使人们看不到使作为意识的存在以及作为在意识中被意识到的东西的存在，变成与在自然的客观的世界观中作为实在的事物而呈现的东西相比有天壤之别的另一种东西的那种东西。

如果以仅仅具有其事实性特征的心理事实去偷换这些意识类型，那么在印象与观念之间的这整个区分，以及将观念回溯到印象的要求，就是完全没有意义的。休谟以及追随他的实证主义将印象与观念这些特征当成事实性的特征，他的说法是：一切为我在此存在的东西，或者应该被看成存在着的东西，必须在我的意识中显示出来。我的意识，可直接看到的东西的领域，是直接被经验的存在的领域，这个领域必须以“摆脱理论的”，“摆脱形而上学的”事实性被考察，因此必须被看作纯粹的事实领域。因此印象与观念之间的区分被看成是纯粹事实的区分。体验，声音，触觉事实，等等，最初是以原始力量的新鲜感和逼真性出现的，具有事实性的特征，

譬如，强度之类的特征；后来作为由它们而派生的摹写，较弱的回响，按照事实性的法则，按照复制和联想的法则而出现；这就是观念。

在《**人性论**》中，作为起决定作用的步骤所实行的最初几个步骤，在方法上就已经是荒谬的。这些步骤只不过伪装出一种方法上科学的论断之外表；例如，为什么一种暗弱的红色感知比恰恰是同一种暗弱的红色感知意味更多的东西？如何获得这样一个看法呢，即它是“一种更早的感知的余象”，好像这种余象不是某种完全新的东西？因为有人会将一个现在的暗红体验为与“早先的暗红”完全不同的东西，而且与以前的“印象”相比，不是体验为暗红，而是体验为鲜红？再者，为什么将现今的暗的东西说成是将来的东西的样本？更其次，如何理解，一个现今暗的东西，时而被看作对于一个强的东西的回忆，时而又被看作对于一个弱的东西的回忆，因此是处于不同的特殊化之中呢？但是在这里我们就已经谈到 163
“看作某种东西”了，谈到具有这种或那种意义的意指活动了。

我们还注意到，我们也不得不满足于在回忆或预期与单纯的想象（不论是关于过去或现在或将来的想象）之间的区分；并且在有关同一东西的“观念”的重复中，极其不同的“实体”都服务于表象同一的东西；在这里，这个同一的表象活动在意识上是意指同一东西的活动，或意指越来越清楚地表明自身的东西，越来越清楚地规定自身的东西，以及越来越清楚地证实自身的东西等等的活动。恰恰是作为第一的东西，作为在**笛卡儿**的意义上毫无疑问的东西而被给予的一切，即在一切客观的事实和假设之前被给予的东西，在一切应奠定和说明的理论之前被给予的东西，也即表象为这个

和那个东西的表象活动本身，认为是某种东西的认为活动本身，简言之，意识，可以说被忽略了，因此，正好是那个使主观性成为主观性，使主观生活成为主观生活的东西，被忽略了。

因此，印象是一种事物，并且作为这样的东西由事物性的特征来标志，——所失去的正是，它是关于被经验之物的经验，是关于自身被给予东西的经验。它失去了，却又被当作前提，然而这仅仅由于人们总是宣称这些具有直接自明性的事实是被给予之物。但是单纯的事物作为其所是，是处于它的事物的属性之中的，它们作为事物而**存在**，但它们并不**意味**任何东西，它们不**意指**任何东西，它们自身不具有任何意义，不具有任何意指和被意指之物的区分，不具有任何空的表象或自身的把握，不具有任何同一的东西（这种同一的东西重复地被意指并重复地被给予，或同时被意指并被给予）。要想在事物中，或作为事物的属性中，发现所有这一类东西，是荒谬的。

只要内在的体验仅仅被当成在内在时间的普遍形式中进行的、穿过内在时间段而延伸的事件，它就肯定也有由使某种事物性
164 描述成为可能的真实部分和性质而来的某种结构。无疑，下面这种描述就属于按照时间的进程、它的诸分节以及诸时间形态的特性所进行的描述，即“观念”经常比印象短暂易逝；是否还可以真的也将逼真性之强度方面的差别算进来，是否在这里意向的直观性样式与在内在时间性中的个别准存在样式混淆了，还应该认真考虑。但即使这是正确的，想要告诉我们使印象成为印象、使观念成为观念的东西，不外就是这种事物性因素的那种描述，也是根本错误的！一种比较起来很弱的和短暂的对于红的感知，如何会比正

是同一种弱的和短暂的对于红的感知更多并且不同于它呢，另外，一种强的和持久的对于红的感知怎么就会比一种强的和持久的对于红的感知更多呢？为什么到处都在谈论那种含义很多并且表达比事物性东西更多东西的感知呢？特别是这一种感知怎么会意味着是**有关某物的**印象，并且更仔细观察，对于我们而言，就是对一种真实现前的红的意识，而另一种感知，怎么就意味着是观念，并且进一步意味着回忆或预期，并且根据情况，对于我们或是有关一种过去的红的意识，或是有关一种未来的红的以及比如现在正在出现的红的预见，以及还有作为纯粹的想象，是有关一种虚构的红的直观，一种准现前化的而决不是现前的红的直观？说通过知觉作为真实现前的东西而被准现前化的印象，纯粹是某种强的东西，鲜明的东西，或者是与此相似的事物性描述风格的无论什么东西，说具有如回忆、虚构等极其根本差别的，以及一般而言具有极其多种多样形式的准当前化的观念这种大杂烩，无非是某种弱的东西，等等，这是何等荒谬！

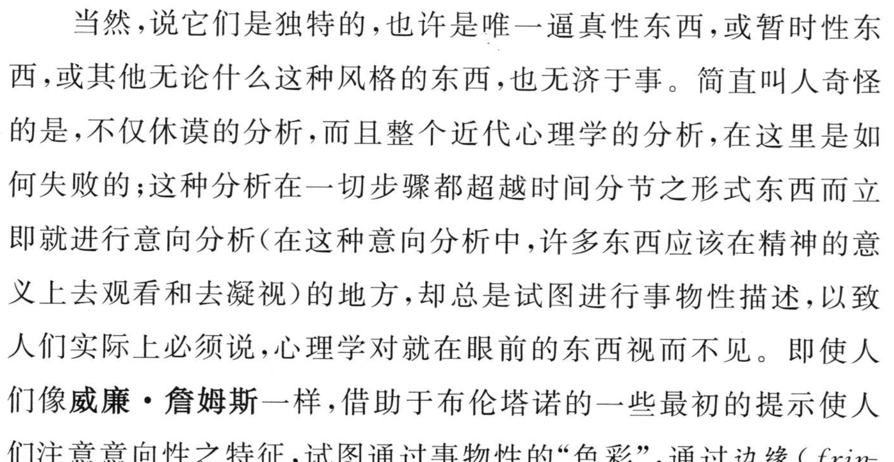

当然，说它们是独特的，也许是唯一逼真性东西，或暂时性东西，或其他无论什么这种风格的东西，也无济于事。简直叫人奇怪的是，不仅休谟的分析，而且整个近代心理学的分析，在这里是如何失败的；这种分析在一切步骤都超越时间分节之形式东西而立即就进行意向分析（在这种意向分析中，许多东西应该在精神的意义上去观看和去凝视）的地方，却总是试图进行事物性描述，以致人们实际上必须说，心理学对就在眼前的东西视而不见。即使人 165
们像**威廉·詹姆斯**一样，借助于布伦塔诺的一些最初的提示使人们注意意向性之特征，试图通过事物性的“色彩”，通过边缘（*frin-*

ges)，“泛音”，通过正好只是提示事物性特征(尽管是极其独特的特征)的类似的比喻说法，满足这种特征，也是于事无补的。人们完全不需要比喻，不需要任何其他东西，而只需要对任何形式的意识本身作为意识而加以询问，并倾听意识的陈述。但是只要人们这样做了，就一下子而且是非常顺利地产生出一种新式的、唯一可能的心理学，即这样一种心理学，在其中，方法完全是自然地由意识，意向性这一重要的课题，这个具有无限纷繁分支的课题，决定的；但这并不排除，时间的分布以及与此相互关联的事物性特征，特别是归纳的考察方式，总是一定会起某种作用；但仅起次要作用。

我还要附带补充说：对于休谟来说，印象是表示能够完成自明性证明这种意识成就的直观之一种认识论名称。这明显是以下面的情况为前提的，即这种直观在自身中作为自身给予的东西而意识到当下的对象，概念的本质，个别的或普遍的判断内容；应该去适合的单纯意指在某种程度上可以说能够由这些东西得到满足。因此，印象实际上是表示一般自明性意识的名称，或者，从最广泛意义上说，是表示作为各式各样使之自明的活动，各式各样证明活动之可能基础的一般自身直观的名称。一个实在的事物——它作为这样的东西仅仅是存在着的——不证明任何东西，并且在自己本身中没有任何进行证明的东西。这种事物不能进行证明，而只有关于这个事物的自身直观，关于实在东西的知觉或回忆，才能进行证明。它能进行证明，是因为它正是对于事物的自身把握，它能够在一种更高的综合的体验中与有关同一事物的任何相应的单纯意指相结合；在这种体验中，同一个东西既被意识为被以为的东西，又被意识为真实的东西，进行证明的东西本身。

因此如其必须被理解的那样理解的印象，具有一种双重性，即正是作为有关自身给予它的东西之自身给予的意识。这种双重性 166 并不是一个表达方式的问题，而是内容极其丰富的描述要素的双重方向；类似的情况当然也适合于对应的名称，即作为有关一切能够证明和需要证明的意指之名称的"观念"：每一个观念都是有关在其中被意识的东西，在其中被意指东西，但并非自身被给予东西的双重意识。因此一切描述，特别是对于综合的描述，当然一定具有这种双重性。

我们还要注意下面一点：即使人们不考虑个别的多种多样的体验中存在的意向关联，不考虑它们的对象性东西，并且将这些体验看作内在时间中的纯粹时间性事实，看作是所谓的单纯的感觉，如果人们以通常方式将这些事实的直接给予当成无关紧要的东西，那也会产生荒谬。这种直接的拥有还是意识上的拥有；体验并不是处于无家所状态。它的存在本质上就是意识，而且一切是我的体验的体验，都处于我的意识之无所不包的统一之中，因此它们是处于特殊的反思之中的自我可以进入的。

这样我们就可能已经一步一步地指出荒谬之处，这种荒谬之处就在于，事实上意识事件是描述的课题，意向的成就在这里经常被谈到，并被利用，然而所有被信以为真的纯粹客观描述的目的，都不是要记录下所有这些意识事件的任何东西，甚至根本就不允许将它们看成某种应该严肃对待的东西和真实的东西。因此，在方法中就已经包含有根本性的怀疑论，于是毫不奇怪，在这种情况下所有东西都导致将意向生活的认识成就，客观世界和科学宣布

为纯粹的虚构。

第二十四讲：〈意识科学之不可缺少的本质学以及在休谟那里的归纳的——经验的客观主义。〉

我们必须谈谈休谟方法的另一个方面：它涉及到归纳的经验知识；休谟的心理学和认识论的基本概念以及进行说明的基本法
167 则，就是由这些经验知识得来的。在引论中，这种经验主义原则就像是一种不可能有任何争论的不言而喻的东西被用下面这几句话表达出来了："人的学说是其他科学的唯一牢固的基础；我们能够给予这门科学的唯一可靠的基础就存在于经验和观察之中"。只要提到**培根**、**洛克**以及较近的其他一些哲学家就足够了。但是在这里，主要由于缺少对休谟所计划的基础科学之意义所要求的方法的彻底思考，而且首先是对这种基础科学本身之意义的彻底思考，而造成了损害。

让我们考虑一下：是什么东西推动这种基础科学？或者：究竟是什么东西赋予这种对纯粹主观性的认识以优先地位，为此这种认识必须先行于所有其他的认识和科学，并为最终奠立它们而发挥功能？其次，这种认识的奠立本身必须是什么样式的，因此这种在纯粹主观性领域的新式的心理学的奠立必须是什么样式，以便能够赋予它以先于所有其他科学的以及先于它们的奠立的优先地位，并能够合理地将所有其他科学和认识建立于它的基础之上呢？

对于我们来说，回答是很清楚的。回溯到纯粹主观性，回溯到我思（*ego cogito*），这就意味着意识到最终无可争议的东西，最终无可怀疑的东西，作为这样的东西，它本身在任何的疑问中，在任何的怀疑中，都被当成前提。但是只要人们把握住这个纯粹主观性，人们也就会意识到，它在它的纯粹意识体验当中是一切意义赋予的源泉，是发源地，对于进行认识的自我而言，一切应该意味某物并被看作存在着的对象性东西，都在那里获得其意义，获得其有效性。这就是说：对象对我来说不是别的，也不可能是别的，而只能是我的多种多样变化不定的显现的显现者，是我的多种多样变化不定的意识体验的被意识东西，是在直观活动、符号表象活动、思想活动中被意识的东西，等等。一切种类的对象性，作为当下意识的意义内容，都来源于这种主观的体验活动；这种对象性东西本身，按照情况，被我看成或是存在的，或是不存在的，看成可能的，盖然的等等；然后也许——又是在意识的这些和那些形态中—— 168
作为**现实地**和**真正地**存在着的，作为不存在的，作为可能存在的，等等，显示出来。在意识生活本身中存在着的主观的“指涉活动”（通过进行判断的意指活动），以及特殊的主观东西：它们对我作为正当有效的，客观有效的，作为真正现实的显示出来，或者作为错误与假象显示出来。如果在这种情况下想到科学，那么科学就完完全全是进行认识的主观性的成就，因此作为科学又从主观性，从当下的科学认识活动，得到意义和真理的证明。

但是在这里——而且也许是当人们在最初的、尚不清楚的预期中，以单纯展望的方式意识到这种事态时——就涌现出下面这种必然的主导思想：如果我想理解一般认识的成就，特别是科学认识的成就，我就必须按照它的纯粹特性，因此按纯粹主观性的原始

状态，研究它本身。但是从事这件工作，就是从事某种完全不同于通常的"客观的"、"实证的"科学的工作。对于客观科学而言，当下的对象领域是绝对被给予的，它想要做的就是将这个领域的存在与本质从理论上突出出来。在这种"绝对被给予"中有什么？这不是客观科学的问题。一切先于其理论探讨而预先给予的东西，对象的领域连同所有分别变成特殊课题的诸对象，是在纯粹主观性的意识形成活动中内在地被构成的意义，关于这一点，客观科学毫无所知。而另一方面，有关这种纯粹的、超越论的主观性的科学，却恰恰将一般纯粹意识，或者，将这种进行构成的纯粹的形成活动，当成课题。正是因此，它并不将不论是一切被以为的对象，还是一切被证实的或可证实的对象，在朴素的绝对化中当作课题，而是将它们作为被包含在现实的和可能的意识之对于它在课题上的具体化之中的对象，作为意识的意向性成就，当成课题；这种成就的"情况"如何，这种成就以某种意识方式纯粹主观地实现，就是这种科学要研究的问题。

由此我们就完全理解了将一切认识和科学最终奠立在那种独
169 特的"心理学"之上，即奠立在有关"纯粹的"主观性的超越论科学之上的这种要求的意义，同时也就理解了彻底的直观主义的意义，以及它对认识进行最终的澄清，澄清一切科学的基本概念以及一般而言一切"前提"这一要求的意义。因为一切科学——当然是指一切前超越论的科学，历史上产生的"客观的"或"实证的"科学——由于它们的朴素性而有一种根本的缺陷，它们以这种朴素性承认预先给予的东西（这种或那种实在性领域，以及包含着这些领域的整个世界），以这种朴素性形成概念，原理，甚至理想的科学，理想的对象领域。只有从它们的开端和根据出发，下降到最初的根据和最初的开端，下降到真正的开端（ἀρχαί），它们才能成为绝对被奠立的科学。但是这些最初的根据和开端，全都存在于纯粹意识之中，在那里，一切可能的存在者，按照内容或意义，按照现实性和真理之存在价值，在本质附属的意识的形态中被主观地构成。只要在纯粹意识本身中进行的或能进行的意义赋予和进行证明的成就——存在本身和真理本身对于每一个可能的认识主观来说都是在这种成就中原初地产生出来的——未被理解，只要意识只是存在着，自明性只是客观地实现着，而本身没有在反思的自明性中被看到并被在科学上研究，在这个限度内，一切科学以及一切在其中理论化了的客观性，就有一个巨大的未被理解东西的领域，也就是可能的怀疑和疑问的领域。每一种公开的或隐蔽的怀疑论都足够有力地表明了这一点，怀疑论甚至只是由可以说是对超越论领域的强盗式入侵中获取它的武器。但是这样的事情任何时候都是可能的，只要科学没有以反思的自明性揭示出超越论领域固有的本质，而且是以适当的概念和洞察从理论上将它固有的本质揭示出来。

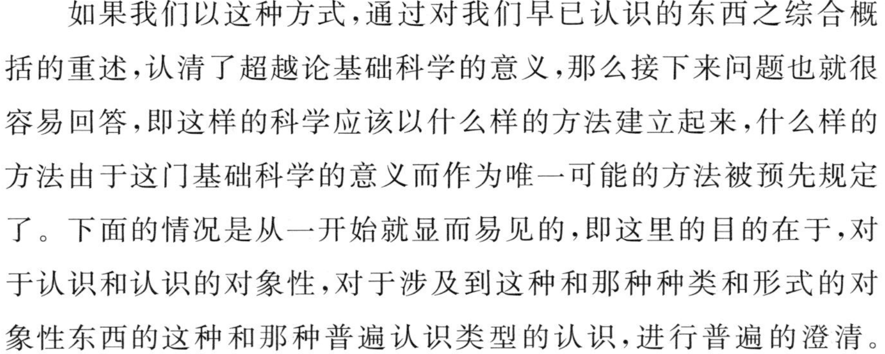

如果我们以这种方式，通过对我们早已认识的东西之综合概括的重述，认清了超越论基础科学的意义，那么接下来问题也就很容易回答，即这样的科学应该以什么样的方法建立起来，什么样的方法由于这门基础科学的意义而作为唯一可能的方法被预先规定 170
了。下面的情况是从一开始就显而易见的，即这里的目的在于，对于认识和认识的对象性，对于涉及到这种和那种种类和形式的对象性东西的这种和那种普遍认识类型的认识，进行普遍的澄清。

因此要思考，应该按照什么样的方法来确定超越论领域的普遍的和法则性的特征呢？

在这里很清楚，如果没有以无可怀疑的方法将普遍的本质特征，普遍的本质法则，作为今后要进行的一切澄清之原理建立起来的可能性，那么，将认识绝对建立起来的这整个理念，就会是一种空洞的妄想。只当能在纯粹意识之上建立起一种无可怀疑的科学，首先是一种绝对无可怀疑的直接的意识真理之体系，这种对作为所谓的一切认识澄清之原初基础的纯粹意识之无可怀疑的揭示，才能有助于这种澄清。

因此，那种按照休谟的意思，应该作为所有其他科学的，不论是存在科学还是规范科学的，不论是实在的科学还是理想的科学的基础科学发挥功能的内在心理学，看上去要是这样就好了。

现在让我们再看一看休谟的《**人性论**》，看一看他获得基本概念和基本法则的方式。他的自然主义不仅在于他将意识实体化，仿佛意识是某种与自然相同的东西，而且在于，他在内在意识的基础上让一种坏的经验主义处于支配地位，这种经验主义在这里意味着，在这里唯一能做的事情就是用经验概念将内在经验事实表达出来，然后以归纳方法提出经验法则。当然，休谟清楚知道，归纳法则不能绝对地建立起来，任何归纳只能具有有条件的有效性；不仅如此，他还知道，一切归纳推论都是建立在联想之上的（因为这部著作本身的著名的主要章节就是证明这一点），此外他还知道，只当联想原理本身是必然性东西，或者如我们就此还可以说的，是绝对被奠立的，这种归纳推论的有效性才能带有必然性。但是正是这些对于他来说是他心理学最终基本法则的、一切经验推

论的原初原理，被他纯粹按归纳方式确定的原理所要求。因此，在 171
一种直接自明性（但可惜这种自明性只是一种单纯内在经验的绝对自明性）之基础上，这些法则同样不是以绝对自明性，而宁可说是以绝对的不合理性被提出来的。这种对于归纳的朴素的信赖，是对于绝对可洞察性的一种低劣的代用品。因为现在这种心理学的基本科学尚完全是悬在空中的；既然它并没有以绝对自明性奠立起来，而是以与客观科学同样的朴素性奠立起来的，那么正是要从这种原始基础最终奠立认识的这整个的计划，就失去了任何意义。

在这里又揭示出了休谟怀疑论的最后根据。一切认识的完全不合理性，已经由于以下情况暗含地被假定为前提了，即人们将这种纯粹意识当成纯粹不合理性的场所，虽然人们期望它有一种合法则的规则，但却是这样一种人们从未能合理地看出的规则：即单纯的经验法则，对于这种法则来说，在这种纯粹的基础上不存在任何绝对可洞察的有效性之根据。

因此休谟的心理学的确与通常的客观心理学共有一个本质的性格特征，只要它与客观的心理学一样是**归纳的**心理学。但有一个重要的区别：因为对于客观的心理学可能是完全合法的东西（即如果一种认识论上的根源的学说和认识论上的规范的学说能够由确真的原则为客观归纳的正当性辩护的话），并且在这种情况下，由于下面的理由对于客观的心理学这个门类也是合法的东西，即因为处于自然关联之中的心理东西如同所有自然东西一样，必须按照归纳方法被考察，对于主观的心理学，原则上却是不合法的甚至是荒谬的，假如主观的心理学应该是基础科学，应该是对一切可

能的认识和科学而言的正当性根据的科学的话。

基本错误存在于经验主义的先入之见之中，经验主义作为坏的自然主义，只知道作为自身给予的有关个别细节的或有时间性的细节的经验，而对于下面的情况却盲目无知，即普遍东西，概念的普遍性以及事态的普遍性，是能够直接明白地看到的，而且可以
172 说是被稳定地看到的。实际上我们只需要指出以下一点，即意识理所当然是具有普遍性与必然性的直接本质洞察之场所；我们甚至敢于为那些只需要纯粹内在地把握的联想法则证明这一点。这在今天听起来仍然是怪谬的，因为从**休谟**和**米勒**以来，人们已经非常习惯于——而决不仅仅在经验主义方面——将联想当成一种心灵生活的经验特性来考察，并且将这种心灵内在性的联想法则，与作为外部自然惯性质量之法则的万有引力定律相提并论。人们以为能够轻易回避下面这些问题：将一切归纳之正当性的最终原理本身重又通过归纳建立起来，这究竟是可能的呢，还是相反地是荒谬的呢？但是我认为，至少下面这些问题是具有这种观点的人没有一个可以否认的：究竟科学的归纳在什么地方，有谁曾进行过联想的法则将其科学的建立归功于它的那种科学的归纳。对于万有引力定律，我们有物理学的历史，并且我们知道，为实行这种归纳，自然科学曾付出过什么样的辛勤劳动。在这里心理学的类似情况在哪里呢？根本就没有这种类似情况。其理由正如逻辑学的和算术的公理（像**米勒**这样的人想要将它们也同样当作归纳公理来使用）没有类似情况一样。没有这种类似情况，是因为这里涉及的是普遍的本质洞察，这种普遍的本质洞察恰好不是通过归纳，而是从纯粹的普遍归纳获得的，即作为原初自身给予的普遍东西获得的。

极端的**唯名论**(它在休谟式的经验论中继续存在着),完全看不到这种普遍的直观,而且正如我们在批判**洛克**时已经谈到的,由于这种失察,它试图通过用单个细节的自然关联——关于这种关联他不假思索地作出普遍的表述,但人们却必须忘掉去追问这些普遍表述的正当性——进行偷换的办法,像变戏法一样将一切普遍的思想除去。《**人性论**》真正指望我们的正是这一点,即我们一定不要想去询问对根本法则的归纳之理性的正当性。

第二十五讲:〈休谟的构成问题——及其以彻底的怀疑论告终。〉 173

如果我们分析了休谟的按一定方法进行的诸原理,那么我们根本就不需要更多地探讨他的诸理论,这些理论的荒谬之处只不过是包含在这些根本原理中的荒谬之处的展开。必然决定我们还要看它一眼的,并不是它的巨大的历史影响,而是下面这种情况,即在有关这种理论的问题提法中,第一次呈现出一些具有哲学上的最高尊严的问题,这些问题尽管受到自然主义—怀疑论的贬抑,仍可被看作新现象学基本的主要问题之预备形式。关于**洛克**的问题从某种意义上我们当然也可以说与此类似的话。但只是在**贝克莱**向超越论心理学的转向中,它们才获得了超越论的外观,并在**休谟**对这种心理学的系统阐明中,获得一种新的形象,和一种对综合统一问题之意义重大的深入研究。**休谟**的敏锐目光在贝克莱有关自然和自然科学的出色阐述中看出了它缺乏理论上的最终确定形态。在贝克莱认为已经完成了的地方,却对休谟展示出一些新的重要问题。

在意识中感觉事实联结成复合体。**贝克莱**说，这就是事物；它们的统一性就是习惯地属于同一整体性。复合体本身再一次相互联结，在这里它们事实上是以经验的规则性出现的，因此我们在相似的事物情况中就期待相似的次序。一切我们称作自然因果性的东西，都被还原为这些次序。这只不过是一种主观上习惯地被规整的次序之关系。因此自然科学所谈论的自然法则也还原为这种规整。——但是所有这些即使对休谟这样的戴着感觉论眼镜的人也是不够的。首先，据说事物仅仅是联想的复合体。但是在知觉中的现象的事物总是还原为各种各样感觉事实，而且像作为感觉
174 论者的休谟所承认的，实际上首先只不过是通过联想和习惯而统一起来的这些事实的复合体。然而有一件事情贝克莱根本就没有认真考虑和阐明：即我们是怎么将每一个这样的尽管有诸要素在变化的复合体看作是**同一的**，时而变化了的，时而没有变化的事物；甚至不仅如此，我们如何赋予它以一种独立于现实的知觉或无知觉的在此存在呢，为什么这里的这张桌子被我认出是同一张桌子，即使我在其间离开这个房间；因为被回忆起的感觉复合体和现在新出现的感觉复合体确实不是同一个东西，而是各不相同的，并且二者是彼此分开的？因此正是这种（如我们可以说的，**综合的**）统一，作为现实的和可能的经验之统一（或者如果人们在这里想偷换，就说，现实的和可能的复合体）的被经验的事物本身，在贝克莱那里被忽略了。正是这种同一事物的统一——是它，表明了**休谟**的一个主要问题。此外还有作为平行问题的**自我**的统一问题，个人的统一问题。然而他却否认关于这个自我的自身印象，并且将

一切主观的统一分解为一堆或一束知觉。但是每一个人都认为经验到了作为个人的自己本身，正与他相信经验到了统一的事物相似；而且据说，这两个方面的经验统一，即使它们未被经验到也是存在的。我们的确经常将这种意义，即自在存在的意义，归之于它们。

此外，贝克莱在将自然科学解释为科学，而且解释为来自单纯的习惯的认识方面，的确是太省事了。确实，联想创造出共存的和相继的复合体。但这就是一切吗？——如果这就是一切，那么自然科学如何可能呢？在这种情况下，存在的就只有从习惯的情况向习惯的结果的推论，但是我们在日常生活中进行的这种推论不能被看作科学的推论。难道人们能够怀疑自然科学是真正的，因此是由合理性照亮的科学，怀疑它的推论具有必然性，怀疑它所认识的法则是数学上精确的，以严格普遍性而有效的法则吗？这些

法则怎么能够仅仅是对习惯性期待的一般的表达呢？合理主义曾 175
强烈维护新的自然科学的这种合理的性格，将自然科学与数学同等看待。无论如何必须考虑合理主义为此所提出的理由。

但是贝克莱否认因果性（它是一切经验推论的合法要求）是真正的因果性，好像这样的东西只是精神在精神性的活动和生产中所特有的。可是即使他关于不应该以泛灵论的方式指望物质东西也有活动和力这些原初是精神的概念这种想法可能是对的，但他却不应该忽视合理的必然性和法则性固有的意义，这种意义属于自然科学有关原因、结果、力、力的定律等等的概念，而且对于自然科学家来说，是唯一重要的。因此贝克莱根本就没有提供有关自然与自然科学的明白答复，因为他没有考虑到这二者借以被普遍

讨论的那种根本意义：自然是在空间与时间中的必然性联系，这种联系涉及到同一的和自在存在的事物之变化与不变；而自然科学刚好是由确真的原理而来的有关合理必然性的科学和认识。

但是如何能够理解这种由意识而来的意义赋予呢？它是如何在原初意识的生成中产生的呢？对于我们——这些我们超越了那时的历史局限，并且已经看到了有关作为意识的意识之超越论科学——来说，下面一点是很清楚的，即按照自然科学说明方式所进行的归纳的内在心理学的说明之问题，是十分荒谬的。但是在这个被探询过并且以某种方式先行形成的错误问题背后，仍然隐藏着下面这个真正的和重要的问题，这个问题作为描述的问题就已经能对一切对于世界的构成（用理想的说法，对于一般世界的构成）具有决定性的基本种类的对象提出来了，并且要求大量本质的发现。就是说，需要为这些对象性东西的每一个基本种类，在最下层是为物质对象性和一般物理自然，确切地指明这样地被形成的一般对象性在其中被构成，首先是以原初经验，作为综合的统一在
176 其中被构成的那些意识之本质形态，并对成就进行意向的分析。然后需要研究科学意识的较高形态，在这些形态中，这些对象性东西被规定为具有其**理论上的**真正存在的自在有效真理之基础。这后者标志着科学方法的，例如自然科学方法的超越论问题。这个问题一旦被看到了，它对于一切最高的对象领域以及能在这些领域中特殊化的、作为原则上自身封闭的科学"区域"的、或能够成为这样的"区域"的诸对象总体，是本质上相同的问题。因此这涉及处于"文化"和"人类共同体"这些重要题目之下的"区域"。另一方面，在归纳的—心理学的生成问题中，隐藏着**意识生成的**问题，或

者在某种程度上可以说,**历史**(本质学的历史或经验的历史)的问题,纯粹超越论地理解的**共主观性**及其成就之历史的问题,就是说,在诸纯粹的主观中个别地或是共同地被构成的诸实在的和理想的“世界”的问题。

观察一下,在哲学史中,而且在这里是在彻底荒谬的经验主义的发展中,在所有这些混乱的和荒谬的问题背后,一些非常深刻的、重要而有意义的问题是如何显露出来的,和那些错误的问题以及适合于它们的理论持续地产生的,而反过来又给予这些问题与理论以发展动力和深远历史影响的那种富有启发的印迹,怎样其实是基于对这些真正问题的觉察,这会是一种非常奇特的景观。超越论的意识,纯粹作为意识的意识,的确总是引起人们的注意,并且是隐蔽的精神统治者(*spiritus rector*),只不过恰好经验主义哲学没有能力正确评价它,而是作了与哲学按照其固有本质想要做的相反的事情;哲学所要做的就是成为最充分的和最严格意义上的科学,但我们曾指出过,这就是说,成为一种就本质上可能想到的一切问题维度准备好,而且是充分准备好理论的问题和答案的科学,或者换一种说法:成为绝对的,整体上绝对证明自身正当 177
的科学。

在这里我不能详细描述休谟所陷入的**虚构主义**,起初他对于由虚构主义产生的结论不是没有惊恐的;因为按照这些结论,甚至精密的自然科学,而且严格地说,还有几何学,不外都是科学的假象,都是虚构,正如自然本身以及它的纯粹空间仅仅是只有哲学才能揭示出来的想象这种心理学上的假象一样。这种惊恐不久就消失了,后来休谟似乎过分满意于这种头脑冷静的怀疑论者

的角色了。

使我们感兴趣的只是这种休谟式的怀疑论的最普遍特征。这种怀疑论作为一种试图证明一切现实性以及一切有关现实性的科学都是虚构的理论，其整个的构造只是由于一种理智上的不诚实才有可能，关于这种不诚实很难说休谟本人在多大程度上承认，和在多大程度上曾明确意识到。休谟有关在对自然的因果性认识之有效性的来源（因果推论的有效性），和自然因果性本身的合法意义之间的超越论的相互关系的著名理论之基础，一方面是承认纯粹合理的真理，如承认纯粹数学的和纯粹逻辑学的真理（正是在这里存在着理智上的不诚实），而另一方面则是将这种真理与纯粹事实的真理对立起来。他的问题是事实真理的合理性，而他的理论的最后论点则是，凡是理论在因果性推论中超出了作为印象和回忆的直接经验的地方，它就是绝对不合理的。

休谟的学说，主要是他的《**人性论**》，在历史上被看作，被描述成经验主义对于合理主义的全面胜利，或者宁可说是对于从笛卡儿以来占统治地位的数学化的合理主义的全面胜利：这种合理主义的本质就在于不加区分地将逻辑—数学的因果性与数学—自然
178 科学的因果性混淆起来。人们将数学物理学的认识成就看作与纯粹算术或几何学的认识成就是相同的，人们将它看成只是纯粹数学的扩展，因此好像是一种物质自然的几何学。在**斯宾诺莎**的形而上学体系中，就有对这种数学合理主义的极端的、形式上前后一贯的贯彻，它的有失体统的内容也必然激起了对纯粹合理方法的怀疑。

只有**莱布尼茨**和他的同时代人**洛克**，才认出了纯粹理想的真理（如**莱布尼茨**所说的：纯粹理性的真理）和事实的真理之间不可消除的差别，否定前一种真理是荒谬的和矛盾的，否定后一种真理，虽然会产生错误，但并不会产生不可想象的东西，不会产生矛盾。**休谟**将这种区分当作关于观念关系的认识和关于事实的认识的著名的划分接受下来。由此表明，数学的自然科学作为经验科学，能够与数学的—逻辑的科学——它们完全是与纯粹理性的真理，直接的和间接的纯粹理性的真理打交道——分离开来。将数学运用于自然，虽然创造出较高的合理性，然而这种运用并不能改变自身作为经验科学的本质特征。但是数学自然科学的显著的、受到高度评价的合理性并未因此而被澄清，并且与纯粹数学的合理性的混淆，总是在现实的—因果的必然性那里有其根据，现实的—因果的必然性在所有自然的因果推论中都发挥其作用，而并没有被与在数学和逻辑学推论中起主导作用的那种合理的必然性划分开。

休谟的给人以深刻印象的，尽管并不是本质上新的关于因果必然性和纯粹合理必然性的区分，是这后一种必然性之合理性问题的出发点，或者说，是自然科学推论方式之合理性问题的出发点。休谟在这里行事的方式好像观念关系的合理性和属于观念关系的理性推论的合理性都没有问题，因此是完全可以理解的，好像在这里否认这种情况就会导致荒谬。另一方面，所宣称的因果推论的合理性，由于还原到完全非合理的、由观念的联想而来的起源，现在变成了虚构，变成了联想—习惯的盲目的信念强制与那种 179
唯一真正的合理性的混淆（这种混淆可以从心理学上加以说明）。

休谟的这种怀疑的技术就在于，将人的认识当作一个舞台，在这个舞台上理性和想象力作为角色出现，并且作为势不两立的仇敌互相厮杀。理性有它明确划定的范围，在它边界的界柱上写着：荒谬。在这个合法范围内，只有观念和观念关系，没有任何实在世界的东西。这后者属于另外一种能力的范围，即“想象力”的范围，当想象力在这种情况下暗地里允许自己非法地，甚至荒谬地超出界限时，它就按照内在的——心理学的法则，特别是（但并不是唯一地）按照观念联想的和习惯的法则，产生出作为它的虚构作品的被经验的自然。在这里这个过程总是这样的，即想象力按照它的规则性，首先构成一种荒谬的东西，然后为了使第一种荒谬的东西有吸引力，另外再编造新的荒谬的东西。想象力的一般原则存在于属于人的心灵的奇特的惯性中，由于这种惯性，想象力在借助迄今以前的经验而变得习惯地活跃起来时，不能停留，而必须超出这些经验。凡是现实的经验中有关共存与相继的规则性的任何东西向它呈现出来的地方，它一定立即就转而将这种规则性加长到超出迄今为止的经验，将它投射到未来之中，将它绝对化为全然客观存在的东西。就这样，想象力根据事实的大致共存虚构一些作为独立于意识的永久的事物，就这样，它虚构出具有臆想的必然性等等的因果联系。在这里，理性既不允许承认显现着的世界（被作为现实感觉事实之基础的想象的事物世界）在任何意义上是存在的，也不允许将它，这个世界，看成是更远地存在于其背后的超越的东西之表现。按照休谟的看法，一个不在我们意识中存在的东西和自
180 为存在的东西，充其量是一种空洞的思想可能性。从被给予东西向未被给予东西推论的唯一途径，是联想和习惯的途径，但联想和习惯本身并没有任何权利做这样的事情。

但是休谟在这里的意思是，思想无论如何是受想象力引导的，因此是按照归纳的风格“自然地”被引导的，然而向物理学之后的东西，或相反地向心理学之后的东西推论，不仅是违反理性的，而且是违反自然的。但是认真来看，这也是不会发生的。因为据说自然的东西和非自然的东西同样都是完全违反理性的，并且违反理性的向物理学之后的推论，如果有这种情况，也正像违反理性的因果推论一样，是按照某种心理学法则进行的。然而休谟多次这样说，好像他是一个不可知论者，好像实际上有一个未被认识而且实际上不可认识的超越的世界，它应该被认为也是我们的意识过程的原则。但这与他的理论是明显矛盾的，以至于它只能被看成是一种对当时占统治地位的和得到教会保护的观点的顺应。

因此休谟的哲学是任何一种想要通过自然科学和形而上学提供有关“这个”世界之了解的哲学之彻底失败。哲学作为最终的科学，据说证明了一切事实的科学都是不合理的，因此不是科学。这种结论自然是十分荒谬的，因为据说，甚至哲学本身作为普遍的心理学也是事实的科学。——我们不可以说这种怀疑论仅仅涉及有关超越的（自然的）实在的科学。因为我们注意到，在内在基础上对经验推论的不合理性之整个证明，首先一般而言，只是直接地涉及印象与观念，也即涉及内在的感知。也就是说，一方面内在心理学的合理性总是被当作前提，因为休谟的这些理论本身正是通过它才被证明为合理的；另一方面，休谟的这些理论的结论却是，任何经验科学决不（因此这种心理学也决不）可能是合理的。

我在前边已经说过，这个完整的怀疑论理论，可以说是以理性
本身的合理性为前提的，换句话说，它的前提即是，所谓的对观念 181

关系的认识所具有的必然性是一种确实真正的和明明白白的必然性，并且作为这样的东西，可借助于下面这种不言而喻的标准辨认，即否定这种必然性会产生荒谬。但是在这里我看到了前面已经提到过的那种理智上的不诚实（另外这种不诚实必然也将我们与休谟分开）。只不过休谟作为怀疑论者太像一位为了获得美学上的效果，故意在一些地方搞错的造形艺术家了。为了证明这一点并不需要详细论述；因为我们已经知道，休谟接受了贝克莱关于抽象的学说，甚至将它夸大了。在纯粹合理的判断中，是以纯粹的概念对本质的普遍性下判断，而不对暂时的个别观念，暂时浮现在眼前的想象下判断。这是普遍地下判断，普遍性被作为纯粹的无条件的普遍性来断定，而否定之荒谬性是无条件的普遍的荒谬性。按照唯名论有关普遍思想的解释，这也被还原为联想以及其他附属的心理学上的不合理性东西。普遍的观念，普遍的认识，其实是休谟有关单纯主观虚构的主标题。如果休谟作为怀疑论者是前后一贯的，那么他就根本不可以说任何东西，甚至不能说下面这个普遍性句子：如何能超出当下知觉而说某种东西，这样说是不可理解的，不许可说这样的东西。因此在这种情况下，甚至不能谈论纯粹数学的优点。结果是**一切**认识的绝对失败。

但是经验主义的感觉论并不是无价值的，而且休谟的著作仍然值得认真研究。几乎在休谟所有的论述中，都有被同时看到的，同时在读者的视界中呈现的现象学的关联；在一切被自然主义地错误解释的问题背后，都隐藏着真正的问题；在一切荒谬的否定背后，都隐藏着有价值的见解成分；只不过这些东西都没有由休谟本人产生效果，没有被休谟本人从理论上把握住，没有被休谟本人形成理论上的基本见解。

对我来说，正是下面一点是休谟怀疑论中重要的东西，是这个前后一贯的感觉论的主观主义中重要的东西，即尽管其中没有一个命题是能从科学上支持的，但它却是一种直观主义的和内在的 182
哲学，因此是唯一真正的直观主义哲学的，即现象学的预备形式[①]。

① 参看附录XV，第350页以下。——编者注

〈第三章　近代合理主义和形而上学〉

第二十六讲:〈近代合理主义进行肯定建设的路线之基本特征及其独断论。〉

〈a)对有关未来真正形而上学的由于缺少超越论基础科学而受到损害的准备工作之概述。〉

鉴于我们的特殊目的,合理主义的重要的,有着许多思想家的发展路线——这条路线从笛卡儿开始,经过**斯宾诺莎,莱布尼茨,**到**康德**,并经过康德到**黑格尔**——与经验主义相比,需要一种谈不上是详尽的考察。如果经验主义在近代曾起过重要作用,即它促使建立一种使哲学一般第一次成为可能的、将一切知识返回到现象学起源的方法获得成功,并且使一种彻底直观主义哲学的要求得以突出,那么合理主义所起的作用则在一个完全不同的方面。在对经验主义持久斗争中,合理主义从来没有理解,应该从内心深处给经验主义以公平对待,它没有把握住在经验主义的怀疑论错误背后存在着的有意义的本质内核;因此它从来也没有开始代替这种怀疑论的荒谬哲学而形成一种更好的内在的哲学。它本来是能够做到这一点的。因为如果经验主义其实是古代怀疑论的一否

定主义的哲学的继续，那么合理主义就是进行肯定建设的，致力于
真正的和最后的一完美的科学，并因此致力于真正的哲学之发展
过程的继续。因此合理主义是柏拉图主义的和中世纪实在论的继
续；它是一切以唯名论方式将普遍的理念以及任何一种真正合理
的认识解释掉的作法的反对者；它是“永恒的”真理以及每一种努 183
力使经验的东西参与到纯粹的合理性之中（而这首先是以数学自
然科学的典范形态进行的）的经验科学方法的维护者。

合理主义者笛卡儿正是由于他打开了通向作为一切认识奠立之绝对基础的内在领域的通道而开辟了近代。因此有谁能比合理主义更适合于着手研究这个新的领域，并在这种研究中形成一些纯粹合理的概念构成物和洞察，因此形成有关超越论的主观性的本质学呢？但是我们已经知道，笛卡儿没有了解他的发现之真正哲学意义，这种发现对于他来说，只应被作为锚地，以便为实证的（“独断论的”）科学提供立足点。这样他就将整个以后的发展引上了独断论的形而上学和独断论的专门科学之道路。一种不可扼制的求知欲望，以及同时一起被激起的一种追求从实践上支配自然和支配世界的欲望的这个反面，在越来越新的理论中得到满足，在越来越新的具有无限丰富成果的科学中得到专门研究；而超越这些按一定方法进行的独立专门科学之上的，是一门形而上学。由于一切都与形而上学相关联，形而上学就将它的功能看成是维护哲学的普遍理念，向未被分裂的，被看作完整宇宙的现实性提出所谓最高的和最后的问题；这是这样一些问题，它们正如亚里士多德的普遍的存在学说的问题一样，恰好不是束缚于个别领域的特殊的问题，并且在神学的问题中达到顶点。但是这种形而上学，近代

的形而上学正如古代的和中世纪的形而上学一样,是一种独断论的学问,与诸种自然科学以及其他越来越新地建立起来的诸专门科学是独断论的学问完全一样。它的基本概念和基本命题,它的方法和理论,并不是从超越论的主观性中的最后根源得来的,因此
184 并不是从这里取得它们的最后意义和它们的最后真理的。超越论的个别主观之通过可能的相互理解而以超越论方式联结起来的普遍联系的这种超越论的主观性,始终未被看到,处于朴素的匿名状态中,更谈不上它被认作一切科学课题当中的最根本和最重要的课题了。人们还没有看到,超越论的主观性是客观性——仅仅被看作为"实证的"客观性,是一切自然经验的课题,此外仅仅是实证科学的课题的客观性——之全体的本质相关项。而"本质相关项"所表达的是,客观性如果没有超越论的主观性简直就是不可想象的。人们恰好还没有看到,所有自然的经验,因此一般而言,片面地瞄准实证性东西(宇宙及数学的理念世界),都是在实行一种抽象,并且引诱哲学思维将单纯的抽象物绝对化,因此人们还没有看到,如果不通过有步骤地削弱实证主义的束缚,通过揭示隐藏在自然态度中的超越论的主观性,以及通过系统研究作为构成一切种类实证性东西的主观性的这种主观性而消除这种抽象,真正具体的认识就是不可能的。

虽然一种认识论方面的推动从笛卡儿的《**沉思**》以来,并且作为有关真正科学奠立之方法的更古老问题的继续影响,经常不断地起作用,然而形而上学的研究几乎到处都与中间插入的认识论考察交织在一起,正如反过来,认识论的研究偶尔也毫无疑虑地将形而上学研究和专门科学研究当作前提一样。人们恰好是还不知

道，认识论本来应该做什么，有关知性的或者理性的学说本来应该做什么，并且不知道，在这里同样需要一种先于一切客观认识和客观科学的，以同样方式对所有东西怀疑的，因此独立于所有这些东西的基础科学。人们没有看到，如果没有这样的一种科学——它的唯一的研究领域必然是被纯粹地把握的主观性——，任何哲学，任何有关自然的科学，和有关精神的科学，任何作为有关最高存在根据的普遍科学的形而上学——它作为全面的和最后被奠立的科学，也能提供有关一般存在者的最后答案，以及一般存在者之专门科学的特殊化——都是不可能的。或者宁可说，虽然(按照我们以 185
上的提示)在继笛卡儿以后的一代，某种正在觉醒的有关纯粹主观性的基础科学之必要性的意识，就已经在经验论方面得到承认，但这是以内在感觉论心理学主义的形态得到承认的；这种心理学主义必然被合理主义者当作历来受到他们反对的唯名论和怀疑论的变种，以严厉的批判而加以拒绝。

但是这种合理主义的批判并没有执行它的历史功能；因为正如在古代面对怀疑论的主观主义所提出的任务一样，在近代面对新的心理学主义，内在的心理学主义，所提出的任务，也不是停留于单纯地指出怀疑论理论的错误和荒谬之处，而是要通过对于有效的内在动机之积极批判而满怀疑论理论它的真正含义。因此就是提出这样的任务，即在更高的意义上实现主观主义，就是说，将坏的主观主义改造为必然被要求的主观主义。但是即使像**莱布尼茨**这位到处并且在一切哲学中都看到肯定价值的人，也没有能够在他对**洛克**的详尽的、在细节上非常有教益的批判中，从洛克的感觉论的—经验论的直观主义中，看出超越论的直观主义的真正理念，并考虑建立一种有关超越论主观性的本质科学——这对于科学的哲学具有决定意义——，去代替内在的经验的心理学，甚至是感觉论的心理学[①]。

低估巨大的并且对于未来的科学心理学本身而言是极富成果的精神劳动——这种精神劳动是在近代合理主义哲学中以及同样地在古代合理主义哲学中所完成的——，也仍然是错误的。这一点不论我们按照必不可少的最广泛词义理解哲学，因此在合理地论证这种理念之下被赋予越来越完善形式的诸科学也一起计算在
186 内；还是我们按照狭义理解哲学，只将那些探讨无所不包的存在问题，以及探讨原理性的规范性的问题的诸学科指派给它，都同样有效。对于已经将现象学风格的超越论哲学看作是使最充分的认识和最科学的科学成为可能所必需的唯一东西的我们这些人来说，我们的科学——我所指的是精密的数学和自然科学或者按一定方法进行的不管多么值得称赞的精神科学——没有一种是这种最后意义上的科学。其实，凡是认为在数学之外或之旁的“数学哲学”，在物理学本身之旁的“物理学的哲学”或“自然哲学”，以及到处以类似方式这样加到实证科学之上的哲学，是必需的，而决不是无益争论之战场的人，都承认这一点。然而我们甚至也许可以预先承认，尽管是以某种朴素的自明性承认，那种较高的超越论的认识之奠立对于久经考验的客观的科学之理论的方法论之主要部分和核心部分，将不会有任何明显的改变。所获得的收益就在于：从根源上清澈地奠定基础，与绝对主观性的本质上的返向关联；通过这

① 参看附录XVI，第357页以下。——编者注

些，客观科学在超越论的相反维度上得到了知识的巨大增长，并且使它们的对象范围得到最终的意义规定。

但是在确切意义的传统哲学科学方面，首先是在作为普遍存在学说的形而上学方面，情况并不这么好。因为在这里从来也没有达到一种按一定方法得到巩固的、被普遍承认的科学，而且也不可能达到这样的科学，因为正是在这件事情上，在我们意义上的超越论基础科学是绝对必要的。尽管如此，在形而上学中仍然有一些具有丰富的、尽管并未从科学上真正论证的系统内容的形而上学洞察和形而上学理论之有价值的预备形式得到了发展，并且在一种具有为未来真正形而上学作准备这种持久使命的真正上升的发展中发挥作用。

我要如我设想的那样从总的方面进行阐明，而不是使自己迷失于对诸体系的无穷无尽的和无目的的细节批判之中，在类似的目的中这样的批判对于合理主义的理论确实可能并不像对于经验 187
主义的理论那样适合。在经验主义的理论中，由于**洛克**而出现了一种新的方法类型，对于我们而言，方法的批判有一个重要的目的，就是在内在心理学方法的背后揭示出朝向一种绝对必要的和真正的哲学的方法，即现象学的方法发展的历史趋势。而合理主义，作为独断论，根本就没有着眼于内在的方法，在它的方法中，也没有一种朝向真正的方法的趋势起作用，即使是不充分地起作用也没有。在这方面，恰恰是怀疑论的否定主义比起在肯定的合理的研究中进行的合理主义更为肯定。但是在这里使我们感兴趣的是要指出，这种独断论如何由于笛卡儿唤醒了超越论的主观性，以及同时由于这种新的经验主义，而受到推动，它如何被迫不得不以独断论的态度考虑超越论的东西，最后为此发展出一些有关的理

论，这些理论，尽管没有正确评价所要求的内在现象学的意义，却仍然能够带来一些与这种意义相适应的东西。此外还应该指出，合理主义在一些新科学中，而且在存在论中，以先验的方法所形成的东西，在作为纯粹内在的超越论哲学的现象学之任务被正确理解并被正确提出的情况下，一定会获得一种新的功能①。

① 用我的《**纯粹现象学的理念**》* 的说法来说，存在论的基本概念和原理，是有关理性的现象学较高阶段的普通的现象学的，或者说是基本难题之系统构想的必然的"主导思想"，这些"主导思想"一方面涉及"对象一般"这种形式的—存在论的准—区域，另一方面涉及对象性的最高的区域。因此需要系统地建立起一切形式的和区域的存在论，和一种在系统的关联中指导它们本身的普遍的"范畴学说"，即需要以本质学方式建立被先验地预先规定的由该形式的区域包括着的诸区域的系统。如果在按一定方法突出现象学研究(现象学还原)的普遍基础之后，这整个工作也在现象学的态度本身内部进行，那就很显然，每一种以朴素的—实证的自明性构想出的存在论，或者这样说也是一样，即诸纯粹合理的学科，都能够被吸收到现象学中(尽管也许通过对它们的根源的澄清而能得到改善)，并因此将所完成的工作留传给现象学。如果人们由于《**理念**》一书，而将现象学的概念限制于本质的—描述的与直接直观的领域相结合的基础科学——向间接认识之整个领域的可能扩展是显然的，并导致一种作为包括一切合理科学的科学的普遍的现象学的科学——，那么一切存在论的基本概念和原理就都属于这种描述的现象学本身，并同时作为"主导思想"对它的基本研究起作用。然后所有这些都被转用于实证的事实的科学，在对这些事实科学的现象学解释中形成最终科学的事实科学，这些科学就自己本身而言是哲学的科学，它们除自己本身之外不再容许任何附加的特殊的哲学。通过在本质现象学的应用中落到它们上面的对于在它们当中作为事实而被要求的客观存在的最后解释，以及通过在这种现象学中一起被要求的对于与超越论的主观性的普遍联系相关联的客观性的全部区域的普遍考察，宇宙，实证科学的这个普遍课题，就获得了"形而上学的"解释，这不外就是一种在它背后寻找另外一种解释不会有任何科学意义的解释。但在这背后在现象学的基础上呈现出一种不再能进一步解释的难题：即在事实的世界和事实的精神生活的构成中显露出来的超越论的事实之非合理性难题，因此是一种新的意义上的形而上学**。

* 胡塞尔的《**纯粹现象学和现象学哲学理念**》第一册，首次发表于 1913 年；参看《胡塞尔全集》第一版第Ⅲ—Ⅴ卷。——编者注

** 参看附录ⅩⅦ，第 365 页。——编者注

〈b)对于自偶因论以来诸合理主义体系中的回溯方法的批评意见。前进研究的任务。〉 188

在笛卡儿学派中我们就已经观察到一种由在因果论的世界研究和神学的世界研究之间进行调和的动机而向形成形而上学的进展,同时观察到按照数学的典范以所宣称的精密方法形成一种先验的存在论。在后一方面当然是指**斯宾诺莎**以及他的《**按照几何学方法证明的伦理学**》(***Ethica ordine geometrico demonstrata***)。任何遵循理论以外的动机而对于天启的宗教和神学之需要的考虑,对于他都是格格不入的;相反,他以冷酷无情的态度试图由纯粹公理式的基本规定出发,并以严格演绎的方法,阐明一种无神论的存在的学说和神的学说以及一种伦理学。

偶因论者的情况则不同。笛卡儿的哲学连同它的两个实体的学说——这种学说按照与自然科学相同的方式与方法要求一种精神科学,并且赋予这两种科学以绝对的意义——,在形而上学方面似乎是通向一种因果论的世界理解,这种世界理解不能满足宗教 189
的要求以及与此紧密联系的伦理学的需要。因此在偶因论中,并且还是在斯宾诺莎主义产生影响之前,就已经产生一种尝试,即形成一种在宗教—伦理学的要求指引下的形而上学。自从斯宾诺莎的《**伦理学**》问世以来,对于这种尝试的推动力变得更强烈了。斯宾诺莎的《伦理学》是作为由新的数学的自然科学指导的形而上学之纯粹结果出现的,并且肯定引起了极大的反感。由神中生成一种数学的本质,这种本质缺少一切真正精神的谓词。通常世界理解中的物质的和精神的实在东西由这种绝对的实体中产生,变成

了数学结果的定义之以数学方式由定义方面的原因的定义中产生。在这种僵硬的数学的一致性体系中，没有为自由、目的性活动，为神的目的论，留下任何余地。——以后的发展本质上是受下面这种哲学需要支配的，即将原因的与目的的世界理解，自然的与精神的，数学—机械的必然性，与人的和神的自由调和起来。正是这种调和的推动力，赋予这些形而上学的尝试一种并非不重要的方法上的特征，这种特征同时是由于必须考虑到自笛卡儿以来就起作用的自身封闭的*思维之物*（*res cogitans*），直接地只能意识其自身的精神之动机，而共同决定的。

如果 19 世纪末人们谈到康德的理性批判的解释，谈到“超越论的方法”，人们就与我们在这里所如此描述的相反，是以此指一种奇特的回溯的和进行构成的方法，这种方法按照下面问题的意义探究客观有效认识之“可能性的诸条件”，这些问题就是：对于进行认识的主观性而言，必须将什么东西当成前提，它的诸认识能力如何一定会被设定，在它当中被分成阶梯的直观活动和思维活动的诸认识功能如何一定会被设定，它们如何在形成认识时一定会起作用，因此对一种真正的客观性的认识会以自在有效的真理和科学的形式成为可能的和可以理解的？调和的形而上学从一开始
190 就是在一种相似意义上的重构，并且在我看来，重构对于认识论所获得的巨大作用，在这种进行重构的形而上学中有其原初的历史的根源①。

首先就后者来说，那种仍然坚定地停留于独断论之中的哲学，

① 参看附录XVII，第 365 页。——编者注

一方面面对着新的客观科学意义上的世界，数学的世界，数学自然科学的世界，以及按自然方式构想的心理学和精神科学的世界；而且这些科学及其世界想要被看成是绝对的。另一方面，从有宗教和神学以来就预先给予了作为世界创造者的，作为最终原则的上帝，整个世界按照意义和存在都是从它那里产生的，在这个世界中包含着自由的理性生物，在它们当中，由自己的逻辑的和伦理的良知而来的对自身负责与对上帝负责交织在一起，自己的自由决定和行为与最万能的上帝的全面决定交织在一起。此外宗教的要求——它至少是被这样理解的——中还有：一切事实性存在的内容，甚至这些存在的一切法则性东西的内容，而且还有一切被最终承认正当的理想规范的意义和绝对有效性，都一起在神的精神中有其目的论的根据。实证的真理与神学的真理想要达到调和的统一，而且必须达到调和的统一；并且与此相一致：神的存在和有限本质的存在也想要而且必须达到调和的统一；上帝的理性与意志，人的理性与意志，也想要而且必须达到调和的统一。形而上学作为有关绝对意义上的存在者的科学，因此被迫走上了构成的道路：我们如何必须首先编造一个自然的世界，客观科学的世界，以便它能够成为一个上帝创造的世界，一个可以按照目的论理解的世界？因此这种方法上的程序与神学——如果神学也想按照所谓自然神学方式使它的神学学说变成可以合理理解的——在任何时候都必须遵循的程序是相似的。但是能够被神学承认的东西，哲学却无权得到。哲学不允许有任何先在的教条，不允许有不管怎样形成的预先的信念。哲学的本质的确就是想成为被绝对奠立的科学，或者更直截了当地说，想成为**纯粹的**科学，而且仅仅想成为科学。

从原则上说，它只能从绝对可理解的原初根据出发，并且沿着一条绝对无先入之见的、在每一步骤上都能从自明的原则自身证明为
191 正当的论证的道路上升。它的程序只能是并且只许是前进的。

从某种意义上说，甚至每一个科学的研究者都是以构成的和回溯的方式行事；他是按照他的进行创造的思维进程行事的。一切创造都以预先推定为前提；如果预先没有要探求东西和要产生东西的主导表象，人们就不可能探求任何东西，不可能企图产生任何东西。这个创造者要事先尝试以想象的方式形成诸条可以通过已确立的作为诸阶段的诸真理而通向被预先推定的结果的诸可能的道路。但是通过所有这些得到的只是一种估计和一种暂时的盖然性[①]。于是随后就是真正要完成的有成就的工作；它以前进的方式从已牢固奠立的东西出发向建立在它基础之上的东西过渡。但是这项工作在真正上升的奠立工作中是向前进行的。这样，可以理解的和具体而全面的认识才真正按照道路和目标被获得了，在通常情况下这种认识在这两个方面不仅丰富了，而且还常常显得与最初的估计不同了。

第二十七讲：〈关于形而上学与认识论。莱布尼茨的单子论和康德的理性批判之意义。〉

据此我们就理解到，独断论的合理主义决不能导致一种最终

① 参看附录 XIX，第 377 页以下。——编者注

有效的哲学，尽管是由于与经验论完全不同的原因。合理主义不外是古代柏拉图主义的延续与变化；下面这样一种重要的原始思想在这里持续地起作用，即真正的存在是可以理解的概念式的思维的相关物，是逻辑判断的相关物。但是近代的合理主义是由以下这一点规定的，即由于**笛卡儿**，进行认识的主观性——作为进行经验的和进行逻辑思维的，而且也在其他任何意义上进行意指和作决定的主观性——以其纯粹内在性而变成显然的。现在它要求一种作为绝对的基础的考察，为进行认识的自我显现着的和真正的世界，就是在这个基础上或在这个基础中被构成的。现在一切都取决于如何理解这个要求。

如我们早先已经指出的，笛卡儿将我思（*ego cogito*）当作一切 192
客观科学之建立的绝对的基础并同时赋予特殊科学以及包含着特殊科学的形而上学以统一性和最终有效根据的尝试，没有成功。因为笛卡儿尚未能看到下面这样一种必要性，即我思的领域作为超越论经验之范围（或者说得更确切些，本质学直观之范围）要成为一门描述科学的课题，并且必须在纯粹内在的研究中表明，在这里如何在纯粹意识中并且按照固有本质的必然性，包含着作为认识形态的诸客观形态之一切可能性。

从那以后直到**康德**，内在的主观性以及它的主观体验过程的自明性，并未能从目光中消失，但是，这种内在主观性在自己面前有了直观的世界以及为它规定真理的现成的客观科学，这种主观性有其宗教的和道德的信仰，现在它对它们进行反思：必须如何改变对实在东西的想法，实在东西必须被如何解释，才能满足科学的、宗教的和道德的要求，——同时还要能满足认识的内在性所提

出的要求（但并不是最低限度的满足）。形而上学作为有关处于其绝对现实性之中的存在者的普遍学说，最终取决于对内在地进行的认识之解释。

当然，正如有关自然和精神的客观的科学一样，一种普遍的存在理论也可以**直向地**，因此就是按照实证科学的方式，被构想出来。在弄明白纯粹数学和应用数学间的划分之后，就也能通过与经验的，尽管也是以数学方式形成的科学相区别，为自然构想一种**纯粹合理的**科学，一种先验的科学，换句话说，一种有关自然的先验的**存在论**，一种不是关于事实的自然，而是关于理想上可能的一般自然的科学；正是在如同几何学不是关于事实的空间及其形态

193 的科学，而是关于理想上可能的空间形态和理想上可能的空间的科学一样的意义上。同样，可以尝试并构想一种有关心灵的存在论，最后，可以尝试并构想一种有关可能的一般实在的**普遍的存在论**；但这完全是以数学家们确立他们的先验真理的朴素态度进行的，不关心任何认识论。有关这种有建立存在论之企图的学科之另一些表现，是形而上学的或合理的自然理论和心灵理论，以及更广泛地说，合理的宇宙学和神学。**斯宾诺莎**的《**伦理学**》就已经是一种纯粹合理的形而上学，它应该在自身中包含一切特殊的存在论。

但是，当这些尝试冒充是最终有效科学时，与这些尝试相对，在其中被要求结果有绝对有效性和有形而上学价值的那种朴素性，就一定会被感觉到。那时，形而上学就是这样一种称号，在这个称号下总是要求有关存在的最终有效认识。但是自从随同**笛卡儿**的《**沉思录**》而出现了关于在进行认识的主观之内在性中客观认

识之可能性的问题以来，一切客观科学之价值，因此一切朴素的形而上学之价值，一定会显得是成问题的。在进行认识的自我（*ego*）之内在性中，进行着“清晰而明白的”认识活动，进行着对于科学之合理的理论研究活动。如此被认识的东西据说事实上是存在的。事实上存在的东西是可以合理认识的，而被合理认识的东西是真的，是作为认识的判断从概念上对其规定的东西而“自在”存在的。但是，如果认识者及其全部认识形成活动只是在自己本身中，在他的纯粹主观性中，形成他所形成的东西，那么一切科学都以之为基础的这种合理主义的基本信念如何能够坚持到底呢？如何能够说明呢？一切科学上的创立，不管它们是经验的，还是先验的，在后一种情况下，它们由于它们原则的普遍性和确真的自明性而可能被称作是形而上学的，都需要按照“意义”和“有效范围”进行解释，即需要认识论上的解释。关于这些认识论上的解释一定会提出来并解决的问题，涉及在认识活动之内在性中实现的认识成就之“认识价值”。

因此，只是在这种情况下，才能有最终的哲学的真理，或者说，
只当形而上学仍然是最终哲学真理的称号和最终原理的称号时，194
才能存在一种真正的形而上学。在这种情况下，在广泛意义上它包括一切客观的、通过认识论解释而摆脱了朴素性的科学。这是方法上的信念。这些信念通过笛卡儿推动的影响，早已在合理主义哲学中得到承认，早已决定了**莱布尼茨**的整个哲学研究，后来又以新的更大的力量在**康德**的理性批判中起作用，并且在19世纪又在**新康德主义学派**那里，尽管大多是肤浅化了地，重新复活了[①]。

① 参看附录XX，第381页以下。——编者注

但是现在的问题是，认识论上的解释以及在这里完成的全部认识论的工作，是以什么样的方法进行的。下面的情况是可以理解的，即人们首先从承认科学开始，这与普通人在生活中承认经验世界是不言而喻地在此存在着的现实性完全相同。普通人甚至在经验之一致进展中就体验到——或宁可说是朴素地实现——经验之得到证实的自明性，而经验的力量就在于这些被经验的事物之不言而喻地、直接地为我在此存在。同样地，谁独立地，明智地仔细研究过一种科学，他就会确信理论上证实的东西以及它的真理。但是，如果人们，如这种态度很容易导致的那样，将人们承认的客观科学陈述与认识论的问题提法联系起来，譬如将心理物理的知识作为联系环节编入到认识论的思考之中，那就会产生一种危险的方法上荒谬的混乱。经验主义者**洛克**就以粗糙的，笨拙的形式犯过这种错误，而进行哲学思考的自然科学家以及从事自然科学思考的哲学家，直到我们今天还在犯这种错误。——这是一种普遍存在的现象。

尽管这种指责不能用于18世纪的伟大哲学家，如莱布尼茨和康德，但是在他们那里仍然非常缺乏为一切科学以科学方式真正从认识论上奠立基础所依赖的那种最终的和纯粹的方法意识。这
195 里特别需要的，是一种普遍的，在某种程度上可以说是过分认真的，方法上的确定：一切认识，从朴素的经验认识直到一切科学，必须被当作认识论上可疑的来对待，并且按照这种可疑性的意义，一切认识（它们的被以为的对象，同样还有被认为是规定该对象的真理）应该一起仅仅被看成是现象，而不将它们当成有效的认识来拥有，也不将它们当成有效的真理来使用。但是对于处于超越论的

主观性之中的我而言，现象就是全部认识，因此这种真正的和纯粹的方法作为首要东西所需要的，无非就是设定这个事实上是一切给予性当中本身是第一位的东西，即“绝对”自明的超越论的主观性。另一方面，一切不管多么不言而喻地被预先给予的客观东西，感性世界，以及规定着这个感性世界的科学，只允许被设定为经验活动的被经验之物，有关科学地形成的某种判断体验的判断内容。如果对于主观性及其现象的普遍领域的这种突出是有意识地进行的，那么下面的这个步骤就是很容易想到的——并且人们可以使自己从经验主义方面注意到它——，即这样一个步骤：现在人们对自己说，这里就是一种能够并必须加以系统研究的可能的、奇特的、完整的研究领域。

但是历史上的认识论并没有以这种方式行事。尽管它们事实上也将它们的疑难的认识，不论是感性的经验和经验判断，还是纯粹合理的概念和判断，还是整个的科学，如数学，精密的自然科学，都当作现象来使用，并且尽管这些认识的有效性只表示可以主观上理解的根据之内在特性；但这种研究方法仍然不是一种方法上有意识的研究方法，那样的方法首先确信超越论的主观性是原始基础，并且将在这种原始基础之上的认识形成当成系统研究的课题。将认识的形成物当成现象来拥有，并对它们提出有关它们的客观有效性之意义的问题，是不够的；人们必须使自己明白，这些现象首先必须当成现象来研究，并且作为意向性之现象需要一种意向的说明。

当然首先是进行预备性探索的一般思考为解释提供某种主导 196
的动机；例如，当**莱布尼茨**按照以下方式反思感性与思想时：在单纯感性经验中我在感官上受到刺激，这种感性东西作为与我不同的东西刺激我；在思想中，我纯粹是由于我本身的原因而行事，纯粹的概念摆脱了偶然的经验，它们是由我的纯粹本质中获得的。在一切先验的洞察之中都显露出一种属于主观性之纯粹本质的法则性，这种法则性肯定是作为本质的法则性为一切主观性所共有的。那么感性经验以及由它所决定的经验法则的情况如何呢？纯粹概念作为我的纯粹知性本质之原形式，在经验科学中如何在赋予形式时起作用呢？如果经验的认识作为客观的认识变成可以理解的，那么在这样的进展中，感性应该如何解释，接下来，感官上经验到的自然，以及自然科学上认识到的自然，应该如何解释？

我不想往下追问了，但是很显然，不论是纯粹合理形式的进行思考的认识活动，还是有关具体自然客观的经验，都没有得到直接研究和系统的意向的本质分析；并且很显然，这样一些考察方式只能被看作进行预备性探索的预先推定，而不能看作是理论。当有关的现象远没有被当成分析的任务，就完成了重构性的思想形成物，就对于这种或那种认识成就得以实现的可能性条件，或者一种可合理理解的认识世界的可能性条件进行探索，然而在这样做时，感性的结构（譬如作为杂乱无章的思想活动）以及思想活动的结构并没有被真正研究，而是被假定时，在这种情况下，就没有真正的分析。一位像**莱布尼茨**那样的直观思想家，在即使他的天才想象力也不能预先推定适当的直观的地方，当然不会虚构任何东西，因此他的整个单子论就是对于历史的最出色的预先推定之一。谁要是完全理解它，谁就一定会赋予它一种重要的真理内容。**莱布尼茨**在感知，从感知到感知的径直过渡，以及特别是关于并非真正现

前东西，然而却以感知方式被意识到的东西的代表等等题目下，对
单子的根本特征进行研究时，把握住了意向性的根本特征，并以形 197
而上学方式对这种特征进行了理解。但是从整体上看，他仍然停
留于偶然觉察到的东西中，停留于预先推定和虚构中。

尽管康德非常专心于系统研究，并且事实上在一种深思熟虑的系统学方面取得了进展，但也没有看到对于一种真正的超越论科学来说不可缺少的方法。他的方法与莱布尼茨的方法很相似，如果他以为自己与莱布尼茨相去甚远，那是由于莱布尼茨哲学的真正意义只是在我们今天根据对散见于他的草稿、书信、短篇论文中的思想之更充分的认识才能够展示出来。确实，人们可以说，康德的整个研究事实上都是在超越论的主观性这个绝对基础上进行的。此外，他还以一种空前的直观力看到了这种主观性中的一些本质结构，这些结构具有无与伦比的重要性，而从前没有一个人猜到它们。在康德的理性批判中有一系列重要发现展现在我们眼前，——然而这些发现不仅难以理解，而且从方法上讲是以这样一种形态奠立起来的，以至于我们不得不说：康德的理性批判与莱布尼茨的理性批判一样远离作为进行最终奠立的和最终被奠立的科学的超越论哲学。回溯的方法上的操作在他那里起着最重要的作用：纯粹数学如何可能，纯粹自然科学如何可能，等等；我们应该如何设想感性，以使得纯粹几何学的判断成为可能；感性直观的多样性应该如何达到综合统一，以使严格的自然科学，因此使自在有效真理之中的有关经验客体的规定成为可能？康德自己要求“演绎”，并且实行了“演绎”，这种演绎他以形而上学方式和超越论方式称作对直观形式的演绎，对范畴的演绎；图式论，纯粹知性的基

本法则之必然有效性等等，也同样是演绎出来的。但是，它们不仅仅是被演绎出来的，而且当然也不是在通常意义上被演绎出来的。然而它却是**构成性的**思想程序，接着它而来的是随后的直观，但并
198 不是自下而上的，由显示到显示地对于意识之基本成就进行直观进展的阐明，而且根本不是按一切向反思敞开的照准方向进行的阐明。在康德那里，进行构成的意识之在某种程度上可以说是最内在的方面，几乎根本就没有被涉及；他所专心研究的感性现象，已经是被构成的统一，具有极其丰富的意向的结构，这种结构从来也没有受到系统分析。虽然判断同样也起着根本决定性的作用，但是关于判断体验的现象学，以及有关存在的命题及其如何在判断体验的变化中达到统一的方式，却未进行任何探讨。因此，虽然看到了纯粹主观性中的非常多的形态，并且揭示出了其中的一些重要层次，但是所有这些都飘浮于一种不可捉摸的环境之中，所有这些始终都是神话般的超越论能力的成就。

如果康德不是被《**人类理解研究**》的休谟而是被《**人性论**》的休谟从独断论的昏睡中唤醒，情况也许会不同；如果康德仔细研究过这位英国怀疑论者的这部重要著作，他也许就会在这种怀疑论的荒谬性背后领悟到内在直观主义之必然的意义，以及有关超越论的意识及其基本成就之基础知识的理念，这种理念**洛克**就已经有过。

在对于使有关超越论的意识的和理性的科学上充分的理论成为可能同样具有决定性的一个主要方面，康德仍然落后于莱布尼茨。后者有一个优越之处，即他是近代理解了**柏拉图**理念论最深刻的并且是最有价值的意义，并据此将理念认作是在一种特殊的

理念直观中自身呈现之统一的第一人。我们也许可以说，对于莱布尼茨来说，直观作为自身呈现的意识，就已经是真理和真理之意义的最后来源。因此，对于他来说，任何以纯粹自明性看到的普遍真理，都具有绝对的含义。因此对于他来说，下面的情况是很容易理解的，即为以绝对自明性看到的自我之本质特征要求一种完全是绝对的含义。但是在康德那里，先验性概念却经常置我们于困 199
境之中。他用来标示先验性概念的普遍性和必然性的特征，指向绝对的自明性，因此如我们必然会料到的那样，康德会认为先验性概念是关于绝对自身呈现的表达，否认这种绝对自身呈现将是荒谬的。但是后来我们随即看到，他并不是这个意思，而且我们看到，超越论的主观性借以在自身中形成客观性（按照其正是使客观性变得可能的合理形式）的先验的法则性，却只具有普遍的人类学的事实的含义。因此康德的理性批判并没有切中绝对的基础科学的理念，这种理念决不可能在他的意义上是先验的，而只能在真正柏拉图的意义上是先验的。

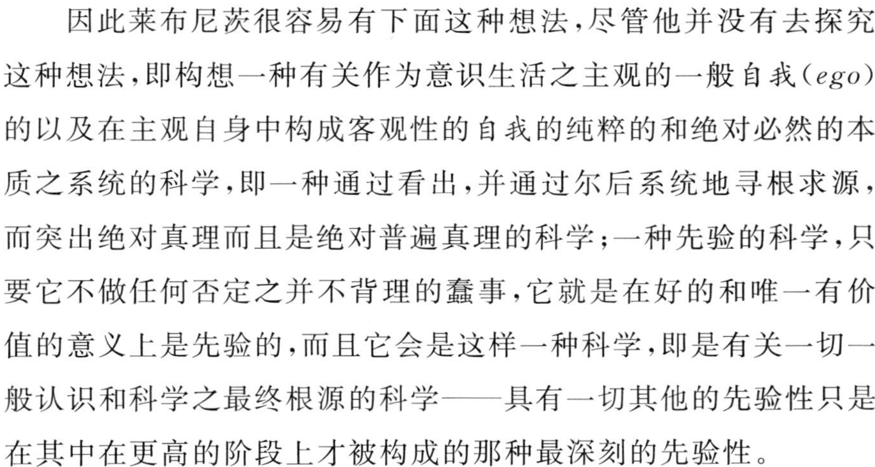

因此莱布尼茨很容易有下面这种想法，尽管他并没有去探究这种想法，即构想一种有关作为意识生活之主观的一般自我（*ego*）的以及在主观自身中构成客观性的自我的纯粹的和绝对必然的本质之系统的科学，即一种通过看出，并通过尔后系统地寻根求源，而突出绝对真理而且是绝对普遍真理的科学；一种先验的科学，只要它不做任何否定之并不背理的蠢事，它就是在好的和唯一有价值的意义上是先验的，而且它会是这样一种科学，即是有关一切一般认识和科学之最终根源的科学——具有一切其他的先验性只是在其中在更高的阶段上才被构成的那种最深刻的先验性。

增　　补

A. 文　　章 203

哲学文化之理念——它最初在希腊哲学中的萌芽①

由**泰勒斯**开始的希腊科学的根本特征是“哲学”，是摆脱了一 265
切其他目的的理论兴趣的，即纯粹为了真理而对真理感兴趣的系统结果。但是在这种意义上的纯粹的科学，不仅标志一种仅仅与其余文化形态并列的新型的文化形态。它为整个文化的发展准备了一种将整个文化发展作为整体的发展引向一种更高目的的转变。由于纯粹理论兴趣的可以说是与生俱来的追求系统普遍性的趋势，哲学不能停留于最初的很容易理解的对于宇宙问题的偏爱之中。不管世界在朴素的外在考察中怎样呈现为一切现实性的整体——它将人类作为一组从属的个别部分包含于自身之中——，

① 本文由胡塞尔发表于《**日本—德国科学与技术杂志**》第Ⅰ卷第2册（吕贝克）1923年。它形成于1922年或1923年。——编者注

它在现实的生活中对于行动者，特别是对于进行研究的人们，仍然是在“我和我的周围世界”，“我们和我们的（公共的）周围世界”这种必然的定位形式中被给予的。这个“主坐标”也一定会对理论研究的兴趣有效。作为进行认识的主观，在最高程度上，作为理论认识的主观；此外作为受到由周围世界而来的刺激的处于幸福与不
204 幸之中的主观；最后，作为从内部自由地进入周围世界中发挥作用，并以有目的的活动改造周围世界的主观——所有这些都必须在越来越高的程度上进入到理论研究的中心；而且朴素的外向的世界研究和反思的内向的精神研究必然是紧密交织在一起，并相互制约的。只要这种研究指向思想活动的以及以任何其他方式行动的主观性，它就一定会遇到最终可能令人满意这样的问题，以及与此相联系的有关应选择的目标与道路之真正性与正确性的问题。就是在科学领域本身中就肯定已经遇到这个问题了，因为所拟定的理论，只要一被卷入到有关体系的争论中，就得为它的**正当性**进行辩护。因此处于开始中的科学，为了能够成为真正合理的、能够以可以理解的方式并最终有效地证明自身正当的科学，就必须克服朴素理论研究这种最初的生成形态；它必须在**科学理论**的自身沉思中研究能最终证明自身正当的科学之**规范**，并必须据此争取最终达到一种本质上革新了的形态，而且通过有意识的目标设定而达到，即由科学理论的指引和从科学理论上证明为正当而来的科学形态。

但是类似的规范问题除去涉及通过认识而行动着的理论家之外，还涉及到一般行动着的人们。因此在这个指向绝对的规范的理念之总体的理论工作领域中，就一定会出现诸最高的和最后的问题之完整的总合。而这些绝对的规范的理念，应该以其牢固的

和绝对的有效性从原则上规定人在每一个领域中的行为。这些理念甚至可能仿佛是作为隐蔽的圆极在它们充分显现和理论上形成之前，就已经作为决定发展的力量起作用了：它们只是作为被有意识地突出强调的以及被确真地洞察到的可能的正当性之形式而曾能够获得，并且现在能够获得“真正的人性”，因为这说的并不是真正成年的人类，成年的人类本身会力求在任何时候都致力于清醒地对自身负责，在任何时候都想遵循“理性”，想控制自己，并且只是按照本身被思考过的，而且是本身被洞察到的规范管制自己；它
任何时候都想要成为有能力，有决心，从最终有效性这个最后源泉 205
出发为它的行为之绝对合规范性进行辩护的。因此帮助盲目求索的人类达到最深刻之自身意识，达到对它的真实的和真正的生活意义之自身意识的任务，就一定会以这样的方式落到哲学——普遍的科学——上。哲学的最重要职责一定会成为下面这样的，即首先赋予这种生活意义以最终合理的形态，即全面地被澄清并被理解了的，在每一个方面都最终证明为正当的理论之形态。这种系统地在诸原理科学中展开的理论，一定会通过论证而突出那种完整的规范体系，即人类为了能够成为真实的和真正的人类，由纯粹实践理性而来的人类，必须满足的那种体系。作为哲学，在有关普遍的原理的科学这种确切意义上，它本身在它的诸最终合理的沉思之联结中，必然会表明，真正人道的人类发展，再也不可能以单纯与生物体有关的、盲目而被动的发展形式进行了；相反，这种发展只能由自律的自由成为可能，首先是由真正自律的科学而成为可能，而在最高的程度上，是由普遍的哲学而成为可能，这种哲学在其诸原理性的学科中已为自己提供了它的绝对的法则体系，

提供了有关一切可能的真正的法则之普遍法则。哲学本身一定会以最令人信服的合理性表明，自然生长的历史文化，只有在一种科学上有牢固基础的而且是以科学方式条理化的文化形式中，并且——理想地说——在一种对自身进行最终理解的，由最终的合理性而来的，因此是按照可以理解的绝对的原理进行正当性证明的，并且是在实践上形成着的哲学文化形式中，才能有一种真正人道的文化之发展形态。

我们可以指出在希腊哲学发展过程中这种对于人类历史有重要意义的信念之最初的萌芽和继续发展。我们完全能够从哲学最重要的人性功能的角度上——从哲学要达到人性之普遍的和最终
206 合理的自身意识（通过这种意识，哲学应该被引上真正人性的轨道）的必然使命的角度上——研究哲学（哲学如其原初作为普遍科学产生那样，按照其本质的意义必定仍然是普遍的科学）的历史。以下是对这种考察之片段的粗略概述，更多地是作为对真正彻底地实行之要求的概述，而不是作为对已经完成了的成就之权利的概述。

……[①]。

让我们概括一下。道德实践家**苏格拉底**第一个将一切清醒的个人生活中的对立，即在模糊的意见和自明性之间的对立，置于——道德—实践的——兴趣中心。他第一个认识到理性之普遍方法的必要性，认识到这种方法的根本意义就是对理性之直观的

---

① 文章接下来的部分是《**第一哲学**》第一讲，第 8 页第 23 行至第 10 页第 31 行* 从“最初的，朴素地指向外部世界的哲学……”直到“关于这种本质一般”的文字。——编者注

* 凡所引本书页码，均指德文版页码，中文版用边码标出。——译者注

和先验的批判；或者更确切地说，就是以作为一切最终有效性源泉的确真的自明性而圆满实现的进行澄清的自身沉思。他第一个看出作为普遍的和纯粹的直观之绝对自身呈现的纯粹的和普遍的本质之自在存在。与这种发现相关联，由苏格拉底为道德生活所普遍要求的彻底辩明，当然就获得对于实际生活按照应通过纯粹本质直观而突出出来的理性之普遍理念而从根本上进行规范化，或者说得更确切些，进行正当性证明这种具有重要意义的形态。

尽管所有这一切由于缺乏理论目的在苏格拉底那里也还没有被真正科学地理解和系统地实行，但是仍然可以认为以下情况是确定无疑的，即实际上在苏格拉底那里已经有了理性批判的基本思想之萌芽形式，这些萌芽形式在理论上和技术上的形成和极其富有成果的改造乃是**柏拉图**的不朽功绩。

柏拉图将苏格拉底的彻底说明的原则转用于科学……[①]。

因此，在这种意义上，欧洲文化的根本特征也完全可以称作是 207
合理主义，欧洲文化的历史完全可以从为贯彻和扩展它固有的意义而进行斗争的角度，从为争取它的合理性而奋斗的角度进行考察。因为一切为了理性的自律，为了将人从传统桎梏下解放出来，为了“自然的”宗教，“自然的”法律等等而进行的斗争，最终都是为了能够越来越新地奠立的，最终包括理论上的全部领域的诸科学之普遍的、规范的功能而进行的斗争，或者是追溯到这种斗争。一

① 这篇文章接下来的部分是《**第一哲学**》第二讲，第 11 页第 31 行至第 17 页第 7 行从“理论的认识活动……”到“……进行最终规范化的权威”的文字。——编者注

切实践的问题都包含认识问题,这些认识问题本身能够被普遍地理解,并能够转变为科学的问题。即使有关理性自律这个最高文化原理的问题,也必须作为科学的问题提出来,并且按照科学上的最终有效性来判定。

康德的哥白尼式反转以及这种哥白尼式转向的意义[①] 208

有关来自纯粹理性的，即来自先验的命题的，先验的原理的对象——这些对象据说可以被看作是物自身——的认识如何可能？但是这个问题立即就包含下边的问题：有关像数学自然科学认识那样的对象（客体）之经验认识如何可能？

如果我们承认，而且是通过对已经获得的经验上的普遍性东西之单纯归纳的概括（经验的概括）承认，单纯知觉的判断是可以理解的，那么这就意味着，完全可以理解（我对此并未发现任何令人惊异之处），这些判断（以直观经验中的一致性为前提），是有效的，我总是能够证实它们，而且其他人——当然是正常的人——同样也能够发现这一点。

而我们据以获得有关事物的精密自然科学判断的方法之原理的情况如何呢？因此精密的经验科学——不是描述的、依赖于知觉判断的自然科学，后者是精密的自然科学的精确认识之预备阶段——的情况如何呢？

① 写于1924年2月。——编者注

知觉判断仅仅是主观的。它的普遍有效性与同我在感性方面一致的人的范围有关。而且也撇开其他的诸方面:每一个感性的性质都依赖于我的相应的感官,以及这些感官之功能的正常与异常。

209 近代精密自然科学的方法使我们摆脱了这种相对性,并对被知觉的自然客体作出每一个人在任何时候都可以不依赖于感性的偶然性而进行检验的规定。在这种情况下,特殊的感性性质就完全从定义中消失了,它仅仅变成了方法所得出的“真正的”性质之指示物(*indices*),变成了标记。反过来,谁要是了解真正的性质,知道由此而被规定的事物对于他会**显得**怎样,他就能够在他的直观周围世界范围内形成有关这些性质的“表象”——并能够据此确定他实践活动的方向。

如果现在考察这种认识所规定的概念,那么这些概念一方面是时间的和空间的概念,另一方面是如实体、属性、关系、整体、统一与众多等等的概念,逻辑概念,普遍判断概念,但是这些概念由于自然科学的方法而具有实在的含义。人们也可以反过来说,有一些概念肯定对于每一个人和一切时代都是可以先验地理解的,并且适合于规定事物,如果这些具有客观真理的事物恰好是可以认识的话。

反过来说:如果存在有可以认识的实在的真理,一种确实是真理的真理,因此是唯一的,自在自为有效的,每一个人都能从它获得自己的判断标准的真理,那就一定会存在有一些概念,它们与对象,以及对于这些对象有效的真理,有必然的联系。这些概念不能依赖于认识的功能在个别主观那里起作用的偶然情况。在这里一定存在着一种先验性——作为共主观性的必然之物和领域,如果一切对象确实只是通过感性的知觉才原初地对于我们在此存在，就一定有一种概念体系和一种原初的真理体系，它作为原理使一种使客观自然真理对于我们的认识成为可能的方法成为可能；因此一定存在着共主观地有效的述谓之可能性的条件，如果这种共主观性包括每一个可能的、有能力理性地进行认识的共同经验者和共同判断者的话。

这显然是一种形式的思考，而更明晰更形式地表达，它本来应该说：如果我们设想诸主观与一个无限的周围世界相关联，这个周围世界对于所有的主观都是可以知觉的，而且是以这样的方式可以知觉的，即处于彼此相互理解之中的诸主观能交流它们的知觉，或更确切地说，交流它们的知觉判断，与此同时，它们实际上知道 210
自己与同一些周围世界中的事物相关联。“交流”是可能的，这还不意味着这些主观（不管它们多么合乎理性）能够在自在有效的真理中认识真正的世界。它们具有知性，能下判断，并能够具有判断的真理，它们有逻辑的头脑（或者它们甚至为自己科学地形成了一种逻辑学；它们能形成一种逻辑学，这已经就是说：它们具有知性，是理性的主观），这还不足以能够在自在有效真理中认识真正的世界。这对于一个原则上可以认识的世界，一个由对它的知觉而可以认识的世界，还是不够的。即使世界已经对它们显现出来，这也并不意味着，对于它们，世界是存在着的，并且是根本存在着的，因此是它们原则上可以认识的。为了认识世界，必须满足某些条件。我说过——即使世界已经向它们**显现出来**，以下情况本身也是可以想象的，即甚至情况不是这样，在这种情况下，它们能否达到真正个人的自身意识，并达到真正理性的活动，或者理性对于它们仍

然是一种空洞的可能性,无疑都还是成问题的。感性直观的世界显现出来,这本身就是主观将能获得真正的有关世界之认识的可能性条件,而为了这种**显现**,甚至必须认出诸种先验的条件(超越论的感觉论)。

如果显现确实使本身不是作为体验的显现,而是与显现相对**自在**存在着的,因此事实上具有一种存在的对象显现出来,那就一定可以想象,这些对象在进展着的知觉中,在从一些知觉的显现到一些知觉的显现的转变中,不断地得到证实,同时在较高的阶段上,一定可以想象一种证明方式,它与在**自在**这种意义上所要求的对象之未被知觉的那一部分相关,等等。这里要思考,在这方面,人们关于作为可能的"经验"的对象,即在一致性知觉中可能证明的对象,或者说,在可能的知觉及其派生物回忆与预期中可能证明的对象这样一种超越的对象之本质形式能够得出什么结论。

211 但是还应该思考,人们进一步假定了什么,或者说,人们能够假定或者必须假定什么,例如,可能经验的和可能经验证明的对象之敞开的无限性,这是对象的顺序对于显现之内在的时间和对象之客观的时间(这样的时间肯定与内在的时间有区别)的关系上所具有的。其次,因为每一种显现都能一再地重复,而时间对于它在共存中的个别化来说是不充分的,所以客观的共存(客观的时间性)的秩序形式就是不可缺少的,这种秩序形式一定会在显现本身的共存中以显现的方式呈现出来,正如客观的时间一定会在显现的内在顺序中以显现的方式呈现出来一样,如此等等。因此它们肯定就是关于一切可直观的对象的被直观的和可直观的敞开的形式,即人们可借以找到头绪的顺的形式,并且这些形式肯定已经属于在想象中的(在对可能的超越的对象之单纯想象的表象中的)单纯可能性,因为它们正是先验地、必然地属于作为超越的对象,即"客体"之显现的显现。

康德的空间时间论证是从以下这种未曾清楚解释的前提吸取其力量的,即感性的显现不仅可以理解为内在的感觉事实和这些感觉事实的复合,而且可以理解为**有关事物的**显现,这些事物"在我们内部"的显现中,即在作为我们的体验显现中,显现出来,并且一定能够显现出来。换句话说,我们有外部的知觉,它们一方面是我们自己的体验——作为"可内在知觉的东西",内在的显现者——,另一方面,它们却正是有关我们之外的空间时间中的此在之知觉,而这就是说:事物对我们在意识上呈现出来,并且完全是不言而喻地呈现出来的,事物总是借助空间—时间上的规定,如空间形态,时间形态,空间—时间上的位点,如此这般地在感性上被认定的,事物是自在自为地存在的,或是要求自在自为地存在,事物按照一切其所是的东西,或是按照一切由此所是而显示的东西,在体验中呈现出来,但本身并不是体验,不是主观—心理的东西。

在这方面人们一定会担心并且思考:一般地能够区分出被认为是属于被知觉事物的显现者的什么样的成分? 如果我们然后在 212
特殊的性质,即这样一些在感性的感觉事实中以心理的方式显现出来的事物性质,和空间—时间上的规定之间进行区分,那就应该在一次性的规定和可重复的规定之间进行进一步的区分。但是在这里我们发现这种区分局限于空间—时间的成分上:a)可一般化的持续、形态等等,b)个别的空间—时间位点,即个别化原则(*principium individuationis*)。普遍的空间—时间规定被个别

化，并且**由此**感性的性质被个别化。

因此在这里应该思考：什么东西构成空间—时间的规定与特殊性质的规定之间的根本区别？在这里出现了“空间”的名称和“时间”的名称，不是作为诸性质，而是作为空间—时间的诸性质通过个别化以某种方式与之适应的普遍的形式。在这里就有在康德的论证中出现的稀奇古怪之处：如果我们在想象中以某种方式使知觉消失，如果我们想象消除知觉的客体，那么剩下的就是知觉客体的形态在其中占有一个确定位置的“一般的”空间。在这种情况下我们所有的就不是事物，而是一块空虚的个别的空间。如果我们在所有的事物上都这样做了，那么剩下的就是一般的空虚的空间，个别的空间—时间形态之纯粹的普遍的形式，因此是知觉之诸可能事物的以及诸可能事物一般的纯粹的和普遍的形式。每一个事物都随身带有普遍的空间，都能从每一个知觉事物出发实行一种在可能直观进行中的无限性，每一个事物都是可“以几何学的方式”运动的，由每一个事物出发都可构成无限的空间，而且这是由每一个事物出发都可产生的同一个空间，如此等等。

空间之直观必然性的意义是什么呢？这种意义就是作为可能知觉之只能空间—时间上直观的事物的可能事物之必然的个别的形式。如果我随便地改变某一个知觉上显现着的东西或者一个可能显现着的东西（在纯粹想象中），那么我在视觉性质，触觉性质等

213 等方面就没有获得任何必然性。在这里引起我注意的至多是**某一个**感性认定活动的必然性。与此相反，我却一般地发现（想到）空间形态和空间位置方面的必然性，即发现下面这样一种必然性，即只有空间的（和时间的）“性质”按照位置被个别化，而且这种个别

化一定是在一般的空间和时间中实行的，因此一切形态都被“记入”这两种形式中。其次，我还发现在形态之可能的同一的保持之情况下，位置改变的必然可能性（直观的运动之可能性），发现直观地构成地产生一切可能的位置、变化和形态之诸形式的可能性。因此在这里我发现了一种本质的法则性，它“直观地”存在着，并且为一切能预先给予的知觉的显现（被知觉的对象本身）之可能的改变，并因此为一切可能的“显现”规定法则。（超越论的感觉论：可知觉性之可能性的诸条件。）

与此相比超越论逻辑的情况如何呢？总是显现着的客体，事实上被给予的客体，当它们满足超越论的—感觉论的条件（特别是满足必然的空间—时间条件）时，也会是可以在精密的自然科学上认识的客体吗？是可以在它们的个别存在中，并且按照它们的个别的规定而规定的吗？作为形式法则的数学法则满足可能的个别化吗？

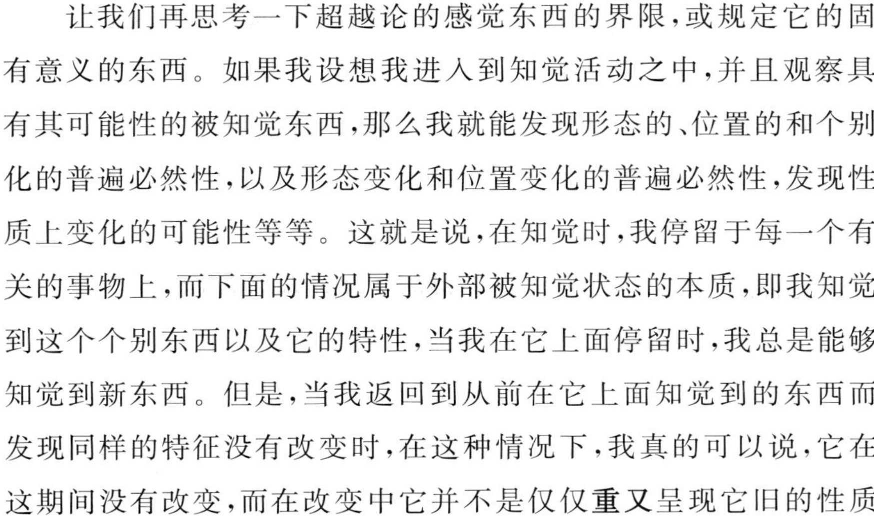

让我们再思考一下超越论的感觉东西的界限，或规定它的固有意义的东西。如果我设想我进入到知觉活动之中，并且观察具有其可能性的被知觉东西，那么我就能发现形态的、位置的和个别化的普遍必然性，以及形态变化和位置变化的普遍必然性，发现性质上变化的可能性等等。这就是说，在知觉时，我停留于每一个有关的事物上，而下面的情况属于外部被知觉状态的本质，即我知觉到这个个别东西以及它的特性，当我在它上面停留时，我总是能够知觉到新东西。但是，当我返回到从前在它上面知觉到的东西而发现同样的特征没有改变时，在这种情况下，我真的可以说，它在这期间没有改变，而在改变中它并不是仅仅**重又**呈现它旧的性质 214

吗？我只能察觉那些落入到我的现实的知觉之中的变化。另一些变化是我推测的，我并没有知觉到这些变化，我并没有通过知觉而确信这些变化，或事后能确信这些变化。但是，无论如何，在知觉达到的范围内以及应该能够达到的范围内，甚至在可能的知觉被假定的范围内，肯定是充满了必然性的：即应该能够对我显现的东西，一定会满足"超越论的—感觉论的"条件。

如果我假定**未被知觉到的**不变与变，那是由于：我虽然没有知觉到它，但是借助于适当的校准，我本来能够就此知觉到它，并且在这种情况下，这种不变与变一定能够满足感觉论的条件。因此我可以在必然的空间形式中虚构诸种自由的变换，并且能够将属于空间形式的本质法则作为可能经验（作为可能知觉的可能经验）之诸对象的可能性条件揭示出来。

但是现在的问题是：当如同对于应该能够成为可知觉的事物必然所是的那样，感觉论的条件得到了满足时，肯定**哪些**条件得到了满足，使得一个**事物的对象**，当它真的存在时，一定会成为可认识的，即使它并未被知觉？因此，就已经考虑到了一个事物之未被知觉到的东西。一个事物是空间—时间上的存在物，我们的意思是说，是在它持续存在的每一个时刻，在它对于每一个时刻的形态之每一个空间位点上，都自在地是它所是的东西。因为认识者一般只有由他的知觉和记忆才能知道事物实际上是存在的，因此问题就是：在感觉上现在被给予的以及曾经被给予的对象方面，必须满足什么样的可认识的法则性，借此对认识者来说，对这些感觉上的事物的以及超出该感觉东西的世界的认识成为可能的，因此，对他而言，实存着的世界的真理被奠立起来，并且能够被奠立起来。

我们如何能够由对象在被知觉的或被记忆的位置的和时间的如此存在中表明的和已经表明的东西,向没有在知觉上给予的东西"推论"呢[①]?(这就是休谟关于事物推论问题。)只当这种没有在知觉上给予的东西作为有关未被经验东西的个别的实在的存在之规定而成为可能的,才能合法地谈论有关真正存在的世界,甚至能更一般地谈论也许实际上存在着的(可能的)世界。 215

或者更确切地说:可能的"直观"之事物、对象本身必须满足什么样的条件,就是说,必须以一般的、所谓形式的普遍性具有什么样可认识的特性,并且是作为原则的必然性的可认识的特性,由此可能的直观的对象,才同时会是可能经验认识的(能根据经验,根据一致性知觉实行的合法预期和判断的)对象?换句话说,——由此,个别地进行规定的,并且可由每一个合理东西表明的真理,才会是可能认识的,而且就**一切**应归于事物本身的规定而言,是可能认识的?

与此相联系的,或者说在这当中包含的,还有下边这个问题:因为事物的可知觉的特性是感觉上的偶然的东西,并且只服从于在空间—时间上"形成"这个必然性之法则,因此就已经能预见到,具有其感性特性的感性对象一定是先验地被规定了的,它们一定服从一些规则——使某些个别的规定成为可能的形式之规则。

a)但是现在我们在世界借呈现给我们的被给予的知觉的多样性这样一个事实上,发现下面这种令人惊异的东西,即对于每一个

① 这种"推论"暂时是一种预先推定的确信,有关未来的预期。但这是有关在经验上奠立的述谓概念和判断的前提,因此是有关实在的现实性东西之经验真理的前提。

认识者都存在一种法则性和有规则的依赖性,即他有一个**身体**,一切其他事物的显现都依赖于他身体上的显现(显现上的特征),而身体的显现则依赖于"身体自身"。

也许可以理解为:对于这只通过闭上眼睑"使之不起作用的"
216 触觉上改变了的眼睛来说,一切视觉上的显现都消除了;对于视觉上被改变了的,"被烧伤了的"手指而言,外在的特征显现不起作用了,而是出现了异常的特征显现,如此等等。身体是一个由器官构成的系统,这些器官通过联系而彼此起作用,需要详细描述的是,当我们从器官本身转向它们的显现的多样性时,在这里,这些显现的多样性是如何彼此相互依赖的。

但是在这种功能上的依赖中,标明着经验者和认识者自己的身体的、并且只有他才能达到的诸内在的显现,是彼此紧密交织的;这些内在的显现从它们方面又是与经验者和认识者的心灵生活之所有其余的活动相联系的,而这种生活又是只有他才能直接地从知觉上进入的。因此事实上我们对于每一个经验者都有一种特殊的相对主义,他总是只能说,事物如何处于对他的身体的关系中,而身体如何处于"对自己本身"的关系中。为了一个事物和一个世界能够对于许多人同时在知觉上存在,必须满足超越论的—感觉论的充分条件,但是即使情况如此,这也并不意味着,被许多人视为同一的事物在显现的每一个特征方面对于所有的人都是相同的。也许可以想象,一种共主观地取得的一致,就是说,一种"共同的外部的知觉",是可以实现的,但是并非不同主观之一切知觉陈述都是相一致的。对于个人或对于每一个特殊的人,也许都可能显现一个一致的知觉世界,并且这个世界作为同一个世界被所有的人视为是同一的(正如它在宏观的规模上一定会显现的那样,以此诸个人一般而言才能处于移情作用之中),然而也许不会发现任何在一切特征上都是共同的世界。另一方面,也许可能对于许多人来说存在一个这样的完全的共同性,但并不是对所有的人都存在,就是说,存在的是具有异常例外的共有的共同性。也许每一个人都可能有自己的身体规则,或者一般来说,所有的人有相同的身体规则,然而个别的例外的个人又没有,如此等等。

更仔细地考虑,在这里可以说:我们早该区分:α)个别主观对一个事物或事物的关联的连续一致的知觉之可能性的条件;β)正是这种作为可交流的知觉的(以及记忆的)连续一致的知觉之可能 217
性的条件。

此外我们还要询问可认识的对象性的规定。单独的知觉对象,一个被单独地设想的个别的主观之单独的知觉对象,必然会具有什么样的结构,并且具有什么样的可在知觉上把握的结构呢?此外,如果知觉客体的诸规定可能是可交流的,这些客体一定具有什么样的特性,而且是可认识的特性呢?在这里我们所想到的并不是按照其直观的内容应归于直观对象本身的那些结构,而是对于当下的经验者之身体的依赖性规则。在这种情况下问题就是:这种依赖性应该达到多么远,以及所有这些个别的依赖性之什么样的一致性规则是必然的("先验的"),和原则上一定可以认识的,以此,一切直观的特性尽管有这种相对主义(这种相对主义作为进行经验的诸个体是极其众多的相对主义之和谐),却能够是可视为同一的,譬如正如我所说的,我通过蓝色眼镜看到的一个客体的颜色,与所有其他不戴眼镜的人看到的是同一的——?

在这里将事实当成前提，将外部事物性的显现（在存在意义上的外部知觉）对于身体及其器官的显现的依赖性之事实的类型当作前提；此外将心理—物理的依赖性当成前提。这是单纯的事实吗？或者，在这里存在着一些的必然性，借此外部的显现一般而言成为可能的，以及在连续的外部的直观的经验中显现之统一成为可能的？

b）于是新的问题就是这样一个问题：显现在其空间的共存和时间的连续中必然会存在什么样的其他规则，就是说这样一些规则，它们规定，在空间时间的位点上个别地实现的东西以及在直观的特征内容上能够存在的东西，如何依赖于在其他空间时间位点上实现的和能够存在的东西；更详细地说，什么样的规则一定是先验地存在的，或者更确切地说，什么样的有关特殊规则的形式、形态，一定是先验地存在的，借助于它们，当下的经验者一方面能够

218 从他的直观领域之已直观到的东西向未直观到的东西推论，而且能够不仅是在考虑到心理物理的（以及躯体的）依赖性的情况下进行推论？例如，有关过去的未被经验到的事物性方面的规定，或者一般而言，有关空间和时间的未被经验到的事物性（过程等等）的规定，未被直观到的事物内容（但它们本来是能够被直观到的）的结构，如果没有作为事物间因果性的**因果性**是可以想象的吗？对于这个自为地进行经验的主观，因此也对于属于一个可能的、相互交流的关联——对于这种关联而言，一种可经验的共同的周围世界应该是可以想象的——之统一的一切主观，问题就是如此。

但是还缺少一种重要东西。每一个人都有他的心理物理的规则以及他的直观的周围世界，每一个人都有他的感觉事实，他的感

性直观的特征。一种可认识的法则性是可以想象的吗，根据那种法则性，可以先验地（预先）构想，我，甚至每一个人，将会有什么样的按照其感性内容而言的感觉事实，什么样的显现[①]？心理物理的规则，在认识方面只能想象为是归纳的—经验的规则，这种规则的前提是，我已经有了感性事实之有关的属和特殊的种，类型，我只是譬如说在一种类比的扩展中推断它们。因此下面的情况是不可想象的，即可以认识一种每一个认识者都能据以构成无限多的多样性之无限性（敞开的无限的现实的和可能的主观之多样性的无限性）的法则性；即使上帝也不能做到这一点。那么如何能够对彼此相互交流的诸认识的主观之敞开的无限性保证世界的，共有的周围世界的可认识性呢？

毫无疑问，以下情况与此有关，即主观关于这个宇宙，因此关于一切个别事物，总是能够具有的一切显现，以及每一个主观，都是预先确定了的，甚至是可以理解的。事物在其显现中向经验者展示它存在着，以及它是什么，尽管是在与经验者的身体性，与他的主观性以及其他事物的联系中展示的。如果显现是不确定的，那么事物也就是不确定的。

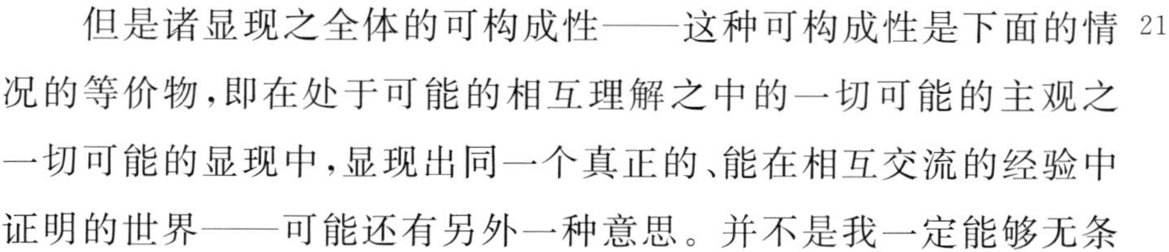

但是诸显现之全体的可构成性——这种可构成性是下面的情 219
况的等价物，即在处于可能的相互理解之中的一切可能的主观之一切可能的显现中，显现出同一个真正的、能在相互交流的经验中证明的世界——可能还有另外一种意思。并不是我一定能够无条

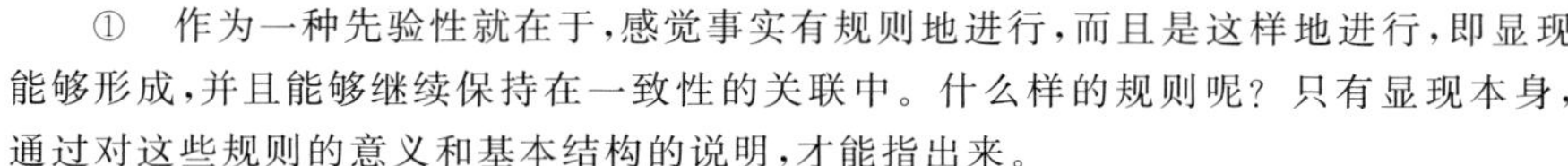

① 作为一种先验性就在于，感觉事实有规则地进行，而且是这样地进行，即显现能够形成，并且能够继续保持在一致性的关联中。什么样的规则呢？只有显现本身，通过对这些规则的意义和基本结构的说明，才能指出来。

件地构成一切可能的显现，自己的显现和他人的显现。如果假定一种不可能的理想的情况，即我能够构成全部显现（因此能够知道一切种类的感觉事实），我能够构成**我的**身体性的每一种可能变化（这种变化使我的身体的自身保存成为可能，能够引起我的身体的自身保存）；并且假定，此外我能够构成在对我身体的关系中为我提供一个一致性的世界的**全部**显现；在这种情况下，下面的情况决不是已经给定了的，即我能够构成所有其他可能的认识主观在对这个世界（这个世界对于我是可以进入的）的关系中都一定会具有的那些显现；尽管他们和我正是共有这同一个世界。他们可能具有的那种身体甚至带有我原则上不可进入的、附属的、心理—物理的规则和感觉事实。

但是如果假定，我发现了一种认识方法，能够这样地由我的显现而获得非感性的事物性规定，以至于每一个其他人都能够将这同一种方法运用到意义上，进而还使得他一定能够发现同一的非感性的事物性规定；那么情况就可能是这样，即我们大家借助**这些**规定会获得一种以回溯方式、并且根据这种方法构成属于这些规定的显现的手段，而且每一个人都构成他自己的、也许对其他人而言是不充分的、或者甚至是不能进入的显现。一定能够构成一种方法和一种按一定方法进行判断的成果之体系，这些判断成果不同于感性经验判断，完全可能是一切理性认识者的共同财富。这些作为对于每一个人都绝对有效的真理而可以认识的判断成果，个别地并且充分地规定每一个世间的存在物；然而却是在下边这种意义上充分的，即每一个人都能从他的直观出发，以对从属的直观的多样性进行构成的形式，以对可能的知觉进行构成的形式，建立起这些非直观的规定之直观的意义。

但是毕竟没有必要假定那种理想的情况。只要每一个有理性 220
的人，从他的直观范围出发，能够不断完善地学会一切属于这里的经验规则以及运用方法的规则，并越来越扩大对于一致的显现之领域的支配，而且通过这种扩大本身获得对于继续进步的可能性之保证，以及对于继续接近一个作为可能的自在真理之基础的能合理假定的世界本身的可能性之保证，就足够了。在这里，仍然有先验地思考的余地。特别是，所有的主观并非必然地都是理性的，所有的人并非必然地都具有能够充分地从事认识的，能为客观的认识提供必要前提的体格。即使所有的"人"都体格健康，其中也可能有身体方面和心理—物理方面的"低能者"。

但是世界的存在以理性的正常的主观性为前提。

这的确是由这整个的考察明显可见的东西。而且这并不是以任何一个事实的理性的主观性为前提，而是以这样的主观性为前提，即它的感性服从于普遍的规定，它的形态与特征只有在通向作为认识之现象的自身构成着的世界的道路上才能被想象为是可以表达的。

有自然态度的人对这个世界的事实之根据的询问，在超越论的内在态度中，转变成对于这些事实的主观性之存在根据的询问和对于事实上在这些主观性中实现的对世界的构成之根据的询问，其中包括对这种构成之可能性的一切事实上已实现了的条件之根据的询问。在这里起作用的"根据"这个概念可能有什么样的意义，使我们不满足于停留在这种事实之上的东西可能是什么，这是一个新的问题，这个问题指示我们去进行更高阶段的超越论的研究。

现在也许会产生这样一个问题，即这种方法作为奠立绝对客观有效的判断与真理之方法，本该具有什么样的形式。事先就清楚的是，客观理论的一切概念必须是纯粹逻辑的概念，但是，以这种方法获得的这种纯粹逻辑概念却获得了实在的含义。

221 与同一个事物，并因此与每一个事物关联，并且应该能够关联的一切主观之显现，在可能的共主观的交流中，必须本身是确定的。每一个主观都一定有进入到每一个尚未被经验的事物的通路，一种或多种直观的途径——而且不仅是以这种空洞的普遍性具有，仿佛自由的想象可以随意地让感觉上互相一致的直观去充当这些途径（躯体功能的空间时间的途径）；而是一定存在着对作为被完整规定的显现进行预先推定的可能性。

在这里可以考虑一种具有其若干种样式的、在一切进行理解和判断的思想之前必然和作为知觉与记忆的经验交织在一起的、**预期**的功能。预期与联想相关联，并且受一些可以认识的规则支配。

但是这些在主观性之中形成的统一和在其中发生的预先推定，并不符合预期，譬如不符合对于常见的结果之原因的预期。一方面，我们仍然处于个别的主观东西中，另一方面，即使在这种情况下，偶然的联想也不够用。事物显现（知觉）——据说它与“真正存在着的”事物相一致——的结果，必然是客观上确定的。偶然的联想在个别的主观中只能产生偶然的、也许又会破灭的预期。

下面的情况一定是可能的，即我在我的经验（作为预期之形成）的过程中占有这样一些知觉的系统，并且在我指向显现着的对象时，我预期作为在知觉上产生着的特征和特征复合的这样一些特征和特征复合，即我总是能够坚持地将它们设定为一致地被经验的，在预期中得到证实的——不仅是唯我论地设定，而且以后在与其他人的交流中并根据对他人的经验的了解而设定[①]。这以下面的情况为前提，即显现着的事物在其存在特性方面，服从于固定 222
的时间法则，或者更确切地说，服从于时空的—质的法则。在这里联想和预期与知觉上的并因此在未来知觉中肯定能预期的特征，相联系。

这种预期可以伸展到共主观的东西中，只要进行交流的诸主观性具有同样的和以正常状态起作用的身体性。那种包含着感性的质的规定不可能是无条件共主观的[②]。

但是如果真正的世界对于在能继续扩展的交往中的所有现实的还有可能的主观（对于“每一个人”）都是可认识的，因此如果每一个人都不仅有权利说：我认识我经验中的世界，作为**为我**的世界，而且此外不仅有权利说：其他人也认识**为自己**的世界，这个世界尽管在某些规定上被认为是同一的，但并不是**自在的真实性**；而且如果存在一个作为可以个别地和共主观地规定的世界的**唯一**的

① 补充解释：在这里考虑到了经验概念的扩展，即通过预先推定（预期）而扩展，与此同时，考虑到了在它们基本定义中的一致性形态，因此考虑到了经验的一致性之意义的扩展，在这种一致性中经验对象始终能设定为是经验上真正牢固的。

但是同时从一开始就考虑到了那个赋予一切在意识中被意识到的东西以先验统一的东西，考虑到了必然地随同已被意识到的统一和一起被意识到的统一一起被给予的统一的形态，达到统一的方式。这是联想的前提，基础，而联想本身则是形成统一的一种方式。

② 在这里的前提是感性的、主观的显现及其诸成分与主观的身体性的关联。因此就应该构想出一种有关作为躯体东西和心理物理东西之基础的先验东西之超越论理论。

世界,那么这个事物的世界就一定会是可以通过非感性的特征,即通过不依赖于经验者的“偶然的”身体构造的那样一些特征,最充分地个别地规定的。这些规定不可能是特殊种类的感性性质,但也不可能是共性东西(κοινά),也不可能是**如其在感性上显现的那样**的空间时间形态。另一方面,经验者直接所有的仍然只不过是显现而已,部分地是现实的短暂的知觉之知觉显现[①],部分地是作为重新回忆的知觉显现之复制,部分地是作为有关未来显现的感性上预先推定的预期,以及这种预期的改变(如在感性直观情况下的假定性的预期)。我的预期及其完全是感性的内容,一定是这样进行的,而且每一个人的预期本身也是这样进行的,即使得一致性总是在显现的综合中一再地确立起来(尽管这些预期有偶然的失

223 望),经验越是完善,就越是内容丰富,它总是具有下面这种形式:

即我实际上越来越好地认识事物及整个世界,与此同时将与合法的知觉和经验相反的幻觉、假象,作为纯粹主观的东西剔除出去。只要我能介入到我的经验之过程中,能够任意地参与决定知觉之过程,我就也能够将这个过程转向对于事物与世界之更准确的认识,转向通过认识而迈出到敞开的空间和由未认识的东西或已忘记的东西等等占据的时间中去。

但是另一方面,对于世界(它是**我的**世界)的这种继续“更好的认识”,还不是对于**为所有的人而存在的**共主观的世界的认识。

空间时间的位置系统必然是共有的,这些位置系统作为个体

① 但是我并没有感性上显现着的自为的事实,而是统一的形式包含着这些事实。

化之原则一定是共主观的可认识性之合法要求，借此一般而言同一的事物性东西作为同一的事物性东西才是可认识的。但是因此，一切第一性性质——持续性，空间形态，相对的位置状况——也是可共主观地认识的，尽管它们具有感性的，因此是身体方面，心理—物理方面受制约的被给予方式。与单纯感性概念相反，在思想上一定有必然是共同的实在的—数学的概念与第一性性质相对应。

当然，我们共同地具有形式的—逻辑学的和形式的—存在论的概念的全部质料，而且当然是在这些概念与知觉上被给予的东西的，与实在东西的关联中具有的。但是在这里会十分一般地考虑到属于每一个可以想象到的直观（而且不仅是外部的直观）的和属于每一个可以想象到的进行原初给予的意识（作为有关不管什么种类的对象的意识）的多样性的统一之形式和展开之形式，如相同与不同，同一性，与整体的联系，部分与整体中的部分，基底与属性，关系，等等；还有制约与被制约者，集合物，分离物；简而言之，224
所有按照主动性与被动性而属于或者可能属于一切可能的感性直观的东西，而且本身不是“知觉”的东西；但是通过这些东西，就与其他概念相比呈现出一个特殊的知觉概念，即直观概念①。

所有在这里考虑的东西，都处于具有逻各斯（*Logos*）形式的概

① a）我知觉到一个事物，我指向它，借此我在知觉体验之流（在其中这个事物继续地被知觉）中认识到越来越新的特征，或者更确切地说，我在其中将事物认识为它的诸规定。

b）“事物在显现中”向我走来并且刺激我，我趋向在 a）意义上的知觉，我有一种在这种趋向的作用下转变成现实的知觉的潜在的知觉。

念性的理性功能和判断的理性功能之前，而且这种理性功能也是在更高的阶段上加入进来的，即譬如说，不是“感性上的相同”，不是这种“**准**一性质”，不是按照“感性上”自发的对关系的理解而“感性上”自发地从这种相同东西向那种相同东西的过渡——，而是概念上相等的判断，是逻各斯 a＝b；而且到处都是如此。并不存在纯粹的感性，到处存在的都是意向性，自发性。进行理解的“知性”并不是真正生产性的；除非是通过提供一种后来与直观分离开的判断的功能，通过分析的思维活动，但首先是作为“理性”的分析的思维活动，通过获得理念，其中包括获得精确概念（获得使真正逻辑判断成为可能的逻辑的概念）[①]。但是这种能力概念在这里很少有用。

那么我们在这种康德式的分析学中看出了什么呢？

并不是这种平庸的东西：如果具有其真实性的经验对象是可以认识的，就一定能够作出有关它的真判断并能够证明这些判断。这些判断一定服从普遍的逻辑的判断形式，而这些判断形式一定会通过在应用于被经验的实在时变为现实而被特殊化；在逻辑的判断形式中所包含的存在论的概念，如对象，属性，众多等等，一定具有实在的所指，并且为了变成认识形式，被以某种方式“图式
225 化”，如此等等。相反，构成康德式思维形态之内在性和价值的东西，以及在历史中十分新颖的东西，乃是他第一个向自己提出了研

① 这的确是某种谈论得很多的东西。逻辑的认识（不是作为逻辑学的认识，而是作为科学地进行奠立的认识）将我们提升得高出低于逻辑的自发性之领域，而进入合逻辑的科学之领域。

究进行认识的(进行交往的)主观性能够达到对于实在的世界存在的合法确信之可能性的、并能够认识这个世界之可能性的先验条件这项任务。

在这里哥白尼式的转向就在于一种不显眼的东西——然而对于真正的哲学来说却是决定性的东西。在此以前人类一直是将被给予的经验世界正是作为被给予的经验世界来接受,将作为人的认识者放到世界之中,正如他实际上任何时候都作为这个被给予的世界的一部分而存在那样。据此,那时的问题只是,认识本身作为人之中的实在事态是如何实现的,还有,认识为了成为合法的,从技术上应该如何形成,如此等等。认识是世界中的一种实践目的,正如制造靴子是鞋匠的实践目的一样。

在过去,技术性的逻辑和技术性的认识论只是问:对于真理的认识,对于真正存在的认识,如何能合目的地形成?能够达到目的,并且在最好的情况下,实现目的,这乃是不言而喻的事情,正如通常情况下在技术性东西中一样。基本的规则,如无矛盾性规则,公理规则,是这种不言而喻地达到目的或未达到目的之型式,并且按照其普遍性又是不言而喻的。因此人们有世界,人们预先给予了对象性东西,各种对象性东西,并且询问:它们是怎样的,或在最好的情况下,如何能从已经自身给予的东西出发达到它们。人们预先就有了它们,人们生活于信念当中。

对于**康德**来说,问题在一个完全相反的并且是新的方向上:如果对于我来说,世界是不言而喻地存在的,我在经验中总是发现它的新的东西,并且我将作为身体的—心灵的有生命之物的我自身认作是世界中诸事物中间的事物,那么这就是为我存在的活动,并且本身是直接的发现活动——本身是一种世间的认识活动;而一切认识过程,从简单的知觉、回忆、预期、对于敞开的能由经验充实的地平线的预先推定、分离、结合、联系等活动开始,一直上升到科
226 学的认识成就,都是主观的过程。这是一些主观的意指活动的,主观的进行认识的行为(尽管这种进行认识的行为经常被称作是欺骗、假象、幻觉等等)的,所谓的主观的洞察、证明、判断、科学的论证等等活动的过程。如果在这种情况下谈论有关假象、现实性和真理的对象与关系,那么这些都是在主观东西本身中被设定的对象,都是被设定的,并且是主观地"被洞察的""真理",因此本身是归属于主观性之中的。即使世界的在我之外存在,也是一种在我之中的主观的事件,即使被经验的世界之空间与时间,也是在我之中被表象的、被直观的、被思考的东西,因此是主观地被表象、被直观、被思考的东西。这决不是贬低,而是直接指明了一种不可拒绝的,必然的事态。而这种事态本身就带有这样一个**课题**,即去理解,在自己的内在的认识活动——这种认识活动是指向朴素的认识活动和朴素的被认识之物本身的——中去理解,这种认识活动和被认识之物是怎样的,进行认识的主观性作为在它之中被认识的世界的真理性证明所能够实行和正在实行的是什么,使这种真理性证明**先验地**可能之可能性的主观条件是什么,因此主观性由固有的自律性以及通过对自身的理解合法地认识世界的存在、而且正是这个世界的存在之可能性的主观条件是什么。

如我们从其阐明中知道的,**康德**所实行的走向超越论倒转的步骤是完全独特的,这个步骤本身就实现了自**笛卡儿**以来哲学阐明的普遍特征。其实近代的问题是由笛卡儿关于我思(*ego cogi-*

to)的发现而被提出来的，这种发现本来已经就是对于超越论主观性的发现了。只不过不论是笛卡儿本人还是他的大部分后继者都没有将它理解成这样的东西。康德也不知道，**莱布尼茨**的单子论按照它的创立者赋予它的意义就已经触及到超越论的理论了；康德更不知道，他在理性批判中的重要对手**休谟**，在其青年时代的重要著作中就提出了一种几乎是纯粹的超越论哲学，但却是以背理的感觉论的怀疑论形式提出的。休谟的《人性论》在18世纪几乎没有产生影响。而且从来也没有进入康德的视野之中。

如果不考虑超越论态度方面的这些先驱者，康德的问题提法就不仅是完全独特的，而且是**新颖的**。**莱布尼茨**曾提出过一种超 227
越论的概观。但却没有提供用来澄清超越论的主观性和在其中构成的世界的真正系统的理论。而**休谟**，正如已经说过的，是个怀疑论者，他在纯粹指向认识中的自己本身的主观性之超越论的基础上试图指出，客观有效的认识乃是一种虚幻的错觉，真正的自然和世界根本就是由完全不合理的根据在主观性中产生的幻象；休谟的哲学是一种关于"似乎的东西"的哲学，因此是一种反哲学。

而**康德**则拟定了一种关于在超越论的主观性中建立真正的客观性之原则可能性的超越论的科学的理论，或者更确切地说，进行了一种最初的尝试，尽管是非常片面的，在问题的提法上受局限的尝试，即创立一种在这里非常必需的科学，这种科学通过澄清在纯粹主观性中进行的对于世界的认识之本质条件，使我们理解在其本来的和真正的意义上的世界本身。

康德的问题提法并不是充分的问题提法，因此不是真正能够清楚地解决的问题提法。人们可以将康德就超越论的主观性之特殊形式即理性所讲的东西运用到超越论的主观性之上。此外他非常清楚，在这里只需要完满性。由于他是来自**沃尔夫式的**存在论，所以他在超越论哲学中本质上也总是以存在论为指向的。他对客观实在性肯定具有的必然的存在论形态感兴趣，如果这种客观实在性是可认识的，是能奠立于自在地有效的和可认识的真理之中的，是能奠立于严格科学之中的话。我们的自然是空间时间的自然，并且服从于纯粹数学的法则，它是因果性的，对于它来说，经验的然而却是由数学的方法论指导的科学是有效的——这决不是偶然的事实。而是只当存在有关这种类型的法则性，像事物世界这样的东西才是可经验的，并且是可由经验规定的。就是说，认识者能获得在他的认识中设定真正的自然的正当性，只是因为被经验
228 的对象以其经验的方式而具有数学的和自然科学的结构。如果没有这样的存在论的形式，自然就根本不可能是可以客观地规定的。

当然，作为被认识东西的被认识东西本身是在认识中形成的，在主观的过程中形成的；尽管这一点到处都不言而喻地构成康德学说的基础，但是只当这种理论按照所有发挥功能的本质成分考虑到了在认识中有所成就的主观性总体，才能够提供真正的澄清与严格科学的解决。康德尚未能做到这一点，他只是在最初的超越论的演绎中做了一些微小的开端。后来他并没有将直观的认识的和思维的认识的这整个在身体—心理—物理诸方面生根的情况——他到处将这种情况当成前提——当成超越论的课题，因此他陷入一种令人捉摸不透的人类学主义之中，这种人类学主义有着坏的形而上学的前后一致性，并且从一开始就已将先验性概念，超越论的能力的概念，超越论的统觉的概念，置于非科学的昏暗之

中。从一个方面看我们必须说，康德提问题的方法太简单，因而他仍然没有认识到相互联系的和不可分割地属于同一整体的问题之整个体系。正是因此，出现了一种意义深奥的暧昧性环境，这个环境扩展到这整个体系中，并且直到现在也没有一个人能够完全澄清它。

另一方面，康德的不朽功绩就是，尽管他由于受他那个时代的影响，几乎仅仅定向于自然科学及其因果主义，然而他却很快就将超越论的问题进程转用到可能的客观性的一切形式上去，而这对于他就意味着转用到道德世界和美学世界上去。此外他还将对于目的论的精神世界的考察引入到他的超越论考察的范围之中。诚然这并不是十分充分的，而且他也没有向前推进到对于人的文化生活的，因此对于被给予的世界（就其不仅是自然，而且是精神世界而言）的具体的和全面的超越论问题提法。然而即使在这个方面，他也为那些不受自然科学先入之见的束缚，并且也很少倾向于过高评价自然存在的后人，开辟了一条道路。即使在实践理性批 229
判和判断力批判方面，他也是采取存在论的态度。他的超越论的伦理学包含有伦理学所做的出的一种最重大的进步；它可以被看成是对形式伦理学的第一次突破，这种形式伦理学对于具体伦理学采取一种与形式逻辑对于有关事物的科学类似的态度。但是他将这种空洞的，然而在理论上极有价值的**形式**伦理学看成就是伦理学**本身**，这无疑是一种误解。

230

康德和超越论哲学的理念

1924年5月1日弗赖堡大学康德纪念会上演讲之思想的扩展

序　言

康德诞辰200周年即使在我们的现象学年鉴上也不可以不加
庆祝地度过[①]。因为现象学在我的毕生研究所取得的根本性改进
中，在其从一种对根源进行分析的新颖地形成的方法——如其在
296 《**逻辑研究**》中首次显露时那样——到一种新式的并且在最严格意
义上独立的科学——我的《**理念**》一书中的纯粹的或超越论的现象
学——的发展过程中，表明在这种现象学与康德的超越论哲学之
间，有一种明显的本质上的近似。实际上我采用康德式的“超越论
的”这个用语（尽管与康德的基本前提，主导问题和方法相去甚
远），从一开始就是基于下面这种有充分根据的确信，即康德及其
后继者在“超越论的”这个题目下从理论上探究的全部有意义问
题，都能归溯到这门新的基础科学（至少在它们经过最终澄清而表
达出来的情况下）。如果这门新的现象学曾同时被用为现象学哲

---

① 从这句话可以看出，胡塞尔预定要在《**哲学与现象学研究年鉴**》上发表的这篇文章被搁置了。本文在这里是第一次发表。——编者注

学的开端及其普遍的方法科学，那么以此就也已经表明，哲学按照
其整个体系，从根本上说，只有作为普遍的超越论的哲学，而且也 231
只有在现象学的基础上并且按照特殊的现象学的方法，才能具有
严格的科学之形态。

下面的一些解释在这里可能是有用的。

在其早期的发展阶段——顺便提一下，有许多现象学家现在仍停留于这个阶段——，现象学只不过是一种纯粹直观描述的方法，其特征主要是一种彻底精神，它试图以这种精神满足下面这种要求，即恰如其在注意的意识目光中呈现的那样对待每一个“现象”（每一种“被给予性”，每一个直接遇到的东西），也就是一切在注意的意识目光中可能出现的东西，并且系统地确定概念，这些概念应该能够按照其给予性方式描述每一个被给予之物本身：即能够以作为从对这些被给予之物本身的“纯粹直观”中获得的概念的严格“描述性概念”描述每一个被给予之物本身。在这里一切超出纯粹被给予之物范围的意见和提问都被从原则上排除了。

每一个这样的被给予之物，都是对于将目光指向它，在进行给予的意识中具有它的主观性而言的被给予之物。而这种具有其多种形态的意识在指向它的反思本身中又成了“现象”。对象被给予，而且它们或是**作为**空洞的被以为的对象，或是作为真实地存在于这里的对象，作为以符号指示的对象，作为在摹写中被摹写的对象等等被给予。对象——譬如作为同一棵树的一棵树——是在意识目光统一中进行的和可以认出的许多给予方式中被给予的；作为一次是被间接指示的，另一次是被摹写的，第三次是被直接直观的，一次是作为述谓陈述的主词，另一次是作为关系宾词等等的同

一个对象被给予的。自我的进行注意的关注也被给予，它的确定的意指活动，它的猜测活动，它的怀疑活动，肯定与否定活动，也被给予，在“命题”的这些样式之变化中的每一种被以为的意义也被给予，如此等等。

现象学从坚持不懈地揭示所有这些主观“现象”开始，属于这些现象的当然还有任何种类和形态的一切有效性现象，自明性的和证明的现象，以及它们的相关物真理、真正的存在、正当性等等。
232 作为恰如其总是被知觉那样的直观自然的自然，具有一切主观的特征，自然是以这种主观的特征而被给予的（而**不仅**是以被自然科学当作“单纯主观的”而有步骤地排除的特征而被给予的）；这不久就成了现象学描述的重要课题。只要真正的生活世界，处于体验的给予性方式之中的世界，受到考察，世界立即就获得了无限的广阔性。它呈现出多种多样主观显现，意识方式，可能态度之样式的整个广度；因为它从来都只是在这种主观的媒介中被给予的，在对主观上给予的东西之纯粹直观的描述中，没有任何不是在为我之物或为我们之物这种主观样式中被给予的自在之物，这种自在之物本身是作为这种关联中的特征而出现的，它的意义必须在这种关联中得到澄清。

但是赋予一切在直观中给予我的东西和能够给予我的东西以它的正当性，和它的概念含义的原初正当性的这个从一开始就起主导作用的原理，也导致并且在《逻辑研究》中就导致承认一切种类真正存在着的理想对象性东西之被给予性的原初正当性，特别是本质学的对象，概念的真理以及本质法则之被给予性的原初正当性，与此相关联，作为理所当然的结果，是有关一切对象性的范

畴之对象性东西的本质科学之普遍可能性的认识，以及对于存在论的，形式的存在论和实质的存在论的系统完善之要求。但是对具有其主观方式的直接被给予物之无限性的描述，又是作为直接的结果，产生关于到处都可实行的本质描述之可能性和必然性的认识；即一种本质学的描述之可能性和必然性的认识，这种本质学的描述并不停留于经验上个别被给予之物，而是去探询它们的本质类型和附属的本质关联（作为本质的必然性，本质的可能性，本质的法则性）。目光从直接给予之物到反思地给予之物的各种不同转向的自由，以及对于在这里出现的本质联系的认识，导致意向的本质分析，以及对理性之意向的本质加以澄清之最基本部分，首 233
先是对逻辑上进行判断的理性的，进行述谓的理性的及其预备阶段的意向的本质加以澄清之最基本部分。

既然在这个正在传播开来的现象学运动的开始阶段，在各种不同的领域进行了本质分析和本质描述（在对心理学感兴趣的现象学家那里，通常对作为关于“本质”的，可以直观地把握的“本质”的，关于真正先验东西的本质分析和本质描述的现象学根本特征，都没有做任何强调），那么现象学对于大多数人就已经显得或者是进行内在的—纯粹的，而在最好的情况下，就是本质学的—心理学的分析之基本方法，或者——对于那些主要对科学论感兴趣的人——就已经显得是一种为了各种不同的已经存在的科学对其基础进行根源上的澄清或是从最后根源上彻底重新获取它们的理论和方法的基本概念的哲学方法。恰恰是《**逻辑研究**》中这些最深刻最艰难的研究很少有后继者。在《**逻辑研究**》中（特别是在第Ⅱ卷第5和第6研究中），为逻辑理性的现象学（因此也以典范形式为一切一般理性的现象学）开辟了道路，在纯粹意识中揭示出了范畴对象性在意向构成中的起源，并形成了真正意向分析的方法。

我的老师**布伦塔诺**——作为心理学基本的描述事实的意识之意向性的天才发现者——囿于传统感觉论的按一定方法进行的态度，并且完全像对感性事实一样以这种态度对心理行为分类，以便在此基础上建立起自然主义的、归纳的因果性研究；与那样的方式相反的这种决定性的进步，始终很少得到理解。因此《**理念**》一书以及它的由多年研究而成熟的对于作为独立科学的，更详细地说，作为普遍的本质学的超越论哲学的现象学之创立，首先就引起了多种多样的反感，甚至在那些在直到现在为止以现象学的杰出合作者而著称的人们那里，引起了反感。

自从我的第一部现象学尝试性著作出版以来数十年，只是在
234 讲课中公布的我的研究成果的很大部分，尚有待以著作形式固定下来，而巨大的必须完成的工作，尚处于进行之中，然而在《**理念**》一书中，直接直观领域与最原初描述之普遍统一，被以现象学还原的方法——一切方法中最根本的方法——突出出来了；我敢说，因此近代哲学中笛卡儿式转向之最深刻的意义被揭示出来了，并且一种有关纯粹意识一般的绝对的、自身封闭的本质学的科学之必要性，也令人信服地证明了；但这是在与一切建立在意识本质之上的相互关系的关联中，与意识的可能的真实内在的诸因素的关联中，以及与意识的意向地—理想地包含于其中的意向对象和对象性之物的关联中证明的。这种本质学的科学在实际工作中也受到系统对待，被有步骤地并且实事求是地纳入到严格的、应持续改进的理论之形态中。这种本质学地描述的现象学使命，被预先（而且

不仅是在标题中）解释为本身是**第一**哲学，并因此是一种普遍哲学的，就是说是一种从绝对最终根源上建立起来的普遍科学的开端部分和基础部分；将描述现象学提高到超出单纯的描述，但仍保持在本质学的态度之中，这就导致了一种由一切先验科学构成的体系；从超越论的先验性过渡到超越论的事实，就导致由建立在超越论基础之上的一切经验科学构成的体系。

因此现象学的超越论哲学从方法上，并且按照其基本发现和基本理论的全部联系，本质上不同于所有历史上的哲学；它由于不容反驳的内在必然性而是**超越论哲学**。尽管现象学研究者同仁也感觉到与**康德**的以及追随康德的一些学派的研究方法有尖锐对立，尽管这些同仁以正当理由拒绝尝试以复兴的方式历史地继续康德的思想和仅仅对它加以改善（这要以有共同方法为前提），尽管他们与一切康德主义相反以正当理由为下面这种方法上的原则

辩护：即对每一种真正科学的哲学来说，绝对重要的是通过对意识 235
的系统描述，通过对进行认识的、进行评价的和实践的主观性之本质状况就一切可能的状态和关系的全面的阐明，而全面地奠定基础，——既然我们在我们的从一切知识的绝对最终根源系统地上升之工作的重要成就中，仍然看到，我们在重要的路线方面与康德一致，那就应该将他尊为科学的超越论哲学之伟大的创始者。没有一个人，即使是最极端反对康德的人，作为受时代精神影响的人，能够摆脱这位巨人的影响，而且每一个人都以某种形式感受到推动康德的和由康德唤起的诸动机的力量，这几乎成了平凡的真理。但是，以现象学的眼光去看他（以及一切建立于康德哲学之上的重要的学派），还意味着，重新理解他，敬佩他大量有远见的直觉

之伟大，这些直觉之现象学的来源，现在几乎能够在他所有的理论中指出来；虽然这也决不意味着，现在去模仿他，以及支持简单地复活康德主义或德国的观念论。当然我们必须从一开始就忽略理性批判中一切与现象学的超越论，以及因此与康德哲学之最深刻的意义和正当性相冲突的，在坏的意义上的“形而上学的”成分（如物自身的学说，有关原始悟性［*intellectus archetypus*］的学说，关于超越论的统觉或“意识一般”的神话等等），并用以现象学方式澄清了的普遍的本质和普遍的本质法则的概念（实际上**休谟**就已经在观念的关系［*relation of idea*］的名称下想到了这个概念，但却以感觉论的方式和唯名论的方式改变了对它的解释，并且贬低了它）。取代他的先验性这个仍然是半神话式的概念。

以本质的纯粹性和本质的必然性所实行的超越论的主观主义——正是在这种主观主义中，作为一切意义赋予和真理成就的，以及与此相关联，一切真实的对象性东西和真实的世界（同样还有一切能够虚构的世界）的出生地和起源的主观性之不可消除的本
236 质，被勾画出来了——，没有为在现实的和可能的意识成就中意向地构成的存在之**背后**的存在这种“形而上学的”基础留下任何余地，不论所涉及的是自然自身，还是心灵自身，历史自身，本质的对象性东西自身，以及不管什么种类的理想的对象性东西自身。但是实行一种真正的和纯粹的超越论，并不是一个人和一个“体系”的任务，因为它是全人类一切科学任务当中最宏大的任务。这是一种最终的，因此是依据最后的科学根据，超越论的—主观性的科学根据阐明的，因此是借助于作为有关一切科学方法之原科学的描述现象学阐明的一切可能的科学之体系的理念。但是无论如何

由此并且通过现象学还原的方法，一切可能意义的和一切真理的范围，作为真正的和被直观地指明的“意识一般”的及其全部与它不可分割的可能的相关物的意义，被预先用概念确定下来了。与原则上超越主观的超越之物相关联的通常意义上的形而上学是一个无限的领域，但却是一个应该阐明其荒谬性的领域。因此，只当我们抛开这些对于康德哲学的确并非无关紧要的成分，我们这些超越论现象学家才能证明康德的真正直觉。一些深入的研究实际上已使我认识到，如果不考虑这种康德式的“形而上学”——而这样一来实际上将提供一种完整的关联——，那么康德的思想活动和研究活动事实上是在现象学的态度范围内运动的，这些真正超越论理论的力量事实上是由纯粹直观产生的，而这些纯粹直观从其本质方面说，是由最初的源泉获得的。以下的问题无疑是两个不同种类的问题，并且在科学性程度方面造成本质的差别：人们是以现象学的态度**朴素地**进行理论研究呢，还是通过对自身的彻底思考就这种态度的本质，以及在其中直接存在于眼前的可能意识一般的无限性之本质，获得根本的清晰性，并借此实现以原初获得的本质概念进行的描述，这种描述对超出自然态度之一切认识方 237
式的，因此是一种全新的态度和认识方式的，即“超越论的”态度和认识方式的意义和必然性给以说明。给予康德式的思想与研究实际在其中运动的这种新式的态度以这样的描述，当然就意味着超出康德。它意味着通过最终的哲学上的对自身的意识而形成现象学还原的方法，借助于这种方法，超越论哲学的具体课题的地平线——在其真正意义上的超越论的主观性——的界限得以划定，同时由此，唯一适合于这个地平线的研究方法，由直观的起源而上

升的难题次序，被揭示出来了。哲学，特别是一切哲学中应该能够对全部理性成就进行批判的**第一哲学**，必须按一定方法对自身进行彻底的沉思；凡是没有把握这种行为本身的方法东西并就本质必然性对它加以说明的地方，就不许可做任何事情。康德只是由于以下原因才能超出纯粹意识领域，即他没有从整个近代哲学的源头上，从笛卡儿的我思(*ego cogito*)上，取得意识的最终意义，即绝对的，具体直观的主观性的意义。由于这种缺少最后的沉思，康德也没有能实际形成意识分析的方法——作为意向的关联和意向的本质关系之展开——，尽管他本人在他有关综合的具有深刻意义的学说中其实已经揭示出意向关联的特征，已经运用了真正的意向分析(带有一些朴素性)。如果康德当时认识到这些最后的反思和本质描述的必要性，它们对于使一种严格科学的哲学成为可能的绝对必要性，那么他的整个理性批判和哲学本来也会成为另一种样子。在那种情况下，康德的理性批判和哲学本来一定会走上我们现象学家们根据对意识本身及其现象的本质类型学之难题的个别研究所走上的道路。

238 以下有关康德对自然的思想方式之革命的哲学意义的阐明，构成——当然是以因考虑到听众而相应简化了的形式——我今年5月1日弗赖堡大学康德纪念会上所作演讲的基本思想内容。为了今天的读者，我不仅从本质上加深了这种论述，而且还有所补充，这些补充可以澄清对于现象学超越论的流行误解。顺便说说，这些误解很大部分是由以下情况产生的，即由于在《**理念**》一书第一卷出版以后，不久就爆发了战争，与第一卷一起设计的第二部分的出版被推延了，而且迄今也未能出版。人们非常幼稚地由在已经出版东西中尚找不到的东西出发进行概观，并且在尚未能看到继续部分可能是怎样的地方，就将一些荒谬的结论强加于我，就如同必要时将它们强加到更为粗糙的思想上一样，并且在人们要以被误以为的现象学提示反驳我的地方，希望我去适应批判者在现象学方面的幼稚。

现象学并不是人们可以走马观花式地浏览的“书籍”。正如在一切严肃的科学中一样，为了作为其获得物而获得一种按一定方法训练过的识别力，并借此获得独立的判断能力，人们本来就必须用力。

康德和超越论哲学的理念 239

在纪念一位伟大科学天才的时刻，对由于历史传统的统一而与他联系着的一代在世的哲学家而言，就要求进行一种负责任的对自身的思考。因此最配得上这个学术纪念会的题目就在最一般意义上预先确定了。因为这个康德周年纪念日在我们心中引起这样的问题：按照一个半世纪以来康德在一切方面参与决定我们全部哲学的影响，我们今天必须将什么看作他纪念碑式的理性批判之有永恒意义的东西，因此看作那种将对其进行完善改进的任务交托于我们和一切以后时代的东西呢？然而在无穷的视域中（*sub specie aeterni*）评定康德整个一生的事业，并与此同时估价和辩护我们自己今天的工作，这是一项太大的任务，以至于我们在这里，在被限定的范围内，不可能完成这项任务。我们试图对自己加以限制。我们使自己与康德保持一定距离，就如同我们从远处眺望一座高山——这座高山我们已经怀着要了解它的不倦的兴趣多次游览过了——时那样,现在呈现给我们的仅仅是它的一般的构造,总的型式。康德哲学从远处看起来最主要的总的形式,就是超越论哲学的理念。它标志哲学研究的一种全新的形式,和由这种全新的形式相关地引起的一种新式的哲学理论类型。我们的问题是:我们不能描述一种普遍的、按照意义和永恒的权利自身可以理解的难题和科学的理念吗,这种理念必须被认为是康德的、清除掉
240 他的时代局限性的超越论哲学之本质,被看成是在最深的根底中推动康德本人的方法之理念——即这样一种理念,它在康德的系统理论中得到了第一次具体实现,尽管由于康德的历史动机而受到制约和损害?

I.〈对于自然的思想方式之革命。〉

康德的超越论哲学,正如早已就此提示过的,并不是一种仅仅对于那个时代或者仅仅对于一条发展路线有重要意义的成就,我们可以像追忆久已充分利用过而现在已经陈旧过时了的成就那样追忆它(尽管带着惊羡)。宁可说,这种对于全部哲学思想方式的革命——康德要求这种革命,并且通过这种革命他使关于新科学的这种强有力的、也许甚至是强词夺理构想,产生出来——也是现代的要求,并且这种新的科学乃是我们的任务,而且是对于所有未来都永远不应再放弃的任务。

由此表明,在哪里能够看到康德在全部哲学史中实际上完全是无与伦比的重要性;这种重要性不在别处,而正在他本人认为它所在的地方,以及他本人一再重复地给以决定性表达的地方。就

是说，他的不朽的重要性，就在于人们讨论很多却理解很少的向一种原则上新的此外还是严格科学的对于世界之意义的解释的“**哥白尼式的**”转向；同时又在于首次建立起一种相关的“全新的”科学——超越论的科学，正如康德本人强调的，这种科学“乃是对于世界意义的严格科学的解释之唯一形式”，康德甚至认为，关于超越论的科学，“此前没有一个人哪怕只是表达过有关它的思想，关于这种思想甚至连单纯的观念也不知道。”

如果康德在历史研究中询问过超越论理论的发展，他就一定会对这种说法的最后部分作出重要限制。这种发展的主要文献有的他始终不知道，有的是在他最终定型的哲学产生以后他就不再以一些适当的著作重新仔细研究和重新解释了。在近代哲学历史中，只是为了谈到这种发展，就已经必须将**笛卡儿**尊为超越论哲学的先驱者。笛卡儿是这样一个人，他通过自己的《**沉思录**》开创了这个近代，并给它打上了标明它向超越论哲学发展之趋向的烙印。241
我思（*ego cogito*），按照其深刻的意义来理解，肯定可以被看成是对超越论的主观性之发现的最初形式。我们现在还知道，**莱布尼茨**决不是像康德理解他那样的独断论的形而上学者。此外还可以指出，将康德“从独断论昏睡中唤醒”的休谟的《**人类理解研究**》，在哲学上的重要性远不及系统的《**人性论**》——这后一本书康德显然不知道，或者不是从透彻的严格的研究者那里知道的——，还可以指出，就是在休谟的这部青年时代的天才著作中，就已经拟定了超越论疑难问题的整个体系，并且以超越论的精神思考了这个体系——尽管是以一种由于彻底荒谬而失败了的感觉论的怀疑论之否定主义形式思考的。

但是无论如何，康德的独创性并没有因此被贬低。他不仅重新揭示出从笛卡儿以来一再产生又一再消失的具有奇特特征的超越论理念，下面这种荣誉也应该归于他，即他以空前的思想力量从这种理念进展到理论的行为，并且通过将他的三部取之不尽的基本著作结合起来，使超越论哲学本身产生出来；而这是如同在真正意义上确实产生一种新科学一样产生的：就是说，是以进行系统引导的疑难问题的形态和诸种进行肯定解答的合理的理论之系统统一的形态产生的。因此他并没有像莱布尼茨那样卡在一般的概观中，更谈不上他像休谟那样——用康德的比喻来说，——不是使冒险航行平安到达终点，而是“任凭他的船在怀疑论的沙滩上搁浅，腐烂。”

人们可以有理由抱怨康德理性批判不清晰，抱怨他的基本概念和演绎法之令人困惑的深奥意义；人们可以确信，康德超越论科学的庞大建筑远不具有它的创造者本人相信可归于它的那种令人信服的、完美无缺的严格性；甚至可以确信，康德尚完全没有达到
242 超越论哲学真正的基础、最原初的设问和最终有效的方法。但是每一个对自身进行没有成见的思考的人——他真实地忍受着对这个深奥莫测的深层进行探究时绝望的痛苦——，最终一定会明白一点：即这里显露出来的不是一种以深奥的思辨虚构出来的设问和科学，而是一种必然的设问和科学（尽管有些奇特），它们如果不以这种原始的形态，就一定以一种被精炼了的、被充实了的形态，而是永远不容拒绝的。一种能满足由康德所引起的知性方面的需要的、并能从理论上理解纯粹主观性超越论成就之整个领域的科学，人们必须直截了当地称之为近代人能够提出的一切理论任务

中最重要的任务。事实上正如康德本人以充分理由教导的，“一切真正科学之意义和认识价值”，都取决于超越论哲学的成功。因此只当——这样说也是一样——超越论哲学作为严格的科学被奠立并被引上轨道，一切其他科学才能取得最高和最后程度的理论上的合理性，而这种合理性是它们必然一定会要求于自己本身的。

在现代仍占统治地位的信念中培养起来的每一个人，听到这样一些要求一定会感到惊异。按照这些信念的意义，实证科学对于哲学是独立的。它们的形成它们的理论方法，解释它们所获得真理的任何一种意义的、即使是最终意义的方法，仅仅是专门科学研究的事情。要求将科学中所使用的全部思想方式倒转过来——尽管目的并不是抛弃它们的方法，而是使它们的方法从尚未打开过的超出专业范围的源泉中获得一种新式的认识上的完满性——，这岂不使人感到就像是在近代曾严重损害了哲学声誉的那些哲学上的“古怪想法”中的一种“古怪想法”吗？

我希望以下的考察能够使我们确信这样一种判断有多么不对头。

Ⅱ.〈世界的不言而喻之物和意识生活。〉 243

正如已经提到过的，我想尝试在抛开**康德**的出发点、概念的形成和问题的构造之受历史制约的诸特殊性的情况下，首先来阐明那种对自然思想方式之彻底倒转的根本意义，由于这种彻底倒转，从前完全被隐蔽了的“纯粹”主观性领域以及超越论的课题之无限性就第一次展现出来了。然而在同时涉及到每一个人，涉及到一切科学，涉及到人的生活、工作、创造活动的一切形式时，这决不包含自然地指向世界和世界生活的诸科学所应该针对的任何一个问题。

如果我们从人的生活及其自然的意识的过程开始，那么这就是一种人类的诸个人之共同体化了生活，这些个人在一个无止境的世界中生活，就是说，时而分开地观察世界，时而一起地观察世界，以不同方式表象世界，以判断的形式思考世界，评价世界，在意志和行为中有目的地塑造世界。这个世界对于诸个人，对于我们，总是存在的，并且作为我们共有的周围世界，完全是不言而喻地在这里存在的；不言而喻地**在这里**存在——它甚至是可在完全直接的和能以自由活动的方式扩展的经验中把握和看得见的世界。它不仅包括事物和生物，其中包括动物和人，而且还包括各种形式的共同体，共同体的公共机构，艺术作品，文化构成物。凡是在我们个人活动和共同体活动中获得意义和形态的东西，立即就一起属于世界，它至少按照原则的可能性是每一个人都可以理解的在此存在的东西，因此可被我们归入到一种新的可能的活动之中。我们人本身是经验世界、认识世界、评价世界、对世界采取行动的主观；同时我们又是世界的客观，并且作为这样的东西恰好又是我们的经验活动的、评价活动的、行为活动的客观。作为献身于理论兴趣并将所有的东西，包括现实的和可能的世界，都包括于这种兴趣之中的从事科学的主观，我们专门以个别的和共同体化了的研究
244 工作创造科学。科学作为理论，包括宇宙，而作为人的产物，它们本身从属于世界。

所有这些都是在自然态度中发生的，并且是按照自然态度理解的；自然态度是全部自然地—实践地进行的人类生活之执行形式。从一个千年到一个千年，而且直到刚刚从科学和哲学中产生出要求倒转的特殊动机之前，自然态度是唯一仅有的形式。表示

这种自然态度之特征的东西表现在一个前提中，这个前提始终处于一切课题之外，并且作为本质上属于自然态度固有意义的东西，在一切自然地进行的生活中同时作为基础，而且到处都同时作为基础。这里涉及一种恰恰由于这种自然态度而是绝对不言而喻的东西，因此对于自然地被定向的态度也是被隐藏了的东西。它被表述如下：

我们的清醒的生活，不管它过去怎样和将来怎样，始终是关于"这个"世界的，关于实在东西之全体的经验活动和可能的经验活动。然而我们的经验活动现在是并且始终一直是不完善的。在我们的经验活动中，我们只能把握这个世界的断片，即使是这个断片，也是从诸方面把握的，而这诸方面又决不能以最终适当的方式把握住。也许我们能够代替让经验活动听其自然的这种被动态度，而以进行经验的主动性致力于探究这个世界之尚未认识的远处，或是将已经验到的东西越来越完善地纳入到经验中。但是真正完善的经验活动是不可能的；因为从原则上说绝对没有为一种进展设定任何界限。没有任何事物，没有任何事物的方面，没有任何实在的特性——没有任何如其被经验的那样的属于世界的东西，是最终被给予的东西；至多不过是就当前实践生活目的来说使我们满意罢了。但是这种众所周知的和显而易见的不完善性并不妨碍我们确信：我们通过经验认识世界本身，而世界就是实在的在此存在原初地向我们表明的那个世界。

但是为了现在也考虑到另外一种如我们确信的不可克服的不完善性，我们必须更确切地说：并不是随便一种经验，而是**一致的**经验所表明的世界。甚至经验也能成为不一致的，也能使我们陷

245 入怀疑和错觉。但是在任何情况下,一致性的建立,最后,经验总体的持久一致性的建立,都是可能的,而且有关这个在此存在着的世界本身之普遍而持久的确实认识,就像是不言而喻地在这种一致性中发生的。

此外这种通过我们连续的经验不断地呈现在面前的世界,还是可进一步判断的,并且是可按照理论的—有洞察力的判断方式之相应的方法在其客观的理论的真理中认识的;正如另一方面,也能通过合目的的活动在实践理性中塑造它一样。我们在我们对有洞察力的理论研究之条件所做的科学思考中,为我们形成诸种方法;我们在逻辑学这个题目下,研究并获得这种方法之诸先验的原理,一般合理方法之本质条件。另一方面,进行研究的主观性,在每一种特殊的事实科学中为自己形成该科学的特殊的经验逻辑的方法。我们以这种方式纯粹主观地在我们心中和我们的"有洞察力的"思想活动中,根据现实的和可能的经验产生的东西,作为我们认识世界的活动之规范——作为有关如其自在自为地存在的那个世界本身之真理的规范——为我们服务;因为很显然,世界本身是自在自为地存在的,不管我们是生还是死,不管我们认识到它还是没有认识到它。

因此在世界本身,或更确切地说,被看成是它本身的诸种真实性,与我们的认识活动和认识的产物之间,存在着一种和谐,而且是毫无疑问地存在着的。或者换一种说法:我们的认识无疑是"指向"世界本身的。我们的理论认识做这种事情的前提是我们的经验按照自身的方式做这种事情;而经验作为一致地形成的经验,有其客观的权利,这乃是一种毫无疑问的不言而喻性。

以上清楚而简要地说明的东西，作为从来没有表达出来的“前提”构成一切“实证”科学的基础，正如经过适当的限制构成其余一切自然生活和活动的基础一样。作为一切“实证”科学在其基础上展开它们的特性的，并作为“实证”科学而变得可能的根本“前提”，它决不可能在这些科学中作为任何实证问题的课题出现。对于具有“自然”倾向或“实证”倾向的人，单只这个“前提”的表达就肯定显得是令人惊异的，假如不显得是错误的话。一切实证的问题，都 246
是在世界之在生动经验中不言而喻地预先给予性的以及在此基础上建立起来的其他不言而喻之物的范围内活动的。因此这些问题总是仅仅问：这个被经验的，而且可以不断地被经验的世界，如何能够按照个别事实，按照它们的特性、关系、法则，事实上被规定；特别是问：如何在那种使我们的认识不依赖于“只不过是主观的”显现方式之相对性的“客观”真理中被规定。外部劳动生活的一切实践问题同样也是问：已给予的世界如何能按照实践理性的目的加以塑造[①]。

如果在这里产生一种想法，即认为能够并且必须“怀疑”这种在自然生活的本质形式中，特别是在自然科学认识的本质形式中，

① 这里说的前提并不是逻辑上的前提。

“前提”（我们并不是毫无缘由地将这个词放到引号里）的确不是一种本来意义上的表达；因为我们如此描述的东西，是对以具体特殊性存在于自然生活本身之每一行为中的东西的普遍说法。在经验活动的每一行为中都有：“这里有这个或那个实在东西”；并且在新经验与同一个东西的每一连结中都有：“这里有同一个东西”，它刚刚被经验过，只是现在被包含在它存在的稍后阶段中；而在我经验完全不同东西的这段间隔中，它没有被经验到；对于建立在经验之上的行为也与此相似。因此，我们在“前提”这个名称下是描述自然生活的普遍意义，因此这种意义总是自然生活本身所带有的——作为它的一切确信的形式——，但是却从来没有被揭示出来。

包含的“前提”，那么决不会由此而对这种生活的固有权利造成任何损害。没有什么比下面这种想法离我们更远了，即对自然的—理智的生活活动——对自然的经验及其在一致性进展中的自身证明，对以其理性之自然方法进行的自然的思想活动（以及还有评价活动，工作上进行追求的活动）——并因此也对自然科学，展开一种怀疑论悖论的对抗，并以某种方法贬低它们。首先必须坚定地强调，真正的超越论哲学并不像**休谟式的**超越论哲学，它既不公开地也不隐蔽地将有关世界的认识和世界本身以怀疑论方式分解为一些虚构，因此，用现代说法，它不是一种“似乎哲学”。超越论哲学根本就不是要将世界“溶解”在某种还算合理的意义上与假象有
247 些关系的“单纯主观显现”中。它根本就丝毫也不想反对经验世界，根本不想从世界在经验的现实性中真正具有的、并且在其一致性过程中以毫无怀疑的正当性证明的那种意义中夺走一点点东西。另外，它根本不想从实证科学的客观真理中夺走一点点下面这种意义，即实证科学在其自然的—自明的方法论的现实性中真正创造的，并且被视为正当而包含于自身之中的意义。

但是超越论哲学认为，如其在这样的现实性中所产生的这种正当性的意义，决没有由此而得到**理解**。它在自然的认识中的毫无疑问的东西之“不言而喻性”，其朴素的自明性的被认为有效的东西之“不言而喻性”，并不是通过彻底的问题提法和彻底的澄清所产生的洞察，并不是那种最高的和最后必然的毫无疑问性，这后一种毫无疑问性不允许留下任何未被询问过的，因此是未被处理过的，由于本质方面的原因而不可分割地属于每一认识课题的根本性质的问题。

超越论哲学的全部目的最终都源出自刚刚谈到过的那些根本的不言而喻的东西(以及一切通常与它们本质上类似的不言而喻的东西)。在这些不言而喻的东西中,超越论哲学看出了世界和有关世界的认识之最深刻和最困难的问题(或者,在它们的必然的扩展中:有关在与对它们的认识的关联中作为“自在”存在着的一切一般对象性东西,作为关于“真理本身”的基底的一切一般对象性东西——甚至是非实在的对象性东西——之最深刻和最困难的问题)。超越论哲学说:

确实,世界的自在存在是一种无可怀疑的事实;但是,“无可怀疑的事实”只不过是我们的陈述,当然是有充分根据的陈述,更确切地说,是以在我们现实的和可能的经验活动中被经验事物的东西,在我们以经验逻辑进行的思想活动中被思想的东西和被理解的东西为根据的我们的陈述活动之内容;因此,在这里也像在所有我们主张任何东西的地方一样,它作为合法存在的东西是需要论证的,作为有关“真理自身”的课题是需要论证的。被陈述东西,被论证东西,被理解东西,总之,被认识东西,本质上可认识的东西,难道不是从认识,从认识固有的本质——而这种认识在其所有的阶段上都是意识,是主观的体验活动——获取它的意义吗?不论它们作为“内容”与什么“发生关联”,不论“内容”这个词此外还具有什么含 248
义,——这种发生关联的活动难道不是在意识本身中进行的吗,因此这种内容不是被包含在意识本身中吗?但是如果“世界的自在存在”对于我们不是而且不可能是别的,而是在我们自己的认识成就中主观地或是共主观地形成的意义——当然是在将“真正的存在”这种只有在意义上才是可以想象的特征归于它的那种意义——,那

该如何理解呢?最后,如果这些问题的根基被理解了,一般来说,下面这种哲学的世界考察仍然是可能的吗,这种世界考察装作就像有关“自在存在的世界”之谈论能有一种合法的意义,这种意义恰好与在认识中的意义构成物,与具体地在有洞察力地进行认识的意识之行为的多样性中综合地形成的意义,完全不同,——仿佛它可能意指一种“形而上学的超越性”,这种超越性能通过对“形而上学的”因果性之“超越的”规整,而与“单纯主观的”认识构成物联结在一起,例如与在主观中产生了效果的“认识图像”联结在一起?这难道不是这样一种意义,这种意义在它被从一切意义在意识之意义赋予中的发源地撕扯下来之后,恰好是一种无意义?

然而对这些问题恰好不可以先做回答。有一点预先就很清楚:只能有一种真正回答所有这些问题,并获得对于被认识的存在与进行认识的意识间关系之真正理解的方法。人们必须对这种进行认识的生活本身按照它自己的本质成就进行研究(一般而言,当然是在具体而充分的意识生活之更广泛的范围中进行的),并去观察,正是意识如何在自己本身中按照其本质形式构成对象的意义,并且在自身中具有这种意义,去观察,意识如何在自己本身中构成“真实的”意义,以便尔后将它像在自身中如此被构成的那样作为“自在”存在的意义,作为真实的存在和真理“自身”发现出来。

Ⅲ.〈对于超越论的经验之领域的阐明。〉

〈a)纯粹主观的和纯粹共主观的意识。〉

因此我们面临着决定性之点:面临着将全部自然的思想方法

倒转过来的必要性。让我们通过一些步骤为更深刻的理解作准 249
备。

作为多种多样意识生活之主观，个人的和共主观地公共化了的意识生活之主观，我是我所是的东西，我们是我们所是的东西。我在思想(*sum cogitans*)——我存在，当我在看，在听，以及以任何其他方式“外在地”或是返向地关联于我自身地知觉、回忆、预期时，当我以形象或比喻的方式，或通过符号，回忆起某物，在进行虚构的想象中使某物浮现于脑际时；当我进行概括和分类，进行比较和引出一般结论，通过陈述进行判断和理论研究时，或者还有，当我以情感的方式具有满意或反感，感到愉快或苦恼，被愿望或忧虑所推动，在实践中作决定，为了实现决定而采取行动时，我存在。所有这些都是汇入连续的统一运动之中的“意识”——我们这些通过共主观的意识活动而被共同体化了的人们就是“生活，活动和存在”于意识之中——之特殊形态的典型例子。下面这个最普遍的特征，显然不可否认地属于一切意识的固有本质，即它是**关于某物**，关于“对象东西”的意识，这个对象东西，如我们马上就会更进一步理解的，按照具有变化不定的样式的意识之特殊形态，是被意识之物。因此，意识与被意识之物——在所属的**情况**中——是不可分割的。同样属于这里的还有：我——这个我生活于这种或那种意识中——必然同时意识到我本身，并且意识到意识本身。但是从一开始就应该注意到，意识(有意识)并不立即已经表示，**把握住了**注意的目光所指向的被意识之物。但凡不是已处于我视野之中的东西，不是在广义上已被意识的东西，就不可能“刺激”我，不可能将我的注意吸引到它身上。将目光从当下直接把握住的东西

转向同时被意识之物，因此也将目光转向我的意识体验，转向意识体验的“真实的”和“理想的”成分；其中也指向我借以意识到存在于当下意识目光中的“对象东西”之多种多样的给予方式，这属于我的自由。

在这里，“对象东西”所意味的东西，应作为当下意识的对象东
250 西，而且纯粹作为这样的东西来对待。显然这并不是一种独立的因素。每一个在意识中被意识的东西，必然具有某种确定内容，这种意识恰好总是借助这种确定内容“意指”被意识的东西。这个如此理解的“对象东西”——为了明确起见，我们称它为“对象的意义”——是不独立的，单只就此而言，它就必须以这种或那种有效性性格出现；它或是无条件地被意识为存在者，或是被意识为可疑的东西，猜测性东西，单纯可能的东西，被意识为不存在的东西，被意识为不可能的东西，等等；还被意识为美的，善的，等等。它们合起来就是一些本身按照现实性（断定性）和虚构（准断定性）这种对立而分裂开的特性。还应该指出对象东西总是被归入其中的逻辑形式的变化，顺便说说，这些形式即使是在真正进行理解一进行判断和进行述谓的意识阶段之前，就已经以简单的形式出现了。每一个处于它的（在当下具体意识生活中属于它的）样式的，已被指出的以及通常能够揭示的和完全不同的样式的情况之中的被意识之物（每一种“对象的意义”），又同时被理解为对象。于是我们又有了——当然是由于被综合地结合到先前的意识之中的意识行为——作为变化着的样式之核心的对象的意义：例如，如果任何一个东西在“不存在”这种样式中被意识到，那么由此就产生出存在着的非存在，或者在信念的变化中，就产生出猜测性的或盖然性的

非存在，或并非存在着的非存在，如此等等。

我们还要说明，在通常进行判断的谈论（这种谈论并不将意识的被意识之物本身当成课题）意义上的“地地道道的对象”，所表示的就是实际存在着的对象，就是说，是对判断者作为存在着的现实性而起作用的“对象”。很显然，在这句话中，正是因为它的最后一部分中所指的是被意识之物本身，对象这个词变成了有双重含义的。区分“对象的意义”和“地地道道的对象”，就消除了这种歧义；同样也消除了文章中比较简单的表达方式：“对象”（有引号）和对象（无引号）。顺便说说，按照占支配地位的判断指向，对象所指的就是实在的东西，就是世界中的对象，如果我们不关心使对象这个 251
不可缺少的最普遍的概念保持纯洁，因此不关心在我们正是意指对象的地方明确地说出实在的东西，这种情况就会使我们的区分本身变得模糊起来。

为了学会看出作为被意识之物的被意识之物，将处于其情况之中的对象的意义从这个情况的诸重要的新的维度上看出来，现在让我们将我们的注意力放到意识体验的一些基本类型上，放到意识生活之流（其实只是在充分意义上才是具体的流）中的具体细节的一些基本类型上。这些基本类型应该按照我们在它们之中或在它们之上，在它们的固有本质中或按照它们的固有本质，发现的东西，因此按照与它们不可分离的东西，加以考察。

让我们考察一下**知觉**。如果我们从最普遍的（但不是习惯的）意义上看这个词，知觉就是一种使我们将作为存在者的存在者完全原初地当作它本身来意识的意识。“对象”存在于“自身固有的存在与如此存在”的样式中，“它本身以原本的形式”处于意识的目光中；凡是知觉活动具有进行注意的（进行发觉的，进行领会的）样式的地方，“对象”就以所谓“亲身在此”的这种性格被把握，并且很显然，是从知觉活动本身中获得这种性格的。——如果我们经过限制并且为了更容易理解而从对实在东西的知觉这种通常的意义上来看知觉，那么知觉因此就是那种使我们将存在着的实在东西和“这个”世界原初地意识为现实存在着的东西和这个世界的东西。取消了所有这样的知觉，现实的知觉和可能的知觉，就意味着取消了对于我们全部意识生活而言的作为对象的意义和作为对我们有效的现实性的这个世界，就意味着，从有关世界的全部思想中（在这个词的全部意义上）抽掉了原初的意义基础和正当性基础。一个单个的知觉，就本身来说，是关于某些事物性东西的意识，而充分具体地来看，由于属于它的知觉的地平线，是对于世界的知觉。如果我们严密地注意到，当下的知觉本身使人们意识到处于某些直观的特征之中的世界，而且是作为在生动的现在中在此存在的世界，那么这个使人们意识到，可以说就是当下的知觉**作为**知觉而本质固有的意识功效。——如果我们更仔细考虑对实在东西
252 的意识以及它的被意识之物，那么这里就能发现更多本质固然地属于它的东西（方面，等等）。

意识生活的另一种典型形态是**回忆**。我们又看到：在回忆本身中，作为有意识和使意识到的新形式，存在着具有过去状态的时间样式的，和其中包含的一种我过去曾知觉到之状态的时间样式的新形式。

因此下面的情况显然是很普遍的，即如果我们作为例子，可以将记号的表象或形象的表象活动，对普遍东西的意识，述谓的判断

活动和推论活动，假设性估计活动，看作是以可能性和盖然性进行的行为，即怀疑，肯定或否定的活动，以及不论其他什么活动——：那么每一种新式的意识方式本身都具有作为与它不可分割的对象性意义的它的“意识对象”，这个意识对象按照意识的形式和意识的特殊变化而有其变化不定的意义样式；例如作为关于某物的符号，作为摹写，作为诸个别东西之普遍物，作为原因或结果，作为假设等等；此外也许还作为全然存在着的或作为可能地、猜测性地、可疑地、无意义地存在着的等等。

让我们再将目光投向意识联结的领域。在从意识到意识的过渡中——比如从一种知觉到其他知觉，到回忆，预期，思想行为，到进行评价的以及其他的意识的过渡中——，个别的意识行为并不保持为是个别出现的，和一种单纯相继。它们是以联结的形式出现的，并且每一个这样的联结本身又是完成其新的、“综合的”意义成就的一个意识；因此首先，当我们处于意识的过渡中时，如果这些过渡能够将极其多种多样的行为联结起来，我们就总是有对“同一东西”的意识。在这种情况下，这个同一东西，它以及正如它本身逐渐被规定的，不外是一种意义形态的统一，这种统一是在进展中联结起来的一组意识之统一中形成的。由于彼此相继的，以及也许是连续交织地过渡的诸个别的行为——它们当中的每一个都被按照它们的是什么和是如何，按照它们的各个方面，以及在各个方面中呈现的诸特征，按照它们的空的地平线，或按照其他的主观的样式，意识到它的对象——之这种视为同一的联结，个别地包含 253
于它们当中的诸意义，就构成一种唯一的，在进展中不断在样式方面改变着的意义，即这一个“对象”，它**作为**同一的东西，通过逐步

丰富地规定自身,将所有这些行为的意义成就“统一起来”。一切有关对象之统一的谈论,有关对象在其显现方式和显现着的特征之变化中的同一性的谈论,当然都是从这里取得其含义的。此外,就此而言,这个进行经验的意识完全是在一致性的连续中进展的,因此,这个“这是真的”,“这是确实的”,又是一种意义形成,更确切地说,是在进行协调的意识的这种方式中被意识到的意义形成;当这种一致性被违反时,在这种内在抵牾之新的综合的意识类型中,这个“这不是真的”,“这不是确实的”,或是“这没有意义”,也同样是一种意义形成。

在进行理解的**思维活动**中和在不管多么高度形成的“理论”活动的综合中,也没有什么不同。概念和概念形式,判断和判断形式,就是在理论活动本身当中形成的。如果理论的思维进程是在完善的洞察中作为真正的论证而进展的,并且是以自明的真理结束的,那么进行论证的理论就存在于这种综合的意识活动之统一中,作为在它的“内在性”中形成的精神构成物;而且它的命题带有又是纯粹内在地形成的意识特征:“被论证的真理”。但是这个真理所涉及的真正存在,例如物理学的存在,当然本身又存在于意识的关联之中,这种关联在自己本身中首先已经在前理论的表象中作为确实存在的东西以表象方式构成它了,然后在理论研究的思维活动中将它设定为认识的目标,并且通过在有洞察力的进行述谓的认识之统一的运动中的有步骤进展,在理论的真理中规定它。

在自己的和他人的“被重复的”论证之综合的联结中,真理以及真正的存在,在意识上作为同一的东西被构成;在意识的进一步联结中,实践的自由——“能够”重复这种论证并“能够”在洞察中

原本地恢复同一真理的自由——，真理的这种存在特性，作为任何 254
时候都能在实践上达到的东西，作为在认识领域中自在存在着的东西被构成。同样，在论证能在任何时候并能被**每一个人**——能与我们一起在共同体中直观地设想的每一个人——作为已完成的来思考这种容易想到的可能性之意识中，产生出作为超越时代的真理的真理之特性和作为超越每一个偶然的认识主观的真理之特性，——因而一般而言，作为“自在”真理的真理之特性。

如果我们始终前后一贯地，即以一种彻底的前后一贯性，保持在这种考察方式中——这种考察方式完全仅仅是就主观的和共主观的意识探究其全部现实的和可能的形态，单个的形态和综合的形态，并且完全仅仅是将目光对准意识本身所独有的东西——，那么我们就已经处于超越论的态度中了。在这种情况下，就实行了对自然思想方式的倒转。超越论态度的根本本质东西，就在于**纯粹意识考察的彻底精神和普遍性**，即一种充分意识到这种特征的，按照这种特征以百折不挠的一贯性要求并实现的纯粹意识考察的彻底精神和普遍性。因为只有通过这种考察，纯粹意识才作为**纯粹主观存在之自身绝对自成一体的领域**而进入认识，并且与它的诸纯粹内在的关联、能力、意义构成物一起，变成一种特殊的，与一切“实证的”科学对峙的，根本不依赖于它们的诸原理的科学领域，即超越论哲学领域。

因此超越论态度的“彻底精神”要求一种持久的坚定性，即完全仅仅是使意识，使处于其纯粹的固有本质性之中的意识，达到对自身的直观把握，并达到理论的认识，与此同时，使处于其充分具体性之中的意识——在这种具体性之中，意识是纯粹自身存在着

的并且纯粹自身自成一体的主观性——，按照所有一切在这种具体性中在真实的和意向的诸因素上，在诸综合中，在诸聚焦中包含的，在具体性之中和在具体性之上作为与它的固有本质不可分割的东西而能直观地和从理论上指出的东西，达到直观的自身把握和理论的认识。当然，在这种情况下必须关心，将对于并非意识的东西，以及按照自然信念，或者即使是按照科学信念——心理学信
255 念或哲学信念，合理信念或错误信念——加到意识上并与它交织在一起的东西之各种各样同时意指，彻底排除掉。

当然，这说起来想起来容易，真正做起来，通过对它的整个范围的理解，甚至对它的真正意义的理解做起来，就难了。

首先，对于我们来说，一种纯粹自身自成一体的，并且通过对我思(*ego cogito*)的自身反思而直观地把握住处于其固有的和纯粹的意识生活之中的它自己本身的主观性之理念，并没有什么特别令人惊异之处，宁可说——自从笛卡儿时代以来——早已是众所周知的事情；与此相应，一种按照理论而进行的经验分析和经验描述的理念，首先是在直接的心理学上的自身经验中，然后是(用移情方法)在别人的经验中，进行的经验分析和经验描述的理念，也没有什么令人惊异之处；也许反对超越论哲学的心理学主义以及反对用心理学偷换有关超越论意识的科学的那种斗争，在下面这一点上有其正当性的根本原因，即在心理学统觉意义上的意识在这里所涉及的意义上恰好不是**纯粹的**意识。因此我们预见到，超越论的态度，即使它本身是一种成功地指向了处于其固有本质性中的意识，并导致了在我们的朴素的意义上是超越论的——纯粹意识理论的——理论结果的态度，仍然不能被看作真正超越论

科学的和超越论**哲学的**态度；就是说，只要一种特殊的按一定方法进行的沉思没有更深刻地澄清对有关的纯粹性之要求的意义和正当性，只要一种科学上被证明为正当的方法没有保证实现超越论的经验，实现对一般“纯粹”意识的自明的自身把握，因此没有为作为严格科学的超越论哲学之原初奠立开辟道路，就仍然不能被看作是真正的超越论科学和超越论哲学的态度。

新的现象学在“**现象学还原**”这个题目下已经满足了就此提出的要求。因为阐明这种方法必不可免地引起若干并不太容易的，只有通过一些详细解释才能理解的思考，我们将在一个特别的章节中讨论它。

〈b)超越论的本质研究和超越论的事实科学。〉 256

有关超越论东西之科学的确切意义，前面已经在其普遍的范围内可以说从形态上确定下来了——这是以后进行的澄清以及由此而在心理学的意识和超越论上纯粹的意识之间进行划分的工作获得完全成功的前提。我们将这种科学直截了当地称作超越论哲学——就只有在以后才能表明它包括了整个传统之全部“哲学”任务而言，这种称谓是提前了。无论如何，它根本就应该是那样一种科学，那种科学以超越论态度，而且是方法上得到保证的态度，因此是以上面指出过的那种彻底的专一性和普遍性，从理论上研究纯粹的主观性一般；而且是按照在它当中的一切可能的形态进行研究，仅仅不断地询问，什么东西按照固有的本质性质和固有的本质法则应归属于它，在可能的感性成就和理性成就——在真实东西，真正东西，正当东西等多种多样名目下的成就——方面，它完成了什么。显然,由此已经表明,正如纯粹意识之一切一般可能的形态一样,一切可能的经验和一切可能的科学也一定属于这门科学的研究领域。这些经验和科学对于它而言是研究的课题,但决不是其论断在它当中已可用作前提的逻辑上得到论证的认识。相关联地超越论哲学因此也与这个世界和一切可能的世界发生关联——而这些世界再也不是以现实性和可能性预先给予的和绝对存在的世界,而是作为在合理的主观性之生活和活动中内在地呈现出来的一致性形态和真理形态。

此外按照事物的本性,关于要进行的超越论研究,还划分出**诸纯粹的可能性之全域**和**事实**。实际的意识生活,处于其超越论的共主观的内在性之中的普遍的意识生活,**在自身**中作为"现象"具

257 有在这种内在性中以表象方式构成的世界之相关的事实。因此,具体地说,这就是全部超越论的事实性之全域。作为这样的东西,它是可能的"超越论经验"之全域,并且提出相应的普遍经验理论这种任务。这种事实方面的相互关系应该看作是**一种**可能性,它留下了其他可能性的无限性——作为单纯可想象性的无限性,作为"先验的"可能性或本质的可能性的无限性。**超越论的本质研究**("本质学的"本质研究)是对超越论的意识之本质可能性的研究,以及对能在其中前理论地和理论地构成的诸先验可能的世界的研究。确实,我们必须更广泛地理解这个领域。在我们主要对于自然地预先给予的,对我们而言暂时代表着存在者全体的世界感兴趣的情况下,我们不知不觉地也将我们的超越论兴趣限制在它上面。但是即使只为了满足超越论的考察,我们就已经不得不立即摆脱一切限制,并且以超越论方式既研究先验可能的一般意识全

域，也研究可在其中构成的一般对象东西全域，——在这里应该引入我们广义上的对象概念，它甚至包括各种各样理想的对象性东西，如纯数，纯粹理想东西等等。

既然本质学的科学本身到处都先行于事实科学，并且使事实科学之理论上最高的形态只在“合理的”理论中才成为可能的。在自然科学中就已是如此。因此事实上应纯粹自为地建立的本质学的超越论科学，有关一般超越论的主观性的，以及有关一切在其中先验可能的超越论现象的普遍科学，就走在前面。

最后一定要注意，可能的超越论的主观性一般不仅应该理解为可能的单个的主观性，而且还应该理解为可能的有联系的主观性，并且在最高程度上，应该理解为这样一种主观性，它将多种多样个别的超越论的主观性，纯粹在意识上，就是说，通过可能的共主观的意识活动，联合成一个可能的**总体**。究竟“唯我论的”主观
性在一切共同体之外在多大程度上是可以想象的，这本身乃是超 258
越论的问题之一。

我们作为现实的理性之主体处于命运艰难的生活之现实中，将科学作为正是这种生活的功能和方法来从事。依此我们的兴趣就在于事实性东西。因此在以后本质学的超越论哲学（我们也说超越论现象学）就是有关**超越论的事实科学**之工具或方法。

如果我们从这里回顾不熟悉超越论考察之彻底精神的自然的生活和认识活动，那么它根据自然的经验就拥有世界，并且通过与这个世界的关联，就拥有“实证的”事实科学；根据对纯粹可能性东西的自然态度，它就拥有作为事实科学之实证方法的工具而起作用的本质学的科学（如数学的科学）。不管自然的生活和认识活动

在自然的地平线之无限东西中深入多么远，它决不会遇到，而且在它的态度中也根本不可能遇到超越论的被给予之物和理论，不会遇到现实的和可能的超越论的意识，不会遇到作为意识之意向构成物的"世界"，"诸可能世界"，以及上面描述过的超越论科学。

那么一个方面可能如何对待另一个方面，一般来说，在什么意义上可以谈论另一个方面，在什么意义上有关超越论东西的普遍科学——特别是超越论的本质学的现象学以及它关于超越论的主观之纯粹意识成就的可能性的直接本质描述——能够解释自然地被给予的和自然地被认识的世界之最后的真实意义；同样也能够批判一切实证的科学，以及批判一切在同样意义上是实证的（"独断论的"）哲学；甚至能够与实证的科学和哲学相反，并且在它自己的范围内，创立一切具有最后科学形态的科学，并在自身中实现具有最后形态的哲学之每一种可能的意义，——这些乃是现在不能不产生的问题，或者说是现在正在呈现出来的问题。

然而在我们在这个方向上迈出下一步以前，有必要使我们更
259 坚定确信以前讲过的关于两种思想方式的区分，因此首先必须阐明那种仅只承认和探索"纯粹"主观东西的，具体而言就是仅只承认和探索"纯粹主观性"之自成一体的整体的这种值得注意的彻底精神。我们已经说过，这种纯粹主观性的本质意义应该包括：绝对不将自然客观的存在（在现实性的宇宙中包含的自然客观的存在）之同时设定当作前提，并且根本不允许这样设定。

〈c）自然的反思和超越论的反思与意向性之基础。〉

让我们从已经思考过的东西出发。在实行自然的生活时，我们人—主体总是有预先给予的存在物，这种存在物具有多种多样的意义，对进行把握的意识以各种方式出现又消失，但即使在这种情况下，仍然为我们存在着。所有这些预先给予的东西，都是以某种方式统一的，它们构成我们的预先给予性之宇宙。对于我们而言，在这里总是存在着一个自然——“这个”自然整体，它将所有为我们存在着的物质的对象性之物集于一身。但它仅仅是这个具体而完整的世界的，这个具有它的人们、国家、教会、艺术品、科学等的世界的一个非独立的结构。在这种情况下，一切通常表现为存在着的东西，如理想物，各种理念，数学的对象性之物（数，流形），理论等等，都被返向地联系到这个实在的宇宙，联系到这个由“实在的”存在物构成的全体，按照自然生活赋予它们的意义，它们以某种方式是实在世界的单纯附属物。我们全部的自然实践，在实在的活动这种通常的、最狭义上的我们的实践，而且还有我们的认识实践，都与由我们的预先给予之物构成的这个当下的宇宙相关联。通过这种和那种实践，我们改造了这个由总是为我们“存在着的东西”，由作为存在着而对我们有效的东西，构成的宇宙——，并由此只不过为我们创造出一些新的预先给予之物，我们扩大了旧的宇宙，它同时也由于从其中将一些从此对我们不再有效的东西删除掉而缩小了①。

① 但是不应忽视，以拒绝的形式对存在有效性的改变，以及一般而言，这种有效性之每一种可能出现的“变化”，总是一再地产生实在的有效性，因此总是一再地产生对于我们来说存在着的东西，尽管是在（任何时候都是可能的）态度改变中产生的。在这种情况下，我们在客观存在物之下根据情况就有：存在着的客观可能性之物，或然性之物，无意义之物，不可能之物，可疑之物等等。

260 致力于获取真理（最广泛意义上的真理）的努力贯穿于这整个的、总是以有效性之全部过程个别地和共同地从事的生活之中。我们尽力从主观的而且变动着的有效性中形成合理地证明了的和任何时候都能主观地以及共主观地证明的，并且最后——在科学名目下——是“最终有效的”真理，在“真实的”意义上的，在最终有效的意义上的存在物。

因此我们认为，在这种自然的生活中作为存在之物而对我们有效——也许是以“最终有效地被奠立之物”的形态对我们有效——的一切东西，作为在多种多样意识中之综合统一，作为具有多种多样主观被给予方式之同一东西——这种同一东西，在这些主观给予方式之主观综合中，正是作为统一并且是以有效之物的，或许是被证明之物的，真实之物的等等的统一性格被构成——是对我们有效之物，也许是最终有效之物。因此关于某个事物的“知觉”的，甚至关于该事物之一般经验——作为我的和我们的涉及这同一事物的和能够涉及这同一事物的全部经验——的简单名称，就已经是关于极其多种多样体验的和体验上的给予方式的名称，没有这些体验和给予方式，这个事物，以及事物一般，就不可能作为这个同一的在此存在之物被意识。但是当知觉将该事物作为生动在此存在的而呈现给我们时，我们关于构成作为关于该事物之经验活动的经验活动的这些极其多种多样的意识方式，意义内容，设定样式等等，却什么也不知道。进行把握的目光仅仅落在被构成的综合的统一以及该统一之诸统一成分上，落到事物性的特性上。在自然态度中，更确切地说，在直向地（非反思地）进行着的生活之根本态度中，我们看到事物，但是没有看到这个看事物的活

动；看到统一，而没有看到该统一作为统一在其中被构成的主观性东西之多样性。即使预先给予之物成了基础十分牢固的意识活动之课题，比如成了理论研究活动之课题，也许是明智的理论研究活动之课题，情况也没有不同：在这种理论研究活动进展中，我们在 261
课题的目光中所有的仅仅是作为存在着而被给予的定理之连续；关于错综复杂地而且极其易变地被建立的意识方式及其意义内容，设定样式，综合等等（作为它们的统一构成物之理论的每一个组成部分以及处于逐步建立之中的理论整体，都进入到我们的目光中），在这整个过程中我们什么也不知道，它们停留于课题之外。一般来说，现实地被给予的对象是课题，是始终保持为非课题的活动之多样性统一的课题。

这种情况从以现实当前样式被给予的对象性之物以及属于它们的主观东西，传布到以某种方式“被准当前化的”对象性之物以及相应地被一起准当前化的主观东西（重新回忆，摹写式的想象活动等等）上；同样，也从被意识为是现实有效的对象性之物以及现实有效地设定它们的行为，传布到被以“纯粹想象”方式表象的对象以及相关的在其中人们不是“现实地”，“认真地”实行对象，而只是去设想它们，去虚构它们的有效性的行为上。例如：正如一所现实经验到的在此存在的房屋以多种多样主观样式被意识到，以变动着的方位和角度，以在清晰性和明确性方面变动着的差别，注意力样式方面的差别等等，被意识到一样，同样，一所虚构地在此存在的房屋也有它的诸样式，并且它以准确的类似具有主观样式的“同一的”类型学，但是这些主观样式全都具有根本改变了的、不是真正主观东西的、而只是一种“仿佛我体验到这个东西”的主观东

西的性格。我现在借以使一场巨人的战斗浮现在我脑海中的那种想象活动，虽然是一种当下的体验，但是这场战斗只是在相关的对这场战斗进行浮现的知觉活动中，才浮现在我脑海中，这是一种处于“似乎”之中的知觉活动，而不是现实的知觉活动。在每一种直观的准当前化活动中，情形都与此相似。

因此我们可以对所有那些作为存在着而对我们有效的东西，和那些总是被我们想象为或可想象为可能有效的东西，就隐蔽的，现在仍未当成课题的或过去一直未当成课题的意识之多样性，加
262 以询问，并且将我们的目的指向对于它们的揭示。这种未被当作课题的，几乎是匿名的，但又是连带被意识的意识生活，是随时都可以用**反思**的形式理解的。

一步一步地使这里所考虑的在自然的反思与超越论的反思之间的根本区别，达到最充分的清晰性，具有决定的重要性。

这里所指意义上的一切反思——首先最一般地说，不论它是不是超越论的——，都具有以下共同点：即它是意识向后折回自身，是从对某些对象性之物有某种意识而转变为形成正是对于这种有意识及其自我之意识。自从洛克以来，人们就将通常情况下的反思理解为转向自己本身及其意识生活的这种**进行自身经验**的意识转向，因此理解为自身知觉（与自己当下的意识体验相关的自身知觉），必要时也理解为对自身的回忆（与自己意识上的过去相关的对自身的回忆）。不过我们马上还会认识一些不同种类的反思，其中也还有一些不是反思者针对自己本身的反思。

如果我们首先遵循对自身反思这种较狭义上的反思，那就能够很容易在这些反思上指出一种值得注意的本质特性，这种特性

经过适当的改变(在这种情况下就比较难于理解)就转入到所有其他的反思上。我所指的是“自我—分裂”这种现象。

随着实行对自身的反思,我使我超出了我自己,将我分为较高的我,实行反思行为的我,和我对之进行反思的较低的我(宾格的“我”)。第一个我以及它的进行反思的体验,在这种情况下从自己方面说并“没有意识到”它自己,是匿名的,而那个以前匿名的我,即那个在反思之前平淡地生活的我,现在作为被反思的我,被“揭示出来了”,被认识了,或者说,被表达出来了;但这个被反思的我在对于在这种双重化之中的同一性(这种同一性在以后更高阶段的反思中将被当作课题揭示出来)之非常熟悉的意识中,为自己获得了一种表达方式:“在对自身的经验活动中我经验到我自身,我的以前未被经验到的看的活动,听的活动,思想的活动等等。”

在这里我遇到了一种更高阶段的反思。很显然,每一个反思 263

本质上又允许一个更高的反思,因此总是可以重新实行自我分裂。每一个反思在视线中都有一个被反思之物,而进行反思的我以及它的进行反思的行为,在这种情况下却是“匿名的”,并且通过将目光反转回它自身,因此通过一种新的自我分裂,而显露出来,而在这样做时,新的反思行为以及它的自我又一次处于隐蔽状态,然而它又是可以揭示的。

但是我现在要考虑一些已经以多种多样形态在每一种自然生活中出现的不同种类的反思。这些反思有一种非常不同的结构,总是有一种意向上错综复杂的,而且复杂程度不同的结构。如果我们纯粹通过展示以固有本质方式包含着的意向关联去探究这种结构,那么我们就能够认识到作为唯一原始形态之时而是更为直接的，时而是间接的变态的每一个反思，而这原始形态就是对于简单的自身知觉之反思形态。为了将这种可以说是所有其他反思之结构上的起源同样也用于学习就其结构理解其本身，让我们进行以下思考。

在一切自身反思以前，存在着的是直向的意识，不进行反思地与在这里以某种方式对它有效的对象相关联的意识。在这里自我可以说是生活于完全的匿名状态之中，它只有事物，却没有任何主观东西。只有通过反思，而在最原初的形式中是通过直截了当地对自身的知觉，它才能获得对自身的意识，对它本身的认识或理解，这时它就能够评价自己本身，探讨自己本身。但是知觉只有通过回忆才能成为富有成果的，同样对自身的知觉也只有通过对自身回忆才能成为富有成果的。按照固有本质，对自身回忆的特征（由于它的意向性本身固有的意义内容）被刻画为对自身知觉的变种。如果对自身的知觉是从直向地知觉的基础向后折回，那么对自身回忆就是从直向回忆的基础向后折回。这种对自身的回忆将现在的东西"准当前化"，**仿佛**它本身亲身呈现出来，而且是以一种将它设定为存在物，设定为处于"过去"的时间样式之中的存在物的方式，呈现出来。在这里，回忆与单纯的想象区别开了，后者的对象虽然也以"它仿佛在这里存在过"的方式被意识到，但并不是
264 由进行想象的我真正设定的。在想象中，这个"仿佛"也涉及存在，这种存在在它的想象的内容中不被看成现实的，而只被看成"它仿佛存在过"。这个从直向回忆，譬如对于一幢房子的直向回忆折回的对自身的回忆，所揭示出的并不是当下的自我，当前知觉的自我（其中包括作为当下体验的当时的重新回忆本身的自我），而是过

去的自我，那个属于被回忆起的房子之固有的意向的本质的自我，作为这所房子曾为它在此存在过的自我，并且是以某种主观的意识样式存在过的自我。回忆按照其本质，不仅有效地拥有过去的东西，而且这个过去的东西是作为一个曾被我知觉的东西和一种曾被我以某种方式意识到的东西被有效地拥有的，而且正是这个在直向回忆中匿名的过去的我以及意识，在反思中（这种反思不是**指向**现在的回忆活动，而是“在”现在的回忆活动中）得到揭示。我们立即就看到，“在”每一种想象中反思也同样是可能的。如果我想象一个事物（或一个通常的对象），那就在于，这个事物对于我作为想象显现出来，我具有这样一种意识，即“仿佛我知觉到它”，而且“仿佛”我有这个知觉活动，“仿佛”这个作为知觉的活动之主体的我，也同时被虚构出来，通过不是针对这个想象而是“在”这个想象中的反思，被揭示出来，而且正是作为被同时虚构的主观东西被揭示出来。

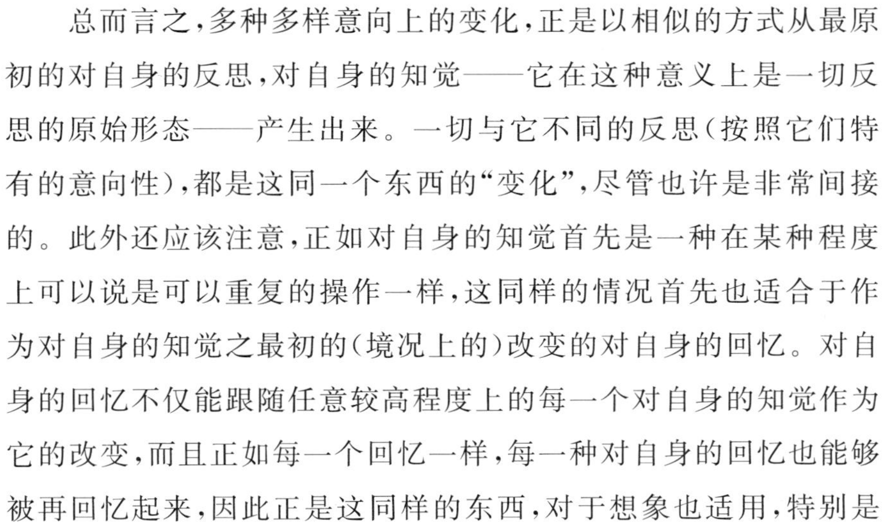

总而言之，多种多样意向上的变化，正是以相似的方式从最原初的对自身的反思，对自身的知觉——它在这种意义上是一切反思的原始形态——产生出来。一切与它不同的反思（按照它们特有的意向性），都是这同一个东西的“变化”，尽管也许是非常间接的。此外还应该注意，正如对自身的知觉首先是一种在某种程度上可以说是可以重复的操作一样，这同样的情况首先也适合于作为对自身的知觉之最初的（境况上的）改变的对自身的回忆。对自身的回忆不仅能跟随任意较高程度上的每一个对自身的知觉作为它的改变，而且正如每一个回忆一样，每一种对自身的回忆也能够被再回忆起来，因此正是这同样的东西，对于想象也适用，特别是对于处于其可重复的更高程度上的对自身的想象也适用；一般来说，就是如此。

265 我借以获得有关“别人”，有关别人的主观性，他们的体验，显现方式，意向的对象本身等等的认识的那些反思，具有特别的重要性。正如反复强调的，最终由对自身的知觉而来的这种意向的来源，对于这些反思也继续有效。我们称它们为反思，并以此表示，有关他人的每一个原初经验（“移情作用”）以及在后来的改变，我借以意识到（因此不仅通过知觉作为当前的意识到，而且还有通过回忆，通过预期，通过摹写，通过思想等等意识到）他人主观性的每一个意识，从本质上说，都是反思的东西，尽管具有也许是极其复杂关联的形态。此外还应该注意，如同在任何地方一样，在这里意向的关联也能够非直观地，符号式地，空洞地实行，并且在这种情况下，所有其他可能已经改变了的反思，同样还有每一种与存在物的预先关联，都能以未展开的形式包括在这些只有通过“澄清”和直观才能揭示它们的反思意义的这些行为之中。我以最原初的，比较起来最简单的形态（对于一切较复杂的有关他人的经验及其想象变种而言是原始形态），通过有关的反思，获得有关他人的“直接”经验，这种反思在我的身体性和我的在身体性中原本地起作用的主观性之知觉上的“在此存在”中，有其出发基地。由这里产生出一种动机，在其中他人的身体性被理解为他人的身体性并因此被理解为他人的功能器官。这种以由我的原本的对自身的经验而来的可靠性进行的理解活动，是作为我对自身的知觉之特殊变化形态，作为一种与回忆类似但又显然与回忆不同的准当前化而产生出来的。在这种准当前化中我可以获得一个自我和一个意识，

但不是在我的回忆当中(和预期当中),就是说,不是在我的原本的对自身的经验当中,显示出来的,作为被准当前化了的现在而以复制的方式被给予的自我和意识而获得的,而是作为一种处于与我的正在进行当中的生活同时的进程中的自我和意识而获得的,而且是作为这样的东西而获得的,它在我的生活之原本给予性中,以原初的方式作为同时在此存在的而显示出来。

因此各式各样被改变了的反思,其中总是还包括我们借以以对我们有效地在此存在的方式意识到他人的主观东西、他人的自 266
我和自我—生活、属于他人主观的理解方式、各种主观现象的那些反思,就是如此。

通过刚刚进行的思考,我们获得了对于各种主观的东西,我们自己和我们的生活的多种多样主观内容,还有其他人以及他们的生活借以给予我们的那些反思的一些认识。同时我们还注意到一切反思最终以之为前提的意向性这一基础。无反思的意识行为,最普遍的意识类型,如现实的行为和想象的准—行为,其中特别有知觉、回忆、期待、符号表示、形象表达行为、空的意识、普遍性意识等等,标志一些无反思的生活以及一切意识生活在其中进行的形式。但是这种无反思的东西标志一种在其中“纯粹的事物”为我们存在着的底层,标志“与我们不同的”对象性东西之领域,这些对象性东西按照它们的意义没有任何主观的东西,假如正是这个主观(只要它不实行任何反思行为)甚至连它的主观性本身(原初第一的主观性,它对于主观而言可以变成课题)也没有意识到,因此主观性在任何对象性意义——当这个意义是通过单纯对事物的意识构成时——上也不能包括进这种情况中。因此所涉及的是“单纯的自然”这个名称所表示的,在纯粹的,就是说现在完全忘记了自身的,仅仅向事物看去(如其作为这个事物看上去所是的那样,如其作为这个事物所呈现的那样看去)的经验中原初地给予的事物;但是对于事物同样也有理想的领域,如纯数,数学上的流形,等等。只要这种主观仍然是未被反思的,并且是直接地去分析事物性被给予东西,它就恰恰不能发现任何主观东西并将其运用到作为课题的意义形成上。

因此在这种情况下,我的预先给予之物的全体除了非反思地给予的事物世界之外,还包含我本身并包含他人的主观之敞开的多样性。所有这些是通过诸种有效的关系——被诸种关系特性覆盖着的诸种关系,在其中我的直观上熟悉的并在范畴上明确划分
267 开的周围世界,同样还有通过可能的相互理解而将我们大家联结起来的共同的周围世界(它作为同时包含着我们本身的世界,因此是“这个”绝对的世界)具有重要意义——紧密结合起来的。

以下情况本质上属于**一切自然的反思**,即它虽然发现了意识,但只是发现了,而且每次只能发现“实在的”,“世间的”,与自然结合在一起的意识。与此相反,**纯粹的**反思寻求并找到了——以某种被运用到自然的反思之被给予物上的进行净化的方法——纯粹的或超越论的意识。超越论的对自身的经验,超越论的对他人的经验,超越论的对共同体的经验面对的是自然的对自身的经验,自然的对他人经验和自然的对共同体的经验;就经验的一切变种和一切建立于它们之上的较高的意识来说,特别是就以理论形式进行认识的意识,事实科学的意识和本质学的意识来说,也同样如此。

〈(d)自然的反思和心理学还原的不充分性。〉

首先让我们进一步弄清楚自然反思的特有本质。

如我们已经说过的,在自然生活中生活的自我,总是有一个由预先给予之物构成的宇宙。它从前在新的经验中,由新的判断活动,评价等等中(如我们所说的,由“原初进行创造的”行为中)所获得的东西,过去和现在都以持续的有效性保持着;除非这种有效性由于特殊的原因,比如由于样式化的行为,失去力量,被抛弃等等。因此这种自然的生活有一种它似乎从一开始就存在于并运动于其中的普遍基础,这正是现实的和客观—理想的存在之预先给予的,尽管是可变动的地平线这个基础。首先它“拥有”作为现实有效性之普遍联系着的全体的现实的宇宙。这个宇宙总是具有自然的生活在将每一种新的现实的对象纳入到自身中时在争论中(或者合法地,或者不合法地)借以针对它,并继续针对它的确定的内容。如果现在自我将一个对象作为它现实的课题提出来,那么对于它来说,虽然它的其余的世界——以及其他一切为它存在的东西——并不现实地处于当前,却仍以某种方式是一种连带的课题,只不过恰好不是现实的课题;其余的世界作为共同有效的东西,规定每一个现实的理解,并属于该理解的意向的地平线。因此当自 268
我对它的有关当下成为课题的对象之**意识**,对该对象之主观样式等等进行反思时,同样的东西仍继续有效;在这种情况下,这个意识虽然是自我的特殊课题,但却是处于共同有效的宇宙之中。特别是,在这种情况下,自然的反思指向其意识方式的那个有关的对象,如同它以前处于这个有效的宇宙中一样,当然对于这个进行反思的自我也还是有效的。但是如果现在我们想纯粹作为其本身设

定这个意识,如果我尝试,我们是否能够以及如何能够将一般意识作为有效存在的一个特殊的,纯粹自身封闭的全域建立起来,那么我们显然必须对不是意识的一切有效存在进行一种纯化的“排除”。这样一种排除是必须的,因为意识,现实的意识和可能的意识,首先是在自然的反思中被给予我们的,而且正如已经显而易见的,并且随后变得更显著的,自然的反思从来也没有设定单纯的意识,而是与它一起还设定了其他东西。

如果这个所寻求的纯粹意识之全域,变成了科学的认识能够在其上建立起来的可靠的基础,那么它就必须在普遍一致的**经验**中原初地达到被给予性;而且这里首先涉及的是——像是方法上不言而喻的——建立**我的**在一种封闭的纯粹的生活中任意发展的纯粹主观性之全域,因此这里所考虑的就是:与我本身相关联的纯粹经验,因此是纯粹**对自身**的知觉,对自身的回忆,以及现实的和可能的纯粹对自身的经验之普遍连续性。

获得这些东西的正确道路看起来首先这样的:

我们对我们的全部生活实行一种反思的概观,并且通过从个别的反思转入到个别的反思,将我们的全部生活还原到纯粹的生活,也就是说以这样的方式:我们个别地从每一个自然的反思中,在这里就是说,从每一个自然的对自身的经验中,纯化掉一切非主观的东西,并由此而从纯粹主观的东西上获得一切非主观东西的内容。

在所有人们暂时能够用“断定的”行为(就是说暂时抛开一切
269 单纯为实行行为的着想,“仿佛”人们是在相信,在评价,等等)使自己明白某种东西的场合,都需要这种纯化。我在这样采取行动时经验上运用自如的这个有关的*我思活动*(*cogito*),乃是对一个所思对象(*cogitatum*)的意识,对一个以某种方式存在着的东西的意识。但是这个所思对象,不管它以多么正当的理由对我有效,不管它——正如在自然生活中的确经常发生的那样——甚至已经是主观的东西("心理的东西"),它不仅不是关于主观东西的意识,而且在任何情况下也不作为真实的部分属于这种意识。在当下的意识中作为对象而直接对我有效的东西,的确能够在理想上许许多多的新的意识行为中作为同一的存在物被意识并被给予——对于作为实在东西的一切自然地预先给予的对象(它们作为同一东西可被我以及其他人反复地知觉),也是如此。对于可被我和其他人以原初洞察的个别行为作为同一东西把握的预先给予的理想的对象性东西,也是如此。因此为了获得纯粹主观东西,获得处于其纯粹状态中的当下的个别的意识体验活动,我们必须使全部在其中被设定的对象性东西不起作用,就是说,当我们将纯粹作为它自身的意识设定为存在时,我们就放弃对在其中被意识东西和被设定东西的同时设定。

然而当这种在个别的意识中被连续地运用的方法,在引起普遍注意的按一定方法进行的意图中被运用于我们能够通过反思从我们的生活中看出来的我们的一切意识体验时,决不会提供出在超越论意义上是纯粹的,完全纯粹的意识生活。实际上,如果心理学要考虑作为意向生活的主观生活之根本本质,它就需要这样的纯化,以便获得心理学意义上的纯粹心理的东西。心理学的课题,人和动物的"心灵生活",虽然包含意识和不可分割地属于它的全部真实的和想象的内容,但是所包含的是作为处于总是由我们连续一致的经验预先给予的世界之关联中的实在事件的意识。心理的对自身的知觉,对自身的经验,就其意义成就而言,与和单纯物质的存在相关联的空间—时间的经验一样,是“客观的”经验。心
270 理的对自身的知觉从本质上说奠立于这种客观经验中,并且是以这样的方式奠立的,即它自身的意义赋予和此在设定不可分割地实行一种对于物理存在,最后是对于整个空间—时间存在的同时设定;只要这种意义赋予和意义仍保持着,就不可分割地实行这种同时设定;因此是自然实在意义上的意识,是处于实在的,空间时间关联中的心灵生活。

Ⅳ.〈对世界“提出怀疑”的意义。〉

如果人们在克服根深蒂固的自然思想方式时,已经看到了具有其特征和充分独立性的超越论主观性之领域,如果人们通过刚刚提到过的考察,获得了对于超越论哲学之特征和有效范围的最初预感,那么人们就会陷于惊讶之中,并且不久还会陷于不断增强的内心忧虑之中。

当人们对**超越论的**思想方式之可能性一无所知时,**自然的**思想方式的世界与科学曾好像在自身中包含着一切一般可以经验的存在和一切一般可以想象的科学。但是现在呈现出一种新的存在领域,将它与自然的存在领域分开,并且保持其分离状态,这本身已经引起一些严重困难;并且呈现出一种新的科学,它应在课题上将全部实证科学包括进来,而本身却不应是实证科学,而且它不应将实证科学的任何一个命题当作它自己的理论之前提和组成部分包括进来。从这种不清晰性中产生了人们确实不能抛弃的自然思

想方式之认识评价，和其自身正当性已经变得确定无疑的新思想方式之认识要求间难堪的冲突。如果人们遵循这种新的思想方式，那么人们似乎就会对以前以由自然方式奠立的正当性之不言而喻性所拥有的全部东西**产生怀疑**；但这是在这种歧义表达之双重意义上产生怀疑的。因为在这里一般纯粹意识，其中特别是从事赋予正当性的意识，变成了普遍的问题，因此，正当性本身（作为关于意向的相关物之名称）一定会变成问题之课题，这样一来，在 271
人们暂时所处的不清晰性情况下，每一种正当性似乎也在另外一种意义上变成靠不住的——就是说变成可疑的。对于每一种正当性的本质、意义之超越论的询问——换句话说，这样一种询问：如何能够从作为可以说是正当性之原初确立的意识之原初的意义赋予，使正当性成为可以理解的——变成了这样一种询问：正当性是否以及在多大程度上**有效**，是否以及在多大程度上**能够**有效。这当然特别涉及实证的**世界**认识之正当性，并因此实际上也涉及**一切**实证科学（就是说也涉及一切先验的科学，既涉及那些从一开始就是有关可能实在东西的科学，如纯几何学和机械力学，也涉及不论在哪里都作为自然认识之工具而起作用的**普遍数学**[Mathesis universalis]）。但是在这里所涉及的并不是将正当性问题从只有远离问题的那种混乱和疏忽才会处于其中的模棱两可状况转移开。而是这两种思想方式之关系的非常奇特的情况，以至于似乎正是对超越论认识领域的认真而深刻的探究活动，才需要一种世界的意义，这种意义对于自然的思维者——或者说，在每一种从超越论的态度向自然思维的态度之返回中——至少暂时，一定会显得是完全不能接受的。

为了说明这种情况,我们必须通过与自然的实在认识的对比,更详细地说明超越论的实在认识之方式与成就,就是说,直到使对于一般地预先规定即使是在对超越论问题的概略估计中的世界之意义来说显得是必要的东西变成显而易见的。

让我们进行以下的思考。作为自然的思想者,我们**已经有了**世界,它是作为无可怀疑的现实性被给予我们的。我们以自然的自明性经验过它,思考过它,从理论上研究过它,并且获得了在方法和成果方面都值得赞赏的诸科学。但是现在,通过对自然思想方式的倒转,我们所有的不是地地道道的世界,而**只是有关**"世界"的**意识**。更明确地说,在这种情况下,我们所有的只是我们能够以绝对独立的自明性认识的,超越论的—纯粹的主观性,这种主观性
272 在它的流逝着的意识中,具有它的全部认识意义,因此也具有对于我们,而且如其"在意义中"对于我们"存在着的"这个"世界"。它总是被以为的"世界",作为被以为的"世界",而且正如它被以为的那样存在,它总是被认识和可认识的"世界",而且正如它被认识和可认识的那样存在。它只是这样地在这里变成了研究的课题。

事实上一个巨大的课题就是,全面阐明个别地被考察的或是作为共同体的生活而被考察的,在**意向**的,即"关于……的意识"的普遍本质形式中进行的纯粹主观生活,如何能够借助于它固有的意识方式和意识综合,并且纯粹作为它在意义方面完成的成就,意识到"在这里存在的世界"。在这里,通过反思和本质描述,能够指出意识结构的什么样的等级结构,能够指出彼此相互奠立的或相互紧密结合的意识综合的什么样的等级结构呢?并且,相关联地,能够指出在其中进行构成的意义形态之什么样的等级结构呢,在

最好的情况下，能够指出作为“任何时候”和对于“任何人”都是可证明的，作为**“客观上真的存在”**，而被构成的空间时间的“实在东西”之完成这种等级结构的意义形态呢？如何能够由本质法则出发使这样的结构对于有关世界的连续的直观之普遍的成就而言的必要性，因而对于有关这个世界的科学之普遍成就而言的必要性，成为可以理解的呢？这些重要的任务如何首先通过在方法上最初限于个别自我（*ego*）（这个自我作为超越论研究之主要概念起作用），然后在最高的阶段上，在由与个别自我一起共同处于可能交往之中的诸主观构成的全部共同体之最广泛范围内完成，因此是在与“一般而言每一个人”和超越论的共主观性之关联中完成呢？

因此在这种超越论的研究中，在“世界”这个标题下，所提供的仅仅是，在对世界进行认识的意识之以各种各样形式变化着的和被综合地联结起来的意向性中，作为统一的被认识之物所构成的不论什么东西，或者说，在实践的自由中，在可自由地拓展的意识地平线中，**能够**构成的不论什么东西——能作为在多种多样的意识方式之变化中和在其中越来越新地“显露着的”诸个别的客观之变化中的同一东西构成的不论什么东西。但是在这里唯一可以讨论的是，它**如何**能以我们称作超越论考察方式的这种前后一贯的 273
和纯粹反思的考察方式在现实的意识或者——在本质学态度的场合——在本质上可能的意识中，发现出来。

在这方面我们现在还要考虑以下的问题：认识活动在积极的意义上就是努力的活动，并且作为行动是从单纯的有针对性的意指活动向对于被以为东西进行获取的自身看出活动和自身拥有活动继续努力的活动。在有针对性的意识之样式中，被意识之物是在“单纯意指”的样式中的意义(“进行意向的意义”[①]);在进行获取的意识之样式中,被意识之物是在“生动的现实性”,现实性“本身”之样式中的意义(“进行充实的意义”[②])。但是,在现实性的整个领域中,这种充实从来也不是完全的充实。每一种充实都使它的进行充实的意义同时带有未被充实的意指的地平线。已经以被“生动地”把握的“对象”本身之方式意识到的东西(如在外知觉中被知觉的东西),仍然有总是同时被意指,但本身却未被把握的诸方面。而且,不管进行充实的经验跟随它们走多么远,情况始终如此。总是有新的东西需要经验,因为总是有新的地平线为向前把握的意向呈现出来。但是这种新东西不仅仅涉及作为被牢牢把握住的经验目标而贯穿于统一地关联着的进行追求的经验活动之中的“对象”。宁可说,一些新的对象也进入意向之敞开的经验地平线中,这些新对象刺激兴趣,并且也许会变成新的经验目标,在一系列新的经验中将属于该经验系列的进行充实的意义据为己有。此外在这种情况下,旧的统一和新的统一还组成一些联结,一些更高阶段的对象性。类似的情况对于用概念进行判断的认识活动,以及在更高阶段上,对科学上有洞察力的认识活动,当然也是适合的。没有任何知识是最后的知识,每一种进行获取的洞察既是终点,同时又是开端;与每一个洞察一起,又展开新的问题的地平线,它又要求进行充实的洞察。这个知识的王国是无止境的,正如相关联的,在知识中按照其真实存在被规定的知识领域一样。但是,

① 如在《逻辑研究》第Ⅱ卷中的说法。

② 同上。

客观的—实在的事实知识之完整的领域就是世界，是由可能的一致的经验构成的全域，是由一切实在领域构成的领域，有关它的科学因此就综合地包括一切客观的事实科学①。 274

据此我们可以说：在纯粹超越论的考察中，如在其本身中和在逻辑真理中存在的那样的**世界**，最终**只不过是一个处于无限东西之中的**、从意识生活的**现实性**中获取其目的意义的**理念**。

让我们更充分地理解这个重要的命题。

全部的意义都是在纯粹主观性之特有的意义赋予中，或者更确切地说，是在纯粹主观性之意识生活的特有的意义赋予中产生的，并且这种意义还继续停留于主观性之中，尽管是停留于向习惯的、但总是能被重新唤起的知识之转变中。"世界"，那种普遍的客观的真理意义，也同样如此，这种意义在属于客观经验和理论洞察之超越论的，认识生活的一致性之普遍关联的现实性中，有其起源。这种统一的意义虽然总是在变化中被把握的，但只是以这样的方式被把握的，即按照意义是同一的东西以多种多样的规定形态呈现出来。同一的对象性的宇宙总是显现出来。但却是以越来越新的被给予性方式，带着越来越新的，而且还达到了"真正的"经验和认识的对象、特性、关系，显现出来。这种统一的意义总是同时具有被意向的意义之形态和进行充实的意义之形态。认识的这

① 相关联地当然是有关一般实在的东西，或者说得更确切些，有关一般可能的实在东西和可能的世界之全域本质学的知识之完整领域；有关一般实在东西之普遍的本质科学，包括一切先验科学；这些先验科学对于可能实在的个别区域或形式结构（例如"纯"自然科学，纯几何学，纯时间理论，纯力学）或是已被形成了的，或是尚需形成的。

种连续进展,不论是对于个别的对象,还是对于宇宙,都是一个在多种多样单独过程中进行的总体充实过程,这种充实,将本质上伴随着一切实在经验的未被经验的东西的地平线,未被规定但可被规定的共同意指东西的地平线,以不断增进的完满性引向自身呈现,或者更确切地说,引向自身把握的获知。它是一种充实,这种
275 充实通过蔓延着的一致性,并且通过经验证明之不断增强的整体力量,将一切偶然的失望溶化为更高和谐。被揭露了的假象,同时并且总是意味着重又建立起一种代替该假象的适应于普遍一致性的真正的存在。

但是经验和经验过程的特征从本质上被描述为在实践上的"我能"(后来就是"每一个人都能")范围内的过程,就是说,被描述为由我管理的或能由我管理的过程:属于实在被给予性之普遍方式的空的地平线,是能在实践参与之诸可能性的共同被构成的、因此是经常被信赖的体系中,系统地充实的实践的地平线。在将作为进行经验的获知的当下知觉,转运到对由已经知觉到的实在东西而来的尚不知道的东西——但这尚不知道的东西本质上决不是绝对不知道的东西,而是按照其形式的类型,例如作为空间—事物的东西,已被预先规定了——的进行充实的进一步规定之形态中的这种实践可能性意义上的可充实性,总是随身带有下面这种经验—实践的自明性:即不论我怎样在实践上参与到我的可能的执行路程之系统中(例如,在知觉方面的系统中:"我走近些,我看,并且触摸"),我都能够将我的知觉活动作为对同一个东西的知觉活动,在它的一致地继续进展的,同时证明这种同一东西的获知中,继续进行下去。这个事物总是一再地作为存在的东西并且如其自

身所是地表明出来。同样也在向处于可以说是未被规定—已被规定的敞开的地平线中的其他事物之可能的自由积极的转变中,因此是在对于经常被一起设定和被认识的世界之范围的无所不包的地平线意识内部,一再地表明出来。正如很容易便能看到的,与此不可分离的是那种属于我能够自由追忆的我生活之每一过去阶段的自明性:我能够通过自由实现我当时的诸实践上的可能性而自由积极地改变我过去的经验,我能够全面地如其曾是地认识过去了的世界,这个世界以一直进行到今天的经验的一致性过程之经验上的自明性,而曾是同一的世界,现在仍然是同一的世界,只不过由于它的实在状况之客观的—时间上的变化而被改变了。

在对总是还在进行意向的世界意义通过充实而加以实现之连 276
续**取得成功**的整个过程中——不仅是在个别主观的过程中,而且是在共主观地共同体化了的过程中——,这种世界意义的未来的和可能的无穷进展的可实现性,同样也总是得到证明,而且是以具有不断提高的完善性的认识过程之形式得到证明的。但正是因此,世界本身的真正存在也得到证明,即作为这个(在“我能”,“每一个人都能”,或更确切地说,“本应该能”的这种意识中的)任何时候都能自由积极地继续进行的,越来越完善地实现的过程之处于无限之中的目的,而得到证明。因此在纯粹超越论的考察中,“世界本身”只是作为在现实的主观性中或者在共主观性中表明的较高阶段的特有的真理意义而呈现出来,就是说,作为以被奠立的有效性之内在形态构成的理念而呈现出来。它的等价物是与现实的和可能的经验之全部对象相关联的诸无限地可认识的真理之所想到的全体。这个理念为对世界进行认识的一切主观,就在它们当

中总是可能的经验和经验的理论化之总体，预先规定一种普遍的法则。

为了以必须进行的论证之粗略形式为先前说过的那个命题提供说明，并同时提供一种有力地说明了理由的预期之自明性，这已经足够了。以上所说过的东西至少可以用来为在超越论的世界解释之最早的极其粗糙和模糊的尝试中已经被唤醒的那种动机，提供一种鲜明轮廓，并让人们理解，为什么一些伟大的哲学家——他们的天才恰好表现在，他们提前提供的自明性所达到的程度与该自明性能在进行说明的个别直观中表明的，以及能在原初创造的概念中只不过是以理论上最初步骤触及的形式明确表明的程度相同——，自以为已经进入到超越论的—主观的世界考察，然而在遇到自然思想方式对他们提出明显反对意见的地方，却没有能真正克服这种反对意见，而是回避这些反对意见。

但是在这里需要进一步详细说明。

277 V.〈超越论的“唯心主义”之正当性证明：它的系统的科学的展开。〉

如果我们通过一般的概述已经明白了，“世界”是在作为在超越论的关联中，因此是纯粹在可能的外部的经验和经验科学之意义赋予中的有效的意义被构成的和如何被构成的，那么这种新式的世界认识是绝不会使我们满意的；因为它似乎要求一些与自然的，实证的世界认识之颠扑不破的真理尖锐对立的结论。

然而我们能够谈论的，并且任何时候都能够谈论的世界，我们知道的，并且任何时候都能够知道的世界，不是别的，而正是我们在我们自己的个别的和共同体化了的意识生活的内在性中，以前面概述过的自身统一的认识形态之多样性构成的那个世界；我们作为认识者总是“拥有”这个世界，并且总是作为认识的目标追求这个世界；最终是作为我们的单纯“理念”而追求这个世界。超越论态度的必然功能不正是借助纯粹主观考察方式的一贯性，将下面的情况变成显而易见的和完全明白的吗，即在可能认识活动之全部领域中，恰好只有那种在认识活动中由自己的成就而进行构成的认识形态，才能发生吗？因此，这个世界，以及一切可能的世界，在任何别的地方都没有“实存”，而只有“在”进行认识的诸主观“之中”，只有“在”它们的意识生活的对于它们本身是自明的事实“之中”，和“在”它们的合乎本质法则的能力“之中”，才能有“实存”。

正是对此，以自然方式进行思考的人会提出坚决抗议。他会说，一定要十分明白地在自在自为地存在着的世界本身，与**借助于**它主观才与世界**相关联**的那种当下的主观的认识形态之间进行区分。如果认为世界仅仅是意义的构成物，是我们心中的理念，而我们本身是世界的单纯组成部分——这是任何有理性的人决不能怀疑的——，那会是真正的荒谬。

但是超越论哲学家在这里当然不会为回答这个问题所难倒。
首先他会指出，与任何有意义的区分没有不同，那种处于其自在自 278
为存在之中的客观与当下被认识的客观之间的众所周知的区分，同样也是从进行认识的意识中获取它的原初的合法的意义的。但是据此在认识方面实现了的实在的客观，显然只不过是尚未被认识的甚至还完全没有想到的客观——这种客观甚至从一开始就被认为是属于我们的可能认识之敞开的地平线的。所剩留下来的只是具有其许多空的意向样式和进行充实的直观样式的不完善的认识，和理想的完善的认识之间的对立。但是处于无限东西之中的理念为了它的理想状态的缘故，就不是认识的形态，就不处于每一个主观性本身的意识地平线中吗，这个主观性向作为它的认识目标的理念接近，并且在所有它的真正认识中，实现理念之无限意义的一个片断，或一个还不成熟的预备阶段？——此外，至于那种由认识者作为世界的主观和作为世界之中的客观的双重地位而引出的荒谬东西，是能够很好地解决的。在其意识生活中一切客观都是共主观的经验之认识目标和经验逻辑的认识之认识目标的纯粹主观，并不是在世界之中的客观并且作为客观本身又是“现象”，而是心理—物理的主观，是人们和他们的人的“心灵生活”。对于**笛卡儿**而言的在设定客观世界可能的非实存之阶段中，作为毫无疑问地流逝着的*思维活动*(*cogitationes*)之毫无疑问的主观而剩留下来的*自我*(*ego*)，就已经不是这些人们的心理—物理的实在的我了。

这样的回答显然具有其价值。但是它们还不足以真正解决自然的态度和自明性与超越论的态度和自明性的转换所陷入的巨大困难。对于世界——它只是由于特有的意识成就才对于进行认识的主观性存在着，并如此这般地存在着——的意义之充分理解的澄清，再也不能从单纯进行论证的考虑中产生出来，这种考虑在远离事实的普遍性中运动，而不是通过对纯粹地把握住的，并且首先是被具体地认出的超越论的主观性和极其多种多样的意识形式和
279 意义成就之具体的系统的研究，建立起这里所要求的真正的洞察。

事实上，真正的洞察一定是按照以下方式被追求的，即每一种客观意义和客观真理，是**如何**在纯粹意识中产生出来的；当下构成意义的意识，按照其本质性质和本质结构，看上去是怎样的；以及相关联地，在其中实际产生着的意义本身，在这种根源的真正性中显得是怎样的。这个任务的解决，从根本上说，已经引起**洛克**的起源学说的关注了——但是在那个学说中，由于一些引起严重后果的偷换，是以理解上的错误形态起作用的——，尽管从它那个方面已经牵扯到一些最困难的研究。但是此外这里还有一些需要克服的困难。然而如果人们惧怕花费辛劳去通过实际运用而熟悉超越论考察方式的特征，就不能克服这些困难，因此也就决不能达到哪怕只是理解这些巨大的任务，这些哲学任务是随着作为一个绝对独立的并且绝对不依赖于任何客观前提的超越论的领域之发现而成熟的。

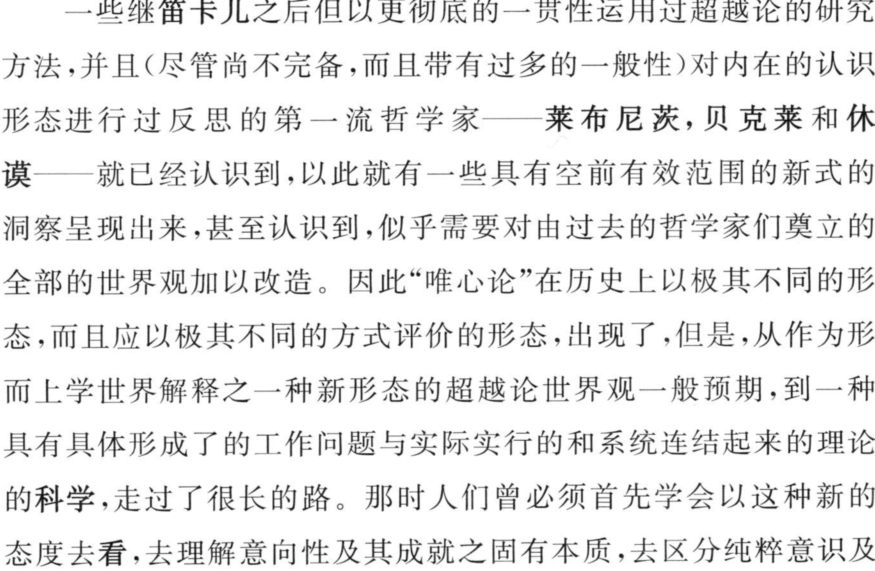

一些继**笛卡儿**之后但以更彻底的一贯性运用过超越论的研究方法，并且（尽管尚不完备，而且带有过多的一般性）对内在的认识形态进行过反思的第一流哲学家——**莱布尼茨，贝克莱**和**休谟**——就已经认识到，以此就有一些具有空前有效范围的新式的洞察呈现出来，甚至认识到，似乎需要对由过去的哲学家们奠立的全部的世界观加以改造。因此“唯心论”在历史上以极其不同的形态，而且应以极其不同的方式评价的形态，出现了，但是，从作为形而上学世界解释之一种新形态的超越论世界观一般预期，到一种具有具体形成了的工作问题与实际实行的和系统连结起来的理论的**科学**，走过了很长的路。那时人们曾必须首先学会以这种新的态度去**看**，去理解意向性及其成就之固有本质，去区分纯粹意识及 280

其意义的形成物之多种多样特殊形态。只是在那以后才能借助于原初获得的超越论的概念,使一些模糊的问题精确起来,超越论的方法和理论才会成为可能的。

Ⅵ.〈康德对科学的超越论哲学之最初体系的构想。〉

伊马努埃尔·康德的荣誉之最牢固基础正是在于,他由于完全充满了对严格科学的愿望,而将从前被认出的这个主导问题——即可认识的客观性之超越论意义问题和在主观洞察中要求认识有效性的科学之超越论意义问题——变成了他毕生的事业,以及他在数十年最忘我的研究中,拟定了科学的超越论哲学之最初的体系。他作为真正的科学家,从一开始就是由确定的个别问题指导的,这些问题是由对于数学和自然科学之哲学的考察,以及由对于同时代的存在论的缺陷之批判认识而落到他身上的。这是这样一些问题,它们通过对于它们的超越论意义的深入研究而被揭示出来,并且将这种意义导致对一种新式的"形而上学",与"独断论的形而上学"相反的、超越论的或"批判主义的""形而上学"的独立发现。超越论哲学在它的发展过程中由于以下情况而呈现出一种特殊的理论特征,即它的主要注意力始终放在科学上,和按照其主要类型划分的超越论的"可能性"问题上。他是第一个想到下面这个问题的人,即科学不仅能够客观地当作有关客观的现实性和可能性之理论来考察,而且能够从前后一贯的超越论观点,作为在一般意识中的主观认识成就来考察。他用以拟定有关自然之**形式的**存在论(*natura formalter spectata*)之理念的方法,以及以超

越论的和系统统一的方式演绎这种形式存在论之基本概念和原理的方法，是全新的。这些是在下面这种独特的回溯提问意义上实现的：一般客观世界（自然）必须服从什么样的概念形式和法则形 281
式，这个客观世界，对于一切认识者才是应该能够通过可能经验的综合作为同一的东西而可经验的，然后进一步，才是应该能够在接下来的理论认识中可能认识的；而且是应该能够在每一个人都能以必然的有效性获得的真理和科学中认识的，就是说，可按照这样一些方法认识的，它们在主观的认识过程中进行，然而却一定能够获得并保证必然的普遍有效性——？

也许将来会就下面这个问题取得一致，即康德理论中的一些内容深奥的不清晰之处——这些不清晰之处的确可以被看作是一种并非最终科学的论证之表现——在以下方面有其一定的原因，即康德由于来自**沃尔夫**的存在论，即使是在超越论的态度中，也仍然对存在论问题感兴趣。因此，不论是他特有的疑难问题，还是他的研究，几乎都仅仅是针对意义的形态，或更确切地说，真理的形态及在客观有效性方面必然应归于它们的诸意义要素。但是另一方面，他认为对于有所成就的主观性，以及各种各样的客观意义和客观正当性在其中形成的主观性的意识功能，它的被动的和主动的意识综合，系统地进行相互关联的具体直观的研究，对于解决他的疑难问题是多余的。尽管他对于进行意义赋予的意识生活的先验性和意义赋予与意义本身的关系的先验性作了出色的深刻的观察——特别是在“主观的演绎法”的题目下（《**纯粹理性批判**》第一版）——但是他却没有认识到，超越论哲学不允许如他认为可能做的那样加以狭窄化,他也没有认识到,彻底明确地,因此是彻底科学地实行这种哲学,只当具体完整的意识生活和意识的成就活动按照它相互关联的一切方面得到细致入微的研究——而这是在统一的,具体直观的超越论的主观性范围内发生的——时,才是可能的。超越论的逻辑学只有在超越论的认识论中才是可能的;有关
282 客观的意义形态之超越论的理论,如果获得了十分充分的因此是绝对的认识,那就是与对于形成这种客观意义的生活之超越论本质研究不可分开的。它们最终都追溯到对一般意识之最普遍的本质研究——追溯到"超越论的现象学"。正是这种情况使我们要扩展康德所特有的"超越论的"这个概念,这种扩展从一开始就是我们的论述之基础。

但是不管人们怎样看待康德的超越论哲学特有的局限性,正如我们已经说过的,他仍然是将超越论哲学引入真正可实行的理论形态之中的第一人。特别是,他是在一些庞大的计划中尝试(这种尝试直到成功以前一定会被不断地进行)首先将自然,直观的自然和数学自然科学的自然,作为在超越论的主观性之内在性中被构成的构成物,从理论上加以理解的第一人。但是,这同样的事情也必须对自然地一朴素地被经验的世界之一切领域,因此也对一切科学完成。在这里必须将各种各样人类社会性东西,以及在它们的共同体生活中产生的文化形成物,因此也将与它们相关联的精神科学,作为"可能经验的对象"包括到超越论考察中,并且克服康德的"自然科学的先入之见"。这在我们时代乃是一件被强烈感觉到紧迫要做的事情。

Ⅶ.〈超越论哲学的历史发展及其实践意义。〉

如果我进一步超出超越论哲学之理念的普遍性之后，还可以进入到康德理论的诸特殊内容，那么对于他的荣誉还有许多可说的。可以指出康德在他的理论研究中几乎到处都偶然获得的多种多样重要的个别发现；当然是这样的一些发现，它们每一个上面都刻有这样的铭文："获得我，以便占有我！"。超越论哲学的情况譬如说也与微积分学相似：最初借助理论被创立起来，而为了获得**真正的**理论，需要数百年的工作，在这种真正的理论中，它本身才能 283
第一次获得真正的形态和牢固的实存。在我们的场合，这里曾需要对整个自然的思想方式实行一种彻底的倒转，并且曾展示出一种全新的本身是绝对完整的认识领域，在这个领域中能看到过去从来没有看到的东西，能想到过去从来没有想到的东西，因此那时科学上最初获得的东西之不完善性肯定还很多。因此那时最初显现出来的问题，方法，理论，都另外带有不可能产生令人满意的自明性的未澄清的前提。因此向未来提出的任务，即实现无前提的本身自明的开端，形成正确的方法，拟定真正根本的疑难问题，最后是系统地建立能最终有效地进行辩护的理论，肯定困难得多。

因此很容易理解下面这种情况，即我们在超越论哲学中迄今没有看到现代数学从一开始就表明的那种连续的发展；甚至为了将超越论哲学对于实证科学所固有的权利和优先权坚持到底——而且为了在这种斗争中首先获得超越论哲学和超越论方法的能够最终进行辩护的纯粹意义，在这里就需要进行长期的而且总是尚

未完结的斗争。不仅必须打破根深蒂固的自然认识方法的习惯,而且在这里还缺少在其他方面技术成就所具有的那种决不会失效的广告效力。超越论哲学是一种十分无用的技术,它对于这个世界的顶头上司们,政治学家们,工程师们,实业家们,不会有帮助。但是也许下面的情况并不是一种缺点,即它从理论上将我们从使这个世界绝对化中解救出来,并为我们通向在更高意义上是唯一真实的世界,即绝对精神的世界,打开唯一可能的科学的入口。也许它也是一种实践之理论功能,而且正是那种在其中人类最高的和最后的兴趣必然一定会产生效果的实践之理论功能。

284 Ⅷ.〈对康德加以继承的意义。〉

因此我们就以这样的方式理解了康德毕生科学工作之不朽意义,而由此我们以及未来一切世代所负有的使命之全部重要意义就为我们展示出来了。暂时不询问康德的那些以给人深刻印象的方式规定他所特有的哲学世界理解之特征的特殊命题和理论,我们首先必须将在他的哲学中达到第一次的,但仅是暂时性的理论上的实存的超越论哲学之理念,看作是永恒的意义,这种意义似乎曾是哲学之历史发展生而固有的,而又是与哲学之以后发展永远不可分割的,至少随着**笛卡儿**的《**沉思录**》一起,这个理念**作为处于萌芽状态的理念**,就已经有了它最初的实际的存在,并且不久就这样变成了特定近代哲学之激动人心的发展意识,变成了哲学之有效进展的和产生效果的意向。如果那时曾将我思(*ego cogito*)看作是纯粹的,自身完整的认识主观性,并且看作一切能够认识之物的普遍认识根据,如果那时据此将它认作哲学方法的根源并使之在学术上发挥作用,那就会对于以后时代的哲学思想家展开一个一定会被无条件地穿过的意向的地平线,而这就会引起一种哲学理念,这种哲学理念一定会被无条件地导致进行充实的清晰性和实现。

如果起初还可能仿佛在这里所有的东西都导致一种仅仅由于这种方法而是新的,并能备有极其稳定的理论内容的哲学(这种哲学当然是遵循到那时为止唯一可能想到的形而上学之总体风格的),那么在这种方法的超越论动机影响之中就的确一定会显示出这种哲学之真正的革命意义。最终一种真正的超越论哲学一定会得到工作上的科学上的实行,这种实行使在这种发展中所要求的哲学之根本本质的新颖之处变成自明性。当时下面的情况肯定会是显而易见的,即当时和这种哲学一起变为现实的东西,由于是从一切方法之绝对最终的源泉汲取来的,有权利以早先闻所未闻的 285
正当性力量,提出下面的要求,即至少按照它全新的本质类型表述这唯一可能的哲学,或者更确切地说,就此而言,将一种全新的哲学真正建立起来。

康德的理性批判以这种方式意味着早先被播种在历史地生成着的近代哲学中并最终变为事实的哲学革命。随着这种革命的发生,向哲学本身显示出对于作为科学上真正的哲学的它而言是本质必然的按一定方法进行的形态,就是说,显示出有意识有目的地实现的一切其他发展都一定朝向它努力的真正的目的理念。

在这里有一个任务作为第一的和最重要的任务被突出出来:即通过对作为一切方法之根源领域的超越论的主观性之彻底研究,使哲学的这个新的超越论的意义达到完全的清晰性和纯粹性。

然后必须赋予这种纯粹地形成的意义以一种正当地有意识地起指导作用的目的理念之含义,这种目的理念,作为被揭示出来的圆极,使最合理的和成果无比丰富的哲学发展之形态,即具有最真正的,在最后的和最严格的意义上进行自身辩护的科学之形态的哲学发展形态,成为可能。

因为理想地说,对于哲学来说,本质的是,只有就普遍的按一定方法进行的系统形态——作为它的起指导作用的形式的目的理念,哲学必须遵守这种系统形态,哲学必须通过诸现实的理论满足这种系统形态——达到最高的和最有意识的清晰性,哲学才能获得真实的和真正的实存。换句话说,只当它在自觉的沉思和洞察中,形成了它的这种合理的目的理念,并且在坚持不懈地和有意识地对自身的沉思中,按照这种理念,按照它的生成,规定了作为在工作上指向它的真正目的意义的发展之合理发展的形式,它才在真正意义上存在。

根据所有这些,康德对于哲学之根本改造不仅被我们看作单纯的历史事实,而且被我们看作按照哲学本身的本质意义预先规
286 定了从自然的认识方法向超越论的认识方法,从实证的或独断论的世界认识和世界科学向超越论的世界认识和世界科学之发展的转向在历史上的第一次(但仍然不完善)的实现;如我们还可以说的,这是从对世界认识之朴素的实证性阶段向由认识——但不是处于空洞的一般性东西中的认识——关于它自己在理性、真理、科学名目下有所成就的行为之最终的自身意识而来的世界认识的转向。

同时对于我们来说,从已经获得的认识中产生出我们必须据以理解和要求对于康德之继承的正确意义:即必须做的并不是如其所是的那样接受他的体系，或是对该体系做个别的改进；而是能够理解他所实行的革命之最终意义——而且最好是能够将他如其本人所是的理解为开路先锋，而不是完成者。但是这种理解必须以根本科学的方式清楚地表明出来；因此一种在严格意义上的科学哲学按照其本质是无前提地开始的，首先可以说需要它的能由原初的意识获得的初步知识，并且它必须借助于这种初步知识获得使它超出诸种哲学体系的表演之上的最终有效的理论生成形态。因此康德的遗产不应被抛弃，而是应该通过对其纯粹的内容之澄清和利用而使之长久保持下去。此外，他的体系的世界观是否也只按照其世界观的样式继续保持下去，比较起来完全是次要的问题。

并不缺少这种精神的认真努力，特别是在近几十年。不管怎样，这些努力所关心的是超越论理念完全沉没的危险——由于对康德的以及甚至他的超越论哲学先辈的最内在动机之改变意义的曲解而导致的危险——能够被看作是已经克服了，尽管被看作普遍现象的我们时代的世界哲学文献，仍然呈现出另一种全貌。

数十年来特别是我们的弗赖堡，是康德的意图在那里寻求其哲学影响的地方，尽管是以颇为不同的形式。现在在这里被辩护的现象学的方向，尽管在它的疑难问题和它的表达之扩展中，甚至
在方法之原则东西中，走的是自己的道路，并且它在起源上就不是 287
由康德及其学派直接决定的，——它也必须在对较早的和最早的思想动机之一切复活中和形成全新的思想动机时承认，它是将康德的哲学研究之最深刻意义付诸实际行动的一种尝试；至少当我们在此刻共同思考过的这种解释有其正当性的情况下是如此。

无论如何我们感到在以下一点上与康德是完全一致的，即我

们不是按照适应于一时需要的世界观之精神，而是按照致力于最终有效性理念的严格的科学之精神，而努力实现超越论哲学的。

因此我们可以希望，康德这位天才将会愉快地接受我们的微薄敬献。

关于严格科学的理念之不是历史的生成，而是理想的生成的问题（1925） 288

思考关于从正在觉醒的理论兴趣（知识兴趣）变成对世界的普遍的兴趣，变成有关世界之合理的结构上的普遍性东西的兴趣之自然的动机形成；此外，具有其模糊的普遍性东西的模糊的自然的认识，如何是最先的东西，然后，绝对普遍性之理念又是如何被引起的，并且新的真理理念，作为超越一切偶然的合规则性并摆脱一切偶然性（相对性）的真理的理念，是如何成为主导的。——“返回到自然的世界概念”——这是什么意思？一种历史的东西？等等。

关于哲学之形式的原初概念事先可能说些什么呢？

1.）它是由纯粹理论兴趣而来的认识——认识一般？肯定不是随便任何一种单个的认识，如这棵树是橡树。它是那种尚不是已知的，尚不是显然的认识；它不是单纯通过经验的获知，也不是任意的未知的认识——随便哪一种推论；不是对随便哪一个问题——针对单个未被经验的东西的，但又处于可供支配的经验领域范围内的东西的问题——的回答。

2.）它是整个世界及其所有实在东西都与之相关的普遍认识：一切东西是如何生成的，由哪里生成的，由此它本身原初带有什么

东西，它本身原初是什么；一切生成是如何实现的，在一切生成中显示出，并且一定会显示出什么东西，一切持续着的存在物是如何
289 由诸对立面的和谐中产生出来的，一种必然的规则是如何到处都起统治作用，如何到处都有理性进行支配，如果没有理性，世界将是一片混乱，而不是统一的世界。

贯穿于世间的一切存在与事例之中的或者好像到处都在经验上呈现出来的普遍特征，引起了人们的注意；当人们以归纳的方式把握它们并且像是看出一种严格普遍性时，人们在自然的进展中就试图将这种普遍性归入到正是那种如其在经验思维活动的自然进程中那样的完全的普遍性。就这样，人们为它们提供一种“说明”，一种解释，起初几乎是以神话的方式——解释作空气，无限（ἄπειρον），爱与恨，——然后是在已尝试的解释中借助人的原理——借助知性（νοῦζ）——进行解释。在这里人们力图使它们成为可以普遍理解的。或者人们试图突出由固定因素形成的结构和固定的事件规则，这种结构和规则存在于显现的背后，借助于它们，作为结果的显现之过程得到说明。一种比较简单的基本规定，以演绎的方式从形式上说明了显现的各式各样众多事件。

科学所研究的是贯穿于一切世界事件和事物中的普遍东西，由较高的普遍东西说明较低的普遍东西，由普遍规则说明作为个别情况的单个事件，最后由一个或几个存在原则，由一个存在者，说明这个世界一切事件的总体过程和普遍本质，这个存在者的存在方式和对待世界的方式，使世界的本质成为可以理解的。这最终就是理性，神，人的原则，或类似于人的原则：既然事物是从目的设定和目的实现中产生出来的，人们就能理解，它为什么如此存

在。对于存在的一切说明，最终都归属于这里。——

处于其无限性之中的宇宙，未被认识的、决不能终结的地平线——在其中不可能想象任何超出它之外不再能想象另外东西的最终东西——，如果是可能的，我们如何能获得有关世界的认识？

贯穿于首先是感性地被经验到的世界的普遍性东西：即“世界领域”——“永恒的”星辰构成的天体世界，星空和大地；动物界和植物界；人的领域；无生命界，最深层次的实在存在领域。对于普遍东西的兴趣——对于敞开的无限东西的兴趣，关于这些无限领 290
域的每一个一般所能认识的东西就是：分类，发展，最普遍的结构形式等等。在人的情况下，就是各种心灵能力，各种才能或品德，人的各种社会联系，各种风习，它们的形成与衰落，等等。文化的诸领域。空间形态的领域，数的领域，节奏，旋律的领域。——

宇宙是在自身中包含各种各样全体的整体宇宙，是具有诸普遍特性的——诸普遍课题的——无限领域。

对于**持久的存在**之意向，对于在变化中——在主观的“显现”之变化中——保持同一的东西之意向。什么是存在者？实在东西的同一性要求诸种永远有效地陈述这个存在者是什么的同一的述谓，同一的真理。这个“什么”一定是有关“持久的本质”之诸述谓中同一的和自成一体的**成分**。

对于真的存在的意向，是对于最终有效的真理的意向，和对于自成一体的就每一个来说都是真的存在的意向。

显现之流，感性的，经验的—相对的真理之流：那种只不过在经常的变化中被经验为同一的，并且借助于现在有效然后又无效，对于我有效，对于其他人则无效的述谓被判断为同一的东西，如何能够真的“存在”——它如何能够是有关真理本身的课题？如果它是这种东西——我如何能够知道它，我如何能够认识、论证这样的真理？

思维的存在物，知性（νοεῖν）的存在物，是唯一现实的和真正的存在物，不是显现之存在物；但它如何能够被规定呢？时间、空间、运动、量和数、变化属于这种存在物吗？**作为显现者的存在物**，作为从时间-空间、质、变化等等方面的被给予之物（然而是“被拯救出来的”），如何能够保有权利？但是如果感性东西本身只不过是主观的，在主观意见变化中本身变化着的，如何能规定这种权利呢？

一切实在东西都是时间—空间上的，并且自身变化着，表现为受因果规定，同时又依赖于认识者的主观性，他的身体状况和他的内在情绪等等。

291 这些普遍东西中有一些只是在一定条件下才进入人类认识的地平线中；如人类文化的普遍性，人类历史的普遍性，民族的历史，已经是如此，科学本身的普遍性就更是如此。

在这种情况下，地球本身自然是一种普遍性东西；它是个别的，但它是一个在自身中具有作为无限领域的各种各样领域——就是刚刚提到过的那些领域（而且首先至少是能使之与地球发生关联的那些领域）——的东西。

这样一些普遍东西为了认识需要普遍的命题——对于普遍意义的认识；这些认识不是关于经验对象的个别经验和个别解释的总和。无限性只有借助普遍性才是可认识的。但是在这里无限性并不意味着任何数学的东西，而是意味着“可能”经验进程中的无穷性，而并没有能由经验预先给出一个终点，一个最后的东西。

因此研究世界就是研究世界的一切普遍东西，研究它们的统一性，它们彼此的紧密结合。或者：世界按自然方式划分成“世界的诸领域”(世界的诸区域，但尚不是在哲学意义上的世界)——对“自然的世界概念”的划分——决定了“科学”之自然进程。

那么我如何继续进行呢？我设想我所是或我们所是的，但是**先于**所有今天作为科学在世界理解中已经规定我们、并赋予这种世界理解以来自科学的科学含义的那种东西的人。我对他们如我们所是的那样当作人来思考，这些人由一致的经验进程而具有一个感性的—直观的世界，通常具有多种多样变化着的含义，这些含义是按照其经验形态被统觉的，不管这些经验形态与我们的经验形态有多么不同。对于他们来说，诸神话式的力量可能就是经验，正如对于我们周围世界的人来说，具有我们的宗教意义内容的天启、启示、奇迹仍还是经验一样。但是不管有什么样的差别(而且不管这些差别能够怎样在特殊形态的文化科学和历史的事实中被指出来)，他们和我们一样，是人，是与一个周围世界相关联的，和我们一样，是与同一个周围世界——在我们与卡菲尔人或西藏人互相理解并且经验到同一的周围世界这种意义上的同一个周围世 292
界——相关联的。不管这同一的世界在细节上如何被我们和他们以不同的方式统觉，但是具有其自然的领域划分的自然的世界概念，对于我们大家都是相同的，——至多我们会怀疑，对于他们来说，是否存在一个在他们经验中一起被经验到的特殊的诸神与魔鬼的领域，而我们却不承认这个领域，并且关于它们我们没有任何经验。

处于其实践的周围世界之中的自然生活中的实践的人——实践的认识活动——向理论态度的转变。

因此如果我们现在一般地设想,处于经验的世界,而且是按照领域划分了的世界中的人,是处于一种觉醒着的和传播着的认识兴趣的状况中,那么这种认识方式的认识形成物乍看上去就会是与实践生活的认识形成物本质上同类的认识形成物。正如实践生活在经验的—归纳的预期中超出个别经验,并且在没有理论兴趣的情况下(纯粹以实践为动机)获得普遍信念——关于风和天气,关于事物的因果性状况,关于人的个人行为,等等的信念——一样,处于理论兴趣中的判断者也是如此。这样的判断方式并非没有"自明性";在这种认识水平上也存在好的和差的认识活动。在实践生活中人们对于真理与谬误、真实与假象、理性与愚蠢进行争论。并且人们根据自明性而获得一致,就是说通过回到被重新回忆起的经验,回到共存与相继的规则性,这些东西借助于"对实际情况的清楚思考",借助于相似的程度等等为判断提供理由。如果人们这样做了,以下情况也就清楚了,即由此,有关的认识,即使是以下这种一般认识,也就被"充分地论证了",即以这种方式"进行预见",进行推论,是"合理的",或者是不合理的,因为,在经验中存在的东西没有承载力,或者因为被看作本质上近似的东西,并非近似,而只是由于偶然原因可能彼此相似,等等。

293 但是另一方面,这些对实践生活的普遍化并不是具有严格普遍真理的真正认识,并且在生活中通常它们也没有这种意思;对于实践来说,在这里有一种可据以预期在新情况下有类似事件出现

的预期规则就足够了——这种预期规则是由经验和习惯提供了充分根据的推测。如果以后进一步的经验过程与此**不符**，这个规则也不会因此被抛弃，尽管如果有大量经验与它相反，它的力量会被消解。

因此自然的实践的生活没有任何绝对有效的认识，它只知道具有宗教要求以及与之紧密联系的道德要求形式的绝对东西。就此而言，这些要求本身并不必然地作为对每一个人都绝对有效的要求被想到，这种要求的有效性可能受到家族、民族的限制。而**科学**的兴趣却是朝向最广阔的地平线，朝向整个世界，并朝向世界中包含的诸普遍性的。将归纳扩展到这些东西上，作为对于不可靠的经验(*experientia vaga*)的归纳，这不可能带来任何有益的东西；生活中普遍的预期规则适合于现实生活经验的狭隘地平线，而对于普遍性就失去了它们那种恰恰只是实践生活的价值。但是科学究竟如何也达到绝对普遍性之理念的**构想**的呢？它如何即使是在实行普遍归纳的地方也达到能站得住脚的归纳呢？

以下这种情况是容易理解的，即获得对普遍有效性的陈述之最初尝试，是以不可靠的归纳(*experientia vaga*)之方式进行的，并且这些尝试导致一些认识，这些认识或许使个别人感到满意，却受到另一些倾向于将不同的经验规则提高为无所不包的普遍性、并已获得不同结果的人的怀疑。

但是各种认识活动都是指向“真理”的；这对于每一种认识都有效；不管人处在什么样的历史联系中。但是在前科学和科学以外的生活意义上的真理——我们说的是自然的一实践的生活意义上的真理——，如我们将会看到的，当它成为科学真理时，就在无

损于能证明使用同一名称之正当性的共有之物的情况下,获得一
294 种新的含义;另一方面,又获得一种在前科学的真理中有其来源的含义。这里首先让我们来考察这一点。

1.)即使在不是服务于理论兴趣,而是服务于实践兴趣的自然生活实践领域中,认识的努力也表明是一种突出"是什么"的努力,或是回答是什么的问题,也许就是回答:某物是否在此存在的问题的努力。在这里,每一种判定都立足于依据可能的经验和认识的理据之中而成动机,每一种判定都要经受批判,这种批判通过诉诸"自明性",即正是诉诸经验中事态之实际展示,或诉诸归纳的根据之实际展示,以及通过这些根据实际产生的"预见",而对该判定表示赞成或反对。在对经验的**审视**中,在对根据状况(关于被认出的结果之被认出的原因)的**认识**中,在对当前情况下作为将会出现的东西而被论证的"能预期的东西"之**预见**中,存在着有关这些意见以及被采纳的诸判定的正当性之一切判定的来源,而这种正当性就意味着正确性,意味着合于以自明性而"自身展示的东西"。人们不经思考就作为不言而喻的东西假定:每一个如此证明了其正当性的判定都是最终有效的,每一人都能获得具有同一结果的相同的自明性。每一种重新返回到"事物本身",返回到根据本身,以及返回到使根据产生结果的东西,不可能产生别的,而总是只能产生相同的东西。

在自然的—实践的生活中,认识者与他同一类的人处于一种境况地平线中,一种完整的共同的经验地平线中,在其中,每一个人都能够以通常对于实践而言是充分的方式"相信"任何一个人所"认识"的一切东西。相互进行交往的人一般来说都是感觉上和精

神上“正常的”人，他们有一个对于这些正常人来说毫无疑问是共同的周围世界，他们形成相同的经验，处于一致的传统之中，形成了一致的见解(境况)，获得了或者能够获得相同的预见，并依照共同经验彼此交换这些预见。所有这些就创造了一种由大致相同东 295
西构成的环境，所有的东西都是由相同的“经验”连同相同的或是相协调的统觉和预期产生的——这种相同是一种类型上的相同，并且最终是由预期上的经验而产生的相同。反常的东西作为错误的东西，作为不合预期规则的东西被排除，而不应计算在内，因为它是即使不证实规则，也不会对规则造成很大损害的例外。在这里，原初的经验是知觉，而知觉是对对象的自身把握之意识——此外它还可能有传统见解的各种各样成分，然而这些传统见解却是根据实际被经验的东西一起被证实的。

在真理这个名目下所追求的和要求的正确性，有效性，是在正常经验范围内的正常情况下——但又是在默默地被假定的、众所周知的、被重新认出的境况中——能够正常地展示出来的经验的自明性之正确性和有效性。

2.)科学——它正确估价共同周围世界的相对性，周围世界的本来未被经验东西的要素，周围世界对传统的依赖性，等等；科学寻求完全能够证明为正当的最终的真理，并寻求摆脱个人、民族、共同体的偶然的先入之见；寻求能够作为自在真理而被奠立的真理。科学首先将在其中相对东西未受人注意的那种经验的真理概念，提升为绝对的真理概念，尽管陷入困难，却仍试图实行这种概念。科学之先入之见就是作为自在存在的真正存在，作为自在地和最终有效地存在着的真理之相关物的真正存在，并且是这样一种真理的相关物,这种真理能够被认识,能够以它的最终有效性而被奠立,并通过这种奠立用语言准确表达出来。

这种先入之见就是,世界存在着,并且是可以最终有效地认识的,可以最终有效地传达的,科学是为以下目的而存在的:即为了使对于世界,或者说得更确切些,使对于属于世界的诸世界领域而言的最终有效的真理作为最终有效的普通规律(*logos*)得到系统实现。

科学是对作为永存的精神的文化财富的真理之专业性掌握。这种真理在所有以后时代都被以适当的精巧的(技术性的)词语以
296 同一的意义重新理解,由于它们的被同样表达出来的根据,而可以一再地被论证,可以一再地被认识,可以以其最终的有效性而被实现。

但是这种信念经受了某种变化:由对于能达到最终有效的世界真理的信念——只不过这种世界真理作为**完整的**世界真理始终是不能达到的,因此在建立最终有效的真理和理论的过程中,这种真理向包罗万象的理论的理念接近——产生出这样一种信念,即科学的理论只想成为对于最终有效的世界真理的接近,这种进展不仅是一种在充实方面的进展,而且是在接近方面的进展,而唯一能达到的,是这种进程之按一定方法进行的形式,或者更确切地说,在确实能达到的最终有效真理中对这种进程按一定方法进行的形式加以预先规定。

柏拉图和**亚里士多德**在历史上为致力于根据之最终有效性的科学之理念,与此相一致,为致力于最终有效的正当性证明的科学之理念,开辟了道路。有助于引起这种信念的那种动机之历史问

题的，是以下这个**理想的生成之问题**，即理解下面这些**必然性**的问题，这些必然性在历史东西中隐蔽地起决定性作用，并使为什么预备阶段的科学由于固有的一贯性而趋向于针对绝对最终有效性这样的新目的变得可以理解了。

我们已经从我们的历史的现代出发，就是说，从我们的科学的世界考察出发，借助于我们的逻辑学等等，对于正在形成着的人类之诸阶段，从历史上进行了深入理解。

一方面我们深入理解神话式统觉的诸阶段以及特殊民族的特殊统觉(通过对报告的解释)，同时我们实行统觉(期望这些统觉，通过对这些报告的解释而使这些统觉明确起来)——但却是作为“旁观者”而实行的。我们并不一起相信；我们理解引起这些信念的动机，并且**仿佛**一起相信，而实际上并不相信。但是我们不是经常有与我们真正信念的对照吗？我们的直观方式以及与它相联系 297
的思想方式不是经常与这种被假设的东西“相符合”吗？而这不也是意味着经常的批判吗？

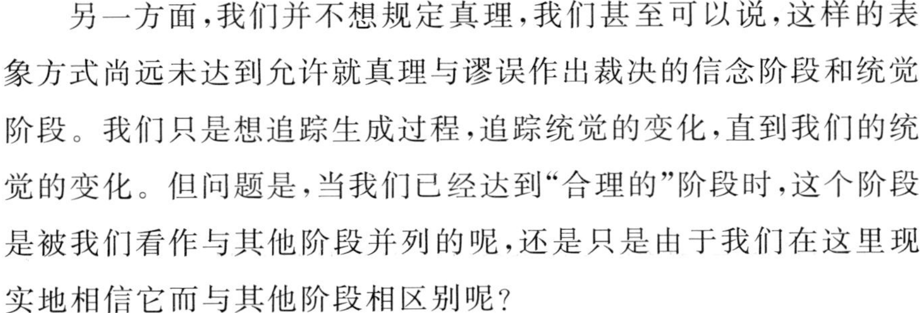

另一方面，我们并不想规定真理，我们甚至可以说，这样的表象方式尚远未达到允许就真理与谬误作出裁决的信念阶段和统觉阶段。我们只是想追踪生成过程，追踪统觉的变化，直到我们的统觉的变化。但问题是，当我们已经达到“合理的”阶段时，这个阶段是被我们看作与其他阶段并列的呢，还是只是由于我们在这里现实地相信它而与其他阶段相区别呢？

自然的人生活于信念之中，但是他在多大程度上是依赖于他确实据以证明他的信念之正当性的根据而具有这种信念呢？也许是一种普遍论证的需要指导着他？或者更确切地说，他是生活于对由前后一贯的理性指导的生活的需要之中?

此外,在我们历史地进行阐明的考察中,我们所追寻的是**方法**。我们进行描述,而这种描述是“科学的”描述,“自然人”的生活以及已经存在过的文化人不同阶段的生活,不是以**他们的**语言和思想方式被考察的,而是以**我们的**语言和思想方式被考察的,不是以我们时代随便哪一个人的语言和思想方式被考察的,而是以我们的“科学的”语言和思想方式被考察的。

如果我们现在为了理解科学的合理生成,而寻找一条道路,从“自然的世界概念”的论证出发说明科学的这个目的理念应如何由于合理的必然性而开始起作用并按照其本质的因素构成,——这与**历史的**任务有什么关系呢?我们必须**以历史的方式**确定“自然人”的某种世界概念吗?或者是将它规定为直到科学出现的可通观的历史之必然共同点?当我们构成,或者说得更确切些,当我们描述先于一切科学思想的世界经验和世界经验的意义时,我们作为开端所形成的是一种什么样的抽象呢?

B. 附　　录 298

附录 I（附于第一讲至第二十五讲）：由路德维希·兰德格雷贝编制的内容目录。[①]

I. 历史的部分

第一讲。第一哲学这个名字的起源。——第一哲学作为开端的哲学。——它的任务。——历史导论的必要性。

历史的导论

哲学的诸伟大创始者。——作为彻底澄清之方法的苏格拉底的方法。——作为本质直观的彻底澄清。

第二讲。伦理—实践的改革者**苏格拉底**。**柏拉图**，真正科学之奠立者（借助苏格拉底的方法）。——作为有关一切真正存在者全体的绝对被证明为正当的科学的哲学之新理念。——作为对于

---

① 写于 1924 年。——编者注

哲学一般之可能性条件从根源上预先审查的第一哲学。——第一哲学在柏拉图辩证法中的准备。——作为以合理的方法进行澄清的事实科学之总和的第二哲学。——根据**柏拉图**将哲学规定为由哲学理性而来的真正文化之可能性条件。——作为共同体的理念的理性的理念。——作为社会伦理学奠基者的**柏拉图**。

第三讲。柏拉图的推动之继续影响。——由于形成了依据于**亚里士多德**分析学的形式逻辑,这些推动的彻底精神减弱了,斯多噶学派有关所说者(λεκτόν)的学说。——形式逻辑作为有关一致性或无矛盾性的逻辑学。——它的课题是有关一致性,不一致性,

299 相容性之本质规定。——划分作为证明的认识和分析的说明。——传统逻辑作为仅仅是真理的逻辑之低级阶段。

第四讲。分析的矛盾和事情本身的矛盾。——历史上的逻辑学没有在一致性和真理之间进行区分。——它没有考虑到判断与判断的基底之间的相互联系。——作为"直谓逻辑"的相关项的形式存在论的理念。——历史上形成的属于形式存在论名下的诸学科。——缺陷:逻辑学作为获取真理的方法论在课题上必须也指向判断的活动和设定对象的活动这种主观东西。

第五讲。总结:诡辩学派的怀疑论迫使人们对认识活动之主观性进行反思。——这种反思导致对理念认识的发现。——这种发现才使诸合理的科学能够形成。——合理的科学之理念。——合理的科学在**欧几里得**和**亚里士多德**那里(后者的分析学)的初步

尝试。——这些新科学只不过是独断论的科学，而不是哲学。——对于诸哲学学科的概念之详细阐明。——哲学的科学作为由绝对正当性证明而来的科学。——这种绝对正当性证明涉及分析的意义，直观的内容，主观的诸样式。——为什么“合理的”科学的合理性是不充分的。——在这些科学中对合理性的正当性证明看上去是怎样的。

第六讲。有关进行认识的主观性一般之科学的必要性。——通过反思地将目光转向经验活动的主观样式而实现对于科学陈述的检验，——主观地进行反思，但是仍然有赖于个别情况。——真正合理的科学之奠立要求按照进行认识的行为之全部样式对经验活动的主观性进行系统考察，并将它变成理论课题。——对认识的主观性提出来要考察的东西的一些重要的进一步的阐明。——(认识活动的类型学与被认识之物的统一形态之间的相互关系)。——历史上的形式逻辑不是这种有关认识的主观东西的科学；正如历史上的一切合理科学一样，它是按存在论定向的，不是按认识论定向的。——它与所有其他科学相比的优越的地位产生于它的形式的普遍性。

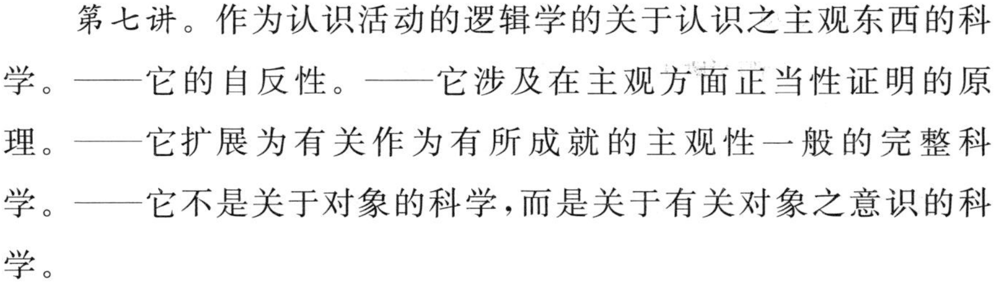

第七讲。作为认识活动的逻辑学的关于认识之主观东西的科学。——它的自反性。——它涉及在主观方面正当性证明的原
理。——它扩展为有关作为有所成就的主观性一般的完整科 300
学。——它不是关于对象的科学，而是关于有关对象之意识的科学。

第八讲。有关主观性的科学被**亚里士多德**构想为心理学。——这种心理学是与其他科学并列的客观的科学。——由于没有能力以正确的方法通过分析和描述满足意向性,它缺少变成有关主观性之严格科学的能力。——由于要求为逻辑学和伦理学提供规范,它陷入循环之中。——有关主观性的科学不允许承认世界是预先给予的事实。——在古代,关于主观性的科学由于被看成与心理学是同一个东西,它就不能从根本上克服怀疑论。

第九讲。怀疑论的论证1.)反对有关自在存在者的认识之可能性,2.)反对自在存在一般之可能性。——在这些论证中第一次出现了超越论的考察方式。——这种考察方式在古代和中世纪没有产生影响。——向真正超越论哲学的发展是由**笛卡儿**的《**沉思录**》开始的。——在《**沉思录**》中获得了怀疑论论证的存在基础,从而导致对怀疑论论证的彻底克服。——笛卡儿式的沉思标志着进行哲学研究的开始行为之普遍的必然的风格。

第十讲。笛卡儿没有能够理解他的发现的意义。——《**沉思录**》的思想进程简述。——超越论上纯粹的、绝对的、自成一体的主观性在前两个沉思中被展示出来。——对于心灵以外存在之可能性的怀疑论的怀疑,只有通过回溯到有所成就的意识才能消除。——有关这种意识的科学与一切客观的科学完全不同。——由于笛卡儿的发现才使保持其方法的纯粹性成为可能。——客观的科学由于不关心超越论的认识成就,而不是绝对证明为正当的科学。因此一切荒谬的理论都紧随客观科学而来。——任何形而上学只有根据有关超越论的主观性的科学才是可能的。

第十一讲。超越论的科学不仅应该防止来自客观科学的误解,而且还能够为客观科学的一切成果提供正确的解释。——它也有形而上学的结论:对于单子论的预备性解释。——**笛卡儿**没有能够把握住超越论上纯粹的主观性,而是陷入客观主义。——对于他来说,自我(*ego*)作为心灵是世界的组成部分。——这里存在着向自然主义和心理学主义发展的倾向。——**洛克**的《**人类理** 301
智论》就是建立在这个基础上的。他想将笛卡儿的我思(*cogito*)变成科学研究的课题。——这门科学在他那里作为对人的意识的描述,目的是要获得认识活动和伦理行为的规范。

第十二讲。由于他的客观主义立场,**洛克**忽视了古代怀疑论所提到过的认识问题的超越论性质。——他的课题是阐明主观认识的可能性。——由于抛弃了笛卡儿的开端,由于朴素地设定世界和科学为前提,他犯了循环的错误。——对作为有所成就的意识的意识之专门考察的必要性。——在客观主义曲解中的认识论作为有关认识活动的心理学,而这种心理学则是客观的科学。——**洛克**的自然主义的心理学主义,比起**笛卡儿**的神学的心理学主义,是一种进步。——在排除一切神学东西的情况下,他想要一种纯粹建立在内在经验基础上的作为归纳科学的心理学。——他的尝试是对笛卡儿的自我学做心理学的倒转;如果当时这种倒转达到一种真正内在的意识分析,它本来会有助于真正的心理学和超越论哲学。

第十三讲。这种心理学倒转的失误是:1.)经验的—归纳的考察方法的缺陷;这种方法按照意义被预先规定为先验地优先于理性的理论。——2.)**洛克**的以及后来的描述,并不是真正对意识的描述,由于未切中它们的对象,在先验的重新解释中也是不适用的。——它失效的原因是缺少正确的方法,缺少现象学的还原。——只有借助于现象学的还原才能看到,这种内在生活完全是意识;在这种情况下也就清楚了:它决不是具有空间性质的东西,决不是白板(*tabula rasa*)。——意向性之多种多样的变化,只有在多种多样的反思中才能把握。

第十四讲。3.)近代自然科学的典范作用是妨碍形成真正的意识科学之原因。——这种典范作用通过**霍布斯**而导致唯物论并导致唯物论的心理学。——同样**洛克**也将自然绝对化——借助于有关第一性性质和第二性性质的学说——并将意识自然化。因此他犯了认识论上循环的错误。——4.)因此,这种典范作用的另一
302 种影响就是:将意识自然化。——由于**洛克**要求澄清原初的观念和原初观念的结合,他对作为真正认识论必然风格的直观主义已有猜测。——进一步的阐明:**洛克**关于原初观念的初步知识。——对于他来说,通向实现这种思想的道路由于将意识自然化而被阻断了。——这种将意识自然化就在于将内在的经验与外在的经验类比,在白板观点的意义上将意识物化。——进一步研究。

第十五讲。将意识自然化的最后结果必然导致**休谟**的怀疑论。——对白板观点,或更确切地说,对将内在经验与外在经验并

列的作法之深入批判。——自我与白板,被刺激与进行活动;如同在白板后面有一个人。——对于纯粹的自我盲目无知。——这种自然化也使人们看不到作为对某物之意识的意识固有本质的东西,看不到意向性。——区分意向的内在性和真实的内在性。对对象的意识指向综合。——综合的双重性质,一方面涉及自我,另一方面涉及对象。

第十六讲。自我与对象作为意识之非实在的两极。——意识的这些包含物必须一起加以描述。——意识并不是空洞的拥有活动——以知觉为例加以说明。——关于意识的三重歧义。——意向的包含物被**洛克**及其后继者误以为是真正的包含物。——由此产生出此问题:第一性性质和第二性性质,摹写理论,因果性推论。——**贝克莱**反对这种学说。在洛克的解释中存在着世界多重化。——关于超越的推论**贝克莱**只承认移情作用。

第十七讲。对**洛克**理论的批判:在知觉中被给予的不是肖像或记号,而是事物本身。——肖像或相似物以一种特殊的肖像意识或相似化意识为前提。——知觉也不是感觉事实的复合。超越的东西只能在知觉本身中显示出来。——**洛克**错误的原因:将意识自然化。——**洛克**的功绩:要求一种纯粹建立在经验基础上的知性研究。——在这种研究中不可以抛弃纯粹内在性的态度。——这种态度必须被运用于对象的一切基本形式。

第十八讲。反对**洛克**:客观主义的心理学看不到意向性(=感

觉论)并且看不到意向性对于心理学和理性理论的意义。——心
303 理学主义和感觉论。——感觉论使真正的心理学成为不可能,而心理学主义则使真正的认识论成为不可能。——感觉论的缺点(看不到特殊精神的东西)是不可救药的,而心理学主义的缺点是可以医治的。

新的一章:关于抽象的理论。——**洛克**和经验论否认普遍东西的直观给予性。——错误地将直观等同于个别的直观。——他的"普遍的观念"只有进行代表的功能。——普遍本质的东西也是直观活动之多种多样体验的综合统一。——与对个别对象之直观进行比较。

第十九讲。普遍的直观借助于个别的直观而建立起来。——对有关普遍东西之意识的概观。——经验主义有关抽象的学说的所谓"代表",是普遍直观本身。——经验主义有关抽象的学说使任何思想成就都成为不可理解的和自相矛盾的。——例如:对于公理式的思想之心理学主义说明的荒谬性。——经验主义不过是假经验主义。按照它的看法,甚至有关个别东西的单个陈述也是不可能的。——经验活动不是对于个别事实的经验活动,而是对于自身给予物的意识。——扩展直观理念的必要性。——达到理解的必然方法:返回到认识的主观性。笛卡儿的方法是本质学的方法。——有关纯粹意识之本质学的科学之理念。

第二十讲。这种历史考察的目的:在**洛克**及其后继者那里,追

求真正哲学方法的兴趣仍继续起作用;这种经验论是通向作为超越论现象学的真正哲学方法道路上的重要阶段。——需要真正克服**洛克**的作为隐蔽的怀疑论的心理学主义。

扼要重述:在古代客观科学与怀疑的对立。**笛卡儿**试图克服怀疑论,并为一种新的独断论科学开辟了道路。——**洛克**的进步在于要求以直观主义方式奠立认识,由于一些客观主义的误解,这种要求导致一种新的怀疑论。——

这种怀疑论不是以否定主义方式进行研究,而是肯定地进行研究,它以自然主义的方式曲解所发现的东西。——这种批判的意义:通向超越论现象学的真正的直观主义。

第二十一讲。在**洛克**的著作中,着眼于纯粹内在哲学的这种趋向,由**贝克莱**以自然主义的形式加以贯彻。——在**贝克莱**那里
对基本问题的猜测。——自然经验的权利得到恢复,但这种权利 304
却被以自然主义方式曲解了:事物是联想的复合。

第二十二讲。唯一的实体是精神;唯一可能向超越东西的推论,是向其他精神的推论。——诸精神相互理解这一事实有利于目的论的证明。——与**莱布尼茨**单子论的比较。——**贝克莱**的学说是新式的意识科学之最初开端。——**休谟**将**贝克莱**的这个开端解释为内在的和纯粹感觉论的哲学。——不是客观科学意义上的心理学,而是第一个具体的和纯粹内在的认识论。

第二十三讲。将意识割裂为统觉束。——自我与世界都是虚

构。——在**休谟**那里缺乏对于真正奠立认识之方法的思考。因此有关澄清之直观主义要求就被曲解为还原到印象(*impressions*)。——印象与观念。——这种区分由于将体验实体化而变得毫无意义。——任何对于体验的事物性描述都不能正确对待意向性。——如果正确地理解,印象作为自明性意识的名称,具有两面性。——**休谟**的荒谬之处:他的事物性描述只有利用意向的成就才是可能的。

第二十四讲。**休谟**的方法想要成为归纳的—经验的:——

扼要重述:有关纯粹主观性之基本科学的意义。它与所有客观科学完全不同。它作为彻底的直观主义,将作为一切客观性之原初基础的有所成就的意识当作课题。认识的绝对奠立只有借助这种科学才有可能。这种科学必须以本质学方式进行。

休谟的心理学并不是来自这种理念:它的基本规律作为由归纳获得的规律,是绝对非合理的。——对这些基本规律之普遍本质盲目无知,是由唯名论的先入之见引起的。

第二十五讲。在**休谟**那里对基本的现象学的问题的猜测:事物与自我的综合统一。**贝克莱**借助于将世界还原为联想的复合,并没有提供有关世界之可以理解的答复。这种答复只有借助于对成就的意向分析才能获得。——**休谟**想要证明世界是虚构。——他的《**伦理与政治散论**》是经验论对合理主义的胜利。——合理主义混淆了数学的因果性与数学自然科学的因果性。休谟将合理的
305 必然性与因果的必然性划分开,并证明合理的必然性是想象力的

虚构。——因此一切事实的科学都是没有意义的:彻底的怀疑论,因为哲学也是事实的科学。

结论:**休谟**的实证主义是现象学的预备形式。

附录Ⅱ(附于第一讲):关于哲学理念的设置。①

绝对的认识;认识的理想。总体的认识,但不是作为像由一切可能的个别认识构成的总和、堆积那样存在于这里的认识的总体认识。这样的认识是与认识的本性相矛盾的,——并且相关联地,也与认识的对象性本身之本质相矛盾的。

a)每一个对象都归入对象的关联,例如,每一个自然事物都归入自然之统一,每一个过程都归入总的自然过程之统一。

b)每一个对象都有规定,并且按照其规定性被归入普遍性之下。普遍的事态高于单个的事态,在普遍性领域内有各种不同的法则。

所有对象性东西都服从于法则,所有单个对象性关联都服从于相互连接着的联系法则,所有的真理都服从于理论。

1.)总体的认识是包罗一切的理论,是以系统的秩序在形式方面和内容方面与处于纯粹普遍性之中的一切存在相关联的一切法则性认识的和一切理论的统一。因此是普遍的先验性。

a)因此是形式的—普遍的存在论。这些领域是存在的此在,存在的价值,存在的善,以及一切属于它们的存在论;*b*)然后是建

① 可能写于1910年或1911年。——编者注

立于存在的内容之上的纯粹认识之一切内容的先验性;c)诸特殊的理论,"理论的"自然科学之内容,等等。

2.)诸具体的"事实"—领域以及由法则而对它们的说明。——

哲学是有关一切理想东西之整体和统一的科学。但是哲学难道不是有关绝对存在的科学吗:有关实在性之绝对存在的,有关绝对的价值存在的,有关绝对意义上的美的东西和善的东西的科学吗?

1.)有关绝对存在的科学,作为"绝对的东西"是"纯粹自然"的"实在性";自然科学尚不是有关实在性的最终科学。

2.)有关价值,具有价值的实在东西,例如:被人们评价并按照其特性而具有价值的财物;或者如愿望这样的人的体验,如性格素
306 质这样的人的倾向(这些都被认为是价值或者也许的确就是价值)

的科学。认识被看作是一种价值,等等;一部文学作品被看成是价值,等等;教会、国家被看成是价值。存在的价值——本质的价值。真正的美,真正的愉快或希望,真正的意愿目标和真正的创造。

正如在1.)中的真正的实在性东西一样,真正存在着的客观性东西也是如此。——

关于存在的科学,关于在最终意义上的真正存在的科学,更确切地说,是关于在实在性意义上的真正存在的科学,关于在价值意义上的真正存在的科学,关于在善这种意义上的真正的或正确的实践的科学。所有这些都是不可分割的,所有这些都引向现象学的世界考察,引向形而上学。

我们也可以按以下方式获得哲学的理念:

哲学是一种科学或是一种诸科学之复合体。我们并不将所有的科学都称作哲学。但是所有的科学都与哲学有关系。诸科学都是认识的统一。认识是无所不包的,它指向存在,指向物理的和心理的此在,指向自然的统一,这个自然是心理物理的自然,它既包括物理的事物也包括精神,包括人的共同体,包括具有其全部形态的文化,其中还包括由人们在文化联系中发展出来的真正的和被以为的科学。科学不仅指向此在,而且还指向价值,指向美的东西,善的东西,指向创造性的构造,而且还指向真理和被以为的东西,这些东西从它们那个方面又与此在的东西相关联,与价值存在物,与善的东西等等相关联。而这些东西和被以为的东西,可能是单个存在的和普遍存在的,可能是法则,关于此在的法则,价值的法则,善的法则,关于目的与手段之关系的法则,内容的法则和形式的法则。

因此有关自然存在的科学,有关物理的和心理物理的自然之存在——而且是真正存在着的自然之存在——的科学,有关价值形态之存在的科学,有关善的科学,有关创造——而且是作为真正存在着的实在的价值之创造——的科学,有关真正存在着的善的科学,有关具有其真理的创造,即具有其作为真正意志目标和作为真正意志目标之实现的合法性,正当性的科学。科学论通过与这些正当性、真理性、存在形态之不同区域相符合而与这些科学相符合。

a)理论一方面研究这种存在之可能性的诸条件;因此研究那些属于这种存在本身,属于建立于存在区域本身基础之上而不依赖于这种存在之一切内容的存在可能性的东西。

b）另一方面，研究这种存在在认识中被给予的可能性，或研究对这种区域的存在之认识的可能性的诸条件。

307 于是就有以下的诸阶段：

1.）前哲学的科学阶段，而且这种研究是面向事实本身的，面向在经验中呈现的此在（实在性），面向在人的生活中呈现的被认为的价值，文化财富等等。在这种研究中偶尔或多或少对于方法，并与此同时对于有效的陈述活动与意指活动之可能性的诸条件，对于存在于存在本身之中的存在一般之可能性的诸形式条件，进行深刻的反思，但这并不是以系统完成的方式进行的。

2.）在这方面甚至能够建立一些重要的学科，如数学学科。作为较高的阶段一方面应该说明对于一切属于存在一般的理念的以及属于确定的领域的理念——如实在的此在（自然）以及自然和精神诸领域，然后接下来是价值的存在，诸种善——的有关的存在论的法则之系统研究，另一方面应该说明对于属于相对应的“意指方式”——如判断、意愿、决定等等——之本质的规范的法则之系统研究。

3.）研究建立于所有这些存在形式之本质基础上的关联，特别是从根本上扩展从这些关联的综合中得出的最高的理想东西，而且是以下面的形式，即

4.）理性理论的形式；诸关键性问题。

一切存在对于意识的关系。

对存在与意识之间的诸本质关系之认识。对自然，作为心理物理现实性的现实性和具有这种性质的事实的存在与存在在其中

被构成的事实上存在着的意识的多样性之间关系的认识。对于现实存在着的意识和并非意识而是在意识上被构成的现实存在之间关系的认识。

意识不仅是作为存在的东西,而且是作为价值。关于意识之诸关联的价值,关于个别的意识之价值,在意识中充分发展并在意识中活动的主观性之价值,在其本质方面——在等级,在价值高度方面——独立于在意识上被构成的世界之性质。

纯粹的自我与意识作为善的行为之领域,作为实践上的诸善之领域。有关以下问题的认识,即统一的意识之最高理想,生活之最高理想——更进一步,在其生活中起作用并得到发展的人格之最高理想,是正当的,——并且“精神的—人格的—存在”之最高理想包括所有其他理想,因此也包括绝对的认识之理想和价值的完善之理想。

一切可能世界中最完善的世界之理念:最完善的意识之理念(单子系统)。诸理念之产生,另一方面,被给予的世界之产生并适合于理念,由理念加以规范;因此,世界在何种程度上是完善的世界,世界在何种程度上发展为完善状态,创造力,精神在何种程度 308
上在世界中生存,并且绝对地来看,构成世界,在这种构成的实际性质中,一种越来越完善的世界(这个世界具有生动的、现实实在地接近于绝对理想的性格)之可能性或甚至发展的必然性,在何种程度上得到证明,得到保证。

对被给予的现实之运用,以及相关联地,作为理论运用的对于一切自然科学的运用。

在这里首先有:尽最大可能完成自然科学,尽最大可能完善自然科学,将自然科学引向最完善的自然认识之理想。与此同时澄清自然科学的内容,规定自然科学的意义,规定自然科学与绝对认识的关系。

这是一种实践的目的,在这个方向上是认识实践之最高目的。并行的价值实践之目的是:按照最高的价值论的理想并且也为了最高的实践的理想本身,创造性地改造世界。

形而上学——最广泛意义上对存在之最终的实质的认识。它属于最完满的生活之理想的范围,这个范围包括最完满的认识之理想,最完满的评价之理想,最完满的创造之理想(最后一种理想必然地面向前两种理想的实现)。形而上学和哲学一般一样,是一种**科学**,作为同类物,它是完满的认识之理想(这种理想可能是所有其他最高种类的完满同类物的前提)。哲学是有关绝对理想的规范之科学,有关诸理想的本质洞察之科学,另一方面,又是有关绝对的被设定的存在之科学,有关绝对的存在之科学。——

哲学作为有关绝对物的科学,作为使一切个别的被认识的存在回溯到其最后根据的科学;在这种最后根据中,每一个"为什么"都能找到它的答案,每一个逻辑学的,存在论的,价值论的,目的论的和神学的"存在"——这种"存在"可以被理解为现实性,另外对应于不同的存在领域,可以被理解为此在,价值存在,应当存在——都能找到它的答案。对这些根据的询问追溯到哲学的原理学,追溯到逻辑学,实在的存在论,形式的和实在的价值论,实施方法,以及建立于它们之上的神学。询问根据就是询问必然性,而必然性是与法则性相关联的,更确切地说,是与理想的法则性相关联的。因此一切对于根据的询问都追溯到纯粹的法则,或者说,一切存在都在纯粹理念中,在纯粹形式中,有必然的根据,就这样,我们从此在达到理念,从此在的科学达到理念的科学。

哲学的理念——完满认识的理念,包罗一切、支配一切的理念。扩展:

完满认识之理念,完满评价之理念,完满的实际的支配之理 309
念。完满的经验之理念,完满的直观之理念,完满的知性认识之理念。所有的人都能经验现在存在的东西,所有的人都能经验曾经存在过的东西,所有过去存在过而且现在存在着和将来会存在的人都能看到一切时间上的存在,一切现在存在的,过去存在过的,和将来会存在的,能够通过思想规定的东西。

所有能够评价的人,都能够充分地看到,并能够通过感受而欣赏和理解一切在这里存在的美的东西。

普遍的支配:每一个在世界中能够实现的目标,在自然内部按照自然法则真实可能的目标,都能够通过创造新的实在东西而完成。

就是说,我们如其所是地看待人,我们将人身体的显而易见的正常的能力,将活动肢体的能力等等:将正常的直接的身体力量的领域,当作基础;但是在心灵的领域内还有直接的自由;在这种情况下就需要在自然认识和心理学认识的基础上能够构造各种可能的机械,能够发明社会生活的一切可能的实践方法,等等。

人(或作为社会地联结起来的意志统一的人们)在自然内部活动,他能够推,挤,拉等等,他能够在事物之间形成联系,他能够改造物件,镟制、锻造物件,等等,他能够抑制一些没有他的助力就发生的事件之过程,加速这一过程,改变它的方向,等等。在大量有秩序的个别活动(它们是直接身体—精神的行为)中产生出一种符合于目的或本身就是手段的形成物,产生出一种由许多合目的的环节组合成的机器,它其实是人的一种新器官,是人的自由贯穿其中的人的身体的延伸部分,通过在它上面自由操作,产生一种本身是自由地产生的结果。即使是显微镜,望远镜等等,也是视觉器官的延伸,正如一根手杖是触觉器官的延伸;一柄握在手中的锤子是拳头的延伸,但比拳头更有效,两轮车是代步的器官,等等。

也许最好是对所有这一类情况进行充分直观的深入研究。如其"正常"所是那样的人,为完满的技术规定一个理想;这是如其正常所是和被列入给定的自然中的人可能做到的最大可能。但是人并不是孤独的东西,而是社会的成员;人与其他人联合成为共同体的成就——形成"人的群体",——因此发展成为庞然大物,或者说,"能力"共同体。他共同地从事科学,共同地创造机器,机器的运转是联合地进行的,如果有许多人操纵一台机器,就一定是为要
310 达到的最终目的而活动。人类并因此每一个人之不断发展的成就之理念,最后是最大限度的成就之理念就是:人的最大可能力量之理想,尽可能完善的技术之理想。

附录Ⅲ(附于第一讲):关于哲学的诸种定义。[①]

谢林:哲学是绝对的科学。哲学是有关绝对物的科学。

黑格尔:应该为意识构成绝对物,这是哲学的任务。在《哲学

① 约写于1910年或1911年。——编者注

百科全书》中,他将哲学定义为有关绝对物的科学。

赫伯特:对概念的研究,这种研究应该在于用价值规定进行解释、校正和补充。

洛采:《逻辑学的基本特征》:哲学家以那些在专门科学中和生活中被看作判断事物和行为之原理的概念为对象。

于贝韦克:《逻辑学体系》:关于原理的科学。

罗森克朗茨:在论文《关于知识的科学》中:哲学作为普遍的科学,其任务是:使所有其他的科学达到统一,并且作为最高的科学,指导所有其余的科学,并将它们引向完善。

冯特:普遍的科学,它将借助个别的科学获得的普遍认识联结成一个无矛盾的科学体系《哲学体系》,还请参看:《哲学导论》。他多次称哲学为与特殊科学对立的普遍科学。

参看**屈尔佩**《哲学导论》:对于诸特殊科学之补充。

施图姆福:《哲学的新生》:哲学的任务应该是给予我们的知识一种结算。

奥斯特瓦尔德:《论文与演讲集》:哲学是它那个时代的科学之概括的表述。

马赫:《通俗哲学论文集》:哲学只在于使各专门科学相互批判地补充、渗透,并将它们联合成一个统一的整体。

保尔森:《导论》:一切科学认识之总和。保尔森是一位谋求有关真实东西之统一的和普遍的认识的哲学家。

里尔:将哲学和认识看成同一个东西。

在**李希特**的《怀疑论》一书中对形而上学的定义是:有关基本上不可经验的实在性之科学。“形而上学”这个表述(正如李希特 311

偶尔注意到的)在**米尔**那里就已经出现了。从那以后人们经常使用它,如**刘易斯**在《生命与心智的问题》中,**敏斯特贝格**在《心理学的基本特征》中,等等。

形而上学是关于超感觉的东西,超越的东西,超出一切可能经验的东西之科学。

费希纳:《原子说》:"此外没有任何东西阻止我们给予一切只是作为实在东西之界限概念出现,然而却超然于现实研究之可能性的东西以不是物理学的实在东西之名称,而是形而上学的实在东西之名称。"

附录Ⅳ(附于第一讲):理论兴趣之普遍主义趋向和哲学的开端。[①]

一切事物,人,动物,天体——都来自水,来自无限(ἄπειρον),来自空气。

一切事物仅仅是自身不变的一之外观;一切事物仅仅是外观,实际上是永远按法则而生成的活动之诸形式,而这种生成活动之来自在原始的火中之原始的生成过程,并重又返回到这个过程。

一切事物都借助无处不在的精神(νοῦς)由元素中产生。

一切事物都是由恒定不变的原子组成的,通常的事物是意义的外观,是以机械因果性由原子之合法则的生成过程中产生的。

一切事物,整个的感性世界,是一个理想的世界之肖像,一个

① 写于1910年,也许继续到1924年。——编者注

按照目的论方式从最高理念，实际上是超理念，善和神的理念中产生出来的纯真和纯美的世界之不完善的肖像。

整个世界是一个到处都指向善的，发展的世界，神为这种发展指明了道路和目的。

每一个事物都有它的规定；每一种生成都是一种有目的的生成。

因此，这是指向宇宙，指向万有的**理论兴趣之普遍主义趋向**。

在这种兴趣的内部产生出理论兴趣的诸局部领域。作为前导的世界解释，世界说明之普遍的观察角度被转用到诸局部。关于动物和人的世界之本质、存在、生成的理论，在人的世界中，人的社会形式、国家、人的使命等等之本质、存在和生成的理论。此外，自然，处于与精神之关系中的自然。准备工作：描述的自然史，国家史等等。

怀疑论的反应，对世界之理解的斗争作为理论的动因——认 312
识论的问题。怀疑针对这种由上而下进行的，运用这些全然有争议和可怀疑的前提的世界解释，针对这种“形而上学”。但是这种反形而上学的否定主义有利于认识论上的否定主义，而且变成了科学上的否定主义。——

[①]指向现实之普遍东西的诸概念：世界、空间、时间、数、事物，还有作用、生命、材料、物质、精神等等。这些概念极大部分来自实际经验，来自进行原真给予的直观。在每一个原初的直观中，被直观的东西都显示出某些本质的类型，本质的形式，它们仿佛是被刻

① 从这里开始，约写于 1924 年。——编者注

印在精神上,由于实践兴趣的缘故将精神的目光吸引到自己身上,在语言中找到表达。

但是这种朴素的自然的思想轻率地受类比的支配,喜欢一些不允许的,超出概念之合理界限的一般化。比如:每一事物都处于其事物性关联之中,至于变化则处于依赖性关联之中。这里的变化引起了那里的变化,因此在每一种变化中都询问原因。但是如果现在将目光转向世界整体的理念(这个世界整体不是实际经验的对象,而且任何时候也不可能是这样的对象;但仍然是一个本来就在自然思想中形成着的理念),那么这个世界整体就被像个别事物那样对待,而且现在也询问它的原因。在实际生活中人干与事件并创造事物。他感到到处都被所造成的事物包围着,甚至田野、森林等等,也是他种植劳动的构成物。套用到整个世界上:世界是被创造的。世界的原因是什么?世界是一个钟表机械,上帝是钟表匠。

在形成着神学的思想中就已经是如此。由日常事件之熟悉进程中产生并且在该进程中以被限制的方式获得其正当性的那些理解方式,被转用到整个世界。

语言上的构成形式变成了决定性的。这幢房子是“红色的”,这个梦幻之物不存在,这幢房子在这里而又存在着。存在变成了一种特征。

相关联地,有其关联因此有其应用界限的相对有效的概念,被看作是无限有效的概念。感性的概念就已经是如此[①]。

① **黑格尔**的《精神现象学》:黑格尔试图描述,人的精神如何从对世界和生活之朴素理解的立场,由于包含于其内部的矛盾之推动而转向哲学的立场。

人作为社会联系中的成员，伙伴，作为一个民族的成员（这个 313
民族有它的语言，它的风习，它的国家形式，它的社会结构，还有它的宗教，它的神话，因此还有在神话的力量、诸神、自然的精灵都归属于它的那个世界整体中的地位），被包含于自然生活的紧密结合之关联中，被包含于与自然以及和自然类似东西的斗争中，被包含于自身保存的诸活动中。

语言适合所有这些东西，表达对较狭隘或较广阔的世界之统觉的当下内容。在空间、时间、数、量、事实、力、事物、性质、原因等等这样一些普遍性用语中，实在性的基本形式已经不言而喻地得到了表达。——

人作为实践的生物。人作为变成普遍兴趣的理论兴趣之主体。

整个世界以及推动世界的力量之统一，作为人的希望和恐惧之客观。

世界作为整体东西，作为诸最后根据、材料、有创造力的起源等等，作为理论兴趣的客观。哲学。

产生自人—动物之发展的诸前提、预先形成的概念式的统觉、先入之见，未经检验就被不言而喻地接受下来。这种普遍有效的东西，因为是作为人们普遍生活之表现而生成的东西，被当作不言而喻的东西接受下来。

其中有许多东西经受不住认真思考。反对公众观点，哲学家反对群众。

哲学的形成，理论的、以根据为目的的世界解释的形成：**对世界的解释**：发展的进程由世界以及世界的普遍形式，世界的根据而通向诸个别的科学。在理论的世界考察中很快就表明:这种世界考察是不清晰的,基本前提,基本概念,规定性之基本形式的表达,都带有诸种困难,对于这种世界考察之意义和内容的反思,导致相互矛盾的判断。产生出各种不同的哲学——被给予的东西,被把握住的不言而喻的东西,经常是不清晰的东西。

在这个方向上根本的东西会是什么呢?完全的无前提性。但这是一种可能的目标吗?重新形成一切概念,事先不下任何判断?这是可能的吗?这岂不就假定了一个已经受过严格科学之教育的英才吗?

不充分的基本概念。充分的,能够很好地应付的概念,对于它们从中产生出来的实践的需要是充分的。因此自然科学——如果它是真正的有价值的科学——的概念也是充分的,正是在与被给予之物的实际适应当中产生的。普遍的概念,如空间、时间、数,还有作用等等,也是如此。

它们足够用——但是只要狭隘的眼光扩展了,并进展到无限的东西中,——只要这种目光按哲学方式进展到无限东西中,它们
314 就不够用了。由此产生的矛盾。寻找出路的需要:这些矛盾迫使人们去研究;但是前提,先入之见被固定下来了。在这里什么是根本的东西?并不是只要看上去不是有失体统的概念和基本观点就加以接受。而是目的在于推动,尽可能彻底地怀疑,然后充分有意识地,并且从给予性的根源中,规定一切概念。但这是循环:一切规定都是通过语言实行的,因此就已经需要预先给予的概念。——概念的规定和判断的设定如何能没有前提地实行呢?——

怀疑论向经验论转变:在现实性自身方面的不可知论,但是就显现着的现实性而言是可知论。或者说:在经验世界内部人们至少已能够以盖然性方式陈述某种东西,并对这些陈述加以论证,按照这些陈述调整自己的实践行为。理论兴趣服务于实践。理性的实践:我在能够借助于事物的给予性进行规定并检验事物给予性的规则方面越是纯粹,我在实践上就会越是合理,我就越能够更好地指向事物(而且我必须指向显现着的事物)。

医学方面的经验论者。诸种描述科学——经验的自然规范和技术规范。

数学自然科学的起源;欧几里得几何学的起源,理论天文学的起源。天体运动的几何学构想:将纯粹理念运用于显现之上,形成一种理想的开端,并且由此进行演绎的推论以及对被给予之物进行数学的说明。随之而来的是有关力的几何学。

近代的大批特殊科学,部分是描述的科学,和依赖于心理学和感性经验的医学技术,政治技术,等等;部分是“抽象的”科学,精密的科学。后来还有精神科学。“从哲学的母体脱胎出来的”诸特殊科学。人们真的可以这样说吗?“物理学”已经从哲学的物理学脱胎出来了吗?或者,它真的是从这样的物理学中生成的吗?

哲学的物理学——一种在普遍观点指导下对于自然之考察。作为精密自然科学的物理学——对于纯粹作为自然的物理过程之考察。

最多是在纯粹数学那里;而且在这里这种发展本来能够从几何学转向形式数学。关于形式逻辑人们大概可以这样说。它正是属于哲学的基础,如同其他的数学也属于哲学的基础一样。为什么是这样呢？普遍的东西存在于哲学自身之中;数、空间、时间、运动、逻辑概念,所有这些对于任何存在都具有最普遍的意义。

自然科学并没有脱离哲学。它们逆哲学而发展。但它们又力
315 求返回到哲学。因为只当诸特殊科学抛弃了普遍主义目标之后——只当它们纯粹遵循了它们特殊领域的要求之后——它们才能繁荣。

在自身中发现其规范的理想领域。通过将数学运用于自然而进入到自然科学当中,并第一次有可能使自然科学成为精密科学的那种普遍主义的东西。有关自然的知识,数学的东西也属于其中。通过探究经验给予性之意义的方法而从经验中获得知识。自然——区域。“无前提的”,不考察一般世界,甚至不将世界当作它的前提,就着手研究自然,询问自然本身,询问自然的本质。但是现在与这种自然科学相反,自然哲学……。——

充满矛盾的前提,模糊不清的基本概念:关于一般实在东西,实在性下面的基础(物质、精神、生命);关于普遍的存在形式,如空间与时间,实体,因果性,数,量,连续性;关于方法方面的基本形式,如概念、判断、盖然性、确然性,三段论法,归纳、演绎;关于经验与思想的界限,有效范围,关于感性与知性的认识价值。

基本概念:由自然的经验生活和思想生活进程中产生出来的一些模糊不清的基本理解。这些概念和原理之不充分性;它们适合于生活的实践需要;只要它们被运用于无限扩展的世界考察和它的诸问题,它们就变成不充分的。

对世界的考察,这种考察运用实践生活的和神话传说的统觉,从不完善的、尽管有这种不完善但并不妨碍生活实践和它的狭隘

兴趣的诸领域中,吸取信念,并将这些信念变成更广泛的世界理解之基础,这些信念是模糊不清的,矛盾的。形成神话的想象——天真而勇敢的没有根据的类比。

理论的兴趣——它如何能够成为会令人满意的呢?如何能够获得真正的科学,特别是有关整体的宇宙之真正的科学呢?

排除一切没有根据的前提,因此充分自觉地,按照一定方法,将尽可能彻底的怀疑当作开端。

附录Ⅴ(附于第二讲):对于从巴门尼德到柏拉图之发展的说明。[①]

怀疑论和否定主义之萌芽。

感性与知性:感性不可靠;特别是**赫拉克里特**和**巴门尼德**。 316

知性。辩证法的建立:知性所实行的"逻辑的"论证表明感性经验的错误,感性世界的虚假。

发展的进程:辩证法可以这样运用,即"是"与"否"被证明是同样有力的。人们还可以用辩证法证明,没有任何东西存在(**高尔吉亚**)。因此知性(如巴门尼德的基本观点表明的)并不是真理的源泉。知性是完全不可靠的,或者说,知性只能够可靠地认识一**点**——根据感性的权利:我们不可能知道任何东西——或者,不存在任何东西,——或者,人们不可能以正当性陈述任何东西,——或者,人们至多能够抱有含糊不清的猜测。

---

① 写于1923年。——编者注

在赫拉克里特的生成理论中，怀疑论之较远的起源：感性知觉的理论。

河流：**克拉底鲁**。

德谟克利特：原子不是什么在感性上可知觉的东西，而是只能用智力了解的东西（νοητά）。理性认识具有真理。真正的认识（γνησίη γνώμη）与模糊的认识（σκοτίη γνώμη）之对立。后者（感性的认识）是主观的，按照我们感官的性质而不同；没有任何客观真理与它对应。蜂蜜既不是甜的，也不是苦的，一个并不比另一个更真。

在希腊**德谟克利特**时代发生的"巨大的问题转变"。

从巴门尼德到柏拉图的发展。

存在者是意义（νόημα），**柏拉图**在他的细致入微的研究中将它解释为真理的基底，绝对最终有效的，并且可以被每一个人以这种最终有效性在其知性（νοεῖν）中认识的真理之基底。真理是直谓的真理，存在者借助纯粹的概念被绝对地和切合地规定。依此每一个存在者都有其规定它的切合的概念；在这种情况下只有**理念**，即本质，是存在的，它在能够原初地获得的概念中有其表达。个别的东西有本质（ὕλη），个别的东西本身**存在着**，就它只能在纯粹理念中规定而言；因为纯粹理念不是个别的东西，不是当下的东西，所以个别的东西是存在与非存在的"混合物"。

由这里产生出极端的合理主义：**一切存在着的东西，都有它的切合的表达**——因此从非存在中**不能生成任何东西**。

附录Ⅵ（附于第二讲）：由哲学在希腊时代的原初构想为哲学提出的诸问题。[①]

关于道路与任务之沉思的基本思想。

哪些问题（通过哲学在希腊时代的原初构想）被提供给哲学 317
呢？这种构想的展开中的哪些问题在历史进程中不是偶然地而是由于内在的必然性而显露出来呢？

希腊的科学，正如它是希腊精神的特殊创造一样，从这时起成了欧洲文化的基本形式。

1.）希腊科学的特征被描述为**人的职业生活的一种新形式**。人的每一种职业都有它的职业目的，这种目的在职业活动的整个贯穿于职业人的生活的关联中，有一种全部职业活动都服从于它的，一劳永逸地选定的最终目的的特征。这并不是说，这个目的应在人类生活中被看作最终目的。在职业生活中，这里指的是哲学的或科学的职业生活，在职业的意义上，最终目的就是**认识**，在哲学的意义上，这就是**普遍的**认识，就是说，是针对真正存在着的东西之全体的认识。

2.）科学的认识和哲学的或普遍科学的认识想成为**理论**。希腊民族创造了理论的（逻辑的，进行说明的）科学之理念。它是从合理的本质根据而来的，并且是针对作为必然真理之原理的本质概念和本质法则的有关世界之系统的认识，或有关任何一个凝结

---

① 写于1926年。——编者注

为特殊的全体之存在领域的认识。但是它还想成为事实的科学，想说明事实。它是——按照最初由**亚里士多德**模范地设计的理想——“确真的”科学，是由“理性”(有关原理的能力)而来的科学，合理的科学。事实的认识，如在一般历史领域中的历史的认识，具有为合理的说明提供材料和进行归纳之准备的功能，这种合理的说明，按照最终目的，是普遍的，与事实存在之全体关联的，另一方面，又与最高的理性原理之全体关联的认识。**因此，哲学，按照其原初的意义，是“合理主义”。**在合理主义和经验主义之间的一切斗争，其根源就在于这种合理性之意义和合法限度以及经验的，因此前合理的认识(但它应该成为合理的)之意义和合法性限度所带有的模糊性和问题。怀疑论否认这种合理意义上的哲学认识之可能性。

404 **先验性当中的区分。**

一系列区分肯定被仔细研究过，然而却没有想过(即使在看到这些区分之后)要达到毫无疑问的清晰性。这些区分肯定能从最终根源上变成可理解的，并且能够统一起来。

318 1.)在作为纯粹可能性之科学(它不预先判断任何实在事实性)的纯粹本质的科学，纯粹“理念”—科学，和有关事实的此在之科学，事实的科学之间的区分。理念的存在，理性的纯粹对象，和实在的存在，肯定被区分开了。例如纯粹数学是纯粹本质科学——与面向这个世界的事实的诸科学相对。

2.)如果在先验性中存在着一切说明的原理性东西，那就必须在形式的或者分析的先验性——作为属于作为陈述之含义的**逻各**

斯和属于纯粹作为陈述之基底的思想对象的原理东西，还有属于一致性与无矛盾性的原理东西——和直观的（综合的）先验性之间进行划分，后一种先验性在这样一种限度内属于对象，即这些对象应该是事实上可能的，摆脱了事实性矛盾的。

3.）在有其超越论的存在的超越论的主观性和能从它上边认出的实在的和理想的对象性之间的区分。据此，在超越论的主观性的先验性和“存在论的”先验性之间的区分——后者具有其下一级的区分：分析学的—存在论的先验性（形式的普遍数学[*mathesis universalis*]），可能实在东西的存在论的先验性，然后进一步，**先验地**可能的实在东西之特殊区域（自然、心灵、个人、个人构成的社会、文化及其基本形态）的先验性。——

但是在这里此外还需要多种多样进一步的区分——而且事先已经需要这样的区分。

4.）必须区分以独断论—朴素方式进行的存在论的，客观主义的世界考察（这种考察尚没有达到超越论的主观性，尚没有将超越论的主观性当成科学的课题），和纯粹存在论的科学；并且据此将纯粹存在论的世界说明与超越论的世界说明区分开；归于超越论范围本身的存在论的构成物和本身归于超越论科学的存在论科学，必须在超越论的统一之中把握和理解。超越论的东西，必须在超越论的主观性之内在性中作为在其中的认识上的构成物被说明。

世界作为事实来说明——世界和自身辩明。

5.）在古代不可能清楚区分超出自然的，超自然的—目的论的世界说明——超自然的（以目的论方式进行说明的）世界说明，和纯粹自然的，纯粹事实科学的世界说明。

客观世界被当作空间时间事实之全体,可能经验的事实之全
319 体,按照内在的因果法则进行考察和说明。近代的经验科学,因果性科学。数学的自然科学:物理的自然。对于心理—物理的自然之事实科学的考察。新的心理学。

在近代开始时,没有能力将合理的数学的说明(纯数学的说明和应用数学的说明)与因果性说明区分开来,后一种说明作为合理的说明,将自然数学化,在数学的极限—理念的指导下考察自然。

近代数学自然科学的意义:自然是由在空间和时间中自在存在的(具有可自在地规定的时间位点和空间位点的)实在东西构成的敞开的无限的多样性,每一个人都可以通过知觉和实验从理论上理解,对于每一人都是可以根据被给予的事实和可有前提地假设的事实法则(作为因果性法则)构成的。然而也没有能力理解普遍的数学(*mathesis universalis*)与关于自然的数学之重要区分。**莱布尼茨**的突破。

6.)在物理学与生物学之间划分的必要性。(目的论的考察和意向论的考察。物理的"生活"和心理的"生活",意向的"生活")。

它可能是这样一项任务:即去认识自然由于自然科学方法,从本质上返向地关联到起功能作用的身体性;但是具有这种功能的身体性只有作为有机的身体性才是可以想象的;物理的自然科学本质上返回来指向生物学,此外还返回来指向心理学(心理物理学和真正的心理学)。在有机的生物学和有机的身体论和心理学之间科学联系的诸种困难。

7.)心理学的困难,对于体验及其意向的统一本身之纯粹考察的困难。**洛克**对于内在生活,"内在的"经验之领域的感觉论的—

自然主义的解释,将各种不同的考察方式和说明方式结合起来的困难;心理物理的考察(当它是感觉论的—直观的—事实科学的考察时,它由心灵而形成无心灵的因果性统一)和对自我的考察之困难,在后一种考察中,自然是自我的环境,在这种考察中,肉体是身体,是主观的环境中之主观—中心的客观,在其中,自我作为进行认识的自我能够理解它的动机,并能够理解所形成动机之内在的时间上的发生,并且能够作为必然的发生而认识。动机形成的时间性和自然时间性。

8.)古代和近代的精神科学:在作为个人的人性的人性中的有目的活动是经常性课题这个范围内,这些精神科学自身中具有目的论,偶尔它们也看到个人的——个别的个人和集体的个人的——自身文化修养和文化对象性的个人的关联,并且在这里看到超个人的趋向的,势力的,似乎暗示神的支配作用的超个人的目的论的支配作用。但是它们在多大程度上是"科学",在多大程度 320
上符合于哲学之理念,或者从原理上进行说明的哲学的认识体系之理念呢?就它们是单纯历史的而言,在古代并不想承认它们是这种东西,它们有自己的巧妙的方法。但是仅仅认识的方法就能充当理论的"科学"吗?

新的精神科学想成为进行说明的科学。关于它们对于自然科学的立场之模糊性,关于这种说明的意义和根本可能性之模糊性。个人的人性之精神生活以及它的个人的产品作为描述的—分类学的和形态学的科学之领域,以及对它们的说明,但不是确真的说明。

涉及共同的周围世界的人性之人格的统一。而共同的周围世界也包括人。

精神世界中的先验东西，因此精神科学的理念之形成。

9.）理性的先验东西对于精神世界的先验东西之关系：因此这里涉及的是普遍的规范的先验东西，或者涉及处于其对精神科学之关联中的有关当为的先验科学。在精神世界中理念形成的可能性这个重要问题：在这里诸规范的理念没有被当成前提吗？共同体的可能性之诸前提：因此周围世界的自然之前提。返回到处于其本质普遍性之中并作为共主观性的超越论的主观性。周围世界的自然——和作为自在真理之课题的自在自然之理念：与认识的规范，进行认识的理性之关系；当我们通过认识而考虑我们的存在和我们共有的周围世界的可能性时，这种关系已被设定为前提。

作为实践的课题和事先进行评价的课题的自然的世界以及被归入它的主观性，诸个人。世界作为可能的目的设定和完善的形成之领域也是“由自身”而生成的美的形成之领域。美学的规范与实践的规范。完善的人性之理念，完善的人的，完善的个别行为与行动的理念，完善的社会性的，完善的文化等等的理念。由自由而产生的完善性。个别人的自由和社会的自由之原则。

按照柏拉图的启发需要解决的问题。

1.）理性、洞察将有价值的，哲学的认识从日常的认识中区分开来。但是诉之于自明性，诉之于哲学的能力，还是不够的。因为我们看到彼此不相容的那些哲学当中的每一种都诉之于这些东西。

321 但是有一些洞察，没有任何人能够否认它们，每一个作为从事认识的人的认识者，都必然会承认它们并且已经承认它们，即每一个被预先设定的目标可能或是含糊的或是清晰的，对于一切理论为自己本身所提出的目标之一般洞察，先于一切特殊的理论和该理论可能获得的认识，如果这种洞察获得成功，它也就比一切特殊的理论更有说服力。

科学的一般目的是什么？什么时候认识校准的目的才完全令人满意呢？什么样的形式属于科学本身？什么样的形式的规范属于科学本身？方法的什么样的形式（行为形式）属于科学本身？

最普遍的东西：如其真正所是的世界之意义。过渡到普遍的、述谓的真理。真理和诸真理之联结起来的多样性。什么东西属于真理本身？一种可以（以认识校准目的之方式，以及反过来）以意义的绝对同一性有洞察力地获得的成果。自明性是一种意识，一种看，这种看一再地看出一种绝对同一的东西，并且看出，它看到这种同一的东西。真正的真理是由真正同一性东西构成的。一切真理都是有关同一性东西的真理。它有基底，而基底必须是同一的。并且被作为同一的东西，以同一的谓词，同一的内在的谓词和外在的谓词等等，同一地规定。

2.）作为普遍东西的诸理念。它们作为普遍的谓词出现并且能够适合于许多个别的谓词，它们本身又能够成为普遍谓词的主词。本身是一切规定之最终基底的个别东西，如何能够在真正的真理中被规定——作为同一的东西，但这同一的东西却变化着，**生成着**——生成是由某物的生成，并且在生成中是同一的东西；作为具有诸**相对的**规定之基底——因为一切个别的规定确实都依赖于诸个别情况。感性的事物是彼此依赖的，它们如它们所是地处于彼此关联之中,但是也处于对认识者的关系中,对认识者的身体以及认识者的偶然的主观的精神状态的关系中。

确定无疑的是,理念的判断——它们并不设定任何感性东西一个别东西为实在的——是绝对有洞察力的。但是理念不同于规范——而且最终是关于事实上应该能够存在的可能的个别东西之规范——吗?理想的真理是存在之可能性的规范,当然也是理念(只要它们是可以清楚表达的)的存在之可能性的规范,但最终也是个别东西的存在之可能性的规范。

3.)但是如果我不就个别东西的事实和这个世界的事实下判断,而是考虑个别存在一般之可能性条件,那么我就确实也处于对理念的思考之中,我就将个别东西本身置于有关个别东西的理念之下。而当我更一般地考虑存在一般之可能性条件,考虑应该能够存在的某物一般(不论它是个别东西,还是就它而言作为理念)

322 之可能性条件时,那么我就确实是考虑作为理念的某物一般,或是处于理想的普遍性之中的某物一般。处于形式上理想的普遍性之中的某物一般(以及这个某物的样式)与个别的某物是分离的,而个别性的样式又处于理想的普遍性之中。但是我现在越发看到,在对个别性的规范之考虑中,我还没有其本身又是理想形式之特殊化的确定形式;人的理念,人的身体的理念,动物的理念和动物的身体的理念;这里不是也包括感性的理念,感性的特殊种类的理念,颜色的理念,声音的理念吗?最后,一切种和属的心理东西的理念。

在这里迫切需要的东西就是:柏拉图主义者按照以下思想行事,即心灵,主观性是理念之现实东西,它是那种看理念,并应该借助对理念之认识而执行理念的东西。

4.）在区分各组根本的理念时，涉及一些“最高的”理念，它们是通过一般化的各种不同方向，方法，作为最高的理念而获得的。什么东西刻划这种一般化和这种“最高的东西”呢？**柏拉图**区分了尚依赖于感性的数学的理念，和纯粹的理念。这岂不是提示（尽管他在评论算术时是受他那个时代束缚的）有关质料的理念和纯粹逻辑领域的形式理念之区分（以及纯粹价值论领域的理念和实践领域的理念之区分）吗，一种理念是从实在的直观中得来的，而另一种则不是？关于前者可以用假设（ὑπόδεσισ）的方法摆脱直观的这种看法，不是暗示作为形式的数学化的对空间—形式数学化吗？但是如果没有必然随身带有其内容的质料的理念，能有对世界的认识吗？因此，内容和形式的问题就在理念领域本身中出现了，而且不仅是作为引起个别化的内容（ῦλη）的问题。

5.）另一方面，作为逐步分有（μέδεξιζ）的接近的问题。

在感性的给予性中或感性的经验中，存在着其完善性就是理念的一种“含糊不清”的，不完善的思想吗？作为理念之基础的规范化。

事物，客观的世界，其中包括通过经验被给予的人和动物——处于存在与非存在的未定之中，处于存在的完善性的等级之中，但决不是“真正存在的”。感性真理决不是纯粹真理。

理念。——理念的真理。

如果人们了解理念，人们就会考虑他们参与到它之中，或更确切地说，参与到它们之中的另一种真正的存在（理念的真正存在），

并且以某种方式认识有关意义之物的某种东西;就是说,他们向被认识的理念接近。但是处于其相对性之中的事物表明是具有感性
323 概念的总是新的感性真理。对每一个这样的真理按照已指出的方法进行改造是毫无用处的,因为我们由此并不能发现那些作为自在真理时时处处都能被每一个进行认识的人认出的真理。

但是难道没有一种将经验与理念联系起来,将经验提供的个别东西与进行规定的纯粹的理念联系起来的方法吗,借助于这种方法,每一个人——每一个生活于这种洞察之中,并且在产生这种有洞察力的方法时,从他的感性出发的人——都一定能够产生相同的理念构成物?

事物对主观性及其身体方面的依赖性,事物对本身就是事物性的环境的依赖性。

世界是共主观地被给予的——在正常主观性的情况下,通常是和谐的,当然是**大致**和谐的。当这种正常性停留于不确定状态,并且始终是**大致的**,当它是不确定的,然而却能被设想为与未被认识的规范**理想地**符合,而且正如经常能在实践上被对待的那样:在这种情况下就有一种方法,它以接近方法之方式,按照其真正的存在,规定一切个别的东西——;在这种情况下,在纯粹处理经验东西并研究理想的可能性和理念的那种纯粹对可能性的考察中,就有一种为诸可能的具体规定构造“样本”的任务。关于**多样性**的学说。

在柏拉图意义上的一切不论什么显现着的东西肯定都是真正存在的吗?对于一切自在真理肯定有某种显现着的东西吗?

这种显现着的东西本身不是与可能属于它的理念上被规定的

真理相对吗？这种真理确实是与这个显现着的东西的**流**，某物本身相对的**一**，——而每一个可区分的阶段，每一个波动和流动，都是以某种方式存在的**某物本身**，然而却是不可规定的，在“绝对的”真理中个别的？——这是**巴门尼德的非存在者！**两种存在概念。

甚至也包括一切流动着的事物显现的那个完整的主观性本身，不是只在自己的生活中被规定吗？但这是一种不可个别地述谓的东西、不可个别地在真理自身中表达、确定的东西之无限的主观性，然而这些不可个别地述谓等等的东西，在科学上可以按照其类型学，按照普遍的本质来认识，只不过不可按照其流动着的生活之无限特征的每一个特征来认识的。

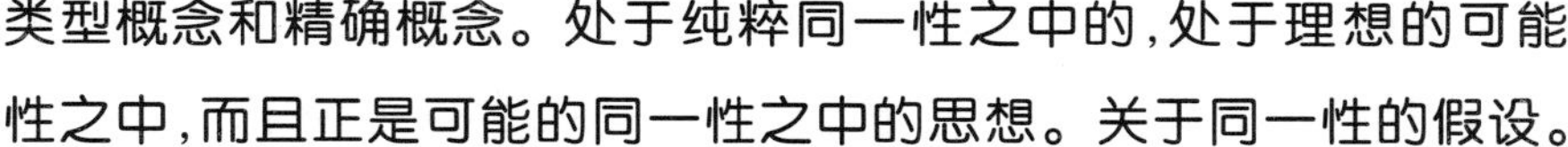

类型概念和精确概念。处于纯粹同一性之中的，处于理想的可能性之中，而且正是可能的同一性之中的思想。关于同一性的假设。

相对的充实。——**柏拉图**看到，经验始终不过是意见（δόξα），事实上经验——作为始终未被充实的意向——就是如此。他还在有关存在与本质的陈述中看到处于对作为绝对同一的一的存在者的理念的“分有”，以及对又是作为理念（这种理念是同一的一），作为同一地如此形成的存在等等的被陈述的性质的“分有”当中的真的东西。

因此每一个经验陈述都是对真理的要求，而决不是它本身，这 324
种真理处于不可能达到的远处，经验陈述在一定程度上与它相似，或多或少完满地说明它，但是真理却必然地停留于无限东西之中——正是作为不可能达到的理想而停留于无限东西之中。因此，经验的真理本身决不是真理，只是有关难以达到的东西的——

超越的东西的——相似性符号。

然而另一方面,理念作为纯粹的理念,本身可以被作为理想的同一东西“看出来”;借助于感性的拐杖(只有对于我们这些凡夫俗子它才是必需的)我们能够达到它,而且我们能够将理念当作对象来观看,关于它我们可以说出理念的真理,这种理念的真理,作为关于纯粹东西的真理,并不是一些指示(除非是在模糊不清的思想和谈话中),而是通过对理念的纯粹的观看真正能达到的真理。

但他是这样理解这件事情:感性的真理(经验判断,**康德**可能会说:知觉判断)指向理想的真理,而理想的真理根本不是作为要求在这里有相似存在的那种真理而存在,因为在感性的对象中,在它的流中和在它相对东西中,并不能展示出在这里表现出的任何这样的真正的存在。在这里表现的只是相对的东西,只是流动的东西,只是相对同一的东西,因此根本就不是同一的东西。在个别东西中的相似不可能有任何绝对真理,也不可能看出任何绝对真理的东西;因为如果那样,感性能够看得到的个别东西就会正好最终不再是相对的东西。

真理的最终有效性。——极端的合理主义(从广义上说,经验主义也是合理主义)仍然还是随同他——柏拉图——而开始了,按照这种合理主义,唯有纯粹对理念的看才能使人们看到存在者本身,真正的存在本身,而且唯有纯粹对理念的述谓本身才能认作真理。换句话说:唯有确真自明的被给予之物,唯有那些这样地被看到,以至于根据这种看便是绝对不能被否认的东西,在那里,正如在正是这种看中能认出的那样,没有任何被看到的东西与另一些被看到的东西相抵牾，没有任何一个能取消另外一个；一句话：唯有绝对被奠立的真理才是真理。因此科学必须力求证明其命题的绝对正当性，只当它提供这样的命题，它才是科学。因此，真正的科学只不过是“理念”—科学。但是在这种情况下，这种感性以及流动的幻影世界的情况如何呢？

看出绝对的存在，把握绝对的真理。——观看者在反复的看中看出具有同一规定的同一东西，他将这同一东西一再认作是绝对同一东西；它在这种看的经验中不可能一次这样地出现，而另一次又别样地出现；决不可能放弃一种描述如其所是地存在东西的陈述。**理想的东西**。理想的存在是多样性，并且存在于多种多样的关系中。但是在诸关系的变化中它保持它借以奠立诸关系本身 325
的它的绝对同一的固有本质。它在一切可能的关系中是同一的。关系的谓词是变化的，但是它与非关系的谓词是有区别的。任何对于理想东西的关系陈述本身都是理想东西。但是经验的存在只是表面上有一种始终保持为同一的固有的本质。一切看上去是固有本质的东西都随着空间—时间关系而变化。——

在实际的历史的发展中这些认识并没有能从一开始就居于主导地位。在开始时，兴趣是朝向真陈述的形成物，朝向作为在真理中，在真陈述中对其有所陈述（即它存在，它是什么）的真正存在者。将**亚里士多德**的注意力吸引到一个特殊范围的，是（下判断的）陈述之各种不同的类型形态（一切不管多么复杂的陈述都还原到这些类型形态），此外还有推论形式，一些陈述被一致地包含在另一些陈述中的形式,以及不包含在另一些陈述中的形式。

考察是按照方法论进行的。判断,陈述是判断行为中的形成物。正如在一切精神产品中的情形一样,在这里考虑的是进行生产的主观,作为按步骤实现产品之过程的行为,以及在这种行为中完成的具有其持久存在的产品本身,在这里就是判断者可以如同返回到他已获得的持久的信念一样重又返回到其上的陈述、判断。

在作为演绎理论之原初组成部分的三段论的核心理论(它在这里同时也是关于一般演绎理论的演绎理论之基本部分)中,目光主要是停留于前提上:停留于如其在(理智的)推论中走在前面的那些构成物上,停留于如其走在前面的那些进行推论的判断上;但也停留于作为统一构成物的整个推论上,这些构成物是在推论行为中由前两个部分构成的——完全像在数被从中产生出来的数数和计算的思维中一样。目光又停留于在算术的生产中形成和出现

416 的成果上,并且与此同时也停留于作为生产之统一的行为之总体联系上,在这种总体联系中,不仅处于连续之中的个别的数,而且数的关联(例如,和,相等或不相等的关系)都是统一的构成物;同样在逻辑研究中,目光停留于作为推论活动之关联的构成物的结论上。

因此其实目光并没有朝向**行为**的主观东西,朝向主观生活和努力的全部变化,而是朝向在相反的方向上,在对象的方向上显露出来的东西——正是作为在其中某个结论句由某些前提的构成物中统一地产生出来并具有以必然结果的性格而出现之形态(譬如被推论的肯定句)的统一的**行为**产生出来。

326 当然这个进行生产的自我总是在这里,并且在普遍科学的或

哲学的反思态度中“某个”进行判断的和进行推论的“一般的”自我也总是在这里。但是他的意识的内在情况，他的心理的活动和能力，在这里并没有以这种普遍性受到考虑，并没有处于目光之中和课题的考虑之中；而只是将以下情况当成前提，即我们“设想自己处于”推论的行为和明智地实行有关活动的行为之中；而且这是当我们在生产的生成中想象某人得出一个结论的实例时发生的；我们设想自己处于推论等行为中，就像譬如说一个木工，当他考虑一项实践任务的可能性时，毫无困难地设想自己处于这种进行生产的行为中一样，在他这样做时，他所想到的只是客观的行为，而不是他的心理学上的主观性，仿佛这种主观性本应该成为这种设想的课题那样。一切关于行为的考虑都以下面这种可能性为前提，即能够客观地想象这种客观的行为，而且正是借此而设想自己处于这种行为中。

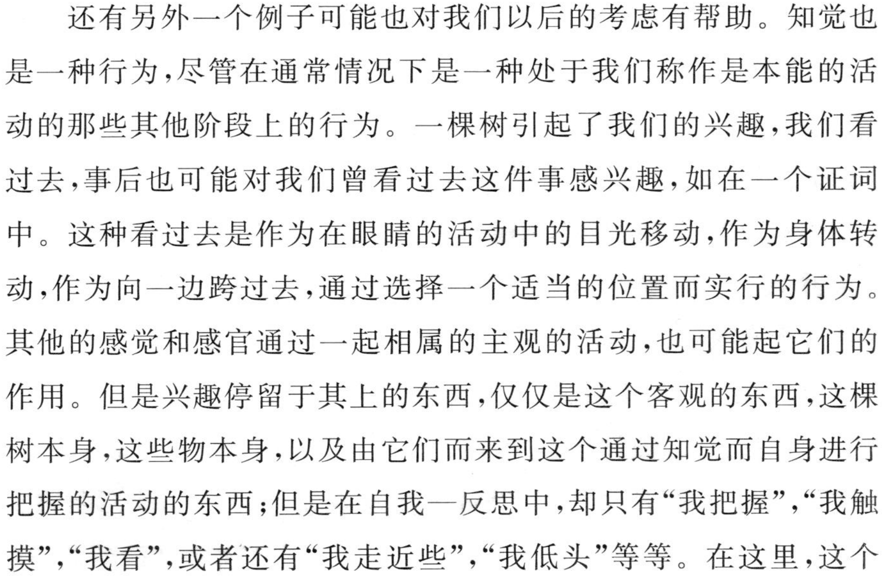

还有另外一个例子可能也对我们以后的考虑有帮助。知觉也是一种行为，尽管在通常情况下是一种处于我们称作是本能的活动的那些其他阶段上的行为。一棵树引起了我们的兴趣，我们看过去，事后也可能对我们曾看过去这件事感兴趣，如在一个证词中。这种看过去是作为在眼睛的活动中的目光移动，作为身体转动，作为向一边跨过去，通过选择一个适当的位置而实行的行为。其他的感觉和感官通过一起相属的主观的活动，也可能起它们的作用。但是兴趣停留于其上的东西，仅仅是这个客观的东西，这棵树本身，这些物本身，以及由它们而来到这个通过知觉而自身进行把握的活动的东西；但是在自我—反思中，却只有“我把握”，“我触摸”，“我看”，或者还有“我走近些”，“我低头”等等。在这里，这个自我可以说仍然是这个事物关联的和行为的空无内容的一极,这些事物关联和行为本身有它们的对象性和在自然的知觉判断中的陈述方式:“我看到某某东西,我现在看到它的这些特殊的规定或方面,而后又看到它的另一些特殊的规定或方面”。

在这里还可能有另外一些反思,在这种情况下,作为这个自我的行为之对象性统一以多种多样显现方式并且作为它们的统一而呈现出来的东西,如变化着的诸种观察角度,对于作为同一东西的同一东西之多种多样近的和远的观察角度,还有自己身体的特殊的、同样也是变化着的位置等等;此外,由这里显露出指向主观生活的从客观外在性向内在性导入的新式的主观的诸因素的反思方向,——以自然方式转向外部的和以自然方式主观指向的人关于所有这些都毫无所知。因为他为了客观实践必须将他的目光仅仅

327 指向客观实践,他所看到的,他在实际生活中唯一谈论的**这个**主观东西,始终是“客观东西”,是某物,是生动地流动着的、但是未被把握、未被经验,然而却存在于意识领域中的多样性之统一。已经很清楚,这种自然的客观东西是经验中当然第一位的东西,经常与它在一起的自然的主观东西,就它这方面而言,已经是第二位的,但却是反思中第一位的;已经很清楚,这二者构成自然的经验领域,在其中实践的目光时而直接地,时而反思地来回移动。并且以下一点也是很清楚的,即进一步的反思已经以作为进一步反思之阶梯的这个有关给予性之最初的反思领域为前提,这正是因为那个尚不能被看到的和未被把握的东西,并不是处于被经验东西之旁,而是被经验到的东西作为“统一”将它包含于自身之中。

因此关于主观东西的,心理东西的那些深层次,也是如此,这

些深层次属于通过陈述而下判断的人,进行推理的人,追求知识和真理的人之行动着的生活。因此,最初的逻辑研究开始时不能不处于其中的那种方式——这种方式作为技巧(τέχνη),作为工艺学,想要成为指向真正认识的哲学研究之方法论——也就易于理解了。

附录Ⅶ(附于第五讲):柏拉图和理念数学的奠立。[①]

数学主要是由在柏拉图辩证法中完成的主观的—方法论的准备工作,才获得其特殊的科学的特征。只是由于以下情况,数学才成为**纯粹的**几何学和算术[②],即由它将空间构成物和数字构成物用作达到在它们当中通过思想上的洞察(理念的直观)而看出的那些感性的构成物以或多或少完善地分享的方法而要接近的纯粹理念的,就是说要接近的理想的**极限**的阶梯,它将经验上直观的空间构成物和数字构成物抛到后边。纯粹数学只与这种超经验的接近的理想之物(纯粹的统一,纯粹的集合和数,纯粹的点,纯粹的直线,等等)打交道。只当这些超经验的理想之物被看到,并被移到哲学兴趣的中心,真正的理论和科学由之产生的真正的原理才能被看到,而这些科学是在真正意义上被奠立的,并且以确真的方式阐明确真的原理。柏拉图将历史上预先给予他的诸科学评价为这些真正合理的科学之单纯预备阶段(但是并未因此而贬低这样的

① 写于1924年。——编者注

② 到这里为止的开头部分是编者从正文中引用的,附录以下部分的文字作为异文直接接着这段文字。参看第34页注。——编者注

328 科学)。在《国家》第Ⅵ卷的最后几节(第 20,21)中,他对此作了十分清楚的表述。他解释说,数学家的谈论好像他们的命题具有可以看得见的(画到黑板上的或是在单纯感性想象中勾画出来的)形态。但是他们的真正意向(无须他们完全意识到它)根本不是面向可以看得见的形态,他们的意向是面向那种人们在感性上看不到,但通过思想能够领会的东西。因此这种数学仍然是一只脚站在感性之中,它还不是真正的数学,理念—数学,这后一种数学乃是从一切经验上的共同使用中摆脱出来的科学,是由纯粹理性而来的科学。柏拉图认为,一切在通常谈论和解释意义上的科学的情况也与此相似,它们是具体的科学的,真正哲学的科学之单纯预备阶段,这后一种科学以纯粹的方式并且十分自觉地满足了它们的作为科学的意义。

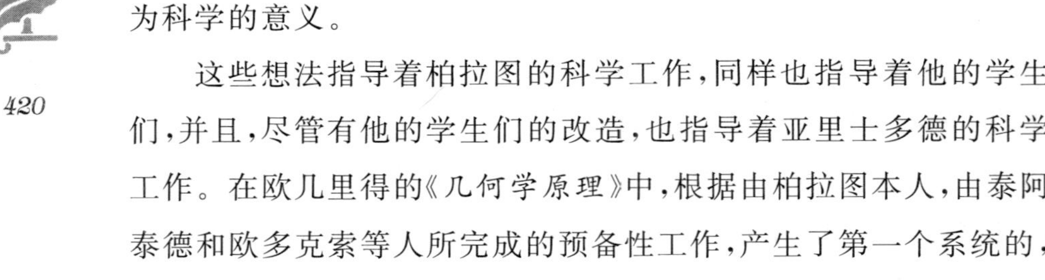

这些想法指导着柏拉图的科学工作,同样也指导着他的学生们,并且,尽管有他的学生们的改造,也指导着亚里士多德的科学工作。在欧几里得的《几何学原理》中,根据由柏拉图本人,由泰阿泰德和欧多克索等人所完成的预备性工作,产生了第一个系统的,以完美的形式进行的,符合纯粹合理性之新理想的科学构想。

附录Ⅷ(附于第八讲):有关柏罗丁学说的笔记。[①]

据**柏罗丁**的看法(《九章集》Ⅴ,4,1,),在一切事物的开端上一定有一个完善的一,绝对之物,未混合之物,与所有其他东西不同

① 约写于 1913 年。——编者注

之物,后来组成之物和复合之物由此发展出来,**由此**而构成。这个完善的一不可能是思想(νοῦζ);因为这个概念意味着某种分裂的东西(思想[νοῦζ]和所思之物[νοητόν])。这个一是善,神。这个一高于(ἐπέχεινα)一切思想;它对于我们的理解活动,乃是一个不可思议的东西。

看(感性世界)——理解(知性的本质东西)——洞察(一)。心灵必须摆脱一切外在东西和分散注意力的东西,必须作出一种上升(ἀνακινεῖσδαι)的行为,以使它能够以完全的纯粹性和宁静专注于自己本身,并由此而洞察神性(Ⅴ,8,19;Ⅵ,9,5—11)。在这种情况下神性突然降临。融入神性之中。洞察与被洞察之物的一切区分都消失了。出神状态是完全可忍受的。此后,心灵就不能提供任何有关被洞察之物的消息。

一切事物只是在它们分有一的限度内才有存在。一切事物都在理念之中有其蓝本(理念包含于思想[νοῦζ]之中);但是这个一高于理念;它是超理性的,超美的,等等。

作为一切被派生事物之追求的根据,作为伦理学的绝对的目的和内容,一就是"善"。由于与它的关联,一切事物都是对理念的分有。

一是从它的效果上被认出的。活动(ἐνέργεια),没有基底的绝 329
对的活动,一定能够被归因于作为产生效果的力量的一。柏罗丁也曾谈到对必然性的创造。

整个第Ⅵ,8都是讨论意志自由的。偶然并不是决定性的。整个感性的和超感性的世界不是源出于偶然,而是源出于思想(νοῦζ)。原因肯定比结果更完善。因此偶然不可能是决定性的。

因此一必然决定自己去生成,并且就此而言必然有意志。善之所以如此,因为这样最好,它不如此,是因为它不得已。

真正的自由就在于能够不受阻碍地追求善,可能造成对立,那是无能的表现。

“善”更确切的意思就是“至善”——作为一切派生物的绝对原因,绝对目的。因为由于它的完善性和无限性,——一摆脱掉思想,超越于一切概念之上(“超出”一切概念)。它先于概念,不被概念所包含。在这里还有更深刻的论述。

关于“来自何处?”的问题,对于一是不合适的。它是最终的原因;对于根据不可能有进一步研究。任何规定都已经设置一个更高的根据,但这是与绝对相矛盾的。因此一也是没有规定的(ἄπειρον),没有界限,没有形态与形状,非种类的(ἀνειδής)。不是性质,不是量,不是知性,不是心灵,不是空间上受限制的,不是时间上受限制的,不是前时间的,不是永恒的,不是运动。

没有愿望(没有要求)。没有真正意义上的活动(针对其他东西的活动)。没有思想,没有意识——没有必然地属于思想的意识:思维者—被思维者。思想(νοῦς)思考自己本身;但是这里仍然有概念上的区分,二仍然被合而为一。一不能思考自己本身,更不能思考其他东西,否则它就会需要其他东西;否则它就不是完善的统一。

即使一**存在**,也不能被说出来:一切存在都是多重的,有多种多样规定的。一是存在的原因。——不可名状,不可言说,不可表达(ἄρρητον)。其实这种关联就是善,也是“原因”。我们借以说某物的东西,其实不是就它而说的,而是从我们的立场上说的,因为我们就它说了某些东西,然而它仍停留于自己本身之中。

附录Ⅸ(附于第九讲):库萨论本质直观。[①]

由**满克**在他的有关莱布尼茨的著作(在弗赖堡博士论文中)第 330
1 章的注释中提供的来自**尼古拉斯·冯·库萨**的著作的引文,似乎表明,“合理的”认识被库萨理解为对自然的合理说明。

由人的精神创造的数字和图形的世界,并不是准确地与现实的世界符合,而是一个单纯假设的世界(*conjecturalis mundus*),但是这个世界在认识的无限进展中接近于真实的世界,就如同多边形(具有无限增多的边数)接近于圆一样。

“人的精神尽可能地参与到进行生产的自然之能产性当中。由作为全能的形式之肖像的自己本身”——思维着的人也被称作进行创造的上帝之自画像——中,“他按照与实在的本质之相似性获得合理的认识。”

“知性的”认识,没有不一致的理性(*ratio sine dissensu*),精神的看(*visio mentalis*),直观(*intuitio*)比这种合理的认识站得更高。看上去这不外就是本质直观。按照《关于本质的对话》(*dialogus de possest*),在这里一切实存的东西,就是**能够**存在的**东西**,事实上存在的东西,如我们由这里看出的(*conspicimus*)的绝对现实的东西(*actualitatem absolutam* = *possest* = 本质),通过它,一切事实上存在的东西,就是它们所是的东西;例如当我们用能看得清

① 约写于 1923 年。——编者注

的眼睛看到某种白色东西时，就以知性的方式看出（*intellctualiter intuamur*）白（*albidinem*），没有它，这个白色的东西就不是白的。

附录Ⅹ（附于第九讲）：笛卡儿与怀疑论。[1]

Ⅰ：作为对世界之认识的认识之不可理解——世界本身的存在作为包含于认识活动的主观性之中存在。怀疑论在这种“单纯的”主观性中有根据。

Ⅱ：（实证）科学彻底奠立的问题，追溯到“唯一确真给予的”自我（*ego*）。科学作为间接的认识——“推论的”认识——在演绎的统一中必须追溯到自我（*ego*）。

Ⅲ：附注。**笛卡儿**——他的独创性和他的迷失——自我（*ego*）是“纯粹的心灵”，在其中“世界”被理解为认识的相关物，在纯粹心灵中的世界表象。认识的绝对奠立＝以实在论的推论方式从纯粹的心灵向“外部世界”，向心灵以外的“外部世界”推论。

Ⅰ

由认识之谜开始，通过认识，存在着的世界为我，为我们存在着，而我们，认识者，又存在于世界之中。认识与作为被包含于认识活动的主观性中的世界的被认识世界的令人费解之处。

---

① 写于20年代。——编者注

a)客观指向的意见，认识，好的或坏的，清楚地证明的或未被证明的，是在我的心中，在认识者的心中发生的；我的意指活动指向客观东西，指向存在着的世界，这本身是我的意见，我的经验，我 331
的作为在我心中发生的确信。这种不言而喻的确信，存在于有关这种在谈到**这个**世界（我想认识，我想通过科学认识的这个世界）的谈论中的这种存在的，这种具有众所周知的“世界”这种意义的存在的不言而喻性，也正是我的不言而喻性，是任何有关科学认识的问题都以之为基础的，只不过没有对我明确强调出来的我的意见。

因此一切科学的命题，命题构成物，理论，一切以错误意见的方式，而且还有以洞察的方式，甚至是确真洞察的方式对我有效的——对我，这个认识者有效的——我自己的主观认识构成物，在我的意指活动中被意指的东西，在我的看的活动中关于某某意义之被看到的东西（而且作为这样的东西与我的意指活动不可分，共同属于它本身）——难道不是主观的吗？而且这种情况对于有关世界的前科学的意见，甚至有关世界的经验——在从非批判的经验向对于科学的成就而言的科学的经验之转变中，这种世界经验乃是经常的基础——不是也适合吗？

因此一切被以为的客观东西，而且还有一切对我来说是真正存在着的东西，以及作为被证明的而存在着东西，都是主观的，按照它的“自在存在本身”是主观的构成物——这种证明活动本身不是我心中的某种有所成就的活动吗？因此客观性作为某种真理的意义，原则上岂不完全是主观的吗？但这应该如何理解？如何能将客观性理解为有所成就活动的构成物——朴素的和科学地证明的客观性如何在我的意识生活中形成，在这里我，在当下进行认识，感受到认识活动时，关于认识活动本身作为有所成就者是什么，以及它如何有所成就，就什么也不知道吗？通过认识而有所成就的活动本身如何成为课题，本身如何被认识？但是所有我的存在连同一切意识生活以及意识的有所成就的活动在世界中是客观的存在物吗？

b)“这应该如何理解”——因此这就还有另外一种的并且是较早出现的注解——来自怀**疑论的**注解。

如果客观性“仅仅”是主观的意见，世界的自在存在不就是一种错觉吗？而这不是对于每一个认识者都适合吗？一个人如何可能知道他在自己心中所意指的并证明了的东西，与别人心中所意指的并证明了的东西相符合并且是同一个东西呢？据说世界确实是客观的世界，是对于每一个人而言的自在的世界。我如何能够像一般人那样断定，世界，并且是**同一个**世界，“这一个”世界，对于每一个人都存在呢？每一个人只能将世界当作他的意见来认识。我如何能够以别的方式认识邻人，而不是将他当作在我心中所以为的我的邻人来认识呢？我甚至不可以说：“对于他所显现的东西，对于每一个人都是真的”，而只能说：对于我显现的东西，对于我是真的。“每一个人”——这本身就是我的意见，它不能超出我之外。因此，我以唯我论而告终，这种唯我论好像是**高尔吉亚**提出
332 的。没有客观的东西，没有客观的科学。只有我的存在和我的意见才存在，而这甚至是确真地被给予的，别的东西是根本不可想象的。

因此认识的不可理解性：

1.）如何能够将认识活动作为认识者内在的成就，作为客观性借以在认识者中作为认识构成物，作为主观上被认识东西本身而完成的成就加以研究，如何能够弄清楚这种成就的整个结构呢？在这种情况下作为成果的东西，出自于我，在我之中，然而又应该是客观的。这就引向了：

2.）应该如何理解，我，认识者，在我的认识成就中并作为认识形成物认出作为客观的我，同样也认出其他人，而且将他们当作认识者认出，当作与我自己一样的一般意识的主观，并当作和我一起在成功的和失败的认识活动中联结起来的意识的主观等等，简短地说，作为诸别的主观，与我同样处于客观化中的、我作为批评者甚至要依赖于他们的那些别的主观认识出来？应该如何理解，一切认识活动和被认识之物存在于我“之中”，并且作为被认识的存在物也是为我存在之物，然而我并不是唯一的我，而是其他的我一定会被我所认识并被我承认为与我共存在的，并且通过将认识变成共有的而与我一起共同为客观的存在物负责的？

应该如何理解，作为对我们大家存在的，因此被我们大家通过将认识共有化在意识上构成的这同一世界的别的主观，一定会对于我以及我可以认出的（其中也包括：我可以想象的）其他人存在，作为在同一个世界中存在着的人，并且作为认识这同一个世界的人存在？

在历史上的动机形成中，这种怀疑论的提问发生在前，并且内在地包含着引起一个最初问题的动因，即引起这样一个问题：我如何将认识理解为我借以将世界和世界中的其他人按照意义和存在有效性而为我建立起来的我心中的成就？

Ⅱ

代替认识问题的是:彻底地独立地奠立哲学以及包含于其中的一切特殊科学的方法问题。

我自己,认识者,必须对客观的真理和客观的科学负责,最终有效的科学真理必须是"确真的",是我可由确真的根据理解的。真正被奠立的科学是这样的科学,它不以任何未被论证的先入之见为前提;如果真正的知识要变成可能的,论证就必须能够这样进行,即我从确真的基础出发,以确真的方式前进,而达到我所追求的客观的知识和有关世界之科学的体系。

333 一切对我而言被看作存在的东西,我自己都已以其意义而设
428 定为有效的,或者它属于我的认识它的,也许是有洞察力地认识它的诸可能性之地平线。一切处于"客观世界"这个名目下的东西,首先都是在感官上被给予的;在这里我可能陷入错觉,甚至可能不得不将所以为的存在勾销。我关于世界,不论是在细节上还是一般而言,有直接的确真的确信吗?难道不可以想象,它尽管被经验到了,但却不存在?一切询问、怀疑、否定的活动,都以假定我自身存在为前提,——都以假定我在一切对我有效的,并且作为现实的或可能的,作为假象,作为意义或无意义,与此同时(而且已经暗含地被当作前提)作为存在着而对我有效的东西中间的存在为前提。我的存在是确真地确实的。

在这里看上去不是产生一种不言而喻性吗:即在对存在者进

行论证的顺序中，对我自己的存在的论证走在前面，它是唯一直接地通过确真的确信而被论证的，或者任何时候都能论证的。现在我必须在这种绝对的根据之上实行对所有其他存在的论证，因此也实行对客观科学，哲学的论证。在这里下面一点不就像是“不言而喻的”吗，即客观的科学只能“间接地”论证，只能通过推论论证，而且是在“我在”这种直接的根据之上被推论—论证的？因此我必须寻找一种间接的—推论的—论证途径；然而逻辑学向来就说，推论是间接的认识；因此就有点像在数学中发生的情形——从作为公理的我思（*ego cogito*）出发，推论到诸间接的真理？

Ⅲ

还可以更恰当地说：

笛卡儿的新的认识问题并不是关于客观的认识是如何在我们人的心中，如何在人的主观性中——这种主观性在自身中总有他个人的意识，他的经验活动，思想活动等等——完成的问题，相反，笛卡儿的新颖之处在于，他在寻求能最终建立普遍的，特别是客观的科学之方法时，对自己说：我自己对于一切应对我有效的真理和现实性负责，我不必询问任何其他人，不必问其他人的情况如何。其他人本身是对于我而言的存在者，由我而存在的，由我的经验、思想等等而存在的，整个世界连同所有的人也是如此。我必须回溯到我自身，回溯到我的孤独的我思（*ego cogito*），并且在我自身中奠定作为客观认识的认识，在我自身中，通过我自己的论证而奠定。

通过“感性”我总是已经将具有存在确定性的世界摆在面前。但是我可以不假思索地将它当成基础,并询问它的真实性质吗?
334 难道它不是我的经验之单纯意义构成物吗?我如何理解,我如何论证它的客观性?因此我必须将它当作客观的加以怀疑,然而我这个怀疑者却必然存在——不管答案如何。

但不是作为人,或甚至作为我的身体的心灵。我并不是预先就具有作为人的我。我的身体本身已在我心中获得客观的有效性或者一定会以它存在的真实性获得这种有效性。但是作为意识的—自我的我的存在——这个“纯粹的”心灵,具有其所思对象(*cogitata*)的它的内在思维(*cogitationes*)的这个自我(*ego*)——开始时尚不是客观的心灵;在世界之中的心灵,客观的身体的存在,这的确是可疑的;而“纯粹的”心灵的存在,这个自我(*ego*)的存在,在一切提问活动和怀疑活动中,在一切可能的认识活动中,都被设定为前提,只要我,不论询问什么或怀疑什么或肯定什么,总是已经有了我自己,并且确真地、自明地发现了我自己,以及属于我自己的它的我思行为(*cogito*),它的意识生活。如果开始时我是孤独的人,作为思想者是孤独的,那么现在我就处于一种新的孤独之中,不再是人,而是自我(*ego*)。借助于这个自我,“我的自我”,这个沉思者的自我,而不是我的在其他人当中,也就是在世界之中的我的自我,超越论的主观性就被揭示出来了,这种主观性只有我才能通过对沉思者的有效性之最彻底反问,作为我揭示出来——而决不是他人;他人是为我的他人。

在这里巨大的困难就是放弃世界的这种超越论态度的这个自我(*ego*)对于人—我的关系,以及后来将纯粹的单子(*monas*)与在

世界中的心灵等同起来的在这里的这种最初的重要的诱惑,因此就是将与我的人的主观东西对立的外部世界之超越性与在作为自我(*ego*)的我之意识领域中显示出来的世界的客观性看成是一个东西的诱惑。笛卡儿受这种诱惑的影响,并因此陷入一种根本的错误,即将意识世界,或者说得更确切些,被经验到的现实的东西,可以内在地表明为*所思之物*(*cogitata*)的实在东西,看成是单纯的观念(*ideae*),真正客观世界的表象,外在于自我(*ego*)的世界的表象,并因此提出实在论的问题。

代替这种荒谬的实在论问题的,是下面这种真正的问题,即弄清楚,具有其多种多样*所思之物*(*cogitata*),多种多样显现方式等等的匿名的、完全不熟悉的意识生活,是怎样的,此外,在它的意识成就中,自在,每一个人,他人,获得什么样的意义,以及对客观性和自在之一切困惑,是如何通过从初始到他人,和从这里到自在世界的道路解决的。

附录Ⅺ(附于第十讲):对笛卡儿的批判之难点。[①] 335

Ⅰ

笛卡儿将突出纯粹主观性理解为突出真实的实体,而将纯粹主观性在认识上独立于一切自然理解为认识上独立于就其存在而

① 写于1923年。——编者注

言并非毫无疑问地被奠立的另外一种实体（而且首先是独立于物质的身体）。这种实体的奠立是不充分的，因为它在自我(*ego*)中借助于自明性的奠立，在自身中就包含着这个自明性之超越的有效性问题，而这个问题是首先应该解决的。这种自明性一旦获得可证明的权利，这个自然对于认识者的存在就是合法的，而且是作为具有与自我(*ego*)完全不同性质的实体之复合而存在的。由于在经验上以诸客观的身体为出发点，此外当然也存在另外一些自我(*ego*)（尽管在这里缺少对建立于移情作用经验之上的认识之清晰性与明确性的研究——甚至缺少一种具有与合理的物理学之合理性相似的合理性的合理的心理学）。

这种理解的荒谬之处何在呢？笛卡儿想普遍地证明自明性的有效性。但每一个证明，作为以自明性进行的、仅仅借助每个步骤特有的自明性而显示出来的证明，难道不都是以自明性的有效性为前提吗？内在自明性的有效性不能以证明怀疑的方式确立，每一种一定会表达出来的怀疑，对每一种自明性之可疑性的肯定，都是以同一种自明性为前提的。每一个对自明性提出的问题，每一个对自明性所进行的沉思，都是以自明性为前提的。超越的自明性之有效性，只能受到怀疑，即使在它作为事实——通过内在的自明性——被确证的地方。对此我们还可以详细说明如下：

一般而言对于自明性可以提出什么样合理的问题呢？在什么样的意义上提出来呢？譬如在笛卡儿的这样一种意义上：自明性和一般自明性形式是否“有效”，令人信服呢，它能为这样一种相信，即认识者关于其存在有自明性的对象东西是真的，提供权利吗？可是对于这样一个问题的合理回答可能是怎样的呢，怎么可能不是这样的,即我现在认识到,以那种自明性而以为的东西是真的?因此我一定是将有关这种真实性的自明性,因此是第二种自明性,指向了这同一的对象性,并且一定是在相同的意义上指向的,至少一定是认为这样的自明性是可能的,我可以用第一种自明性的“权利”、适当性与它相比。可是当我对一个加以怀疑时,为什么另一个就会有更好的理由,并且能免遭疑问、怀疑呢?

这里呈现出完善的自明性和不完善的自明性的区分,和那些 336
虽然涉及同一对象东西,但只是按照对象东西诸方面、诸要素涉及的各种不同自明性的区分;而且就此而言是这样涉及的,以至于它们作为具有保留条件的自明性,只是以一种确信而具有存在者,而这种确信在自身中隐藏着一种期待,即可能产生另外一些的,但是在内容上不同性质的作为证明的自明性:如在外部经验中那样。同一个对象可以以许多自明性被提供出来,这些自明性并不仅仅是重复。

因此在这里我们有具有各种不同内部结构的自明性,它们是彼此相互依赖的,并且这些自明性似乎凭自己本身对我们诉说,而且我们可以就以下问题询问它们,即它们在多大程度上,以什么样“有效范围”,以及以什么样保留条件要求被赋予存在的权利。至于那另外一些情况,至于完善的认识,半清晰的认识,不清晰的认识的区分,我们能够询问的又是它本身中的自明性,它本身一定会被如何看待,它本身作为自明性提供了什么,它在自身中如何包含所提供的东西。此外我们可以看到,一种不清晰的自明性在自己本身中预先规定了澄清的可能性,过渡到清晰的——证实原来不清晰的自明性,或使它有权利或是相反地在这个或那个方面纠正它的——自明性的可能性,并以此为我们提出了任务,如果我们想要最完满意义上的知识的话。想必人们根本就没有观察我们在这里称作自明性的这种体验,根本就没有询问,在它本身中包含着什么,另外人们也没有发现,对一个被以为的对象性的自身拥有和自身把握的意识,是并非自身把握的体验的其他意识之标准,怀疑自明性有可能令人信服岂不是荒谬的吗?

Ⅱ

为了更进一步,让我们思考一下自我(*ego*)的及其我思行为(*cogito*)的领域之存在对于世界存在特有的独立性,世界存在在笛卡儿那里被用作他所认为的对于二元论的发现之主要基础。确真自明的是:我作为超越论的自我是存在的,不管我的经验世界是真的存在还是不存在,都是如此。绝对自明的既不是经验世界的存在,也不是它的不存在,绝对自明的其实是这二者的可能性(但这需要一种更深入的分析)。那么,我的超越论的存在对于世界之独立性,如笛卡儿所推论的,意味着一种分离——甚至意味着不同实体的分离——吗?我的超越论的自我(*ego*)(我在超越论的反思中绝对直接地把握的、看到的、而绝对不是虚构的这个自我(*ego*))与世界的关联,作为有意义的可能性,也只意味着一种因果性关系
337 吗?我们立即就认识到,分离如同诸部分构成的整体的联结一样,并且如同变化对于分开的东西之依赖性一样——纯粹是客观的、与作为由可分开的东西和可联结的东西构成的共存在的形式的空间形式有关的概念,因此是被禁忌的概念。

但是如果我们停留于纯粹自我（*ego*）中，那就很清楚：只要我们继续想象它是经验着世界的自我（*ego*），它与世界的关联就绝没有被切断，而总是被给予了。这个被经验的世界并不需要存在——但是谁以确真的自明性看出了这种可能性：我自己，超越论的自我（*ego*）；而且如它看到它那样：是作为可能的能够在感性经验本身中认出的经验世界，而这种感性经验正是这样进行的，即我的每一个经验的可靠性不是被新的经验的可靠性证实，相反却被驳斥。我可能为自己虚构一些经验的进程，它们不是将经验世界之一致地、恒定不变地被保持着的统一坚持到底，而是最终破坏了一切经验的信念。但是我同样也理解处于我的自我（*ego*）范围之内的世界之真正存在的可能性，我只需要无限继续地想象我的实际经验的样式，即以这样的方式想象：被经验事物虽然个别地证明是假象，或作为虚构的而存在着，但是总体而言，统一性却得到了恒常坚持，这种统一性为有关本质之一切不同的规定坚持了牢固的同一性。

笛卡儿已经提到了感觉意识（*cogitatio*）（我们称作外知觉）的基本特征，同样也提到了外部记忆，外部想象等等的基本特征，即它就其本身而言，是有关事物、空间东西、世间东西的意识。他十分谨慎地谈到这个一切奇观中的奇观，即意识。但奇观都是未被理解的东西，它们被规定要被变成可以理解的东西。一切研究都从奇观开始，并以揭去这个奇观的假面，使它变成明白易懂的认识而结束。笛卡儿只是提到这一点，而且因为他没有在这个方向上继续向前推进，他没有猜到自我（*ego*）之存在与在自我中被经验到的以及以任何其他方式被认识到的，还有被评价的和被讨论的世界之存在的这种绝对明白的分离究竟意味着什么。他没有看到,我所经验到的世界对于相信这种存在的我,具有一种对于我能够确真地变得自明的意义,没有这种意义,我的谈论也就真的会是没有意义的;他没有看到,这种意义对于我是在作为我的经验的可自由变换过程之体系的无限一致的经验体系之理念结构中变成自明的;此外他没有看到,在这里,我的经验之持久合法则的样式被称作我的感觉意识(*cogitationes*)[①]。而且他也没有看到,非存在按
338 照意义表达在我的可能的感觉意识(*cogitationes*)之全体中不一致性的相关项样式。笛卡儿是渗透到整个近代超越论哲学中的、超越论哲学从来也没有能根本克服的心理学主义的鼻祖,由于从自我(*ego*)向精神(*mens*)之引起严重后果的转向,他就已经是心理学主义的鼻祖了。这种心理学主义连同荒谬的形而上学二元论一起,使得**洛克式**的认识论首次成为可能。

另一方面他的确是一切真正的超越论哲学之父,因为将一切客观性和一切以理论逻辑形式规定客观性的科学都返向关联到认识的主观性之要求,从现在起被意识为并且肯定被意识为必然性,不管以科学上令人信服的清晰性和无矛盾性实践这种要求的一切尝试如何地失败。就此而言,笛卡儿所明确提出的东西是非常有

---

① 不管存在之理念是否仅限于这个范围:无论如何自然的存在与过程都处于与自我(*ego*)的奇妙的本质联系之中,更详细地说,是处于与我的可能的经验体系之过程的本质联系之中,而且是以这样的方式处于本质联系之中,即自然的每一变化一定会引起我的意识的诸种必然变化。另一方面情况仍然是,世界的非存在并不妨碍我的绝对存在,我一在具有一种独立于存在与非存在的自明性。因为即使在经验中被以为的世界之非存在,也如同它的存在一样,为我的自我(*ego*)规定一种法则,因此同样也很清楚,在这里不可谈论因果性。非存在的东西怎么会有因果性呢?

意义的，无疑具有永恒的价值。

Ⅲ

然而，不论笛卡儿的阐明在严格性方面多么差，甚至这些阐明在为了达到目的所必须遵守的根本水准方面方法上的清晰性就已经有多么差，仍然有一种天才的直觉支配着思考的主要进程，而且是如此有力地支配着，使得这些阐明事实上以一种重要的发现而结束，而这种发现同时也是对于开端的发现。这种发现已经导致了以后的思想步骤，或者更确切地说，它在我们对笛卡儿思想前后一致的改造中以根本的必然性将这些步骤带给**我们**。这个达到乍看上去非常不显眼的我思（*ego cogito*）的步骤就在于一种简单的证明，即我经常经验到的客观世界（在完全意义上的宇宙）的非存在之被证明的可能性，并没有危及这样一个事实，即我本身，这个经验着世界者，存在着。接下来，我能够以绝对的无可怀疑性，以确真的确信说：我作为正在进行这种沉思者存在着，作为此处还如此这般地进行感知，进行评价，进行努力者等等存在着。我对所有这些绝对毫不怀疑，我可以向这些东西看过去，并且每当我这样做时，我都有一种虽然是经验的确信，但却是具有确真性格的确信。我如此经验到的东西，当我经验之时，不可能不存在。在这里我有一个经验领域，当我经验之时，它就确真地排除了该被给予之物不存在的可能性。据此我在这里就有了确真无疑的经验述谓之领域；而且我为了必然的开端需要这样的领域并找到了这样的领域。我思，我在（*Ego cogito*，*ego sum*）。

339 因此，我所是的我相关于两种经验，总是有两个处于知觉准备状态的存在领域。一个领域具有“世界”这个名称，尽管这个领域经常为我在此存在，但是它对我来说，具有认识上的偶然性。我对其中任何东西都不能有一天获得切合的知觉。没有任何客观地被知觉的东西需要存在。另一个领域具有“我在”这个名称，在这里我有一种绝对的东西，它在自身经验中排除一切对于存在的否定。

但是这两种存在领域的对立决不是在我与外部世界之间的对立，而且这些经验的对立也决不是内部经验与外部经验之间的对立，否则我就真的可以省却这整个的思想进程和这种确真的精细研究了。自我——或者更确切地说，心灵——是心理学上自身经验的课题和心理学的课题，属于客观的世界；整个的人，连同身体与心灵，连同它的人格的自我，连同它的心灵的体验，都属于客观的世界。但是对于经验所实行的批判之基本的方法上的功能，恰恰就是确真地证明整个世界——作为由客观经验（“感性经验”）所给予的世界——不存在的可能性，以及设定这种不存在的可能性，并且将在这个设定基础上——因此在世界不存在这种普遍假设之下——绝对不可否认的东西，即不被这种不存在所涉及的我思（*ego cogito*）突出出来——作为某种在自身中不包含世界的任何东西，不包含世界之实在性之任何东西的东西突出出来。就此而言，根本的思想就是这样一种思想，即首先“感性的”经验——即空间事物的经验——是根本“不切合的”，它的可靠性是一种**先验地**有条件的可靠性，在一切不断进展的证明中是有条件地保持不变的，**决没有**确真地保证被经验东西的存在。因此首先普遍的物理的自然是可能不存在的，尽管它有一致的可经验性。但是与自然

之不存在的假设可能性一起,一切对象之全体不存在的假设也是可能的,一切对象都是从感性的("自然的")经验中一起取得其信用的,因此它们是在在自然经验方面有其基础的经验中被经验的。但是这种情况(通过所谓的移情作用,通过在身体上的"表现")涉及一切随便什么被感性地中介的有关人和动物的经验以及有关他们的全部心灵生活的经验。因此我就以这样的方式,借助于自然之非存在这个**可能的**假设,对于我而言仿佛将整个世界删除了,如果现在仍然还为我留下一个存在领域,那么它并不是世界的最后一小段和一小块,因为事实上世界的任何一个部分都不能与世界分开,并在删除其余世界的情况下有意义地独立存在。它也决不是某种世界之外的具体实在东西,因为正如很容易看到的那样,具体实在东西之一切内部和外部实际上只有在世界之统一中才有意义。

现在人们会反对说:但是不论我说我思(*ego cogito*),还是说"我在",不论我直截了当地说,还是借助世界不存在这种虚构的假 340
设说——**我**不都仍然是这个东西,我不都仍然是这样一个人,他通过经验而在空间中运动,用他的手触摸,用他的眼睛张望,等等?我当然是这样一个东西;但是使我成为人,因此成为世界的成员,并且是按照我使之与人这个词联系起来的那种意义而成为人,成为世界成员的东西,决不属于规定这个"自我"(*ego*)并在自身中绝对包含着这个"自我"(*ego*)的那种确真自明性的范畴;如果我在每一个别场合,例如在看一幢房子时,为了获得这个我的自我(*ego*),在客观方面一定能够满足将经验世界之存在排除掉这种方法的要求,就是说,一定能够通过假设设定经验世界不存在使这幢房子的

存在不起作用,那么我也就一定能够完全一样地在主观方面运用这种方法。我必须相信,在多大程度上有关这种主观东西的经验是直接地或间接地由自然的经验中取得其内容,因此在存在方面一起被世界之可能的非存在所涉及。这种方法所要求的就是,对认为世界对于我们在此存在的那种自然的生活态度和理论态度实行彻底废除,只有这种彻底精神才能产生我们称作超越论的现象学的态度的新态度,在这种新态度中不存在任何世界的东西,而是存在着自我(*ego*)。当我将那种按一定方法进行的还原运用于每一个自然—朴素态度中的我思(*ego cogito*),——如:我经验到这幢房子,我对太阳与月亮下判断,我对物理学理论进行思考,我对死者家属表达我的哀悼等等——时,当我如已经说过的那样,在每一个这样的我思(*ego cogito*)上到处都将那种按一定方法进行的还原运用到自我(*ego*),我思行为(*cogito*),和所思之物(*cogitatum*)的诸方面时,这个自我(*ego*)正是作为确真必然的东西,和决不能被否定的东西而留给我的奇特的剩余物。在这种情况下,我作为当下的自我(*ego*),就获得了新态度之下的我思行为(*cogito*)和所思之物(*cogitatum*)。只是这种东西并不被世界不存在这种可能性所涉及,而是我的绝对的"现象学的"被给予之物,仿佛是我们从此想称作现象学还原的那种方法之人工的纯粹的剩余物。只有通过这种方法,我们才能获得——为了在这里也用新的术语称呼它——在现象学意义上的一般超越论的自我和超越论的主观性——并且是作为现象学的经验之自身被给予东西而获得它的。

笛卡儿已经走上了通向超越论的自我的道路,并且通过以下的提问触及到了超越论的自我:这个我绝对毫不怀疑的自我(*ego*)

究竟是什么,什么东西属于它,什么东西不属于它?作为感性地被经验到的我的身体肯定不属于它。因此这个当下的“我在”并不是说,“我,这个人,存在”。按照这种说法,我们与笛卡儿的意见完全一致,为了详细说明理由,我们要进一步解释。在我借以将任何一个人经验为人的这种客观经验中,最下层是经验着自然事物的物体的身体,而一种完全不同的、关于在这种作为身体性的物体性中 341 表现出来的附属的主观性之经验,关于自我和心灵生活之经验,就奠基于这种自然的经验中。由于这种奠基作用,心理学的经验由身体的经验获得意义的根源。心灵是身体的心灵,是与身体以经验的方式相结合的东西,是在身体中按一定规则显示、表现的东西。

但是笛卡儿——他由于他的考虑草率,没有弄清楚那种重新预先为他规定的、达到超越论的主观性的方法——由于对外部世界的因果性解释,而将他的任务看成是,将向超越东西的凭直觉的因果性推论改变为精密的因果性推论,将盲目的凭直觉的因果性推论改变为科学上确定的因果性推论;此外还要指出,他认为只有在数学自然科学的形式中,超越的自然之真正本质才能被揭示出来,他认为整个经验世界中的一切真正存在,都按照他的双重实体学说的意义被规定了。众所周知,他的道路通向神学的自明性理论。由自我(*ego*)而来的可认识的、充分的、绝对的实在性,原来是神和神创造的物体和精神的世界;因此现在世界也可以得到一种超出精密科学所实行的对于世界诸固有本质性质之精密研究的目的论说明。

这种哲学,如同一切方法上相似类型的哲学一样带有矛盾,即想成为由绝对正当性证明而来的哲学,普遍科学,但却选择了这样一些道路,它们的思想并非由绝对正当性证明得来的,甚至在这样的思想中能认出荒谬的东西。

这个超越论地纯化了的我思(*ego cogito*),是任何哲学研究者的必然开端;但是只当看到,以这个名目为那些不仅自身被绝对证明为正当的,而且其他一切彻底意义上的哲学研究都按照它们认识的可能性返向地与之关联的具体研究,揭示出一个无限的工作领域时,它才是开端——一种正开始进行的哲学的开端。这一点将会在我们的沉思的继续中[①]完全被证明,被理解,并且这一点将对先于其他一切而奠立有关超越论的主观性之科学具有决定意义。这门纯粹从在此进行哲学思考、而且是在以上描述过的还原方法中被规定为超越论的自我的自我出发被拟定的,并且纯粹与这一个唯一的超越论的自我相关联的科学,当然会具有极其值得注意的特征;它将会是**超越论的自我**的自我学,是有关**超越论的自我**的超越论的主观性的科学,和有关被超越论的主观性超越论地包含的东西并且是在确真自明的奠立中包含的东西之全域的科学。

342 对于**笛卡儿**来说,纯粹主观性并没有成为应该构成能确真自明地奠立的哲学之基础的自我学研究领域;而是一个单纯的"阿基米德点",在这个点上,能够通过准确无误的推论,将按一定方法进行的怀疑中失去的世界作为绝对肯定的世界重新得回来。笛卡儿的问题是对于所谓在主观性中被知觉、并在主观性中以被科学方

---

① 特别请参看《第一哲学》下卷,《全集》第Ⅷ卷。——编者注

式认识的客观世界之存在和可认识性的古代怀疑论问题。**高尔吉亚**和**普罗泰戈拉**的怀疑论之根本思想就是这样一种思想:世界对于我,对于这个进行认识的人,只是作为被我经验的并在我思想中被思想的世界而给予的。这种主观的经验活动,主观的表象活动,并不是被表象之物。有人甚至一般地说并且承认,某物不必存在就可以被表象,就可以显现。因此,我总是只有我的主观的显现,我的表象。既然如此,那么我如何能够说,有比我的表象活动和我的思维活动更多的东西存在呢?我如何能够说,被表象之物本身和被思维之物本身存在呢?

因此对于笛卡儿来说,所涉及的是要证明,这个自然经验的和自然科学的世界是真实存在的。虽然在怀疑论的论证中就暗含有纯粹主观性及其自在和自为的存在与另一方面被认为的客观世界之间的对比,但是只有笛卡儿的方法,特别是确真可能地排除世界存在的方法,才提供了将自我(*ego*)的纯粹内容确定下来的可能性,而这个内容现在仿佛是充当推论的牢固基础。但是如果我们更仔细思考,那么笛卡儿的整个目标设定,即这种证明,是荒谬的。那种在古代怀疑论的论证中好像是已经不言而喻地当作基础的东西,是一种从**笛卡儿**到**洛克**和经验论,后来又注入到一般近代哲学中的致命错误,即我思(*ego cogito*)表示并**完成**我的直接被给予之物的全域。确实:它标示这个作为事实唯一确真自明地被给予的东西,和我可以由确真的自明性而设定的现实的和可能的个别事实的全域。但是,直接的被给予性与确真的被给予性并不是同一个东西;并且,我知觉到的事物,尽管我知觉到,但并不需要存在,因此它并不是知觉本身的真正组成部分,不属于自我(*ego*),这种

情况只是表明,外部知觉不切合,是可疑的;但并不表示,它事实上没有被直接地给予。它并不表示,外部知觉是单纯假象,它并不表示,知觉事实上是推论,是一种只是未从概念上把握的,盲目的,"按照习惯的"向"外部的"类似物之因果性推论,或向作为原因的某物之因果性推论。①

343 因此以下这些看法自笛卡儿以来就已成了哲学之经久不变的教义:对认识者来说,唯一直接被给予的东西是他自己的"观念",一切外部知觉其实根本不是知觉,根本不是有关被知觉东西之真正的自身把握,只有"内在的"知觉才是真正意义上的知觉。因此,进行认识的自我作为进行经验的自我被与外部世界隔离开了,并且关于在经验中(这种经验只能把握自己的"观念",把握那种不可经验之物的远距离效应)不可经验之物之因果性显示的荒谬性,一定会有利于唯我论:这种荒谬性就在于,对于自身封闭的自我(*ego*)而言,这种显示只有在以下情况中才能是显示,即当对于自我(*ego*)而言,一种相应的显示已经被知道,或者相似地已经可以被解释——因此,只当原则上不可经验之物恰恰是原则上可经验的并且在类似情况下已经被经验到。

因为人们抽象地讨论经验,不是按照它在纯粹主观性中的固有本质研究它,所以人们没有看到内在地属于对事物知觉之本质的预先推定,这种预先推定指向这种知觉向对于同一东西的越来越新的诸知觉之诸可能进展;人们没有看到,建立于这个基础之上

① 关于感性的"观念",贝克莱已经以他天才的独创性否认了向相应的物质实体,向超越的事物推论之合理的可能性,但是没有结果,因为他坚持向超越东西(作为超越的原因之上帝)的因果性推论之原则。

的知觉相信活动的有条件性决不能赋予作为相信该事物存在的相信活动以间接相信活动的性格，也决不能剥夺知觉直接自身把握的性格。知觉是并且始终是自身把握，只要条件得到证实，就是具有相同持久条件的自身把握。

人们没有看到，真正的存在乃是一个无限一致的、可能的经验活动之理念的相关项，并因此没有看到，如果在这里被经验的事物真的存在，那么任何对它的外在知觉始终是真正的自身把握，并且是最终有效的自身把握，对它真正自身把握的其他方式，即使只是认为可能，也是荒谬的。

附录Ⅻ（附于第二和第三章）：从笛卡儿到休谟的近代自我学之道路和歧途。[①]

笛卡儿：试图建立在普遍的和绝对有效的科学这种古代意义上的哲学或科学。我思（*ego cogito*）和宇宙：身体和连同他人的身体一起的外部事物。所有这些都是在一起的：

世界并不需要存在。它是可疑的。**我存在**。笛卡儿继续说：我作为纯粹的自我是思维的实体，是精神（*substantia cogitans*，*mens*）——我在我自身中发现必然的东西，属于我的不可消除的 344
本质的东西——其中有纯粹知性的能力，纯粹理性的能力——和偶然的东西，即想象的能力。

一种使我们想起**康德**的原本知性（*intellectus archetypus*）——它也是没有直观而进行思想的知性——的区分。对于**康**

① 写于1923年。——编者注

德而言,范畴是为在感性中建立综合并借此而建立现象的可数学化的世界之必然形式。而对于**笛卡儿**来说,以范畴形成的世界则是非感性的,纯粹数学的世界,并且感性纯粹是在我们人的感性意识(*cogitatio*)中之相似性指标,因为我们的精神(*mens*)与物理的自然处于关联之中,而这种关联是指向数学世界的。感性东西,由于它的第一性的感性性质,是借助纯粹思想构造真正范畴的——数学的——世界之指导。对于**康德**来说,——根据马尔库斯·赫茨——内在感性东西也因果性地指向非感性东西。

世界不需要存在,当我经验我如何经验时,我可以设想世界不存在。我为我存在,我是自为的实体。那么其他的实体呢?我可以在纯粹的思想活动中设想这些东西,设想多样性东西,并且也设想其他的自我。但是其他的实体如何能被给予我呢?通过在我之中的指示作用,通过需要说明的偶然东西,它是偶然的,因为不是由我而来的,不是必然地存在于我之中的,不是由我而形成的。因果性说明[①]。

笛卡儿采取内在的态度。但是当世界变成了他的现象并且他突出主观性时,他并没有如其是这个自我的现象那样考察、分析普遍现象;同样也没有考察、分析作为有关世界之意识的普遍的我思(*cogito*)。我是说:当我经验事物和我的身体时,它是自身给予我的,并且是原本地被给予我的。多于这以外的东西是根本不可想象的。当另一个主观与我对峙时,它本身就在这里存在,正如一个

① 笛卡儿尚未看到由内在性而来的一切概念之原初的新创造的必然性。借助于自然地预先形成的概念和被以为的洞察,他接近了那个使这些概念和洞察达到本质概念的内在领域。

主观完全能够以我可以想象的方式“具体地”在此存在一样。他亲自向我诉说，我亲自向他诉说，并且我们处于“联系”之中。因此我在他那里，并且我在我之外，在事物那里，完全是直接地与事物打交道。超越性意味着什么呢？超越之物并不需要真正存在，然而我却按照我的清楚的意识存在于它那里。内在性意味着什么？①

实体说的歧途，二元论的歧途；与此相关联，从内在性向超越性的实在论推论的歧途；由此产生的将意识变成自身封闭的实在（或实在东西的复合）的作为意识自然主义的感觉论的歧途。长期 345
占统治地位的平行论的歧途和荒谬的自然主义的歧途，它们将心理东西变成物理东西之单纯平行的伴随现象，仿佛通过删除心理东西，世界还剩下刚好是我们在现实世界中经验的和通过思想在自然科学中规定的同一个纯粹的自然。

笛卡儿使纯粹的自我（*ego*）成为实体，而且虽然他是抽象地规定实体概念，但在这里却将事物的表象强加到实体概念上。

笛卡儿是基于内在经验的心理学，而且是心理—物理的心理学之父：如果精神（*mens*）能纯粹就自身如其所是地把握，而且是通过处于其真实存在之中的我思（*ego cogito*）之内在态度绝对地把握，那就一定存在一种纯粹内在的描述的心理学。心灵、“精神”，按照原初的本质，具有自己的法则性，而且处于心理—物理法则的支配之下。纯粹理性的能力，也许还有受外来偶然刺激的能力，属于精神的固有特性；详细论述则属于心理—物理学范围。

① 在下面这样的普遍命题中包含有与无疑不是反思地表现的自然观点的背理的对比：被包裹着的自我，在我的经验活动中的自我，是单纯的假象。

因此**洛克**独立地以此为起点。他在内在经验范围内阐明了认识心理学的和心理学理性理论的理念；当然他没有采纳笛卡儿的数学唯智论。

洛克，他由对生物学自然科学的关注所决定，将发展的观点，生成的观点，作为一种新东西引入心理学：他想要探讨进行认识的心灵之历史；但心灵纯粹是按自然主义方式被思考的，心灵像一个由诸个别部分组成的复合体（这些个别部分被与一个“实体”相关联就像是与一个不可认识的 X 相关联），就像物理事物是由未知的实体之诸性质构成的复合体一样。

洛克的意图：将一切“表象”——表象＝一切基本的构成物——以及还有概念的澄清都追溯到原初首次在意识的白板上产生的清晰“观念”。

另一方面是运用超越的表象，运用那些按照这种方法不能得
448 到其起源的诸概念，如实体概念。完全不理睬意向性，和有关对于意识来说诸对象是如何被构成的以及新的对象是如何在越来越高阶段上被构成的这样的问题。

前后不一致性，在其中他只将确实是意识白板之体验的自己的“观念”称作是直接被给予的，然而却没有指明，不使用超越的预先给予之物，对于客观性的意识是如何内在地在心理学上形成的，以及具有客观性质的理性认识是如何成为可能的。而这难道不是自然态度的结果吗？

346 **贝克莱**：不存在物质实体＝不存在不同于我所看到的，我所经验到的事物的事物，就是说，我经验到事物本身，而不是经验到摹写。在他的这条路线上就已经有这样的想法：即关于空间形态之统一性的表象，因而关于事物之统一性和同一性的表象，与我们在其中看到事物的那些变化着的内在的感觉相对，是联想和习惯之心理上的构成物。他这样说，好像感觉本身就是事物，然而他又看到，在同一事物的情况下，感觉是变化的，属于同一事物的诸感觉以联想的方式并按照可能的经验的预期之规则相连接。自然法则变成了支配联想的复合体的规则。他并不为认识其他的主观而操心。交往当然是借助特殊的意识内容，特殊的现象的自然，并且是按照创造了为众人共有的"同一个"自然的神的法则进行的。

重要的是，贝克莱将自我的本质看成是活动，将它理解为在精神之中起支配作用的原则，看成是在涉及自我的意识内容方面所从事或可从事的活动之原则。

休谟：精神实体——个性，主动的自我。如其在这里被理解的那样的前后一贯的内在的态度。（但是其他的主观也经常被使用）。内在东西是唯一被给予之物，是自己的观念。事物，变化着的多样性之统一，是主观性的构成物，是想象力的构成物。客观性的一切范畴——不仅是作为"自然物"的客观性的范畴，而且还有作为个人（以及个人之联合）的客观性的范畴——是意识过程（意识束）之事实的，非合理的法则性借以确立统一的形式。但是因为普遍性意识也是一种发展产物，或者更确切地说，是作为普遍的概念和命题在其中自行构成着的普遍东西，因此，每一个合理的认识（每一个认识到诸观念之间关系的认识），其实只不过是一种不合理的事实。盖然的认识也是不合理的，决不存在一种具有在未来经验进程之稳定条件下有条件地证明为正当的、并按照盖然性原则合理进展的认识形式的合理性。

休谟的真正问题:如果一切认识都是作为一组内在的事实在观念中发生的,那么真正的认识如何“可能”呢?如何能够证明超出眼前材料,超出知觉或记忆的眼前事实之要求的正当性呢?[①]

要是一致性也要求提出下面这些问题就好了:记忆如何能够
347 有价值,因此我们如何能够知觉比来自眼前的束,即比来自作为意识流的、连接着的并且变化着的束,甚至只是来自眼前的束更多的东西,因为看起来,只有体验活动,只有个别要素之存在,才是可以理解的,但是用概念进行固定的,在通常意义上进行判断的认识,就不再能理解了——所有这些都没有谈到。也许休谟认为做得已经足够了。[②]

事实上,如果我们使它前后一致,结果就与像**高尔吉亚**那样的人的绝对怀疑论没有任何区别。荒谬之处就变得更明显。在一种对真理、真正的和现实的有效性提出要求的思想中表明,**没有任何**思想能够显示客观有效性。这个“事实”是以下情况的根据,即主观只不过是“观念”之连续的并且变化着的复合;而且这个“事实”被假定为以下情况的前提,即由纯粹内在的经验可以表明,关于规整这个过程的和关于心理构成物之产生的某某法则,是纯粹内在的法则,因此可以合理地断定。并且根据这些预先给定的东西断定,没有任何经验的思想,并且最终没有任何一般的思想,能够完

---

① 但在这种情况下休谟的这个问题就只不过是认识论的一般问题。

② 但休谟恰好是绝妙地不一致。当他只以内在方式对观念间的关系加以说明时,他恰恰是不得不将这种关系看作必然地和可以理解地有效的。在这种情况下,一切其他的认识(事实的认识),特别是客观的认识及其范畴,就是不可理解的,而客观的世界就是虚构。因此观念关系(*relation of idea*)的合理性成了前提和承诺,记忆的权利,它的“自明性”也是如此。

成某种自身有效的东西，根本不可能有真正使人担负责任的合理的断定。但是休谟并不是前后一贯的。他行事的方式好像被他所认为的法则性，即同一些观念关系一定始终属于“同一些”观念，是合理地有效的（根据对普遍性的意识之自明性，然而由于他的抽象理论，他抛弃了这种自明性），是唯一可以承认为绝对有效的。由此而得出以下图式：这种唯一的合理性对于“事实”—法则并没有用处。人们不可能将对“事实”—法则的认识以普遍的自明性追溯到进行正当性证明的原理。同样也得出特殊的休谟式的问题：被他所称的有关事实之出现与消失的法则，他的事实问题（*matter of fact*），如何与本质认识（它们没有改变休谟的下面这个普遍法则一个字，即同样的观念关系恒定不变地属于同样的观念）之被认为是可以理解的合理性相对比而合理地理解呢？而且还有更特殊的问题：因果性的认识——作为有关因果性真理的认识——如何是客观上可能的？

但是休谟的伟大之处并不在于这个可以从他的真正的哲学范围分离开的特殊的休谟式的问题（这似乎是人们唯一熟悉的问题），而在于他探讨根本的和普遍的问题（这个问题就是认识论的 348
问题）之方式：如果人们站到我思（*ego cogito*）之上，如何能够避免怀疑论的荒谬结论呢？我们究竟如何能够理解有关每一种对象性之意识以及理解作为意识之对象性的对象性呢？我们究竟如何能够理解真理与对象性存在，理解科学以及它对于真理与对象性存在之关系呢？——这个问题虽然是由**笛卡儿**提出的，但却是由**贝克莱**推动的，贝克莱是（既在抽象理论方面，又在，并且主要是在自然认识之理论方面）在内在领域中尝试一种真正研究的第一人；这

是一些初步的、粗糙的、尽管方法上仍是错误的尝试,即在纯粹内在的直观中,也就是在直观中呈现的对象物这种意义上,从事理解性的分析。

正如引入神的因果性所表明的,贝克莱并不是前后一贯的。**休谟**是通过具体的内在的分析,通过对于内在领域,并且是被一贯坚持的内在领域之实际研究,寻求对于下面这种方式之合理理解的第一人,即超越的客观性是如何在纯粹主观性中、在纯粹意识的范围内被构成的,以及与此有关的认识是如何可能的,在显现着的客观性方面,真理如何会有一种可以理解的意义,以及每一种认识如何会有一种可以理解的有效性。除此之外,对于他来说一般认识作为本身是为纯粹内在的客观性而存在的问题,尽管没有成为一种清楚分离出来的问题,但仍在相当大程度上成了可以说他已经站到其门里的问题。认识作为问题,现在在一种新的意义上成了疑难问题,因此我们在一种特殊的意义上的确仍然可以谈论具有休谟特征的**普遍的**认识问题;将一切客观的统觉之发展返向关联到联想,这乍看上去对于休谟而言并不是一种缺点,它是一种重要发现;但现在的问题是,如果意识是由诸知觉构成的过程,而知觉是关于在内在领域中,在内在时间过程之领域中,在纯粹事物性过程中的事实存在者的一种称号,无论是知觉种类的事实性存在者的称号,例如,是感性印象的,感性观念的以及其他的事件(感觉[*feelings*]其中也包括相信[*belief*]等等)的事实性存在者的称号,还是(在这种存在者已被承认的情况下)通过联想的法则以及相似的内在的法则而展开的内在的事实——它不仅**存在**,而且超出自身意指某种东西,并且在这种情况下也应以有效的方式意指;

而且甚至会意指某种并非意识事实的东西，超出意识过程的和甚至并非与意识相同或相似的东西——的事实性存在的称号，那么**认识**如何能成为可以理解的，就是说，成为一种特殊的，在这个过程中定向的认识呢？

这个问题就是意向性的问题和属于意向性的成就之意义的问 349
题：真正的客观性。

附录 XIII（附于第二和第三章）：论笛卡儿、洛克、莱布尼茨和布伦塔诺对现象学发展的意义。[①]

前后一贯地分析运用近代哲学的从来也没有达到完满清晰性的诸种最内在的意图，也就是**笛卡儿**的《沉思录》和**洛克**的《人类理智论》的意图，为爱德蒙德·胡塞尔的现象学之发展的可能性创造了前提。洛克的心理学主义之显而易见的真理内核必须被把握住。另一方面，对笛卡儿关于被绝对奠立的普遍科学以及为它服务的向（超越论的—）纯粹的自我（*ego*）还原的方法之目的设定的合理意义，必须详加阐明，并且要远远地超过在笛卡儿本人那里已经达到明显清晰性的东西。在这些动机的共同作用中，将被澄清了的经验的自我（*ego*），还原为超越论的自我（*ego*），结果也就是将洛克的纯粹心灵的经验还原为超越论的经验：因此很显然，超越论的主观性并不是形而上学的基础结构，由于它的体验和能力，是一个直接经验的领域，因此也是研究经验的领域。在这种情况下，超

① 约写于 1926 年。——编者注

越论的研究是由心理学的描述和发生学的研究产生出来的。

但这只是思想发展中的**一条**路线。另一条路线是从**莱布尼茨**出发的,并且是从他的**柏拉图式的**动机出发的,**洛采**对于柏拉图理念学说的解释的影响与这条路线有联系。由此产生出一种被重新翻转了的柏拉图主义,对于作为“形式存在论”的普遍数学(*Mathesis universalis*)之再发现以及对于每一对象领域可以直观地获得的先验科学之要求——又是对于旧的莱布尼茨式的动机之再发现。前后一贯地转用到心理学的和超越论的领域,就产生出对于可以以本质学方式实行的纯粹心理学和超越论哲学之必然性的认识。存在于**布伦塔诺**那里的重要发现提供了一种对于真正的实行具有决定意义的因素。但正是在这里有一些巨大的困难,因为布伦塔诺本人,在对意识领域之理解中仍然束缚于普遍的自然主义,仍未达到意向分析和意向描述之真正方法。

所有这些有时被胡塞尔从一个侧面追求的动机(但在这种情
350 况下它们是彼此相互联系的),最终导致一种以越来越高程度的方法上的自信为自己辩护的有关超越论主观性的严格科学,即现象学。

附录 XIV(附于第二十三讲):休谟的原理。[1]

休谟在《**人性论**》的论存在一节中明确说:“因为对于精神来说只有由它以前的印象产生的它的知觉和观念才是当前的,因此结

---

① 写于 1916 年。——编者注

论就是,不可能形成关于某种与观念或印象特别不同东西的观念"。这就得出想象力的宇宙。人们借助于自己的想象可以一直达到天空或达到宇宙最外层的界限,然而人们决不能超出自己本身一步,人们决不能借助于他的表象把握一种超出于(在意识的)这个狭隘范围内出现的知觉之在此存在。我们至多形成一种非本然的思想:"某种与知觉特别不同的东西"——一种十分空洞思想。

附录 XV(附于第二十五讲):〈休谟和康德。〉对康德的先验综合判断问题及其解决模式的反对意见。[①]

休谟:

1.)直接的经验认识(由经验而来的综合认识)不成问题:它现在在这里是这样的(我现在看到它),它曾是这样的(我有清晰的记忆),它经常是这样的。

2.)有关(分析地)仅只存在于观念中之物的判断,其中特别是表达属于给定概念内容之普遍本质的东西的普遍命题和普遍法则,是不成问题的。

3.)与此相反:一切有关非直接给予的,或者甚至有关完全是超越的,因此不能在任何经验中给予的事实之判断(先验综合判断),是成问题的。

例如神,一种所谓超越的真实性,不能由任何直接经验而给予。但不仅与此有关的形而上学判断是成问题的,而且经验科学由以构

① 约写于 1903 年。——编者注

成的所有判断,以及超出被给予的经验的所有单称判断,例如一切由被给予之物向未被给予之物的因果性推论,都是成问题的。

当休谟否认这些判断中的任何一个有一天可能成为真正的认识,否认它能被合理地论证时,他是怀疑论者。他否认有能够合理
351 证明本身正当并能够赋予进行超越的经验判断或事实判断以合理正当性的原理。只有那些具有观念间关系之性格的普遍命题,以及可由这样的先验认识以纯粹逻辑方式得出的单称命题,才是合理地和可以理解地被奠立的。对于休谟也如同对于合理主义一样,一切科学的正当性证明之源泉都存在于先验东西之中。合理性,或者作为同一个东西的先验性,乃是科学的特征。但是对于他来说,这种先验的东西意味着什么呢?不是先天性,不是作为事实上属于人的精神之原初备有的东西,正如根据经验而来的东西对于他来说也不具有下面这样的含义一样:即不是纯粹由人的知性产生,而是由外界产生的,通过外在实在东西对知性的刺激而来的。在休谟看来,天赋观念乃是形而上学的虚构。按照休谟的看法,我们关于"外部东西"什么也不知道。被给予的只有感知:印象与观念,而印象干脆就是如我们刚刚对它们体验的那些知觉的和回忆的体验。所谓"外部事物",不外就是印象的或许还有与印象相联结的观念的复合。休谟是贝克莱哲学的信徒。心灵本身重又不外是一束印象,一束观念。无论如何这是唯一被给予我们的,而且如果存在着先验东西,那么存在着的就只是内在的先验东西。这种内在的先验东西就在于,我们通过对我们的观念——而在这里就是指我们的直观地被给予的概念内容——的观察、分析、比较而发现的某些与它们的普遍本质不可分割的关系,某些奠立于它

们的本质之中的事态。如果人们不违反这些概念的意义和内容，就不能否定这些事态的存在。

但是休谟在这里的阐述缺乏清晰性；他没有在作为任意想象的表象的观念与作为普遍概念以及被给予的概念的本质的观念之间进行区分。我们的解释无疑是切中了他的学说之意义的。如果我们能在纯粹奠立于概念之中的一般事态中获得普遍的洞察，那么我们因此就有了先验的认识。因为很显然，从属于这些概念的，就是说具有有关的概念的特征的对象将会在现实中——就是说，在印象中——表现出来，因此凡是本质地或不可分割地属于概念的东西，一定也是存在的。如果 a＋b＝b＋a 存在属于数之和的本质，那就很显然，在一切未来的经验中，如果一旦真的有一种数字之和在经验上被给予，这就一定会得到证实。因此这是可以理解的。而与我们先验地说出某种东西应该采用的方式不同的方式，是根本不可想象的。**先验的东西**，就是说，不是根据实际印象陈述，因此是根据观念陈述，而这只当我们所说的东西正是真正存在于观念之中，才能证明是正当的。

康德将休谟的观念间关系解释为分析的判断，因此解释为同
一的判断。但这完全不是休谟的意思。按照休谟的看法，一切同 352
一的判断都是观念间的关系，但不是反过来一切观念间的关系都是同一的判断。他并不想主张，数学，这门有关观念关系的重要科学，是纯粹由公开的或隐蔽的同义反复构成的。我们在前一讲中已经清楚了，一般而言，在“观念间的关系”这个题目下，包含两类判断：先验的形式的判断，纯粹逻辑的判断，和实质的判断。存在于也是感性概念（如颜色、声音等等）的本质之中的先验命题，属于

实质的判断。在前一类判断中,矛盾可能是直接或间接地可证明的,在后一类判断中,存在的不是逻辑矛盾,而是与有关的概念之内容或意义的矛盾。我不能将实体这个词的意义固定下来,而否认在一个实体种类的每三个实体中有一个处于中间状态。

康德说:如果休谟认识到数学的判断不是分析的,他就不可能形成他的怀疑论。这显然是不正确的。休谟的立场根本不能被关于"分析判断"这一概念之精确化,和对于数学的综合性质之证明所触动,而且如果康德了解休谟的重要著作《**人性论**》,他毫无疑问也会注意到这一点。但是休谟的许多表达方式,他对于矛盾原理的强调,他关于结果不存在于原因之中的反复提示,以及类似说法,将康德引上了错误道路。尽管休谟偶尔将"分析的"与"先验的"含糊地混淆了,但这对于他理论的本质并没有影响。按照其固有的意义,数学判断是综合的,而不是分析的。

休谟成了怀疑论者,并不是因为他认为数学是分析的和他将分析之物看成先验之物的本质,而是因为,他一方面拥有唯一真正的认识论上重要的先验性概念(据此,先验的东西就是奠立于给定概念的本质之中并应该认为与这种本质不可分割的东西),而另一方面,他没有看到将间接的事实判断之原理理解为在这种意义上先验的这样一种可能性。

不管休谟阐明中的含糊不清有多么严重,不管这种含糊不清在他的认识论基本观点上酿成多少本质性错误,总的来看,他是受正确意图支配的,而且尽管眼睛有一半被蒙住,他仍是漫步在正确道路上。

休谟从印象和观念开始的这个出发点毕竟是完全正确的,尽管他并没有明确讨论这样开始的正当性。一切认识必须从**被给予之物**开始,而这恰恰只是直接的体验。休谟不像康德和洛克那样 353
从客观对主观的刺激开始,对于他来说,不存在我和事物间的二元论,因此在他那里就没有人们一再指责康德的任何困难和矛盾:没有对物自体的假设人们就进不了这个体系,而有了这个假设,人们就不能停留于这个体系之中。尽管休谟关于事物的学说是怀疑论的,模糊的,站不住脚的;对于认识论上的开端来说,怀疑仍是绝对不可缺少的,它一定会将我们限制于现象学的被给予之物上。

当休谟论述有关直接被给予之物本身的那些没有遇到任何认识论上困难的见解时,是完全正确的,在这件事情上他当然很少怀疑,所以他没有对记忆进行任何批判,并且在知觉方面也没有区分真正被给予之物和貌似被给予之物。在这种情况下,在询问超越直接经验的判断之正当性时,下面这种见解也是正确的,即一切进行超越的判断,或者一定是先验的观念判断,或者一定是可以借助这种先验判断以纯粹逻辑方法由经验上被给予之物演绎的判断。然而这里极其缺乏对这种想法的实际执行,也缺乏决定性的现象学分析;因此缺乏一切能使印象与观念间粗糙的、混乱的、五光十色的对比得到清晰性和一义性的东西。但是凭着天才的直觉,休谟到处都选取了指向永久重要东西的方向,而且即使是他的错误,也是富有成果的。

休谟将先验性与"纯粹存在于观念中"看成是一个东西,这无疑是正确的——当他将纯粹存在于或奠基于观念中仅只正确地理解为普遍的自明性时。我们明白,一切知识都以洞察为根据,而洞察所能意味的,不外是体验,是真理在主观上被给予,因此毫无疑

问，如果我们一般地将法则理解为被给予的真理，它就只能以观念关系(*relation of ideas*)的形式被给予，即这样地被给予，我们不仅以自明性体验到普遍语词，而且还体验到相应的概念内容，并且看到，有某种关系不可分割地属于它们的普遍的概念的本质。我们直观到了概念之必然的紧密相关性，并因此直观到了这些概念之对从属于它们的任何东西的普遍有效性。因此当休谟对一切间接的经验论断和经验法则能借以由直接经验上被给予之物论证的那些经验推论原理提出以下要求时，他是完全正确的，即这些原理必须在他的意义上是先验的，它们必须是关系(*relations*)。

但是当康德将休谟的先验性概念与他自己的分析认识的概念，因此根本上是与同一认识的概念等同起来时，他便走上了歧途。对于这种休谟式的先验的认识之可能性的询问，似乎是通过
354 还原到矛盾律的不言而喻性完成的，因此康德没有看到这样一种重要东西，即在休谟的字里行间可以看出，先验性＝一种奠基于概念之普遍本质之中的并能以自明性看出的普遍关系。他没有看到，即使是矛盾律，也是因为以下原因才能被认为是绝对正当的和能进行正当性证明的原理，即因为这个原理是奠基于构成它的纯粹逻辑观念之本质中的。但我们可以以自明性确信这一点。由于康德只是表面地遵守作为对于分析判断进行正当性证明之原理的矛盾原理，他同样也是表面的问：什么是综合判断的原理？

来自经验的综合判断的原理是这样一种统一的经验，即先验的判断一定会成为非常需要的。康德并且发现了具有这样一些**形式**的综合的和先验的判断之原理。但是因此他的思想就转向了相对主义和人类学主义。

康德断然拒绝将认识论作为有关心灵活动的单纯经验科学而建立于心理学之上，这是非常有道理的。但是在他的形式学说中似乎仍然还存在着某种心理学。有某些功能形式属于人的知性之本性，——但不是个别人的，不是民族的，种族的，而是一般人的知性之本性——，因此它们的法则是一种具有恰好属于每一人本身的普遍有效性的法则。休谟也正好会这样说：一些习惯性法则属于人的本性之本质，这些法则是事实科学的来源。人形成习惯，必然的和普遍的习惯，因为它是人，并因此产生出经验世界的统一和经验科学的统一。当康德代替这种习惯的原理而引入另外的，但同样也是主观的、一般人的经验形成之原理时，——这构成一种很重要的区别吗？在休谟的学说中不是也有哥白尼式的变革，即一切经验的统一都取决于思想吗？如果康德说，习惯只能提供偶然的联系，但不能提供必然的联系，那么尽管这固然正确，但休谟对此并不很重视，因为他确实不需要认识经验法则的有效性，甚至否定这种认识的可能性。

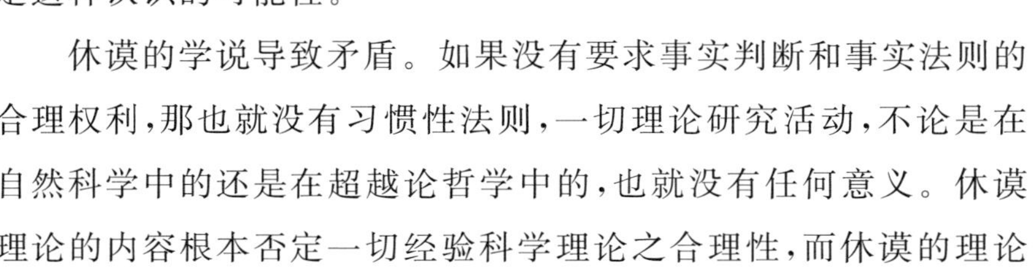

休谟的学说导致矛盾。如果没有要求事实判断和事实法则的合理权利，那也就没有习惯性法则，一切理论研究活动，不论是在自然科学中的还是在超越论哲学中的，也就没有任何意义。休谟理论的内容根本否定一切经验科学理论之合理性，而休谟的理论本身却是一种经验科学理论。

康德的学说导致同样的荒谬，并且如果前后一贯地想象，它同样也是怀疑论的；实际上甚至还是更高程度上的怀疑论。他不仅将直观的形式主观化，而且还将知性的形式主观化。这些形式也仅仅 355
是人的意识一般之形式（至少看上去是如此，并且多半就是被这样理解的)。因为现在人的全部思想活动,恰恰是人的思想活动,而且因为所有人的直观活动的,思想活动的,经验活动的形式,只被认作是特别地属于人的形式,因此根本不存在任何客观的认识,我们不可以以客观的、最终的有效性之要求表达任何一个命题。一般而言,认识只有从人的观点看才是有效的。但这就是一种与极端的怀疑论很相近的见解,实际上甚至是与它相同的见解。因为在这种情况下,纯算术,例如 2×2=4 成立这样的句子,与此相一致的还有全部的纯逻辑,最后还有有关切合的内在的知觉之一切陈述,就只对我们有效,而对于不同构造的生物,所有这些真理就可能是错的。在这里休谟的看法则不同:所有的分析句,而且在他的较广的意义上,所有观念间的关系,都是绝对有效的,正如直接的印象句是绝对有效的一样。因此它们不仅对于我或者对于任何一个种类的生物有效,而且甚至对于上帝也有效,上帝也不能改变它们。

康德的学说好像与休谟的学说包含着同样的荒谬;因为这种认为人的一切认识由于它服从于人的形式而仅仅是现象的知识的理论,不单纯是要求一种现象的意义,而是要求一种绝对的意义;但是这种理论应该像每一种理论一样只具有现象的意义。形式本身是实在东西的或有关实在东西的概念,而我们借以建立形式理论的判断,则既不是分析的判断,又不是简单的经验判断,因此它们又应该奠立于先验综合判断之中。在这里我们陷入了循环之中或者矛盾之中。我们并没有被康德从最强硬的怀疑论中拯救出来,而是被拖进了比休谟的怀疑论更强硬的怀疑论之中。

如果我们在把握并深化合理主义和经验主义的认识论之主要动机的情况下,同时在把握被深化了的观念间的关系之概念情况下，成功地证明了，有关实在性科学之原理，在真正的而非以人类学方式歪曲了的意义上，确确实实是先验的，成功地证明了，这些原理并不特别地属于人的精神之本质，而是属于一般的思想和认识之本质，不管什么样的生物进行判断和认识都无所谓，那么我们就会真正得救了。康德已经猜到了这种真实情况。在伦理学中他清楚而明确地宣布，绝对命令不仅具有人类学的意义，而且具有绝对的意义。但是他所缺少的是在这里指明这样的意思，即这样一种绝对的意义究竟如何可能。这种绝对的意义当然只有在休谟的观念间的关系之形式中才是可能的。对于综合的，因此不是同义 356
反复的，和先验的知识之可能性的询问，并不需要人类学的理论和形而上学的理论，而对于这种询问的答复也不能由这些理论所提供，而是需要对自明的和普遍的认识之本质，对关于最严格意义上的公理式洞察之本质，进行现象学的澄清。

但是如果人们问，为什么康德尽管才能卓越，尽管有洞察力和深刻思想，在决定性的主要的方面还是犯了错误，那么回答就是：康德偶尔受到休谟和英国经验论者们的推动，但是在他拒绝德国合理主义理论的地方，在他与德国合理主义进行斗争的地方，他的思想仍然被束缚于典型的德国合理主义轨道上。英国人对于认识起源的诸种重要研究对康德没有产生值得一提的影响。当康德注意到洛克在进行心理学化时，当他认识到借助经验心理学不可能成就任何超越论哲学时，他却又对洛克关于起源的研究之正当而深刻的意义作了错误认识。他没有看到超越论哲学只想，而且只允许想澄清认识的意义和认识的有效性，而这种澄清活动所意味的不外就是追溯到起源，追溯到自明性，因此就是追溯到一切认识概念直观地在其中实现的意识。他没有正确认识到，一切认识批判都必须以现象学方式进行。这位英国人的错误只是将心理学主义的经验论滥用到发生—心理学领域。

顺便提一下，这个批判只涉及康德解决认识问题的主要模式。但康德的认识批判决不因此就是一项结束了的工作。康德以空前深刻的洞察力看到了为解决认识问题而要进行的斗争之艰巨性。在他写的每一行中，都显露出他伟大的哲学品格，他从事其规模宏大的—错综复杂的，然而却是深刻的和思想艰深的研究之专心致志精神，数百年后也仍将有其魅力，并将会起最重要的推动作用。即使在他的错误理论背后也存在一些重要的，大多尚未被利用并产生成果的思想，但这些思想并没有显露出来，没有得到清楚而明白的表达，或者由于与一些错误的、由时间哲学而来的思想混杂在一起而受到各种各样损害和歪曲，以至于人们更多地是在词句背后感受到它和猜测到它，而不是真正看到它。

在人们能够以恰当方式利用康德的思想并使它变得有益于科学进步以前，首先必须完全打破康德思想世界之体系结构，并借助严格批判的硝酸将这种体系结构完全溶解掉。

357 附录 XVI（附于第二十六讲，a）：反对康德的人类学理论。①

空间直观的先验性。

关于康德的超越论的感觉论。

1.）人的主观性被赋予一种稳定的，但并不是无条件地属于

① 约写于 1908 年。——编者注

每一个主观性的特性（只有在人的范围内它才是无条件地普遍的），即必须从空间方面理解（必须从空间方面“规整”）一切感性材料。

据说这就说明了感性直观的空间秩序之自明的必然性，据说这就说明了，我如何一定能够有“纯粹的直观”的这种可能性。

2.）这里什么是自明性呢？

如果我设想任何一个直观上被给予的事物，例如，一头狮子，那么我就可以改变它身上的一切，即改变感性的性质，甚至空间的形态。只不过我看到，与这些改变的偶然性相比，存在着一种必然性。即只要我在这些改变中保持在这里被与这些性质一起改变但总的来看仍是同一的东西，我就保持它的具有感性性质的空间形态。因此，在这里我已经有一种必然的形式，一种形式的本质，一种所有这一切被改变东西都属于它的最高的种。这必然属于事物本身，就我进行改变而言，我总是保持着一个**事物**，而且事物本身的本质还包括：

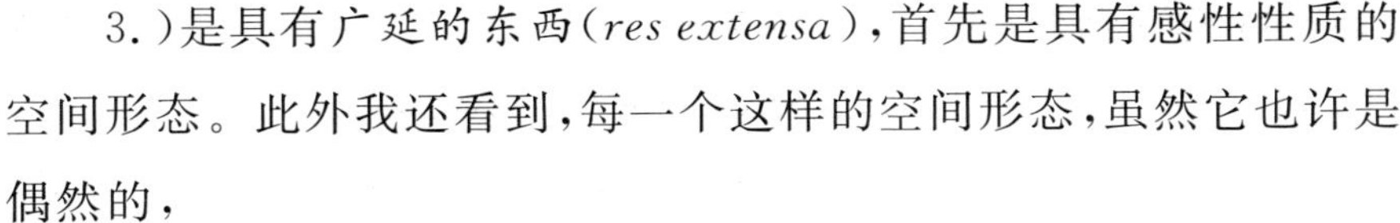

3.）是具有广延的东西（*res extensa*），首先是具有感性性质的空间形态。此外我还看到，每一个这样的空间形态，虽然它也许是偶然的，

4.）却仍然适应于**一个空间**，即普遍的空间，我并且看到，这个空间对于我可以如此谈论的每一个事物都是适合的。

a）这应该通过所谓的唯一可能的假设来说明：即必须将一切感性材料规整到空间形式中乃是人的主观性之固有特征。

但是这种假设能说明什么东西吗？如果它作为人的主观性之普遍事实是真的，那么我**事实上**就不可能以非空间形式具有感性材料。但是不管我设想多少个别情况,不管我怎样经常在想象中想象感性材料,对于我来说,它以空间形式被规整只不过是一个事实;我至多能进行一种归纳[①]。但是我看到了这种必然性,而且自明性也不像在康德那里所意味的(康德偶尔也使用这个词),即我恰好具有关于纯粹的,也就是由这个原初的主观性产生的空间的
358 直观;相反,自明性所意味的,是对于必然性——作为相反的情况是不可想象的必然性——的洞察。不可想象并不意味没有能力形成一种不同的直观,并不意味一种偶然没有能力;而是意味本质上的不可能性,正如红是一种声音,和颜色只不过是爱,是一种本质上的和可以理解的不可能性一样。

466

b)对此的反对意见是:康德甚至没有具体描述应该说明的事态——这在这里是必然的。否则他就会看到,不是感性材料必然地在空间方面被赋予形式,宁可说是感性地被给予的事物之感性性质必然(尽管有变化)一定会在空间上被给予,如果同一的事物保持不变的话;并且空间形态的变化要取决于空间这种形式;但是只当我从事物出发,而不是从感觉事实出发,才是如此。

c)假设,一切正常,并且由我的主观性产生的一种不容改变的强制性向我提供其中到处都有感性材料的空间,我可以通过抽去这种材料而为自己设想这个空间,并且假设,我甚至已经知道,这个空间作为先验的直观是由普遍的主观性产生的。属于空间的公理按照康德的方式将空间规定为空间,并且在我的几何学的判断

① 因此将必然性当作先验性的"标志"是根本错误的。

综合中我依照纯粹直观行事。但是这种依照纯粹直观应该如何理解呢？很可能，在我这个作为按照几何学方式思考的人眼前浮现出譬如说我在上面画有图形的一块黑板，或一面墙。如果这里一个偶然的对象向我呈现出它的平面，我在这里就有一个经验的直观。我如何获得空间这种纯粹的直观呢？现在我抛开颜色、感性性质的偶然性，这又是意味着：它们对于我不重要，我能自由地改变它们，我所注重的是未受这种自由改变所触动的东西。甚至这块黑板的确定形态也不使我感兴趣，而被画的图形却使我感兴趣，但这个图形被我**理想化**了。那么我是如何获得我的作为**先验**综合的综合呢？我获得了一些在自身中具有普遍性之形式并将示范的和理想化了的综合提升为普遍性意识的判断。就此而言，是什么指导着我呢？是这样一种洞察，即当我形成这样的理想概念时，必然一定会说出这样的法则性判断，即它们是绝对有效的。那么这种洞察与人的感受性以及它的**偶然**普遍有效形式有什么相干呢的？

d）下面一点也不清楚：康德谈论纯粹直观，仿佛它是一种必然—事实上产生了的形式，而且是一种直观；仿佛这里有一种我应该“指向”的经久的空间—背景。但是当我在这里将图形画进去时——究竟为什么这种综合就一定可以被称作具有普遍判断形式
的绝对普遍有效的综合呢？康德混淆了人的事实的必然性和普遍 359
性与属于洞察之内容的并且是和一切事实相反的东西的那种必然性与普遍性。

e）康德以下面这种形式的—合理主义的先入之见为根据，即在真正意义上，合理的认识只能是分析的认识。只有分析的认识，

当它以其必然的和普遍的有效性(在这里必然性和普遍性作为绝对的属于内容)在洞察中显示出来时,才是真正可理解的,真正不言而喻的;综合先验的认识则不是,它缺乏真正的合理性。当我们作出有关的判断时,虽然我们感到是受约束的,但我们其实并不知道为什么受约束。这个为什么只有通过回溯到事实,回溯到人的理性存在的特性,才能得到回答,而人的理性存在并不是唯一可能的理性存在。他没有看到,由于我们的自然之事实性法则,我们必须借以作出一个句子(这是一种**强制性**)的客观必然性,和我们看作属于被判断之物的("判断的")内容的,并且是我们在洞察中所绝对具有的必然性之间存在着不同。他没有看到,这后一种必然性——它在这里是被看出的必然性——只是对于纯粹普遍性——不是对于作出判断的人的"普遍有效性"——的另一种说法;而且他没有看到,只要我借助于人的理性存在之特性"解释"这种普遍性,并借此限制它,就是说,取消普遍性,将它变成偶然的普遍性,这种普遍性就会消失。康德虽然将综合的—先验的判断活动与经验的判断活动对立起来,但是每一个断定偶然普遍性的判断,只有通过经验才能获得权利,并且这个判断本身是一种先验的判断,而且是真正先验的判断,就是说,是能够有洞察力地证明的。康德的意见只有借助混淆才能表达出来:他将由人的特性而产生的(由事实而产生的),并且只能知道谁证明了这种特性是存在的(这只有借助于经验才有可能)的普遍强制性,与被看作在运用于任意摆在面前的一种作为任意个别情况的个别情况时被普遍看到的东西之不可能是别的东西的那种必然性混淆了。

其实休谟,由于他的观念关系(*relations of ideas*)更接近于真理，而康德的一切指责都是含糊不清的，或是没有根据的。休谟不是将观念关系看作“分析命题”，即看作逻辑的—形式数学的命题，而是看作表达由“观念”必然规定的那些纯粹关系的真理。休谟的错误在于，他没有看到，当观念是在他的意义上被理解（即理解为想象，想象的感性事实）时，我们所有的就是单个的个别事物，并且他没有看到，当关系必然地属于这种个别事物时，这些关系首先也只是事实的关系，是单个的事实上的单个事件；只要我们没有从**感性事实**意义上的观念转向作为在真正的纯粹的普遍意识中被给予之物的**本质**，因此在这种普遍的意识中，在有关的“观念”之示 360
范性的基础上，看出另一种“观念”，即在纯粹的和普遍的意义上的观念，情况就是如此。在这种情况下，引人注目的是，有某种关系以本质的普遍性，以绝对的必然性，属于一般（最严格意义上的一般）可能的个别东西，属于观念 A 和观念 B。休谟在下面这种限度内更接近于真理，即尽管他在其根本错误的（本质上是**贝克莱**式的）抽象理论中否认每一种纯粹的普遍性意识和每一种有关普遍东西的纯粹被给予性，他仍然说，即使上帝也受观念关系的约束；而这只有在他反对他的理论而献身于纯粹意识，并使纯粹意识的原初行为成为自身有效的限度内才是可能的。但是他的根本错误又是感觉论，这种感觉论将超越内在领域的（设定一种与表象活动不同的，因此不是内在被表象之物的）表象之对象东西的一切表象方式和形式都变成虚构，因此甚至必然会前后一贯地坚持说，具有几何学形式的一切可以理解的数学判断都是不可能的（而不仅是事实上没有超越的有效性，因为事实上不可能根据意识设想超越性），因此几何学上的存在是不可想象的。在这里休谟的问题就

是，处于其内在性中的意识，如何做到设定超越的对象并直观超越的对象？以及这种情况如何能够发生？对于他来说，超越的直观是荒谬的，只有超越的直观的**假象**，有关空间的—时间的—因果性的存在之知觉的**假象**，另外还有有关这种存在之科学的**假象**才是需要说明的。这里，在下面这样的范围内存在一个真正的问题，即虽然对数学东西的洞察提供给我们数学东西，虽然经验的洞察提供给我们自然和自然科学，但我们对于意识如何超出自己本身，“客观的”认识是怎样的，仍然模糊不清。由于这种不清晰性，我们很容易陷入错误辩证法的圈套，这种辩证法和休谟的辩证法一样，诱使我们重又抛弃我们所具有的洞察，对它作出新的解释，以心理学主义的—怀疑论的方式将它清除掉。

康德想要将客观科学的客观有效性确定下来，由于他生活于这种认识之中，他只能信赖客观科学。但是他也因以下原因而陷入错误的辩证法和辩证法的假象之中，即他由于追随合理主义的先入之见，坚持只有分析的判断是真正意义上的合理的判断，而将其余的判断，综合的判断——以与休谟不同的方式，但和休谟一样——通过还原到事实而以怀疑论方式消解掉了。

在这里，真正的问题是现象学的问题。这些问题要求我们，将现实的自然还有可能的自然看作有关它的可能意识之相关项，因此不将现实性和可能性用作判断的基础，而且要求我们通过系统的研究使自己明白，按照其本质，有关数学东西的意识和有关自然
361 的意识实际上一定会显得是怎样的，更确切地说，如果自然本身被构成为认识对象，这种意识会显得是怎样的。

但是此外对于分析的认识，对于逻辑的和形式数学的认识，也

产生了同样的问题。最终到处都是这个问题，即就其是理性的意识而言（与非理性的意识不同），按照其全部形态，对意识进行研究，并且就“对象性”的全部领域（即使是价值的和善的“对象性”领域）指出，它们如何被构成，以及按照这种构成，意识在自身中赋予了这些“对象性”以什么样的意义。但是这种研究只有在意识提供给我们的那种基础上才能进行，而且不是作为人的意识，而是作为超越论的意识，并且不是作为单个的偶然的意识，而是作为“意识一般”，但是这只允许以正确的方式说成是：我们研究真正意义上合理的，完全可以洞察的和可以理解的本质必然性，而且一直研究到不再留下任何没有解决的问题为止。

康德哲学中自在之物的荒谬性。原本的知性（*Tntellectus archetypus*）。

关于如其本身自在地存在的事物，人们只能（如果确实可能的话）**根据经验**知道某些东西；或者更确切地说，我们人——这个我们并不是原本的知性——只能**根据经验**知道某些东西。我们必须首先受到刺激，在我们此前被动地行事的地方，我们只能思考，只能自发行动。但是上帝**先验地**认识一切存在，它有关事物的思想先于一切事物一存在，因为它是创造性的精神。它不需要首先按照事物所是那样从经验中提取。上帝为事物确定法则，它在思想中实行综合，而且是普遍的综合，事物必须符合这些法则，因为上帝正是按照这些法则创造事物的，因为它**使得**这些法则对于事物真正有效。因此对于上帝来说，一切知识都是先验的，不仅服从于矛盾律的分析的知识，而且适用于事情，事物的综合的知识，也是先验的；在这个方面，对于上帝来说，经验的知识和综合的—先验的知识，并没有分离开。

至于我们人，那么综合的知识对于我们来说，是以这种方式分离开的，并且是由于以下原因，即我们关于一组综合的法则如同上帝一样行事，就是说，如果我们对于作为我们主观性产物的自然在一定程度上是以创造性方式行事的话。我们创造它们，就是说，我们按照内在于我们的功能之法则性由感性材料而形成自然客体，这些客体作为它们所是的东西，必然一定会符合于这种形成活动的法则。由我们而来的自然之形式并没有解决自然之确定的内容，确定的本质，确定的特殊法则，在这个方面，我们是被动行事的，并且是按照**根据经验的**综合判断进行认识的。

362 至于上帝（如果我们不论是根据什么理论，还是根据什么实践理由，而假设它的存在和它所创造的万物），那么它创造了物自身，它创造了人的主观性。原来是它使形式之“必然性”和形式之法则属于人的知性。但是另外它也使刺激之感性材料如其所是地生成，而且还是这样地生成，以致我们总是具有我们所有的特殊的显现，实际有效的特殊的自然法则总是有效。

我把这看成是一种深不可测的形而上学。

1.）在经验的真理与非经验的真理之间的区分，或者更确切地说，在事实的真理与合理的真理之间的区分，以及同样地在分析的—合理的真理与综合的—合理的真理之间的区分，对于上帝与对于我们同样有效，这不是形而上学的区分，而是一种属于真理本身之本质的区分（更确切地说，也是属于谬误之本质的，普遍地属于判断之本质的区分，只要判断是真的或假的，正确的或错误的）。

一个陈述属于这一组或那一组，这纯粹是它的内在意义的问题。而这种意义是一种理念，理念规定，这个“判断”能通过经验证明，还是“无须经验”，不依靠作为提供根据的行为的现实经验，而是依靠可能的经验，根据准一经验就能证明。

一个判断或者谈论个别的此在，设定个别的此在，或者不设定个别的此在，不谈论个别的此在，而是谈论可能性，而且是纯粹的可能性。而且从两个方面谈论：或者这些判断是谈论现实性和具有有关其存在之单个设定的可能性，或者这些判断在没有这种设定的情况下谈论可能性，以一种纯粹的一般性谈论，在这种情况下，没有任何单个的现实性和可能性被设定。唯有判断的意义规定所有这一切，而且甚至是从本质方面规定它们；这种区分甚至是一种本质的区分，属于判断可能性的（一般可能判断的）普遍意义。对此即使像上帝也不能有任何改变；在判断的意义中甚至谈不到上帝，既不能明确地谈到，也不能含蓄地谈到。

而且正是这种意义规定，证明应该如何进行，而这也是借助那些将判断与判断的证明，将一般判断活动与可洞察的判断活动联结起来的本质法则规定的；因此或者是借助经验，或者是借助准经验，就是说，借助对单个东西的单个直观——在这种情况下有关单个东西的命题（有关个别东西的命题）就是判断的主旨——以洞察提供根据，或是不提供根据。

一个判断，不会由于我在经验被判断事态以前就确信该事态存在而变成先验的判断，一个正确的确信也不会由于我在经验被判断事态以前就确信该事态存在而变成先验的确信。

如果我决心实现一种在我的自由范围内在意识上存在着的事

态,那么在我完成它以前,在它真正存在以前,我就肯定,这个事态
363 将会存在。但是这个判断并不是在逻辑意义上先验的;它表达一种"事实",未来的存在和本质只有通过经验**根据经验才是**可认识的,就是说,现在的经验可能在与过去的经验之联系中说明作为在我确信之中的未来存在物的未来之物。一种事实上的决心也许还在现在的经验和回忆中的经验之联系中连带说明作为自己的判断动机的这种未来的存在。不管怎样,在这样一种意义上的先验的判断活动,即在它是真正被经验之物以前的一个预先的非存在的事实,作为对存在者进行判断的判断活动,并不是逻辑意义上的"先验的"判断活动。

如果我们现在举出上帝的创造活动并反驳说:对于上帝就不存在先行发生的可能性和随后而来的现实性之间的区别吗?对于上帝就不存在时间段吗?那么这就是形而上学。至少当我们在这里坚持类比时,这种创造性的意志对于当下真理之由经验而来的特性和先验的特性是不会有任何改变的。上帝以创造性方式对待"世界",而"世界"是有关事实性东西之名称。在这里每一个事实正好是事实,每一个个别的存在也可能是另一种样子。如果有一种形式和一种质料之本质属于世界,那么虽然对于世界而言也存在本质的认识,但只是在将本质的关联、本质的法则——它们与事实无关,也不以事实为前提条件——运用于事实的意义上,才存在这种认识。上帝不能创造这种本质法则。

如果**康德**也许将综合的—先验的真理看成是可能以不同方式存在的真理,纵然他通过洞察使它们呈现出来(他将"自明性"仅仅用作为"直观的"—感性的真理),那么他就将这种真理变成了普通

的事实，变成了偶然的真理，他就由于同时诉之于洞察而干了一件荒谬的事情。

在关于物自身的谈论中康德假定，它们是某种东西，有某种东西应归属于作为对象的它们，尽管我们关于它们不可能知道任何东西。上帝对物自身知道得更清楚。但是因此物自身就服从于属于对象本身的诸本质法则；但这不仅是说服从于在普遍数学(*Mathesis universalis*)意义上的形式的—逻辑的法则，而且也是说服从于诸可能领域的法则，即服从于这样一些法则，它们支配可能的个别的存在本身之理念，这种理念则可能排除作为普遍数学的形式逻辑；尽管二者在本质上有紧密联系。因此不仅分析的本质法则，而且综合的—先验的本质法则，一定对于所有可能的对象都有效，不仅是对于我们有效，而是自己本身就有效，上帝对于一切可能对象的认识(对于它要认识的物自身)之关系，也不可能与我们对于我们要认识的事物之关系有所不同。即使从绝对的观点看，作为个别对象的对象也只是根据作为感受性的经验而是可设定的，另一方面，本质法则，作为综合的本质法则，实质的本质法则可通过先验的自明性设定：就是说，可通过一种特殊的本质直观过
程设定，而这个过程恰好不是以“刺激”，不是以作为基础的真正的 364
经验，或准经验为前提。当然，上帝可能是创造性的原则，并且可能在它的创造性的意志面前拥有诸可能的世界和诸附属的本质法则，或更确切地说，上帝可能按照本质法则正当地思考诸事物和世界的可能性(与本质法则相反地思考，是荒谬的)，然后通过创造使这些事物和世界变为现实。但是关于要创造的东西一定会存在的这种确信，不会使得被创造的世界成为某种不同于“事实”的东西，

正如相关联地,创造性的思想作为创造性的纯粹的思想,作为创造性的理智,是纯粹知性一样。所有这些都是错误的。

那么"物自身"呢?如果经验以及在它本身中存在的感性刺激是假定一些与恰恰是按照经验特有的意义被设定的、被直观的并可通过其敞开的意义地平线进一步规定的事物不同的事物之根据,那么即使是上帝,在他通过认识—思想而设定个别事物(而这只有根据刺激才能做成)的地方,也必须在他的事物背后再次设定物自身,而对这个物自身的认识又导致物自身,如此以至无穷。

从本质上说,作为进行认识的主观的自我,毕竟只能根据经验而奠立个别事物,就是说,合理地设想个别事物,因此自我必须受到刺激,不管它此外是否产生它们。

但是这种误解的根本原因始终在于:康德从一开始就将先验综合判断看作是综合,而这些综合也可以以另一种方式实行,并且事实上必须由我们人根据我们事实的主观性以一种经常是相同的方式实行;而且原因还在于他相信,在理智纯粹由于其特性而经常需要必须总是一再地实行某些种类的综合,或总是必须在发挥功能时,以一定方式对待这些种类的综合,并由此而从预先给予的材料产生一定类型的形态的地方,这种理智也能**先验地**认识到他必须这样做。在这里,康德混淆了主观性通过观察自己的处于发挥功能的行为之中的特性而从自身获取的认识(这种认识在它并不向"由外界而来的"材料之性质看去的限度内,是"先验的"认识),与真正的意义上的认识的先验性。向经验材料看去,是进行根据经验的认识。

但是认识活动的真正的先验性所说的,是对于本质联系的确真的洞察,并且相关联地有如此被认识的事态的先验性与它相对应,即本质联系。有关的理智可能只是**根据经验**认识它自己的普遍的功能方式;因为功能方式的规则本身并不是本质规则,而是事实,因此对它们的认识,只能是经验的认识。

附录 XVII(附于第二十六讲,a):康德的事实(真实事态)概念。[1] 365

《判断力批判》,§91。

此外:**埃尔森汉斯**:**《弗里斯和康德》**。

其客观的实在性可以被阐明的概念对象,就是真实事态,不管这种客观的实在性是通过纯粹的理性还是通过经验被阐明的。

在第一种情况下,通过纯粹理性可能意味着:由理论的事实或实践的事实证明,但是在所有的情况下都借助于与它们相符合的直观。

但是在所引用的地方,康德也将**自由的理念**,因此是纯粹理性的理念,算作真实事态,“自由的理念本身不能在直观中表现,因此也不能从理论上证明它的可能性”,它的实在性作为一种特殊形式的因果性,可以通过纯粹理性的实践法则并依照这些法则,在实际的行为中,因此在经验中,加以阐明。这是一切理念中唯一一个其对象是真实事态并且必须被算作真实事态(*scibilia*)的理念。

于是经验的概念也扩展到**可能**经验的对象上(同上出处的注

① 约写于1908年。——编者注

释中)。

附录XVIII(附于第二十六讲,b):对康德与莱布尼茨的批判。[1]

笛卡儿的我思(*ego cogito*)的自明性先于一切近代的认识论并且作为它们的基础,这种自明性是笛卡儿本人在精神之无疑的自明性之形态中从它自身的作为精神或心灵(*mens siva animus*)的,作为思维活动之实体(*substantia cogitans*)的存在中获得的。莱布尼茨按照这种理解接受了这种自明性。此外当他否定笛卡儿向第二种实体,向物理实在性的实体,数学自然科学的相关物的实体的推论,因此,否定这种有关数学—自然科学的客观性之形而上学的正当性证明之经院哲学性质,而坚持笛卡儿的以下这种证明,即一切自然,一切超越的存在,对于自我(*ego*)而言,只是通过他自己的思想(*idea*)作为思想的所思对象(*ideatum*)而在此存在时,他试图借助于单子论之"观念论的"思想坚持这种证明,根据这种思想,不需要任何实体的物理的自然,不需要任何作为绝对的、在自身中存在着的实在性之实存。精神的存在就足够了。物理东西的实在性获得了仅仅是同一的所思对象(*ideatum*)的意义,仅仅是相同的意向的客体的意义,仅仅是有关各种不同单子的物理东西之被归入较低法则的表象的意义。

但是没有任何科学的解释与这种预期值相称,而且完全没有谈到有关以下情况的认识,即意向性可以是科学的课题,并能够变

[1] 约写于1924年。——编者注

成可在科学上精确理解的，以及实在性可以被构成为意向的统一，366
并且无须是一个“实体”而能“实在地”、“自在地”在每一个进行认识的主观性和认识面前存在。但是这整个的行事方法，尽管不是通常意义上心理学主义的和自然主义的，也仍然从一开始就是朴素的客观主义的：世界是在自然意义上被给予的，并且是借助精密科学按照其自然的真理被认识的。单子论只不过是在笛卡儿动机的指导下**重新解释**所有这一切。绝对，世界，在最终意义上（用那个时代的说法：实质上）的是众多的单子，这些单子中的每一个本身都是实体，按照它的绝对的实存，是由属于它的，或至少是属于有自我意识的“精神”的以下这种可能性保证的，即它本身可以在笛卡儿意义上理解为是我思（*ego cogito*）的自我（*ego*），这个自我具有它的进行表象行为和体验活动之绝对的自身存在。因此诸单子本身不是通过单纯的代表，通过单纯的反映，在单纯的“显现”中，作为显现的统一，因此，要首先参照主观地被给予的。此外，众多的单子和单子的交往之被给予性，还以朴素的独断论的方式被假定为人的经验的交往中的绝对东西；无论如何，关于单子的本质所教导的东西以及被运用于形而上学的世界解释的东西，并不是在特有的本质研究中，由对处于首先应该正确理解和正确解释的笛卡儿式的自明性范围中的纯粹的自我（*ego*）之研究中获取的。这种形而上学是独断论的，因为在它之前虽有偶然的认识论上的反思，但是并没有任何独立的认识论发生，而且认识论也是独断论的，因为它以它的一些偶然的概述和它的洛克式的注解，决不能做到从根本上防止自然的预先给予之物和由仓促的认识论反思所推荐给它的单子论式的重新解释。

如果一旦随同**笛卡儿**一起看到，对于我这个经验者来说，我的身体和我的整个周围世界只是通过我的经验活动的所思之物（*cogitata*）并且作为所思之物（*cogitata*）的意向的客体，而根本不是真正内在于它们之中的客体被给予的，并且如果因此，在自己的内在的自我（*ego*）中被设定的内在性之意义和权利与它毫无疑问的、绝对的被给予性相比较变成可疑的，那么任何客观的、不管多么“清晰而明确的”科学之意义当然就成为不可理解的了，即使人们现在仍倾向于不抛弃科学的权利，人们现在也一定会对它产生怀疑。每一种“形而上学的”解释只能具有下面这种意义，即通过对在纯粹的和毫无疑问的我思（*ego cogito*）中进行的对超越的自在之意义赋予的先行阐明以及对在我思中发生的对进行证明的根据的认识过程的先行阐明——所有这些都具有根本的普遍性——
367 获得一种人们能够衡量客观科学事实，能够据以规定他们认识成就之合法的客观的意义，并因此能够规定在认识成就中被认识之物的“自在”存在之合法的客观的意义的规范。有关绝对客观存在的所有其他理论（有关在这些理论的实质真理中的真实性的所有其他理论），都必须依据一切哲学工作的这个主要部分，依据纯粹“内在的”意识理论和理性理论，并依据一种首先是针对自然的客观的科学（在自然意义上的严格科学）的借助这种理性理论进行的规范化。据此，每一种形而上学，因此还有每一种单子论，在那种由我思（*ego cogito*）而来的纯粹科学以前，特别是在解决那些“超越论的”问题以前，显然都是荒谬的。而我说：“特别是”，是因为立即就能看到，在内在性中的超越性问题，本质上是与一般可能的认识问题和能够涉及纯粹内在性之本质事件全域的一切问题之总体连接在一起的。

但是超越论的认识论以及一般的认识论，如果它将超越的真理（超出纯粹内在性范围的真理）——不论是有关自然和有关精神的自然地发展了的科学之真理，还是形而上学之真理都无所谓——用作前提，同样也是荒谬的，尽管对于这些科学，特别是在（自以为对此至关重要的）形而上学的场合，认识论的动机已经共同参与决定了。不理解在内在性中的超越东西之存在，更准确地说，在自我（*ego*）之中内在地，而且是以根本的普遍性实行的，进行超越的一般认识之存在；不理解，进行认识的意识按照它的全部形态，在被它自己实行的意义赋予中，将什么样的意义赋予"被经验东西"，"被思想的东西"，被"表明的东西""被按一定方法证实的东西"，不理解，什么东西是"自明的"认识应该在自身中具有的固有的"优越性"，"权利"，——因此，一切要理解这种不理解的东西，并将这种理解通过概念的把握导致理论上的洞察，并引上理论学说阶段的研究，原则上都是与纯粹我思（*ego cogito*）的领域相连结的。

不管对于在这里一般来说什么东西可供使用，在这里应该研究什么和应该以什么方法研究进行澄清的这种任务有多么重要，以下一点是肯定的，即对于超越的经验以及超越的论断，因此就是对于任何有关在自然意义上是客观的东西，以及任何精密科学已经确定的客观"真理"之最微小的当作根据的运用，都是违背认识论问题意义的，因此这种运用从一开始就带有荒谬性。

反过来，任何一种形而上学，如果没有先行于它并且对它进行规范的认识论，显然都是根本荒谬的。因为形而上学不外就是想成为有关绝对存在者的科学，有关经验提供给我们的宇宙之最终 368

真理的科学。如果它被从指派给这同一任务的**哲学**划分开,那么这种情况的发生或是由于人们只为形而上学提出这样一个目标,即研究什么东西应该普遍地归之于存在者,因此将在原则的普遍性之观点下涉及作为宇宙的宇宙和涉及全部细节的问题指派给形而上学,或者还由于人们将哲学这一概念扩展到超出给定世界的和一切事实性的领域,而将一般可能认识的还有本质学认识的全部领域,都归入哲学。

无论如何下面一点是清楚的,即当笛卡儿的前两个沉思一出现,并且当在我思(*ego cogito*)的纯粹给予性基础上认识论问题提法一唤醒进行哲学研究的意识,哲学的以及形而上学的理念之一种全新的转向就变成重大事件,或者说,本来一定会变成重大事件。因为由此绝对真理之理念以及可以规定为绝对的存在之理念,就获得了一种全新的意义;绝对现在不能再表示一种存在于改善自然地指向的认识这一方向上的目标,它不可能再意味按照一定方向完成客观科学,将客观科学系统地扩展到世界全部领域,将客观科学的成果结合成最高的综合,寻求最普遍的,支配一切的实存原理;——相反,现今一切客观科学以及它们在其真理中规定为实在的东西,看起来都带有不清楚性这样一种缺点,一切客观科学现在看起来都是独断论的。它需要一种认识论上的"解释",而且"绝对的认识"(关于它人们不可能预先知道,要进行多么深入的研究才能发现全部客观的规定,而又无须对它自然的真理以及"精密科学"的进程作某种改变),有关最后真理的科学,为了它的真理现在需要一种更高的认识层次。人们必须看到,一切客观真理以及它的客观存在,从本质上返向关联到可能的认识,必须看到,完满

的和最后的真理只有通过对这种相互关联的研究才能得到。对此我们还可以说：

笛卡儿的沉思，如果正确理解，肯定会开创哲学和形而上学的一个新纪元，但是也只当这些沉思被正确理解，就是说，只当它按照上面强调提出的要求做到了对于哲学工作的根本改造，它们才能真正开创新纪元，并将一种新哲学引上轨道。

对于我们来说，下面一点的确是很清楚的，即只要在内在性中“被经验的”，“被思想的”，“被理智地证明的”超越性的意义是不清 369
楚的，那么哲学，形而上学，就根本不能开始。超越论的认识论是先于一切形而上学的形而上学之可能性条件，在它形成以后，它必然以对一切客观的意义赋予和方法进行规范这样一种经常的功能伴随全部形而上学工作。只要认识论和形而上学“应该能够被看作科学”，对这种由认识论和形而上学的**意义**而先验地预先规定的关系，就绝对不会有任何改变。

康德。

一切从莱布尼茨出发的哲学都带有哲学和认识论中的独断论的荒谬性，**康德**的理性批判也是如此。说他的理性批判避开了通常意义上的自然主义，心理学主义，历史主义，即在明确将认识论建立在自然科学，心理学(即有关作为处于心理物理的自然之关联中的事实性的动物心灵生活的经验科学)之上，或者甚至建立于历史学之上的这种通常意义上的自然主义，心理学主义，历史主义，这意思只是说，它避开了诸非常流行的荒谬性形式中的一种形式。但这并不保证它因此就真正避开了对它恰恰是心理学主义的指责。也许至少可以提出这样一个问题，即康德是由哪里获得有关心理学能力的一切认识，他在他的理性批判中一开始就将这种能力当作前提，然而与此同时他却没有将它们本身当成本质必然的东西，而且他甚至也根本不可能将它们当成这样的东西，因为他只承认一种本质必然性，即分析的本质必然性。即使它们是由纯粹意识中得来的，只要这些发现的以及一般而言在内在领域中的任何发现的意义与权利没有受到科学的研究，仍然也不可能提出严格科学性这一重要要求。超越论的认识论只能在普遍的认识论范围内进行，而普遍的认识论只能作为纯粹意识的科学进行。但是还应该抛开以下这种情况:康德的理性批判到处都以运用超越的形而上学假设进行研究的独断论客观主义为基础。

如果康德假设众多的主观并赋予它们以共同特征，那么这种作为前提的认识显然是由将经验的世界理解向后转回到莱布尼茨的单子论哲学而来的。众所周知，关于“我们人”谈论得很多，而没有想到，如果众多其他的自我—主观只是以人的被自然化了的形式给予进行认识论研究的这个自我，那么通过将身体性以及全部外界自然改变为超越论的显现，所得到的首先正是研究者的这个
370 自我(*ego*)，并且没有想到，首先必须从科学上考虑设定其他的自我之超越论上的可能性。全部——被康德多次使用的，在新康德主义那里几乎是唯一被偏爱的——在特殊词义上的回溯的“超越论的”方法论[①]都使用了一些从来也没有系统研究过的，从来也没

① 回溯的方法从客观科学的事实出发，并且相关联地从一种(作为无限的任务)在前进的接近中对于每一个认识者都能同一地规定的对象性(一种面对每一个人的认识而“自在”存在的对象性)之理念出发。

有科学地确定的，没有首先在纯粹超越论基础上确定的前提。这种基础本身从来也没有被当作研究的课题；从来也没有考虑到，如果不在一切进行理解的思维活动以前在理论兴趣的态度中考虑基础，考虑原初直观给予的范围，如果没有为科学的目的而准备好这种基础和范围，如果没有形成这种基础由自己本身而必然要求的严格方法，那就任何科学研究都不能开始。只要这样的基础没有被给予，没有得到探讨，只要没有以前进方法获得回溯方法所需要的作为肯定前提的认识，一切回溯方法显然都是悬空的。

在这里人们肯定不会对我们提出反对意见说，这种方法的根据和出发点就是其可能性和可能性条件的确受到询问的数学的，物理学的，一般客观科学的事实，说这些事实确实是肯定的。因为正是这些“事实”，随着引入认识论的反思，因为变成了完全不清楚的，而成为完全靠不住的。作为（有关“真实东西”自身的）客观有效理论体系的客观科学，它的课题，即具有其空间与时间（按照康德，这是数学的课题）这种世界形式的世界，二者对于认识者而言，是作为**在意识中**构成的意向的统一而**被给予的**，它们二者各自按照自己的方式都是在内在领域中的超越性东西：二者都是地地道道的事实，只要它们的存在（作为实在性的自在存在的存在和作为真理的自在有效的存在）是毫无疑问的，是作为在有关的内在的活动中及其内在地实现的自明性中的“不言而喻的”事实。换句话说：只要我们以朴素的—自然的态度生活并进行科学思考，我们就不言而喻地提供出作为一致的经验之统一的世界（作为“经验直观之不确定对象”），此外我们还提供出作为历史文化事实的——由历史经验而来的——科学之事实，以及作为在有洞察力的理论

思维中的真理之理论统一的它们的存在之事实。只要对于这种有关超越的内容之朴素地实行的认识(作为进行经验的直观和进行理解的思维活动)而言,出现了瞄准我思(*ego cogito*)的反思的认
371 识,那第一种认识——它作为朴素地实行的认识,是对于其对象的认识,但本身并不是认识的对象——就变成了新的、反思的认识之认识课题,变成了内在经验的和内在指向的思维活动的对象。尽管那第一种认识的超越活动之可能性和意义变成可疑的,尽管应据以理解超越的对象性之被以为的"自在"存在的"证实"、"证明"的那种"自明性"之正当性要求变成可疑的,然而现在它作为体验的对象性的此在和如此存在却是"绝对毫无疑问的"。

依此很清楚,科学之事实(以及在它本身中同时包含的经验世界之事实)的这个前提与自然态度领域中和任何一种自然的(即尚未被任何认识论提问涉及的)科学领域中被当作前提此外并伴随有它在多大程度上是可能的这样一种考虑的事实这个前提相比有着完全不同的含义;例如在由经验提供的自然事实前提的场合,在这种前提中有关可能性条件的考虑显然具有对于先验的必然性和经验的必然性之回溯考虑的意义,借助这种考虑,这个前提在已知的情况下可以得到说明。在这里还可以举出一些纯粹数学的考虑,它们的目的是要对有洞察力地提供的真理和理论就以下方面进行观察,即当某些公理不再有效或以改变了的内涵有效时,或者因此**某些**公理的有效性是有关的真理和真理体系之"可能性条件"时,它们是否继续有效。但在这些情况下,一切研究的基础就是在对公理进行理论探究之前预先提供给各门科学的那个领域。被当作前提的事实本身是借助经验和思维活动提供的,并属于这个基

础，而被考虑的可能性条件则涉及在被确定地给予之物和在该领域之普遍的和包含着不确定地无限的地平线的被给予性中连带包含之物间的必然性联系。

超越论的—回溯的提问之意义是一种完全不同的意义。当然：世界和科学是被给予的，是被自明地给予的，正如诸不确定地无限的宇宙是被自明地给予的一样。超越论的回溯提问本身不应该建立在世界和科学的基础上，不应该在进展中使用认识和科学的认识，不应该将世界的一部分与另一部分，将属于世界的一种真理与另一些真理在认识上适当地联系起来。在自然态度中，世界和科学作为整体，现在的和将来的客观科学的宇宙作为整体，在自身之外没有任何能够与它相关联的东西。当我们转变到认识论的态度，并且世界和一切客观科学在我们自身中的被给予性都成了问题时，就完全不同了。现在世界和科学对于认识论的研究者绝 372
对不是一种事实，它绝对不是他想要进一步认识的在此存在着的现实性，科学的真理不是他想要在通过思想而进行构成的活动中“发现”，在理论中阐明，按照其必然性关联加以展示的有效的真理，相反，它是在进行认识的主观性中，在它的内在的经验活动和理论的成就活动中（在这些活动的内在的意义赋予中和被动的刺激中，主动的创造越来越新意义的操作中）被设定的事实，在它的进行突显的“自明的”证明、论证中，“被以为的和被看到的事实”。这种作为在内在性中的内在成就的事实—存在——只要我们退回到自然态度，它立即就变为地地道道的事实——是这样一种问题：这种“事实”是在纯粹意识中被构成的——而且不管人们怎样反对**康德**关于“知性”将自己的法则加于自然的学说，在认识论上被看

到的客观世界之在此存在以及客观科学的有效性之在此存在,是在纯粹意识范围内以被确定地形成和规整的体验活动之多种多样方式被构成的,是在诸种动机关联(这些动机关联可能地和现实地形成作为意向成就之统一的"事实")中被构成的,其实一旦纯粹意识被牢固地把握住以后,这就是一种不言而喻的东西。

因此不是地地道道的事实,而是加了引号的"事实",恰恰是内在地"被以为的",被经验的,被思想的,被证明的,被从理论上认识的事实"本身",才是回溯提问的出发点;而且现在很清楚,在这里这个处于引号中的"宇宙"不外是意向的统一,这种统一本身并不是什么自为的东西,在任何意义上都不是自在和自为存在的东西,和自成一体的东西,相反,它是它所是的东西,是与纯粹意识之全体以及这个纯粹意识之纯粹的自我之全体在一起的;而这个"在一起"的意思,并不是说,它是实在的关联之一个环节,或意识之全体的一个部分,而是说,它是一种由于这种意识之本质而被以为的东西。因此我们现在事实上有一个不同于这个唯一宇宙的宇宙,这个宇宙现在被看作绝对被给予的。一切回溯的提问都在这种被给予性中有其直观的和理论的基础。

因此所指的只能是:应该如何理解作为真实事态的世界和科学之被给予这一事实?就是说:这种"它对我是真实事态","世界对我是被给予的",并且是作为在空间与时间中"客观地"存在着的世界而被给予的,"对于我而言由真理构成的这种理论体系,这种客观的科学,就存在于认识中"(这种客观的科学实际上正是表达对于所有这些都内在于其中的进行经验的,使发生关联的,进行联结的,进行理解的认识来说,世界是什么——所有这些看上去是怎

样的)；以及因此应该如何理解，客观的宇宙和附属的进行规定的 373
真理的宇宙在意识的宇宙中被构成？如果在这种情况下我已经认识到，这种构成并不是思想的绝对必然性，认识到，意向的客观的宇宙之意义赋予、设定、一致地坚持到底，对于意识流而言仿佛意味着一种从其他可能性的宇宙中突显一个被规整的可能性体系的目的论，那么我就可以问：如果假定，对于我而言，对于一般意识而言，一个像对于它客观地在此存在着的世界这样的真实事态被构成，——那么对此能够指出什么样的"可能性条件"，单纯进行直观的经验之什么样的"可能性条件"，科学认识之什么样的"可能性条件"，这种科学认识以逻辑上形成的"自在地"有效的真理规定在感性直观中作为客观地然而却是以高度相对性呈现着的东西；不管这种客观上被给予之物以什么样的相对性，以什么样的感性显现方式显现？无须探讨为了进行更精确区分的叙述而变得复杂了的问题，下面一点也同样是很清楚的，即它们全体以及一切对于这种解决因合用而允许的认识手段，肯定都存在于纯粹意识的被给予性范围之内，并且探讨这个问题的每一种理论，如果它(正因为它没有充分弄清楚这些问题本身的意义)使用了不同于在进行认识的自我(*ego*)之纯粹意识中能够指出的手段，运用了不同于由这个自我和意识之本质内容预先规定的方法，就都是荒谬的。

但是如果我们以这些标准观点来看**康德**的理性批判，那么它就肯定没有满足这些标准观点——肯定没有满足理性批判之合理可能性的本质条件，因此也肯定没有满足理性批判之科学性的本质条件。康德的超越论研究，尽管它现在是以回溯方式进行的，但不论是作为在那种特殊超越论意义上的超越论的方法，还是在任

何其他情况下,所使用的都是由那些从来也不是在我思(*ego cogito*)之绝对基础上获得的,从来也不是作为真正超越论的而形成并从科学上加以论证的信念而来的材料。

在超越论的哲学中一切都是超越论的,在这里没有任何东西,也不可能有任何东西,不是通过纯粹地和专一地瞄准这个纯粹的自我和自我意识而具有一种相同的方法上的特征,这种特征规定通常意义上所谓的认识论问题及其解决所从属的超越论东西之必然的和最普遍的意义。康德从来也没有为**笛卡儿**的沉思之十分严肃的态度所感动,并因而变得想要为自己将超越论的—认识论的问题之必然的意义导致最终的纯粹性和清晰性。因此他也从来没有对以下问题进行过根本的思考,即这个进行认识论反思的人必
374 须在什么基础上讨论这些问题,必须由之而获得一切解决之动机的这种基础应该如何,以何种方法在科学上建立起来;更谈不上他曾经真正开始进行过一些彻底内在的研究了。他的理论经常是建立在有关感性与知性(作为也许是由共同的,但却不为我们所知的根源而来的人的两种认识)的学说,以及关于其他能力的学说,关于属于它们的各种各样体验、活动、发生过程(如复制和联想),对它们有效的法则(它们的认识来源和超越论上合法的意义从来没有被查明)的学说基础之上的,——这是这样一些学说,它们不可能从作为"自然科学"的心理学提取出来(作为那样的心理学,本身从属于超越论的问题),而且它们再也不能通过对于心理学学说之粗浅的单子论解释(即按照将每一种动物的本质还原为它的心灵内在性的单子论还原的方式)证明为正当的了。此外,正如已经说过的,从来也没有从超越论上考虑过显然是经常被使用的这些众

多单子（在康德谈到“我们人”的地方，这些单子就是他唯一能意指的东西，在这里，按照对于物理自然的真正单子论的，只不过进一步系统展开了的解释，身体以显现的多样性存在于“我们”之中，存在于单子的内在性中）。为了一种原则性的批判，这就足够了；为了判定以下情况，这就足够了，即具有其这样的问题提法和方法的康德的认识批判，是与可以说是认识论生而固有的意义相矛盾的，因此它完全属于科学认识论之前形态，而本身并不是科学，并且即使按照可以“被看作科学”的最微小的开端来看（例如阿基米德的力学和伽利略的力学的微小开端就已经是真正科学的开端和基础部分），它也不是科学。——因此由这种认识批判对“未来可能作为科学出现的”**形而上学**提出的一切要求，都是不合理的，因为它们缺乏科学的论证；作为如此获得的规范，它们正如与理性科学之真正意义相矛盾一样，甚至与一般形而上学的和哲学的意义相矛盾。哲学，如果它毕竟有一种特有的意义，它就不仅一般而言是科学，而且是具有完全的“清晰性与明确性”的科学，具有最终说明力的科学，这种科学在任何意义上和任何方向上都不能容忍隐蔽的失误，被忽略的问题方面，混淆相关联的认识方向等等。它正是为了替尽善尽美的认识之理念，替被设定于认识本质之中的最终目的而辩护，并按照这种理念规整一切正在生成的认识而在此存在的。这种古老的柏拉图的意义上的哲学，或者是根本不存在，或者是作为追求在最彻底的和最后的意义上的最严格科学之意图而存在。

任何自然科学都不是哲学，就是说，不是最终的科学；任何科 375
学，如果它被提升到“最终的”科学阶段，都会变成哲学。哲学不同于自然科学，它的本质就是，当它将自然地预先给予的认识领域当

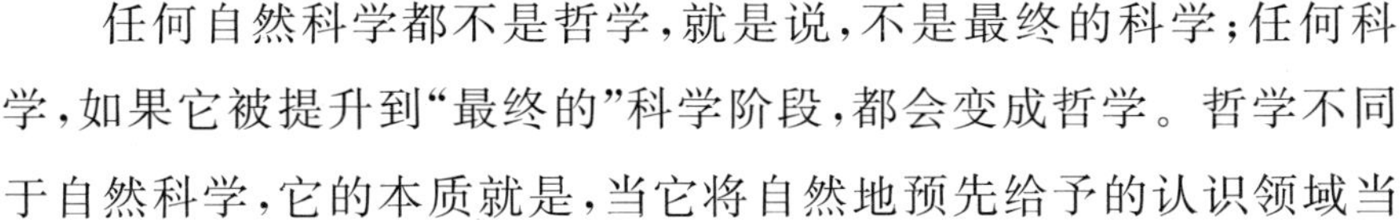

作研究领域来着手研究,加以确定,并且从论断到论断地不断进展,只是就它在每一步骤上都对该步骤的正当性以及对论证和进展的方法加以检验的范围内进行思考时,它就不能开始。所有这些都是处于自然态度中的自然科学在追求可以理解的真理这个目标时在自然的自明性范围内所做的事情。

哲学的本质就是,它不是以朴素的方式开始,而是以对一种根本的开端的思考,对一种根本的科学,一种绝对最终奠立的,或者是没有前提的科学之开端的思考而开始的,当它为自己提供作为必然开端的必然开端时,它本身就开始了。哲学只能借助于思考而产生,并且是由一种**笛卡儿**典范地为其原型勾画了轮廓的开端而产生。笛卡儿的哲学是短暂的,它只是作为对正在开始的近代之文化历史影响的记忆而继续存在。但是笛卡儿的哲学对于真正开端的揭示和这种哲学将它自身确立为它根据被绝对奠立的哲学本身之目的进行思考的结果的这样一种意向,将是真正不朽的。

正是这种作为真正哲学信念的信念要求:一种新的哲学不能建立在旧的哲学之上,而是,如果它不能承认迄今的诸哲学是真正的哲学,就必须重新开始,通过它为自己本身以最终奠立的彻底精神创立工作的基础,并且不想采取任何与它的信念不符合的,不能成为哲学进步之开端的,不能成为按照绝对的和被证明为绝对正当的方法而完美无缺地奠立的哲学进步之开端的步骤。这种彻底精神并没有由笛卡儿传给他的后继者,康德也没有实行这种彻底精神,而且因为他没有实行这种彻底精神,他就没有创造一种持久的哲学,他根本没有创造任何纯粹的和真正的哲学。康德的这种批判走上了歧途。如果他作为负有使命的道德人格为自己设定这样一种目的,即为自己,作为他那个时代的有资格的代表为自己,形成一种普遍的世界观,一种有关世界的智慧,它能够为他提供对待上帝,对待世界,对待他的同胞的正确态度,并能够以实践—伦理的方式指导他,那就不能提出任何反对他的意见。但是康德想要的是作为严格科学的哲学,他认为自己是将一切理论的见解,并且在以后将其一切价值论的和实践的见解都奠立于绝对真理之中的那种完全不同的哲学的代表。他如同我们一样,要继续有效地保持柏拉图传统的精神,并尊重这种精神,他所瞄准的不是科学以外的智慧,而是科学。但他正是在这方面出了问题。这也表现在 376
以下方面,即他片面地以对客观认识之超越论研究为目的,而不知道,在较高的意义上,每一种认识论都是普遍的,每一种认识论也都必然的包括内在的认识,因此必然是与自己本身返向关联的。

因此我们的指责比**狄尔泰**对他的指责走得更远,狄尔泰曾公正地指责说,康德的理性批判没有尝试对**历史的**理性进行批判,根本没有尝试对精神科学的认识进行批判,而且根本没有看出进行这种批判的必要性。在哲学的意义中,不仅存在着对一切可能的超越的认识问题进行超越论考察中的普遍性,就是说,按照一切可能的超越的科学的问题进行超越论考察中的普遍性,而且还存在着一种彻底精神,这种彻底精神通过从这种认识退回到这种认识在绝对内在性领域中的认识活动,又退回到一个更远的阶段,而且必须将这种认识活动,作为认识论者的认识活动,因此一般而言,将纯粹意识的和意识—自我的认识活动当作课题。有关纯粹意识的绝对科学——这种科学本身作为课题同时包含着意识在其中通过反思上升到更高阶段的意识并因而产生反思的意向性的一切重复——是在这样一些认识中实行的,这些认识本身具有更高阶段的意识型式,而这些更高阶段的意识型式也属于完整的认识问题。正如数学的运算以及数学的概念形成可以在其中无限实行的那种重复并不限制数学的认识,而是自身中带有一些超出一切重复及其无限性的洞察一样,因此,通晓意识的重复并获得通晓一切内在认识之原理的及其诸可能反思阶段之原理的诸洞察也一定是可能的。认识论必然地返向关联到自己本身,这种返向关联之表面上的循环,一定能够通过诸法则性洞察而消除,关于这些法则性洞察,完全能够理解,完全能够认识到:一切意识的重复都从属于它。

嗣后并不缺乏向彻底哲学的挺进,特别是不缺乏尝试对康德哲学的批判改造,而且是在将它彻底化方向上的批判改造。在这里,**迈蒙**,**莱因霍尔德**和**费希特**可以说是众所周知的。但是这些尝试的草率以及它们陷入内在的神话或内在目的论的强词夺理的虚构也是众所周知的,由这些东西不可能产生任何实际的好处。

一种内在的哲学必须是绝对"清晰而明确的",绝对透明的,必须在每一步骤上都是以绝对被给予之物为根据的。一切被使用的东西都必须被揭示出来,必须作为绝对被给予之物指出来。

377 附录XIX(附于第二十六讲,b):康德真的说中了认识批判的基本问题吗?[①]

在我们继续下去之前,我们想考虑一下,**康德**在多大程度上以

① 约写于1908年。——编者注

他的"先验综合判断如何可能？"这个问题真正说中了认识批判的基本问题，或者说得更确切些，引导他走向**他的**认识批判之那个基本问题的他的基本考察，在多大程度上真正适合于引导到一般认识批判的基本问题。接下来我们将必须考虑，通过康德类型的先验的形式学说理论，是否能够为真正的，彻底的认识批判成就某种东西。

在这里首先应该再一次十分扼要地指出，只当我们以绝对无前提的方式行事，也就是说，对有关客观性的真正的认识和误以为的认识之整个领域加以怀疑，我们才有希望从认识论的困境中解脱出来——哲学为克服这种困境已经苦苦钻研了数千年。在我们回溯到绝对的无可怀疑性，并且完全不假定任何来自有关共同的生活和科学之世界认识的内容的东西为预先给予的和不言而喻的时，我们要求的是一种彻底的认识论。真正的认识问题十分一般地说是这样一个问题：弄清楚——而且是在绝对被给予之物这种无前提的领域内弄清楚——按照其本质或意义，什么是认识。在认识这个名目下，我们包括一系列有多种多样细微差别的体验，这些体验全都具有我们称作进行客观化的意向的，称作对象意识的描述特性。知觉、想象表象、记忆、预期、肯定、否定、推论，等等——所有这些都是对象意识的体验。在知觉中对象浮现在我们脑海中，可以说是在我们自己本身中呈现出来，在想象中对象以想象的方式显现出来，在记忆中对象以将过去存在准当前化的方式显现，在直观的表象中对象作为如此这般从概念上规定的对象显现，等等。对象的关联可能时而是正确的关联，时而是错误的关联，这种区别会在认识中以作为意向的体验的明确意义显露出来，

在意向的体验中我们直接地或是依据间接的根据看到：它是如此，而且不仅仅是以为如此而是真真确确如此。

所有这些都隐藏着巨大的谜。但是我们想要理解它；理解——但决不是从心理学上说明。使我们感兴趣的并不是关于这些或那些表象在什么样心理—物理情况下在心中产生，它们如何变化，它们有什么样因果性的原因与结果。使我们感兴趣的并不
378 是从生物学上询问心理功能的，特别是所称的思维功能的生物学上的发展，也不是询问有关生物的保存与增长的目的论功能。整个心理学，整个生物学，所有的自然科学，都属于我不知道是什么（*Je ne sais quoi*）的领域，属于问题不清楚（*non liquet*）的领域，属于认识论上有疑问之物的领域。我们始终保持一种状态，即装作好像对于所有这些根本毫无所知，实际上在认识批判以前我们没有最终有效的知识。我们作为被给予之物所有的，仅仅是表象活动的，知觉活动的，记忆活动的，预期活动的，判断活动的，以及各种不同科学的“现象”。我们想要理解的就是，直观活动的，思维活动的，认识活动的这些所谓的行为，究竟**是**什么，在它们上面发生了什么事情，使得它们以各种各样方式意指各种各样东西。就我们能够在纯粹内在的考察中，在绝对自明性和无前提性领域中发现东西的范围内，我们想要研究，什么东西属于它们的内在本质和它们意指活动的意义，在它们当中建立起了什么样内在的关系和法则。

对认识的最初反思就置我们于其中的那些令人不知所措的困难和矛盾，是由我们将作为人和思想家的我们归入自然的统一之中而产生的。据此，我们的思想行为，作为我们的心灵状态，是整

个自然之无限运转当中的偶然因素，受这种关系的因果性制约，并服从于自然法则。

然而另一方面，自然和自然法则，对于我们来说只是通过我们的思想活动而存在；给予我们的不是意识之外的自然，而只是**有关**自然的思想活动，意指活动，认知活动。但是应该如何理解，意识超出自身之外，它的所谓的认知状况，个别心灵单子的单纯状况，不仅反映对于心灵单子而言是超越的世界，而且可以确信，心灵单子反映了超越的世界呢？在其他情况下也有足够多类似的问题。彻底的认识论从一开始就不会参与讨论这样的问题。它不会将“人与自然”或“进行思维的自我与在自我之外的被思维的真实性”这种图式当作基础，而会说：所有这些都是可疑之物而不是被给予之物。彻底的认识问题不允许将任何本身属于可疑之物领域的东西作为现实地存在着的和现实地预先给予的而保持下去。

被给予我们的是自我—意识，外部世界—意识，而不是自我本身和外部世界本身；我们不理解在真正的和正确的意义上，什么东西被理解为自我，什么东西被理解为世界，并能被认为是存在着的。与此相反，如果澄清了认识的本质，如果说明了它本身按照其固有的和不可消除的意义用对象指什么，如果澄清了一般科学之最终意义是什么，以及与此相关联，由科学所设定的客观性、自然之最终意义是什么；那么我们也就能够确定，在“自我”这个名目 379 下，以及在“心理之外的世界”这个名目下，作为存在着的东西可以合理地要求什么，以及在这种情况下“存在”在真正的和正确的意义上意味着什么。在这种情况下也就一定会理解，思想行为一方面是现实性之因素，而另一方面，现实性只有在思想活动中才能被意识,被直观,被思维,被证明。一定会理解,思想法则一方面正应该是思想活动的法则,而另一方面,却又应该是一般客观有效的存在之可能性条件。只有从认识的固有意义出发,我们在对认识进行普遍的反思时所陷入其中的一切困境才能得到澄清。

但是,正如已经反复强调指出的,**康德**并没有彻底完成这件事情。他作为不言而喻的东西假定,在外部,在人心之外,存在着刺激人心的事物,感性直观在其内容方面是由这些进行刺激的外部事物决定的。他在这种内容中区分出变化着的东西以及必然地和普遍地发生着的东西,他将前者归因于变化着的刺激,而将后者归因于心固有的能力。但这是一些对于认识论全然毫无意义的理论。它们属于心理学和心理物理学,而丝毫也不包含有关认识之本质的教导,丝毫也不包含对认识本身向我们提出的任何困难的说明。**莱布尼茨**关于知性本身(*intellectus ipse*)的假说,根本没有说明任何问题。这个假说的意思是,存在着一些精神纯粹由自己本身得来的概念,它们不是由外部刺激产生的;此外,由这些概念形成的所谓的先验法则应该表达纯粹属于精神之内在本质的法则性。**康德**接受了这种假说,并由此形成了形式的学说:感觉材料由感性和知性的原初功能赋予形式,这种被赋予形式的东西就是经验的事物。就这样如在莱布尼茨那里一样,不仅说明了我们如何做到**先验地**绝对普遍并绝对必然地下判断,而且也说明了这些先验法则之绝对的客观的有效性,但只是对于现象的事物有效,而不是对物自身有效。

这些乍看上去都是很诱人的理论。但是我要坚持说,它们什么也没有证明,而且它们本身也是未被证明的。假定关于知性本

身(*intellectus ipse*)的学说和形式的学说是正确的。在这种情况下我们就要问：这些心理学的理论会有什么用处呢？那就是说，我们就会以心理学方式这样地被构成，即我们从外部受到物自身的刺激，感觉是这种刺激的结果，我们只能按照属于我们的普遍的人的结构的方式方法将感觉形成直观，将直观形成经验的事物，在这里这些进行赋形的功能有其固定的法则性。即使情况是如此，也仍不表明我们知道这种情况，作为毫无疑问的东西被给予我们的 380
仍然是诸现象。我们形成对象的功能毕竟不是被给予的。我们的生而固有的素质不是被给予的。这种心理—物理的构造仍然是假设的。特别是：这些功能的诸法则毕竟不是被给予的现象。所有这些毕竟都是超越的东西。但是超越的认识究竟如何可能呢？认识如何可能超出现象的直接的给予性呢？关于在感觉现象之外有像自在之物这样的东西存在的知识如何可能呢？如何在知觉现象，思维现象，冒充为必然的和普遍有效的判断的现象之外担保某种**存在**，譬如，人的结构的存在，赋形功能的存在，服从于某些法则的这些功能的特性呢？如何能理解，存在着像知识这样的东西，不仅有关于包含在眼前现象之中东西的知识，而且还有通过超越直接被给予之物而猜中某种本身并未被给予的东西的知识？并且与此相关联——一般科学如何可能，因为科学肯定不仅仅在于指出某种现象学上被给予之物，而且在于形成客观的超出短暂意识的论断——？

因此知识和科学对于我们来说根本就是一个谜，我们不理解这个谜，而且只要我们不理解它，我们就肯定不能，也许根本不能借助于超越的假设(这些假设也如同一切超越的论断一样，包含着

这整个的谜)解开科学本身提供给我们的这些谜。让我们站到**康德**的基础上,更确切地说,站到《**纯粹理性批判**》"**导言**"的基础上。让我们假设,分析的认识不包含谜,**根据经验**的综合判断不包含谜;尽管只需稍加思考就会注意到,例如,根据经验的综合判断与先验的综合判断包含着同样的谜。经验的判断甚至并不想成为有关我的直接体验的判断,而是想就不管我认识它们还是不认识它们都如其所是地存在着的事物和关系陈述某种东西。康德在"超越论的分析学"中的经验理论,甚至顺便为此提供了证据:因为恰恰是那些在"**导言**"中不应该提出问题的判断,认真来看,在这里却成了问题。——但是正如已经说过的:假设,先验综合判断是个谜。我们独立于经验而下判断,我们遵循着必然性和普遍性这个特征,不论我们在哪里有洞察力地下判断,必然性和普遍性肯定都是某种属于这些判断之外部特征的东西。这些判断按照它们的意义想要客观地有效。它们如何能够客观地有效?在这里真正存在的问题的确就是这样一个问题:应该如何理解,必然性这个奇特的特征应该赋予具有法则性内容的判断以真正的有效性,而且当然
381 是在这些判断所具有的意义的意义上的有效性,就是说,是客观的有效性——?那么答案就是这样的吗:这些法则是属于进行赋形的功能的——?然而因此问题就被推移到形而上学的或心理学的领域了。如果我毕竟被怎样才能理解具有必然性和普遍性特征的判断确实是按照它们的意义必然而普遍地有效的这个问题难住了,那么我也就不理解,具有这些特征并且只是与我的心理功能相关联的判断,如何在这种要求的意义上有效。

下面一点也很清楚,即康德到处都从根本上混淆了心理学意

义上的必然性和普遍性与认识论意义上的必然性和普遍性。如果我的精神是这样构成的，即它为了被给予的感性感觉，总是绝对无例外地运用某些赋形功能，那么这种普遍性和必然性就是一种事实，但还不是有关这种事实的知识。任何时候给予我这个个别地进行认识的人的，始终只是单个的感觉和单个的赋形结果。那么我是如何认识到，我必须必然而普遍地如此这般赋形？假定，我有一个在自身中有必然性性格的判断，那么这个判断就是一个恰恰具有被称作“必然性”的性格的暂时的体验。**这种**必然性就是这样一种意识：即它是如此；而不可能是别种样子。但这始终只是在我暂时体验当中的一种暂时性格。因此这种必然性是某种完全不同于下面这种心理学事实的东西，即我事实上不可能以别的样子对这个或那个东西下判断，不管我是否有关于它们的表象。当然我根本不能以下面这种方式说明内在地存在于自明的法则意识中的必然性，即我提出这样一种假设：这种法则表达心理学的构造之法则，表达一种属于该构造的普遍强制性。因此思维意识之认识论的必然性认为对它的不言而喻说明就是形式的必然性，是在进行赋形的功能之自然法则意义上的心理学的必然性，是根本错误的。

附录XX（附于第二十七讲）：我的超越论的现象学与康德的超越论哲学之争论。[1]

超越论的现象学，通过它对对象与认识之间相互关系真正本

[1] 约写于1908年。——编者注

质之研究,剪断了一切错误的形而上学。它通过保护一切现实科学的认识之可能的有效性免遭曲解,并借此澄清真正有效的现实
382 的认识并使它有可能得到(按照完善的科学之理想:逻辑上完善的,不是范围上完善的)正确解释,引导我们达到对作为自然之"根据"的"绝对"之认识。借助超越论的现象学,使对作为自然科学(逻辑上完善的自然科学)相关项的自然之超越论解释成为可能,使将科学上被认识的存在还原到绝对,还原到意识,成为可能。它作为有关进行评价和意愿的意识及其客观性东西的超越论的现象学,还使一种目的论的形而上学成为可能,使"机械的自然观与目的论的自然观"之真正的"和解"成为可能。

但是现在我们首先想到要研究的就是,在**新康德主义**意义上的和**康德**本人的分析的—理性批判的方法意义上的超越论方法的问题,以及这种方法与我的超越论现象学方法的关系。

我的超越论的方法是超越论现象学的方法。它是对通过追溯到"起源"而研究认识之有效性的最终意义这个古老意图,特别是英国经验论哲学的意图之最终完成;不是根本错误地询问心理学的起源(顺便说说,这种询问从历史上说,也不是正确地提出来的),而是询问超越论的现象学的起源。追溯认识的起源,显然不外就是追溯:

1.)所宣称的认识之逻辑的起源,逻辑的证明,因此就是向一切进展都服从于它们的那些逻辑上的开端和原理回溯的严格的科学:就是说揭示出开端经验,开端公理,方法的原理,即广义上的逻辑原理,而且在这里重要的不是确定的科学,所以就涉及全部客观的逻辑,涉及按照科学之全部主要形态对真正的科学之道

路的分析。

2.）认识的**这种**起源，**逻辑的**起源，要求进一步向起源追溯，即对在这些原理中所陈述的客观东西之构成进行超越论现象学的研究；追溯**客观性在超越论的主观性中的起源**，由绝对（在意识的意义上：在一种被继续使用的目的论形而上学中究竟是否产生一种有关“绝对”的新的意义？）而来的客观之相对存在的起源（?!）

在第一种意义上的起源，就是一切原理性的根据，或者更确切地说：各种不同根据和客观—逻辑联系的诸原理。在第二种意义上的起源，就是各种意识的（意识的诸本质），以及属于各种意识的诸本质法则。

关于这种方法，康德以及整个依赖于他的新康德主义和新观念论，毫无所知。

那么康德的超越论方法的情况如何呢？还缺少什么可能的问 383
题呢？

存在着**一些“超越论”性质的由经验而来的问题**；例如：世界必须是怎样的，以使它是人的认识能够达到的呢？然后人们甚至可以进一步问（站到前现象学立场上）：世界必须是怎样的，以使它是在理念范围内一般认识可以达到的呢？即使是“人的认识”就已经是一种理念。但是人们可以将“人的认识”再一般化，并且就更普遍的认识概念进行思考：世界必须是怎样的，以使它是一般认识可以达到的（在对人的认识这一概念加以某种一般化的意义上）呢？此外，在人们继续前进或进一步规定时还可以问：世界必须是怎样的，以使它是自然科学的认识可以达到的呢？

颠倒过来的问题就会是：认识必须是怎样的，以使世界能够在它当中被认识(而且能够科学地认识)？因此人必须如何组成(或一个人在精神上必须如何组成，他可能怎样地与正常人不同)，以使有关自然的科学毕竟能够对他存在？

为了回答这样一些问题，它们必须被合理提出来，首先必须被详细规定，以使它们的合理性变成显而易见的，并借此使它们的可回答性变成显而易见的。

如果我谈到人的认识，那么我就已经以此设定了人，并因此而设定了“世界”。那么就此我想知道什么被看作固定地给予的东西和什么被看作变化不定的东西吗？我设想一个世界。我必须以某种方式确定地思考它。只有在这种情况下我才能改变并查明在对人的认识与对应该包含着人的世界的认识之间的功能性关联。尽管有出发点上的模糊性，我的确能够说出一些句子，例如：我发现处于心理—物理关联之中的人；我说，如果没有诸如此类的东西，

504 如果人的心灵生活不处于对自然的这样的关系中，以致知觉、表象等等没有以适当的方式被安排，没有以如我们在我们日常生活的和科学研究的知觉关联中、记忆关联中、思想关联中所发现的形式或至少是类似的形式被安排，——那么当然地也就不存在“对世界的认识”。如果这个人譬如说是水母，那么他就没有科学。如果我们只有一些模糊地相互融合的感觉，感受等等；只有没有确定分节的、没有如我们由我们的生活中认识到的知性方式之意识上的区分等等的一团混沌，——那么尽管世界存在着，但它对于我们这些水母人就什么也不是。

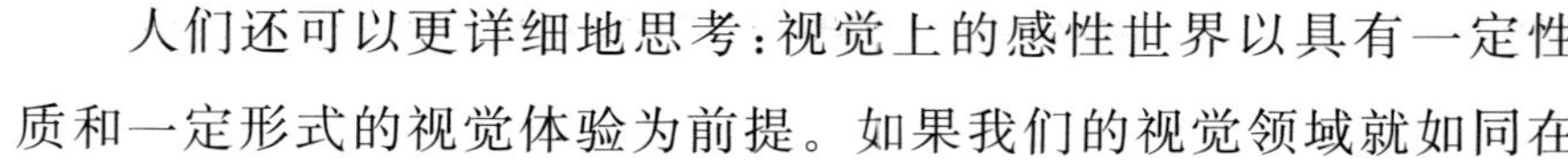

384 人们还可以更详细地思考：视觉上的感性世界以具有一定性质和一定形式的视觉体验为前提。如果我们的视觉领域就如同在

两眼漆黑的黑暗中一样，是充满了持续不断的本身没有变化的红色，那么在视觉领域中就没有分界和区分，同样也就没有显现，没有事物的统觉。或者，即使有这种区分，但是如果缺少统觉的可能性，那么这种被划分开来的光点就会无规则地出现和消失，以至于不能形成任何统觉，那么我们也就不再有任何有关世界的显现。或者还有，如果这些在我们心中以规整了的方式在各种不同感性领域中分布的，并以确定方式组织起来的感性体验，是绝对无规则的，那么在这里就会时而只有触觉而别无其他，时而只有视觉而别无其他；它们就不会产生任何持续的效果等等——那么对于我们就不再有世界存在，等等。我们也能合理地思考处于其不同发展阶段的人之有关“世界”的认识的区别，或思考不同阶段的人与动物之世界表象和世界认识的区别，等等。这最终就是有关我们也在自然科学中，在有关外部自然本身的科学中，所遇到的诸可能性与区分的研究：如果地球向太阳落去会发生什么情况？或者：如果空间是四维的——如果这种或那种力学的原理不再有效，或改变了——，会有什么样的力学关系呢？如果引力定律所包含的不是距离的平方，而是距离的立方，世界会怎样呢？

当我们从认识出发而问：认识必须具有什么样的性质（或精神行为必须具有什么样的性质），以使世界成为可以认识的时，在我们的情况下所涉及的是完全属于生物学的和心理学的应用领域的考虑。

颠倒过来的问题就是：世界必须具有什么样的性质，以使它成为我们的认识可以进入的——这个问题是什么意思呢？它的意思就是，世界也可能具有不同的性质，然而却仍然是可以认识的，以及它也可能具有那样的性质，以至对于我们的认识来说不再是(即不再是彻底地)可认识的。只要我们停留于经验东西之中，就不会对哲学产生任何成果。在这里起作用的不仅有生物学，而且还有关于对象的理论。人们甚至还能够根据预先给予的科学以游戏的方式思考各种各样的可能性，并从科学上回答这些可能性(**拉斯维茨**)。

但是在这样一些经验的思考中也有先验的东西，人们只要获得超越论现象学的观点，就能看到这一点。然而从心理学上看，认识活动是服从于经验条件的。这在我们人的场合，可能是应该以
385 心理学方式研究的条件，而在其他可能的生物那里，这些条件可能是不同的。因此，只要人们对具有经验方面的基本法则一事并不肯定，也许人们就不能简单地说：如果经验条件改变了，就不可能有认识。但愿人们在这里有其保留条件。

但是另一方面，现象学教导我们去了解认识的诸本质性质，并相关联地了解在诸本质性质中被构成的世界。如果人们了解这些关联，并且如果人们研究了这些关联的本质联系，那么人们也就能够就经验的—超越论的思考(以及真正超越论的思考)获得绝对可靠的陈述，获得从先验东西向经验东西的转用，例如就会说：如果没有满足某些条件的感性，如果没有有关视觉条件，触觉条件和动觉条件之性质的若干感性的内容，而且这些内容是在分立的突显中出现又在连续的中介中出现的，如我们在现象学的反思中发现的那些感性内容一样(例如，当我们描述在睁开着的眼睛前掠过一个物体时目光移动中的视觉时)，自然意义上的事物就是不可认识的。我说这些条件必须作为事物被给予性之条件来满足，这是可

先验地理解的，这是由那些从知觉认识与事物的对象性之关联产生的、只是被转用到人的认识之经验事实上的本质根据决定的。

我们抛开这些具有经验的—超越论的性质的考虑；从一开始就很清楚：只要这些考虑真的是经验的，它们从根本上—哲学上就是没有意义的。对于使现实的精神的人之认识这一经验事实适应于世界——即该经验事实适应世界——之条件的经验上的考虑，可能被现象学所要求，但不是相反。在这里我们在哲学方面——至少就基本哲学问题而言——是学不到任何东西的。处于自然之中的精神，精神之适应于它的自然，进行认识的精神之发展，有关人类一般的科学和有关人类一般文化之发展——这些也有其哲学的方面；但是没有认识论的方面，没有属于第一哲学的方面；我可以说，它们不是属于第一哲学，而是属于“最末哲学”。另一方面也表明，我们认为是先验之物的东西——就人的认识之可能性，就对事物进行客观规定之可能性，就有关可能的认识之考虑等等所陈述的先验之物——，在超越论的现象学中有其来源。当我们考察康德的超越论方法和学说时，这也会特别显示出来。

如果我们现在站到超越论现象学的立足点上，那么对于超越论的问题（在批判主义意义上）会得出什么结论呢？“超越论的”一词的双重意义被防止了。在“超越论的问题”这个名目下，在一种 386
意义上十分普遍地涉及“阐明”客观有效认识之可能性，这种认识作为认识一方面是“主观的”，而另一方面又切中“客观的”存在，自在的和独立于主观性的存在；而且还涉及对处于科学之一切基本类型（自然科学，数学，纯逻辑学等等）当中的客观有效认识之可能性的相应的阐明；就是说阐明处于自然科学形式中的客观有效的

认识如何可能,客观有效的几何学如何可能等等。如果人们以关于“超越论的”这种概念为基础,那么这种超越论的现象学就是真正的超越论的哲学,并且配得上“超越论的”这个名字;因为它解决了所有这些问题。

康德在主观性中,或者更确切地说,在主观性与客观东西之相互关系中,寻找对于通过认识所认识到的客观性之意义的最后规定。就这一点而言,我们与康德是意见一致的,只不过我们将“主观性”规定为并且必须规定为现象学的“主观性”。

但这种一致毕竟只是表面的一致。康德恰恰没有达到认识和认识的对象性之间的相互关联之真正意义,并因此也没有达到“构成”这一特殊超越论的问题之意义。这在超越论的感觉论中已经表明了。在那里他将空间与时间当成了“感性的形式”,并相信已经保证了几何学的可能性,然而在单纯“感性”的内部,也就是在我们意义上的显现以前,在只有“超越论的分析学”部分才——很不清楚地——探讨的“综合”以前,关于空间性的构成不可能提供任何东西;我指的不是几何学的空间,我指的是单纯知觉的空间,单纯直观的空间,这种空间当然是几何学的前提,——正如日常生活中的事物是自然科学之事物规定的以及自然科学本身的前提一样。

现在在“超越论的分析学”部分中还出现一种特殊的超越论方法,特别是在“演绎”一章中以及在“原理”部分的证明中(更确切地说在“类推法”一节中的证明中)。“类推法”是**先验地**有效的原理,是在一切经验之前就有效的,因为如果它无效,那么客观有效的时间规定就会是不可能的。如果在经验科学形式中的经验是可能的，因此如果在这种科学之意义上的自然是可以认识的，那么某些原理就一定有效。

或者对于范畴来说，大体上是这样的：如果一个对象是可借助进行思想的认识（从科学上）把握的，那么人们就可以像下面这样说：思想是在判断和概念中，作为概念式的思想进行的。但如果（在“我们人”的场合）这种思想不是空洞的，那么它就要以直观为前提，直观使思想获得与被给予对象性的关联，它向思想提供对象 387
性。在对象应借以被给予的直观之本性中就一定包含着：它们可以用概念把握，它们可以通过思想而认识[①]。显现着的对象一定会与思想的条件相一致，并因此本身带有这些对象借以成为能从概念上把握的某些形式。这些形式（本身能通过概念表达）就是范畴。它们是可能的经验科学之思想的条件。对象（显现着的对象——其他的对象对于我们什么也不是）如果能够成为自然科学的对象，它们就必然一定具有思想的形式；因此一定存在着一切现实的对象（**可以想象**的一般自然之对象）都必然会服从于它们的某些范畴；或者更确切地说，范畴具有客观的意义，因为它们是“可能经验”之这样一些条件。反过来说：是这种东西的那些概念（它们**必然**一定被归于每一个现实的对象），一定是范畴，并且一定具有它们的绝对客观有效性的这种超越论根据。

在这里也缺少在直观与被直观物之间的明确区分，缺少在作为意识之样式的显现的形式与显现着的对象性的形式之间的明确

① 在康德那里，直观通常能够以对象方式把握。譬如人们可以说：直观活动的体验一定与概念式的体验相合，即以这样的方式相合：直观的客体本身具有概念的形式，并可以借助概念以述谓方式规定。

区分。没有看到真正现象学的东西,“超越论的演绎”部分变得杂乱无章,以及超越论的统觉含有非常多的隐秘并起着极其有害的作用,原因就在于此。

在最有价值的内容方面这些超越论的演绎究竟以什么东西为基础呢?(从另外一些超越论的考虑来看:就是说从对“主观的来源”的考虑来看,“这些主观的来源是经验可能性之**先验的**根据”,并且它们在第一版的“演绎”部分中不是按照其经验性质,而是按照其“超越论的性质”发挥作用的,以后我们将谈论并考虑,它们在多大程度上提供了新东西)。

康德的超越论方法在按照我的现象学进行的还原中,或“在现象学的还原中”之有价值的成分。

在对范畴演绎的要求中,特别是在范畴演绎的导入中起作用的有价值思想,也许就是下面这种思想。如果我们将一切“能力”,将混淆现象学上无关紧要东西与纯粹认识论问题的一切东西排除掉(如果我们实行现象学的还原),那么对象性与认识之间纯粹的相互关系就呈现在我们眼前,我们就能够纯粹内在地并从本质上
388 (在这种意义上就是先验地)研究这种关系的本质。现在我们考察感性之自然对象性,事物,世界。某些规定“以绝对的普遍性和必然性”属于这样的对象性之本质。空间、时间、物质、运动、变化,它们正是属于本质,这是一些题目。如果我们现在在与认识的关联中考察对象的先验性(存在论上的先验性),那么(根据对真正的认识活动和非真正的认识活动这另一种区分的考虑),在“真正性”这个领域,就区分出“直观”与“思维”,并据此区分出超越论的感觉论

和超越论的分析学。

因此作为真正超越论的感觉论的问题我们就有：在多大程度上对象在直观中被构成，它作为什么以及如何在直观中呈现出来，它如何在这里被构成，而且是纯粹直观地被构成，作为一个“自在存在着的对象”被构成，对象借以被给予的知觉系列和记忆系列等等是怎样的？

然后作为真正超越论的分析学的问题就是：它——对象——在“知性”中作为什么以及如何被构成，它在思想中被看作什么，思想如何规定在自然内部的对象和自然本身？自然在多大程度上本质上是与“精神”一起，与经验的主观性一起被构成的？

这一类的问题就是超越论的现象学的问题。

但是现在我们可以进行以下这些与康德的超越论方法有关的考虑。我们从康德那里听到：

“直观必须与思想的条件相一致，否则它们就不能在思想上被把握，它们就不能使那些能够作为现实中的事物，自然中的事物而被思想并可以被规定为客观有效的事物在自身中显现”。这可能是什么意思呢？

a）这可能涉及纯粹先验之物，或者更确地说，涉及从先验之物向事实之物的纯粹转用。如果我们现在将直观理解为没有关于事物的真正统觉的单纯感觉，我们当然就可以说：如果意识（对此我们完全不需要想到别人的意识，根本不需要想到与被构成的事物性东西，例如身体，相结合的任何这样的东西，而是需要想到诸意识行为和它们的感性核心以某种方式一致地结成的统一）实行单纯的感觉，如果意识在感觉上没有刻印上有关事物的真正统觉，并

因此没有刻印上对于在更高意义上的思想来说的“可把握性”,那么自然就不可能被构成。

人们当然能以这种方式说出各种各样的先验的东西。如果不存在任何像视为同一,区分,比较,核对,述谓等等这一类的东西,那么对于意识而言就不可能有自然,就没有自然可以被它认识。所有这些行为必须能够在意识中出现,所有这些“才能”,“能力”,必须存在。

389 如果我们理解了现象学的意义,并且相信它所提出的本质联系之绝对有效性,所有这些对于我们就并不包含任何秘密,并且对于我们是绝对清楚的。那么在这里究竟存在什么呢?属于自然与意识间相互关系之本质的就是,自然只有在具有某种本质形态的意识中才能被构成,并且自然也是与意识的这种本质形态一起被构成的。一旦阐明,感觉的某些本质形态,直观的(知觉关联的)某些本质形态,特别是思想的形态,是属于可能的对自然之认识的统一,那么以下一点就是**先验地**毫无疑问的,并因此是绝对不言而喻的,即单纯感觉尚不构成任何认识,零星的单纯的知觉也不构成任何认识,如果没有同一性的意识,任何对象也不可能被思想,也不可能被认识,等等。

如果人们说:假设存在着没有视为同一之能力和对事物进行统觉之能力以及诸如此类东西的意识,那么这可能意味着两种不同的东西:α)一方面是事实的东西。如果我们事实上想象一种没有视为同一能力的意识,也即我们想象一种在那里这一类东西不出现的意识流,想象这种意识流的一部分。那么对此根本不可能提出任何反对意见。这种可能性肯定是存在的。就是说,不可能先验地对此提出任何反对意见。并且只要这种被当作前提的事实存在，只要没有自然之显现，没有思想等等，当然就不能先验地对此提出任何反对意见。——β)而另一方面是先验的东西。假设存在着一种由于根本的原因而不能进行辨识等等的意识，——但这就意味着：我们设想一种按照其本质来说不能从事物性方面理解的感性内容，我们设想，一些按照其本质来说不能借助统一意识（这种统一意识从它那个方面说是可能的同一性意识之基础）的统一在知觉方面的多样性中展示出来（不能被安置到知觉的多样性中）的事物的显现，我们设想一种原则上不能为述谓奠定基础的经验直观，如此等等。

但是所有这些都是荒谬的。现象学正是指出了这一点，即有某些可能性而且还有某些本质法则属于感性、统觉等等的一般**本质**。

因此，意识**事实上**可能没有有关这种或那种自然的行为而存在，（由于这种原因）对自然的认识**事实上**可能被排除。但是如果意识是意识，那就**先验地**存在着所有这些行为的可能性，那就没有任何事实能对以下情况有任何改变，即按照理想的可能性，行为可能在每一个意识流中发生，这些行为正是作为**可能性**而被意识本身的本质包含的。当然：在这里不能发生的东西，只是那种由于本质的根据本身而被排除的东西。我们有关于这种情况的本质法则。理想的“能力”必然存在，或者，一切“知性的能力”必然属于每一个意识。这完全不排除下面这种情况，即一个人愚笨，而且由于经验方面的原因，不能想出好的想法（他心灵的自然法则一定能够 390
说明，事实上在他的意识流中没有出现具有所希望性质的行为），

或者,一只水母,在“它的”意识流中没有任何数学的思想,甚至连处于与印第安人的表象相同阶段上的经验世界表象也没有,等等。

康德对此毫无所知。在他的超越论的考虑中,事实之物和先验之物混淆起来了,它们在这里根本就没有被区分开来。康德不知道现象学的先验性。

b)单纯通过将现象学的先验性转用到事实的意识上,产生出一种对于事实性的考虑。

我还要事先说明,我所说的是**事实的**意识,而不是**经验的**意识。当然,我甚至也能将先验之物转用到经验之物上。但是,方法的明晰性要求我们,在这里,在考虑认识论与形而上学的地方,要排除一切经验之物,或者说得更确切些,将它们还原到绝对之物上。事实的意识,这是现象学还原中一种确定的意识过程。当然,诸本质法则为确定的绝对的意识一般之可能性划定界限,但是它们留出了无限多的事实,无限多事实性意识的状况。

现在还有一种从先验的观点(从超越论的观点)对事实的意识的考虑是有价值的,而这一种考虑迄今未被谈到。

超越论的现象学考虑自然之可能性以及意识对于自然(可能的自然,自然一般)的构成之本质可能性。这时又产生以下新的研究方向:

自然是一种事实,或者我们说:自然是一种事态,自然在其中事实上被构成的绝对的意识过程与自然相符合;这种意识过程是一种事实。现在人们可以以超越论的方式考虑,自然作为理想的可能性是不是由意识之本质预先规定的**唯一的**理想的可能性。这就是要表明:在超越论的现象学中我们首先是从给定的自然出发的,即从我们由自然科学中知道的自然出发的,或是从在共同经验中被给予我们的世界出发的。我们将它置入到现象之中,我们实行现象学还原。现在我们研究它的超越论的结构。我们考察进行构成的意识之诸要素,因此考察各种不同的超越论的行为,知觉,记忆等等,并追踪事物、空间、时间、运动等等的构成。这些"对自然进行构成的纯粹意识之要素"就是被给予的意识实质。那么它们究竟能构成**事实上**是自然的**这种**可能的自然吗?

我们可以将事实的自然看作是**被给予的**自然科学的自然。这 391
样一来它就不应该是被意指的,而是在"**纯粹的**"自然科学之意义上的自然。这就是一种**理念**。但这个理念不是一系列可能的理念当中的一个吗?按照相互关联的本质法则,每一个理念都有一种可能的意识结构与之相对应。这里涉及的岂不是可在科学上考虑的诸可能性(而不仅是诸空洞的可能性)吗?例如:在纯粹自然科学之意义上的自然以前存在着通常自然理解的自然。自然的事物被看作是具有各种不同的有感性性质的,而这些感性性质是在"我们的"感官性中(就是说在绝对的观察方式中:通过属于众所周知的"感官"的感觉,视觉,嗅觉等等)被构成的。"我们的"感性是唯一可能的感性吗?就是说:其他的感官就再也不可能吗?或者一般来说:具有完全不同的感官的意识是不可想象的吗?显然是这样:不然的话我们甚至也就不会在经验上认为色盲等等这样的概念是允许的了。

此外很容易看出,在一种与我们的感性完全不同的感性(不是在康德意义上理解的,而只是这样地理解的,即感官是完全不同的,为此它们只需满足某些规整条件,即数学的形式的规整条件,

有些地方满足同一些种类—多样性）基础上可以构成**同样的**纯粹的自然。这只是空洞的可能性，但至少必须断定，这些可能性是存在的。

其次：α）对任何其他东西都没有用处的十分空洞的可能性完全在于，除去“我们的”统觉的种类（直观的种类），思想行为的种类，意识的种类，也可能还有完全不同的，不知道的其他形式的统觉的种类（直观的种类），思想行为的种类，意识的种类存在。

β）但是如果我们现在如前边一样假定这些相同的统觉的种，相同的直观的和思想的属，等等。那就要思考，在它们之中是否存在着对于构成“自然”之极其不同的种的先验的可能性。

在“我们的经验”中构成三维空间，每一个事物都以空间的形式显现，这种显现着的空间在几何学上被规定为欧几里得空间。但是这种对于有关事物之知觉的分析也许并不通向借助其本质其他可能性也变得可以想象的那些意向性之诸要素（我们一定具有在我们的想象中直观地实现这些可以想象的可能性之经验上的能力的原因并不在此）。因此不能想象一个四维的或 n 维的事物性吗？就是说，不能想象作为可能的，在可能的意识中被构成的四维的或 n 维的事物性吗？

γ）变化之因果性的情况如何呢？不能想象下面这种情况吗，即在其类型已被把握的“我们的”对事物的直观，我们的知觉和知
392 觉关联的前提下，任何完全受严格因果性支配的自然都不能构成？不能想象下面这种情况吗，即如通常知性的世界看法那样，“事物在我们脑海中呈现”，世界完全像它事实上发生的那样，但是对于感性地显现着的自然之任何通向精密自然科学意义上的自然的自

然科学分析和理论研究都是不可能的，相反地一种不服从精密的法则，而且到处都不服从精密的法则（**一切**变化都不服从这些法则）的自然，更确切地说，一种具有大致规则性并具有“偶然事件”之领域的自然，是可能的？

这可能就足够了。如果有人为了将这再继续下去，就最后这个例子说，这根本就不是“自然”，在这种情况下，不存在任何“自然科学”，那么我们就不可能进行任何争论。不管怎样，产生了以下课题，即明确地为**被给予的**自然之理念划定界限（通过存在论），**由此**为作为通过抽象而来的普遍东西的**一般自然**之理念（在精确的意义上，在这里是指它的最高的理想）划定界限，此外另一方面，继续区分这些理念；就是说：

1.）按照其诸可能的本性在最普遍意义上说明精密的自然之理念；

2.）释义世界之理念，释义尚具有某种统一性的事物多样性之理念（顺便说说，这种理念比起精密自然之理念更为一般），并且现在在重新研究那些当我们抛开精密性理念之时就会存在的诸可能性；

3.）最后还要考虑那些形成没有统一性的多样性的事物之构成的可能性，这一类事物在多大程度上没有统一性是可以想象的。

因此精密的自然一般，世界一般，事物众多性一般；每下一个阶段都是一个具有更高普遍性的阶段。此外这三种可能性也都服从于下边这个起限定作用的前提，即这里涉及的是意识，它具有“我们的感性”，我们的知觉活动，记忆活动，我们的思想，等等，简短说，具有被从现象学上区分开的行为（意识行为）之基本形态。

超越论的现象学作为有关意识的纯粹本质学说,留出了多种多样的可能性,但是有**一种**自然是**现实的**自然,是事实上存在的。按照超越论的现象学,不仅存在着各种不同的可能性,而且还存在着**这样一种**可能性,即事实上各种不同的"自然相互转化",在事实的意识之统一中,事实上一段意识沿着具有这一种感性内容的感性自然(直观地)显现,一次是精密的自然或世界,另一次是模糊的自然或世界,一段一段地被构成,对于意识来说,并不"存在"一个自然,一个永远与自身同一的自然,一个一劳永逸地与自身同一的自然;因此,用客观的说法:根本就不能说,自然一劳永逸地绝对地
393 存在着。我们说:**这个**自然("我们的"自然),是绝对存在的,是自在地存在的,这是什么意思呢?这意思是说,意识的过程,也就是说,我们的直观和我们的认识(我们自己的和由交流而来的认识)的过程,使科学得以产生,而在这种科学中存在着作为在此存在的自然。毫无疑问,这一个自然是唯一被奠立的自然:它就是现实科学的相关物。但是存在着这样的确信吗,即这种科学一定会永远有效?也许,意识发生了变化(它的本质形态是"永恒的",是先验的,但它的事实的形态却不是),也许这个自然,或者是以偶然事实为中介地,或者是持续不断地,转变为诸新的自然。在这种情况下,也许这个自我就不能保持它的同一性,这个自我本身是世界的组成部分,并且是在与物理的自然之关联中被构成的。这个自我与物理的自然一定会始终存在吗?意识不会分解为一群形态吗?

另外让我们考虑以下问题。如果我们从事实的自然和事实的意识出发,那么现象学的先验之物就只存在于诸意识种类的本质之中,和基于这些本质的先验的可能性和必然性之中。这种事实

的东西就是意识之过程。这在任何情况下都有效，不管这种意识是否足够构成精密的自然，而且是我们的自然，也不管这种意识是否要求这种自然。更仔细思考虑：某些知觉，经验，判断等等在另外一种意识内容中如此这般地进行，而且曾经进行过。通过在其中生存，某些事物和事物变化被知觉到，某些猜测被实行，某些论证被实行，一种自然被如此这般地合理地产生出来，某些事物被如此这般地从自然科学上阐明，等等。当然，如果显现是以另一种方式进行的，那么这个现在活跃地显现的事物就会平静地显现，反过来，现在活跃地显现的事物，就不会平静地显现，等等。但是以下一点也是清楚的，即诸显现和意识的诸形态一般总是必然以**确定的**方式进行，以便理性能够将一个自然，而且是这个自然，归于它们，解释为是它们的。因此在超越论的现象学面前，事实就是，意识的过程正是这个样子，即在其中自然能作为“合理的”统一而被构成。所涉及的并不是在意识过程中指向客观认识的思维和认识的行为是否发生：当然只当其余的意识过程在直观、区分、同一、述谓等等方面具有**某种形式**，就是说，只当其余的意识过程**能够**说明自然的认识之理由，只当这时，这些行为才能发生。现在我们或许能够说：每一个事实的意识过程都能通过思考而被归入一个广泛的意识之中，在其中一切都必然地再融入合理的和谐之中，以至于意识的本质中就必然包含：在自身中总是能够而且必然能够构成一个自然。重要的并不是，某一个作为源泉的意识是否如此进行，394
使得在其中（就本身来看）没有发生为认识提供说明理由之必然基础的这个和那个行为之任何规则性、任何彼此适应；相反，这里所涉及的是，这种贫乏的意识能被归入到广泛的意识关联之中，而这

种意识关联不再是贫乏的意识,而是合理的意识,即这样一种意识,它在它的整个范围中包含着对于因此总是**这个**自然的自然之构成的原因说明。

但是这样一些看法的本质根据何在呢?还有不同于现象学先验性的其他的根据来源吗?逻辑学的法则会充当这种根据来源吗?超越论的现象学将这种有效性还原到本质的关联,还原到其可能性已被给予的可能意识之关联。逻辑法则显然是绝对有效的,它的先验之物在现象学上得到证实。显然一切方法规范之来源也存在于逻辑法则中。但是仅有逻辑法则还不够。它们事实上允许在意识的事实过程中按一定方法认识自然,即认识完全以合理方式行事的自然;但是为什么逻辑法则一定会有应用的领域呢?在一种事实的自然中有应用的领域呢?超越论的逻辑,作为以超越论的方式追溯到意识的逻辑,包含着可能自然的根据,但不包含事实自然的任何东西。

这种事实性并不是现象学和逻辑学的领域,而是**形而上学**的领域。

这里的奇迹就是合理性,它在绝对的意识中由以下情况表明,即在绝对意识中不仅一般地构成任何一个东西,而且构成一个是精密科学相关项的**自然**。这是一种什么样的合理性呢?我们可以说,它就在于,像是不言而喻地一样,不仅在意识与对象性东西之间存在着相互关联,而且在事实的意识与经验科学之间存在着相互关联。

这种事实的意识,它就像流过去一样,总是在自身中采取新的形态又放弃这些形态,它就像在那些自身中没有意识中介的绝对意识统一中("诸个别的意识"中)分布一样,具有稳定的内容和过程,因为在这里并不是所有现象学上可能的意识形态(不是所有那些将本质与本质法则展示出来的东西)都能出现,而是从现象学的诸可能性之无限性中找到一种确定的选择,而且是这样一种选择,即意识中有一个世界如此地被构成,使得这个世界可能以严格科学的形式把握,规定。但是现在严格的科学成就什么东西呢?或者更确切地说,关于它可能存在一种严格意义上的科学的那个"世界"具有什么样的特征呢?

因此这里涉及的是拟定某种与数学的自然科学相关联意义上 395
的**自然之理念**,并且还拟定作为某种宇宙的显现着的自然之理念,这种宇宙是形态学的自然科学(和精神科学)的相关项(因此是这样一种自然之理念,这种自然并不在物理学理论研究中呈现,而是在对感性地显现的事物之描述的"自然历史的"考察中呈现,总是一再地从形态上被划分成属、种等等,并为形态学的科学提供可能性。)

因为事实的意识是这样形成的,即在它之中有这样的一个自然,一个合理的宇宙,被构成。

附录XXI(附于第二十七讲):康德与德国唯心论哲学。[①]

将空间性当作实在的特征添加到物自身上,这意味着毫无根据地将属于我们的主观性的和属于我们的显现的诸形式之双重化

① 写于1915年。——编者注

硬加于物自身上。

在时间方面**康德**正是这样行事的,时间,也许与空间一起,是有关数的先验学科的,有关纯粹运动的先验学科的基础,因此一般而言,是数学学科的基础。这些学科的可能性以及它们的客观有效性的可能性,基于超越论的构成,因为时间是人的直观形式,一切对象上的时间上存在,都在人的主观性中有其形态的根源。

康德对于“超越论的分析学”的阐明要困难得多,在“分析学”中应该以超越论方式解决有关“纯粹的”自然科学之先验法则的同样的双重问题。在这里出现的综合判断,并不是那种由纯粹直观而获得以致它们的否定本身就带有直观上不可想象性的判断。对于那些判断来说,除去能够强制建立起综合的空间与时间,不可能指出其他种类的直观形式。在这里出现了像原因与结果,物质实体与偶性这样的概念。至于因果性概念以及它们在经验当中的结合,**休谟**就已经指出过,原因与结果的相关性并不是直观上所需要的,因为我们任何时候都能直观地想象一种与因果性联系不同的直观过程。情况并不像在空间领域中那样,在那里**只有**与几何学的形态和关系相应的形态和关系才能在直观上实行。因此这些属于新领域的概念并不是“感觉论的”概念,即表达感性之形式的概念(这些形式是主观性作为感性地规定的形式必然由自身提供出
396 来的),而是“纯粹的知性概念”,这些概念正如康德特别力图证明的,是由知性能力,而且纯粹由知性能力产生的,作为分析的—逻辑的知性而被运用的同一种能力产生的。康德称这些概念为**范畴**。关于这样一个问题,即在“纯粹”自然科学的思想中,范畴的综合之原理是什么,自然科学的思想在结合时所遵循的原理是什么,

康德是用下面的理论回答的:

自我是感觉活动的主体,并且以超越论感觉论的必然性,是空间—时间上的直观活动的主体,并且作为这样的自我具有表象的多样性;这些表象的多样性就本身来看,可能是一团纯粹杂乱无章的东西,没有显示出其表现方式使得我们的知觉表象就是关于客体的,关于事物的经验之特有的秩序和结构。换句话说,在这里以这样的方式表现出我们表象的某种规则,我们表象的某种编排,即使得可能表象的多样性总是得到在其中这些多样性被理解为同一对象之诸显现的一种进行统一联结的统觉。如果我们在这个房间里四下环顾,那就有一个感觉的系列在流动;它们能以完全不同一方式进行;但是这些感觉始终是而且必然是空间—时间上延伸的感觉,我们具有作为图像的感性上适合的空间形态。但这些感觉也可能是完全随意地进行的;不过事实上存在着被规整了的直观过程,并且这个过程伴随着综合的统觉,在这些统觉中,尽管所属的直观图像有变化,但是意识存在着,并贯彻到底;这种或那种统一的客观的对象被经验到,总是时而以这种物质形态,时而以那种物质形态显现出来。由此可见**随意地**进行感觉和进行思维的主观就不会有任何与自己相对的客观世界,在这种情况下,进行思想的自我,进行知性活动的自我,除去单纯分析判断之外,同时还能作出单纯主观有效形式的经验判断,即就他的偶然的表象和表象过程,就当下的图像(它们除去指自己本身外不能指任何东西)下判断。这一个自我的判断对于另一个自我就会毫无意义;因为,每一个自我都有他自己的一群表象;但没有一个自我知道客观世界,就是说,没有一个自我有客观在其中显现的经验意识;更谈不到众多

的主观能通过彼此相互理解,就一个共同的客观世界,而且是一个协调一致的客观世界,正是在与这些相同客观的关联中下判断了。

因此当自我在没有对表象图像进行那种客观化综合的情况下被思考(如果它可以作为这样的东西被思考)时,情况就会如此。在这种情况下,因此也不会有自然科学;因为自然科学说出的并不是有关单纯感觉,单纯想象和单纯主观表象的判断,而是有关被经验的和可经验的客观之判断,因此自然科学是以主观为前提的,这
397 些主观将在进行统一的经验统觉中的表象之被规整的多样性联结成经验的统一,通过综合将它们在有关被经验的客观之同一性的意识中联结起来;因此主观是客观性质的承担者,是客观关系的联系点,是客观的,实在的过程之基底。所有这些都不是单纯的表象,而是处于统觉的理解之中,是所谓的"事物性的经验",被经验的客体,这些客体能够根据多种多样的表象,主观地和共主观地被认出。

当然"纯粹"自然科学的**先验**综合判断仅仅与客观有关联。因果性是自然的因果性,而不是某种与纯粹主观印象有关的东西;这同样的情况对于所有其他的范畴也有效。

现在康德引进他所特有的术语"综合",因为他这样称呼在主观中完成的那种以统觉方式实行的统一之成就,按照这种统一,意识本身中表象的多样性获得了作为与同一的外部的客体之统一密切相关的**有关**正是这个客体之经验的意义。

因此主观不仅在它的感性中按照空间和时间的固定形式将被感觉到的感性材料形成经验的直观,而且它还以下面这样的方法一组一组地统觉多样性的直观,即使它们获得综合的统一,使它们

具有关于同一的,在这种经验的直观中只是通过变化而显现的实在事物之经验的性格。(按照康德的术语,**这一个**客体不仅被直观,而且被经验)。

可是现在会有这样一个问题:这种综合如何会这样地进行,使得真正一致的客体成为可以经验的,并使得与可能发生的谬误相对的自然科学的真理成为可以认识的?显然人们会说,这是知性完成的;然而首先这只不过是一种不能说明任何问题的说法。让我们更加仔细地考虑那些不可分割地属于作为自我的自我的东西。

我们人将感觉的能力和直观的能力,一句话,将感性归于我们,而且也将知性归于我们,我们具有形成概念并借助概念下判断的能力。因为感性是接受刺激的能力,而刺激是某种偶然的东西,所以康德将它看作对于自我—主观本身而言的非本质能力。对于康德来说,感性连同空间—时间上赋形的法则只是属于人的主观性之事实性的配置,而不属于每一个主观性本身。思维能力,知性的情况则不同。只要我毕竟是自我,即使我没有感性或有一种完全不同的感性,我也一定能够说:我在思想。范畴是纯粹思想的概念,它在综合的运用中使客观的认识成为可能。当我们在纯粹自 398
然科学的范畴判断中抛开一切与空间—时间上的显现之关联时,就会存在一种不包含任何感性东西的纯粹思想。但是纯粹我思中的这个自我,当它将在纯粹知性中产生的范畴结合成这些综合的判断时,是依据什么行事呢?回答是:作为自我,我必然是进行思想的自我,作为进行思想的自我,我必然思想客体,我在思想时必然与存在着的客观世界有关;此外,这个纯粹的主观,纯粹在知性

中实现的自我—成就之主观,好像是这样的,即只当它能在自己的一切思想过程中将被思想的客观性始终作为与自身同一的客观性坚持到底时,它才能保持为同一的主观。只要我在我的思想中是保持一致的,我就保持着我的统一性,这个主观的统一性,自我—统一性;这就是说:一旦我设定任何一个东西,一个客体,那么我就必须是这样的,即我的客体对于这个思想能够并且必须始终继续被看作同一的客体。此外康德还相信能够证明:范畴就是纯粹的自我必须借以思考它的相关的被它所要求的客观世界的概念;如果它想一致地思考客观世界,或者,如果它想证明自己是同一的知性主观,它就必须按照范畴的原理思想客体。因此,这些综合的先验的命题说出了被思想的客观世界是可能同一地坚持到底的客观世界之可能性条件。因此属于进行思想的自我的本性的,前后一贯地指向被这个进行思想的自我设定为同一的、并被它要求的客观世界的这种必然性,决定了要实行具有纯粹自然科学原理性质的范畴综合。

但是关于这些原理,这些纯粹自然科学的原理,对于事实上被给予的自然之有效性的情况如何呢?这个自然肯定不是由纯粹的思想,而是由经验给予的;我肯定不是作为单纯进行思想的自我,而是作为直观的,经验的自我,设定它的。这个自然与保持我的知性—自我及其一贯性的条件有什么关系呢?在纯粹知性当中产生的范畴,与经验,与感性能力,有什么关系,它们在这里如何能被使用呢?回答是:经验活动不单是感觉活动以及在空间—时间上赋形的活动,因此不单是直观的活动。如果是那样,我就仍然没有我的意识的客体。我是通过那种必须无条件地被看作是知性之隐蔽成就的综合而有客体的。进行经验就是进行思想,是以经验方式进行思想。进行思想的自我(它同时就是进行感觉的自我和进行直观的自我)**作为**进行思想的自我,不可能不同于客观性,而这种客观性一定会要求在感觉材料和直观材料上打上印记。

它实行了综合,这样它就能够由一团模糊不清的感觉,由已形成的直观之无意义过程,形成知性上的统一物,这是它作为进行思 399
想的自我能够借以始终以前后一贯的方式继续行事的统一物。它为自己创造了经验的客体,这些客体在更高的阶段上可以变成客观有效的述谓之逻辑主词。范畴所表达的是在隐蔽地实行的思想综合之中的类型。

以数学自然科学的形式进行的思想,是按照范畴的原理进行的关于这些客体的思想,这些范畴原理表达了自我,思想者,能作为一致的思想者行事,并因此能将被给予的客观世界作为同一的客观世界坚持到底之可能性条件。

自然科学随后对其进行判断的这个被认为是被动给予的自然,已经是知性的构成物,而且只有在——当然是无限的——自然科学思想之较高阶段上,这种客观化才能以更完美的方式继续进行。

因此"客观性","自然"——这其实就是存在于纯粹知性之中的形式体系,正如空间与时间是感性之形式一样。

因此对于纯粹自然科学之**先验**综合判断如何可能问题的回答就是:这些判断尽管是在纯粹知性中产生的,但是必然一定会对自然有效,因为这种自然根本就不是在知性一支配以前被给予的自在存在,宁可说,它本身只不过是在直观之知性形态中被构成的自然。这个经验的知性之世界,恰好将纯粹的知性仿佛是当作形式包含于自身之中。纯粹知性法则并不遵循预先给予的自然,相反,知性是这样一种东西,只要它根据感性而形成自然,它就将自己的法则加之于自然。

纯粹自然科学所规定的一般自然之理念,并不是有关超越意识的自然之肖像,而是形式之理念,这种理念存在于进行思想的自我之中,于是这个自我作为赋形的自我在具体情况下也必须按照这种理念行事。

在这里,为对自然之形而上学说明得出的是:自然科学,纯粹的自然科学和经验的自然科学,并不是关于在不同于意识的自在之物意义上的自然之科学,而是关于**被经验到的**自然之科学,这个自然是我们的主观性在直观与知性支配中综合地构成的构成物。只要每一个主观具有这种相同的先验结构,那么每一个对自然的客观的判断,就能够并且一定会对每一个进行思想和进行经验的主观有效。科学上的客观性等于先验地被奠立的必然的主观性;这个主观性是属于每一个人—自我的不可消除的形式:因此这就是康德的"超越论的"观念论的意义＝经验的实在论。

400 但因此同时也提供了对于那些应该奠立超越的形而上学(超自然的形而上学)的综合的—先验的判断之可能性询问的回答。以纯粹概念进行思想,这不能提供任何有关**实在性**的认识;当我们以分析的方式进行思想时(这不能提供任何对认识的扩展)不能提供,当我们以综合的方式,因此按照范畴的原理进行思想时,也不能提供。存在论形而上学的性质恰恰就是,它赋予范畴概念以超越的含义,并相信,以纯粹的范畴进行思想,就能获得关于自在存在的认识;因此能够获得有关自然、物质、精神之绝对存在,有关上帝,上帝的创造物等等的认识。但是我们人只有在事前已经直观过的地方才能思考,只当事实的世界已由经验**给予**我们,我们才能为范畴获得客观含义,因此获得与事实世界的联系。但是在这种情况下我们就是在与显现的世界,与自然科学意义上的自然打交道。先验的理论的形而上学乃是一种幻觉。

完全一般地说:客观科学只有在经验领域中才是可能的;只是对这个领域认识的可能性才被以超越论哲学方式突出出来,才是可突出出来的。绝对超越的自在存在是不可认识的。形而上学不是科学。

更准确地说:形而上学并不是可能的**理论的**科学,在这里不存在任何能在纯粹理论上认识的东西。与此相反,在**实践理性**的道路上,我们却能够探讨康德意义上的超越性领域。康德试图指出,道德法则是实践理性之绝对的事实,我们作为有道德的人,不能否认它的有效性。作为现实的实践的理性之可能性条件,因此作为道德法则之必然性条件而被要求的东西,是我们必须相信的;因此康德试图指出,上帝的存在,意志自由,不朽,感性世界背后的自由理性精神的世界,是纯粹的实践的理性之基本要求。

对康德有关经验认识之理论的批判。

我所描述的康德思想进程的主要路线,充满了极其有趣的、尽管经常难于理解的个别论述和中间研究。我们现在要附上一些批判,这些批判将使康德的极其深奥和极其重要的理论与我们迄今的思考联系起来。

康德的超越论哲学真的在最终意义上是批判的哲学吗？这种如此坚决反对独断论的哲学，本身就不带有独断论的前提吗？对于康德来说，在他的一切有关综合的—先验的可能性之问题中，超越的认识之可能性都是一个课题。按照我们的诸种毫无疑问的发
401 现，解决超越论问题要求，必须以彻底的坚定性使一切超越意识之物不起作用，将研究置于纯粹意识的基础上，在纯粹意识中，一切类型的超越之物的世界都由意识内容取代，借助于这些意识内容，进行经验和进行思想的主观在它的诸行为中想象如此这般被规定的世界。但是康德将他的基本问题引入到他的具有其感性能力和知性能力的进行认识的人的关系中。此外他还假定自然科学的客观有效性为前提，并因此假定自然之存在为前提——对此，作为出发点不能提出什么反对意见——，但是即使后来他也从没有将问题置于我们所要求的绝对的基础上，他没有弄清楚现象学还原这样一种要求以及作为纯粹意识在意识活动方面和意识内容方面可以研究的东西。他从来没有看到在这个领域中进行纯粹本质研究的可能性，而所有其他的研究都取决于这种本质研究。

康德的诸独断论前提。

这些独断论的前提在主观的方面起了特别有害的作用：人的主观总是被预先当成心理能力的主体来讨论。

在研究的进展中和研究的结果中，这些前提经受了必然的，但是完全未加澄清的改变，因此它们呈现出一种真正哲学科学不能容忍的荒诞意义。康德心目中想到的是精密的数学的自然科学。他只将这种科学看成真正客观的科学。他的难题只涉及由这种自

然科学合理规定的自然之客观性。他没有想到而且也不承认，平行的有关精神的真正科学。按照他的理论，自然科学的超越之物变成了以感性能力和知性能力塑造自然的主观性之成就。但是就此而言，他正是将主观性设定为前提，而且是以任何随后采用的现象学还原都不能排除的方法设定为前提，对于这个主观性来说，由于某种内容而确实已经被当作前提的心理能力被以超越论的方法重新构成，使得纯粹自然科学的，此外还有事实自然科学的客观有效性能变得可以理解。

因此形成了超越论的心理学，它是由认识论的要求而构成的，不过是根据有关主观性的模糊不清的前提，同样也根据带有不明确性的认识论要求构成的。例如，康德认为，如同自然一样，**心灵**以及人格特性的主观，也是与现实意识相对的超越物；因此它是一
个合法的问题，并且是一个与自然的超越性紧密结合的问题。这 402
两种超越物必须一起来对待，并作为有问题的放到括号中，而就它们的**起源**进行研究。就它们的**起源**！我们在这里遇到了康德哲学的一个不可治愈的根本缺陷，遇到了它的偶然的时代局限性。尽管对于起源问题的回答各有不同，但不论是合理主义还是经验主义都没有能摆脱心理学主义，它在康德那里也仍然继续存活着。如果现代的康德派哲学家们强烈反对这种指责，这部分地是由于他们和康德一起改变了对心理学主义的解释，但是部分地是由于他们甚至没有能力实行所要求的彻底摆脱一切心理学主义。人们不可以将康德使几何学的概念和原理以及范畴的概念和原理从中流出的认识能力，看成单纯的表达方式（*façon de parler*），否则康德的表述就会成为根本不能理解的。另一方面，如果人们当真将

它们看成人的心理能力,那么康德的超越论哲学与**休谟**的怀疑论就根本没有不同。尽管从未来真正哲学的观点来看,通常康德的超越论哲学更有价值得多,广博得多。真正的哲学不允许以模糊的普遍性构成任何东西,它只允许根据对纯粹意识的本质直观进行构成,每一种构成必须按照本质法则并以纯粹的自明性被奠立起来。真正的哲学必须揭示绝对的被给予之物,并由这种被揭示之物按照真正合理性之步骤阐明超越的存在之可能性和超越地指向的科学之可能性。但是康德缺乏真正的合理性之理念,与此相联系的是,他缺少先验性之真正的概念,作为在本质直观中被绝对给予的本质必然性的概念,或者说得更确切些,本质普遍性的概念的先验性概念。康德说:必然性和毫无例外的普遍性,是先验性的"标志"。这是这样一种"标志",它们是在纯粹主观性中,即在没有在感觉中受到外界刺激的那个主观性中之起源的标志。这是超越论的—心理学的杜撰;它是合理主义传统的坏的遗产。不,真正的先验性与主观是否受刺激、它是否有能力这样的问题,根本没有关系。

先验性和先验判断的真正意义。

什么东西表明例如像"2<3"这个判断是先验有效的呢?在回答这个问题时我们只需要去看这个判断的固有意义,以及用这个例子向我们示例说明的一切判断的固有意义。我们可以这样说:有一些判断意指普遍的事态,而且是这样意指的,即在它们的意义中不包含对于任何一个个别事实之丝毫的实在性设定。因此,如果这个判断的真理在一种洞察中表现出来了,就是说,在一种在其

中这个普遍事态对于我们来说在直观上达到了充分自身给予性的意识中表现出来了，那么我们就说，这个事态是一种先验的事态。403 这个事态以在它的意义中包含的"无条件的"普遍性而有效。然后我们会进一步说并重又充分看到这同一东西：即处于这种无条件的普遍的有效性之中的每一个事实的特殊的个别情况，不仅是作为事实而有效，譬如当它被知觉时，而且是"必然"有效：对于它的否定不仅是错误的，而且是不可能的，是背理的，是由纯粹意义内义决定的普遍的先验的谬误之个别情况。作为名辞，作为可以说是这样的先验判断之意义核心而出现的概念的内容（如在我们的例子中："2" 和"3"），称作本质概念，它本身当然不包含有关个别意义的和个别现实性的任何东西。为了排除有关"先验性"的错误的，心理学主义的意义，我们也称这些判断为本质判断，就其先验有效性而言，它们是建立于纯粹的本质概念基础之上的。至于康德，他由于受逻辑学至上的合理主义先入之见影响，在这当中只看出一种真正的背理之处，即形式的—逻辑的矛盾，分析的矛盾。因此他没有看到，每一种真正的**综合的**先验性正如每一种分析的先验性一样，纯粹是由于它的**意义**而绝对有效的，如果被否定就会得出荒谬。对于康德来说，综合的—先验的判断并不表达本质的普遍性和本质的必然性，而是特别表达有效性之诸种人的必然性；这些必然性是受事实的主观性之特性，如人的主观性之特性制约的。康德一再强调人类学的因素。例如，纯粹的**几何学**对于我们人有效，我们人被赋予了感性，而感性刺激的材料则不可避免地一定要按照我们的空间形式和时间形式加以整理。纯**几何学**并不是绝对有效的，并不是对于一切纯粹主观一般都有效；整个的纯数学，还

有纯算术，也是如此。

我们要说，这是根本错误的。每一个可以想象到的纯粹的自我，一般总是具有有关的概念，构成如“2”和“3”这样的意义，他必然会判断说：“2<3”，并且只要他能认出这种本质的关联，就是正确地下判断，否则就是错误地下判断。这样的判断之应用没有任何其他问题；如果主观意识到个别的单个情况，那么这种本质的真理向这些情况的转用就会绝对地和必然地有效。这里的唯一问题，就存在于阐明存在与意识的，或更确切地说，意识活动与意识内容的本质关系方面，特别是存在于阐明“自明性”的本质与成就方面。

就范畴以及相关的知性原理来说，情况并没有原则上的不同。但是关于对我们赋予先验综合判断的绝对有效性加以说明的问题，对于康德来说就变成了将人的普遍的心理的结构构造成这样
404 一种结构的问题，它在其活动中不是无规则地行事，而一定会总是按照其生而固有的法则性产生出合法则的形态。在这种情况下，这样的主观性显然被康德看成是有能力普遍地认识到法则性；它能够普遍地将它的诸功能的法则性为自己表达出来，并且其行事的方式就像这些法则自然地就具有对于它本身，即对于这个主观有效或有约束力的必然性和普遍性之性格。

但是，这种“自然地”是一种谬论，而且这整个理论并不比休谟的理论更好，因为这两种理论都将合理性还原到**事实**；因此根本否定了真正的合理性。

但是幸亏康德的理论比康德本人所了解的更好：幸亏在广泛的范围内，这种洞察和这种思想必然性是一种比康德本人对它的理解更为真实的洞察和思想必然性。虽然我们必须断然拒绝康德引入问题的方式和康德对于问题本身的解释，但是在他的哲学中的确包含着一些重大的发现。这些发现就存在于该著作的章节划分中，存在于在超越论的感觉论和超越论的分析论之间的划分中，存在于超越论的分析论这种**理念**中（尽管这种理念没有达到充分的按一定方法进行的净化），此外特别存在于它的超越论的分析论中，存在于它的有关**通过综合而构成自然的学说**中，但是通过反射，此外还存在于关于感觉论，分析论和辩证论的划分中。

只是应该强调一点：康德偶然地发现了意识中一步一步地形成着的意向性，在意向性中外部的对象性乃是对于进行经验的和进行思想的意识而言的对象性。其实休谟在《**人性论**》（康德没有研究过这部著作）中就已经偶然地发现了这一点。这二人都注意到了这个从来也没有成为研究课题的事实，即对于意识来说，事物能够通过显现的无限多样性被知觉。对于休谟来说，这是一种主观的虚构；对于康德来说，这是我借以占有客观世界的一种必然形式。康德没有忽视，综合就已经属于想象直观的统一，而且是属于每一个内在对象的统一，——但是直到很晚他才使这个问题起作用，而且是以与超越论的感觉论相矛盾的形式起作用的。

但是不管怎样，在这里康德比休谟看得深刻得多，并使这些重要的区分产生了作用。他第一个看到，空间上成就的和形成的感性事实（这就是他称作直观的东西），还不是充分的事物显现；他在“综合”这个名目下不仅以一个词标记而且已经按照程度划分的东西，是一种能够成为一门完整科学之生长点的理论开端。而为此当然需要现象学的还原和现象学的本质态度，并坚决拒绝一切神 405

话。在这种纯粹的现象内部的确能够并且必须以本质科学的方式研究,在这种外部经验的意向本身中存在着什么东西,应该经验的客体之同一性对于可能经验之多样性从本质上规定了什么样的目的论关联,与外部世界有关的本质法则的最终意义是什么。由此出发应该研究,事物性如何、在哪些阶段上达到被给予性。一切意识活动和意识内容的结构必须在这些阶段上被揭示出来,并就它们的客观化之诸必然功能成为可以理解的。否则康德就一定会说,空间和时间是较低阶段上一种奇特的综合之产物,实行客观化的知性之综合恰恰只是较高的综合。

因此在这里康德的真正重要的东西存在于被在直观内部大量具体认出的东西和系统展示的东西中,但并不存在于他的无疑是错误的理论中和他的不可知论中。

因此康德也被列入我的历史的一理念史的概论之中;在他那里第一次显露出趋向有关自然的现象学的倾向和趋向有关自然的认识之理论的倾向,这种倾向并没有陷于空洞的一般性,而是探究在意识中以及在意识的现象中可能揭示出来的综合的诸阶段。康德并没有想到按照其本质内容以及诸种关联从现象学上研究这些阶段;但是就他第一个看出这些粗略的结构而言,他仍然构成向新现象学过渡中的一个环节。

但是由于我们在论述**莱布尼茨**之后紧接着立即就突出存在论与现象学的整个体系,与此同时已经预先揭示了事物的现象学,我们就离开了历史的进程。但是因此我们也减轻了在理解康德和对康德进行扼要批判方面的困难。

如果我们通观我们课程的进程,那么我们通过这些课程就仅仅在做向**理论**哲学的导入。在一个短暂的夏季学期中，如果不想陷于肤浅，就不能完成更多的事情。但是对于一个开始者来说，十分重要的是，首先把握住这门理论哲学的难点。如果做到了这一点，那么我们就能毫无困难地理解价值论哲学和实践哲学之问题的性质与地位。不仅是具有形式普遍性的一般存在和自然存在有其认识论的、意识活动和意识内容的问题，在这里不仅需要把反对怀疑论（怀疑论将真理与谬误，存在与非存在，都以主观主义的和相对主义的方式蒸发掉了）的斗争进行到底。在评价的活动中有某种东西作为有价值的，作为美的，向我们显示出来；在交易活动中会有财富被获得，随后的判断活动将说出有关价值和财富的被认为是有效的真理。这些真理的有效性如何？应该如何同这样一 406
种怀疑论作斗争呢，这种怀疑论说，在它看来是好的东西，对于每一个人都是美的和好的——？但是几乎可以说，一切决定性的战斗都是在理论哲学领域中解决的。只有在这里，人们才能占有一般哲学难题的固有意义，只有在这里，才能认识到解决问题的根本方法。

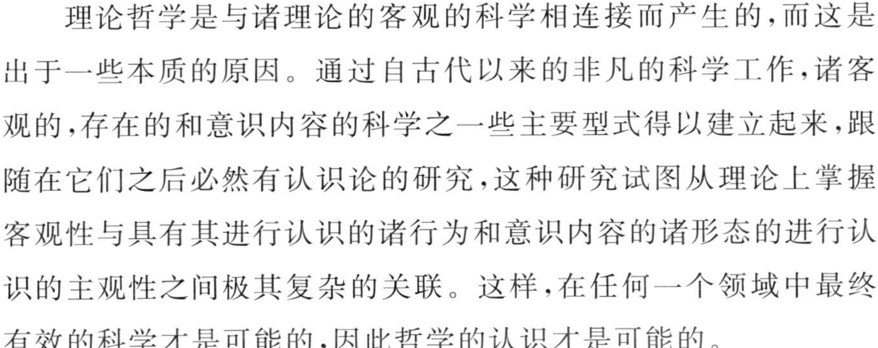

理论哲学是与诸理论的客观的科学相连接而产生的，而这是出于一些本质的原因。通过自古代以来的非凡的科学工作，诸客观的，存在的和意识内容的科学之一些主要型式得以建立起来，跟随在它们之后必然有认识论的研究，这种研究试图从理论上掌握客观性与具有其进行认识的诸行为和意识内容的诸形态的进行认识的主观性之间极其复杂的关联。这样，在任何一个领域中最终有效的科学才是可能的，因此哲学的认识才是可能的。

从**笛卡儿**到**康德**这整个近代的运动，一方面是由数学和纯逻辑学决定的,另一方面是由有关物理自然的精密科学决定的。在这个较狭隘的范围内,产生出一切哲学的方向,而在这些方向中充满了我们强调说明过的追求真正哲学的各种不同倾向。这是我们的导论所特有的领域。这里的阐述比较起来是很简单的,对于批判的思考而言是很容易理解的,以致我们借助于我们的基础知识就足够了。可是康德以后的观念论哲学及其对于我们时代的影响则是另一回事。

康德以后的哲学。

康德以后哲学的动因,不是由近代自然科学而来的。在 18 世纪末期,或者从 18 世纪后半叶起,出现了一种新型的纯粹科学:与自然主义的心理学相对立的**诸特殊的精神科学**,它们的发展一直继续到今天,但在这里并没有达到如在数学和精密的自然科学中那样完善的结果;我的意思的是说,没有达到将精神科学的主要类型固定下来,没有达到将它的方法论固定下来并加以澄清——在如数学和物理学早已经达到了得到充分保证的方法,并因此达到了稳定形态这样一种意义上。

与此相联系的是,精神科学的认识之理论远远落后于数学的和自然科学的认识之理论,实际上甚至还完全处于笨拙的初步尝试之中;特别是**在这里**呈现出来的并且与超自然问题的联系比与自然科学问题的联系紧密得多的形而上学问题,并没有得到科学上的表述,也没有置于牢固的工作基础之上。

不幸的是,德国观念论的重要哲学家们,尽管是从康德出发,却完全不能理解康德哲学的真正内容,不能从对经验着自然的理性之批判中成就的东西吸取方法上的好处。他们完全缺少这种理解的前提。康德是从物理学出发的，而德国观念论者们却是成长于新文艺复兴的全盛时代，他们的教养完全是精神科学的教养，数学的自然科学对于他们仍是完全陌生的和不可理解的。那是产生我们最伟大的诗人**歌德**的时代，歌德反对**牛顿**以及数学物理学家们的充满激情的论战颇能说明这个时代的特征。由于歌德根本没有看到**物理学的**自然，这个在我们今天的教养中差不多是唯一能看到的自然，这个论战是完全站不住脚的。或者更直率地说：凭他所具备的知识，他不可能就其特有的有效性并就其存在理解在被直观的自然之基础上通过数学—物理学中的理论研究得出的自然，因此他咒骂它是虚构。一些重要观念论者的情况也好不了多少。他们从**康德**出发——立即就按照他们本能地感到受其约束的他们的思想态度重新解释康德。这种情况说明他们不理解支配着**笛卡儿**以后时代的认识论的巨大推动力，也说明他们陷入其中的独断论，这种独断论只是由于以下原因才表现得与康德以前的独断论完全不同，即现在形而上学的思辨定位于精神科学的世界考察，而不是定位于自然科学的世界考察。同时，在德国哲学的发展和欧洲哲学的发展中的奇怪的断裂也得到了解释。从 19 世纪中叶起自然科学的和自然科学世界考察的绝对统治地位，使从前极其热情地从事的德国观念论诸哲学遭到蔑视，甚至被遗忘；它们看起来就像是一种令人费解的胡说。实际上它们比最遥远时代和时期异国文化的不管多么异样的哲学都难达到普遍理解，比古印度的哲学都难达到普遍理解。可以理解，尽管我们今天开始有了理解的工具，这些哲学也不适合于用作进入哲学的引导。

另一方面,它们本身有朝一日将会发现,又是现象学有资格并能够重新架起断裂了的桥梁,而且能够占有观念论哲学的伟大精
408 神价值。如果人们一旦认识到,从纯粹意识的角度看,**自然**之一切形态都是**现象**,这些现象需要一种意识活动和意识内容的研究并允许通过这种研究规定一般存在着的自然之绝对意义,那就会立即清楚,精神以及精神生活的诸形态,个别精神的本质本性,而且还有社会的诸可能形式的本质本性,作为在意识中构成的现象,也是本质的研究可以达到的,另一方面,在共同体生活中产生的生活形式,此外还有如艺术,文学,科学等等文化构成物,也同样是本质的研究可以达到的。

通过我们有限的考察,显然已经为我们规定了未来的任务:需要构思精神科学的存在论与现象学,接下来按照步骤最终需要构思从精神方面提出来的形而上学难题;并且最后需要将这些难题与自然的难题综合起来。这是一些未来的重要课题,而且完全是一些可以按照严格科学的方法对待的课题。所有这些都是下面这一个伟大理念的诸必然方面,即作为关于最终有效认识之科学的哲学这一理念的诸必然方面。

附录 XXII(附于第二十七讲):有关康德以后的哲学的摘录和笔记。[1]

E. **冯·哈特曼**:《形而上学的历史》:"哲学史的批判无可辩驳

① 约写于 1914 年。——编者注

地证明，确真可靠的先验形而上学永远地死去了，再也不能产生了。”——

雅可比：理性是“获知超感性东西的器官”：设定自在的真、善、美之物的能力对于这种设定之客观有效性具有充分的信心。理性就在于“把握超感性之物和自在的真的东西”。它“不是进行说明，而是主动地进行揭示，绝对地进行判定”——“与其他的感官相似”。还有：“合理的直观借助理性”，“进行预示”。

通过理性的直观，“感官仅只凭丰富的感觉不能达到的，然而却又是真正客观的东西——因为它决不仅仅是臆造物——被提供给知性去认识”。

“感觉的能力……与理性……是同一个东西。”

哈曼：“相信”并不只是较低的认识阶段；“人所相信的东西并不需要被证实。”——

费希特的知性直观：思维活动，特别是思考自己本身的活动之内在直观。但是让我们注意知性的直观之成就：它证明意志的自 409
由——这种意志自由“本身是绝对的自身一产生，绝对不由任何其他东西产生”。没有一般人的能力——这种能力只存在于个别人那里。（费希特并没有在所有他的读者那里“假定有这种内在直观之自由的能力”）。科学论当作其思想活动之对象的东西……就是由自己本身并通过自己本身产生认识的生动的东西和活动着的东西，哲学家仅仅是对它进行旁观。

谢林的知性的直观：“我们所有的人都具有一种隐蔽的奇妙的力量，它能将我们从时间的变化中拉回到我们最内在的，摆脱了一切外来东西的自身之中，并因此能在不可改变的形式下直观我们心中的永恒之物。这种直观乃是一种最内在的,最本己的经验,我们关于超感性的世界所知道和所相信的一切,都仅仅依赖于这种经验。”

这种直观的前提就是自由。它由于是通过自由产生的而区别于任何感性的直观。它是一种不受时间限制的认识。对于我们来说,在它内部,时间和时间的长短都消失了。并不是我们存在于时间中——或宁可说,并不是知性的直观存在于时间中,而是纯粹的绝对的永恒性存在于我们之中。知性的直观是一种创造性的能力。知性的直观是“认知活动,而这种认知活动同时又是产生它的客观的生产活动,它是一种产生某些精神行为,同时又直观这些精神行为的能力。”

不理解这种哲学研究活动,其根源在于缺少该活动必须借以理解的工具。有的人完全缺乏这种东西。知性的直观并不是什么可以教授的东西;而是人的本性固有的,是由神赐予人的。

(**E.冯·哈特曼**在有关谢林哲学体系的文章中描述知性直观的特征时说:它不是哲学家的活动,而是人之中超个人东西的产物。)

在知性的直观中,人不再看,“而是永恒的看本身在人之中通过看而生成。”

我们从知性的直观中醒过来就如同从死亡的状态中醒过来一样:如果我继续进行这种知性的直观,我就会停止生存,我从时间而进入到永恒。知性的直观是一种绝对的状态。人们可以不说知性的直观,而说出神状态;在这种情况下,这个自我被置于自身之外,好像是自我根本不再是存在者。

黑格尔：

特伦德尔堡：《逻辑研究》："纯粹思维的辩证法正是想要为人的认识提供一种新的并且是最高的工具"。**黑格尔**将这种方法追溯到**费希特**的知性的直观。辩证方法由之产生的这种能力是"理 410
性"，但不是通常意义上的理性；辩证方法的主要功用是将矛盾的诸对立方面结合起来。

从根本上说使世界运动的是矛盾，说矛盾是不可想象的，是可笑的。真理不能以片面的命题表达；为了表达真理需要彼此矛盾的两个命题，其中的一个表达同一性，另一个表达差异，而且是在同一些考虑中，就同一些方面表达的。

这种辩证法是世界过程之先验的再构成，因此是概念在个别意识中的自身运动。就此而言，哲学家只是理性之客观过程的旁观者。在意识中只是复制绝对东西的生成。"哲学的思维以分析的方式行事，就此而言，这种思维只是接受它的对象，理念，让理念自行其是，仿佛只是旁观理念的运动与发展。在这个限度内，哲学研究完全是消极被动的。"

"在这种情况下这种辩证法并不是主观思维的外在行为，而是内容特有的灵魂，这个灵魂使它的枝丫和果实有机地生长出来。思维活动作为主观的思维活动，并不从它这方面附加任何添加物，只是旁观作为辩证法的理性之特有活动的理念之这种发展。"

辩证法是一种创造性的、进行观察的、非凡的思维，完全没有前提，是绝对的，最后它也是一种出神状态。知性不能把握它。黑格尔本人称它是不可思议的。思辨活动的特征是意识的终止；"因为思辨在其对意识与无意识的最高综合中也要求消灭这种意识本身。”

米歇赖特:为了有黑格尔意义上的某种理性,人们必须是一个幸运儿。(也许是由黑格尔的《**自然哲学**》[1841 年]的序言想到的。)

魏塞:《**形而上学**》以及 I. H. **费希特**在他的《**存在论**》中,除去辩证的方法之外,还采纳了“思辨的直观”。**费希特**:“透视”。**施塔尔**:《**法哲学**》:“预知力”。——

弗里斯:信念作为能提供我们以与知识相同可靠性的认识手段。它以理念世界为内容。——

哲学的无前提性。

黑格尔:“哲学是没有前提的,因为思想为自己产生对象并为自己提供对象本身。”

谢林:哲学如果确实存在,它就必然受一种一定会包含一切内容和一切形式之条件的全然是绝对的原理之制约。——

411 出发点是**绝对之物**,在这些德国观念论者的哲学中:绝对之物是不可思维之物;它是那种不能不存在而且不能不以不同方式存在的东西。先验性的特征。

被等同于全部知识之体系的《**超越论观念论之体系**》。

斯特芬斯:自然哲学的方法展示出一种特殊的自明性,它虽然与那种仅仅由对事实的比较和通过对个别东西之仔细研究产生的自明性不同,甚至与它对立,但仍然发现并认出了相同的东西。——永恒的特征。属于永恒的种(*sub specie aeternitatis*)的认识。

费希特:只有对于想象力才存在时间。对于单纯的纯粹的理性,一切都是同时的。

哲学的认识方式要求“完全避开因果性法则和这种法则能在其中有效的那个世界。”——

黑格尔:这种只有时间区分的单纯事件不能使任何东西成为可以理解的。唯一的原理。——

与数学比较(演绎的特征)。

有关自然的哲学应该从原理中引出自然,即整个经验世界之可能性。数学和哲学“就认识方式而言,具有完全的相似性。”

哲学之真正的方法是论证的方法。——

但是**费希特**却认为:“对于彻底的观念论来说,先验之物与由经验而来之物根本就不是两个不同的东西,而完全是一个东西;它只是被从两个方面考察,只是由于人们达到它的方式,而有所不同。”

“任何一个恰好因为它是先验的而必然一定不是由经验而来的东西,难道就是先验的吗?任何一个东西,除非因为它是先验的否则就只能是由经验而来的吗?”

如果人们注意的是发现活动之方式,那么一切都是由经验而来的。如果人们注意的是一切都是由其本质必然引起的,那就一切都是先验的。——

谢林也同样认为:先验的命题与由经验而来的命题之间的区分绝不是一种原初依据命题本身的区分,相反,这种区分只是在考虑到我们对于这个命题的知识以及我们有关这个命题的知识之性质而形成的。——

在浪漫主义的观念论中**将形式的概念实体化**:经验的东西被由形式的概念构成,并且十分普遍地,形式的概念变成了实在的实存,被认为是实在的本质和力量。——没有被用于对事实的因果性说明,用于意义,用于对现实性的阐明。"本质"——理念——理想的解释。质料"表示的意思就是",为了它使之显现的那个理念,它必须存在。——

412 **费希特**:作为科学的科学论绝对不询问经验,而且全然不考虑经验。即使可能完全没有经验,它也一定是真的。

他的事实概念:必然一定会被想到的东西。

546

谢林:思辨的物理学是最严格意义上的知识。我们只知道本身被产生出来的东西,最严格词义上的知识因此就是纯粹**先验的**知识。

"从绝对的前提中推导出一切自然之显现"。因此我们的知识变成了对自然本身的构成,就是说,变成了有关自然的**先验的**科学。

在这种自然中一切都是**先验的**。一切个别东西都是由整体预先决定的,或是由自然一般之**理念**预先决定的。

纯粹由经验而来的认识不是科学,反过来,凡是纯粹科学的东西,就不是由经验而来的认识。经验科学的概念是一种根本不可理解的概念。真正的理论只能是……那些被绝对**先验地**建立起来的理论。

哲学研究的方向与专门科学研究的方向相比是一种本质上新的方向。

谢林:物理学与化学有它们自己的语言,这种语言在更高级的科学中一定会变成一种完全不同的语言。自然哲学提供“一种有关自然之完全被改变了的外观”。在这里谈论的并不是在同一个梯子上的进展，或是一般而言的在从前预先规定了的路线上的继续前进，在这里谈的是一种完全不同的认识方式，是一个全新的世界，根本不存在从今天的物理学存在于其中的世界向这个全新世界的任何可能的过渡。这个世界一般而言是完全自为存在的，自身封闭的，没有任何外在联系的。没有任何道路或小径能从通常的科学通向它。——

黑格尔：思辨的哲学对于其他科学的关系。

在经验科学中人们从表象走向思想，而在哲学中则是走相反的道路。

以磁铁矿为例：为了确定在这个概念（磁铁矿）中包含什么东西，我们必须首先完全忘却有关磁铁矿的或掺杂着岩石的铁的感性表象。——

浪漫主义哲学的“**普遍主义特征**”：哲学获得一种权利，即包括一切个别科学。按照**费希特**的看法：科学论的原理是一切科学的和一切知识的原理。在其中有“一切可能的内容”，“无限的内容”，“绝对的内容”。科学论应该彻底穷尽人的认识之整个领域。

谢林：“正是因此同时就断定，哲学的内容为一般科学的全部知识提供根据”。

哲学的原理＝全部知识的原始内容，原始形式。

467

译 名 索 引

*　所标页码为原文页码,中译本中用边码标出。——译者注

**　f.(=und folgende Seite)表示“及下一页”。ff.(=fogende Seiten)表示“及以下几页”。

珍藏本
纪念版

汉译世界学术名著丛书

第一哲学

下卷

〔德〕胡塞尔 著

王炳文 译

商务印书馆
SINCE 1897
The Commercial Press
2017年·北京

目　　录

第一哲学(1923/24)

下　卷

现象学还原的理论

第一篇　对哲学确真的开端之预备性沉思[①]

① 这个以及几乎所有其余的篇、章、讲的标题,都是编者加的;“**增补**”部分的一些标题也是如此。在正文中凡不是由胡塞尔本人拟定的标题,都加上尖括号〈〉。——编者注

第二篇　对世间经验的批判。——通向超越论还原的第一条道路

第三篇　关于现象学还原的现象学。开辟通向超越论还原的第二条道路

第四篇 现象学的心理学，超越论的现象学和现象学的哲学

增　　补

A. 文章

B. 附录

编 者 导 言 XI

胡塞尔于 1923/24 年冬季学期讲授的这第二部分的本文——他在其中系统建立一种纯粹的或超越论现象学形态的“第一哲学”——是很难处理的。一方面，它在下面这种意义上是很难处理的，即人们可能会认为，它出版的理由不充分。它的思路显露出种种不连贯、跳跃、重复和矛盾。胡塞尔本人在以后的许多笔记中对它进行过严厉的批判。虽然在 1924 年他已经让 L.**兰德格雷贝**将讲稿的这个“体系部分”打印出了副本，但是看起来他并没有让任何人阅读过[①]，而通常在类似的情况下，他是会让他的亲密友人和学生阅读的。最后，好像没有必要了解讲课的手稿，因为看来代替讲课手稿中所进行的这些显然没有成功的尝试，已经有了 1929 年形成的《笛卡儿式的沉思》了[②]。

但是，胡塞尔 1924 年在其系统建立现象学的第一哲学之尝试中，没有像经常在“事情本身”方面感受到并目不转睛地（尽管并非不受外界影响地）密切注视的那样以文章形式当作课题加以阐明的疑难问题，看来毕竟就是引起胡塞尔的思想从 1913 年《纯粹现象学和现象学哲学的理念》[③]起直到《欧洲科学的危机与超越论的 XII

① 据 R.茵加登教授亲口告知。

② 《胡塞尔全集》这一版第Ⅰ卷。

③ 《胡塞尔全集》这一版第Ⅲ卷。

现象学》[1]这一著作的运动——因此超出了《笛卡儿式的沉思》——的那些疑难问题。在《第一哲学 1923/24》中所显示出来的一些问题，其解决只是在胡塞尔的那部最后著作的思想进程中才呈现出来。

*　　*　　*

胡塞尔一开始就从本身已经变成了“超越论现象学和现象学哲学之理念史的引论”的讲课第一部分的成果出发[2]，在那里，哲学本身之理念已经被规定为，“它应该是绝对证明自身正当的科学，而且是普遍的科学”[3]；并且“实质上已经很清楚：一切正当性证明都在进行认识的并且能以超越论的纯粹性加以把握的主观性之统一中有其最后根源及其统一性”[4]。现在，“超越论现象学的以及由它产生的真正哲学的这种预备性概念”应该达到“实现”，“因此由它的原初开端而来的哲学”，应该达到“现实的生成”[5]。在这里，特别又一次提起**笛卡儿**，他已经“从最一般的方面……揭示出一切真正科学的哲学之开端的基本形式”[6]。

“哲学家作为哲学家”当然“必须”遵照这种模式和那种理念。“因为他暂时在**自身**之外没有任何东西因此必须从对作为哲学家，

① 《胡塞尔全集》这一版第Ⅵ卷。
② 《胡塞尔全集》这一版第Ⅶ卷。
③ 第 3 页。
④ 第 4 页。
⑤ 同上。
⑥ 第 5 页。

作为想要普遍的绝对的认识的人的自己本身进行反思开始，并在这个方面没法为自己获得清晰性”[①]。“只是在以后”，“这个进行哲学思考的自我才能根据某种按一定方法进行的统觉，将自身理解为超越论的或纯粹的自我，然后在这个自我中找到他理论研究 XIII
的基本领域……我说‘在以后’，是因为这个自我本身不再属于最初的开端，而已属于作为沉思导致的第一顶峰的沉思之结果内容。”[②]

“对于现在接下来的应该获得开端本身的那种沉思来说”，从中得出：“我们”一定“能够径直地走向我们甚至已经作为被预见的而知道的目标。因此我们完全能够直接从‘我在’这种认识开始去观察它的切合的自明性情况，如果表明，‘我在’的这种最初的自明性毫无疑问不是充分的自明性，就设法将它变成切合的，因此是确真的自明性”[③]，正如按照以前详细说明过的，这样的自明性是哲学的开端所必需的。“但是，在这里，在我们应该按照最严格的系统学进行构想的地方，我们不许可将在我们前沉思中已知的不论什么东西当作前提”[④]。因此在“拒绝任何来自前沉思的引导时，我们必须仅仅使用应该建立的由绝对正当性证明而来的普遍科学的理念所提供给我们的引导。于是‘我’一定会说：我就是作为开始的哲学家”[⑤]。尽管“在开端上无疑一定会存在着直接

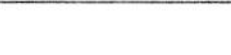

① 第6页。

② 第7页。

③ 第40页。

④ 第39页。

⑤ 第40页。

的认识”[①]。但是在这种情况下，我不是也有“不容辩驳的，不容怀疑的自明性”可供预先支配吗，即“我存在，这个世界存在，——我如何能够怀疑这一点呢？但是我必须就其来自真正切合性东西的真正确真性对它进行仔细检查”[②]。

因此胡塞尔为了另一个开端，即纯粹由“我作为开始的哲学家”形成的开端，而拒绝直接的，但正是带有“我在”这种前提的开端。这另一个开端乍看上去又会导致一个具有两个命题的开端：“我在，这个世界存在”。甚至“好像‘这个世界存在’这个普遍的题目……在自身中已经包含**一切最后的，即直接的认识原则之全体”**[③]，“因此乍看上去似乎没有理由突出强调‘我在’，并将它作为一个独特的命题说出来”[④]。但是胡塞尔随即打算证明，“其实，
XIV **‘我在’这个命题**一定是**一切原则之中的真正的原则**，并且是一切真正哲学的第一个命题。事实上我们可以表明，涉及世界存在之无可怀疑性的，或更确切地说，涉及世界经验之正当性的全部说明，都经受不住对其真正确真性的检验；因此，对于应该绝对地建立的哲学而言，按照其完整的全体理解的宇宙是无效的”[⑤]。除非“现在接下来的**应该创造开端本身的沉思**”——不过是由对于“世界存在”这个命题之意义的分析开始的，尽管是以“对世间经验进行批判”的形式进行的[⑥]，而这种批判一定能够证明“这个命题的

① 第 40 页。
② 第 40 页以下。
③ 第 41 页以下。
④ 第 40 页。
⑤ 第 42 页。
⑥ 第 44 页以下。

不可消除的偶然性”[①]。在探讨胡塞尔对自己本身提出来的“对这种古怪想法的反对意见”时[②],在这里甚至已经第一次谈到了共主观性问题和有关“移情作用”的学说[③]。但是正如所预料的那样,最后出现了一种“对普遍经验认识之确真批判所产生的否定结果”[④],并且胡塞尔说:“**我还要寻找**我能绝对坚定信赖的**阿基米德点**,寻找我能开始进行我的首要的,可以说是纯粹的工作之认识基础”[⑤]。然而那种“对于世间经验的批判”本身已经奠定了一种可能性,即区分:“我的人的此在,在世间的对自身的经验中通过知觉原初给予我的此在,和我的超越论的存在,在超越论的对自身的经验中原初给予我的存在”[⑥];由探讨“**世界存在**”这个命题开始导致揭示出超越论的“**我在**”。 XV

现在胡塞尔本人将这个思想进程概述如下:开始时“向我,这个思考确真地被建立的哲学之开端的人,呈现出”双重的可能性,即“从批判经验世界的实存开始,更确切地说,从批判世间经验之有效性开始,或从批判自己的自我的实存,更确切地说,从批判‘我在’的自明性开始。当时我更喜欢第一种批判……”[⑦]。但是“很显然,对于世间经验之确真的批判”**本身**,“在其原初的功能之外,即在决定世界实存之不言而喻性是否具有确真的不言而喻性意

① 第50页。
② 第55页以下。
③ 第三十四、三十五、三十六讲。
④ 第69页。
⑤ 同上。
⑥ 第73页。
⑦ 第75页。

义，因此是否能提供一种确真的认识基础的功能之外，后来还呈现出非常富有成果的第二种功能，即借助它的结果将以前对我隐蔽了的超越论的主观性及其超越论的生活揭示出来的功能[①]。因为只有通过这种中介，超越论的自我才作为纯粹自在自为存在着的主观性显露出来，才作为能在我的经验范围中为自己本身设定的存在领域显露出来”[②]。甚至下面一点“也变得清楚了，即我们不仅事实上将进入超越论的主观性归功于已描述过的方法，而且揭示出主观性的这种方法或一般改变了的方法是不可缺少的”[③]。这方法不外就是“每一个现象学家都知道的**现象学还原**的方法”[④]，而且更准确地说，是**“笛卡儿式的**超越论还原的**方法”**[⑤]。这种“笛卡儿式的”操作方法看来是“不可缺少的”。然而在这里胡塞
XVI 尔已经补充道：**“现象学还原的方法之可能改变的问题**也随即变得亟须解决了”[⑥]。

“这里接下来对超越论的主观性领域的概观”[⑦]，首先引起一种印象，好像迄今思想进程的线索是不连贯的；更确切地说，似乎胡塞尔现在只是不讲究方法地开始“在每一个客观上呈现的‘我做某事或遭遇某事’中，试探着在每一场合使用还原”[⑧]。至多可能

---

① 后来胡塞尔就此写道：“这可能是从一开始就想要做的”。参看第 312 页。

② 第 76 页。

③ 第 78 页。

④ 第 80 页。

⑤ 同上。

⑥ 同上。

⑦ 参看第 312 页，加于第 81 页以下。

⑧ 第 83 页。

有这样一种印象，即现在是以个别事例分析的形式至少是零碎地补做“对‘我在’之自明性的批判”，这种批判先将“对经验世界之实存的批判，或更确切地说，对世间经验之有效性的批判”的任务放到后边。

胡塞尔立即注意到正在发生的方法上的不明确性。“但是在这里我不能容忍不明确性。为了不陷入混乱，我首先必须就我如何运用并且必须如何运用超越论的—还原的方法之方式更详细地为自己辩解”——他接着说：“按照事物的本性，我是作为**自然的自身沉思**或反思而开始我的沉思的”[1]！还原的程序在这里完全是重新开始的——从自然的反思开始吗？或者，这个起点宁可说是服务于现在对还原程序本身之意义的说明？现在胡塞尔在对这种现象学方法本身的**运用**中拟定出一种有关一般反思的理论，在这种情况下，就是有关一般态度、兴趣、课题的理论，并且立即指出从自然反思的态度中发展一种现象学的态度的可能性：因此在这里产生一种有关“现象学还原的现象学”[2]原理；这是这些课题的核心部分，正是考虑到这一点，胡塞尔甚至将这个讲课的整个“体系部分”加上了**现象学还原的理论**这个标题[3]。

但是当胡塞尔用下面这个令人惊奇的问题打断这些研究的思路时，这些研究的意义突然间好像又只是要还原到另外一些“实例分析”：“我们是否已经获得了我们能够用以使我们明了现象学加括号之方法和成就的一切种类的行为？——因为譬如说， XVII

① 第 87 页。

② 见第 312 页注；参看第 313 页，加于第 87 页。

③ 参看对正文的校勘附注，第 510 页。

存在着这样一些行为……”[①]。不久以后就开始了对“再生产的**想象行为**”[②]的分析[③]。当然，即使它们，显然也不是与“**进行现象学还原的反思行为**本身没有特殊的联系”[④]。事实上，对于“没有同时活动着的对现实之意识的纯粹想象”来说……“一切有关现实的意识不是也可以说不起作用吗”[⑤]？有一次胡塞尔在另外一个地方（当然也是在另外一种关联中）说，“如果人们喜欢一种佯谬的说法，那么人们就可以说，并且如果人们正确理解这样多义性，人们就可以按照严格的真理说，**‘虚构’……是现象学的生命要素**”[⑥]。

在这种真正难以识破的难题境况中，胡塞尔立即又一次打断了他的阐明[⑦]：因为在这里，“为了这个思想在其中应是起功能作用的组成部分的一般思想计划和关联不致从意识中丧失，沉思是双倍必须的。因此在我总归从严格系统的进程中走出来之后，我还想要实行一种对我们现在处身其中并加以实现的思想

① 第111页。

② 第112页。

③ 胡塞尔本人注释道：“如果在这里继续第87页中断了的关于现象学还原各种被给予之物的概述，并且如果现在**具体想象的行为**得到了阐明，那么这就有助于转入**将还原扩展到共主观性**，这个步骤是在第134页实行的”，参看第316页，加于第111页。

④ 参看第137页。

⑤ 参看第113页。

⑥ 参看《理念》，特别是第一卷，《全集》这一版第Ⅲ卷第136页；对此胡塞尔加了一个脚注：“这句话作为名言也许特别适合于以自然主义方式讥讽本质学的认识方式”。

⑦ 因为，“正如人们对我说的，最近的这些讲课被认为是相当困难的”。第120页。

进程之回顾与前瞻的沉思"[①]。第 45 和第 46 节就是用于这种沉思的。

它曾是一种"严格系统的进程"？沉思正是应该指明这一点： XVIII
"在我们的有时候极其困难的分析中，所涉及的并不是纯粹从事本身并非必需的现象学的个别分析，仿佛我们没有看到一种正在生成的哲学之统一思想进程的重要特征。相反地，我们处于一种严格系统的进程之中，更确切地说，处于重新形成和深入研究需要这种分析的现象学方法之严格系统的进程之中"[②]。但是，这种论断显然是根据对以前进行的分析之意义的**事后重新解释**，好像它们曾是一种遵循精确的"普遍的思想计划"进行的"严格系统的进程"。至于情况是否如此，是可以有理由怀疑的；尽管这种发展毕竟曾是必然的，——并且就此而言，胡塞尔的论断的确不是毫无根据的。

"起初我们曾尝试实现普遍的绝对被证明为正当的科学之笛卡儿式开端的最深刻意义"[③]。"绝对证明自身正当这个主导原则，……立即就被最清晰地理解为确真的毫无疑问之原则。后来我觉得，**这种将最初是自然的毫无疑问强化为确真的毫无疑问，本来也只有在以后才能被引进来**"[④]。无论如何——尽管有其全部的重要性，我们不考虑这个问题——"这是我们**通向超越论的自我的**以及通向自我的尚需完成的确真批判的第一条道路，即**笛卡儿**

① 第 125 页。
② 第 129 页以下。
③ 第 125 页。
④ 同上。

式的道路"[①]。但是：

"下一个需要，即按照其超越论生活之个别形态或形态类型了解超越论的主观性（由此我思[*ego cogito*]对于我们就不再是一个空洞的词语），我们是按照以下方式满足的，即我们借此同时逐步形成**一条通向**我思（*ego cogito*）**的新道路**"[②]。"满足下一个需求，
XIX 即按照其超越论生活之个别形态或形态类型了解超越论的主观性"不是说"**笛卡儿式的道路**"表明是**难以达到的**是说什么呢？因此不是说需要另外一条道路，一条"**新的道路**"，由此我思（*ego cogito*）对于我们就不再是一种空洞的词语，是说什么呢？但是由此在这里就第一次出现了胡塞尔在《**危机**》一书第34节[③]——甚至好像是以很大的谨慎——所重复的下面一段话：即"在我的《**纯粹现象学和现象学哲学的理念**》中通向超越论的悬搁的道路，我称它为'笛卡儿式的'道路（即被认为通过对《**沉思录**》中笛卡儿的悬搁的单纯深入思考，并且通过以批判方式净化掉这种悬搁中笛卡儿的先入之见和混乱，而获得的道路）有一个很大的缺欠，即它虽然好像是通过一种跳跃就已经达到超越论的自我（*ego*），但是这个自我因为必定缺少任何预先的说明，看上去表面上是内容空洞的，因此人们一开始就不知道由这条道路会得到什么，甚至不知道，如何由此获得一种新的，对于哲学具有决定意义的，完全新式的基础科学。因此，正如对我的《**理念**》一书的反应所表明的，人们很容易

① 第126页。

② 同上。

③ "在与笛卡儿式的道路对比中说明通向还原之新道路的特征"，《**胡塞尔全集**》这一版第Ⅵ卷第156页以下。

屈服于，并且在一开始立即就屈服于本来就很具诱惑力的向朴素的自然的态度之倒退”①。

但是如果必须承认，这整个的思想进程真的是“严格系统的进程”，那么，“我们**通向超越论的自我**的第一条道路，即**笛卡儿式的道路**”，就仍然是**必然的道路**，就是说，正是通向超越论的自我的必然的**第一条**道路：以至于如胡塞尔以前说过的，我们“不仅事实上将这条通向超越论主观性的道路归功于已描述过的方法”，即笛卡儿式的还原，“而且这种揭示主观性的方法或一般改变了的方法是必不可少的”②。但是现在通向笛卡儿式道路之**开端**的必然性也成了问题；因为现在关于通向超越论的主观性的一条新的，看上去 XX
更容易的道路，容易有下面这种想法：不从对有关世界的经验进行费力的批判开始，也不去论证世界不存在的可能性，而直接将这位冷漠的观察自身者的悬搁施诸个别行为，不是就足够了吗？必要时加上这样一个补充不是就足够了吗，即我对我的全部行为一起加括号，借此我肯定就能获得我的纯粹的主观性？

“不管怎样，我们曾尝试过进行这种对于道路的新想法，并且我们的行动就是随着这种新想法而来的；我们对自己说，让我们将以前的整个思想进程放到一旁。更确切地说，我们从自然的朴素的自我出发，即从这个实行任何行动并借此已经以自然方式与任何意向对象发生关联的自我出发。在这种情况下，我们就能够无

---

① 参看《**胡塞尔全集**》这一版第Ⅵ卷第157页以下。

② 参看第78页。由于同位语“或改变了的方法”，这个陈述本身成了有歧义的：它可能想要主张，笛卡儿式的方法的必然性，或可能仅仅主张现象学还原的方法的必然性。

需首先想到超越论的主观性，……在每一种个别行为上实行一种类似于我们在笛卡儿式的道路上针对世界以及世界经验所实行的悬搁”[①]。

由此所意指的是那些首先一般地表现为对“现象学还原的现象学”之贡献的一些分析[②]。由此从今以后就应该一般地主张“对‘我在’之自明性的批判”优先于“对经验世界之存在，或更确切地说，对世间经验之有效性的批判”吗[③]？

即使这条新道路也有其困难。胡塞尔称这条新道路为“心理学家的道路”，称相关的方法为（现象学—）“心理学还原”的方法
XXI 法[④]；不过因为“由此所获得的东西，正如在下面才能真正澄清的那样，只不过是在经验心理学意义上的现象学的纯粹性”[⑤]，所以首先仍然需要“理解，通过这样的向经验的—人的自我之行为的个别还原，如何能够最终向我们呈现出一条由以获得超越论的主观性的道路”[⑥]。“回答”暂时如下：“我变成这个超越论的观察者，我的悬搁本身变成**超越论的**悬搁，因为悬搁在一种以前的心理学尚

① 第127页。

② “我们简单地区分朴素地实行着行为的自我和处于这个行为之上对它进行反思的自我，并指出这样一种可能性，即这后一个自我在以自然方式进行反思时，同时就变成了冷漠的自我。我们由此澄清了兴趣的理念”等等；同样请参看第306页：“第二条道路（从第86页起）”，等等。然而值得注意的是胡塞尔在另一个地方写道：“对于潜在的自我和显在的自我的阐明（从第87页至第111页）以及兴趣概念等等，在这里在一定程度上应该看作离开本题的顺便说明，因为它们打断了在第二条道路上上升到超越论的主观性的进程”；第313页。

③ 参看第75页。

④ 首先请参看第128页及下一页。

⑤ 第128页。

⑥ 同上。

不知道的意义上是普遍包含的和彻底的”[①]。胡塞尔宣布说，但是如果这种尚在产生中的必需的“将悬搁向一种不仅是包罗一切的，而且可以说也吸收了一切心理学东西的属于超越论还原的悬搁之扩展获得了成功”，在这种情况下，我们“甚至就达到一种伸展得更远的超越论还原，这样我们就会认识到，我们在笛卡儿式的道路上已经首先获得了它。因为在这条道路上，我——这个我是现象学还原的主体——不仅获得了作为超越论的自我的我自身，——通过将他人的主观性也包含在这个方法之内，我还获得了超越论的**共主观性……**”[②]。

在下一讲——第四十七讲——中，事实上已经再次[③]讲到了“所谓的**移情**的行为”[④]和一般而言“使极其多种多样的共同体生活成为可能”[⑤]的“**我—你—行为**和**我们—行为**”[⑥]了。因此“正如我们能够将现象学还原运用于自己的行为——当前的行为和意向关联的行为，现实的行为和虚构的行为——上一样，我们也能够将这种还原运用于通过移情作用被我们意识到的其他人的行为上”[⑦]。

但是现在这种探讨处于与关于“**意向关联**”的学说和“**重复**” XXII

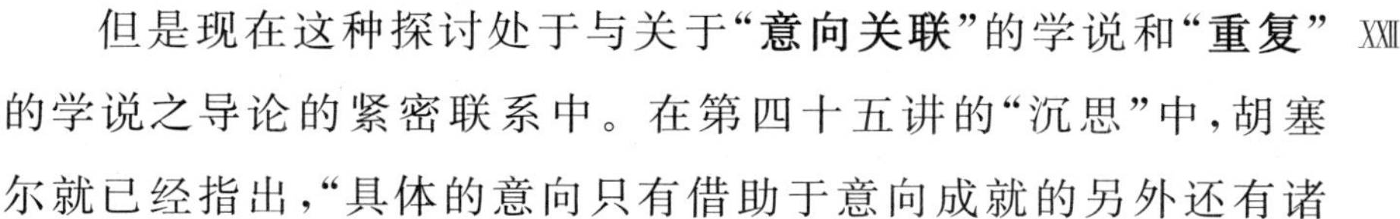

的学说之导论的紧密联系中。在第四十五讲的“沉思”中，胡塞尔就已经指出，“具体的意向只有借助于意向成就的另外还有诸

① 第129页。

② 同上。

③ 正如以前在第三十四、三十五和三十六讲中已经讲解的一样；请看上面。

④ 第134页；参看第316页，加于第111页。

⑤ 第137页。

⑥ 同上。

⑦ 第135页。

不独立的成就的**相互交织**，以及意向对象性东西的隐蔽的相互交织，才有可能。因此我们正是通过这样的意向分析才知道，**主观性是某种绝对唯一的东西……**”[①]。并且“纯粹的自我，即使它已经被看作那种在其中它的全部客观性东西按照显现和有效性而形成的意向生活的主观，仍然包含有意想不到的并且是深藏着的**意向关联**的间接性东西，如果不将它们揭示出来，这种纯粹的生活就仍是完全不可理解的”[②]，这种情况尤其构成现象学还原任务特有的难题，即存在于其真正的彻底性和普遍性问题中的特有难题。

因此也正是这个关于意向关联以及对它的分析的学说，为从单纯的现象学—心理学的还原向真正普遍的或超越论—现象学的还原过渡铺平了道路。这个在第四十六讲已经预告过的过渡的问题，在第四十八讲中被当作课题加以探讨。

胡塞尔是由以下一点出发的，“凡是在那里我在与已经还原了的客观东西的客观的结合中仍然有一种未对其实行还原的剩余，因此有一种完全是被设定的客观东西的成分，而不是通过回溯到对它的意识而被设定为这个行为的单纯意向对象的地方，我就仍然没有真正完全纯粹的主观东西”[③]。现在，“我们迄今对各种类型的个别行为施行过的现象学操作，所成就的不是别的，也不可能
XXIII 是别的，只是突出强调了**处于其纯粹性之中的心灵的内在性**，并且

① 第124页。就是在那里，胡塞尔后来补充说：“最后我们……在**对想象的分析**中就已经对一部分意向的关联进行这种分析了”；即在第四十四讲中，为此还请参看第316页，加于第11页。

② 第123页。

③ 第139页。

在它当中揭露出隐藏的意向的关联”[①]。但是这样一来,“在背景中并作为已获得的习惯的所有物,包括人在内的这个世界仍然有效”,并且“这样一来,我总是将它还原到我的纯粹主观性的每一种行为,例如我的知觉、回忆、移情等行为,只要我将我的注意目光再一次指向我的身体,就立即呈现为我的,这个人的心灵活动”[②]。并且“这样一来,我通过还原而获得的每一个纯粹主观东西,总是,而且未被这个还原涉及地,随身带有**客观有效的成分**,这种成分是由从未被禁止的诸客观有效性之交织产生的”[③]。“因此我并没有完全地绝对地禁止我对当下行为的意向对象之现实存在采取态度,更没有禁止我的其他存在设定,我的整个有效性习惯,通过这种习惯,实在的世界连同它的一切经验上的现实性,还有各种各样理念上的现实性,总是为我在此存在,对我有效……”[④]。

“这种心理学上纯粹经验的单纯方法应该如何开辟通向**超越论的**主观性的道路呢?”[⑤]由以前的论述已经“表明……,那种我”超出心理学的悬搁与还原之外仍“必须实行的现象学的悬搁与还原,一定会延伸到当下的行为之外,或者说表明,与每一种这样的行为有关的诸关联的展开,只要是自动地延伸到这个行为之外,就像每一个客体有其客观的地平线一样,每一个有效性都有其**有效性的地平线**。但是这就预示出继续进展的意向关联之多种多样的

① 第141页。
② 第140页。
③ 第141页。
④ 第143页。
⑤ 第142页。

诸方面，对于这些方面来说，对现象学还原之经常的，并且总是应
XXIV 该重新思考的要求，是适用的”[1]。因此这些就是在建立现象学心理学的道路上，在心理学还原本身的道路上首先被揭示出来的“意向关联”的现象（和问题）——其中特别包含所有那些对于“所称的**移情作用**行为”具有决定性的现象——，这些现象“唤起了一种能够克服这种操作之缺欠的重要想法”[2]。——

照这么说，在现在正在进行的“思想进程中起主要作用的东西因此就是，区分存在于行为之劳作的实行中的**现实有效性**和**潜在有效性**，也许是**习惯有效性**”[3]。顺便说一下，这甚至是一种可以在一切科学之前，在一切理论之前，纯粹从自然基础出发，在**自然的反思**中，显示出来的区分[4]。

以下几讲解释**地平线意识**和**意识的地平线**，**内在的地平线**和**外在的地平线**，**空的地平线**和**世界地平线**等现象学的基本概念。“生动地流动着的现在”这一概念出现了[5]，与这个概念相联系，考察了“所谓消退的**已完成的过去**之领域，它作为敞开的地平线，现

① 第144页。——在前面句子中的“自动地”一词中包含着对于胡塞尔在关于心理学的还原与超越论的—现象学的还原之间的区分这个论述1925年就已进行修正的最初预示；请参看第316页第36行至第318页第14行；请参看《**对于1923/24年冬季讲课中有关心理学的还原和超越论的还原之区别的错误论述的详尽批判**》，附录XXIII，第444页以及附录XXV，第453页以下。

② 第14页。另外请参看前面的注释。——在一则批注中，胡塞尔关于这种操作的“缺欠”的看法——特别是涉及“**作为心理学的还原的共主观的还原**”（参看第319页，加于第163页）——以一种非常引人注目的方式表达出来，他在第318页（加于第135页）写道：“在这里忘记了对他人身体的现象学还原吗？”

③ 第144页。

④ 第144页以下。

⑤ 第149页。

在同样被以某种方式意识到”，并考察了“**敞开的无限遥远的将来之地平线**”[①]：它们对于“**作为存在着的有效的世界之结构**本身”而言，是基本的地平线的时间结构。“任何时候都有有效的世界的这些最普遍的结构，对于每一个经验者来说总是存在的，总是经验的 XXV
世界，对于实践的活动而言，总是已经存在的。它们恰恰是作为在当下的生活地平线中的，在进行激发和揭示的活动中的，以及在奠基于这些活动中不断进行的了解和认识的，不断进行的新的评价的其他生命活动中的，在新的目的设定中的，在以工作进行的改造中的意向关联的内容，而是这样的东西”[②]。因此“我们处于**无限的生活关联之全一性**中，这种生活，如其所是，是无限地自行继续生产的，但是在对现在的地平线、过去的地平线和将来的地平线之侵入中无限地显示出来的有效性之全一性”。[③]

但是胡塞尔的问题是：“存在有一种使作为进行构成的生活的流动的生活本身带有的**全部有效性一下子失效**的彻底的方法吗”？回答是：“正是以上实行的对伴随每一种现实生活的现在的经常的地平线意识的证明……提供我们这种方法”[④]；“这种普遍的悬搁由于我的生活之下面这种本质特征而成为可能，即这种生活在每一个现在的阶段中，都有一个——尽管是空的——对远处东西的意识，地平线意识，并且在继续流动中总是重新产生这种意识，在这种意识中以普遍的方式包含所有那些过去、现在、将来总是成为

① 第150页。
② 第151页。
③ 第153页。
④ 同上。

我的对象的东西，并且是作为我的整个的，因此是本身相互关联的生活之意向相关物而被包含着。生活的每一个现在，在其具体的意向性中，'在自身中'，都具有整个生活，并且和这个现在在知觉上被意识到的对象性东西一起，以地平线的方式带有一切对象性东西的全体，这些对象性东西总是对我们有效，有些甚至将来才以某种方式对我们有效"[①]。

因此第五十一讲包含有关"悬搁的可能性以及作为超越论的
XXVI 还原的应借助悬搁而实行的还原"[②]的可能性问题的回答，以及这种可能性的实现，即实行"作为超越论还原的还原"。

但奇怪的是，胡塞尔是通过在第五十讲中追溯到"我们作为伦理的人非常熟悉的伦理的普遍性之可能性"，而详尽论述和解释这个对于超越论现象学和现象学哲学之建立具有决定意义的可能性，或者至少首先举例说明这种可能性。在这种伦理的普遍性之可能性中，**"普遍的反思"**同样与**"普遍的**悬搁相联结，这种悬搁在这里进入到一种全面的普遍的意志调节之中，而且本身也已经表示一种普遍的意志调节"。按照胡塞尔在这里所说出的信念，"这种伦理的生活及其伦理的反思方式，只要我们也以其严格性清楚地认为它是可能的，就能使我们准备好去看到一种严格普遍的悬搁之可能性——尽管是为了另外的目的"[③]。

① 第 161 页。

② 第 162 页。

③ 第 155 页。——在稍后胡塞尔对于"将伦理学上的悬搁扯进来"这种考察进行了批判，但是这样一来，他在这方面的意见立即重又部分地被取消了。参看第 319 页，加于第 115 页以下。

胡塞尔是想借此解释他以前的主张吗？按照这种主张，最终为普遍的现象学悬搁之可能性提供根据的现象，“能先于一切科学，先于一切理论指出来，能纯粹从自然的基础出发，在**自然的反思**中指出来”①。此外，他是想重又以那个已经在《第一哲学》的这个“体系部分”的最初几讲中阐明的，在这个“导论”中以前被忽略了的，关于必然的“意志决定”——即赋予“哲学，即普遍的知识（*universalis sapientia*），以作为生活目的之最终目的的个人的有效性”②——的思想为起点吗？在那里他不仅强调突出了“有关由情感的和意志的主观性产生的成就之全部领域的认识之领域所包含的范围的普遍性”，而且“还相关联地突出了一个类似的范围，借助这个范围，进行评价的情感与在追求和行动中的意志就伸展到整个主观性及其全部意向功能上”③。 XXVII

此外下面一点也值得注意，即在上面提到的上下文中——在第五十一讲中——，第一次出现了诸如“体验的世界”，“我们生活的周围世界”④，或“整个的生活及其被经历的世界”⑤等表达，这些表达显然是较晚被创造出来的“生活世界”概念的直接先导⑥。

但是这些考察的基本意义在于，它们一方面表明：“对我的生活的概观……与此一致并在相互关联的说法中意味着对世界

① 第144页以下；参看以上论述。

② 第7页。

③ 第12页。

④ 第160页。

⑤ 第162页。

⑥ 参看《**全集**》这一版第Ⅶ卷“**编者导言**”第XXXIII页。

的概观";"因此对于我的整个生活的反思所得到的并不是没有在其中通过体验而被意识到的对象，没有其现实的和观念的世界的单纯生活，而恰恰是连同后者一起并且将后者作为相关项得到的"[1]。另一方面，这种考察的基本意义在于，恰好由此得出，"我的纯粹的普遍的生活纯粹就其自身进行考察，在进展当中能够达到纯粹的给予性，也许还能对它从科学上进行研究，只不过并不需要对作为前提的任何客观性采取任何态度"[2]。两者合起来，就能证明下面这个"引起哲学上惊异的意见"之正当性，"即**一切被放到括号中的有效性**，或更确切地说，一切被设定无效的世界，**都继续保持在括号中**"[3]。这个——在第五十二讲中就已经有了的——意见表明了超越论现象学之"普遍性"的全部意义：即一方面，没有任何"完全是被设定的客观东西的成分"作为"在其上未实行还原的剩余残留下来"[4]；但是另一方面，"在这里却没有丢失任何东西"[5]。

XXVIII 考虑到在所引证的"意见"中已经谈到了对于成功地建立超越论现象学事实上具有决定意义的这个标准[6]，胡塞尔在第五十二讲中以再次概述整个思想进程的形式，尝试对其意义关联进行最后总结性的说明。他强调指出，"我们的**新**措施"，"由于是从单纯

① 第157页。

② 第160页。

③ 第167页。

④ 参看第139页；参看上面。

⑤ 第167页。

⑥ 参看与这个"意见"最重要的相似处：《**理念**》第一卷第50节；《**笛卡儿式的沉思**》第8节；《**危机**》第41节。

现象学—**心理学的**还原的低级阶段有步骤地上升"到**超越论的**还原,而不同于"**笛卡儿式的**还原",它"具有……一种巨大的**优点,即它向我们展示出对主观性本身之结构(悬搁的可能性就是基于那些结构的)的最广泛最深刻的理解**,并提供对主观性之纯粹意义的最深刻理解。如果我们已经是完全意义上的现象学家,那么我们就可以说,这种新的措施不仅提供现象学还原的方法,而且同时还提供一种现象学还原的现象学"①。——

一方面,讲课的思想进程现在显然由此达到"某种结束"②。但是"在我们面前总是存在着**对这种超越论的经验进行确真批判**的重要任务"③。——这是胡塞尔在《**第一哲学** 1923/24》中再没有着手解决的任务。最后,"不仅未被超越论还原触及自然的认识是**朴素的**,而且**建立于超越论的主观性基础之上的认识也是朴素的**,只要它未受到**确真的批判**"④——在"某种更高的朴素性"意义上是朴素的。"因此还可能存在一种超越论的朴素性——作为自然的朴素性的类似物"⑤。在相反的方面,这当然也意味着,"整个超越论的还原可以被从这位开始的哲学家之动机**分离开**。如果我 XXIX
们对于哲学(在我们意义上的哲学)的目的完全漠不关心,如果我们完全放弃这个目的,那么我们就确实能实行心理学阶段上的和超越论阶段上的现象学还原,并能实行相关的意识分析"⑥。在这

① 第 164 页。
② 第 161 页。
③ 第 169 页。
④ 第 171 页。
⑤ 第 170 页。
⑥ 同上。

种情况下，这就表明“一种超越论的—描述的现象学”——“但没有原来哲学上的要求”[①]。

在第五十三讲开头胡塞尔的这个值得注意的——当然是十分清楚的——提示意味着什么？它只是要指出在这里暂时打断思想进程的那种“可能性”吗？包含一种对《**理念**》第一卷中归根到底是“超越论上朴素的”操作之含蓄的批判——和**辩护**吗？或者说，它意味着什么呢，如果不是说整个以前所概述的难题——它应该将胡塞尔的思想引向一种新的运动——恰好是**来自**“那种赋予现象学一种由第一哲学之理念而要求的发展形态——即一种以哲学上的最彻底的自身意识，以方法上的绝对的必然性而自身形成着的开端的哲学之形态——的尝试”[②]？

最后，胡塞尔在最后的两讲中又一次——第三次——研究了(超越论的)**共主观性**问题，这个问题的解决事实上“对于使一种完整的超越论现象学，并且——在更高的阶段上——使一种超越论哲学成为可能，具有决定性意义”[③]。因为在这个问题中，首先下面一点仍然是可疑的，即是否通过作为“彻底的”还原的普遍的现象学还原，事实上“并没有丧失任何东西”[④]。“其实，在正确理解
XXX **的现象学还原中，已经预先指出了通向超越论的唯心论之道路”**[⑤]——即这样一种唯心论，它的基本命题看来就是：“我任何时

---

① 第171页及下一页。

② 参看《全集》这一版第Ⅶ卷，第一讲，第6页。

③ 参看第174页注。

④ 参看第139页和第167页；见上。

⑤ 第181页，——现象学还原绝不“是”唯心论；它更不是原初就“服务于”达到一种从前的唯心论的根本概念。

候都能看到的作为真实存在者的一切东西，根本不是别的，而是我自己——这个认识者——生活中的意向的事件"①。但是下面的问题可能反驳这样的主张，即"难道我的同胞以及他们的心理的精神生活本身也只是在我的生活中有其起源并且具有仅仅与我的意向体验有关的相关项意义的同一性统一吗？但是他人过着他人的生活，他可以如同我一样在自己本身中很好地实行超越论的还原，本身可以作为绝对的主观性出现，并且如同我在我的生活中将他当作另一个自我来把握一样，可以很好地将我当作另一个自我来把握。正如我对于我本身来说是存在的，而不仅是在他人体验生活中的意向的事件一样，当然反过来他人也不仅是在我的体验生活中的意向的事件。

"如果真理必定就在于此，那么问题就是，我如何能为它获得超越论的明晰性，并将以前说过的东西与现在提出来的东西调和起来呢"②。

胡塞尔的回答是："正因为他人的主观性不属于我的原本的知觉可能性之范围，它并没有变成我自己的生活的及其常规结构的意向的相关物……"③。他用下边这句话结束了讲课："于是现象学通向**莱布尼茨**在天才的**概观**中所预期的单子论"④。

① 第184页以下。

② 参看第185页，——关于这种"调和"想法的难题，人们会想起胡塞尔在第二十六讲中的解释；全集这一版第Ⅶ卷第188页以下。

③ 第189页。

④ 第190页。

* * *

作为以上被交叉说明的胡塞尔的在《**第一哲学 1923/24**》"体系部分"中思想进程之最值得注意的结果，人们将会毫不怀疑地
XXXI 说，现象学还原的笛卡儿式的方法之绝对优先地位受到排斥。与笛卡儿式的道路并列，开辟了一条新的道路，胡塞尔甚至不久就给予这条道路以优先于笛卡儿式的道路的地位，这就是"从心理学出发走向现象学的超越论哲学的道路"[①]。而在胡塞尔后来的《**危机**》一书中当时完全占统治地位的两条道路中的另一条道路，不是也已呈现出来了吗？这条道路就是"从预先给予的生活世界出发通向现象学的超越论哲学之道路"[②]？

的确这是不久就呈现出来的**许多**新道路；不过它们都有某种本质上不同的东西。关于这一点，胡塞尔在其写于 1930 年的《**我的〈理念〉一书的后记**》中曾写道："在多年的思考中，我选取了各种不同的但同样可能的道路，以便将这样一种动机绝对清晰而有说服力地突出出来，这个动机超出生活与科学的自然的实证的态度，并且使超越论的转变，现象学的还原成为必然的。因此这是一些通向严肃的哲学之开端的道路，这些道路必须在反思的意识中加以周密思考，因此这些道路本身本来也一起属于开端，只要开端恰恰只有在对自己本身进行思考的开始者那里才能生成。这些道路

---

① 为《**危机**》第三部分"B"节加的标题是"对超越论问题的澄清以及与此有关的心理学功能"，《**全集**》这一版第Ⅵ卷，第 194—276 页。

② 《**危机**》一书第三部分"A"节的标题；《**全集**》这一版第Ⅵ卷，第 105—193 页。

中的每一条的必然起点，当然是从自然的—朴素的态度出发的，这种态度具有作为‘不言而喻地’预先给予的存在基础（作为从未就这种存在被询问的存在基础）的经验世界”①。

为了为与《**第一哲学** 1923/24》中的难题相关联出现的各种不同的“新道路”，以及就这些“新道路”的相互关系与关联，提供某种概观，编者在本卷“**增补**”部分的“**A. 论文**”（在这里“论文”一词并 XXXII
不是很严格地使用的）中，汇集了一组胡塞尔在1921至1925年“在反思的意识中深入思考严肃哲学之开端”的各种不同“道路”的文章。但是显然绝不是所刊登的八篇文章中的每一篇都论述了总共八条可能“道路”中的一条“道路”。而且也不可能说出这些道路的“精确数字”，不可能为其中每一条道路标上一个名字——如在此之前曾被称谓的“笛卡儿式的道路”等等——，并且很难（如果不是不可能的话）构造或模仿构造各种不同道路的“系统学”；甚至按照在胡塞尔思想发展中对道路的思考发生的顺序以统一的精确性单纯历史地区分各种不同的对道路的思考，也是不容易的。在这里始终应该尝试对本书中发表文章的最重要的清晰的材料提供形式的—历史的概观。

有一种意见需要先说出来：在《**第一哲学** 1923/24》的“体系部分”的阐述中，这个或这些对新的道路的思考出现的方式，肯定会引起这样一种印象，即这些“新的道路”在这个讲课的思想进程中是第一次“在反思的意识中”被发现，被“知觉到”的，并且是第一

① 参看《**全集**》这一版第Ⅴ卷，第148页以下。关于《**理念**》胡塞尔补充说：“在这一部分（第一卷第二部分第二章）我选择了我当时觉得是给人以最深刻印象的道路”，即“笛卡儿式的道路”（第149页）。

次形成和第一次被踏上的。即使真的如此，也绝不排除以下情况，即一方面胡塞尔以前事实上已经“在这些新道路上”走了很长一段路了，但是另一方面，“在反思的意识中”至少也已经考虑到这些新道路，并且一步一步地对它们进行检验了。说明这种情况的，是胡塞尔在1923年的一则札记[①]中一个地方自我提问的那种说法：“但是已经长久地使我劳累的另外一条道路[②]怎么就不能找到正确的形式和正确的道路指导呢?”[③]

XXXIII 胡塞尔走向超越论现象学的第一条道路，是“在《**理念**》中所选取的道路”[④]：“直接上升到超越论的态度，笛卡儿式的道路，《**理念**》一书中的道路”[⑤]。胡塞尔在“1907年引入现象学还原时最初的解释”[⑥]，如其从这一年《**现象学的理念的五篇演讲**》[⑦]中所知道的，已经从原则上导向这同一条道路。另一方面，它也还是以后几年，特别是“《**伦敦演讲**》以及1922年和1923年对它进行广泛

① 在“论文”：《**进入超越论哲学的两条道路：笛卡儿式的道路和普遍的现象学的心理学之道路**》中，第275—301页。

② 即不同于笛卡儿式的道路，“我在《**理念**》中的超越论的道路”；第283页。

③ 第283页，——在这里胡塞尔接着说：“‘我在’和‘世界存在’这两个自然的出发点，它们并不是进入普遍科学，进入真正哲学的两个出发点，和正确理解的两个入口，就是说，二者最终导致同一个东西?”同上。

④ 第263页。

⑤ 第259页，在“文章”：《**通过对实证科学的批判通向超越论现象学的道路，〈理念〉中的笛卡儿式的道路，以及预先给予的生活世界的问题**》，第259—274页。——引人注目的是，在这里笛卡儿式的道路的特征被说成是“直接上升到超越论的态度”，而这条道路在《**第一哲学1923/24**》中，则是“与那种对于世界经验的冗长批判”相联系的；参看第127页，并参照上文。

⑥ 第433页，附录XX：《**对于我于1907年和1910年获得还原的理念的两个阶段的批判**》，第432—433页。——还请参看上下文，以及第433页编者注③。

⑦ 《**全集**》这一版第Ⅱ卷。

解释”[①]的“我的现象学演讲的道路”——胡塞尔于1923年或稍后曾这样写道。从原则上说，在1929年《笛卡儿式的沉思》[②]中，他仍然遵循这条道路。1930年他仍在写作，在准备以最后稿本形式出版德文版《笛卡儿式的沉思》，在这里所涉及的是“我的……《伦敦演讲》的思想进程之最后的文字修改和具体展开，我也将这个演讲当作我1929年2月底巴黎大学演讲的基础”[③]。

被胡塞尔称作“通过对实证科学进行批判的道路”的道路对于笛卡儿式的道路的关系不是很清楚。在一篇“文章”中，这条“道路”变成了“通向科学——通向‘客观有效的’判断的道路。通过对实证科学的批判而达到超越论现象学的道路”作为一条独立的道路，与《**理念**》中笛卡儿式的道路**相对立**[④]。在产生自1925年，因此大约产生自与上引文章相同时期的另一篇“文章”中写道：“**各种不同的道路**都导致对超越论主观性的科学的相同的迫切需要。 XXXIV

“1）**第一条**道路……是从‘认识论的’良知[⑤]之觉醒出发的，这种觉醒能够通过**对科学的批判**而引起……。**现在**我们可能走**笛卡**

① 第226页，在“文章”：《**通过实证的存在论和实证的第一哲学进入作为绝对的和普遍的存在论的超越论现象学之道路**》，第219—228页。关于胡塞尔1922年的《**伦敦演讲**》，请参看《**全集**》这一版第Ⅷ卷“**编者导言**”，第ⅩⅫ页。

② 《**全集**》这一版第Ⅰ卷。

③ 参看《**全集**》这一版第Ⅷ卷“**编者导言**”，第ⅩⅩⅢ页。

④ 第259页，前面第ⅩⅩⅩⅢ页注②所举的“文章”，它产生的时间不十分确定，——大约是1925年？

⑤ 胡塞尔依据《**第一哲学1923/24**》第二部分的最初几讲，在《**关于处于绝对自身辨明之中的个人生活和共同体生活之理念的沉思**》一文中，对同样属于有关道路之思考的“认识论的”考察，作了进一步的阐述。第195—202页。

儿式的道路……”[①]。因此在这里看起来“通过**对科学批判**的道路”本身——至少**可能**——导致笛卡儿式的道路。在这种情况下，**在这里**，下面这种对于道路的思考与笛卡儿式的道路是对立的：

“2)我设想**第二条道路**是从**神话的—实践的世界观与理论兴趣的世界观之对比**出发的”[②]。但是看来，恰恰又是在前引“文章”中实际上描述过的并且也许从一开始就想到的“通过对实证科学批判的道路”接近**这样的**道路；可能大部分产生自1921年的关于《**实证科学之不充分性和第一哲学**》的“文章”，也与此相似[③]。这些很难区别开的道路对后来在胡塞尔的《**欧洲科学的危机与超越**
XXXV **论现象学**》一书中选取的“通过从预先给予的生活世界出发进行回溯而进入现象学的超越论哲学之道路”可能处于什么样关系，我们在这里当然就不得不放弃探讨了。

通过实证的存在论和实证的第一哲学而进入作为绝对的和普遍的存在论的超越论现象学的道路——作为第三条道路，或已经是第四条道路？——**清楚地显露出来了**[④]。按照胡塞尔的说法，在冠以上面这个标题的写于1923年的“文章”[⑤]中，记录了“一种根本的沉思的思想：我在弗赖堡时期的研究和讲课的主导思想”[⑥]。在

---

① 第251页。“现在”的着重号是我加的，见“文章”：《**在走向有关超越论主观性的科学之道路上划分阶段的尝试**》，第251—258页。

② 第252页。

③ 第229—250页。另一方面大约在同一时期产生了以《**现象学家与实践**》之关系为题目的内容广泛的手稿汇编BI21，由于若干原因，在本卷中没有能收入这些手稿。

④ 参看上面第XXXIII页注⑤。

⑤ 它应该由另一篇“文章”：《**完整的存在论之理念**》来补充，第212—218页；该文可能是稍后产生的。

⑥ 第219页注①。

这里胡塞尔概述道:"即这样一条道路:**被给予的世界**,是直观地被给予的;世界的普遍的存在论以及所有特殊的存在论导致一种普遍的世界观——此外……还导致心理的东西,导致精神上有所成就的主观性,导致一种洞察,即主观性在构成世界时,是超越论的绝对的……"①。"这正是我1919/20年冬季学期《**导论**》课的道路;我在哥丁根的科学论课程的,即1910/11年《**逻辑学**》的道路,就已经是这条道路了"②。这后一个提示提供我们去猜测,这条道 XXXVI
路在历史上是胡塞尔所发现的诸非笛卡儿式的道路中的第一条道

① 第225页。

② 同上;参看编者注①;另外还请参看第219页编者注①和注*。在所提到的两个编者注中,胡塞尔指示参阅的讲课,1910/11年的《**作为认识之理论的逻辑学**》和1919/20年的《**哲学导论**》——进一步被看成是同一的。正是在那里记载着要将上面提到的第一个讲课的片段应用作胡塞尔1929年的《**形式逻辑和超越论的逻辑**》的"附录Ⅰ"。关于这部著作与这里所谈到的"道路"是一种什么关系,我们就只好搁置不谈了。就是在这本书中,胡塞尔说,与笛卡儿式的道路——《**理念**》和《**笛卡儿式的沉思**》的道路——并列,"可能还有另一些对根本东西进行思考的道路,而这部著作至少在其主要部分是试图开辟一条正是通过将真正的科学之理念回溯到作为其规范的逻辑学而导致的道路"。第7页。

但是另一方面,胡塞尔1919/20年关于《**哲学导论**》的讲课与作为由**L.兰德格雷贝**修订出版的那一卷(即E.胡塞尔,《**经验与判断——逻辑学的系谱学研究**》,1939年首次印刷)之基础的讲课,并不是同一个讲课,在这一卷的"**编者前言**"中写道:"在1919/20年冬季学期起胡塞尔在弗赖堡一再举行的每周四课时的有关'发生学的逻辑学'的讲课中,包含有关于它的主导思想和根本思想";第Ⅶ页。这里提到的时间应该纠正为1920/21年冬季学期。这里所涉及的是这样一些讲课,即胡塞尔预告并举行的1920/21年冬季学期以"**逻辑学**"为题的讲课,1923年夏季学期以"**现象学问题选讲**"为题的讲课,以及1925/26年冬季学期以"逻辑学的根本问题"为题的讲课。讲课手稿的主要部分存放于卢汶胡塞尔档案馆,书目号为FⅠ37和FⅠ38;文稿中有兰**德格雷贝**关于其"应用"的许多附注。胡塞尔在FⅠ37的一个封面上注道:"超越论的逻辑学讲课1920/21年;1923年夏季重讲(可惜经过了修改),1925/26年再次重讲(有的改好了,有的改糟了)。"

路;我们还想在胡塞尔思想发展中进一步追溯它最初的开端。

在与《**第一哲学 1923/24**》的"体系部分"的直接联系中,"普遍的现象学的心理学的道路"[①]应具有最重要的意义。在这里"'世界存在'也被看作出发点,因此是独断论的出发点。彻底贯彻由经验而来的认识之原则。探究一切关联——探究主观的给予方式。探究全部具体的关联……"[②]。在这条道路上,其他非笛卡儿式的道路的诸动机,都以某种方式结合在一起了[③]。在以后的几年里——特别是在各种有关**现象学的心理学**的讲课中[④]——,胡塞尔首先对这条道路进行了透彻的探讨。在同一时间前后,他尝试将《**理念**》一书中笛卡儿式的道路修改为——或更确切地说,重新解释为——现象学—心理学的道路[⑤]。1928年在《**大英百科全书**》上发表的文章《**现象学**》的布局,就是以现象学的心理学和超越论的现象学之划分为基础的。《**形式逻辑和超越论的逻辑**》中有整整一章是研究"超越论现象学与意向的心理学"相互之间关系的[⑥]。

XXXVII

① 第275页,见产生自1923年的"文章":《进入超越论现象学的两条道路:笛卡儿式的道路和普遍的现象学的心理学之道路》,第275—301页。

② 第275页以下。

③ 参看重要的**附录XIX**:《**现象学还原的第二种形态**》,第418—419页。顺便说说,胡塞尔称这篇产生自1920年的札记为在非笛卡儿式的道路上采取行动的"第一种构想"。第418页注①。

④ 参看《**全集**》这一版第Ⅶ卷"**编者导言**"第Ⅶ页注①。

⑤ 在《**全集**》第Ⅲ卷《**理念**》第一册新版中受到**W. 毕迈尔**重视的胡塞尔在其本书的自用本中的大部分注释和修正,都产生自《**第一哲学 1923/24**》形成的年代前后;参看该书第461页"**关于本文的形成**"。特别请参看第33,34,38,39节胡塞尔的修正。例如在第34节标题中加入"心理学—现象学还原",也是出自1923年以后的时期。

⑥ 该书第二部分第6章,第205—235页;特别请参看第99节,这一节表明,将这条道路追溯到《**逻辑研究**》第二卷是正当的。

在《**笛卡儿式的沉思**》中，只是在简短的第 35 节谈到作为“本身是第一的心理学”的“纯粹意向的心理学”[①]。但是在胡塞尔的最后著作中，却重又在经常考虑到“与此相关的心理学功能”的情况下，进行了“对超越论问题的澄清”[②]。

*　　*　　*

除了这种“笛卡儿式的道路”之外，从 20 年代早期起，有一些通向超越论现象学的“新道路”向胡塞尔呈现出来。在《**第一哲学 1923/24**》中就已经明确地给予这些“新道路”以比笛卡儿式的道路更优越的地位，而笛卡儿式的道路则清楚地显露出其缺欠。但是笛卡儿式的道路并没有被完全抛弃。在《**巴黎演讲**》和《**笛卡儿式的沉思**》中胡塞尔甚至再一次回到这条道路上，他在晚年的《**危机**》一书中对这条道路进行了严厉批判，再也没有走上这条道路。但即使在这种情况下，看上去笛卡儿式的道路从原则上仍保持为其他诸条道路中的一条道路，仍保持为通向超越论现象学的“若干条同样可能的道路”[③]中的一条道路。

然而它不再是**必然的道路**了。但是它的本质的东西就在于它的必然性要求：也许它的全部意义就在于成为必然的道路，唯一必然的道路。这些“新道路”中的任何一条道路也绝对没有从必然性中取得其自身的意义。但是，如果笛卡儿式的道路的原初的必然

① 《**全集**》这一版第Ⅰ卷第 107 页。

② 根据《**危机**》一书第三部分的标题；见上。

③ 参看胡塞尔的《**后记**》等等；前引书第 148 页；见上。

性要求失效了，那么因此事实上这条道路本身也就从原则上被放弃了。不仅如此，随着通向超越论现象学的笛卡儿式道路失效，那种必然性要求以及按照这种要求走上笛卡儿式的道路的企图从中
XXXVIII 产生出来的**第一哲学的理念**本身也就瓦解了。

胡塞尔"第一哲学"的理念[①]本身是在胡塞尔理解的笛卡儿那种意义上的笛卡儿式的理念。关于笛卡儿，胡塞尔在《**第一哲学1923/24**》第一讲中说："他的《**关于第一哲学的沉思**》由于以下情况在哲学史上意味着一种全新的开端，即它以一种迄今从未有过的彻底精神尝试发现**哲学的绝对必然的开端**，并试图从绝对的并且是完全纯粹的自身认识中获得这种开端"[②]。而且就是在这个地方，胡塞尔首次将"第一哲学"的概念与**亚里士多德**联系起来[③]。于是"第一哲学"就会"当然地意味着那样一种哲学，它'本身'就是，即由于内在的本质根据就是，第一哲学。此外它还意味着，它按照价值和地位都是第一哲学；仿佛它本身是藏有哲学宝典的圣殿，而其余的哲学，'第二哲学'，则只能是必要的预备阶段，仿佛是进入该圣殿的前厅"[④]。这可能就是这个标题在亚里士多德那里的意思。然而胡塞尔继续前进，"但是也可能有另外一种意义，而且是从本质根据上甚至更容易想到的意义。这种意义肯定是我们在这里应予重视的"[⑤]："在这种情况下，'第一哲学'这个名字就表

① 关于这一理念在胡塞尔思想中的前史，请参看《**全集**》这一版第Ⅶ卷"**编者导言**"，第XVI－XVII页。

② 《**全集**》这一版第Ⅶ卷第8页，——着重号是编者加的。

③ 第Ⅶ卷第3页。

④ 第Ⅶ卷第4页。

⑤ 第Ⅶ卷，第4页。

示一种有关开端的科学学科,……由于内在的不可替代的必然性,这门学科必然是所有其他哲学学科的**前导**,并从方法和理论上为它们**奠定基础**。……考虑到进行哲学思考的主体,因此我们必须说:在真正意义上,哲学的开始者是那样一种人,他**从哲学的开端开始**真正地,因此是**按照绝对经受住检验的真理**,或更确切地说,**按照最彻底的洞察**,形成第一哲学”①。这正是胡塞尔归于笛卡儿 XXXIV
式的“第一哲学”之理念。

因此按照理念,第一哲学是这样一种哲学,借助于这种哲学,一般哲学一定能有其“绝对必然的开端”。更确切地说,第一哲学是这样一种哲学,它本身将它的开端当成“绝对必然的开端”。“只要我们将哲学真的设想为**科学**”②,哲学的绝对必然的开端就只能在于对“绝对经受住检验的真理”之“最彻底的洞察”,而“绝对经受住检验的真理”,在另外一种更本质的意义上,从它那个方面肯定仍是一种“必然的真理”③,因此对它的洞察是一种“确真的洞察”④。于是由此得出,“‘**我在**’**这个命题是一切原理之中的真正原理**,并且肯定是一切真正哲学的第一个命题”,正如在《**第一哲学**》的体系部分第三十二讲中所说的⑤。因此在这种情况下,由第

① 第Ⅶ卷第5页,——着重号是编者加的。

② 第Ⅶ卷第5页,——着重号是编者加的。

③ 参看《**理念**》第一卷“现象学的基础研究”之第46节和第49节。

④ 参看第三十一讲和《**笛卡儿式的沉思**》第6节,另外还请参看这个“**导论**”的以下部分。

⑤ 参看以下第42页。——顺便说说,所引证的句子似乎证实了这样一种猜测,即胡塞尔对“第一哲学”的“笛卡儿式的”构想,最终是建立在一种假定之上的,即所要求的哲学的“绝对的开端”与一般的“绝对的根据”是同一的。参看第Ⅶ卷第62页。在这种情况下,“第一哲学”就不“只”是“开端的学科”,而且作为这样的学科同样也应该是“在价值和地位方面第一的”。

一哲学的理念出发所要求的创始之必然的道路——作为笛卡儿式的道路——就是直接进入这个开端的道路[①]，按照理想，甚至是从“绝对必然的开端”**出发**立即开始的道路。

上述有关《第一哲学》讲课“体系部分”诸思想进程的可疑之处，正如我们所看到的，只不过是由于，这些思想进程使本身原初作为它的基础的这个笛卡儿式的理想实现之原则的可能性并因此使它的**意义**根本成了问题。**在**这种宏伟的“尝试——即赋予现象
XL 学以由第一哲学的理念所要求的发展形态，一种在彻底的哲学的自身意识中，以绝对的按一定方法进行的必然性而自身形成着的有关开端的哲学之形态——**中**”[②]，因此，在**实现**第一哲学之理念的尝试中，第一哲学之理念本身获得其解明。

“一般而言，凡是人们理智地追寻实践目标的地方，实践的**思考**及其结果就与**执行的活动**及其结果，即作品，相分离”[③]；解决**道路**与开**端**问题的钥匙就在这里：“如果普遍科学的”——哲学的——“空的理念在视野中出现，或者如果有关它的可能性以及有关它实现方式的问题被提了出来，那就需要一种有关目标的以及通向目标的道路的普遍思考，这种思考并不想成为实际执行的行为本身，并且在某种意义上也不是执行的行为。因为理智的思考——它恰好不是对现成东西的批判，而只是思考在这里本来应

① “直接地上升到超越论态度”（参看第 259 页），“正如通过一跳就已经达到超越论的自我的上升一样”（第Ⅵ卷第 158 页）；见上。

② 第Ⅶ卷，第 6 页；见上。

③ 参看下面第 205 页。在前面尚未提到的大约产生自 1924 年的“文章”中：**《作为活动的沉思——关于对普遍科学之目的进行沉思的现象学》**第 203—211 页。

该怎样做,目的与道路本来一定会如何形成——使‘理性’的规范突出出来,而这些规范按照有关的目标,就会时而是较一般的,时而是较具体的。在这里,规范是实践的真理——真的目标,真的道路。因此,关于普遍科学之‘可能性’的思考,即关于它的真理之一般形式的,关于它的真实性之一般本质条件的思考,应该与规范的科学本身**区分开**”①:它本身不可避免地是按照“超越论的朴素性”进行的。然而“不可将思考的工作看作是普遍科学**以前**的某种东西,而应该看作普遍科学的**开端部分**或**根据部分**”②——“这种精神上的构思本身也一起属于哲学**本身**的**体系**和普遍理论”③。但是考虑到哲学“确真的”开端之理念,这就意味着:“现在我**在这个开端之前**……必须实行**另外一种开端**,即对认识与科学之目的进行普遍的沉思,对我在自然的认识中接受的规范进行普遍的沉思”④。 XLI

在这里我们不能探讨胡塞尔在《**危机**》一书中对这个问题的彻底深入研究。我们只满足于强调指出,大约从1920年起胡塞尔关于现象学**根本问题**的思考已经集中于对“通向还原的道路”的沉思了⑤。胡塞尔最后一部著作只是谈到“通向现象学超越论哲学的道路”⑥。从前被认为是开端的东西,现在被放到了——反正是不

① 第210页。

② 第211页。

③ 第210页;还请参看上面引证的来自“**后记**”的引文,出处在所引书第148页以下。

④ 第254页。

⑤ 目录号为BI的笔记,题为“**通向还原的道路**”,包含有B组的总共8000页手稿中的4500页。有关现象学还原的这个讲课的遗稿就存放于卢汶胡塞尔档案馆的这个B组手稿中。参看《**全集**》这一版第Ⅶ卷第481页注①。

⑥ 根据被多次引用的正文部分的标题。

曾达到的，并且也许是不能达到的——终点上。老年的胡塞尔关于自己曾说道："如果他不得不将自己哲学追求的理想在实践上调低为一个真正开始者的理想，那么他至少可以就自己而言在老年已完全确信可以称自己是一个**真正的**开始者。他简直可以希望——如果天赐他以玛土撒拉*那样的长寿——肯定还会成为一个哲学家"①。胡塞尔在其一生中只是在最后才看到真正的开端，这看来与他现象学哲学之理念的真正意义是一致的。

下面的情况肯定不是偶然的，即 1924 年以后，在胡塞尔的著作和手稿中，甚至"第一哲学"这个名字也越来越退居次要地位了；虽然还在这里那里出现②，但最终——在《**危机**》一书中——完全被"超越论哲学"这个名称取代了。——

XLII 还剩下一个处于这种关系中的 1929 年《**笛卡儿式的沉思**》的历史**问题**；我们在这里不能研究这个问题。但是必须说，现在不能将这部著作——虽然现在证明它与《**第一哲学** 1923/24》同样成问题——简单地看成是向"笛卡儿主义"的倒退——这也许完全仅仅是由胡塞尔应邀去巴黎大学讲演这种非本质事件引起的——而轻蔑地搁置一旁。抛开那些在这里本来必须注意到的一切更根本东西，我们只限于强调指出一个决定性之点，在这点上，《**笛卡儿式的沉思**》本质上已经超越了《**第一哲学** 1923/24》"体系部分"的开端：

---

* 玛土撒拉(Methusalem)，圣经中的老祖宗，活到九百六十九岁。——译者注

① 《**后记**》等等，所引书第 161 页。

② 例如在那个写于 1930 年的——当然是涉及《**理念**》一书的——"**后记**"中，所引书第 148 页。

与在《**第一哲学**》第三十一讲将“**确真的自明性**”和“**切合的自明性**”看成同一的[①]相反，在《**笛卡儿式的沉思**》第6节中，从一开始就将“**确真性**”作为“自明性的另一种完满性”与“**切合性**”的完满性**区别开了**：“它甚至也许可能在不切合的自明性上出现”[②]。这就是对于下面这个“问题”的回答，虽然这个问题胡塞尔在1924年就感到有必要提出来：“我今后是否会不得不在我关于在确真的辩护这种根本要求上进行某种修正呢？”[③]

*　　*　　*

关于其余所有的问题——特别是有关本文历史方面的，校勘方面的，版本技术方面的问题——，请读者参阅包含《**第一哲学1923/24**》讲课第一部分的这一版第Ⅶ卷“**编者导言**”[④]以及本卷“**增补**”中的“**校勘附注**”[⑤][*]。

在完成当前这一卷的过程中，我也曾能够依赖一些有价值的准备工作，这些准备工作要归功于卢汶胡塞尔档案馆以前的合作者L.兰德格雷贝教授（科隆），S.施特拉塞尔教授（内依梅根）和L.盖勒贝尔夫人博士（卢汶）。我还要感谢科隆和卢汶胡塞尔档案 XLIII

① 参看以下第35页。

② 《**全集**》第Ⅰ卷第55页。

③ 参看以下第68页及下一页。——这个问题：《**究竟在多大程度上能为有关存在者之认识提出确真性的要求呢？**》在写于1925年的**附录Ⅷ**中继续得到探讨（第396—406页）。这个附录又与附录XXⅧ（第465—472页）有直接联系。

④ 特别请参看第Ⅻ—XⅥ页。

⑤ 特别请参看“**前言**”，第509页。

* 校勘附注在中文版中未译出。——译者注

馆现在的合作者给予的必不可少的多方面的帮助，他们是：玛丽夫人博士，瓦尔特·毕迈尔博士，G. 迪姆博士小姐，E. Ch. 施罗德尔博士，特别还有我的夫人。

我感谢茵加登教授（克拉克夫），L. 兰德格雷贝博士，E. 芬克博士（弗赖堡〔布〕）和 H. K. 福尔克曼—施鲁克博士（科隆）他们提供我机会就这里发表的本文中提出的问题进行详细交谈。

不必说，如果没有这一版主持人 H. L. 万·布雷达教授无条件的多方面支持，这个版本就不可能完成。

鲁道夫·博姆

卢汶，1958 年 9 月

第一哲学(1923/24)

下　　卷

现象学还原的理论

下　　卷① 3

现象学还原的理论

〈第一篇　对哲学确真的开端之预备性沉思〉

〈第一章　导论：对在绝对状况中开始的哲学家之动机的说明〉

第二十八讲：〈历史中的哲学之理念和对开始哲学探讨的主观之动机进行说明的状况。〉

圣诞节前的各讲已组成一个完整的整体，组成一个对超越论

---

①　以下各讲请参照附录Ⅰ：《**由兰德格雷贝编制的目录**》（第302页以下）和附录Ⅱ《**由本书编者编制的胡塞尔有关思想进程的批注**》（第310页以下）。——编者注

现象学和现象学哲学理念史的导论[①]。那些讲课按照由苏格拉底—柏拉图对诡辩哲学的反应中产生的，并作为内在主导目的理念决定全部以后科学发展进程的哲学理念的观点，对哲学的历史进行了考察。根据这种理念，哲学应该是由认识者对他的认识成就进行普遍的最高的和最后的自身思考、自身理解、自身辩护而来的认识，或者这样说也是一样，即哲学应该是绝对证明自身正当的
4 科学，而且应该是普遍的科学。历史的发展没有能实现这种理念，
这种情况的标志就是时而公开时而隐蔽的怀疑论思潮之继续发展。我们曾在持续的彻底的批判中追踪这个发展过程，并使自己实质上明白了，一切正当性证明，都在进行认识的并能以超越论的纯粹性把握的主观性统一中，有其最后的来源和统一。因此需要一种有关根源的科学，一种第一哲学，一种有关超越论的主观性的科学。一切真正的科学都必须从这种科学中寻求它们的全部基本概念和原理的以及它们的方法的一切通常原则的来源。正是由于它们最终来源领域的这种共同性，这些科学本身必然呈现为一门唯一的哲学之诸分支。在我们这样最普遍地获得了超越论现象学的和由它产生的真正哲学的预备性概念——最普遍的目的理念，就是说，首先应该在理论中发挥作用的目的理念——，并认识了这个一切未来发展的必然的目的理念之后，我们就要开始单独实现这个目的理念，就是说，使符合这个目的理念的哲学从其最初的开端起引导到现实的生成。

在历史上，我们从**笛卡儿**那里发现了超越论哲学的萌芽。回忆他的沉思，在某些方面，而且对于尝试一种正确的最初的开端，

① 参看《**第一哲学 1923/24**》上卷《**胡塞尔全集**》这一版第Ⅶ卷。——编者注

可能为我们提供帮助[①]。

这位哲学天才的优点就是，即使在他的错误理论中，或在他的看上去简直是失于平庸的粗糙的思路中，也存在着较高的真理，隐蔽地，但仍能感觉得到地存在着；一种处于初生状态的，远没有得到正确组织和论证的，但却充满预感地指向未来的真理，另一方面，对于那些已经将它当作完全形成了的真理而占有的后来人，这种真理很可能被认为是发展之真正萌芽形式。笛卡儿《沉思录》的情况就是如此，特别是在这一系列著名沉思中的前两个沉思。这些沉思一再产生的强烈印象主要可由它深远的预感来解释，尽管 5
这些沉思在最本质的方面却很少得到继续。下面的情况本身就是一件重要事情，即笛卡儿否认一切科学——甚至数学科学也不例外——之论证的最终有效性，他为一切科学要求一种由唯一的绝对的源泉而来的新的论证方法，这种方法应赋予诸科学以绝对的正当性证明。借助于这种方法，诸科学应该成为一门普遍知识（*universalis sapientia*）的单纯分支，而这门普遍知识本身，按照笛卡儿的看法，包含一切真正的知识，并赋予一切真正的知识以必然的统一，也就是由于它们全体必然由之产生的理性之统一而赋予一切真正知识以必然的统一。此外还有一件重要事情，就是对于看上去十分平凡的我思（*ego cogito*）之发现，以及所要求的使对认识之绝对论证返向关联到这个我思；因此确信，超越论的自身认识是一切其他认识的根源。我们将会指出，按照这种最普遍的东西，

① 以下论述请参看上卷第九、十和十一讲，以及有关的附录，《**胡塞尔全集**》这一版第Ⅶ卷。——编者注

笛卡儿发现了一切真正科学的哲学之开端的基本形式，不管他对这个开端的意义有多少误解，并因此未达到这种真正的开端。

另外笛卡儿将自己和读者引向作为哲学及其方法之阿基米德点的我思（*ego cogito*）的沉思方式，也是值得注意的。笛卡儿对于他借以获得真正方法的他个人的思考就像叙述历史报告一样所叙述的东西，显然具有超出个人的意义，而且必须在这种意义上理解。我们首先从这里开始。

按照**柏拉图**和**笛卡儿**的由绝对正当性证明而来的普遍科学之**理念**，一般来说，谁想成为最高意义上的哲学家，他起初就必须通过这种对自身的思考而生成，他必须按照这条合理的自身形成和自身认识的道路而生成。另一方面，这种以正确方式开始并以正确方式继续形成的对自身的思考，也属于哲学本身的系统内容；哲
6 学从中获得客观形态的诸主观源泉不能与哲学本身分离开。自然的认识甚至实证的科学，能够通过当下的把握而开始，能够以朴素的已实现的自明性选取思想道路并形成方法。它在任何通过思想而形成之前就有对象，它有当下的科学领域，特别是它借助自然的经验预先就给予了一个世界。但是哲学家不能通过当下的把握开始，因为他不允许承认任何东西是预先给予的，因为他只有并且只允许有他以绝对的正当性证明而给予自己本身的东西。他预先没有对象，对于他来说，不存在任何在此存在的对象慷慨提供给他的自然经验的不言而喻的权利；他预先不允许任何朴素实现的自明性，不论是什么经验的方式的自明性，不加细察地通过；尽管由这些自明性本身并没有产生任何怀疑。凡没有绝对证明自身正当的东西，都是无效的。

因此哲学家认识到，在他将任何东西，随便什么东西，当作理论基础以前，必须反思：他是如何达到这个开端的，他如何能够使随便什么东西独立呈现出来，他可以承认什么东西是绝对证明自身正当的——并且在这里他可以承认什么东西是自在最初的开端。首先将一定会存在这样的询问：对绝对正当性证明之意义的询问，对哲学目的之意义的询问，而且这种询问始终是持久的、连续保持于行动之中的询问，因为这种意义总是由最初的萌芽中继续生成和分化的。哲学家作为哲学家，因为他暂时在**自身**之外没有任何东西，所以必须从对作为哲学家，作为普遍的绝对的认识之要求者的自己进行反思开始，从在这个方面设法为自己获得清晰性开始；他必须完全停止作为朴素的认识之主观，这个朴素的认识之主观恰恰是将随便什么对象当成理论课题，而与此同时对自己本身则漠不关心[①]。

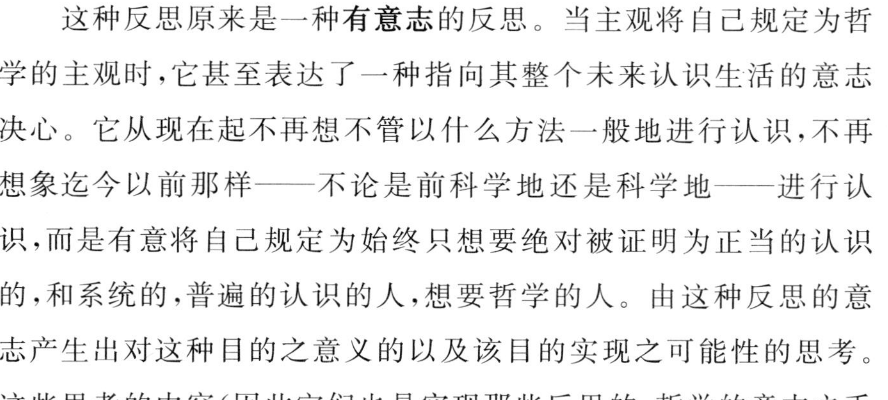

这种反思原来是一种**有意志**的反思。当主观将自己规定为哲学的主观时，它甚至表达了一种指向其整个未来认识生活的意志决心。它从现在起不再想不管以什么方法一般地进行认识，不再 7
想象迄今以前那样——不论是前科学地还是科学地——进行认识，而是有意将自己规定为始终只想要绝对被证明为正当的认识的，和系统的，普遍的认识的人，想要哲学的人。由这种反思的意志产生出对这种目的之意义的以及该目的实现之可能性的思考。这些思考的内容（因此它们也是实现那些反思的、哲学的意志之手

① 参看附录Ⅲ《**传统和宣告一个“划时代的”开始**》（第320页以下）。——编者注

段）构成通向哲学之道路的必然的最初的开端；它们形成方法的基本部分，它们执行方法之普遍的构成，然后哲学本身在内容方面应该从这种方法的运用中产生出来——作为被绝对证明为正当的理论之体系。哲学只是这样作为一步一步完满实践哲学意志的认识构成物——在无限的系统的进步当中——现实地生成的。

按照以上所述，哲学根本不能在朴素的进行认识的行为中产生，而只能从认识者之自由的沉思中产生，或更确切地说，从认识者之自由的自身规定中产生，从对自己本身和对作为哲学主观的主观真正想要由此达到的东西，以及对主观与此相应在实现当中必须遵循的道路和方法论之彻底的反思的澄清中产生。据此，如果进行哲学研究的自我为了能够获得哲学，自己本身必须变成意志的课题，那么重要的就是，而且在以后重要的首先就是，它自己本身必须变成它的第一个认识课题，就是说，它必须根据按一定方法进行的统觉将自己理解为超越论的或纯粹的自我，然后在这个自我中找到他理论工作的基本领域。我说"在以后"，因为它本身不再属于最初的开端，而已经属于作为沉思所通向的第一个顶峰的沉思之结果内容。

但是我们还要在具有反思地指向进行哲学研究的主观的意志决心的这个进行沉思的最初的开始行为之形式上做一停留。如果我们考察一下由这种决心所引起的**正在生成的哲学家**通常的**生活
8 形式**，那么它的特征就表现为处于彻底的持续不断的自身辨明之中的认识生活形式。

让我们考察一下那个从事哲学思考的，进行开始的主观由之决定自己过哲学生活的那种主观动机形成情况之形式的普遍的东

西。主观暂时还是朴素认识的主观，然而却不再是完全朴素的，由于它意识到自己迄今为止的认识之这种朴素性，而且不满足于这种朴素性，就已经不再是完全朴素的了。它经历过一段生活，就是说，也是一段进行认识的生活，因为认识活动也嵌入一切清醒生活中，即使是以较低级形式。此外它已经是科学认识的主观，作为这样的主观不仅完成了认识成就，而且也对这些认识成就进行了评价式的批判，对这些成就按照最终价值进行了有目的的改造。它作为科学的主观熟悉以下情况，即某些进行判断的意见能够以极好的方式作为“真正的”认识形成，即以这样的方式形成，它们不仅一般地意指它们意指的东西，而且它们所意指的东西能在认识的形成活动本身中作为被认识到的真理本身而变为现实。进行意指的意向在这种认识中得到实现；进行认识的主观在努力获取的形成活动中意识到，现在达到了目的本身；它通过认识看出了“真理”，这正是以判断进行意指的活动所获取到的东西，这个“**它本身**”。这是以哲学研究方式而开始者，或者宁可说，初生状态的哲学家，所熟悉的（尽管并没有在逻辑上准确表达出来和确定下来的）事态。对于他来说，与此相对照存在着其他一些判断意见，它们缺乏“自明性”，缺乏真正认识的形成形式，并且仅仅意指它们的事态，而没有看到它们自身（“论证”它们自身，将它们自身“变成可以理解的”）。他也知道，工作中每一种判断意见都认为，对于它来说，能够尝试一种进行正当性证明的论证，就是说，能够尝试将它转移到一种相应的真正的认识之中，在这种真正的认识中，自身给予的真理变成它的正当性标准，或者说，变成它在其上证实自己是正确意见的正当性本身。再者，他知道，这种尝试经常会失败，会 9

转向它的反面，只要真理显露出来；但这是这样一种真理，即判断的意见在它上面碰壁，遭到失败，证明是错的。就此而言，对于他来说不言而喻的是，每一个判断不是正确的就是错误的，不是真的就是假的，就是说，二者必居其一；另外不言而喻的是，所有这些并不涉及当下判断活动和认识活动的偶然事件，相反，真理是能够永久获得的善，它一旦由认识者独立获得，就能够用作他的永久获得物和所有物，即作为这样一种同一的真理，它能作为同一个东西一再地被获得，而绝不能转变为其反面，转变为错误。凡是真的东西，凡是能在现实的、真正的认识中作为真理，或更确切地说，作为判断的正确性，而被认出的东西，就永远是真理，而错误就永远是错误。

但是真理实际上应称之为能够获得的善。它是一种价值，而非真理则是无价值；作为实践的价值它变成了认识努力和认识行为之目的。正如其他行为一样，这个进行认识的行为能够达到它的目的，但却是或多或少不完善地达到的。这种行为可能明显地或不明显地错过了它的目标，认识可能还与情况有某些距离，还有一种不充分的清晰性，它已被感知到，但只是预感到，尚不是充分的自身把握，或者尚没有从意指之一切意义要素方面完成自身给予性。这样，一种新的努力动机就形成了，即以反思的方式对进行认识的行为自身加以检验，加以正当性证明，通过对被以为的，尚不完善的获取进行反思批判的途径，将认识行为改造为真正完善的获取。

对于所有这些，作为科学家的哲学开始者，都是了解得很具体的（尽管他还缺少只有由一般的分析和描述才能产生的对逻辑法则的洞察）；它们是一切科学努力和源于这种努力的科学认识活动之根本特征。这种认识活动本身不想再是朴素的，而想成为经受着认识批判的认识活动。科学家任何时候都是以合规范性之意识表述他所表述的东西（这种合规范性至少是他作为科学家的要求）；这种东西已经经受了批判的炼狱。由此获得了正是作为以批判方式再评价的认识的科学上正确的认识之形态[1]。

第二十九讲：〈正在生成的哲学家之习惯生活形式的建立。〉

因此总的来说，正在开始的哲学家大体上接受一般科学家的动机，这些动机只是因为他从前就已经是科学家而继续留在他记忆中。其实他根本不想对这种动机有丝毫改变，他作为哲学家不想与科学家有任何不同，当然指的是真正的，完全真正的科学家，而且正如在科学家那里一样，引起他关心的一向都是爱智，他以爱智为自己命名，在习惯地献身于判断领域之本质中包含的真理之价值王国的方式上，这种爱智暂时与科学上的爱真理没有不同。因此他通过这种爱真理也能够促使自己作出一种持久的生活抉择，即在实践可能范围内，专心致志于这个真理王国中最重要和最好的东西。

然而这里仍然到处都存在着本质区别。虽然最初科学与哲学

---

[1] 参看附录Ⅳ：《关于一切科学判断的充足理由之原则》（第329页以下）。——编者注

是一样的，或更确切地说，特殊的科学只是作为不可分割的生命统一体的唯一哲学之树干上和整体中有生命的分支。但是从那以后二者分离开了，而且不是由于别的原因，而是由于赋予一切活动以生命的信念。分离是由于失去了彻底主义精神，这种精神想要在“哲学”的名义下，在那种使科学成为科学的东西中，进行到底；就是说，在对认识之认识批判的正当性证明中进行到底，而且正是因此在科学家在其一切认识行为中在证明自身正当方面，进行到底。独立了的诸科学，以及迄今为止的一切一般科学，使真正的哲学家
11 们，主要是使科学家们，感到不满意。这不仅是因为，每一门科学想要作为其理论领域包括进来的对象的宇宙，尽管是无边际的，却仍然是有限的，不仅是因为，每一门科学所追求的有限的真理的最佳值，即真理的体系，同样也是有限的，而不是真理之全体的全部最佳值——，而且首先是因为，一切科学都陷入半朴素状态中，因此不能实现它们作为科学生而固有的意义，即普遍的合规范性的意义。所有这些科学都有预先给予的东西，都有通过认识预先给予的东西；因为即使这个最后的预先给予者，即**经验行为**，本身已经是认识，尽管是最低阶段上的认识。这些科学有预先给予的东西，——这就是说：它们在事先从来没有研究过这种进行预先给予的认识的地方，就接受这些东西。它们也实行按一定方法进行的认识活动，它们虽然对这种认识活动有一些批判的观察，在这种认识活动上刻上批判的印记；却又不是以这样的方式，即在彻底的反思中将这种进行认识的理论行为变成最后思考的特殊课题。正是因此产生了对无前提开端之追求，对一种新的真正彻底的认识生活之追求，对一种由绝对正当性证明而来的创造科学的生活之追

求，对一种在其中哲学家作为认识的行动者能够在自己面前以绝对善的良知而存在，能够理解每一种认识行为和每一种存在于行为中的选择与决定的意义与权利，并能为之辩护的生活之追求。

但是对于那个在这种最真正的意义上想要成为哲学家的人来说，这种绝对的彻底主义就意味着一种相应的绝对的和根本的生活抉择，在这种抉择中，他的生活就变成**由绝对的使命而来的生活**。这是这样一种抉择，由于这种抉择，这个主观本身，而且完全是**作为**它本身——由其人格之最内在核心出发——，就选中了认识之普遍价值领域中的至善本身，选中了坚持不懈地去面对这种至善之理念而生活。或者如我们还可以说的，它是这样一种抉择，在其中这个主观本身在某种意义上“绝对地”参与到这个至善之中。对于这个同样重要和普遍的自身规定之一种相互关联的表达就是，这个决定要当哲学家的主观，选择了最高的认识或哲 12
学作为其所追求的生活之绝对最终目的，作为其真正的“使命”，他一次了结地选定了它，他作为实践的自我绝对献身于它。这位哲学家作为这样的坚定抉择的主观，任何时候都意识到这个起主导作用的最终目的，他的这种生活使命；这当然是在下面这种正确理解的意义上：这个最终目的在他那里以持久习惯的继续有效性而存在，他任何时候都能意识到这个最终目的，他任何时候都能使自己明白，这**是**他持久的生活目的，是由原初形成的抉择而永远有效的，并作为一切认识行为之起支配作用的目的理想极而持续起作用。

因此对于这位总是由这种理想地确定中心而成为哲学家的哲学家来说，对于其生活最终目的的任何偏离，都意味着偏离自己本

身，意味着对自己本身的背弃。同样，由哲学的生活意志产生的关于坚持不懈的绝对的正当性证明之意愿的每一实现，显然同时相关联地就具有哲学家本身证明自身正当的性格。

但是在这种抉择的意义或风格方面还有一最重要之点，我们以对绝对性的这种强调只是对它进行了极不充分、极不明确的说明。我们现在想更清楚地说明这一点。

赋予哲学，普遍知识（*universalis sapientia*），以作为生活目的的最终目的之个人有效性，以此所意味的绝不仅是像选择任何其他生活目的那样选择一种生活目的。例如，财富，名望，权利。荣誉也能以某种方式具有个人最终目的之性格，并能规定所谓职业生活之形式。但它是这样一种职业生活，在其中丝毫也显示不出更高的使命，即这种职业本身能由之获得更高的意义、获得特有的庄严之性格的那种更高的使命，如哲学的职业，还有真正艺术家的
13 职业，真正国务活动家等等的职业显然做到的那样。凡是我们在通常的或较高的意义上谈论职业的地方，我们无疑都能以同样方式反复发现一些结合为普遍的精神的形式之统一的普遍特征。例如，谁选择了商人的职业，要在这种职业中获得尽可能大的成就，获得尽可能多的财富、权势，获得尊敬，甚至是以一次了结的形式在内心中选择的——在这一点上与哲学并没有不同——，在他的眼前也就同样有一个不仅是彼此连结地，而且是相互重叠地建立的，形成一个整体的，上升的价值和目的之无穷系列——即这样一些价值和目的，它们的较晚的总体吸取了较早的总体，就此而言，是以某种方式保存了它们，然而由于这种添加却又贬低了它们，此外，是这样一些价值，它们在这种不断上升之无穷的阶梯结构中，

本身形成一个价值整体，一个所谓帕纳塞斯山*阶梯，它作为无穷的阶梯，本身就是一种价值和目的，它也在“职业”这个名目下被选择了。在每一个自由而真正的从内心选择的职业中，都以这种相互关联的形态存在一种有关最终有效性的，有关最终目的的理念，而这对于作为意志主体的人格主体来说，就意味着参与到这种目的或目的体系之中，意味着出于自我内心的“由爱”而来的创造性的——实践的为该目的献身，意味着想以特殊方式永久在其中任意发展。

然而日常意义上的职业和由使命而来的职业仍有天壤之别。事实上有天壤之别：因为这种真正职业之家园是**绝对理念**的天国（τόποζ οὐράνιοζ），是与单纯被以为的价值对立的绝对的或纯粹的价值天国。顺便提一下，尽管被以为的价值也是某种具有真实性的东西，但却不含有尽善尽美这种纯粹性。另一方面，使命的家园是**自我本身**，自我不仅一般地进行评价，而且希图透过一切片面的有限东西和模糊不清而以预感和展望的方式获取纯粹的和真正的价值，以爱而献身于这些价值，在创造性的实现当中与这些价值结合在一起，但是这种纯粹的东西本身与数学上的极限值相似，它是处于无限之中的极限概念——至少当以下情况是真的时是如此，即每一个本身已经被看到的纯粹之物仍还具有自我未达到的东西，它不论是在本身中，还是在它的关系地平线中，都仍然带有这个热爱理念者能够被卷入并一定会被卷入的未被充实之物的成

* 帕纳塞斯山(Parnassum)，希腊神话中的山名，太阳神阿波罗和文艺女神缪斯的居所。——译者注

14 分。在每一个价值领域中都以这种方式存在着一种纯粹之物，一种自在的价值，一种作为理念的纯粹的善（καλόν）；同样，在认识的价值领域中存在着纯粹的真理，它在诸理论中的诸真理之系统的创造性的提高当中不断地提高。在这种一步一步向上的发展中，在最低阶段产生的诸真理在某些方面是被永久保存的价值，然而另一方面，在较高价值阶段上被吸收的价值，却被贬低为只不过是较低的、被克服了的价值。在这种情况下，如果我们看看理论本身的无限进展和在其中发生的获取真理的诸阶段发展的无限进展，那么这种无限进展又作为纯粹的价值，并作为超越各阶段的价值，以其无限性的统一显示出来，作为个别的价值形成和价值提高之总体（这个总体本身不变化也不提高）显示出来了；因此作为绝对的同时又是保持着的价值显示出来。很显然，这种最高的和最后的东西，在这里就是纯粹真理一般的，其中包括进行论证的理论的无限总体，即这样一种总体，它显然也包括由任何开端的真理中发生的一切可以想象的理论研究之进展。

因此，在这里我们在以理论方式联结起来的真理之全体中，就有一个纯粹美的特殊的无限的领域，这个领域是在纯粹的看中显示出来的，但实际上并不是在被动地看和把握中显示出来的，而是在以爱的方式进行的创造性行为中显示出来的，在这种行为中，自在的纯与美作为对进行预感的意向之充实如其本身所是的东西那样实现，并作为被独立地创造性地引起的，这个自我本身已经达到的最终目的而被认出。但是一切最终目的都只是相对的目的（τέλοζ），它总是一再地继续展开新的，存在于新的照准方向中的地平线，展开对这些新地平线的，尚未被揭示的预感。在这里，被坚持的无限进步——这种无限进步是以具有其充实着（但却只是相对地充实着）思念的认识行为的现实的认识运动之相对的和有限的形式实现的——的主导理念（或被坚持的绝对价值），按照它的方式实现了。

美受到爱。但爱是无止境的。它只不过是在爱的行为之无限性中的爱，但它在自身中总是具有作为相关物的纯粹价值本身的无限性。它作为有创造力的自我之爱，是对于美的无穷的思念；在受到不自由的抑制时，它就变得不幸——而在自由进行的，独立的充实中，在它对于被预感到的美本身的，然后是对于被展望到的美本身的，最后，是对于尽管经常只是相对的，只是终究受限制地自身形成的美本身的坚持不懈地实现中，它就变得幸福[1]。

但是我们现在必须注意以下情况，即通过爱展露出纯粹美的东西，并且通过预见已经涉及一个美的世界，这是一回事，——而献身于这个美的世界，则是另一回事。另一方面，时而献身于它，时而在真正的愉快中通过创造性地形成它，或模仿它，而实现它，并正是借此它本身通过纯化而提高，是一回事，自己完全献身于这样一个作为可能的创造性的构成物之世界的价值世界中的无限性东西，仿佛是流入到这些无限性之中，想要并且一定要在这种无限的，无条件的，绝对的爱中，通过无穷的进步，以最独特的行为占有这种美之无限广度，则是另一回事。

如果这种对于纯粹美的爱在某个美的领域已被唤醒，那么这

---

① 在前面和后面胡塞尔都在页边注道："不充分"。参看附录Ⅱ（第310页）。——编者注

种爱通常对于另外一些领域美的东西也可能会起作用，只要一些理解的前提得到满足。但是爱者在实践中实际上不可能以同样方式选中每一个价值领域，并同时选中所有价值领域。每一个价值领域都是一个世界，一个无限的总体。每一个价值领域的选择，在过渡到实现它的爱的行为时，就会妨碍对另一个价值领域的爱的行为的实现——因此也妨碍了无条件选择它的可能性。但是现在在这里这种选择，这种无条件的决定，是偶然的事情吗？回忆一下“使命”这个词会为我们提供答案。我能够在通过爱而进行评价时看出纯粹美的各种不同的世界，我甚至能够就它们的价值本身同
16 等地承认它们是美的东西，——但是我仍然能够说并且必须说：这些美的世界对于作为我所是的我，不可能是同等有效的，我作为我所是的我，只能选中这一个美的世界，并且必然只选中这一个美的世界。这不仅是因为一般来说我必须选中一个美的世界。我作为有理性的生物，必须在实践上作选择，如果与一切在纯粹意义上美的东西相比，所有其他过去非常热烈渴望的价值（作为单纯被以为的价值）变成了实践上绝对毫无价值的东西，那么我就只能选择一种美的东西；而且不仅是因为，我一次不可能一下子选中它们全体，在行动时不得不优先选择价值世界中的某一个；而是因为，这一个价值世界就是我对它具有特别的和无条件的亲和性的价值世界，或者因为我看到，并非所有就本身来看有同等价值的美的东西，因此在实践上就一定是对我有同等价值的。而且只要一种个人的评价从我内心最深处就迎合这种它称其为对我具有绝对价值的唯一价值领域，在这里，在给定场合，就不**可能**是这样的。因此我必须对自己说，这一个美的领域，就是我本身出于我的人格之最

内在核心而属于它的那个美的领域，而这个领域从它那个方面又作为我自己的东西属于我，作为呼唤我，完全是亲自地呼唤我，我对于它负有使命的东西而属于我。我作为我所是的我，不能将我与这个美的东西（从实践上说，就是与在纯粹意义上好的东西）之领域分割开，实现它是我的任务，我的职责领域就在这里。如果我听从这种召唤，那么为了获得我自身，我的真正的和真实的自我，我的无限的自我，涤除掉尘世东西的自我，除去失去我，作为有限的自我，作为感性的自我，非真正的，非真实的自我的我，我还能怎么办呢？因此通过生活，通过在尘世东西中预知到永恒东西，在非纯粹东西中预知到纯粹东西，在有限东西中预知到无限东西，并且通过在持久的爱的行为中作为纯粹美的东西加以实现，我不仅获得了“幸福”，而且获得了“极乐”，即那种唯有在其中我才感到满足的纯粹满足；而且正是因此我将我自身实现为我按照精神与真实性唯一能够自称为存在的东西。

我们当然是以普遍性的形式对待这里涉及的特殊性。我们普遍地谈论这个由使命出发做抉择的人，特别是指选中了哲学的人， 17
指真正的哲学家；只当他听从那种由*普遍知识*（*sapientia universalis*）之理念向他发出的，并要求他绝对献身的召唤，他才是真正的哲学家。只有献身于哲学的人，才是哲学家，正如只有自身完全献身于艺术的人，才是艺术家一样。对哲学感兴趣，偶尔思考真理问题，甚至连续地从事哲学，这尚不是哲学家，这完全像一种业余的绘画活动和造型活动，即使整个一生都从事此项工作，也仍不意味着是艺术家一样。这里所缺少的是追求最终东西的意志之彻底精神，这种意志想到了纯粹理念的无限性和整个理念世界的无限性，

并且只有在面向这种永恒极的平静生活中才能得到满足，在这样的平静生活中和创造性的积极的充分发展中，它将自身实现为永恒的自我。

第三十讲：〈纯粹的一般文化信念，以及哲学彻底精神的最初形成。〉

在上一讲我们考察了作为创造性实现之领域的纯粹价值领域，将认识的价值领域与其他的纯粹价值领域相对照，就此而言，哲学，普遍和绝对的科学，或力求实现具有其最终和最纯粹完满性的认识价值总体的科学，是与纯粹文化的其他理想形态，因此与正在形成的艺术之理想形态，在同等水平上讨论的。每一个纯粹的和真正的价值之实现，总要求进行创造的主观有信念之彻底精神，这种彻底精神绝不能满足于有限东西、不完善东西、未完成东西；相反，它追求理念之永恒的极。但是另一方面，在哲学与科学那里的情况与在艺术以及其他文化领域中的情况有本质不同。科学和艺术，二者都是普遍的概念，一个包括科学形态之总体，另一个包括艺术形态之总体。但哲学，作为普遍的科学，想要使现实的和可
18 能的科学形态之总体在目的活动上的实现成为可能，或甚至完成这种目的活动上的实现，而且即使是每一门特殊科学，就已经将其尽管是受限制的，却仍是无限的领域之真理的特殊化了的总体当作意志的课题。这就是说，哲学家不仅受引导于个别劳作以之为基础的作为其圆满完成之理念的唯一理念之无限性，而且还受引导于这些已完成的诸形态之总体的无限性。当下已完成的个别认

识和理论，不仅从客观上实现，而且还从特殊的意识方面的意向——因此就是每一个研究者本身的意指——出发实现科学意志普遍征服所指向的普遍真理领域的一个新的部分。当然，在其他文化领域并不谈论所有这一类东西，在那里我们不问，是否能想象这样一些可能性，即，即使在对于它们的关系上，也能在人类当中唤起普遍指向的实践的意向，因此能奠定更高程度的并在自己本身中指向普遍性的文化形式。不管怎样，被认为是纯粹的和真正的艺术的艺术，对于我们而言，并不是一种普遍的，指向现实的和可能的艺术形态之总体和能以某种方式划定范围的特殊总体的艺术家意志之名称。

但是与此相联系的还有另外一点，它将哲学固有的意义与所有其他纯粹文化的意义区分开。纯粹文化绝不排除某种程度的朴素性，甚至处处都是在这种朴素性中产生的，并处处都停留于这种朴素性之中——哲学除外——，此外，即使是在理念的彻底精神下反思的自我批判和对于劳作形态当下阶段之批判，也都属于每一种纯粹的文化形态，而且正因此也属于实证科学（实证科学在这个方面实际上可以与所有其他文化在相同层面上看待）。但是哲学超出这整个层面，它原则上将它的道路从一切朴素性分离开。这是因为，它的彻底主义本质上不同于属于任何其他文化信念的彻底主义。就是说，这种以无条件献身于追求被看到的，被喜爱的纯粹价值领域的一般彻底精神，尚不是哲学的彻底精神。与此相关 19
联的还有，形成哲学家的那种生活抉择的确立方式，本质上与属于艺术家或科学家的方式不同。

首先必须说，哲学家内心中想到的对实证科学独断论的反对

意见，肯定绝对没有涉及科学信念的理想性。即使现代实证科学过多地服从于培根的功利主义原则——按照“知识就是力量”（*scientia est potentia*）的箴言——，从公正性方面来说，我们也肯定不可以不加考虑地一般地否认科学家们对其科学真理领域之纯粹爱的信念，而且在一切好的东西和最好的东西当中，绝不缺乏由使命而来的研究精神。但是在这里，这种爱以及随它而来的个人生活选择，可能是不经意地发生的，在纯粹文化的其他领域，比如在艺术中，也完全如此。在某人那里可能很早，在青年时代，纯粹对艺术的热爱就已经发生了，这种热爱可能变成实践上的献身，也许专门化为练习画风景画，就这样，他可能没有所谓的庄严抉择就不经意地卷入了这种职业。也许后来随之而来的明确的职业选择，于是就具有一种单纯确认并同时明确表达本身已经自然地产生的习惯的生活意志和行为意志之特性。同样，关于科学的情况也是如此。在才能得到提早培养的情况下，这并不少见。

哲学家那里的情况则完全不同。他**必然**需要一种一般总是最初地和原始地将他造就为哲学家的特殊决心，需要一种作为原初自身创造的所谓的原初形成。任何人也不能被卷入到哲学之中。

这是因为，热爱知识和汲取知识的那种一定程度的朴素性，是必然最初的东西；这种朴素性随身带有一种对它本身隐匿了的，在最好情况下也只是被模糊不清地觉察到，但并未被理解的不完善性。这种不完善性首先是**怀疑论**揭示出来的，而这原因就在于，只
20 当认识的主观开始将它的注意力指向认识对象与被认识的真理对于认识者之关系，并卷入到众所周知的所谓的认识论的难题时，这种不完善性本身才能显示出来。最终它一定会相信，全部的认识

都遭遇到这种困难，任何认识价值都不能放入到朴素的绝对性之中，不能以朴素的态度作为绝对认识价值加以维护，只要每一个认识价值对于认识的主观以及该主观通过认识形成价值的活动正是具有其不可分割的返向联系；想要进行认识的人必须知道，如果一般而言在这里能获得并能维护一种纯粹的认识价值，这种认识价值就必须在与进行认识的成就活动之这种相互关联中被把握和被认识。对于他来说，越来越清楚，在这里，借助于偶尔的反思和朴素性与反思的混合，什么也不能成就，相反，在这种情况下，只能产生荒谬。很清楚，单纯逻辑批判，如科学家本人实行的逻辑批判，另一方面，如仅只是独断论的逻辑学对形式的逻辑批判，也不能有所助益，这正是因为一切逻辑学的形式和逻辑学本身，仍然带有同样不可理解的方面。因此才产生了一种新的，普遍的和绝对的彻底精神之必然性，这种彻底精神瞄准一切朴素性，而且是从根本上瞄准一切朴素性，并想通过克服朴素性获得最终的真理（而这才是真正的和本来的真理），并想要按照普遍性的精神获得这种真理。因此就产生了要使一种全新的，包罗一切的，彻底超越论的科学开始，并使之系统地继续发展下去的愿望，这种科学不再有任何怀疑论的深渊，相反，在其中一切都是彻底明晰的，清澈的和确定无疑的。

在**柏拉图**面前有怀疑论的**诡辩哲学**，与诡辩哲学相反，柏拉图以一种新的彻底精神追求一种新的科学。全部以后的哲学和科学，古代的和中世纪的哲学和科学，都伴随着并使人们想起怀疑论，它总是要求有关最终东西的彻底精神，唯有这种彻底精神才能克服怀疑论并使绝对的哲学成为可能。怀疑论的**唯名论**一直延伸到近代；在**文艺复兴时期**革新了和加强了的**柏拉图主义**违反自己而具有这种怀疑论的**唯名论**以及一起复活的古代的怀疑论或经验
21 论。在**笛卡儿**那里，一种追求将科学绝对彻底地建立起来的意志，以原始的力量重新复活了，这种意志支配了近代。这里存在着作为最终有效的科学的哲学之理念，它预先没有任何不是它绝对地给予自己本身的东西。但是**英国经验论**出现了，并且作为公开的和隐蔽的怀疑论一直继续存在到今天。在我们大家面前有**休谟**以及由他辐射出来的实证主义。在我们大家面前有已经独立了的现代科学，以及它最初——其实今天也仍然是——从数学接受来的科学理想，然而在这里，作为典范的这同一种数学，不停地、徒劳地、费力地澄清它的方法的基本原理，它的基本概念、定理、推理原理，以为这种澄清最后能使它获得典范的精确性之声誉。我们面前有所有这一切，这个我们，由于理解所有这样努力都是有缺欠的，甚至是毫无希望的，而要求一种哲学。因此哲学的理念本身就包含一种最终有效性和一种有关最终有效性的彻底精神；这种彻底精神不可能由任何自然朴素的对认识的热爱，由任何如其在诸实证科学中那样仍然是朴素的对科学的热爱，以自然的方式不经意地产生出来。为了作为主导的目的理念能产生出来，哲学理念在认识的主观中作为前提条件的东西，恰好正是一切朴素认识价值和科学价值之破灭，即由于认识到迄今一切不管评价多么高的科学都带有无可救药的不完善性（只要它停留于它的形式中，就是无可救药的）；并且认识到，因此一切这样的实证科学肯定都受到怀疑，肯定预先就以某种方式失效了；认识到，因此一种全新的开始和一种全新式的科学，是必不可少的（如果科学，充分意义上的科学，一般来说是可能的），而破灭。但这是否可能，本身不可以真正当成前提，而是开始时必须加以怀疑[①]。

因此实行开始的哲学家就处于这种独特的状况中，而且不仅 22
仅是由于偶然的历史的实际情况；因为从理想的方面看也很清楚，即绝对的，彻底建立起来的科学之理念，必须从这种状况中获取它的意义，因此实行开始的哲学家最好已处于这种状况中。否则他连同他的全部对认识的纯粹的爱，必不可免地就只不过是处于认识的朴素性之中，并且不管以后的发展事实上怎样进行，这种发展在其结果当中必然会遵守这种普遍形式，这种发展必然会使认识者面临超越论的认识深渊，使他们在怀疑论的困境和谜团中不知所措。真正哲学开端的典型境况就是由这些困境和谜团形成的。

因此关于这种情况需要一种特殊的重大的生活决定：开始这种冒险，并将自己的生命投入到这种冒险，——投入这样一种冒险，即以追寻最终东西的彻底精神探求真理与科学，或者宁可说，由自身出发并联合志同道合者去试探这种真理与科学：一种由最终的好的良知而来的科学，这种良知现在是唯一能最终满足对知识之纯粹爱的良知。科学必须在一切可能的方面都达到完美无缺的清晰性，因此科学不能仅有对直向的认识意向之充实的朴素满意就足够了，而是首先也要建立起超越论的清晰性，借助于这种清晰性，所谓的超越论的幽灵和精心编造的有关超越论的谎言——一方面是怀疑论精心编造的谎言，另一方面是独断论形而上学精

① 参看附录Ⅴ：《**一种普遍认识的目标不是根本无意义的吗？**》（第 366 页以下）。——编者注

心编造的谎言——就被消除了。但这正是通过**在有所成就的主观性之充分的具体的关联中**考察一切科学成就，并且只是在对这种相互关系的研究中被一起研究，而实现的。

如果我们思考一下作为处于其绝对的境况中，并且在实行了要作为哲学家适应他的绝对境况的这种最初抉择之后开始的哲学家，那么现在必然第一的事情就是，使**对于可能方法的沉思**发生作用，在这种沉思的进展中，这个有关开端的哲学理念之空洞的一般性就一定会变成被越来越具体地充实了的理念，因此哲学的具体
23 意义就一定会越来越得到充实；在被越来越丰富地规定的要素和关联方面，这种情况也适合于方法。

如果我们达到这一点，那么我们立即就能进入到沉思本身之中，并能开始最初的哲学行为，这种行为对于这个开始者来说，是作为绝对的需要产生出来的，而且是由他哲学意志的绝对一贯性产生出来的：即开始**普遍地推翻**在这之前发生的不管怎样获得的一切信念，因此就是开始笛卡儿要求每一个为了高尚目的而认真研究的人（*qui serie student ad bonam mentem*）“一生中要有一次”的那种推翻，笛卡儿说的高尚目的显然是指哲学家的那种绝对善的认识良知，哲学家的那种绝对的自身正当性证明。

但是在我们开始这样做之前，我想以一种并非不重要的考察来结束这个导言，这种考察不久就会向各位表明，哲学，不管它怎样与单纯认识价值的普遍领域相关联——除这种认识价值之外，肯定存在着另外一些价值范畴，因此存在着纯粹文化的另外一些形式——，在自身中具有一种**跨越一切纯粹文化的意义**，而且正是因此并且相关联地，对于文化返向地与之关联的所有一切普遍的

理性人性具有意义。但是我并不是在单纯历史事实的意义上，而是在联结科学和文化的本质必然性意义上，说这种普遍的意义。

如果我们通过概括理性东西和非理性东西，非直观东西等等的方法，就其全部范围来看认识活动，那么认识活动就包括全部判断领域，述谓的和前述谓的判断领域，相信活动的各种各样自我—行为，不管是所相信的事物还是相信活动的方式，以及相信活动的一切样式（猜想，认为可能，等等）。尽管有最广义上的认识活动或判断活动之特殊化的这种多样性，仍然留下足够多不同种类的自我—活动，如各种各样的爱与恨，满意与不满意，愿望，追求，意愿。另一方面，所有这些自我—功能并不是彼此并列的，而是相互渗透的。如果我们在确切意义上谈论认识活动，例如谈论科学的认识活动，那就的确很清楚，每一种这样的活动不仅是判断的活动，而且在这里有一种进行努力和意愿的运动贯穿于暂时无洞察力的判 24
断活动中，这种运动最终以一种相应的有洞察力的判断活动，在确切意义上进行认识的判断活动而告终，并赋予其内容以经过努力获得的真理这种意志性格。因此在这里判断活动处处都与意愿活动，甚至还与评价活动相互渗透，只要实践中指向真理的人肯定地评价真理，肯定地评价洞察的相关物，并因此将它们看成意志的目的。我们再考察另外一个例子，一种纯粹满意的评价活动，例如对一朵花很喜欢。这朵花本身通过知觉浮现在脑海中，而这就是说，它在知觉的相信中呈现为以某些事物性特征直接在此存在。但是超出知觉提供的内容，有某种来自满意本身的东西归于被看到的这朵花，由此它具有了一种内容，即“诱人的，美的，芬芳的”，等等特征。我们很容易由情感中的这种满意，纯粹自我关注的态度，而

逐渐转变为判断的态度，在这种态度中，“美”的东西，“诱人”的东西，现在在通过经验而相信的活动中被把握，然后如在这些语词的应用中那样，被述谓。因此所有这些谓词都在述谓以前，并在进行把握的经验以前，在情感中有其起源；正如其他一些谓词，在与进行评价的情感相结合的意志中有其起源一样。如果我们环顾各种不同的文化领域，情况也是如此；文化包括实践的构成物，这些构成物本身通过对有关的情感行为和意志行为之深入理解，以理解的方式被解释：意志的意向，譬如说，贯穿于审美的感受意向之中，说明那种指向有关的美的形态之客观实现的努力和行为的动机。被如此深入理解的东西，能成为经验把握的和述谓规定的对象，甚至能成为科学疑难的对象；在这种情况下，审美的和实践的态度变成了进行认识的态度。只当我们如自然科学家那样，有意地将一
25 切其意义来源于情感和意志的谓词通过抽象随意排除掉，我们才能获得有关纯粹认识的诸科学。在这些科学中，就是说，在诸自然科学中，虽然情感和意志也一起起作用，但只是以认识意愿的形式起作用，或更确切地说，以将真理评价为认识目的的形式起作用，而不是以这样的形式起作用，即情感与意志变成了对象性谓词的意义来源，如在美等等的谓词那里那样。在有关文化构成物的科学这种特殊意义上的一切文化科学，在其课题领域中所有的，不是单纯的自然和关于单纯自然的谓词，而正是由情感产生的，因此返向地指向在评价活动和意愿活动中形成的主观的那些谓词。

就这样，认识领域之范围的普遍性就超出由情感的和意志的主观性产生的成就之一切领域而清楚地凸显出来了，当然相关联地一个相似的范围也凸显出来了，通过那个范围，进行评价的情感

和意志借助努力和行动伸展到整个主观性以及它的全部意向功能上。但是对于科学来说，这就意味着，作为进行认识的理性之客观化，在它当中还有一切进行评价的和实践的理性反映出来并一起客观化；或者意味着，在理论真理的认识形式中，一切其他的真理，因此每一种价值真理（我们称之为真正的和真实的价值的东西）以及实践真理，都以述谓的形式表达出来，得到规定，并具有认识上论证的形式。纯粹在自身中进行评价的情感就是如此，纯粹在自身中或作为这样的东西形成着的行为意志就是如此。真理，价值的真，此外还有作品的真，又是原初朴素地在情感中，在纯粹的满意中，表现出来，正如美之实践上的实现是在达到目的之有牢固基础的满意中表现出来一样。但是价值领域的真以及达到目的之真实性，最终是在**认识活动中得到辩护**的，这种认识活动在判断态度中以及它的逻辑形式中就价值与无价值进行述谓，并明智地将偶然存在的价值直观返向关联到普遍的有洞察力的价值规范上，并借此获得作为对认识进行辩护的更高辩护。但最高的和最后的辩护是从对最基本的情感成就和意志成就的超越论态度而来的认识中产生出来的。

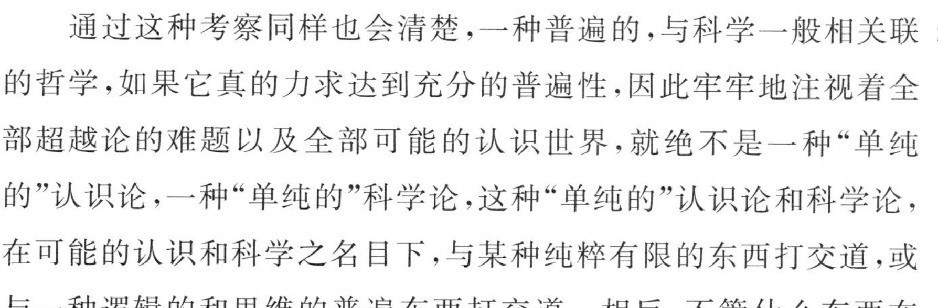

通过这种考察同样也会清楚，一种普遍的，与科学一般相关联 26
的哲学，如果它真的力求达到充分的普遍性，因此牢牢地注视着全部超越论的难题以及全部可能的认识世界，就绝不是一种“单纯的”认识论，一种“单纯的”科学论，这种“单纯的”认识论和科学论，在可能的认识和科学之名目下，与某种纯粹有限的东西打交道，或与一种逻辑的和思维的普遍东西打交道。相反，不管什么东西在主观性与客观性之间本质上普遍的东西上和具体的，然而仍旧是

本质上特殊的东西上出现，不管什么样的理性行为和理性构成物，社会主观性东西的什么样本质形式，社会主观性东西的可能的文化构成物和文化体系，以及它们的文化构成物和文化体系中相关联的形式，被考虑到，——它们全都属于完整的哲学之范围。尽管如此，如果纯粹的认识问题处于首要地位，那么发生这种情况只是因为自然的进程；与逻辑的进程一样，彻底的和超越论的哲学的进程，也是从一种最普遍东西开始，由此出发转向被充实了的特殊东西。科学之最普遍东西当然是形式，这种形式尚不能就存在物之根本的特殊化——在真实性意义上的存在物之形式的一最普遍的意义上——作出预先的断定，因此尚不知道课题的区分，如：单纯的事实（一切规范谓词都不考虑它），价值，实践上的应该存在；或者还有，在事实东西内部的区分，如：单纯的自然与精神（个性，个人的制品，文化）等等。

〈第二章　确真的自明性之理念和开端的难题〉

第三十一讲:〈自然的自明性和超越论的自明性,确真的自明性和切合的自明性。〉

我们面临着开端这个重要问题。我们现在是处于绝对境况之
中的正在生成的哲学家。在我们身后有我们迄今的科学生活,及 27
其全部从前的确令我们满意的认识成果,因此还有从前被我们作为绝对的加以评价的真理、理论、科学。它们再也不能使我们满意了。我们是从实证的真理论证之朴素性当中成长起来的,我们已让怀疑论折磨得够苦了。我们通过怀疑论学会了将目光指向进行认识的主观性,一切被认为的和作为真的而被论证的存在,一切被认为的,但也是作为客观的真理而表明出来的理论,都主观地来源于主观性的意识成就,来源于主观性的前理论的被动性和理论的主动性。我们已经意识到以下一点,即关于世界所是和真正理论对于世界所规定东西之完满认识,如果没有对在其中世界以及有关世界的理论超越论地—主观地被构成的超越论的主观性的研究,就不能获得。由于在其中进行经验的,进行思想的,进行研究的,和进行论证的意识的超越论的生活和有所成就的活动仍然是

匿名的，未被看到的，未从理论上研究的，未被理解的，因此，一切实证的科学都具有抽象的片面性。

我们已经注意到，虽然以前的一批科学，即心理学以及与它紧密结合的生物学、社会学和文化科学的诸学科，同样也已将主观性及其认识活动当成课题，但即使这些科学也是“实证的”或“独断论的”。换句话说，即使它们在其按一定方法进行的整个操作中，也是以朴素性进行工作的，在那种朴素性当中，认识活动作为被认识客体之起源的功能（赋予意义，确立存在），没有获得其理论上的正当性。在它们当中——在有关个人的主观和**作为**世间**客观性东西**的主观构成物之诸科学当中——这涉及动物的和人的主观性东西，个别的和社会的主观性东西，以及作为它们在世界中的主观产物（复合的精神性东西，文化），而且是作为与它们（作为世间化了的精神性之范畴）相关联的认识功能之前理论的和理论的构成物而涉及的。

28 因而全部科学都进入我们的考察范围之中，而且已经显而易见的是，到处都相似的失败不仅出现在事实性科学之中——仿佛是一种偶然附着于它们的不完善性——，相反，这种不完善性存在于它们的**本质**之中，存在于它们的方法的根本本性之中，以至于预先就注定这种不完善性会存在于仍应以相同方法论新建立的诸科学中；因此很清楚，对于这些始终处于它们自己的方法范围内的科学之任何可能想到的改善，都不能改变这种情况。

以此我们已经对科学进行了全面的，在某种意义上是彻底的批判：一种对于整个哲学史进程（这个进程同时包括一切科学的历史以及实证科学之理念本身的历史起源）的批判和对现代的科学形态——连同它们的诸毫无希望的哲学附属物——的批判。但这种对于继承下来的哲学的朴素性和科学的朴素性的批判，以及同时对于克服这种朴素性的诸尝试——这些尝试由于种种不彻底性、不清晰性、前后不一贯性，而越来越失去活力——的批判，对于我们来说，只不过是第一哲学沉思（*meditationes de prima philosophia*）之最初的必然的部分。这种批判的成就不是别的，也不可能是别的，而只能是使我们最明显地**感到**对实证科学的根本不满足，以及**感到**以实证主义精神建立的，作为完全是指向世界和一切可认识之物之绝对意义的科学的哲学，是根本不可能的；此外通过将目光指向一切认识成就之那种根本东西，指向形成意义和有效的意义的主观性，以及指向进行认识的有所成就的活动、认识的意义以及被认识的存在之间模糊不清的相互关联，能使我们**预料**一种新式的科学和哲学。甚至不仅如此：返向地指向作为一切理性和理性形态的，因此连同一切科学的根源领域的“超越论的”主观性，就一定会如在**笛卡儿**那里已经发生的那样，赋予关于哲学是普遍的和被绝对建立的，由最后认识来源得到澄清的，并因此绝 29
对证明自身正当的科学这种古代思想以新的意义，并赋予它以新的力量。

但正是这种情况就产生了动机，产生了绝对的状况。因为它并不以对一切正在进行中的科学中的最后意义上正确的科学之绝望而作罢。对其实证成就之最终有效性的绝望并不包含对一般真正科学之可能性的怀疑论的绝望。相反，对于一切类型怀疑论——怀疑论的动机来源本身存在于，并且完全存在于对一切认识之实证态度的不满——的批判，对于我们来说，乃是有预见地理解这里所缺少东西的主要手段：即从理论上突出并系统研究那种一切认识，特别是一切科学认识之统一的基础——即一切认识的统一都来源于其进行认识的——有所成就的生活的超越论的主观性。

最后正是这一点是我们迄今为止全部思考的获得物，即有关这个原初提供根据者的普遍科学之理念，有关在最严格意义上对意义赋予而言和对一切可能的真实存在的存在有效性和一切可能的科学的存在有效性而言原初东西的普遍科学之理念，以及作为普遍的和绝对的科学的普遍哲学之理念（这种普遍的哲学由这种原初的东西和具体统一的东西中独立地产生出一切可能的科学），使能够绝对辩护的正当性由对于它的绝对可理解性中产生出来，并将一切可能的科学当作特殊的分支包含于自身之中。

这样我们就获得了一切认识努力之最高的指导性目的理念。在这种情况下，这个理念，正如它在自明的动机说明中为我们形成的那样，绝非已经具有关于这种有关原初东西的以及由原初东西而来的这种科学的清楚的指导概念之价值。换句话说，在这里，我们在开始时尚不具有哲学之清晰而明确的原型，而只具有方法方面的形式的一普遍的指导思想：即在这个名目下必然会有一种科学，它作为能够真正如此称谓的“考古学”，应该系统研究那种最原初的东西，和自身包含着存在与真理之一切起源的东西，并在以后向我们说明，每一种认识都能被由这个一切意见和有效性之源泉带入到最高的和最后的理性形式之中，带入到绝对建立基础的和绝对正当性证明的，最高的和最后的理性形式之中，因此就是带入到这样一种形式之中，在其中，这种认识能被以绝对好的良知作为**完善的**，作为不仅是有效的，而且是“**最终有效的**”而原初地获得，并且现在能被作为一劳永逸地完成了的而保留下来。因此它被列入稳定的知识财富范围，作为这样的东西，以后任何时候都能重又被按照其必然恒定的最终有效性以原初真正的形态恢复，并被绝对地辩护；因此不仅由在这里通常称作“自明性”（**自然的自明性，实证态度的自明性**）的朴素的清晰性得到辩护，而且由**超越论的原初的清晰性**这种更高阶段的自明性得到辩护，在这种自明性中，在实证态度的自明性中被隐匿了的认识成就之起源以及认识成就之规定原初正当性和限定原初正当性的理据的地平线，被揭示出来，并且就这样从起源上得到理解。

作为正在生成着的哲学家，我们在实践上决定选取这个哲学理念，并承担由这种决定而来的实践后果，就是说，我们尝试详细说明它作为意向在自身中包含的东西，以及作为不确定的要求预示的东西，并由此使所谋求的科学达到实现开始和继续发展之形态。只有这样做，我们才能拥有这种**科学本身**，并由此才能知道，我们本来企图的东西，我们想要争取的东西，或它实际上和本身所是的东西，应该是这种被寻求的具有“绝对正当性证明”的普遍科学，应该是最终有效的科学，如果只有它才在真正意义上达到有关任何存在之最终有效的认识的话。

如果我们通过展开其意义而充实我们哲学上主导理念的这种最初的预先规定，那么通过上面刚刚简要揭示的对自然的自明性和超越论的自明性之区分就已经显而易见，它作为“由绝对正当性证明而来的普遍科学”包含更多的意义成分，这些成分在这种说法——即有关认识之普遍的和绝对的正当性证明这种说法——的 31

多义性中并没有清楚显示出来[①]。

这种“绝对的”一方面是指一切一般认识之统一的源泉，指超越论的主观性——但它迄今只是作为遥远的理念被我们知道的。另一方面，“绝对的”正当性证明这个表达应该提供无条件完善的说明，这种说明不允许在“清楚与明晰”方面，在自明性方面，在对自身的洞察方面，有丝毫缺陷，不允许有能对可靠性有丝毫损害的东西，不允许任何今后还能对认识的结果引起怀疑并使认识的结果变得靠不住的东西。我的认识应该是“最终有效的”认识，它使我避免有朝一日必须重又抛弃确实对我有效的东西，如果我事后能看到，它恰好不是我曾确实相信的东西，或不是如我相信的那样，它不是如此，相反是使我的相信破灭的另外一种东西。此外我的认识还应该是在每一个方面都是**自明的**认识：即使在每一个对于我而言现在或通常并不是当前的方面；这种被认识的东西应该没有本质上不属于它的那样一些规定，那些规定处于我的通常是完善的自明性之照准方向以外，并且由于不知道自明性而带有难以应付的不清晰性、谜团和怀疑。

但是只要正如立即就会表明的那样，尚没有返向地联系到绝对主观性的一切自明性，即使像数学的自明性那样完善的自明性，必然具有其可能的无把握性、可能的难理解性和可疑性的诸方面——这些方面虽然没有改变原初照准方向中自明性的固有内

① 胡塞尔在页边空白处就以上所述注道：“重新修改并大大缩减”，请参看附录Ⅱ（第 310 页）。参看附录Ⅵ：《**关于开端问题**》（第 355 页以下），它的本文也可以看作从第 26 页第 30 行至此的异文。——另一方面，关于以下的论述至第 36 页还请参看胡塞尔的批注；附录Ⅱ（第 310 页以下）。——编者注

容，也没有由于这种自明性的“实证性”而取消其本身，但是在认识方面，它们表明一种恰恰是不能被容忍的不完善性——，那么这种**绝对正当性证明的两个方面**就有其更深刻的根据。由此我们也才完全理解了刚刚提到过的自明性缺陷之间的区别，一些自明性缺 32
陷可能废除认识，另一些自明性缺陷不是这样，但却表明恰好只是片面的自明性和片面的认识本身所缺少的东西(并因此表明一种可能的也许是极其危险的偏离自然认识方向之未被看到的深渊)。这种划分也是想要将每一种涉及超越论的东西时失灵的自明性的，每一种单纯自然—朴素的自明性的缺陷，考虑在内，这种自明性我们刚才也称作实证态度的自明性[①]。

在寻找真正的开端时我们无论如何都必须经常记住这二者；但是另一方面，我们必须将**正当性证明之最普遍原则**放到前面，一切认识，不论是处于其朴素的实证态度中的片面的认识，还是反思的—超越论的认识，都服从这个原则，并且这个原则表达了真正的论证，由纯粹自明性而来的论证之要求。我们作为进行开始的哲学家，就是说，有意地指向由绝对正当性证明而来的普遍认识之理念的哲学家，想要遵守这个纯粹“自明性”的原则，而且是以最严格的意志普遍性遵守这个原则。但对此我们是这样理解的：

我们不想承认任何没有作为如其存在着的或作为以其存在样式存在着的而本身**呈现在我们眼前**的，本身被我们正如其在我们的认识相信中被以为和被设定的那样被把握的东西，为最终有效地被认识的，因此不想最终有效地承认它是存在的或如此存在的

① 参看附录Ⅶ：《法则化和使人理解》(第358页以下)。——编者注

和以某种存在样式存在的。因此在这种意义上，我们首先也想使有关最终东西的彻底精神起支配作用，因此几乎在一切认识活动中都转向自明性的极限，或试图随时转向自明性的极限。按照可能性我们对认识的满意应该是“绝对的”满意。在这种情况下，这种满意就是对我们想要通过认识谋求的东西之绝对获得。这首先要求，它是在对存在物本身占有中的纯粹确信之样式。只要还有不确信，我们就不满意。但是这种确信必须是一种在极限上绝对自明的确信，因此不仅是一种完全确定无疑的意见，而且是一种进
33 行看的确信，并且最后是一种进行绝对自身给予的确信。对于我们而言，自身给予应该是一种标准，它的绝对最佳值就是我们借以证明一切判断，证明我们有关存在的一切意见之最后标准。这个标准本来就存在于一切科学行为的**意义**中，我们只是使自己意识到它，并从中获得有关自觉合目的的活动方法之第一原则。

但是现在还必须做一些补充：我们不可以信赖在实现自明性当中感受到的对认识的满意。我们所有的这种自明性也必须对我们作为自明性而**证明自身为正当的**，我们必须确信，我们的认识意向也必须对我们作为自明性而证明自身为正当的，而且也许在多大程度上和范围内它得到了充实，被认识之物本身在多大程度上和范围内真正得到了实现并被给予，在那个程度上和范围内在其中就再没有任何东西没有相应自身给予性成分地以单纯先行方式被意指了。很显然，这种确信的活动按照原则的可能性，任何时候都能以继认识实现而来的反思之形式进行，这种反思将在判断的确信中被意指的意义内容之诸成分，与自身给予之物的诸成分加以比较，就它们以这“自身”的诸成分的充实对它们逐个检验。我

们也称具有所描述的理想完善性的自明性为**切合的自明性**。因此我们肯定只是在第二个自明性中，正是反思的自明性中，认识到它是这种东西的，而这第二个自明性本身又必须是切合的自明性。它作为切合的自明性是可实行的，这样，切合的诸反思就是无穷地可能的，而且正如看上去所是的那样，正当性证明就是无穷地不可缺少的，我们在这里对所有这些也不应有异议，尽管我们仍必须在适当时候对存在于这里的问题进行思考，同样也必须对切合给予之可能性带有的问题进行思考。因为也许会显示出，这种自身给予性是一种单纯的“理念”；在我们这样称呼纯粹的红的类似意义上：我们认为，被看到的红任何时候都只是处于属于逐步提高序列的或多或少不完善的纯粹性之中的红，在这个提高序列的以知觉

方式连续进行的进程中，我们向纯粹的红接近，尽管它最终仍然 34
(或多或少)停留于我们的远处。超出这样的序列中最后看到的东西进一步提高，总是可能的，总是可以想象的；另一方面，我们在进展本身中有一种恰恰是向“这个”停留于远处的“纯粹的红”接近的自明性；但是因此，在这种说法的本质上已论证过的多义性中，我们就有一种关于这个理念——作为理念——之存在的自明性，尽管并没有纯粹红本身的自明性，没有对于纯粹红本身的自身拥有。也许现在在作为自身给予的全部自明性中，在作为将被意指东西当作“其本身”把握的意识的全部自明性中，存在着某种相对性，以至于不论我们在哪里谈论切合的自明性和对它本身加以肯定，存在的只是一种相对自明性之相似的，同时也许是连续的，并能够自由继续进行的提高过程，因此是一种对在意识上这样地一起包含的目标之持续不断地和自由地接近之意识，这种本身——因此只

是作为理念——变成自明的了，然而它尽管有这种接近的自明性，却仍然——而且显然地——尚未达到。在这里也立即产生另外一些问题，即是否会发生无穷回溯等等，但它们不可能是有关开端的问题。

作为开始者，我**没有**任何认识，我**寻求**认识。我不是寻求随便什么“认识”，而是寻求我能够当作真正的而加以辩护的“真正的认识”。我们的初步思考表明，这不意味自明的认识，而且是最切合的自明的认识，或更确切地说，可通过切合的自明性证明为正当的认识，能够意味什么呢——只要这一类东西有任何可能。可以说我并不想向它指去，而是想从自身拥有、自身把握中获得我所意指的（在最广义上：我所判断的）东西，或者在我的意指不是这样获得的地方，为它寻求一种相应的自身拥有，在从单纯被意指之物向正是对该被意指之物的自身把握之转移中“证明”这种意指。

尽管有构成必然开端的某种朴素性，以下情况不是十分清楚的吗，即努力和行动是作为有目的的活动和获取活动进行的，并且这种获取，正如朴素的自身思考表明的，被意识为行动者在行动本身中对于目的之肯定的实现和自身拥有？下面的情况不是很清楚
35 吗，即在进行认识的行为中，实践的意向通过单纯对存在的意指而转向对被意指存在的自身拥有，并且实际上总是有或总是可能有某种像自明性的东西，而且是一直到切合性之极限的不同程度的自明性——作为进行认识的努力之相应满意程度的前提？但是没有什么比以下情况更清楚了，即我，通过知觉一个事物，把握它这个在这里存在的事物本身，并且作为它本身把握它，并且又是很清楚，我（为了举出一种切合性的情况），在“认识到”2＜3 时，就如其

本身那样拥有并把握了我在此意指的这个事态，并且，在这样把握时，由于这种认识的追求，我实际上处于目的本身之中，按照它的切合性，在目的的后面就不能再寻求什么东西了。很显然，这个“被认识到的东西”不外就是成为被意指东西的“它本身”，就这样，这个“它本身”就同时是被意指的东西和自身被拥有的东西，自身被把握的东西。

在这里作为切合的自明性之特征，还有一点应该注意到：这种特征是在通过否定和怀疑的试验中显露出来的。如果我们尝试否定一种切合的自明性或将它设定为可疑的，那就会显示出，而且又是以切合的自明性显示出这种自明东西，即由绝对的自身给予而来的被把握东西之非存在或可疑存在的不可能性。我们也可以将切合的自明性的这种特性称作是**确真性**。很显然，反过来，**每一个确真的自明性都是切合的**。因此我们可以将这两个表达式当作等值的表达式来使用，并根据我们恰好特别重视切合性还是特别重视确真性，特别偏爱这一个或另一个[①]。

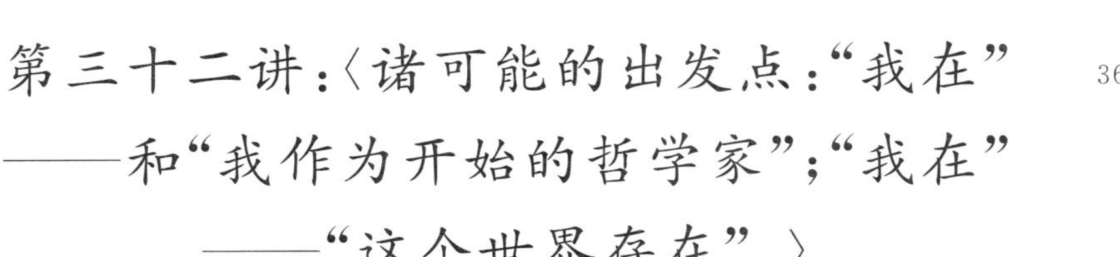

第三十二讲：〈诸可能的出发点：“我在”——和“我作为开始的哲学家”；“我在”——“这个世界存在”。〉 36

在上一讲我们说明了关于切合的并因此也是确真的自明性这

① 参看附录Ⅷ：《**确真地绝对地被给予之物作为对认识之一切追求的前提**》（第363页以下）。——编者注

个指导原则，并且已经接受了这个原则。这个原则表明认识的正当性证明之形式的而且实际上是不可超越的理想。对一个判断之完善的正当性证明肯定只能想象为是，我们不仅一般地使它对于我们成为明白的，而且我们还相信，我们在判断中恰如我们所意指它那样所意指的东西，本身处于我们的把握之中，在一定程度上可以说以本身被亲自看到并被亲自把握，另外作为对切合性的检验，我们相信，对于如此被看到的东西来说，任何有关非存在或可疑存在的估计，都被以绝对的自明性消除了。也许由这个原则的应用中会产生出一种可能性，即将预先给予的自明性在其内容方面限制在能绝对证明自身正当的东西上，这样由不切合的自明性能建立起切合的，但受限制的自明性。

因此我们想尝试实行切合性这个理想，这也要求做许多事情。我们想试试看，在这方面我们能走多么远。

或许我们在我们以后的沉思进程中必须区分本身没有而且完全没有切合自明性之特性的多种多样特殊的正当性证明之形态。但是也许我们在这种情况下仍然能够指出，在它们全体当中切合的自明性一定会作为正当性证明之最后来源起作用，因此这种正当性证明可以被看作真实的和真正的正当性证明。但是关于这一类东西目前我们还什么也不知道，然而这种正当性证明的绝对理想作为开端的指导性原则，对于我们来说，无论如何已经预先确定了①。

① 关于最后一句，胡塞尔在页边空白处写道："为什么？"；请参看附录Ⅱ（第311页及下一页）；同时请参看同一处胡塞尔的详细批注。——编者注

以下非常必需的思考是针对开端本身的，它涉及的是询问我们作为最初的自明性必须获得的那些切合的自明性；因此所涉及的是被规定用于获得哲学之整个建筑的那些被证明为正当的认识之基本领域。为了获得这个基本领域，我们应该怎么做呢？对于 37
我们这些进行开始的哲学家，所有的科学都不起作用了；它们必须全部受到怀疑。我们应该按照切合的自明性检查它们，或更确切地说，彻底检查它们的自明性当中哪一个能变成切合的自明性吗？因为它们作为科学是间接认识的体系，并且因为间接认识的正当性证明要回溯到直接认识的正当性证明，基础认识的正当性证明，我们应该将对科学的一切基础认识的自明性之批判放在前面吗？

可是这个想法太好了，太容易使以下问题变得完全明白了，即对于认识之普遍的正当性证明必须探究间接性东西的进程，因此不仅对于事实上存在的诸科学之批判是必要的，而且每一种——不管应该怎样理解的——普遍的认识批判，首先也会要求对于直接认识的普遍批判。这样，我们就一定会对可疑的措施立即产生怀疑，只要我们在记忆中唤起我们的预备性沉思，并使这些预备性沉思的动机重又对我们起作用。我们所企图的东西难道是一种具有诸传统科学之方法性质的科学吗，只需要将这些科学本身已经做的事情，只不过是以不完善的，但毕竟能改善的方式做的事情，以纯粹完善性来做吗？如果是这样，我们就不需要重建诸科学了，或更确切地说，不需要重建普遍地在自身中包含着诸科学并由自身中系统地展开它们的哲学了。在这种情况下，我们就不需要真正推翻科学，对于我们来说，有对所运用批判的普遍怀疑——以及相应的普遍检验和适当的改善——就足够了。以完善的自明性被证明的认识又会被光荣地接受，而其他的认识，则由被改善了的或新的认识所取代。

但这会是一种很少有希望的企图。确实，每一位科学家本身都使用这样的批判，每一位科学家都在他的工作中经常地并且尽
38 可能地使用这种批判。借助这种批判诸实证科学本身从较低的完善程度稳步上升到较高的完善程度。而且对这样批判的需要早已导致科学批判的普遍研究，这种研究摆脱了特殊科学工作之方法上的特殊东西，而指向诸科学本身之方法上的普遍东西。逻辑学——作为科学之普遍理论——早已存在了，并且看来正是被规定为这样一种功能，即成为对一切科学本身进行批判的普遍科学。

然而不论是这种普遍的逻辑学，还是例如能借助这种普遍的逻辑学建立起来的我们已经拥有的不管多么完善的各种特殊科学的体系，都不可能是我们的目的。因为正如我们在历史—批判的沉思[①]中已经看到的那样，这些种类的科学具有根本的不完善性，即具有超越论的朴素性，对于这种朴素性的克服，决定着我们当作哲学所努力追求的东西之根本意义。一切认识都是进行认识的主观性的成就，这是一种完全不言而喻的事情，然而这种不言而喻性却表明了一切超越论困惑的和一切荒谬形而上学的来源。不管多么完善地形成的实证科学的自明性，都被怀疑论和神秘主义可能借以施展其伎俩的超越论的和形而上学的迷雾所包围。每一种实证的认识，只要它是真正的认识，就是一种自明性，然而同时却仍

① 请参看《**第一哲学 1923/24**》上卷：《**批判的理念史**》，《**胡塞尔全集**》这一版第Ⅶ卷。——编者注

是一个谜。它需要一种超越论方式的详细研究。因为这种超越论方式的详细研究对一切知识本身都有效，所以在这里就产生一种普遍的任务，即对一般进行认识的主观性作为成就认识的主观性，并按照这种成就的全部种类和形态，进行系统研究的任务。通过我们的预备性沉思，正是这项不可拒绝的任务落到我们身上。

那么这项任务应该如何着手和如何完成呢？只有借助于它才能把握这项任务之纯粹的和特有的意义的那种方法，即从科学上研究认识（一切种类和性质的认识）之超越论成就的方法，应该如何形成？主观性应该如何变得能胜任那种对自身的认识，在其中， 39
它能将一切真理和科学都彻底理解为在它本身当中形成的构成物，并由此从理论上确定它们的最终有效意义？如何能获得这种理解的清晰性，就此而言，超越论的自身认识如何能满足我们必须置于首位的原则——切合的自明性之原则呢？另外在这里人们可能会问：对认识进行超越论的研究这个要求本身，最终不就是下面这种要求的另外一种结果吗，即将一切认识导致最终的完成，在尽可能高的程度上使它成为切合的？我们对绝对的认识，然后是对普遍的认识一定会要求的这两种完善性，本身是非常紧密地联系着的。也许实行对每一个认识意向都加以充实的，因此使认识最终满意的理想的这种极端的要求，迫使自己不得不转入到超越论的难题之中，以至于按照最终自明性之理想而绝对证明自身正当的科学，当然就一定是超越论哲学。

我们从我们的预备性沉思中早已知道，在这里存在一些严重困难。特别是我们知道，虽然涉及对自身的认识，但所涉及的东西完全不同于人的自然—朴素的对自身认识，所涉及的完全不

是在心理学内在经验标题下由这样的对自身认识获得的心理学。但是不论我们在我们的预备性沉思中知道了什么，在这里，在我们应该以最严格的系统学构想的地方，我们不允许将其中任何东西当成前提，除非是指导我们注视目光的和指导我们重新实行论断的动机。如果我们想获得一种真正的开端，一种绝对被建立的哲学的开端，那么我们就不允许有任何并非我们原初为自己获得的东西。

因此现在我们的任务将是，以这种原初的方式重新明确超越论基础，一切超越论难题的超越论基础，就是说，我们不得不设定
40 我—在及其特有的完全必然的意义为超越论的自身设定。接下来我们面临的任务是，与自然的—朴素的，客观的—逻辑的认识批判相对立，普遍实行那种以完全不同方式建立的超越论的认识批判，但是随后也要指出，实证科学的一切成就及其普遍的批判，都被一起包括到超越论的范围和超越论的认识批判之中了，并由它一起完成了，但却是按照最终有效性的精神完成的。

对于接下来的**应该获得开端本身的沉思**，我们可以按照不同的方式行事。一方面我们可以径直地致力于我们甚至作为预先看到的而已经熟悉的那个目的。因此我们完全可以直接从对“我在”的认识开始，去观察这个认识的切合的自明性的情况，如果表明，“我在”的自然最初的自明性并不是完善的自明性，我们就尝试将这种自明性变成切合的因此是确真的自明性。通过对一切原则上不切合的被给予之物按一定方法实行这种净化排除，我们就获得了纯粹的或超越论的主观性：因此它就是能够以完全的切合性达到自己本身的主观性之内容。

其次，在我们拒绝来自预备性沉思的任何指导以后，接下来我们只能使用为我们提供应该建立的，由绝对正当性证明而来的普遍科学之理念的那种指导。在这种情况下，“我”就一定会说：我是作为开始的哲学家。在开始时当然一定存在着一种直接的认识，也许是一个完全能直接达到的，就是说本身是直接的认识之通过直接认识一起显示的领域，这些直接东西一定会以确真的方式而是确定无疑的。现在我使一切科学不起作用，然而我的生活之流和我的直接经验之流仍还继续，这些直接经验能使我查看明白我本身和我在其中生活的世界。可是，即使这些东西也是认识，它们必须——在我要求普遍的绝对的正当性证明时——一起包括到推翻之中。但我能够立即就将**它们**复活，在这里我的确有不容反驳的、不容怀疑的自明性。**我存在，这个世界存在，**——我如何能对此怀疑？但是我必须就它的来自现有切合性的真正确真性更严格 41
地检验它。于是这种检验就导致了作为唯一以确真的直接性，以经验之绝对无可怀疑的被给予性存在的东西的超越论的主观性，因此导致与第一条道路得出的东西相同的东西。正如反过来，在这后一条道路上所要求的批判也能导致以下情况成为不可避免的，即对所以为的世界存在之无可怀疑性进行批判，以至于在实际实行中两条道路一定很快就会重合。

如果我们出于系统的理由优先选择**第二条道路**，那么对也许是先于一切科学的直接自明性的**主要询问**，然后是前后一贯地对先于一切科学的经验的主要询问，因此似乎就导致作为毫无疑问的存在的**经验世界**。我们将我们自己经验为包含于经验世界中的、从属的个别性东西；因此暂时似乎没有任何理由首先强调我

们,并作为特殊命题说出“我在”。**世界在经久的经验中在这里存在**,我们的认识努力,我们的忧虑,我们的不安,我们的行为,总是与它相关联,与在它当中被经验到的个别事件相关联,——没有什么比这个世界更无可置疑的了。当然,个别说来,会发生这样的情况,即经验会欺骗我们,暂时作为被经验的此在确实出现在我们眼前的东西根本就不存在,或与我们看到的不同;在这种情况下我们就会谈到错觉,谈到感觉的欺骗、假象。但是,即使感性经验不能在已知个别情况下毫无困难地要求无可怀疑性,这个世界的在此存在也绝不会成为对我们靠不住的。经验可能不是草率地或缺少谨慎和缺少完善地,而恰好也是小心谨慎地被实行的,它可能是以自明性为目的,而且是以所必需的完善性被实行的。正是因此它为合理的科学提供合法的基础认识。看起来,**“世界存在”**这个普遍题目,连同由有目的的和进行仔细观察的经验构成的附属的全
42 体,自身包含着**一切最后的,即直接的认识原理之全体**,或更确切地说,包含着一切对于普遍科学来说是必要的经验之全体。**我**连同我的此在和直接把握我的那些经验,不言而喻地被一起**包含在这个全体之中**;随着对世界的否定,或真正地消灭这个世界,我本身也就会被否定或消灭。

但是无论这个事实上非常自然的考虑看上去多么明白易懂,这个“我在”怎样呈现为被经验的世界实存之偶然的而绝非优越的特殊事物,然而我们仍然能够,而且是以一些好得多的理由,为这样一个意图辩护,即其实**“我在”这个命题肯定是一切原理当中的真正原理**,并且是一切真正哲学的第一个命题。事实上我们能够指出,涉及世界实存之无可怀疑性的,或更确切地说,涉及世界经

验之正当性的全部阐明，都经不住真正确真性检验；因此对于一种应该绝对建立起来的哲学来说，这个宇宙，就其完整的总体来看，是无效的，就是说，正如全部科学的命题和科学本身一样，由于缺少绝对的根据，暂时肯定是可疑的①。

事实上我们很容易相信，对空间事物的一切知觉都是不切合的。这种知觉只片面地将事物提供给我们，只提供事物诸规定中的一些规定，只提供属于变得局部可见的那种形态之部分性质。虽然我们有关于事物本身在此存在的意识，但是对知觉的这种缺陷并没有任何改变：即使我们在不管多么专心的连续的观察中从知觉过渡到知觉，并承认这整个的知觉关联是一个知觉，也不会有任何改变。如果没有考虑到这样的关联之每一个知觉阶段真正看到的只是这个知觉阶段的存在，并且在新的阶段上必然会从以前真正看到的东西中失去一些东西，而且总是失去新的东西，那么进
行观察的知觉活动就肯定永远达不到目的。但这原因在于经验本 43
身固有的意义——知觉者非常清楚地意识到超出实际被知觉到的东西以外的，多种多样可经验东西的地平线②。

① 参看附录Ⅸ：**《对于经验和经验科学之经验批判以及对于它们的超越论的批判》**（第369页以下）。——编者注

② 关于这一方面请参看胡塞尔的批注；见附录Ⅱ（第312页）。——编者注

44 〈第二篇　对世间经验的批判。——通向超越论还原的第一条道路〉

〈第一章　对世界的知觉和对世界的相信〉

第三十三讲：〈“世界存在”：这个命题之不可消除的偶然性。〉

在上一讲中我们对世界实存之根据连续进行的世间的经验而来的无可怀疑性，进行了确真的批判；就是说，我们研究了这种无可怀疑性是否真正是确真的，因此外部经验（即使是作为不管多么细心进行观察和实验的经验）是否有朝一日会成为切合的知觉。现在在这里首先就有关个别空间事物的每一个知觉都表明一种完全不可避免的不切合性。虽然知觉者在每一个知觉中都意识到把握住了他当下的处于真实自身中的空间事物性东西；但他并没有完全地从这种真实性的一切内容把握住那个空间事物性东西。由此可见，这并不仅仅是某种能由外部加以规定的事实；而是每一个知觉——只要它就其本身来说是在经验中进行意指的——一方面具有在它当中作为真正地和现实地自身被把握的规定而被意识到的诸规定之内容，例如，真正被看到的事物形态之部分以及附属的性质，但是另一方面，也有一种空的附带意指和预先意指的内容；这种内容只被意识为这样一种东西，它只有在继续的并且也许是能自由起作用的知觉活动之进展中，才能达到真正的自身给予性。

我们刚才所阐述的东西显然是以严格的必然性和普遍性有
效的；因此每一个空间事物性的知觉都必不可免地——并且当 45
我们进行知觉时对于我们必不可免地——是真正自身给予和这样的附带意指之混合物。这种附带意指是这样一种东西，它赋予每一个进行观察的和进行实验的意向以它的实践的意义，赋予它以敞开的地平线，尚未被把握的，尚未被发觉的，或不完全知道的地平线，同时它显示出能够自由地起作用的知觉系列，在这个系列中单纯被附带意指的东西，在单纯的预想中被意识的东西，变成自身被把握的东西，变成真正被知觉的东西。即使对空间事物的知觉得到扩展，即使它发展为一种不断地展示事物新的部分和新的诸方面的自身把握，这个属于知觉之普遍本质的结构仍然是不可消除的。它现在是并且继续是不切合的知觉，以没有预想，没有附带意指的地平线的真真正正的知觉之形式终结，是不可想象的。

而空间事物性被经验之物的不同存在，甚至非存在之必然是无限的诸可能性，正是与此相关联的。每一种空间事物的知觉（通常所称的“外部的”知觉），都可能是骗人的知觉，尽管它是知觉，按

照它的固有意义是直接的自身把握。按照它的固有意义，它恰好同样也是预想——这种预想涉及被附带意指的东西——，而且非常彻底，以至于更仔细观察，甚至在通过被给予的知觉因素自身被把握的东西之内容中，就有预想的要素。其实在被知觉东西中并没有任何东西是纯粹的和切合的被知觉东西。我们总是依赖经验的继续证实；例如，我们现实地看到一块着色均匀的红色平面，但情况很可能是，在更近处观察时，在继续进展的知觉中，表明着色是不均匀的，但乍看上去，均匀性得到证实也同样是一种敞开的可能性。但是另一方面，即使这个证实本身是可靠的，这事态在每一
46 时刻情况都是相同的；以后不被证实的可能性仍还是存在的。因此毫不奇怪，经验会骗人，另外，经验仍然是由经验证明自身正当，尽管始终只是假定地证明自身正当。

如果我们不是考察与个别事物有关的知觉，而是考察一切个别的知觉都归入其中，并作为单纯的要素而被包含于其中的总体知觉，情况也是相同的。由于这种普遍的并且以其普遍性连续进行的知觉，我们持续地意识到一个统一的世界，在唯一无限的时间中延续的，在个别变动的变化中保持着的，通过唯一的空间延伸着的世界。这个世界虽然持续地在知觉上被经验，但却只是以预想的意识之方式被经验——具有不再存在，也许可能是非存在的无限可能性。让我们更详细考察这个问题。

我们的带有其全部偶然的而且不断重新面临的失望的外部知觉活动之连续流，事实上是以连续不断校正的形式进行的。这就意味着：每一种未得到证实的先行的理解，总是能够被取代，甚至总是能够被自动地取代，即被那种使遭到破坏的一致性重新恢复，

并且至少暂时在进一步经验中以其继续有效而被证实的改变了的
理解取代。一种知觉表明是错觉——这是由于：它在知觉活动的
进展中被显露出来的不一致所消除。但是随同这种消除一起发生
了一种意见的改变，一种知觉意义的改变，例如，一种对显现作出
新的解释的改变，按照这种新解释，所看到的不是雾中的人，而是
雾中的一根树桩，由此一致性又得到了恢复。事情总是以这样的
方式继续，并总是能够以这样的方式继续，这是一种非常令人惊奇
的事实，但绝不是一种确真的必然性。外部知觉活动之无穷的流，
贯穿于我的清醒的生活之中。它总是保持着这样的生成结构，这
样的通过消除一切不和谐而向和谐的转变，以至于总是能够意识
到在知觉上在此存在的同一个世界。我们经常说："这个"世界，并
且经验这个世界，这同一个世界，作为自身被具体把握的世界，尽 47
管这种自身把握根本就是本身完全瞄准进行证实的新经验的单纯
预期，尽管这种预期个别来看时而在一致的延续中得到证实，时而
由于违反这种一致性而变为靠不住的，不稳定的，或完全无意义的
假象。但是校正总会发生，校正无论如何是可能的。怀疑可能被
消除，可以用正确东西解释意识上无意义的东西，这样，一种新的
一致性就能得以恢复，得到普遍证实的经验之统一——毫不动摇
的连续有效的相信之统一就在于此——就能得以恢复。相关联地
按照当下的校正经验到的世界被看作真实的世界。这种真实性现
在而且永远处于进行当中。它也是有条件的，它也许一定会被克
服，但它总是**能够**以重新校正的形式和重新自身一致地被经验的
世界的形式（而且如它迄今总是的那样）成为这种东西。就此而
言，看起来早先的真实性，早先作为自身被把握的真实性，作为在

这里真正被以为的真实性，如我们的“校正”这个表达式所暗示的，绝没有被完全抛弃。世界以一种经常是相对的真实性在此存在，但在相对真实性中仍然是可认识的。

在外部经验的这个流中，并且由于经常自身校正的这种过程之奇特和谐，产生出真正地和最终有效地真实的世界之理念，这个同一的世界之理念，但却是作为那样一个世界之理念，这个世界是在一种最终有效的和能理想地建立起来的一致性中被经验的，因此不再需要任何校正。**赫伯特**的命题：“有多少假象，就有多少对存在的预示”，只不过是对于我们普遍经验之事实结构的表达。尽管经常存在着一种可能性，即被我们看作存在的现实性东西证明是假象，但事情并不以假象而结束，连续进展的经验在不断进行的校正中展示出一种相对的真实性，它虽然根本不能要求最终有效性，因为它原则上确实有继续校正之无限可能性；但作为
48 相对的真实性，它能够被置于一种相对真实性之阶段次序中，它能够被看作对最终有效的，但本身不能达到的真实性之接近，并且是越来越完善的接近。我们认为，这样一种接近的过程至少能够以有意识观察之形式，以进行实验的，系统地对经验获得物进行确定并进行相互比较的经验之形式，富有成果地实现：最终有效的真实性，作为最终有效地真实的世界的这个世界，是一种理念——但这意思是：虽然一方面它完全不可想象为是切合的可知觉物；但是另一方面，它根本不是虚构或任意的理想。相反，它是一种在经验之普遍的过程形态中被说明理由的，并且——只要这个形态被给予——必然应该设定而不应该否认的理想；它是一个能够凸出出来的，并且本来就不能以那种相信之有效性得到满足的极，经验真

实性的一切相对性都有效地与这个极相关联。这当然是一种说明，但这种说明仍然阐明了连续的知觉过程之特征，在这个过程中世界总是作为现实的为我们在此存在，但必然是不完善地被给予的；它的给予性服从于总是可能的完善之理念，总是可能的校正之理念。

因此现在我们就会问，但是普遍的世界知觉之这种和谐的统一结构是一种确真的必然性吗？下面的情况不是一种敞开的可能性，一种**经常**敞开的可能性吗？即这种统一的结构（它本身只不过是一种经验的假设）会解体，这种经验会以继续纠正的方式和继续连续全面协调纠正的方式进行，即使我们已经相信它迄今为止是这样进行的这个事实是确真的，它一定会这样进行这一点也绝不是确真的可靠性。因此我们就一定会想，协调的显现之连续性，用康德的说法，可能分解成显现之单纯的“杂乱堆积”。在那种情况下，个别的知觉当然就会失去它们先行的相信，它们就会改变它们的整体的系统的先行结构；它们的作为正常的外部的知觉而属于它们的预先意指和附带意指——这些东西在正常的知觉过程中具有预先期望的特性——就会失去它们的支撑点和它们的力量，失去它们相信的可靠性。如果预先期望总是并且一再地感到失望，49
那就没有什么东西再被期望，先行行为就会停止。但这就意味着，随着外部知觉结束，知觉过程就失去其作为有关事物的知觉之过程的性格。对于经验者来说，事物和世界在知觉上就不再在此存在，既不作为现实的而被经验，也不作为准备经验的，作为任何时候都能够借助自由实行的知觉活动进入的而被经验。所剩下的至多就是一种对于在以前的有时是完全一致的经验中显现的，并以

确定性被相信的世界之回忆，但是这个世界的继续有效性现在却丧失了任何经验上的缘由。如果没有任何现实的外部的知觉，此外如果没有现实的知觉准备，即关于通过看和听等等“我能”寻找并发现空间事物性东西的确信，那么以前对世界的相信就会完全没有着落。一切有关世界的表象就会具有任意虚构的性格，并且每一个有关世界的表象作为这样的虚构就会与每一个其他有关世界的表象相同。

但由此不就表明了以下情况吗？即世界实存的设定由以为认识者获得其原初权利的外部经验之假定性质，也为世界实存之假设留出一种经常的可能性，即世界，不管它现在怎样作为被经验的世界而被给予，也许根本就不存在。但是如果我这个经验者即使在经验期间也能够使自己清楚明白被经验物不存在的可能性，那就不能谈论被经验物存在之确真的必然性。因此我们绝不可以认为，能够在被经验的如此存在和存在本身之间进行划分，并至少能够为它的**实存**拯救确真的，绝对的无可怀疑性。确真的认识完全排除被认识之物非存在的可能性。以下情况也肯定是可以理解的：凡是外部经验的如此存在，规定内容，没有任何东西，根本没有任何东西，能切合地被给予的地方，在那里也就没有为纯粹实存之确真性留下任何余地[①]。

50　在这里让我们注意以下情况：每一个事实，即使是世界这个事实，不管怎样普遍地得到承认，作为事实，都是偶然的；原因在于：即使它一般而言存在，它仍然可能以不同方式存在，也许甚至不

① 参看附录Ⅻ：《**世界之真实性的可能性问题**》。——编者注

存在。这是否真的对每一个事实都有效和在多大程度上有效，在这里与我们毫无关系。但应该注意的是，对于世界的实存而言，这里涉及的是完全不同的偶然性。**当**我知觉这个世界并且一般而言经验这个世界，而且不管以多么大的完善性知觉这个世界**时**，因此**当**它对于我来说以不可动摇的确实性作为自身被给予的世界被意识到，作为我绝不能对其实存怀疑的世界被意识到**时**，它确实具有一种经常的**认识上的偶然性**，而且是下面这种意义上的偶然性，即这种亲身的自身给予性原则上绝不排除它的非存在。这里也显露出**双重的无可怀疑性**。凡在我以不可动摇的一致性知觉的地方，我就相信，而且我不能随意将这种相信改变为不相信。只要没有什么东西与这种被经验到的此在相矛盾，我就不怀疑，而且我也真的不能怀疑。怀疑的本质当中包含着"有某种东西与此相矛盾"。而**确真的**无可怀疑性却意味着不同的东西，而且所意味的要多得多，它的意思是：凡是在我看我如何看，并且将它确定为我在如此看的地方，在那里我就甚至不能想象这样一种可能性，即被看到的东西不存在，或以另一种方式存在；因此也肯定不能想象这样一种可能性，即以后会表明，被看到的东西不存在。我可以想象诸如此类的东西；为此当我设想，我没有在看，而且没有以这种确真的方式看时，我只能通过理解将它看作是可能性。而对于外部经验的看则不同。被知觉的东西不存在显然是没有矛盾的。因此"世界存在"这个命题之不可消除的偶然性就在于此①。

① 参看附录Ⅻ：《**关于世界之非存在的可能性**》(第391页以下)。——编者注

51 第三十四讲:〈超越论的假象和经验的假象。关于"反对疯癫"。〉

我们着重指出了一种有关世界之认识的不可消除的偶然性,一种根本本质上依赖于所讨论的对世界的知觉之结构的偶然性,如果没有这种结构,这一个世界就不可能为我们在此存在——,因此也不可能以通常的方式而是我们可认识的。让我们更进一步阐明这种偶然性的性质,或更确切地说,阐明对世界负有责任的有关世界的经验之结构的偶然性之性质。

就此而言所涉及的不仅是在知觉活动当下时刻中个别知觉的和全面联合的总体知觉的结构,而且同时还涉及继续进行的知觉过程之**普遍的**结构。每一个知觉作为对事物的知觉完全是预期,我们已看到,这对于普遍的世界知觉也适合,而且是这样地适合,以至于它在每一时刻,并且在意识上,都随身带有对未来一致的过程或是通过可能发生的校正而能达到一致性的过程的预期。知觉者本身经常期待他的现实的指向未来的期待得到证实,此外他还注意到,能够按照许多不同的维度自由地指引意识过程,并且在呈现出来的期待地平线之其他一系列过程中,另外一些附带的意指能够变成特殊的自身给予着的直观。此外他意识到他的预期得不到证实之可能性,但也意识到校正之当下的实践的可能性,并因此意识到在总体知觉内部最终重又建立普遍的自身证实的一致性之可能性。这种情况的一种相关项就是:他向一个总是存在着的世界中看去,向一个同一的,在不可动摇的总体相信中为他具体在此存在的世界中看去：不仅是一个现在在此存在的世界，而且是一个既由过去而来又向敞开的正在到来的未来中生成着的世界。而且正是由于这种具有存在与真实性双重意义的结构，这个世界才经常存在着。正如一切经验都具有校正的可能性，所发生的校正然 52
后又具有新的校正的可能性，以至无穷一样，相关联地，当下现实地被知觉到的世界是“单纯显现的世界”，就是说，正如它总是以某种感性直观的特征现实地在知觉上被给予一样，它是一种自在存在着的世界之单纯显现。在这里存在着显现的世界和自在世界，显现着的事物和事物本身、自在的事物之经常关联的朴素的和真实的，根本不是形而上学的和神秘的，而是能直接从世间知觉的意义结构中看出来的意义。但是这种“自在”所意味的是，在校正之敞开的可能的变换中包含着接近的理想，即人们作为自由而主动地进行经验的主观，在不断进行的并且越来越完善的校正中能够接近的理想，尽管人们永远不能达到它，因为每一种事实上达到的校正，原则上都留下了进一步校正的可能性。

知觉之这种完整的结构，从某种关系上说，无疑有其绝对的必然性，这种必然性的意义已经由于我们迄今为止的分析显露出来了。就是说，只要知觉者的知觉生活以这种方式进行，他就是有意识地在一个世界中生活，这个世界经常为他在此存在，作为一个同一的世界具体出现在他眼前，并且作为这一个在此存在的世界甚至不会被可能的和经常的错觉和校正所触动。但是很显然，反过来下面的情况也是有效的：如果知觉者停留于对这一个在此存在的世界的相信中，如果一般而言对于他来说，一个世界能够被经验，并且始终是可经验的，那么这种方式对于我们就一定会无限地永远保持不变，一个世界如果不能在无限未来的地平线中生成，如果对于进行经验的主观来说，不能以这种无限性被经验到，它就不能存在。我现在在感官上根据显现而知觉到的世界之真正存在的相关物，就是我的知觉过程的这种永不中断的，对一切未来都保持着的和谐的结构。

尽管我们现在认识到这种相互关联是一种必然的相互关联，
53 并因此也就其保持着的过程之形式认识到所描述的世间知觉之结构的本质必然性——，但它的必然性服从于下面这个前提，即对于我们来说，真正存在着的世界应该存在，并且应该是可经验的——，因此这恰好是一种相对的必然性。世界知觉的这种普遍结构干脆说又是偶然的，是一种单纯的事实，这种事实也可能是另外一种样子。

的确，我们现在提供了一个确确实实在此存在的世界，正如记忆告诉我们的，迄今为止我们现在和过去都在一种经验的和谐之中生活，这种和谐保存了，或者更确切地说，一再地确立了一切知觉之证实的一致性。全部世间知觉之这种过去了的和尚在继续进行的方式，必然会在自身中说明预先相信它以后仍将是这样的理由。因此我们就这样相信，并且我们一定会这样相信；这种相信总是一起属于流动着的对世界的知觉之普遍结构。然而另一方面，它却是一种经验上的相信，一种单纯的预期，这种预期，如我们在上面已经指出过的，总会发生以下情况，即经验上的相信会得不到证实，前后一贯的校正之过程的结构会解体。因此当我们仍然生活于世间的经验之中，并且生活于一致地得到证实的知觉上的相信之中，并在发觉后向它看去时，我们的确能看出一种可能性，即这个确确实实被知觉到的世界可能是一种单纯**假象**，任何时候都不可能是（如它不言而喻地所是的那种东西那样）一个作为理念隐藏于其中的本身是真实的世界之单纯的显现。当然，这涉及的是一种特殊形式的假象，一种**超越论的假象**，它与任何一种**经验的假象**，通常意义上的假象，有明显不同。当我们站到对世界的经验确信之基础上时，就是说，当我们在正常情况下通过经验而给予了这个世界时，我们有时就会遇到经验的假象，一种我们能够询问它的说明的，能够询问它的任何时候都作为其基础、只不过被隐蔽了的真实东西的假象。于是我们预先就确信，这种询问具有一种意义，它是一种**十分重要的**询问。对于超越论的假象则完全不同。这个世界，这个刚才实实在在被给予的世界，其实并不存在，这种实实在在被给予之物是一种假象，一种超越论的假象，这是一种经常敞 54
开的可能性。但是在这里属于我们以超越论方式称谓的假象的，乃是寻找一种借助相应的真实性的校正，或更确切地说，询问一种能够**代替**、**取代**这个非存在的世界的真正存在，是完全没有意义的。这与当我们问，究竟有什么东西作为真实存在的东西取代我们刚刚自由地虚构的女水怪并没有什么不同，就好像我们可以重新改正这种虚无的东西，使我们错误地以为是女水怪的东西变成某种东西，变成真实的东西。

当然不允许将任何错误的意义强加到我们的这些成果上，比方仿佛我们说过会发生这样的情况，即我们所经验的世界“**也许**”不存在，如果不是在“大概”这种通常意义上的“也许”，那就是在“非常可能”这种通常意义上的“也许”。或者仿佛我们必须**对以下情况有所准备**，即世界可能结束，世界很可能毁灭，就如同晴朗的

天空“可能”被乌云遮蔽一样，如此等等。其实我们是说：世界的实存是**十分可疑的**，而这种可疑性的原因在于我们持续地生活于其中的，我们本身被包围于其中的对世界的知觉。谁要是被怀疑论的论证搞糊涂了，而断言并相信，世界实际上不存在，或者即使只是判断说，人们必须经常对此有所准备，他就是遵照理论的，此外也许是语言—概念的论证之动机行事，而没有看到对世界之经验的意义内涵，没有看到尽管有所有这些论证，仍存在于对世界的经验之中的不可动摇的对世界的相信：这是这样一种相信，它不能容忍有关在自身之旁或在自身之中有不同存在之最轻微的猜测和现实的可能性。没有任何事情说明世界不存在，一切都说明世界存在；我们真实地进行经验，而这种经验活动如其始终所是的那样真实地是一致的证实之流。但是对我们来说重要的是，这种完善的经验的可靠性，这种经验的无可怀疑性，作为经验的无可怀疑性，仍然还是留下了这样一种可能性，即这个世界不存在，这种可能性是可以理解的，尽管绝对没有什么东西说明这种可能性会变为现实。下面这种令人惊奇的结论对我们一定会变得很重要：即
55 这个世界是一个纯粹的虚无，一个单纯的超越论的假象，这个命题与我们有关这个世界的经验上无可怀疑的知觉确实性是**相容的**。因此那就是说，我们以无可怀疑的经验的确实性所经验到的**这个世界之非实存的假设性估计**，并不是一种随意的假设命题，比方说也许是像“1 大 2”或“四角形是圆的”这样的命题。我可以以一种假设性估计形成任何无意义的命题；但在这种情况下这个命题就正是无意义的估计。然而在我们的情况下所涉及的是**明显可能的**估计，就是说可以理解为**无矛盾的**估计，并且它涉及我所经验的天

地万物，而且是当天地万物以其实实在在的毫无怀疑的被给予性而被经验时。这一点，对于我们这些作为开始的哲学家来说，有重要意义。

但是在我们还没有考虑一种容易想到的反对意见的地方，我们仍不可以将它当成永固的结论来使用。确实，人们可能会说，某一个主观的知觉以那种普遍的和谐之形式进行是一种纯粹偶然的事实，那种普遍的和谐以进行恢复的校正之一致性首先使对实实在在在此存在的并且变得能越来越清楚地认识的世界的意识，作为对一个唯一的真实的世界的意识成为可能。下面这种可能性确实是敞开着的，即人的和谐的知觉流会变成无意义的混乱东西，变成一堆杂乱的显现。但是这除非是意味着人，最终是每一个人，都可能变得疯癫，还能意味着什么呢？但是这种变疯的可能性丝毫也不说明世界非存在的可能性。相反，正是在这里我们看到，我们必须坚持世界自身的绝对必然的存在，因为变疯的可能性难道不是已经以世界的实存为前提了吗？

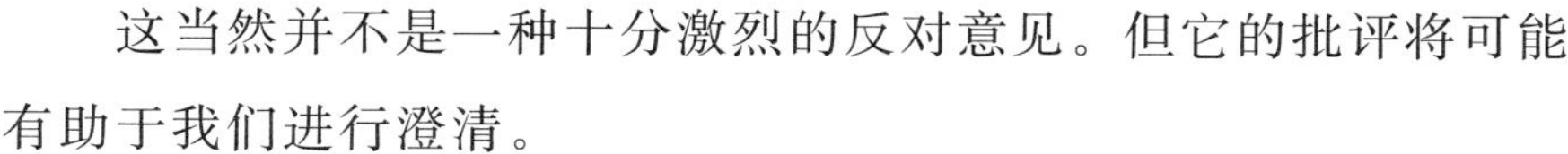

这当然并不是一种十分激烈的反对意见。但它的批评将可能有助于我们进行澄清。

首先这种反对意见有助于说明我们对我们最初十分自然的但却是不允许的以交流中的复数进行的表达方式加以必要改进的理由。我，这个沉思者，必须对自己说：在我务必使之不起作用的一切科学以前，世界就由原初的经验，由我的知觉给予我了。对于事物，对于一般世界的自身把握，确确实实的把握，这只不过就是实 56
行“外知觉”。如果我现在作为这个经验者，为我实行一系列的，我们共同进行的，并且是以自然的我们—态度进行的沉思，如果我就属于我自己内在生活的，我自己有关的世界的知觉进行沉思，那么对于我来说就得出，我不能承认我自己经验到的世界之在此存在的确真性。同时我就自己来说认识到这样一种可能性，即我的知觉过程可能变成不和谐的，以至于以前在我心中经验到的世界会消解为虚无。

但是如果我问自己，经验的过程在其中确实能以正常的一致性进行的其他进行经验的主观的情况如何呢，在不考虑我的主观的无意义的不和谐的情况下，我就能够很容易回答自己说：人们原初只是根据我的某些外部知觉被给予我的，就是说只是由于以下情况，即某些被标志为身体的事物作为在被我一致地经验的事物世界中的事物，被给予我，而且是通过以下方式标志的，即在它们当中有“心灵生活”、感觉活动、表象活动、感受活动、意愿活动，等等，**具体体现出来**。当我以最原初的方式在我称作我的身体的身体上经验到这种具体体现时，我就首先发现了我自己是人。然后如果我发现通常具有相同空间事物类型的，与我的身体处于相同的行为类型学中的事物，我就以移情作用的方式将它们经验为其他主观之表现，就这样我经验到其他的人，如我本身所是的人的人们。

因此在这里预先被当作前提的就是，一般而言我的经验作为具有空间世界在其中为我在此存在的那种一致的经验生活之形态的空间事物的经验，已经发生了。如我明显看到并总能一再看到的，存在着这样一种可能性，即我的经验流以所描述的那种方式这样变化，以至于它失去了连续得到证实的经验相信和经验意义，因此根本再也不能谈论这个由“在此存在的事物”，由

被经验的或(在能自由起作用的知觉中)可经验的事物构成的世 57
界，于是再也不能谈论我的身体，因此再也不能谈论动物和人——因此也不能谈论我能够依据其一致的，构成着真实世界的经验过程的那些人们。如果我使现实的知觉系列自由起作用并且经历这个知觉系列，我就只能依据在我的敞开的，但却仍然是有效的经验之范围中尽管未被经验到但至少仍是可能经验到的，在空间中，在能够自由进入的经验地平线的形式中，能够遇到的其他的人们。但是如果我不再有相信的地平线，相反，充其量只有世界的虚构以及虚构的地平线，在这种情况下“世界”就表示一个关于无限多的和总体**空洞的**想象——可能性的称号。因此在这种情况下其他人对于我来说也是这样的空洞的可能性。他们每一个对于每一个其他人都无所谓，并且同样都被看作“虚无”。我们不要忘记这些空洞的可能性东西的性质！关于在天狼星上有人居住，对于我(这个我，在我的经验之不可动摇的统一中，提供了在此存在的空间世界)同样是一种“空洞的”可能性，因为在我的经验中关于它没有表明任何东西；但绝不是完全空洞的可能性，因为我确实能够选取一条经验道路，并能够获得认识，借助这些认识，最终一定能够确定，这样的人是否存在。但是没有任何经验的道路，没有任何“我能够”观看，我能够获得经验知识并能够做决定的道路，通向这个可以说是绝对的虚构之领域，这些虚构不能绘入世界空间并移入世界空间之“实在”可能性东西的地平线中，因此还没有在经验(或者这样说也是一样，真正的普遍的知觉)之一致性的力量上起少许作用。

这一点我现在就会清楚。如果我作为对开端进行沉思的哲学

家，想要对世间经验实行普遍的批判，那么我就不可以以交往的态度做这件事，在那种态度中我以人们真正的在此存在或即使只是真实可能的（即通常的经验的意义上可能的）在此存在为前提。如果那样，我就恰好是以某种本身成问题的东西，某种按照这种批判的普遍意义自身应该一起被批判的东西为前提。更确切地说：正
58 如我的经验是他人借以为我在此存在的东西那样，他人的经验也只是作为我的经验之被经验物而为我在此存在；但却是作为被隐蔽的，以纯粹附带意指的方式被经验的东西。我对于他人的知觉活动直接地只是对于他人的物体的身体的知觉活动。而他人的被附带意指的心灵生活，特别是被附带设定的他人的知觉活动，对于我来说，本身绝不能作为我的知觉活动被占有。因此对于我来说，他人的心理的主观以及他们的知觉，必然只是在我的知觉中被间接地附带意指之物，是被我从在我面前被看到的身体上理解出来的一种特征。

因此对于我的经验的这种普遍的批判就是我有责任实行的，而且可能任何时候都应该实行的对于经验一般的普遍批判。只要我有理由和机会对他人的经验作为经验加以批判，这种批判就只是具有作为一种深入到我的经验之间接性东西中的批判的意义，具有正是作为对于这样一些经验的批判的意义，这些经验由于某种理由是**我的**某些经验的附带被经验物[①]。

既然我在经验批判中已经学会了避免违反其固有意义的特殊

① 参看附录Ⅻ：《客观科学的问题和交流的共主观性的问题》（第394页以下）。——编者注

认识批判的循环，那么现在我就尝试更好地去获取我在前面已经考察过的，想要的和实际上已经完成的东西。

〈第二章　关于“反对疯癫”的补充和澄清〉

第三十五讲：〈关于“移情作用”的学说。〉

在上一讲中我们考察了对于我们刚才完成的有关下面这种可能性之解释的反对意见，即被经验的世界可能不存在，尽管它存在并且当它被经验时存在，而且这是以经验上的无可怀疑性发生的。在返向关联到下面这种可能性时，这对我们就变得明白了，即，使
59 经验预期之无限编织物形成关于同一的世界之连续向前流动的总体知觉的，形成这个同一的世界之毫无怀疑的自身表达的那种和谐的一致性之方式，可能瓦解。于是就提出这样一种反对意见，即这种可能性的意思只不过是说，在那些进行经验的有关的主观之中，出现了正是作为具有无意义混乱的体验过程的神经错乱，但这并不排除其他的主观没有发生神经错乱。这种反对意见应该有助于我们证明，进行开始的哲学家必须实行的自身思考，一定不能以笛卡儿式的还原的交往的态度实行，相反在某种程度上，必须以唯我论的态度实行。这种实行所意味的和所要求的东西，正在阐明之中。——因此现在我们当中的每一个人，就转到独白的态度中。

我，这个对作为哲学之可能的原理上的开端的世界实存之自明性的沉思者，发现——以自然的—朴素的方式意识到——，我处于有同样追求的人的圈子之中，甚至与他们一起实行我的思考，尽管我不能以交往的复数的形式思考和述说这当中的任何东西。但是我也仍然必须注意，这个全体的我们属于我的世间的总体知觉之经验内容。对于我来说在其包括一切的那种充分意义上的宇宙，原初，即在我使之不起作用的一切科学以前，是由我的普遍的知觉中，由那种构成**我的**进行知觉的生活的特殊知觉之进行统一的多样性中，被提供出来的。

实际上当我以交往的方式说话时，我也对于**我的**现实的外部的知觉实行了我的总体思考，并且是在优先选择空间事物性的、物理的知觉的情况下实行的；在这种情况下，我只是以非本质的方式与我的同伴发生关联，如同我设想的，他们每一个人也一定会同样为自己发现这种情况。但是现在我必须消除任何朴素性的残余，并思考，我的同伴是如何在知觉上被提供给我的，一般的人们是如何在知觉上被提供给我的；因为我也只能由于以下情况而知道他们，即我有经验或我能获得经验，在这些经验中他们作为在此存在 60
的而被原初提供给我。当我现在更仔细考察那些使人们，也许还有动物，对我呈现自身的经验，并考察这些经验被嵌入完整的世间经验之方式时，我就不仅获得了对于我早先在交往的谈话中所表达的和认出的那些东西的证实，同时还获得了对于它们的补充。我说，这是一种补充，只要我以前没有顾及到在世间的总体经验中包含的新经验的这些重要的特殊的成分，没有顾及到有关动物的和人的经验；另一方面，这是一种证实，只要我们的只在对事物的知觉上所获得的结果在这种扩展中会得到证实。但不仅是如此：

全部的结果都会以下面这种方式经受一种净化，即必然地还原到我自己的世界知觉之普遍的流，一切原初在知觉上能给予我的东西，因此还有我以后能由它获得间接知识的一切东西都是在这个流中被给予的。

更进一步阐明是容易的。动物和人对于我在知觉上在此存在显然是由于，在我所具有的知觉当中存在着那些使事物，而且不是单纯的事物而是身体，呈现出来东西；或者这样说也是一样，即由于我在我的现象的空间的事物的周围世界中发现了作为**身体**而被突出出来的事物。它们作为身体的标记就在于，在它们当中有“心灵生活”、感觉活动、知觉活动、思想活动、意愿活动等等，“表现出来”，或者可以说，体现出来。它们对于我自然地就具有这种标记，只要我经验它们为这样的东西，以一种在其中它们恰好不是如在单纯对事物的知觉中的情形那样，作为单纯的事物自身为我在此存在，而恰好是作为身体，作为这样的东西被看到、被把握，并且以在经验的进展中一致地得到证实的经验方式经验它们。在这种情况下，一个身体，因此一个动物，特殊而言，一个人，比起所有其他东西来，就以奇特的方式受到我的优先对待。这就是**我的**身体，因此对于我而言，我，在通常的经验的词义上的我，即我这个人，就在
61 一切经验对象面前被突出出来了，这个身体，我的身体，就属于它。
我的身体，是这样一个唯一的身体，在其上，我以绝对直接的方式经验到心灵生活之体现，即感觉活动、表象活动、感受活动等等之体现（这种心灵生活是我自己的生活，或是在身体形态中，在变化着的身体—事物的事件中“表现”的心灵生活），即以这种方式经验到的，以至于我不仅知觉到身体这个事物及其事物性举动，而且同

时还知觉到我的心理生活,最后恰恰是同时知觉到这二者:知觉到后者在前者当中的体现,知觉到一个在另一个当中的表现。因此例如我知觉到的我的每一个身体运动,我的双手的运动,我的走动着的双腿的运动等等,同时也是事物性的,可以说是机械的运动(如果唯有机械学谈论这一类运动的话),并且,内在地观察,同时是主观的"我运动",这个我仿佛是为这种事物性的—机械的运动状态赋予灵魂。这个为我显现的身体一步一步地表现出来——并且它的显现方式的变化也一步一步地表现出来——,作为在自身中先天就带有这种或那种心理东西的身体,作为*原初*在自身中就具有在其中"表现出来的"内在性的外在性,一步一步地表现出来。二者是不可分割地,相一致地表现的;就这样,手在进行经验的目光中表现出来,而在手的运动中表现出心理物理两个方面的运动,特殊身体的运动。

因此在这里,对于我来说,这就在于特殊的对身体的知觉,在这种知觉中有两个层次被原初地经验到,而且是以这种方式被经验到,即在这里两个层次,外在性和内在性以及它们的取得一致本身,都被经验到,而且是完全原初地被经验到,就是说,被一起知觉到;对于在赋予灵魂时在知觉上属于我身体的一切东西来说也是如此。但这只对于**我的**身体有效。如果我问:**他人的**身体本身,因此动物和其他人本身,如何在我的有关世界的知觉之普遍的范围中被经验和能经验,那么回答就是:我的身体在这个范围内起作用,就是说,从原初经验认识的观点看,起**原身体**的作用,关于所有其他身体的经验是由这原身体派生出来的,因此我对于我和我的经验活动来说,始终是**原初的人**,那种经验着所有其他人的活动由

这个**原初的人**导出意义和知觉的可能性。就是说，只是由于在我
62 的知觉领域中我的身体作为身体总是已经在此存在，其他的身体作为身体才能在原初的知觉上的心理物理的，因此是双重的被给予性中，也为我在此存在，并且也以某种方式看作被知觉到的。只是就我的身体的环境中的事物与我的身体和那种在我的身体上赋予其物理性行为以赋有灵魂的表现这样一种名分的东西相似而言，它们才能够并且它们才必须作为身体被理解并作为身体被经验。但我这样说并不是根据任何客观的一心理学的理论（关于它们，我在这里不该知道任何东西），而是根据对我的知觉本身以及它作为对自己和他人的身体的知觉所固有的结构之研究。对他人身体的知觉是知觉，只要我将这个身体之在此存在恰好作为直接的自身在此存在来把握。同样其他的**人**作为人也为我在知觉上在此存在。我正是通过以下方式以最鲜明的强调表达这种知觉上的直接性，即我说，在这里一个人亲身在我面前在此存在。这不是推论，不是某种只不过引向有关他人的身体性之设定和有关同胞之设定的间接思考；如果那样恰好就会意味着，他只是在一种广义上“在那里”存在，**能够**在我的周围世界的某个地方**被发现**，对于我是**可以经验的**。不，他是**真正地**被经验的，并且它完全是直接地在那里，在他的空间位置上存在，根本不能设想我还能够更直接地经验他。如果我有权利这样说，那么我就将他看成是确实真实的。

但是在这种知觉的意义中包含着某种间接性，这种间接性就将它与对我自己身体的知觉从本质上区分开了。我们已经看到，在对我自己身体知觉的场合，事物性的身体，而且还有在这里得到体现的心理东西，正如它体现的那样，以原初方式被知觉到。这种

心理东西的确是我自己的心理东西。与此相反，虽然他人的身体—物体在我的空间的周围世界中被知觉到，并且如我的身体一样完全是原初地被知觉到的，可是在其中体现的心理东西却不是这样。它不是现实的和真正的自身被给予，而只是以间接呈现的方式被连带意指。在这个方面与下面的预期有相似性，借助这种预期，在每一个外部知觉中都包含着作为本身连带在这里被意指 63
东西的连带被知觉东西；正如譬如一个被看到的东西之未被看到的背面。但这种类比并不是一种完全的类比；它是一种指示，却并不是能够变成对本身把握的预先把握。这种进行指示的意向并不要求一种能兑现的知觉，也不能使这样的知觉变成可能，如在空间事物性知觉内部的一切进行预指的要素那里的情形那样。相反地，**对他人身体的知觉**，正如我们一定会说的，按照其固有本质，是**借助于原初解释的知觉**。这种原初性是基于它本质的，与它不可分割的向我自己的原初身体性之返向关联，在我自己的原初身体性中我有**一种关于主观东西结合到事物性显现者之中的原始体验**。当我在那里知觉到这个在其全部举止中与我的身体相似的事物时，我只能将它理解为这样一种东西，即在其中主观东西以当下被确定地指出的自我的手的运动的、头的摇动的、由触摸而感觉的等等的方式而得到体现的东西。当我首先对这个事物按照直接在其中的体现者把握时，我就自动地同时将它把握为有一个具体而完整的，或多或少仍是不确定的主观性——一个一定会在“我在”中被体验到但我本身却不是它的那个主观性——属于它的身体。这种在对他人身体性的把握中彼此结合着的空间事物性的看和作为理解表现的活动的**原初解释性的观察**，与朴素的外部的知觉和

已经是可靠的对自己身体的知觉相比，是**经验的一种特殊的基本形式**，它按照本性仍然应称作知觉①。如同一切经验形式一样，它有它自己的证实方式；进行解释的知觉之自身证实，又是通过解释进行的；但是在这里不能就这种证实的更进一步的方法进行探讨。这种进行解释的知觉被说成是知觉的从属形态，只要它按照它固
64 有的意义是以对自己身体的知觉为前提，并且总是以对自己身体的知觉为根据。正是因此我以一种特殊方式参与他人的知觉。当我通过解释从身体方面理解他时，仿佛我同时就与这个通过理解而被把握的东西相一致；我借以通过解释接近他人，越来越深入到他人内在性中的那种清晰性越是充分，这种一致的情况就越是清晰，我就越能生动地意识到这一点。

第三十六讲：〈超越论的唯我论。对世间经验之批判的否定结果。〉

在这些补充和说明之②后，如果现在我概观一下我的世间经验之整体，那就有一个承载其他一切世间经验的空间事物性经验之层次贯穿于我的世间经验之中。我关于人们可能有的一切可能的经验，都以空间事物性经验为前提。如果我单只注视空间事物性经验之流，如果我在这里只看这个流的一致性、不一致性、校正，而实行以前进行过的诸考察，在这种情况下，我就会认识到那种向

① 这种借助解释的经验，近来通常不太适当地称作“移情作用”。

② 关于以下论述，请参看胡塞尔的批注；见附录Ⅱ（第312页）。——编者注

显现之“杂乱堆积”变化的可能性，在这种“杂乱堆积”中任何相信
的可能性都瓦解了，以至于对于我来说，在这种情况下就再也不能
谈论经验上毫无怀疑地“在此存在的”世界以及“在此存在的”事物
了，因此在这当中作为必然的结果就包含，对于我来说从今以后也
不再能谈论在此存在的动物和人了。因此对于我来说事实上存在
着这样一种明显的可能性，即空间事物性的世界，纯粹物理的自
然，当我以经验的无可怀疑性知觉它时不存在，而且同时还有这样
一种可能性，而且甚至就是因此还有这样一种可能性，即**任何人**连
同他们的在身体中为我表现出来的心灵生活，都不存在。当
然——我记得我以前已经占有的东西——不应该将我的经验的世
界及其一切人之绝对非实存的这种可能性与对于我而言实存着 65
的，被设定为实存着的世界作为基础具有的任何实在的可能性混
淆起来。因为这样一种可能性，例如现在有一支游行队伍通过凯
泽大街的可能性，尽管是一种空洞的可想象性，但它是建立于经验
之普遍基础上的，并可在经验范围内判定为客观上非真实的。但
是在这里涉及的是这样一种可能性，即全部经验完全失去了一切
和谐，因此一般而言任何设定之有效基础，甚至关于实在可能性的
设定之有效基础都不可能存在。

因此只当对经验的批判是通常的根据经验的批判，例如历史的批判或对于证词等等的批判，在这种对经验的批判中才可以运用他人主观的真实的现实性和可能性；甚至是运用人们变疯的可能性。这种可能性是已经以世界实存为前提的诸真实可能性的一种形式。但是如果世界实存本身成了问题，并且普遍地成了问题，如果必须对原初提供这种世界实存并证明这种世界实存的世界经

验进行一种普遍的批判，那么这种批判就不能在其他人的实存或即使只是他们可能与我，这个进行批判的人，共存的前提下进行。因为如果那样，就正是以本身成问题的被**暗含地**包含在批判之普遍课题中的，因此本身就是应该批判的东西，为前提了。因此如果我站到这样一个明显可能的假设之基础上，即我的世间经验变成了一堆无意义的显现，那么对于作为这一堆显现之主观的我来说，就不再有其他人——神经错乱的人或是有正常意识的人——的可能性。我设想这种对我的杂乱的知觉生活的假设性估计，而在这个假设中却另外还指望，我将这些人看作是真实可能的，这是不相容的；因为正是这种杂乱的形式排除了相信这些真实可能性东西的任何理由。但是如果这些被一起想到的其他人只不过是被一起想到的空洞的虚构，那么有关这些人的一致的或不一致的知觉过程也就是单纯的虚构，因此不表明任何东西。

66　由这样一些考虑我就认识到，我作为开始的哲学家，有责任进行的或有朝一日可能有责任进行的对一般经验的普遍批判，只能是一种在好的意义上的**唯我论**的批判，即它只有作为对**我的**经验的批判才是可能的，它只将其他的主观以及它们的经验认作我的经验的被经验物，并且假定为批判地看是可疑的，而不假定为是存在的。如果以后有朝一日我可能有理由和根据对他人的经验进行哲学的批判，那么这种批判也只有在我已经实行了一种初步进入到我的普遍经验之间接性东西中的批判之后，才有意义。如果在这里他人的经验对于我来说，是作为借助于解释性的间接性表明的经验，是靠直接被我经验到的东西间接表明的经验，那么一切批判的原始基础就必然肯定是对这种在我的意识本身中被经验到并且能够追寻的间接性东西的研究。——除去所有这些，我们有关反对可能的疯癫的详细思考，也还有一种好处，这就是使我们彻底意识到特殊的认识论上的循环之危险，这种循环就在于，人们进行论证时未经觉察地在特殊性上运用了在批判的课题之普遍性中成问题的东西。——

在结束这个有关世间经验以及在这种经验期间世界非实存之可能性的沉思以后，我就能够将沉思的**结果**，这种最终得到改善的纯化了的**结果**，运用于我的哲学目的。由于我的一致的知觉，世界对于我毫无疑问地在此存在。由于我的能够唤醒的无限系列的回忆，对我以前知觉流的回忆，世界延伸到无限的过去；并且只要我以与迄今为止相同的一致性方式预期知觉的过程，我的经验的相信就伸展到敞开的无限的未来。属于这种毫无疑问的经验确信之一切阶段的，还有这样一种无可怀疑性，即可知觉东西的多种多样的地平线，也属于当下个别地被知觉到的东西，或以眼前的总体知觉之全面性而真正被知觉到的东西，或相关联地说，属于每一个现实的知觉活动的，有多种多样可能的知觉活动，即我借助于可自由 67
地使之起作用的一系列知觉而可自由进入的东西之领域。一般来说，由此我也有一种毫无怀疑的确信，这种确信即使在这种能主观地起作用方面也胜过一切敞开的可能的个别的失望。总会以某种方式发生这样的情况，即能在实际过程中发生的经验会彼此协调，并允许将一个世界的，我的这个世界的统一，在坚定的相信中坚持到底。

但是正如我的详细考察所表明的，所有这些丝毫没有改变以下情况，即对于世界的相信以及世界相信之构成其在经验本身中

形成着的，并且总是被重新规定的意义的全部对象性内容，完全是
假设性的东西。它总是为以下情况留下余地，即现在现实地进行
着的一致性的知觉方式，不管一切毫无怀疑的可能性，导致一堆无
意义的杂乱东西；但不应忽视的是，它还留下下面这种可能性，即
尽管有这种它过去真实在其中进行，现在仍处于该过程中的一致
性，那些从来也没有变成被知觉东西的可知觉东西的地平线，仍缺
乏那种经常地和毫无疑问地被假设的可充实性；这就相关联地表
明，世界并不需要存在，也绝不需要曾存在过，即使它存在过并且
现在存在着，也不需要今后存在：这个世界，这个我现在以毫无怀
疑地并连续地得到证实的知觉相信而经验为当前的世界的世界，
以由过去的一致的经验而来的毫无怀疑的经验上的记忆相信而经
验为过去的世界的世界，再不需要作为超越论的假象而存在。说
它可能如此，这乃是一种绝对空洞的可能性，全部的经验，连同它
们的一致性的全部力量，都反对这种可能性，而绝对没有任何东西
支持这种可能性。我，这个生活于世界经验的威力之中而不能随
意毁灭它的我，不能相信它是真实的，不能相信它所包含的无限多
不合法则的特殊可能性中的任何一个是真实的。因此我的确可以
说，这种可能性毫无疑问是一种无意义的东西，就是说，恰恰是作
为能就其现实性考虑的无意义的东西。尽管如此，它仍然是一种
68 可能性，它仍然可能如此存在，或这样说也是一样，它实际上的确
可能不是什么实在的东西，任何时候都不是世界，任何时候都不曾
是世界，现在也不是，然而我却仍然以确实性并完全毫不怀疑地经
验到它。

让我们将这个洞察置于与我们有关哲学之正确开端问题的关

联中，这个问题曾是使这种洞察突出出来的原因。我们说过，在作为首先想到的开端将一切科学普遍“推翻”以后，呈现给正在开始的哲学家的就是这个认识：“我在”，而且还有这个认识：“世界存在”，在这件事情上乍看上去似乎后一种认识具有优越性，因为它在自身中包含着前一种认识。在这种情况下最初的方法上的沉思就提出了下面这个对于开端来说首先想到的要求，即切合的并因此是确真的认识，应该被看成绝对被证明为正当的认识。在这样的认识中，任何可能的否定，任何可能的怀疑，都被排除了，而且是以这样的方式被排除的，即这种排除本身是能够切合地把握的。一种相关联的表达只不过是：切合地被给予物之非存在的可能性正是由于它的被给予性的这种方式被以绝对的自明性排除了。

世界的实存原初是在完全不切合的经验中被给予的，这种经验不论按照本质，还是按照实存，都根本不能被变成一种切合的经验，因此总是为世界的非存在留下了余地。因此，“世界实存着”这个命题以及在这里任何时候都可以提出来的特殊经验命题之总体得到了校正。**世界的在此存在以及世界所包含的一切东西，也必须包含到这种普遍的推翻之中**。

对世界的经验，然后是有关世界的科学，有朝一日能够以什么方式在哲学上重新起作用，或更确切地说，获得重建，我现在还不知道，尽管我知道，这一类东西永远被排除了，或者说，我知道，以经验方式奠立的认识之正当性证明，是永远不可能的，如果要求它们应该按照它们朴素的意义——由于这种朴素的意义它们是经验上的确信——满足确真性认识标准的话。这一类要求显然是荒谬的。现在这可能使我有些担心，并可能引起这样一个问题，即将来 69

我是否不得不对我关于确真的正当性证明之彻底要求作某些改变；或者还有，是否可能出现这样的情况，即尽管有某种意义上的限制，经验仍然是一种能确真地进行正当性证明的认识来源；与此相应，还能发生以下情况，即被充分证明为正当的经验科学事实上能够从确真自明的原理中获得、而且只能从这样的原理中获得它的权利，它的真正的和真实的权利[①]。但是我作为开始者还不能着手探讨这些问题。我还在寻找我能够绝对坚定地信赖的阿基米德点，寻找我能够在其上开始最初的，在某种程度上可以说是绝对的工作的认识基础。我坚持这种确真的正当性证明之彻底要求，并遵循那些引起我的对于普遍经验认识之确真批判的否定结果并在我身上引起这种批判过程本身的思想。

① 参看附录XIII:《**一般来说在多大程度上能够对有关存在者之认识提出确真性要求？**》(第396页以下)。——编者注

〈第三章　开辟超越论的经验之领域。超越论的，现象学的和确真的还原〉

第三十七讲：〈对世界可能非实存之确真的确信和对主观性之超越论的生活的揭示。〉

如果我进行一种明显可能的估计，即宇宙，整个无限的空间以及它可能包含的一切东西，尽管有一致地向前流动的世界经验，却不存在了，那么我仍然可以问：在那种情况下还剩下什么东西未经触动地，也许是确真地存在着？但是“宇宙”和“存在者全体”所指的不是一样多么？因此我的问题岂不就是这样一个荒唐的问题吗：如果根本就**什么也不**存在，那会怎样呢？然而更仔细地思考，我所获得的这种批判的洞察并不涉及在最广泛意义上的存在者全体，而涉及的恰好是**世间经验**的存在者全体，是**客观的**存在者全 70
体。我总是将它本身，即经验，和我这个**经验者，连同我的生活**（世间经验活动属于我的生活的**具体的流**）**设定为存在着的并假定为前提**。我所考虑的，完全是我的实际经验生活的形式，以及经验生活之变化的显然可想象的形式，其中包括那样一些没有任何世间对象性东西，没有任何一般世界通过它们作为被经验和可经验的而为我存在的形式。当然在这种情况下我并没有将我的实存和我

的经验过程的实存以假设的方式当作前提；而是当我对被经验的世界以批判的方式加以怀疑时，我向我的被经历的生活看去，向我的流逝着的知觉活动、回忆活动、预想活动等等看去，并且如我发现它的那样，如我知觉到它的那样，按照它在体验方式上的自身状态看待它。那么我岂不因此犯了认识批判上循环的错误吗？**在整个沉思当中我实行的是对自身的认识**，在我的世间经验活动方面的对自身的认识，就是说，如我发现它是我自己生活的组成部分那样，按照它的方式加以描写，按照它变化的可能性加以思考。我怎么可以实行对自身的认识呢，既然我确实也一起属于世界，因此在对世界认识的确真批判中，也肯定一起实行了对自身认识的确真批判？

在这里我面临着一种使人非常惊奇的事态。一方面不可否认的是，我在对世间的经验认识进行批判时假定了我和我的进行经验的生活为前提。在进行批判的沉思时，对于我来说，它处于考察的中心，在知觉上在此存在，在这个在此存在中被接受，而我并没有想到，正是使这个为我在此存在本身经受一种确真的批判，即使这个对我本身进行意识的活动，对我的世间经验活动进行意识的活动经受一种批判，使经常向它看去的活动，对它进行考察的活动，对它进行思考的活动，使得到证实的对自身认识的这整个过程（通过这个过程它为我在此存在并成为我思考活动的课题），经受一种批判。我必须承认，在这里有某种朴素性；我对我的世间经验
71 实行了普遍的确真的批判，而对于这种对自身的经验，即对我的世间经验的经验，此外还有对自身的思考，对这整个的批判本来就存在于其中的对这种世间经验的思考，我却没有再度进行批判。

很可能同样也需要这样一种批判，首先是需要对为世间的批判提供其基础的自身意识活动、自身知觉活动的批判，并且我已经预感到，这种批判也许是非常重要的。但是在这里首先**成问题的**是：由于这种疏忽我**真的犯了一种认识论上循环的错误**吗？更确切地说，下面一点不是很清楚吗，即在这里开始呈现出**关于我**，接下来是关于"我的心理生活"，"对自身的经验"和"对自身的认识"的**两种不同含义**？

按照我通常的独白，我表示自我，这个**人—自我**。充分具体地说，我是被赋予灵魂的身体，心理物理的实在性。我属于世界，属于实在东西之全体。此外我是我的世间经验的**客观**。在这种情况下，我不是应该将那样一个我，在这里是经验之主观的我，对于自我客观而言的自我主观，与作为我的世间经验的客观的我分开吗？更仔细地思考，我在实行对世界的连续经验时体验到的我，发现了这个多种多样的——统一的世界，并因此作为发现这一切的主观恰好是对于一切客观而言的主观，对于宇宙而言的主观。我也发现我自己是被归入到这个宇宙之中的，就是说，发现我是客观，是具有其全部的"心灵生活"的这个作为人的自我，在心理物理方面属于这个我称之为我的身体的物理的身体，在它当中客观地体现出来。这整个的心理—物理的实在性如其所是地存在于世界空间中，被编织到多种多样因果关系中，借助于这些因果关系，一切世间的实在东西直接或间接地相互连接，在空间中相互依赖，彼此因果性地制约。

当然这里涉及的并不是偶然的歧义性。在将观察的目光从自我—主观转向自我—客观，并反过来，从自我—客观转向自我—主

观的转变中，我一定会以确真的自明性承认，我，经验的主观，与在72 人之中客观地生成了的自我是同一的。更确切地说，我必须承认以下情况是一种绝对的自明性：如果我从对作为这个被合并到我的身体中的人—自我的我自身的客观的自身经验以及对心灵生活的客观的自身经验，转向对作为主观——即实行这种客观的自身经验同时借助这种反思而揭示其他主观生活的主观——的我的反思；如果然后我又从对主观—自我的这种反思的经验返回到这个人—自我的客观的—世间的经验；那我就一定会立即将一切在主观—反思中经验到的东西并入到我，这个客观地经验到的人之中，或更确切地说，并入到我的身体之中，并且一定会将这个自我自身，主观—自我，与人—自我看成是同一的。我，这个主观—自我，是心理—物理上属于这个身体并因此属于世界的东西，并因此是同一的。另一方面，我这个人，或这个作为具有其人—自我的"人"的心理物理实在，是实行这种反思并通过这种反思揭示其隐蔽的内在性的东西。虽然当我如此定向时，这个世间经验活动——在其中我作为人是经验的客观——在客观经验内容中并不是显而易见的；它只有通过反思才能为我所把握。但它仍然是——并且显然是——我的，这个人的经验；正如当我在更高阶段的反思中占有它时，这个反思又是我的反思，这个人的反思一样。

但是尽管如此，而且不管在这里对于一种更详细的考察我会遇到什么样的困难，我都不能避免这种区分。事实上，当我直接地向我的普遍的世界经验本身看去时，并且当我向能由我在自由想象的改造中产生的世界经验的诸变化可能性之形态看去时，如果对我的普遍的世界经验实行批判，那么对于我来说，实际上就的确产生下面这种确真的洞察，即当下事实上经验到的世界完全不需要存在。如果我在向我的世间的经验活动看去时也朴素地承认这种世间经验活动是实际进行着的，那么以下的情况就是确真地确定无疑的，至少按照假定的和一般的说法是确定无疑的，即如果一般而言一种世间的知觉活动以这种正常的方式进行，那么在其中作为世界而被知觉到的东西就不需要存在。因此如果假定这个世界不存在，因此我的身体也不存在，因此作为人的我也不存在，那就什么也没有剩下，然而被所有这些当成前提的知觉世界的活动 73
却存在；并且我本身，作为这个知觉活动的主观和世间的知觉活动在其中进行的整个具体的心理生活的主观，连同这全部的生活，却存在并且仍然是我之所是。我存在并且仍然是那个未被在我的存在中的一切世界之无意义性涉及的东西，绝不是能由对我的身体和宇宙之所谓以认识批判的方式消灭而消灭的东西。当然我不可以这样说：即使我被与世界分离开时，即使我被与我的身体分离开时，我仍然是我所是；因为这看起来好像是在这里涉及一种可能性，即死神将我作为纯粹的灵魂从这个存在着并保持着的世界中提升出去了。相反倒可以说是——尽管这种将宗教观念包括在内对于开始的哲学家是不允许的，因为宗教的观念也一起被包括到对认识之普遍推翻中了——：如果这个被创造的世界，我的经验的客观世界，被消灭了，那么我，经验这个世界的纯粹的我，并没有因此被消灭，这个经验活动本身并没有被消灭。当然还不只如此。此外假如可以想象，如果上帝喜欢，不创造现实的世界只创造超越论的虚假的世界，作为无可怀疑的现实性给予我这个经验者，——

然而却是一个虚无；在那种情况下，我准确地是我所是，我仍然按照我的自身性存在。我，按照这种超越论的假象就是这个人，存在着，但实际上就会没有身体；如果我本身失去了超越论的假象的身体，那么我就始终恰是主观——现在变成一堆无意义的杂乱东西的被经验物之主观[1]。

因此，如果我们现在又回到我们的纯粹哲学的沉思之中，以下情况就是无可怀疑的，即应该区分，而且我作为开始的哲学家必须区分：在世间的自身经验中的知觉上原初给予我的我的人的此在，和在超越论的自身经验中，在那种纯粹反思的自身知觉中，原初地给予我的我的超越论的存在。在世间的自身经验中，我是心灵和心灵的自我，作为实在地属于感性地被经验的身体的东西，作为心
74 理物理地束缚于身体上的东西。如果没有身体，如果身体是超越论的假象，那也就没有心理物理的因果性，这种因果性能够将自我和自我—生活的内容与物理—身体的事件实在地结合起来，并因此能够赋予这些事件以作为心灵，心灵生活的客观实在的特性。这个自我作为心灵的自我或作为心灵（如果人们不想在自我和心灵之间进行区分的话）会和世界一起消灭，当然如同我的心灵的自我一样，其他人的心灵的自我和他们本身也会消失。只要心灵这个词仍然保持其自然的意义，保持那种参照相关物，参照由心灵而被赋予灵魂的身体——作为不仅是物理地存在着的，而且是心理上起功能作用的，主观地被推动的，使主观具体化的身体——的自然的意义，这就毫无疑问地有效。

① 参看附录XIV：**《自然和经验着自然的自我》**（第406页以下）。——编者注

但是另一方面，我必须对自己说：由于我的世间经验之本质而拥有世界的那种认识的偶然性，以及一切由这种偶然性产生出来的东西，并不涉及处于其纯粹性之中的我的自我和处于其纯粹性之中的我的自我生活。将这个宇宙设定为无效的，使这个宇宙破灭，会使我的经验的心灵，心灵本身消失；但不会使那个纯粹心灵的东西，那个纯粹自我性的东西消失。这种纯粹自我性东西不再拥有其作为灵魂赋予者的实在的共实存，它不再拥有由我的世间知觉而来的实存的意义，而是拥有其由纯粹自身经验而来的对于我而言的实存，这种实存按照其有效性来看，与世间的经验是否有效或具有什么样的有效性，完全无关。实际上，如果我如我所做的那样，就其客观有效性使全部世间经验失去作用，如果我立足于世界不存在这种估计的基础之上，并且使这种可能性对于我成为确真地可洞察的，那么对于我来说，在其中这个世间经验本身对我在此存在并作为我的进行经验的体验活动保留于此的那种自身经验却并不也对我失去有效性。而现在，当使世间经验以其充分的普遍性无效时，我就绝对再也没有任何可能在从反思向将目光直接指向世界的转变中将我的主观性置入到我的身体中，将我的主观性归入到世界中。它的确再也不是什么世间的东西了。另一方面，正如已经说过的，根本没有使我的自我及其进行经验的生活无效。相反：它对于我来说，总是处于经常起作用的有效性之中，以 75
至于自身经验为我建立起我的考察在其上进行的整个基础，如果抛弃这个基础，我的考察就会是绝对无意义的和无把握的。这一点仍值得我深思。

第三十八讲:〈作为超越论批判之课题的超越论经验的领域。〉

但是现在重要的是以正确方法把握、运用和扩展我的获取知识的活动。

如果我通观一下迄今经历过的道路,对于我,这个关心确真地奠立的哲学之开端的人,作为最先想到的东西显露出来的就是,应该从对在对科学实行笛卡儿式的颠覆之后仍然有效的最原初的不言而喻东西之确真批判开始;因此就是应该从对经验世界之实存的批判,或者说得更确切些,从对世间经验之有效性的批判开始,或对我自己的自我之实存的批判开始,或更确切地说,从对"我在"之自明性的批判开始。那时我更愿意选择第一种批判,它由于其普遍性在自身中一定会包含后一种批判。因为作为自我,我当然将我理解为人,在这个开始的阶段我怎么能够想到别的东西呢?这种批判的结果就是排除作为世间经验和经验的认识的对世界的认识。这样一种认识根本就不可能是确真的认识。但是当我后来被引回到"我在",并且将它在这个批判之后保留下来的时候,以此所意指的就不再是自然的独白的自我,仿佛我,这个人,在这里将我从认识批判的世界毁灭中拯救出来了。相反,剩下的是我,这个超越论的自我;而且恰恰是这个超越论的自我,因为我作为认识整个世界的主观,不属于被认识的世界,并在排除掉世界的情况下,意识到处于我的纯粹性之中的我。正是因此,实现了一种极其重

要的进展，开辟了一个大可拓展的地平线[①]。当然保留这种超越论的自身经验及其超越论的自身，绝不仍意味着把它作为对世界 76
的确真批判之确真的剩余物保留下来。从这些东西中甚至根本就没有留下什么东西，而且从提供这些东西的经验之有效性中也没有留下什么东西。但是这种经验的存在以及与此相连作为这种经验活动之主观的自我，这时在这种理论兴趣的转变中却变得显而易见了；下面的情况变得显而易见了，即对自身的经验剩留下来了，就是说，未被这种世间的批判所涉及，并且当我使整个世界失效时，我本身作为经验的课题和其他认识的课题总是已经准备好了。当超越论的经验以及超越论的主观的存在和生活之领域被如此展开时，它也就作为超越论的批判之课题被展开了。如果我前后一贯地停留于作为开端只承认确真的自明性这个我的哲学的开始原则之上，我当然就必须首先提供这种东西。因此这仍然是摆在我面前的一项重要任务。

现在在这里对于我自己的方法的自身理解来说，非常重要的是通过反思把握以下情况。对于世间经验的确真批判除去其判定世界实存的不言而喻性是否具有确真的不言而喻性含义并由此而能提供一种确真的认识基础这种原初的功能之外，显然后来还显示出非常富有成果的第二种功能：即借助于它的结果使以前对我隐藏了的主观性及其超越论的生活成为可以看到的[②]。因为只有通过这种中介，超越论的自我才能作为纯粹在自身中并为自身而

① 参看附录XV：《**一切存在都以主观性为前提**》（第408页）。——编者注

② 胡塞尔对此写道：“它可能马上就想存在”；参看附录Ⅱ（第312页）。——编者注

存在的主观性显露出来，作为在我的经验范围内能为自己本身设定的存在领域显露出来：作为即使宇宙不存在，或任何有关世界之实存的看法都被禁止，也能为自己本身设定的存在领域显露出来。只有这样，这个超越论的自我才能被我所把握，在某种程度上作为一个可完全与世界分离开的存在领域被我所把握，然而却不是在任何自然的意义上分开的，仿佛所涉及的是分开地实存着的——或即使只是可能分开地实存着的——，并且在那种意义上总是彼此外在地存在着的存在领域。这种超越论的存在是自身完全自成
77 一体的，然而按照世间经验的固有意义，因此是按照在超越论的自我中完成的成就之固有意义，可经验为对身体赋予灵魂的存在。原因就在于：超越论的自我虽是纯粹在自身中存在的，但它在自身中完成一种对自身的客观化，赋予自己本身以“人的心灵”和“客观的实在性”这种意义形态。

但是我的超越论的自我如何将自己从这种对自身的掩蔽中解救出来呢？我如何摆脱这种在我自身中产生的统觉呢？这种统觉总是一再习惯地起作用，总是使我只作为自我，人，为我本身显示出来。换句话说，我如何能克服那种习惯地继续有效的推动力，那种推动力充满信心地将我拉入到世间经验中，并将我拉去实行总是将我本身世间化的人的统觉？我如何能摆脱这种使自己迷失于世界中和以世界的外表表达自己的做法，而以我的超越论的纯粹性和超越论的特性意识自己，即将我意识为作为在其进行统觉的体验活动（只要世间的经验活动在自身中形成它，并主动地实现它）中，这个“这个世界在此存在”，以及这个“我是这个世界中的人”，作为主观的成就而形成的主观呢？或者，我如何能够纯粹在

自身中看到这个在它之中并通过它，一切客观上经验上的存在物都为它本身存在，并且随后一切种类和形式的意识存在物都为它本身存在的主观和主观生活呢？

答案很清楚：正是通过那种按一定步骤使宇宙实存无效的方法。因为现在我确实看到，对于我来说，在我禁止有关世界的任何相信，并以显然可能的假设的宣布整个世界无效这种普遍有效形式使有关世界的相信失效之后，现在我的作为世界上实在东西的，作为人的自身设定，也变成不可能了。但是另一方面，我也看到，对我自身的经验不仅是可实行的，而且它始终是处于毫不动摇的实行之中，并处于经常的有效性之中。我作为人不再存在了；更确切地说，我总是能够使我的人的存在失效。然而我却始终仍然存在，我的流动着的生活始终仍然存在，在这种关联中，第一眼就落到其上的我的进行世间经验的生活和我的将自己本身理解和经验 78
为“在这个世界中的人”的理解活动和经验活动，始终仍然存在。使世界失效，同时就包含使对自身的世间化的统觉失效。因此这是一种从我身上脱去经验的—客观的外衣的方法，这种外衣是我内在地为我自己穿上的，或者宁可说，是我过去在一种——在朴素的经验生活期间未经留意地保留的——习惯的统觉中总是一再地为我形成的。因此它是一种使我认识到这种客观外衣的方法；就是说，使我一般地认识到，我以我的最终的和真实的现实性体验到一种绝对完整的自己的生活，它是一种处于经常的进行客观化的成就活动之中的生活，一种在形成世间经验时在自身中形成作为其现象的，即作为在这种最终的主观性中的现象的客观世界的生活。这个客观世界如其所是，是由我的超越论的形成活动而来的，

作为对我显现的，对我有效的，在我自己的证明中存在的，并被证实的现实的世界。

因此我已经注意到，我只许可将呈现给我的一切客观性东西，甚至当我超出实在的世界仍以对象方式意识到的和总是能意识到的无论什么东西，——我只许可将所有这些对象性东西，看作是显现活动中显现着的东西，看作是在我的证明活动中自身证明的东西，看作是在属于我的超越论生活的绝对的有意识的成就活动中作为现象而在意向上形成着的东西。

但是这种预备性的观察仍有许多东西值得我思考。我暂时是就对于我的方法的自身澄清来说明它，借助于这种方法，与经验的自我相对比的超越论的自我，与经验的心灵生活和经验的自身知觉相对比的超越论的生活和超越论的自身把握，对于我来说就变得显而易见了。

在这后一种考察中，以下情况也变得清楚了，即我们不仅事实上将这种进入到超越论的主观性归功于所描述过的方法，而且这种方法以及类似的揭示超越论的主观性的方法根本是必不可少的。我强调**揭示**。没有任何人会需要揭示自己的经验上的自然的
79 自我，将自己作为人揭示出来。每一个成年人和清醒的人都会发现自己本身是具有人—自我和人的心灵生活的人，他在自然的反思中实行自然的对自身的经验，当他说：我知觉、我回忆、我对某某东西感兴趣、我渴望、我愿意等等时，他经常实行这种反思。另一方面，超越论的主观性却首先必须被揭示出来，每一个人都必须为自己本身将它揭示出来，并且首先必须将他自己的主观性一下子揭示出来。他只有通过一种将他从自然生活动机的束缚中解脱出

来的方法才能揭示这种主观性。单纯的反思，不管多么细心进行观察的、进行分析的反思，不管多么专注于我的纯粹心理东西的、专注于我的纯粹心灵内在存在的反思，如果没有这种方法，就仍然是自然的心理学的反思，就仍然是它过去早已所是的——处于仍然很不完善的形态中的——东西：即世间的经验。这种纯粹心灵的东西恰正是并且始终是心灵的东西，是继续有效的外在性之内在性。只要世界对于我在此存在，以朴素的有效性和继续有效性作为存在着的现实性存在，这个纯粹心灵的东西，就由于在经验上不言而喻地归属于身体以及对我有效的世界中的存在物而仍是为我的身体赋予灵魂的东西。并且只要它，这个世界，是为我在此存在的，我这个人，这个人的心灵生活，就因此存在于它之中。在我的自然的平淡的生活中我能有什么理由要超出这种自然的态度呢？如果发生下面的情况，即当我朴素地实行世间经验时，当我以朴素地实现的经验相信实行世间经验时，我赋予世间经验的那种有效性不起作用了，那么这种超出自然态度显然就是必然的。但这一定是以非常有效的形式发生的，以至于任何会重新陷入朴素地实行经验的尝试都被禁止了。只当对于我来说，在最严格意义上再没有任何东西"在此"存在，再没有任何存在着的现实性在此存在，我才能将我自身理解为超越论的主观，理解为一切实在性以之为前提的非实在性。

当然超越论的主观性在历史上肯定也被首先揭示出来了。这种揭示是以最初的，不成熟的，并因此是时而无效的时而在迷途中起作用的形式，在笛卡儿的我思(*ego cogito*)中出现的，顺便说说，在这里同样也是由于确真的无可怀疑性之要求而被突出出来的。

80 超越论的主观性之纯粹的真正的揭示，首先是以每一个现象学家都知道的**现象学还原**的方法实行的。这种方法只不过就是以上几讲中详细描述过的方法。在以下这个范围内它也应该被称作超越论还原的**笛卡儿式方法**，即它只不过是对笛卡儿的最初几个沉思中隐藏的——而且是对笛卡儿本人隐藏的——深刻内容通过澄清而加以突出强调。为什么我们的方法被称作**现象学**还原的方法，同样，为什么超越论的主观性也被称作现象学的主观性，这只有以后才会明白。

我说过，对于**笛卡儿**来说，超越论的主观性，我思（*ego cogito*），立即就表明是绝对毫无疑问的存在。与被经验的世界之非存在的可能性，或如笛卡儿更喜欢说的，可疑的可能性，相对照，我思（*ego cogito*）作为对于我来说绝对不可怀疑的东西显露出来。与此相对，经过慎重考虑，在现在这个阐述中我将超越论还原的方法从有关超越论的自身认识之确真有效性问题分离开来。现在我将这种**超越论的还原**或现象学的还原从与它相联系的**确真的还原**区分开。后一种还原标志一种只有通过现象学还原才有可能的任务。在我实行确真的批判以前，我必须有一个批判的领域，在这里就是有一个经验的领域，而这个领域，即超越论的自身经验之领域，我只有借助于现象学还原的方法才能获得。

另一方面，随即一起实行这个确真还原的一部分，即立即实行马上就突现出来的开端，几乎是不可避免的，而且肯定是有用的；并且这是在与对刚刚新出现的超越论领域之最初的详细考察相关联进行的。**关于现象学还原方法之可能改变的问题**，也随即作为同时有助于澄清超越论主观性之意义的问题突现出来了。

让我们开始更详细考虑超越论的主观性[①]，它在我们按一定方法进行的讨论中仅仅以有限的部分，只是以最初一瞥的方式，变成对我们显而易见的。这是以下面这种方式发生的，即我，这个自我，作为自然朴素的自我，经验世界时，转而去仿佛将这个世界完全勾销，于是我就将我的**经验这个世界的生活本身**保留下来，因此将我本身作为进行经验的自我保留下来；尽管我的身体和我的人间性当然也一起被勾销了。因此在这里就是：我存在，当我经历着这个对于世界的经验时，我存在。 81

即使没有任何实在的东西存在，或现在没有任何实存的东西存在，并且不管世界和人等等是否存在，这个进行经验的生活都存在，我的生活都存在；这是一种作为自我—生活的继续流动的存在，我对此毫不怀疑，首先是没有任何理由怀疑它或对它提出任何批判性的疑问；我的确是连续地，完全直接地在知觉上经验着它，只不过这个知觉是超越论的知觉，在其中所实行的是将世界普遍排除的态度。我的作为自我—人的经验上的自身经验活动也属于这种态度，只不过这种经验活动不是就它的客观有效性朴素地实行的，而是在排除它的有效性的情况下——如我们也可以以现象学方式说的：在将它的有效性加括号的情况下——被看作单纯主观的事实，被看作我的自我—生活的脉动。

① 关于以下的论述请参看胡塞尔的批注；见附录Ⅱ（第 312 页及下一页）。——编者注

82〈第三篇　关于现象学还原的现象学。开辟通向超越论还原的第二条道路〉

〈第一章　主观性的超越论生活流之超越论的时间形式〉

第三十九讲：〈普遍的超越论的自身经验之全部内容：超越论的现在，过去和将来。〉

但是作为经验着世间客观性的自我的自我，仍然远不是完整的超越论的自我，远不是必须普遍引起注意的超越论的自身经验之全部内容。如果我们更仔细观察，那么前后一贯地克制对世间东西的一切自然—朴素的世界相信，就绝不仅是在有关任何客观东西的每一个**知觉**上导致对该知觉的超越论的把握，导致将它作为超越论上纯粹的“我知觉”来把握，相反，下面的情况也是首先引人注目的。在自然的态度中，当我将我作为人的自我发现出来，并且总是与我属于它的那个周围世界联系起来时，我发现我不仅是知觉者，并且我在反思时不仅这样说：我知觉，而且还说：我回忆，我期待，我想，我怀疑，我比较并分辨，我喜欢或讨厌，我判断并推论，我希望，我渴求，我意愿并行动。所有这些行为在自然的反思中都以世间的方式被经验为经验的自我—行为；但是与所有这些行为相对应有超越论的自我—行为，而这些超越论的自我—行为只不过就是由我本身——作为通过超越论的还原以其纯粹的特性和对于一切世界实存的独立性而变得显而易见的自我的我本 83
身——具体实行的行为。它们正是那些客观的行为，但是摆脱了朴素性态度中的一切客观化的统觉；更确切地说，这种客观化活动是通过克制一切世间的连带相信作为当下在作为超越论的主观的主观中被实行的有所成就的活动而被认出，并且本身一起被纳入超越论的内容之中的。譬如说，如果我以反思的方式把握"我希望冬天一直有好天气"；那么克制一切对世界的相信就能够使我看出我的超越论上纯粹的"我希望某物"，即能够看出作为我处于希望的情况中而实际上发生的东西，并且它就是它所是的东西，不管世界是否存在。它并不是第二个希望活动，与客观的希望活动并列的超越论的活动；相反，这个客观的东西在这方面是一种本身在我心中实行的统觉连同一种本身被我实行的经验的相信。当我使经验的相信，即世间经验的相信，"不起作用"，当我禁止经验的相信时，我就能立即看出这一点；或者更确切地说，如果我作为现象学的自我，想要通过反思意识到在自然的客观化的活动中和与此紧密结合的自然的"我希望"这一活动中，作为纯粹主观的进行希望的生活和行为本来真正存在着的东西，我就必须禁止经验的相信。就此而言，我不允许任何被认为是属于自然反思之内容的东西不受到现象学还原，不论是在自我方面，还是在我作为被希望之物所

意识到的东西方面。因此涉及好天气的现实领域之设定当然必须一起被禁止。因为自然的客观的统觉总是先行，因此我对每一个客观上呈现着的“我做某事或我忍受某事”在每一点上试探着实行还原，或如我们还可以说的，作为方法上的辅助手段实行使客观的相信不起作用的精神上的“加括号”。在每一个自我—行为上和每一个能以自然反思方式把握的自我—体验上，都如此行事；我们通过这种方法所获得的每一个东西都是作为其在超越论的主观性中所是的东西，作为在超越论的主观性之真实的和纯粹的生活中的脉动而存在的。

如果我们将*我思*(*ego cogito*)这个方便的笛卡儿式的表达用
84 作一切能借助于还原获得的超越论的自我事物之普遍的名称，那么因此用思(*cogito*)这个词就不是谈论恰好是特殊词义上的思想活动，而是它同样也包含每一种爱和恨的活动，每一种希望和意愿的活动，等等；但是当我不是明确地谈论经验的—自然的我思时，就总是意指有关的超越论的自我—生活，因此是意指这样的东西，即一切客观东西**在其中**显现并在其中被设定的东西，但是它的特有的超越论的存在不保留任何客观存在的东西。

然而在我们更深入研究这种方法之前，最好还是再在其他方面确保超越论经验领域的普遍性，就是说使我们明白，我们的方法不仅导致**现在的**超越论生活——因此就是导致我现在实行的，当我反思时现在作为我的当前的“我知觉，我思想，我希望，我做”而以流动的方式发生的当下的*我思*(*ego cogito*)。正如我在自然态度中作为自我—人在回顾和前瞻时知道我的过去的和将来的生活一样，同样当我使用超越论的还原时，我也知道在**过去**和**将来**的我的超越论的存在或生活；而这是由超越论的经验而知道的。经验首先是知觉；但**回忆**，和——以某种方式——**预期**也是经验，并且我们将有关作为过去东西的过去东西和作为将来东西的将来东西的一切知识都从起源上归功于经验。

让我们从一个例子开始。我回忆起从前在城中山上散步。如
果在这里我使用加括号的方法，那就不仅我现在进行知觉的身体
和我整个世间知觉上的现在以及那个作为现在在此存在的城市连
同城中的山都失去作用，而且全部从前在城中山上的散步也都按
照所有在其中客观地设定的东西，被现象学还原所涉及。现象学
的还原延伸到过去，涉及我过去的经验的自我，过去的身体，过去
外部知觉的内容——通过那种知觉，城市，所涉及的街道，作为我 85
漫步穿过的街道，城中的山（而且是作为从前登过的山），作为客观
此在的事实，被给予我。在这里我立即就会注意到，**回忆以双重方
式**向我表明是**超越论的东西**。一方面，如果我回忆，并且当我使宇
宙不起作用时，或更确切地说，当我禁止涉及宇宙的全部经验相信
时，那么为我留下的就是这个以反思方式被知觉到的作为我的当
下体验活动的“我回忆”。另一方面，我过去的在城中山上散步在
这个现在的体验活动中为我准当前化。但是我不可在判断上使用
这个过去的事件——它作为我的人的人格之行为曾是世界中的心
理物理的—实在的事件；如果我的重新回忆是对于这个实在的过
去的相信，那么这个过去，这个相信，就由于我的现象学的排除，不
起作用了。但是更仔细观察，在“我回忆”中却同时包含着一种“我
知觉”；并且在这个过去的行为中同时包含“我想要并且我做了”。
即使这座城中的山，我的身体，我的行走着的双腿等等，没有作为

过去的存在发生过，是超越论的假象，不管它的存在怎样，道路和目标借以对我在知觉上作为现实性而有效的知觉活动之整个连续性，以及努力的活动、意愿的活动、行为——这些与知觉一起都曾是我的行动着的体验——都没有由于放弃对世间的存在下判断而被消除。因此作为现前的超越论的体验，我现在不仅提供了这个“我回忆”，而且在这个体验中包含着对于我过去的超越论生活的回忆。显然这对于每一个回忆都有效。每一个回忆显然都允许**双重的超越论还原**。其中一个还原得到作为我的超越论的现前体验的回忆，而第二个还原，通过以奇特方式伸展到回忆之再现的内容，而揭示出我的一部分过去的超越论生活。如果在我这样做时沿着我的再回忆的链条走，如果我能够由显露出来的回忆仿佛是
86 连续地将我引向现实的现在，并且如果我对这个连续地唤醒的一系列回忆实行超越论还原，那么我因此就能够看到我的直至现在的连续的超越论的过去；但只是一部分一部分地看到的；因为如果反过来我以再现的方式唤醒越来越新的更远的回忆时询问过去以前的东西，那么我在实行现象学还原时就会看到，我的超越论的生活连续地返向延伸到**无限的**过去。

关于将来的情况却有所不同，因为**预期**的“预见活动”不仅不是真正看的活动，而且也不是以进行准现前化的回忆之方式仿佛重又在自己面前看见的活动之准确的类似物。但是毕竟我们也能够将现象学还原运用到被预期的东西上，并且我们通过还原又发现**双重的**超越论的东西，一方面是作为当前超越论的体验的预期，另一方面是作为在其中以预期方式包含的东西，即被预期的内容；并且只要**每一个**现在总是连续地在自身中带有预期的未来的地平

线，我们就会又有一种与超越论的过去之无限的地平线相似的**超越论的将来之敞开的无限的地平线**。我们看到，**客观的时间**，作为世间客观性东西本身之形式的那种时间，也随同世界一起被排除了。但是另一方面，我，这个超越论的自我，经验着一种超越论的生活，一种在连续的超越论的经验中**以特殊的超越论的时间形式**表现的生活，这种时间形式以能够更详细描述的方式具有当下生活的形式，而这种当下生活在自身中具有回忆和预期之无限的地平线，这种地平线如果被揭示出来，就会表明一种两个方向都是无限的超越论的生活流。

第四十讲：〈作为自我分裂的反思以及自我在流动着的生动的现在中的同一性。〉

但是对于以下问题需要一种极为紧迫的思考，即我在我的超越论生活中有什么，在其中在判断方面被排除的世间的客观性——然而它并没有由于这种排除而停止是对我显现着的客观 87
性——起什么作用。我所知觉的一幢房屋，当我转变到超越论态度并将我的我—知觉理解为超越论的经验时，并没有停止是在这个知觉活动中被知觉的东西，在其中被相信的东西，在其中以确信而在此存在的东西，如此这般地存在着，具有这种红色屋顶等等。但是怎么，难道我没有对房屋的实存加括号，没有将它排除，因此没有使朴素知觉的这个相信"失去作用"吗？如果我从这种知觉上取走它的相信，那么它就不再是知觉。说根本不可能将知觉的相信像一件可以分离开的东西那样从知觉上取走，是没有用的。而

且也根本与此无关，但这的确与“使之无效，使之不起作用”有关。完全正确。但这样做岂不就意味着给知觉带来点什么东西吗？无论如何由于这种现象学的“加括号”，我原来的体验被改变了。然而这意味的却是，由于这种加括号，我获得了我的如其真正地和纯粹地在自身中存在或曾存在那样的作为体验的“我知觉”。我获得它作为我的超越论的主观性的成分，这种超越论的主观性从它那个方面说，只应该是自我和自我生活，如其在自己本身中和为自己本身所是的那样，不管世界存在还是不存在；而这个自我在自己本身中，在其生活中，实行着对世界的经验活动——作为毫不动摇的相信活动之一种特殊生活——，并借此首先将世界意识为在自身中存在着的现实性。

如果我遵循这种方法的指导，我就承认这种超越论的主观性和由它所表明的东西，事实上，我看到了这种超越论的主观性。但是如果我像刚才那样对方法进行反思，我就会怀疑，这种方法是否适合，它是否有一天能适合于将超越论的主观性及其生活突出出来。

但是在这里我不应该容忍任何不清晰性。为了不陷入混乱，我首先必须为自己更详细说明我实行、并且必须实行超越论还原的方法之方式[①]。我按照事物的本性开始我的作为**自然的自身思**
88 **考**的思考或反思。作为我首先在其上实行这种思考的实例，又是有关房屋的知觉，这种已知的开端就是，我以朴素的专注态度和某

① 以下至第111页的论述还请参看胡塞尔的两个批注；见附录Ⅱ（第313页）。——编者注

种自身迷失的神情进行知觉。我完全投身于对这幢房屋的观察中。这并不是昏睡式的自身迷失。这个自我是清醒的，它是现实的自我，就是说，是在实行一种行为的自我，它的唯一具体的表现具有这样一种形式：即我思，*ego cogito*，并且它的充分的表达还要求标明当下的被思维之物（*cogitatum*），即标明我所思维的东西。具有行为主体和行为客体的行为结构之这种独一无二东西表现在语法的主语—宾语—述谓中。在行为中，这个实行行为的自我指向在行为本身中意识到的客体，与客体打交道。在我们的情况下，这个实行行为的自我就是实行知觉活动的自我。通过注意和观察，我指向这幢房屋。但是关于我是如此——以及这里所谈论的自身迷失——我毫无所知，而这就表明，我并没有指向它。这种指向它，只有在反思形态中，在更高阶段的知觉形态中，才能发生。在这种形态中被知觉到的东西，不再是这幢房屋，而是"我在知觉这幢房屋"，就这样，事实上反思的内容就在这个简单的知觉判断中忠实地表达出来了。在这种反思中发生着或发生过什么呢？在这种自身知觉中，显然发生着这样的情况，即**我作为反思的自我超越了"我知觉"这种行为**，超越了在我献身于实行它时并没有觉察到它和作为实行它的主观的自我的那种行为。我作为这个**新出现的**反思的自我，拥有我在"我知觉"这个行为中的再次出场，在这种再次出场中，我使那个忘却自身的自我和先前未被知觉到的"我知觉这幢房屋"变成我通过把握而指向它的被知觉的内容。

但是，当我使这种反思开始时，忘记了自身的**自我**之那种**朴素的知觉活动已经过去了**。现在我在反思的时候只有借助于在对所谓"滞留"的，即对进行直接向原本体验连结的**追忆**的"再意识"中

89 进行一种捕捉性的向后抓取的活动，才能把握住这种知觉。只有用这种方法，通过反思—返向抓取，我才能发觉这种朴素的知觉活动和忘却了自身的自我；这是一种发觉的活动，它其实是**再发觉的活动**；并不完全是一种通过知觉进行把握的活动；但仍然是一种进行把握的活动。——如果这种知觉，在我们的例子中就是对这幢房屋的知觉，在我已经作为进行反思的自我行事以后继续进行，那么我对于这种继续进行的知觉来说，所有的就不是一方面指向这幢房屋的自我和另一方面指向这个自我及其通过知觉而指向这幢房屋的活动的反思的自我在时间上的分离；如像对于忘掉自身的知觉活动之进行返向抓取的追忆活动期间的情况那样。而是，在生动的现在，我以共实存的方式拥有**双重化了的自我和双重化了的自我—行为**；就是说，拥有现在连续地观察这幢房屋的自我，和实行下面这个行为的自我：即"我意识到我连续地观察这幢房屋"，而这个行为可以用下面这种方式表示：我观察这幢房屋。因为这个简单句当然是进行反思的自我的陈述，在其中被陈述的自我是被以反思方式把握的自我。

其次：这个实行反思的自我显然处于"忘却自身的自我"这种形式中，并且它自己的进行发觉的行为是忘却自身的行为。但是如果我问：**我们是从哪里知道这种更高阶段上的忘却自身的行为呢**，回答是很清楚的，而且这种回答与对较低阶段上的忘却自身的行为之问题的回答相似：是通过反思知道的，而且现在是通过**第二阶段的反思**知道的，这种反思具有一种相关的进行反思的并且从它那个方面又是忘却自身的自我。这个自我在说出它的知觉时会说：我意识到我知觉到这幢房屋。应该再次指出，在这里，必须滞留的返向抓取活动阶段和可能随后到来的阶段区分开，在随后到来的阶段中，在自我分裂中相互关联的诸自我—主观属于同一的流动的现在。我几乎不需要说，每一个上升到更高阶段的反思都使一个新的作为执行行为的主观的自我登场，以至于例如这第三个自我及其行为被联系到第二个自我及其行为，第二个自我及其行为被联系到第一个自我及其行为。

在术语方面还要说明一点：关于**忘却自身**的说法并不恰当，因 90
为，按照忘却的通常说法，一定有一种清楚的意识行为发生在前，对已经被意识到的东西之忘却的行为跟随其后。但是在这里，忘却自身这种样式，就本身来看，显然是发生在前的。另一方面，由于关于意识的说法的多样性，“没有意识到其自身的自我”，这种表达方式也是不恰当的。我们倒是可以谈论**潜在的自我**，并与此相对谈论**显在的自我**。据此我们本来就应该说：一个自我，一个清醒的自我，一个实行行为的自我，成为显在的，只有借助于对此进行反思的自我之登场才有可能，而这个对此进行反思的自我，就它那个方面说，又是潜在的。此外：这种成为显在之性质，对于每一个潜在的自我，因此对于每一个进行反思的自我，都是可能的。原因就在于，进行反思的自我，是实行一种将从前潜在的自我变成行为的客体，变成意向的客体的行为的自我。

但是为什么我们谈论同一的自我，这个自我返向地与自身关联，在“自身知觉”中意识到它本身以及它的行为；然而在那里各不相同的行为显然是彼此重叠的，并且**每一个**行为都有其可以说是作为它的**被分开的行为极**的被分开的自我——？而且我们立即就会认识到，这些分离开的诸自我在它们采取态度时并不总是一定

彼此一致的。此外，我们如何能够使用**分裂**这种比喻呢，它暗示统一东西的分离——并且也许是在保存某种统一性情况下的分离——，就如同一棵树干分裂开的状态并不一定意味着分裂为彼此完全分离存在的部分一样——？

这种回答由现实的和任何时候都可能的生活方面来看是在自我反思中得出的。在这里我任何时候都能实行更高阶段的反思，即通过概观使借助进行返向抓取的捕捉活动而把握住的自我，使被包含在生动的行为中并同时被反思地观察的自我，进入到视野中；然后进一步使本身已经变成显在的进行反思的自我等等进入到视野中。但是在这种情况下我也能够并且一定会看到，**这"许**
91 **多"行为极本身显然就是同一的自我**，或者说，同一的自我在所有这些行为中都登场，并且在每一次这样的登场中都有不同的**样式**；我看到，它在分裂为众多行为和行为主观时仍然是同一的；是在这里进行分裂的同一的自我①。我看到，**在现实性中的自我生活**完全只不过就是**在活动着的行为中不断进行分裂的活动**，并且一个进行普遍概观的自我总是能够一再地确立起来，这是一个将所有那些行为和行为主观都视为同一的自我；或更确切地说，并以更原初的说法说：我看到，我本身能够将我自己作为在更高的反思中进行概观的自我建立起来，我能够在自明的综合的同一化中意识到所有这些行为极的以及它们的由情况决定的存在方式之多样性的同一性。因此我说：在这里我到处都是同一的，我作为反思者是同一的，它在以后的把握中被理解为是未被反思的，它作为对自身进

① 参看附录XVI：《**自我的双重"潜在"**》(第408页以下)。——编者注

行知觉者，将我看成是例如对房屋进行知觉者，如此等等[①]。

如果我们能够使自己明了这种令人惊奇的事态，并能够特别为我们确保在每一反思中复制这个实行者自我，那么我们就能够作出以下的重要发现，而这又是以对房屋知觉这个例子为出发点。在对我朴素实行的对房屋知觉之反思的正常情况中，我在我的反思的知觉中不仅看到了“我知觉这幢房屋”，并且我绝不仅是我的知觉着房屋的自我的以及这个自我的知觉活动的观察者，而且我还**分享**这个自我的**知觉上的相信**，我作为进行反思的自我同时实行着这个知觉着房屋的自我的相信。这就是说：正如只要我看到这幢房屋并观察它，那么对于我来说正是这幢房屋以及我现在在它上面发觉的真正在此存在的东西就存在着，因此作为这样的东西在我的知觉相信中就对我**有效**一样，同样所有这些东西对于作为进行反思者的我也是真正在此存在的。与对自身的知觉和对房屋的知觉一起，我也承认这些东西，我也是实行这种有效性的主 92
观。

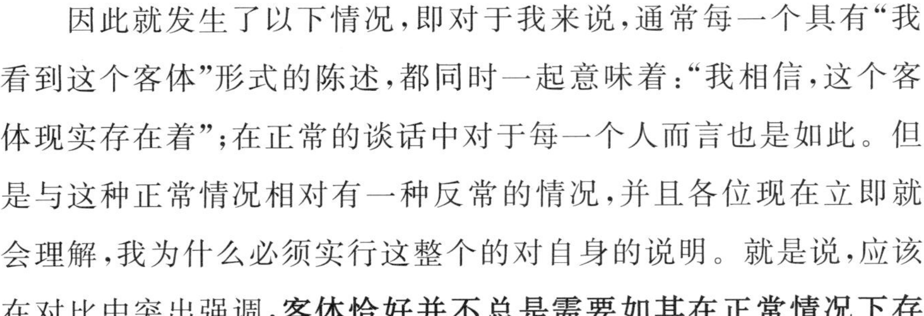

因此就发生了以下情况，即对于我来说，通常每一个具有“我看到这个客体”形式的陈述，都同时一起意味着：“我相信，这个客体现实存在着”；在正常的谈话中对于每一个人而言也是如此。但是与这种正常情况相对有一种反常的情况，并且各位现在立即就会理解，我为什么必须实行这整个的对自身的说明。就是说，应该在对比中突出强调，**客体恰好并不总是需要如其在正常情况下存**

① 参看附录XVII：《我不能勾销的自我是一个什么样的自我？》（第410页以下）。——编者注

在那样地存在;就是说,我作为进行反思的自我,肯定绝不仅是同时进行相信的自我。而对于理解现象学还原方法来说,对于我们特别重要的是:我也可以**以我的自由放弃**反思的这种自然的同时相信。我可以完全像一个对被知觉的房屋之在此存在和如此这般存在,以及对一般世界的在此存在绝对**不感兴趣的旁观者**那样行事。

〈第二章　关于现象学家的理论态度的理论：悬搁的意义与成就〉

第四十一讲：〈反思与理论兴趣，采取态度行为的自我分裂。〉

在我能更详细说明这种不感兴趣的态度之前，首先必须使与自我分裂同时发生的，或更确切地说，随之发生的，在相信行为当中的，以及更普遍地在采取态度的行为当中的分裂这种普遍现象得到说明，按照这种说明，与通常情况不同，进行反思的自我并不同时采取它通过反思而指向的低一级自我的态度（也许甚至拒绝采取那种态度）[①]。**怀疑论者**提供了一个这样的例子，他在将目光直接指向他的外部知觉世界时，他通过实行以他的知觉活动的一 93
致性而体验到的知觉的相信，而且作为一致地进行知觉的自我，根本不可能体验到别的，而只能体验到能提供作为现实性的这个世界的这些事物。但是在他作为哲学上的怀疑论者被某种理由所推动，得出对世界的否定或怀疑，并且现在在对作为知觉着这个真实

① 关于这一点以及以下的论述，请参看胡塞尔的批注；见附录Ⅱ（第319页）。——编者注

世界的人的自己进行反思的地方，在被分裂的行为之统一中，采取态度时的分裂也是很显然的。作为知觉这个世界的人他相信，而作为进行反思的怀疑论者，他并不信任这种相信，他并不同时实行这种相信，他怀疑或摒弃这种相信①。

我们迄今关于反思的思考只是以知觉领域的例子为基础，因此只是澄清了对于知觉活动和被知觉物本身的反思。但是并不是所有的反思，并不是所有种类的自我复制，都具有相同的结构，因此最好是再从对回忆之反思的领域举出一个例子。我指的是**再回忆**。我们的语言用反身的方式将再回忆表达为“我回忆起”(Ich erinnere mich)并非没有道理。在每一个回忆中都以某种方式包含有对自我的加倍，只要我直接再回忆起的东西不仅一般地被意识为存在过的东西，而且被意识为**曾被我知觉到的存在过的东西**。我想起了一次火灾：我曾看到过那次火灾；我想起了一场音乐会：

① 对于被一致地经验的世界可以有不同态度：

1)我可以认为这个世界可能不存在，尽管我经验到它，并以坚定的确信相信它。

2)我可能由于受到怀疑论论证的影响而接受一种怀疑论的或否定主义的理论，可能在进程中相信经验，但在这种对经验的相信之上加上一层思想上的怀疑或否定。

我可以以不可知论的方式说：这种经验上的确信涉及的只是主观的东西，主观的印象。我不知道“这个”世界“本身”。或者说：我根本不可能知道世界自身是否存在。

或者虽然我可能承认这样被经验的世界是世界本身，然而却怀疑，它是否有真实性自身，而且是以这样的方式怀疑，即我将这种一致的统一结构之样式看成是一种暂时性的样式，我在实践上能够并且必须暂时这样合情合理地信任它。因此我就表现得好像世界事实上(最终有效地)存在，就是说，在实践上存在——只要没有更强有力的可能性之动因对此提出反对；但是我相信有理由认为，这样的最终有效的真实性并不存在，或是可疑的。

还请参看**休谟**的《**十五子游戏**》。

我曾听过那次音乐会。在间接性的情况下：我想起的不是火灾本身，而是想起我由之而听到或由之而读到有关火灾的报道的东西。当然这种自我的倍增就在于，我过去的自我，这个过去曾在场，曾听到过这件事等等的自我，属于作为现在的清醒的自我之体验的再回忆的内容。当我将我的进行把握的目光向过去看并同时指向过去的自我及其过去的自我行为时，这个经验就变成一种清楚的自我反思。于是我作为现在进行反思的自我就会说出："我曾看过那次火灾"。显然有一个过去知觉的相信属于对过去那次火灾的知觉。在正常知觉的情况下，我，这个现在的自我，也许是作为延伸到过去的那个反思的自我，同时进行这种再现性的知觉相信，就是说，如我那时曾经相信的那样，我现在仍然相信。于是在每一个具有"我记得那时情况如此"形式的陈述之通常意义中，就会不言而喻地包含着"那时情况如此"。 94

然而事后我可能会怀疑起来，甚至会确信情况并非如此。当再回忆始终仍然是对同一东西的再回忆并且仍然将过去的知觉活动连同过去的知觉相信为我准当前化时，我现在的自我却从这种一同相信中摆脱出来了，并采取了另一种立场。因此在这里又如同在怀疑论者的情况下一样，而且在真正实行反思的情况中完全相似；只不过怀疑论者不仅将经验的个别性宣布为假象，而且他的怀疑指向普遍的世界知觉。

也许只需要指出，我们为知觉和再回忆所阐明的东西，能够很容易地转用到我们在其中"通过相信"以某种方式采取态度的各种各样行为上，不管这些行为是不是进行直观的行为；我们甚至可以反思各种各样的行为，因此也可以反思空的预先期待，或者反思摹写的行为，经验上指示的行为，反思述谓地进行思想的行为，等等。所有这些行为都可能以确信的原初样式出现，或者也可以是根据情况改变了的行为，作为进行怀疑的，进行猜测的，进行否定的行
95 为出现。一般来说，在所有这些情况下，它都会如我们特别在知觉和再回忆那里描述的那样进行，就是说，一般来说，进行反思的自我的态度，不管它在采取相信态度时是否与这个被以反思方式把握的自我划分开了，仍然会是一种**对于对象的存在**——对于火灾的存在，对于世界等等的存在——**感兴趣**的态度。如果他的行为确实不是同时的相信（一般来说在反思中被考察的，当作课题被考察的自我的这种采取态度简直是被同时实行的），那么它肯定就是对存在采取态度：一种最广泛意义上的判断活动，它也可能是一切判断活动之原初形式和正常形式的变化，判断的确信之原初形式和正常形式的变化；因此它也可能是单纯的猜测活动，作为倾向于相信的认为可能的活动，或认为有极大可能的活动，或是怀疑的活动，或是通过反驳而拒绝的活动，仿佛是勾销存在，勾销可能存在，勾销盖然存在等等的活动。

正如我们在下面会明了的[①]，现在在进行判断的自我之每一个这样的行动中，正如行动这个词确实表明的，都有一个——尽管也许只是短暂流逝着的——**做事的行为**。我在进行判断的行为中就像指向我所追求的**目标**一样指向**存在和如此存在**。通过每一个猜测的活动，认为可能的活动或怀疑的活动等等，意向就指向能

① 以下直到第 106 页的论述请参看胡塞尔的批注；见附录Ⅱ（第 313 页以下）。——编者注

由确信而建立起来的存在，最终指向我恰恰只能以确信——这种确信在这里就意味着自明性——的形式“拥有”的存在者“本身”。即使是否定的确信也继续指引着意向，或更确切地说，使意向转变成相反的意向；如果这不是被意向的东西，那么进行努力的意向就指向**代替它的**东西，因此就指向一种肯定的确信。如果我已经有确信，甚至已经在存在者本身之旁存在，如在知觉的确信中那样，那么这种意向的活动就又会朝向越来越丰富和越来越完满地获知对象的方向继续前进，朝向通过新的，在这个方面自身给予的知觉，因此是通过一种从总是新的方面或按照总是新的个别要素连 96
续进展的观察而充实知觉之向前抓取的诸意指成分的方向继续前进。这种从行为到行为不断进展的行动，在自由进行中，由于贯穿到所有这些行为中的向着普遍同一的并被意识到的目标之努力进程的连续性，而被综合地连结成一个行动的统一，尽管这种努力行为之自由发挥作用也经常停顿，甚至也许刚一开始就已经停顿（只要其他的兴趣分散了我的注意力，我转向具有另外努力目标的另外的行为）。在这里只有这一点是重要的，即我在每一个行为中恰好都是有所指向者，我生活于一种或远或近地伸展着的，并由有意识的目标统一性集中起来的行为连续性之中。作为判断者，我特别专注于存在的确实性和存在的所有物以及这种所有物的完善性，并且在这种意义上，我作为行为的主体对存在感兴趣；虽然我总体上仍处于反思的态度中，而且是作为反思的自我处于这种态度中。

与此相反的情况也可能是这样，即我作为进行反思的自我，当我观察我当下的自我—行为时，对于在这个行为中被相信的

东西和作为存在目标被意识的东西，**完全不感兴趣**。在这种自我分裂中我们确实有：首先是完成着知觉行为的，或是曾完成了记忆行为的自我，因此这是对存在感兴趣的自我；其次，与此同时我们还有对此不感兴趣的反思的自我；这个自我例如对“我知觉这幢房屋”进行观察，此外这个自我通常同样也分享那个处于下一层的我的兴趣，甚至也许在感兴趣地采取态度的**方式**方面与他一致，一起相信，一起猜测，一起怀疑等等。我要重复说，与此相反，现在与我们有关的是，我们有下面这种可能性，即这种分享与统一并不存在，这个进行反思的自我把握并且观察处于它下一层的自我的行为及其感兴趣地专注于其目标的状态，但恰恰对于这个被观察的自我所感兴趣的东西**不感兴趣**。因此在这种情况下，我譬如作为对我的“我知觉这幢房屋”进行反思的人，就不再是那个对于他来说这幢房屋是在此存在的现实性的
97 自我，处于下一层的自我之确信并不一起被我实行。当然我也不实行对这种相信行为之任何由情况决定的改变，不实行任何猜测，任何怀疑，任何否定的行为。当我在灿烂的阳光下看见眼前这幢房屋而且没有丝毫怀疑的动机搅乱我的时候，我现在事实上没有任何理由这样做。如果这个例子的情况又是一种相应不同的情况，又是这样的一些动机决定我，那么我就仍然是一个对该房屋之存在感兴趣的人；或者这样说也是一样，即我就处于进行判断的，指向有关房屋之认识的理论态度中。但是现在我恰好不是这种情况。并且在这里我这个对自我冷漠地进行观察和进行认识的人，与那个在我反思的目光中存在的自我并不一致。作为这样的自我，我不是对房屋的存在和如此存在感兴趣，而完全仅仅是

对知觉体验的存在和如此存在本身感兴趣，对知觉行为的存在和如此存在本身感兴趣，对现在存在着的或已消逝的或未来的知觉体验和知觉行为的存在，如其现在存在或过去存在或将来存在那样的存在，感兴趣。

我，作为进行反思的自我，并不是在每一个方面都不感兴趣。我的确实行一种行为，实现一种认识的兴趣；但是这种进行反思的获知活动和判断活动之实现，是指向处于其纯粹的自身存在中的我和我的知觉活动的。正是由于我放弃实行任何同时参与到对于被知觉的存在的，对于房屋的存在的兴趣之中，就是说，在这个方向上不实行任何同时相信的行为，对于我来说，在此存在的就只不过是纯粹主观东西，并且我的理论兴趣正是在对这种纯粹主观东西及其纯粹内在内容的观察和确定中实现的。现在作为我的纯粹课题的这个知觉行为，就是对在我眼前存在着一幢房屋这种相信的实现，这当然一起属于上述同一东西的纯粹内容；因此它存在于我进行反思的兴趣范围之中，然而当我查明这种相信是事实的认识之因素时，我却并不相信这幢房屋本身的存在，不必对此作任何判断[①]。

① 另一方面，一切像事物的东西在以下限度内仍然在进行反思的自我中一起保持着，即自我在实行某种反思的更高阶段行为时，虽然把握这种主观的生活，特别是把握一切属于以前被直接给予它的有关事物的主观东西——与事物有关的各种态度，各种被给予性样式——，但并不因此放弃事物性东西。它还为其原初课题的意义——这种意义不包含任何主观东西——获得它曾是在其中被给予东西的那些现在成为课题的主观样式，也许还有这样一种认识，即它只有在某种这样的主观的被给予方式中，才是可以想象的。

98

第四十二讲:〈兴趣,“态度”,“课题”这些最普遍的概念。〉

这里所谈论的这种不感兴趣,我由之而变成了“不参与的旁观者”,然后变成对于我自身的理论观察者,或理论研究者(作为这样的观察者,我存在于我自己本身中,而且纯粹作为我本身而存在,并在我的纯粹的行为中存在)的这种不感兴趣,**不可能**意味着一种单纯的贫乏,一种单纯的无所事事,停止做我通常所做的事情;比方说,也许像我在梦中一定不做我醒着经常会做的事情一样。下面的情况也是很显然的,即我从朴素地—潜在地实行“我知觉这幢房屋”过渡到反思时,不可能立即就放弃我朴素地实行的这种对存在的兴趣。只要没有一种决定我放弃这种对存在之兴趣的动机出现,这种对存在之兴趣就属于这个我现在所是的我,而且始终为我保留着,即使我进入到新的行为中也是如此。换一种说法,在**朴素地**进行反思时,我只能与我自己本身有同感,在对我进行反思时只能接受我的兴趣。必须有一种**特殊的动机**才能使我**摆脱**同感,并因此使以下情况成为可能,即我变成对我自身的纯粹观察者,或变成对我的纯粹的自身和当下纯粹在自身中并为自身而采取的行为的观察者。只有通过**放弃下判断这样的自由行动**,通过有意识地脱离原初共同兴趣这样的自由行动,那种不参与地进行观察的态度才能在此实现,由此对于我来说,在对自己的知觉活动进行观察时,被知觉东西才会停止作为在其存在领域中有效东西的或可经验东西的绝对在此存在。在这里这种**动机**可能是什么呢?

但是在我们探究这个在这里已经不由得产生的问题以前，必须赋予这个问题以充分而必要的广度。因为我们有关感兴趣的自身反思与不感兴趣的自身反思的概念仍然局限于一种非本质的方 99
式之中，因为我们只涉及“意见”($\delta \acute{o} \xi \alpha$)的行为，涉及知性范围的行为。但重要的是也要考虑到情感与意志的行为，爱与恨的行为，希望与担忧的行为，意志权衡与意志决定的行为，等等，并澄清它们所特有的而且事实上是新式的反思。在这种情况下立即就会表明，在这里，进行反思的自我采取的态度和被反思地把握的(低一级的)自我采取的态度，可能一致，也可能不一致。结果表明，有可能构想一种有关仿佛与自己本身有同感的或者没有同感的(更确切地说，摆脱一切与自己本身的同感的)反思—自我的最广义上的概念，因此也有可能构想一种特殊的，但对于我们来说是重要的，有关一种完全普遍地不参与的理论上的观察者和自身认识者之理念。

在我们更详细考察对情感的反思和对意志的反思以前，最好是先谈谈普遍的，涉及自我之全部活动的思考，借此建立起一种基本的概念，即有关**兴趣**以及兴趣行为的概念；而且与此同时也建立起另外一些基本概念，对这些概念的澄清对于我们来说到处都是重要的①。

以上我们讨论了知性行为本身，作为一种不言而喻性，假定这些行为本身能够发挥功能，正如在其他情况下情感行为或者还有通常意义上实践领域的行为本身能够发挥功能一样。但是在自我

---

① 以下论述请参看胡塞尔的批注；见附录Ⅱ(第314页)。——编者注

生活的每一脉动中，一切领域的行为难道不是经常彼此紧密结合着吗（一般来说，自我对此是“清醒的”，特别是自我一积极的）？什么东西赋予自我一生活一种意义，使我们能够说，并且是以可以理解的方式说，我们一次处于理论**态度**中，另一次处于进行感受的一评价的态度中，第三次处于客观地指向实现的实践的态度中呢？在自我的行为过程的诸行为之多样性中，一种知性的，不论是单纯进行经验的，还是进行理论研究的行为的统一性，是如何这样地显
100 示出来，并获得这样的统一性，以至于我们能够谈论关于**一种**——尽管是综合的——行为，例如关于一种经验活动或一种证明活动，关于一种纯粹知性的行为呢？作为一种**总体的行为**它也许包括多种多样局部的知性行为，但不包括进行评价的行为，尽管这些行为可能同时引起经验者或理论研究者的关心。我们看到，即使是我们通常称作行为的东西，也会成为有问题的，并需要一种自身的理解，这种自身理解使运用这种谈论的那种朴素的不言而喻性成为内在地（现象学上）可理解的。关于**课题**的谈论——这种谈论在理论领域中通常很容易就能够扩展——当然也属于这种情况。我们以特殊的方式“指向”，“校准”的东西，就是我们的课题，这个课题可能属于一个无限广阔的领域，即被一起看到的，我们习惯地连带校准的领域——作为我们课题的全体。有关**兴趣指向**和**兴趣本身**的谈论本质上是指同一个东西。因此非常有必要搞清楚这些概念的起源，而且我想首先尝试做这件事情。

首先让我们讲下面这个问题：进行反思的自我作为他的行为所发现的，或更确切地说，作为他在先前朴素态度中生活的未被反思的自我的行为所发现的行为，如匆匆一瞥就已表明的，不管多么

准确观察，通常或多或少都是以多种多样方式相互结合，联系，奠立的。在许多这样的行为中都不能不立即出现以下情况，即它们只有通过另一个行为才能建立起来。例如谁要是做一个黏土模型，他就必须知觉到有黏土，其次他以——尽管是模糊不清的——目的理念的方式意识到，所谓作为单纯的潜能（δύναμιζ）意识到应该获得的形态，并且意识到作为近似地，或多或少成功或失败地实现的一切中间形态。在这当中显然包含持续不断的评价；进行实现的活动之一切中间阶段都按照其方式被评价；我作为目标所力求的东西，一定会作为价值而对我有效。因此我作为这样的行动着的行为之朴素的主观，同时就是具有多种多样行为意向的主观，而且这些行为意向作为局部行为联合成一个总体行为的统一。在这些局部行为中存在于**辅助性功能**之中的局部行为被与实行**支配性行为**的局部行为区分开了，就是说，被与在其中有行为的主观和统一的行为所谋求的东西的那些局部行为区分开了。这些行为也 101
能够以另一种方式处于**次要行为**之中，或也能处于**主要行为**之中，而且这涉及那些虽然有联系，但并没有被联合成一个唯一的总体行为之统一的行为[①]。我作为一个植物学家，虽然可能为一朵花的美着迷，但是当我处于通过观察而了解它并通过分类而规定它的态度中时，这种着迷并不处于主要行为中。如果我完成了这种植物学家的工作，那就可能反过来，不是这种理论的行为，而是以前附带进行的审美喜悦变成了主要行为；并且现在我就处于审美

① 关于这一点——从第 99 页至第 106 页——，请参看胡塞尔的批注；见附录 Ⅱ（第 314 页以下）。——编者注

态度中，处于情感态度中，而不是处于理论态度中，处于知性态度中。这种变换的另一个例子，就是艺术史家对一件艺术品的审美观察和理论观察之间的转换。在这里我们不说，这两种行为都作为一个总体行为的部分而起作用。

与此相对，让我们更进一步考察一下支配性功能和辅助性功能之间的关系，只有这种考察才能阐明尽管有行为的交错仍然是统一的总体行为之概念。例如当一个制造模型的艺术家观看正在形成的形象并对它进行评价时，当他时而满意地肯定时而不满意地取消这里的一个平面造型，那里的一个线条，一个凸起或一个凹陷时，当他在实现总是美学上令人满意的或尽可能令人满意的东西时，那么这种满意和不满意，希望这样和希望那样，发现令人满意的美等等的情感行为，都处于单纯的**辅助性**功能中，但绝没有因此被附带实行。因为以艺术形式行动着的自我在这些情感行为那里是生活于主要的实行当中的。但是支配性的，即**支配**该过程的功能，即行动的意志，作为在进行实现的行动中的并且也通过它而指向最终形态的意愿，贯穿于辅助的意向当中。在这里，这种辅助活动，如在这里能够看到的，按照我们心中想到的是奠定基础的评价活动，感性的知觉活动，或是行为的辅助的中间阶段及其未完成

102 的中间形态，而具有各种不同的意义，尽管这里各种必需的奠定基础的行为到处都是可能的。这些行为之一起进行和交错进行的不同的交织，不同的形式以不同的复杂程度属于朴素的，致力于意向客体的，因此对自己本身而言是潜在的自我之行为—生活。

在这里，对应于行为的多样性，还应该注意属于这些行为的被意向对象之特征的多样性。因此进行认识并自身专注于认识活动

的自我，根据它是肯定地相信，还是猜测，还是怀疑，还是否定，可以说在自己面前，就是说作为唯一在它的目光中，它在课题上感兴趣的东西，就会有不同的东西；就是说，一次是有作为直接地存在着的东西的某物，另一次是有作为可能存在着的东西的这个某物，或作为可疑地存在着的东西或作为并非存在着的东西的这个某物，等等。在这里“某物”这个词代表当下的事物内容。这个朴素地献身的自我在与这样的行为以不同方式结合着的这些情感行为中，就在自己面前有其具有被喜欢或被讨厌，被爱或被恨，被欣赏或被害怕，美或有用等等性格的意向性东西。

在确切意义上的兴趣行为应该用来称谓这样的行为，它具有客体，自我一般地在意识的目光中拥有这种客体，也许还以某种方式意识到它，而且自我在确切意义上指向它，将它当成目的，想要到它那里去，想要得到它。但是这里还呈现出另外一些区分。“干扰”我的街上的喧嚣声并不属于我的课题，不属于我的“目的”是要对其进行整理的理论思维。但是它本身可能是达到其他想象中的目的之手段。比如我作为数学家，虽然现在毕竟生活于一个特殊的问题之中，但它恰好是一个特殊的数学的问题，而且数学领域的统一标示课题方面的联结之统一。我们还必须区分目前**现实的**课题（在它内部有关于作为最终目的而指向的东西的其他课题与那种作为达到目的之“手段”、前提的课题之区别）和**习惯的**课题领 103
域，习惯的课题作为持久的兴趣保留于“精神财富”之中，并且被再现实化之后，作为已完成的课题仍具有已被获得东西之性格，但因此仍然继续被感兴趣，而且正是以从前被现实地获得的财富之方式而被感兴趣。

课题上的联结当然并不仅在于目的与手段的联系，而且一切我们称作实质上紧密联系的东西，首先就是一种从兴趣到新的兴趣的内在过渡之指示，这种指示立即就变成内在的联结，并且在从意图到意图的继续进展中总是一再建立起变换着的意图之综合统一，这种统一的充分实现，在逻辑领域中，就是显示出来的逻辑联系，在实践领域中，就是目的联系。

如果像我们在以前的例子中那样，支配性的兴趣是对于存在与如此存在的兴趣，是在最广义上进行认识的兴趣（或者如人们喜欢说的，理论的兴趣，尽管单纯的经验已经属于这种兴趣），那么课题就是认识的课题，也许是在真正意义上的理论的课题。在这里有一种目标的统一贯穿于一切行为中，尽管这些行为可能有多种多样的目标。这是有意图的认识活动对于同一客体的关联，对于客体联系之统一的关联，这种客体联系是在，或者首先是在，有关的个别课题行为之统一中表现出来的，并且首先是作为只有在它那个方面才能达到的东西表现出来的；这种课题范围的进一步发展最终包括了该领域。最后就此而言，被指向的兴趣，即通过按照其性质，按照其特性和关系方面的证明，用一句话说，按照其真实性，而获得有关的“存在者”（作为存在着的法则）的兴趣，到处都会消失。“一种”通过延伸而统一一切特殊的兴趣的兴趣之统一，贯穿于那些每一个都“有”其兴趣（在这里，作为认识的目标是从存在方面理解的）的紧密联系着的诸行为之多样性中。在科学家的习惯性中，我们看到持久的课题的习惯之统一，这种习惯一方面具有其已获得的习惯性的财富之领域，已获得的认识之领域，另一方
104 面，作为对于继续工作之习惯地经常重复的并且总是早已被相信

的“职业态度”，并且是关于普遍科学领域的“职业态度”，有其未来课题范围之敞开的无限的地平线。这种情况以适当的方式从个别的科学家传布到为每一个科学家构成的，他与之“协作”的，他向之求教等等的专业同行们的共同体。

但是这种兴趣也可能是**情感的兴趣**，是最广义上进行评价的兴趣；意向是价值课题的意向，课题是价值的课题，是情感的课题。现在自我想要通过评价而进行尽情享受。比如说，他想要通过这种进行探询的评价活动，而使对于最初仓促看过的艺术品进行探询的喜爱进展为被充实的或越来越丰富地实现的价值，并且最终在对于进行奠基的评价之完满的充实中，获得价值本身，就是说，他想要在自身中，以充分的和纯粹的艺术享受（连续相互充实的诸价值意向之综合统一）之样式，获得作为这种具体价值本身的，作为以前单纯力量（ἐνέργεια）之效果（δύναμιζ）的，作为恰恰只不过就是纯粹的和得到满足的艺术享受的价值之最终的和真正的自身给予和自身拥有的审美客体。因此这不是在判断活动中进行的，而是在评价活动中进行的，并且如果知觉在这种情况下发挥着其本质的作用，它们对于在它们当中被建立起来的进行评价的感受和领会来说，就是作为辅助的行为，作为前提，作为基础，作为根据起作用。价值本身并不以其价值的真实性被知觉，而仿佛是被设想为有价值的；**知觉**为价值成就着**知觉**为单纯的事物所成就的东西。它是进行评价的感受活动之进行充实的样式。审美的观察者生活于进行评价的兴趣中，并且只有借助于兴趣的转向，借助于作为兴趣改变的态度改变，他才能如我们早先说过的转入到设定存在的经验活动中，和理论的观察活动中，比如作为艺术科学家；但这只

有在以下情况下才能开始，即只当审美的兴趣已经实现，并且那样
一种价值，在其中情感的目标（τέλοζ），作为被评价的价值，作为通
过设想价值而自身被评价的价值，可以说已经为一种应该针对它
105 的理论兴趣存在了，并且首先已经为一种针对美学构成物的知觉，
针对价值客体的知觉存在了。

以下情况是普遍有效的：在我以朴素的专心致志态度实行了一件宏大行为和一些不管什么样的复杂的行为之后，不论是这些行为尚在进行时，还是彻底结束之后，我都能意识到我的行为和我刚刚做过的事情，我可以进行反思：例如当我被包含到一种科学之理论思维中时，或被包含到一种审美的观察中时，或被包含到一种外部的计划或一种进行阐明的工作形态中时。如果这种情况发生了，就是说，如果我作为进行反思的自我超越了作为在有关行为中的活动着的自我的我，那么这种反思的行为并不需要如我们在以前知性行为领域的事例分析中没有困难地将它设定为前提那样，本身是知觉行为，因此绝不需要仅仅是一种对于“低一级的”行为及其意向内容进行反思的知觉活动，或一种以滞留或再回忆方式返向地转回到自身的反思的知觉活动，作为一种反思地指向低一级的自我刚刚做过的事情等等，然后一种反思的思维，理论研究，能够在此基础上建立起来。相反地，还存在着一些的对情感的反思，这些反思也像其他情感行为一样，后来当然能够经历一种向意见式的反思（但却在改变了的意义上）的课题上的改变。我作为进行反思的自我，肯定也能够以喜欢与讨厌，以爱和恨，以努力，以实践上的权衡和抉择，以实现的行为，在我自身中有意向的客体，即在作为主观本身的我之

中以过去的朴素性实行的情感行为。我爱并且在反思中如我爱那样对我爱感到愉快，或者我以讨厌我自己的方式就此事而自责。我曾有意愿并做了某事，事后在反思时，我懊悔自己做了此事。**良知**就是用来称呼作为自我在情感上对自己采取态度的这样一类反思地返向关联的名称，这些返向关联后来经常转变为对自己本身的判断行为，对自身价值的判断行为。

就此而言，在这里同样显而易见的是，进行反思的自我在这种反思的情感行为中，在其采取态度方面与在这里被反思的自我也 106
是时而能一致，时而不能一致。例如当我现在谴责一种早先实行过的恨，或在现在相反的情感态度中，抛弃早先的审美评价、懊悔等等时，就是与被反思的自我不一致，而且在情感中的每一种批判的场合都是如此。也可能发生这样的情况，即反思的自我之行为，而且是起支配作用的行为，是不同于被反思的自我之行为的另一种行为。我们也可以不这样说，而是现在作为对以前阐明过的行为之扩展说，一个自我和另一个自我的兴趣可能是不同的兴趣①。

第四十三讲：〈在现象学悬搁和反思中纯粹对主观存在感兴趣之可能性。〉

我们在上一讲获得了有关兴趣之最普遍概念以后，现在可能注意到，如果一般来说进行反思的自我之兴趣与被反思的自

---

① 对此请参看胡塞尔的批注；见附录Ⅱ（第 315 页）。以上本文的一部分（第 105 页第 3—24 行）是胡塞尔根据那个批注重新改写的。——编者注

我之兴趣可能时而一致时而不同，那么在后一种情况下，也可能这些兴趣按照其基本性质就是不同的，例如一种是情感的兴趣，另一种是知性的兴趣。因此特别是就我们来说，可能就是，进行反思的自我作为理论上感兴趣的观察者指向被反思的自我——被反思的自我从它那个方面则不管怎样忙碌和感兴趣都是在感性方面或外在方面劳作的——，或更确切地说，指向这些行为，这些行为对于他来说，作为存在着的和如此存在着的而是课题，因此是理论的课题。

情况也可能是这样，即进行反思的自我将它的理论兴趣纯粹限制于被反思的自我及其行为，而放弃同时采取在这些行为中，不论是起支配作用的行为中，还是起辅助作用的行为中，所实行的各种各样态度。例如，如果我从朴素地专心于一件艺术品的态度，从

107 朴素地实行审美享受的态度，转变到理论反思的态度，而且是对于我的这个审美享受行为进行直接经验观察的反思态度，那么**正常的情况**就是，我同时具有这个被反思的自我之这个行为的意向对象，或更确切地说，这个行为的课题，就是说，同时既对客观的存在感兴趣，也对价值存在和作品本身感兴趣。因此我是下一级的自我之行为的共同实行者，借助于这个共同实行者，艺术作品对于我就不仅是作为存在着的事物，而且正是作为艺术作品在此存在，作为一种在其中有价值内容，并且是作为由艺术家通过劳动而获得的价值内容为我呈现出来的事物在此存在。但如果我不管由于什么动机而避免同时实行我反思地指向的这些情感行为和意志行为，如果我变成不感兴趣的纯粹旁观者和理论的观察者，那么所有这些行为，被奠立的和进行奠立的行为，起支配作用的和起辅助作

用的行为，就对于我失去作用，因此属于其综合的一切统一课题也失去作用。在这种情况下我作为进行反思的自我，就不是那个进行知觉相信的自我，在那种知觉相信中艺术品作为事物获得在此存在的事物之主观有效性；我也不是那个在其价值设定中，在其使进行评价的意向以多种多样形式达到目的中，使艺术构成物的价值形态获得情感有效性的那个自我，通过这种情感有效性，价值形态才被呈现给情感；此外我也不是那样一个自我，它在态度的转变中，仍在理论上经验该艺术品，了解该艺术品，观察该艺术品，对它加以描述并按照艺术史对它分类编排。

更确切地说，我作为进行反思的理论的自我能够——诸位看到，如同重复早先在有限行为领域中关于不参与的旁观者所说过的东西一样——通过克制自己不去一起实行一切处于低一层次的理论行为，而纯粹对作为这种体验的它们本身感兴趣。它们本身不仅通过知觉而赋予它们的被知觉东西以一种现实在此存在之物的有效性，而且还通过评价活动而赋予它们的被设定的价值，它们的通过感受而被评价的东西以美的东西的有效性，赋予感性的显现方式以一种作品的有效性等等，以上这种情况显然就是我们不能从它们分离开的某种本质上表明它们本身是行为体验的东西。
但是**只有**它们赋予这种或那种有效性的活动，它们认为在此存在 108
的东西是在此存在的东西，认为价值存在物是价值存在物的活动，才是我这个进行反思者感兴趣的。这是**纯粹对主观存在的兴趣**。这个被知觉的存在和如此存在，这个被我在知觉上相信的东西，是否有权利，同样，这个价值是真正的价值，还是假价值，对此我作为反思的不感兴趣的自我，不应作判定，因为我恰好完全不“参与”被直接实行的行为之兴趣指向①。

还应该说，而且现在应该以最充分的普遍性说：如果一切在这种主观东西中，在当下的自我—行为中，被以为的东西，作为被设定为有效的行为客体，事实上也不存在；或者，如果它的所是并不依赖于这些行为在自己本身中，因此是在对它们的权利之一切批判性询问以前，所实行的客观意指的真实有效性如何，那么正是由此，我作为理论的课题就获得了如其所是意义上的我的纯粹主观东西。

如我们在这里也许能在一种暂时性意义上说的——如将会表明的，在一种受限制的但**绝不是超越论的意义**上说的——，我能够以这种方式就我直向实行的每一个行为实行**“现象学的”悬搁**。

我可以采取一种只在理论上对现象学上纯粹的行为体验感兴趣的旁观者的态度，而且我是通过悬搁变得能采取这种态度的，这种悬搁拒绝给予当下行为之一切作为课题的客体以有效性兴趣。很显然，这就意味着现象学的排除。

因此这涉及一切可能的行为，同样还涉及一切可能的客体。如果我遵循例如不参与到行为中去的反思的方法——在那些行为中我作为存在的客体拥有如数，数学的流形，几何学上的理想东西，还有其他理想东西（而且是在每一种意义上的理想东西）的理想客体——，如果我将这种方法运用到例如 2＜3 这种自明性的行为上，那么虽然在这种行为中这种理想的事物性内容以确真的确
109 信被给予；我在其中真正地并且是绝对毫无怀疑地获得它和把握

① 对此请参看胡塞尔的批注；见附录Ⅱ（第 315 页）。——编者注

它；但是在这里我是作为进行反思的自我并且是作为纯粹在现象学上感兴趣的自我行事的，因此这就意味着：我是以对**作为存在着的**客观性的意向的客观性完全不感兴趣的态度行事的。即使是一种绝对自明地被给予的存在，如 2<3 这种存在，对于作为现象学的自我的我，也不可以有效。而这种无效就意味着，我禁止对这种算术上的事态之存在与非存在采取任何态度。如果我是数学家，并且我所关心的是数学上的存在，那么这种被给予性的自明性对于我就是必然有效的。但作为进行数学研究的自我，我恰好不是现象学的自我；而如果我在暂进行数学研究时，作为以反思方式分裂的自我，去观察我的研究活动，并且纯粹对这种数学研究活动本身如其看上去所是的那个东西感兴趣——并且不对那种对它客观有效的东西通过判断采取任何态度，那么我就是现象学的自我。因此在这里谈不到怀疑论的态度，谈不到怀疑论的悬搁。我无需重复，怀疑论者作为进行怀疑的怀疑论者所运用的那种悬搁，是对数学上的存在感兴趣，而不是对如其本身所是的纯粹主观体验感兴趣[①]。

① 存在论的谓词——一切区域性的本质规定——也只是作为现象学的谓词，作为区域性的意向内容出现在现象学的还原中。

例如，如果我设想任何一段有关事物的一致性经验，那么它作为被经验的事物就一定会具有一切“超越论的—感觉论的”规定，具有正是作为“事物显现”这种区域性意向内容的形式东西。原因就在于：如果我设想一些其他可能的一致的经验——在其中有空的地平线显示出来，并得到更详细规定；并且在此基础上建立起比较等等，述谓的规定，测量等等——，那么我就一定会陈述“几何学的”，时间学的等等的真理。

但是在这种情况下并不谈论实际上能够无限证明其存在的真实存在着的事物。存在论的真理为综合的一一致的经验指出意向内容的规则，——不管这种经验伸展多么远，都为它的可能的继续发展的整个范围指出意向内容的规则。

因此，在逻辑认识的规范化中引证自明性，是一种逻辑的反思，而不是现象学的反思；在现象学的反思中，自明性是一种体验形式，它的结构作为主观的事实使我感兴趣，但在逻辑的反思中，
110 我在反思时对自己说，我看到了这个对象性东西本身，我不能怀疑这个被如此看到的东西，在我明白看到的地方，我必须同时相信。在这里我的意图就是认识，我意向地指向存在目标，并且我确信，我实际上达到了目标，达到了存在者本身。但是如果我想按照其特性获得这种行为体验的话，我就恰好要使对存在有效性的和对当下意向客体的任何有效性的一切兴趣不起作用，而且我必须使它们不起作用。我们可以直截了当地说，**纯粹的**行为体验被定义为能在经验中设定的东西，并且任何时候都能设定、能认识的东西，如果我作为反思者使一切直向有效的东西不起作用的话；另一方面，纯粹现象学的兴趣是那样一种对存在的兴趣，即如果我将一切通常的兴趣，即我作为直向行为的自我所具有的一切兴趣，都排除掉，仍到处都是可能的兴趣。正是因此，我作为进行反思的自我，在实在的或理想的客观性上，在存在的客观性或价值的客观性和实践的客观性——这些我以前无条件地提供的客观性——上，没有提供任何东西，其中包括一切人的人格（客观的主观性东西），及其一切心理东西，一切“心灵生活”。但是我仍然拥有某种东西：所有这些被设定无效的客观性东西都在其中被设定、被经验、被思考、被评价、被通过创造而实现的主观的行为体验，纯粹的行为体验；此外我毕竟还以某种方式拥有这些客观性东西本身，即作为这些行为之“被如此设定的东西”，但恰恰不是作为由现象学的自我设定的东西。

应该特别注意这一重要之点。我们必须提防对于对当下的对象**施以现象学排除**，使其不起作用这种说法（这是使行为与兴趣不起作用之相关的合理的表达）的误解。我作为现象学的观察者不再在通常意义上“拥有”的存在、价值、目的，我仍然在另外的经过修正的意义上持续地拥有。从我的有效性中和从我的一般有效性兴趣中被排除的东西，并没有因此从我的意识领域中消失；只不过它对于我，这个现象学家（与作为自然地定向的观察者、认识者、估价者，劳动工作者的我相对），是以一种根本本质上改变了的方式 111
被给予的，并且是借助于我借以成为现象学家的那种方法而被给予的。我们称这种方法为**给客观东西加括号**的方法。我们仿佛是给客体加上一个进行排除的括号，一个标志，它表示：在这里我要禁止任何连带的承认，任何对存在的兴趣、对价值的兴趣，等等，我要将客体仅仅承认为是它的行为（即将有效性归于客体的那个行为）的意向客体，我恰恰只对行为以及它本身设定为客体的东西，并设定为在课题上被如此标明了特征的客体感兴趣。如果我阐明了这种情况，那么我就拥有了现象学上纯粹的主观东西，并**在主观东西中**拥有它的处于其行为的单纯意向客体这种被改变了的有效性形态中的客体。因此我并没有好像是由于自身催眠而变得看不见客体（比如说，当我转而将整个世界排除时，完全看不到这整个世界）那样，而是我仍然能够看见所有的东西。但是由于自我分裂，我正是同时既作为朴素的看者又作为纯粹自身认识的实行者行事的，并且被朴素地看到的一切东西，在这里都以加括号这种改变了的形态存在着，并且**被看作**加了括号的。

现在我们实行下一个步骤。我们已经获得了我们能够用以使

我们明了现象学加括号之方法和成就的一切种类的行为了吗[①]？

譬如说这里是一些借以看到了**作为**对于某物之**摹写**的图像的行为。作为基本的行为，这些行为当然在每一个审美的观察中，或甚至在“造型”的艺术之劳作的劳动形态中，都发挥其作用，只要它不管怎样是在图像中表现另外东西的进行摹写的行为。但是现在这种审美的东西，在这种情况下在图像意识中被奠立的评价活动，并不使我们感兴趣；而无非是在图像中呈现另外东西的活动，时而作为真实有效的活动，时而作为单纯的想象，而使我们感兴趣。在摄影的肖像或其他的肖像中为我呈现出比方说作为现实性的个人，在另外一种图像中呈现出作为想象的独眼巨人搏斗。但是无
112 论如何，只要我有，并且只是由于我在看图像的行为中有呈现的活动和被呈现之物，显现着的图像和——不是在它之旁，而是在它之中——呈现着的题材就呈现出来，并且对我呈现出来。这样说也是一样：只是由于它在图像意识的朴素行为中，因为其特性而对我如此有效，这种相互交融才按照其特性而对我在此存在。但是我在“图像”这个题目下同时还有不同的东西。摄影的“图像”，由这张放到这里桌子上的纸上得来的东西，和在另外一种意义上的作为真正图像的感性直观地浮现在眼前的紫色的人物小图形，它根本不是作为现实在此存在的事物存在的，而是在其中有“人物”这个题材呈现出来。因此按照态度，在相应改变了的行为实行中，我朴素地时而向这个看去，时而向那个看去。作为现象学家，我也可以在这种或那种意义上使这些行为以及在其实行中存在的作为图

① 以下的论述请参看胡塞尔的批注；见附录Ⅱ(第316页)。——编者注

像的有效性无效，并可以对所有那些不可分割地属于这些行为的东西，即纯粹主观的东西，加以把握、分析、描述等等。

〈第三章　自然的自我生活之意识的现实性以及向纯粹主观性的还原〉

第四十四讲:〈断定的行为和准—断定的行为以及它们的还原:悬搁和准—悬搁。〉

在我们谈论那些属于对进行摹写的行为还原的特殊特性以前,让我们考虑另外一组行为,并考虑一下再现的**想象**这种行为,以及在其中在朴素的想象活动中浮现的时而不由自主地产生的,时而被自由任意地形成的想象形态。尽管在这里也经常谈到想象的"图像",但就此而言,根本不能合法地谈论具有摹写者与被摹写东西之间或图像与题材之间区分的有点像图像式的表现的东西。的确在两种情况下都在当下体验中意识到一种并非当前的东西。但是在一种情况下我们作为图像所有的是空间事物性的假象,而
113 在另一种情况下作为所谓图像所有的根本就不是假象。因为假象是一种作为当下生动表象的东西,但它却不被相信为存在于此,而只是看上去好像它在此存在。它是一种虚构,但并不是再现的想象之虚构。想象本身并不是一种进行当前化的表象,而是一种进行具体回想的表象。在这里它与回忆相似。但在回忆中包含有对被回忆物之存在的相信,而虚构之物却只是以"仿佛"它存在和如

此存在的性格而被意识到的。同时下面一点也很清楚，即当我进行想象时，以"仿佛"这种性格浮现在我眼前的东西，我肯定没有意识到，而且也肯定没有被看作对另一个东西的表达，在这里又是与回忆相似的，在回忆现在作为过去东西而为我表象的东西时绝不提供在其中有另一个东西被摹写的图像。当然对以下情况可能没有任何反对意见，即被回忆的东西本身，正如另一方面被虚构的东西本身一样，可能是有关某物的图像，例如，当我为自己虚构一座具有众神像的圣林时。

现在还可能指出，想象和现实性是分离的，但也可能是混合在一起的；或者说得更确切些，一方面，现实性借以对我有效的行为意识，作为被知觉的、被回忆的、被判断的、被评价的、通过行动而被形成的行为意识，另一方面，被虚构的现实性在其中为我存在的行为意识，被虚构的生动的现在，被虚构的过去，被虚构的判断、价值设定、行为，在其中被意识，而且是以"仿佛"这种被改变了的方式被意识的行为意识，可能是分开地或是紧密结合地出现的。一切将虚构置入对于我是感觉上现前的周围世界中或以任何其他方式在相信中意识到的周围世界中的情况都提供了混合的例子；如当我虚构女水妖们在我们面前跳轮舞，或者我虚构我在热带原始森林旅行的各种各样奇遇时。与此相对，正如可能有没有想象的纯粹现实性意识一样，显然也可能有没有同时实行现实性意识的纯粹想象。在后一种情况下，一切现实性意识可以说都不起作用。在一种自我迷失状态中（在其中甚至连我的身体以及最切近的周围世界都不会受到注意，因此也不会得到主动进行把握的和设定在此存在的经验），我完全生活于"仿佛"的世界之中，我的全部知觉

114 活动、我的表象活动、思想活动、感受活动、行为，本身都是一种处于“仿佛”之中的活动；例如，当我完全是梦想地生活于原始森林的奇遇中，梦想地生活于所有那些我在那里看到和听到的令人惊异的东西，我在那里遇到的令人惊恐东西中时。在这种情况下，想象就是纯粹的想象，而我本身只是作为处于想象中的自我而存在于我的客观领域中。相反在我只是重新虚构现实性并且此外也许还虚构作为在被虚构的周围世界中的共同活动者的我自己的另外一种情况下，我所有的就恰恰是一种混合物，并且只要我本身属于这种想象，我本身就是一种混合物，就是说，恰好是现实性的事物仍然未受其影响的被重新虚构的自我。

现在让我们转向现象学的还原。正如所有其他行为一样，想象的构成物、事物、人、作为以某种方式行动着的自我的我本身等等以“仿佛”的方式在其中显现的那些行为，原初也是朴素地实行的，也许在实行以后或者部分地在实行期间，由于自我分裂而被进行反思的自我所把握，并且是被作为反思课题以不同方式把握。当然在这里我也可以作为现象学的观察者，作为纯粹对体验及其意向的成分感兴趣的人行事。与回忆的场合相似，并且如我们立即就能补充说的，与在每一个进行准当前化的行为的场合相似，对于应该实行的现象学还原来说，这里出现一些奇特的相互套叠。例如我虚构一个有半人半马怪的风景画，那么现象学还原就应为我提供我的纯粹的行为体验，在这种体验中，意向的对象应该纯粹作为意向的对象，并且正如它们在此被描述的那样，被把握并且被获知。这就是说，我作为现象学家其实并没有虚构，而是被以现象学方式观察到的被反思的自我在虚构；我并没有实行在其中这样的对象以“仿佛”的方式对我有效的那种意识。换一种方式来表述就是：我并不是那个进行梦想并热衷于被梦想之物的自我；而是那个梦想活动和被梦想之物，想象活动的和被想象之物本身的观察者。因此正如我作为一个被现实实行的行为之旁观者，对在该行为中现实对我有效的存在客观、价值客观、价值形态等等，对此在、价值存在、行为存在和劳作存在，加括号一样，同样我现在也对“仿佛”—客观，对这个“仿佛”以及在这个“仿佛”下被改变了的法则， 115
加括号。这个“仿佛”现在好像是一个进行修正的符号，在其本身中又存在着存在与存在样式，同样也存在着价值、作品，还有各种实现了的自我—行为。

如我们还可以说的，应该受到现象学悬搁的行为，在包括一切一般行为这种**普遍**划分的意义上，分为两大类。这两大类范围成分对范围成分地彼此准确对应，以至于我们可以将一类中的每一个可能的行为几乎像是重复的副本一样配给另一类中的每一个可能的行为。但是这当然不是单纯的重复。一个恰正是不折不扣的行为，在未经修正意义上的行为，它赋予它的课题以作为现实的有效性，作为现实的对象的，作为现实的价值等等的有效性。在相反的方面，与它对应的（按照理想的可能性来说），是一种平行的行为，它赋予一种相同的内容以“仿佛”的有效性，一种“在想象中”存在着的对象的有效性，一种被想象的价值、作品等等的有效性。因此相关联地，客体也被划分为不折不扣的客体，作为现实性而被意指的客体，和**准**—客体，作为单纯虚构而被意指的客体。如果我们谈到不折不扣的世界，那就是指一个现实的世界；但是我们也可以谈论想象的世界，在这种情况下我们就是指那些在想象的行为中以“仿佛”这种修正的方式被给予我们的世界。发展了的现象学在术语上将一种行为称作断定的行为，将另一种行为称作**准**—断定的行为。这种进行想象的活动作为一种对绝对有效性进行修正的成就，本身是一种有效性的样式。为了获得想象之现象学上纯粹的体验成分，最初朴素地进行想象的自我之这种成就也必须被加括号。

就此而言，这种加括号如何能**进入到**被想象的内容中，**进入到**想象之意向内容中**发挥作用**呢？现在必须对此做些更详细考察。如果我们从一个例子开始，并尝试在这个例子上占有纯粹现象学内容，那就立即会有某些本质上属于“仿佛”之意向性的关联突显出来。比方说，我想象一幅画有树林、处于暴怒搏斗中的人、半人半马怪、怪兽的风景画。也许我本人也属于这个想象的世界，譬如

116 作为战斗的参与者加入其中。但是也有可能，我并没有参与，不算在内。但是更严格地说，我本人还是以某种方式被一起想象并且必然地被一起想象的；如果不在一个确定的方位上想象这个世界，我如何能够确定地想象这个想象的世界之这样一个片段呢。这些想象的树木有一些在前景中，另一些在背景中，一些在右边，另一些在左边。一只半人半马怪向这边飞奔过来，一只飞龙由上而下冲向它，等等。所有这些词：右边、左边、前边、后边、至上而下等等，显然都是一些临时性的表达，与进行观察和进行知觉的自我有本质联系，这个自我随身带有被定位空间的以及它的一切定位维度的原点——世界的这个当下片段只有以被定位的方式才能在其中显现的被定位的空间的原点。

作为想象时耽于梦想的自我，我当然没有发现我刚才详细说

明过的东西，作为那样的自我，我没有意识到我自己，我追踪半人半马怪和飞龙的战斗；我是在对**作为**进行想象者的我自己和**作为**想象内容的想象内容之不参与的和理论的观察者之反思和现象学的态度中发现它的。在这种情况下，我发现的恰好是，这种意向性并不是那样一种**简单的**意向性，仿佛我除了想象的行为和其中作为它的具有“仿佛”样式的直接的意向的对象的这种半人半马怪的场面，就再没有任何东西了。相反地，我以一种特殊的间接性意识到了这种意向的客体，即首先是作为我的知觉活动的意向客体，不是我的现实的知觉活动的意向客体，而是我的必然被一起想象的知觉活动的意向客体，因此作为这种知觉活动的主观，我必然一起属于想象的世界。换句话说，“我想象一个半人半马怪的场面”的这个行为，只有以下面的形式才是可能的，即我以“仿佛”的样式实行“我知觉半人半马怪的场面”的行为。但是，在直向地进行想象时，我的目光只是停留在这场搏斗上。在确切的词义上，而且特别是在任意的虚构活动中，它只意味着虚构；只是由于以下情况它才能作为我的真正意义上的课题，作为我唯一意指的，存在于我眼前 117
的东西，即我不仅作为现在进行想象的自我是自我迷失的，而且我作为处于“仿佛”之中的对这场搏斗的知觉之必然被一起想象的主观，也是自我迷失的主观。想象自己进入到朴素知觉活动之中的活动，是一种出神状态的想象形式。正如在想象—自我的目光中只存在被知觉到的客观一样，同样在真正实行想象的主观之目光中直接存在的是被这个想象—自我在想象中知觉到的东西；这就是它的被想象的客观。在想象内部的自我之目光是“仿佛”的目光，它的知觉活动和被知觉之物带有这种“仿佛”的修正。但是所

有这些，在这种进行修正的有效性中，都是为这个现实的自我，这个现在进行想象的自我，在此存在的。只要它是朴素地进行想象，作为它的虚构物，在课题上就只发现这个被虚构的行为之客观。但是这个进行想象的自我任何时候都能够实行态度的改变；借助这种态度改变，它在想象中从半人半马怪的搏斗追溯到它的被定位的给予性方式，追溯到它的一般显现方式，追溯到进行知觉的自我及其全部行为，就这样通过将相应的反思的目光转向处于“仿佛”中的知觉客观，为自己获得了处于“仿佛”中的知觉行为，这个行为只是现在才为当作课题加以观察做好准备。这种情况也可以这样描述：我在朴素地进行想象时，已经拥有了作为虚构物的搏斗场面，并且在这种情况下我作为知觉主观一起进行想象，但却是这样地进行想象，即我出神地注视这场虚构的搏斗，因此我并没有实行对我自己的反思。我是这样行事的，即我将我的一起被虚构的自我，重新虚构为一个对自身进行反思的自我；但实际上我是在想象中实行这种重新虚构的，并没有按照其意义修改这种想象的现实性，因此并没有由原初想象的现实性形成另外一种想象的现实性；而是在想象中建立起反思，一种我作为想象—自我本来能够实行的，并且我以前的潜在的行为本来能够借助它显露出来的反思。

这里所阐明的一切显然本身就是对于在最初直向地实行的想
118 象活动中真正体验到的东西以及属于它纯粹内容的东西之现象学考察的一部分。这也表明：在所举例子情况下，虽然准—进行知觉的想象—自我必然一起在此存在，但并不是被归入想象之现实性的自我，与在那里它所是的情况不同——必须被作为属于进行想象的行为成就之固有意义的而突出出来。当我将自己作为共同的行为者，作为共同的战斗者等等纳入其中时，我是作为属于图画意义的而明确地存在于这里的。

特别应该注意现象学的**悬搁**作为对朴素地被实现的自我之一切感兴趣的行为的禁止，不仅被在当前**现实的**自我上，和作为进行想象的自我意识的自我意识上实行，而且也被在想象世界**内部**，在属于它的被一起想象的主观性及其朴素性上实行的那种方式；或者更确切地说，只有借助于在“仿佛”符号下面的悬搁，才能对进行想象的自我之行为实行悬搁。如果这个自我不作为被一起想象的自我，不作为这个由其行为“所实行了”的和“正在实行”的“有效性”而来的“现实性”如其所是地为它存在的主观本身属于这个准—现实性的统一，那就任何东西都不能作为想象，作为准—现实性，浮现在我眼前；在这个例子上显而易见的东西，看来是普遍而必然地有效的。进行想象的活动本身表现得仿佛是人具有一种现实性，仿佛人知觉，思想，评价某种东西，如此这般地行动等等。而且不论所涉及的是关于现实性东西的想象活动，还是关于理想性东西的想象活动，这都是适用的，顺便提一下，也许即使没有被一起想到的有关现实东西的想象，这些东西也是可以想象的。——以“仿佛”的形式出现，这立即就是：在虚构时重新虚构自己本身，因此拥有作为虚构的自身；只不过下面这种情况本质上恰好也一起属于进行虚构的朴素性，即被虚构的自我之虚构物作为确切意义上的虚构物可以早于被一起虚构的自我被把握，作为这个被一起虚构的自我之意向内容，它只能被虚构，因此追溯现象学的纯粹性，从一开始就只不过意味着首先建立起在这里真正存在的那种意向的客观性之纯粹结构，因此就是追溯意向地被置入的主观性 119

及其行为，及其客观，并且在现象学的纯粹性中，在“仿佛”这个符号中理解这种客观性。每一个现象学上纯粹的断定性行为及其纯粹现象学的内容，都有平行的现象学上纯粹的**准**—断定性行为与之对应，只不过后者是以下面的方式与前者对应的，即它的纯粹性包含着，而且是以意向的方式包含着**相同的**，现象学上纯粹的**断定性**行为及其全部内容的准确镜像，但正是在“仿佛”这个符号下面包含的。还原是通过“在”想象中实行上边描述过的反思，并通过后来在“仿佛”这个符号下对在想象世界中存在的行为实行的现象学的悬搁完成的。于是，这种成就包含一种自身被反射进想象世界的**准**—成就，一种在想象中的**准**—**悬搁**。这就是说，我对我的作为我的现实浮现在眼前的想象的想象和对我的作为进行想象的行为的想象活动实行的每一个真正的悬搁，都意向地包含一种**准**—悬搁，仿佛我对这个被想象的自我进行反思，并实行现象学的排除。我还可以说，在我开始实行我的现实的还原时，我暂时忘记了现实的当前，我站到想象世界的基础之上，我看待这个世界就仿佛它真实存在一样。于是，我就必须仿佛它们是现实的断定那样，并因此仿佛它们有现实意向客体那样，看待有关的自我—行为。于是我就必须排除属于客体存在本身的东西，如果这些东西正好是现实东西的话；我就必须排除我在这个基础上对断定性客体，对存在的客体，对价值客体等等所具有的一切兴趣；为了获得如其所是地属于这些行为本身的东西和获得排除我在这个基础上能够提出的一切正当性和真实性问题后还留给它们的东西，我必须这样做。如果我这样做了，并且如果我这样地获得了现象学上纯粹的行为和行为客体，并且如果我注意到，在想象世界本身中，除去我的被一起想象的自我之行为的客体外,我根本没有也不可能有其他客体,那就很清楚,我由此并且仅仅由此就获得我的想象行为之充分的和纯粹的意向的客观性。

第四十五讲:〈作为行为主观的自我之自然的世界生活和现象学上纯粹的自身思考之非自然东西。关于思想进程。〉 120

人们对我说,觉得以上几讲相当难懂。这不是没有原因的;在这里有一些原则上是普遍的原因加入进来了。我想稍微中断一下这个系统的进程,首先来谈谈这些原因。

最初的理论上的探究——所谓对现象学上纯粹的主观性之内部东西的探究——,正是因为涉及被现实地经历的处于其自为存在和自在存在之中的生活,不能不是非常困难的。自我—生活就是:在意识上与某些对象性东西发生关系。并且在其中是以特殊行为的特殊方式发生关系。在行为中,自我作为清醒地行动着的自我,指向对象,并通过认识、评价、行动与对象打交道。在自然的生活——我指的是在迫使人们转变到现象学的态度的那些动机生效之前的生活——中,虽然每一个人都了解他的自我—生活,了解他的自我与他的多种多样实在的和理想的对象性东西的联系。他由自然的反思了解到这些东西。但是**这种反思**绝不能得到有关纯粹主观性的知识,甚至连猜想这样的知识都不能允许。因为这种反思的性质就是经常拥有客观性东西——借助于在这之前已经存在的和被确定下来的客观知识——,并且将这个以反思方式把握的作为行为主体的自我与这种客观性东西联系起来，而且这样做时这个自我本身被理解为，被设定为客观的人的自我。在这种自然的反思中，不可能看到（只要它是唯一的占统治地位的反思就不可能看到），每一个对客体的拥有和每一种客体借以为自我在此存在的经验和思想的规定，本身已经是自我及其意识生活的成就，并且自我总是在它本质固有的生活和行动中——在他的感性地进行经验的，在他的进行思想的，进行评价的，进行劳动创造的，以及其他的行为中——，在自己本身中并为自己本身，完成其有关客体的
121 显现和有效性。因此，正如它在自己本身中生活一样，正如在它之中由纯粹固有本质的动机而产生出来某些主观的统觉和相关的主观有效性性格一样——意识本身，意向生活，必然仍是隐蔽的；这整个的生活必然仍是隐蔽的，通过这整个的生活，我的当下的世界——事物、人们、价值、产品、人的行为、共同体等等——，像是一下子就为我在此存在，——但更仔细观察，它们只是在与其他人的交往中才为我在此存在，以至于我们在这里被引导去诉诸自我的和一切自我的共同体，更确切地说，去诉诸自我的共主观的和被统一起来的生活，这种生活作为这种共主观地进行的生活而起作用。

这种纯粹的生活只有借助于现象学悬搁的方法，才能为进行观察的目光以及从理论上进行经验的和进行规定的工作开辟出来，现象学悬搁的方法引起一种新的普遍的观察方法，一种自我对自己本身及其作为其被实现了的意识之世界的全部世界进行反思的新方式。只有通过这种方法，纯粹的自我及其纯粹的生活，纯粹的主观性的整个领域，才会成为显然可见的和可能描述的。因此所涉及的事实上是一种完全“非自然的”态度，和一种完全非自然

的对自我的考察和对世界的考察。自然的生活是作为一种原初的生活，作为一种起初完全必然地专注于世界，忘我于世界的生活而实现的。而非自然的生活，是一种彻底的和纯粹的对自身思考的生活，这种对自身的思考指向纯粹的“我在”，指向纯粹的自我—生活，指向在任何意义上作为客观之物呈现的东西在这种生活中，恰好获得(纯粹由生活本身之内在的和固有的成就而获得)作为客观之物的这种意义和这种有效性方式的那些方式。

因此，对纯粹主观性领域的初步探究以及系统实行那种纯粹
的“认识你自己！”之困难，就这样得到了理解，正如将会越来越清
楚地表明的，全部的哲学都是从“认识你自己！”涌流出来的。对在
自然认识基础上和在自然生活态度范围内不管多么复杂活动的每
一个指示，不管这些活动通常有多么困难，我们仍能比较容易使之
满足；因为在所有个别步骤中要求于我们的只是一种类型上已知
东西和已熟悉东西。从童年——其中就已经有童年发展的成 122
就——起，我们就从各个方面了解自然世界的类型学。这就意味
着，我们总是处于诸动机之中，借助于这些动机，一切种类的意识
和一切种类的自我行为都能起作用，借助于这些动机，能为我们构
成一个在类型上已知的，被按照一切普遍形式结构了解的世界：事
物的世界，价值的世界，我们作为人，作为进入这个世界行动的人，
和依赖于它的，高兴地和痛苦地在其中活动的人，使自己适应于它
的世界。逐渐地，我们能够从事一切主要种类的这些客观活动，进
行经验的，进行认识的，还有进行科学认识的，在实践上进行构成
的等等的活动。因此我们就至少是按照类型熟悉了一切东西。对
那些我们不能立即熟悉的东西，我们按照可以理解的方法，遵照每

一种指示进行尝试和学习。

与此相反，在全部个人的和历史的生活经验中，并没有对现象学的提示说明的样板，也不能求助于基本的和类型的熟悉东西。关于纯粹主观性世界，而这也就是说，关于我们的纯粹的原初的生活——由于这种生活，全部自然的存在和有效性都具有其不言而喻性——，我们起初处于与一个先天白内障致盲而现在治好了必须真正开始学习看的人类似的情况中。成功的操作尚不能使人们看，就是说，不能使人们立即按照看的人久已熟悉的它的空间形式和视觉特征理解空间世界。视觉的统觉只有在统觉的内在动机之联系中才能产生，才能形成。因此，即使按一定方法进行的现象学的态度之理念已经被把握，这种方法也只有现在才被从多方面实行和运用；并且它必须被系统地运用于以自然—客观的方式与实在的和理想的世界相关联的主观性上，并被运用于其客观给予性东西之普遍类型上，及其客观—主观的人的生活之普遍类型上。因此我们首先必须看并系统了解纯粹主观性的宇宙，以使它至少

123 暂时能作为在其普遍类型学方面是我们所熟悉的特有世界为我们在此存在，正如譬如物理的世界能作为从童年起就熟悉空间事物性经验领域为物理学的开始者在此存在那样。

因此在一种也许可能发生的有关现象学的主观性之科学的一切开端以前，存在着一项朴素自然的科学不可能具有的重要任务。朴素自然的科学支配科学面前的现成的，熟悉的经验世界，而现象学却必须首先为自己获得它的现象学的经验世界，为自己获得这个在现象学的态度中能够自由通观的，并且已按照其类型学熟悉了的现象学主观性的世界。现象学家必须首先学习以现象学方式

去看，并系统地主动地去获取属于现象学主观性的可直观形态之类型学。在这里我们也可以将这种由于自然的现世主义态度之必然发生在前而产生的方法上的状况描述为：谁要是想成为现象学家，他就必须系统地摆脱自然的现世主义态度，并对现世主义的经验活动的，表象活动的，思想活动的，一般生活活动的一切类型，以及相关联的现世的—自然的此在之一切类型，实行现象学还原；因此就是实行那种一切世间东西都借以提升到纯粹主观性，都借以超越论方式超脱世间的系统的悬搁。同时由此，自然之子，现世主义者，就变成了现象学之子，变成了纯粹精神王国之子[①]。

然而对于正在开始的哲学家来说，这些普遍的困难由于以下情况更加深了，即这个纯粹的自我，即使它已经被看作它的一切客观性东西按照显现和有效性在其中形成的那种意向生活的主观，在自身中仍然包含着意想不到的，并且被深深隐藏的**意向关联**之间接性东西，如果不将这些间接性东西展开，纯粹的生活就仍然是完全不可理解的。即使在初步理解了现象学悬搁和还原的必然性和意义以后，人们仍旧不留意地处于自然的思想习惯之影响下，并因此将新展示出来的现象学事实之领域看作是客观事实的类似 124
物。因为现象学上主观的东西首先也是作为个别的时间上的存在者而表现出来的，因此人们就将它像存在者那样按照客观的—时间上的此在之方式来把握，并且按照最先想到的方式，将它理解为物理—空间的此在之类似物。但因此人们就陷入了迷途。我们之目的所向的**现象学分析**，完全不是客观事物性分析的类似物[②]。

---

① 请参看附录XVIII:《**现象学还原的意义**》(第413页及以下)。——编者注

② 即使我们不说古代的自然分析，而说近代的因果性分析和功能分析，也是一样。

现象学的观察者所发现的并不是作为有点像由“诸要素”结合成整体形态的纯粹生活，或者反过来说，他所发现的并不是能够分解为单纯共存的和相继的，与其他诸要素在某些能够抽象地从里向外看出去的统一形式中统一起来的诸要素的那些形态。宁可说，不论我们考虑什么样意向性东西，在对其结构进行更深入研究时都会表明，一种具体的意向只有借助于具有意向的诸对象性东西之隐蔽的相互融合的那些意向的此外也是**非独立的**诸成就之**相互融合**，才是可能的。因此我们正是只有借助于这样的意向分析才意识到，**主观性**是某种**绝对独一无二的东西**，在与我不同的对象性东西的世界中根本不可能有与它相同的东西，并且我们使自己认识到，事实上，现象学的分析不论是在方法方面还是在事情本身方面，都具有与自然—客观的**自然分析完全不同**的意义。

对意向性关联的这些在方法和形式方面都完全出乎意料的分析——这种分析只是初看起来才觉得是非常困难的——一部分，我们已经在**对想象的分析**之最后阶段研究过了，无需重复，通过一些简短的对比分析——这些对比分析由于这些预备性的练习已经变得容易理解了——我将会找到机会让各位了解本质的东西。

然而在我转而从事这件事情之前，让我来回忆一下赫巴特有关深钻和思考之正确调节和正确节拍的颇有见识教育学理论，没
125 有这种东西，应由个别要素内在建立的精神形态之统一就不可能为学习者产生出来，并变成自由的精神财富。凡是在这种向个别的，特别是新式的和困难的思想深钻耗尽全部精力的地方，就加倍需要思考，以使普遍的思想计划和联系不致从在其中这些思想只应该是发挥功能的诸成分的那种意识中丧失。因此，在我现在反

正已从这种严格系统的进程中走出来之后，我仍想对我们现在正处于其中的思想进程——这种思想进程同时可能有助于加强对我们以后行动的兴趣——实行一种回顾和前瞻的思考。

一开始我们曾尝试实现普遍的和绝对证明为正当的科学之笛卡儿式开始的最深刻意义，就是说，尝试设计一条通向超越论的主观性的完善的真正有根据的道路，这条道路在笛卡儿沉思的最初几个沉思中只是作了预示[①]。这条道路具有作为最初呈现出来的绝对正当性证明之指导原则的以下原则：我绝对不能否定，绝对不能怀疑的东西，就会对我有效。这条原则立即就被最清晰地理解为确真的无可怀疑的原则。事后我觉得，**这种将最初是自然的无可怀疑性强化为确真的无可怀疑性**，本来只有在以后才能采用。就是说，如果人们受自然模糊的原则的指导，尝试占有这个任何时候都被给予的，而且是无可怀疑地被给予的世界存在——这看来是引向一条由经验而建立世界科学的道路——，那么人们就会注意到，在**经验的无可怀疑性**，或更确切地说，抛弃对被一致地经验到的世界之相信的经验上的不可能性，与在一种新的意义上排除一切**可能的**怀疑的另一种无可怀疑性，即**确真的无可怀疑性**之间，存在着差别。每一种感性经验活动都留下余地，使以后的经验引 126
起对以前的被经验东西和完全确实东西之存在的怀疑；一种怀疑在思想上是可能的，尽管缺少经验根据。绝不排除经验上无可怀疑的被经验之物的非存在。**作为哲学主导原则的确真自明性原则**

① 关于这一点，直到第130页的论述，请参看胡塞尔的批注；见附录Ⅱ（第316页）。——编者注

也许现在才出现。但是另一种无需对认识批判感兴趣的观察方式也表明，整个世界并不需要存在，尽管它存在着，而且是当它以一致的经验确信被经验时存在着；尽管并不是以彻底的纯粹性，但就事情的主要方面来看，**笛卡儿**走的仍然是这条道路。在一种针对进行认识的主观的反思中，对于整个经验世界的可能的悬搁，使纯粹的主观性变成显而易见的；即使世界不存在，这种纯粹的主观性也仍然存在。于是这种主观性就被扩展得超出现在，而进入到过去与将来之中，变成了处于在两个方向上都是无限的超越论的生活中的纯粹的主观。

第四十六讲：〈对现象学方法的重新拟定和深入探讨：走向超越论还原的笛卡儿式的道路和心理学家的道路。〉

但是如此作为纯粹主观性产生的东西尚没有作为确真地毫无怀疑的东西展示出来。排除世界是出于以下理由，即它不是确真地被给予的，将目光只对准在新的经验方式中，在超越论的看中，被给予的纯粹主观性之宇宙。然而对纯粹主观性之确真性的批判必须完成，但这种批判被我们搁置了。因此这就是我们**通向超越论的自我**的以及通向需要完成的对它的确真批判的第一条道路，即**笛卡儿式的道路**。

下一个需要，即按照超越论的生活之个别形态或形态类型了解超越论的主观性——由此我思（*ego cogito*）对于我们就不再是一个空洞的语词了——，我们是以下面这种方法满足的，即我们与

此同时也逐步形成了一条**通向我思**（*ego cogito*）**的新道路**。就此 127
而言，当时的主导思想如下。在经验世界不存在这个可能的假定下，我们作为对我们仍然保留着的主观生活，作为在这种情况下本身仍然存在着的生活而保留下来的东西，当我们作为进行反思的主观而**放弃**对于经验世界的一切连带设定，因此根本**克制**对于它的存在与非存在或其他的存在样式采取任何态度时，我们也保留着。简要地说，如果我们禁止对世界的存在的任何兴趣，超越论的主观性就会进入到我们的视野中。

但是在这里很容易有下面这种关于达到超越论的主观性的一种新的看上去更容易的道路的想法，即不必从对于世界经验的那种费力批判开始，不必去弄清楚世界非存在的可能性，将那个冷漠的自身考察者的悬搁直接运用到个别行为上不就足够了吗？充其量加上下面这个补充不就足够了吗，即我对我的全部行为一起实行这种加括号，由此我就一定会获得我的纯粹的主观性[①]？

不管怎样我们曾尝试实行这种有关新道路的想法，按照这种想法我们的工作如下：我们对自己说，让我们抛开以前的全部思想进程。更确切地说，我们从那个实行随便什么行为并因此以自然方式与随便什么意向客体关联的自然朴素的自我出发。在这种情况下，我们无需首先想到超越论的主观性，无需已拥有关于它的随便什么表象，就能够以一种容易理解的方式，对每一个个别行为实行一种类似于我们在笛卡儿式的道路上针对世界与世界经验所实

① 关于这一段，请参看胡塞尔的两个批注；见附录Ⅱ（第316页）。——编者注

行的悬搁[1]。

我们直截了当地区分了朴素地实行一个行为的自我和凌驾于这个自我之上对它进行反思的自我，并指出了一种可能性，即进行反思的自我，在以自然方式实行反思时，同时就变成了漠不关心的自我。与此同时我们曾澄清了兴趣的理念，兴趣最初被定义为进
128 行经验活动的兴趣和一般而言的认识兴趣，后来也被定义为情感的兴趣和意志的兴趣。排除对于被反思的自我之当下兴趣的一切参与，这就意味着，排除对于这个自我所设定东西的任何引用，排除对由这个自我所实行的有效性的任何引用，而且也意味着，禁止这个进行反思的自我在这个方面进行批判和在认识中将目的指向真实存在的一切实践意图。这个进行反思的自我作为具有理论倾向的自我现在在这样的悬搁中发现的东西，是现象学上纯粹的行为，这种纯粹性是现象学上的纯粹性，但只是在最初的和尚不完善的，尚不是超越论意义上的纯粹性。因此如我们曾预报的而且唯有在后面才会真正澄清的，由此所获得的只是在经验心理学意义上的现象学的纯粹性[2]。

我们曾在这条道路上继续前进，通过个别地考察行为的主要类型，并通过将它们还原到这样的现象学上纯粹的诸成分，而致力于在它们上边指出奇特地相互紧密结合的意向性，并这样立即达到对主观存在和主观成就的特性（如其在这些行为的每一个类型

[1] 关于这一句，请参看胡塞尔的另一个批注；见附录Ⅱ（第317页）。——编者注

[2] 关于上面这两句话，胡塞尔在页边写道："不！"；见附录（第317页）。第10行："尚不是超越论意义上的"后来被胡塞尔删去了。——编者注

中所显示的）的初步理解。如果表明，借助于这种现象学的方法会展示出一个与普通经验相比的新的经验领域，那就无论如何需要这样的分析①。

我们曾经处于这种研究中。现在我想立即进一步提供一种前瞻，诸位借此就会理解，通过在经验的—人的自身之行为上实行这种个别的还原，如何会为我们展示出一条获得超越论的主观性的，使这样的自我成为可以经验到的道路，即使这整个世界不存在，因此我的身体不存在，因此再也不能谈论在通常意义上的自我，正是一个人的自我时，这个自我仍然还会存在。

对于这个问题的回答就是，代替作为进行反思的自我对个别的行为和行为关联实行已描述过的还原，而且是在指向每一个作为个别行为的这种行为都设定其有效的东西的方向上实行这种还原，我将我自己构成为超越论的—现象学的自我，而且是在这样一 129
个主观之形式中进行构成的，这个主观实行超越论的—现象学的还原，并且首先将它自己的超越论的主观性变成它的一般现象学的经验和研究之敞开的无限的领域。现在的问题是，这会意味着什么。回答是：我变成了这个超越论的观察者，我的悬搁本身由于它在一种以前的心理学的还原尚不知道的意义上是普遍的和彻底的而变成了超越论的悬搁。就是说，如果我将**个别的**“我知觉”，“我回忆，我想像，我思想，我渴望”等等，以现象学方式还原到它的纯粹主观东西（心理学东西），那么我同时就确实仍还有**多种多样东西**。就是说，在我面前一方面仍然存在这样一种证据，即这种在

① 参看附录XIX《**现象学还原的两种形态**》（第418页）。——编者注

个别行为上就已经能够实行的还原和这种现象学的纯粹性，仍然为一种更高的和新的纯粹性留下余地，并且这种悬搁向一种不仅是包罗一切的而且还可以说吸收一切心理学东西的悬搁的某种扩展，一定会导致超越论的还原，甚至会导致伸展得更远的还原；我们将会如我们在笛卡儿式的道路上最初获得它那样认识到它。因为我——这个我是现象学还原活动的主观——在这条道路上不仅获得了作为超越论的自我的我本身，——我通过将他人的主观性也包括到这种方法中还获得了超越论的**共主观性**，或者如我们还可以说的，超越论的全体自我作为以超越论方式把握的个别自我的超越论共同体[1]。

我们现在回想起来，在我们有时十分艰难的分析中所涉及的，并不是本身是多余的现象学的个别分析之单纯运用，仿佛我们没有看到正在生成的哲学之统一的思想进程这个重要特征。相反，
130 我们已经处于一个严格的系统的进程中，并且已经处于对这种分析所必需的现象学方法之重新形成和深入研究中。这些方法在其现象学的个别还原中提供了一些基石，在这些基石之上一定会由立即就能理解的，完全能够想得到的基本思想建立起一种更高的还原，超越论的一普遍的还原。

因此首先让我们将我们早先的研究继续下去，并以简洁的，不太难理解的笔调将它引致结束。

这个中断了的研究之较近目标就是，在作为准当前化的行为

[1] 参看附录 XX：《**对于我于 1907 年和 1910 年借以获得还原之理念的两个阶段的批判**》（第 432 页以下）。——编者注

而呈现出来的诸行为——如重新回忆的行为，预期的行为，摹写的行为，再生产的想象的行为——之主要类型上，通过现象学分析指出，它们的意向的关联并不是如其在最初时刻所显示的那样和经常表象的那样，是一种朴素的关联[①]。如同在知觉中被知觉物被准当前化一样，看来在回忆中被回忆的过去同样也朴素地被准当前化，在预期中被预期的将来被准当前化，在摹写中被摹写的客体被准当前化，在**想象**中虚构物被准当前化。但实际上并非如此。在回忆和预期的场合，我们已经在论述第一种还原，即笛卡儿式的还原时，粗略地指出了这一点；另外也在论述想象时，以更仔细的，但也更困难的分析阐明了这一点。因此表明，在每一种这样的准当前化中都必须在直向的目光指向——或将目光指向被准当前化东西在第一种意义上所意味东西和只是乍看上去才是显而易见的东西——和其次是一种隐蔽的，并且本身被一起准当前化的行为和行为目光——它的自我作为被准当前化的客体之必然的相关项是被准当前化的自我——之间进行区分。在想象中意识到一片景色，在想象中直接地沉迷于这片景色，这并不是一件像知觉一片景色那样简单的事情。因为必然有一个被一起想象的自我属于这片被想象的景色——不是现在在这里存在着的这个自我，而是我的自我之一种想象—变样，我，这个我**仿佛是**存在于这片风景中，通 131
过知觉而指向这片风景，在某种显现方式中意识到这片风景。这个被想象的自我和这个被想象的看的行为，属于想象风景的活动之必然成分，因此这片风景并不是如一片真正被知觉到的风景那

① 以下的论述请参看胡塞尔的批注；见附录Ⅱ（第318页）。——编者注

样在一种朴素的意向性中被意识到的。看来对昨天散步的回忆同样是某种朴素的东西，仿佛除去当下的自我和对于散步的记忆图像以外在这里我就没有任何东西，这种散步与在知觉上被给予的和在知觉上进行着的散步相比，只是以一种主观上改变了的方式被意识到的，但此外同样也是朴素地被意识到的。但更仔细地观察又表明，作为被回忆的东西的过去，只是由于以下情况才能被意识，即它被我意识为曾被我知觉到的过去存在过的东西，因此我在被复制的过去中同时作为被复制的自我而存在，不是作为我现在所是的我，而是作为那时所是的，此外还是体验过某种东西的我而存在。关于被预期的事件以及必然一起被设定的自我和自我行为——在这种行为中，未来东西将是或将可能是知觉上的现在——之预期的情况，也同样如此。

〈第四篇　现象学的心理学,超越论的 132
现象学和现象学的哲学〉

〈第一章　现象学—心理学的还原之成就和问题〉

第四十七讲:〈意向的关联和意向的重迭。〉

于是到处都能以同样的方式弄清:如果被回忆的——或被预期的——事件只是借助于这样的方法以下面这种方式被我们作为这样的东西而意识到,即它作为在回忆中的过去被知觉到的事件——或在预期中的将来会知觉到的事件——被意识到,那么在每一种这样的意向内容中就都包含一个纯粹主观的内容,即这种被涉及的过去的知觉或将来的知觉之纯粹主观的东西。因此,对回忆或预期实行现象学的还原,要求我将这种还原带回到回忆中的过去或被预期的将来。换句话说,现象学的还原要求,在朴素地设想进入过去时,我对于过去的自我及其过去的行为以及一般而言对它作为回忆中的过去的自我所意识到的做过的一切行为,实行反思的把握，并使那种理论考察的冷漠态度起作用，在那种态度中，作为过去的自我之行为的有关行为的纯粹主观内容呈现出来；对于未来的自我及其行为也是如此，只要这种行为是意向地包含
133 于当下的预期活动中的；在正是以这种准当前化方式——与作为当下的自我而现实地实行这些行为的这个自我相对——在自身中带有在其意向性中所涉及的自我和所涉及的行为的一切行为中，显然也是如此。在进行想象的行为中，这样一种自我恰好是作为被一起想象的、在当下的想象世界中实行行为的自我被以“仿佛”的样式意向地关联的。在这里从作为被想象的行为的被关联的行为中获得的纯粹现象学东西，本身当然是一种单纯被想象的现象学东西。但是尽管如此，现象学还原在这里成就了必然能够成就的东西，它表明，每一个想象作为进行想象的自我（因此是现实的自我）之当下的真实的行为，如何意识到它的想象的对象性东西，以及一切在这里被虚构的客观东西如何都有一个被虚构的纯粹的主观东西与之对应，即作为唯有通过它客观东西也才能在想象中对这个主观显现出来并能对它有效的主观东西。

应该考虑的这些意向关联又由于以下情况而被复制，即朴素的准当前化和想象——正如已经有些复杂化了的摹写和指示（例如借助于记号）——随身带有相互构成等级的重复之可能性，即**重迭**之可能性。代替朴素的重新回忆，我们也可能有一种对重新回忆的重新回忆。而且如果这种对于重新回忆的重新回忆成为过去，我们就可以对于此我们曾经有过对重新回忆的重新回忆等等进行回忆。一种摹写可能是对于一个摹本的摹写，而这个摹写可能又是摹本，如此等等；正如当有一种对一个塑像的再现，比如说，

一幅临摹,然后又有对这幅临摹本身的复制时那样。一个想象可能不是一个朴素的想象,而可能又是对一个想象的想象,正如当我梦想自己进入一个想象世界,我在这个世界中陷入一种想象活动,而这种想象活动也是可以在想象中重复的。

另一方面,我们不仅在同一种类的行为中拥有关于其意向的情节之重迭,而且正如各种不同的意向上变样的行为种类能够在意向上彼此**搭接**一样,例如,作为对于预期的回忆,作为对于回忆的预期,有关回忆的想象等等,同样这一个变样的一切重迭也能转变成对于所有其他变样的意向性。让我们就想象用几句话进一步 134
阐明这一点。想象是对于一种普遍的变样的称谓,如我们以前已经提到过的,它与作为断定性行为的一切非想象行为相对立。对于每一个现实的行为,每一个断定性行为,我们都能够在思想上用一个相应的想象的行为与之对立起来。但这就是说,有关我们通过对断定性行为的还原获得的一切种类的现象学的成果——直接地或被重迭地回忆,预期等等——立即就传布到想象,只不过它们在这里呈现出“仿佛”的变样。因此只需要对想象作为想象所实现的固有特征加以普遍现象学的强调,并对断定性行为的基本种类和它们的重迭之类型学进行系统的还原。

我们迄今想做和已经做过的行为,在自身中又以意向关联的形态包含着行为,而且是同一自我的行为。如果我回忆,我,这个进行回忆的我,就存在,作为这个行为之主观,当然并不处于这个行为的意向内容中。但是——在一种变样中,在我的主观的回忆的过去中——我仍然属于该意向内容。每一个适当的反思都向我表明,自我,我现在回忆起的同一的自我,曾参与到被回忆的东西中;并且在迄今考察过的行为中到处与此相似。

但是现在我们要考虑一种准当前化有助于其意向成就的新的非常值得注意的行为形式——所谓**移情作用**的行为:借助于它我作为自我(*ego*)就以知觉的形式拥有关于其他主观,任何他我(*alter ego*)"亲身"在此存在之意识。但这是用以下方式做到的,即我将某些东西,即所谓"他人的身体",了解为在其中有属于它们的,与它们一起在此存在的心灵生活。身体是心灵的存在、心灵的生活借以表现的事物。如果我知觉到它们,我也就经验到这种表现,并通过这种表现经验到作为进行表现的心灵生活的,作为以这种共当前方式显示着的东西的他人的心灵生活。我将它们看作是心灵东西,连续地进行表现的心灵东西,尽管我并没有看到心灵东西
135 本身,也绝不可能真正知觉到它本身。如我们知道的,在这里就存在着一种**原初的指示**,它从处于其与我的心灵生活交织中的我的身体之知觉上的现前,以及从他人的身体——首先是作为物体的存在——与我的身体在类型上的相似性,吸取其力量。在这个方面的这种相似性,原初地引起一种准当前化的功能,一种相似的心灵东西之指示。但是这种相似的心灵东西并不是以回忆或预期的形式被指示的,回忆或预期会允许将一起被准当前化的自我—主观与我本身看成是一个东西。它是一个自我,但却是另一自我。其成就之主要部分要归功于准当前化的这种知觉方式之特殊的意向结构要求一个自我,但不是作为被关联的主观的我本身;它使我意识到:有另一个自我与我相对立,并且如果没有这另一个自我,那么"另一个自我"或"同胞"这个词对于我就是一个没有意义的词。

如果我们在这里在移情作用上展开意向的关联，并以还原的方式获取其现象学的成分，那么我们就会遇到根本新颖的东西和奇特的东西。正如我们能够在自己的行为——当前的行为和被意向关联的行为，现实的行为和被虚构的行为——上运用现象学的还原那样，我们也可以将这种还原运用于我们借助移情作用而意识到的他人的行为上[①]。我们可以通过仿佛我们进入他们的行为生活中那样设身处地着想，而将反思和现象学悬搁运用于他们之中，仿佛我们就是他们本身；并且就这样，为他们的每一个行为，为他们的知觉、他们的回忆、他们的预期、他们的想象等等，将纯粹主观东西，这个他人的纯粹主观东西，突出出来；正如我们能够在我们的过去的自我或我们的被虚构的自我上，我们的被回忆起的行为和被虚构的行为等等上做的那样。

当然，对于以移情作用方式被给予的他人的行为来说，情况比较复杂。在这里甚至涉及在我之中以更原初的形式借助特殊的由于被经验的身体性变得复杂了的指示而被给予的东西之意向上的变样。这个**他人**的变样是作为意向的性格而表现出来的，这种性 136
格相应地改变了各种可以想象到的自身的行为及其自身的意向的关联。我在我身上也许可能获得的一切意向成分，在这种他人(*alter*)的变样中我同样也能遇到，因此被说成是在他人行为中的意向成分。其次以下情况是以本质的普遍性而有效的，即我作为**自己的**而真正体验到的和我能为我想象的**一切**属和种的体验，我也能在他我(*alter ego*)中理解。这对于诸移情作用本身也适用，

① 对此请参看胡塞尔的批注；见附录Ⅱ(第318页)。——编者注

它们也可以在他人的身体性中或借助于他人的身体性而表现出来。据此，我能够将另一个人经验为某人，他本身又能够以“另一个”他人(*alter*)这种样式经验另一个人，而这一个他人从他那个方面又能够经验第四个他人，如此等等。这些事实上都是意向关联的一些十分常见的事件。我们看到，这里又涉及一种**可重叠的**变样。在其中主观和主观生活作为进行移情作用的行为之意向客体通过变样而被给予的他人的变样——与主观东西在对自身的知觉中**原本地**未经变样地被给予之方式相反——，能够在重复中逐步上升。一种被经验为被移情东西之被移情东西的心灵东西，于是本身就有意向的间接性。

相似地，被重新回忆起的东西与被知觉的东西相比，首先有一种“曾被知觉过的东西”或“在记忆中过去了的东西”这种被改变了的性格，然后，对于重新回忆的重新回忆之意向对象另外有一种相应重叠的意向的性格，它指向两种不同的现在——当前的现在和过去的现在。在这种情况下，在直接的意向性和间接的意向性中有相同的东西同时被给予，并且作为相同的东西可视为同一；我回忆起某物，同时我是作为我昨天曾回忆起的某物而回忆起它的。同样，我经验到某物，同时我经验到，我的邻人通过经验而指向同一东西，一个第三者在观察这个邻人指向这个东西，等等。

进行移情的经验之一种更特殊的非常重要的情况——在其中
137 有另一个人作为在他那方面通过经验把握第二个人的人而被给予
我——就在于，我本身作为这第二人被一起经验到，并且这个可通
报的进行移情的经验与我对自身的经验是相一致的；就是说，我将
我面对的人经验为通过经验而指向我的人。因此根据彼此一相

互—在此存在的这种最原初形式，极其多种多样的**我—你—行为**和**我们—行为**就变得可能了，这些行为本身对于其他人，和作为统一的相互交往的众多人，又是可移情的。这样一来，极其多种多样的共同体生活就成为可能了，这种生活的奇特的特征就是，一般来说不仅是众多的主观在生活，而且他们是这样在生活，即每一个人都借助于进行移情的经验之意向性，提供了作为他的其他人的所有其他人；这些其他人作为共同在此存在的其他人，有的以原初经验之形式，有的以确定的或敞开的不确定的知识之形式，处于他的实存的领域之中。但还不仅如此，因为直接地或间接地，或是按照现实性或是按照能够建立的实践的可能性，他与所有这些其他人处于**社会的联系**之中，而这是由于与他们“保持联系”，或可能保持联系，由他们那里经验到个人的影响，并将个人的影响施加于他们的交往的行为，特殊社会的行为，我—你—行为，我们—行为，等等；但是所有这些都在他自己的——以及每一个人的——意向性的范围之内，以至于“每一个人”都被了解为某人，被认为是在不确定的无限广度中继续的**个人影响的共同体**之一个成员，最终是人类的一个成员。——

201

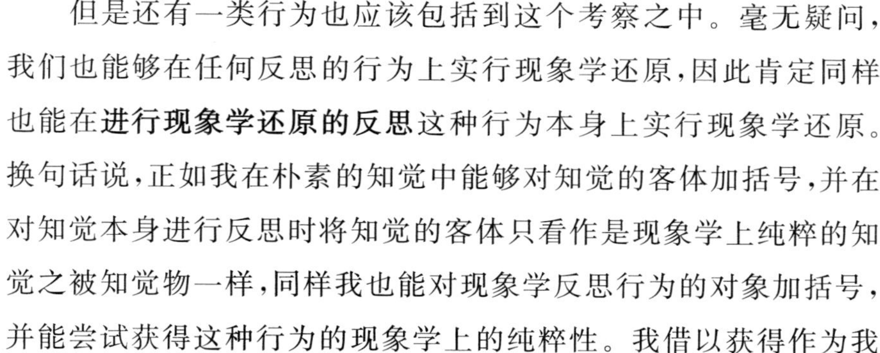

但是还有一类行为也应该包括到这个考察之中。毫无疑问，我们也能够在任何反思的行为上实行现象学还原，因此肯定同样也能在**进行现象学还原的反思**这种行为本身上实行现象学还原。换句话说，正如我在朴素的知觉中能够对知觉的客体加括号，并在对知觉本身进行反思时将知觉的客体只看作是现象学上纯粹的知觉之被知觉物一样，同样我也能对现象学反思行为的对象加括号，并能尝试获得这种行为的现象学上的纯粹性。我借以获得作为我 138

的纯粹体验的知觉的那种现象学反思行为，作为客体恰好具有这种纯粹体验，就是说，具有这种现象学的事实。没有任何东西妨碍我禁止如在其他情况下那样在存在方面对这种现象学的事实感兴趣，因此也没有任何东西妨碍我突出强调唯独对将刚刚就知觉实行的现象学悬搁之现象学上纯粹的体验确定下来感兴趣。显然这是在具有**第二级悬搁**的第二级反思中发生的。这里在知觉的例子上所发生的事情，也能在每一种其他行为上发生，这样我们就以任意的重叠而走向逐级上升的现象学还原之至少是理想的无限性。

关于这种由现象学还原（这种还原本身并没有将现象学的行为还原）为任意的朴素的行为产生出来的重叠序列，虽然可以说，它们使被相互交织地奠立的现象学上纯粹的事实之等级序列突出出来了；但绝不是这样地突出出来，即仿佛较高阶段还原的结果会对较低阶段还原的结果有任何改善或补充。就是说，我作为现象学经验中纯粹主观性东西而突出出来的东西，并没有因为以下情况而失去任何东西，即我现在又在反思时意识到它，这种现象学上的突出强调本身又是一种行为，并且我在对将它作为纯粹体验中的纯粹行为突出出来感兴趣时，正是又必须与它，与这个较高阶段上的行为，即还原，发生关系。这些行为，作为**这个方法的行为**，甚至也不是从一开始就在此存在的，而是我按照一定方法使它起作用的。只是下面一点是值得注意的，即它们总能够重新**以重叠方式**起作用——这对于每一种重叠都有效。很显然，如果我对于划定一个其中只应该存在现象学意义上纯粹主观东西的考察范围感兴趣，那么所有这些反思阶段的这些现象学上纯粹性东西就同
139 样属于我的范围之中，并且在我想要将特殊的现象学事实确定下

来的一切特殊场合，都绝不会要求我实行一种无限还原的回归：仿佛较高的反思仅仅能够完成那种成问题的事实，并且仿佛事实并不是现象学上纯粹的和自身已经完善的事实[①]。

第四十八讲：〈关于从对当下行为实行心理学的还原向普遍的现象学的悬搁和还原过渡的问题。〉

然而现在需要利用这些个别的分析并且首先需要提出这样一个问题，即我们是否能够从这些个别的分析中发现更多现象学的东西呢？关于这种更多的东西，我们是在从笛卡儿式的还原道路而来的“超越论的主观性”这个题目下知道的。我们现在只应将这种知识用作**批判**这种在自然态度基础上完成的个别还原——我们迄今的操作方法都处于这种个别的还原之中——之成就的手段，并且用作引起一种能够克服这些操作方法之不足的十分重要的思想的手段。当然我们由此只是获得关于想出这种**新方法**之有益补充部分的一种指导性动机。因此这种动机本身不属于还原这种新方法本身，显然这种新方法必须在自己本身中被建立起来。在了解这种超越论的主观性的同时，我们运用久已熟悉的下面这个主要思想：现在为我在此存在，过去曾为我在此存在，将来会为我在

① 参看附录XXI《关于对潜在东西加以揭示之行为的重叠》（第 439 页以下）。——编者注

此存在，会在某种意义上作为存在着的而对我有效的一切客观东西，只有从我特有的某些意识成就中才能获得意义，获得显现方式，有效性。由此得出，凡是在与已经被还原了的客观东西的客观联系中，还有一种我未曾对其实行还原的残余留了下来，因此还有一个被无条件设定的客观东西的成分，没有通过回溯到有关它的意识而将它设定为这个行为的单纯意向对象的地方，我就仍然没有真正纯粹的和完全纯粹的主观东西。

140　让我们在这个普遍的观点下考察一下对我们已实行过的各种不同行为的现象学还原，并且设想对一切种类的行为完全只以这样的方式行事。在这方面，在开始时我是处于自然的态度之中的，我是作为**心理学家**，作为自我，作为在熟悉的世界之中的，而不仅是在迄今生活的正常范围内我获得对其认识的那个现实的周围世界之中的这个人，开始的。而且还有诸理想的“世界”为我在此存在；例如我学会了数学并了解数的世界，理想的数学流形之各种不同类型，如**黎曼流形**，洛巴切夫斯基流形，等等。没有人要求作为心理学家的我放弃所有这些世界，放弃所有这些我了解并认识的客观性东西。我的从当下被观察到的个别行为出发到总是新的个别行为的按一定方法进行的还原活动之进展，总是只要求对这些**个别行为**和**它们的**意向对象性东西实行某种程度的还原。而且不管我在这里如何纯粹地理解主观东西，它绝不要求我使过去和现在都全然是我的一切种类客观性东西彻底地和全部地无效。只有那些在当下行为中或被当下的行为设定为有效的客观性东西，才被加括号，而且只是暂时地加括号，以便获得纯粹的内容。世界与人在背景中并且作为已经获得的习惯的财富，仍然有效，因此，我

当下将它还原到它的纯粹主观东西的每一种行为，例如，我的知觉的行为，记忆的行为，移情的行为，只要我将我的观察目光重又指向我的身体，就立即作为**我的，这个人的**心灵行为存在于这里。在我的知觉领域中，我的身体始终在此存在，即使我没有注意到它，没有任何进行把握的知觉涉及它。它在这里作为这个持久在此存在的身体，对我保持有效，不管它现在是否通过注意而被把握，正如我的其他经验世界一样，身体以外的经验世界也对我保持有效，因此可以说，我的身体和我的经验世界总是能够参与决定的。即使我意向的是统一的内在性，是纯粹心灵的统一性，也没有不同。心理学家正是以客观统觉，即“人”，为根据，实行一种抽象的行为，在这种行为中，他纯粹地获得单纯的物理的身体性这一个成分，然 141
后在相反的态度中，获得“纯粹心灵”这个成分，但正是作为成分而获得的。换句话说，我在实行新的行为时使之起作用的每一种新的有效性，都按照属于它的意义，与旧的，只不过被重新激活了的诸有效性紧密结合在一起。因此我通过还原所获得的每一个纯粹主观东西，总是，并且未被这个还原触及地，随身带有一种由未被禁止的诸客观有效性之那种**紧密结合**中产生出来的**客观有效成分**。如果人们总是处于我的有效性领域中，那么他们的身体以及赋予这个身体以灵魂的行为，就属于这种有效性的统一。如果我用现象学方法将这些行为（自己的行为或他人的行为）的纯粹主观东西为自己突出出来，那么它对于我立即就是**这个**纯粹主观的东西，**与这个或那个身体一起在此存在着的主观东西**；因此就是这个或那个**人**的纯粹主观东西，一句话，就是他的**纯粹心灵东西**，并且如果我对我自己的心灵东西进行还原，就是我自己的纯

粹心灵东西。

因此我们事先已预见的东西就这样得到了证明。我们迄今在各种不同类型的个别行为上实行过的现象学操作方法，所完成的和能够完成的只不过就是将**处于其纯粹性之中的心灵的内在性**突出出来，并使隐藏于其中的**意向关联**显露出来[①]。

这种成就绝不是一种无足轻重的成就。我们现在甚至可以说，这种现象学还原完成了从**洛克**以来人们就以为没有任何方法上的技巧就能够以朴素的经验方式，以单纯**感受性方式**运用的东西，即一种**纯粹心理学的经验**，一种所谓**内在的经验**。正是借助于我们对其有效范围的分析和澄清，才明白了，**有关纯粹心理东西的经验**，以及纯粹心理上的自身知觉，**根本不是一种单纯的感受性**，相反，它需要一种特殊方法的，一种悬搁方法的艰难操作。

142 那么这种心理学上纯粹经验的单纯的方法应该如何开辟一条通达**超越论的**主观性的道路呢，它如何能超出对**人的**心理生活的看和**纯粹心理学的**分析，而转到对超越论上纯粹的生活的看，转到实行超越论的分析呢？这种方法需要什么样的改变和提高，悬搁需要以什么方式向**绝对普遍性**扩展，这些都已由阐明过的东西预先指明了。

让我们考察迄今为止这种现象学还原的整个现状，这种还原导致意向体验的单纯心理学上纯粹的内容，而在以自然的普遍性实行时，则导致整个世界的纯粹心灵成分，因此导致一切人的和动

---

① 参看附录 XXII：《*在自然的心理学的态度之范围内还原到心理学的内在性*》（第443页以下）。——编者注

物的存在之纯粹心灵的全体[①]。

在自然态度的开端上和在它的继续保持中都有以下情况，即以前曾对我有效的一切东西，对于我，这个以现象学方式活动的主观，都有效。我过去实行过的，我也许曾希望作为普遍的来实行它的悬搁，就是说，按照对我的和他人的每一个行为都实行悬搁的普遍意志实行它的悬搁，并未触及所有这些行为的自然存在的有效性。例如，如果这些行为是知觉，是我自己的行为，或在自然经验中给予我的他人的行为，那么它们就必不可免地是我的人—自我的行为和其他人或动物的行为。我在当下被知觉对象之现实存在上实行的悬搁之不感兴趣的态度以及同样也在有关的其他行为中被设定的对象性东西上实行的悬搁之不感兴趣的态度，绝不是**绝对的**和完全**纯粹的不感兴趣**，而只是相对的不感兴趣；就是说，只是在下面这种意图中不感兴趣，即为这些行为突出那种如果当下进行知觉的或以任何其他方式活动的自我弄错时，作为在这些行为中的存在物为我残留的东西，和突出不管在这些行为中被设定 143
的对象之存在与非存在的情况如何都肯定不可分割地属于这个行为之事实存在的东西。因此我那时曾有过这样的目标，即将当下行为主观之行为体验作为纯粹的体验来获得，并且按照其纯粹的体验状态来获得。但由此甚至也不表示，我，这个心理学家，想要使我自己对这些被知觉之物的相信的态度，一般而言，对这些被设定的事物、价值等等的相信的态度，**全然**不起作用；相反我只是想

① 参看附录XXII：《**对1923/24年冬季学期讲课中有关心理学还原与超越论还原之间的区分之错误阐述的批判**》(第444页)。——编者注

相对地，在关系到我的目的方面，使它不起作用，而且也正是这样做的。因此我完全可以在坚持被他人看到的房屋之真实性的同时，通过为这个被他人看到的房屋之存在的真实性加括号，而获得他人纯粹知觉的体验。因为正是由此我坚持，属于他的知觉的仅仅是意向的对象性，这个个别内容的，这个显现方式等等的房屋，这个通过知觉而被意指和被设定的房屋本身，它肯定是作为知觉行为本身的成分保持其所是，即使会证实，这所房屋实际上并不存在。因此我并没有完全地绝对地禁止我对当下行为的意向对象之真实存在采取态度，更没有禁止我的其他存在设定，我的全部的有效性习惯——通过这种有效性习惯，现实世界连同它的我在我以前生活中作为存在着的来认识，并在我的知识财富（习惯信念）的王国中未被触动地保持着的全部经验的真实东西，还有各种各样理想的真实东西，持续地为我在此存在，对我有效。

但是我们现在也看到，一种**使这种自然的态度失去其整个的基础**，并使正是它们所是的、创造这个基础的一切有效性失效的不同的和新的东西如何可能①。

144 肯定没有什么东西妨碍建立一种**普遍的**悬搁，作为在下面这种意义上的**普遍的意志决定**，即**完全地**禁止我的所有那些兴趣，由于那些兴趣，对我有效的东西不仅现在对我有效，而且**由于那些兴趣，从前对我有效的东西还会习惯地对我有效**；此外由于那些兴趣，将来有一天会对我有效的东西，**将会**在这个有效性的基础之

① 关于以下的论述（以及关于第 129 页的论述）请参看胡塞尔的批注；见附录Ⅱ（第 317 页以下）。——编者注

上，以自然的方式对我有效；或更确切地说，如果我没有借助于我 145
的悬搁进行干预，就会有效。只要这种普遍的意志决定被认为是持久有效的，我就用它支配我以后的生活。就是说，在这种意志决定之坚持不懈的执行中，我必须使每一种被实行的有效性或任何呈现给这种实行的有效性不起作用，以加括号的方式使这种有效性失去自身有效的力量。我谈到“呈现”。因为在这里进入到我的生活之流中的这种普遍的悬搁暂时对于这种生活的本质结构并没有任何改变。这种悬搁对于以下情况没有任何改变，即我不仅总是**发现**我与这个或那个个别事物、人、数、政治的和道德的理想——我在实际行为中直接地现实地与这些理想打交道——，与现实性东西紧密结合的人格东西相关联，而且我知道，我连带地与一个整体世界，与这些事物，这些人所属于的这个现实的宇宙相关联，同时也许还连带地与我的现实的活动之当下的理想对象所属于的某些理想领域相关联。以此应该表明，我在执行我的普遍意志时必须实行的那种现象学的悬搁和还原，一定会**伸展得超出当下的行为**；或者说，由于每一个客体都有其客观的地平线，每一个有效性都有其**有效性的地平线**，属于每一个这样的行为的关联之展开，自动地超出这个行为之外。但这就表明了继续进行的意向的牵连之多种多样的路线，对于这些路线来说，现象学还原之经常的并且总是能够重新提出的要求都是有效的。

因此在这种思想进程中起主要作用的是关于存在于行为的实际实行之中的**现实的有效性**和**潜在的有效性**，也许还有**习惯的有效性**（后者是一种在向相应的现实性转移中展示其意义及其成就的特殊的有效性样式）之间的区分。这是一种在一切科学之前，在

一切理论之前，纯粹由自然的基础出发，在自然的反思中，就能指出的区分。**相关联的**是关于作为行为之当下的**课题性对象的对象**，和所有其他属于**非课题的对象性的背景**的对象之间的区分。

更详细的阐明在这里就应该如下说。特别地指向对象的知觉活动之每一个对象，都随身带有它的——尽管未被注意到的——空间上的**背景**。如果注意力转变方向，这种背景就会在这些或那些属于它的对象方面变成被把握的背景。关于注意力"转变方向"的说法是很具特点的；它表达，注意力所指向之物在意识领域中作为背景的对象性东西已经在此存在了，只不过恰好未被注意到，就是说，不是行为之课题的对象性东西。因此在这里（并且更严格地说，在某些方面对每一个行为都适合），**具体的进行知觉的行为**有一种特殊的结构，根据这种结构，应该在所谓的**前景意识**，即自我和自我行为特别指向这个**课题**，以及在这种情况下这个课题自己本身所涉及的一切东西；和另一方面的**背景意识**，即使空间对象的背景被意识到的意识地平线，之间加以区分。这种背景意识表示一种与特殊的指向……，向……看过去，把握的活动，主动地与某物打交道这些行为相比实际上是本质上不同种类的意识样式。**注意力转变方向**，不外就是从前一种意识样式转变到这后一种意识样式。在这种情况下出现了一种起认同作用的符合，一种关于统一和同一的意识，这种意识从它那个方面以判断的方式和述谓的方式明白表明：我现在特别注意它的那个东西，以前就已经存在于我的知觉领域中，它已经存在于那里，只不过我没有注意到它。

〈第二章　在第二条道路上开辟超越论经验的领域〉 146

第四十九讲：〈生动地流动着的现在之地平线。〉

如果仔细观察，为了仍停留于知觉上，我们绝没有无地平线意识的被知觉之物，不管我们如何理解和限制被知觉之物①。不仅是如其作为整体的事物出现那样的整体事物具有其地平线，每一个自身能够划分的部分当然也有其地平线，更确切地说，每一个被如此知觉之物在自己本身中都有其背景，每一个被如此知觉之物只是作为通过一个具有看不见的里面和看不见的背面的可看见的正面之呈现而被给予的；我们也可以仅仅注意作为事物之"真正"被知觉东西的正面，它在意识上并不是事物本身或自为的事物，而仅仅是被知觉的事物之直接处于真正的自身把握之中的那些东西。在这里，未被看到的东西并没有一起处于真正知觉显现的领域之中，它并没有通过注意力的单纯转向而变成被把握的东西，变

---

① 关于以下论述，请参看胡塞尔的批注，见附录Ⅱ（第 318 页以下）。——编者注

成被主动观察到的东西。它是“非直观地”被意识到的，也许还是极其不确定的，看上去就如同在一个尚未被认识的客体那里的情形那样；但是这种直观上空洞的意识仍然还是意识，是一个意识的地平线，但却没有任何主动指向的光线指向其中。另一方面，这种光线任何时候都**能够**指向其中。在那种情况下，我们恰好**注意到**事物之未被看到的东西，并且也许这还会导致这样一个问题，即这个事物在其他方面的详细情况会如何呢？或者会导致希望从另一些方面观察它；为此我们走来走去，并引起新的看的行为。但是在这种情况下即使最不确定的意识也不是完全的空无意义，它至少意味着一种空间事物，一种有颜色的东西，等等。因此一种最普遍的预先规定必然会通过意义限定而存在，它通过现实的知觉活动，重又在视为同一的综合之中，获得其描绘和充分的描写。

147 刚才我们为每一个知觉事物指出了必然的非直观的**内在地平线**。但是也存在一种同样是必然的非直观的**外在的地平线**。就是说，应该指出，一个知觉客体的外在的地平线，即它的空间的和空间事物的环境，不仅能够被理解为被注意到的客体从中突现出来的未被注意到的知觉领域，而且我们在整个的外部地平线中划分出仍然是知觉上直观性东西的领域和连续衔接的非直观的空的地平线。在知觉活动终止的地方，被知觉之物并没有在那里在意识上终止，空间作为现实的和可能的对象的，已知的和未知的对象的领域，无限地继续进展着。注意力也可以指向这个广度，指向那里并实行特殊把握的自我也可以在意向上由它们那里，由意识上在那里存在的东西（尽管这些东西并不是被看到的东西，如当我们现在将我们的注意力指向门厅时那样）受到“刺激”。在这种情况下，曾总是属于我们的知觉的那种地平线意识的一个要素可以说就被唤醒了，并且借助于准当前化的直观，它就包含着它的生动的描写。属于这种意义内容——由于这种意义内容，这个房间的空间在知觉中就是被知觉的空间——的有在空间上更远的东西，并且还有前室，连同已知圆柱，楼梯，等等。它并不是清晰的，在明确的个别行为中被意识的，它并不是从一开始就处在我们的精神目光前的丰富多彩的图画之统一中的；而且由于空的意识和由它而来的刺激是充分的直观的对象意识之可能性的前提，它就更不是这种东西。然而它标志一种具有能够以多种多样方式突出出来的诸个别有效性的有效性之统一，而所有这些特殊的有效性全都向我们当作特殊的知觉客体而提供的东西上，即向这个教室集中。——如果我们"在展开时"进入到当下的进行准当前化的直观之空的地平线中，那么这同一的东西就总是一再地重复发生。

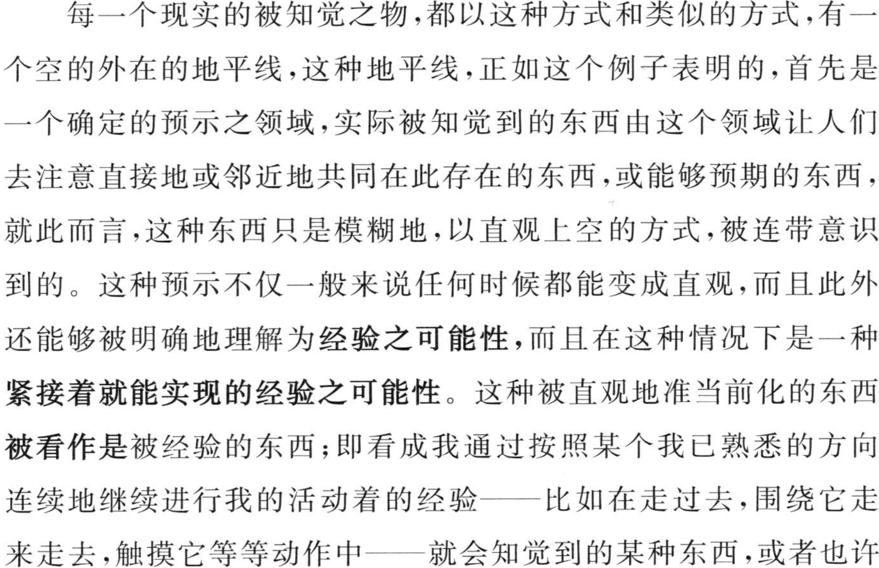

每一个现实的被知觉之物，都以这种方式和类似的方式，有一 148
个空的外在的地平线，这种地平线，正如这个例子表明的，首先是一个确定的预示之领域，实际被知觉到的东西由这个领域让人们去注意直接地或邻近地共同在此存在的东西，或能够预期的东西，就此而言，这种东西只是模糊地，以直观上空的方式，被连带意识到的。这种预示不仅一般来说任何时候都能变成直观，而且此外还能够被明确地理解为**经验之可能性**，而且在这种情况下是一种**紧接着就能实现的经验之可能性**。这种被直观地准当前化的东西**被看作是**被经验的东西；即看成我通过按照某个我已熟悉的方向连续地继续进行我的活动着的经验——比如在走过去，围绕它走来走去，触摸它等等动作中——就会知觉到的某种东西，或者也许

看作只要我没有随意地打搅经验过程，就一定会按照预期自动显示出来的东西，如此等等。在我们的例子中，这种被预示的东西就是在可能经验之相对直接地实行中能够达到的东西。空间上的近处是经验的近处。不过诸共同当下的客体显然也能被重新回忆由遥远的远处唤醒，一个熟悉之物的地平线甚至能够越过最近的街道而伸展到我们城市的街道系统，而直接的联想可以唤起这些熟悉的东西。这些熟悉的东西也作为可能的和可实现的经验之被给予性显示出来。

不管这种更详细的描述在这里怎样进行，下面一点是很清楚的，即这些可能性并不是单纯想象的可能性，而是受断定的有效性意识支撑的。注意力在被激活时能够指入到这些地平线中。在这种情况下，被指示的东西，也许还有被直观地形成的东西，就被意识为一起在此存在的现实性，也许是在改变了的有效性样式中的——在猜测性的，可疑性的，盖然性的样式中的——，但肯定是在有效性的样式中的现实性。而这种空的地平线其实包括整个世界，而且甚至是将这整个世界当作地平线，当作可能经验之无限地平线包括的。在进行激活的揭示当中，进行经验的意识会被转移到可能知觉活动之一系列系统连贯的进程中，在其中，世界之总是
149 新的领域，而且还有一切世间现实性东西，在可能知觉活动之理想全体中，就会逐渐地被知觉到或一定会被知觉到。但是现在当然不是说每一个知觉都**真的**在自身中包含着这种无限性，作为有关空的预示的并因此是有关可能知觉之系统的真的无限性。然而这种尚未被认识之物以及尚未被规定之物的无限领域，仍以某种方式在每一个知觉中被预示，或更确切地说，以某种方式存在于它的

空的意识地平线中，并**在有效性方面**被以某种非本然的方式预先规定。因为，除去那个在每一时刻都由从现实的知觉之直观内容而来的确定意义预示为一起在此存在或大概会一起在此存在的东西以外，至少还有继续流动着的可能的经验之统一样式也是被预先规定的；因此恰好就是这种东西，即每一个新的经验都一定会带来新的预先规定，继续进行的现实的经验一定会揭示出这些预先规定，一定会更详细地规定这些预先规定，但也许会以另一种方式规定，预先的期待可能会失望，但为此就可能有另一个，仍是完全不认识的东西出现，就这样一再地进行下去。包围着每一个经验活动的无限空间并不是一种经验者能够超出现实的经验和有效性以任意的想象加以充实的形式；相反它是**可能的有效性的此在之形式**，尽管这种此在在数目和种类以及现实事物之分布方面都是不确定的，甚至在其中**事物**的现实性究竟伸展多么远也是不确定的，它却仍然是一种**有效性**形式，一种关于并非单纯想象可能性的无限可能性的形式[①]。

这种意识的地平线以其意向关联，以其确定性东西和不确定性东西，以其已知东西和敞开的作用范围，以其近处和远处，不仅包含**现在**之周围世界，现在存在着的周围世界；而且如已经由迄今对回忆与预期的考察表明的，还包括**过去**与**将来之敞开的无限性东西**。**总是有一个**在刚刚过去的知觉之直接的继续作用中**被直接意识到的过去的领域属于生动地流动着的现在本身**；同样也有一 150

① 请参看附录XXIV：《关于样式的自身给予。与预期对比的再回忆——关于充实》（第451页）。——编者注

个**直接的将来**之领域被意识为正要到来的将来之领域，流动着的知觉活动可以说急速向它奔去的将来之领域属于生动地流动着的现在本身。而在这个直接滞留的过去背后又有所谓被沉淀下来的**已完成的过去之领域**，这个领域作为敞开的地平线现在同样以某种方式被意识，一种进行探索的和一种进行唤醒的目光能够进入到这个领域中，这是一个借助回忆而能够重新唤醒的东西之领域。在另一个方向上我们同样有一个**敞开的无限的遥远的将来**之地平线，我们的指向未来的行为——预感，希望，预先考虑，决定，目标设定——能够指向其中的将来之地平线。

因此我关于我的**周围世界在此存在之确信**，已经在我的流动着的经验之每一阶段的结构中，原初地表明了，就是说，以属于它的并且在流动中按照其标记和预示变化着的地平线之形式表明了。它总是以所描述过的特殊方式包含着所关联的有效性之无限性[①]。

如果我们想更深入研究，那么在这里就展开了一个越来越新的研究之巨大领域，即关于这种关联之系统的和可变化的，但在普遍样式方面保持不变的结构之研究的领域；关于属于这些结构的借助于直观而展开的方式之研究领域，和关于作为有效的而被意识并被突出出来的世界本身结构之研究的领域。在这里例如应该研究，持久的**有效性**如何**由原初形成的行为中产生出来**，以及在这种情况下这种持久的继续有效性如何显示出来；

① 对此以及以下的论述，请参看胡塞尔的批注；见附录Ⅱ(第319页)。——编者注

此外，有效性与有效性如何结合成**相协调的有效性**，还有，有效性与有效性，确信与确信，如何**发生冲突**，在这种情况下，有效性如何会失效，会消除，由此它只能以**被消除、无意义**的性格而继续存在；更仔细地观察还有，在这种情况下，对于经验者而言的在给 151
定时刻被认为在此存在着的世界，如何就是借助于一致性而统一起来的肯定的有效性之整体存在的名称。另一方面，应该研究**被认为是存在着的世界本身的结构**，这个世界，不论有关存在的确信在细节怎样改变——从有效的现实性产生无足轻重的假象，等等——，仍然总是作为存在着的世界而保持其普遍的结构形态：它始终是空间的—时间的—因果性的物理的自然，始终有身体的—心灵的有生命之物的多样性，动物的，牲畜的，和人（他们处于社会的联系之中，形成团体和组织，等等）的多样性被设定置根于其中。在自然中总是有对自然从事活动的主观之多种多样精神内容表现出来。因此真正被经验到的绝不是单纯的自然和单纯的动物性，而是作为文化而被精神化了的周围世界——具有房屋、桥梁、工具、艺术品等等。这个任何时候都有效的世界之这些最普遍的结构，对于每一个进行经验的人都是经久存在的，都经久地是经验的世界，都经久地已经为实践的活动而存在。它们正是作为在当下的生活地平线中的，在进行唤醒和进行揭示的活动中的，以及在被在其中奠立的继续进行获知和认识的，继续进行重新评价、重新设定目标的，在工作上改进等等的其他生活活动中的意向关联内容而是这个东西。

以上我们想到的主要是作为实在的周围世界之地平线的世界地平线。但是作为由**理想的对象性东西**和理想性之敞开的无限性

在其中得以其原初形成的那些行为中产生出来的持久的有效性之表现，我们也有我们的**诸理想的“世界”**，——如果我们愿意这样称呼它们的话。因此我们例如从纯粹计数的行为中和通过继续进展而形成 2、3、4 等等的行为中，正是以这种主观地完成的关于“等等”的意识——关于“我们总是能够这样继续地”将一个单位添加到一个单位上的意识——，而获得关于无限的数列之存在的有效性意识。这个数列一旦形成，就属于我们的通常的财富，关于它我
152 们又必须说，它尽管在生活的一段进程中未被唤醒，却仍然存在于远处的地平线中——只不过恰好不是存在于空间的地平线中。通过重新唤醒，这种地平线的空洞性就获得了特殊的显露，在通过计数而被重新提起时，当下的数和数列就获得已经知道了的，和只是重新提起的数或数列的性格——即恢复那些是我们自己的，只不过恰好沉入到空洞性样式之中了的东西之性格。

此外这同一的东西恰好对与数列有关的理论行为之一切算术的构成物也有效，在这件事情上又应该想起协调的有效性的情况，或由矛盾而引起的从协调的统一中被排除的情况。

第五十讲：〈生活之无限的时间流以及普遍的反思和悬搁之可能性。〉

就这样，不论我们现在观察的是实在世界之统一，还是理想东西之各种不同的统一构成物，我们的生活都是在与主观上一致的有效性之宇宙的，最终是与一切由进行原初创造的行为——而且是在极其不同意义上的行为——产生的存在有效性之包括它们全

体的整个宇宙的经常的意向的关联中实行的。就此而言，**实在的**世界显然具有一种优越的基础地位，而且是一种确定的基础地位，而这最终是由于它本身一起属于由我自己的意向性而对我有效的实在世界之结构，是由于我本人，这个意识的主体，作为人是这个同一的世界之成员。因为据此，每一个构成物，不仅是实在的构成物，而且还有理想的构成物，作为在我的主动的生活中产生的构成物——尽管有它的理想性——，必然是一起生根于这个世界之中的。如果我的生活对于我具有人的，在世界中这个空间—时间位点上进行的生活之经验有效性，那么因此我的由进行原初生产的理论活动而来的每一理论成就，就会与空间时间位点和在这个位点上的我的实在的人的此在，我的心理物理的存在返向关联。此外，每一个理论构成物，作为共主观的科学之理论构成物，在人的共同体之共主观的联系中，当然还获得多种多样的世界关联：与最

初科学上的发现者的关联，和与为客观传统提供实在证据行为的 153
关联，与不同学习者及其最初的掌握行为等等的关联。当然关于一切理想的对象性东西，如艺术的对象性东西以及其他一切通过客观表达而获得共主观的有效性和作用的对象性东西的情况，也是如此。

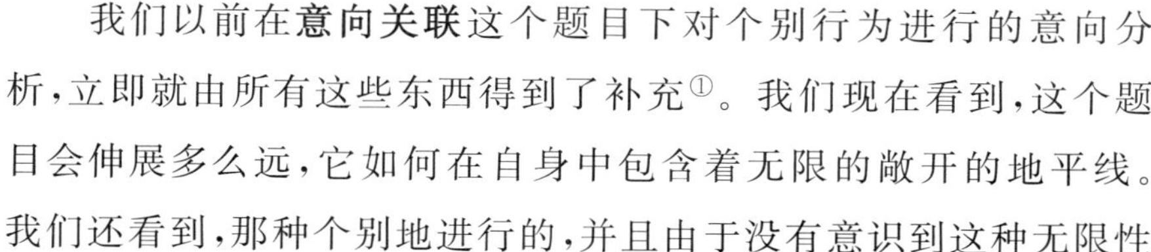

我们以前在**意向关联**这个题目下对个别行为进行的意向分析，立即就由所有这些东西得到了补充[①]。我们现在看到，这个题目会伸展多么远，它如何在自身中包含着无限的敞开的地平线。我们还看到，那种个别地进行的，并且由于没有意识到这种无限性

① 对此请参看胡塞尔的批注；见附录Ⅱ（第319页）。——编者注

而只是对个别地呈现的存在有效性，价值有效性，实践的有效性按一定方法加括号，只是从这些东西上取走对有效性的兴趣，并且只是将目光指向那种未被有关这种有效性之权利的一切询问触及的纯粹主观东西的现象学还原，是多么不充分。但始终还是留下了一些隐蔽的有效性和这些有效性之无限的作用范围。我们实际上处于**无限的生活联系之普遍统一**中，处于自己的和共主观的历史生活之无限性中，这种生活如其所是地那样是无限继续生产的，而又在对现在的地平线，过去的地平线和将来的地平线之侵入中无限呈现着的有效性之普遍统一。很显然，这里根本谈不上对这些多种多样东西充分的，能够自由任意实行的展开和突出。我只是提到了当下被忘却东西之广阔领域，对于这个领域来说，在一大段生活中，或者持续地，缺少引起偏爱的联想的动机。

另一方面，确实存在着一种能使作为连续的生活的流动着的生活所包含的一切有效性**一下子**失效的根本手段，并且正是上面实行的有关经常的地平线意识的证明提供给我们这种手段，这种地平线意识伴随着每一个现实的生活的现在，并且进行
154 注意的和进行把握的目光任何时候都能够深入到这种生活的现在之中。

让我们首先考虑下面这些情况。积极的自我生活有各种各样可能的反思。首先，在我实行了各种各样的个别行为以后，或经验到某种个别的刺激以后，我能够对这些行为或刺激进行反思。在这种情况下，我就有例如这样一些反思，它们可以用下面这几句话的形式表达出来："我知觉到某某东西"，"我就此下判断"，"我对此喜欢或讨厌"，"我渴望这件或那件事或我做这件或那

件事”。或者还有，某事引起我的兴趣，或它使我反感，如此等等。此外，我不仅能够将反思的经验和理解行为指向先前的行为，而且还能够将反思的评价和意愿指向先前的行为，例如，我这样下决心，我将来要实行这个或那个行为。但反思也可能涉及一整段的生活，例如我通观过去的日子或我的美好的学生时代，或我将我的目光指向下一个春假及其大致可能的进程。当然我也可以将**涉及整个这一段生活的相应决定**表达出来。例如我能够使下一个假期服从一种按照我的目的制定的意志规则；我也能够以某种方式将过去的一段生活变成意志的课题，如当我对我大学时代的生活进行批判时。

最后，我也能够普遍地通观我的整个生活，并为我的整个生活作决定，而且是以类似于为被限定的一段生活作决定的方式作决定。因此我能够对我迄今为止的整个生活进行普遍批判，并同时可能打算拟定我整个未来的生活：或是按照一种未加考虑就对我有效的普遍价值，如力量，成功等等的观点拟定，或是按照道德上的自身思考，自我批判和自身规定等等这种最高的意义拟定。如果我们追踪这种最高的意义，并去探寻其所谓的极限状态，那么我们就达到一种奇特的，与对生活之普遍概观相关联的，以反思方式进行的自身规定。在其中显然包含一种对以前对我有效的一切有 155
效性的和在将来有一天（以同样的朴素性实现的）对我有效的一切有效性的同时禁止。这种对于一切有效性实行的普遍悬搁，在这里是作为基础而被实行的，并且目的是为了一种普遍的批判，和一种普遍的能由真理和真实性之根源而完成的自身形成，或更确切

地说，是为了形成一种新的和真正的生活[①]。

在这里引起我们注意的东西以及成为我们依靠我们作为伦理的人所非常熟悉的伦理普遍性的这种可能性之原因的东西，就是下面这种情况，即在这里**普遍的反思是与**那种在这里进入到全面的普遍的意志规定之中，而又对于自己已经是一种普遍意志规定的**普遍的悬搁相结合的**。但是我们称作伦理自身规定的东西，按照正常的类型，绝不具有已经提到过的极限—形态，因此其中包含的对一切有效性的禁止，尽管涉及普遍的生活地平线，却并不被认为是以严格普遍性对一切有效性加以禁止。但是这种伦理生活及其伦理反思的方式，只要我们即使按照其严格性也认为它是非常可能的，就还是能够为我们看到一种严格普遍的悬搁（尽管是为了另外的一些目的）之可能性做好了准备。

如果我们来考虑，至少我们从其他方面已熟悉的对我们的生活之普遍通观是一种什么样的成就，那就很清楚，在这里真正涉及的并不是看，并不是过去生活以清晰的直观的重新回忆之连续性现实地再现，仿佛我一定会一步一步地再一次经验我的过去；更不能涉及对我未来生活的诸猜测和诸可能性之清楚生动的描写。这种进行通观的想象活动和理解为存在着的东西的活动，显然具有一种通过预期而模糊地把握远处东西之性格，而且必然具有这种性格。因为处于其普遍的时间延伸之中的我的生活，对于我来说，
156 经常是，并且在一切主动把握和考察以前都是，以对远处东西进行

① 对此及以下的论述，请参看胡塞尔的两个批注；见附录Ⅱ（第 319 页）。——编者注

模糊想象的方式作为地平线的统一而继续的。我能够转向这种模糊的东西和远处的东西，越来越近地接近它，我能够在对这同一东西之持续不断的意指中越来越多地获得属于它的轮廓，也能使这个轮廓对我变得清晰起来，而且越来越清晰，就是说，借助于越来越丰富的进行再现的个别直观使之变得清晰。但是这个对乍看上去十分模糊的——然而却不是空无意义的——东西之说明性标明和生动描写的进程，对以下情况并没有任何改变，即所有的结果总是一再地具有模糊性的形式，尽管是与比较远处东西近似的形式，以至于我在我面前总是一再地无限地具有继续标明和继续生动描写的可能性。我总是通过预期而把握生活之统一的并且是无限的时间流，我把握它，然而却只是从远处把握它。它的时间本身始终是空洞的和模糊的时间，这种时间本身具有回忆的内容，而这些回忆的内容在其只是相对近处和规定性中，规定处于模糊的个别性之中的个别的时间段，并且在自己的前方，在永远是无限的远处，作为纯粹的理念具有绝对个别的时间点的时间本身。

如果我现在以这种方式通观处于其普遍性之中的我的生活，而且总的来说，我总是对它确信不疑，如果我通过接近它，越来越多地掌握它的越来越确定的东西，那么在这种情况下我也就认识到作为意向生活的生活之普遍特征[①]。我将这种特征认作本质特征，一般来说，这种特征是必然属于作为如此形成的生活的生活及其全部阶段和时期的。由此表明，对我进行反思的活动，不论是对个别生活阶段进行反思的活动，还是对我的整个生活进行反思的

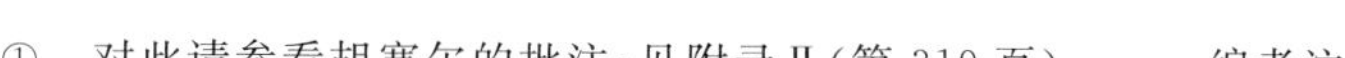

① 对此请参看胡塞尔的批注；见附录Ⅱ（第 319 页）。——编者注

活动，都会发现我处于与对象性东西的关联中，这些对象性东西恰好是在这种生活中断定性地或准一断定性地，而且不管以什么特殊的样式，被意识到的。**但断定性的态度首先必然地属于生活，并且在每个阶段都属于生活**。在生活中总是有存在者作为存在着的有效的东西为自我在此存在。就此而言，在存在之有效性这个概
157 念下，我们也能够包括所有其他的有效性，如由情感和意志产生的有效性；就是说，在例如对一种价值的感觉活动范围内，虽然本身并不是一种设定作为价值的价值之在此存在的积极相信、积极把握的行为，但是这种呈现价值的感觉活动却在意识上带有价值，以至于这种价值任何时候都是已经准备好了的，作为在此存在的价值为单纯进行抓取的把握准备好了的。因此价值和实践的形成活动本身一起属于普遍的存在领域，属于当下的世界，这个世界是自我由自我特有的意识成就和设定成就作为它的周围世界为它本身建立起来的。

第五十一讲：〈向普遍的悬搁和普遍的还原过渡。纯粹普遍的生活及其体验世界。〉

通观我的生活，用一种相互关联的说法，因此同时就意味着：通观世界，但这个世界是在内容之无疑是多种多样的改变之中，在我的意向性中，在我的判断的确定性和判断的盖然性中，在我的价值设定和行动中形成的，而且总是被重新改造的世界。

我们对个别行为及其行为对象之反思所说过的东西，恰好对于作为意向生活的全部自己的生活之普遍反思也有效。对一个知

觉的反思，例如对关于一幢房屋的知觉的反思，作为主观东西得出的，并不是像单纯的我—知觉这样的东西，而是我—知觉—这幢房屋。同样对我的整个生活的反思所得出的，并不是没有在其中在体验上意识到的客体的，没有它的现实的和理想的诸世界的单纯生活，而恰恰是连同这些东西一起，并将这些东西作为相关物而得出的生活；此外，不管它们按照反思的表象之直观上的远近程度有多么模糊和难于表象。此外，并且又是在个别的反思和普遍的反思之间存在类似的意义上，目光指向意向的对象先于目光指向行为和生活。只当我朴素地看过这幢房子以后，我才能对“我看这幢房子”进行反思。同样，对于我的周围世界之朴素通观的看是首先发生的，然后对我的设定世界的生活的反思才随之发生。

如我们看到的，总的来说，这种情况可以描述如下：如果我现 158
在将普遍的反思指向我的生活，那么我的注意目光就通过从我暂时全神贯注的个别课题转移而进入到作为我现在的地平线的十分模糊的地平线之中。由此我的目光就指向这个在这里不是以特殊性被意识到，而是以模糊的普遍性被意识到的我的有效的对象性东西之领域。更特殊地说，我遵循在给予方式上模糊的时间形式之主导线索，将我的目光首先譬如说指向我的记忆的世界，在初看之下作为十分模糊的远处构成物被给予的我的记忆的世界：属于它的有如其被我经验过的那个现实的世界；在其中生根的，还有我在这种或那种关联中构成的多种多样理想的对象性东西。所有这些都是不可分割地存在于其中的。这种远处的构成物对于使之接近的行为和由总是新的相对的近处构成物进行生产的行为这些自由行为而言，意味着一种潜在性，这种潜在性是在对这个曾是我的

过去的同一的对象性的过去之越来越充分的说明和澄清之意识中，以总是新的并且伸展得越来越远的“综合”方式中产生的。针对这个生活本身的自我反思，现在能够追踪这种综合。而且从一开始就能够追踪这种综合。从一开始我就已经通过对曾经经验过这个过去的，曾是它的意向主观的我进行反思——以当然是十分模糊的表象和存在设定进行反思——，以一种独特的行为，从曾是我的过去的模糊的过去，获得我的过去的生活，作为处于我的被体验的客观性的关联之中的生活；对于在敞开的未来中被指向的对生活反思的其他特征，当然也与此相似。

现在让我们转向普遍的悬搁与还原。它是我们从前实行过的那些心理学上的个别还原，那些在指向有限的客体——个别的客体或客体领域——的，但无论如何并不指向普遍的周围世界及其相关的整个生活的反思行为上的还原的类似物。让我们来看看，最普遍的还原是如何实现的，它在多大程度上事实上完成了一种特殊的，根本超出所有那些心理学还原的成就。

（1）在这里首先应该考虑，例如我现在实行的对我的生活和我
159 的体验世界的通观，也是一种行为。它的对象恰好是我的这整个的生活对于在其中曾被设定和正被设定的对象性全体之意向关系。我当然可以像对每一个行为进行还原一样对这个行为进行还原，因此对刚才所称的对象加括号，然后获得这个通观自身的行为之纯粹主观东西。在这里我已经有了一种纯粹主观东西，它使在我的行为之地平线中含蓄地包含的全部有效性失效，而只保持地平线意识本身作为进行设定的意识为有效。但是这种还原只得出**现在**之纯粹主观东西。

（2）但是我的还原的兴趣不仅应该是对现在之纯粹主观性的兴趣，而且也应该是对我的**过去和将来**的兴趣；而且事实上我也为过去和将来获得一种绝对纯粹性意义上的纯粹主观东西。当然，我的过去和将来，只是在这里，在我应该进行还原的现在，由于我的当下的地平线，而有效，为我存在。因此，如果我要由过去和将来获得超越论上的纯粹东西，我就不可使这个当下的地平线完全失效。我从完全如其呈现的那样承认它开始。现在譬如我将我的目光转向我的生活的过去，这个过去本身在自身中有对在过去作为我的周围世界而被设定的，并因此如我当时发现它那样我一起设定的，就是说，我当时设定它有效的对象世界的关系。现在我在还原时，如我在其他回忆行为上实行还原时学会的那样行事。因此我禁止相信这个作为我的在回顾中被把握的全部生活之整个相关项而首先被连带设定的过去的周围世界，我禁止任何涉及这个周围世界的有关存在的兴趣。不管以前在知觉上或以任何其他方式对我有效的世界之真实存在的情况如何，同样也不管在全部的过去的生活中被我以为的或所谓被我认识的数的构成物，科学的理论等等的情况如何，至少以下的情况是肯定的，即，我曾生活过，我在我的生活中曾经验过它，曾认为它是真实的，曾设定它是有效的，——这些都仍然有效。不管我举出什么东西，即使它当时不存在，它仍然是被我以为曾存在过的东西。同样，即使在所有这些周围世界中根本没有任何世界存在，它仍是我的生活的周围世界。160
我并不是借此说，这些过去了的世界很可能根本没有存在过，因为正如它的现实的存在或非存在并不使我感兴趣一样，它的可能的存在或非存在也不使我感兴趣。在排除一切有关存在的兴趣之态

度中，或者这样说也是一样，即在一切有关存在与非存在，有关可能存在与盖然存在等等的询问以前，我确信，这个询问本身以之为前提的东西：我在过去的生活中曾有过这个诸对象的领域，并曾赋予了这些对象以存在的有效性。禁止一切有关存在的兴趣，使我认识到——而这就是它的功能——，对我以前生活在存在方面的确信，完全不涉及任何对对象世界——这个生活本身当时曾对它采取态度的对象世界——在实存方面采取态度：以在经验时以为的方式，以思想的方式，评价和行为的方式采取态度。

由此就显露出，过去的生活没有它的意向的周围世界的任何前提就能被设定，或者，它按照自己本身就是它所是的东西，并且设定它所设定的东西为纯粹的生活；一种相关联表达就是：它如此实存，以至于它预先并不需要在它当中被设定为实存的东西实存。如果我对在我的现在中进行预先推定时被设定的我将来的一段生活也做同样事情，那么我就获得作为本身绝对自成一体的生活流的我的全部纯粹的生活；不管过去，现在或将来为我在此存在的普遍周围世界之存在与非存在的情况如何。由此表明，我能够纯粹就其自身来考察我的纯粹的普遍的生活，能够在继续进展中将它导致纯粹的给予性，并且也许还能从科学上研究它，只不过并不需要对作为前提的任何客观性采取态度；或者这样说也是一样，我可以通过对一切客观性加以悬搁——这就等于在一切判断的使用中消除客观性——而研究生活。对于我来说，在这种悬搁期间，绝对没有留下任何客观实存的东西，甚至连实存的丝毫可能性也没有留下，更不要说从被朴素地给予的客体之现实的和可能的特性中留下什么东西了。

这种普遍的悬搁由于我的生活之下面这种本质特征而成为可能，即它在每一个当前的阶段都有一种——尽管还是空洞的—— 161
对远处东西的意识，一种地平线意识，并且在继续流动中总是重新产生这种意识，在这种意识中以普遍的方式包含着所有那些过去、现在和将来对于我总是对象的东西，而且是作为我的整个的，因此自身相互关联的生活之意向相关项，被包含着。每一个生活的现在都以其具体的意向性而“在自身中”具有整个生活，并且与在这个现在中在知觉上被意识到的对象性东西一起，它以地平线方式随身带有总是对我有效的，甚至将来仍会以某种方式对我有效的全部对象性东西之宇宙①。

此外悬搁之所以变得可能还由于以下情况，即只要我能够将每一个作为已经升起的意识而在地平线中显露出来的空洞的特殊意识，转变为由我而来的进行把握的意识，转变为特殊的**行为**，然后逐步地加以**实现**，那么我也就能够将这种统一的地平线之空洞的意识变成进行把握的整体意识；然后我也能够将这种意识逐步地转移到进行实现的直观之**积极**进程中。更详细地说，一个正在出现的空洞的回忆，或当我积极从事一件完全不同的事情时，在背景上出现的一个非直观的预想，能够呈现实行行为的形态；我转向过去的东西，或转向被预期的东西，被思想的东西。然后我能够使自己了解有关的对象性东西，能够使它成为对我明显的，能够清晰

① 因此在生活的每一个位置上，在每一个体验中，都有完整的单子和完整的单子宇宙。

而直观地对它实行有关的思想[①]。即使对于普遍的地平线也是如此；比如，通过首先将注意的目光转向曾经是我的过去的普遍的对象性的过去，然后转向我过去的在与它关联之中的生活。以后在我要弄清楚的时候和要直观的时候，我就能够按照以前描述过的方式行事。

162 属于悬搁之可能的还有以下这些情况，即对普遍地平线远处的意识，不仅在自身中暗含地带有全部生活及其作为承担着由它而来的存在有效性的世界的被体验的世界，而且与此同时预期的有效性和仍然是现在的有效性不可分割地紧密结合着，例如，由回忆得到的在过去生活中实行的有效性就和它的它现在仍在其中一起有效的，尽管也许是以根据情况改变了的方式有效的继续有效性，不可分割地紧密结合着。最后属于悬搁以及能够借助于悬搁而实行的作为超越论的还原的还原之可能性的还有：我在每一个当前不仅能够像在心理学及其特殊的反思中那样作为对我本身的冷漠的旁观者行事；而且在我将我进行回顾的远看的目光投向我的整个生活——作为处于与在我的生活中曾对我有效的我的整个世界之关联中的生活——以后，我一下子——这个一下子恰好是由于这种普遍意识之行为统一而成为可能的——就在地平线远处意识到的整个世界，就一切实在性东西和理想性东西之宇宙，禁止这些实在性东西和理想性东西对我有过的，并通过我而曾具有过的，现在仍具有的或将来有一天会具有的一切有效性；并且我根本

① 对这一句——也许是对这整个论述——胡塞尔在页边注道：“不确切”；见附录Ⅱ（第319页）。——编者注

禁止每一种对象性的存在兴趣；同样也禁止每一种价值的兴趣，实践的兴趣。通过将目光和兴趣指向我的生活——继续是其所是的，并且在自身中具有它所具有的有效性的生活——，于是我就获得了**纯粹普遍的生活**，而这个世间的宇宙就转变为**普遍的意向的对象性本身**，正如它作为**不可分割的相关项**属于生活本身一样。借助我实行的一切说明和解释，这种普遍的还原会持续有效。对于我的生活的这种把握仍还不是按照其固有的自身存在对它本身的清楚把握。我的生活**本身**，超出直接现在当前的生活以外，甚至更严格地说：超出我在对一个处于原本形态的，现在原初地实行的当前行为之特殊的现象学把握中所获得的东西以外，乃是一个存在于永恒远处的，本身又包含具有极限—形态的和无限远处诸点的无限性的**极限—理念**。但是我能够通过直观，以一种相对的明 163

确性和相对的近似——在第一的和最高的意义上，这也适合于过 231 去之无限领域——，使生活之任意细节、段落，为我准当前化，通过或多或少清楚的重新回忆，将遥远的过去变为较近的过去，最终变为“完全清楚的”过去，但是在这里，这种清楚的东西总是随身带有其不清楚性和不明确性的空的地平线。如果我们更切近地观察这个本身不管多么完善的**清楚东西**，我们就会发现，而且是在本质上发现，它也有其**相对不清晰性**之内在的**地平线**，仍然还有一个相对的远处，仍然还有其还会变得**更**清楚的诸可能性，仍然还有空洞的中间段落，等等。但毕竟它是纯粹生活之近处形态，并带有普遍的说明之可能性，带有在其中以后总能一再实行的现象学还原之明显的理想的可能性。

顺便说说，对于单纯相对近的东西之这种可获得性有效的东西，同样也对自然的和未被还原的重新回忆有效。只要我们承认后者是自然的经验，只要我们能借助这种经验获得有关自然的过去之经验判断，以及也许是自然合理的判断，我们现在就能够说：**现象学的悬搁和还原的方法**，在这种从地平线的远处向近处的进展中，**打开了一个新的经验领域**。它**甚至创造了一种新式的经验**，一种新式的知觉、重新回忆和向前推进的预期，一种在现象学以前自然的人的生活和人类肯定**不知道的**经验形式[①]。

① 对此以及前面的论述，请参看胡塞尔的批注；见附录Ⅱ（第319页）；并请参看附录XXV：《**现象学的心理学和超越论现象学**》（第445页以下）。——编者注

〈第三章　超越论的现象学的还原之哲学意义〉 164

第五十二讲：〈哲学作为超越论的主观性根据超越论的自身经验以系统的超越论的自身理论研究之形式的系统的自身阐明。〉

现在在我们彻底实行了超越论的还原这种新的方法，并且在从单纯现象学—**心理学的**还原这个低级阶段按一定方法的上升中将它本身建立了起来之后，我们也许可以说，它在这种按一定方法的奠立中，使我们大大地充实了。不仅是因为，建立在被经验世界可能不存在这个证明之上的**笛卡儿式的**还原，直接地只是具有一种有限的结果。它通过设定被经验的世界不存在而将目光指向仅仅**作为进行经验的**此外也作为未被这种不存在涉及的主观性的主观性。因此那时需要进一步扩展这种方法，那时曾需要指出，不允许任何有关世界的思想设定仍然有效，而且还需要指出，不允许任何理想的对象性东西之有效性有效。扼要地说，如果作为超越论的主观性的纯粹主观性之整个范围真的被划定，就需要一些补充的研究，只当这种研究结束，这种方法本身作为成熟了的方法才会是现在所获得的方法的等价物。但是如果也能做成这件事，那么我们的**新的**行动就的确具有一种巨大的**优越性，即它为我们开启了对于主观性本身的结构（悬搁的可能性就建立于这些结构之上）之最广泛和最深刻的理解**，并因此开启了对于主观性的纯粹意义之最深刻的理解。如果我们已经是十足的现象学家，那么我们就能够说，这种新的做法不仅会提供现象学还原的方法，而且同时还会提供一种有关**现象学还原的现象学**。

我们的考察已经获得了某种结果。我们必须以回顾的方式加
165 以思考。原初的目的的曾是哲学，一种由绝对的正当性证明而来的普遍科学。而绝对正当性证明这个被选定的指导原则曾是确真性的原则。正是这个原则导致对正在开始的哲学家们的这样一个要求，即“推翻”一切预先给定的科学，甚至十分普遍地“推翻”一切预先的确信，一切先入之见。要获得一种肯定的开始，要获得一种最初的能够绝对证明为正当的认识领域的尝试，使目光转向了先于一切理论活动而存在的，持续向前流动的世界经验之领域。但是这种世界经验本身中也包含一种在细节上经常证明是错误的相信。因此需要对在连续地流逝着的经验世界的活动中达到连续此在设定的世界实存进行普遍的批判。这样我们，这样作为正在开始的哲学家的我，就首先被引上笛卡儿式的道路，然后被引导去建立普遍悬搁与还原的更深刻更丰富的方法。

但是现在由于被在这里获得的洞察所充实，在回顾开端时，它本身就呈现出一种新面貌。因为我们现在可以说：推翻一切先入之见在开始时曾是一种合理的和必然的要求，但是作为开始的要求也必然是一种十分模糊的要求。如果这种要求真正应该实际上产生

效果，那么它就需要对在其模糊性中暗含的东西加以系统的说明与澄清。这种说明的开端就是，自然经验的全部领域，最终是我们的一切自然有效性的全部领域，包括由我们早先的生活而来的继续有效性，和通过它而以自然方式同时被奠立的预期，都必须一起被包含于这种所谓的推翻之中。换句话说，我们看到，对于这种推翻的要求对我，这个开始者，必然包含的东西进行彻底说明和彻底澄清的思考，不外就是对于现象学悬搁之系统方法的阐明。在这种情况下，关于我作为最初的东西能够和可以要求什么的这个同样也内在地推动着我的问题，必然将目光引向超越论的主观性，以至于这种方法当然就会变成超越论还原的方法。因为表明，一切可疑东西，
我的全部知识财富，都以普遍的存在基础为前提，同时也使这个存 166
在基础变成显而易见的，因此在这里这个基础总是一个经验上准备好的，并且是**毫无疑问的基础**。但是在这种方法中，它不仅是一个空洞的假设的，或以一种空洞而不着边际的方式用“我思”(*Ego cogito*)这个命题谈到的基础，而且它随即就具体地以其本质特征作为无限的超越论的生活而被遇见，作为这样一种生活，即当我们局限于可在直接的超越论的自身经验之中把握的自己的生活时，一方面，它在自我(*ego*)，这个超越论的“我”之中定中心，而另一方面，它又具有与各种各样意向客观性东西的关联，向多种多样意识样式之每一种意向统一的关联。这个在这里显露出来的重要的，令人惊异的东西就是，如果我如我真正可能的那样也放弃一切对世界的自然的相信，甚至放弃我作为开始者随身带有的和可能随身带有的一切可能的相信，因此如果我停止将我看成一个现世主义者，看成自然的人，——那么我就准备好了一个**新式经验**之无限

敞开的领域，而且正是由此而为我准备好：**我的超越论的主观性之经验领域**。立即就使这个经验领域成为我这个正在开始的哲学家的最重要东西的，乃是在最初的把握中已经在显露出来的我—在之确真的自明性。要真正推翻一切——曾对我有效和可能对我有效的一切——的这种勇敢的彻底精神，为我开启了一种确真自明的有效之物，存在之物，这种东西过去不曾包含也不可能包含在这个宇宙中。**现世主义者的这个存在全体并不是真正的存在全体**。

但是现在情况也许恰好是这样，即放弃一切就意味着获得一切，彻底放弃世界是看到最真实的现实性的必然道路，因此是过最真实的生活的必然道路。也许在我思（*ego cogito*）的这种不引人注目的自明性中——以及在能够间接奠立的超越论的共主观性的自明性中——就存在着一切可能的具有绝对正当性证明的和具有
167 所寻求并能够最终达到的哲学意义的真理与科学。也许在最严格的知性中情况真的就是，**对自身的认识**，但在这种情况下只是彻底纯粹的或**超越论的**对自身的认识，乃是一切在最后的和最高的意义上真正的，令人满意的科学认识的，使“哲学的”生活成为可能的哲学认识的唯一源泉。因为在这种情况下**哲学本身**只不过就是超越论的主观性根据超越论的自身经验及其派生物以系统的超越论的自身理论研究之形式的系统的自身阐明①。

一种有关新看到的超越论主观性的这种含义之十分遥远的预感，能够使——如**柏拉图**所说的——长着充满渴望的超越论的看

---

① 参看附录XXVI：《进入作为普遍的和绝对被证明为正当的科学的哲学的两条道路》（第458页）。——编者注

的翅膀的那个“羽毛丰满的”心灵产生一种引起哲学惊奇的觉察，即一切**被放入括号中的有效性**，或者说得更确切些，它的一切被置于无效的世界，仍然**在括号内保留着**。换句话说，对于作为现象学的自我的我，作为对我自己和我的世界不感兴趣的理论上的旁观者的我来说，虽然这些世界不是以朴素方式存在的世界，但是，只要它们作为在我的意识行为中的我的世界，保持了它们对我所有的全部有效性，我就能够看到这种赋予有效性的活动；并且我能够进一步看到，无论它在我之中的哪里存在，它在那里都意味着，相信一种此在和如此存在，最终把握这种存在本身，将它引致进行经验的和其他的自明性。我作为超越论的旁观者在我的看的活动中，直接地和原初地就具有我作为**自然的**经验者和认识者，借以把握作为其本身的任何一个实在东西的和作为真理本身的任何真理的一切自明性。在这里确实没有丧失任何东西。相反，以前我作为朴素的自我所完全拥有的作为存在者的东西，现在我作为在我的拥有行为中已拥有的东西而拥有，我与以前对我隐匿了的意识 168
一起拥有它，我在那种意识中以其经验活动和思想活动意识到它，在其主观的意向的成就活动之众多关联中意识到它，它按照意义，显现方式，有效性样式，就是在这种关联中产生出来的。此外当这种成就活动返向地伸展到最初隐匿了的超越论主观性深处时，那么我现在就确实已经知道，每一个现在的和过去的意识之地平线都能够按照它们潜在的关联加以揭示。

在这里不是很容易有下面这种想法吗，即在对超越论主观性按照其全部本质的可能性和事实的现实性进行的普遍研究中，最终不是包含一切谬误和一切真理，一切单纯被以为的存在，还有一

切按照其最终意义（这种意义必然就是超越论成就的意义）的真正存在吗？从提高了的和通观一切的超越论立场来看，理性与非理性难道不是超越论的诸成就活动的，诸目的活动和获取活动的或者还有未达目的的活动——这些都能按照其整个隐匿的结构关联阐明——的称号吗？对为自然朴素的认识者完成真正存在和任意理论真理的那些成就关联进行的完善阐明，不是正因为它是在超越论领域中实行的，就一定会使这个真正存在本身的真正存在和这个真理的真正存在变得显而易见吗？就是说，使这个真正东西本身作为成就的统一点，并且是作为不可分割地包含在其关联中的成就统一点，变得显而易见吗？然而超越论的观察者所做的恰恰不外就是毫无偏见的观察，并通过进展而认识到，存在与存在者，真理与真正的事态，作为某种说明根据的活动之认识上被说明之物，作为在唯有在其中它才是其所是，才意味其所意味的意向行为中的意向统一，是从主观认识生活中产生的。

因此以下就是一种不可反驳的主导思想，即在超越论方法中，不管自然认识阶段的自然宇宙以及先验科学的和经验科学的一切自然的—独断论的存在设定怎样停留在悬搁之中，然而不仅没有丧失任何真理，而且还获得了一切真理，但却是在更高的意义上获得的。超越论的方法是这样一条道路，即通过排除一切自然的真
169 理，通过普遍的彻底推翻，自动地实现一切真理（但在这种情况下是作为绝对的，绝对证明为正当的真理而实现的），将真理由其有效性之隐蔽的相对性中突出出来，并置于绝对的基础之上，在这个基础上，一切相对性东西都处于清澈的课题目光之中，并在普遍的转换中变成绝对认识的课题。但是这个目标还遥远，这条道路非

常艰辛，而且首先必须先开辟出来。没有主导思想我们就不可能探索。但是这些准备好主导思想的理论，必须一步一步地拟定出来。我们必须防止传统哲学的根本错误，仿佛模糊的能够说得过去的可能性就已经是理论了[①]。

第五十三讲：〈共主观性的问题。〉

〈a）纯粹现象学之超越论朴素性的可能性以及对于超越论经验之确真批判的哲学任务。〉

在这里首先应该记住，起初我在其中获得超越论主观性的那个我思（*ego cogito*）之确真的自明性，从它那个方面说，只是开端而不是结束，因为它虽然是确真的，但随即在我心中引起涉及它的真正意义，它的有效范围，它的界限的一系列问题。这是为了指出一件事情，即我—经验，我—思想等等，在眼前的现在显得是真正确真肯定的，我的超越论的过去对于我也是肯定无疑的，但是我能够将它们唯一归功于它的那个记忆，不是经常会弄错吗？最终我的全部超越论的过去和将来不可能是一种超越论的假象吗？因此在我们面前仍旧存在着**对超越论的经验进行确真批判这项重要任务**。[②]

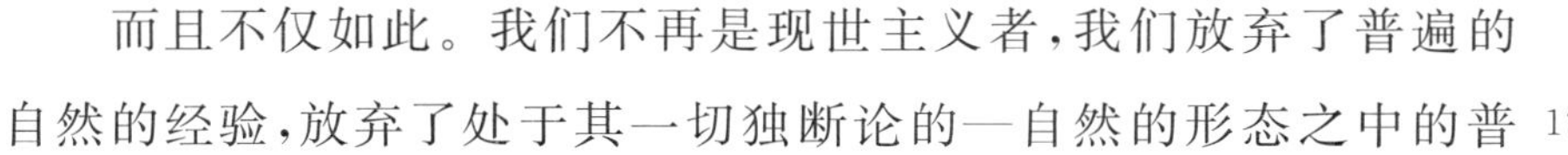

而且不仅如此。我们不再是现世主义者，我们放弃了普遍的自然的经验，放弃了处于其一切独断论的—自然的形态之中的普 170

① 参看附录XXⅧ：《**现象学还原与绝对科学**》（第456页以下）。——编者注

② 参看附录XXⅧ：《**内在的切合性确真性，以及在流动着的—现在的我—在中被构成的我—在本身的客观的主观性或主观的（为这个生动的我而被构成的）客观性之作为确真形式的内在时间**》（第465页以下）。——编者注

遍的自然的知识，并由此甚至**暗含地**放弃了一切自然的评价和实践的行动，就它们能够由自身而提供认识的随便什么对象性东西而言。在这里呈现出新的、自身无限的、同时却又是完全自身封闭的超越论的经验。正是因此我们当然就有一个新式的理论的认识之领域（正如同样也有其他纯粹超越论地指向的行为和行为成就之领域一样）。全部自然科学被抛弃了，代替它在这里必然会产生超越论的科学，作为新的，完全自身封闭的**普遍科学**（*scientia universalis*）的科学，关于它先验地肯定的是，它没有使用来自任何一种独断论科学的前提，而且任何时候都不能使用这样的前提。在某些方面，事实上所有这些都是真实的，而且是不言而喻的，但是严格地说，只是从某种更高的朴素性观点看才是不言而喻的。因此也可能存在一种超越论的朴素性——作为自然的朴素性的类似物——，但是它现在获得了一种特殊的意义。

240

在这里让我们考虑以下问题，这种考虑所以重要也是因为，它以与通过下面方式说明欧几里得初等几何学结构相似的方式说明开始的哲学之理论结构，即数学家使某些公理完全不起作用，然后指出，其中哪些几何学的命题和理论仍未被触动，而由此表明它们独立于那些公理，并由此而揭示出这整个科学的演绎的结构关系。为了相似的目的我们指出，超越论还原的整个原理能够与开始的哲学之动机说明**分离开**。如果一种哲学（我们意义上的哲学）的目的对于我们是完全无关紧要的，如果我们完全放弃这个目的，那么我们仍然能够实行心理学阶段和超越论阶段的现象学悬搁，并能够实行所属的一切意识分析。在这种情况下朴素的经验和超越论的经验，朴素的科学和超越论的科学，同样也会是对立的，而且正是在单纯通过与“超越论的”对比而被标志的“朴素的”意义上是对立的。但是另一方面，我们也能够通过以下方式规定朴素的认识之**第二个** 171 概念，即我们将概念理解为每一种并非受**绝对认识**之理念，由绝对的和全面的正当性证明而来的认识之**理念**指导的认识活动；正如我们也能够更普遍地就**每一种采取态度**，就每一种理性生活，按照这种对立进行理解一样。在这种情况下，在第二种意义上，不仅未被超越论的悬搁触及的自然的认识活动，而且**建立在超越论主观性基础之上的认识活动，也是朴素的**，只要它恰好没有经受**确真的批判**，只要它对超越论的认识之绝对的正当性证明不做任何询问。

如同历史上留传下来的自然科学能够由外部经验的自明性引导，并且只是追求尽可能地扩展这种自明性，追求能在它尚未显示出来的各个方向上显示它，并借此使由片面的和不完善的经验而来的一切不一致性一致起来并保证未来的一致性，并且如它整体上以相似的方式在述谓领域中信赖逻辑的自明性，并且只是力图尽可能使它完善起来一样，人们能够在新开辟的超越论经验领域中以相似的方式行事。人们能够尽可能澄清超越论的现实性东西和可能性东西，能够力求系统地区分并系统地描述超越论事件的主要类型，因此尝试在相似意义上拟定一种**超越论的—描述的现象学**，正如在自然历史中很久就存在一种有关有机的种类和发展形式之直观形态的描述的—分类学的类型学一样。①

其次，正如我们能不考虑有关外部经验被给予之物的事实的现实性，而代替它考察可在自由想象中改造的可能性东西，并能奠 172

---

① 参看附录XXIX：《**在现象学还原道路上最深刻地奠立作为普遍科学的哲学之诸种困难**》（第472页以下）。——编者注

立而且已部分地奠立起诸本质科学——例如有关理想上可能的空间形态之纯粹几何学——一样，同样在这里本来也能够想到，而且是在超越论领域中想到一种有关超越论的事件之一般可能形态的（先验的）本质科学。人们本来能够区分可能行为的纯粹本质类型，因此例如区分知觉，记忆，预期，想象，满意，不满意等等本质类型，同样，属于其中的有如区分对事物的知觉，对动物的知觉，对自身的知觉和对他人的知觉等等特殊的本质类型。在这种情况下人们本来可以就它们提问，在每一种这样的类型中按照可能性和必然性包含着什么样的本质结构等等。所有这些本来可能以同样的**朴素性**发生，以对经验的自明性，和对可能性进行直观的自明性，对逻辑一致性的自明性等等的同样的信赖发生；如在客观科学中那样，因此没有真正哲学的要求。如果那样我们就会**在一切哲学兴趣之前**，在一切哲学本身之前，有了**一种合理的现象学和一种经验的现象学**，这样一种东西在真正的阐明中会是怎样的，我们这里不去涉及。但预先使自己明了它的可能性是有价值的。

但是在这当中作为明确的而且是完全毫无疑问的东西，我们强调一点，而且是最低的和最明白易懂的一点：如果我在实行现象学还原的情况下，或如为了说明这种还原的**习惯性**我们还可以说的，在现象学的态度中，经历我的超越论的生活，那么只要这种直观上的实现能够成功，只要这种展开能够提供**一致的**对自身的直观，我就具有超越论的自身经验之同质的连续性。偶然的不连续，如在对超越论的自身回忆加以澄清的进展中呈现出不一致性时，以与在自然的—客观的重新回忆中相似的方式得到补救。譬如说各种
173 不同的回忆杂乱地穿插在一起，或相互重叠，在以后通过澄清的进

一步了解中，这些相互重叠和混淆的东西便分离开，一个接一个地进入到一个重新回忆的一致的直观的连续性中。情况是否肯定以确真的必然性如此，对此并没有发现任何东西；无论如何，这是回忆的一种非常熟悉的形式。因此事实上我有一个超越论的经验之稳定的超越论的宇宙，正如我由自然的，客观的（外在的和内在的）经验而有一个经验的宇宙一样。我凭借超越论经验的这种能一再被建立起来的一致性，并凭借在每一个现在的地平线中仿佛是自身表明出来对于任何时候都能被建立起来的一致性之这种保持不变的样式的经验相信，而拥有作为为我在此存在的这个宇宙。正如实在的宇宙是作为一致的外部的经验之无限关联而被给予的一样，同样非现实的主观性，我的超越论的生活之无限的全体，是作为一种可能的超越论的经验之连续的统一关联而被给予的。

〈b)超越论的自我学（“唯我论的现象学”）和向共主观的还原过渡。〉

让我们从这里出发，同时还要有一段继续放弃特殊的哲学兴趣，不管我们怎样借助这种考察正是服务于这种兴趣。

超越论的还原，正如我们已系统地将它建立起来的那样，曾是向超越论的主观性的还原。我们曾经常以笛卡儿的方式称它为向我思（*ego cogito*）还原，因此看起来就像是十分自然地涉及**向我，这个进行还原者的我，自己的超越论的自我（*ego*）和我自己的生活还原**。那么如何还能有意义地谈论其他超越论的主观性呢？对于我的宇宙实行的超越论的悬搁，也包含排除作为空间事物的一切身体。排除我自己的物体的身体，并不涉及在其中这个身体现在是空间事物性经验对象的我自己的生活。但是就其他的人和动物

而言,那就确实不能看出,在超越论的还原中它们如何能表明比在我的移情作用的设定中被设定的现象更多的东西。我作为现象学
174 家,不再被允许以自然的方式"承认"事物因此还有其他人的身体为存在着的现实性东西,在这种情况下,作为他人心灵生活之指示物的支撑物就消失了,他人的心灵生活只是当通过被我经验到的他的身体的间接呈现时才为我存在于这里。因此超越论的现象学看来只是作为**超越论的自我学**才是可能的。作为现象学家,我必然是唯我论者,尽管并不是在通常的,荒谬的意义上,而恰正是在超越论的意义上,是唯我论者。

在这里这位开始者也许会想——倘若他尚不具有使他在内在性中寻找一切真正的外在性的那种受到激励的预感——,总有一天人们一定会取消现象学悬搁,总有一天以自然的方式进行经验和进行思想并满足于自然科学的那个时刻一定又会到来①。那时他人的主观也会受到应有的重视,现象学只不过以某种方式提供了以前所不知道的方法上的帮助,这些帮助对自然的经验和经验科学,同样也对一切独断论的科学是有益的。

然而②,这里所涉及的完全只是对于现象学还原的真正意义

---

① 参看附录XXX:《**被以为的困难,即停留于悬搁中的人"永远也回不到世界之中"**》(第479页)。——编者注

② 这段文字后来被胡塞尔删掉,原文的继续部分是:"然而,情况根本就不是这样,这恰恰可以通过对由悬搁所能提供的东西之更深入理解而立即表明。如我承认的,对于我本人来说,对现象学还原的最初的认识,是一种限制于以上论述过的意义上的认识。许多年我都没有看到能将它形成为共主观的认识的任何可能性。但是最终呈现出一条道路,这条道路对于使一种完整的超越论现象学成为可能并且——在更高的阶段上——使一种超越论哲学成为可能有决定性的意义。我想简要地对这条道路加以论述"。——编者注

以及这种还原按照真正意义所完成的东西的误解，这一点对于掌握了我们关于他人经验的所谓移情作用的超越论的说明之全部内容的每一个人，因此对于所有对我们关于在将他人的主观性通过移情作用而准当前化中的现象学还原所说的一切加以概括的每一个人，此外对于我们关于自己身体的被给予性以及另一方面他人 175
身体的被给予性之现象学内容，以及他人心理的东西在这种情况下的显现方式所说过的一切加以概括的每一个人，肯定是很清楚的。但是由此表明，对于我来说，我自己的超越论的自我和我自己的生活具有**最初的给予性，原初的给予性**这样一种优越性，只要我仅有进入我自身的，借助知觉自身，回忆自身和预期自身而经验自身的直接通路；而对**他人**的主观性——它只是从它那个方面才是可直接经验自身的——我只能**以指示这种间接方式**经验，就是说，这种指示借助于将该主观性的自身知觉，自身回忆等等准当前化而使它成为被我意识的。因此在这里有一种**第二等级的意**向性，一种间接的意向性[①]。

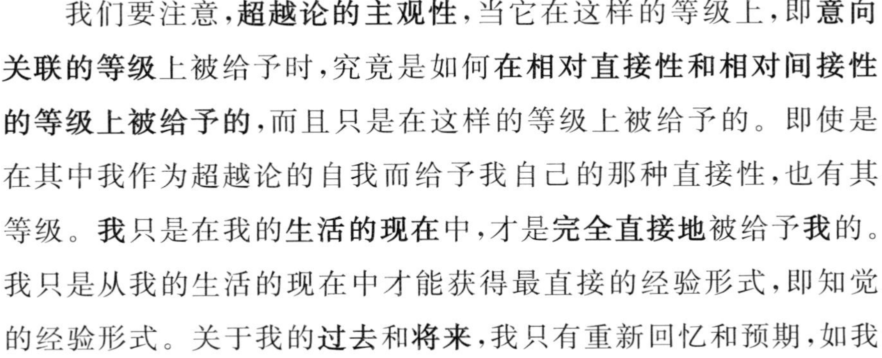

我们要注意，**超越论的主观性**，当它在这样的等级上，即**意向关联的等级**上被给予时，究竟是如何**在相对直接性和相对间接性的等级上被给予的**，而且只是在这样的等级上被给予的。即使是在其中我作为超越论的自我而给予我自己的那种直接性，也有其等级。**我**只是在我的**生活的现在**中，才是**完全直接地**被给予**我**的。我只是从我的生活的现在中才能获得最直接的经验形式，即知觉的经验形式。关于我的**过去**和**将来**，我只有重新回忆和预期，如我

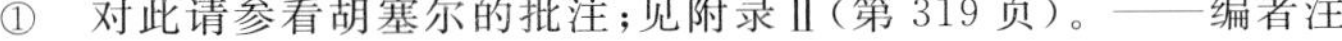

① 对此请参看胡塞尔的批注；见附录Ⅱ（第319页）。——编者注

们详细谈到过的，在其中已经有了意向的**间接性**。如果我们进一步观察，那么**现在的领域**也具有一种允许划分意向上直接东西和间接东西的**相似结构**。我们发现了**纯粹现在的流动着的极限点**，或者相关联地说，对于这个眼前的原初生动的现在之纯粹自身知觉的流动着的极限点，并且发现了其意向性是间接的意向性的**原初的滞留**和**原初的前摄**的一个片段。这并不妨碍我们谈论具体的自身知觉和具体的现在。

176 我有充分理由完全相似地说：**我的**超越论的**自我**是唯一原初被给予**我**的，就是说，是由原初的自身经验而给予我的，**他人的**主观性是在我自己的进行自身经验的生活之领域中，就是说，是在进行自身经验的移情作用中，间接地，而不是原初地被给予我的，但确实被给予了，而且**被经验到了**。正如过去的东西作为过去的东西只有借助于记忆才能被原初地给予，将来发生的事情本身只有借助于预期才能被原初地给予一样，**他人作为他人**只有借助于移情作用才能被原初地给予。在这种意义上，原初的给予性和**经验**是同一个东西。

但是应该看到，自己的现在和自己的过去本身并不是独立的，充分具体的东西只是我的在原初经验中被给予的生活之总体统一，我的整个过去和被预期的将来都属于这种统一。另一方面，如我刚才说的，我的以原初形式被经验到的现在只能存在于我的整个生活的统一之中，然而在我的这整个生活对于共主观的生活之关系中，或者在我的自我对于我与之一起处于共同体中的其他自我之全体的关系中，却不能不加考虑地这样说，至少不能不加考虑地这样主张。相反，下面的情况**看来**是可以想象的，即唯有我存在，或者，在我的整个经验领域中，任何时候都不会出现我能借以以移情作用的方式经验他人的主观的他人的身体。下面的情况肯定是可能的，即实行现象学的**抽象**，或对现象学的经验和以经验为基础的研究加以限制，使得人们只是在自己的超越论的主观性之具体的统一关联中活动，并且通过抛开一切移情作用而不考虑任何他人的主观性。当然这就意味着，相似于在以超越论方式排除有关事物的经验中那样，通过限制而思考自己的生活。但这并不是说，现象学的还原只得出自己的自我，而是说，它恰好受到限制。由于非常重要的方法上的原因，以下情况甚至是必然的，即在广泛的研究范围内故意地限制自己，就是说，首先拟定一种可以说是**作为唯我论的现象学的系统的自我学**。

另外[①]，为了充分明白超越论还原如何借助于最初被经验到 177
的自己的自我而经验到超越论的**共主观性**，以及因此对空间世界 247
加括号，并由此对他人的身体—物体和人们加括号，如何绝不会使他人的纯粹的自我（*ego*）及其思维（*cogitationes*）失效，应该做思考以下思考：现在让我们暂时构成一个刚刚提到过的虚构。或者更清楚地说：我虚构，我在我的周围世界中从来没有遇到过他人的身体，因此对于我而言，只存在那样一些事物，它们就它们具有精神上的含义，具有某种文化的谓词而言，只能回溯到我自己的劳动的成就。为了简便起见，我设想，我以持久的、毫不动摇的确信拥有我的周围世界，我没有遇到任何假象。现在让我来实行现象学还

① 关于以下直到第 180 页第 18 行的论述，请参看胡塞尔的批注；见附录Ⅱ（第 319 页）。——编者注

原，就是说，我作为超越论的旁观者禁止一切我借以拥有这个绝对在此存在的世界的朴素性，于是我作为替代，就将这个世界作为我的超越论上纯粹的生活的，并且首先至少是具有空间事物性经验形式的我的生活的意向对象保留下来。现在我借此来观察，我的朴素地进行经验的自我对世界——这个世界以前提的形式作为持续在此存在的世界应该被这个自我所经验——的这种朴素的拥有究竟是怎样的。在这里，将在其中任何一个具有朴素此在确信的个别事物首先都是被经验事物的那种经验的统一，以现象学反思方式通过澄清而突出出来并加以系统描述，导致了十分广泛的分析，在这种分析中，不仅应该考虑到现实的经验，而且应该考虑到可能的经验。

一个事物是作为在综合一致的知觉连续性中持续地在此存在的事物而在知觉上给予我的，在这种知觉连续性的流逝中这个事物作为同一的事物连续地被意识到；但是在每一个知觉阶段，我都是以它的主观给予方式之一种特殊的情况，以远和近，左和右等等变动的方位，而拥有它的。总的来说，与方位的这种变化同时发生
178 着透视方面的显现方式的变化；事物从越来越新的方面显现出来。与此同时，真正被看到的东西和只是连带地被看到的东西，相对地自身被把握的东西和只是以预期的方式被连带把握的东西，总是分开的。在这种情况下，在变化中我是一起活动的，并且在自由的“我能”中移动着我的目光，我的进行触摸的手，等等；并具有关于进行搜寻的视觉角度属于当下的进行触摸的手和手指的位置等等的意识。

在我们称作对于绝对在此存在的事物之连续地进行知觉的意

识的主观体验活动之中的这些多种多样东西，这些意向的被包含物，具有一种固定的联结样式；只当它们真正按照这种样式进行，知觉活动才能具有连续一致性的性格，具有对于意向的此在设定(作为当下对象性意义的设定)之连续的自身证实的性格。只有在这种情况下，连续地伸展到真正被知觉东西之上的向前抓取，才得到证实，只有在这种情况下，事物本身才按照始终只是局部实现的意义，按照越来越新的特性和方面连续地显现出来，同时由此本身得到证实和更详细的规定。但是流动着的主观的显现系列之以自由行动方式起作用的活动，和对于能够以多种多样方式走上**不同**知觉道路并能够使事物之其他未被看到的方面加入到视野之中(这当然是通过走过去，目光环视，触摸等行为)的**自由的能力**之意识，都属于经验的样式与意义。对于每一个被设定为自由可能的知觉样式来说，附属的显现系列按照其系统过程的样式，预先就是已知的和可以按**假设**方式构成的。只是在种样式被证实的限度内，只是在这些显现真正按照这种样式进行的限度内，只是在这个限度内，这些连续相互转变的意向性东西才具有**充实**之性格，或者这样说也是一样，只有在这个限度内，意向**对象**才是一个连续的对象，并在这种自身证实中被意识为**真实的对象**。这个具有朴素倾向的自我在单纯假象的意识中陷入怀疑，或甚至抛弃此前作为此在而被经验的东西，——这就是说，正如人们通过对进行经验的意 179
识之超越论的还原和考察所确信的，显现不再在通常的以预期方式进行的显现系列中进行，而是显现与显现在意向上发生**冲突**。

在这种情况下，就不难同样说明**分立的**综合之特征，按照这种综合，**中断了的**知觉连续性，由于重新回忆而被导致一致性的统

一；正如如果我意识到，刚才看见过的东西和有时候并没有被看见的东西，和现在被看见的东西，是同一个东西，那么一般来说我就会肯定，当我没有看到某物时某物存在。在这里人们也确信，在这里所涉及的是有关现实的和可能的知觉之系统，就此而言，**可能的知觉**是对得到证明的——并且是以特殊方式得到证明的——**断定性的**称谓。但是最终人们达到一种不容反驳的认识，即所有那些在各个方面都属于持久的和总是被证明的有关一个世界——一个由我时而经验到，时而没有经验到，有的知道，有的不知道的事物构成的世界——的确信的东西，在超越论上不外就是一种具有稳定的本质结构的现实的和可能的经验之能够确定地描述的系统，具有连贯的超越论的联系的经验和经验可能性之系统，这种联系我能够在超越论的经验中和进行构成的直观中经历到。自然经验的每一部分都被改写为相应的超越论的经验，并在超越论的经验中表明其真正的意义。

此外我还能够看到，**事物本身的此在**，经验对象的此在，是不可分割地**包含在超越论关联的这种系统之中的**，因此如果没有这种关联，它就是不可想象的，并且根本就是虚无[①]。

但是在将其他的主观之可能性和现实性包括进来以后——但
180 是现在不考虑这些主观——就会表明，其他的主观可能正是随身带有这样的经验系统，同时彼此处于下面这样的关系中，即一个主观的系统之意向**客体**与**另一个**主观的系统之意向客体是**同一个东西**。由此就很清楚，只要我可能关于另一个自我毫无所知，对于我

① 对此请参看胡塞尔的批注；见附录Ⅱ（第 314 页以下）。——编者注

而言是可能经验的和可能思想的课题的这个实在世界之此在，就被还原到一个具有“外部经验活动”类型的超越论体验之自身封闭的，尽管是以多种多样方式无限的系统，因此也很清楚，在这种普遍的一致性的系统中，存在着作为前后一致地得到证明的经验系列的意向的经验系列，作为对于这个系统而言的**内在的极**，作为被设定的和总能一致地辨认出的内在的极而存在着。在这种情况下，**世界的超越性**丝毫没有形而上学的神秘，它具有另外的种，但是从最普遍方面看，具有与**数**和其他非实在的客观性东西的**超越性相同的属**。

实在的世界以这种方式被还原到由我的超越论的自我之现实的和可能的意向体验之意向相关项构成的宇宙，并且作为相关项与意向的体验不可分割。因此，这个主观，如果它经验到这个世界，并且作为现世主义者而献身于这个世界，却并不知道自己，那么它迄今就总是存在于自己本身之中，就是说，存在于它自己的超越论的主观性之封闭的范围之中。

如果现在在事物之中出现了所称的他人的身体，因此我的周围世界显示出他人和动物，那么他们的身体—物体作为**被我**经验到的和可经验的身体—物体，当然就又被还原到在我自己的超越论的主观性之中的主观事件之系统；对于我来说，它们的经验实在性完全没有因此失去任何东西，它只是按照它的具体充分的和真正的意义而得到澄清。

那么他人的心灵生活及其在他人身体中的表现的情况如何呢？提出这个问题就已经意味着对该问题的回答。他人的身体作为事物对于我而言是现实性东西，并且只要经验的样式预先确切

地规定一致性的进程和这种样式的进展，它们就是现实性东西，它们对于我而言就是毫无疑问的和绝不可放弃的确实性东西。既然
181 情况如此，那么与我的身体的这种相似又指示一种其他的，即他人的心灵生活，并且在这里所指示的东西现在不再是由我自己的生活范围而来的超越论的主观东西。按照其超越论的内容，他人心灵的东西是我现在唯一能要求的东西。这种内容是纯粹超越论地被指示的东西，因此就与由我思（*ego cogito*）这个称谓所包含的生活事件构成的我的宇宙一起，在移情作用的指示中间接地连带地经验到了**第二种超越论的生活**，并且一般而言是多种多样的超越论的生活。

因此超越论的还原直接地得到了我的自我（*ego*），间接地得到这个和那个他我（*alter ego*），并且一般而言得到了借助于可经验的身体而被指示的或可指示的无限多他人的主观。但是这种指示本身是经验的确实性，并具有其以一致性得到证明的特殊方式。

第五十四讲：〈通向超越论唯心主义的现象学还原道路，以及作为超越论单子论的这种超越论唯心主义之现象学的意义。〉

如我曾说过的，由于对现象学还原之意义和成就的误解而产生了下面这种看法，即纯粹的现象学唯有作为超越论的自我学才是可能的。只有最深刻理解现象学还原之意义——如我们在这些讲课中曾试图做的——才能防止这样的误解。在这里实际上所涉及的是澄清，这些澄清，按照它们的有效范围，在所有的哲学中根

本不可能有与它们相似的东西，因为所有的哲学，并且如我们还可以说的，一切以前允许的**世界观**之一般结构形式，都依赖于这种澄清。其实，在正确理解的**现象学还原**中，已经预先指出了**通向超越论的唯心主义的进军路线**，因为**整个现象学**只不过就是**这种唯心主义的第一个严格科学的形态**。它作为最严格的科学是对这种唯心主义的真正意义之第一次的精确化；是对这种唯心主义之以可 182
以想象的最有说服力的形式，以阐明的形式，所做的第一次的真正的证明。但是我们在这里只能阐明在一开始真正能看到的东西，而关于使我们全神贯注的超越论的唯我论之问题，在这里应该突出强调以下这些东西。

在自然态度基础上的反思已经向我表明，世界，我关于它总能知道某种东西的，我总能有意义地谈论它的各种各样存在物，正是我的认知活动之被认知物，我的经验活动之被经验物，我的思维活动之被思维物，简短说，我的意识之被意识物。如果我自己是通过超自然的启示知道这些东西的，那么这种启示也是我作为意识而得到的。

如果我在这个方向上继续下去，那么我就会对自己说，我能够实行的一切认识划分，全都落入到进行认识的主观性本身之范围中，因此，我在单纯的意见和**正确的**意见之间进行的一切划分，或在一般意见和有洞察力地奠立的认识——在其中一种意见作为**正确的**意见为我表明出来，并且一种在其中被认为的存在者作为真正的存在者而达到被给予性——之间进行的一切划分，也是如此。**在这种情况下，真理和真正的存在也作为在进行认识的意识中出现的，在它本身中被意识到的事件，而呈现出来**。

如果以后我转入到现象学的还原，就会表明，我比自然的反思者更认真地实行这种对于一切认识事件之主观性的认识，并且我使自己明白，只要我仍拥有一个——在我的认识之前自在地——存在着的世界，并且只要我只是个别地从认识对象返回到主观的认识活动，我就仍还是对认识置之不顾；就是说，对自在存在的世界由之而获得有效性的所有那些认识置之不顾。这个世界当然只当**我**赋予它以有效性，才具有对于我的有效性。我只是不允许习惯的有效性，我不允许对暗含的地平线意向性视而不见，这种意向性在没有我实行明白的认识行为的情况下，就在自身中隐藏着暗含的有效性了。因此我禁止对有效性和有效的客观存在的一切朴
183 素态度，并且我作为旁观者行事，这个旁观者使自己通过经验把握在这里所指的东西实际上是如何发生的：某物作为事物，作为人，作为艺术和宗教，作为国家和民族，等等，为我**在此**存在；它作为现实性而对我有效，我确信它是存在着的，我相信它，我经验它，我知道它，等等。作为超越论的旁观者，我在普遍的范围内拥有具体的，进行认识的—进行生活的主观性，一切被以为的和正确的有效性活动或意指活动，一切模糊的和清晰的，一切错误的和有洞见的有效性活动和意指活动，都在其中发生，并且，一切存在者作为在以为活动中被以为东西，并且在最好的情况下，作为经验活动之被经验东西，理解活动之被理解东西，洞察活动之被洞察东西，推断活动之被推断东西被包含于其中。

现在我在我的研究领域中拥有我的进行认识的生活之一切事件，我的事实上已经历过的和正在经历的生活之一切事件，而且还有能够以纯粹的可能性虚构的一切事件——能够按照其普遍的本

质物的和本质可能的形态**先验地**构成的一切事件。显然这里有一个**本质学现象学**的重要任务，即弄清楚，什么样的认识事件是可以想象的，它们服从什么样的本质法则。就此而言从一开始就很清楚，我在自然的态度中简单地称作对象，对象性关联，事态等等的东西，关于它们我知道某种通常对于我是现实性的东西，我说，每一个这样的对象性东西都是在多种多样现实的和可能的意识体验中在意向上被意识的同一性的统一。在所有这些体验之中，这种对象性东西都是被以为的对象性东西，在所有这些体验之中，它——虽然有极其不同的主观显现样式——是作为与它同一的对象性的意义被以为的，而且是以相信的肯定性之样式而被以为的。这种被以为的东西在所有这些体验中都是同一的，这意思就是说，这些具有其多种多样被改变了的显现方式的多种多样的意识体验，在综合的连结中得到一种有关一个并且是同一个存在着的对象之重叠的意识，这个对象恰恰只是在不同的主观样式中被意识到的。在这种情况下当然也会出现并存在下面这种有关可能的事 184
件之熟悉的类型，即这种综合的意识可能不保持其同一性的统一，一种意识和另一种意识最初在意指中是指向统一的，但是由于矛盾而分离开，然后接下来在这种能够更切近描述的事件中相信的肯定性不仅根据情况而变为单纯的猜测和怀疑，而且产生了关于非存在的，所称的勾销存在的意识。

但是与此相对，朴素的认识者总是一再地具有下面这种实践的信念，即存在与非存在并不是单纯偶然的东西和相对的东西，而是在每一个认识场合都能够通过认识活动认出一种真实的存在，并且是作为完善的——或至少是在继续进展中能够使之完善

的——认识之相关物而认出的；或者如人们还可以说的，这个认识者知道自己具有理性的能力，并且在合理指导的认识活动进程中，在正是这种有洞察力的认识活动进程中，能够突出一种最终有效的东西——与一切单纯主观的和被以为的有效性相反的最终有效的东西——或至少是接近一种最终的有效性。在这种情况下，超越论现象学的任务当然就是，在超越论的主观性之普遍关联中，并且根据对必然属于作为普遍意向生活的超越论的生活的普遍结构之研究，对那些在理性和理性活动这个称号中所包含的特殊的本质可能性进行研究。在这方面重要的也是，由超越论的起源上使那些从理性的认识中产生的“真正的存在”或“最终有效地得到证明的存在”这种概念获得最后的澄清和意义规定。

如果我现在仔细思考向超越论现象学态度转变置我于其中的我现在的认识状况，并对我说，我现在一定会将作为被以为的和作为真实存在的而对我有效的和我可能遇到的一切现实的和可能的认识对象都包括到绝对的普遍性之中，并且说，我在这里将它们作为认识它们的活动的被认识之物，作为它们在其中作为有效性统一而产生出来的那些具体意识成就的意向成分发现出来而且一定
185 会发现出来——那么乍看起来似乎我就必须说：我作为真正存在着的东西能够看到的，只不过就是我自己的——这个认识者的——生活之意向的事件；当然这些事件并不附着于瞬息即逝的个别体验上，而是附着于贯穿在我的生活之意向性中的整个动机关联上，特别是附着于其中在我的原初形成中产生的和习惯地生成的意义内容和显现内容上和由此而显示出来的认识可能性上；但是所有这些都是按照超越论生活的固定的本质法则进行的。下

面的情况就是由这些法则决定的，即一种在自身被看到的真实存在之自明性样式中出现的被以为的东西，即使在偶然的行为消逝以后，也能够在新的认识活动中重又被证明是这种同一的真实存在，并且以重新活跃起来的自明性证明；以及绝不会出现一种与此冲突的并可能要求勾销自身呈现的真实的存在的自明性。

什么样艰难的超越论研究能够在与自明性及其动机联系的相互关系中导致对真理的完善的理解和科学的确定，看来它们的方式和它们的结果预先就被规定了。如果一般而言认识活动的成就以及认识活动对最终有效真理的获得成为可以理解的，看来就只能以这种方式并以这样的结果发生。但是在这种情况下，我们就处于一种令人不快的景况之中——恰正是处于超越论的唯我论的景况之中。因为所有这些不是表示，一切真实的存在只标志一种在我自己的超越论的生活之动机中形成的，并且只是被包含于其中的理想的极性东西吗？我的邻人和他的心理的内在性东西也许只不过作为在我的生活中有其起源并且仅仅具有与我的意向体验有关的相关项意义的这种同一性的统一而是其所是吗？但是他人过着他的生活，像我一样能够在自己本身中实行超越论的还原，能够发现自己是绝对的主观性，并且能够理解我是他我（*alter ego*），如同我在我的生活中理解他是他我一样。因此我正是为我自身存在，而不仅是在他人的意识生活中的意向事件，当然，反过来也是一样。

真理肯定就存在于这件事情上，因此问题就是，我们如何从超 186
越论上说明它，并能使以前说过的东西与现在提出来的东西相调和。

在这里下面的想法一定会具有十分重要的意义。一个对象借以给予我并作为存在着的现实性东西而借以显示出来的进行表现的自明性，可能是直接的自明性和间接的自明性。知觉的自明性是直接的。当这种自明性，如在一切外部经验中那样，总是与向前抓取的意向搀合在一起时，那么属于知觉的就正是这个直接的自身把握之自明的意识；知觉的对象是作为生动地在此存在的而“自明地”被意识的。在继续一致的外部的知觉中，我们拥有原初表现的形态，这种表现在对向前抓取的意向之持续的充实中，总是从越来越新的方面将被知觉之物作为生动的同一物指出来，并借此通过不断进展在认识中认识到它，在认识中将它导致越来越完善的自身实现。因此在这里处于其真正存在中的事物本身，是一种同一东西的和可同一化东西的理念，这种同一东西在我的经验之继续进行中，将会作为同一的并且按照其生动的自身而突出出来并得到证实。新的经验在多大程度上能够使在我的意识流中的某个东西有效，而且是在能够与以前的生活关联通过综合而统一起来的新的生活关联中使之有效，这个同一的事物之相关联的存在就延伸到这个程度上；它作为我的可能的能够联结成一致性的，进行经验的认识之同一的东西而是它所是的东西，并且它具有会在这种关联中出现的全部特性。

如果我们设想，在我的周围世界中根本就没有出现身体，因此我对于他人的主观性毫无所知。在这种情况下，对于我来说，实际上一切客观的实在性，现在成为无生命的东西的整个世界，就只不过是众多相互关联的意向上的极，就只不过是我的可能的和现实的经验之系统的相关项的统一，就是在无限一致的过程中（在相应的经验体系之多种多样可选择的过程中)作为生动的给予性东西实现的或可实现的统一。在这里“真正的存在”就会是我的可能的普遍地一致地表现的经验之相应过程的当下的同一性相关项 187
之——在同一的诸性质之在其进行表现的显现之多样性中与自身同一的基底之——可能的可构成性之理念;并且在我的可能的经验之理想的系统之外,它就什么也不是,即事物——按照它对于我“现实地”或“实际上”在此存在的这种意义——就什么也不是。

但是如果现在我们允许他人的身体,那么对于我们来说,在这里就有其他人存在。我们以移情作用的方式而具有关于他们的经验。这种经验也有其在连续一致地证实中继续进行的方式。在继续进行的一致的移情作用中,我们处于并且始终处于对在我们面前的这些人之直接在此存在的自身得到证实的确信之中。他的面部表情变化显示的一切,他的言辞表明的一切,它们在行动上允许期待的一切,以及这些行动进行的方式,所有这一切都是非常协调的,并且构成一个自身证实的系统。但是更仔细地观察,这种直接性恰好只是一种相对的直接性,而这种证明,恰恰就他人的主观性而言,是一种借助于单纯进行协调的并在其动机说明中相互得到证实的指示——尽管是一种由于它的置根于现实地自身给予的经验之中的原初的动机说明而优越的,并因此是“间接呈现的”指示——的证明。我只具有关于我自己的以及关于我也同样知觉它们,同样作为直接的而经验它们本身的那些客观性东西的原本经验,真正的知觉。我的理想上可能的**知觉**之范围,只包括我的生活流和我能以我自己的活动置入其中的一切可能的变化。此外,这个范围还包括我在我的生活中在现实的和可能的客观知觉之关联

中——在其中我继续不断地生动地意识到它——通过构造而引起并能引起的一切意向的统一。

但是如果我现在以超越论的态度通观我的整个认识生活，并按照其成就思考我关于他人的主观所具有的认识活动，那么它就
188 是并且始终是证实自身的认识活动，尽管它对于我来说并不是通过下面这种方式证实自身的，即连带被指示的和连带被认识的他人的主观性，对于我来说，本身成为原本地可经验的，本身成为原本地可知觉的；它当然根本不可能成为这样的东西。作为事物的他人的身体，此外还有他人的心灵，以事物通常为我在此存在的同样的权利，即由继续进行的经验的证明而来的权利，为我在此存在。在超越论的阐明中，一切事物都是可能的一致的知觉（作为原本的意识）之属于我的生活的，在我的生活中构成的统一。另一方面，在超越论的阐明中，他人的主观恰恰是第二个超越论的主观，它不像事物那样是一个在我的生活中原本地被意识和原本地可意识的对象，因此不仅不是我的可能知觉的统一，而且显然是一种由我的经验的某种统一而被合法地指示的东西，并且是作为他人的自我而被指示的东西。我要强调说，这种指示有其自然的权利，经验证明的权利。作为他人的身体—物体，作为其他事物当中的一个事物生动地存在于我面前的东西，事实上是我的知觉系统的意向相关物，这种认识不会由这种身体形成任何虚构（这对于每个事物都有效），不会从身体上取走它具有的任何此在的实在性。它也不会从身体上面取走在我的生活中落到它上面的任何意向功能——在经验上并通过证明而指示他人的超越论的主观性的意向

功能[1]。

因此现象学还原导致生活之两个交织地奠立的普遍结构：(1)我的生活，和自我(*ego*)的全部超越论的生活，以原初的经验的方式为自己本身而构成。这是一种处于原初自身意识形式之中的生活之普遍的流；这是“最内在的”知觉活动的普遍的流，而且这样说也是一样的，即因此是按照意识就自己本身而认识自身的活动之普遍的流。这种知觉活动只是例外地和个别地才是进行注意的，主动的自身把握的活动，但它是一种在对于自己本身原本地显现的活动之意义上的持续的知觉活动。在这种情况下，每一种知觉上的自身现前，都具有经常是新的地平线，这些地平线是能够通过
自身回忆和自身预期自由而积极地展开的。 189

在这种作为为自己本身而显现的活动之生活的流中，按照生活流之实际进程，同时根据普遍的本质法则，特殊生活形态之系统，以及有关空间—时间客观性东西之现实的和可能的知觉之特殊的系统关联产生出来了，并且相关联地，知觉的统一，这些客观性东西本身，普遍的事物世界，作为局部地被意识到的，通过继续进行的“外部的”知觉活动而可局部地意识到的，被构成了。与此同时，我自己身体的此在之原初的—知觉上的构成还能作为一种特殊性而突出出来，作为原初的知觉上的双重统一的“自己的身体”，作为我的意义领域的承担者，作为我的知觉器官和意志器官等等的系统而突出出来。

---

① 参看附录 XXXI：《**奠立超越论的唯心主义之根据。彻底克服唯我论。**》(第483页)。——编者注

(2)借助于置根于我的自己身体的经验之中的对于他人身体的经验——但是这种经验就心理方面来说，只具有次要的性质——，我在我的主观性范围内同时经验到他人的主观性。在这里，这种普遍的现象学还原，在与我自己的，在原初经验上的自身意识中流逝着的生活之描述性的联系中，提供了第二种超越论的生活，因此一般来说是极其多种多样的生活——具有敞开的无限性的生活——，如同我能在我心中经验到作为身体被构成的事物一样。恰恰是因为他人的主观性并不属于我的原本知觉可能性东西之范围，它并没有变成我自己的生活及其规则结构的意向相关物。此外，它以经验的权利，按照它固有的意义表现为是一个存在之物，这个存在之物在自身中并且为自身存在着，只是对于我而言才具有“他人”的被给予性方式。只有主观性才能够在真正的和绝对的意义上为自身而存在。为自身而存在就是为自己本身呈现，就是作为客观化之超越论生活过程的存在，因此就是在我思(*ego cogito*)这个传统名目下的存在。

如果我们在其与自己的超越论的生活的共同性中考察他人的
190 超越论的生活，那就会得到进一步的认识，即由于这种共同性，我的事物世界的意向构成同样也获得与他人实行的意向构成的，而且是作为同一事物世界之构成的意向构成的共同性。正如我在我的生活之范围内，将我现在实行的对事物的知觉，与自己的以回忆方式再现的知觉，——在对现在存在同样以前也曾存在的同一事物之意识中——达到综合的统一一样，同样我能够借助于**移情作用**，在另一些人之中，使被他体会到并被他实行的知觉与我自己的知觉在被我们二人知觉到的事物是同一的这种意识中达到综合的统一。反过来也是如此。**理想的**对象性东西，比如数列的理想的对象性东西，或我在我心中通过构成而实现的科学理论的理想的对象性东西，和他人在他的思想中所形成和认出的理论的理想的对象性东西的情况，也是如此。一切对于我来说是真正客观性的东西，对于每一个人都是真的，并具有其作为基本的认识统一——这种基本的认识统一在每一个人的认识生活中作为意向的相关项而被构成或能被构成——的超越论的存在。但是，这种唯一的绝对的存在是主观的存在，作为为自己本身而原初被构成的存在，而总体的绝对的存在是超越论的主观之全体的存在，这些超越论的主观共同存在于现实的和可能的共同体之中。这样现象学就导致了由**莱布尼茨**在天才的**概论**（*aperçu*）中预见到的**单子论**①。

① 参看附录 XXXII：《**现象学还原与绝对的正当性证明**》（第 497 页以下）。——编者注

增　　补

A. 文　章[1] 193

关于处于绝对自身负责之中的个人的生活和共同体的生活之理念的沉思[2]

如果我们就其包括理性和非理性，非直观东西和直观东西等
等的整个的广度来看，认识活动包括述谓的和前述谓的整个判断 267
领域，包括相信是某物和相信是如此的相信活动之各种各样自我行为，以及相信活动之一切样态。尽管有最广义上的认识活动特殊化的或判断活动特殊化的这种多样性，仍然有足够多自我行为的其他种类剩余下来，如各种各样的爱与恨，喜欢与不喜欢，希望，追求，意愿等行动。另一方面，所有这些自我功能并不是彼此并列

---

① 关于编排以下“文章”的观点，请参看“**编者导言**”。将“增补”的第一组称作“文章”的确实合理性，在许多场合是可以争论的。但是出于诸种外在的原因，这个名称是从本版前几卷（第Ⅵ和第Ⅶ卷）直接采用的。——编者注

② 参看“**附录**”中胡塞尔有关的详细批注。——这篇文章的开头紧接着《**第一哲学 1923/24**》第三十讲的论述；参看第 194 页注。因此这篇文章大概仍形成于是 1924 年或此后不久。——编者注

的，而是相互渗透的。每一种认识的判断活动都贯穿着努力的和意愿的活动，甚至评价活动，只要这个活动是实践上指向真理的，真理就被看成是肯定的一有价值的，并因此被看成是意志的目标。另一方面，例如我能够由纯粹进行评价的喜欢的行为转向进行判断的态度，在这种态度中，我就该对象表述说是“讨人喜欢的”，这个谓
194 词在述谓之前，并且在通过经验把握之前，在情感之中有其起源；其他一些谓词也是如此，好与劣，有益与实用或有害这些谓词，在与进行评价的情感相结合的意志中有其起源。如果我们在各种不同的文化领域中环顾，情况也是如此；文化包含实践的构成物，而实践本身是通过对有关的情感行为和意志行为的深入理解而以理解的方式被把握的。而如此深入理解到的东西，能变成以经验方式把握的和以述谓方式规定的对象，甚至能变成科学疑难问题的对象。

就这样，一种普遍性就清楚地呈现出来了，由于这种普遍性，认识的领域就包括由情感的主观性和意志的主观性而产生的一切种类的成就，当然相关联地也呈现出一种相似的向周围扩展，通过这种向周围扩展，进行评价的情感和处于努力和行动之中的意志就伸展到全部的主观性及其全部的意向功能之中。但是对于科学来说，这就意味着，在它之中作为进行认识的理性之客观化，一切进行评价的和实践的理性也得到反映并一起客观化，或者意味着，在理论真理的认识形式中，一切其他真理，因此每一种价值真理和实践真理，都以述谓形式得到表现，得到规定，甚至呈现出从认识方面加以论证的形式。情感是纯粹在自身中进行评价的东西，行动的意志也是纯粹在自身中进行评价的或本身形成美的作品的意志。真理，价值的真实性，然后是作品的真实性，又是原初朴素地

在情感中，在纯粹的满意中表现出来的。但是价值的真理之真实性，最终是由认识活动**负责**的，这种认识活动在判断的态度中，并以其逻辑形式，就价值与无价值作出表述，并以有洞察力的方式将偶然存在的价值直观返向关联到普遍有洞察力的规范，并由此而获得一种作为由认识负责的更高的负责。但是最高的和最后的负责产生自由超越论态度而来的对最基本的情感成就和意志成就之认识①。

因此我们总还是可以称**认识的理论**为我们所力求的那种超越论哲学。但是这样一种哲学所企图的根本不是一种拟定一些对一 195
切认识本身(特别是一切科学的认识)之可能性和充分的合理的意义进行“形式的”—普遍的澄清的有限的学说。确实，这样的**形式的认识论**也属于超越论哲学之目的，正如它由于我们的历史状况和我们的“绝对处境”，会成为对于我们而言的内在的必然性一样。但是它想超越这一点而成为一种普遍的理论，这种理论作为普遍的科学包含一切一般的认识，而且不仅是如某物，存在于一切纯粹普遍概念中的空的形式，将不确定地存在着的特殊性东西之无限性包含到逻辑的—数学的普遍性之中那样包含一切。就是说，一种普遍的哲学**不仅**会成为有关作为**形式的**理论的一切理论之理论，作为科学的一切科学之理论，作为认识的一切认识之理论(作为真理的一切真理之理论)——简短说，会成为**绝对的形式的认识理论和科学理论**；而且也会成为一种正是**作为普遍的(全面的)和**

① 到这里为止的这篇文章的本文(经过删减并有某些改动)紧接着《**第一哲学1923/24**》第三十讲的本文；参看第23页第25行至第25页第39行。——编者注

绝对的科学本身从内容上系统阐明一切特殊理论本身的普遍理论。但是这后一种理论当然以前一种理论为前提并包含前一种理论。它以前一种理论为前提，只要前一种理论本身是较早的东西；它包含前一种理论，因为即使是有关可能理论的形式理论，本身也是一种理论。

因此为这种普遍的科学负责的思想也获得一种提高了的意义。因为如果所有其他理论，不论是哪一种个别的科学，都在它之中获得最终的完善的正当性证明，那么它本身却并不处于那种幸运的处境中，即像其他理论那样在自身之上还能有一个审级，可以为此目的而向之求助，而是它作为一切理论之理论返向地诉之于自己本身，返向地与自己本身相关联；它所提出的一切以后都必须由它本身寻找其正当性证明，然而因此它就处于一种**循环**之中，但是处于一种不可避免的并且本质上适合于它的问题的循环之中，

196 由于这种循环，它不仅为所有其他学科负责，而且首先在最彻底的和绝对的意义上为**自己负责**。

但是这样一种普遍的哲学并不是个别哲学家的存在于有限东西之中的工作成果，除非我们判定哲学家具有作为可能的主观的发展目的之全知，而全知的相关项就是尽善尽美的哲学。同样，哲学也不是从事哲学研究的人的集体之处于有限东西之中的产物，这些从事哲学研究的人即使作为集体也绝对不能达到全知，因为很显然，科学作为共同的产物和共同的财富，同时又是在下面这种意义上的共同财富，即每一个别的科学家都一定能够在自身中将科学之总体获得物意识为可以理解的总体真理——对一切可能的时间上的发展形态都是如此。

如果这种**全知**是一种处于**无限东西**之中的目的，那么据此我们就应该区分两种不同的东西：一方面是哲学家的，或更确切地说，作为无所不知的哲学家共同体的哲学家共同体的绝对理念，以及相关联的，**哲学之绝对理念**，全部知识之普遍统一的绝对理念，作为目的(τέλος)，作为指导每一个哲学家和每一个哲学家共同体的绝对的目的理念，作为一切实现都致力于它，指向它的绝对的、普遍的理念；另一方面，与此相关的，是**进步的理念**，而且是作为处于其绝对的进步的，绝对的和完美的进步的方式之中的进步的理念，或者更确切地说，又是进步的相互关联：一方面是绝对的和普遍的科学之在越来越完善的，伸展得越来越远的实现中之向上发展的进步，另一方面，是哲学的主观性之平行发展的进步，这些哲学的主观性在前后一贯的上升中发展成为绝对内行的主观性，发展成为在越来越广的范围中和越来越高的完善性中真正哲学的主观性。

因此在理论的过程和理论的内容方面我们就有了哲学的文化或哲学的科学之进步，但并不是作为历史的事实，而是作为理想 197
的，向全知和全真之绝对目的理念无限地发展的，指向这个绝对目的(τέλος)的“真正的哲学”。于是这种哲学是一种正在生成着的普遍的科学，持久地处于绝对的正当性证明的和由这种正当性证明而来的普遍真理的理念之下的，有意识地受这种理念指导的，同时又受要赋予每个阶段和每个时期的进步之生成的形态以绝对的完善性——在其中它实现或应该努力实现的正是该阶段，该时期和该生成的绝对完善性——的意志指导的普遍科学。

如果我们现在回忆一下在开始时就哲学借以包括一切种类的

主观性成就的那种普遍性所说过的东西,那就很清楚,进行哲学研究的这个主观受其指导的这个绝对自身负责的理念——为充分的和绝对的真理负责的理念——一定会具有其更深刻的含义。如果我们想到,人的每一种行为、意愿和感受都能成为在其中它被当成理论课题的科学的对象,此外如果我们想到,每一种理论的认识立即就能得到规范的表达方式,按照这种表达方式,这种认识就变成可能的实践等等的规则,那么我们就能看到,哲学作为普遍的科学能提供一切科学从中获取其最终的正当性证明的源泉,我们看到,这样一种哲学不可能是人类理论上的业余爱好,相反,哲学的生活必须被理解为一种由绝对的自身负责而来的一般生活:个人的个别的主观,作为个人生活的主观,想要在其全部生活中,在其全部实践中,真正自由地作决定,就是说,这样地作决定,使得它任何时候都能够在自己面前为它的决定之正当性负责。

但是我们被引得更远。个别的主观是共同体的成员;因此我们必须区分个别人的自身负责和共同体的自身负责。但是共同体只有在个别的个人的主观之中才能为自己负责。知道自己是共同
198 体的成员和共同体的功能承担者的个人之为自身负责,也包括为这种实践生活负责,因此包括为这个共同体本身负责。我可以接受或不接受一种社会法规,我可以以各种不同方式履行它,对此我是负有责任的。另一方面,正如共同体并不是彼此外在和彼此并列地存在着的个别人之单纯集合,而是借助个人间的意向性而形成的个人的综合,是通过社会地彼此交织的生活和工作而形成的统一一样;自身负责,要为自己负责的意志,对于这样的自身负责之意义和可能途径之理性思考,对于共同体来说,并不是在个人之

中进行的自身负责等等的单纯总和，而又是一种正是使个别的为自身负责在意向上紧密结合并在它们之间建立起内在统一的综合。在这里产生了一种有关可能的人格的影响和相互影响的地平线，有关建立或保持现实的或可能的社会联系的地平线，关于影响的联系的地平线，通过这种影响的联系，能够产生出更高级次的人格性。我的自身负责延伸到所有其他人之中（并且也许延伸到他们的自身负责之中），我和他们一起共同起作用或我对他们起作用或想要对他们起作用，反过来也是如此。每一个人对于每一个人并且对于每一个其他人的抉择和行动连带地负有责任，尽管是按照不确定的程度：只要我曾能以任何方式对他们施加影响，现在产生影响或可能产生影响，对他，或用社会的多数，对大多数和全体产生影响，在这个范围内我就能对此承担责任，而且必须对此承担责任。另一方面，在这种现实的和可能的联系中，以下情况一起属于我的为自身负责，即我要求其他人负责，或者我反对他，我反对他违反要他为自身负责或可能的为自身负责的要求。如果我已经在我之中认识到实行这种为自身负责、从普遍的和绝对的为自身负责中为我选择一种生活、并为此而拟定规范的理念的必要性，那么我就能够并将会认识到，什么东西对于我，对于每一个人，是最好的东西，并且能够由我对每一个人和由每一个人对自己本身提出这样一种哲学生活的要求；我还能够认识到，我必须尝试促使每 199
一个人去选择这样的生活并且相应地过这样的生活，并使他为此负责。

这样一个问题，即：处于可能的理解之关联中的或已经由个人的联系而结合成共同体的多数的个人，也许是全体的个人，理想地

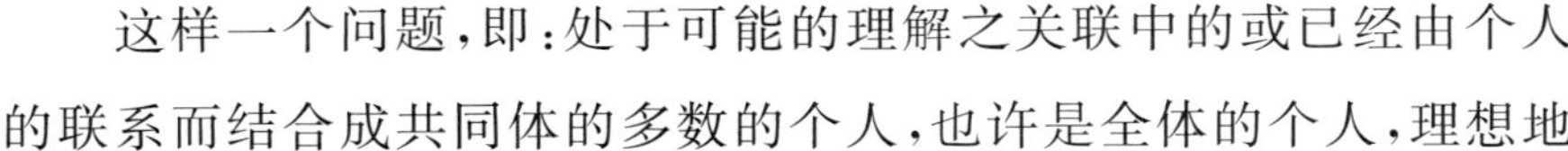

说,将如何实行这样的生活,即他们能够绝对负责的生活,导致下面这个问题,即这样一种被共同体化了的生活,如果没有指向由绝对负责而来的这种生活的诸意志之共同体,是否可以想象,这样一种生活,如果没有科学地从认识上拟定出它的理念,并由此而拟定有关它的规范的科学(伦理学),是否有可能;进一步导致下面这个问题,这个理念和这种科学之起源的,在个别人那里的起源的可能性和必然性的情况如何,形成作为共同体的共同体本身之目的理念的可能性与必然性的情况如何?应该研究必然向这种理念发展的诸阶段,首先是研究个人和前理性地形成的共同体之前理性的生活的发展阶段,以及那些能使人们看到这个理念的最初的前科学的诸动机:典范、可作典范的个人行为和可作典范的品格之生成,于是这些品格和行为首先是得到仿效,后来得到真正的追随。当他们的行为在认识上被理解时,行为当中的普遍性东西就变成显然的了;它首先产生个别的规范——作为道德上的普遍性东西——,规范性规则,并且最终产生法则。它们作为普遍的认识,同时又作为意志的法则而被提出(意志之普遍东西,被作为普遍的东西纳入到意志之中的意志之普遍东西)。于是后来认识就脱离了历史地给定的事实,不再局限于将历史事实提升为普遍东西,而试图在自由的行动中执行它的任务。认识的意志力求把握纯粹的可能性和认识在诸可能性中进行支配的纯粹的法则。而系统地普遍地做这件事情,则是形式的和普遍的规范学,即形式的"伦理学"的任务。这种"伦理学"必然会涉及处于可能的相互理解之中的人
200 格的多数性之理念,每一个个别的个人作为个人,都与他的周围世界相关联,而所有个别的个人同时与这同一个世界相关联,以人格

性的基本功能，以个人的活动和个人的成就的基本形式与这同一世界相关联。由形式的一普遍的东西出发，它达到了在其中包含的，而且是形式上一结构上包含的特殊东西。它从诸一般可能的世界走向诸共同体的、共同体的构成物的、文化体系的可能的本质形式，进一步，走向诸可能的科学、艺术、政治形态等等。它区分出“真正的”科学、艺术等等的适合于理性的形式。

共同体之最高的价值论形态，或在绝对的理性认识中能作为有最高价值的而认识的共同体，是这样一种共同体，它在自己本身中带有这种理性的认识本身，它在自己本身中实行绝对的评价，因此意识到它的绝对的价值，并且由要成为绝对有价值的这种意志而是绝对有价值的。这是一种理念。但是属于绝对有价值的共同体之理念的是，它不可能**先验地静态地**实现，而只能在无限之中**生成**为有价值的，或更确切地说，这里有两个相互关联的理念**先验地**紧密相关：**绝对实现了的价值**——普遍地、绝对合理地、持续地行事的共同体之价值——之处于无限之中的**极限理念**，和朝向这个理念的**完善化之无限进步的理念**，因此应该看到，这两个相互关联的理念一定会在一种更高的**生成形式**之理性的共同体中得到实现，就是说，在这样一种共同体中，它虽然不是绝对合理地生存的，但是具有向这个绝对静态的理念绝对地尽可能好地发展之形式。

因此我们可以说，这种按照其本质带有不完善性的共同体生活之最完善的形态，就是向绝对完善性之极限理念前后一贯地发展的形态，在这种情况下，这种绝对的理念和相关的在共同体中前后一贯的进步之理念，就一定是——这属于这种发展的完善性本 201
身——**有意识地进行指导的目的理念**。在这种情况下还能进一步

看到，这样的进步之可能性条件，首先就是向被归于这个理念本身的普遍科学进步的这种发展。但是全面地来看，因为我们必须连同其意向的周围世界一起来具体看待这个共同体，所以这种科学就会是**哲学**，即普遍的和绝对的科学；并且面向这种全知和绝对正当性证明之绝对终极理念的普遍的绝对的科学处于其中的那种无限进步，会与人类向绝对完善性之生活的终极理念之无限进步相关联地存在，并行地进行，在这种生活中再也没有任何计划是为了错误和罪恶等等，在这种生活中的意志除去追求以绝对的自明性认为是善的目的不追求别的目的，并且在其中对于一切可能的目的来说，这种洞察都得到了实行。因为一切真正的科学的认识，只是由于以下原因同时就在实践上起规范作用，即一切科学的认识，作为被彻底突出出来的真理，从今以后就规范一切相关联地——在实现这种真理或遵循这种真理时——被归属于这种真理的可能的认识活动。但是就此而言，特殊地进行规范的诸科学，以及此外还有形式的—本质学的诸科学，有一种特殊的功能。不管怎样，**认识的理性是实践的理性之功能，知性是意志的仆从**。但是仆从在自己本身中执行指向认识构成物本身的意志之功能，而认识构成物正是到处引导意志，为它指出正确目的和道路的必要的手段。**认识的意愿是一切其他意愿的前提，如果它具有最高的价值形式的话**。

但是在这种情况下认识所标记的，普遍的哲学的科学所标记的，就是绝对的本质学的限制和经验的限制，这些限制是意志作为合理的意志必须考虑到的，而这些限制又为意志划定合理自由的多种多样可能性的范围。这种科学不仅估计到，而且也许甚至一次了结地估计到，意志的主观在每一种情况下必须做什么，仿佛意志仅仅应该对一义地稳固地达到的认识结果说出它清楚意识到的 202
肯定。从本质上说，总是有未被认识的东西、未被规定的东西、危险、错误、过失等等起作用的范围。认识的无限进步乃是在减少限制和危险方面的进步，但是这种进步是无止境的进步，而危险与过失等等会无限地继续存在下去。

203 作为活动的沉思——关于对普遍科学之目的进行沉思的现象学①

〈Ⅰ〉

正如一般作为沉思的理性的人一样，我作为哲学家在我行动之前沉思。正如一般只当我通观作为我的全部可能未来活动之敞开的地平线的我的全部生活并观察我的作为我的全部可能未来的动机背景的过去生活，并将这二者在实践上合理地加以利用时，我才能生成为真正理性的人，同样只当我为了作为具有纯粹理论兴趣的生活的我的认识生活而实行这种通观和实践的评价时，我才生成为真正的哲学家。但是这种生活从一开始就是与一起生活着的其他人相关联的。实践的生活是与他人并列的，与他人一起的，考虑到他人的活动，并因此是成就着某种东西的活动，这种东西在实践上形成着的世界中并不是孤立的，它在与其他的成就之连结与交织中，创造这个继续形成着的共同的周围世界。这些获得物有的是私人的获得物，有的是公共财产。**因此理性生活是普遍的实践的生活之一分支**，而普遍的实践的生活之实践领域，就是认

① 约写于1924年。——编者注

识，更高的领域就是理论的统一，最高的领域就是普遍理论的统一。正如对于理性生活之可能性来说，反思的沉思是必不可少的一样，与此类似，对于哲学的认识生活之可能性来说也要求在自由的沉思中由其对于当下的认识兴趣之直向跟踪的研究之最初的朴 204
素态度转回到它自己本身；这种朴素的认识过程遭到禁止，一种新的生活登场，在其中自由的沉思的成果作为形式的规范，为一种新的并且现在是真正合理的，意识到其根本正当性的认识实践发挥功能。

日常的实践的生活——在科学及其理性（*ratio*）以外的生活——朝向“世间的”目的，朝向有限的，受时间限制的目的。这些目的在生活过程中被提出，以经验的方式被达到；满足经验上继续有效性的东西，就满足这种有效性事实上不会变成假象（由于与能够坚持住的经验和经验之总体一致性相冲突而引起的改变）。如果这些目的经常被放弃，那么它们在意识上就丧失了实现的兴趣。即使是在它们作为已经获得的所有物实践上继续有效的地方，对于这种所有物的毫不动摇的信念以及自然的证实对于该所有者而言也是足够的。

但是科学家知道自己是一个不断继续生活着的共同体之成员，他的生产物不仅是他的和一些偶然有共同兴趣者的财产。这种财产就是一种应该在所有未来科学家之承认和洞察中继续有效的——永远有效的——真理。科学家的生活使命就是生产应该经得起未来时代一切可能批判的“永恒的”价值。每一个未来的科学家同样都对存在于其总是同样的原初的和必然的可获得性中的真理之真实性感兴趣。这种真理对于科学家而言不仅是经继承而得的财产，而且是获得新的真理的阶梯，它的非真实性会使它的一切派生物都变成怪胎。

在这里如果满足于朴素的自明性，并且相信，未来的自明性将会一再地证实迄今为止的自明性，那将是愚蠢的。因为真理领域的无限性，和使后来被认识之物依赖于以前被认识之物的多种多样论证关系，导致下面这种危险，即不仅个别的真理会是错的，而且世代建立起来的整个真理体系也会自身崩溃。

205 因此在这种论证中本质的东西就在于，在科学中所涉及的是超时间的财富和超个人的财富，与此同时还涉及这样的东西，它不是以金钱财富的形式个别地，互不依赖地积累起来的，并且作为这样积累起来的东西而流传下去——在这样做时个别财富的错误并不抵消其余财富之真实性，——而是涉及在无限东西中生成的整体，涉及真理的“体系”，在那里由低级阶段和高级阶段构成的秩序起支配作用，并且每一个真理都是新的真理的基础；但只当它是真正的真理时才是如此。

因此这样一些动机一定会导致最崇高的自身负责和最严格的批判。但是导致一种逻辑学吗？对于诡辩学派时代的希腊人来说，这样一些动机根本不可能是决定性的。作前导的是土地测量技术的，地地道道的测量技术的，以及计算技术的初步尝试；与此同时是哲学宇宙学的初步尝试。有关永恒的，有关人类的，一切未来研究者世代的科学，在那时还没有想到。

如果我们今天心目中想到正在发生和生动发展的诸科学，我们可能就会非常怀疑，为了使严格的科学成为可能，逻辑学和方法论是必要的，严格的科学是否由于逻辑学更加完善的发展而会被提高到科学性之更高阶段。那么什么样的动机能够决定我们，什么样的动机一定会决定历史的开端？什么样的动机"本身"由首先是形式上被限定了范围的科学之本质而预先被规定了呢？

〈Ⅱ〉

在人们合理地追求实践目的的地方，实践的**沉思**及其结果从最一般的方面，与**实行的活动**及其结果，即作品，是分离的。我们还可以说，实践的沉思是一种内在的行为，并且当成功时就得到一种内在的劳动构成物，作为关于应当在外部行为中实现东西的思 206
想上的计划的内部的构想。与此同时内在地形成了一种"类似计划的"实践的预期，一种有关外部行为之过程及其结果——有关被当作目的的东西，譬如作品——的计划，而且如已经说过的，这种东西本身就是行为与作品，这种处于理念上的存在之"内在性中"的作品，是与那种并非必然地随之而来，也并非总是随之而来的"实行的"行为及其作品之存在分离的。

但是，在行为从一开始就指向"**精神的**"目标的场合，情况如何呢？这种目标按照客观文化之作品的性质，会具有其客观的（因此是可共主观地把握的）表现。但是它们能够就其理念的意义和存在，纯粹从外部的表现来观察，并且能够在这种理想的存在中观察到"相同的东西"，不管它们怎样具有在感性上客观化了的外表或根本不具有这种外表。艺术作品**能够**——这当然只是一种可能性，但毕竟也是一种实践上的可能性——被艺术家纯粹内在地完善地形成，无需同时以外在的形态具有"现实性"，无需是以外在的形态外在地“现实地”完成了的。但是这样一种说法就已经表明，有一种感性的—客观的表现从一开始就一起属于这种精神作品之规范的意义，因此同时属于该精神作品通过劳动行为从一开始就要成为的东西——它作为艺术作品应该是在世界之中的客体，而不仅是主观上被想到的作品，有关一个作品之单纯的思想，因此在最好的情况下是作品的样本，作品的设计图——；然而这样一种意图当然是可能的，在其中作品仅仅要成为意义形成物之纯粹内在形态本身，而这种意义形成物正是那个构成感性上具体化了的作品之精神意义的东西。

那么在精神作品领域中的沉思的行为，内在计划的活动和构想的活动，与外在的实现的活动之间划分的情况如何呢？

在这里首先应该说：在某些方面，**每一种**作品和相关的行为都是精神的东西——只是由于它的或它们的精神意义，它的或它们的含义，才是行为和作品，并因此在内在的沉思中被构想的东西在
207 外在的实行中一起进入到这种实行中和它的行为中（更准确地说：实践上的预先意指、构想，在综合中达到与外在行为和作品之通过执行、实现的一致）。但是在特殊意义上的精神作品中，感性的外在性并不以其**个性**一起属于——作为精神的作品，作为这个唯一的艺术作品的——该作品。这种唯一性并不像在一柄锤子那里那样同时是物理的—事物的存在之唯一性。一部文学作品，一部交响曲，并且严格地说还有一幅油画，其同一性并不是植根于这些有声的词句、音乐的声音以及它们的物质的唯一性等等的物质的同一性之中。

此外在精神东西，“文化构成物”的场合，在题材中的沉思之成就与实现的关系方面的情况，可能也与在其他的、感性的实践之作品的场合相似。只要不关心将事实上个别产生的东西变成与其他相同的作品并列的单纯**样本**的那种复制，精神的实践就不能消除这种情况，并实际上摆脱物质的个性。

但是在行为和行动的领域中的，更确切地说，在作品的领域中的**主要区分**，迄今尚未纯粹地出现，特别是关于“精神的”作品、**理念作品**之特殊地位所考虑的区分，迄今尚未纯粹地出现。

如果我拟定一个“理念”，即一个应该如何耕种这里的这块田地的完整计划，那么这对我还没有任何“用处”，我还不能由此收获任何农作物。另一方面，如果我**一般地**拟定尽可能好地耕种田地的理念（按照我们的气候条件，考虑到在这个地区可耕地的一般自然条件，等等），因为我由此通过减轻思考的劳累而能够并将会有助于所有农民，就已经有收获了。这可能涉及个别的目的理念或普遍的目的理念，但却是与经验范围有关的目的理念。共同体中的许多人也可能对此感兴趣，这样语言上的表现就使内在地制定的目的理念（借助于相关的执行方法制定的）作为在周围世界中某种每一个人都能理解的东西而成为“客观的”。

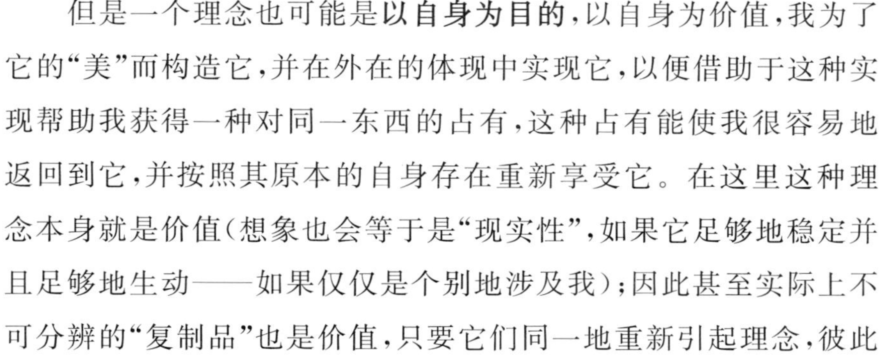

但是一个理念也可能是**以自身为目的**，以自身为价值，我为了 208
它的“美”而构造它，并在外在的体现中实现它，以便借助于这种实现帮助我获得一种对同一东西的占有，这种占有能使我很容易地返回到它，并按照其原本的自身存在重新享受它。在这里这种理念本身就是价值（想象也会等于是“现实性”，如果它足够地稳定并且足够地生动——如果仅仅是个别地涉及我）；因此甚至实际上不可分辨的“复制品”也是价值，只要它们同一地重新引起理念，彼此

间没有优先性；并且这个原本——如果没有其他原因一起起作用——甚至并不比“复制品”优越。如果我在内在的行为中生产出一个构想而又没有任何现实的外部的体现，那么这本身就已经是一个作品——如果它恰好是一个内在完善的构想，并且完全可视为同一的，可习惯地重复的[①]。只不过，因为这种完善性总的来看是不能达到的，另一方面因为一个艺术品应该成为共同的财富[②]，并为此需要外在性，这种外在化必须一起被纳入到意图之中，并被纳入到这个作品本身之中。个别的实在的体现是一种手段，是使这个精神作品，这个原本的艺术品可为所有同事理解的手段。只有借此它才成为对于每一个人和我自己而言客观的，成为固定下来的，任何时候都可进入的，它才是一种财富。

但是当另外一些目的与该作品联系起来时，当这里的目的是某种另外的东西，而不是要在主观之中**原本地**实现它的价值时，它就不再是纯粹精神的作品，而是有用的客体。然而我们有两种情况，即它作为精神作品的固有的意义，本质上有用的情况，和本质上没有用的情况（故作风雅者屋中的艺术品，它事实上根本不是作为艺术品起作用，而只是作为这个故作风雅者圈子中的人根本不理解的“名家作品”）。

209 一个真正艺术家的，即精神的价值构成物本身的创造者的创造性成就，因此存在于内在地沉思的和内在地完成的成就之中，一切实存的外在性都是无关紧要的，只不过是在价值本身之外存在

① 当我如通常那样想创造一个客观的作品时，就不是。

② 是的，它总是想成为这样的东西，而且它确实是这样的东西。

的客观表现的手段，因此是一种有用的外形。

但是现在我们在**科学**这种精神领域中，在科学真理这种价值类型的领域中，发现一种特性，一种无与伦比的特性。这种类型的全部价值都联合成为一种能无限继续创造的，能无限继续生产的普遍价值之统一，并且根本上只是处于这种无限关联之中的价值；因此始终是相对的。每一种科学之作品都是一种无限的作品，而且所有这些无限性东西都属于一个包罗一切的无限性东西，即属于这门普遍的科学。

在科学那里，如同在一切指向理想的自身有价值的东西的精神成就那里一样，以相对不清楚的，空洞的遥远表象开始的对目的与道路的沉思，导致具有"它本身"这种样式的所想要的东西。澄清，在充实有所针对的意向这种意义上的纯粹精神上的想象形态，在时间的延续中创造出价值的产品，而且作为属于最终所想要的价值的中介的产品，或是作为预备阶段（纲要），但已经具有结果的价值形式，或是当它本身被建立起来时作为最终作品的组成部分。在科学当中，进行说明的和进行澄清的行为导致越来越新的精神上的最终构成物，例如在演绎科学中导致公理、推论（分析性的因果关联）、证明。但是每一种这样的结束只是**相对的**结束，正如它的价值只是相对的价值一样，这种价值在进展中进入到更高的价值，一起被吸收到更高价值之中，在其中得到保存，并未丧失，但仍然只是相对的价值。这种创造性的行为完成了——并且在这种完成中必然通过其终点继续向无限进展。个别研究者的创造性行为绝不会在个别人那里圆满结束，只是由于个别人知道自己是无限地繁衍着的研究者共同体之**承担者**和成员，它才具有意义，而这个

研究者共同体的相关物就是科学——作为无限的理论。

210 正如已经表明的,如果为了使科学一般成为可能,科学"一般"作为形式的—普遍的理念本来就要求的普遍的沉思是必需的,那么这种沉思之内在的作品就是一般"科学"这种形式的—普遍的理念之——在说明和进行充实的澄清中的——构成物,由此也必然是一般普遍科学之理念的构成物,——而且这种成果本身作为基本部分也属于应该阐明的科学本身。在这里我们有一种奇特的东西,即虽然可能的普遍科学之这种理念,一般哲学之这种理念,作为应该阐明的哲学本身之**预备性构想**,以某种方式为自己而产生了,并突出出来了,——作为它的有关这样的普遍科学应该在其中阐明的普遍形式的预备性构想而产生;但是另一方面,这种精神上的构想本身一起属于哲学**本身**的**体系**和普遍理论。这特别与在地理学中作为最初地理学成就所力求达到的地理草图相似,它对于应该完成的特殊工作而言是形式的部分,是将来应该填充的形式,但同时又是这门科学本身的组成部分。

如果一种普遍科学之空的理念出现在视野之中,或者,如果有关它的可能性和它的实现方式的询问被提了出来,那就需要一种有关目的和应走道路的普遍沉思,这种沉思不想成为进行阐明的行为本身,而且在某些方面也不是样的行为。因为合理的沉思——它恰好不是对于现成东西的批判,而只是思考在这里应该如何行事以及必须如何形成目的和道路——使得"理性"的**规范**突出出来,这种规范按照有关的目的,时而会是较一般的,时而会是较具体的。规范在这里是实践的真理——真正的目的,真正的道路。因此一种有关普遍科学之"可能性",即有关其真理之普遍形式，有关其真实性之普遍本质条件的沉思，也应该与规范科学本身**区分**开来。

但恰恰是在这里必须说，这种区分只具有在**第一科学**——它通过沉思将清晰而明白地生成的理念按照诸本质部分借以得到分 211
析的规范突出出来——，与**处于**该规范之下并按照**这些规范**而生成的**诸科学构成的序列**之间进行区分的意义。只要这二者是**不可分割的**，那么**沉思**的行为就不应被看成是作为普遍科学本身之外在东西的**在**普遍科学**之前**的某种东西，而应被看作普遍科学的**开始的**或**基本的部分**。

因此从一开始就很清楚，一种作为必然开端的普遍科学一定会有一种沉思，它的目的就是这种科学的规范理论，因此本身是一种有关普遍科学之可能真理、普遍科学之在根本的本质条件方面的真实性之科学。

212 完整的存在论之理念[①]

科学如何可能？作为认识目的之科学理念。作为先验的规范学之逻辑学，首先是作为科学一般之形式的规范学的逻辑学。

1)作为理论的有关科学之形式逻辑。

2)关于主观的认识活动和主观的形成活动之认识论的逻辑，在这种逻辑的关联中，处于完善阶段的认识活动中的真理和真正的存在得到表达，有关形成这些形态，规整这些形态，综合地连结这些形态的规范得到表达，如果认识活动前后一贯地追踪真理和真正的存在，并且如果它也许可能达到真理和真正存在的话。认识论的形式的逻辑，一般分析学。

3)“综合的”逻辑。世界认识之逻辑，有关世界的理论之可能性的逻辑。实证性之逻辑，认识对象的实证性之逻辑和认识活动的实证性之逻辑。

4)有关存在者的，有关在绝对意义上的存在者之宇宙的普遍的绝对的科学之逻辑。超越论的绝对的逻辑。有关事实的超越论的共主观性的科学，和有关一切存在者之科学，有关作为超越论地构成着的世界的为共主观性存在着的世界之宇宙的科学——有关

① 约写于1924年。——编者注

这种科学的逻辑作为超越论的**存在论**，和作为有关规范地属于一个可能世界的可能的认识活动的和认识的形态的超越论的认识论的逻辑。最后有关一切不仅是世间的—实在的存在者的，而且是有关一切不论在哪一种意义上对于超越论的主观性存在着的东西的超越论的科学，以及相应的逻辑学(存在论与认识论)。这就通向有关事实的超越论东西的普遍的超越论科学本身，通向具有包含于其中的扩展了的存在论和认识论的普遍的超越论的—本质学的现象学。

这里的困难是，追踪朴素性之诸阶段并最终将朴素性标明为 213
朴素性，因此就是首先将超越论科学之理念借以产生出来的超越论东西之最初完全隐蔽了的意义突出出来。

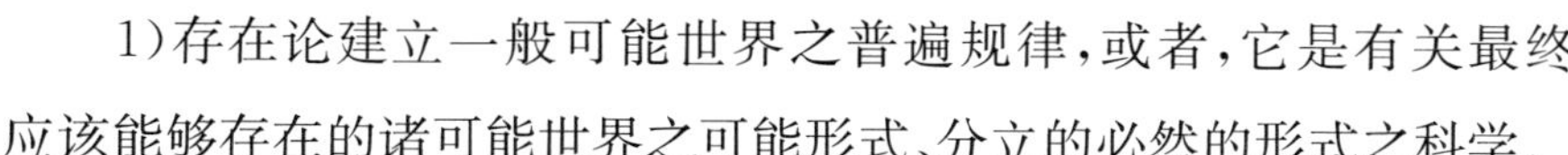

1)存在论建立一般可能世界之普遍规律，或者，它是有关最终应该能够存在的诸可能世界之可能形式、分立的必然的形式之科学。

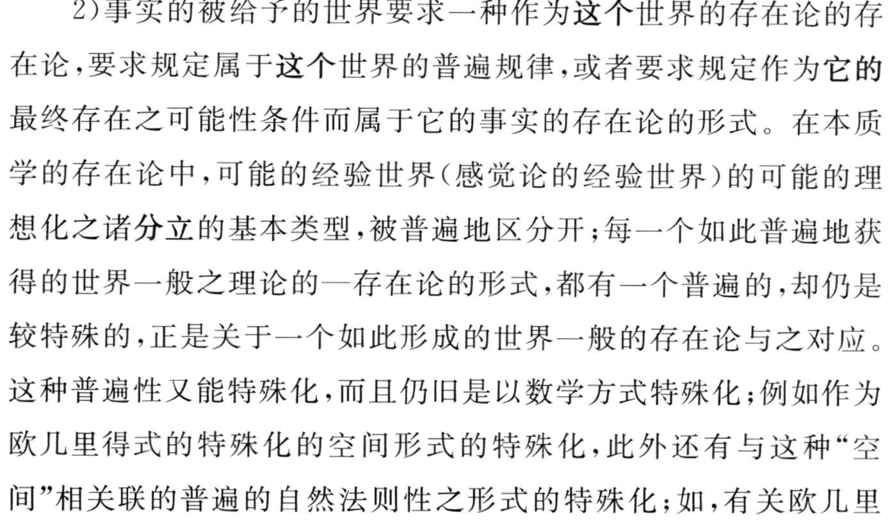

2)事实的被给予的世界要求一种作为**这个**世界的存在论的存在论，要求规定属于**这个**世界的普遍规律，或者要求规定作为**它的**最终存在之可能性条件而属于它的事实的存在论的形式。在本质学的存在论中，可能的经验世界(感觉论的经验世界)的可能的理想化之诸**分立**的基本类型，被普遍地区分开；每一个如此普遍地获得的世界一般之理论的—存在论的形式，都有一个普遍的，却仍是较特殊的，正是关于一个如此形成的世界一般的存在论与之对应。这种普遍性又能特殊化，而且仍旧是以数学方式特殊化；例如作为欧几里得式的特殊化的空间形式的特殊化，此外还有与这种“空间”相关联的普遍的自然法则性之形式的特殊化；如，有关欧几里得世界之用数学方式普遍描述的能量原理。如果我们超越自然，或者如果我们注意到，自然必须是对精神世界来说的自然，自然事物必须被划分成无机的事物和有机的事物，唯有有机的事物才能有身体的存在，但是作为感性的身体性一定是处于特殊的结构形式之下的，如此等等，就还有进一步的规整。

无论如何，只有从事实的经验上才能——始终在本质学的存在论及其纯粹的可能性东西的指导下——发现现实性的普遍规律，并且这全部的普遍规律就是世界之完整的法则论的形式，是严格法则性之形态。在这种情况下，一方面作为基础的自然有其稳定的普遍法则（精确的自然科学），另一方面，精神，特别是作为纯粹精神性的精神，也有其稳定的普遍法则。但是有关世界的理想
214 的“逻辑的”科学，绝不允许被认为是单纯本质学的存在论以及一种主动经验的工作，这种工作所关心的是将被给予的世界包摄到存在论世界形式之下的可能性，然后从经验上的被给予之物中按照这种存在论的形式以数学方式演绎出一切世界。像拉普拉斯式那样的人物的合理主义理想是错误的。

逻辑学是有关确真的普遍规律的科学，这种普遍规律属于一切存在者本身——属于存在者本身的不仅有存在者之处于其事物性关联之中的**事物性**特性，而且还有由于其与进行认识的和以任何其他方式意向地指向它的**主观性**之**意向**关联而应归于它的特性，各个不同的领域中与此有关的精神构成物之各种不同样式，以及诸相关联的行为和在这些行为的整个内在结构中由被动的构成而属于这些行为的显现方式。因此普遍的和真正具体的**存在**

论——这种存在论系统地包括一切属于存在者本身的先验性之相互关联——的任务就会是也成为**认识论**和**认识对象论**，而不仅是以事物性态度观察存在者，作为以纯粹事物性存在着的，或作为有价值的，好的事物（譬如作为合理的，或更确切地说，处于理性原则之下的文化之对象）来观察。这种向最高的合理性，向这种包括先验性之所有关联的合理性提高，就包含于严格科学之特有意义中，因为为了形成有关具有合理性的事实的存在之宇宙的严格科学，这种合理性是必需的，这种合理性事实上使由原理出发而证明一切方法之正当性成为可能，由此最终使理解方法的正当性成为可能，或更确切地说，使从一开始就按照原理而形成作为必然的和根本的而被要求的方法成为可能。这样一种普遍的存在论，由于**以下**原因，也是一种完全能够达到的科学之可能性条件，即因为能够

达到的特殊科学只有在普遍的世界科学之关联中才是可能的（这 215
本身是一种存在论的洞察），——另外只有在本身先行的（在这种 291
意义上因此也是先验的）存在论之基础上，才是可能的。

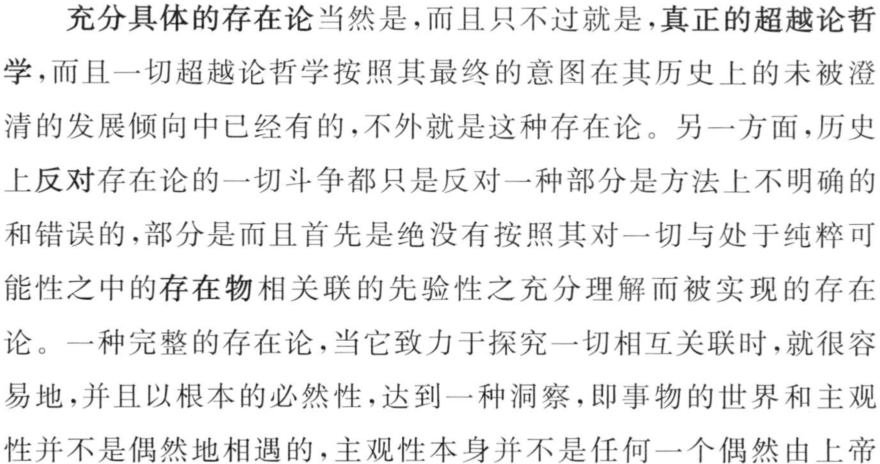

充分具体的存在论当然是，而且只不过就是，**真正的超越论哲学**，而且一切超越论哲学按照其最终的意图在其历史上的未被澄清的发展倾向中已经有的，不外就是这种存在论。另一方面，历史上**反对**存在论的一切斗争都只是反对一种部分是方法上不明确的和错误的，部分是而且首先是绝没有按照其对一切与处于纯粹可能性之中的**存在物**相关联的先验性之充分理解而被实现的存在论。一种完整的存在论，当它致力于探究一切相互关联时，就很容易地，并且以根本的必然性，达到一种洞察，即事物的世界和主观性并不是偶然地相遇的，主观性本身并不是任何一个偶然由上帝

创造的世界之中的偶然的事物性东西——由一个处于背后的,不管怎样否定都是一个伟大钟表匠的上帝创造的世界之中的偶然性事物——,相反世界只有作为与它有相互关联的主观性之规定,而且是由自己的基本成就而来的规定,才是可以**先验地**想象的。**“唯心论”**之占统治地位的思想,按照其原本形态(即使是在**贝克莱**和**休谟**那里)曾是而且现在也是一种——尽管十分不完善的——**超越论的**唯心论,即**主观性从存在的高位方面来看高于客观性**,并且一切客观性(一切世间的存在)只是由主观性之自身的被动的和主动的起源而存在。没有一种存在论,在它推想到最后时,并且是按照其本质的相互关联推想到最后时,不通向这种思想,并且是通向这种作为一种确真洞察的(不是形而上学式地奠立的)思想。因此它并不意味着一种对“这个”世界之形而上学的“解释”,而是意味着属于作为可能的经验和可能的认识之世界的,而且是作为可能的评价和可能的实践之世界的每一个世界的结构形式,因此它同时是一种有关存在论本身之科学的普遍结构形式。一种真正的存在论,一种普遍的和全面的逻辑学,连同分析的和区域的逻辑学一
216 起,只不过就是对于作为先验科学的超越论唯心论的实际实行,一种在实际工作中——数学的工作是它的一个个别分支——中的实行,但不是在空洞的因此最终也是毫无教益的思辨之中的实行。但是超越论唯心论作为对世界的解释,绝不是一种思辨的基础结构,而根本就是这样一种认识,即世界作为世界不可能离开世界本身的意义,正如实际的三角形不能离开几何学的三角形之意义一样。

但是在这种情况下又应该说,有关事实上被给予的世界之超

越论的唯心论，其实只不过就是被确实实行了的超越论的认识，换句话说，只不过就是作为无限任务而被提供给未来的，在由原理而来的彻底正当性证明中实行的诸科学之完整的系统。在这里完整的系统表示，由存在论的原理出发拟定有关一切**事实上**的存在者之普遍科学之理念，并且预先划分这种理念，并且现在开始为每一个相对独立的存在区域形成相应的科学，但不再是朴素地，而是纯粹地，并且到处都是按照方法之原理而形成。与这种已存在的科学之完整体系相对应，有对于每一个可能世界按照其先验的关联、奠基、相互关系而实行的系统的分节和分层，因此这些先验的关联、奠基、相互关系，正是诸可能的科学之系统按照形式先验地为一般可能世界预先规定的。有关这个世界的诸科学必须满足这种形式。这个系统当然就意味着有关问题之可能的方向和形式之系统的全体。世界作为世界的每一种结构形式，都有一个有关可能的问题之敞开的地平线与之对应，并且在普遍的科学中，有关问题之一切区域都一定会变成研究的区域，并且一定会变成科学。在这里尽管涉及无限性，但并不涉及言过其实的东西。但是科学的生命要素，如一般较高的和真正的人性一般的生命要素一样，是无限性及其系统。而**真正的人性要求最高的自觉**，真正的科学要求有关作为可能的世界的世界之结构的最高的意识，有关可能的科学之结构的最高的意识；但这就是说：科学只是由于它的达到被意识到的形态的，达到作为**逻辑**而被固定下来的可能性的这种可能 217
性，才真正存在。

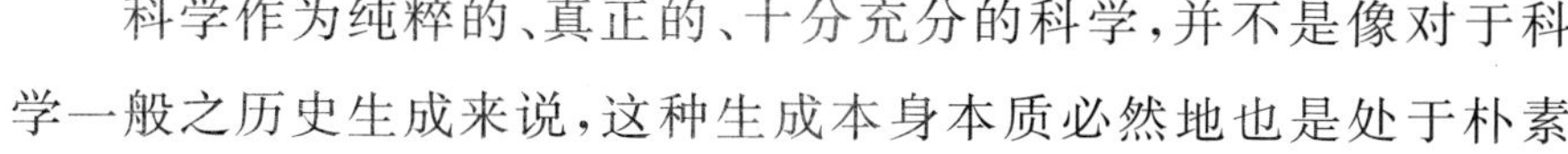

科学作为纯粹的、真正的、十分充分的科学，并不是像对于科学一般之历史生成来说，这种生成本身本质必然地也是处于朴素

性阶段,并因此处于模糊性阶段那样,由于**朴素性**而成为可能的。只当由事实的科学而来的科学的意义形成了**最初的**,朴素模糊的目的意义,真正的科学才由于一种**有关这种目的意义的**、最初本身是朴素的**科学**,而是可能的,然后作为**存在论**,而是可能的。**作为第一哲学的逻辑学**——不是相对贫乏的**形式**逻辑,也不是受某种系统的观点支配的相对封闭的普遍数学(*Mathesis universalis*),而是**超越论的存在论**——先行于一切"哲学"。这种超越论的存在论当然被返向关联到自己本身,于是本身又要求一种指向确保其系统的完整性,与此同时克服其自身最初的朴素性(较高阶段的朴素性)的阶段性探讨。

但是我们在这里不能说更多的东西;接下来是实行的问题——不是实行存在论的普遍科学本身,而是实行将它的理念突出出来,将它的科学的主导形态突出出来,如在每一种科学和每一种内容丰富的计划中一样,这种突出是实行的工作本身的第一阶段,是使一切其他工作成为可能的第一阶段。因此所涉及的是一种最初的草图,如同在地理学中那样,这种草图从它那个方面只有借助于一种最初的"前科学的"研究才能获得。——

为了不产生误解,还应该说明,在这里对于存在者(ὄν)的理念做了一种十分不寻常的扩展。一切存在者——这也包括理想的存在者,只要它如在我们世界中的数学理念那样,通过思考它的人,并通过在文章和书籍中的体现,成为世间的东西。一切存在者——这也包括一切规范,也包括理想的规范,这正是由于存在者属于规范,属于能现实地被要求的,能被规定的,并能够事实上被
218 用于进行规范的规范。一切能力,作为人的能力,不管是实现了的

还是没有实现的，都属于人的存在方式，并且是存在者。在作为有关支配着纯粹可能性东西的那些确真必然性东西的科学的存在论中，每一种可以想象的能力，由于与有能力者及其可能性相关联而具有其地位，并且一般而言全部的能力都是如此。

其次应该说明：

严格地说，存在论不外就是世界科学一般之按照其全部分支全面展开的**理念**之系统结构体系。它在自身中拟定一般可能世界之理念，而且按照属于作为世界的每一个世界之一切分节和形式，全面地形成这种理念；也许我还必须补充说：按照属于作为世界的世界之一切发展阶段，全面地形成这种理念。世界科学之这个理念是寓于每一确定的科学（作为个别情况）之中的确真普遍的本质；这种本质乃是彼此按一定方法建立起来的成就和成就产物之系统的无限性之本质。在这里这种普遍东西标志一种具有示范形态的，即具有示范性的整体形式之形态的一切科学之**目的**，这种整体形式在事实的（即有关事实性的）科学中具有“个别的”规定性——不仅是个别的，而且只要它是事实的世界之“认识图像”，它同时就是这个世界本身之理念，并且同时就是这个世界本身之历史地实现了的部分。

219 通过实证的存在论和实证的第一哲学进入作为绝对的和普遍的存在论的超越论现象学之道路[①]

科学的基本概念和科学与存在论之相对性与片面性。借助于超越论的—现象学的普遍科学克服相对主义。

科学的陈述。

我们作为数学家理解几何学的方法，我们有自明性，并且当我们听到几何学的东西时，我们使自己处于所要求的几何学的态度

之中，我们实行附属的规范的动机说明，这些动机说明被设定为这

---

① 1923 年

从实证的存在论和普遍的实证的存在论出发进入作为绝对的，克服一切相对性的存在论的超越论现象学之路(1919/20 年的道路)＊。

第一个问题：如何能建立一种具有实证性的存在论？一切存在者(ὄντα)——实在世界当中的一切实在的存在者——都是彼此有联系的。存在着处于一种普遍的存在论——作为有关世界的，有关世界一般的普遍的先验的科学——关联之中的诸存在论。

第二个问题：存在者是认识的存在者，对于我们来说，一切存在者都处于显现者的，被以为者的，显示者的主观样式之中：对于进行认识的主观性的相对性。

只有在超越论的普遍科学中，一切相对性才被揭示出来并成为课题，并且作为包括有关世界的相对存在论的绝对存在论的存在论才是可能的。——

根本的沉思的思想：我的弗赖堡研究和授课的主导线索。

＊ 1919/20 年冬季学期，胡塞尔在弗赖堡/布莱斯高举行了题为“**哲学导论**”的每周四个课时的讲课，其手稿保存于卢汶胡塞尔档案馆，书目号为 F Ⅰ 40。——编者注

种自明性的前提。那么将几何学运用于**物理学**怎么会有其困难呢？为什么人们会争论，物理学的空间与几何学的空间（欧几里得空间）是不是同一个空间，几何学的空间是不是一种单纯极限状 220
况，就它而言物理学的空间是不是表达近似值，但不是在人们在其中将几何学的纯粹性设想为经验形态和经验状况的极限状况那种意义上？这里的问题会是什么呢？研究几何学的“进行理想化的直观”，研究这里存在着的诸可能性。如果这些可能性是不同的可能性，那么它们就一定会在不同的公理中表现出来。在这种情况下欧几里得公理的自明性（或欧几里得几何学公理的完整的和具体的体系）就会是对于诸可能性当中的**一种可能性**而言的自明性。它不可以排除另外一些只是作为共同有效的才是不可共存的，但另一方面，在有关内在于属（由一组绝对必然的公理代表）的种方面的可能性这种意义上则是可共存的可能性。因此在这种情况下问题就是，（在超越论—感觉论上）必须有什么样的作为**每一个可能的直观的自然**——这种自然应该能够自在存在，它的同一性应该能够得到证明——**之形式**的**一般**空间之本质特性；问题就是，规定将这种同一性完全坚持到底之可能性的那些“精确的”空间特性，是否能够为尚能**区分**的**普遍东西**划定界限，以使在“一般空间”和“一般几何学”这种纯粹的和精确的理念内部产生不同的空间形式。但是**自然一般**作为相关项将我们引致一般知觉和知觉的具体性，自然和主观性是“直观上”不可分割的。我们能够在超越论—感觉论上停留于此吗？几何学的自明性是自然存在论的自明性的一个分支，我们是与可能的自然一般发生关系。

外部经验中的一切东西都是在**相对主义**中被给予的——而且

本质上只能在**相对主义**中被给予。显现，感官事物，是按照层次自明地被给予的（即被知觉的）；看见的事物，触摸到的事物等等。它们是在与经验者的身体方面的关联中被给予的，而且这种关联一起属于显现着的对象性东西之基本意义，不属于自然—意义，而属于充分的被建立起来的世界—意义（属于基本的、被包含于完整的
221 结构之中的充分的意义）。这些都是对象性东西，这些东西恰好只是可经验的，只要在身体的直观范围内作为共同起作用的一起在此存在；而且经验可能性的每一变化，都同时改变作为发挥功能的身体性的发挥功能的身体性。

在外在的知觉中我们有某种必然的意义结构，由于这种意义结构，一种指向它的作为进行透视变形的显现之对象的**同一的显现着的对象**的照准方向或把握方向受到偏爱。但是动机——从对象方面说：对象方面的制约性——也朝向另外的方向，指向一起在此存在着的和一起发挥功能的身体性，此外，指向发挥功能的主观性一般。因此我们有一种直观的——尽管不再是纯粹感性直观的——相互关联，其中的一个环节，连同它的变化的系统，总是被假定为前提，而另一个环节则存在于进行注意的经验之偏爱的目光中，而这种照准方向在规范的描述的论断中被设定为前提。在这种情况下，存在于相反方向上的东西则在某种规范性中被设定为前提，并首先进入到进行注意的目光之中，如果“知觉状况”的和附属的进程类型学的这种正常状态被突破的话。在这里必须在一切可能的相互关联方面获得清晰性，在这里一切真理都是相对的，是以极其多种多样方式相对的。由于身体性作为发挥功能的身体性与自己本身的返向关联，身体本身甚至是自然地被经验到的。

那么，各种各样**心理**反常的情况如何呢？精神分裂等等。

外部经验的自明性虽然是被经验物之自身给予，但是在这种情况下这种经验活动不仅仅是一种超出真正的被经验物而向前抓取的连带把握活动，一种自身给予与向前抓取的必然相互交织。在这方面我们有连续知觉的诸种可能性，这些可能性会将向前抓取的连带被把握之物导致进行表现的自身把握，至少当我们设定连续一致地证实的情况时是如此。但是这样一种自身给予，即使它被想象为一种进行无限证实的自身给予，仍然有一种必然的被引起之物的环境，这些被引起之物在这里绝不进入到进行知觉的
直观的范围中，就是说，它们不属于呈现着的显现之连续的多样 222
性，不在对象之显现的诸方面的范围中出现。我们有一个由相互关联的身体的显现和身体的功能，主观的动觉，被定位了的意义领域和意义事实等等构成的范围，这些东西对于连续变化着的对象性的意义（被呈现的东西本身）进行规定和制约，但始终是未被把握的和不确定的。

通常的外部经验之自明性是**片面的**自明性，尽管我也按照它的全部事物的一实在的特性“全面地”认识显现着的事物——当然是在外部经验之无限性中认识。但是这种无限性恰恰是不能掌握的，作为无限性是不能认识的，如果我没有认识到外部经验的连续统，或更确切地说，没有认识到由感性直观的特性**在其与发挥功能的主观性之动机关联中**被连续地构成的统一的话。

直观的事物之相对性有一种确定的含义，这种含义绝不仅仅表示直观的东西能够在对**其他存在者**的这种或那种关系中被思考，仿佛处于这种关系中对于这个东西来说是偶然的，将它置于对

这个或那个事物的关系中,纯粹是我的关联行为的事情。有一些东西可能看上去是这样(朴素的人和自然科学家可能偶尔这样说),仿佛世界能够没有进行经验的人,没有进行经验的发挥功能的身体,没有进行看的眼睛,进行听的耳朵等等而存在。但是就**直观的**自然而言,首先应该弄明白,知觉判断的基础,即"感性直观的"事物,是处于与相应的发挥功能的身体性和发挥功能的主观性一般之必然的关联中的,并且直观的事物本身只有在与其他的,不单是事物性直观东西的相互关联中,才能存在,抛开存在于可能经验的(归纳的)因果性这个标题下的直观的事物性东西之间的必然关联不说。

223 我也称按照其性质不可分割地属于对象(作为可能存在着的对象的)之本质的东西,为规定该对象**意义**的东西,与此相反的东西是无意义的。但是这种性质并不是预先给予的,而是首先必须被直观地获得,并且它是被预先**暗含地**规定的,而不是通过进行自身给予的直观,通过可能的知觉,明显地预先给予的。但是这种性质一定会被改变成"充分自明的"直观,**完整的意义赋予之系统**存在于其中的、唯有从它之中才能获得"**完全的本质**"、获得已如此形成之物的全部意义、普遍地获得对象性区域的意义的"充分自明的"直观。对于自然事物来说,这就意味着:我们必须由知觉出发而突出具体完整的知觉系统,而且是按照不可分割地属于被知觉之物本身的一切本质的方向而突出。

如果说**事物**也是一个特殊的区域,那么它却不是一个完整的、独立的区域。心理的事物不是"**实体**",物理的自然同样也不是最终意义上的具体统一。我必须继续前进。我必须在相互关联中看待自然和起功能作用的主观性，我必须在相互联系中考察自然与身体性、身体性与心灵的精神性，考察所有这一切；这些联系作为本质上相互关联的联系，恰好是一起规定意义的。作为可能的知觉的直观之全域，必须被通观，而且必须被按照其本质的类型学加以确定，如果我想要充分理解一切世界真理的，而且首先是自然真理的起源的话，或更确切地说：如果我想充分理解那种不容许任何空的，尚未被规定的和自身完全未被注意到的地平线的完整的和真正的**意义**的话。

我只能从这种根源[①]获得适当的概念并使被规定用于建立先验**存在论**之基础概念的附属的公理系统明确起来。当然在这里显
露出，**诸先验的存在论本身本质上是相互关联的**，而绝不是彼此独 224

立的，可以彼此分割的。它们都是先验性之**一个方面的东西**。出现了以下情况，即只要我们力求完整的自明性，首先是力求可能经验的和可能本质直观的那种考虑到了**一切**本质的必然性——而这些本质的必然性同时涉及某种被考虑到的被经验之物或本质，并因此必然同时规定可能对象性东西之**意义**——的完整性，那么我们就达到了一切直观性东西之全体，并因此达到了**作为进行构成的主观性的主观性之全体**。最初我们可能开始描写显现着的事物本身并突出该事物的本质特性，而对现象学可能根本不知道任何东西——关于超越论的主观性及其基本功能可能不知道任何东西。但是当我们探究诸本质的依赖性时，我们就会进入到越来越

① 根源：纯粹的和严格科学的认识之前提是确立一种**完整的可能的经验**——在这样一种意义上是完整的，即全部地平线都**表达出来了**。

广泛的直观的关联之中——并且最终不可避免地进入到作为超越论的主观性的主观性之**全面的关联之中。不可能有独立的科学。**一切真理都是相对的——一切存在者都是相对的——一切知觉和经验都已经包含着这种相对性。那种并非已经通过综合在**直观**中结合起来的东西，并非已经以意向的方式存在于直观之中并在充实的综合中展现的东西，**理性**就不能将它导致概念。任何科学都不可能有完全自明的根据，只有现象学能够为自己提供这样的根据并能够达到严格的科学，并且是真正完全充分的科学；这正是因为，它是在普遍科学之普遍关联中建立这样的科学，这种科学涉及最终存在者之全体，因此涉及绝对的主观性，作为一切现实的和可能的经验、一切可能形式的自身给予按照主观的本质法则在其中形成的，并因此一切可能的客观存在以本质的方式在其中被构成的原初统一的绝对主观性。①

① 这里只是缺少对总是"相对的"先验性的相对的自然的先验性，和形式的绝对的先验性之区分的研究。换句话说，在这种成功的阐明当中，缺少就完整性而言的基础研究：

出发点的确是与涉及正常的身体和正常的主观性一般的经验对象（知觉事物）之本质相对性相连接的自然之存在论，自然的数学。这种相对主义从各个方面来看肯定完全是片面的，必须从概念上加以掌握；在这种情况下存在论的先验性就有其应该从科学上全面确定下来的诸阶段和诸相互关联。

另一方面我们却有一种**空形式的先验性**，形式的对象性东西和较高阶段的理论构成物。这些东西**也是相关物**，即超越论上进行构成的主观性之相关物。但是这里的问题却不同于在几何学的先验性，自然存在论的先验性等等那里的问题；这里在存在论方面缺少一起规定意义的特殊化和相互关联，它仍然只是**普遍**的基本的相互关联。因此一个算术的定理在某种意义上就是确真有效的和非相对的自在真理。

因此这一点必须得到全面阐明，而且只有在这种情况下上面提供的一切最普遍的阐明才被纯粹奠立起来。

（但是由于我将分析学放在前面，并且后来与有关单纯的判断之一致性的形式

每一种要达到完善自明性的尝试，都导致超越论的现象学。 225
因此存在的肯定不是**两条进入现象学的相互关联的途径：**

(1)即这样一条途径：**被给予的世界**，直观地被给予；世界之普遍的存在论连同一切特殊的存在论引向作为本质学世界考察的普遍的世界直观，普遍存在论的诸公理必然是对一般可能世界的本质描述。此外自然导致身体性，导致心理东西，导致精神上有所成就的主观性，导致这样一种洞察，即主观性是构成世界的，超越论上绝对的，一切存在都是超越论主观性的相关项，超越论主观性包括作为主观构造之相关项的一切客观东西；以超越论方式考察的一切存在，都处于主观的普遍的生成过程之中，如此等等。(这正是我 1919/20 年冬季学期“**导论**”讲课的道路，它已经是我在哥丁根科学理论讲座的道路，1910/11 年《**逻辑学**》。)①

(2)另一条途径是由空的我思(*ego cogito*)开始的“**笛卡儿式** 226
的”道路，纯粹主观性之静态的本质类型学。但是每一个这样的本质(ειδοσ)在它的地平线中都是不确定的；需要一种普遍的**自我学**，

科学之理念一起，阐明了它的空的一形式的意义，在我的科学理论的讲课——这些讲课在当时也是很不成熟的——中并且在 1919/20 年的《导论》* 中确实考虑到了这一点。)

* 参看第 219 页编者注。——编者注

① 参看第 219 页编者注。——在 1910/11 年冬季学期，胡塞尔在哥丁根大学举行了每周四个课时的“**作为认识的理论的逻辑学**”的讲课。讲课手稿的主要部分存放于卢汶胡塞尔档案馆第 F I 15、F I 2 和 F I 12 卷宗中。这个讲课之经修改的片段，胡塞尔发表于《**形式逻辑和超越论的逻辑**》中，载于《**哲学与现象学研究年鉴**》第 X 卷，单行本由马克斯·尼迈耶出版社(哈勒/萨尔)1929 年出版。参看该书附录 I《**句法的形式与句法的质料，核心的形式与核心的质料**》第 259—274 页，以及胡塞尔就此写的注，第 259 页。——编者注

它考察这个自我并且具体考察作为全域的全体的我,而且是以普遍科学的方式考察的。(这就是我1922和1923年的现象学讲课以及《**伦敦讲演**》及其更广泛的阐述的道路。)①

〈这两条道路的主导思想可以提纲式地表述如下:〉

(1)"客观的"经验,客观的认识,客观的判断,严格说来都是自然的;在被认识东西中,在认识之**意义**中,不设定任何"主观东西"本身。进行认识的主观以及它的进行认识的生活,另外还有它的进行评价的、行动的生活,都不包括在内;这并不排除以下情况,即在意义中被设定的东西和进行设定、进行认识的主观之间存在着本质的相互关联,这种本质的相互关联在现在将客观东西和主观东西置于本质联系之中的新的认识中受到考察。

(2)"主观的"认识。**困难**:作为有关主观东西的客观认识的心理学的—主观的认识;人类学的认识,其中有躯体学的认识,另一方面是纯粹超越论的认识。——

我有一天会在客观认识领域中运动,普遍地在世界认识中运动,并发现本质学的本质关联。在那里我如何达到世界内部之最上层的区域——以及我如何达到被分离开的先验的存在论?在这里分离是可以想象的吗?另一方面,我确实可以拟定有关自然的存在论并使起功能作用的身体性保持不确定状态;它可以有其本质的需求,并且必然一定会作为共同起作用的而发挥其作用,但是我不研究它。在每一个方面都是如此。当我实行自然存在论的自

① 关于1922和1923年《**伦敦讲演**》及其更广泛的阐述,请参看这一版第Ⅷ卷"编者导言",第XXII页。——编者注

明性时，我感受到某种基本的功能，其中包括具有适当的可能性之 227
形式的知觉之身体性的功能活动，并且在这种情况下就产生出存在论的可能性和本质之自身给予性由之发生的那种动机。在这里存在着“朴素性”。如果以后我将目光转向身体性和整个主观性，我就能够再次进行存在论研究。因为身体也作为事物表现出来，并且应该从属于自然的存在论规定，另一方面，它有其**自身的**存在论的先验性，而“心灵”同样也有它自身的存在论的先验性，但也与身体性和自然相关联。

其实在这里我已经处于基本东西之中了，但是带有许多朴素性。唯有在**有关自然的存在论**中，在有关纯粹物理的自然的存在论中，我才能放弃主观性，才能在一定程度上忘却[①]它，使它在理论上不起作用，或故意将它排除。在这种情况下我有一种关于存在的认识，这种认识只有通过这样的忘却自身，才能以绝对的认识自居，而看上去是独立的自然（实体）实际上是受本质相关项制约的。

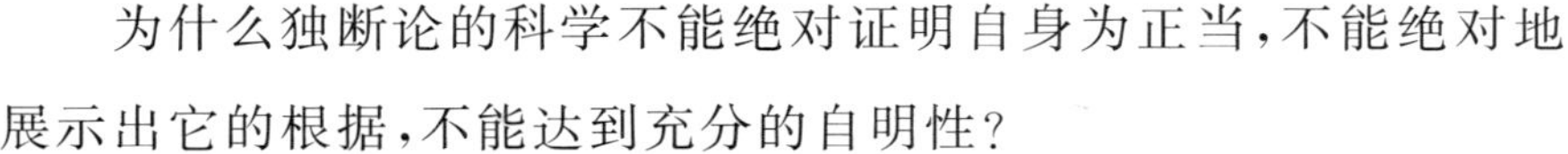

为什么独断论的科学不能绝对证明自身为正当，不能绝对地展示出它的根据，不能达到充分的自明性？

当我掌握了本质可能性和本质必然性之**全体**时，当我从允许改变的一切方面改变了诸可能性，并因此在其全部本质相关项中

① 因此我们不可以说：实际上任何有关自然的存在论都可能直接地忘却自身地建立起来，只有在几何学中看起来才有所不同。这正是一种古老的传统。即使是志在从根本上进行奠立的自然科学家（**伽利略**）也必须将主观东西当成课题，并将它**按一定方法**排除掉。因此显现方式的主观东西，周围世界等等的主观东西，属于那种使把握“非主观东西”成为可能的**方法**。

获得并认识了一切本质时,我就拥有了充分的本质自明性。

由此必然会表明,只有超越论的科学——它包括一切可能性之全域中的、正是超越论的主观性中的一切可能的对象性东西,并因此提供"实质的"认识——才能获得充分的洞察和最终有效的真理,或说才能在**最终有效性的理念**之下通过研究而有所进展,并能成为系统的哲学。

228 一切真理都是相对的:当最终有效的科学指出并描述出保证我们能支配一切相对性东西,支配一切本质的相互关联的道路时,它就会克服相对主义。如果这是能实现的,那就一定能够在一个系统中系统地**先验地**构成超越论的主观性之本质。

实证科学的不充分性和第一哲学[1] 229

自然科学——排除主观东西，其中也排除它本身用作方法的一切个人的成就。

自然心理学——以归纳方法加以肤浅化的方式片面地考察心理东西。

精神科学——有关处于其个人的环境之联系中的人格的科学，有关有目的活动的生活与有所成就的活动的科学，有关有目的的活动的，相互产生影响并对其周围世界产生影响的，并受周围世界刺激的，受痛苦的，个人地受触动的人格的科学。

意向心理学——有关处于其充分的具体化之中的心理的主观东西的，和有关在其被动的和主动的生活中建立起来的对象性东西、实在性东西、价值、目的等等的科学。由于这种心理学，看起来在其完整的具体的联系中的有关世界认识的一切问题都能得到解决。

但是一切实证科学都是有关世界的科学。在有关绝对的主观性的普遍科学之基础上的无前提的普遍科学之必要性。普遍科学和一切特殊科学之超越论的奠立，但不是以实证性的方式奠立。

---

[1] 根据胡塞尔的说明，“产生自战争时期，也许是 1921 年，圣梅尔根”，此外他写道：他 1926 年读过这个手稿，并且决定“加以修改”，1930/31 年再次读过，并且在稍后时期认为它“仍有阅读的价值”。此外请参看下一个注。——编者注

〈Ⅰ〉①

诸特殊科学之四分五裂。——实证主义将其充作必然的完全
230 令人满意的情况的现存实证科学中普遍的情况，没有能够而且也不可能达到认识上完全令人满意。这种在客观的特殊科学中展开的世界科学，并没有得到一致的，在特殊知识之多样性中可以理解地说明的世界认识，主要是，它似乎将世界变成一种尽管也是被规整了的，然而却是无意义事实。它似乎是从世界夺走了为了使实践理性成为可能，为了使人的有意义和有目的的生活成为可能，世界必须具有的意义，而不是借助科学全面地澄清这种意义，以科学上确定的形态充实这种意义，并这样地使这种意义有益于由自由理性而来的真正的人性。以认识的形式对世界的征服似乎使曾注入这种征服以极大的热情的巨大希望变成了完全的失望。普遍的理论兴趣最初只不过是普遍的**实践**兴趣之一个分支和器官。科学是力量，科学使人自由，而由于科学的理性，自由是通向“幸福”的道路，就是说，是通向真正令人满意的人的生活的，通向新的人类的道路，这种新的人类以真正科学的力量支配世界，并借助这种力量将自己改造为理性的人类。这就是“启蒙运动”的基本思想，整个近代的科学都由这种基本思想所支撑，并将其实践的动力归功于它。但是这种正在兴起的伟大科学，为知性创造了一个似乎消

① 关于本文〈Ⅰ.〉的这个部分，胡塞尔明确注道：“战争时期——属于费希特讲座时期”。胡塞尔于是1917年曾举行过三次有关“费希特的人性理想”的讲课；三次讲课的手稿存放于胡塞尔档案馆，书目号是FⅠ22。——编者注

除了这种由实践理性而来的起推动作用的思想的世界，而不是为人们更宽广地打开真正自由之门，并提供人们支配自由的手段。它似乎将人本身变成了一种没有自由的事实复合体，并且将人本身作为局部机器归入到一个无意义的世界机组之中。它不是提供给人“有关幸福生活”的科学的“指导”，不是将隐藏在最强烈的感觉自明性之中的，上帝之子的和天国的宗教真理变成科学真理，并以理论理性之**自然的光**（*lumen naturale*）照亮真正人的生活之道路，而是由自然和自由形成一种不可理解的二律背反。自然研究 231
者本身，真正的自然借以得到认识的自由的理性活动之链条，似乎与作为它的研究成果的自然之严格规定发生怀疑论的矛盾。因为被层叠到物理的身体性之上的心灵生活也属于这个自然；如自然科学的世界考察经常认为的，心灵生活的事件应如同单纯物理的自然之事件一样，在它们的关联中，在它们的空间—时间的位点上，以归属于相关的身体性的方式服从于一种非常稳固的因果规定。因此这也对人的一切自由行为，对进行认识的所有其他努力和行动有效。

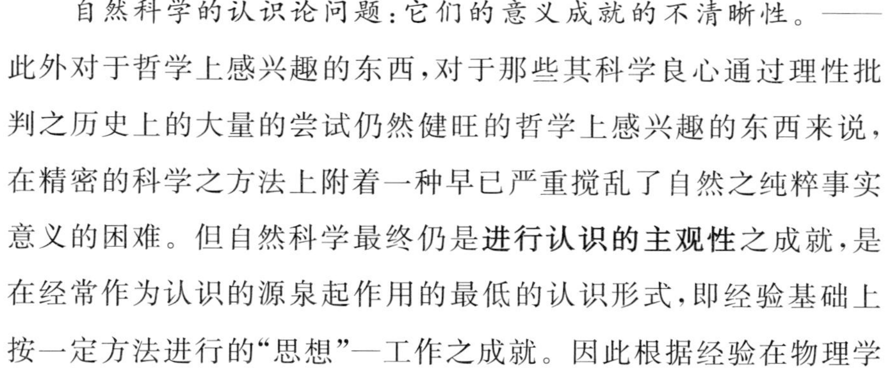

自然科学的认识论问题：它们的意义成就的不清晰性。——此外对于哲学上感兴趣的东西，对于那些其科学良心通过理性批判之历史上的大量的尝试仍然健旺的哲学上感兴趣的东西来说，在精密的科学之方法上附着一种早已严重搅乱了自然之纯粹事实意义的困难。但自然科学最终仍是**进行认识的主观性**之成就，是在经常作为认识的源泉起作用的最低的认识形式，即经验基础上按一定方法进行的“思想”—工作之成就。因此根据经验在物理学公式中作为自然之真正存在被规定出来的客观性,难道不是一种在主观性中,在进行研究的和进行论证的主观性中,被突出出来的**意识之形态**吗,一种理性的成就吗?因此我们从作为被合理地设定的事实的自然中,发现了进行认识的主观性之合理的有所成就的活动——因此“事实”与“规范”(“价值”)就不可分割地联系起来。在意识当中,除去**主观的东西**还能有某种别的东西被研究并被突出出来吗?尽管排除掉单纯主观的东西(第二性性质),被突
232 出出来的“客观东西”难道因此就不是一种特殊主观的东西,一种总能被每一个主观一再严格视为同一的东西,并且能以严格同一的规定加以规定的东西了吗?再者,这不是**每一个**主观——它与其他主观处于共同理解之中,并且与它一起认识,以相互间接受认识动机并对这种动机相互批评的方式与它协作的每一个主观中中——的一个主观吗?这不是一种在**共同体意识**的媒介之中视为同一的东西或能够视为同一的东西,因此是主观的东西,即满足**共主观的**,由我到你地延伸着的,共同的视为同一的行为(即这样一种视为同一的行为,它在对这种生产之同一东西的这种具有决定意义的意识中,把握在我之中生产的东西和在你之中生产的东西)之某些条件的主观东西吗?但是现在自然之**客观性**,它的与主观相对的自在存在,鉴于以下情况已经变成可疑的了,即主观作为身体之主观,作为人,出现在这同一个自然之中。如何可能主观是自然的客观之中的事实,而同时自然的客观又是主观性之中的事实呢?

一切自然科学以及一切依赖自然科学的现代心理学,即作为有关处于自然之中的“心灵”,物理身体的心灵的科学,都以作为心理—物理的自然的自然之预先给予的事实为基础,以“客观世界”

之预先给予的事实为基础，将它作为绝对的事实接受下来。但是另一方面，这些事实，这些被在普遍的把握之中对待的事实，难道不是进行认识的自我之一种只有依照规范才能建立起来的**设定**吗，即一种因此一定会在认识方面，在理性面前显示出来的设定吗？但是自我之被设定的事实并不包含这个自我；自我的认识证明是在这个自我之中的，在它的生活中的认识活动。

〈Ⅱ〉

心理学和以心理学方式奠立认识。——自然主义的心理学，有关在其中心灵是事实性附属物的物理自然范围内的心灵和心灵生活的事实科学，至多展示出许多规则，在我看来是有关客观事实的法则，但是一切客观的事实性的事件，只要进行构成的（在“价值”和“规范”下有所成就的）主观性——在其中形成处于其生活之关联中的—为它—存在的事实——没有受到研究，就是不可理解的。而这种形成客观的事实—存在的行为，使意识到的行为，奠立的行为，证明的行为，并不能由客观事实本身得到“说明”。科学所突出出来的“事实—存在”和“真实—存在”，如果人们不将理性理解为其成就结果正是事实的那种按照“规范”有所成就的理性，就不能理解。因此对于作为服从于规范的主观性的主观性之研究，对于规范本身之研究，和对于作为进行认识的有所成就的活动之目的按照规范获得的成就之研究，就是必需的。对于存在的认识绝不是最后的东西，它需要对“价值”的认识。但是规范的研究之基底是作为“对于……之意识”的主观的主观。 233

当这种“构成着”认识对象的生活及其基本法则似乎是**双重地**发挥功能时，困难就更大了；就是说，一次是作为它本身，作为进行构成的主观之绝对内在性发挥功能，另一次是客观化：因为在这里一切自我生活都能够客观地理解，都能够作为在客观世界之中的事实来理解。现代心理学虽然搜集了许多有价值的客观事实，但是由于它如它所是地是彻底自然主义的，并没有完成它的任务。正如物理学没有能够按照其在基本的主观性之中的起源理解自然的基本问题，理解客观的自然之相对性一样，心理学也没有意识到相应的问题，它更多是意外地遇到这些问题，因为它根本就没有切中它自己的任务，即使它处于客观的态度中时，也不打算去描述本身被客观化了的基本的生活并将它包括到科学之中。它在今天仍然是感觉论的心理学，它在今天仍然没有看到“对……的意识”和属于这种意识的极其大量的形态，而且即使自**布伦塔诺**以来在“意
234 向性东西”方面研究过的东西，也是贫乏的，没有在其大量的问题当中被认识。

与自然科学相对的精神科学。——在另一方面存在着诸**精神科学**。在另一方面？因为这并不是如此简单地被承认的，自然主义的先入之见——它不仅在自然科学家本身那里占支配地位，而且是旧时将精密的数学的自然科学过高评价为一切真正的和方法上完善的自然科学之典范的后果——想使人们相信，精神科学只是自然科学的不完善的预备阶段，只不过不是物理的自然之科学的预备阶段，而是心理物理的自然之科学的预备阶段。与此相应的是，即使现代的心理物理学和实验心理学，仍冒充是对一切具体的精神科学进行说明的基础科学——这是一

种荒谬的要求，它过去始终是徒劳的，并且肯定将来仍始终是徒劳的。[①]

但是无论如何，许多精神科学家本身在实践上都确信与自然科学相对的他们的科学行为的和他们的科学领域的特性，而很少承认自然主义心理学的这样一个要求，以至他们几乎不关心这种要求。但是"精神"这种认识领域的特有东西是什么呢，按一定方法瞄准在精神科学意义上的"精神的"事实的这种行为的特有东西是什么呢？

对于自然科学来说，认识的目的就是作为"客观东西"的自然，
对于认识者"自在"存在的东西，发生的事情，按照自在有效的法则
进行的过程——不管它是否真的被某个人经验，认识。自然地客 235
观化了的**"精神"**，近代心理学的"心灵"，也是存在着的心灵，这种
心灵自在地存在着，不管它是否被认识，是多种多样在与身体性正
常联系中进行的事件，不管这种心灵的主观或别人对此是否知道
某种东西，并且这种事件是按照因果性进行的，这些因果性乃是按
照事实法则（能够不受规范约束地考察的事实法则）被规整的依赖
性，不管这种依赖性是否被意识到。

精神科学的态度与课题范围。——在精神科学中，在确切的

① 自然主义的认识之意义和有效范围方面的模糊不清达到这样的程度，使得人们甚至连一贯性也没有搞清楚：就是说，如果精神科学具有"精确性"的理想，特别是作为被误以为的精神科学的自然主义心理学的"精确性"的理想，那就一定会有（理想地说）一种能在未来科学发展中实现的使世界数学得以完善的**数学的心理学**。此外如果这样设想备受喜爱的心理—物理平行论的理念，那么一种在完全平行的数学法则中与它平行进行的"精密**心理学**"一定会按照精密物理学的斯宾诺莎主义的方式出现在旁边，于是在这件事情上应该只是问：究竟在哪里为肯定构成突出数学上真的心理学东西之环境的一切"单纯主观东西"留下位置。

和扩展了的意义上的历史科学中，课题就是人，是作为意识到它本身的，经验着自己本身的，有意识地被自己本身，被它的思想活动、感觉活动、意愿活动推动的主观的人，是作为在其实践生活中不仅客观—事实地和因果性地与物理的身体在一起，而且具有对其身体——作为它能在其中支配并正在进行支配，通过它进行知觉并在周围世界中采取行动，并具有关于它是围绕它而定位的事物世界的中心点的知识的身体——的主观的意识、经验、知识的主观的人，而这个事物世界是作为直观上被给予的，不管怎样被它的知识、它的认识包围着的，如此这般地被意识的、显现着的世界，而且也是一个具有其他人，与其他人一起被共同体化的世界，一个被公共机构、共同体形式，被城市和国家，被家庭、阶级、民族等等充实的世界，一个事物的世界，而这些事物不仅是物体，而且是文化事物，它们是文化事物乃是由于由人——个别的人和由共同体化了的其他人，由“我们”人，由“我们”民族等等——与他的实践的行为相关联地分配给事物的精神的含义。人，他知道自己，而且知道自己是“人的世界”的成员，以多种多样形式形成的，以移情作用和社会行为为基础的共同体的成员，并且知道自己是一个周围世界的成员，一个直观的，被知道的，被评价的，被讨论的，并由此而主观地被形成的，它在其中以实践方式活动的——一个完完全全是“纯粹主观的”周围世界的成员。

236 这个世界就是现在，但也是在每一个现在反映出来并在意识上被给予的过去，清晰地或模糊地被给予的过去。主观，作为被看作自为的主观的主观，知道自己是他的过去之主观，他的全部的现在都具有主观的过去之地平线——以及将来之敞开的地平线——，他任何时候都可以进入到这种地平线中，从这种地平线中，回忆——清晰的和模糊的回忆——突显出来，被随意地形成起来，从突然产生的空的回忆念头变成“重新回忆”，变成对从前的现在之以“重新回忆”的样式的恢复。在共同体的意识中，也是如此：共同的现在有其共同的回忆之地平线，并且在现在的共同的周围世界中，有这个过去之反映——以对象性东西（著作、建筑物、文物等等）的形式的反映，这些对象性东西，指示可能的重新回忆和重新回忆的类似物，借助于这些东西，这个共同体的主观性之过去及其过去的周围世界，过去的表象，信仰，行为，创造性的成就，社会的组织，等等，又变得活跃起来，尽量地活跃起来，如在个人那里一样。因此精神科学的课题也是人及其真正回忆之过去，作为他的“真正的”回忆本身可以进入的过去——人类及其历史上真的，包含在其历史的意识本身中（包含在其传统中）的可供历史的批判和重建使用的过去。

更一般地说：精神科学将在共同的意识（在最广义上的共同的，如其在关于与另一人一起存在的下面这种意识中已经存在的那样，即我对于他和他对于我在此存在，在社会行为中我能够促动他，他能够促动我）中生活的，行动的，行事的—受苦的，处于与自己本身和他的周围世界的关联中的主观性，或者干脆只是处于与它的周围世界的关联中（但是这个周围世界包含着它本身和每一个个别的自为的主观）的主观性作为课题。这个周围世界伸展到无限的过去并具有主观地理解的未来的地平线；它能够从科学上被开拓。这特别涉及历史。它的大量模糊的，被涂了色的，被改变 237
了的，被歪曲了的形态，必然会被改变为无限多的真正的过去，而

现在的人类必然会被置于它的按一定方法详细研究过的，并被客观地突出出来的过去之无限的地平线中。这就是**历史科学**的成就。但是现实地建立，以对过去之合法的直观（这些是对于重新回忆起的东西和被证明为真的重新回忆起的东西的改变）之形式建立过去的人类生活之统一，这就是**由过去而具体理解现在**。因为正如个人的生活一样，共同体的生活是动机的统一，再次建立这种统一并以历史的概念科学地描述它，这就是充分具体地阐明动机联系，而且是如此完备地阐明，使得恰恰是这个处于其现实统一之中的完整的自我活动的生活，自我的生活，得到清澈而全面的研究。但如果情况是如此，那它就是完全可理解的，它只是处于其形成过程中，并且只有通过充分展示这种形成过程，才能充分描述它——在其全部的限制条件中，并在只提供科学盖然性的内推法中（这种内推法本质上属于处于其全部变样之中的重新回忆之领域）充分描述。

在“周围世界”中的自我的动机，自我—行为。——当然只有主观东西属于这种动机的关联。在认识兴趣中或评价活动和行动中包围着我的事物，并不是物自身，而是主观的为我的事物，如此这般地向我显现，被我看作是真实的，使我满意或使我反感的事物；并且那些促动我的诸主观，并不是自在的主观，而是我现在通过身体和移情作用经验到的主观，尽管这种经验可能是一个错觉，尽管被经验之物可能是一个偶像——它使我恐惧，对我产生作用，也许对我下命令，它对于我是一种精神的事物。历史学家必须如此对待它，而且如果他作为现代的人和具有现代共同体信仰的人，将这个偶像正是作为偶像说明为是虚构，那就已经是一种态度的

改变了。即使在历史学家合法地做了这件事并且利用了真实性的 238 地方，他也绝不是指向自然的自在真实性和自然的物自身，指向在自然意义上的客观东西。历史学家的历史的客观性，是关于在个人的、知道自己本身的主观性之中的主观东西之描述真理的客观性，这个主观性知道自己是在与在行为中、在行动中个人受其推动的周围世界关联中的生活之主观。

一切**经验的精神科学**都详细论述个人东西——而且是在其生成过程中理解这种个人东西——之历史编纂学的这种历史的和个别地—历史地伸展开来的地平线。这个历史的领域乃是普遍类型化的和形态学的和对形态学的生成之普遍规则加以描述的，探究重要结构联系的精神科学之领域，这些结构联系本身作为类型的统一借助类型的概念表达出来——因此正如一切历史的东西，在这点上与"自然历史的东西"类似，都是在"经验的"，由具体直观得来的，因此总是类型的概念中，表达出来一样。

经验的精神科学如同自然历史的，在人的直观的范围内运动的（不是以"精密"自然科学方式进行说明的）科学一样是**描述的**科学。但是它们并不仅仅使我们熟悉诸如这种相对持久的形态之经验类型学和它在外在的—因果的生成中的变化之类型学，因此它们保持的不仅是预期之规则，即关于那种在经验的规则性中，按照规则的类型学，以共存和相继的形式一起出现的东西的规则。

虽然对于精神世界中以同时性和相继性形式被规整的事件之概观，**也**允许一种外在的考察，共存与相继之一些外在的联系、组合当然也会形成起来；并且每一个经验的类型本身都表达一种组合规则的经验的普遍性。但是每一种精神的形态都有**内在的精神**

的统一,正是自我的一个人的统一,一种精神的,在一切阶段上内在地被推动的生成过程之连贯的统一之关联中的动机之统一,并
239 且最终,一切精神的东西,都是由包含着相互联系着的个人之全体的精神生活之普遍统一承担的,这种精神生活将个别个人之全部个人生活彼此联系起来。正如它将被动的和主动的生活之统一,通过个人的、自我的、个人间的相互联系,连接成一种个人生活之动机统一一样,同样它也相互关联地将一切意向的意义形态和存在形态,直观形态,思想形态和劳动形态连接起来,这些形态是在个人的精神生活之统一中,时而在被动性的动机中,时而在个人主观之自由的活动的动机中构成的,并且为这个主观形成一种连贯的,在其生活、活动和存在本身中总是重新形成着的**现象的周围世界**。

一切精神科学都返向联系到这种统一。但是它们作为课题所拥有的东西,就是具体的、为自己本身并且彼此相互地在共主观的生成过程中生成的个人的主观性东西,在与作为在生成过程之当下阶段中为有关的人意向地构成的周围世界的具体的个别主观和共主观的周围世界,恰好是如此显现的,恰好是如此被判断、被评价,并且以劳动实践方式被形成的周围世界的关联中的个人的主观性东西。按照它内在的生成过程研究它,通过指出它的决定性的动机而在与它的时间上的形成过程的联系中认识它在该历史时期具体存在的必然性,并且对于人格的形态之每个重要结构形式和对于个性本身都这么做——这就是历史的科学或精神科学之任务。历史学家的这种**理解活动**不仅是对按照因果—归纳的规则作为无生命的事实和能够期望的事实"一定"会出现的东西之个人的

经验活动和归纳的预见活动，而且是对一种有意义的，借助于由个人而来的特殊意义被规定的，在其中被看出的，并因此恰好是被要求的一种按照其内在的必然性可以明白看出的生成之把握。

就这方面来看，一切在自然科学态度中研究的**自然的东西**，都是**根本不可理解的**。当自然科学的研究探索"客观的"事实及其客观的法则时，它不允许对进行经验的和进行思想的，事实之同一的统一在其动机中被构成的主观性进行任何同时的考察。在自然这 240
种意义上的"事实"之客观性，作为自然科学的课题的"事实"，是归纳的事实，是普遍联想的成就，这种普遍的联想贯穿于全部生活之中，并构成一个共主观的事实世界，人们能够依赖这个世界，人们能够计算这个世界，它是由以联想方式被规整的预期而来的统一。进行研究的，进行构成的，进行计算的和进行归纳的认识兴趣，指向这些被构成的统一——在排除了"主观东西"的情况下。对单纯"主观东西"的这种排除，为对"客观自然"的认识创造一个领域，作为纯粹归纳之规则的领域，这种规则支配在同一性之可能综合中空间事物性经验之一切可能的被给予之物，并且这种规则，当人们在自然科学的理性之动机中认出它时，一定会形成预期之一种理性形式，和可能合理归纳的**技术**之规范。

历史学家，个人的主观性之研究者——这种主观性通过刺激与反应与被主观意识到的直观的周围世界相关联，并与可以理解地与这个周围世界相关联的其他的主观，主观共同体以及劳动文化之主观构成物相关联——，没有排除任何主观东西，因为他正是研究这种主观东西。只当作为研究者的这个研究者探求**有关作为主观东西的主观东西之真理**时，他才排除他的先入之见，他的暧昧

不明之物,他的错觉;历史事实的客观性,就是它们的与存在于这之上的更高的"主观性",即在其中主观的东西获得了理解的那些统觉之主观性——一种更高的"主观性",研究活动本身也存在于其中,但它在这里是研究活动而不是被研究对象——相对的真实的存在和如此存在。

如果就自然来说,对于"自然历史"的经验描述虽然也是一种
241 自身完整的认识价值的和科学的目标,但是另一方面,被自然科学家认为是对于较高的东西而言的,对于精密的,数学—自然科学的说明成就而言的低级阶段,那么在精神科学中的经验描述——不管它是对于能够如此这般经验地描述的历史上的共存或相继,还是以其类型学中的事实性规则对一个历史时代中的一个民族的语言之语法上的描述——是对于**精神科学的说明或发生学的理解**这种较高的认识目的而言的较低的阶段,这种理解不仅指出当下事实之外部的生成(作为这样的东西宁可说是属于以前的阶段),而且指出内在地规定它的动因,这种动因使它作为这种意义之生成,作为一种由内在意向支配的具有其必然性的生成,成为可以理解的。

但是这种**通过理解的说明**对于一种高得多的意义上的说明,即超越论的说明而言,也只不过是一个**低级阶段**。但是还有几点需要谈到:

首先需要谈到的就是引入**真理—理性(价值)**这些范畴。精神生活(文化生活)是自由的人的生活。这可以说是事实上自由的人的生活,只要人证明自己的自由,只要人在**理性的自律**中生活;而且可以说,人具有自由的"**能力**",然而他却或多或少以背理的方式

平平淡淡地过日子。如果**“追求”**自由的活动没有经历一切文化生活，如果人**在文化“发展”中**不是向真正的自由**发展**，人类的发展能够被理解为是**向理性发展**吗？在作为人的人之**本质**中不是包含有下面这些东西吗，即他至少在较小的范围内被证明是合乎理性的，而且这种合乎理性在这种情况下也被设定为目的本身，他想成为合乎理性的，他有“良知”，他评价他人的理性，他人想获得理性，等等？在这里不是包含有一种连续的动因吗，即在共同体的生活中必须实行那种指向共同体的理性生活之理念的意图？因此每一种 242
文化不是在自身中包含有对于作为有价值的文化的“真正”文化之指向吗？不仅这种指向，而且满怀信心的努力、接近、上升不是属于每一种“健康的”，有生命的文化之本质吗[①]？

〈Ⅲ〉

具有我的现实的和可能的意识的我的超越论的主观性，在其意向性中包含着我任何时候都应该能够有意义地谈论的一切东西；凡是我现在没有意识到的并且任何时候都不能意识到的东西，对于我来说就是无意义的虚无。

1.）所有的一切都是通过意识而对我有其意义。即使当我以最空洞的方式说“某物”时，它就已经是一种意识，这种意识完成这种意义赋予，并给本身在意识中以“某物”这种“语音”的意义生成的东西配上“某物”这种“词义”。一切对于我而言应该被认为真实

① 于是就从精神科学的普遍性过渡到超越论哲学。

存在着的东西,或者被认为“实际上”也许存在着的东西,有极大可能存在的东西,不存在的东西等等,应该意味着这样的东西,并应该能够“有理由”被看成这样的东西的东西,必然是从我的主观性——在这里是以理性的一种特殊的方式——为自己获得这种特殊的意义:赋予正当性本身,在正当性与非正当性之间区分,是我自己的意识成就。如果我说:单纯被表象的东西尚不是真正的存在物,那么我就指出了,在表象活动中,在随意的现实的或想象的意指活动中,虽然存在被意指的东西本身,但只是在某种被称作对被以为的东西之真正存在的奠立、证实的“理性”—过程中存在,这种被以为的东西能够在一种极好的样式中,正是在真实的或现实的样式中被给予我,并且指出了,一次被如此证实了,我的态度就以下面这样的方式习惯地受约束,即同一个“被以为的东西”(我能够通过返回到被重新回忆起的过去的意指行为而相信被以为东西的这种同一性)也能再次被奠立,并且一定会在这种奠立中再一次
243 地,而且必然地,作为真正存在的,而不是在进行反驳的论证中作为不存在的,显示出来。但是不可能性、盖然性、不存在等等也在意识中获得其原初的意义,而且是由“自身给予”,由进行奠立的和最终能胜任奠立的意识方式获得原初意义。

在意识中我到处发现这种在非自身给予的意指活动和自身给予的、把握真实东西本身的意指活动之间特有的对立,此外同时还发现在相对不清晰的,离自身给予相对较远的意指活动,和相对清晰的意指活动之间的附属的对立,在不确定的——而且是在变化不定的等级、程度上不确定的——意指活动,和确定的(但尚不因此是清晰的)意指活动之间的附属的对立;其次,是在不明确的和

概念的，以概念进行判断的意指活动，和直接直观的意指活动之间的对立，在直接的意指活动，和推论的意指活动之间的对立等等。我发现，一切认识的活动都是在**认识努力**的媒介中进行的，并且前后一贯的认识活动（特别是作为纯粹理论的思想劳动的认识活动）是在继续进行支配的努力之媒介中进行的，这种努力指向被以为的对象——或宁可说**借助于**以不清晰性，不确定性，非给予性为媒介而被意识的对象而指向处于完全清晰性之样式中，并且处于清晰性之中，处于继续规定之中的**"同一的"对象**；指向对象本身，这个对象在其自身性中被把握，并且在全面的证明中，从各个方面给予它自身的证明中，作为它意向的对象，证明它的存在之真实性——作为这个具体内容的存在物。而这本身能够在存在着的意识（自明性）之领域中说明、规定与其他对象关联的出发点，而这些其他对象又有它们的被信以为真的程度，等等。

因此对象本身作为认识的意向并且最终是经验的意向之目标而起作用，这种意向会全面地得到充实并在结束时提供出"对象"。

事物对象本身作为进行经验的意向之目标（如其本身所是那样将它当成目标获悉），始终是**相对的东西**；就是说，当下进行经验的意向，在某种意义上，在一种附属的、相互关联的**动机状况**中意 244
指对象。这就决定了一种可能经验的范围，和**这种意义**之事物完满的自身给予之可能性。但是在规定意义的情况之变化中，新的经验是可能的，这些新的经验能够作为有关同一个东西的经验以综合的方式与对早先状况的经验统一起来，于是我们就有了一个新的事物"本身"，这样以至穷。

日常生活的事物——境况真理："**绝对的**"事物本身之理念，具有其充分的真理——这种真理满足一切可能的关系——的事物之理念，并不是指导**实践生活**的理念。对于“自然的”人而言，不存在任何困难，因为他总是将“事物”理解为处于确定“关系”之中的事物，并且当他想了解**事物**时，他正是想在这种意义限定中，在这种**境况**之附属的经验范围中了解它。而且在这里他不会想到他不可能经历到的无限性东西。事物、世界存在着：他能够在他能以证明方式追寻的当下经验意义中经验一切。如果经验的意义发生变化，那么这里恰好就存在一种新的经验意义和一种意识，这种意识也能够成就这种变化，并且也能够熟悉这种新的经验范围。他不会想到提出这样的任务，即想要按照一切可能的“关系”，如其自身所是地那样，认识事物本身，通过经验去了解它，而且首先下面的情况根本不是不言而喻的，即这个“自在之物本身”在有意义的限度内，能够是认识的目标。

2.）如果人们像现象学从一开始做的那样将注意力放到这件事情上，那就会产生下面这种重要的先于一切的**哲学任务**：我作为正在生成的哲学家，追求一种普遍的认识，而且是科学之“最高”形式的普遍认识，而且是这样一种认识，它不仅事实上使我满意，和按照我的偶然的事实的需要使我满意，并且我能够以可以想象到的最完满的方式为它辩护。此外我确真地相信，我不仅如我意指那样地意指，不仅如我有它那样有关于获得、关于认识，甚至关于洞察、关于给予的意识，而且我确信，我由此达到了最终可想到的
245 东西；就是说，我确信，我的道路是必然的道路，我的认识行为是必然的认识行为，即必然地指向目的，并且我确信，我在这条道路的终点恰好真正达到作为真正道路的尽可能好的道路之尽可能好的

和唯一真正的目的。

但是如果我只是**朴素地**实行认识并且生活于其“感受到的”自明性中，生活于对走过一条道路和对具有这个目标感受到的满足中，我如何能够指望在这方面成功呢？**生活**于行为中，通过行为而实现某事，这并不意味着心目中想到了主观行为本身及其成就，并且理解，这种认识活动如何按照它的一切发挥功能的形态完成，这种发挥功能的活动本身以及完成这种成就的活动如何完成，并且是以必然的，即以符合规范的方式完成。朴素的认识并不充足，朴素地实行的科学可能变得非常精确，然而它并不充足。

一方面是对于**怀疑论**及其对一般超越的认识之可能性的否定经常束手无策，另一方面，关于**精密科学**在基本概念和基本法则——它们的自明性绝不足以避免在这些被认为可靠的基础之运用中无法解决的矛盾——方面的**根本基础**之绝不会终止的争论，都表明，朴素的认识活动和在其中起支配作用的要符合规范的意志（一种只是要获得普遍的自明性，并为建立有条理的洞察而获得诸种原理的意志）是多么不够用。有时出现的是逻辑上的矛盾，有时出现的是不得不形成的一些新的命题，这些命题与迄今为止的科学之不言而喻的东西相矛盾，同时不能借助于更深刻的澄清使迄今为止的科学之原初的**正当性**与新的命题调和起来。在这里人们除去研究通过认识而有所成就的意识，因此研究作为直接自身给予的自明性的**自明性**本身，作为根据、必然的和盖然的结果之自身给予、在思想上把握了的事态之自身给予的自明性等等的自明 246
性本身，难道能有别的道路通向对一切认识之最终的正当性证明，或通向关于最终证明自身正当的科学之构想吗？

但是这种研究,作为对“意识”一般之被突出出来的类型学之研究,必然会变成对所有一切意识及其**一切**法则性的研究,对理性之法则性建立于其基础之上的具体充分的主观性之扩展了的研究。人们能够不以下面的方式而以别的方式行事吗,即由对意识本身的研究中重新获得一切属于认识本身之本质的,并且是按照一切相互关联(意识,被以为之物或意义,被经验之物本身,在一致的经验之样式中被以为的对象)属于认识本身之本质的基本概念,并借此使一切预先给予的语词概念以及对认识活动和认识成就的科学反思得到对其合法有效的意义之最终澄清,得到彻底的证明?但是如果我们不**观察**自明性并使它作为体验的类型经受一种本质的考察,一种直观的,由最纯粹的自身给予获得的分析,我们就不能对自明性进行争论或就它做断定(如关于自明性之“感觉”的荒唐学说所做的那样)。在我们没有研究过与内在性相对的超越性,“自在”存在,以及一切这一类的概念由之获得其意义的意识的地方(在意识中才能原初地——另外通过绝对地提供规范——获得这种意义),我们就不能就超越性,就超越的东西之自在存在之可能性以及对它的认识之可能性,说出任何一句合理的话。关于超出**认识之普遍形式**及其相互关联的那些概念——这些概念对于一切被根本包含的,由于根本的原则性的理由而自成一体的**诸科学**(例如物理的自然科学、心理学、几何学等等),也是重要的——的情况,也是如此。

在这里主要的事情就是,科学的“基础”并不是开始的形态,而是已经结束的形态,这些结束的形态就是**作为理论**的科学之基础形态,是理论当中最先的东西,但不是认识当中最先的东西。它们必须首先自己证明它们的合法性，它们有其形态的完善性或不完善性，或者因为它们没有按照它们的意义形态得到澄清，并且它们的意义本身包含着模糊不清的东西，它们隐藏有限定它们的前提等等。 247

对于“事物”的意义之彻底澄清，如对于心灵、时间、空间、因果性等等的意义之彻底澄清一样，追溯到“事物”、“心灵”、“空间”、“时间”、“因果性”等等在其中被构成的意识之确定的形态。意义是极其复杂的意义赋予之统一。由于进行认识的主观之极其复杂的主观的给予方式和主观的活动方式，被以为是事物并作为事物而自身被给予的东西，具有其意义，具有其处于自身给予样式之中的意义。意识作为进行认识的意识，并不是照亮在意识之中存在于此的东西的自然的光（*lumen naturale*）；而是极其复杂的功能——意识功能——之系统，处于自身这种样式之中的意向对象作为意识功能的成就构成物产生出来，但并不是作为自成一体的构成物立即产生出来，而是作为一种在意识之中的构成物，或者说得更确切些，是作为一种要参照被进一步说明了原因的成就之无限系统的构成物，产生出来的。但这些成就对于存在之每一个区域而言，并不是偶然性的东西，而是本质必然性的东西。并且只当人们在反思的研究中看到它们，并且分析了它们的不容改变的关系时，才能将世界**理解**为现实的和可能的认识之对象，才能**理解**它的客观存在之**意义**，理解与现实的认识活动之“偶然性”相对的那种“自身”之意义，因此人们理解，在绝对意义上世界可能是什么和可能意味着什么。

在“**计算世界**”与“**理解世界**”之间的对立，并不是被科学地认

识的世界与富于想象的,满足情感需要的“形而上学的”解释之间的对立,而是在朴素地形成的和因此是纯粹独断论的科学与真正的,由洞察之最终源泉获得的,因此理解自己本身并理解其客观论断意义的科学之间的对立。但是洞察之最终源泉,就是洞察本身,
248 由最终的源泉进行认识和理解,就意味着认识认识活动本身和认识认识活动中的被认识物以及认识被认识物之存在于被认识的洞察之中。

只有这样的科学才是在最后的和充分的意义上的,在真正精确的意义上的科学:创立这样的科学乃是哲学的任务,这种科学的最终目的,即将作为绝对的哲学之分支的一切可能的科学之全体引上轨道,并且借助于它的原理性理论帮助已经处于进程之中的诸科学,使它们能够提供自己以完满的清晰性、明确性之形态,完满的成就之形态——以及绝对证明自己本身为正当的成就之形态:一句话,使它们变成**第二哲学**,并使它们能够理解将一切哲学联结成一种哲学的那种统一。

如果认识者只能以朴素的认识**实行**他的每一个认识步骤,却不**理解**意义赋予在其主观性中**发生**之方式,不**理解**真正的存在和理论之真理以变动着的主观的给予方式之多样性,并且一方面以它的已形成的统觉之被动性,另一方面以它的主动性之进行理解的,进行规定的,进行把握的以及以一般理论的工作自明地得到实现之方式,那么真正的科学,完善的和全面的合理性之理论领域,认识者能够以对其正当性之最充分理解——以可以想象到的最完善的理解——为之辩护的认识的阶段构造,就绝不可能。

我们重复说,一切阶段上的认识都是极其复杂的,都是被动的

和主动的主观性之对于对象性东西的每一领域或“范畴”而言不同的成就，而且是这样一种成就，它不是偶然地，而是按照绝对必然的规律性，使在每一种意义上的真实存在和有关这种存在的理论，不是作为与主观不同的东西，而是作为主观性本身固有的东西，作为它的内在的成就而属于它本身的东西出现。理解这种规律性，并由这种理解也使那样一种客观性成为可以理解的，这种客观性使**一个**自我(*ego*)的可能的成果对于和这个自我(*ego*)进行交往的**每一个其他的自我(*ego*)**作为同一的同一个东西，而且对于每一个 249 其他的自我也是可能的成果(而且不仅是作为相等的，而且是作为同一的成果)成为可以认识的，这就是超越论哲学的重要任务。

只要客观的认识——另外还有一般的认识——没有被看作认识之一个庞大的具体的领域，没有被看作与纯粹主观性之可具体把握的认识成就之极其多种多样的类型学相关联的众多学科之领域，并依此进行科学研究，那么认识就是一个词，并且是以语词概念进行的思辨的语词概念的领域，就是与事物相异的或远离事物的谈论之语词概念的领域；那么我们所具有的就是一些只具有**技术合理性**的科学，正如尽管是在一种低得多的阶段上，前科学的文化民族之技术性很高的技术只具有技术的合理性一样，那种技术对于它的承担者而言，不言而喻地具有令人满意的合理性，但并不是那种有能力按照柏拉图的精神引导科学上升的合理性。

科学由于合理的方法而是其所是，并且一切——不论是先验的还是经验的——精神科学，本身都是有关**方法的**论说，是关于一切经验的个别的认识之方法的科学。

但是**第一哲学，有关方法一般的科学**，有关认识一般和可能认识目标一般,即可能认识一般的科学——在其中排除了各种偶然性东西(也排除了质料的或偶然的先验性)的一切先验科学,都作为展开了的分支出现——,高居于一切科学和一切特殊的先验的合理的科学之上。**最普遍的数学**(*Mathesis universalissima*)高居于一切科学之上,但不是作为朴素的数学(这种数学仍然远远地超出了**莱布尼茨**的普遍数学[*Mathesis universalis*],通过系统地规整构成并在理论中展开形式存在论的先验性),而是作为**有关认识成就的数学**,对这些认识成就在意识行为方面的研究并且是在纯粹主观性中实行的研究,将数学东西作为理性之意识对象的构成
250 物,并因此作为意识的相关项来把握,因此就如同一切包含于形式普遍性东西之中的可能的质料的和个别的特殊性东西,在它们那个方面是由一种相互关联地与它们对应的,并且按照类型,按照本质能够指明的主观成就中产生那样来把握。但是这种最高的,最纯粹的,被绝对的可理解性照亮的**逻辑学**(与有关科学的理性之理论相关联的科学理论)是在纯粹主观性之**卓越的**形态中运动的,并因此要求对**完整的**纯粹的主观性进行研究。反过来说,如果人们以具体的本质直观之纯粹性探究意识之全部主观的可能性,那么这种最后的研究就必然会导致那些在这里被称作理性成就的卓越的可能性东西,并因此在有关主观性的普遍科学之范围内,自动地产生那种普遍的科学论,与此同时还有一种普遍的先验的对象论,或用一种独特的方式表示,一种普遍的数学(*Mathesis*)。

受局限的历史领域的数学对自然科学所成就的东西,即它通过将现实的自然归入到数学流形之体系中——即自然一般之可能形式的体系中——,使自然科学有可能真正认识自然,这对一切科

学也都能做。但是只有在哲学的形式中，即在完整的，直向地进行的数学的科学论中，和反思地进行的认识论的科学论中，或在第一哲学这种普遍形式中，这才能真正最终有效地完成。

但现象学的新颖之处正是这一点，即它由对传统逻辑学的澄清和深化的努力中产生后，将科学和一般认识的这些最普遍的和最终的问题置于它们真正的直观的基础之上，并由此才以具体的丰富性把握了这些问题。它才使将这些问题变成具体工作问题的唯一可能的方法变为现实的——通过指出作为这种第一哲学之普遍基础的，作为一切起源（如果没有对这些起源的研究，一切科学肯定始终都是朴素的）之源泉领域的纯粹的自我（*ego*）。

251 # 在走向有关超越论的主观性之科学的道路上划分阶段的尝试[①]

各条不同的道路都通向对有关超越论的主观性之科学的这同一的迫切需要。

1.)**第一条道路**已经在讲课[②]中尝试过了。这条道路是从“认识的—伦理的”良知之产生出发的，这种良知可以由对那些实际上缺少对于科学之理念是决定性的那种充分合理性的**科学之批判引起**。这些科学的理论虽然是在自明性中产生的构成物，但是那种朴素地实现的自明性导致一些在前后一贯地运用时会导致矛盾（连续统一体，佯谬等等）的基本概念和基本定理。

现在我们可以走**笛卡儿式的道路**，彻底重新开始的道路，它导致我思（*ego cogito*），在正确的自身理解中导致超越论的主观性：这是最初的经验基础——在我这个进行现象学反思的人这里以知觉上的原初性提供的基础——，这种经验基础有望得到绝对证明为正当的认识。接下来应该认识到，能够由自然地生成的诸科学当中的任何一门科学，并且最终能够由一切可能想到一般科学提

① 写于1925年12月。——编者注

② 显然是指1922/23年“**哲学导论**”的讲课（参看这一版第Ⅶ卷第ⅩⅫ页及下一页）以及《**第一哲学1923/24**》的讲课。——编者注

出的——另一方面能够由绝对正当性证明之理念本身提出的——一切原则性问题，按照意义和可能性，必然与这个基础相关联，因此一种彻底的或绝对证明为正当的科学，能够成为可能。

实际上，在更深入的思考中立即就表明，绝对的认识和绝对的 252
科学之道路，必然要经过**对于有关绝对认识之可能性的绝对的认识**，然后这条道路才能继续通向对于"客观的"、"独断论的"诸科学之绝对的正当性证明，或更确切地说，通向它们的以绝对正当性证明重新形成。这特别适合于一切有关世界的诸科学，但也适合于被返向联系到这些科学的**形而上学**，另一方面也适合于**诸规范的科学**。

对此我后来是这样表达的：

a)需要作为向现实的和可能的超越论的主观性还原，或更确切地说，向超越论的主观性之现实的和可能的超越论的经验还原的**现象学还原**。

b)需要一种**对超越论的经验之确真的批判**，但是也需要一种对能够在这种超越论的经验基础上作为"现象学"被建立起来的"**逻辑的**"认识之批判。因此需要一种现象学和一种对于它的认识的批判。与此同时指出，这种对于现象学的认识之确真的批判重复地返向联系到自己本身。因此这就是真正的**第一哲学**（就是说，暂时是"朴素的"现象学以及作为最彻底的认识批判的针对它的确真的批判）。

2.)我将**第二条道路**设想为是从**神话的—实践的世界观与理论兴趣的世界观之对比**出发的。在后一方面中存在着真正的开端：即建立纯粹理论的经验与认识，建立"冷静的"世界考察，从这种考察中，产生出自律的文化，产生出具有冷静的"理性"的——并在有信念的理性指导下的——共同体的生活和共同体的有所成就的活动。此外我想考察**“纯粹理论的”经验之世界**。这个世界表现
253 为存在着的，表现为在经验之流中作为同一地一致的世界而坚持到底的。我想使自己明白，当我认真地以经验之纯粹的同一性，因此以纯粹的一致性，继续思考经验时，什么东西属于经验世界。因此我思考经验和经验世界，并探究经验世界表明出来的，并且在这种情况下——借助自由变换的本质学的改变中——一定会作为必然不变的系统表明出来的普遍结构。

这应该得出有关世界的可能的诸科学之系统的分配，在这种研究中我的思想方法的逻辑是怎样的呢？

通过展示自然之结构我发现，自然首先是在主观的被给予之物中被给予的。我想要探究被经验之物的同一性，我必须排除这种主观的东西，但却还是必须按某种方式描述这种主观的东西。于是这种主观的东西就如同一切单纯主观的东西一样一起进入到心理学之中。

我以存在论方式获得了直观的（感觉论的）自然及其普遍的结构，即自然作为被经验的自然（作为被知觉的自然）必然具有的结构。相关联地，我随即就看到与单纯主观东西，与“心理学东西”的紧密结合。这样，我就一方面获得了存在论的结构，另一方面获得了在显现着的自然，经验生活的自然，与主观生活本身之间的本质联系。但是在这种情况下我也必须实行对于身体性和心灵东西的研究，又是以存在论的方式和按照主观的方面进行研究，就是说，如果这种主观东西也“显现出来”的话；因此他人的主观东西“显现出来”的话——移情作用。我实行普遍的描述并获得使“描述的”

科学成为可能的诸本质结构。

我继续前进并面临相对主义的问题，正常的和反常的描述的问题，或更确切地说，面临诸世界的问题，面临通过数学化而使空间时间的广延理想化的问题，面临精确定义的问题，面临自在真理的问题。

我在什么地方按照自然的方式达到**逻辑学**呢？

我的沉思是在我的思想活动中和在对我的思想的，或更确切地说，对我的思想行为，对有关的目的和手段的进行表达的描述活动中进行的，——作为这个作为表达自己的主观的哲学的主观之 254
发挥功能的思想活动而进行的。我**在这次开始之前**——即在开始对经验世界的结构进行反思之前——肯定必然已经实行过**另外一种开始**了：对认识和科学之目的，对我在自然的洞察中提供给我的规范，进行普遍的沉思。与此同时我对自己沉思，并且首先也对洞察，自明性，对自明性之批判，进行沉思，我要使自己明了，进行判断的生活如何能变成进行认识的生活，并能够证明自身为正当的。并且只要这种进行指导的有关科学性的规范应该存在，并且首先对于我存在，我就一定也会对自己说：我自己在这种沉思中发现的东西，符合于我的规范，并且具有科学性的特征——只要它们恰好是适当的。因为并不排除，由于它——不论是由于普遍性中的不确定性，还是由于忽略了同时可以考虑的可能性——不够用，我在以后的行动中一定会补充或改变一些东西。

因此与这种开始的部分一起，纯粹的和形式的**逻辑学**之一部分就已经形成了——以这样的方式形成，即它的理念首先是处于进行构成的生成之中。现在，为了按照其可能性和实现而思考“哲

学”,我必须实行“沉思”,因此这并不是说,我将这种开始的部分真的当成逻辑学的开始部分加以进一步发展,并不是说它的作为科学的理念应该在这里被构想出来。

但是,在这第二条道路上最恰当的也许就是,紧接着这些最初的沉思,或在其不断继续进展中,立即明确地引入逻辑学的理念,并且宣布我们有权利将它当作科学——当作**最初的**可实行的科学——引上轨道。为了可以这样做,因此我就必须反思我的在这些对于述谓性的陈述——作为关于某些对象是对我有效的对象的主张——,对于自明性、确真性等等的沉思中按一定方法进行的行为,并使我确信,这些进行沉思的论断本身在方法上是否符合我在它们当中拟定的规范。如果这也是一种在努力追求纯粹自明性当

255 中根据认真思考对科学性作的最初评价,那么这种评价从现在起就作为科学的评价而对我有效,并且我的行为本身正是**按照**进行证实的反思而被证明是科学的,作为这种东西对我有效的。

因此在继续进行时,我将必须引入区分判断概念的新的概念,我将区分进行规定的判断和实存的判断,或更确切地说,真理的判断,就确实性区分原样式与样式的变化。我将转向拟定有关判断及其样态的形式的学说。

在意向行为方面首先我将区分在进行判断的思想活动中的模糊性与清澈性,并且必须突出其中存在有明晰性的特殊自明性,借助这种自明性,在进行判断的陈述中,判断作为含义的统一,而且作为能以明晰性辨认的并达到自身给予的判断本身而被把握。在这种情况下,其领域通过确真的自明性如此被给予的那种科学的形式理论,正是从事这种工作。

然后，接下来应该转向关于无矛盾性的，或更确切地说，关于一致性的逻辑学之基本概念，应该为该逻辑学本身预先规定道路。

形式数学(*Mathesis*)之概念的展开，经过有关含义的形式理论，导致特殊的分析学——作为无矛盾性的逻辑学。由这里出发，道路通向形式的真理逻辑。在这里，对于可能对象的关系，一定会立即成为问题。由此形式存在论的真正理念才第一次产生出来，这种理念最终回溯到个别对象一般，以及有关个别性之相应的形式法则(例如，每一个时间中的对象，每一个都是一个具有实质性本质的与某物相对的此物(τόδε τι 等等)。

相应的认识论自然也是如此。

但是我们在这里尚未完成。就是在我们正式转向个别的和最终可能的对象以前，我已经想到了在事物、价值、善之间的区分。形式的逻辑学曾是判断命题(基底命题，述谓命题)的逻辑学。如果我们不是举出判断命题，而是举出评价的命题、和意愿的，或更确切地说，意志的命题，那就会并列地出现有关真理的概念(在扩展了的意义上的)：判断的真理(致力于作为真理逻辑的判断逻 256
辑)，价值真理，实践真理。类似地，相应于在评价活动、意愿活动、意志活动中的一致性，必然会以相应的“真理”之可能性条件生成有关新的种类的命题之形式的理论。在认识当中一切其他的真理都作为判断的真理以述谓方式表述出来。因此形式的逻辑学为了逻辑学而扩展了，而且是为了形式的逻辑学，价值命题的，或价值真理等等的逻辑学而扩展了。它以某种方式缩小了，因为从判断逻辑的观点出发，进入到价值领域和意志领域的命题，是“质料上”

特殊化了。另一方面，由于考虑到，即使是判断活动就已经返回到了进行判断的主观性，并且这个具有同样普遍性的主观性同时也可能是进行评价的、行动的—意愿的主观性，因此这个新领域中的这种形式的东西就具有一种同样重要的一般性，并且有关形式东西的概念，如形式逻辑的概念，得到必然的扩展。

如果我们现在从形式逻辑的一般性东西转向被形式地预先规定的特殊化东西，那么作为判断基底的某物(存在—某物)之形式理念，同样还有评价—某物之形式理念，或有关价值一般、善一般、目的一般等等之形式理念，就区分开了。根据被**先验地**预先规定的形式奠基，我们前价值地，因此也是前实践地转到了个别的某物上，因此转到了能够被称作**事物**的最终形式的东西(自然，不含价值的存在，但仍处于形式的一般性之中)上。如果我们不将这种东西看作单纯的命题，而看作真实性的存在者，并首先看作本质学上的存在可能性(本质学的单一性东西)，那么我们就转到了有关作为单纯自然的个别东西之形式逻辑学。

在实证态度中，我们在丢弃了普遍数学(*Mathesis universalis*)(它被扩展为价值论的和实践的形式—数学的东西——因此是有关某物一般的，但是处于纯粹的含义之某物一般的科学)之后，我们已**预先给定了世界**，并且能够在这个世界中通过分解发现世间的前价值的东西——作为"单纯的"，即物理的自然，以及在本质学的态度中，作为可能的自然一般。

因为每一个不同的真理同时都可能是认识的课题(正如存在逻辑的真理就自己本身来说也可能是认识的课题一样)，因此不仅
257 存在着有关事实的科学逻辑学，而且也存在着有关实在的价值的

和目的的逻辑学(在一种新的意义上是形式的逻辑学)。或者:不仅存在着一种有关实在的存在一般和述谓的存在真理(判断的正确性)一般之形式东西的形式的先验的科学,而且还存在有关实在价值一般的或评价活动一般的形式东西的形式的先验的科学和有关价值真理一般等等的形式东西的形式的先验的科学,——又是以认识活动—认识对象方式存在。

那么接下来是什么呢?属于**个人的共同体**之先验性,部分地是单纯事实的先验性[①],但部分地是目标设定的先验性和有价值的构成物——或者,在一种更高的意义上,绝对当为的构成物——之形态的,比如个别人和共同体本身的某种生活形态的先验性[②]。

因此最后就是**关于伦理的人类之逻辑学**,关于**诸文化形态**之逻辑学,或更确切地说,关于**诸文化科学**之逻辑学,关于**向**处于其诸阶段的以及处于其产品的诸阶段及其进行生产的生活的诸阶段的**真正人类发展的逻辑学**。

与一致的经验和被经验的存在的先验性(在普遍规律中)相对应,在较高的阶段上,有一致的评价和一致的行为的先验性,以及一个不仅作为事实被给予的世界——它事实上也到处都与价值的规范,伦理的规范相对应——的,而且是一种理想的世界——它一定会在真正的人的生活中,在一种将自己提升到真正性的共同体

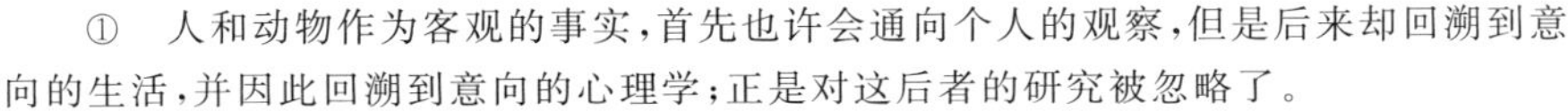

① 人和动物作为客观的事实,首先也许会通向个人的观察,但是后来却回溯到意向的生活,并因此回溯到意向的心理学;正是对这后者的研究被忽略了。

② 但是在这里现在一定会开始一种分解:作为"事物"的自然和自然化了的精神——另一方面是作为"事物"的个人的精神等等——,此外在作为可规范的领域的"精神的"或个人的领域中——诸规范的形态和诸特殊的规范的科学。

中,被想要和被唤醒——的先验性。

那么**工艺学**如何看待有关人的价值,善,绝对目的,义务,权利的"理论的"科学呢?——

问题是,在获得了人类的和人类文化的逻辑学,或更确切地
258 说,获得了属于精神科学的逻辑学以后,是否还剩下了先验的科学。但愿还有"**形而上学**"可以考虑。世界,如它作为事实存在着那样,具有这样的性质,即在其中人们不仅能够过一种相对有价值的生活,就是说,能够生产一种文化,而且人们经常是在一种敞开的意义地平线中过生活的,人们个别地并在共同体中,为自己以升高着的标准提出价值目标,并且本来能够变成一种理性的人类,相关联地本来能够为自己形成一个越来越美好的世界。但这种作为事实的世界之存在,就已经包含有一种目的论了。世界实际上"自在地"存在着——这就是自然科学等等的课题;但这并不是必然的,世界不需要存在,而且世界本来可能是一个没有自在的真理的大约的世界。

但仍有完全不同的东西应该考虑。每一个人都服从于一种个别地对他提出的绝对的道德义务;而这个人在共同体中又再一次地服从于义务。这种绝对的道德义务处于与价值的关联中,当人遵循这种道德义务时,人就感到满足。但世界是这样的,它不是一个不关心实现绝对道德义务的无意义的世界。尽管个别来看有的绝对当为的目的并未达到,但是整体来看,生活却是致力于生活之能以绝对的善而圆满实现。没有盲目的命运——上帝"支配"这个世界。世界追求绝对的目的,追求价值,世界在人的心中为绝对目的和价值创造条件,人们本来能够在他们的自由中实现神的世

界——当然本身要借助神的恩赐,他们肯定受到了神的恩赐的推动,并有能力以最高的意识和意志力去追求神的恩赐。

259 通过对实证科学的批判通向超越论现象学的道路，《**理念**》一书中笛卡儿式的道路和预先给予的生活世界的问题①

〈Ⅰ〉

最终有效的存在②。

（1）通向科学的道路——通向客观有效的判断的道路。通过对实证科学批判通向超越论现象学的道路。

（2）直接地攀升到超越论的态度，笛卡儿式的道路，《理念》一书中的道路③。

（a）在自然态度中对于世界在我的意识生活中作为为我存在着的现实性东西之全体而对我有效之方式的反思。世界作为通过经验预先给予的世界——在构成我的人的世界生活之全部世界活

---

① 据胡塞尔的推测："1930年？"；很可能更早，但是不会早于1924年。——编者注

② 如果开端是可能的普遍的科学之问题，而且是在真正意义上的哲学之问题，一种奠立最终有效的普遍的真理并为这种真理辩护的哲学之问题，那么对于这种理念的**相信**，或更确切地说，对于最终有效的存在的相信，或更确切地说，对于最终有效的真理的相信——首先是对于实证真理的相信，或相关联地，对于**世界**之绝对存在的相信——就存在于这种主导理念之中。

③ 《**纯粹现象学和现象学哲学的理念**》第一册；见本版第三卷。——编者注

动中,世界已经被设定为前提——,在贯流于作为清醒的自我的我之中的世界经验中,被意识为完全无疑地,肯定地存在着的;在个别的无把握、怀疑、勾销中,总体上一致地一再地——而且是非反思地——建立起来。总体的经验本身自行修正,以至于世界,这一个存在着的世界,在连续的意识中,对于我经常是毫无疑问地在此存在的。

(b)为我存在着的或由经验而对我有效的世界是客观的世 260
界,是一个包含着他人——现实地被经验的或大概可能作为现实的而可经验的他人——的世界,包含着像我这样的人,因此也是通过经验而进行经验的人,他在他的经验活动和认识活动中认识我在认识的这同一个世界。我作为对世界进行认识的人,认识所有这一切,认识世界的客观性,这正是由于我在认识其他人及其敞开的全体时,也认识他们的认识活动,并认识他们在该认识活动中作为世界所认识的(首先是所经验的)东西。

(c)对于我来说,对世界的经验在基本的层次上是感性的经验。世界本身作为由我的经验——由我的直接的经验和各种方式的间接的经验——而来的世界,空间时间的世界以及一切空间时间的东西,至少按照基本层次来说是自然,是有广延的事物(*res extensae*)之宇宙。每一个实在东西至少**也是**自然,更确切地说,不管它是什么,它都在有广延的事物中有牢固基础;它通常可能被称作人的个人,由人的个人构成的共同体、艺术作品、劳动工具、语言、习俗、国家、教会,等等。只有借助于物体性在世界中所是的东西,实在的东西才存在,——才借助于空间时间的位置个别化。一切外在物体性的规定,都是这样地被定位——通过本来具有场所的东西被定位。

(d)下面是**笛卡儿**的一段论述：对感性经验的批判，对物体性经验的批判。对于作为世间的存在物的实在东西本身的经验，即使由于感性经验这个基本的层次，存在物也只能通过向前抓取，通过预期，才是自身给予的，而这种预期首先必须通过进一步的经验来兑现，但是仍留下了不能兑现的可能性。一致地流贯着的经验借以提供存在物的那种事实的无可怀疑性，并不排除被经验之物的非存在。一致性的自身证明(在有限的一段中)并不是最终有效的现实性之证明。但因此不仅每一**个别的**物体的存在，因此具有其现实存在的一般实在的存在，可以说会成为一种可能宣布为无效的存在，而且**世界**本身的现实性，存在之经常是毫无疑问地事先就有效的**整体性**，看来也会成为可能会被宣布无效的那种现实性。世界会变成"值得"怀疑的世界，会产生一种对世界之最终有效的存在提出怀疑的必然性。

261 在这种进程中，首先是在自然方面和将自然本身呈现出来的感性经验方面是这样；但是世界并不是作为单纯自然被经验的，而且想要将经验的世界导致客观有效认识的诸科学也并不是单纯的自然科学。经验向我们显示出我们自身，作为人的研究者，并且向我们显示出一般人——作为像我们这样的人，尽管有多种多样的特征上的不同——，此外——作为我们的较远的而且越来越远的类似物——显示出具有其较高的和较低的动物物种等级的动物世界，此外在世界上被经验的还有(而且对于我们是普遍的)多种多样种类和形式的人的共同体的现实性东西，动物共同体的这一类东西，以及在其中存在着的诸成员(单个的人和团体等等)之结合

方式和联系方式。另一方面，普遍的经验向我们显示出我们将其包括到“文化”这个名目下的我们的普遍的对我们有效的世界中的存在物，以及其他自身带有由人和动物而来的作为标记的“精神的”特征的实在性东西，这些实在性东西以这些特征普遍地为我们在此存在；在由动物而来的特征的情况下，就是一切在通常物理的事物上的标记，在其中精神性东西立即在经验中表达出来，然而并不是具有文化构成物性质的精神性东西：如足迹，如森林中野兽藏身处等诸如此类的东西。

人类学和动物学，以及所称的作为有关社会性东西、各种不同等级次序的人格性东西及其客观的—世间的成就构成物的诸精神科学，研究经验世界的一切并非单纯自然的客体。作为个别主观的和共主观的经验之对象，它们直截了当地以其当下的经验意义为我们存在；但是即使就它们而言，或更确切地说，就它们借以被嵌入对我们普遍有效世界的那些超自然的特征而言，经验也经常是假的，并一切存在物都要得到充实，因此处于被证实为假象、失去存在有效性的敞开的可能性之中。

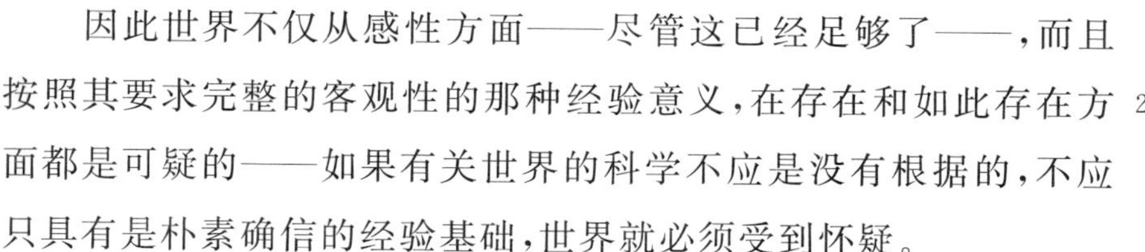

因此世界不仅从感性方面——尽管这已经足够了——，而且
按照其要求完整的客观性的那种经验意义，在存在和如此存在方 262
面都是可疑的——如果有关世界的科学不应是没有根据的，不应只具有是朴素确信的经验基础，世界就必须受到怀疑。

这就是对**经验**进行普遍**批判**的任务——或是对普遍经验进行批判的任务；世界，真实存在着的世界，据说应该通过这种普遍的经验被预先给予我：就是说，如果我追求真理，如果我作为科学家为我提出认识“这个”世界，认识这种现实性（不论是按照其整体性认识，还是按照其诸领域中的某些领域认识）的任务，这个世界就应该预先给予我；认识它的具体的领域或抽象的领域的某些领域——例如认识物理自然（具有其已抽去一切精神性东西的相对具体物），或是抽象的对象，认识作为这个预先就存在的世界之形式的世界空间或世界时间。

科学——在与世界相关联这种通常意义上的科学——或更确切地说，科学家，不仅生活于对其以逻辑方式有所成就的理性之“自信”中，而且在此之前就已经生活于对作为前逻辑的经验理性的进行经验的认识能力，对它的经验的“自信”之中。在个别的经验中进行批判时，在科学家们所关心的是排除假象的经验时，他们总是相信，普遍的共主观的经验——现实的世界毫无疑问地由这种经验的成就中为他们产生出来（作为对他们有效的世界为他们产生出来）——必然随身带有在经验进程中的某种结构方式，某种一致性，由于这种一致性——虽然会有个别地发生的假象——一个现实的世界确实为我们存在着，作为一致地被意指并被证实的意义对我们有效；这是一个现实的经验世界，——然而它的存在有效性（不仅是如此存在的有效性）并没有在当下的事实的处于其有限性中的经验将其导致自身呈现并证明它的那种东西中得到证实；这是一种理想的一致性的，而不是已经现实地被给予的和得到确保的一致性的世界，一种被合法地假定的，人们能够借助于方法接近的一致性的世界。

因此很清楚，人们被彻底奠立实证科学——普遍的实证科学和特殊的实证科学——的任务，导致对经验进行彻底批判的任务，
263 属于这种任务之意义的有：怀疑存在着的世界，不是将它当成前

提,而是将从最下层构成这种所宣称的存在的那种普遍经验当成课题。但正是因此,**作为进行经验的主观性的主观性**——以及通过经验使一种持久的世间的存在在它自身中有效的主观性——就变成了课题;但却是以这样的方式变成课题的,在这种方式中,主观性绝不能被看作在世界之中的,因此作为以人的方式存在的主观性。

接下来,以下的情况也将是不言而喻的,即这种主观性——作为"超越论的"主观性,不同于人的—世间的主观性——必须绝不是仅仅作为进行经验的主观性,而是具体地,作为它本身所是的东西,被研究。就这样,对实证科学的批判,以及对一切保持实证态度的哲学的批判,导致一种超越论的科学之必然奠立。在对这种科学的完整的阐明中表明,它而且唯有它,才是真正的科学,它是唯一可能的普遍科学(或全面的科学),有关存在者全体的科学;而这就是说,世界存在这个当然第一的存在概念,变成一种纯粹相对的概念。正如实证科学在其科学性方面被相对化了一样——由于它的基础必须作为超越论的基础被建立起来,而且因此它本身是以完全成功地实现它的超越论的意义规定和超越论的方法才能成为真正的科学——,同样世界,实证性的领域,就变成了作为绝对存在领域的,作为自为存在物的绝对存在物之存在领域的超越论主观性之意义构成物。

在《理念》一书中所选取的道路。——但是人们可以将对"感性"的怀疑和一般而言对自然并因此世界按照其本质的基本层次在其中作为存在着的而对我们有效的世界经验之怀疑,或更确切地说,对世界之有效性的那种毫无疑问的承认(首先是根据属于人

的生活并属于实证科学的感性的承认）之怀疑，以不同于刚才预先规定的方式来运用；但这种运用不是为了对于经验的感性所应实行的批判之目的，与此相连也不是为了将实证科学以经验批判的方式（一般而言，接下来是以理性批判的方式）改造为真正被彻底奠立的科学。不是走这条道路，即既彻底改造自然朴素的存在者
264 概念，也彻底改造仍旧是自然朴素的科学概念的道路，人们恰恰可以完全不考虑这些任务。因此兴趣并不是对实证科学和经验世界之存在进行最终正当性证明的询问，或奠立一般普遍的世界科学。

相反，我们可以**直截了当地实行向超越论主观性的过渡**，即以下面这种方式。

我们将预先给予的世界之变得明白了的可疑性运用于今后——而且是始终不渝地——在下面这种意义上对世界的怀疑，即我们**禁止对于存在或非存在采取任何立场**。就是说，我们对实证科学的态度以及所谓科学以外领域的实证生活的态度，采取一种明显可能的**相反态度**：我们克制对于世间性的存在或非存在作任何设定，或更确切地说，对我们总是将存在与非存在保持于其中的那个作为存在有效性之全体的世界克制作任何设定。实行这种普遍的克制，这当然是我们本来从一开始就能做的；而在那种情况下，**超越论的**主观性就会为我们显露出来，作为这样的主观性，存在着的世界，以及最终是有其科学规定的世界，由其经验的成就和认识的成就为我们存在，而内在于这个世界之中的，因此是在空间时间上存在着的我们的**人的**自身，并没有如超越论的主观性那样现在被获得，而且现在也没有能够更容易地导致完善的自明性。

我们用以强调世界存在之成问题的，或用**笛卡儿**的话说，世界存在之可疑性的方式，肯定以一些粗略的，但暂时已经足够充分的基本特征表明，进行经验的生活——而且是我的，这个进行认识者的，这个进行哲学沉思者的生活——，如何在其内在性中恰好使作为有效性统一的世界起作用，并表明，我只是由此而按照存在与如此存在拥有世界，并且总是在一种敞开的条件性中，在一种必定会实现的预期中，拥有世界[①]。

因此我事先完全只不过是在现实的存在与现实的非存在之间 265
的分界线上拥有世界，只不过我在生活于预期之中，并且实行这种预期时，恰好是毫无疑问地相信世界，相信存在一定会总是继续仍然存在，相信假象将能够，并且一定能够通过适当的最后是最终有效的修正被克服，相信在事实的普遍的经验之所有这些片面性，暂时性，以及一般的不完善性背后，在我的经验和他人的经验之正在发生的一切矛盾背后，**真正的存在**可以作为在一种理想的，真正能坚持住的经验中的实现——现实的经验能够作为暂时的接触点为此服务，并能够使逐步接近的方法成为可能。

世界存在的这种真正的没有把握性或可疑性，并没有给我以进行怀疑的自由，但它却给予我一种权利，即**保留**作为经验的世界的世界之非存在的可能性，并且由于一些极其重要理由，允许在存在与非存在之间有一种完全**未决的状态**。但是如果我这样做了，那么为我留下的恰好就是经验着世界的主观性，而且是作为使世

① 如果人们立即——不是由实证科学出发——开始对世界实行悬搁，那么跟踪而来的就一定是对现在剩下来的主观性，首先是作为经验着世界的主观性，进行结构考察。

界的存在对我有效——正如它对我有效那样——的那种主观性。

在这里一定会看到，这种留下就意味着，我**经验**我和我的主观东西，并且首先是那种以前在其中曾存在有我的世界财产的主观东西。但是这个现在经验主观东西的活动是一种新的经验活动；它借助于悬搁而有一种新的被经验物，即不再是作为人的我和我的人的—主观的此在及其全部心理的（心理学的）形态，而是现在称作由超越论的对自身经验而来的超越论的主观性。

我在空间中经验到作为人的我，作为具有物体的身体，具有器官系统的我，我由我出发而运动这些器官，借助于这些器官的动觉，我知觉到其他事物，将其他事物推进到空间世界中，并施行通常的作用。我作为人，作为存在于空间中的心理物理的实在物，由于最低的感性经验，由于流动着的透视画——在其中身体显现为
266 同一的东西，总是具有其单方面显现着的，并且一般而言，如同每一个其他事物那样为我存在着的预期的领域——“对于我”是人。这种物体的事物现在是心灵东西的承担者，通过它——即身体——心灵东西在空间上实现。所有这一切对于我来说都是由我的进行经验的生活而来的存在者，都受到悬搁，它们被包括在对世界之普遍的怀疑中。因此在悬搁之后我就不是在世界之中的人了，而是这样一个自我，正是由于这个自我的“超越论的”生活（在对世界之存在与非存在进行判定以前就是其所是的那种生活）人—我才存在。在世界存在以前，在判定世界存在的情况如何以前，就有了主观性的存在，而且首先是我的自身的存在——我作为这样一个自我，对于它来说，所有一切为它存在的东西，都是由它本身而有效的。

〈Ⅱ〉

我首先是作为清醒的自我存在于**世界之预先给予性**中的——然而我却对于世界之存在提出怀疑。**反对意见：不论我做什么，都处于存在之中**。我不能问，存在者究竟是否存在。我能够问，这个事物或那个事物，如太阳、森林等等是否真的存在，或者，它是否不存在。存在和不存在事先就有其可能性。但是我不能在相同的意义上问，是否一般来说有某物存在而不是相反地什么也不存在。

这自然相关联地涉及真理。我不能问，一般来说是存在着真理，还是不存在真理。那么对于我——这个我在存在时总是预先给予了这个世界——来说，询问我（我们）对于这个世界的相信之“根据”可能意味着什么呢？为什么我称世界之实存是我的朴素的先入之见呢？

如果世界事实上是一般存在物之全体，有关世界的真理是真理一般，并且如果事实上问题是针对存在者以及存在者全体存在还是不存在，那么这个问题就肯定是无意义的（因此是在现在起主导作用的意义上理解的，在其中非存在的可能性事先仍未解决），那么乍看起来这样提问事实上就**显得**是荒谬的；我确实存在着，因
此我这个人无论如何是一个实在的东西，我存在是绝对肯定无疑 267
的；因此即使在我之外没有任何东西存在，其余的世界是一种空洞的空间，仍有一个世界存在，只不过是一种极其受限制的世界。

但是这样我就不需要理解这个问题——对世界认识的问题，我就不需要着手探讨，不需要指出什么东西以后总归会变得清楚，不需要指出实际上世间的真理并不是真理一般,以及世界之非存在的可能性绝不是荒谬的,既不是由于这种草率提出的形式原因是荒谬的,也不是由于任何其他的同样是草率提出的原因是荒谬的。

但是正如已经说过的,我们不需要继续探讨这个问题,因为我们能够以另一种方式对存在与真理,特别是世界的真理,提出怀疑——通过询问世界真理的**根据**,或者这样说也是一样,询问世界为我存在的**根据**;我问,世界借以对我有效的经验是怎样的,它如何为我证明世界存在,我从哪里知道,在个别的存在那里有足够多的假象。我返向追问属于世界之为我存在的那些主观的显现方式、给予方式、相信的样式等等,并询问它们的"有效范围"。

如果存在有许多种真理,那么我就能对每一种真理这样做。每一种真理都是对于处于认识之中的我,我们而言的真理,而认识就是方法,甚至朴素的经验就已经是方法,是最原初地为我奠立存在的方法。这种问题提法本身对于一个绝对确真地对我有效的真理显然是有意义的。

我作为自我总是处于而且必然处于我有存在之中。存在者总是预先给予我,我以特殊性而当作主题提供的每一个存在者,都是在以地平线方式预先给予我的存在基础之上的特殊性。如果我是科学家,并且作为科学家存在于我的科学之"内部"和我的时代的诸科学之整体中,那么我的科学和一起对我有效的诸科学——只要它们现在得到发展(在我的时间中和我的有效性中得到发展)——通常就属于预先给予的东西之领域,并且我所突出的每一个特殊的真理,我特别当作课题的每一个特殊的事态,就都有其预先给予性的地平线，而且是这样的地平线，它在这里是一个被证明了的地平线，我可以通过进行重复的，重新激活的判断活动，而追 268
溯到它。只要我总是——在地平线的有效性中——预先给予了这个纯粹作为经验世界的世界，总是为作为处于奠基功能之中的科学家的我，明确地或是朴素地—不明确地预先提供了这个世界，**科学**之这种存在基础就不是普遍的存在基础。

如果我不是科学家，甚至没有作为受过教育的人使科学的东西有效，或者如果我是处于日常生活中，那么我就使经验世界有效，使我的实践的环境和世界有效——也许“那些我并不理解，对我什么也没有说，但对其他人说了某种对他们有效的东西的科学书籍”也存在于地平线中。

如果我将科学的有效领域放到括号中，那么我就在作为主观的我之中将这种“科学家”的特殊东西分割出去了，并且因此而对我，这个具体的自我，进行了分解——我留下了我的自我之一个自然—抽象的层次，连同一个有效性的领域，一个为—我—存在（或者同样也为—我们—存在）之预先给予的领域，如我看到的，这个领域并不与被分解出去的科学家之有效领域并列存在，而是将科学家之有效领域奠基于它的预先给予性之有效性中。与我的自我之分解相对应还有我的我们之分解。

但是当我不是必须将“我们科学家”而是必须将比如“我们欧洲人”分解时，情况就变得更复杂了。我作为这个我们的我，是科学家，并且对于我来说，其他的我们从一开始就区分为：通过理解使科学有效的“我们欧洲的科学家”，“我们受过教育的人”，——和未受过教育的人。前两组“我们”在预先给予的世界中有作为本质上一起规定(也是借助于未来的地平线——未来科学将会表明的东西——规定)其意义的科学的有效性起作用。如果我说“这个世界”,那么我就已经是以这种预先给予性和共同体这样说。在下面这个范围内,未受过教育的人**间接地**在这件事情上起作用,即他们在其预先给予的周围世界中拥有作为未被理解的事实的科学家和科学,同时具有诸种——尽管是极其不充分的——可能性,并且个别地和偶然地实现这些可能性,即学习理解科学,然后接受科学的必然有效性。

269 在其他的“我们”之中的这种分解,对于我来说并不意味着排除科学的有效性,而是意味着一种同时对科学的有效性以之为前提的那种东西之继续有效实行悬搁。这在以下范围内涉及受过教育的人和未受过教育的人之全部生活,即每一种教育的可能性作为生活方式和抉择方式虽然继续存在,但是应该按照其有效性成果受到悬搁。这首先是在这种活生生的普遍的自我生活和我们生活之预先给予性的地平线方面发生的。

如果我探究**预先给予性的诸阶段**,那么我就必须在各个不同的方向上进行,在同样也是诸奠基阶段的诸广泛的关系中(欧洲、亚洲等等)进行,并且必须探究每一个这样的阶段自身具有的诸种奠基:一种同时是相互交织以及与相互交织一起发生的彼此分离。借助于所有这些东西,我们运动于对世界的考察之中以及所称的对存在的考察之中,这种考察在主观方面是处于各种不同的阶段的,并且它们的存在有效性之系统学导致“超越论的主观性”,首先是导致我自己的“超越论的主观性”,接下来导致作为超越论的主观性的由我而原初一起存在的对应的诸主观。但是当我在这种上升中系统地追踪这种基本的—主观的东西——我也可以说：这种主观的综合——，并且将每一个主观东西——具有它的“有关的”地平线和它的自我的诸可能性的地平线——正是看作意向性的一个阶段时，这整个的过程就会变成**真正具体化的方法**。

这意味着什么呢？预先给予的东西之结构，从相对为我存在的预先给予的东西，引向相对为我存在的预先给予的东西，并且最终（借助于对超越论的主观性之发现）引向一起包含全部相对性东西之全部存在物并赋予全部存在物以其相对的权利、由它的意向的结构阐明它的相对的存在意义的**具体的全体**，而这种意向的结构又一步一步地将自身追溯到它的结构——最后直到**绝对的存在者**，并且在绝对存在者的具体化中，被作为一切结构之全体，并作为在绝对存在者本身基本的潜在性中为自己本身而存在的揭示出来。这种超越论的主观性是具体的无限性，并且作为这样的东西，270
是由超越论的**无限的**地平线之实现的潜在性中产生的无限性。

这种按一定的方法的上升，遵循着普遍的本质结构进行，这些普遍的本质结构本身被相对化为相对存在的本质结构，并进入到超越的主观性之绝对全面的本质形式中。这种对抽象及其抽象的地平线之连续地摆脱，在已经达到的，但尚未达到充分具体化的超越的主观性中，导致最高的主动性东西和潜在性东西，它们作为在超越论的个别主观性和共同体中的超越论的共主观性之中的“获取真正东西”的行为，不仅作为单纯的行为与其他行为并列出现，而且延伸到主观性的整个基本的活动—生活之中。这种处于真正性之中的存在，是最高阶段的真实存在，并且作为超越论的主观的或超越论的共主观性的真正存在，它首先赋予一切相对的存在以充分的存在性格，最高真实性的性格。但这并不意味着：

宇宙事实上不**存在**，而是它只**能**是它——或者：**它只能存在于追求真理的无限努力之中**——或者：**真正性本身**难道不是**处于必然的相对性之中吗**？这个个别的自我能够在相对性中达到真正性，但是……等等。

〈Ⅲ〉[①]

由此，**最终有效的存在之理念**——我们的哲学问题之"不言而喻性"——**就开始动摇了**。现在有关理想东西的科学毫无用处，即使它被涉及了。逻辑学，作为形式的真理学说和形式的存在学说的形式的**数学**，仍然把存在物理解为最终实在的东西。如果在最后，实在的真理的和实在的自在存在物的，一种能最终有效地认识

271 的自在存在物的不言而喻的前提，被取消了，那么由逻辑学能生成什么呢？我们岂不就是处于一种奇怪可笑的境况中吗？在怀疑真实存在和真理之可能性时，我们却致力于一种回答，并且在问题本身当中就设定了存在者和可能的真理为前提。对于怀疑论就已经提出了反对理由说，它的命题，它对真理的否定，本身就是作为真理出现的。这种倒转回到进行认识的主观性本身，如同看起来甚至是倒转回到我们人一样，却是这种进行认识的主观性倒转回到存在物。因此否定世界，否定普遍的存在物，岂不是一种取消自己

① 正如胡塞尔的提示本身表明的(参看"附录"中的"校勘附注")，以下一段本文也可以直接紧接着"Ⅰ"(见前第266页)来读。——编者注

本身的那种谬论吗?

如果我们尝试假定人有超越论的主观性,那么我们重又面临这样的问题:我们可以将作为理念的真实存在与真理假定为前提吗,我们可以只问,超越论的科学应该如何**进行**吗?如果从我们脚下撤走世界及其存在的基础,存在与真理有什么意义呢?

当关于世界的最终有效真理的可能性受到询问而世界本身的真实存在变得靠不住时,首先,自己和他人在周围世界中的此在之可能性与现实性,正如它是当下的生活境况一样,毫无疑问仍然保持着,当然,作为境况真理而就此作出陈述的可能性也同样仍然保持着;普遍的,作为对"每一个人"都有效的,恰正是在前科学的生活之意义上的"真理",也以某种方式仍然保持着。(没有受过科学教育的人在生活中,有谁会想到理性(*ratio*)这个理念,想到合理科学之真实的"自在"存在,想到合理主义的目的设定和方法的成果呢?)当我们处于生活中时,我们总是已经"知道",在一般情况下我们能做什么和不能做什么,特别是,当涉及的是我们能够陈述我们经验到的东西,能够描述它时,当涉及的是描述的构成物,陈述的命题对于我们在周围世界中可以想到的每一个人都是可以理解的,可以检验的,可以正确判断的,对于每一个人都是有效的真理时,我们总是已经"知道"在一般情况下我们能做什么和不能做什么。

如果我们现在在我们的预备性思考中将我们置于一切科学之外和一切科学之上,如果我们一般地**描述**周围世界中的行为之方式,此外还描述进行判断的、展示真理并为我们和其他人将真理确 272
定下来的行为之方式——,那么在这里我们就提出了另外一些要

求吗?在这里我们就不是停留于人的周围世界的行为之基础上吗?我们对存在和假象下判断,我们对持久存在和证明能力毫不怀疑,如此等等。合理的科学可能被称为这样的"单纯主观上"有效的陈述和真理,它们恰正是有效的。它们对于一个共主观性的范围有效,对于"我们"有效,这个"我们"在这里并没有得到解释,并没有明确地和彻底地加以界定,但却具有一种我们甚至也可以将它当成课题的"好的意义"。

这种不断进行的对自身的沉思继续引导我们,将我们引出人的生活世界——我们必须转向对生活世界本身的怀疑——,而这个世界(它在这里经常作为生活世界而有效,并具有共主观的意义和表现)的自在存在,仍受到怀疑;而我们仍处于共主观性之中。

那么在这种情况下仍还剩下的这个我—在之确真性的情况如何呢,在周围世界中对任意一个事物进行连续经验时,否认该事物之存在的不可能性的情况如何呢?在过渡到普遍性时,本质普遍性的情况如何呢,我的本质可能性东西和本质必然性东西的确真性的情况如何呢,也许还有涉及可能的——能作为纯粹可能性东西构成的——诸周围世界之过程的本质可能性东西和本质必然性东西的确真性的情况如何呢?最后,我能在这里,在这个存在领域和真理领域,不管怎样受到限制地使用形式逻辑吗?我不能问:**在这里**存在是如何被证明的,**在这里**,真理,作为述谓的真理和继续有效的真理,如何具有意义,以及它具有什么样的有效性吗——尽管世界的有效性不成题?在这样进行反思时,我又是以真理——就那些在前面可疑的真理之可能性与意义——回答,而这些真理按照其方式不又是本质真理,按照其方式不又是合理的真理吗?

以上的提问是有理由的。首先我曾是与我和我的我们，与我们的周围世界——以及它的毫无疑问的存在——发生关系；但是即使这也有其不可理解性和不可靠性；即使在这里，我就已经有了关于相对的真理和非相对的真理的区分，关于主观地对我感性上显现的东西和同样的，对其他人以不同方式显现的东西的区分，等等。273
在这里我也询问一种永久的，对每一个时代都有效的——没有“科学的”世界理解这种前提的——存在之可能性。

在我们达到超越论的基础之前，我们也许可以推延真正本质学的考察；但这里重要的是，我可以这样行事，即将“我们和我们的周围世界”这个课题作为向单纯主观东西之领域的最初推进来实行，除去正是在这里应该有的和在这里有其清晰意义的有效性，不提出其他有效性的要求。在这种情况下，我总是发现新的理解问题，直至我看到，我必须提升到超越论的主观性。

这是按阶段不断进行的沉思之朴素性。我返向追问，我依次地排除不同阶段上隐藏的前提，排除不言而喻的东西，我通过判断而进行断定，因此陈述它们的预先对我有效的真理，我所实行的每一种排除——也通过断定而就此下判断——，向我提供一种新的存在基础和真理基础，在此基础上我陈述作为真理的单称的判断和普遍的判断，对它们进行论证。

从开始我就是对主观的东西下判断——我的和我们的主观东西；在第一步上我就已经做了这个转向。我将实证科学看作是我们的，这些科学家的成就，将理论看作是成果，将客观东西、自然、精神等等看作是以一种意义被判定的东西。我具有不同阶段的主观东西，在其中一切在任何意义上存在着的东西都是有效者，并且是在可能证实这种理念之下有效的东西，而且是作为真理的基底而有效的东西。一切主观东西之全体最后会变成课题。此外我还一步一步地论证作为确真的普遍性东西的本质真理，也论证个确真的别的真理，例如，我论证说，当对一个事物的知觉未中断时，我就不能否认该事物的存在，在这种情况下存在着在存在方面连贯地得到充实的东西。我看到，一切为我存在着的东西(以及为我们存在着的东西)都有其与之有关的存在的地平线。最终我认识到，
274 一切地平线之一切相对存在着的东西，都返向地导向绝对的—普遍的主观东西，这种绝对的—普遍的主观东西作为在它之中的被构成物包含着一切更高阶段的主观东西，它本身通过它为自己本身构成自己本身的方法**存在着**。它如同真正在它自己的诸可能性之全体中那样存在着。它的不变的本质结构包含一切阶段的一切有关本质的东西，一切阶段的一切先验东西，这种先验东西在这些阶段上与诸单方面的地平线有关，并且通过诸地平线与总体的地平线有关，并与总体的本质必然性和本质可能性有关，这种先验东西作为组成部分依赖性地适应于本质必然性和本质可能性之总体——而且它的全部意义只是这样地被揭示出来。

进入超越论现象学的两条道路：笛卡儿式的道路和普遍的现象学的心理学之道路[①] 275

进入作为普遍的，全面的，克制一切相对性东西的科学的哲学之两条道路——在排除有关确真的正当性证明问题的情况下。

两条道路：

a)笛卡儿式的道路；

b)普遍的现象学的心理学之道路。

I)普遍的科学如何能够实现？(自从**笛卡儿**以来的超越论哲学的道路。)

1.)在实证科学中只存在具有地平线的相对的认识，相对的洞察。

2.)我们走超越论还原的道路(普遍的超越论的认识作为在自身中包含着对世界的普遍认识的对自身的普遍认识)。由此我将我自己作为哲学家建立起来——我获得我的作为认识—自我的普遍本质，作为关于我的经验的认识实践的我的真正的认识—自

① 写于1923年；另外请参看第295页注。——编者注

我之规范——获得作为认识共同体的执事者的自我——我们将我们作为真正的认识—人类建立起来。同时包含价值—真理和实践的真理之诸可能性。由“我们”出发,在超越论基础上建立起作为真正的认识之基础的“真正的世界”。作为获得自身和获得世界的认识自身(在其真理之中)。这就是我—在,我们—在的道路——在排除确真的正当性证明问题的情况下。

II)第二条道路:“**世界**存在”作为出发点,就是说独断论的出发点。彻底实行由经验而获得认识这个原则。探究一切关联——
276 探究诸主观的给予方式。充分具体的关联。认识中的被认识之物。返回到进行认识的主观性尚不是返回到超越论的主观性。以科学方式考察主观性——为此我们已经有了心理学和精神科学。想到的普遍阐明——一切实证科学都被消解为精神科学,被消解为一种普遍的精神科学[①]。什么样的科学。通常意义上的心理学和精神科学。还有作为实证科学的“认识论的”诸学科。一切实证态度的抽象性,还有认识论的,逻辑学的,伦理学的实证态度的抽象性。在通常意义上的我思(*ego cogito*)的抽象化。需要一种新的意义上的(现象学意义上的),消除一切抽象化的认识论。真正的个人的心理学之片面性本身。一切行为的共同概念:更高阶段的实证态度;对此的说明:被指物之样式和显现之样式。唯有充分

① 如果我们假定所瞄准的是普遍的科学;那么自然地呈现的道路就是具有有关世界的实证科学之目的的实证态度的道路。从自然科学到精神科学的这种前后一贯的继续就导致通过精神本身将自然意向地包含到精神之中,将精神包含到精神之中。自然科学和自然本身,世界科学和被科学地认识的世界本身,作为这样的东西,变成了普遍精神之中的一个领域。这就说明了作为通向绝对的普遍科学之道路的绝对的精神科学这种想法的动机。

的普遍性才导致充分的具体化:每一个对象都是主观性之相关项—事件。认识到:即使世界不存在,完整的和纯粹的主观性仍被保留下来……。

进程:被给予的世界,对其普遍的结构类型学之描述。本质学的变换,对相互关联的认识,首先是以心理学的形式的认识。**心理学的还原**。[①]

意向的返向联系。——a)科学的主观进行经验和思想;他们 277
任何时候都有一种由诸经验客观构成的多样性——一个完整的世界——,这个世界对于他们作为存在着的而有效,他们如同所有的人一样,时而现实地经验到它,时而没有经验到它。作为科学家,他们的目的指向自在地"真实的"存在和真正的、正确的判断。他们探究经验和建立于经验基础之上的判断的自明性,并试图规定出作为对他们有效的和最终真实的判断之基底系统的自在地"真实的"存在之普遍关联。科学的理论就是做这件事情。

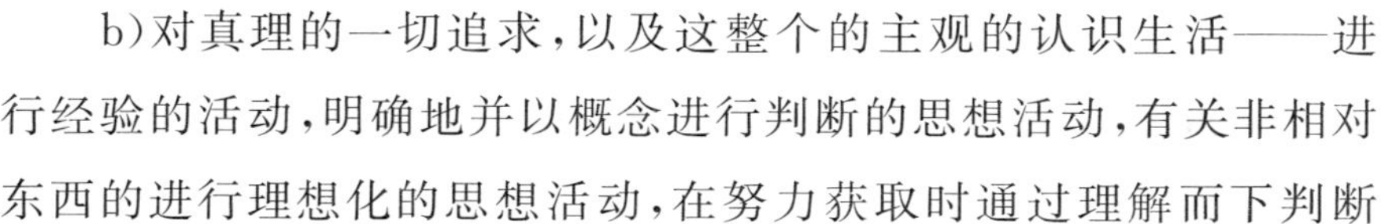

b)对真理的一切追求,以及这整个的主观的认识生活——进行经验的活动,明确地并以概念进行判断的思想活动,有关非相对东西的进行理想化的思想活动,在努力获取时通过理解而下判断

① 不再继续进行。——在我思(*ego cogito*)和自然世界概念这两条道路上的这整个考察方式,是在某种朴素性中实行的。科学是由单方面的根据而来的认识;它不想成为任何没有根据的东西,与此同时,它特别只想容许客观地被奠立的东西,因此它经常运用批判。但是这些哲学的考察仅仅是以朴素的自明性实行的,应该由它们产生的哲学的普遍科学,同样也被认为是以朴素的自明性实行的科学。

因此缺少一种有关超越论的—现象学的自明性之理论——一种对于确真的认识和科学之可能性条件的沉思——一种有关作为超越论的,绝对的理性的科学的理性之理论——因此缺少对于由确真的,因此是按照其确真性(及其"有效范围")被彻底检验的诸原理而来的普遍科学(有关进行现象学研究的主观性的现象学)的奠立。

的活动，对事实、公理、证明、客观的可能性东西和盖然性东西等等作出断定的活动在其中进行、在其中有其诸特性、有其诸关联的认识生活——，是研究之可能的课题。在这种研究中，前科学地和科学地进行认识的主观性，变成了课题，就是说，本身变成了被经验的、被思考的主观性，并且它变成了在这里以认识科学的方式活动的科学人格之针对真存在，真判断的，针对有关它们的理论的认识论活动之领域。

c）如果这位科学家——并没有作为专门研究者而受到限制，而是具有普遍的兴趣——的目的在于**普遍的**认识，在于一切真正存在者之全体，那么他首先在他试图在其中进行普遍环顾的他的经验中，就会发现面对“世界”——这个对于他来说已经前科学地被经验的空间时间的世界，作为对于他在此存在的实在性东西之统一的全体的世界——的自己。在身体和心灵方面属于这个全体的还有人们，和作为人，作为认识者，作为科学家的他自己，他的全部经验活动和思想活动，以及他的整个的被动的和积极的生活，他的进行判断的，进行评价的，进行行动的生活；因此他的科学行为的整个过程以及在这当中主观地呈现给他的一切东西，也都属于这个全体。这个或那个在此存在着的事物在这种和那种给予方式中主观地向他呈现出来，作为存在着的和如此存在着的向他呈现
278 出来，继续下去，——在进展中——显示为也许以另一种方式存在着的，显示为在那些最初对他在此存在的特征方面是可疑的，然后又显示为真实如此的，显示为被证实为“真实的”，或者，又在进行经验的理解之进展中由于与被证实的被经验之物矛盾而被证明是非存在的，以另一种方式存在的，被证明是幻想的假象等等。在这

里即使是科学地突出出来的真正的存在和正确的判断,也**作为**主观东西出现在主观的关联中,出现在整个认识活动之具体关联中和一般而言的心理上平淡生活着的和在那里起作用的主观性之具体关联中。当然,这种真正的存在本身不应该是某种单纯主观的东西,它可以以众多主观的自明性和自明的根据被认为是同一的东西,——而且被认为是某种一旦被突出出来,就能一再地被作为同一的东西突出出来的东西,以至于一种与此矛盾的判断活动显然是不可能的。但是这对以下情况并无任何改变,即真正的存在,对象性的存在,而且作为自身明显地如此这般存在着的存在,是在主观的关联中出现的,因此也是在主观的关联中被一起研究的,如果正是这个处于其全部生活中,处于其全部被动的和主动的成就活动中的完整的主观性成了课题的话。

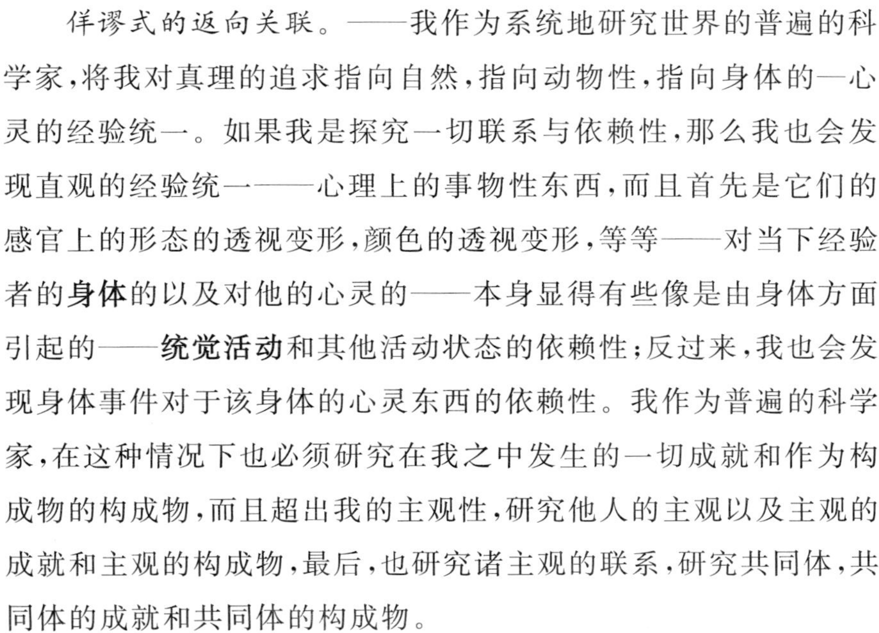

佯谬式的返向关联。——我作为系统地研究世界的普遍的科学家,将我对真理的追求指向自然,指向动物性,指向身体的—心灵的经验统一。如果我是探究一切联系与依赖性,那么我也会发现直观的经验统一——心理上的事物性东西,而且首先是它们的感官上的形态的透视变形,颜色的透视变形,等等——对当下经验者的**身体**的以及对他的心灵的——本身显得有些像是由身体方面引起的——**统觉活动**和其他活动状态的依赖性;反过来,我也会发现身体事件对于该身体的心灵东西的依赖性。我作为普遍的科学家,在这种情况下也必须研究在我之中发生的一切成就和作为构成物的构成物,而且超出我的主观性,研究他人的主观以及主观的成就和主观的构成物,最后,也研究诸主观的联系,研究共同体,共同体的成就和共同体的构成物。

279 在这种情况下,一切价值构成物,一切外部的作品,而且还有一切理论,一切被以为的或真正的科学,一切被以为的或被发现的真正的真理,都在**文化**之主观的和共主观的构成物中出现;因此最终,如果在这里所力求的普遍科学本身得到实现,那么它也会在这里出现。如果它在这里存在,那么它就一定是如它看上去的那样**两次**在这里存在,一次是作为有关世界的普遍理论出现,第二次:在有关人的文化的专门科学中,它作为文化产物之一,作为在历史之生成中科学地进行创造的主观性的特殊成果出现。诸个别的实证科学的情况也是如此:数学——有关数等等的理论,以及在文化历史的关联中:数学——作为生成着的成果——以及被生成的成果——进行数学研究的人的成果。只是我们关于**普遍的**科学有一种值得注意的情况,即它作为普遍的理论,在所有其他课题当中认为**自己本身**是课题;同样哲学家也认为自己本身是哲学的课题,如此等等。

此外:**世界**,普遍"哲学"的普遍课题,同时作为在对作为课题的属于世界的主观和主观—共同体之科学探讨中(因此是在心理学和精神科学中)被以为的,被判断的,被理论化了的世界,一起成为课题。普遍的心理学包括研究世界的科学家和作为他们的心理的构成物的有关世界的科学本身——并且包括自己本身。世界绝对地和完全地就是课题——并且在课题本身中,而且在"进行认识的主观"这个特殊课题中,作为被以为的,意向的,也许作为有洞察力地被认识的世界出现。这对认识世界的诸主观,还以下面这种形式有效,即这些主观绝对地是课题,并且就自己本身来说也属于课题——然后接下来,由于它们就自己本身来说是课题,**下面这种**

情况也就被包括到课题中，**即**它们作为被以为的，就自己来说是课题，如此等等。

历史学。——历史学在课题上包括作为被认识的世界的被认识的世界，进行认识的主观本身以及作为历史的构成物的历史学本身。历史学作为科学，作为认识，也包括进行认识的历史学家以 280
及作为这位历史学家的被认识之物，以及历史和历史科学再一次地存在于其中的他的认识活动，如此等等。——

在进行认识的主观性之普遍的认识中，按照在相关项诸方面之现实性东西和可能性东西，我们不是必然会具有整个世界，并且在这个世界之中又有这些主观性本身以及它们的一切现实的和可能的认识，并且重又具有这些认识的真正的客观，因此重又具有世界本身，重又具有主观性本身吗？自我返向联系到自己本身——持续地返向联系到这种现实地和可能地自明地进行认识的一般主观性向自己本身的返向联系；并因此联系到一切其他特殊的返向联系。

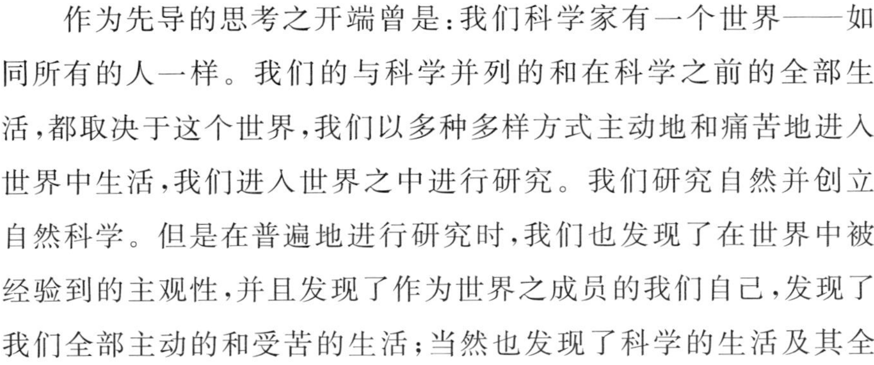

作为先导的思考之开端曾是：我们科学家有一个世界——如同所有的人一样。我们的与科学并列的和在科学之前的全部生活，都取决于这个世界，我们以多种多样方式主动地和痛苦地进入世界中生活，我们进入世界之中进行研究。我们研究自然并创立自然科学。但是在普遍地进行研究时，我们也发现了在世界中被经验到的主观性，并且发现了作为世界之成员的我们自己，发现了我们全部主动的和受苦的生活；当然也发现了科学的生活及其全部成果，因此最终如其事实上存在的那样，如其当下对我们有效的那样——在向越来越“完善的”认识之进展中——，作为在理论中对它进行规定的普遍科学之基础，或更确切地说，对它进行认识的，为它创立真正理论的科学的主观性之基础，发现了世界本身；所有这些都是在事实中，但也是关于诸可能性东西而发生的。

如果我们思考，主观性，我们大家，只是由于我们经验到世界，才拥有一个世界，只是由于我们对所经验的东西进行思考，我们才了解这个世界，如果我们没有忽视，我们的主观性在“经验活动和思想活动”这个名目下在自己本身中与它的所经验物和所思想物发生关联，或更确切地说，后者作为被把握和被理解之物并如其被把握和被理解的那样存在于它的意识本身之中——；那么我们所

281 说的东西看起来就具有一种特别严肃的意义，**即对主观性本身之研究**——对在它之中发生的存在与生活之内在的研究——**会导致全部的认识，全部的真理和真正的世界**。

因此这就引起下面这个问题，即这种以纯粹探究内在性东西的方式对主观性的研究，是否可能是一条通向普遍的世界认识的道路，而且是一条独立的道路，或更确切地说，是否可能被形成为这样一条道路。

科学的第一条道路，而且是自然的道路，就是“实证态度”的道路，自然态度的道路。在以自然方式生活时，我们拥有世界，而且也能将这个世界包括到一种普遍的“概观”之中，并且如我们在其他情况下能够进入其中生活和进入其中研究那样，我们能够提出有关这个经常为我们在此存在的，预先给予我们的世界之普遍科学的目标，然后力图借助对世界诸领域的划分和被系统地规整和

联结的特殊科学，而达到这个目标。然后我们如近代所做的那样，从自然而过渡到精神，在那里我们——在精神科学中——不是以自然的方式，而是以心理物理的方式研究它本身，我们将它看成是在世界之中，在自然之中，与纯粹的自然密切联系的精神。如果我们这样做了，如果一种充分普遍的精神科学形成了，那么我们就会如我们已指出过的那样，重又在精神科学中发现被包含的自然科学等等。

但是如以上所说，据此另外一条道路，即从一开始就纯粹探究那个作为一切被意识的东西，以及也许真正被认识的东西都存在于其中的主观性的道路，不可能吗？这两条道路——自然的实证态度的道路和（尚不知道如何）能形成的道路，即“纯粹”主观的道路——对于一种普遍科学，而且是一种完全能够达到的科学，是同样合理的吗？

对于一般主观性的考察如何可能，在什么样的可能的态度中可能呢？这种考察只有如对处于自然的生活之中的人的情形那样，即精神是世界之中的客体，是被归于世界的，才是可能的吗，或者这样也不可能，而是精神可以说是在世界**之前**，并且作为在自身中构成着世界的精神而被研究？

如何能以一种完全令人满意的方式完成普遍科学的这项任务，首先先初步地开始，然后继续进行呢？我能够随意地开始，并 282
随意地进行吗？在这里什么样的道路是必然的道路呢？一般来说，在自然的外在的世界考察中能建立一种绝对的科学吗？为此不是必须使用一种“**内在的**考察”吗？

必须指出：在实证科学中我获得的只是相对的认识。我看并且看出，我在进行辨认时在持续的证实和证明中从看到看，从洞察到洞察地继续进行，——但是我所获得的始终是具有诸地平线的相对的洞察。当我说：世界，并且——更进一步——说：现实的世界和诸可能的世界时，我不是包括了所有的东西吗？

普遍的超越论的认识——作为在自身中包含着对世界的普遍认识的对自身的普遍认识。

Ⅰ.）现在我要走超越论还原的道路；首先我直观我的普遍的超越论的主观性，我的绝对的自我（*ego*），我按照其诸本质结构，按照其诸本质形态以及其中包含的诸基本的构成物（其中包括那些指示其他的自我的构成物）研究它。由此我同时就将我自己作为“哲学家”建立起来，作为在本质真理中按照其普遍的本质认识自身的自我建立起来，并由此而为我建立起真正的认识—自我的——超越论的认识—自我的有关其事实的超越论的世界认识之经验的实践的规范。但是我不仅为我完成这件事，而且我作为认识共同体之执事者，作为作为进行真正认识的人类的人的共同体之执事者，帮助**我们**作为这样的进行真正的认识的人类形成起来。

共同体的—自身的认识。——在这里比较具体地并且越来越具体地发生的事情，是**在**超越论的自身认识（个人的—复数的自身！）**之中**的对世界的客观的认识，现实的和可能的对世界的客观的认识。可能的形成价值的实践也一起进入到可能性之中。我使我，并且我们使我们，成了价值真理和实践真理之可能性的承担者，因此我们就实现了一种在更高意义上完善的认识和认识的世
283 界。在这里，由作为超越论的根据的超越论的自我和“我们”出发，

真正的世界,一种可能的真正的世界,作为真正的认识之基础,被建立起来,被构成。

此外,“认识自身”还是对于在其自身中构成自身之“真正的”存在而言的基础。“认识自身”是将自身由自在而转变为自在自为的那种对自身的改造,这种自在自为为自己阐明自身,“揭示”自身,并在这种作为发展的揭示中(意见的展开、阐明,具体实践的展开,自由的自身发展)将自身改造为它的真正的自身。但是在我们的这种自身创造中,我们也创造真正的世界,这个真正的世界也从偏颇的盲目的自在,过渡到科学的自在自为,即对于我们而言的自在自为。这就是过渡到在基本的主观性中实现世界之真正真实的存在。但是为了建立起“真正的”自身和“真正的”世界(真正的人类等等)之意义,需要特殊的阐明。

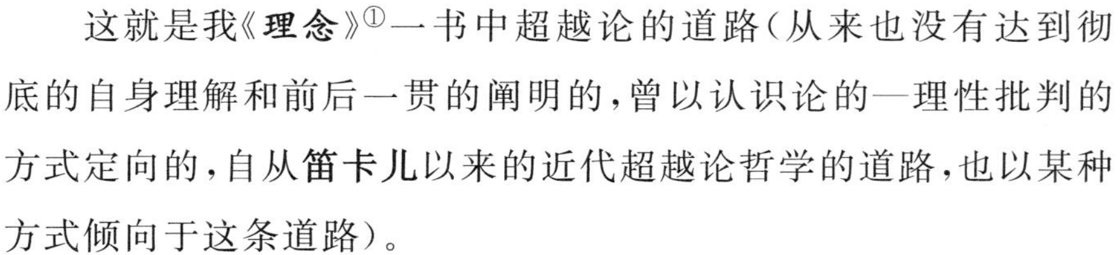

这就是我《**理念**》[1]一书中超越论的道路(从来也没有达到彻底的自身理解和前后一贯的阐明的,曾以认识论的—理性批判的方式定向的,自从**笛卡儿**以来的近代超越论哲学的道路,也以某种方式倾向于这条道路)。

Ⅱ.)但是已经长期使我们辛劳的**另一条道路**怎么就不能发现正确的形式和正确的道路指导呢?这两个自然的开端:“我在”的开端和“世界存在”的开端,它们不是**两个**开端吗,而且如果正确地改进,不是两个进入普遍科学,进入真正哲学的入口吗,就是说,二者最终导致同一个东西,首先是以认识批判的朴素性,然后是以绝

① 《**纯粹现象学和现象学哲学的理念**》(第一卷)见《胡塞尔全集》这一版第Ⅲ卷。——编者注

对的正当性证明导致同一个东西?——我不是仿佛曾想赞成诸实证科学的碎裂吗?我不是仿佛完全承认它们迄今为止的方法吗?

如果我们“以独断论的方式”开始,但对准的是世界认识之现实的普遍性。如果我们实行实证态度的这个真正的原则,或由经验而奠立一切认识的这个真正原则:经验完全普遍地被理解为是自身给予。那么我如何进展呢?如何能超出实证科学呢?

284 首先我注意观察普遍性并坚定地决心彻底实现这种普遍性。因此实际上我也探究**一切**关联。我如其在经验中和较高阶段的有洞察力的认识中给予我的那样对待一切被给予之物;而且在这种情况下不仅在对这个被给予物之课题上的照准方向中,而且也在对如其被给予那样的主观方式的照准方向中,在对显现方式的照准方向中,还有也对全部主观的行为和主观的体验活动的照准方向中,因此是真正从一切方面,对待一切被给予之物[①]。

例如:我致力于数学研究,并且将数学的东西不仅如其在数学研究中对我显露的和我看到的那样——作为思想—“构成物”,“数学的理论”,来看待,而且将这种理论正是作为现在本身成为课题的数学研究活动之构成物来看待;并因此是在我的个人的历史之具体关联中来看待的;同样也在作为理论之历史的一般历史之关联中共主观地来看待;或这样说也是一样,在共主观的理论研究及其历史性中的理论之关联中,共主观地来看待。

作为数学家,我是“抽象地”从事数学,我生活于数学东西的自

① 作为最初的东西,立即就能清楚说明:一切在自然的—实践的生活中作为自身存在着而被给予的东西,以及作为现实东西而有效的东西,以后会变成关于……的单纯显现。

明性之中，而且在这种情况下，我只拥有数学的东西本身（理论），——但正是抽象地拥有。它暂时是作为在我数学研究活动中的生成之物、被产生之物的数学东西，暂时甚至是这个眼下的数学东西。接下来，它是经常地存在的，并作为在相同的论证，相同的理论研究之“重复”中的同一东西呈现出来，并因此作为这一个证明，这一个理论呈现出来，这种理论与重复着的主观的行为和属于它的具体的意识过程相对而“自在地”存在着；然后在向共主观性的过渡中，与数学研究者的共同体相对，同样也作为“自在”，作为同一的东西，呈现出来，每一个理智的数学家，每一个现实的和可能的数学家，在数学研究之现实的和也许能够完成的主观行为中，都能作为同一个“真的东西”发现这种同一的东西，或更确切地说，也许发现了，或本来能够发现这种同一的东西。我作为当下活动

着的数学家从一开始就认为：我在这里完成的、展示的、获得的东 285
西，并不是什么单纯主观的东西，而是“自在的”东西。但是我如何 373
认识这个自在，它对于我究竟意味着什么呢？恰恰是现在，我认识到，它能**作为**被重复的、可重复的、能够重复地实现的习惯的被洞察物——而且是我的和别人的，现实的和可能的洞察者的被洞察物——之同一东西而被发现，能够在自明的综合中——时而是自己的洞察的体验，时而以移情作用的方式包含自己的和他人的洞察的体验——作为自身给予的同一性东西被直观。此外我还拥有可能的认识者以及他们的持久的认识作为自身给予的诸可能性东西之自明的敞开的无限性，对此我还有下面这种洞察，即不论什么时候，不论谁实行某些可能的洞察形态，他恰好也会有“这同一的东西”。另一方面我也认识到，如果**我**有洞察力地认识到这种同一

东西,那么每一个人也都能认识到它,并且如果我认识到这种同一性的“唯一性”,那么每一个人也都能认识到,如此等等。所有这些导致综合和关联。如果我考虑这种情况——而这就已经表示:我在这里也一再地将被洞察到的东西作为洞察活动本身之被洞察到的东西,以及能够重复的重复意指之被洞察到的东西,空的意指之被洞察到的东西,如此等等,并因此与被洞察到的东西一起,恰好也将洞察活动,连同相应的经常的获得物当成课题——,那么我就摆脱了实证态度的“本能的”“抽象”,并认识到实证东西本身同时作为单纯的抽象物,作为非独立的东西,本质上与作为现实的和可能的意识的意识,并且与意识的主观及其持久的有效性获得物是不可分的。

到处都是如此。我到处都将认识携带到作为本质的附属物的被认识之物上,而被认识之物则是处于对它的一切现实的和可能的主观的样式,以及对这些主观的样式在现实性和可能性中都属于它们的那些进行认识的主观之一起考察中。

我思考所有这些东西,并取得所有这些东西,而我并不知道超越论主观性的某种东西,甚至也没有谈到超越的主观性。我所采取的步骤——从朴素的实证态度(从实证科学)到对当下进行认识的主观性,或更确切地说,对它的以及一切相应的被动地被认识的
286 东西之主观样式的坚持不懈地连带考察——,尚没有返回到**超越论的**主观性的痕迹。

现在让我来思考:在诸实证科学中——在与客观世界一般有关联的实证科学中——也存在**心理学**和多种多样的**精神科学**。它们从一开始就致力于研究主观性。如果说以下情况对于它们也是

不言而喻地必需的，即它的处于与主观认识样式之关联中的被认识物会成为课题并受到研究，那么看起来就主观性的行为进行探究就是多余的：至少，当我们不是个别地，而是大家一起并且紧密联系地借助于普遍的精神科学，因此借助于普遍的心理学（有关个别主观性和共主观性的普遍心理学）而从事有关精神的专门科学时，是如此。**自然科学**按照其固有的意义而具有一种进行抽象概括的遮光物，正是由于它使一切主观东西，一切精神，都变得暗淡了，而这个主观东西的全体却本来应该成为普遍精神科学的**课题**，并按照普遍性和按照有关精神的特殊科学之整体的特殊性，成为**课题**。

作为精神科学的诸认识论学科，有关被本质学地或被经验地考察的理性的主观性的，它的理性活动的以及——其中的——理性构成物的诸科学。

因此如果我超出自然科学并探讨它的被给予性东西连同附属的意识活动，因此如果我致力于那种处于将自然科学向自然科学的**认识论**转移之中的自然科学，那么这种自然科学从一开始就是精神科学；因此在这里我需要的就是，将自然科学融入到精神科学之中，融入到普遍的心理学之中。同样我也将意识内容的逻辑学和形式的普遍数学（*Mathesis universalis*）追溯到逻辑学的**认识论**，并且到处都如此进行。如果我从一开始就有了精神科学，那么文化的构成物就回溯到主观地构成着它的诸行为（这些行为构成文化的客体及其精神的述谓），并回溯到在这里一起成为课题的相关的诸个人。如果这些个性的东西从它们那个方面系统地变成了

课题，特别是以普遍的方式在有关个性的普遍心理学中变成了课
287 题，那么一切主观的构成物，因此一切能在主观性中产生的客观的构成物，与此同时还有它的主观的认识活动，当然就都一定会得到研究[1]。如果人们将精神科学的理念延伸得足够远，那么这在某些方面也是正确的，但由此服从于使其理论，连同附属的认识活动都受到科学探讨这个要求的一切科学，最终就会被提升到普遍的科学中——**普遍的“精神科学”**中。

但是在这种科学中，我们事实上在自然的世界科学领域中的精神科学这个题目下，将不会发现有关主观东西的任何全面的甚至普遍的科学，任何即使只是具有关于一种有关主观东西的普遍科学之已指出的目的之范围与性质的观念的科学。在一般实证科学中（在有关**世界**的科学中），自然科学与有关精神的科学的分离不是没有原因的。有关精神的科学——除去模糊不清的历史的意识的—心理学之外——是有关人的个性及其个人的产品之科学[2]。当然，认识的构成物也属于这里，而且我们实际上作为精神科学的逻辑（＝作为“认识活动”的逻辑）而具有有关逻辑行为（形成概念，形成洞察，建立合理的推论等等的行为）的学说和规范。

① 如果明白了主观的样式和真实的存在之间的本质联系，那么“主观的—意向的世界本身”这个认识相关项就与客观的世界相对应。这种主观上被认识的和可认识的世界本身——这就是具有各种不同程度自明性的现实性与可能性，等等。

② 这个命题的意义更广泛地显示为：作为人格的科学的精神科学与作为行动着的个人的个人及其行为（广义上的行为）打交道——而不是与真正进行构成的意识打交道*。

* 在这里胡塞尔同时也指点参阅由我们在这篇文章结尾处重复提供的文本中的论述；参看从第 295 页第 1 行以下。——编者注

认识对象的逻辑，逻辑分析学，按照其形式简明地规定能在自明的认识活动中获得的成果，简明地规定认识对象的—逻辑的法则及其理论。这些自明的构成物（或更确切地说：它们的形式和法则），被与进行认识的世间的一个人的主观相联系，并且**作为**在原初的 288 生产中自身进行认识的行为之构成物来考察。因此课题就是按照其行为步骤考察逻辑行为；按照其实践的中间阶段考察实践构成物之结构；但是与美学作品在那里，例如在艺术科学中，恰好是作为进行创造的个人的艺术作品受到考察的其他精神科学中，并没有不同，只不过这里是美学上决定性的动机（美学的前提）受到探究，而在那里是认识的前提受到探究，在这里是产品的逻辑的阶段受到探究，在那里是最终的产品在其中被获得的美学的产品的诸阶段受到探究——抛开在美学之外的领域和逻辑之外的领域之其他动机，那些动机同样也能以历史—精神科学的方式得到考察。

一切“行动”的抽象性。在精神科学中，自我—行为作为被构成的“线”。诸精神科学的实证性（“抽象性”）。

但是现在应该注意，这整个的考察，这个有关主观成就的最初的课题范围，仍旧是一种“抽象的”考察和课题范围。诸认识论（规范的理性理论）作为实证的科学，与一切实证科学也与精神科学共同具有抽象性的根本缺陷。为了澄清这种将会在现象学的主观性中得到消除的“抽象化”，应该阐明以下问题。

对这个作为进行判断的或进行评价的自我的自我进行反思，这就意味着，对它的判断动机，也就是对它的其他的判断作为结论或作为对其事态的洞察必然“据以”生成的进行判断的断定进行反思;现在这虽然意味着,密切注视这些断定及其结合成带有构成物的行为上的构成活动,但尚不意味着看到了本质上随身带有这些断定的具体的意识生活,并将它当成课题来研究;即研究作为行动着的自我的自我,在有意愿时,在实行时,指向我据以行动的那个最终目标的自我——相关联地研究那个是我的开端,是我的最初
289 的前提由之出发的东西,那就是我首先由之开始的,首先由之形成的,我按照实践的可能性而拥有的,以及在实现它时就引向目标的,由此出发而继续进行的等等的开端由之出发的东西。

自我—行为,如"我意指它",我"设定它是基底(主词),接着将它设定为谓词","我作出一个假定的估计,接着产生一个结果句",等等,——这些都是活动的(行动的)结构线,这些线从这个自我而通向意向内容的显现者,并且它们在实践意向之原初充实的情况下——因此在直接实现的行动之每一步骤中——都有一种**主观的性格**,而且正是自身把握的——对对象(经验),或对本质普遍性或对一致性等等之自身把握的——性格,自身获得,自身实现的性格。

在通常意义上的和精神科学意义上的我思(*ego cogito*)。"意向"的双重意义。——谁要是在看并在看时理解:"我看这个和那个",由此他还并不拥有关于具体地成就这个我—看的全部主观东西之任何认识,而且也许对此毫无所知。这个"我看"表示这个自我之直接地意向对象,直接地指向对象的活动,并且,作为看的活动,表达通过获取而在对象本身上存在,并在自身实现中继续。但是即使在意识内容方面,由此尚未看到变化着的显现方式,在通常意义上的对自我—行为进行反思的观点、态度等等。因此这种反

思尚没有将目光指向在其中通常意义上的我思（*ego cogito*）可以
说只是一种形式，一种结构的那种自我—意识之具体化。因此它
仍旧是**抽象的东西**[①]，因此一切精神科学的论断——还有在意识
内容上和意识活动上同时被指向的，作为工艺学的，作为实践学科
的逻辑学、伦理学、美学，——仍然具有朴素的实证的态度之性格，
而要克服这种实证态度，就需要一种**新的意义上的认识论**（一种具
体的、现象学的认识论），这种理论致力于消除**一切**抽象化，消除一 290
切仍是片面论断的东西，并且恰恰是致力于认识这样的东西，并借
此在每一个可以想象的方向上向普遍性进展，而只有这种普遍性，
才到处使充分的具体化，使最充分的认识，成为可能的。一切个人
心理学——真正的，而不是以感觉论方式歪曲了的个人的心理
学——尽管它在实证科学的范围内有价值，仍停留于实证态度本
身的**片面性**之中。传统的逻辑学和伦理学在其意向内容—意向活
动研究的两方面都合理地归属于个人心理学的（经验的和本质学
的）关联中，只不过需要一种更高阶段的对意识主观性之认识论
的—科学的考察，以便在其充分具体的生活中把握它；正如一切意
识内容的东西，或更确切地说，作为主观构成物的存在东西一样，
主观的一切行为、一切行动，也都被嵌入于这种生活之中。按照我
们大家所拥有的，并且仅仅表达唯有在自然的自我—反思中才被
看到的，而且是以抽象的方式被看到的概念、行为、行动，是与“单

① 要是以下问题得到详细讨论就好了，即精神行为中的这种抽象化涉及**两方面**：一方面是进行课题化的行为（=行动；判断活动、评价活动等等）之主观样式，这些样式作为这样的东西在现象学上引起许多新的反思，另一方面课题本身（实践的构成物），它们有它们的显现方式，但却是被隐蔽了的显现方式。

纯自然”之最初的实证性东西相对的,更高的(反思的)阶段的实证性东西。

普遍性——在这里是指研究之那样一种普遍性,它可以说就作为认识的世界的世界之整体性和就认识之每一个可以想象到的对象,询问**全部的**本质关联,这种本质关联属于作为实证对象的对象,作为经验课题的对象和作为科学之理论课题的对象——因此仅仅导致充分的具体化。下面的这种要求并没有消失,即不考虑**对象**,而是认识处于其作为主观性的某种现实的和可能的事件(这种主观性事件意向性地构成该对象并且与作为意义的该对象不可分割)之本质相关项的**对象性的具体化**中的对象,因此将它接纳到主观性之中,并在那里与**它的**主观东西一起进行研究。

很难避免诸种误解的说法。不过下面这种意见的确是可以理解的,即主观性的世界连同作为“**构成物**”的全部对象性东西都出现在对主观性——按照诸种现实性和可能性——的研究中,但也是与“**构成的活动**”不可分割地出现的,在这件事情上,这种构成的
291 活动本身不可以保持在实证反思的朴素的性质中,甚至也不可以以抽象的方式保持。普遍科学争取达到的和要求的普遍性是为了代替世界,代替为我们存在着的对象之整个宇宙,而实行有关作为认识之统一的每一个统一之相关项的考察,此外,还在对个别的主观性和作为在共同体中进行构成的共主观性的共主观性之不可分割的统一之认识中,正是将这种统一变成课题——以在这种情况下将宇宙作为它的相关项构成物而一起包含这种具体方法,变成课题。一种系统方法的进一步形成,乃是一些特殊思考的任务。一切研究都是片面的,但是这种片面性肯定会被认识到,并肯定会

通过掌握一切统一的观察角度而被有步骤地克服①。

在论述②时我看到，按照前一页的提示，被精神心理学家就行为和行为构成物所理解的一切东西，都具有能够多次实行的抽象；在行为中，我们有指向目标的自我之行动（广义上的动作），此外我们还有——在对……的意向中努力获取时——指向之状态的更深刻的超越论的样式，和这些行为所指向的那个东西之显现样式，显现者的显现样式，在努力获取的意向之充实中被实现东西之样式。现在我们甚至能将一切东西都纳入到“显现”—样式这个名目下，自我—行为本身具有其“显现方式”以及对象性东西，自我—行为面向该对象性东西，而该对象性东西“以意向方式”进入自我—行为本身中，并且在意向的充实当中，作为以“本身”这种样式被实现的东西进入到自我—行为本身中。在这里有什么东西不完全处于“显现方式”这个名目下呢！在这种情况下，诸规定反映于其上的对象之现象学的变样也处于这个名目下，而且在具有其习惯性的自我之中的反映等等，也处于这个名目下。但是恰恰应该区分：世 292
界，**预先给予的东西**之全体——和**现实的**世间东西：现实地作为课题被经验到的东西，作为——在进行判断时，进行规定时——思想构成物之课题的基础，现实地在进行评价的课题化之中，在对被经

① 在这里接下来必须指出：如果我探究处于心理学统觉中的普遍的和纯粹的总体主观性，那么我就会发现，当我为了充分的普遍性而思考它时，它最终就是自然，是其中包括自己本身的心理物理的世界，因此是处于其存在之中的未被涉及的绝对的世界，尽管这个世界的存在仍是可疑的；另外我发现，世界是指标，等等。——平行论。

② 胡塞尔说的“论述”，是指他自己前边所写的东西。他将这里以下的段落称作是“对以前两页的说明”。显然是指上面从 288 页第 15 行开始叙述的部分。——编者注

验的东西之想象的改造之中,在对诸实践可能性(作为能由我实现的诸可能性)的思考和经验之中,在通过阐明,通过行动的实现之中,在课题化的思想行为中被思想的东西。此外还有非现实的东西,但又是可现实化的东西。两种现实性东西!后一种现实性东西:使处于其存在中的预先给予的存在者**再次**实现的,**再次**展示的,**再次**证实其存在的,更详细地规定其如此存在的,追求其存在真理的现实性——因此:由“行为”之现实性产生作为现实性样式的非现实性。但是**世界**是由进行构成的活动而来的;超越论的构成物并不是被构成的,并不是预先给予的——它只是借助现象学才会对现象学家成为这种东西。

我可以尝试这样进行:

自然的世界概念。考虑到事实上预先给予我的前科学的世界,我尝试描述它的事实的普遍的结构类型学。在这种情况下我很快就发现被归入世界的人们,在精神方面,我发现个人的主观性,正如我本身是一个主观性,并且我将我——作为在世界中存在的,作为进入世界中行动、经验、思想,改造实在东西的主观性——归入世界一样。现在我以本质学的方式改变在经验中和在纯粹对可能性的直观中被给予的主观性东西。我认识到它是持久地经验着这个世界的主观性,并认识到它对诸可能的经验和诸可能的世界认识之相互关联。我看到,可能的世界将我引回到经验的东西和一切可能的一般客观东西(甚至还有理想的客观东西)在其中显现的可能的主观性。我看到,当主观性是为自己本身“显现着的”,并且是对于自己本身可认识的时,主观性本身就存在。

我从一些例子出发，我举出关于自然的认识，关于个人的认识，文化的认识，作为意向分析的指导线索，又作为心理学分析的指导线索，如果我像在笛卡儿的道路上那样**不**是从一开始立刻就 293
“排除”整个自然世界，那么我就将自己提升到普遍的自我学的态度。

（如果我这样做了，那么我就一定**会**选取这样的指导线索，并寻求现象学方法的诸原理和对一切——首先是内在的然后是在内在性中出现的（论断的）客观的——认识进行批判的原理。因此，在探究笛卡儿式的方法之意义时，我从归属于规定真正的哲学的科学和科学体系之结构的《**方法谈**》和《**第一哲学的沉思**》开始。然后我还必须考察被自然地设定的，被自然地预先给予的—被构成的世界——首先是作为经验的世界，然后是作为各种各样科学之课题的理论的世界——之形式的结构，并将它们用作具体现象学研究的指导线索。——但是笛卡儿式的方法想要成为对科学进行**理性批判的根据**。）

我曾说过，与此相对，我也能够从**自然的世界考察**开始，从展示自然的“世界表象”之结构开始，并能够探究与这种“世界表象”相关联的有关世界的科学[①]；探究这样一个问题，即这些科学在完善性方面可能缺少什么东西，以及它们的联合在多大程度上将真正充分的普遍科学引上轨道。当然在这里我也一定会遇到构成的活动，但是首先会遇到具有心理学形式的认识之关联作用。因此

① 在这里要是明确地考虑到借助于理想化超越科学之描述阶段——特别是自然科学的描述阶段——的必要性就好了。

在这里是由与普遍性的完善性相比的特殊性的不完善性进行指导。每一种实证的课题，它的每一个对象，都有抽象性，每一个对象都有未被研究过的“方面”，每一个对象都指示主观性，如此等等。我被引向心理学的还原，被引向能够在经验（每一个对象区域的经验）中显示的显现方式，另一方面，被引向经验的主观性（或人
294 格的和心灵的自我）之自我性的课题的联系，引向意向的对象性东西，并引向作为论断的和“论断性的含义”（命题和课题）的设定和“命题”之各种各样形式[①]。

当我转向充分的普遍性并解释一切匿名的相互关联，一切本质敞开性和必然的紧密联系时，我就达到了具有充分现象学还原的超越论的唯心主义。首先我达到了普遍的纯粹的共主观性，我发现了“存在于世界之中的”并且彼此纯粹内在地联系着的诸心灵之全体，在这种情况下就需要一个步骤，以便消除自然的—实证的观点，这种观点尽管有充分的普遍性——和心理学的悬搁的普遍性——，但却前后不一致，有矛盾；例如，在对于纯粹的主观性独立于世界之存在这种笛卡儿式的认识进行批判的道路上。

每一种经验的对象性（作为区域）都是可能的显象学的关联之基本的系统之主导线索，是显现综合之主导线索，另一方面，是可能的课题的关联、真正的命题之综合的主导线索。在最充分的和最后的意义上的科学，**普遍的科学**，是**客观的理论**之（无限的）普遍体系，并且相关联地，是有关一切阶段的经验之理论（有关显象

① 也许“论断性的含义”是一个用来标明对于诸精神科学和规范科学本身起课题作用而又尚不是充分—现象学的东西的那种东西之一个较好用语。在这里我尚没有足够清楚的区分。课题上的意向性和显象学上的意向性（“显现活动”的样式）。

[φανσις]的理论，**基本的理论**）之普遍体系，在那里课题的关联，理论的关联，本身又有其显象（φανσις）；它们有它们的经验和经验的显现方式——如此直至无穷。

在这种进展中清楚地描绘世界结构的诸阶段，科学的诸阶段，和在最终意义上的“真正的”认识之哲学方法，当然是十分困难的。而且即使是在第一条道路上，也是十分困难的。不管怎样，这是一种开端。此外——巨大的困难是“开发”诸内在的潜在性，开发诸地平线，澄清作为永久的预先有效性的世界之预先给予性。

接下来的考察[①]立即就转向以逻辑学上的“真”、美学上和伦理学上的“真”、真正东西为目的的“规范科学”。在这种情况下，科 295
学、艺术、技术，伦理的实存（伦理的品格，伦理的行为），是在“真理的”—规范之下，在对“规范的目的”之指向中，被思考的。每一种实践都有其目的，这个目的是行为者在意识中作为或多或少充分达到的目的体验到的。但是从个人的生活中，而且是从行动着的生活中，也能够获知，作为完满的获得，作为行为的努力之完成而被意识到的东西，以及暂时为该体验提供完成之持久意义的东西，后来会失去这种意义，正如每一种这样的体验也会受到由对于情况的变化之经验所引起的事后的批判，这种批判正是指向这种达到目的是不是真正完满的达到目的。但是这种经受住这样的批判，也是有相对性的，就是说，如果这种**目的本身**有相对性，它就也有相对性。所有这些对于手段，中间目的，道路，也

---

① 如胡塞尔所注明的，这里接下来的文字“显然比前面的文字，写于是 1923 年的文字，晚几年，或更确切地说，是在对以前的几页修改时”写下的。它也可以看作是第 287 页以下的“附录”。——编者注

是有效的。

1)目的作为目的(作为真正存在着的目的)，原来是以圆满性被给予的，这种圆满性如果作为完全得到充实的圆满性经受住一切批判，就是真正的圆满性。目的是在对于作为通向那里的，对于我作为实践上可能的自明的道路之终点的目的之自明的“预先说明”中“预先”自明地给予的。指向目的的行为是在预先—愿望中对未来的现实性的设定，是意志的设定。进行实现的行动在作为在被实现的行动之意志的样式中被给予的现实性的、现在当前已生成的现实性中结束。但是这种被给予的现实性仍有其作为“真正”被感知之物等等的统觉上共现前的、存在于客观的当前中的意志的地平线。对此进行批判。

2)但是现在也经常存在对于那种关于它我已经作为我的目的有了自明性的，或更确切地说，作为正如我曾企图的那样我事实上已经达到的东西有了自明性的目的的另一种批判的可能性。这种
296 新的批判涉及这样一种可能性，即我意识到，**我本来能够想要更好的东西**，或甚至涉及我的下面这个洞察的可能性，即这个目的是这样一种目的，即我本来就根本不应该想要，或它是与绝对应该做的事情相矛盾的。

正如已经由此表明的，情况是多种多样的，人们在各种不同的意义上谈论应当，而只是在某些情况下才在确切的意义上，即绝对的意义上，谈论应当。我在本来能够选择更合意的东西和更有用的东西的地方，由于“无知”而选择了不太合意的东西、不太有用的东西。我“不切实际”，在本来选择较短的道路更好的地方，却选择了一条较长的道路，如此等等。**另一方面**：在我本来能够选择和本来“应该”选择善（καλόν）的地方，我却选择了单纯合意的或有用的东西。因此不仅道路受到区分和批判，而且目的也受到区分和批判，而这些目的本身是在各种不同的应当概念之中按照各种各样的优越性受到区分和批判的，这些优越性与目的之单纯实质的内容无关，而与自己的和共主观的实践生活及其可能目的之广阔的和最广阔的敞开的地平线有关。在优越性之这每一个根本不同的形式中，都可能有**其**最好的东西，但是也许所有的优越性最终都与“**绝对应当**”这种形式之**一个**最好的东西有关联，甚至全部的优越性都是由这种形式而来的。如果绝对的应当也能服从于优越性原则，那就有一个最高的绝对的应当支配这些原则。

在这里我们不必探究这种相对主义。无论如何，目的除去它的事实的存在（它的在可能的实现之中的可能性和它的在进行完成的实现之中的现实性）之外，还有完善性和不完善性的诸可能维度，连同相关的批判与自明性的维度。批判不仅涉及实际的行动，涉及当下现实的目的，而且也涉及习惯的目的，即保持着的实践的兴趣：由现实的生活中产生出——也由它对于现实的清醒的起推动作用的目的之批判中产生出——一种经常的趋向：趋向实践上最好的东西，这种最好的东西在追求目的的生活之其他关联中并
不会被消除，以至人们能够停留于这些目的中而肯定不知道人们 297
本来能够不选择它们而选择更好的东西；因此这是趋向于一种与能够永远无悔地保持的诸目的之体系实践上普遍一致（因此也是并且首先是共主观地一致）之生活方式。

此外我们遇到一些真正的和被以为的自明性（本身受批判的自明性），在这些自明性中，我们遇到绝对应当的东西和绝对优越

的东西，尽管本身又处于相对性之中，然而这种相对性并没有消除这种性格，而是在与目的的对照中将绝对的优越性相对化为某种前提，相对化为可以理解的诸实践的领域——相对化为正常的境况之普遍性。因此我们发现了诸领域，发现了在这里被理解为在其境况中绝对应当的，绝对优越的目的的绝对规范之领域。只要它们能按照种的普遍性，甚至按照本质的普遍性理解(以它们的能从本质上理解的境况之相对性理解)，我们就具有通常意义上的绝对的规范，正是具有那些具有本质普遍有效的(而这就是本身绝对有效的)规范的陈述句的本质普遍的规范。在这种本质普遍性中包含与这种被相互关联地本质普遍地把握的境况之关系。这些规范是存在真理之规范，不仅是形式的—逻辑的存在真理之规范，而且是逻辑的真理一般之规范，并且最终也是前逻辑的境况真理之规范；又是美学真理之规范，伦理学真理之规范，绝对正当的个人

388 行为的真理之规范；但也是个人本身的伦理真理之规范，就是说，作为真实的和真正的人格(真实的和真正的人)的人格存在之规范——作为在通过行动对真实东西和真正东西的不断努力追求中生活着的、并且在其中将其全部的生活绝对地规范地课题化中——或通过悔改——更新着的人格之理念，在绝对应当的人格之绝对规范的理念指导下形成着自己本身的人格之理念；而且对于共同体也是如此。这种关于个人本身的伦理的真理，是绝对的“形式的”真理——是绝对真的伦理的行为之形式，或更确切地说，是处于其现实的(历史的，人类的并因此是周围世界的)境况之中的伦理的个人存在之形式。

298 如果现在谈到诸规范的科学，谈到逻辑学，美学，伦理学，那么

这些科学恰好就是有关绝对的规范之分离开的诸基本种类的科学，并且最终也是关于它们相互间彼此关联（它们相互间彼此交叉）以及它们综合为诸最终的绝对性东西的科学。

如果我们由这里出发再思考**诸精神科学**的研究领域，那么这些领域作为有关人的科学，就被按照特殊的人划分开，相关联地它们就成为对这些人而言是可意识的，并且由它们的个别个人的和共同体化了的生活而越来越新地形成的**周围世界**的科学。在这里，凡是人们在意识上①拥有的东西，在意识上作为对他们（确实地、可疑地、盖然地，作为假象等等）存在着的而遇到的东西，凡是由他们的生活（由他们的由"存在物"而受苦，由他们的如此这般评价活动，由在实践上受存在者促动两构成的生活），由它们的行动着的行为而具有精神形态的东西：作为人的文化世界的事物世界，作为由劳动形态、目的形态、可利用的事物，由有用的东西、无用的东西（＝不重要的东西、有害的东西）等等构成的事物世界，都是课题。另一方面，人们本身作为相关联地处于作为人格之不断生成之中的，处于其性格等等的改造与形成之中的人们，也是课题，并且也许他们在实践上着手探讨，因此培养自身以及他们周围的人，他们的团体。

在这里依据对精神构成物和人本身的规范评价而进行的规范的实践是一个特殊的精神科学领域。一方面是并且首先是

1）这样一个问题，事实上人们一般曾想要过和追求过什么，他

① "在意识上"：即凡是对于作为人的一般人以及对于这个或那个特殊的人，已经现实地和潜在地**有效**的东西，作为存在着的、作为价值、作为好的东西，作为现实的或"可能的"生活之目的而**有效**的东西。

们实际上将什么东西导致了完善的或不完善的实现，此外在构成物上生成了什么，以什么样的类型学形成的，如此等等；另一方面，他们事实上在绝对的规范上——在单个的规范或规范法则上——想到了什么，他们如何清楚地理解它们和他们在多大程度上实现了它们。

299 2）最后是按照绝对规范（由精神科学而来的）对人及其精神的周围世界的评价，被评价的人是否受这些规范的指导是无关紧要的；此外还有，在多大程度上人能够被认为是在绝对规范理念指导下发展的，等等[①]。

因此我们有

1）有关人的精神之事实科学——就是说，有关具有世间有限性的人的精神之事实科学——，

2）有关人的精神之先验的科学：

a）人的人格（在其作为人格的个人，作为处于其爱好与活动中的人格的个人，以及作为在心灵的被动性基础之上的人格的个人之相对的具体化中）之按照其固有本质结构的先验东西；

b）人的共同体的先验性东西，在作为个人的共同性的世界之中人的共同存在的先验性；另一方面

c）一般而言的人的周围世界之相关的先验东西，作为人的和人的共同体的经验的周围世界的世界之相关的先验东西：其中包括心理物理的先验东西；处于其关联之中的人的精神的普遍的先

① 我们也以日常生活的相对性评价自己和别人，而且1）首先是在他们的事实的思想和行为的前提下，也在他们的事实的规范的前提下评价，但是，然后2）是绝对地评价：一般总是这样。

验东西——包括自然之普遍的先验东西，一般经验世界的普遍的先验东西，还有作为逻辑上真的，作为以存在可能性存在着的，作为在人的实践的诸可能性中的世界的，和作为处于每一个作为对于他来说是实践的存在可能性的存在可能性之中的个别的和共同体的人之思想上尽可能好的周围世界的一般自然和世界之普遍的先验东西。作为人格的人＝行为主体，因此在其可能性中总是“有能力的”。

处于其被内在地逻辑化了的无限性之中的纯粹人格的共主观性之普遍的先验东西——绝对的，普遍的纯粹人的—主观的先验东西，作为分支具有：判断真理（在最广义上的存在真理，事实真理）的先验东西，纯粹的绝对的伦理学之先验东西，等等，——这些都是分支，然而却是相互包含着的。

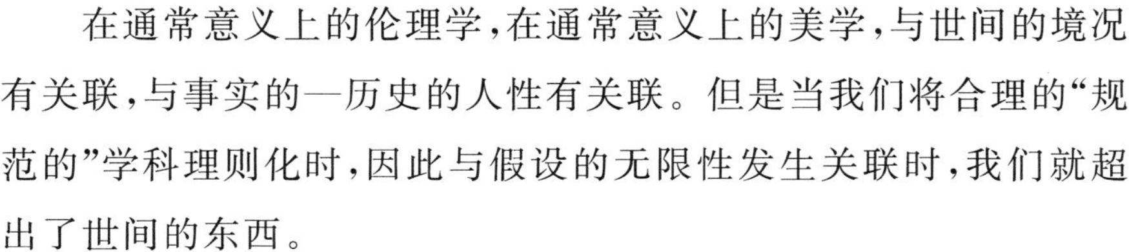

在通常意义上的伦理学，在通常意义上的美学，与世间的境况 300
有关联，与事实的—历史的人性有关联。但是当我们将合理的“规范的”学科理则化时，因此与假设的无限性发生关联时，我们就超出了世间的东西。

为我们存在着的**这个**世界之普遍的先验东西，提供出我们的像地平线那样通过经验而被以为的世界之诸存在可能性的本质普遍的东西，将它按照每一种一致的存在可能性在思想中展示出来，这种存在可能性会赋予这个事实上被以为的世界以在空间时间无限性中的真正存在的统一性，并因此，这种无限多义的事实之变化会将“存在着的世界”（连同它的无限多的存在可能性）作为本质学的单一性建立起来。这种**普遍的世界—先验东西**，可能的实际上无限存在着的一般世界之先验东西，在自身中包含着一切可能的自然（世界核心）的先验东西和可能的在世界中——也许是以心理物理方式——发生的，作为个别的和作为共主观地联结着的、被共同体化了的、意向地相互包含着的精神性东西的先验东西。但是这种精神的先验东西包含着自然的先验东西。因此我们虽没有一种与先验的精神学说并列的先验的自然学说，但我们却有心理物理学的先验东西。但是在世界中存在着的精神性本身，正如一般世界一样，是统觉式的构成物。只要我们同时另外也采取世界之相关的先验东西，即**进行构成的最终的主观性**的先验东西，那就一切都会不同。

只要我们作为意识到我们自己是处于自然有效中的人而进行研究，同样也采取行动等等，我们就拥有作为我们的存在之相关项的世界：外部世界，并且与它一起拥有我们：作为完整的世界。如果我们超出我们人的存在，借助于现象学还原上升到普遍的统觉和作为其成就场所的超越论的主观性，那么我们就有作为存在着的整体就拥有超越论的自我—全体，并且作为**被构成的东西**就拥有自然的人之世界。作为人我们获得了基本的心理学的东西，并且通过当以心理学方式进行统觉时一再地重复心理学的东西，作
301 为超越论的主观性，我获得了超越论的东西，也一再重复超越论的东西。这种进行心理学化的对于主观东西的重复，属于世界性，或更确切地说，属于人，每一种反思都是对于被反思东西之心理学上的统觉，而且这种重复之潜在可能性已经属于预先给予性及其地平线。只有现象学的方法才能使超越论的经验等等成为可能，而且是在作为超越论的现象而被还原了的“世界”之基础上才使之成为可能的。“摆脱了先入之见”的自我由此而获得超越论的预先给

予性。于是一切从现在起的超越论地预先给予的东西取代了心理学的东西。

302 # B. 附　录

附录 I（附于第二十八至第五十四讲）：路德维希·兰德格雷贝编制的内容目录。①

II. 体系部分

I 导言：**对正在开始的哲学家的动机之说明：绝对的状况。**

历史导论的任务是，指出有关超越论主观性的科学之必要性。——在笛卡儿那里，这种科学最初的开端就在于，笛卡儿否认一切科学的根据之最终有效性，而要求一切科学之绝对的根据。对此必然的开端就在于他对我思（*ego cogito*）的揭示。这种开端在哲学那里——哲学不允许像其他科学那样接受任何预先给予的东西——只能通过反思的自身思考而获得。这以一种在意志中的原初的决定为前提（第 6 页）**，即决定准备过一种完全自身负责的认识生活。——进行哲学研究的主观与科学家共同拥有对已

---

① 写于 1924 年。——在这个附录中，只有由胡塞尔在兰德格雷贝的内容目录中画了重点线的地方或者是由胡塞尔加入到内容目录之中的地方，才用疏排法 * 加以突出。出现在正文中的页边提示被归入到本卷的印刷页中。——编者注

* 中译本用粗体字标出。——译者注

** 这里的页码都是本书德文版的页码，中文版用边码标出。——译者注

经获得的真理之批判的正当性证明的追求(第 9 页)。——哲学家的追求与科学家的追求不同就在于根据之绝对彻底精神。——此外这种决心意味着一种根本的生活抉择(第 11 页)。——由此这种正当性证明就获得了自身正当性证明的性格。——因此哲学作为生活目的就不同于任何其他的生活目的和职业(第 12 页)。它是由使命而来的职业,是献身于对于真理之全体的主导理念之纯粹的爱,献身于对它是最高的理念之认识,它是由自我的彻底的决断而来的在形成的行为之无限进步中,奔向这种主导理念(第 19 页)。——哲学的信念不同于任何其他的文化信念,根本不可能是朴素的,而需要一种从根本开端开始的自觉的决心。这种开端是由对一切朴素的认识努力之不充分性的认识而产生的,而这种认识在历史上的标志,就是怀疑论(第 21 页)。怀疑论探究超越论的

主观性,并且使哲学家面临开端的境况,为了达到这种作为绝对的 303
和无前提的开端的开端,需要一种生活的抉择。——在这种情况下,必然第一的东西,就是对于可能的方法的沉思(第 22 页)。

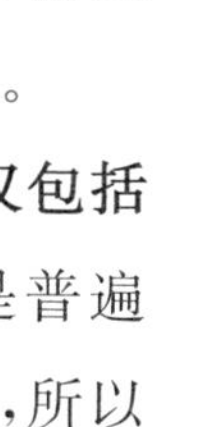

对于导论的补充考察:哲学所从事的那种认识活动,**不仅包括认识之有价值的东西,而且包括全部文化**(第 23 页);文化是普遍的,由于每一个自我行为都能被转移到理论的自我行为之中,所以它的命题能够被客观化。因此普遍的哲学不仅是认识论,而且包括主观性的全部有所成就的活动(第 23—26 页)。

Ⅱ.回顾对开端的动机说明,并**继续进行**(第 26 页):怀疑论通向有关一切认识之根本东西的科学之必然性,这种科学要获得有关真正存在之整个宇宙的最终有效认识。这个理念具有两个组成

部分:奠立于一切一般认识之统一源泉中**和**充分的**自明性**[①]。因为凡是没有回溯到绝对主观性的自明性,都绝对不可能存在,所以就产生两种可能的缺陷(第31页)。一种真正的开始必须满足这两个成分;认识必须是绝对的,并且确实性必须是绝对自明的。绝对确实的自明性就是切合的自明性。绝对确实的自明性在反思的自明性中证明自身为正当的,而反思的自明性又必须是切合的。绝对确实的自明性之特征,就是非存在之不可能性,因此也是确真的自明性(第35页)。正当性证明之这种绝对的理想**作为开始的指导原理**。

接下来的思考必须询问能够最先获得的诸切合的自明性。——这些自明性不可能是已经存在的诸科学之单纯改善了的认识,因为这种应该重新建立的科学并不具有那些科学的性质,而是试图借助于超越论的研究克服那些科学的根本的朴素性,这样一种任务已经由使一切认识达到最终的完成这项要求而提供给这门科学了。

这里所要求的认识并不是人的自然—朴素的对自身的认识。接下来的任务就是明确这种区别(第39页)。

对于开始而言有两条可能的采取行动的道路:从我—在出发,或从世界的给予性出发。两条道路都导致超越论的主观性。选择后一条道路(第41页)。

乍看上去似乎世界是无可置疑地被给予的,因为我们存在于其中,而且由于它我们自己的在此存在才得以保存。另一方面,那

---

① 胡塞尔的边注:"没有讲清楚"。——编者注

种空间事物性的经验——这些经验原则上说绝不是切合的,而总 304
是向前抓取的,以纠正和证实的形式进行的——总是有得不到证实的可能性,因此总是有世界不存在的可能性。处于经常的纠正当中的对世界的经验之过程,乃是向真正世界之理念的接近,即向一种在世界经验之过程形态中得到解释的理念接近(第 48 页)。这种过程形态是单纯事实的,但并非必然是这样的;**世界的存在并不是确真地确实的**,它可能不存在。

每一个事实,即使是世界这个事实,都是偶然的。两种无可怀疑性的区别:经验的无可怀疑性和确真的无可怀疑性。——后一种无可怀疑性不适合于世界的此在(第 50 页)。——作为显现的世界的被经验的世界,不同于作为经验过程所指向的那个接近之理想的自在世界。——作为持续地得到证实的对世界的知觉的对世界的知觉之结构是必然的。但它并不是绝对必然的;预期也可能得不到证实。世界可能是区别于总是以真正的存在为基础的**经验的假象**的**超越论的假象**(第 53 页)。这并不意味着,世界的实存是靠不住的;没有什么东西能为关于**世界不存在**的看法辩护,而只有与经验的此在的确实性相容的"世界是超越论的假象"这个命题;但也不仅仅是一种**即使对于明显地不可能的东西也是可行的任意的**假设性估计。

一种可能的反对意见也许会说,世界不存在的看法仅仅用来表示,当其他人可能仍保持正常意识时,进行经验的主观精神失常了。反驳这种反对意见会使人们从进行交往的多数人转变到**唯我论的态度**(第 55 页)。因为其他的主观也属于我的世间的知觉之经验内容。我只是通过以下方法经验到他们,即他们的身体是作为心灵东西在其中表现、体现的事物被给予我的[①]。这种体现最初只是在自己的身体上被给予,自己的身体是原身体,而其他的事物,只要它们与自己的身体相似,就只能被理解为身体(第 61 页)。这不是通过间接的思想活动发生的,但也不是完全直接地发生的,**他人心理的东西只是一起被意指,而本身绝不被给予**。对他人身体的知觉是借助于**原初解释**的知觉。它是一种特殊的知觉,并具有其特殊的证明方式。

305 因为在这里关于人的一切可能的经验都是以空间事物性经验为前提的,所以关于世界经验的普遍批判也不能将其他人当作被给予的来接受,如同因此犯了认识论上的循环错误的那种关于精神失常的论证所做的那样(第 65 页)。在证明了世界的此在不是确真确实的——尽管世界的非存在表达一种绝对空虚的可能性——之后,也必须将世界包括到在哲学研究开始时必须实行的普遍推翻之中(第 68 页)[②]。

看起来我在批判中将世界排除时似乎是将存在于世界之中的我和我的体验活动当作前提的,因此我犯了循环的错误。但是如果又需要也对为这种世间的批判提供其基础的"为—我—在此存在"进行批判,那么所涉及的就确实是**有关自我的两种不同含义**(第 71 页)。被**自我—主观**在世界中发现的**自我—客观**,人—自我,而这个**自我—主观**始终不因消除世界而受损害。应该将我的人的此在(作为心灵的自我)与我的超越论的存在区分开来(第 73

① 对此胡塞尔加边注说:"第 59 页以下已经属于关于移情作用的理论。参看第 134 页"。——编者注

② 胡塞尔的边注:"这又属于确真的批判"。——编者注

页)。前者随同世界一起消失,但**处于其纯粹性之中的超越论的存在却始终不受触动**。现在超越论的存在从它那个方面展示为一种**确真的**超越论的批判之领域(第 76 页)。因此对世间经验的(确真的)批判就包含第二种[①]功能,即**使超越论的主观性成为显然可见的**,这种超越论的主观性完全是自成一体的,但却可按照世间经验的固有意义经验为对身体赋予灵魂。从这种从自身遮蔽中摆脱出来,是通过使世界无效实现的,这种方法是通向揭示超越论的主观性的必然道路。因为为了有别于人—自我,它首先必须被揭示出来(第 79 页)。这在历史上第一次是在笛卡儿那里发生的;因此是**笛卡儿式的还原方法**。与他的方法不同,在这里超越论还原与确真的还原被区别开了。

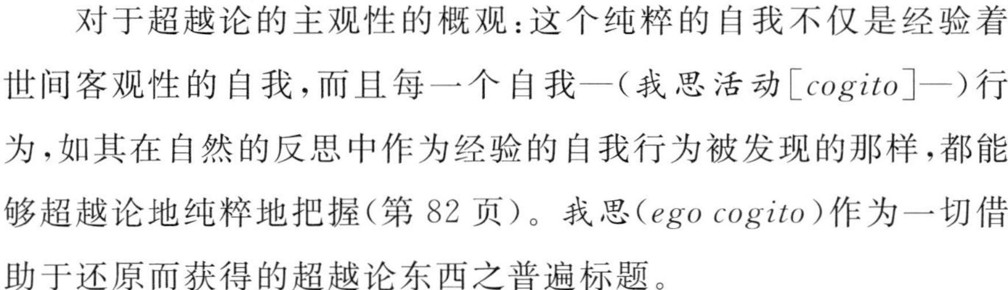

对于超越论的主观性的概观:这个纯粹的自我不仅是经验着世间客观性的自我,而且每一个自我—(*我思活动*[*cogito*]—)行为,如其在自然的反思中作为经验的自我行为被发现的那样,都能够超越论地纯粹地把握(第 82 页)。*我思*(*ego cogito*)作为一切借助于还原而获得的超越论东西之普遍标题。

现象学的还原不仅涉及现在,而且还伸展到过去和将来。(**回忆**[第 85 页]与**预期**[②]相似允许双重的超越论还原)。还原从两个 306
方面产生无限的超越论的生活流(第 85 页)。

第二条道路(从第 86 页起):**加括号的理论(还原)——反思的理论。课题:阐明这种排除活动之意义和成就**(第 87 页)。首先是

① 胡塞尔的边注:“这可能是从一开始就想要的”。——编者注

② 胡塞尔的边注:“与对想象的探讨紧密相关”。——编者注

作为自然的反思的一般反思(第87页)。通过过渡到超越论态度,这种被还原了的行为只是在以下范围内被改变了,即在其原初执行当中作为执行者的自我是忘却了它本身的自我,而在反思态度的执行中,这个自我通过把握在滞留中的行为而超出了这个反思之忘却自身的自我,而它又是忘却它本身的自我,关于这一点我们会通过更高阶段的反思知道[①]。这个自身被忘却的自我在**术语**上被作为潜在的自我与显在的自我对立起来(第90页)。将较高的自我和较低的自我视为同一,可能在较高阶段的反思之概观行为中发生。**将许多行为的这个行为极视为同一**(第90页)。**一般反思行为的普遍结构。自我分裂。进行反思的自我的潜在性。与更高阶段上的每一个反思一起重复发生的新的自我分裂。一切个别行为之行为极之同一性符合。**

在正常情况下进行反思的自我参与低一级自我的相信,但是低一级的自我肯定不参与进行反思的自我的相信(第92页)。相信当中分裂的例子:怀疑论者,**怀疑**并勾销认识的相信。在这种情况下,进行反思的自我对被相信之物的存在"感兴趣"。**对存在感兴趣这一概念,对存在感兴趣通过众多行为而达到的统一认识**(第95页以下)。

进行反思的自我也能作为**漠不关心的旁观者**行事(第95页以下)。仅仅对低一级自我之行为的纯粹主观东西(低一级自我的相信也属于它们)**感兴趣**。因此这种漠不关心并不是单纯的剥夺,而是克制下判断的一种自由行为(第98页)。

① 胡塞尔的边注:"样式!"——编者注

感兴趣与不感兴趣这两个概念之扩展到**整个的行为领域**。局部行为与整体行为,服务性的行为与支配性的行为,进行反思的潜在的自我之主要活动中的行为和次要活动中的行为的区 307 分。——反思的自我之返向联系可能具有各种各样的方式,**不仅是理论的方式**。低一级的自我和高一级的自我之采取态度和兴趣可能是不同的。——最一般地来看:**在确切意义上**,兴趣之行为是**自我**在**特殊**课题的意向中所指的那些行为(第 102 页)。**“特殊的课题”**。

作为**漠不关心的**理论的考察者的进行反思的自我之行为的特征,就是放弃对于直向地实行的行为之**不管怎样形成的**兴趣指向的**一切**参与,通过这种放弃参与,独立于其客观意指之真理有效性的行为之纯粹主观东西**作为理论的课题**而被获得。这种针对个别行为的悬搁尚不是超越论的悬搁。排除也涉及理想的对象——对对象实行排除就是加括号(第 111 页)。

意向的关联。例子(111 页):在**图像意识**与**想象**的行为上的还原(第 112 页[①])。被想象的东西在意识中具有仿佛的特征。——纯粹想象的行为与将对现实性的意识与想象掺和起来的行为。在还原中出现了设定仿佛的对象的进行想象的自我。——作为**准**断定的行为的想象的行为不同于断定的行为(第 115 页)。在朴素的想象活动中自我存在于忘却自身这种想象样式中。在还原中被想象的自我被重新虚构为一个对自身进行反思的自我:对想象的悬搁包含一种对想象—自我的准—悬搁。——每一个现象

① 胡塞尔的边注:“为此请参看第 85 页和第 130 页以下”。——编者注

学上的纯粹的断定的行为,都有平行的准—断定的行为与之对应(第 119 页)。

(附注[第 120 页]:现象学还原的诸种困难。现象学的分析与对自然的客观分析根本对立,并且是“非自然地”对立。

对于迄今为止思想进程的概括并对其修正(第 125 页):将自然的无可怀疑性强化为确真的无可怀疑性只应在以后加入进来,并且应该将对于开端的指导交托给自然的—模糊的原理。——这些事例分析还开辟了通向超越论主观性的第二条道路:超出在个别行为上的还原,还可能有一种更高的还原,借助那种还原就获得了超越论的自我全体。)

重新开始中断了的研究工作(第 130 页)[①]:它们被用来表明,在一切准当前化的行为当中,意向性都不是简单地存在的,而是在自身中**包含着**纯粹主观的东西。——再一次扼要概述准当前化行
308 为。——这些**关联**由于**重复的可能性**而被多重化,这种重复的可能性不仅存在于同一的行为方式之内,而且能交叠地通过各种不同的行为方式,在想象上表明出来。——

继续谈论关联的学说(经常是作为示范性的学说,如应该实行现象学的还原——但因此也应该通过这种方法实行不断揭示纯粹的主观性):**移情**的行为(第 134 页)[②]。对于通过移情作用而意识到的他人的行为也可以实行还原。——**他者**(*alter*)**的变样;这种变样也是可重复的**。根据这种重复,社会的相互间彼此在此存在

① 胡塞尔的边注:“使与第 111 页和第 85 页相一致”。——编者注

② 胡塞尔的边注:“参看第 59 页”。——编者注

以及**共同体的生活**就变成可能的了。——**在还原行为本身上进行的还原**也是无限可能的，但是并没有赋予这些行为以更高程度的纯粹性（第 139 页）。

被以为的从心理学的还原向超越论还原过渡——首先是关于有效性地平线的学说——实际上属于普遍的心理学的还原：迄今为止在个别行为上或者还有在一切现实的和可能的行为之共同体上实行的还原，所完成的只不过就是突出了处于其纯粹性之中的**心灵的内在性**。首先它实现了纯粹**心理学的**，“内在的经验”。在这种情况下排除存在的设定只是偶尔地和相对地**发生的**（第 142 页）。与**迄今为止的**悬搁相对，一种**普遍的悬搁**是**可能的**，它不仅排除一切**现实的**有效性，而且也排除有效性地平线之一切**潜在的，习惯的**有效性（第 144 页）。

关于有效性地平线的理论（从第 145 页起至第 153 页）。进一步阐明有效性地平线的理论（第 145 页）：每一个具体进行知觉的行为都有前景意识和背景意识（第 145 页）。外部的地平线和内部的地平线。——在外部的地平线中应该划分出仍由知觉得到的直观性之领域和非直观的空的地平线。这个非直观的空的地平线包括作为可能经验之预先为其规定了确定的统一样式的无限地平线的**整个世界**（第 148 页）。——意识的地平线也延伸到作为**被关联的有效性之地平线**的过去和将来。——由此而产生的描述的任 309
务，——关于理想对象的经验也有其地平线。

我们的生活最高**涉及一切由进行原初引起的行为产生的存在有效性之全体**（第 152 页）。

这些存在有效性能够借助一种扩展到这整个生活的**意志决**

定,而按照其普遍性被排除,这种意志决定同时又是**对于普遍反思的决定**。通过这种决定我就在模糊的理解活动中通观到作为属于必然断定性的意向生活的生活之性格(第156页)。

因此通观我的生活就意味着通观世界。

详细描述应该首先实行的普遍还原;普遍的悬搁和还原是心理学的个别还原的类似物。对于对我的生活之**普遍概观这一行为**的简单还原,**首先**得出**现在**之主观东西。为了也获得**过去之主观东西**,不可以排除对于过去的生活之存在信念。——这种信念独立于对过去了的对象世界之**实存**的看法;**正如这个对象世界那时被排除一样**。——对于将来也类似(第158页)。**由于生活之具有地平线意识这种特性使获得全部的绝对完整的生活流**而不对任何客观性发表看法**成为**可能,这种地平线意识也能转移到课题的意识之中。——把握生活尚不是对于自身之清晰的把握。生活本身作为极限—理念(第162页)[①]。

回顾(第164页):**现象学还原和笛卡儿式的变革**。这种新的措施提供了一种关于现象学还原的现象学。开始所要求的关于这种**变革**的模糊指导原则**作为现象学悬搁这种系统方法的彻底完成及其更深刻的意义而显示出来了**。这种方法使人们看到了一个一切可能的真理和科学的正当性证明都由之而产生的新的存在领域。——哲学只不过就是超越论的主观性之自身展示(第167页)。通过对世界加括号什么也没有丧失,而是获得了作为最终被

① 胡塞尔的边注:"缺少与普遍的心理学的还原相对比的对于超越论哲学还原的真正特征说明。但是**事先还缺少作为心理学的还原的共主观的还原**"。——编者注

证明为正当的世界认识的世界认识。

超越论的还原也能够与对进行开始的哲学家之动机说明分离 310
开,并能够被没有确真批判地朴素地实行(第171页)。**先于一切哲学兴趣的**合理的**现象的**和经验的**现象学**之可能性。

非现实的主观性是作为可能的超越论的经验之持续的连贯性而被给予的。唯我论的虚假的必然性。——自己的自身之自身给予也具有间接性的诸阶段。——自己的现在、过去等等本身并非是独立的,充分具体的东西只是原初被给予的生活之整体统一(第176页)。——超越论的还原**直接地**只得出我的自我(*ego*),但**间接地**得出敞开的众多的他—我(*alter-ego*)。

现象学是哲学唯心主义之第一个严格科学的形态。——**本质现象学的任务**。对于一切种类的认识事件的本质规定(第183页)。一切真正的存在者只不过是我的生活之意向的事件。——由此产生出**唯我论的虚假的必然性**。

唯我论的疑难之解决。他我(*alter ego*)并非是自身给予的,而只是由经验的证明之权利所表明的(第188页)。现象学的还原导致生活之两个被交织地奠立的结构:(1)我的生活以及被在其中构成的普遍的事物世界;(2)一起经验到的他人的主观性,这种主观性并不化解为我的生活之意向的相关项。——

附录Ⅱ(附于第二十八至第五十四讲):胡塞尔对思想进程的批注(由本书编者编制)。①

加于第**14**页以下:不充分。

加于第**26**页第30行—第**31**页第32行:重新修改并大加缩减。

加于第**31**页第3行—第**36**页:取代以下从第**31**页至第36页的论述,在这里首先应该引入无可怀疑性原则,以与最初在**笛卡儿《沉思录》**中出现的方式同样模糊的方式引入,而并不立即强化到确真的无可怀疑性原则(对此还请参看第125页开始的扼要重述)。因为即使按照其模糊的含义运用这个原则也足以动摇对于世界存在之确实性的信念。在这种含义中运用这个原则,通过排

311 除世界而导致纯粹的主观性,只是在纯粹主观性中才必须重又将诸种不同的被给予之物区分开,即将确真确实的被给予之物和不是确真确实的被给予之物区分开。因此,只当通过运用处于这种模糊含义中的这个原则而已经达到纯粹主观性这个基础,才产生提出具有其被强化了的含义的无可怀疑性原则的必要性,而这种必要性随后就导致对超越论的还原和确真的还原的区分(第80

① 写于1924和1925年。——“校勘附注”(刊于“增补部分”)必须与被编入这个附录中的这些胡塞尔的批注对照。

编者在每一个批注前都提示该批注涉及的正文中的有关部分;粗体数字提示印刷页码;紧随其后的数字提示第几行。此外,胡塞尔的批注自身中的页码说明,相应地被改为本书正文中的页码*。——编者注

*编者说的页码是德文版页码。此中文版用边码标出。——译者注

页）。因此在以下直到那时以前的论述中，应该避免谈论“确真的”还原，或更确切地说，“确真的”批判。

加于上面的批注上：不，我没有任何特殊的理由怀疑说，世界会不存在。但是我思考，那种情况究竟是不是十分确实的，并且比方说，如果我思考数学的自明性，那么我就意识到，这里应该区分经验的无可怀疑性和确真的无可怀疑性。

加于第**36**页第29—31行：为什么？

正是为此：为了思想的进程。

切合的认识之原则。具有确真性程度和切合性程度的自明性之原则。

我不应该将任何不具有切合性之目的而且没有达到这种目的的认识看成是绝对证明为正当的吗？或者我也应该容许一些认识和一些具有按一定方法获得诸种成就的认识进步，这种进步在其**方法**和成就方面都由确真的原则和切合的原则得到保证，因此虽然我没有在有关的认识领域实现真正的切合性，但却实现了对于目标的**接近**：这个目标是一个理想的极——？也许在这一类东西中，在经验科学的名目下，也有一种我事先尚未认识到的确真性。

问：

可能存在一种普遍确真的世界认识吗？我起初什么时候将世界认识看成是一切认识的，以及一切科学认识的原本目的呢？

如果没有，那么什么东西能够提供确真的和切合的认识呢，这种认识能达到多么远呢，在多大程度上**世界认识**的确能够通过这种确真的认识变成“科学”呢？如果我不能简单地将科学等同于对能够认识的东西之确真的认识，那么“科学”这种正当性证明的形态、论证的形态、认识的形态意味着什么呢？如果有关世界的科学被作为“绝对的科学”形成以后，并不想将**世界**设定为**绝对确真的**，而是想设定为**世界假设**、事物假设等等，并且如果一切理论都与经验的假设相关联，甚至保持为是假设的，而且在一切改变中都是**相对**确真的，如此等等，那么也许有关世界的科学就是彻底确真的？

（1）证明，外部经验不是确真的，当然也不是切合的，相关联地证明，被经验的世界不需要存在。

312 一切自然科学都是在外部经验的基础上运动的，一切自然科学都是世间的。如果它们想要有关“这个”真实的世界之最终有效的，也就是说确真的认识，那么曾能使我们满意的这些科学当中任何一种科学都不可能提供这样的认识。那么我就不再需要对经验科学进行任何批判。——而且也不再需要尝试建立这样的科学。

但是让我们把下面这个问题是暂时搁置一下，即在什么意义上经验的确可能是科学的基础，在这里一种确真的认识（尽管是在改变了的意义上）是否确实可能。

（2）对世间经验的批判经常以什么**为前提**：我的进行经验的自我和进行经验的生活。因此过渡到*我思*（*ego cogito*）。在这里我们有一个建立在不可取消的经验之基础上的不可取消的命题，超越论的自我——然后是超越的共主观性。

（3）我也可以像在康德演讲中那样[①]，直接走向超越论的主观性；或者，直接由这样一种想法而来到超越论的主观性：即存在着

① 参看文章：《**康德与超越论哲学之理念**》，载于《**胡塞尔全集**》这一版第Ⅶ卷“增补部分”，第230页以下。——编者注

一种确真的并且到处都被当作前提的经验吗?因此对外在经验只是十分简短地进行批判,或者根本不批判,而只是阐明这样一种思想:不论我认识什么,在对这种认识活动进行一切检验之前,有一种认识是确真的,并且被“当作前提”。因此我发现了生活本身,并且现在应该阐明这个我思(*ego cogito*)的含义。这个自我(*ego*)是心理物理的自我吗?等等。

加于第**43**页:这里**缺少**对于客观的,总是预先给予的世界之描述,并缺少对于清楚的描述是**必不可少**的**有关分解的理论**。

加于第**64**页:缺少分解理论在这里明显可见。

加于第**76**页,第17—26行:这可能是开始就想要的。

加于第**81**页以下:对于我的表述的批判:这里接下来对超越论主观性之领域的概观,仍是在一切确真的批判之前被提供的。在这个地方应该指出,这种概观**以后将会获得开辟通向超越论的主观性的第二条道路的功能**(请参看第127页),这条道路能完全与第一条道路,“笛卡儿式的道路”,分离开,并且不考虑对后者动机的说明就能走上这条道路。此外,这条道路是从在以下事例分析中实行的在个别行为上的还原出发的[①]。通过这些个别的还 313
原——在那里对世界的排除始终只是偶尔的和相对的排除——所获得的尚不是在严格意义上的超越论的纯粹性,而只是在经验心理学意义上的纯粹性(还请参看第107页以下)。通过在第143页以下所限定意义上的普遍的还原,这条道路由经验心理学意义上

① 为了概观纯粹主观性,有第81—87页的事例分析然后又有第111—119页的事例分析就足够了。其间第87—111页的部分,应该看作是关于现象学还原的现象学的部分。

的纯粹性通向真正超越论的纯粹性[1]。这条通向超越论的主观性的第二条道路与笛卡儿式的道路相比的优点就是,它立即也提供一种将共主观性包括到还原之中的可能性(参看第129页和第134页以下)。

加于第**87**页第36行及以下几页:这里开始探讨下面这个问题:如何能够澄清超越论的悬搁之意义和成就;也就是说,如何能够在一般反思理论的基础上澄清悬搁之现象学的理论。后来对这条通向超越论的主观性之"新道路"的意义的改变,第126页。参看第139页以下。

加于**第87页**第36行至**第111页**第19行:关于对论述进程的改进:现在接下来(从第87页至第111页)有关潜在的自我和显在的自我的以及有关兴趣的概念和漠不关心的旁观者的概念的阐明,在这里在一定程度上可以看作是**附注**,因为它们打断了在第二条道路上的,即从被还原了的个别行为出发向上引向超越论的主观性的进程。它们可以被看成是有关现象学**还原**之行为的现象学的片段,而且首先是与现象学还原之个别的**行为**有关的现象学的片段;但是此外这里**所说过的**一切也可以被运用到稍后探讨的普遍的还原上。

加于**第92页**第20行及以下几页:对于进程之纯粹性来说重要的是:

在体验**中**排除一切立场:

1)如果我从朴素性出发,那么我就仍没有现象学的行为,于是

① 还请参看附录XXIII(第444页以下)和附录XXV(第453页以下)。——编者注

我在一切行为中——当然是在一切**当下**的行为中——都排除采取立场。

2)如果我**已经**实行了现象学的行为,那么我就能对它进行反思,而这种反思就是一种新的现象学体验,即当我只是坚持我已经实行了的排除时,我从一开始就在它上面有超越论东西的那种反思。但是在其中又**设定**了一种超越论的体验。如果我能够这样做,即如果我仍将这种体验作为当下的体验而拥有,那么这种体验就不应再被排除;因为我想要实行现象学的设定。

加于**第 95 页**第 10 行至**第 106 页**第 11 行:现在特别应该思考,这个思想进程是否因此当然就是令人满意的。

我从有关自然的反思之学说开始,自我分裂等等(第 87 页—92 页),**但我只是考察信念的行为和信念的反思**——这是必须明 314
确强调的——,而现在的问题是,情况是否能如此,即我已经**在信念的领域中引入了的兴趣的概念和不感兴趣的概念**,第 94—98 页。

作为预备性的而且是作为对一个最初的和较狭窄的概念的奠立这有用吗,而且这与以后的概念完全相符吗?

加于**第 99 页**第 16 行及以下:关于进程:从第 98 页起是关于课题、兴趣、态度的理论之附注。

以下的阐述除去它的作为现象学还原的现象学的一部分这种功能之外,还有另外一种功能,即指出,还原在每一种行为上都可以使用,而不仅是可用于认识的行为,因为对于还原所要求的漠不关心的旁观者的态度,对一切种类的行为都是可能的。

加于**第 99 页**第 16 行至第 **106** 页第 11 行,特别是第 **101** 页,

第6行:在主要活动和次要活动中的行为:**主要活动**的确是**有关课题东西的以及有关属于课题之统一东西的**一个标题。兴趣的统一。——对此请参看第103页。

对此我们还必须进行更细致的区分。**可能有许多主要的活动混杂在一起进行**。缺少本质上属于主要活动的**态度这个概念**。然后是**态度的改变**。态度的习惯性和稳定性,例如在职业劳动中。但一个主体的许多“职业”,许多习惯上的主要活动,许多课题领域也可能同时存在,它们相互干扰,或者有时是有意地而且没有干扰地交替进行。由不属于任何已建立的课题领域的刺激而来的干扰。**分散的行为**,或更确切地说,**无联系的行为**。

属于一个课题性全域或属于一个特殊课题的**诸“全神贯注的”行为**。课题与课题性的活动的混杂进行。

属于一个统一**整体行为**之统一(属于一个课题性态度)的诸行为,和干扰性的介入,这种干扰性的介入或是由其他课题领域而来的,或是并非以课题方式在主观中建立起来的。

因此这些应该完全重新修改。**问题是,应该在哪里论述所有这些都属于它的那个有关课题的普遍理论呢?**

在整体行为内部一切作为局部行为的行为都有统一的功能。在这里不仅有在其中最终课题(目的课题)本身是决定性的最终目
315 的行为和手段行为(前提)之区分。诸局部行为也可能是互相配合的,而且不仅是作为一个目的之起配合作用的手段。即使没有这种手段,一个完整的整体行为之诸局部行为也能够相互配合,只要它们是当作目的而相互配合的,此外一般没有手段起作用的。当我纯粹通过经验在环顾四周并意识到一个接一个东西时,就是如

此。然而关于特性的理解,关于局部的理解,就已经有某种手段,某种服务性东西了。更进一步的东西就是形式逻辑,形式价值论和形式实践论的问题①。

加于**第106页**以下:正如从第106页起的继续部分应该形成的:

对**兴趣,课题,课题的全域,态度**,这些概念的澄清之非常不完善的而且是应该重新改写的尝试,一直延伸到这里。

也许以下的做法也是合适的,甚至是必不可少的,即讨论每一种情感行为都能在自身中经验到的那种**课题的变化**,即讨论**情绪行为在一种信念的—课题的行为中的变化**,因此讨论在课题上进行评价的行为之转变为课题的—信念的行为,作为**对作为信念的课题的价值**之通过进行经验的活动和**进行判断的活动的设定活动**。

要是事先已经提到下面的情况也许就更好了,即关于**发觉**(或者甚至是**注意**)的通常说法,一般是表示由自我而来的把握,**关于知觉活动、经验活动的一般说法,恰恰**是指进行**发觉**的知觉活动和经验活动;另一方面,必须把发觉的活动和在一种特殊的意义上的注意的活动区分开,在这种情况下,后者表示一种有**课题**指向的状态(而且它本来不应该以单纯信念方式理解,因此也许也不应该以价值论等等的方式理解)。在这种意义上的进行注意的经验活动,有课题的经验活动,而且是纯粹信念上的有课题的经验活动,是在所谓理论兴趣中的经验,这种表达方式只适合于科学上进行实验

① 第102页第23行至第104页第6行,在正文当前这个文稿的编辑中,可能已经考虑到上面这个批评了。参看相关的"校勘附注"(在"增补"部分中)。——编者注

的观察活动。我们通常在哲学的谈论中理解为**思想活动**,在逻辑学的谈论中特别毫无疑问地理解为思想活动的东西,始终都是有课题的思想活动,具有理论的兴趣,理论的态度的思想活动。

在这些重要的预备性研究之后,就需要研究对自身的反思,这些对自身的反思包括一切种类的行为①。

加于第**108**页第10行:另一些概念谈论不感兴趣的情况(不感兴趣的批判)!

316 加于**第111页**第24行及以下:如果这里继续第87页中断了的关于现象学还原之各种所与物的概括,并且现在阐明了准**当前化的行为**,即作为其意向关联是双重的意向关联的那些准当前化的行为,那么这种阐明就是用来将这种还原延伸到共主观性的,这种延伸的步骤是在第134页及下一页实行的。

加于**第125页**第14行至第130页:进行改进的改写:

(1)在最初的,笛卡儿式的道路上,只用两句话指出超越论的主观性之无限性,超越论的生活流之无限性;不谈还原在回忆和预期等等中的作用。

(2)转向第二条道路,这条道路在下面这种程度上是对于笛卡儿式的道路的修正,即它直接通向我思(*ego cogito*)和我们思(*nos cogitamus*)。以前对于超越论的主观性之概观是独立于笛卡儿式的道路在特殊的"现象学还原"中实行的。但是这样一来就必须从知觉开始,按照主要类型系统地进行。在外知觉中,就要探讨透视

---

① 在手稿中,接着这个批注的是我们在这里采用的正文部分的一个新稿本:第105页第23行至第24行。参看有关的"校勘附注"(在"增补"部分)。——编者注

变形,透视变形的多样性,它们的综合,它们在联想上的关联。在稍后向自我—全体的还原中我需要这种探讨。

因此必须逐课地利用前一年的讲课(1922/23)[①]。

加于**第127页**第9至第17行:但事后我一定会看到,在这第一段的思想中有不清晰之处。说“使现象学悬搁在个别行为上起作用”,这是什么意思呢?课题的行为,兴趣的行为,有其**课题**;由旁观者的兴趣中排除,这并不意味着排除**外部的地平线**,它们的确是以断定的方式在此存在的。这在以后肯定会被指出来。需要排除**一切地平线**,即使是在揭示过程中才出现的和被连续地重新开辟的地平线。需要一种**普遍的悬搁**。

但是现在从一开始就应该说,我在个别的还原中绝不会达到**目的**,我作为**心理学家**不仅有在我面前的个别行为作为课题,而且还有**整个的人**和**整个的心灵**作为课题,它的统一从一开始就是主导的东西。人们可以说:正如事物和世界一样,心灵,或更确切地说,单子本身,虽然是原初地被给予的,但却只是作为诸被给予性方式之无限多样性的统一而被给予的,而且只是被定向了的,即围绕具有其明确的地平线的心灵的现前而被定向了的。**因此从一开** 317
始就要求普遍的还原。

因此“**心理学的还原**”并不是以个别方式实行还原,而是在整体的基础上个别地实行还原。正如这个整体只是在不明确地普遍向前抓取中被给予一样,**对整体的还原也是在向前抓取中的还原。**

① 关于在1922/23年冬季学期胡塞尔于弗赖堡大学(布莱斯高)的**《哲学导论》**的讲课,请参看这一版的第Ⅷ卷“**编者导言**”第ⅩⅫ页。——编者注

它是在那个在这种情况下作为从今以后坚持不渝地被要求的一切个别的还原都服从于它的普遍意志中被实行的[①]。

同样加于**第 127 页**第 9 至第 17 行:这应该是心理学家的还原。但这不完全正确。对于心理学家来说,从一开始就存在一种普遍的还原,而且由于这种还原而要求一切个别的还原。

加于**第 127 页**第 26 至第 29 行:“在整个心灵的主观性上,此外在世界中的所有共主观性上,提前实行的还原,并且以前后一贯的方式在一切个别的行为上实行这种还原”!必须这样认为。

加于**第 128 页**第 6 至第 13 行:不。

加于**第 129 页**并加于**第** 143 **页**:对这种论述的确可以提出反对说,当我这个心理学家,想要像突出每一种关联一样突出我的纯粹心灵东西的关联,突出这种构成处于其整体性之中的我的纯粹
416 心灵东西的关联——而且我确实想要突出一般纯粹的心灵——时,**我就的确必须实行普遍的现象学还原**。因为一切对于我有效的东西都是存在的,一切对于我而言存在着的东西确实都是由我自己的意向生活而被设定为有效的。一切在个别行为上的个别的还原,因此都是在普遍的并且预先包罗一切的还原中运动的,并且表明个别的纯粹的行为是纯粹的总体心灵之要素。

从第 143 页起的进一步的论述也许可以在一种不同的关联中运用,即用于描述每一种地平线以意向的方式包含有效性论题(地平线之意向性的有效性关联)的方式,以及一种贯穿这个地平线的

---

① 这个批注特别注明“1925”。关于它以及以下的批注,请参看附录 XXIII(第 444 页以下)以及附录 XXV(第 453 页以下)。——编者注

提前实行的悬搁被实行的方式，在这种悬搁中超越的对象总是被放到括号中。此外对实在东西加括号——考虑到它的非课题性的实在的背景以及由它标明的外部地平线(这个地平线同样也包含着有效性的关联，同样也被而且必须被加括号)——包含一种普遍的加括号。所有这些以及这里所论述的东西，都是对通过这种悬搁在纯粹主观东西上隐含地获得的东西之揭示。人们也可以将它包含到下面这个问题中：当我在一种事态中实行普遍加括号时——由此在结构上能获得什么样的主观东西？

这就是进入对意向的关联之描述的门径。 318

但是下面这种反对意见正是通过对地平线的考察而产生的，即如果仅仅在其作为**课题的**内容——或一般而言实项的内容——上实行还原，并且仿佛直观的东西被隔绝开来，那就没有任何一个客观指向的体验真正被还原为纯粹的体验①。**每一个个别的体验都“反映”诸体验的全部关联**，为了即使只获得作为纯粹心灵东西的个别心灵东西，我必须从一开始就实行普遍的还原。

(但是人们一定不要将个别的纯粹的单子之统一，将它的单子的存在或将心灵的整体内在性之存在当作前提，比如作为历史上的先入之见当作前提。我们必须首先说明，“单子”属于每一个人。在对个别还原描述中讲课的这种处置——理解为对于直观之各种不同类型中意向关联的证明等等——现在能够为此服务。恰好是有关地平线的阐明从一开始就被看作是这种学说的组成部分。)

加于**第 130 页**第 10 行及以下：关于关联的，或更确切地说，关

① 这还不精确：请参看将关联划分为实项的关联和地平线的关联。

于揭示的学说：在这里本来应该系统地讨论：首先是**直观**，与此同时指明在作为课题的对象性和非课题的、但是处于直观范围内的对象性之间的区分；另一方面，指明涉及属于课题的空的地平线的**地平线**关联，以及另一方面是不属于课题的地平线。

其次是**空的意识**或借助于表达的意识等诸如此类东西。然而这表明某种东西吗？在这里应该如何处理，以及哪些是本质的和普遍的区分呢？

加于**第 135 页**第 20 行至第 24 行；在这里忘记了对于他人身体的现象学还原吗？

加于**第 143 页**：见**加于第** 129 **页**的批注。

加于**第 146 页**以下：从这里开始是对于作为有效性意识的地平线意识之系统考察，这种地平线意识属于现实的和理想的为我们存在着的每一个对象；最后是关于以下问题的考察，即在我们主观的生活之每一时刻及其全面统一中，对于我们存在着**一个**普遍的有效性地平线，它的意向性的展开导致一切对于我们作为现实的和理想的世间东西而一起有效的对象性东西之紧密结合的统一。

319 这个附注是关于在生活中的，甚至是在共主观的生活中的一切意向性之隐含的紧密结合之学说的，这种紧密结合建立起心灵生活之统一和共同体生活之统一。也是关于有关关联之学说的。

加于**第 150 页**第 16 行及以下：对此应该补充：诸个别要素的诸地平线综合为一个尽管有变化但仍达成一致的有效性之统一。这会在以下的论述中表明。

加于**第 153 页**第 7 行以下：因此应用到另外一处，在有关关联的学说之统一中。

加于**第 155 页**以下：批判将伦理的悬搁拉进来的做法，反对将有关生活的这种谈论运用到我的目的上：参看誊清稿中的附录[①]。

同样也加于**第 155 页**以下：普遍的伦理学的悬搁。——以下是来自我的观察：伦理学的悬搁有一种完全不同于现象学的普遍性的普遍性。它涉及在我迄今为止的生活之个人的行为中起作用的全部有效性。但这并不是说：是一切在我之中有其起源的全部有效性。例如并不涉及世界之存在的有效性。而且甚至也不涉及一切在**自我行为**中实行的有效性，如已由这个例子表明的，因此不涉及主动的经验和经验判断。

尤其应该严格规定这种伦理学悬搁的意义——这种悬搁原初地涉及一切有关绝对应当的行为和在普遍的实践的领域中在这方面重要的东西。

一般来说到处都应该注意，**预先给予的世界**——它以作为个人的行为和爱好之关联的周围世界为前提——总是在**生活之**自然意义上被谈论的——即我的和一般个人的生活。但是对此我根本没有进一步观察。

因此第 154 页必须彻底改写。

加于**第 156 页**第 22 至第 26 行：但是关于生活之自然的谈论和对于生活之概观却仅仅导致个人的意向性，而并没有导致被动—构成的意向性。

加于**第 161 页**第 7 至第 12 行：不准确。

加于**第 163 页**：现在缺少对于超越论哲学的还原与普遍的心

① 在“誊清稿中的附录”上有这里接下来的批注。——编者注

理学的还原相对比的真正特征说明。但**事先**仍缺乏**作为心理学的还原的共主观的还原**。

加于**第 175 页**第 12 行:本来应该阐明:解释性的经验。

加于**第 177 页**第 1 行至**第 180 页**第 18 行:这几页应该标上**00**[①]。

加于**第 179 页**第 30 至第 35 行:意向的内在性:缺少解释。并不是在一切意向的体验中,而且**实际上**并不是在一切关于……的
320 表象(意向关联由此而在一切牢固的意向体验中建立起来)中,摆在面前的客体都以下面这种方式是真正理想地内在的,即在视为同一的符合之出现中,同一性和同一的东西(作为相同的意向的客体)原初地被给予并能够原初地被获知。这种说法在知觉显现这种确切意义上的显现中,即自身给予的和原初给予的显现中,是切合实际的;实行综合的行为,而且首先是实行连续的综合的行为,就是这种情况。连续的看的活动,恰好只是因此而是对客体的真正看的活动。即使是在分立的看的活动中,人们肯定也思考。

在直观的重新回忆中,情况也是如此,而且当然是如此。但在模糊指示的场合,在模糊的和不明确的预期的场合,情况如何呢?但是也存在清晰的指示,而且在逻辑的范围内,存在着与不清晰的判断活动相对的"清晰的"判断活动。这确实是具有重大的根本的重要性的事情。

---

① 胡塞尔经常在手稿中他认为是无用的地方或无用的页,在页边的空白处标上零。——编者注

附录Ⅲ（附于第二十八讲）：传统，与宣告一个“划时代”的开始。[①] 321

对于哲学之可能性，科学之可能性的询问，与此同时对于认识批判，科学批判之可能性的询问，从哲学开始时起，并且贯穿于哲学发展的整个历史，都伴随着哲学。这些询问虽然任何时候都有确定的意义联系，有确定的内在的相关性；但是按照发展的诸阶段，它们不仅有内在规定性差别，有模糊的普遍性和自行区分的特殊性的差别，而且它们还按照发展的状况而改变它们的意义和它们的规定发展的功能。

科学和哲学——二者最初并没有分离开——是一种并不是在每一个人群中都形成了的特殊文化形态之名称；或者说是一种特殊种类的目的形成物之名称，这些目的形成物——如同一般目的形成物一样——要求一种科学和哲学绝不会在论述中就满足的目的合理性之意义。这种要求指向普遍的有效性，指向对一切理性东西都有约束力的肯定——一种有权运用到每一种理性东西之上的**批判**与这种理性东西相对应。对于一种文化（例如艺术）的被普遍想到的目的之合理性进行批判，这并不是在那里普遍的肯定和在令人崇敬的传统中被普遍实行的行为要遵守这些范畴之形成物的理由。

哲学中的情况则不同。**它是没有传统地产生的，它首先要创**

① 写于1925年。——编者注

造传统。目标设定是一种新的目标设定,这些目的形态赢得了它的评价者,并作为有价值的,新式的文化形态而获得实现——但是产生一种在它那个方面得到了承认的**怀疑论**;这是这样一种怀疑论,它不仅在个别的批判中被使用,如哲学家们,或者还有艺术家们,相互使用怀疑论,而且是一种根本**否认一般科学之目的合理性**——在研究的方式和研究的结果方面的目的合理性——**的原则性批判**:将自己瞄准科学为自己提出的这种目的,乃是一种妄想,诸种哲学体系很可能是文学之特殊种类的有才智的构成物,它们很可能就是为了修辞学的目的才存在的;但是它们本身想是的东西,事实上不仅不是它们所是的东西——只要它们离目的尚有距离,部分地或完全地未达到目的——,而且事实上它们根本就没有目的。与向假想的目标射击的防卫活动相似,它们认为通过认识的努力能够达到的东西或者根本就不存在,或者原则上可以被看作是不能达到的。

因此哲学用以下方式开始了一种新的文化,即它以在事业上努力追求的形式创造一些以为或多或少完满地实现了目的理念的目的形成物,然而接踵而来的怀疑论证明,这种作为实践目的的目的本身之可能性——因此可能通向这个目的的诸道路——是**成问题的**。

哲学想成为"科学",成为有关宇宙的普遍科学;它想在它的一切极其多种多样的体系构想中,按照普遍性而成为绝对有效的真理(或更确切地说,成为统一地联结起来的诸真理之被规整的和联结起来的体系),这种真理将每一个人都必须承认为是同一的、对于每一个人都有效的、对于每一个人都有约束力的真理的一切有洞察力的东西都联系起来。怀疑论正是以原则的普遍性怀疑这样的作为认识目的的一般真理。正是因此，一种“对认识的批判”或对科学的批判，就变成必需的，就是说，关于可能认识世界的活动一般的以及一切被归入其中的特殊认识活动的意义、目的理念之**根本沉思**就变成必需的。

科学的意义——科学作为某种规范的并且处于规范法则之下的成就之理念——处于与科学与之有关的**对象性**的意义之本质关联中。每一种科学都有其**领域**。开始的哲学在**宇宙**中有其普遍的领域。世界就是应该被认识的东西。世界是，尽管只是局部地，一部分一部分地，并且总是——具有无限的不确定的地平线——直接地被经验的，在经验中它表现为“直接在此”。但是它所是的东西，事实上应归于它本身的东西，只有哲学、科学能够展示出来。如果存在一种普遍有约束力的科学，那么它作为真理所表明的东西就会对世界本身有效。但任何一个实在东西的和世界本身的真正存在，都是在科学的述谓的真理中规定自身的基底存在，而且这 322
些谓词就是如其自在存在的那样的存在者本身的谓词。只要科学确实符合它的理念，那么世界的存在和如此存在就会作为科学认识之认识基底进入到科学之中。因此**世界本身**按照它自己本身所是的东西，就显得只是一个被归属于科学之理念的**相关项理念**，就此而言，科学本身又具有与进行经验的主观之经验的关联，并且以某种合乎规范的形式具有与进行经验的主观之现实的和可能的认识成就的关联。**世界，有关世界的经验，有关世界的科学**，似乎是处于一种紧密的，甚至是不可分割的联系之中，这种联系从它那个方面为思想提出诸种困难问题。如果主观的经验活动和思想活动

在自己本身中不具有作为真正科学的科学这种理念,并且不具有作为真正科学的**相关项**的**真实存在**——作为科学沉思的基底,因此是可以主观地有洞察力地达到的——这种理念,**真实的存在**能够是一种有意义的理念吗,因此"一个事实上存在着,并且如其所是那样存在着的世界",能够是一种有意义的理念吗?——因此否定作为**理念**的,作为某种合理实践的**目的**的**科学**,不就意味着根本否定**世界**吗?**高尔吉亚**说过,什么都不存在,如果有某种东西存在,那么它是不可认识的。在认识中没有任何作为自在有效的东西的可认识物,因此没有知识,因此我不能合理地说,某物存在。无论如何,不论实际上什么东西存在,在它的存在方面所具有的只是作为可能的真正的科学的,可能的哲学的基底内容的意义,即上帝或物质、天体、地球、人等等。

怀疑论促使人们进行的一些最早的沉思,就已经以这种方式指向相应于怀疑论之否定本身的三个**相互关联的方向**。怀疑论具有下面这种**划时代的**意义,即它通过将科学的目的理念追溯到进行认识的主观性,以及将真实的存在本身追溯到科学的真理并追溯到认识真理的主观性,使这些新发现出来的相互关联所带有的不清晰的东西成为明显可见的。这些不清晰的东西甚至没有能由于——不论是认真的还是草率的——诡辩论命题的诸悖论,和由于一些最伟大的人物不得不费心去克服的同样是悖论式的论证,而变得更明显可见。因此在这种情况下**柏拉图**的辩证法,作为对于哲学之可能性的,因此对于一般科学之可能性的研究之最初的尝试,当然就指向所有这些相互关联的方向。他本人第一个从诡辩学派的悖论中看出**真实存在**,**真理**和**认识活动**之属于哲学之理念的**本质联系**,因此他的沉思立即就指向这一个或那一个东西,指向目的意义,指向可能性之本质条件。因此辩证法就是认识论,并且致力于研究意见和洞察,研究作为看的活动的最低阶段的感性 323
经验活动——它不仅是感觉(φαντασία),而且是相信活动和意指活动,始终仍然是“单纯的”意见——,研究思想活动和进行直观的思想活动(在其中,理念被看到,经验上显现着的东西以理念为基础,并“分享”理念),研究在感性直观上仍然附有的思考理念的活动(古代数学的思想活动)和完全与感性直观分离的纯粹思考理念的活动之不同等等。但是他在将研究的目光指向判断内容的形式时也已经有了相关的规范,并且众所周知,他是多么关心据说是自在有效的真理之相关项的真实存在本身之意义;在多大程度上感性世界,在我们共同的经验中被认为是同一的并且被证明是可靠的世界,表达感性经验的知觉判断之相关项,是单纯主观的影子世界,然而另一方面,作为影子世界,由不充分的图像构成的世界,却又要参照自在的存在者,参照真实的存在;这种作为原型的真的东西究竟是什么,它如何是可认识的。

因此这第一个**科学论**是仿效朴素的哲学或科学的,但是它由于以下情况而不同于一切以后的科学论,即它不仅是第一个对于什么东西使科学成为可能,什么东西赋予科学之意图以意义和实践的理性权利的系统沉思,而且它事实上第一个**使**科学**成为可能**,并且是诸科学之历史上的起源——是那种从现在起对于一切应该能够作为科学而出现的东西来说是决定性的,并且将来也一定是决定性的东西之历史上的起源。

每一种**自然的实践**都在**成就**中得到满足。自然的实践经常伴有批判，而且通常是较高阶段的批判；——指出作为被实现了的东西之要素的缺陷的具体批判，这些要素显然没有实现人本来谋求的东西，而这就没有满足主要的需要，相反地妨碍了这种满足，或甚至抵消了这种满足。对自然的实践进行规范并没有超出具体的东西，没有超出向以经验方式引出一般结论之过渡，在这种一般结论中真正看到，为了令人满意地实现当下具体一般的种（比如鞋一般、黑麦种植一般等等）之目的，不可如此这般地行事，或必须如此这般地行事。这种规范化到处都具体看到作为目的理念的能够达到的善，但这种目的理念却是作为存在于有限东西之中的事实上经常变为现实，因此个别地并且以类型的形式具有其理所当然的有效性的理念。

另一方面"科学"，作为实践的真理和理论，并不是从一开始就
324 是充分实现了的东西；一种不完善的科学，即一种提供不完善的真理和不完善的结论和理论的科学，根本就不是科学。只当这种不完善性仅仅是完善性上的缺陷，而已完成的东西被永远地作为是"真理本身"确定下来时，情况才会有所不同。由于谬误而使真理处于悬而未决状态的那种不完善性（在这种悬而未决状态中存在者仍然是一种也为非存在留下余地的单纯的估计）乃是成就方面的不完善性，它恰好没有实现它想要的东西。

真正的科学只有在对于科学之目的（τέλος）进行沉思的基础上，并对这种目的之形式及其一般内容，对于其实现之主观方式必然是决定性的那些可能性条件进行沉思的基础上，才能生成。真正的科学以"辩证法"为前提，以科学论、认识论、存在论为前提——这是相互紧密联系的并且只有在这种相互关联中才能解决的三位一体的任务。因此在科学之前存在着作为规范的科学论,并且理想地说,科学本身只当它是具有合乎规范的认识内容的合乎规范的认识时,它本身才是严格的和真正的科学,而且**世界本身**只不过就是合乎规范地被规定的存在,并且科学现在一般地可以就其陈述的东西与这种存在相对应。

我们也可以说:在新的意义上的科学不是一般的理论认识,而且首先作为在自身中为诸可能的特殊科学划界并包括诸可能的特殊科学(只要这些科学是被合理地要求的和可能的)的哲学,不是对于世界的一般认识,而是这样一种认识,它对于它的每一个论断以及它的每一个论证步骤,都能够全面地做出**说明**——按照必然性之原理,按照有关一般科学之可能性的普遍原理学说**说明**,这种一般科学恰好表述使一般先验科学成为可能的诸规范之普遍体系。

427

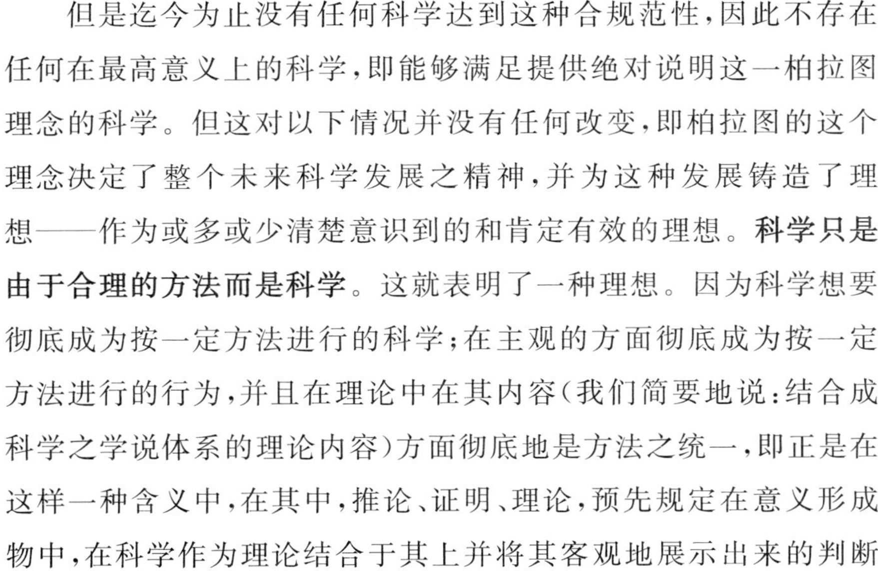

但是迄今为止没有任何科学达到这种合规范性,因此不存在任何在最高意义上的科学,即能够满足提供绝对说明这一柏拉图理念的科学。但这对以下情况并没有任何改变,即柏拉图的这个理念决定了整个未来科学发展之精神,并为这种发展铸造了理想——作为或多或少清楚意识到的和肯定有效的理想。**科学只是由于合理的方法而是科学**。这就表明了一种理想。因为科学想要彻底成为按一定方法进行的科学;在主观的方面彻底成为按一定方法进行的行为,并且在理论中在其内容(我们简要地说:结合成科学之学说体系的理论内容)方面彻底地是方法之统一,即正是在这样一种含义中,在其中,推论、证明、理论,预先规定在意义形成物中,在科学作为理论结合于其上并将其客观地展示出来的判断 325

命题中,所走上的和必然能走上的道路之统一。科学具有这种理想,因为由柏拉图和亚里士多德开始的逻辑学就已经将这种理想提供给科学了。

但是,在最初的,显然遵守这种理想的,并且实现了按照一定方法的、确真的科学之类型的诸科学产生以后,**随之而来的又是其他文化种类的科学之发展**:人们事先就有了关于应该实现的认识目的之可能性的信念,在科学上获得成功的理论之具体事例上有了方法的样板,并且科学借助于方法,以一种相对令人满意的,并且对于通常的科学家来说完全令人满意的形态产生出来,以特殊的、按照领域的特殊性被分离开的方法,产生出来(这种方法经受住了检验,就是说,经受住了正当性证明),正如它另一方面以成功的形态在合规范性之意识中产生出来一样。但是这种合规范性当时**并不是由最终的原理而来的合规范性**,并不是由预先先验地形成了的普遍的规范论而来的合规范性。**逻辑学落后于独立的科学和特殊的方法**;它要求普遍的正当性证明,但是只有在普遍性的高度上才能成就这样的正当性证明(如果一般来说这种普遍性是能够达到的,而且是能以这种普遍性达到的话),而具体令人满意的特殊方法之原则的正当性并不能以其必然性而使这种普遍性成为可以理解的。

这样科学就变成了一种满足对令人满意的认识成就之实践的意识的**认识技术**,然而它并不是在柏拉图意义上的**哲学**认识,即能够绝对——并且是由最终的**原理性**沉思——证明自身正当的纯粹的和严格的科学。因此由科学之可以理解的发展而预先规定了的,在通常的,并非真正法则化了的意义上的科学,与哲学的科学

之间的划分，也就决定了；因此向独立化了的专门科学的发展也被同时决定了，这些专门科学缺乏相互间内在的统一，缺乏由**原理**而来的统一和由只有通过诸原理才变得可能的、有关存在者一般之普遍的和绝对的认识之统一而来的统一。哲学在双重意义上将自己与“专门科学”对立起来：

(1)一方面，是作为普遍的，与在最终真实意义上的存在者和在事实上存在着的东西之整体统一中的存在者相关联的科学，和

(2)另一方面，是作为从根据和方法方面对专门科学进行最后的、原理性的批判的科学，以及作为一种也许能超出专门科学，同时又依据于专门科学之最终运用的形而上学。至于这二者是如何
分手，以及最后又一定会走到一起，我们还会进行研究。—— 326

提升到问题之合理的意义当然就意味着提升到固有的存在的基础和认识的基础上，唯有在这个基础之上，这些问题才有居住权，因此在清晰的意识中这些问题必须置于这个基础之上。如我们将会看到的，这就是超越论的或纯粹的主观性的基础，是纯粹的或超越论的现象学之普遍基础。每一个合法的和在概念上得到清晰规定的问题，也都通过它的意义为解答途径规定了普遍方法，以至于对于它来说，一切其他的方法必然都是荒谬的。在这种意义上，现象学的方法被证明是唯一可能的方法，是只要不荒谬地将这些问题弄颠倒，就不会受到损害的方法。

近代的一切认识论——其发展显示出极其丰富多彩的理论内容——或多或少带有根本的不清晰性，带有很容易指出的荒谬性。即使在这些内容是有价值的地方，在个别地出现重要的洞察的地方，这种在问题之合理意义方面的持续存在的不清晰性，以及对这

些问题必须被置于其上的绝对基础之盲目无知,都会妨碍搜集经久不变的和由于普遍承认而得以保持的获得物。相反地,有一些认识论能够成为起支配作用的,它们的荒谬之处在最好的情况下是被一种神话学掩盖了的,而它们的有效的力量——又是在最好的情况下——存在于一些直观之中,这些直观在理论的表达中虽然缺少严格的概念的结构,但是通过对它们的研究是能够被唤醒的。

这些理论的例子就是**笛卡儿的**沉思,从**洛克**到**休谟**的英国**经验论的**理论及其直到今天的实证主义后果,其中有像**阿芬那留斯**那样的人的**生物学主义**的认识论,和时髦的,但在科学上同样处于较低水平的**实用主义的**认识论。但是我们也将**康德**和**费希特**以及**新康德主义**算入其中,尽管有在他们那里显露出来的重要的问题路线;严格的认识论能够而且一定会以相应的意义赋予和完全不同的理论上的形式赋予和论证而重新采纳这些问题路线。一般来说,一种真正的认识论会使在旧的尝试中许多好的意图变成显然可见的,并因此在这个方面会引起一种采纳了久已成熟的东西的印象。但这正是真正的科学之本质的东西,即旧的意图只有在科学上完美的结构和论证中,才能获得它们真正的科学的意义,和它们的有效的价值——才能将它们与许多其他东西分离开,这些东
327 西在科学之预备形式的相同阶段上曾被赋予同样的,而且常常是更大的影响力,而现在却被贬低为对于一切永恒性东西而言显然荒谬的东西。**对旧的认识论的批判以一种不仅是新的,而且是“真正的”认识论之存在为前提**,这与对旧的物理学(比如对伽利略以前的“自然哲学的”物理学)的批判,或对旧的化学和天文学的批

判,以真正的物理学、化学、天文学的存在为前提完全相同。这当然并不是说,真正的认识论在一切理论中都得到了完善的发展,并且肯定已经产生了结果,而是说,它肯定已经作为**真正的开端**而得到了完善的发展,这个开端恰好是以可信赖的洞察毫无疑问地确保了要成就的工作之基础,应提出的目标之意义,由这种开端而必然要求的方法。成为这种开端,这乃是现象学认识论的要求,因此现象学的认识论所提出的要求并不比下面这种要求更低,即对于理性理论并因此对于哲学所意味的东西与**伽利略**的力学对于新的数学的自然科学曾意味的东西恰好相同;而且是在相同的客观的意义上更清楚地,更直截了当地意味这种东西,在对由有意识的和有洞察力的方法所规定的论断(这些论断一旦被获得,就绝不能被放弃)之一切步骤的规整中意味这种东西。下面的情况确实存在于**哲学的**开端之本质本性中,即当开端被获得时,这个开端就具有比在作为正在开始的自然科学的物理学方面所能指望的东西高得多程度的对措施之合规范性和论断之可靠性的洞察。**这样一种“划时代的”开始之宣告存在于这种正在开始的科学本身之必然本质中**。现象学的认识论只能在一种公开的抉择之中将它的道路与一切过去分离开,它不可能也不允许达成妥协,它必须挑起敌对,并实行根本性的批判,在这种批判中它强调它自己的正当性,而挫败所有其他的正当性。对一切历史上的认识论及其细枝末节的偶然性的成分所实行过的批判并非是必需的,尽管这对于在经验上努力达到目的是有用的。指出具有根源普遍性的典型的根本错误的这种原则性批判,对于有洞察力的爱真理者所起的作用,犹如一场一举烧毁错误之森林的大火。驳倒一种错误的东西,当然会驳

倒一切原则上相似的错误。但是一切批判,即使是原则性的批判,都是服务于争取真理的斗争的。如果真理本身已经被发现,批判就显得是多余的。实际上,要借助于批判而达到真理的这种希望,
328 在认识论中已经不起作用了,而且它肯定已经不起作用了。凡是在所有的战士都囿于相同的根本性的错觉和谬误,并相互以同样的假武器进行斗争的地方,成功的前景就很渺茫。因此**在哲学之本质中,就有这种孤单的开始之尝试,这种为真正的开端而孤单奋斗之尝试**。——

"知道应该合理地提什么问题,就已经是有智慧和有洞察力之重要的和必需的证据。因为如果问题本身是荒谬的,并且要求得到的回答是不必要的,那么这个问题除去使提问者丢脸之外,有时还有一种害处,即诱使粗心的听众作出一些荒谬的回答,而且样子很可笑,即(如古谚所说的),一个人给公羊挤奶,另一个人用筛子在下面接"[①]。

这句话可以看作是整个近代认识论的箴言。因为在恰好没有任何问题从一开始就将意义完美无缺地建立起来,并根据这种意义支配它的方法和它的理论阐述的地方,就不能可以理解地提出任何不违反认识论问题之意义的问题。**我们在笛卡儿**那里,在开始的两个**沉思**中,因此在全新的哲学之入口处,**看到**了能导致对理性之固有问题完美表述的那些探讨之**真正开端的独特征兆**。但可惜这个入口并没有成为进入真正认识论的入口,因此也没有成为进入真正科学的哲学的入口。由于草率,它始终——不论对于它

---

① 引自**康德**:《**纯粹理性批判**》A 第 58 页,B 第 82—83 页。——编者注

的伟大的创始者，还是对于它的后继者——没有实际的成果，由于草率，笛卡儿忽略了他的开端，并听任缺乏由他开始的动机产生彻底的效果。后来的认识论者没有一个恢复以这种笛卡儿式的伟大体验之全副力量对于怀疑进行的考察，并且在自身中将这种考察导致那种完满的效果，导致沉思之前后一贯的完成，恰好是在那种沉思中，一种全新的认识维度之问题本身的意义和有关这个维度之系统的科学之意义和方法，可能显露出来。因此一切后来的认识论都带有公开的和隐蔽的荒谬之处。它们都没有理解笛卡儿的开端之这种空前的——而且对于它的天才的创始者本人也隐蔽了的——意义，没有理解这种开端作为对于纯粹意识及纯粹自我的领域之发掘的意义。它们没有理解——不管它们对此做了多少猜测——认识论之必然的和独有的与这个领域之返向关联以及由此而决定的讨论得很多的认识论之**无前提性**的唯一合理的意义。它们对于作为有关纯粹自我及其纯粹意识的本质科学，作为一切可能的自然指向的科学之必然的相关项科学的超越论现象学毫无所知。而且即使在它得到了完全的奠立与研究之后，大部分现代研 329
究者由于思想上习惯于他们的混乱的和模糊不清的问题，以及满足于他们那套虚假理论，而没有看到，对于哲学来说，一个新的时代已经到来；他们没有看到，只有通过对一切能由具有自然观点的自我把握的对象和能以科学的方法建立的理论之超越论现象学的研究，也即通过对“构成”对象与科学理论的意识之反思，并且只有在“现象学还原”的框架内，作为绝对的普遍科学的哲学这个目的，才能在工作中得到实现。

附录Ⅳ(附于第二十八讲):关于一切科学判断的充足理由原则。[①]

充分的根据:**问题**,作决定的意向,理论的兴趣,正当性问题,理论的问题,等等。

原则:认识中一切可疑的东西都一定能够还原到无疑的东西,并能够达到毫无疑问的理解。在认识方面"可疑的"和"无疑的"指的是什么呢?

显然是指"充足的"根据之无可怀疑性。认识的问题就是正当性问题。"认识"这个词并不是没有可疑之处的。它是多义的。当我们提出正当性问题时,我们从一开始就处于科学之态度中,我们不仅想一般地下判断,而且还想"认识",我们过去已经是认识者,并且现在也是认识者。我们不仅力求下判断,最终力求确定性,而且力求有根据地下判断,即使我们有了有根据的判断,这种根据也并不总是和立即就是"充足的"根据。我们力求十分充足的根据;就是说,判断不仅得到论证,和生成一些其正确性是显然的,其有决定意义的正当性被突出出来的判断,因此这些判断对于我们来说已经获得了认识之被证明的性格,而且这些认识本身得到了检验,被作为有根据的认识就其正当性之限度得到了探讨,这种根据得到了扩展,得到了深入研究,得到了完善,以至这个认识的判断变成了有更完善根据的判断,按照理念变成了完善的有根

① 写于1924和1925年。——编者注

据的判断。

询问——指向作决定的愿望意向:这以**不确定性**为前提,或者说,以怀疑,以相互争论的信念之间的或者还有进行争论的判断倾向、判断期望之间的紧张关系为前提。回答就是充实这种愿望意向,就是令人满意地建立起**确定性**(或盖然性),并以此建立起“全 330
体的协调一致”。

正当性问题是一个特殊的问题。就此而言我们必须区分:

1)指向所有物本身,或更确切地说,指向“它本身”的进行愿望的意向。即使是在作为进行经验的直观之空形式的空的预先把握的活动、预先意指的活动中,我们就已经有了指向自身把握的活动,指向知觉活动,指向回忆活动意愿的意向,并且在实践上有了想要使进行经验的直观活动起作用的进行实现的努力;对于使之发生关联的意指活动和经验活动也同样是如此;在述谓的判断中(逻辑上较高阶段的),指向“洞察”之自身把握,指向在其自身中的述谓内容之自身把握的进行意愿的意向,也是如此。这当然不应该与希望A存在、SP存在的活动相混淆,或与通过限制于对A本身“感兴趣”而渴求A的活动相混淆。

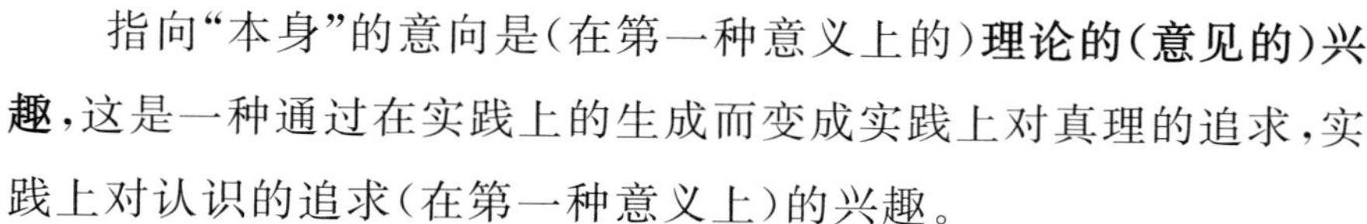

指向“本身”的意向是(在第一种意义上的)**理论的(意见的)兴趣**,这是一种通过在实践上的生成而变成实践上对真理的追求,实践上对认识的追求(在第一种意义上)的兴趣。

2)这不是在**正当性问题**中表现出来的进行询问的意向。正当性问题的起源:真正说起来,正当性问题正是对于正当性的询问,而且这个问题是向判断提出来的,我,提出这个问题的我,向我的判断提出这个问题,而我的判断作为刚才实行的判断或重又产生的判断，恰恰是我的确信。我问：我的判断正确吗？这**有**正当性吗？并且，在将意义稍加改变后问：我有权利这样下判断吗？再问：这个判断有**根据**或有些根据(用复数)吗？根据＝正当的根据。在这里首先应该说：为了以后能够提问，我必须已经对正当的根据并对正确性下过判断了，正如我为了获得判断，首先必须已经看过、说明过、叙述过一样。在这里，所有物本身就是发生在前的东西。但随后到来的处于其未充实状态中的空的“远离事物的”意指活动有一种缺点。在这种情况下，想要获得事物本身和事态、概念内容本身的活动，就是理论上的努力活动。在这种情况下，——在获得本身中或在向获得(或未获得)的过渡中——经验到对与错，正确与不正确；而这也会成为单纯意指的课题，远离事物的判断的课题；然后接下来会成为询问的课题，即涉及不确定性(作为判断的样态、断定的样态、呈现有效性的样态)的询问的课题。

因此我们有：

1)对本身的追求，即理论兴趣的追求——然后作为特殊情况

331 2)对“经验”或判断(对所谓空的经验的判断或按照经验的空的组成部分的各个方面，或按照允许较充分的充实的诸特殊部分对经验的判断)之正确性本身的追求。

在这里我们有一些相互关联的事件。判断活动应该转变成洞察活动，而判断本身应该转变成判断的洞察(在意识内容上)。于是在这里出现了直接的洞察和间接的洞察之区分，即在直接的充实和间接的充实中显露的事物和事态本身。命题(判断)得到了充实，被证明为正当，它是正确的真的命题，它指向真命题本身(在另一种意义上的真理)。

作为对根据、对规范化的兴趣这种特殊意义上的理论兴趣；与此相联系，然后是对根据的断定、以可持久保存的表达记录、和铭记。最初的根据：根据之原初建立。

3）每一个有根据的判断，都有规范的合理性之性格，即健全理智（ὀρθόσ λόγος）或正确意见（ῥθὴ δόξα）之性格。检验，需要这样的检验：即又是追求重新建立根据，补充根据。

4）自身给予和根据可能是一种在不同意义上的或多或少完善的自身给予和根据。对更加接近的需要，对“充分的”或全面的自身给予的需要，或对关于一些新的方面的自身给予的需要。

因此更高的阶段：对根据的运用。

5）首先所有这些与提问的活动没有太大关系。但是现在恰好可能是判断成为可疑的，或从一开始就存在不确定性，并且产生要作决定的意向，进行询问的意向。在这种情况下这些意向在理论态度中（作为对于洞察之习惯的指向）不仅一般地指向作决定，而且指向有洞察力地作决定。也可能这种正当性（在恰好是指向对于科学家来说是习惯的正当性的正当性的理论态度中）是不确定的，不仅是确信变成不确定的，而且使确信，自己的确信或他人的确信，失去了正当性。因此正当性就受到**询问**。或者，正当性的意指在正当性方面变成不确定的，并且这种正当性受到怀疑。或者，根据本身在判断方面（在相信方面）就是确信，但是人们现在没有把握，因而这个根据现在成为可疑的。或者，虽然这个根据的正当性并没有完全成为可疑的，但是它由于其不完善而是可疑的，人们在对完善性的相信方面没有把握，而追求完善性，并且问：这个根据在多大程度上是足够的，它是完善的吗，我如何能获得完善性？

如此等等。

因此在这里许多东西是彼此紧密结合的。一般来说,对于
332 根据之理论的意向,尚不是进行询问的意向。但是只要我,作为理论上确定了态度的人,知道:意指时而可能满足,时而可能在理论上意向的效果中使人失望;在通常情况下我就采取进行询问的态度。

在这里应该补充说:正如当有另一些与其相矛盾的确信出现时,如怀疑它是否会坚持住——因此也怀疑与它相矛盾的诸确信是否会坚持住——,虽然它的特性随情况改变了,但是它的"我相信这个"的特性(例如由此而产生的单纯的期待),并未被取消,我通常并不立即就取消一个确信一样,对于一些"目前"使我怀疑的,因此我对它以"情况真的如此吗?"这个提问检验的那些证明的情况也如此。这是一种区分:我是否真的还没有作决定(就是说,在这里我是否还没有真的采取一种坚定的立场)。我是否仅仅说:"这看来如此",然后又与此相反地说:"这看起来是,可是一个与另一个并不一致",并且"我怀疑",不管是这个,还是那个存在,——**或者**,我怀疑,我是否作了决定,比如有一些旧的,坚定的信念,此外还有一些新确定的信念,在这件事情上也许事后我才注意到,它们是如何相互冲突的,并且当我接下来变得"怀疑",变得不安时,情况是怎样的,这如何得到澄清。

有关"可疑的"的第一个概念,就是问题本身的这样一种意向性性格,即正是语言在"问题"这个词的一般意义上所表达的性格。但是"可疑的"的这种通常的意义就是:

能够怀疑的东西就是可疑的。

我能够以某种方式对不是以有洞察力的方式给予我的**每一个**判断加以怀疑，并且能够以某种方式再对每一个有洞察力但并非完全有洞察力的判断加以怀疑。但是在这种情况下“怀疑”是一种转义的说法。就是说，在这种情况下，我也将每一种指向洞察和指向完善的洞察的意向称作是对于洞察和根据的询问。我总是能够设想，仿佛我真的没有把握，于是我询问，并且最后询问正当性：在这件事情上我甚至此外也谋求正当性本身，只不过它恰好具有作决定的形式。但是此外一切对于检验的追求——对于检验的追求再一次地，并且总是再一次地又想要确信（想传唤证人）——在科学态度中都是由于下面这种思想引起的，即**记忆**可能会弄错，充实也许并不是十分完善的，如此等等。但这并不是一种空的可能性，而是一种实在的可能性，它在被意识到时，就在一定程度上使这种对检验的追求成为可疑的，正如它现在在这里的情况那样。因此有洞察力的确信在转变为习惯的所有物以后，甚至又导致不确信，导致怀疑，导致问题。一切又都成了可疑的。但是我追求无可怀疑的认识，追求毫无疑问的确信。现象学描述之固有的课题当然就是：科学论断之个别主观的和共主观的确信的问题，以及这种确 333
信在能够一再展示的洞察中牢固存在之理念——作为人们能够在实践上接近的理念。“道德上的”确信。

有缺欠的确信之样式。——正如在一个我以前久已建立的信念的情况下，当我再提到它时我不能完全肯定，我是否能够将它再建立起来，它是否真的正当那样，当一些信念被一些新的信念所否定，或当事后在诸信念的对比中表明，它们彼此不相符合时，情况

也相似,但并不完全相似。

应该注意对我过去没有确定的并且现在仍没有从内心中真正确定诸种单纯的**感觉**,而且是处于彼此矛盾当中的(相互对立地说出的)感觉的区别。就是说,如果由于某些原因而取消一种感觉(我获得对相应的否定的判断之信念),那么其余的感觉,一般而言,诸感觉,仍然保留着。至少它们并不需要提供一种确定。另一方面,如果一种**信念**被另一种信念所否定,或者如果由于产生一种反对它的感觉,它变成有缺欠的,在这种情况下一般来说对于这个要求的证实就会将那个被否定的信念恢复到完全的确信。我仍没有放弃它而是保留了它——现在是心安理得地保留了它。

440 作为切合性和确真性之原则的充足理由原则。——科学并不是由理论兴趣而来的朴素的认识。相反,**批判**,原则性的批判,属于它的本质。批判的目的在于,从原理上证明每一步的认识行为都是正当的,以便在每一步上都形成关于必然性的意识,即意识到,一般来说,具有这种形式的认识活动是必然正确的认识活动,在从奠立的活动到被奠立的东西的进展中这样形成的进行认识的奠立之道路是符合目的的道路[①]。这表明了科学的—真正的认识之特征。科学认识不仅一般而言是处于合目的性之意识中的进行认识的行为,而且它将对自明性的**批判**与对自明性的直接的意识

① 在这里没有考虑到这种奠立的双重意义:1)测量陈述内容的自明性以对于其对象性的基底之经验为前提;2)这种经验借助于其他经验证明。也没有谈到关于**客观的**有效性之意义形式。在这里应该寻求一种对于这第一种能够达到的区分并不造成损害的普遍的表达方式。

结合起来，或更确切地说，将对处于其当下形态中的真理之必然有效性之必然性的意识与对处于其当下形态中的真理（直接的真理、后果的真理等等）之直接的意识结合起来，但是这在这里就表示，它将朴素地获得的真理，将处于被充实的自身给予性之样式中的被以为的事态，批判地看作单纯被以为的真理，并且表示，它在实行批判时，对这种被以为的东西进行分析并且观察，判断意指所意味的一切东西，是否真的是自身给予的，是否具有自身之形成真理的性格，因此具有作为完整的意指的—真理的它本身。 334

科学认识从已有的认识，就是说，从在充实的样式中被给予的事物性东西，转向这样一个**原则**：即洞察普遍地表明：一般来说必须如此行事——就是说，每一种自明性，认识，对真理之进行充实的自身把握，只当它使一切意指成分达到充实，才是完全的和真正的自明性，完全的和真正的自身把握，对于判断之被以为东西的完全的和真正的充实，并且只有在这种情况下，才必然会排除错误。

这个**实践的原则**就是：在科学中不允许将任何判断当作是有效的（取而代之的是通过悬搁禁止判断），任何判断都不参与到科学之中，任何判断都不作为下面这样的判断固定下来，即它有其**完全充足的认识根据**，它通过将意指与所有物本身的批判比较而获得其论断，它通过按一定方法展示由于一切局部意指、一切隐含的连带意指之充实，而获得的整体意指之充实的完善性，而证实其**切合性**。只要有缺乏这种证明的、缺乏有支撑力根据的某种东西被连带意指，那么被以为之物不存在就是可能的。另一方面，这种完全的切合性排除不存在，一种“完全”有洞察力的判断本身作为整体是正确的,它在自身中,并且**以确真的必然性**,有其真理本身,它不可能是虚假的。但这是一种处于原则的普遍性之中的,并且本身能切合地和确真地认出的真理。

如果虚无,或更确切地说,如果这样一种可能性,即一种判断的意指在向进行充实的直观过渡时必须被抛弃(由于失望,由于与对它进行部分充实的、附属的直观相互冲突),是一种并非所想要的,不应该追求的可能性,那么不允许任何“模糊不清的”(不是自明的)判断,不允许任何本身并非借助切合的根据充分证明的判断这个原则,就是一种**实践理性之原则**,它有其具有一般普遍性的**实践的确真性**。

因此这种考察就导致了一个同时既是理论的又是实践的普遍原则。作为理论的普遍原则,它是对于切合的或“充足的”根据之“定义”,在该定义中已经将这样一种根据之**可能性**作为实践的因素包含在内了;此外,进一步的原则,即每一个切合的根据都必然
335 断定真理,就是说,它作为这样的根据,以纯粹的普遍性排除虚妄;更确切地说是这样一个原则,即在这样的根据中被判断的东西被判断为存在着的和如此存在着的,它不可能不存在,它不存在或以另一种方式存在,是不可想象的。

真正的科学之每一个真理一定是确真的。

作为实践的原则,在这里真理一般是科学之最高的和根本的目的,因此可能的谬误按照其意义是应该绝对和根本避免的东西,作为这个原则之特殊化,科学之最高的和根本的准则就是,在判断中,根本上并且仅仅是追求真理,除去被切合地论证的判断,不允许任何判断。

科学的**绝对命令**就是：**“要以十足的确真性切合地下判断”**。你绝不要满足于朴素的自明性，而只应满足于你能以确真的自明性从根本上确证的东西。或者：**你要只以绝对充足的理由下判断**。

因此这里有一种对自明性加以批判，并对自明性之有效范围加以检验的要求。在对于自明性，对于原初的充分的根据（因此是与自身给予相关联的根据）之绝对的要求中，好像就包含对于不完善的根据的，不确真的根据的一切判断的摒除。

但这并不排除在某些完整的判断领域中必然先行的朴素的自明性具有一种性质，即它在它的对象的意义之同一性的情况下，根本不能转变成切合的自明性，或更确切地说，整个的对象领域，根本不允许有一种切合的认识；但是另一方面，每一种这样的自明性在对其有效范围进行批判的道路上，同时产生一种洞察，即通过**返向联系到前提**，或者以任何其他方法，能够由不切合的自明性获得一种被改变了的内容之切合的自明性，并且在这条道路上能够获得对于一切可能的对象性东西而言的切合的根据和纯粹的真理，尽管没有获得关于它的存在和如此存在**本身**的以及关于任何一般为它存在着的事态的切合的认识。

但是这种提示仍然只不过是一种告诫，即不要错误地使用这个充足理由的原则，并且不要譬如说从一开始就将这个原则当作是被可笑地夸张了的原则加以摒弃：因为以下情况几乎是不言而喻，即例如自然科学不可能在关于自然之确真的一切合的认识中进行。但是这种情况在这里不可以被看作前提，而应被看作现在应该实行的克制之起因。

336 附录V(附于第三十讲):普遍的认识这个目标不是根本无意义的吗?[①]

我们的科学的地平线之无限性。我究竟如何能知道 a+b 以至无穷的可能性之无限性本身呢?全知之理念。在无限进展中的认识—价值之提升和作为价值体系之科学以及附属的最高价值之理念。科学的实践对于个别科学家来说总是以关于能够实现认识价值之无限性东西的信念为前提吗?在一切实践中都是如此。事实上在那里存在着最高的价值。职业和职业价值的问题。哲学之理念。伦理生活之理念,以及一般而言合理的、进入无限地平线中起作用的生活实践之理念。一段沉思。对于科学之价值论的—实践的考察。

什么属于科学的意义(目的意义)?认识在无限的领域中支配之可能性的条件。数学作为主导思想。学科专门化。科学之自然发生。此外:自然地生成的科学之不充分性(只就数学加以说明)。

而追求哲理的渴望在每一种科学中都与无限的地平线有关联。进行研究的共同体是一个与这个地平线有关联的、处于已获得的成果之交流中的、按一定方法进行洞察的爱的—和工作的共同体;它在相互推动中,为了在共同的无限的继续工作中开启认识—无限性东西这一伟大目标而生活。

---

① 写于1923年。——编者注

每一种自身限制（专门化）只是作为这个共同体的功能才有其正当性和意义，并在可能性当中有其立足点，而且准备好在其他方面了解并利用已完成的东西（由其他的研究界和其他专门科学已完成的东西）。

在专门的领域中，特别是在每一种普遍的、由本质区域在课题上彼此分隔开的科学中，就已经需要作为最高指导方向的最普遍的兴趣方向，需要对普遍的目的和手段进行普遍思考。如果这种追求没有迷失于无系统的个别性东西——兴趣作为真正的和有价值的兴趣，经常不能满足于这种个别性东西——之中，那就需要这些东西。如果对认识的爱**无限地**处于紧张之中，处于力量保持和力量增强之不断进展的节律之中，那就需要无限的工作和无限的地平线。但是这种无限性不可以具有一堆敞开无限的、无规则的东西之形态。它必须是一种使理论上的支配成为可能的认识的无 337
限性，这种理论上的支配在向越来越高的认识行为和认识目标之 445
进行获取的进展中呈现出来，并且引起越来越新的认识上的喜悦，使认识的追求永不停止。

数学作为第一科学，在实践上作为第一科学职业。认识支配之可能性条件。——数学曾是一切科学之师，并且它是真正意义上的第一科学，是第一个系统的并且在敞开的无限性东西中进行获取而且取得令人喜悦的进展的科学。在这里人们首先看到，理论的兴趣怎样不是作为单纯的好奇心而在个别东西上得到满足和盲目地追求新东西，它怎样并不由于可认识东西之敞开的无限性而被削弱，而是得到了增长，而且还坚持下来了，即使是在可能有针对诸不同领域的兴趣吸引的地方。

对认识的爱的和积极向前追求永不枯竭的源泉，就是这种**系统**。而使这种系统，系统的方法和系统的理论成为可能的东西，就是向**原理**的返向关联。那些将来有一天可能成为爱和工作之独立目标的多种多样特性，会变成“不感兴趣的”，对于它们的兴趣会被更高的兴趣所耗损，被对更高理论的更高的兴趣所耗损，旧的认识价值被隐藏于这些更高的理论之中，被一起包含于它们的普遍性之中，并且无需特别强调，是可凭借方法自由支配的。人们随时都能够推论的东西，人们能够按照由理论而来的可靠的方法或按照其规则，在纯粹的思想中或通过经验和思想推导的东西，并不需要真正推导出来，人们随时都能计算的东西，并不需要真正计算出来——除非这里有一种由别处受到推动的，恰好需要突出这种认识之特殊性的兴趣。方法预先就提供支配，并因此提供可自由支配的占有物。理论是普遍的东西，而且是普遍实践之规则，而方法是一种为了进行推导，为了获得特殊化，或者为了实行向具体情况运用的伴随的规则。**欧几里得**的几何学及其按一定方法向越来越新的、在内容方面得到丰富的以及在认识价值方面得到提高的真理和理论之上升，首先引起对于认识向无限东西不断上升之希望。

已获得的较高的普遍性东西之认识价值就存在于可构成的特殊性东西之范围中，这个范围通过特殊性东西一下子就被掌握——只不过是以对明显可能的特殊化和推论阐明方式被掌握的。在比较自觉地然而却是相对朴素地继续进展中，展示出一种支配整个领域的希望：即这样一个领域——它不是随意的和偶然的无限性，而是一种本质上被划定了界限的，从起始的课题展开的

无限性（但它的根本的界限尚没有被必然地规定）。因此在几何学 338 的实践的意识中，就有对一个会令人喜悦的工作领域之实践上无限的希望，因此数学就变成了一种**职业**。

以前在数学中获得成功的东西，而且正是作为一种作为实践和作为职业的系统科学之建立而获得成功的东西，会成为典范，并且不论在哪里产生纯粹实质的（纯粹理论的）兴趣，在那里，这种兴趣就试图作为科学发挥作用，作为合理建立的兴趣之体系，或更确切地说，作为在继续进展的理论工作中不断扩展的，并且在认识价值方面不断提高的，具有理想或具有已经建立起来的实践的希望的理论体系发挥作用——这种希望就是能够从最近能达到的起始的认识出发，系统地支配一个本质上被划定了界限的“宇宙”，一个本质上自成一体的全体，即正是这个当下的科学领域。

在这里我们心目中想到的是具有不同**领域**的不同的科学。几何学具有一个领域，即可理想地构成的诸空间形态的领域；算术具有可构成的数的形态之观念存在的领域，更确切地说，可能的和可构成的集合，级数之形式的领域等等。因此我们在这里有在其形式或形态方面的，而且是归入到已划定的“领域”中的形式或形态的“诸理想的可能性”。另一方面，存在着作为单个事实构成的世界的实在世界中的实在事物，其中有这样一些领域：力学，一般物理学，化学，生物学，特别是植物学，等等。

但是，如果一切理想的可能性东西和一切与它相关联的可**理想地**构成的形态，是**个别的领域**，那么一种普遍的包括一切其他领域的领域，一个一切理想可能性东西之整体，会如何构成呢？而且事实的世界——它岂不当然就是一种统一，一种普遍联系着的全体，虽然是一种多种多样维度的敞开的无限性，但却是一种在其中所有东西都必然联系着的无限性吗？

哲学及其领域。——如果哲学，普遍的爱，变成有关世界的认识，甚至变成对可认识东西之全体的认识，变成一种能够坚持住的并且进行合理支配的生活推动力，那么宇宙本身就肯定能够成为一种可能的科学领域，成为一种可能的系统地统一的理论之领域，一种在理论体系中继续进展的认识之领域。世界作为认识之领域必然是这样的领域，即对于它的征服必然会显现为实践上的可能性，甚至是可以有洞察力地认识的。

当然暂时不可能认出，这样一种科学如何可能，正如预先不能就数学领域认出这一点一样。在数学中，这种系统的东西最初当
448 然是以特殊性呈现出来的，在个别的关联中呈现出来的，并且是作为兴趣的推动力而起作用的。

339 也许会呈现出来的、获得理论普遍性——这种普遍性会一下子使整个一类特殊性东西成为可推演的和可利用的——的希望，引起了认识的冲动，如果这种冲动得到满足，那就立即会呈现出一种新的，相似的，和更进一步吸引人的希望①。因此人们可能想将科学之生成（在朴素的发展阶段）只委诸于那些在这种朴素性中产

① 同时已获得的理论之实践上的使用价值，它对于某些种类普遍的实用目的之可应用性，同时也作为保守的力量起作用，以便在理论兴趣怠倦的情况下将理论保留在记忆中。当新的地平线展示出恰好是这种在重新开始中、在说明中被唤起的理论以及被唤起的兴趣，展示出这种理论扩展的希望等等时，也许它们可能又变成新的理论兴趣的根据。

生的推动力；其中当然也包括创造性研究者的个别反思，这些研究者从特殊的理论状况出发，在对迄今在有关的科学中已获得的认识财富的概观中思考：现在应该如何继续前进，在系统的地平线中的什么东西作为接下来可立即提供的问题产生出来，应该如何由此获得认识之支配的扩展。

但是因为这里涉及**一切**科学都处于其中的动机引起之情况，涉及属于作为科学，作为实践的认识—无限性东西——它们应该能够服从于一种系统的认识支配——的一切东西的形式结构，因此在这里就为形式的—普遍的思考标明了一种可能的和完全可以想到的课题。正如每一个理性的人最终都会受到推动而认识自己是理性的人，对其实践生活本身之过程进行普遍的沉思，以形式的普遍性为自己构想绝对命令，并使自己服从于它一样，哲学家，这个爱一般科学的人，也会被引导去对可能性，对关于清醒的，而且 449
正是合理的认识支配之普遍的绝对命令，进行形式的—普遍的询问。

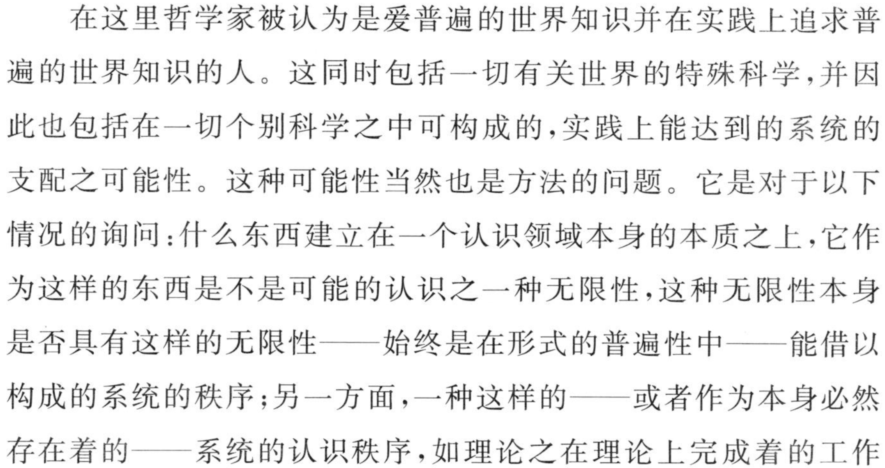

在这里哲学家被认为是爱普遍的世界知识并在实践上追求普遍的世界知识的人。这同时包括一切有关世界的特殊科学，并因此也包括在一切个别科学之中可构成的，实践上能达到的系统的支配之可能性。这种可能性当然也是方法的问题。它是对于以下情况的询问：什么东西建立在一个认识领域本身的本质之上，它作为这样的东西是不是可能的认识之一种无限性，这种无限性本身是否具有这样的无限性——始终是在形式的普遍性中——能借以构成的系统的秩序；另一方面，一种这样的——或者作为本身必然存在着的——系统的认识秩序，如理论之在理论上完成着的工作 340

之被规整的进展中的统一,如何能够在一种按一定方法进行的,系统的研究中,在一种作为实践的科学中,被实现。

哲学家面临着系统学的问题,和特殊科学的系统实现的问题,但同样也面临着普遍科学之实现问题——即这样的问题:在多大程度上世界,现实性的全体,是一个十分完满地并且系统地表达世界是什么的认识之系统的课题,因此在那个程度上世界并不像偶然个别的认识领域那样是作为可能的科学之领域由自身提供出来,并使个别科学成为可能,而是在那个程度上它是具有**一种**科学的**一个**普遍的和完整的领域,这种科学被系统地划分成个别科学,在这种情况下它并不像毫无联系的个别部分之总和那样将它们包含于自身之中,而仿佛是一个**认识的身体**,它将它们全体当作是发挥功能的诸个别环节包含于它的统一的生命之中。就下面这种研究而言:即它必然是**系统**的研究之统一,这种系统的研究由于内在的根据而由原初基础之统一共同根基之统一中产生出多种多样的分支,然而这些分支仍还是在原初统一中的非独立部分。

这些就是那位不但想成为一般爱知识的人和爱科学的人,而且作为理性的人也想成为理性的哲学家,成为确切意义上的哲学家的哲学家之形式的—普遍的问题。但是这种对于一般普遍认识之系统推进之方法的沉思,然后进一步,在诸特殊科学的系统划分中的,在诸特殊科学本身中的系统推进中的沉思,只不过是对于我作为哲学家所需要的那种方法——我作为真正的理性的人在应该能够是合理实践的我的认识实践之全体中所需要的方法——之沉思的一个方面。因为我的哲学的和我的专门科学的行动之朴素性,不仅在于这种行动之偶然性,在那里我缺少有关本来首先应该指导系统的研究之每一特殊部分并使之合理化的最高的系统学之主导的形式的认识，——换句话说，在那里我还缺乏对于系统理论本身的必然形式之结构的洞察，这种形式作为被预先规定的空形式能够通过实质上能适应的认识来扩充。在对作为有关一切能有意识地构成的特殊理论而言的规范的这样的系统理论之目的理念的这种询问**之前**还有其他事情。

作为实践的理性的人在思考自己时，如果首先并没有达到为我拟订一个生活计划，而是首先遇到**个别行为**之正当与不正当的问题，因此如果在普遍的伦理的形式问题（一般合理生活之系统的 341
形式问题）**之前**肯定会出现有关一般个别行为和行为目的之正当与不正当的形式问题；那么在作为科学而起作用的理论的兴趣之实践中，和在普遍的按照科学方法进行的思考之秩序方面，也一定会出现这样的形式的问题。因此在一门科学之一切系统东西**之前**，存在着一系列的问题，它们涉及在这门科学当中的认识，而且是作为认识涉及；并且这些问题是作为正当性问题出现的。这特别对每一个科学领域有效，并且以形式的普遍性对科学一般和哲学一般有效。在这里特别涉及“**根据**”—**问题**。在这里我想起了为获得正确的基本概念和正确的方法，为查明基本事实并用概念将其固定下来，为以正确方法从基本概念获得公理，为正确解释公理，为判定在多大程度上所要求的公理具有必然的有效性或事实的有效性所进行的争论，然后是为由诸公理或由诸公理和事实引出结论，为获得发展理论的正确途径所进行的争论。后来这就向上导致对于进行系统化的理论之方法的正当性询问——但是这些询问或方法必须已经是建立于个别认识之正确获得的方法之基础

上的。

对于科学的朴素性不满意，就是对以下情况不满意，即人们在科学中平淡无奇地生活，在一种狭隘的相对合理的地平线中进行研究，心目中没有想到科学之完整的地平线；或者还有，人们不去询问那个超出一切当下的科学的特殊任务之一切单个目的指向活动而属于作为整体科学的科学的目的(τέλος)。一种合理的行为，一种完全合理的生活：即对于每一步骤的正当性，对于人们在个别情况下所追求的目的，此外，还对于这个目的在整个生活之目的秩序中的正当性——这种生活恰好一定会在自身中具有目的论的秩序之统一：即我一定能够从整个生活的观点认识到这个个别的“正当的”目的是正当的目的，否则它就根本不是正当的——具有完善的认识和良知的生活。因此我作为科学家不仅必须具有个别的正当的认识，而且我必须能够在普遍的系统的认识关联中对这些作为实践的成果的个别认识进行事后的评价。在我借助于真正系统的措施，也许能够获得一种以其普遍性会一下子解决许多特殊的任务，包括我的特殊的任务的理论的地方，我却为一种任务操劳，解决这项个别的任务，这种做法是拙劣的。这就是非系统的专业工作的朴素性。但这并不是最根本的朴素性。

342 在一个无限的世界中平淡地生活。他借助于直觉和理性而指向这个世界。在较低的阶段上，供他使用的有经验、直观的认识、知觉、记忆，而且还有联想的—归纳的预期、统觉式的向前抓取——常常是按照一种远距离的类推——、归纳的推论；在较高的阶段上，供他使用的有逻辑的认识，先验的认识和经验的—描述的认识以及按照数学方式的合理的—经验的认识。

人如何能实际上进入到无限之中行事呢？这怎么可能呢？他的经验通过近处的领域而进入远处的领域，他的前科学的认识在近处是比较充分的，关于远处的东西是比较贫乏的和空洞的。他的行动同样也是被定向了的——直接地支配他的身体，在他身体的周围附近，力量所及的范围比较大；关于远处的东西，力量所及的范围比较小，最后等于零。

总的来看，无限的远处就像是不在这里，而近处则是个关系重大的东西。人具有一个实际的周围世界，正是这样一个世界，人在认识方面——在经验中和经验的预期中——支配它，或者还可能伸手触到它，以至对于他来说，这种认识能够用作合理的一实践的考察之媒介。对预见之干扰和对实际的因果性之干扰有其大致的类型学，人们毕竟还能预见到诸种可能性，也能预见到诸可能的偶然类型，并加以回避。人们通常都获得成功。无限远事物之影响在近处范围内通常都变得不显著，并且在实践上是无关紧要的。因此在日常生活中行动着的平常的人——“自然的人”——为了实践上获得成功，为了保存，虽然需要认识，但却根本不需要无限的认识，他只需要考虑到近处的东西和有限数目的可能性东西等等。另外他也拥有对于一切情况都是充足的、具有对无限东西之认识式样的普遍的认识，——这种无限性具有有限性的式样，近处东西的式样。

现在让我们来考察从事科学的人，考察科学伸展到无限性之中的方式，并通过这种方式而考察科学的技巧。

科学也是由近及远，它由有限的东西而进入无限的东西，并且当它在纯粹的法则中并由于这些法则的普遍性性质而已经拥有无限的认识,甚至拥有可供直接使用的无限的认识时,它因此也就拥有了它的近处的东西和远处的东西。它拥有这些**纯粹**普遍性的东西作为公理——演绎的理论和理论之阶段的无限性。在事实的领域,与此相对应的是接近之阶梯式的发展。科学和实践都有方法。这种方法由近而及远。

现在为了形式的—超越论的问题提法,我们在某种程度上可以说能够将观察所显示的东西颠倒过来。让我们设想一种世界认识和世界实践是可能的——它如何是必然具有某种性质的,它的
343 可能性的诸条件都是什么?对无限东西之认识,对一个无限的世界之认识只能具有什么样的意义?肯定不具有对一切事物之个别经验的意义,或对一切事物之个别认识的意义。世界是如何被给予的——它只能如何被给予,它如何被认识——以及它只能如何成为可认识的,它只能具有什么样的普遍目的,并因此具有一种世界实践?

新的开始。——我们用一些步骤考虑组织对于我和世界之普遍的沉思,如此普遍地实行的沉思,即每一个主观都能以相同的方式实行它,因此最终是一种对于有关主观性与世界之本质关系的纯粹形式的沉思,是对于主观性一般——它知道与世界有意向的关联,并且将自己本身作为人的主观性归入世界之中——和世界——它是主观性的周围世界——的纯粹形式的沉思。在这种情况下,人是完整的身体—精神的人,而且是处于一切理想的可能性之中的人,而人—自我则是完整的进行经验的,进行评价的,进行愿望的,进行思维的人—自我。

这种沉思被认为是由不能令人满意的实践、由对于令人满意的生活之诸可能性的普遍反思引起的,或者首先被认为是对于存在着的,由于一切“幸福”的那种有限性、有条件性,由于一切“幸福”都将会结束而对令人满意的此在造成妨碍、干扰之诸可能性(这些可能性因此并没有作为现实性而被感受到)的普遍的沉思。我是什么,世界是什么,我如何对待世界,我如何能按照其无限性管理我的生活,我如何能在考虑到我的内在的无限性(敞开的可能性,其中包括实践的可能性)和自然以及个人的周围世界之外在的无限性的情况下管理我的生活,以使我变得幸福?但是为此我必须认识我自身和作为我的周围世界的这个世界。

每一个人都处于这种动机形成的可能性之中。我要普遍地——形式地实行认识;并且要获得纯粹形式的(原则性的)规范;而且是关于在此存在着的东西和在一切评价之前,在我的一切实践之前存在着的东西的普遍规范,然后是关于价值的,关于实践的可能性的,以及实践的当为的普遍规范。因此我要获得对于我的生活而言的和对于每一个主观的生活(作为能由它自由安排的,此外也是能由处于相互联系之中的共同体形成的生活)而言的实践上最好的东西之普遍认识。是的——我要获得普遍的认识,事先——我要**寻找普遍的**认识:

但是**这样一种认识是可能的吗**?我不是还可以问,在什么意义上,在什么范围内,这种认识是可能的吗?形式的认识是认识,但同时也是可能的质料的认识之形式;形式的对自我的认识和对世界的认识,因此就是有关对自身的具体认识之形式,对自然的认识和对周围世界中的精神的认识之形式;在这种情况下就涉及包 344

含着无限性东西的对象。**我如何能够认识无限性东西呢**?

如果关于无限性东西的认识实践上是能够生成的,那么它就一定是在能够结束的认识过程之有限领域中获得的,因此一定是在一个有限的生活片段中就无限东西所获得的认识,这种认识能够合理地指导行动[①]。如果我能为我提出尽可能好的生活这个目标,那么看起来我就一定能够在认识方面支配这个无限的世界,以此我就能够以十分充足的方式具有预见。看起来,这就意味着,要求我有一种**上帝那样的认识**。我们甚至认为,上帝在每一时刻都有关于此在之一切无限东西的知识,切合的知识。但是一种这样的认识,即使仅仅是对于上帝(在这种意义上的上帝是可能的吗?)或者对于我们,在本质上是可能的吗?

全知的理念。——这激起了理论的兴趣,被认为是无限的理论兴趣——首先是作为对于世界,对于事实的此在之全体的兴趣:自然,动物,人们,人的共同体,共同体的成就之全体,被认为的诸科学,被认为的诸价值,被"认为的"目的与作品,作为其他作品的工具的作品,处于一切阶段的、按照过去和将来都是无限的精神文化之全体。因此这是一种普遍的兴趣,指向有关现在、过去、将来东西之此在的全知之理念的普遍兴趣。无所不知者能洞察一切等等。

---

① 但是问题就这么简单吗?我的生活继续进展,为了献身于认识及其无限性东西,我不能丢下一切不管。普遍的认识本身就是无限的。如果它是全知,就能达到上帝的认识。因此我需要另一种思想进程,一种超出这种职业生活,然后又返回到全知问题的思想进程。而在这种情况下已阐述的东西又是合用的。

普遍的绝对的知识能是一种合理的目的，一种实践的目标
吗？——但是这种理想有合理的意义吗？它什么时候有这样的意
义，它如何能被界定并能在它的合法界限内被明智地构成呢？自
我作为进行认识的自我是可以想象的吗，它岂不是要进入无限的
时间地平线中去认识吗？认识活动能够被想象为一种普遍的，实
际上是完满无缺的认识活动吗？或者甚至能被想象为一种对于一
切存在着的东西之普遍的，切合的看的活动吗？而这是根据普遍
的，切合的个别的获悉——没有这一类东西能行吗？——和个别
的证实，根据个别的理解活动和个别的述谓活动等等吗？这一类
的东西能在某一个时刻发生吗？一种无所不知的主观不是肯定具
有作为习惯知识的知识吗，并且他不是只能这样地具有这种知识，
即他通过经验而探究自然，并且在认识活动和认知活动中，复制他 345
所经验到的东西吗？但是能在一种直线式的认识运动中认识自然 457
吗？自然不是多维度的，具有许多无限性东西的吗？

因此意识和个人的主观一般以及世界（或具有自然，世界之类型的一般超越的此在）已经被当作前提，并且必须在它们的关系中相互得到澄清。由此诸可能的理想才能被构成。因此如果没有现象学和存在论，就不可能有这样的理想之构成。

对于作为**事实**认识的普遍的和绝对的**世界**认识之理想，就是如此。已经说过的东西加以必要的改变，也可以对普遍的**先验的**认识，首先是对形式的认识，对作为“形式存在论”的普遍数学（*Mathesis universalis*）之理念等等重复说。但是普遍的认识也包括在事实方面的普遍的评价认识和普遍的“实践的”认识：这以对世界采取普遍评价的态度，而且是合理地，正确地评价的态度，和

有助于主动地创造一个更好的世界的正确的实践的**立场**为前提;而且思考诸可能世界,在重新虚构的想象中改造给定的世界,改造对这些世界的评价,以及按照这些评价作为目的在实践上可能地形成诸被给定的世界,也是合适的;然后是对于有关诸价值和诸善的,和有关诸主观——如其进入到可评价性之中等等那样的主观——的形式的和质料的科学之认识。但是这种认识,如同从属于它的评价活动和行动一样,难道不是处于无限性东西之中吗?因此为了合理的理想能够存在,为了界定合理的理想,而不作为荒谬东西抛弃,应该如何界定理想的东西呢[①]?

如果我只能无限地逐渐地一些个别部分一些个别部分地向前推进,开始了解、认识——甚至以这些个别部分不会包含无限性东西为前提——,那么我就肯定不会有任何预见。如果这些个别的部分在其进程中提供给我个别的归纳的推测,那么一种比较合理的行为就是可能的,但看上去却不是完全令人满意的。因为恰恰是在这里有发生与我们当作动机形成之出发点的愿望和意志相反的不同的事件的危险[②]。就此而言必须首先研究普遍认识的可能性和合理地界定这种可能性吗?

作为实践的人我可以说:尽可能好的行为肯定要求尽可能好的认识活动。我就这样做。不论我以形式的普遍性能够断定什
346 么,都能够被用作规范,并改善我的实践状况。我肯定会获得普遍的认识。但是我如何获得包罗一切的普遍认识呢?我,一般的自

① 当然以后我也必然会遇到这个问题:科学能是有限的吗?无限的科学对于实践和伦理的实践有什么用处呢?

② 参看前面第343页。——编者注

我，如何为任何一个客体，为任何一个包含无限性东西的认识领域，获得一个与这些无限性东西本身关联的，考虑到无限性东西的，并且在一定程度上追求无限性东西的认识呢[①]？如果我们反思后希腊时代的人们，那么我们拥有"科学"则是多亏这个产生希腊哲学的时代。但是每一门科学看来都随身带有一个无限的地平线，并且人们预先（无需研究）就会说：这属于科学的本质。但是个别人的、无限地不断更新的进行研究的人类的、永远不会结束的认识努力，具有什么样的意义呢？

一项任务被提了出来，它的解决令人愉快。所解决的任务在任务的等级秩序上或在由于这种等级次序也构成艰巨性程度的那些任务类型的等级次序上越是复杂，就越产生新的愉快，而且是在对于已经克服了的更艰巨的困难之反思中增强了的愉快：价值本身就越高。但这不是**公正**的愉快吗，而且价值本身不是一种公正的价值吗？

如果在命题的和我们称作科学的理论的无限性之本质中，不存在以下情况，即一切命题都是按照直接性与间接性（原因与结果）的区分**有层次地**排列的，即这样地排列的：进行论证的认识必须按照这种层次的秩序或等级的秩序进展——那么以此并不是说，科学必须以唯一的方式"被阐明"，被建立起来，而只是说，科学不论以什么方式被建立，层次的秩序都不能受到破坏；因此在这里谈到了真正的原因和真正的结果，它们作为这样的东西甚至自身显示出来。在这种层次的内部，安排能够改变，但在这种情况下，

① 这本身能够被当作问题提出来。

这种安排在一定程度上是在紧接着的下一个层次中被规定的。

如果情况是这样,那么人们也许就可以说:具体的实践是在有限东西中运动的。它的概念就是“经验的”概念,类型概念,这些概念的区别对于实践的目的而言是无关紧要的区别。例如相同的东西是大致的相同,而且这种大致是由当下的实践按照相同的有效性的范围规定的。如果现在间接的认识是必需的,那么并不是有关一切联系之一切认识都是必需的,而只有关于处于一定的间接性阶段中的某些联系之认识才是必需的。现在纯粹理论的科学为实践做准备,但不是为个别情况下的确定的实践做准备,而是为任何实践和任意地完善着的实践做准备。每一个成功的实践都已经以前理论的方式为一种更高的实践做了准备,实践上更多的东西,
347 更高的东西,更复杂的东西将会变成可能的。但是一种理论上可靠的实践并不仅仅是一种由于理论而成为明白易懂的、明智地证明为正当的实践,而是先行的理论的认识被用于对实践的诸可能性东西之理论的—实践的认识,服务于达到可能的目标——这些目标现在由于对它们的洞察作为可能达到的目标存在于这里。因此每一门科学以及它的每一个理论阶段,也都开辟了一些具有实践目的而不仅具有进一步的认识目的的可能的阶段。无须说明,认识的目的只具有作为达到其他目的之手段的价值,而在自身中并不表达价值。但这一点在这里尚未确定。

认识向理论与科学上升的诸价值等级。——如果应该承认认识的价值是价值本身,那就会思考,这些价值是如何按照等级的阶梯排列的。在这种情况下,单个的经验认识当然就没有归纳的—

普遍的认识高(借助于这种归纳的一普遍的认识，每一个个别情况都必然能够作为推测的东西被把握)，而合理的认识高于不合理的认识等等，并且在这种情况下，一种理论也可能是一种较高的价值，并且理论的等级次序是比单个理论更重要的价值；最后，理论之无限连续的系统之理念——是**科学**，一种存在于认识范围之中的最高价值，它的被给予性只有在理论之按等级次序生产的无限系列中才是可以想象的。于是我们有一种无限的价值系统，在其中，每一个价值只是在一种自明的生产中被给予，就此而言，是在原始的创立中被给予的，这种原始的创立可以被说明为是有关它的空的，而且还完全未成型的意向之充实：这一点最终对于一切认识的意向都适用。

在这个无穷的序列中，每一个按照推演的等级更高一级的价值作为价值不仅应该是更高的，而且正如在每一个价值那里那样，生产本身也是一种价值[①]。而且生产的价值级次是与价值本身的价值级次平行。对于每一个价值序列(对于每一个上升的价值序列)而言——它的较高的价值只有经过较低的价值才能产生——，下面的情况是分析地自明的，即较高的生产价值实项地包含着较低的生产价值，生产中的进展比起生产中的停止是一种更高的价值——如果这种进展是可能的，或者说，如果一种无限的进展是可能的。如果价值的序列是无限的，那么在这种理念之意义上的生产之无限进展的过程和目标设定，就是在这个认识领域中能够提

① 一种个人的价值，而且不仅是一种平均值，——作为个人的价值是一种更高的价值。

出的最高的价值和最高的目的，只要它**先验地**包含一切其他的价
348 值。不管我们将个别的自我设定为是进行生产的自我，而且是在这样一种理念中来设定，即它能够在生产中不断地取得进展，还是我们设想一个研究者个人的敞开的共同体，在其中总是有新的研究者及其研究活动加入进来，并且建立起越来越高的科学，在这个过程中这些科学家为了建立更高级的科学，借助于传统将低级阶段吸收到随后的生产中来[①]。

然而问题是，一种认识什么时候能够具有这种科学形态，而且是这样地具有，即使得在理论生产的这种等级次序之流中，保证能达到越来越高的阶段。但这必须进一步思考。每一个领域，我们指的是每一个无限的领域，只有在某些条件下才能被认为是一门科学的课题。这个领域的每一个对象必须是认识所能达到的，它必须是"能"由当下被给予的对象"构成的"，能够由思规定的，并且能由任意的，假定为被给予的，有限数目的对象规定的。这需要间接性的认识、法则等等。

〈无限的进展之理念和我的有限的生命。〉——情况并不这样简单。这里当然将会提出一些复杂的问题。我什么时候能够说：无限的进展是可能的？这已经就是一个在单个序列中由生产到生产的无限进展之假设的情况中的问题。我如何能够澄清下面这个公理的自明性呢："如果 a 是任意一个数，那么 a ＋ b 也能产生，它

① 胡塞尔在这里指点参阅被称作附于此处的"附录"的一段文字，我们将这段文字放到下边从第 19 行起到第 350 页第 18 行*。——编者注

* 指〈无限的进展之理念和我的有限的生命。〉这整个一节。——译者注

会存在”？对于每一个数，都存在一个后继数。我如何能够确信，即使是以纯粹的可能性确信，新添加的单位总能是一个“新的”单位。此外我如何能够确信，我总能够在生产中继续前进：我有无限的生命？在此无限的生命中我能将每一个已达到的位置看成是在其中每一种所希望方式的生产都能找到其位置的一个新生命阶段的起点吗？

如果涉及的是实践的价值，那就要看我是否能够**无限**合理地
生产；通常我只能说，**只要**我关于这些生产具有作为实践的地平线
的敞开的地平线，我的进展就会得到越来越高的价值。只要我没
有预先规定生命的终结，或者另外为这种生产预先规定一种界限，
我就能够说：进展和不断地进展是我在这种价值的多样性中能够
达到的最高价值。我以最合理的方式如此行事，**仿佛**我的生活，我
的生产，是一种无限可能的生活和生产。最高的价值**并不是**价值
生产之**实际上**没有终点地进展这种意义上的无限进展，或是在实 349
际上能够无限地生产新的价值的生产中的进展这种意义上的无限
进展，而是这样一个**原则：不停地进展，直到不管在什么地方为这
种进展规定一个界限**——一个不是由我，作为纯粹是受这些价值
推动的主观，规定的界限。

我从一开始就知道，这个过程会被打断。我的生命是有限的。我也知道，偶尔有一些障碍会抵消我的自由。此外，我还有另外一些价值，它们可能作为比所涉及的价值多样性之一切价值都高的价值而阻碍我。在后一种情况下也可能是，尽管其他的价值在所涉及的生活关联中目前是合理地发生在前的，但我的生活并不是必须仅仅致力于这些此时此地的价值，而是具有这样一种性质，即

只要这些价值完成了，并且在价值之间留出了未被它们占据的空的生活位置，立即就有另外一些价值，作为持久的，可以说是跨局域的价值，要求它们的权利，或者说得更确切些，合理的实践之序列也会按照目前的价值，在价值上升的方向上参与决定。因此在这种情况下就意味着：存在着持久实践的价值——**职业的价值**——，它们只能暂时地被搁置一旁，但是只要它们目前应该优先完成，并且我“可以自己做主”，我的自由未受到妨碍（这些东西总是被同时当成前提），它们立即就会成为实践上重要的。它们应该一再地被努力争取；而且如果它们按照阶段在更高的程度上形成了，**“无限”生产的价值**就应该作为最高的价值被追求，**仿佛无限性是能够达到的**。

但是生命是要死亡的。因此我知道，存在着一些界限，只不过不是那样一些界限。未来与死亡的时间是不确定的。但重要的是 *464* 这种情况，即我预先就知道，我将大致的寿命当成最大值，我在我的任务中必须据此行事。我知道死之将至，还是不知道，这也是不同的。当我仍处于生命的盛年，并且考虑到正常的寿命时，这个原则就肯定保持不变：在敞开的地平线中继续起作用，仿佛它是无边际的——无限生产的理念被看作**起规则作用的理念**[1]——，是**无限地**继续进展的。当然可能存在着若干合理地规定我的无限东西，但是当一件工作时而在一个方面被偏爱，时而又在另一个方面被偏爱时，它们服从于相互制约之规则。

350 这里存在的是些什么样的价值，在我之中的价值或客观地在

[1] 这里存在着有关起规则作用的理念的定义。

他人之中的价值是不是可以理解的价值,这些都没有受到询问。现在让我们将这个自我认作是处于人格的共同体之中的人,通过在出生的个人和死亡的个人之交替中“无限地”延续而保持着的共同体中的人。我能够说,个别的人会出生和死亡,但是尽管如此,人类却是不死的——它是不朽吗?当然,地球可能会毁灭,等等。不管怎样,我知道我是我的民族的一个成员,每一个人知道他自己是他的民族的一个成员,是人类之中的一个人,而人类是会“无限地”继续生存下去的。我生产的每一个客观的价值,以及使我自己的生活得以进行的**每一个最终的价值等级**,都以传统的形式继续起作用,并作为**无限**较高价值之低级阶段服务于人类的理性生活。

这就产生出**客观的**价值对于单纯主观的价值的优先权——在这里起支配作用的观点支配下,这种观点并不需要是唯一的观点——。……但是这取决于进一步的划界。

关于形式的实践学。——

1)我能够设想在计数时在一个单元 a 上加上一个新的单元 b,在 b 上再加上一个新的(不等于 a 的)单元 c,并且就这样总是加上一些“全新的”单元。我如何获得关于这个我—能的自明性?

我在计数时总能够以这种方式继续进行。不是每一个可能的进行计数的自我都会有他的界限,并因此有一天不能以这样的方式继续进行吗?于是我就为自己想出了另一个自我。但由此我就又产生出一个正是这样的似乎随身带有相同问题的无限的自我—系列。

2)我设想一个处于继续进行着的实践之中的,总是处于具有实践的可能性,实践的预感,即“某事可能发生,于是我也许能够做某事”的敞开的地平线之中的自我。也许我本来就该想到从价值到价值,从较低的价值到较高的价值之不断进展的可能性,而且是实践的价值,作为那种我仅仅是以下面这种洞察——即每一个被生产的价值都随身带有一个推测的可能性(不管是多么低劣的推测)之地平线,一种在这种情况下能够介入的并由此能够产生一种更高价值的推测的能力之地平线——(尽管只是也许)能够生产的实践的价值之不断进展的可能性。这里被要求的,作为尽可能好的实践的行为被要求的,是什么呢?

那就是这样一种行为,即将意志指向这个敞开的价值链条,并尝试“实现”它,就是说,在实现过程中,从每一个阶段中尽可能好的到也许可能的下一个阶段中尽可能好的,如此无限地继续下去。这个绝对被要求的东西,这个实践上的至善,在这里因此就是实践上可能的进步——作为一种实践上的善的意志之也许可能的实现之“进步”!

351 因此我应该希望,我应该在实践上尝试,在实践上的赞同中开始行动,开始实行,并且只要实践的主观是处于这种状况中,即具有推测的可能性之这种敞开的无限的地平线,——并具有价值之可能性的地平线,甚至是在价值方面增加着的价值之可能性的地平线,——在这个限度内就存在着在这里由情况而决定的行动之“义务”,只要这行动具有**尝试活动**之通常的性格,或尝试活动之“以肯定方式”通过行动而实行的活动以及继续行动之通常的性格,于是又是尝试活动之通常的性格,等等,但至少总有一种通过敞开的可能性的地平线而**无限地**进行尝试的意愿的活动之通常的性格。在这里最重要的就是，阐明在这种考察中起根本作用的意愿和行动之诸样式。这个整体显然属于形式的价值学和形式的实践学（有关实践的分析学）。

在这种情况下我可以说：

只要我有一个敞开的实践的地平线并因此有可生产的价值之一个敞开的实践的地平线，我的不断进展着的现实活动就总是得到更高的价值。如果我一般而言实现了在不断进展中继续有效的价值，我就会通过新生产的价值而获得一些价值，这就是说，诸实践的价值之彼此连接本身意味着越来越高的价值之实现（序列本身的价值之实现，如果这些价值只是在某一种意义上继续属于我）。

但是在这里对于我们来说，现在所涉及的是特殊的无限性——而这必须确切地详加说明——，如**科学**的无限性（这是首先使我们感兴趣的）和**职业生活**的无限性，而这又是一种普遍的情况。我们将这搁置一旁。这种实践上的**似乎**在这里肯定被澄清了。

只要我有一个没有预先确切规定其结束的敞开的实践的地平线，只要我有——尽管仅仅是以模糊的推测性有——那种作为这样地被给予的价值的可能实现的价值（它也许能够在对尽可能好的东西或绝对当为的东西之指向中继续进行到新的实践价值），在这个限度内，我就有行动的义务，而价值生产之进步的敞开的无限性，就被作为能够无限进展的无限性，作为义务，而被要求。我知道，我的生命会有终结，我并不能真正生产无限的价值，我知道，或我们知道（或在我们的时代至少相信），地球上的人类有一天也会灭亡，但是科学的使命和作为共同体的—文化的任务的科学却具有实践的意义,并且是一种(也许)实践上所需要的东西。

如果医生对我说,现在你肯定会死,那么对于作为个人的我来说,义务就“完成”了。但是只要我还有生命之敞开的地平线,还有352 一系列发展之希望,还有在科学工作中继续进展之希望,在这个限度内,我就有义务。指引我的并不是下面这种信念,即我实际上将能够无限地工作下去(对于人类而言也是一样),而是下面这种可能性,即我在我面前有一个我能在实践中进入其中的地平线,我能够“继续工作”,并且总是能够继续工作,对我来说,没有已存在的终点和已知道的终点。

现在我还可以说:我应该这样生活,仿佛我是不死的,并且仿佛我实际上能够无限地进行工作。但这只是说,不管我有这种信念还是——如其实际上所是的——仅仅有一种无限的实践的地平线,我的义务形式上是相同的。这种无限的地平线及其可能性,是决定性的东西,并且是能够从现象学上清楚阐明的东西!

在这里有“诸可能性”起作用:可能我突然生病了,可能外部的诸种干扰使我无法工作,可能我的手稿被烧毁了,等等。在这种情况下,我就不能如我设想的那样继续工作了。但情况可能又变好了,于是出现了一种新的地平线,旧的地平线形式改变了,义务得到了坚持。

一切行为中的不确定性因素。作为经常是推测的确定性的实践的确定性。实践的确定性由情况而改变。尝试作为由情况而改变的意愿和行为,但行为本身是作为带有由情况而改变了的实践的意义的行为。意愿之确真的要求总是得出:你做这个——至少尝试这个;但这本身又是“你做这个”,但不是做乍看起来似乎是目的的 A（如果它是确实的），而是做这个被尝试的 A 本身：你要决定做这个尝试。——

因此这种绝对当为的事情就存在于认识的行为与努力之无限性中，这种努力在进行认识时从真理到真理地不断进展，但也统一地包含诸个别的真理。但是这种不断进展和结合并不是盲目地发生的，仿佛这种兴趣会以被认识的真理之大量增加为满足；相反这种进展是从一些真理向一些新的真理前进，这些新的真理按照它们的意义内容是与已经认识的诸真理紧密相关的，与它们结合——而且是通过尽最大可能提高认识的价值结合——为更高等级的整体真理，换句话说，即使是认识活动，也是一种实践的行为，而合理的认识活动，理论的认识活动，就意味着，是一种由实践理性而来的行为，而这种实践理性，在这里也如同在一切领域一样，是指向价值的，并且在这里普遍地起指导作用的目的，一般真理的目的之统一内部，指向尽可能最高的价值，并且在从较低等级的价值向尽可能较高等级的价值进展中，得到满足。这些价值就是认识，就是说，是能够通过认识而占有的真理。一大堆真理尚不是较高的真理价值。但是一种**理论**比起全部论证该理论的个别真理， 353
却是较高的价值，一种理论延伸得越远，形成得越高，它将个别的自身完整的理论包含到——因此恰好是以理论方式包含到——**一个**理论的统一之中越多，它的价值就越高。就此而言应该注意，每一个理论——例如几何学之结束的每一章，如三角形定理，一般直线图形的定理，圆的定理——都是众多的个别的真理。但是作为**整体**则是理论，当然是真正的理论，本身是一个真理；因此一个被宣称的理论被判定为统一，并且作为统一，也许当作错误的而被

抛弃,或作为正确的而被肯定。

现在如果我们继续问:在一种理论中,在向更高阶段的理论的进展中,什么是提供统一的最终的决定性东西,并且作为最高统一之理念和作为最高的价值,指导整个认识运动,那么我们就达到**科学**之理念。因此这种无限地向前追求的理论上的兴趣,这种在这样的科学理念指导下,比如在几何学中或在社会科学等等中,得到充分发展的兴趣,具有其并非任意地联结起来的,而是按照价值,并且是在追求实现之意志的连贯统一中联结起来的向前推进的秩序,其中也有将理论体系改造为越来越好的,越来越"有成就的"理论这种持久的任务。但是是什么东西提供给科学之理念——它的确是认识之无限性东西,因此是绝不能真正完全实现的——以那样一种统一,在其中贯穿被寻求的认识之无限敞开的地平线能有合理的目的指向之统一?很显然起指导作用的,是实质上属于同一整体的诸真理之全体的理念,与此相关联,是认识进步——尽管是无限的认识进步——之理念,这种进步在真正理论的进步中,使这种无限性系统地经受认识的支配,或者使理论无限进步之理念系统地经受认识的支配,这些理论在不断进展中会包含全部的真理,而且是以尽可能大的完善性包含全部真理;因此最后是使一种合理的,确保掌握全体的,相对最简单的,最容易理解的系统之理念系统地经受认识的支配。

但是一个系统的,一个无限进展的理论序列的诸真理之同质性何在呢?实质上属于同一整体性意味着什么呢?回答是可以想到的。在特殊的意义上,每一个真理,每一个判断,都有某个**对象**或某些对象;真理,或更确切地说,判断,它们下判断,就它们说出

真的述谓，事实上就它们说出这种或那种东西。一切物理学真理之理论上属于同一整体和统一，都是基于物理学领域之本质统一，物理的自然按照一切可能的个别的对象和个别的述谓，本质上一致地由一个本质的概念（区域）固定地包含着。与物理学的概念——普遍的自然（φύσις）之特殊化——不同的概念，不能在物理 354
学中出现。因此这种同质性是基于真理的意义内容，更确切地说，基于真理的逻辑质料，基于真理的概念之实质内容。此外这同样的东西也适用于每一个局部领域。它在自身中有一种有限的本质统一性，它有一种理论的统一，这种理论统一，由于它的概念的普遍性和它的可能的特殊化，它从它那个方面可能包含无限多的个别性东西。

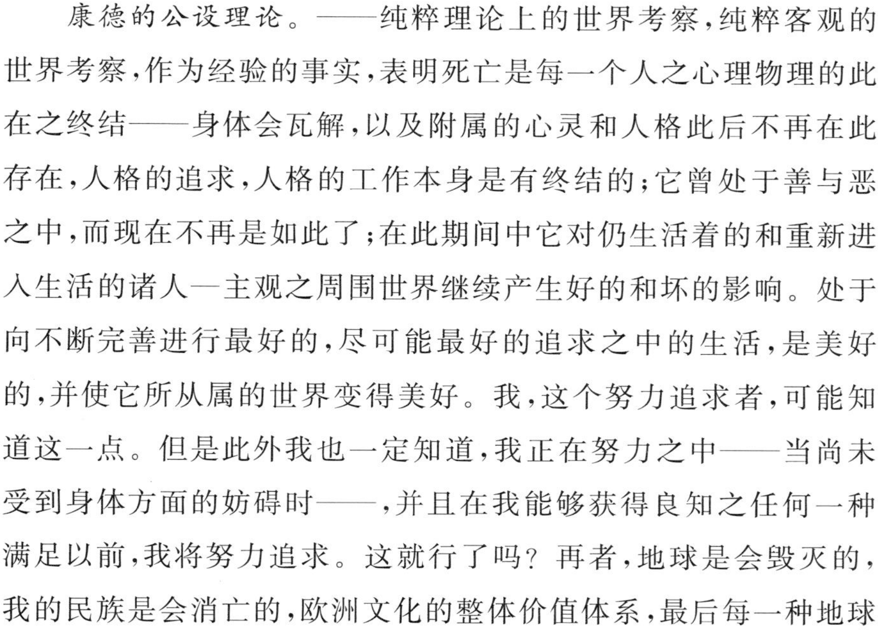

康德的公设理论。——纯粹理论上的世界考察，纯粹客观的世界考察，作为经验的事实，表明死亡是每一个人之心理物理的此在之终结——身体会瓦解，以及附属的心灵和人格此后不再在此存在，人格的追求，人格的工作本身是有终结的；它曾处于善与恶之中，而现在不再是如此了；在此期间中它对仍生活着的和重新进入生活的诸人一主观之周围世界继续产生好的和坏的影响。处于向不断完善进行最好的，尽可能最好的追求之中的生活，是美好的，并使它所从属的世界变得美好。我，这个努力追求者，可能知道这一点。但是此外我也一定知道，我正在努力之中——当尚未受到身体方面的妨碍时——，并且在我能够获得良知之任何一种满足以前，我将努力追求。这就行了吗？再者，地球是会毁灭的，我的民族是会消亡的，欧洲文化的整体价值体系，最后每一种地球上的文化，是会终结的。为此一切困苦与不幸也就结束了。这整个的追求活动，丑的活动，还有美的活动，有**意义**吗，如果它是世界中的，无意义的世界中的，转瞬即逝的偶然事件？

在这一点上在超越论的内在的考察中会有某种本质东西被改变吗？

世界是这样的，即我在我面前看到一些形成合理生活的猜测，一些可能性。但是如果我环顾四周，我就会发现在那里生活毫无理由地中断了的许多情况。人类的灭亡虽然很遥远，但是这种灭亡不是经验上确定无疑的吗？另一方面，世界不是依赖于人吗——不论是世间的人还是非世间的人——，它不是进行经验的主观之可能的经验之本质统一吗？由此我也许就能洞察到，纯粹的主观不可能被杀死，而只有心理物理的此在之某些事实的形态，因此是意向地与绝对的主观相关联的，并且将绝对的主观作为绝对存在着的而当作前提的基本构成物，才能被杀死。但是这对困难能有所改变吗？如果被动的构成和主动的构成之过程，因此处于与被构成的周围世界关联中的人的身体形式中的主观生活，是"偶然事件"，——并且如果不断进展的有价值的生活的可能性之
355 条件，朝向真正的人类之理念和神的世界之理念去生活的人类之可能性的条件，只能得到偶然的、局部的和暂时的满足，那么情况会怎样呢？

在这里这样对我说不是更好吗，即献身于世界是一种妄想，是无目的的，不会有任何结果——？我不能最终有效地肯定我在人的共同体中的生活和在世界中的生活，只当我相信世界的意义时，才能这样做。对此我"在理论上"没有任何根据。在这方面，我不

能由经验证明任何东西（**康德**），经验教导人们，尽管在个别情况下也能做成一些事情，但在整体上一切都是失败。没有任何东西是最终有效的，一切最终有效性都是相对的。这种普遍的破灭吞食了一切被认为有永久价值的东西。

我不能在我心中消除世界，禁止一切追求的努力吗？我不能以关于由此能“解救”我自己的“充满幸福的”确信，将我从一切无意义的追求中解救出来，进入到这个永远没有斗争，没有追求的自我之中吗？如果我知道，自然的身体的死并不会使新的自然的生命觉醒，那么我就会选择自杀。但是这样一来，我首先就一定会在我心中消除世界，等等。

在这里——在对绝对的正当性之意识中，什么样的前后一致的态度是可能的，对所考察的普遍的生活实行普遍肯定或普遍否定的什么样的“方法”，是可能的？

在康德的绝对命令中有一种无条件的行动—义务，此外还有一种规范的形式，一种为了能够无条件地完成作为以其确定的内容被规定的行动—义务，任何时候都必须满足的形式。但是无论如何，在每一种情况下我都应当作出决定。

无论如何：不是存在一种要求行动的绝对义务吗？下面情况不是很清楚吗，即我必须将每一个义务归入到绝对的义务之**一个**全体中，并且在实践考虑中总是有**行动**被要求，而且是在与普遍的价值提升和普遍的自身提高之理念的联系中被要求？但是如果我甚至不必说：一种这样的要求，只当我生活，并且我完全地和绝对地献身于它，才能有意义，那么无需我真正使自己明白它，我也就相信它了，这正是因为它是必然同时被给予之物。此外我通过反思看到:一个没有另一个是不可能的。但是如果我相信而且意识到这种相信,从这种实践的源头出发,**自由地**实行这种相信,那么这种相信就赋予世界和我的生活以意义,赋予它以这样一种可喜的信赖,即没有什么东西是徒劳的,一切都是向着善的。

附录Ⅵ(附于第三十一讲):开始的诸问题。[①]

我们面临着开始的诸问题。我们已经获得了这样一种确信:
356 迄今的科学都不能令人满意——由于它们的实证的真理根据之朴素性。超越论的主观性,经验活动、思维活动、论证活动、理论研究活动——通过这些活动,被以为的和真正的存在,被以为的理论和科学上真的理论,才为认识者构成起来——之进行构成的生活和进行构成的有所成就的活动,始终仍是匿名的。完善的科学必须也是有关超越论的起源之科学。

精神科学显然是有关意识的科学,但本身是实证的。一切实证的科学都有这种并非是偶然的,而是它们作为实证科学本质固有的不完善性。

这种确信产生自一种无所不包的科学批判,一种对包含当今在内的整个哲学史过程的批判[②]。

因此这些确信导致一种新式的超越论科学和一种作为普遍的

① 选自《**第一哲学(1923/24)**》Ⅱ的手稿;约写于1924年。这个附录也可以当作第一部分第三十一讲(第26页第30行至第31页第2行)的异文来读。——编者注

② 参看《**第一哲学(1923/24)**》第一部分:"**批判的理念史**",本版第Ⅶ卷。——编者注

超越论科学的哲学之思想。

如果我们还记得曾激励**柏拉图**的哲学研究的那种哲学理念，那么那就是一种科学的，并且最终是一种无所不包的科学的理念。这种科学以绝对充分的方法被证明为正当的：即这样证明为正当的，它不仅是被合理地证明的，而且将认识（ἐπιστήμη）本身，将论证的能力和这种能力产生绝对的真理有效性的成就之本质当成课题。如果没有对于合理的成就一般之本质的洞察，任何理性的构成物，任何真理，任何理论，任何科学，就都不可能有最终的正当性证明。如果没有科学家本身对于自身之最终的认识，科学之任何正当性就都是不完善的。

我们曾看到，自从**笛卡儿**将课题的目光转向主观的正当性证明并转向超越论的自我（*ego*）以来，这种思想如何获得一种新的，更深刻的内容，而正在出现的主观的认识奠立的理念和由这种主观的认识奠立所引入的唯心主义世界观的理念是如何在理论上含糊地发挥作用，它本身如何非常需要越来越新的批判。

对于一种真正原初的而且恰恰因此是新式的哲学和一切特殊意义上的新式的科学的要求，对于我们变得越来越紧迫而且在内容上变得越来越清晰了，即这样一种科学，它将一切根据之最后根据（即一切现实的和可能的根据都是由它而来的那个根据），因此，将超越论的主观性，变成理论研究之原始课题，并且接下来指出，所追求的一切真正认识之系统的整体**如何**由这种原始的根据产生
出来，意识到目的的工作**如何**形成适当的方法，并借助这种方法使 357
诸科学之整体（*universitas scientiarum*）开始发挥作用，这个整体完全有权利要求具有绝对根据的根本性格并因此具有绝对的正当

性证明这种根本性格,在这种根据和正当性证明之后再进一步寻求其他的进行正当性证明的根据,就不再有任何意义了。如果当时确实以一种方法成功地研究了一切可能的意义,即与此同时研究了它的意义赋予,那么事实上就不会留下任何问题没有解决。实际上,对于我们而言,一切对于我们存在着的东西,都是我们现实的或可能的认识之"内容"或"意义"。

因此这就是我们迄今为止全部思考的收获:有关进行原初奠立的主观性之全知的理念——作为无限的认识进程之指导理念或目的理念,无限的,也如同处于朴素的实证态度中的每一门科学之进程已经是的那样,但是具有一种本质上新的进程形式。很显然,这个理念,正如它已从我们的理念史的批判之动机中产生出来的那样,肯定尚不具有有关这种所想要的科学之清楚而明晰的表象之价值。我们首先具有的,只不过是一种极其模糊的实践的计划,有关某种能够完成的认识过程的计划,这个过程以一种模糊的遥远的表象浮现出来。我们应该如何由此出发而达到更确定的表象,并且是在使得我们能够真正开始的那样一种程度上的达到呢?——

但是现在还应该思考,在我们的批判中,在下面这种意义上产生了对于一种新的科学的意向,这种意义怀疑每一种历史上预先给定的科学的,甚至是预先给定的一般的认识的有效性。迄今为止的诸科学,至少是近代的严格的科学,按照其理论的主要内容,甚至按照其方法,能够以新的科学的系统的结构再次产生出来——只不过在这里它们是由更深刻地奠定基础的,将洞察的地平线扩展到全面性的根据而产生出来的;但是在这种新科学本身

面前,它们有一种不充足的特征,它们是可疑的。

现在我们的批判同样也使这种不充足的**根源**变成显而易见的。对于我们而言,以下情况在实践上已经是确定无疑的,即一切根据都回溯到那些超越论的主观性的原始根据,并且首先需要一种绝对的基础科学的研究,即正是需要一种超越论的研究。

但是将在我们批判的思考进程中为我们产生的(如其能够开始做的那样粗略地揭示出超越论的—基本的领域和最初的探索性的思考的)那些洞察作为预先给予的东西用于尝试真正建立一种新的科学,这样做对吗?一种批判并不属于一种体系。体系是科学本身。建立科学,意味着分别地建立并利用每一构件,将每一个构件在该构件的位置上建立起来并加以利用。应该考虑到,科学一般之理念从其历史的起源时起,就在自身中带有由绝对的根据 358
而来的普遍认识之理念,或者等价地说,能够绝对地证明为正当的认识之理念,并且应该考虑到,这种理念曾是我们的一切批判之原始的规范。事实科学中的任何一种科学都不能符合这种原始的规范,而且正如已经表明的,这并不是因为超越论的起源的问题或者根本没有被看到,或者是被以歪曲的形式提出来的。首先需要对于作为一切认识的真正根源性基础的超越论上纯粹的主观性进行艰难的澄清,并需要对这种主观性进行科学的探究。正如已经说过的,我们是通过批判看到这一点的。但是超越论的主观性的突出,不是一定会完全系统地,在作为绝对被奠立的普遍科学的或作为一种能够绝对证明自身正当的科学的哲学之理念的单纯开端上,当我们澄清这样一种科学作为绝对的科学如何能够开始并能继续形成的可能性时,因此还有,当它在这样的提问——即“绝对

的奠立”可能意味着什么，什么东西能够完成这样的“绝对的奠立”——中要求一种绝对的根据时，产生所有那些它在可能的和必然的前提上所需要的东西吗？如果“存在”一种对我们起指导作用意义上的哲学，一种由绝对的根据而来的普遍的科学，那么按照意义，这种哲学本身就包含要指出它由以开始并且它以绝对的方式将一切置于其上的这种绝对的根据，也许首先是，能够向上引向这种绝对的根据，并通过澄清和规定能够突出它的绝对性本身。

附录Ⅶ（附于第三十一讲）：理则化和使人理解。[1]

现象学与实证科学——实证的合理性与超越论的合理性。

如果**数学**的功能是在数学与有关自然的认识相结合的地方，使对自然的认识精确化，使自然的认识获得理则（λόγος），获得条理（*ratio*），并由此而使自然的认识成为合理的（在最好的意义上，合逻辑的）认识，那么**现象学**的功能就是使一切科学获得超越论的合理性，赋予一切科学以新式的并且是最终的合理性，完全是另一种类的、具有全面的清晰性和**可理解性**的合理性，并由此将一切科学变成一门唯一绝对的科学之分支。在这种情况下，这本身肯定是一种手段，即由在每一方面都处于朴素的实证态度之中的生活自由地形成一种“绝对的”生活，形成一种由绝对的自身理解，由对
359 于世界以及一切事实上存在着的东西之最终意义——这种意义存

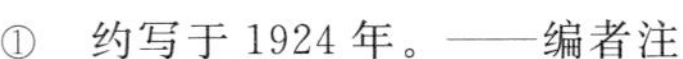

① 约写于1924年。——编者注

在于生活本身之中而且只能从生活中汲取来——的理解而来的生活,能够支配自身的,指向其绝对目的的生活的手段。

对以上所述还要解释几句:

与实证性领域对应的是实证的合理性,与超越论东西领域对应的是超越论的合理性。一切个别的单个的东西,现实的和可能的单个东西,都能够在认识之指向课题的工作中被自由改变,并能够经受形式的或质料的本质普通化。在这种上升过程中以下情况是可以认识的,即每一个单个东西都能够分析地—形式地数学化,并且在这种向分析的—数学的东西(分析的存在论)上升过程中,能够建立起一种有关这种分析的—形式的东西之纯粹课题的兴趣,或者说得更确切些,能够建立起一种形式的—分析的普遍数学(*Mathesis universalis*),或**分析的存在论**。在课题向被给予的个别的单个东西,现实的或可能的单个东西的**倒转**中,或更确切地说,向这些单个东西之"整个领域"的倒转中,就(在课题兴趣的综合中)赋予这整个领域以数学的合理性,纯粹数学的必然性和普遍性就变成了应用之个别地和按照领域地被规定的必然性,形式的必然性。另一方面,在从单个东西向真正的本质普遍性东西上升,向质料上被规定的**种**(εἶδος),属(γένος)上升,向一般东西上升的过程中,就产生规定该"领域"的最高的普遍性东西,而课题的兴趣就在对这些纯粹的普遍性东西以及包含于其中的特殊性东西之研究中得到满足。产生了**质料的存在论**,有关纯粹的合理性的,但却是质料的合理性的科学。在应用中,这种质料理则得以生成,它本身服从于分析的东西—形式的东西之形式,并通过将形式存在论应用于质料的普遍性东西,也已经由于被刻铸——被刻铸到事物

的领域——而保存了形式。通过分析的—形式的存在论和质料的存在论，就为每一个事实的领域获得了**“精确的”、“合理的”科学**。事实的科学将这种合理性作为个别东西之精确的形式，归功于纯粹本质学的科学，数学的—形式的科学和数学的质料的科学。但是它们作为事实科学不仅在于将本质学的条理（*ratio*）转用到个别东西上。这种被合理把握的东西以及服从于纯粹合理的形式法则的东西，按照其事实的（经验的—事实的）普遍性东西和特殊性东西而得到研究，而这就可能——如在物理的自然中导致所谓的有关**自然的经验数**学那样——导致数学形态的法则，但不是那些使本质学法则单纯个别化、事实化的法则。这就导致一些特殊的而且是十分深刻的问题，我们在这里不涉及这些问题。

360 另外，分析的—数学的空的形式化是一种合理化的方法，这种
方法一再地被应用于一切种类的对象性东西，甚至能被应用于数
480 学的对象性东西本身（例如个别数列作为数列被看作是一种特殊
的“流形”）。

形式存在论之**分析的形式化**也能够应用于**超越论领域**的课题内容，**质料的**普遍化也是一样。因此纯粹的意识及其纯粹的自我，纯粹的自我行为等等，就变成了进行合理化的本质学之领域。

对超越论的**经验**之开启，使超越论的意识变成显而易见的，而这种意识当然就会，而且首先就会，变成一个不精确的，一个尚不是合理的经验认识之领域。现在的问题是：在这个领域之上也能够建立起一种**有关超越论东西的合理的经验知识**，一种**合理的事实科学**吗？

如果超越论的现象学，如在我的《**理念**》[①]一书中出现的那样，是被当作**有关超越论的主观性之本质学**建立起来的，那么这种应用（因此课题的兴趣返回到超越论的存在之事实性东西）就表明了有关那些是本质学的必然性东西之诸种单纯个别化的事实性法则之无限多样性。因此无论如何我们有了一个在超越论东西中的合理经验知识的领域，并且这样一种洞察得到具体实现，即在这里每一个事实都服从于我们能够以描述的方法，此外——间接地——以演绎的方法证明的合理的本质法则。

虽然它不是**精确的自然科学**式的合理的事实科学，但它的确只不过是从本质学的先验性向经验东西的转用。超越论的经验知识也是一个归纳的合规则性之领域，在这些合规则性东西那里能够询问，它们是否能成为“精确的”；以及如何能成为“精确的”，但下面这个问题，即这种归纳的经验东西以及**并非**是本质学的个别化的那些经验的普遍性东西，在多大程度上能够精确地科学化，能够精确地合理化，还是一个未决的问题。

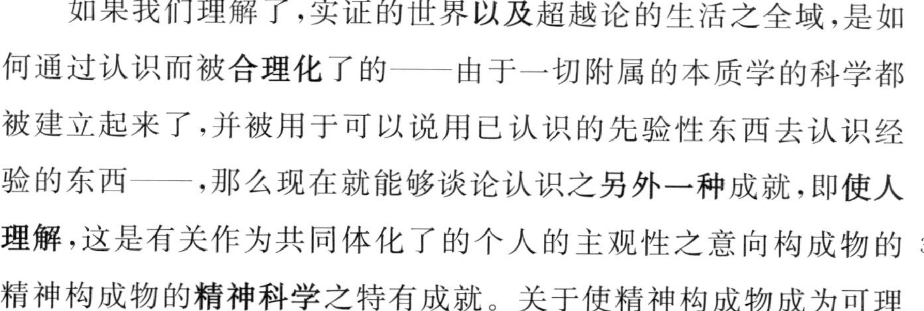

如果我们理解了，实证的世界**以及**超越论的生活之全域，是如何通过认识而被**合理化**了的——由于一切附属的本质学的科学都被建立起来了，并被用于可以说用已认识的先验性东西去认识经验的东西——，那么现在就能够谈论认识之**另外一种**成就，即**使人理解**，这是有关作为共同体化了的个人的主观性之意向构成物的 361
精神构成物的**精神科学**之特有成就。关于使精神构成物成为可理

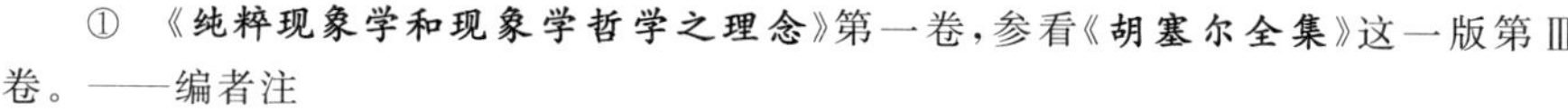

① 《**纯粹现象学和现象学哲学之理念**》第一卷，参看《**胡塞尔全集**》这一版第Ⅲ卷。——编者注

解的这种根本性的科学,有关精神性东西的基本形式和法则的科学,就是作为有关心理学的意识生活之本质学的科学的**现象学的心理学**。但是作为**实证的科学**的精神科学,只能使**实证的**精神性东西成为可理解的,在这种科学中,实证的精神性东西,作为精神性东西而在世界之中——或在可能的世界之中——显示出来。诸精神科学使各种不同阶段的心理学的精神性东西和个人的精神性东西,以及由它**在自然的统觉中**获得的精神构成物,**自然**之精神东西,**归入到不可理解性之领域中**。只有**现象学**才指出,这种东西只是在实证的态度中才是不可理解的,指出它,以及**整个世界**,因此**一切实证性东西之全体**都是**能理解的**。现象学是有关超越论上纯粹的普遍的精神之科学,并且在转向世界时,是**普遍的精神科学**,它在一切世间的东西中,认出普遍的精神性之构成物。由于它作为一般普遍的科学,将一切科学都变成这门唯一的精神科学的分支,变成这门有关超越论的普遍的精神之科学的分支,它消除了自然科学和精神科学之间的划分。

这种现象学的分析为一切实证的东西获得的**理解**就在于,一切实证的东西作为意识的构成物不仅得到普遍坚持,而且意向的关联,精神的成就,个别的和综合的成就,都得到了证明,因此每一个构成物,作为在"诸动机"的交织中,或更确切地说,在内在的意向性的意义赋予和证明的交织中精神上生成着并持久"存在着的"构成物,而被真正突出出来。这样人们就看到了处于生成之中的和处于充分具体化之中的构成物,在这种具体化中,没有留下任何模糊不清的东西,没有留下任何保持在抽象的空洞性之中的背景。这是一种对处于其真正具体的,绝对的联系之中的存在者的全面洞察。

但是现在由于**本质学的**现象学将超越论的东西合理化，赋予超越论的东西以它的理则，它获得了对于一切可能的存在者之普遍的和合理的理解，而且它作为**本质学的**现象学，已经以“一般”合理的理解之普遍性做这件事了；但是在应用于**事实**的过程中，它创造了一种合理地进行理解—说明的事实的科学，在其中包含有现实的和可能的实证科学之一切合理性。但是这种合理性是一种纯粹相对的合理性，它处于仍然是未被理解的和未被合理化的背景之上。它依据朴素的经验；但是这个经验领域也必须得到合理的理解。因此它不仅会得到外部的补充，而且会受到普遍的超越论 362
的精神科学之新式的合理性的彻底改造。这种精神科学将**合理的**理解活动——因此首先是借助一种纯粹合理的科学——建立于普遍的，借助经验的（个别直观阶段的直观的）理解活动（开启一种普遍的可合理理解的经验知识的理解活动）之上；由于它排除了它在可理解性上的缺欠，同时在自身中“消除”这种缺欠，这种精神科学克服了实证的合理性。

这种实证性之**存在者**是由绝对被设定的和无条件的存在者生成的，这后一种存在者在这种绝对化中是不可理解的，然而它却如同一切存在者一样有一种属于超越论的主观性之完全是相对的构成物的可以理解的意义；正是因此，由存在论者绝对化了的合理性而来的实证的合理性就变成了一种相对的合理性，这种相对的合理性尚需要超越论的—主观的基本的结构之相关的合理性，以便成为充分的和真正具体获得的合理性，然后成为可理解性的合理性，在这种合理性中，实证的合理性现在只是一个不独立的底层。

在它以纯粹的——实证地直向的,因此肯定也是一致的——自明性真正证明的限度内,它仍然完全被保持着。与实证的真实的存在一样,其实它同样也没有获得新的解释,但却通过以下方法获得一种新的含义,即它按照它的片面性被认识,并且被认为是本质上与一种变得明显的超越论的主观性之结构的无限性联系在一起的;它在这种主观性中作为构成物被构成,并必须在认识上永远地被归于这种主观性。它被提升到这种超越论的领域中,提升到这个理解的关联之领域中,因此它就如同一切实证的东西一样,失去了“将实证的东西绝对化”这句话所提示的那种存在和有效性的自足性。

只有**现象学的还原**才开辟了绝对的经验和绝对的经验科学以及一般绝对的科学之可能性。并且作为将我们从较低的直观阶段提高到最高的洞察阶段,即合理洞察阶段的严格科学,这样一种科学肯定随身带有本质学的合理性。唯有现象学的科学才是绝对的并且同时是合理的科学——如**柏拉图**心目中想到的在原初理念之充分意义上的科学。在这种科学中结合着被实行的全面的**可理解性**和**合理性**的理想。

我们必须按照所有这些区分实证科学的两个阶段:现象学以前的阶段和现象学以后的阶段。后一阶段放弃了前一阶段的朴素
363 性;它知道,一切客观的东西都是主观地构成的。实证的科学家为了到处都拥有对于自己的实证的成就之理解,不得不探究一切基本的阶段,去注意最低级的和最原始的构成阶段,以及在其中发生的统一性之形成,由此它学会了理解他朴素地获得的基本概念之起源,他借此也获得了对更深刻的和更丰富的实证的结构之基础

的洞察,为了使他的基础不依赖于模糊的、未知的、未被精确化的前提,这些洞察本身是必需的。现象学的工作,在判断构成物和概念构成物之根底中也有利于实证科学,因此它创造了诸种可能性,即也作为实证的合理化而比在朴素态度中历史上曾可能的更清晰更完整地形成合理化。另外还摆脱了一切先入之见。此外实证的工作并不需要采取本质上不同的形态,只不过从现在起实证科学能够变成**完整的**科学,这种科学知道**一切**与它的对象有关的问题——而且不仅是那些能够落入朴素的实证态度视线中的问题——,并声称解决了这些问题。但是在这里实证的内行的工作和现象学家的工作(又是作为内行的工作)当然会得到补充。每一个都有其特殊的技术。但是一个科学家同时必须了解现象学,并知道自己是普遍的,以现象学方式奠立和解释的科学之器官。

附录Ⅷ(附于第三十一讲):作为一切认识追求之前提的确真的绝对的被给予之物。[①]

我要保证,我要这样地论证我的判断,即它们不会受到错觉的损害[②]。这种有关确定无疑性的想法十分重要吗?至少我首先可以说:我想要看到,我的意指是否正确,我所意指的东西是否真的能显示出来;并且当我已经实行了一种自身拥有时,我就想看看:我的自明性是不是“真正的”自明性,在这上面什么东西真正自身

① 约写于1923年。——编者注

② 预先假定:世界**存在着**,因此是可认识的,因此总是并且一致地借助正常的经验使人了解。

被给予。

我的全部生活都是作为清醒的生活在相信中进行的。对于批判的需要，或更确切地说，对于批判的要求，是由这种朴素性中，首先是在它的范围之内，产生出来的，这种批判的目的指向被妥善地论证的、经受住检验的认识；对此我们立即就能设定：指向被妥善地论证的陈述，在该陈述中，在这里被陈述为存在着的东西，由于能够一再地实行的而且一再地和对于每一个人都“有说服力的”论证，一劳永逸地为我和每一个人存在着。这个陈述应该是对于真
364 实东西的陈述。并且凡是一劳永逸地有效的东西，作为一劳永逸地被有说服力地论证的东西或能够论证的东西，对于每一个人都是有效的东西，就是真理。

但这如何可能呢，被有说服力地论证是什么意思呢？首先我会说：我的判断可能有极其不同的理由，但是只当我根据经验，根据看的活动，根据认出的活动，将我的判断活动规范化，我才能获得真理。这些判断应该与被经验到的东西进行比较，与被看到的东西进行比较。如果我的判断应该能够对我具有持久的有效性，而且不是盲目的，我就必须“通过看”来下判断。盲目的判断经常骗人，——这正是因为，当经验出现并且与判断相关联时，当我的盲目地获得的意见与看的活动比较时，已获的意见与所看到的东西不一致。我不能坚持与经验，与有洞察力地看到的东西相矛盾的意见，我必须否定它；我不能做任何与此相反的事情，只要清晰的经验表明相反的东西，就必然会立即出现对这种意见的否定。

但是现在我也意识到，经验也并不是必然“能坚持住”的，一些

经验可能会被另外一些经验否定——这种情况甚至在前科学的生活中就已经经常发生了——；同样一些洞察可能会被一些新的洞察否定。这种情况迫使我进行新的反思。

为了有一个能包括一切情况的词，让我们引入**亲见**这一词，——在这里我们只是就在感性直观中的现实的对象性之物，才会谈到日常生活中的经验，而不会谈论例如普遍的概念的洞察（比如在数学事态中的洞察），我们在这种洞察中本来会有关于数学东西的经验。与这种亲见相对，我们有非一亲见的意指。在这里，在**意指**这个名称下我们心目中不由自主地想到的或是述谓的判断，判断的确信，或是通常的体验，这些体验与这些判断相似，具有**某种相信**的性格；例如外知觉，它们在与概念的把握活动和述谓活动发生任何联系以前，就是一些相信的行为，而且是一些确信，并且当下在它们当中确定无疑的东西，就是当下的对象性东西，当下的事态，不论是带有还是不带有在有关体验中归属于它的或不归属于它的概念的形式和规定。还有昏暗的或完全非直观的，然而却是非概念的意指，如有关最近的，现在未被看到的周围环境中的对象之意识，就属于这种东西，那些相应的直观的准当前化就更是如此[①]。

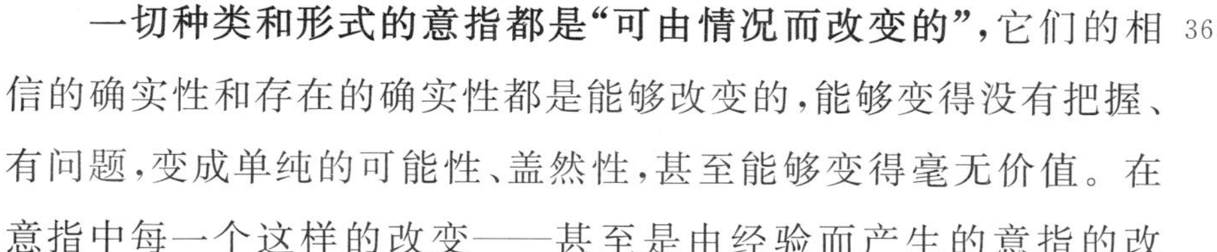

一切种类和形式的意指都是"可由情况而改变的"，它们的相 365
信的确实性和存在的确实性都是能够改变的，能够变得没有把握、有问题，变成单纯的可能性、盖然性，甚至能够变得毫无价值。在意指中每一个这样的改变——甚至是由经验而产生的意指的改

① 这里缺少：对由现实的相信等等而来的**习惯获得物**的意指。

变——对于它的认识功能来说,都是一种贬值,并且是向否定的改变,亲见的确信向**仿佛**亲见的意识的改变,在这里这就意味着是**假象**——一种被亲见到的东西在其中获得了无价值东西,被勾销东西之性格的意识——,正如完全的贬值所表明的。在其中以在这之前发生的确信亲见到对象性东西的那种无条件的存在有效性,变成了虚假的、被勾销的有效性,即无效性,被经验到的存在变成了经验假象。从现在起,以前的经验——并且一般而言以前的亲见——,每当我们返回到它,都意味着一种纯粹虚假的经验,纯粹虚假的自明性。

因此将一切意指通过规范化还原到亲见,这意思就是还原到真正的,而不是虚假的亲见。显然我曾经——并且我们大家(这些我们想要借助于以下情况检验或者"确保"这些意指,即我们寻找与它们对应的亲见[经验,洞察],在这些亲见上这些意指或者得到"证明"或者被撞碎)现在——由这样一种信念指导,即在下面这种在我们谈到真正性时显然被当作前提的意义上存在着"真正的"自明性,经验和洞察,即这种亲见一旦被实行,就一劳永逸地并且对于每一个人获得有效性,它们只有在同一的意义上并且在完全的确信中才能重复,并且在这种情况下,在对这种重复的通观中,只是一再地使人们主观地和共主观地亲见到在相同的,不被动摇的存在中的相同的对象性东西;同样地也由这样一种信念指导,即没有任何可以认为是与这同一的对象性东西相关的其他的真正的亲见能够与这些有关的亲见相矛盾。简短说,**真正的亲见是不能由情况改变的**,或者如我们同样也可以说的:能够以真正的方法亲见为是存在着的东西,绝不能以真正的方法被亲见为是非存在的或可疑地存在的。

如果没有任何像我们能够亲自把握其真正性的，并且在亲见时能够确信——又是以真正性确信——其真正性的真正的亲见这样的东西，那么**一切认识的努力就是没有意义的**。为什么我要超出我的“盲目的”意指而去追求相应的亲见，为什么我相信需要这种规范化，尽管不是以这样一种信念需要，即经验和洞察的道路是通向在**最终有效性**这种意义上重新形成我的信念的道路[①]？对于 366
我来说，真理作为认识的目标，同样也是能够最终有效地认识的东西，每一个真实的存在也是如此，它作为能够最终有效地亲见的述谓的真理之基底，就是能够最终有效地经验的东西，能够亲见的东西。除去从我自己的（此外接下来从我们的共同体化了的）认识生活中，我从哪里能获得这样一些理念呢？说真理存在着，或更确切地说，真理是自在存在之物，这本身就是一个判断，如果它不是一个空洞的意指，那么我就必须由洞察而获得它。但是如果一切种类的洞察、亲见，始终是所谓到期作废式的洞察，如果每一个洞察最终都可能由情况而改变，如果每一个在其中暂时被亲见为确实存在着的东西事后都可能被勾销，**如果我不可能有作为对于不可动摇的存在——我将这个存在亲见为一劳永逸地不可动摇的，亲见为确真地“绝对地”被给予的，亲见为绝对不可怀疑的，亲见为一切相应被指向的意指之绝对规范——的洞察的任何特殊种类的亲见，那么一切有关自在有效真理的谈论和一切对真理之追求的谈**

① 从“尽管不是以这样一种信念”直到“在……意义上”，在手稿中被胡塞尔用红铅笔划掉了。——编者注

论，就会失去其意义。

因此一切实践的努力和行为，只在这样的情况才下有其意义，即在达到目的时，我能在实践上毫不怀疑我达到了目的，并且，在我正处在这条道路上时，我能毫不怀疑，我实际上正在接近这个目的。如果这条道路的确实性和目的的确实性，作为一种尽管有偶然的错觉但仍然保持着的确实性，绝不能达到绝对的亲见——这种绝对的亲见是一个行为合理地设定为前提的东西——，在实践当中也就不能有意义地谈论合理性了。但是即使是对于真理的追求，也是实践上的追求，并且是作为一种行为而实现的。

于是这种有关存在谈论的无意义性，当然就在一切阶段重复发生。如果我现在尝试，将一切认识，因此将一切意指和亲见，按照这种被规范了的正当性，看作是纯粹主观的，并且仅仅看作是大概地和暂时地能够坚持住的，那么问题就是，我由何处才能知道这一点（如果我曾想这样主张），并且如果我满足于这种单纯的可能性，那么我由何处才能知道这种可能性。即使可能性，也是某种人们仅仅能够意指的，并且必须在亲见的指示中证明为正当的东西。

某些存在者，包围着我的事物，地球，宇宙，我的邻人，自我本身和不论什么东西，被设定为不言而喻的东西，——这些东西被设定为认识之绝对的照准点，这些绝对的照准点在认识的努力中能够得到实现，并且最终能够得到有洞察力的实现。这意味着将以下情况设定为前提，即存在着真正的洞察，“真正的”亲见，它们作为这样的东西，本身又是能够以真正的方法亲见的，并且由它们出
367 发可以构成一些（完全指向这些亲见的）认识的道路，通过这些道

路，人们最终能够相信这些作为存在者的存在者，并且能够接近它们的性质，尽管是一部分一部分地，和一步一步地接近。**如果没有一种绝对被奠立的认识，那么那个一切认识努力的前提就是站不住脚的。**

通过这种沉思我弄清楚了前后一贯的认识努力之可能性的条件，这种认识努力之主观合理性的条件。但是我在这里突出强调的，是关于我接下来的思想的诸**暂时性假设**，指导思想；在接下来的思想中，我想弄清楚并使自己明了，如何能使认识作为实现真理的认识，并作为对这种真理绝对毫不怀疑的认识真正起作用。

真正的科学或绝对的科学——即这样的科学，在其中研究它的科学家获得绝对的确信，关于它当下目的方面绝对的确信，关于它方法方面绝对的确信——之这些道路肯定会是怎样的呢？这种科学的全部陈述必须由这种绝对的亲见产生，由作为实践上任何时候都能再次供使用的亲见的这种亲见获得绝对的规范的正当性。真正的科学是一种不断进行的，并且以紧密结合的方式统一的认识构成物之系统的关联，我们称这些认识构成物为理论，语言的陈述关联之理论，它们的确信能在任何时候，并能被任何人绝对地证明为正当的。**因此绝对的正当性证明以绝对的亲见为前提**。于是这种关于述谓的判断和判断构成物的亲见进一步回溯到**前述谓的亲见**。我们现在正是处于一般意见（*δόξα*）的，意指活动的，对存在的相信活动之广大领域中，并且众所周知，——对于预先给予的科学（为此我们并没有将它们假定为是真正的科学）粗略一瞥就已经表明这一点——在这里存在着相信活动的，被确信东西的**间**

接性东西,在不同意义上的间接性东西,这些间接性东西,在"论证"中,在进行规范化的正当性证明中,追溯到**直接性东西**。因此还有一些亲见:如果我们称述谓领域的间接亲见为**洞察**,那么前述谓领域的亲见就应该称作是最广义上的**经验**,并且在其中又应该分离出**朴素的经验**,例如,指向朴素地被把握的事物的外知觉或记忆。但是如以后将会表明的,即使是"朴素的经验"这种表达,比起通常的词义也仍是大大扩展了。

如果现在我们问:那些被首先要求的真正的或绝对的亲见何在呢? 以及如何能够断定这种真正性本身呢? ——那么我们因此
368 首先就被引回到**直接的绝对的亲见**之问题,即**绝对的经验**之问题。对经验会失去其可靠性力量,它们肯定会变成假象的经验或以任何其他方式由情况而改变这种情况的普遍的经验,要求**对经验进行普遍的批判**,而这又要求对经验按照其不同的形态进行一种**暂时是朴素的**研究,即这样一种研究,它当然一定会以其自然的自明性与随之而来的绝对亲见之规范相一致,而且一定会在随之而来的批判中证明这种一致。

让我们来考虑在绝对亲见之意义中包含的那些根本特征。

相信并不是一件任意性事情。我不可能像下面这样行事,即我不相信或我随情况而改变我的相信的确实性,而又任意地改变这个当下的随情况改变本身。一切随情况而改变都有动机,而这些动机本身是一些相信的行为;唯有意指能够影响意指,而这就包含在一种包含着意指的意识之统一中的被迫随情况改变。我也不能随意地怀疑或否定亲见的意指。但这并不排除以下情况,即当我实行意指,或当我将意指当作由原初的亲见实行的意指而加以运用时,我认为它们会变成可疑的或变成无价值的。每一个有关一种事物性的外在的经验变成假象的经验的经验,都提供关于曾在这里预言过的东西如何会可能的诸可能性的一种类型。当我实行一种外在的经验时,我能够——不论是在一切情况下,还是在适当的时候——想象,这种经验在接近时会由情况而改变,这个现在以确实性被经验为存在着的或如此存在着的东西,仍然会是不存在的,或以另一种方式存在的。

但这不应该是亲见的普遍特性。如果有**绝对的**亲见,那么它们就一定是这样形成的,即当我在实行当中原来具有或现在仍然具有它们时,我**"根本不"**能**"想象"**,这种被经验到的东西不存在或是可疑的,或只在除自身外还有一种也能就它谈论某种东西的相反的可能性这种意义上是可能的。我不能设想、想象这种情况,这本身肯定就是一种亲见,而不是某种单纯的意见。与被看到的存在的确实性一起被设定的关于非存在、由情况而改变了的存在的设定,肯定是一种绝对的自明的不可能性,一种可能性与另一种可能性肯定自明地表现为互不相容的;但一般来说这就是:每当我有这样一个亲见,肯定也就会出现一种尝试,即尝试去将由情况而改变了的存在直观为是与已设定的存在不相容的。因此这肯定会被看作是**确真的原则**。

369 # 附录IX(附于第三十二讲):对于经验和经验科学之经验的批判和超越论的批判。[①]

关于立即致力于普遍科学的理由[②]。

在前反思中已经显示出,历史上生成的诸科学,包括具有其对普遍的存在问题和普遍的认识问题之指向的哲学,是不充分的。它们缺乏它们能借以为它们的成果和方法进行最终辩护的最后根据。

我也已经使自己大致明白,**特殊的科学**缺乏真正的独立性,可能只有一种**普遍的科学**才能导致最后的根据和最后的正当性证明。

但是除去从特殊的东西开始,从对有限的世界领域之研究开始,**通过**特殊的科学上升到普遍的科学,人们还**能**有**别的**做法吗?可是在这种情况下我有了一种想法,即由此我并没有摆脱无限性这个障碍,即一个无限的存在领域如何能够借助科学从认识上掌握呢?因为每一个科学的领域都包含应该认识东西之无限性。物理学的自然科学在自己面前有物理自然的无限性;而从一开始就力求达到物理自然并且达到了物理自然的那种认识,难道不是涉

① 为了引入悬搁,原属于以对客观经验的批判为主要课题的1923/24年讲课。在这些讲课中有关对**经验**和经验的认识之批判所阐明的东西,立即可以更普遍地采用。从自然的认识出发到作为普遍的认识批判的认识论,这是一个很好的思路。这必然追溯到作为批判之前提基础的超越论的经验,因此追溯到在超越论的经验基础上对**这种**经验和可能的科学之批判。但是在以后的论述中肯定没有特意讨论有关经验科学之最终有效性的更确切的问题。

② 写于1925年9月或10月。然而请参看第370页的注1。——编者注

及物理自然之领域的无限性的认识吗？物理学的自然科学确实不是从断定个别的事实，此外比如说断定研究者之最近环境中的事实开始。从一开始它的断定就是将**自然一般**包含于它的有效范围之中的普遍性东西，比如是对于空间与时间的断定，对于运动一般的断定。就存在之全体而言，不是同样也存在我能够直接通向它并且我能够以绝对论证的方法达到它的普遍认识吗？因此尽管特殊科学从一开始就不是独立的，此外还是可疑的，我也不能预先就立即将它看成是毫无希望的，不能立即指向普遍的科学，尽管我还 370
不能清楚看到，我的这种预先的想法是否会被证明和会被如何证明，以及这种的想法是否真的可行。然而我却立即就有了一些出发点，并且我能够看到，实际上肯定会存在一些能够称作是普遍科学的认识，尽管还不能确定，它们是否形成了一个巨大的范围。因为一切特殊科学的确都是**科学**，它们都**下判断**，它们都**追求真理**，它们都要求真理以**自明性**呈现出来，并要求能按照一些由清楚明白地实行的步骤建立起来的**方法**获得真理。在这个方向上可能有许多东西需要思考和研究。

只要我——不论出于什么理由——提出由绝对的根据而来的普遍科学这个目标，显然我就面临着这些问题。我必须思考，我到底要以这样一个目标做什么，如果我试图澄清这一点，那么我就立即面临这样一个问题，**即科学一般究竟是指什么**，然后接下来就是，每一门科学，作为理论，作为证明，追求的是什么，作为应由理论论证的，能够在证明中表明的，能够在结论中展示的真理等等，是什么。因此我立即就提出，而且肯定是完全不可避免地提出一些最普遍的问题。我立即就想到一些个别的认识，但是一些处于普遍性之中的个别的认识,因为科学的努力肯定最终都追溯到这样的认识。

对于经验和经验科学之经验的批判,以及对于经验最后是对于经验科学,对于一切一般的认识之纯粹的(超越论的)批判。关于引入现象学还原[①]。

经验——不管是哪一种经验——可能在各种不同的确信样式中出现。通常的和基本的情况是,我们拥有完全的经验确信,并且这种确信只当反对它的经验出现时才会不再是确信;这种确信受到制止,或者发生刚才还以确信经验到的东西,即被经验之物借以被给予我们的那种无条件的“此在”,“被勾销了”。于是“代替”这种被勾销的东西,出现了另外一种确实的东西,此在的东西,它被归入到多种多样的经验确信之普遍的统一中,并建立起一种范围广泛的确信之统一。也可能出现对确信的制止——确信变成可疑,变得靠不住,——如果经验的意指,判断,也许完全是非直观地,不清晰地出现的,它们反对经验,但是,只要现实经验的范围(连同它的非课题的,但是现实显现的经验背景)是足够的,它们就
371 不可能有任何直观上的矛盾。只有在显露出来的怀疑之这些事态中,实践的意向才会产生,即询问现在它实际上如何,就是说,指向判定怀疑的,或更确切地说,突出强调在这里确实能发现什么、什么东西在这里是确实的和现实的那种的意向才会产生。当然,为

① 写于1923年暑假。——编者注

此，有下面这种一般的补充想法也就足够了，即公认的经验颇为罕见的确信在事后不得不由情况而改变，不得不被否定——被勾销的情况并不少见。

很显然，这种由情况而改变的变化对于实践生活是重要的。自然的生活追求连贯的可靠性，行为应该在其牢固的基础上进行，否则它就很容易失败。我需要有我能够信赖的可靠性。因此不论在哪里出现了怀疑的理由，它们都会推动我转向**实行批判**的态度。即使是在经验的领域，而且首先是在知觉的领域，我的目的也在于“更进一步”相信，这种经验是不是一种合法的经验，一种可证明的经验，它是否能这样地继续形成、扩展、通过充实而丰富，以至于怀疑能够清楚地解除，怀疑的根据能够消失。因此我思考，并使我获得这种已被经验之物的未被经验的方面和背景，或者这样说本质上也是一样的，即我尝试去充实那种在我的经验的统觉中，在连带被意指但本身未被经验到的东西上所包含的东西，与此同时尝试通过与它在自己本身中就要我注意的那些新的统觉相协调支持并证明这种统觉及其（现在受到怀疑的）相信。

显然我也能够——不是从具体情况着手，追踪自然形成着的动机，实行具体地受制约的批判——在通观经验和经验的被给予之物并对经验的可靠性之可能失效进行思考时，进行**普遍的考虑**并**对经验进行普遍的批判**；然后同样也对与可经验的对象性东西有关的、为了证明它们自身的正当性需要经验批判的述谓判断，实行普遍的批判。我能够思考，这些判断在多大程度上有一天会是“**最终有效的**”，它们如何能以下面这种方式被获得并被证明为正当，这种方式排除它们可能在某个时候失效——并且最终在与经验的比较中可

能失效。可能很快就会表明,每一个个别的经验的判断,只是在有保留的情况下,才是可陈述的,才能够防止绝不会被抛弃,然而由**最终有效这个当作规则的理念**所指导的经验科学,仍是可能的。
372 但在这种情况下它如何是可能的,它在什么意义上是可能的,当然就是对经验科学进行批判的一个可能的和重要的问题[①]。

在对于经验和经验科学之每一个依赖于具体个别情况的批判中,同样地在对于经验与经验科学——具有其关于经验在内容、形式、可靠性的程度和可靠性的范围方面之可争辩的有效性和不可争辩的有效性的问题——的原则上普遍的批判中,**存在的基础和经验的基础都以某种方式被当成前提**,尽管当然并不是作为形式化了的前提:即**应该批判的经验和经验关联的真实存在**(或者,在先验的问题提法中,先验的可能的存在),**进行经验的自我之附属的存在**,经常被当作前提。相似的情况在继续进行的对于进行判断的、理论的认识之批判中,也是有效的。正是因此,具体的**主观性**按照其现实性被当成前提,与此相对应,在一种根本性的和纯粹先验的考虑的场合,作为这样的东西甚至在纯粹可能性东西之理想的领域中也保持着,附属的主观性以其纯粹的可能性被设定为前提。更主要的是,在其中当下认识过程的存在,考虑、比较、对照、辨认、滞留、重新回忆、表达的行为、理解的行为等等的存在,被当成前提。我们要更仔细思考这种情况;它会在对自我的反思中被突出出来并得到表述。

① 在这些思考中不顾及实践态度与理论态度这种重要区分,并因此不顾及在真理意义上的区分:即在第二种情况下对于经验之普遍的批判是指向“理论的”最终有效性的。

如果这个被经验到的此在（在这里的这个事物）是否真的存在对我变得靠不住了，那么在接下来的过程中，对于我确定无疑的并以这种确定无疑性被当作前提的，就是“刚才我以确实性具有这个此在”和“现在它变得靠不住了”；因此在这种情况下，这个作为刚才确定无疑之物的确定无疑之物，作为成问题之物的成问题之物，按照其方式是经验上确实的和没有争议的。再者，如果我在进展中回到我较早的经验确实性，并且它对于我而言得到证实，那么这个被证实的和肯定的现实的存在本身，就是完全确实的[①]。在所有这些关于怀疑、问题、决定的确实性之考虑中，然后是关于这种的肯定的确实存在的考虑中，我持续地将一系列作为某些现实性东西的意识事件作为毫无疑问的东西“当成前提”，并在其中将在其中这些现实性东西得到经验上认识的主观的生活当成前提，并

将以下情况当成前提，即我曾经体验过的、实行过的、但未当成课 373
题给予重视的附属的滞留、回忆、认出，本身不仅**存在过**，而且它们 499
能够被合法地认识。

首先，情况将可能是，我这样地实行一种原则性的普遍考虑——这种考虑或是涉及普遍的世界和普遍的世界经验，或是作为先验的考虑涉及一般世界的纯粹可能性和证明这个世界的一般经验的纯粹可能性——，即对于这样一种询问：这是一种什么样的进行认识的主观性——这个主观性在这里“被假定为”对于现实的和可能的经验以及其他认识过程之整体而言的主观性——，我回答说：那就是我或任何一般的其他人。

① 以下情况也是可能的，即我不抛弃我的信念，但却想检验它；在这种情况下，它的存在本身以及实现它的判断活动就被当成前提，同时，这就将批判的态度带进来。

但是在这种情况下我就会相信,一种这样的,在这种态度中进行的思考,缺乏根本的普遍性,它并不是一种根本原则性的思考,如果人们假定——作为一种人们甚至没有表达出来的不言而喻的真理——,**这个世界存在**,那么人们就是作为**真的**而假定:过去和现在都贯穿于自己生活之中的**连续的外部的被经验之物本身具有普遍的正当性**;因为"这个"世界对于我来说首先只不过就是被我普遍经验的和在我的经验中无可置疑地被给予的并可一致地经验的世界。对于我和我们大家来说,个别的错觉和经验假象对此并改变不了什么;这些错觉和假象能够在被归入普遍的世界真理中的并经过个别的改正一再被证明为正当的诸真理中消除,这就是自然的世界观点以及被赋予它的普遍的总体有效之不言而喻的风格。当然,被当作前提的**世界实存**之不言而喻性以一起包含的方式存在于将进行认识的主观性解释为**人的**主观性的这种解释中。人是随便什么人——但是存在于"这个"世界之中的人。

1)对认识的彻底批判,而且首先是对于有关**事实的世界**之认识的彻底批判,因为这种认识必须由普遍的经验获得这个世界的此在,就导致一种**对于外在经验的普遍批判**,就是说,这样一种批判,它怀疑这种普遍的外在的经验之正当性,因此怀疑通过原初的经验活动而证明**"这个世界"**是真正存在着的一般正当性[1]。

---

[1] 在这里一个很容易想到的步骤就是,这个问题不是作为**有关这种事实的经验**——并且是处于其充分的普遍性中的事实的经验——的正当性问题被提出的,而是作为在最本真意义上的原则性问题**以先验普遍性**这种形式被提出的;于是这个问题涉及具有在其中一般世界的真正存在合法地显示出来之**形式**的普遍经验一般之可能性。对此请参看下面"2)",第377页以下。

因此瞄准一种普遍的批判，而且首先是对于**我的**全部**事实的经验**的普遍的批判，就在于，我怀疑我的普遍经验之正当性①，或者这样说也是一样，即我在进行这种批判期间像从前一样，根本不拥有一个在此存在的世界，而是拥有一个——而且就是这一个——**可疑地**在此存在的，就其在此存在而言“根本是”可疑的世界。 374

由于怀疑而修改。——由此可见原因在于出现了一种对于我的经验相信的普遍的、涉及我迄今为止的并且现在仍在继续的经验之整个领域的**修改**。我将这种修改表述如下：只要我怀疑这个被经验的世界，它对于我就不再是**完全**有效的；因此下面这种意见就不可能存在，即在批判之前以现实的有效性拥有这个世界表示以下双重意义：首先这个世界曾对我在此存在，然后我再在它上面加上某种东西，即表达它的有效性的行为，承认它的行为。其实是：我曾生活于正常的知觉和其他经验之中；例如对于空间事物性的内容之重新回忆，在出现时，立即就在对象的方面作为曾存在过的事物、过程等等被接受，就好像我实际上在经验时曾相信过它们，等等。但是只要批判的动机和批判本身起作用，那么显然在朴素的经验相信上——在知觉、回忆、预期上（以及接下来在一切与世界有关的认识上）——就会出现一种**变化**。

① 因为世界是在普遍的**共主观的**（共同的）经验中**“客观地”**被给予的，对于世界经验（外部经验）的普遍的批判就是对于这种共主观的经验的批判。很显然，我们被引回到对于我们个人的经验的批判，因此每一个人被引回到对**他自己的**经验的批判。

悬搁(εποχή)。——我不再实行经验相信,我放弃这种经验的相信,因此我代替通常的经验的态度而具有一种在经验中放弃相信的态度[①]。由此,相信并没有消失得无影无踪。如果在这种批判中此在与经验的有效性是**可疑的**,那么在这里,在这种可疑的此在中,这种此在就以某种方式,即作为在某种意义上呈现的——只不过恰好不是作为确信——被设定了[②]。很显然,这一点对于存在之一切样式,或者说得更确切些,存在之一切样式在其中出现的意识之一切样式(怀疑,认为是可能的和认为是盖然的,认为是正确的等等)都是适用的。

如果我在普遍的范围内以彻底的方式实行这种批判性的怀
375 疑,并且抵制一切由知觉的进展或由回忆或由其他任何动机而引起的倒退回通常经验的那些要求(爱好,意图),那么问题首先就是,在这里真正存在的是一种什么样的修改。如果我对于我的全部经验**进行批判**,那么这就是以下面的情况为前提,即我**拥有**这些经验,它现实地并且作为经验存在着,同它的确信和确信之可能发生的诸种随情况的改变一起存在着。如果我就我的经验提出下面这个永久性的问题,即它们是不是合法的,它们如何是合法的或如何能成为合法的,那么我就拥有关于作为主观事实的它们本身的经验,而且是一些我承认它们是“前提”,我未经批判地实行它们,因此在这里它们对于我是在此存在的现实性东西的经验。如果就

① 怀疑论者与此相似,他们普遍地改变了对外部经验的相信——改变为不相信。

② 我实际上甚至不再是以确信相信的人——在这样一种意义上,即我现在不“实行”相信,不站在这种相信的基础之上。

其真正的此在而怀疑经验的对象以及一切与它们有关的判断，或更确切地说，怀疑经验确信的正当性，那么这个**“禁止行为”**恰好就涉及这种在经验中作为要素而被包含的确信，但不是对作为体验事实的经验之存在的确信，和对作为包含于其中的事实的确信。在进行批判期间，我不可以通过实行经验的相信而判断说：这些事物在这里存在，世界存在——这恰恰是可疑的。但是我可以判断说：我经验着这些事物，我经验着这个世界——对于这些事实之在经验时的拥有，正是被当成前提，因此一切判断在**这个**方面（可以说）并没有被排除。

但是在这些判断中——例如：“我经验到这棵树是绿的”，我对此毫不怀疑，——不是正好存在着这种情况吗，即我正是肯定这棵树为我**在此存在**。这的确是一种同义反复。**就是说**，当我经验到并同时以这种经验判断说，我经验到某某东西，我对此确信不疑时，**我如何能够克制自己不实行这种经验的确信呢**？在认识批判的其他情况下也是如此。如果我批判地考虑这种明显的情况：“2＋1＝1＋2”，那么我就会被允许说：“我具有这种自明的确信”，然而同时却应该放弃这种确信并且不下判断说“2＋1＝1＋2”。这种放弃难道就在于，我根本不去实行这种朴素的判断——这个直向的判断：“2＋1＝1＋2”——，而只允许我去作出那种反思的判断吗？但**这个问题**肯定就是下面这个问题，即**我如何能够承认一个而不承认另一个**，因为放弃直向的判断似乎也就禁止反思的判断。

很容易想到的是首先按照以下方式回答说：这个在批判态度中被设定为前提的并且至少暂时承认为自明的下面这个**事**

实,即我如此这般地进行经验并对所经验到的东西加以判断,而
376 且对于我来说在这当中存在着关于某某内容(作为在这当中包含的事实)的当下的经验确信,是一种不同于这些经验的**正当性**的,存在于这些经验当中的经验相信的**正当性**的,以及其他的存在于批判当中的认识的**正当性**的东西。这种正当性(这种有效性)受到怀疑,而我要谋求的东西,仅仅是**对正当性**的断定,因此是一些陈述这种正当性的,而且当然就是陈述判断活动的正当性(在最广泛意义上的判断活动的正当性,经验的确信的,述谓的确信的,还有被由情况而改变了的确信的正当性,只要它们作为这样的东西又要求正当性)的判断;当然并不是任意的这样的判断;如果所涉及的是对于经验的批判(而且是对有关世界的经验的批判,并且纯粹作为经验来批判),那么这恰好就是关于经验之正当性的判断,或更确切地说,是关于作为在经验中的设定的合法的真实的此在的判断;不是任意的这样的判断,而是那些只谈及那种通过看而被在有关的确信本身上指出的,此外还按照其真正性并按照其正当性样式和有效范围受到研究的,也许相应地受到限定的正当性的判断;或者涉及的是否定性的正当性判断,这些判断根据在其他方面被指出的正当性,而且是一种与此相矛盾的正当性,而否定所宣称的正当性。

在这里当然有各种各样预先的意见作引导:可能以为它是正当性,但是正当性本身并没有被证明在此存在,它甚至也许可能是一种意见,并且本身是一种进行经验的意见,连同它的经验的正当性(或被以为的存在的正当性)被另外一种正当性所否定,所驳斥等等。这种批判用于什么呢?它用于获得科学的真

理，就是说，用于获得这样一些判断，它们不仅确实是判断，是主观的或共主观的，坚定的或变动不定的信念，而且被赋予正当性之规范的特征，而且是尽最大可能的，也许应归于其性质的正当性之规范的特征。科学的判断其实是一些具有关于正当性之述谓——作为被证明的，被原初确定的，由对认识的批判而获得的正当性之述谓——的判断。一切在科学中出现的判断都是——至少自称是——有关由对支配判断形成之程序的批判而获得的正当性的判断；每一个被简明地说出的判断——这个判断涉及诸个别的判断，同样也涉及诸种不管多么复杂的理论——在这门科学中都未经表达地就拥有关于合法性——被在一种要回溯到批判的正当性证明的和正当性确定的以及最终可能的检验的精神成就、并且是作为任何时候都能被重复并且本身又能够被再检验的成就的意义上理解的合法性——的述谓。虽然从一开始而且在批判当中我就有经验（在对经验的批判中），有各种“认识”（在对各种认识的批判中）——作为我的认识生活的事实，并且在与其他认识者和批判者 377
共同拥有时，这意味着：“我们”拥有这些作为我们的生活之共同事实的认识，然而只当我拥有这种正当性本身并批判地规定和限定这种正当性本身时，我才不是拥有我的生活之“主观的”事实，而是拥有更多的东西，和我所想要的东西：我为这些事实的正当性实行了规范化。

对认识的普遍批判同样意味着将普遍的绝对证明为正当的认识当成目标，而**现象学还原**则意味着还原到这样一个经验的和认识的领域，这个领域是本身第一的领域，就是说，是那样一个领域，它作为本身第一的领域，能够经受住绝对的正当性证明，并且是这

样地经受住的,即它是一切其他绝对正当性证明的前提[①]。向绝对的主观性,即“超越论的”主观性追溯,就是确定**原初的存在**,这个原初的存在,能够绝对地证明为正当,并且必然处于一切应该证明为正当的存在之前。事实恰恰表明,一切其他的存在,如果它真正存在,作为能够合法证明的存在而存在,在这种原初存在中——在超越论的主观性之原初存在中——都是被以为的存在,如此等等。

在这里作为被普遍的认识批判所要求的**现象学悬搁**,意味着就一切判断,首先是一切客观的判断进行悬搁(只要这些判断尚不是绝对地被证明为正当的判断):正是在这样一种意义上,即我只想突出那些具有绝对正当性证明之规范性格的判断,并将它们作为“科学的”判断确定下来。在我的新的“清单”中,一切其他判断都不属于绝对被证明为正当的认识;但它们是我进行正当性证明之研究的课题,并且作为这样的东西是被当作前提的事实。

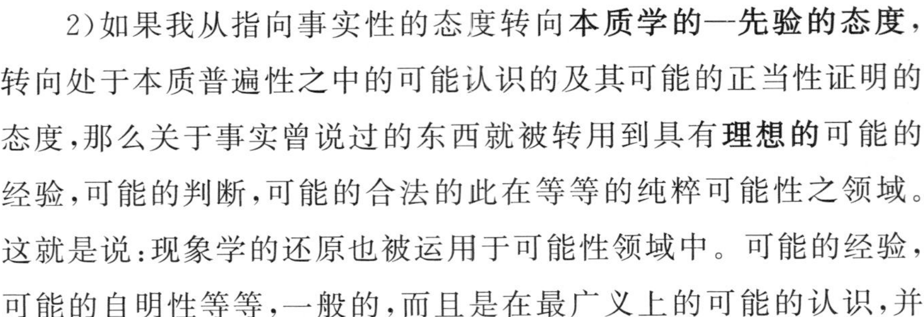

2)如果我从指向事实性的态度转向**本质学的—先验的态度**,转向处于本质普遍性之中的可能认识的及其可能的正当性证明的态度,那么关于事实曾说过的东西就被转用到具有**理想的**可能的经验,可能的判断,可能的合法的此在等等的纯粹可能性之领域。这就是说:现象学的还原也被运用于可能性领域中。可能的经验,可能的自明性等等,一般的,而且是在最广义上的可能的认识,并

① 不论什么东西受到怀疑和受到批判,有一个经验的领域就正当性证明而言是绝对第一的领域,如果它在每一个其他的经验中和经验认识中被当作前提,并且是作为先行的有效性而当作前提。在这里就存在着作为认识批判的还原的超越论还原的意义。

不被纳入到可能性的意识之中，不被认为是可能的认识并在判断中得到表达（即使是在可能的判断中），而是被还原到可能的超越论的主观性，并且这种超越论的主观性之认识活动之可能的正当性，只有以批判的方式才被突出出来，并在本质普遍的批判中合法地确定下来。

如果我首先从对“客观的”，超越的认识之批判开始，并因此而 378
怀疑这种认识的正当性，那么我当然就不可以将这种认识之全体中的任何东西用作前提，就是说，仿佛它已经有我能够从中推导出正当性的正当性。于是在这种一步一步上升的过程中，我使自己明白了，在这种批判中，主观领域的一般存在肯定被假定为前提了，因此本身必须再被怀疑的正当性就这样被假定为前提了。**为了使对超越性的批判成为彻底的，预先就需要一种对内在性的批判**[①]。

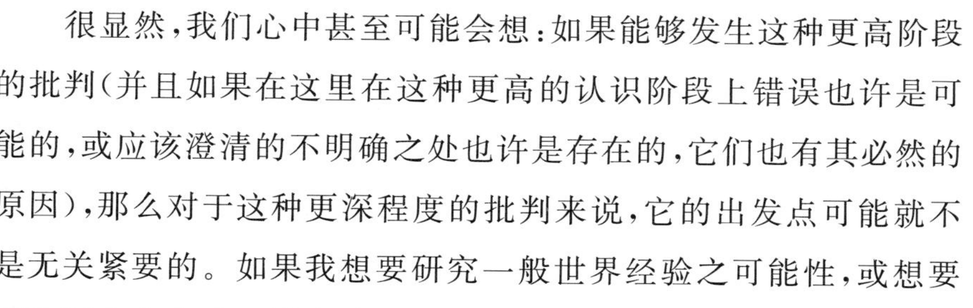

很显然，我们心中甚至可能会想：如果能够发生这种更高阶段的批判（并且如果在这里在这种更高的认识阶段上错误也许是可能的，或应该澄清的不明确之处也许是存在的，它们也有其必然的原因），那么对于这种更深程度的批判来说，它的出发点可能就不是无关紧要的。如果我想要研究一般世界经验之可能性，或想要研究可完全合法地设定为对自我在此存在的世界之可能性，那么我就必须现实地拥有一般可能的经验，可能的经验联系，联系的诸

① 我们有：
1）加括号；
2）根据现象学的经验和认识对经验进行批判；
3）对现象学的经验进行批判，等等。

形态，它们必须是作为现实存在的可能性被给予我的或能给予我的；同样，如果我考虑与它们相关的述谓的判断和真理之可能性，那么这些可能的判断和可能的真理，以及最后可能与它们相关的普遍的本质法则，就必须现实地被给予我，并且是本身被给予我。在这种情况下，又是滞留，重新回忆，综合的联系等等发挥其作用，并且这些东西肯定有其正当性。

例如我们想象我们进入到经验活动之中，而并不假定任何现实性为前提；我们反思，我们“在这种纯粹的想象中”考察这个“我在经验”，此外当然也考察“我经验这个或那个东西”。于是由此一种可能性，并且在任何时候都能够实行的这种一般性之形式中，一种可能的经验和可能的被经验的此在本身就得到了说明。我们使自己明白了，这样的经验活动一般，不管它在它的经验类型中如何被改变，都能够允许有前后一贯地证实的而且还有取消的某些可能性，——在对于进一步的经验之如此这般形成的综合中；或者我们使自己明白了，有关的经验在可能经验之这种联系形式中以及能够附加的相信之动机中，可能被抛弃并且后来在取消这种抛弃的情况下也许又能被承认。当然，在这里的前提是，在这里起作用
379 的滞留，追溯到早先已经验东西的重新回忆等等，有其正当性，以及这种同一的东西正是早先经验与新经验之同一的东西和由经验所获得的证实而来的持续着的基底。——

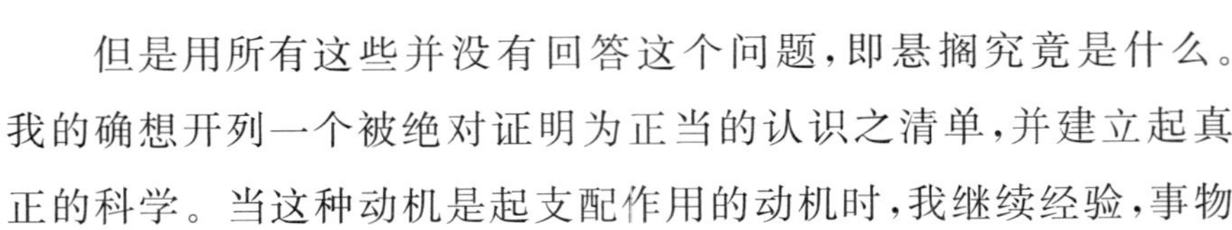

但是用所有这些并没有回答这个问题，即悬搁究竟是什么。我的确想开列一个被绝对证明为正当的认识之清单，并建立起真正的科学。当这种动机是起支配作用的动机时，我继续经验，事物

在显现，世界在显现，预期的意向在经验中并在经验的关联中被引起并得到充实，简短说，经验的过程如同迄今以前一样以某种方式存在着。但是如果现在一般认识的正当性——不论是正当性的性质和相对性，还是正当性的界限——成了问题，并变成了研究之特有的课题，并且最终甚至一切科学都由以支撑的经验和经验判断之正当性也都成了问题，并变成了研究之特有的课题，经验的确信还能够保持是一样的吗，在保持这种批判的态度期间，它还能保持与批判以前一样吗？只要我怀疑一切经验的正当性，于是将它变成研究的课题，我当然就肯定不再拥有那种在其中被经验的“此在”、世界绝对对我有效的经验；就是说，存在于经验之中的确信就不再可能是那种我从前绝对实行的那种确信，以这样方式实行的确信，即“这个”在此存在着的世界，以毫无疑问的确实性直截了当地和绝对地为我在此存在过；对于述谓的经验判断也同样如此。因此，反思的“我经验，我判断某某事物”也改变了它通常的意义；因为这些修改当然也会一起进入到反思中来。在这里人们可能会说：直向的态度，即我在批判之前所拥有的未经反思的经验活动和对经验的判断活动，我在任何时候都能够重新拥有，我可以接受那些将我牵扯进自然的一致的统觉中的动机，我能够向那里看过去，我能够考察事情的经过，能够遵循预期之意向的推动，据此预料未来的事情，我能够在这一方面形成判断，如此等等，同样我也能够实行自然的反思。而**这样一来**我便是自然的自我，我朴素地过着平淡的生活。但是我任何时候都能够再次禁止这种朴素的生活。正如我批判地考察已过去的生活一样，但是我现在并不“参与”它的确信、它的经验、它的判断，我“不允许”这种连带的相信，相反地

我是在进行批判，对于我当前的生活也是如此；就是说，在这样一种意义上也是如此，即我在现在经历着一段朴素的生活，因此我使自己卷入其中，我在朴素的经验活动中容忍这里“显示出的”任何东西；但是此外我进行反思，我实行悬搁，然而我随后并不按照其确信而参与这种朴素的经验活动。

在这里我发现了有关自我分裂的学说和关于超越论的，不参与的旁观者之态度的学说。

380 附录Ⅹ（附于第三十三讲）：世界的真实性之可能性问题[①]。

认识指向真理——存在着的东西存在着，并且如其所是地存在着，永远存在着，并且对于每一个人都存在，与它有关的陈述就是“真理自身”，它们不是一次性真的，而是永远真的，不是对于一个人真，对于另一个人不真，而是对于每一个人都真。存在着的东西是可认识的——认识活动的暂时性对于陈述之存在，或更确切地说，对于陈述之真理（正当性）并非是本质的，真理本身不会变成暂时性东西。真理恰好是在偶然的——我的和随便什么其他人的——认识活动“本身”的对面；对于由现实的认识活动产生的持久的认识——经验的认识和知识来说——也是如此。

认识之不完善性——有关实在性东西的经验之不完善性。持久的认识获得物之形成，和认识之可重复性，可清晰地重新回忆，

① 约写于1924年。——编者注

具有同一认识内容的完善的再现之可能性,被设定为前提。

确真的认识是能够以同一的有效性完善地重复的。一次确真自明地存在的东西,不仅会产生曾经有过这种自明性的可能的重新回忆,而且产生这种有效性之对于现在,并因此永远地有效的必然性:即最终的有效性。

世间的经验能够保持继续有效,但是由于它的假定的连带设定之性质,存在着由情况而改变的可能性。缺少绝对的最终有效性。它不是确真的(能够确真地看到,它不是确真的)。

但是在这种情况下我如何能够根据经验而认识“真理”,认识某种最终有效的东西?科学不想要最终的有效性吗?这不是科学陈述的特性吗,至少按照其意图不是数学之科学性的理想吗,不是合理主义的认识之理想吗?

但是如果我能够确真地认识到,经验可能欺骗人,我如何能够坚持这个理想呢?对于感性经验的最初批判。如果连经验对象的存在都不是确真可靠的,那么我如何能够证明我在认识和认识世界诸领域方面之认识努力的正当性呢?

但是我们的全部生活,其中包括全部认识努力,不是恰好建立于这样一种信念——一种一切实证科学之“先验的东西”——之上的吗,即尽管有经验的不完善性,被经验的世界是**存在**的?尽管个
别来看,当下事实的经验在事实的存在方面可能会弄错,但是这种 381
错觉是能够克服的,并且它在自己背后有某种为不断进展的认识暗示一种确定无疑的目标的真实存在者。**世界**确实是认识的课题——恰恰是作为确定无疑的存在者而是认识的课题——,并且我们确实能够改善认识的这种不完善性。我们可以确信,在有关

存在之特殊的经验认识中,我们始终能够越来越好地防止错觉,尽管必须实行一些其他的按一定方法进行的活动,如果有关该存在者的真理能够被揭示出来的话。

作为全体的世界是确定无疑的。在其中实际上存在着什么,它具有什么性质,或更确切地说,在有关世界性的东西和世界本身之决定性的真理本身中,什么是能够确定的,这就是科学的问题。

科学需要方法。因为在它之前存在的和作为它的基础存在的,是世界和当下个别世界性东西唯一借以为我们在此存在,并以一种当下归于个别世界性东西的意义为我们存在的普遍的经验和前科学的认识,而这种认识却并不具有作为科学的完善性被寻求的那种完善性,因此首先需要一种批判,而且是一种对于**前**科学的经验之成就和前科学的思想构成物的普遍批判,以及对于那些也许会发生的可能性的普遍批判,这些可能性是对于那些追求并达到更高成就的想要认识的人存在的,即正是科学的真理连同其处于存在和如此存在中的真正的存在者在其中被占有的科学认识的可能性。

首先这种更高的目标之意义和可能性必须得到确保。在这里我可以(如在历史传统中那样)在数学的认识中认识到这样一种更高的成就,即认识到**确真性**,并且正是从这里出发思考,如何能在与确真性的关联中形成这种普遍的认识理想。

作为几何学认识的数学认识——对于空间按照一切可以想象到的一般空间形态、确真地有效。世界以空间—时间形式存在,在世界之中有普遍的和必然的形式等等。但是在这里就不存在困难吗?我在普遍的经验中给出了世界,但是在经验当中,全部的时间性和全部的空间性，空间性之贯穿于“这个”时间之无限性中的普遍的形式和时间本身的这个无限性给予我了吗？因此一般而言，世界的存在超出我“关于它”所把握的东西给予我了吗，以致我在这种情况下能超出我关于它所把握的东西而进行普遍的陈述吗？一般来说这个世界的存在——如我所以为的，在经验中，借助于经验，实际上已经是自身被给予之物了，但却又具有对更远处东西的意指——是确定无疑的吗，以至于我能够说，它必然总是比目前所经验的更多，因此是无限的，并且以它的无限性得到保障？世界之预先的某种真实性的情况如何呢？并且按照它总是已经为我具有的意义——这种确信以及它的事实上的确定无疑性之**根据**的情况 382
如何呢？它难道不是先入之见吗？这种思考的一些最初的步骤就已经表明，我在经验中所以为的真实性，是由于可能性的地平线，更详细地说，是由于由目前的经验扩散出来的诸分离的可能性之作用范围，而具有真实性的含义的。由此我觉察到，不论是世界之现实的存在，还是世界一般之为我存在的可能性，都不是一种清晰的事实，我觉察到，由此出发，才一定会，就如我事实上具有它那样的经验本身是否能够以及如何能够建立起一个存在着的可能的世界获得有根据的洞察。

还应该考虑，即使当我普遍地弄清楚了这个经验世界的以及经验世界一般的可能性，并获得了关于它的确真的先验性，将这种东西应用于事实的经验之个别被给予之物上也是有困难的，此外，我如何能够最终有效地肯定这种个别东西的存在并能够将在它上面已有的性质归入到先验东西上呢？这种个别的存在的确是在经验中推定的。至多我只能知道这样一种可能性，即它能在经验的一致性中存在,同时由于这种一致性而能借助于进一步的规定得到证明,但是关于这个"它存在",我如何获得最终有效性呢?

的确乍看上去我在经验中拥有的这个世界之可能性——似乎对于澄清并没有显示什么困难。但是更仔细观察,这种澄清并不那么简单,并且显示出来的自明性也并不是确定无疑的。表达如下:

我刚才一致地经验到的世界的,或更确切地说,事物的真实性的可能性之问题,纯粹地理解就是,如我刚才一致地经验的,或一致地想象的那样的世界一般的,事物一般的本质可能性之问题。

我能够直观地想象,在可能经验之延续中一个事物可能"显得"是怎样的,可能经验之事物的状况可能"显得"是怎样的,在这种情况下一个事物如何可能是因果性地被规定的,在情况的改变中以及在变化中,事物如何由情况的变化而被规定。我能够在经验之可能的进展中继续为自己一致地构造这个"直观的"世界,并且在这种情况下相应地改变现实地被经验到的事实性本身之核心,因此能够使一个可能的感性世界为我呈现出来。在这样继续进展时,我总是保持经验之连续综合的无限进展中的一致性,并且在这当中总是为这种作为存在者,正是作为连续地得到证实者的同一地被设定的东西保持连续证明之形式。

383 但是因此存在者的可能性,以及普遍来说,世界的可能性,就已经是**自明的**了吗?就此而言不是隐藏着一些暗含的,我没有揭示出来的前提吗?世界肯定不仅仅是同一的连续的经验。当我谈到存在者时,我总是假定,存在者总是能一再地被经验,而且能被每一个人经验和再经验,总是假定,它是对于每一个人而言的可能的持久的认识之同一东西,并且是对于每一个人而言的可能性之同一东西,即不仅能够获得这种认识,而且也能够**证明**它是对同一东西的认识,并能**证明**它是能由他和每一个人证明的认识。

此外应该注意:每一最朴素的经验,每一个"向我的周围世界看去"的行为,向在这里处于其"四周"的这些事物看去的行为,都提供我有关这些事物和这个世界的自明性。我在这种行为的直接属于它并被毫无困难地连带理解的**地平线**中毫无困难地把握我在此把握的东西,在这里个别地"显现"的东西,作为通过意指被理解的东西只存在于诸地平线中,我有自明性,我有关于被意指东西之自身给予性的意识,即**原初地**把握其自身的意识——但这是一种**相对的**自明性,因为它具有空的地平线的自身给予。在地平线中存在的东西,即在此被连带意指的东西,也就是说不是被**明确地**意指的,如一种众所周知的并且特别被意指的共现前的东西(如在向房门看过去时,现在被遮蔽的朦胧的前厅),而是被**暗含地**意指的,由多种多样维度的和多种多样猜测的方式而来的,如其原初为我获得意义那样——这种东西应该揭示出来并加以阐明,而这就需要一种特殊的系统的方法,而且是作为证明现实的被以为的东西和被以为的——然而只是以"自身给予"的方式被以为的——世界之**充分的可能性**的方法。

不论我怎样地经验和转入到可能的经验,我虽然总是有"自明性",但有的却是处于假设之中的自明性;而这些自明性又总是具有未被充实的,未被展开的地平线,并且只有在我的已经是自明的

被给予之物向那样一些被给予之物的进展中,我才获得可能性之证明,在其中当下的地平线显露出来,在其中那种由此而作为能够以一致性原本经验的而落到被意指之物上的东西变成显而易见的。我看到这个对象——但是在这件事情当中所有的只是:我有该对象从一个方面自身现前的意识,这个意识具有诸地平线,它们部分地涉及另外一些“方面”,部分地涉及关于那些通过走近,通过更仔细观察,在“更准确的”规定中,在不同的规定中,会显示出来的东西之已经现实地“自身被看到的东西”。这里恰恰又存在另外一些被连带意指的东西,它们涉及意义,而且以同样的方式涉及每一个现实的对象。我不仅能够在进行知觉时连续地认识那个以经
384 验方式“不完善地”被给予的并且预先就被以为存在着的对象,它为我存在着,我任何时候都能将这种存在作为对我而言是已知的,被我获得的存在而加以支配,都能返回到它上面,将它重新准当前化,以回忆的方式准确地重复这种原初的获得,而且当我不再需要它时,我能够将我的“注意力”转移到另外的方向上。由于它对于我是**持久地**存在的,并且是作为**被获得的**而存在的,而且在重新把握,重新将目光回到它上面时是可以视为同一的——仅仅因此,它对于我在任何其他的方面都能够在实践上成为一个通常的对象,我能够将它包括到我的估算之中,借助于它计划这个和那个东西,我可以打算改造它等等。就此而言,“它”就是**由我的原初的获得,重新准当前化等等而来的同一的东西**。

人们确实不可以说:这涉及我的和我们的确信自在存在着的世界真实性的主观方式,这涉及使这种世界的真实性达到自明的而且是越来越完善地自明的认识的主观方式。因为我们并不是预

先有存在着的世界，然后有关于它的认识（在包括经验这种最广泛意义上的认识）——或者，经验并不是对处于毫无疑问的存在之中的世界之预先的真正充分的自身拥有；相反，世界只是在由认识而来的确信中并且作为认识的获得物而为我们存在，并且在这里问题首先就是，在经验和认识的意义上的世界，我们所意指的这个唯一的世界，实际上是否在认识中按照所以为的意义证明并能够证明它的实存，而且也许首先是证明并能够证明它的实存之可能性。作为认识的意义的世界和作为能够证明的并且能够最终有效地证明的对存在之相信的世界之存在，就是要研究的课题。

因此对于证明能够理解世界之构成的可能性（或更确切地说，世界本身作为可能世界的可能性）来说，还有许多事情需要考虑。当然同时属于这里的——并且具有中心意义的——，是在无限敞开的经验行为之理念下连续的经验行为之可能性，或更确切地说，在直观行为之连续性中被直观地证明的经验之统一的可能性。但这还不够。我已经看到，为了能够澄清世界之存在的可能性（或者即使是刚才实际上经验到的，但这里始终只是被假定的世界实际存在之可能性），并且能作为可能性**证明**，我必须以特殊的课题方面的注意力去注意，对世界进行经验的行为实际上是如何时而作为连续的经验活动，时而作为对在个别的进行经验的主观性中的这些连续的经验活动以譬如将“昨天的”经验活动和刚才的经验活动同一化的综合之形式分立地联结的活动而进行的；但是此外还有在我的经验——我的连续地被统一起来的经验和我的综合地分 385
立地被统一起来的经验——和正是**别人**的经验的综合之形式中进行，这些别人对于我来说是作为世界经验之别的主观，作为别的经

验者在此存在,并且在敞开的现实性和可能性中在此存在的。我必须将这种“纯粹主观的东西”当成主要课题。

很清楚,我不可以陷入对于具有也许能显示出来的其他新事物之诸敞开的地平线的诸事物、诸事物情况的朴素直观中,我不可以实行朴素的经验或**准**经验(可能的经验)而不对它们本身实行课题式的考察[①]。可以说,我必须明确地对作为经验者的我自己,对我的经验活动之可能方式——我的被动的经验活动和可任意实行的经验活动之可能方式——以及其中的对经验之综合的方式,进行考察,并考虑到,我对我的经验和为我在此存在的他人的经验进行综合的方式也属于我的经验活动的方式。因为所有这些都一起属于“我的世界经验”这个广大的,但未被解释过的题目,如果我的世界经验应该具有通过经验而取得的成就之意义,这种成就我不仅比如说作为短暂的知觉而实行,而且在这种知觉中我总是只将进行经验的经验与经验联结成一个有关同一的事物、同一的世界之经验的统一,而且是这样地联结的,即时而前后一贯地继续前进,时而偶然地根据需要而满足于一些步骤,我也按照只是连带被意指的东西确定曾一度被设定的存在(确定我直观地占有的存在)。

世界是**如何**在自然的平淡的生活之被动的经验中和部分被动部分主动的经验中作为连续地同一的世界被给予的,与此同时,它是**如何**作为可供支配的获得物被给予的?相互间的交流如何对此

① 参看第387页以下的补充考察,胡塞尔在这里把它当成要参看的“附录”。——编者注

有所帮助，“世界”如何是某种活动着的东西，在从童年开始的共同体生活中扩展着的东西，虽然呈现新的意义却又被视为是同一的？已经可能的和能够实现的证明如何本来就属于此？理论兴趣中的系统的意义构成，证明——唯有它才创造出“理论的世界”这种存在意义——看上去是怎样的？

在生活当中我并没有那种要按照其可能性使自己全面明白这个总是预先给予的，普遍地预先设定和连带设定的世界之需要。但是如果它对于我是持久地存在的，那么一种**统一性**就已经贯穿于处于变化着的经验和偶然的综合（还有公共的经验生活的综合）之连续性中的共同的进行经验的生活之中了。而这种统一性肯定是只当我提出正当性的询问，即对于世界之现实的存在和可能的存在的询问时，才能得到澄清，即通过系统追寻与现实地进行着的经验相对的可能的经验——作为存在与可能性依赖于它们的那些经验——才能得到澄清。

这种暂时没有争议的假定的对世界的相信，获得一种由被共 386
主观地综合地无限继续进行的经验而来的绝不会被否定的确信之意义。——这种经验之可能性通过对使它成为可能的诸形式之研究而得到保证（结构）。这就在假设性的理念（可能性之理念）中为科学研究提供了基础。

科学的判断：

1）处于相互联系之中的确真的本质判断；

2）这些判断提供了新式的科学的判断之可能性，即对假定事实上被经验的世界，假定可无限地经验的世界，进行判断之可能性。在事实的经验活动以前，先验地并作为地平线——但是被解释的地平线——预先规定了在未知的个别的特殊化中实践上实现的诸可能的显现之范围。这个范围是借助先验的判断以判断形式形成的,它预先为能现实地形成的判断和判断体系规定了无限的形式,作为接近和——正如可以补充说的——校正之形式。属于这种形式,属于接近之意义的每一个能够形成的判断和每一种能够形成的系统理论,都有其来自进行经验时境况的相对的确定性,境况总是新的境况,因此是一种确真的相对性,这种相对性相对地和历史地制约着每一个判断,并且对处于其"时代"的每一个人而言,都是相对的—确真的。科学是以确真的方法在假设之下历史地下判断。因此关于**它的**自明性的问题终于被提了出来。

这个无限的理念必须按照无限性之属于经验的一切维度和样态全面地加以完善——在那里,在每一个无限的维度或可能经验(而且是敞开的能够主动引起的和主动指引的经验)之每一路线中,世界的或世间个别东西的一致同一的东西,一定会被以在这无限的理念之一个成分中达到极致的相对性经验到。真正的存在是由真理之诸成分(每一个成分都处于无限东西之中)形成的。

形式,作为最终有效地真正的世界的世界之确真的形式,作为处于理念之中的无限的遥远的世界的世界之确真的形式,——作为陈述之规范;有关世界的确真的真理——在形式方面的真理,在下面这个**假设**之下,即一致的、迄今为止的并且继续进行的经验无限地这样保持着,并且可能性、一致性在诸经验者之任意介入中总是仍然无限地保持着:在这种**假设**之下,理念能够确真地成为每一个别事实之基础,而这个个别东西之这个理念能够确真地根据普遍的确真的形式来规定。

因为我们处于**有限性**之中，外部经验将带来的东西绝不可能是完全确真的。但是在这里以下情况肯定是确真的，即当经验一般而言是以一致性延续时它是在确真的形式样式中进行的，并且 387
尽管有诸主观的各种介入，一致性一定会保持着，并且，形式的样式**先验地**区分到什么程度，并由此出发为每一个个别东西预先规定多少，一定是依赖于形式的样式本身。

认识的规定之主动性——将被动的经验变为主动的经验。在将基底保持在同一性中的情况下继续进行的说明之主动性及关系，与此同时还有从基底到基底之进展中的主动性。将这些统一连续地预先规定为诸显现之统一，诸显现是在连续的综合的关联中被预先规定的，主动地进入这个过程，并指向最佳效果；这些最佳效果又是显现，等等。其他的一致性总是在这种样式的一致的进程中被预先规定，并且存在之有理据理念也附带地被预先规定了，**无限地**进行下去。主动的述谓预先得到详细的规定。存在者肯定是能够规定的。如果情况如此，那就是**先验**可能的真理，并且总是可能的相对的真理。每一个规定作为相对的规定都向前指向在朝向其理念的方向上的接近之无限的路线。理想化——从本质上为自然规定的有关实现这种接近之系统方法的形式（计数、测量之数学的形式）。对于精神领域则不同：没有测量，没有数学的方法；严格描述的方法，历史学。

最后我可以问：我们这些“有限的”生物如何能获得绝对的认识呢？绝对的认识是无限的认识，而且这是对于无限的本质之认识。世界**先验地**就只能由“有限的”生物经验，这些有限的生物之有限性就在于，它们是在本质上受到限制的现在中经验世界的，在

"有限的"东西中经验无限东西的。这种无限的东西只能**先验地**被假定,只是作为一个在有限的一致的经验之样式中被意向地包含的理念,被包含在敞开的"等等"之中,被包含在现实的"一再"和也许是可能的"一再"之假设之中的理念而先验地存在的。但是尽管有相反的可能性,这种假设的无可怀疑性仍是确真的,并且对于主观性来说是在连续综合的一致的经验活动中的持久的无可怀疑性。因此一种本身是确真的进步将是可能的,那些由于它们的历史相对性而是相对确真的判断的判断之进步将是可能的。——

"这个"世界作为共有的世界,作为我们在其中生活的世界,作为实践的世界、美的世界、价值的世界、悲伤的世界、忧虑的世界等等的我们以多种多样主观的方式进入其中生活的世界,为我们存在,——始终已经在此存在,并且不断地在此存在,正是作为由交往的经验,或更确切地说,由在主观性之统一中出现的,并且以多种多样方式综合地联结起来的新的经验活动,对同一东西之再经验的活动,回忆的活动等等而获得其意义的世界,而在此存在。**这
388 个世界,更确切地说,这种综合的经验联系**——以其通过向前流动的并以交往的方式连结起来的生活而生动地向前延伸的活动,以及所有那些作为借助陈述而通告的活动,作为主观的和共主观的判断获得物而加入进来的东西,规定世界的,我们日常的世界的存在之意义——**是预先给予了科学的**,并且是特殊理论兴趣之一切成就,科学之成就的出发点,前提。

科学将它的新的目的指向同一的世界——指向我们所知道的,曾不断为我们在此存在并且现在在此存在的唯一的世界。科学想要“以科学方式”认识这个世界，在生活中一个人这样地知道这个世界，另一个人那样地知道这个世界，一个人这样地判断它，另一个人那样地判断它，但却仍然将它意指为，经验为，判断为同一的世界。**生活的认识活动**停留于一种真理和真实的存在本身保持于其中的相对性之中。科学本身在真理（在述谓的确信之主观地改变了的意义上的真理）和谬误之间加以区分，即使是在单纯经验之领域中，它也知道关于一般真正的，真实的知觉和经验，另一方面是假象的知觉的区分，相关联地，也知道关于真实的存在与假象的区分。但是在这里却根本没有**最终有效性**。

由于**怀疑论**除去生活的（意见[δόξα]的）经验方法和判断方法之外不承认任何其他的经验方法和判断方法（因此否定所谓的“哲学的”、“科学”的认识[ἐπιστήμη]），它就以**相对主义**而告终，这种相对主义同时又是**否定主义**（**高尔吉亚**）；只要不承认应该自身是非相对的，应该是科学认识之目的的真实存在，并且不承认应该具有自在真理之性格的真正的述谓判断，就是否定主义。

尽管有这种生活的认识之相对性，每一个人都在谈论世界，并且可能谈论这些或那些真正存在着的事物和特性——能够以其真实性证明的特性——，另一方面，谈论事实上不存在的事物和特性，谈论假象、错误，等等。**全部的经验**以某种方式完成以下事情，即尽管有相对性，同一的存在，并且通过延伸，同一的存在全体，为我们大家“存在”（就是说，发挥作用），而且是作为生活实践之共同基础而“存在”。处于其“理论兴趣”之中的，处于其对于在**最终有效的证明之理念**下的真实的存在和本质的兴趣之中的**科学**，相信能够形成一种这样的证明之**方法**；如果它在这方面获得成功，那么严格地说，由此就表明，在认识(ἐπιστήμη)之意义上的存在并不是一种空洞的先入之见，相反这样的东西是**现实地存在着的**，或者说，一切相对的真理——处于其与经验者和判断者的偶然联系之
389 中的以及与经验者和判断者之当下被共同预先给予他们的并且是他们共同熟悉的情况之偶然联系中的相对真理——，作为低级阶段，作为粗略估计，作为实践上充分的相对东西，能够与**绝对真理**发生联系。但正是**方法**——由经验真理，由生活真理，或者由这种真理建立于其上的、科学也必然由之开始的那个认识水平而来的，能在某种卓越的认识过程中获得**有洞察力的科学的真理**的方法——，属于绝对真理。

在这里方法是什么？方法是一种有目的地使用的认识成就。一种具有由诸前提构成的基础的成就，只当这些前提完成了，才是真正的成就；这种成就需要批判，需要一种新的、返向联系到已完成工作的工作，需要一种新的成就。

一切科学成就的前提是，经验之隐匿的成就在其迄今为止的进程中，在其对于世界之存在的预先规定中，**具有其正当性**；因此需要一种**对于普遍经验的批判**，需要揭示和阐明，经验如何是一种经久的和一致的有所成就的活动，以及每一个成就如何由这种有所成就的活动中获得其真正的意义，并再次由这种活动得到澄清，什么东西能够以这种作为成就的成就之方式出现并且如果有必要一定会出现。朴素地获取并在这种获取中进展，在已经有了获得物的情况下，将它当成前提，并受习惯所驱使从习惯的目标或道路向习惯的目标或道路继续进行，以这样的方式体验意向的充实，这是不够的。这不够是因为，在这种情况下，经常是已被当作前提的

东西发挥作用,被以为的确信,所谓的获得物被使用,但它们并没有真正有意识地由它们的获得进程通过检验而确定是这样的东西。**如果这种更高的阶段上的科学成就是建立于生活之隐匿的传统之上的,那么这种传统就必须首先得到澄清**,并且,在这种作为成就的传统中已实现的东西和可能实现的东西必须得到批判的研究,由此科学的目标及其可能道路之最终的正当性才能得到揭示。

科学经验的方法和科学判断形成的方法。——

1)将对我存在于其中的经验之朴素的存在确信,将对在经验中被意识为存在的世界之朴素的存在确信,将被规定的事物的,现实东西的,特别是现在有待规定的事物和现实东西的朴素的存在确信确定下来。

2)由无限性的思想的及其理想化的方法赋予这种对存在的相信以真实存在、真理本身之理念这个无限遥远的目的。因此这个真实存在被理解为一个以这种方法有意识地突出出来的"接近"之
无限性的、从经验的被给予之物通向其无限理念的理想道路的、然 390
而却仍是一条实践道路的无限遥远的终点。

关于这条道路及其目标(τέλος)之**存在**的自明性问题,以及这种**存在**之意义的自明性问题,或更确切地说,关于"人们能够按照可能世界之形式一再地发现处于这种秩序当中的这些现象,人们能够接近这些现象"的自明性问题。——

a)通过观察,通过实验,通过弄明白"如果我愿意,我能够确信",而确信这些事物、某些事物实际存在着的方法——当然又是有前提的。

b)在先验东西指导下继续进行描述和规定等等的方法。个别地规定和区分(确定个性)的方法。自然和自然之个别规定在这里的特殊地位,空间位置和时段,测量,计算在认识自然当中的特别优先权。

c)对处于可能构成之中的可能世界的绝对确真的认识,而且是非常现实地实行这种认识。对可能的纯粹的主观性一般之先验的认识。一切个别的认识都将此时此地当作前提,并因此将以下情况当作前提,即经验知识表明是共主观地稳定地共有的东西——相对稳定的东西,等等。

以确真性为典范的最终有效性之方法。——这样一种方法如何能够开始,最终有效的真理作为目标,如果不用以下方法如何能够证明为正当的,即它被建立起来,并且**作为**这样的东西被绝对有洞察力地建立起来?因为绝对的洞察只能意味着确真的洞察。

但是它应该是关于这个**世界**的真理;以那种首次将世界作为存在的而提供给我们的经验为根据的述谓判断如何会成为不包含任何经验推定性的确真的真理?这不是**先验地**就排除确真的述谓能够建立在经验的基础上——由于这种不完善性——吗?

在这里人们很可能想说:确真真理的目标应该表示:处于其真实存在之中的世界本身是一个确真的理念,世界的真实存在意味着,它是一个不再有任何推定的可经验东西,并意味着,与此相关联存在着一些陈述,它们解释,什么东西被看作自己完全切合于它的那个绝对的存在者。

有限的经验,即可由我们现实地实行的经验,恰恰是**“不切合**

的”。但是世界之可能的存在不能首先想象为**可能性**吗？尽管是想象为经验之无限性的可能性，一种可在其样式中，在其形式中构成的经验之无限性的可能性，以至于世界之真实的存在，被以推定的方式以为的世界之真实存在，首先**作为可能性**变成自明的。“经验始终是并且必然是推定的”，这是一个正确的表达，但却是不完 391
善的表达。经验总是**提示参照**新的，能综合地连结起来的，能够充实推定，但却又将新推定带进来的可能的经验。但是在这种情况下，可能的经验之统一地一致的综合的进展之可能性不是属于经验之本质吗？——在这种进展中，已经建立起来的综合的而且自身一致的经验总能得到扩展的综合，并因此一种无限性，但是一种可通观的和自明的无限性，作为可能性，会变成显而易见的，并且在其综合中当下被经验之物的可能的真实的存在会变成显而易见的——或者宁可说，诸可能性之领域会变成显而易见的——，因为在这里一切充实都有其必然的不确定性，并且能够在诸可能性之无限范围中展示出来，通过必然对立之统一而统一起来——。

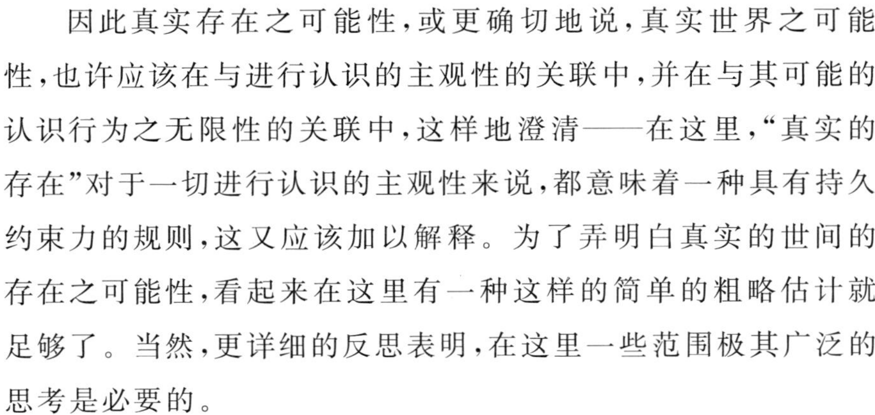

因此真实存在之可能性，或更确切地说，真实世界之可能性，也许应该在与进行认识的主观性的关联中，并在与其可能的认识行为之无限性的关联中，这样地澄清——在这里，“真实的存在”对于一切进行认识的主观性来说，都意味着一种具有持久约束力的规则，这又应该加以解释。为了弄明白真实的世间的存在之可能性，看起来在这里有一种这样的简单的粗略估计就足够了。当然，更详细的反思表明，在这里一些范围极其广泛的思考是必要的。

如果这种可能性得到了澄清，那么接下来的问题就是：这个真实的存在是怎样的(据此它能够从一切一致的有限的经验预先规定，并且已经暗含地被预先规定了)，既然在这里在认识中**实现**是一种清晰的可能性，或更确切地说，既然在这里经验由于其有限性不能实现真实的存在，述谓的真理如何能作为关于这个存在的绝对确真有效的真理被构成呢？

附录XI(附于第三十三讲)：关于世界的非实存之可能性。①

也许应该更详细地划分为：

1)有关世界的知觉之协调的结构消解之可能性；

2)这个世界和世界一般也许本来就是“虚无”的这种可能性本身。

就是说，如果这种消解出现了，那么的确就仍然存在着下面这种敞开的可能性，即世界现象**重又**构成了，而且是这样构成的，即同一的世界以再度与一致的相信之早先的时期相联系的方式重又
392 获得有效性的价值。一种对世界的相信只能这样地重又产生出来吗，即它将早先已经引起的世界相信吸收到自身中来，并且继续下去？一种更详细的考察也许会证明并指出，有时一致另外有时不一致的整个活动之流，不可能在自身中有若干时间上分隔开的世界，而是如果毕竟可能，只能有一个，在一个世界空间和一个世界时间中的世界。

① 为1924年的讲课所写。——编者注

但是如果我们问,对于所承认的不协调的间隔时期能够说些什么,那么也许可以回答说,它只能以下面这种方式想象,即这整个的时期具有**经验假象**的性格,更进一步说:具有**荒诞性**的性格,一种存在于事实的过程之中的不协调之性格,这种不协调作为事实上的不协调可以说并不利用为这个进行经验的我存在的一切实在的可能性。而且说它们是实在的可能性,从它们那个方面意味着,在通过回忆的综合而建立起来的协调之两个时期的动因之联结中恰恰引起这样一些可能性,而且正是以下面这样的形式引起的,即同一的世界在这期间存在着,但是对于处于其过程的事实性之中的这位经验者来说,并没有显示出来,因此对于他来说可能是未被经验到的。

其次:我们逐渐形成了下面这种想法,即不协调也许是这样出现的,即经验的相信破灭了。这时我们就可以继续说:世界实际上什么也不是的这种可能性有一种理念的,即一种无限进展的不协调之理念的含义,但这种不协调不应该是偶然的不协调。但是在这个同位语中包含什么呢?

与真实世界对应的理念,是一个在一致的知觉之相信结构中引起的理念,是作为一种相信活动之同一的—理想的极而被引起的理念;并且在这里正是在世间的知觉本身中存在着下面这种进行预期的相信,即它将仍然是世间的经验,并且相关联地将经验一种“相同的自然过程”。

在其他情况下会怎样呢?经验的世界相信破灭了。当然它能够再恢复起来。但这是一种空洞的可能性,关于这种可能性不可能谈论任何东西。那么现在正在发生的这种不可能的情况又怎样呢?这种不协调能够引起未来的不协调吗?

至少一个世界被“构成”这种情况总是可能的。如果它被构成,那么它就要求(或它就留出)过去的世界。但是为什么不可以设想以下情况呢,即我相继地拥有刚被“创造”又被消灭的若干世界?

与这一个世界,这个假定的经验之设定统一,对立的,不是在“**虚无**”这个名目下的可能性,相反,与它对立的是无限多的虚构物(*ficta*),所有这些虚构物同样也没有任何有效性,全是无效的,可能的实证的协调之每一种可能性和相关物,都是无效的。

393 外部世界的实存之问题。关于实在性的非存在之可能性。

在一致地继续进行的经验中,除去以确信提供了自然,并且停留于这种确信之中外,我不可能做别的,因此关于在其中包含的对将来的自然之存在的确信也是如此。因此,在经验中暂时并不存在任何单纯盖然性的东西。

如果我经验了一致性的断裂,那会怎样呢?在这种情况下,这种一致性的断裂是在保持在确信之中的经验和经验之过去的延续性的基础上发生的。如果没有一致性的断裂,就没有任何对于怀疑之可能的“确信”,就没有任何向无意义的过渡。只要一致性的基础和一致性在被怀疑的路线上的继续仍然保持着,那么在这里消除怀疑、矛盾就肯定是可能的:这就是,我具有关于“我能进入另外的经验中,能够继续这种延续性”的自明性,以及下面这种自明性,即在这种情况下,在关于两个相互矛盾部分的诸可争论的地平线和可能的经验系列中,必然会有这一个或者另一个突出出来,并且会传给这种一致性。如果是这一个与一致性相符合,那么另一个就不符合。这一点必须更进一步指出来,或讲清楚。

我以什么形式获得事物之非实存的自身给予性呢?以下面这样的形式:这种自身给予性是纯粹的空间上的假象,它什么也不是,它是**空的空间**。但是因为在这里一致的经验是前提,可能并非一切都是虚无,一切都变为“空的空间”?根本不是这样。

在每一个事物那里不是都能**依次**表明该事物是无意义的假象,是空的空间吗?——当然不是在通常意义上的有效的无意义的假象这种意义上表明,因为在那里代替这种无意义东西实际上存在的恰好是另一种无意义的东西。其次,如果经常存在一种有关对于表明出来的假象之经验确信的基础,那么在消除这种确信的情况下在这个基础中——并且在相应的重又排除假象的情况下——就肯定又经常有一些东西是一致的然后又不一致。但是在这里需要一种有关先验的可能性东西的现象学。经验中的假象和经验的错觉以及本身包含假象等等的经验的现实性,是另外一种情况,所有这些都必须得到思考。

无论如何需要一种有关可能性之严谨的现象学,不论是对于世界的构成,还是对于假象,非存在等等之可能的形式,都需要这种现象学;而这关系到同时应该连带想到的自我和自我的共同体。

394 # 附录XII(附于第三十四讲):客观的世界科学之问题和交往的共主观性之问题。[①]

1)人的全部生活都是交往的,即使当人的生活是独自经验和独白时,它也具有关于它的经验的被给予之物和认识的被给予之物的意义,这种意义暗示可能被他人接受,暗示可能被他人赞同,最后暗示可能被他人有洞察力地证实。每一个经验按照其自然的意义都经验到一种"客观的东西",某种是共主观地存在之物的,对于每一个人——对于每一个人:对于每一个进行重复经验的人,每一个进行证实的人——都是在此存在之物的,并且能按照其真实存在被每一个理性的人以同样方式从理论上加以规定的东西。

基本的事实就是,世界是一种物理的自然,并且——由于在物理的自然中分布的身体——是一个心理事实的领域;或者说,世界是其中有动物,有作为实存东西的身体—心灵的统一出现的物理的自然。这就是我们的交往的经验之基本事实,并因此是一切与这种心理物理的世界之统一相关联的科学之基本事实,科学的任务不是别的,而只是在理论真理中规定这个客观经验世界之真实存在,这些理论真理对于一切理性的主观——这些主观同时又是有关这个世界之现实的和可能的经验之主观——都是能以可能的洞察认识的,因此这些真理对于这个世界之一切理性的人,都是共主观地有效的,是自在的真理。

① 约写于1925年。——编者注

2)客观的世界科学作为理论构成物之体系回溯到进行经验的和进行认识的主观——回溯到这样一些主观,它们彼此进行经验并共同进行经验,相互进行认识并共同进行认识,相互接受被对方经验的东西和被对方认识的东西,等等。但是不仅作为“理论”之体系的科学回溯到主观,而且也按照科学之起源而回溯到主观,即按照普遍的世界经验:作为经验构成物的前理论世界回溯到主观。因此对于每一个发挥功能的认识的主观来说,这整个世界是通过其内在的认识体验被前理论地和理论地给予的,而且是作为一种以这样的体验之多样性在内在的洞察中被构成的理念——一种“超越的”统一——,一种内在地被构成的超越性而被给予的。与此同时,这种主观本身和它的体验活动,是这个内在地被构成的世界之组成部分,并且一定能够被作为这样的东西内在地认出来。应该如何理解这一点,应该如何全面地澄清它,这乃是对作为构成着世界的,作为进行客观化的,创造着客观科学的,并且将客观科学的真理体系本身作为一种联系到实在的客观性的理想的客观性 395
进行构成的那个主观性进行现象学的“内在研究”的任务——这是一种涉及一切可能的这样的主观性的先验的本质研究(超越论的—现象学的本质研究)的任务,因此是对于作为自然的事实性而被给予的世界之内在的,超越论的阐明的任务。它不是有关作为客观科学的自然科学和世界科学之任务,而是有关超越论的主观性的科学之任务,和对被给予的和一切理想上可能的客观科学(涉及一切对于这些客观世界之可能的主观而言理想上可能的客观世界的客观科学)进行超越论的澄清之任务。但是同一的世界之在可客观地=共主观地证明的理论真理中为所有的人共主观地构

成,也是现象学的任务。

3)对于客观科学之“方法”的在根本意义上的原则性询问,要求返回到作为我们的前理论的经验之世界的客观“世界”之起源的意义。

科学理论是作为工作成就和无限的体系、无限的工作,在彼此重叠地建立起来的工作成就中产生的。方法是作为进行这些工作的这种劳动之普遍形式,并且是作为在这种普遍性本身中思考出来,明确起来的目的理念(形式作为目的理念,并且本身作为理论的成果,这种工作以后作为科学理论,作为逻辑学,作为用于产生和促进具体的科学的工具,ὄργανον,保存下来)产生的。这种工作成就被当作个别主观性的工作成就来考察,——此外作为共主观的工作成就来考察。

科学的理论以及有意识地对科学理论进行指导的方法(逻辑学的规范和现实行为之由逻辑学的规范规定的特征,或者还有在对所提出任务之计划性思考中习惯地规定的预备性概念),是在集体的工作之生成中,在共同的工作中和在互助的工作中产生的共有的财富和共同体的成就。

对处于其历史之中的科学进行历史的阐明,对这种共同体的成就之生成过程的阐明,对理论之历史地完成进行的阐明,对有意识地指导这些理论之形成的符合一定方法的理念的阐明。理论和一切真的东西,还有方法之真的东西(作为逻辑学被普遍地突出出来),一旦产生出来(原初地被引起),就能够一再地产生,而且只要这种理论是真理的认识,就能够一再地产生。它作为这样的认识,不可能再被废除(尽管这对于事实的科学只是以某种历史相对性而有效)。

对其正当性之理论上的检验,理论上的阐明,作为对完全有洞察力的认识的,对作为认识的真理本身之体系的怀疑和证实。在这种情况下我存在于共主观性之中,并且根据科学存在的情况,我以各种不同的方式存在于共主观性之中(我甚至也许与精神科学 396
打交道)。即使是在数学中,我肯定也与每一个人有关系,真理是共主观的;只不过,我生活于共主观的自明性之中,却并没有将这个进行认识的意识生活——这个自己的意识生活和处于交往的认识之有现实牢固基础的可能性之敞开的地平线中的生活——当成是课题。此外进行原初创立的认识这个事实,这种历史的东西,也处于兴趣之外(即在存在的方面:理论的出现,它与世界中进行理论研究的人的关系,处于其具体生活中的人们的理论研究行为,处于兴趣之外)。

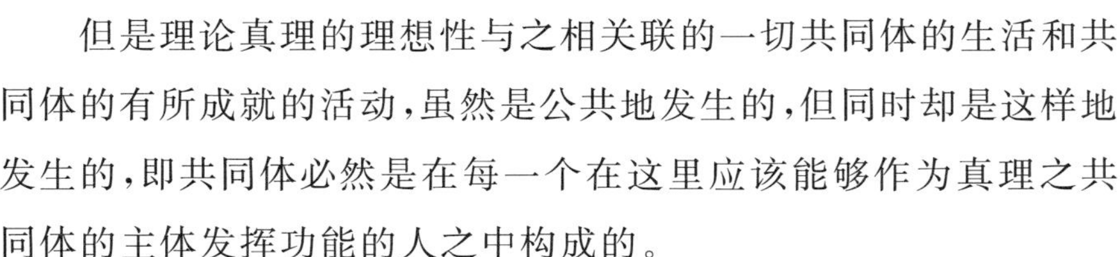

但是理论真理的理想性与之相关联的一切共同体的生活和共同体的有所成就的活动,虽然是公共地发生的,但同时却是这样地发生的,即共同体必然是在每一个在这里应该能够作为真理之共同体的主体发挥功能的人之中构成的。

个人——对于这个个人来说,理论是被证明了的,原初产生的真理,并且对于他来说,理论不仅是自己的真理,而且是共主观的真理,或是在**他的**意识中被证明是超出主观的真理,被证明是对于其他人并对于每一个人都有效的真理,等等—— 的生活看上去是怎样的?或者更确切地说:**我**,这个现实地在这里进行思考的人和对某一门科学进行澄清的人,必须对自己说,一切真理,一切为我存在的以及应该能够为我存在的真理,都必须由**我的**认识活动,由

我的生活而得到理解,并说明它的正当性。**我的**生活是本身第一位的,是一切根据必须追溯到那里的根源;我必须由自我(*ego*)而阐明客观科学之可能性,每一种真理之可能性,不仅是作为理论本身的每一种理论之可能性,而且是作为历史上已生成的每一种理论之可能性,并且必须按照历史的起源加以阐明。对客观的存在和客观的真理之这种自我学的澄清,必须先行于对作为共主观的有效性(可证实性)的特殊的客观性的澄清。

附录XIII(附于第三十六讲):究竟在多大程度上能为有关存在者之认识提出确真性的要求[①]?

我—在与世界的对比。绝对的确真性和相对的确真性。——认识面向任何认识对象的存在和如此存在。认识对于存在与如此存在而言必然是确真的吗,因而我们一定可以合法地说,它们存在
397 并且如此存在吗?或者:一切真正存在着的对象,可能科学的一切对象,一定是可确真地经验的并因此也是可以这样认识的吗?而且甚至是切合地认识的!这个我—思本身,即使是可确真地认识的——因为任何时候都能使经验达到确真的存在设定之形态——,也不能**切合地**认识。每一个特殊的事实判断,我能够在我的纯粹主观性内部表达的事实判断,只要它超出其中的确真东

① 写于1925年。此外请参看有关论述将我—在还原到真正的被知觉之物,另一方面,将世界还原到真正的被知觉之物的那几页。[胡塞尔在这里提示参阅的那几页,是下面作为附录XXVIII(附于第五十三讲 a)发表的文字。第465页以下。——编者注]

西——带有确真的结构形式的确真东西——，也就不再是可确真地论证的，就是说，它没有将确真的具体的内容带进来。但是在这里以下情况仍是确真的，例如就过去的东西而言，我曾有过一种**确定的**过去，以及我在假定的理想的我—能中，总是能够一再地将复制引进来，也许经过修正，经过对回忆的内容进行研究，经过对它的不断澄清，经过对它的分析，以及思考在这里真正被回忆起的东西和没有被回忆起的东西在多大程度上被划分开了，在重新回忆中一切真正被回忆起的东西在多大程度上真正属于被回忆的过去的统一，或者，各种不同的和被特殊化了的过去的东西在多大程度上彼此相互错杂在一起，而能接近我的“真正的”过去。因此在这里我很清楚，合理的认识目标所意味的东西，指向一个能够证明的对象，或更确切地说，对一个对象之存在设定的合理的正当性证明所意味的东西，指向一个能够证明的对象，然而这种认识的目标，这种真实的东西，在任何认识中都不可能确真地和切合地被给予。

于是对于**自然的认识**就得出，它在同样的意义上是合理的——只要它在外部经验的普遍一致性内部运动，并且将这种一致性（一种纯粹主观的一致性）之本身并非确真的事实，意识为一种合理的事实，并且意识到这样一个原理，即**只要**这个事实是合理地确定的，任何世间的判断就是合理的，就满足自明的但却是经验的无可怀疑性之条件。一致性之这种无限敞开的事实，作为**假设**被当作前提（只要它可能存在，另外在这种敞开性的形式中是必然的），就得出关于世界之形式的这种**相对的确真性**，而且也得出关于具体世界之存在的这种相对的确真性，然而世界之超出形式的那种具体的存在内容，却是不能确真地认识的。但是每一个存在者又是可**先验地**进入的,属于一致的经验之本质的还有"我能够一再地经验,并通过经验而接近"这种被当作前提的理想的可能性,此外属于经验之本质的还有,在更详细规定和校正的道路上的自由的经验活动和思想经验的活动中,一种向世间的存在者(作为这个假设的相关项的,并且处于其可认识性的相对性之中的世间的存在者)接近是可能的——后来这种接近特别改写为"共主观的可进入性"——,无论如何,这个存在者不外就是在经验和理论中的这种接近的指标。

398 那么这种认识努力——在"真理"和"真实的存在"这个题目下——的目标是什么呢?认识面向**存在**,这就是说:面向获取存在本身。但这就是说,认识作为意指应该转向自身的充实,并由此而成为被充实的意指,只有这种意指,才能通过看而说存在者本身存在以及如何存在,并因此而是被直接证明了的意指。正是因为它在有正当性的同时,在自己本身中有作为被充实了的合法性的合法性,并且本身就处于它所谋求的这种合法性,或更确切地说,认识者在其意指活动中谋求的这种合法性之中,它才有**正当性**。

但是在自身把握和自身拥有的意识中的这种对意指的充实,只能是一种纯粹相对的东西。认识可能变成一种骗人的认识,自身把握可能由于以下情况证明是骗人的自身把握,即最初的自身拥有包含着未充实的东西,在这个方面,在向充实的继续进展中,留下了争论和否定的诸种可能性。

认识,特别是科学的认识,如果并且只要它在**切合于一个确真的内容**的同时以这种确真性达到了绝对的最终有效性,它就是绝对令人满意的。**但是没有任何事实的认识——没有任何世间的认

识而且没有任何现象学的—主观的认识——具有这种性质。任何有时间性的存在都不能以确真性认识;不仅对于我们是不能以确真性认识的,而且因为甚至能确真地认识到诸如此类的东西是不可能的,而是不能以确真性认识的。

经验上的确真性。——但是也许有一种事实的认识是可能的——而且是唯一有意义的——,这种认识是"确定无疑",可以说是经验上确真的,尽管它具有一种现象学的—经验的事实判断的奇特形式,或世间的—经验的判断的奇特形式。

a)在这样一种判断中,而且对于所有这样的事实,一种确真的经验基础以**我—在**的形式确定下来了,通过对它的具有其绝对的结构形式的实存之绝对的认识被确定下来了。一切现象学的事实之全体,是这个具体的我—思之统一,是作为确真的设定之尚未规 539
定的和可能规定的远处目标的那种内容;但却具有作为我—思的确真的和切合的,因此是具体被给予之物的现实流动着的当前的近处之点。此外在这里在对属于我—在的确真东西之揭示中,恰恰也能够确真地展示以下情况,即对于这个自我而言**先验地**存在着下面这种敞开的可能性,即在它的一切具体的存在中,无限地接近自己本身,并且能够展示每一个所达到的接近阶段,虽然没有得出能够完全被看成是确真的绝对真理,但却得出一种相对真理。就是说,这个充实者,这个处于自身之样式中的呈现者,具有经验上的无可怀疑性之确实性;虽然在经验中的进展是可能的,就是 399
说,可以想象的,这种进展甚至会要求——在无损于下面这种确真性的情况下,即在这里有某种按照其性质,按照其结构形式是确实可靠的真实东西作基础——抛弃被以为的具体的存在，尽管这种存在具有自身在这里这种规范的形式。但是对于判断，对于对存在的相信和对如此存在的相信而言，这种可能性并不重要，**只要**在接近的意义上，在正在利用的接近的意义上进行的认识并不带来那种经验，并不带来那种基于自身给予的相信——那种经验和相信以自己的内容与被经验的内容对抗，并因此而改变这种相信。我能够**先验地**看出，一种前后一贯的接近在理想上—实践上是可能的，这种接近在进展过程中能够一致地并且越来越详细地规定确真存在的东西。每一个以前后一贯地接近的形式自身给予的现实的过程，都提供一种原初奠立的，只要没有原初的怀疑动机出现就有效的，经验上确定无疑的真理。不论我怎样经验，这样的原初的怀疑动机都不会再出现，这在这里甚至是确真地可靠的。这种前后一贯的接近就是正当性证明的方法。**因此我有一种在实践的意义上是合理的实践目的。**必须明确强调的是，在接近当中的每一种进展，都带有一种**未来的确定无疑性之必然的地平线**，一种必然的对未来的预期，即它仍将如此，并且将向真实的自身接近。这并不是一般的预期，而是在自身给予中和在一致地自身给予之进展中被引起的，并且是原初地被奠立的预期，这种预期在这种确信之样式中是确真的。

b)在**宇宙万物**提供给我们的经验领域中，我们处于更高的阶段上。在这里经验和经验的综合是在我—在之中的事件，一切借助于确真物为我—在表明的东西，都属于我—在之中的事件。在这里也许还可以考虑，只要我在回忆中有一种确真的认识，我在生动的当前所实行的一切原初的概念的创造就必然会逐渐变为记忆，即使我单只从记忆中——当记忆已不一起具有这种创造时——不能再原初地获得这种创造。这涉及关于我已从自身给予中获得的某些述谓内容不会丧失的确信。

即使是在通过外部经验而自身给予的世间的领域中（而外部经验本身则是内在的给予性东西），我也具有在我的主观性之纯粹确真的基础上的**经验的确定无疑性**；我发现了我的外部经验之一致性的经验上确定无疑的主观的事实——作为它允许自然一致地在其中显现的连续的式样。每一个外部经验都是其外部对象之自 400
身给予，而总体的外部经验则是世界之自身给予。世界存在之确定无疑性就存在于全部外部经验之式样的经验上的确定无疑性这个事实中。每一个对于作为存在着的世界的世界的相信，都是**确定无疑的**，只要迄今为止的一致性式样作为原初的被给予的式样原初地引起对于它的继续之预期。在连续的进展中有一种连续的证明；考虑到这种连续证明，能够很容易地将一种确真的必然性添加到这种相信上。只要情况是以这种方式进行的，每一个新阶段的每个新的相信就**必然**是确定无疑的，只要没有任何东西消除它和能够消除它，它就是必然的相信。预期就是未来东西本身之原初的自身给予，作为经验上必然能够预期东西之自身给予，并且是这样一种自身给予，它在进展中同时得到证实，并同时为将来之正当性提供支持。世界的存在根本就不是确真可靠的，世界是根据经验一般之一致性的确定无疑性，**相对确真地**被给予的，只要经验的这种一致性在它有效，并且在这个范围内它有效的这个假设下确定了，就不能再怀疑这个世界的实存或否定这个世界的实存。但是如果世界的实存已经得到合理的论证，那么它就为有关世界

之合理的经验判断提供基础。

如果我在纯粹的主观性中研究外部经验的本质和外部经验的普遍的一致性之本质,我就会确真地认识到世界——作为可能的一致的外部的经验之世界——的本质结构,以及进行经验的自我,进行经验的行为,在经验行为中进行着的显现和显现着的对象之间的一切关系的本质结构。我认识到存在着的世界之理念和可能的经验之体系——作为进行经验的自我之按照一切个别的被归入世界的事物一存在者而进入以那种无可怀疑性存在着的东西,即进入世界的可能的行为之体系——之间的本质联系。我以本质考察的确真性认识到,虽然每一个别经验作为自身给予具有有根据的和有原因的确实性,然而它却能够欺骗人,但是在向前推进的意义上的,在一致的确信的意义上的经验之每一进展,一般地都提供新的确信,而且为将来,并且为每一个自由的干预活动以及能由此获得的经验的将来,获得一种原初有根据的预期,这种预期的相关项就是被经验的存在之必然性——一种相对的必然性,即它是真实的,它不存在是不可能的。

尽管经验可能以不同方式进行,并且可能随身带有怀疑的动
401 机和无意义东西。然而我确真地知道,经验之经验上确定无疑的一致性(一种内在的确定无疑的事实)被当作前提,每一种经验都以存在者作为基础,并且知道存在者的存在是其可进入性东西之体系的相关项。因此进入的经验之形式的每一个系统的经验,每一个实验,都为我创造一种从确真的源泉取得其正当性的相对的确定无疑性。因此我可以提出下面这种合理任务,即通过经验并通过实验认识“这个”世界,并且纯粹由经验之自身给予和植根于

经验的自身给予之中的被情况改变了的自身给予而为我获取经验上确定无疑的认识，我并且能够为我提出一种能根据经验进行创造的理论之任务，这种理论本身当然会在接近当中向真正的理论之理念运动。而关于自然之逻辑学的任务将会是，根据自然之确真性的结构以及这种结构的先验性而展示出一种有关自然之普遍理论的以及这种理论之接近形式的本质形态。

对于"借助显现的存在"这种存在样式的澄清和对于可能植根于该存在样式中的相对确真性的澄清。——对于客观的经验认识之确真的批判。——我在这里经验，我知觉到这张桌子，以及它的正面的某些特征和超出这些正面特征的不确定的向前抓取。相关联地，它在这里对于我是现实性，是本身被把握的，是存在着的，而且是确真地存在着的。因为只要我想象不可分割地属于这种知觉的这个内容、这个样式之这种被经验到的东西，被知觉到的东西本身，我就根本不能想象它对于我"不存在"。如果我在一致的综合的意义上继续这种经验，这种情况就会继续，并且在这种情况下，我就一定会将这个对象，这张桌子，设定为如此这般被规定的，而又是以现在的方式敞开地未被规定的；相关联地这个在这里的存在物，是这种样式之存在物，就是说，恰好是作为这种样式之存在物而确真地被给予的。如同通常一样，在这里以必然性，以"我只能"，存在着一种本质的法则：我——或者如此经验到这种情况的自我一般——只能设定处于这种样式之中的被经验东西是存在的。

此外我现在设想：这个积极的我—经验活动是我的自由之实

现，并且在相信之自我的关联中继续经验的“可能性”属于经验活动之由情况决定的内容，我能够继续进行，能够接近，等等，并因此能够自由地——在一致性的综合之统一中——产生新的经验。我的由情况决定的存在物就是这里的这个存在物，它如此这般地显现，并且将会在自由的进展中如此这般地显现，并在这种进展中总会得到越来越详细的规定，我相信这一点，不可能是别的样子。我的一切经验都有自由的可能的行为之地平线，和——相关联地——实践上可能的以及在未受妨碍的自由之情况中出现的显现
402 之地平线。在事实上自由的进程中，一切由情况决定的被给予之物都是确定无疑的，其中正在临近的显现之“即将到来者”也是确定无疑的，它在这种充实中恰好证实在这种假定的自由中作为连带结果“被预见到的东西”。

但是这种自由并不需要事实上存在，而这种确定无疑的即将到来者也并不意味着现实地到来。下面的情况并不是必需的，即被预先设定的东西将会存在；而是现今被给予之物的样态作为这样的东西现在实现了，并且随身带有在自由的情况下“可预期的东西”、“可预见的东西”、“大概可能的东西”之地平线。

如果我设想进入到充分的自由之中，并且我设想，这些预见在进展的经验中借助于看的活动得到了充实——在前后一贯的**无限的**综合中，而且不管我怎样使我的自由起作用，不管我选择什么样的经验道路——，那么我就通过以显现的方式构成的对象之无限进展的样态系列中的每一个，有了处于这些显现之无限的综合之方式中的对象；并且如果我按照每一个方向这样继续进行，我就有了一个作为显现之极通过构成而全面规定自身的对象，对它的向

前抓取，对它的不确定的预见，就变成了完全确定的看见。当然这并不是真正能实行的，正如具有其诸数之全体的无限的计数系列，也不是真正能实行的一样。

那么是什么提供了这种理念呢？在进行经验的生活本身中我总是有“显现”，和对推测的东西之由情况决定的确信，这种推测的东西作为连续的和紧接着而来的推测的东西和作为接下来的连续暗含的推测之较弱的、不明确地推测的东西，是不可消除地确定的。在继续经验中，我总是一再地具有包含着作为推测的新的这样的综合，并且只要不出现断裂，我就正好具有诸同一的事物，具有作为在其规定的进展中存在着的世界的世界。于是我必须将这个同一的东西记录下来，将它保存在一致地获得的诸规定之中，保存在形成着的更详细的规定中。对于我来说，在这里没有不同的真实的存在。在断裂的情况下，我遇到了作为假象的“贬值”，并且在这里包含着，现在我不再有处于规定之变动着的综合的环境中的同一东西（这种同一东西或是被把握并在显现方面得到规定，或是从视界中消失，但后来通过将诸综合连接起来又能够被认识）。在这里出现了经验上的相信活动的，或更确切地说，经验上的存在的由情况决定的改变，于是我又获得了新的经验上的存在。

现在人们可能会反对说：每一个客观的意指（在确信当中的意指）都对我有约束力，只要我不能随意地根据情况改变这种相信。那么面对这些通过经验的意指的区别是什么呢？对此可以回答 403
说：每一个意指的本质中都包含：如果它是一种模糊的或完全缺少直观的意指，我就能够询问它的真正意指，而这种询问也许就会超出单纯的解释而导致一种变得清楚的东西。那么在这种现在清楚

的意指中有什么呢?它的清晰性意味着什么呢?这种清晰性显然就在于被建立起来的可能的经验以及对于可能经验的(或者关于可能经验之多种多样东西的)说明,概念式的把握以及通常逻辑上的处理。但是在这当中就包含着:我能够——以及在认识之公共化中:我们能够,任何一个人和每一个人能够(如果他在其活动中是自由的)——建立起进行充实的经验,并能以"适当的"方式现实地实行有关的思想行为。

如果我将这种真正被意指的东西展示出来,将这个对于我和我们以及每一个人都是可经验的东西展示出来,那么我由此就会看到,我不仅意指这个东西,而且"能够意指"这个东西,——因为很可能,我在从这个模糊的意指继续向着实现真正被意指的东西的努力中,遇到这样的情况,即这种清晰的东西与通常可经验的东西发生矛盾并因此而被取消,就是说,我必须将我的意指抛弃。**经验的可能性并不是指单纯想象的可能性**;而是指,我能走向那里,与此同时,我能够从生动的此处出发,从我近处环境中的当前被经验物出发,通过知觉,通过用眼睛看,通过手指触摸,等等,继续进展,然后我大概可能会,但完全是以确信,获得有关的经验,——撇开一切预测的某些不确定性,而这种预测,正如又是确实的和前后一贯地确定无疑的一样,在这种情况下将会被更详细地想象。因此经验就是**意向**——这里意向是指客观的意指——所涉及的东西。最后的"证实"、"根据",就存在于现实的经验中,并且在建立在其内容就是最切近的周围环境的现实经验的直接性之上的经验的可能性——作为能够根据相信的预先推定而建立的经验——方面,存在着一切间接性。

因此现实的经验并不是任意一个意指，而是那种在自身中包含着一切其他的意指——作为世间的意指——都想要得到的、处于直接所有物这种样式中的“本身”的意指。但是另一方面，每一种经验本身也是正在向前抓取的意指，并且作为就从对象的东西上真正被知觉到的东西而言是本真的经验，同时，就那些作为无限地延续着的，并且贯穿本真性东西和非本真性东西而一再地指向总是新的经验的诸可能的可经验性东西的地平线（是我的无限可能的进行经验的行为之相关物）的地平线而言，是非本真的，未被充实的经验。

这个世界始终是无限的联结着的真实的经验之世界，它带有
无限可能的经验之可展开的无限性。每一个存在着的事物都是以 404
确信作为显现者和实践上可能的一致的显现之敞开的无限性之同一的东西被经验到的。它是以确信被经验到的——就是说，它是作为自身存在着的而被给予的，但正是作为显现之显现者的这种样式的存在者，这种显现连带地意指一种作为实现之实践上的诸可能性的显现的无限性，并同时自身包含并预先意指作为这些可能的实现之同一东西的显现者。此外每一个自身显现者和以确信的样式被意指的东西与在这个**世界**中的一切其他事物性东西，在普遍经验之统一中相联系，这种经验统一是一致性的统一，并且作为这样的东西是自身给予的统一——同时是预先意指之无限性。**世间的存在**——首先是**自然之存在**——是一种特殊的存在样式，**这种存在样式具有其来自**具有隐含于其中——隐含于每一个对事物的相信和对世界的相信中——的无限性东西的**经验之意义**，这种相信具有其一切客观的意指都指向它的，一切都在其中得到充

实的原本的自身给予之形式，而实行对经验的意向本身的充实，意味着对经验事物的了解，更详细地规定，——或者意味着排除假象，但却是在得到普遍建立的并且在其余的方面得到保存的经验的一致性之基础上排除假象。当经验不断地以这种风格继续时，**它就前后一贯地提供并且证实这个世界的存在**，这个世界本身恰好只是作为显现之继续得到证实的全体之统一——具有可能的显现之敞开的无限的统一性地平线，具有可能的经验之事物，具有作为对某种普遍的统一结构之诸经验可能性的前后一贯的相信本身在继续进展的、绝不能被排除的充实中被证实是有效的那种地平线——而存在。

由于所描述的诸种显现在存在的样式中包含着以下情况，即在一致性范围内的个别被经验到的东西（只有这种东西才能具有知觉之确信性格）随身带有某种确真性。因为凡是我具有这种自身给予之物——具有在这种显现样式中的存在者，具有这些借助可能的经验而能揭示的被预先意指的地平线——的地方，在那里我就不可能设想任何与已经验东西相矛盾的经验是可能的，因此不可能将任何以这种存在样式被给予的东西设想为我能够在自由的进展等等中“发现”的——并与已经验的东西相冲突的——对象。

但这不是一种完全错误的看法吗，因为我确实能够看到，我的每一个经验以后都可能变成假象，因此确实可能出现一些后来不
405 得不勾销我现在的经验的经验？这里需要创造一些能使迄今谈论中模糊不清的表达变得清楚的明晰的概念。如果我现在有一种经验，如果我经验到这里的这张桌子本身，那么在这个作为存在者而

自身拥有的样式中就包含着关于“我在经验时能够继续或不能继续,能够环顾四周,触摸等等”这些可能性的无限性,并且如果我清楚地想象这些主观的可能性实现了,那么我就相关联地作为推测获得对于这同一个事物的诸可能的经验,诸可能的显现。**这些暗含的可能性并不是**关于我的能力和关于在这种情况下可能会发生的东西的**任意的意指,而是由现实的当前而来的原初有理由的推测**,作为在经验活动之现实自由的活动中经常产生的对正要到来的事情之推测的特殊情况的对这样的东西的说明。它并不是任意的被意指之物,而是被预计的东西,不是被任意预期的,而是能够以预一见的方式预期的东西。它是一种自身把握,不是对全然将来的东西的自身把握,如其在正在变为实现着的当前中发生的那样,而是对作为“正在到来的东西”的将来东西的自身把握;它是一种由情况决定的东西,一种对当前东西的自身拥有的变换,一种在“正在到来的”被给予物之样式中的生成,而且是这样的生成,即尽管它是“可以想象的”,仍然会有与这种推测之自明性相反的不同的东西出现。**在现在的经验之意向性中暗含着的诸可能的经验,确真地排除其他的可能性,**——但却是推测之这种类型的诸可能性。

为了更详细说明,还应该做些补充。在现在的经验中包含的诸种经验可能性(在这里被理解为可能被经验的东西,显现),**绝不是完全确定的**,仿佛能够获得的推测在内容上是完全确定的。只有一种确定的式样是被预先规定了的,即被对一系列这样的可能性之进行澄清的构成直观地填充了的式样,但因此也许就应该划分变化不定的东西和稳定地被预先规定的东西,即有关这张桌子的现实当前的经验作为有理由推测的为对这张桌子的经验的诸可能性预先规定的东西。如果我现在想象对于我现在看见的这张桌子的经验本身——或者还有对其他事物的经验——那么我并**不是自由的**,而是**受**作为对这张桌子的直接"发现"活动,自身把握活动,和拥有活动的我对于桌子的经验**制约的**。没有任何作为在推测意义上是不可能的经验,没有任何与推测相矛盾的经验能够属于这张桌子——属于这张我现在经验着和我因此作为本身在此存在的而提供了的桌子。

406 另一方面并不排除以下情况,即经验与经验**相互冲突**,一个经验被另一个作为经验的经验废除,以本身在—此的这种样式显现为存在的东西被当作**"假象"**划掉。换句话说:经验作为经验,作为生动的,不被削弱的经验,为一切现实可能的东西预先规定一种**推测性之风格**,由经验并在经验中被引起的可能性之风格,——在这期间它恰好是经验并且充当在经验中本身是在此存在者的那种**存在之基础**。我总是经验到这个和那个东西,并且在这种情况下必然地是在世界的地平线中经验到;一个连续地在此存在着的世界为我在此存在,这本身就是连续的经验,是自身被给予的;因此,一种关于可在"这个"世界中经验的东西的诸普遍可能性之结构,能够在这种连续的经验中被预见,并能够在其中作为充实推测的东西而产生。

然而总是可以想象,经验违反一切预期而继续,并代替所曾预见的东西出现了另外的东西,最后出现了将存在者贬低为非存在者的东西。一切在存在样式中通过显现而显现着的东西,**都处于存在与非存在**,就是说,作为总是准备好的非存在的**可能性**——这

绝不是说，它“非常有可能”，也绝不意味着，它就此说出了最微小的推测成分——**之间的未决状态**。我可以指出，这对作为普遍经验之对象的宇宙也是适用的。

但是如果我假定，这个世界存在，作为通过一切修正仍然一致地显现的并证明可靠的世界而存在，——或者是实际上无限地存在，即在无限的将来中并在与一个在无限的将来中继续延伸着的经验共同体的关联中存在，或者是在一个不确定的广度上存在，比如我们设想一个直至上帝可能将它消除之前的一段时间中被创造的世界，——那么这个存在着的世界的这个前提就恰好为这个世界——并且为一切有关它的可能的经验——规定一种确真必然的结构，并因此也为一切进行经验的主观规定一种确真的规则。

在这种情况下，我们就有了一种**相对的确真性**，并有了关于一切经验的确真结构，有了关于世界本身的形式和关于显现之多样性的形式以及关于主观的形式。如果我们是站到存在着的世界这个基础之上，比如说，在自然的人之朴素态度中，那么我们就满足了确真的科学之基本条件。

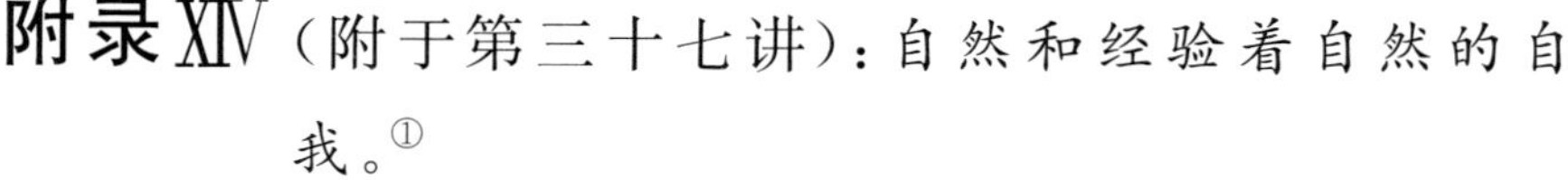

附录XIV（附于第三十七讲）：自然和经验着自然的自我。[①]

对于自我生活于其中的每一个现在来说，我们能够**先验地**说：1）经验着自然的并因此拥有关于自然之经验认识的自我，在

① 选自《**第一哲学**（1923/24）》下卷的手稿；约写于1924年。——编者注

407 正如它进行经验那样进行经验时,**能够存在,而无需自然事实上存在**。这个自然不存在的这种假设,并不取消经验着自然的自我之实存。

2)如果我们现在形成这样一个**"理念"**:我**无限地**一致地经验到自然,并且我的经验之进程的这种一致性,因此自然之存在的前后一致的证实,贯穿我的整个的、尽管是理想上无限的实际生活而**无限地**伸展。假定情况如此,那么自然能够不一存在吗?如果有人说,这是一种明显不可能的情况,这是矛盾,那么对此就可以回答说:自然的东西毕竟经常只是"片面地"被给予的。就是说,即使是借助于一致的经验之无限伸展的进程之理念,也不能获得有关确保非存在之不可能的**切合的**经验之理念。

3)因此我们要对**无限地**一致的经验之理想类型加以改变;不仅我的**现实地**继续着的经验是无限地一致的,而且我能以我的自由实行的、过去曾能够实行的、将来会能够实行的我的**"可能的"**经验也是**无限地**一致的。我,这个进行经验的自我,在经验活动中不仅是被动的,而且作为也许是积极进行经验的自我也是主动的。不管现在我在积极经验时怎样行事,情况总会是这样发生的,即一致性必然会继续保持着。

或者更确切些说:会发生不一致,但是这些不一致最终又会在更高的一致性形式中得到平衡;这是以在2)和3)中的方式发生的。就是说,我形成一般经验之可能性的理念,据此,在我的经验能力的自由中,不一致一定会一再变成更高的一致性,最终一定会这样地变成一致性,以至于自然能够作为现实的和(在一切时间样式中)可自由实行的诸经验之理想的全体之相关项而被突出出来,这种情况会**无限地**保持下去。当然准确地规定在这里应作为在理念中理想上可能的而被设定的东西，并不容易。但是人们会理解，这里涉及的是与被经验的自然之真正存在等值的**可能经验**之无限性。

4)让我们设想与这同一的自然相关联的**许多主观**；不可能一个主观的经验经常在这种理念的意义上进行，并赋予这种理念本身以经验真理之在这样的进程中不可动摇的力量，而另一个主观的经验则是这样，即为它提供另一个真正的自然，或部分的，但却具有一些不相容东西的自然吗？一个自我和另一个自我之联系的可能性条件以及**共同的**自然得以构成的必然性。

但是，这个自然肯定是在最终意义上的真正的，自在存在的，能在理论真理中以自然科学方式规定的自然吗？如此等等。

附录XV（附于第三十八讲）：一切存在都以主观性为前提。[①] 408

怀疑一切科学——以最完善的方法重新获得诸科学。在一切科学之前的立场。普遍的逻辑学，对认识加以规范化。

在一切科学之前我具有进行经验的生活。我假想：我尚丝毫没有以逻辑—概念方式确定下来的知识。即使我有经验。

但是即使是经验也有其有效和无效，有证明它可靠和剥夺它的权利。

① 选自《**第一哲学(1923/24)**》下卷的手稿；约写于1924年。——编者注

如果一种经验本身原初地提供被经验的存在,而不是实行准当前化,我们就称它为知觉。经验在自身拥有的意识中拥有被经验之物,但却是不完全地拥有。经验从一开始就有:预期。有确真存在的经验吗?每一个经验,作为确信,作为没有争议的、一致地继续着的知觉,提供确定无疑性。确信不仅是:不怀疑,而且与怀疑不相容。非存在之确真的不可能性。切合的东西=被完整地知觉的东西。存在着确真的知觉,确真的经验吗?存在着一种一切其他的经验有效性都依赖于它的有效性的,一切其他有效性问题总是以它为前提的经验吗?

如果每一个经验都以另外的经验为前提,而后者又以另外的经验为前提,等等,如果没有任何经验是确真的,那么看起来每一个经验就都一定是捉摸不定的。因此存在着一些能够带有认识结构的最低阶段的经验,并因此存在着一些最低阶段的这样的认识。使它们和它们的存在者成为课题,这看起来就是第一任务:有关第一存在者的第一科学。

真正的情况是:每一个概念的真理都以经验为前提,每一个概念内容都以可经验的存在为前提,全体存在以个别的存在为前提。一切个别的存在都以主观性为前提。

附录XVI(附于第四十讲):自我之双重"隐匿"。[①]

下面是在**有关反思的理论**中尚没有考虑的问题:

① 选自《**第一哲学**(1923/24)》下卷的手稿;约写于1924年。——编者注

进化了的人是社会的生物，而一切社会性东西都是通过反思发生的。作为社会的生物，人的生活具有经常反思的特征，他经常与其他人交往，并且也经常与自己本身交往，他正如将其他人当作实践的课题并且——其中包括——当作进行评价的课题和意见的课题一样，他也将自己本身当作实践的课题，并且当作进行评价的课题和意见的课题。

正如在注意到时被看到的事物不仅按照统觉上的继续有效性 409
和统觉上的转移之产生的法则，为我们在此存在，而且必然具有其空间事物性的背景，并且正如当下多种多样未被注意到的事物肯定是**作为事物**被知觉到的，而又是在准备注意时就已经——在不清晰的和未展开的统觉阶段——正是为我们存在的事物，而且是在空间上定位了的，已经具有了“大概的”特殊的意义内容的事物一样，——关于这个自我（撇开知觉领域中未被注意到的其他的自我）的情况也是如此。但是这就意味着：应该区分**自我**对于自己本身的**双重的隐匿**。

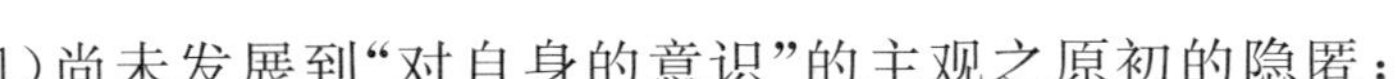
1）尚未发展到“对自身的意识”的主观之原初的隐匿；

2）作为行为主观的**人的自我**之隐匿。即：

我对于我来说是作为人—自我而被统觉的。即使我完全献身于纯粹自然的考察，并且“忘却了自己”，我在我的知觉领域中也是作为人—自我而存在的。在这种情况下应该将我的心灵生活借以与身体过程统一起来，我的心灵生活可借以完成一种预先构成的那种联想的编织物，与原初由**行为**而拥有其有效性，现在将作为行为主观的我在背景中客观化的那种客观的统觉分别开来。在这种情况下问题当然就是，在对于我本身的更高的行为反思中我是否也总是被当作在更高阶段上分离出来的自我而**客观化**。在一般情况下,每一个被反思的,变成了课题的自我,无疑都是人—自我,但是每一个被隐匿了的自我都是以人的方式被统觉的自我的这种看法,不会导致一种无限的回归吗?或者它由于一种绝不会造成荒谬的意向关联而是一种无限性吗?最后或者统觉只是在第一阶段才在此存在,而**后来**在新的阶段上就很容易被掩盖?我们确实可以说:随着被极化了的**行为形式**的"我思"(*ego cogito*)加入进来,这个极具有了"自我(*ego*)=自我—人"这种反思的形式,并且在这种情况下就具有了一种又指向在相同意义上的背景—自我(*ego*)的那种意向的空形式。这个背景—自我在自身中又暗含地带有下面这种作为地平线形式的特征,即它能够在无限的链条中无限地被揭示。每一个说明都按照意义要求"自我"这同一的形式。因此要求一种无限的关联,就像每一个对事物的知觉都在其空的地平线中具有无限的关联,并且是按照可能揭示的每一个方向具有无限的关联一样。

但是如何能够消除这种形式呢?它的确不可能是本质必然性的东西。并且我如何能够相信这一点,即相信一个可能的摆脱了这种统觉的自我呢?这不是与在突出纯粹的感觉这个问题上的困难同样的困难吗?因为感觉事实,不管多么不确定,始终是以某种
410 事物性方式被统觉的,我能够如同禁止趋向有效性的实行那样,以某种方式禁止趋向统觉吗?

但这是一种什么样的进行区分的,有点不清晰的说法呀!统觉的确是对于某种被统觉的意义的设定。在自然的态度中,我在反思时同时参与自然的人—统觉。但是如果我在第一阶段的反思

中已经在实存方面禁止这个**世界**，因此也禁止我的物理的身体，那么“自我—人”这种统觉也就被禁止，因此被转移到背景—自我上，正如也可能由于我的正在显现着的身体性而被引起的，不是“人”这种统觉，而是被**禁止的**统觉。此外还应该注意，这个世界——和我的身体——的确在继续显现，而且这些标志—动机作为内在的标志—动机继续存在。因此自我的统觉作为其身体的自我极一再地在此存在。另一方面，我可以将它如同每一个经验的统觉一样，认为是被废除了的经常的前提，认为是遭到破灭的。

附录 XVII（附于第四十讲）：我不能消除的这个自我是一种什么样的自我？[①]

我不能消除的这个自我是一种什么样的自我呢？我肯定必须设定什么呢？不是人—自我这种现象，而是这样一个自我，它不再是现象，它不是经验活动、思想活动等等的意向对象，这是那种我在我所思想的一切东西中现实地遇到的自我，正是作为这个我—思想的**主观**现实地遇到的自我，即使我将我这个人，这个在通常意义上的自我，“放到括号里”也会遇到的自我。

我们可以说：如果我在生活于连续的朴素客观的经验活动中时，遇到这个世界，并正是以笛卡儿的方式将它排除掉，那么我就获得了这个连续的经验活动之**现象**，而且是处于“我经验这个世

① 选自《**第一哲学（1923/24）**》下卷的手稿；约写于 1923 年或 1924 年。——编者注

界"这种形式中的现象,并且如果我从一开始就将这种连续的经验活动引向我的**人—自我**,那么在这里这个人—自我就立即被一起排除了。但是我仍然还有这个必然的自我(*ego*)。在这种情况下,我为我的生活之整个的流具有**作为现象的绝对的生活**,在其中这个**自我**总是作为这个流的主观,但是作为**超越论的**自我,并且是以各种不同方式而是**超越论的**自我。我发现它是在"我现在经验这个事物,我回忆,我预期"等等中的连续的自我,或是作为当下个别体验的自我,或是作为在从一个体验到另一个体验的过渡(而刚才流走了的现象在意向上仍然存在)中不中断的连续性的自我。我既在置身于其中的这个生动的流的现实性中发现它,也在回忆中

411 作为被回忆起的自我发现它,——这种被回忆起的自我与作为进行回忆这种现象之现在的主观的自我是统一的;同样,在预先的预期中,作为自我——它作为未来的自我属于未来者——发现它,它当然是被假设地设定的;然而却是作为纯粹的自我被设定的。

更高阶段的反思。——此外:我还能实行一些新的反思,能从"我思"回溯到"(对于我思的)我思",因此我可以将这个"我思"本身再放到括号里,于是我重新获得了作为"我思"现象的,并因此是一切现象的和现象之整个的流的主观的纯粹的自我,但是在这种情况下现象之整个的流也被放入括号中了①。但是我们在这里有下面这种奇特的东西,即在这种意义上的现象的现象,是一种个别

① 但是我也能够以人类学方式将这个绝对的我—思翻转过来:我,这个人,实行这种绝对的我—思。

的现象，它被“插入到”第一阶段的诸现象之中。这第一个“我思”(*ego cogito*)并没有“受到”现象学还原，因为我能够再在它上面实行现象学还原。它甚至已经是绝对的，并且如果我再实行现象学的反思和还原，那么我使用这种反思和还原仅仅是为了获得第二阶段上的现象。但是如果我返回到在这之前已经发生过的第一阶段，那么这种新的反思，作为一种新的现象，就被列入到它的关联中了。如果我再进行更高的反思，那么这也适合于这种更高反思[①]。

因此我有：

1)首先是朴素的生活之流，它根本不需要有任何反思，纯粹热衷于事物；

2)只是通过最初的反思和还原我才**知道**它的：只是通过它们我才看到作为生活之有关部分的纯粹主观性之意向性东西的那种被经验的、被思想的、被评价的等等的客观性，和纯粹的自我本身，客观性东西为它在此存在，并且现在在回顾中在此存在。

3)但是此外我也在进一步的反思中看到：在这之前已发生的最初的现象学的反思本身是一种现象，并且作为纯粹的自我(也许从前是经验的自我)之出现，是在缺乏自我—意识地流逝过的生活之关联中的生活之一部分。并且我知道，即使是每一个纯粹的现象和正在流逝的纯粹的生活(在其中也许有反思和还原)也是**对于**这个自我在此存在的，我知道，它属于作为这一个自我的自我——

① 不应该忽视，我们在这里并没有中断确真的自明性，而是放弃了确真的还原，仅仅实行作为向“体验之流”还原的现象学还原。

在每一个反思中我都发现我,并且是处于必然的自身一致之中的同一的自我。我看到,这种所称的在无自我状态的朴素性中流逝
412 的生活,只不过是没有意识到自我,但这个自我曾在此存在过。特别是我看到,这种生活并不仅仅限于处在真正的“我思”(在注意时感兴趣的,进行理解的,表达态度的,或者准—表达态度的自我之“我思”)之形式中的清醒生活,而是存在着有点像**背景现象**的东西,但这些现象在真正意义上却不是没有自我的。我注意到了**刺激**以及与此有关的东西,我现在知道,我的生活即使它是我在其中意识到自己的被反思的生活,也必然总是具有朴素性成分,我知道,我的自我不可能对于所有东西都是清醒的,我知道,即使是它运用普遍的反思,并且以某种方式包括它的整个生活,有一种东西也没有被包括于其中:即这个进行反思的自我借以指向它的多种多样生活并指向作为这个生活之主体的自己的目光指向,这个进行把握的和进行设定的自我,这个主题的行为,等等。**因此在这里总是一再地存在着未被把握的“我思”,因此也存在着这个我—思的自我,**正如它是在这当中的**极**一样。但是如果反思**把握了**这个自我,那就又会很明白,现在第一次成为显而易见的极,就是曾经作为这样的东西被把握的“同一相同的”自我极。

这恰恰是奇特的东西,然而却是自明的东西,即这个自我作为纯粹的自我是多种多样的,并且在诸个别的行为中千百次地出现——然而却可以认出是**数值上同一相同的东西**。

当然,在这种情况下,这个自我在最广泛的意义上就是对象,而且在这种多种多样性中恰好具有多种多样的样式,并且这个自我性就本身来说是意向的对象,即这样一种对象,如像在一切意向

的对象性东西那里一样，只有作为处于这种或那种样式之中的对象性东西才是可以想象的；然而同时这种对象性东西却是能够透过所有这些样式而认出的同一个东西（对象极）。

另一方面，在所有的反思中，自我都是以对象的方式存在着——而同时这个并非以对象方式存在着的自我始终在这里存在着。这个并非一以对象方式一存在，只是意味着未一被注意到地一存在，未一被把握地一存在。这个当下“非对象的”自我，如同随后的反思和把握所表明的，确实“在这里”存在，是生活的主体。正如这个反思只不过是没有被把握的反思在这里存在着一样（如在接下来更高的阶段反思中），这个反思的自我也是如此[①]。

因此，**自我的存在始终是自为的存在，始终是通过其中必然有显现者存在的自身显现的活动，绝对的显现的活动，而存在和自为存在。**因此**这种显现活动的原初样式**，在自身把握之前的样式，就是特殊形态的**显现活动**。它在这种显现活动中“显现”，换句话说，
在有关的非反思的生活中，它是作为它的“未被意识的”自我之极 413
存在的，并且始终只存在这样一种可能性，即一种新的生活与一种新的极一起出现，而这种新的生活包含着那种以前的生活的极，在这件事情上这个极（这个自我）具有被包含东西之样式；但是这要以一种具有未被把握的，然而“后来”仍又会成为可把握的极的新的进行反思的生活为前提。

应该补充说：如果我将这个“自我一人”也放到括号里，那么我

---

① 自我作为被把握的现象的自我，正是被把握的自我，并且按照本质，这个被把握的现象，作为把握活动之“对象”，并不是被把握的把握活动，而自我作为这个把握活动之进行把握的自我，不是被把握的自我。

以后就一定能够认识到，我作为纯粹的自我被包含于“自我—人”之中，就是说，在自我—人中(同样也在任何一个自我—人—体验中，在经验的我—思中)，存在着一种**不能消除的东西**。

附录XVIII(附于第四十五讲)：现象学还原的意义。[①]

指向世界——世界所有物——的课题方向。自然，以空间—时间方式定位的心灵东西——连同自我—反思的，指向主观行为、显现的方式、在身体性中的主观的存在等等的反思的一切成果。

指向纯粹属于自我的东西，是“我自身”所是的东西，最终所是的东西，并且指向我的生活所是的东西，我在我的生活中作为客观东西，作为空间—时间上世界性的东西，**作为**现在在我的生活中被给予我的东西，作为如此这般显现着的，如此这般假定地被意指的等等而“给予了”我的东西的课题方向。

肯定现世生活的人处于持久的有效性之中——持久地拥有“这个世界存在”。我对于我也是处于持久的有效性之中，我存在，我具有客观指向的某些性格特征，某些确信，正如也拥有客观指向的实践决心一样。我存在于这个有效的世界之中，——并且到这个世界之中去经验、去思想，我这个在身体中有器官的人，想到世界中去活动，正如也想看世界、听世界等等一样，借助这个为我在此存在的、定位的身体，我在空间的世界存在，并且我在这个心理

① 写于1924年。——选自胡塞尔的一束手稿，在其封面上胡塞尔注明：“于1924年已准备好；用于拟好的稿件=用于计划好的1924年的著作”；就是说，是用于为计划好的将《第一哲学(1923/24)》的讲课修改为一部著作的资料。——编者注

物理方面受制约的存在中，是身体的心灵。

因此我存在于这个世界“之中”。自然纯粹客观地存在，我的自我通过我的身体自然化了，同样，其他的自我通过他们的身体自然化了，精神的产品作为人格的主观之精神意义的表达通过自然的身体而形成了。

但是世界如何具有对于我而言的在此存在呢？它是我的经验之被经验物，是我的显现之显现者，是我的把握活动之可把握者和被把握者，是我的证明活动之被证明者，而且它也在进行经验的行为之流动中，通过我的由现实的经验活动——和在经验之中的校正活动——产生的习惯，为我保留在那里，并以次要的方式，通过 414
新的现实的经验之经验地平线，被“暗含地”、“连带地”意识。

我在我的对面曾有过一个外部的经验世界，它**预先**就曾为我在此存在，它是以稳定的有效性被“预先给予的”。它包罗“一切”，而且也包括作为人的我自己。在这里包括：我预先就有一个自然和通过心理物理的以及其他的精神经验被嵌入到它之中的，并入到它之中的精神性东西。

我不能**禁止**这种预先给予的，确实是**我的**有效性吗？我的存在和关于我本身的经验，或更确切地说，生活，其中包括一切为我在此存在的东西和被证明为现实的东西（并因此包括存在者全体本身、这个世界），按照其此在，不是必然地发生在前吗？一切为我存在的东西至多是我的经验活动之被经验物，和在这个基础上在认识方面通过思想被证明的东西，并且如果我对我本身存在，我就作为本身被经验到的东西或作为本身可经验到东西，并且在判断方面能够证明的东西而对我本身存在。我不能将这种东西从我分割开。我存在，这一点绝对地先行于一切我能在经验的真理中设定为存在的东西。我存在，这是我不能放弃的，如果在这种放弃中不假定我自身为前提的话。但是我能够放弃这个世界，而且可以想象，尽管我经验到世界，但是它却不存在。并且如果世界不存在，那么这对于我存在并没有什么改变。

我对于每一种关于世界之存在的表态都实行悬搁，——我必须这样做；为了获得这种纯粹的主观性，我需要这么做。我如何获得作为课题的纯粹主观性呢？

很显然，下面的情况是**先验地**有效的，即在我能够以述谓的方式下判断并将述谓的真理(因此还有理论、科学)当成目的之前，我必须具有某种我**就它**下判断的东西，某种作为存在着的而预先给予我的基底。

世间的经验总是关心这样的判断之基底，或者说得更确切
564 些，它曾关心这样的基底；并且只要不以划掉的形式发生随后的排除，它曾使之有效又重新使之有效的东西，就持久地有效。此外以下情况是由于这种经验的本质性质发生，即它将被经验之物和一切由经验而来的有效东西统一起来，每一个当下的经验给予性(在知觉方面的经验给予性，回忆的经验给予性)，总是具有一个普遍的经验地平线；这个普遍的经验地平线不仅包括由以前的经验知道的东西和能由以前的经验中重新唤起的东西，而且也包括当下的经验地平线和可能经验的地平线——所有这些都属于每一个恰好是现实的现前，并且属于每一个以前的，因此是回忆起来的现前。分析表明，以下的情况是每一个具体的外部对象——世间的，实在的对象——**先验地**具有的，即它按照其本身的意义，不可

能是孤立的，任何东西都不是纯粹自在自为地存在的，而只是作为处于其经验世界中的，处于一个只是局部地被经验到的，而此外就是无限地未知的，但能够借助于可能的经验经验到的——对于我， 415
这个进行经验的人来说能够经验到的——世界中的实在东西而存在。

创造一个对我主观地并持久地有效的领域，一个存在着的并彼此实在地处于关联之中的实在性东西之敞开无限的空间—时间的领域的那种世间的经验及其成就，因此就为我创造一个总是已准备好的判断领域和可能的述谓的认识之领域，或者说得更确切些，一个“无限”可能的追求真理的努力之领域。

正如每一个其他的人格性一样，我的人格性，作为人的实在性，也属于被归因于世间经验的基底。它的两面的结构随身带有以下情况，即我能够在很长的路程中前后一贯地对它的心灵的精神性下判断，而不对总是一起被给予的身体性以及人格以外的其余的客观世界下判断，并且也能以下面的方式对人格的共同体及其人格的成就下判断，即我通常完全不对世界下判断，或更确切地说，不去追求有关世界的真理，而恰恰只是追求有关这些人格的共同体和成就的真理。就是说，只要他们作为人格知道是与其周围世界有关的，具有关于周围世界的经验以及其他进行意指的意识，有意识地生活于其中并且以对能从其中获得某些东西的相信生活于其中，我就设定它们是如此生活的，并且知道自己是主动的，是对世界产生作用的。但是不管我预先怎样偏爱经验世界的这种基底基础，并且是作为被我们大家，被一切可能的和现实的人和动物共同经验的这种基底基础，因此不管我怎样相信所有的人格都与

“这个”预先真正存在的世界相关联，我仍然能这样地考察这些人格，即我将世界仅仅**作为**被他们所以为的，对他们有效的，基于他们的存在意指的实践的世界从课题上考察，暂时完全不问，在这当中他们是不是处于错觉之中，除非他们自己意识到，他们弄错了；而且也不问，**在这当中**他们是不是有客观的正当性。

另外这个能够如此得到查明的纯粹人格的东西，对于我来说是某种本身属于世界的东西，一种对于个别人格和被联合起来的人格而言的真理，这些人格存在于预先给予的并继续由越来越新的经验之经验内容规定（但并不因此是述谓规定）的**世界**之中，只不过我恰好是纯粹指向这种人格的精神性东西，而不是指向有关物质事物的，有关作为实在性东西的身体等等的述谓真理。因此精神科学之这种人格主义的态度，仍旧是自然的态度。虽然我们在世间的认识态度中恰好是具有自然主义的态度和人格主义的态度的这种双重可能性，但是这两种态度又是彼此结合着的，正如它们从一开始就是内在地结合着的，只有通过**抽象**才能被分离开一

416 样。因此实践的人肯定也是时而指向外部自然的联系，时而指向人格的联系——在普遍经验统一之内部的联系，或更确切地说，在统一地被经验的世界之内部的联系，然而在这个世界中，就自身而被考察的人格东西却是被自然化地给予的，只不过，有时仅仅对它的固有本质东西感兴趣。

在这里我们有下面这些值得注意的东西，即能够论证一种**由**纯粹人格主义的态度和研究**而来的**新式的态度，能使一种相应的新式的纯粹的（不再是精神科学的）经验起作用，并且在这种经验的基础上使一种“科学”起作用——这是不是一种与世间的科学有

相似风格和意义的科学尚不确定——，这种“科学”彻底排除作为有效性的世间经验，就是说，以这样的方式排除，即“使”这种有效性绝对地普遍地“无效”，并且持续地“使之无效”。

在“自然的”态度中，人们作为“自然的”人个别地或与其他人共同地生活，尤其是进行研究，追求科学，追求实际的幸福，人们行动、工作、发展，——这就是直接地给予了这个世界，自然地由普遍的经验而拥有这个世界，作为绝对有效的，作为为我们在此存在的世界；这个世界引起理论的和非理论的兴趣，在理论兴趣情况下，这个世界必须在最终有效的理念指导之下按照其述谓的真理加以规定。

重要的步骤是下面这种认识，即我完全能够普遍地使世界的存在**对我**不起作用，或更确切地说，使普遍的现实的和潜在的客观经验**对我**不起作用。

这个**理由**很显然就是：我注意到并且专心致力于以下情况，即一切有关世界的意指活动和认识活动——世界正是通过这些活动而为我直接在此存在，并且预先就存在，即使在对世界有错觉的情况下；并且是作为关于真理与错误的预先存在着的基底领域而在此存在——都由我自己的经验中产生，并且唯有在此基础上或者说由经验，其他人才能产生（这些其他人如果没有我关于他们的自然的身体的经验和我的移情作用就肯定不可能为我在此存在）。我自己的存在总是存在于作为由我的进行经验的生活而来的为—我—存在的世界存在**之前**，存在于习惯的经验所有物在世界中必然形成**之前**。这个“之前”是否也能从时间—生成上理解，这不是我们现在感兴趣的事情。但是我自己的存在——充分具体地说：

我的在我的纯粹人格生活中的人格的存在——本身发生在前[①]。

如果世界对于我来说只不过是我的有效性统一,只不过是我在我的经验中并因此在我的主观的有效性中通常所实行的那种有效性统一,如我出于我自己的生活之动机所必须实行的那样,那么我就可以问,这个世界事实上是存在还是不存在,就是说,我是否
417 能够证明我的有效性以及一般来说对于它的证明的情况是怎样的。并且不管这个问题对于我来说可能得到怎样的回答,——**我在**,一切询问,一切可能的怀疑活动和有洞察力的否定活动,都是我的活动,在这种情况下,我总是被当作前提,并且显然是**在**裁决我关于我要证明的、对于我来说只是作为对我有效的世界事实上是存在还是不存在的问题**之前**,我就存在。因此很清楚,当我将这种有效性搁置起来时,或者克制自己——无论是在论证这种有效性的兴趣中还是出于一些其他的兴趣——在这个方面表示态度时,在我自身中和我的生活中能够有一个经验的领域,并因此也许还能够有一个述谓的研究领域。

据此不允许我作任何直接与这个世界有关的陈述,每一个这样的陈述都具有作为被当作前提的,处于有效性之中的基底的某种世界性东西,并**暗含地**具有这整个世界。现在每一个客观的(世间的)经验都被“放到括号中”,我不可以运用它的被经验的在此存在,不可以将它当作判断的基底;显然也不允许运用在“在世界之中的自我—人”这种自然意义上的我。但是由此就开启了“纯粹

① 但是这个“本身”是根本不同于通常的世间事物的“本身”的东西,而且我,这个人,并不存在于这个“本身”之中。

的”自身经验，超越论的自身经验。通过在悬搁中生活并通过对我自身的反思，我**进行经验**；但却是在超越论上纯粹的经验中进行经验，——在这种经验中被经验到的东西不是人和人的人格，而是我自身，这个我使我的人的存在和人的—人格—存在有效。我现在无疑可以重复说：在此以前，在这个以超越论方式被经验到的自我以前，我就存在，我，当生活于超越论的经验中时，在这里发现了我，这个超越论的自我——在将世界悬搁起来的范围内。但是此外我也认识到，这一个和另一个自我是同一的自我，并且如同那些在其中进行对世界之设定的超越论的体验一样，那些在其中超越论的自我设定自己本身的体验，也正是属于超越论的自我，或更确切地说，属于超越论的自我之生活的具体化。

现在，超越论上纯粹的自身经验提供给我一种持久的存在之新的基础；我现在看到，这个基础总是存在的，尽管不是预先给予的，却是已经有效的，而这必然处于那种在其经验中已经使世界有效，并且总是已经拥有世界的具体的自我主观性之形式中。只不过这个超越论的自我恰好原则上尚不能以这种形式存在，不能为自己被构成，不能认识到它本身，不能以其纯粹性从课题上经验自己本身并将自己本身变成课题上的认识领域：为此首先必须引起我们已经叙述过的诸种动机，并以实行现象学的还原而告终。

在此之前超越论的主观性对于自己本身是绝对**匿名的**——而且在这里不仅未被注意到，在课题之外；并且公开地，在经验上在此存在的，在此预先给予的，只是世间的东西，而在其中自我只是被当成自我—人，被当成“现世主义者”。

如果我以这种**自然的**态度在经验时以反思方式考察我，因此 418

我发现我是人,那就得到对于我的自我之进一步的反思,这个自我在这里就是这种经验主体“自我—人”,再考察我,又发现这个人,如此以至无穷;如果我将这个处于其个人的生活之中,处于其经验活动之中,思想活动之中等等的我的自我当成课题,那么我就发现,我,这个人,是经验这个世界,思考这个世界,讨论这个世界的人,我发现我与别人——其他人——有关联,而别人也如我一样在意识上与世界关联。我绝不会摆脱这种循环,即使我对我说——如同具有通常朴素风格的认识论者经常说过的那样——“我只有从我的经验中才知道有关世界的某种东西,所有其他人只有从他们的经验中才知道有关世界的某种东西”,也不会摆脱这种循环。如果我没有通过以下方式从根本上增强这种说法的效果,即我彻底地以超越论方式意识到我并将我的人的存在作为被经验到的人的存在一起引入进来,并且仅仅遵循以上描述过的动机,那么即使我那样说也不会摆脱这种循环。

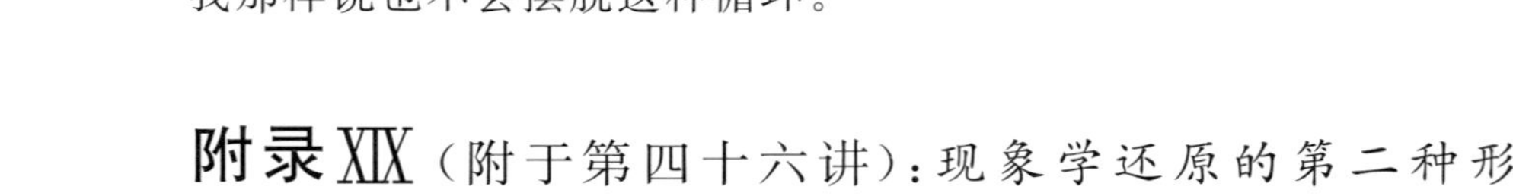

附录XIX(附于第四十六讲):现象学还原的第二种形态。[①]

这个清醒的自我生活着,就是说,他在经验,他在思想,他在评价,他在意愿和行动(或者他以想象自己进入其中的方式做所有这

---

① 就是说,不是笛卡儿式的还原。1920 年初稿。[选自胡塞尔的一札手稿,在其封面上胡塞尔注明:“1924 年已准备好;用于拟好的稿件=用于计划好的 1924 年的‘著作’”:即用于为已计划好的将《**第一哲学**(1923/24)》的讲课修改为一部著作的资料。——编者注]

一切)。在这种情况下,这个自我体验到来自对象的各种各样的刺激,这些对象有的是预先给予的,有的本来是被给予的,而后来也许会变成那些主动行为之被把握的对象。

1)这种生活现在可能是一种朴素的生活,一种处于自然的世间性方式中的生活,只要这个自我或是根本未进行反思,就是说,对自身及其生活未进行反思,或是在反思时将这种生活以自然主义方式理解为自然对象(未被反思之物)的附加物:这种反思就不是纯粹的反思,而这种生活也不是纯粹的生活,这种以反思方式被把握的自我本身就是我—这个—人,而不是纯粹的自我。

2)这个自我能够实行一种纯粹的、超越论的反思,他能够将自己理解为最终的、纯粹的自我,他能够将他的生活理解为纯粹的生活——纯粹的我—思想、我—经验、我—感知等等——,而且按照其充分的具体性把握这整个生活;并且注意到,所有对于他是对象的东西——被经验的对象,被思想的对象,如此等等——,都是在纯粹意识中被意识的;并且注意到,一切“自然的生活”都是在纯粹生活中的“构成物”,这种纯粹的生活也有理由被称作绝对自我的绝对生活。这就将现象学还原的方法展示出来了。

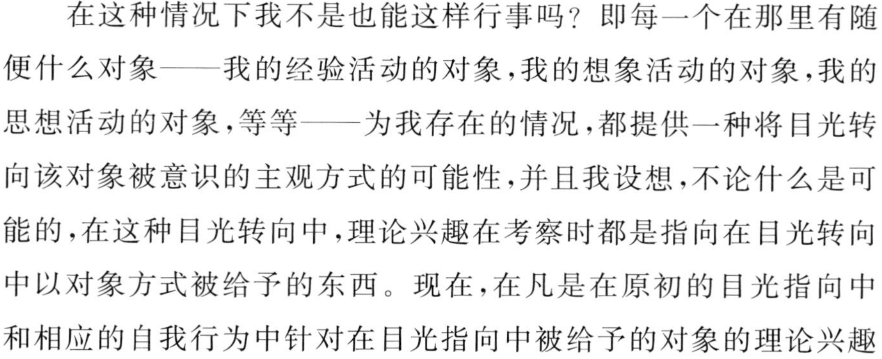

在这种情况下我不是也能这样行事吗?即每一个在那里有随 419
便什么对象——我的经验活动的对象,我的想象活动的对象,我的思想活动的对象,等等——为我存在的情况,都提供一种将目光转向该对象被意识的主观方式的可能性,并且我设想,不论什么是可能的,在这种目光转向中,理论兴趣在考察时都是指向在目光转向中以对象方式被给予的东西。现在,在凡是在原初的目光指向中和相应的自我行为中针对在目光指向中被给予的对象的理论兴趣

是决定性的或曾是决定性的地方,我们都能够禁止这种理论兴趣,就是说,能够使它对其他东西的兴趣无效。与此同时,我们能够禁止一切存在于这种产生效果的兴趣之方向中的一切理论上的表态。

对此应该补充说:我们将理论兴趣理解为一种实践经验的和实践思想的意向,即指向要获得某种存在、某种如此存在的意向——不论是直接的存在,还是某种可能的存在(这种存在同时又是一种可能性之存在),一种盖然的存在,如此等等,而且当然是就某种存在于目光指向之中的,以或多或少清晰的、确定的或者还有不确定的方式被意识到的对象性东西而言的可能的存在和盖然的存在。属于这种情况的还有对于直观地呈现的对象之不断进行的获知之一切纯粹的兴趣,或者宁可说,一切对于在不断进行的直观的获知中越来越丰富地得到充实的并且纯粹由此而得到充实的直观对象"本身"的兴趣。我们在实践上致力于更切近地认识,在这当中我们实行积极的知觉活动或回忆活动,我们走近对象,将对象翻转过来,在最广泛意义上进行实验,或者还有唤起重新回忆,探究回忆的诸种关联,如此等等。在继续不断进行时,我们在越来越新的阶段上,按照我们的理论兴趣之坚定性和强度,或者按照这种兴趣也许曾使之为它服务的那些目的实行思想活动。

因此每一个理论行为都是其他诸行为之连续的而且也许能无限进展的链条当中的一个环节;如果这个认识行为被中断,那么实践的意向就肯定指向更往后的东西,而且也许是在刚刚中断就继续。除非这种意向被停止,否则它在实践上就按照习惯的形式继续指向这个未达到的目标。如果没有被停止,它就可能被禁止、被搁置；但是一切如此被指向的习惯的表态也同样被禁止、被搁置。

但是现在我们想这样做：这个想要实行现象学还原的自我，现在对现在和在其中我想要当现象学家的一切将来的情况禁止我迄今为止的一切表态，我在我之中自由地建立起一种新式的理论研究的态度，这种研究，无论它被继续进行多少次，都恰如在最初开 420
始时一样，总是通过以下方法才会成为可能，即我在这种研究的进程中，禁止我在此前在我的生活中（以非现象学方式）实行的我的全部的表态，不仅使我的理论的行为，而且还使我的评价和我的意愿失去其实践的效力。当然，现在，在我想从事现象学的地方，我不再执行我的那些我现在总是能够通过回忆作为以前作出的决定想起的任何其他决定。我不能从我的评价继续进行，比如去实行新的行为。首先，在此以前决定着我并且继续决定着我的一切理论兴趣（当然只有那种确实是现象学的兴趣及其评价除外）我都加以禁止。我曾是一个对自然的爱好者——现在，我作为现象学家，不再想继续认识它、描述它，继续从理论上研究它。因此整个世界，倘使它在此以前在理论上曾为我在此存在过，那么现在在理论上就不再在此存在了，并且倘使我也许曾能够愿意对于来自世界（这个世界作为敞开的无限的宇宙总是为我在此存在）范围内的任何一个东西仍然感兴趣，愿意将它变成理论课题，我就将这种异己的东西（ἀλλότρια）一劳永逸地禁止掉。现在我唯一地将其当成理论课题的东西，引起我的惊异（θαυμαζειν）的东西，促使我不断地去获知，并以此为基础去进行理论认识的东西，就是一切迄今曾为我在此存在的东西、迄今曾是某种课题的东西、作为存在着的而曾对我有效的东西在其中曾被我“意识”的那种主观方式。如果我在

理论上是积极的,那么我就会追踪当下的理论课题在理论研究中借以成为课题的那个“如何”,从行为到行为,从意识到意识,“对象”看上去是如何的,这整个有关它的“意识”看上去是如何的,自我是如何在这里或那里将一次被这样意识的对象性东西和另一次被那样意识的对象性东西“视为同一”的,或在统一性和同一性的意识中意识到不同的被意识物,对象性东西如何一次是“不清晰的”、“非直观的”,另一次是直观的和清晰的,一次是片面的,另一次或在连续的进展中是多方面的,“从越来越新的方面”被意识到的,如此等等。如果我说出了一些句子,那么我就会问,什么东西在这里作为句子被给予,它是如何被给予的,以什么样的样式被给予的。

但是在这个意识的世界中会使我感兴趣的不是诸个别的单个的事实,而是在诸个别事实中起支配作用的类型学。——

我并没有排除理论兴趣和迄今为止的生活中的一切理论事件,我将它们一起纳入到我的任务之中;但在什么意义上纳入呢?我在理论上并不对有关的**对象**感兴趣。这种兴趣恰恰是**被禁止的**。相反,我是以反思的方式对理论兴趣和在其中进行的有所成
421 就的行为感兴趣,并对在这种理论意识中个别地和整体地被意识的对象之呈现方式感兴趣。

旁观者。——有关的真理和在其中被规定的真正存在的对象,并没有被作为现象学认识的主观的我判断,我作为现象学家,并没有对存在与非存在,真理与错误表态,更确切地说,我作为自然的自我不久前或曾经表过态,而现在我是作为现象学的自我观

察这种情况。作为自然的自我，我曾说过：我经验到这个，它由迄今以前的全部经验得到证实并将由以后的经验得到证实，或者，我说：我在经验逻辑的思想活动中根据经验以自明性规定这个东西，并且以有洞察力的方式形成某种理论。作为自然的自我，我对被经验之物或被思想之物以爱和恨表示态度，或者，我实行一种意愿。作为现象学的自我，我说：我对这种自明性的关联，这种一致地联系着的经验之链条，按照它的，或更确切地说，它们的类型学的本质，感兴趣。我想要探讨这当中包含的东西。在这种探讨中包含一种摆在面前的，一种被知觉的，以后被重新回忆起的对象，包含与其他对象联系起来对该对象进行阐明，该对象被确定下来，在阐明中被意识到，该对象之被阐明的特征被用概念把握，如此等等。所有这些都存在于这种意识之固有本质中。我如何能够全面而详尽地研究这些东西并认识这样的意识之本质类型学呢？

我在自然的意识中对之陈述的东西与在现象学的意识中对之陈述的东西完全不同。在自然的意识中，我的课题是某种对象，对象性的事态，我陈述那种从逻辑上把握该对象并将它规定为所宣称的或被认识到的真理的判断命题。在现象学的认识活动中，我陈述我在这种认识活动中发现了什么，我陈述我在其中发现的判断与真理。但是我不就自然地被给予的对象断定任何东西，而是就有关处于自然地被给予状态中的对象的意识加以断定；或者我就有关对象之自然地被给予状态，并且不就对象，而是就关于对象的经验活动，而不就对象本身加以陈述；我就被经验的对象本身，就被思想的对象本身加以陈述，而且如同它在理论意识之这种或那种类型中被思考的那样加以陈述。

在自然的理论意识中,我说:半人半马怪不存在,我从我的世界中删除掉虚构的东西,神话的迷信;因为我的世界应该是真实的世界,因为虚构不提供任何真理。我在理论上生活于一种使我能够领会真理、把握真理、规定真理的意识之中,我所陈述的就是存在着的东西,就是它实际上所是的东西。作为现象学家,我不仅对
422 被意识到的对象之真正存在感兴趣,而且不论什么东西在意识中作为课题出现,即使它是虚构的东西,是怪诞的幻想,也同样使我感兴趣。它是如何作为虚构而被意识到的,一种幻象如何能够通过揭露而被意识,这种进行揭露的意识看上去是怎样的?

这种意识的转向或者是纯粹地实行的,或者是普遍地针对一切可能的意识一般,因此也包括一切被以为的和能够以为的对象本身,因此也包括一切在逻辑和科学意义上的对象,即包括一切**被证明**为现实的,“存在着的”,可能被以为的东西实行的。但是恰恰是这些东西看上去是怎样的,某物,在意识上浮现在眼前的东西,被以为的东西,被思想的东西,如此等等,具有真正存在着的现实性之性格的这种情况,在意识中是怎样发生的,进行反思的自我以下面这句话所表达的那个东西看上去是怎样的:在这里我看到或者我认出了——“这是真正的和现实的”,“这是毫无疑问地有效的真理”——?

作为自然的人我有我的确信——有我的关于处于继续着的经验和经验认识之形式中的实在的现实性之存在确信;我的作为科学家的理论上的确信;我的存在于我的审美态度之中的以及反映在我的我以后也能够从理论上加以辩护的判断陈述之中的个别的和普遍的美学的和伦理学的确信。同样还有我所坚持的我的伦理

学上的表态，我的道德准则，我的普遍的伦理规范，也许还有在这些伦理上的个别的表态和普遍的表态之上建立起来的伦理学理论；同样还有我的价值，我的美的东西和我的实践目的。所有这些都是作为自然的人而具有的。但是对于作为现象学的主观的我来说，所有这些都被禁止。被禁止并不是被废除，而是被搁置一旁。刚才我作为态度而自然地实行的东西，或由以前的确信而坚持的东西，现在我不再连带实行了。现在我作为现象学家，完全不采取任何态度，我不能由那种态度提供任何理论的，任何审美的，任何道德的基础，不能由它为我的思想活动，感受活动，意愿活动提供任何目标，任何方向。唯有意识，其中包括恰恰是那种以前的意识以及那种以前的，其中尚有继续对我起作用的表态及其习惯性的继续影响的意识：即我在进行阐明、描述、理论研究时，**看作是**我的体验，**看作是**意识，**看作是**自我状态的意识，才为我提供对我的指示。

因此存在着一种由于决心在自我主观中采取现象学态度而发生的极其值得注意的分裂。现象学家的确是那个也以自然方式进行认识、感受、意愿的同一个人。他是那个具有某些经验的、理论的、审美的、实践的确信的同一个人，具有构成他的自然生活的、处于继续发展和变化中的某些目标、决心、意见等等的人，现在他从 423
这种自然的生活中走出来，上升到反思的更高的价值，并且不仅以旁观者的眼光而且以从事研究的思想家的眼光注视这种生活。

这种双重化与普遍的和彻底的批判所要求的双重化有相似之处，正如这种普遍的和彻底的批判也可能有助于这样的目的一样。因此在一定程度上这就是——意识批判！当我，这个无忧无虑过日子的我,对我的整个生活就其价值产生怀疑时,当我遵循宗教的动机,力求一种完全内在的皈依,一种意识之内在的革新时,我就对我迄今整个的生活采取一种普遍的**批判**态度,我仍然没有废除我迄今为止的态度,但是我禁止它们,我暂不给它们以有效性——这在这里并不意味着,我否定它们。我——这个我仍然没有放弃它们,只是为了批判地检验而将它们放到括号中——现在保持一种俯瞰姿态,并检验它们,然后决定是赞成还是反对它们。

但**这**并不是现象学悬搁的意思。现象学悬搁作为现象学,并不想实行任何批判和批判的选择,而是在它的研究范围内它根本不想采取这种态度,因此根本不想作任何以这种态度的现实实行为前提的陈述——并且也根本不想作任何最自明的、最真正的陈述。

谁要是感受到他具有的自明性,并想通过判断以这种自明性确定真理,——另一方面,谁要是仅仅将他具有的自明性作为反思的课题,并只想确定在它本身当中包含什么,他就处于一种完全不同的态度之中。这种真理可以说就在他的眼前。但是他并不对这种真理感兴趣,他并不将这种真理作为他的课题通过判断说出来,这种真理并不在他的判断系统中出现。只有本身作为意识以自明性存在的东西,以及关于这种自明性在自身中带有具有“真正的思想”这种特性的某种思想的这种情况——才是他所陈述的东西,而这却是某种不同的东西①。

① 但是我在这里并不能满足。现象学的确是一种方法,它导致**最终的**(来源于绝对意识的,由绝对意识而获得最终的意义、最终的价值、最终充实的自明性的)**真理**,并且导致**绝对意义上的存在**,也导致每一种植根于绝对的存在之中并与它相关联的存在。

因此对于现象学家来说，在现象学之科学的范围内并不出现那种也总是涉及并断定世界，实在的世界，数学的世界，以及那些已被他或——对于他来说总是已知的而且通常是重要的——其他人把握的对象性东西的命题。他绝不能使用任何科学的任何一个命题。一旦他这样做了，他就会失去他的基础。

但是我们的"现象学的"反思基础难道是一门特殊科学的自身 424
封闭的领域吗[①]？这个基础不是普遍自然的一部分吗？它不是心理学的基础吗？或心理学的普遍基础的一部分吗？

对此首先应该说：一切在现象学的态度之外，在确信上，在任何一种表态上，特别是在理论认识上，所获得的东西，在按照唯有现象学才使之可能的绝对合乎逻辑的考虑中，都被并且始终被置于无效，放到括号中了。当我进行现象学研究时，我为此就对我关于世界所相信的一切东西，我在作为存在的而对我有效的每一个东西上所相信，并且在现象学之外也会相信它对于我作为存在着的而曾有效并且现在有效的东西，实行我的现象学的加括号，并且对我来说这就表示：你不可以从这当中采用任何东西，你不可以在相信当中内在地就此坚持任何东西，你现在根本不将其中的任何东西看成现实的，也不将任何东西看成被信以为真的，盖然的，成问题的，可疑的，无意义的。在价值论方面：你现在不现实地将任何东西看成是价值，现在你不作评价，不把任何东西看成是正当或不正当，不把任何东西看成是讲道德的或不讲道德的。当然这个"你不承认它"，现在并不意味着："你否认"，因为否认本身是一种

① 参看第425页。

表态，是一种赋予某物（当然是作为非存在的或作为虚假的某物）以有效性的方式；而恰好是意味着：“你作为自我，不做任何在其中有某种‘它存在，它如此存在，它不存在’等等对你现实有效的表态”。更确切地说，你禁止你迄今为止的非现象学生活之一切态度。你没有忘掉任何东西，你没有从它们将目光转开，你没有使自己看不见它们。相反，它们会构成你的重要课题。但根本的东西恰恰在这里：我能够不是直接地去经验，而是去反思，并且观察这个经验活动，观察我的“我经验着某某东西”，我能够不是直接地去评价，不是直接地去爱，不是通过爱的活动转向被爱的东西，而是去观察这个“我评价某某东西”，“我爱这个被爱的东西”，并且我可以这样做这件事，即我在进行这种观察时，在观察之后对反思进行这种理论研究时，完全不再是进行判断的或进行评价的自我：对于这个被观察的使某物有效的行为，以及它在其中有牢固基础的它的一切附带的有效性进行判断的或进行评价的自我[①]。

这意味着：我没有分裂。我在判断时继续保持不对我的事态感兴趣，而只是暂地使我从反思的兴趣分心。相反地，我作出一项转变课题方向的决定，这项决定对于我的整个未来生活都是有效的，我的整个未来生活清晰地分裂成两个能够实现的层次，并且相
425 关联地我的人格的自我也分裂了：我决心，在系统的前后一致中——在我的现象学研究者生活的这一阶段中——，在职业上，不再允许采取任何态度，不再允许任何以这些态度实行的进行经验的、思考经验的、评价的和意愿的活动，以及相应的奠基于这些活

① 这是不正确的——这是心理学的反思。

动中思想活动，这些我迄今所实行的并仍然有效的活动——尽管也是作为奠基的有效性，作为可自身理解的东西，例如经常的世界有效性——，而是决心仅仅实行纯粹的反思，决心观察这种表态本身，观察这整个具体的自我生活、自我意识及其成就之方式，并决心将它们变成科学研究的课题。如果我中断了这种进程，那么我就又成了自然的人，并且继续我的自然的生活。如果我再继续我的现象学工作，那么我又是现象学的自我，这个分裂的自我。

现在我的迄今为止的整个世界对于作为现象学家的我来说绝对不再是“这个”在此存在的世界了，一切科学绝对不再是在此存在的科学了。艺术的一切构成物对于我来说现在绝对不再是这个美的作品了。现在它们对于我来说，是些在当下经验它们，判断它们，评价它们，将它们判断为价值的意识以及其他的意识之中的**单纯现象**。

因此心理学也和一切科学一起仅仅是作为现象在此存在。不允许有任何心理学的（心理的）事实，不允许有任何心理学的判断，预先给予我——而且也不允许由预先给予性而当作课题被给予我。被给予的只是给予作为现象学家的我本身的东西，而且我是将“纯粹意识”的全体给予我。当我进行现象学的反思而且发现了纯粹意识的全体并经常发现它时，我就将它给予了我。我是在经验中——在对我思（*ego cogito*）的反思的经验中——原初地发现它的。这是我拥有的唯一的经验。但是对于作为本质学研究的现象学家的我来说，我的兴趣并不是个别的意识，这个一次性的意识，和意识体验之一次性的事实的过程；一切经验只是作为样本而存在，我现实地使用的，仅仅是在想象的反思中会同样好地而且会更好地呈现出来的那种自由的可能性,被自由地改变着的,并在一切变化中仍保存其同一的类型学的本质的,而且作为课题呈现给我的可能性。——

但现在的问题是:现象学反思的范围难道是一个自身关联着的科学领域吗,这个领域有其自身的关联,有其自身的法则性吗,这个领域会使一种继续进展的理论的研究之特殊的系统学成为可能并要求这样一种系统学吗?

在这里首先应该注意:如果我,这位现象学家,进入现象学的态度中并因此根本禁止一切自然地作出的判断(禁止一般存在有
426 效性,也禁止经验),不采用任何自然地呈现的存在有效性,那么任何自然地获得的或能够自然地建立的判断,都不能哪怕只是暗中成为我的现象学论断的前提。这些现象学的论断完全独立于一切自然科学,它们也独立于历史上留传下来的或在此以前由我自己形成的一切哲学。我从一开始就已将它们放到括号中了。但是对于我来说,以下情况也是清楚的,即我所论断的东西至多能够在以后以批判方式影响它们,但却不依赖于对它们的真和假所采取的态度。这也涉及在世界之存在与意义方面的,在实在论与观念论方面的一切有争论的问题。关于这一类的东西,我是单纯的旁观者,这位旁观者将它们看成是现象,看成是现实的和可能的意识之现象。

这也已经涉及一切有关实在性的科学都与之关联并且将其作为被经验的存在而当作前提的**世界之存在**了。这个世界经常地为我在此存在,我经验着它;但是我是否倾听这种经验,我是否看这种经验,是否相信它有提供存在者的资格,则取决于我。对于我这

个现象学家来说，尽管我曾经验过它并且现在仍经验着它，它并不在此存在，因为我不再像非现象学家那样自然地经验它，而是将这种经验活动及其被经验物放到括号中了。因此不管在我眼前肯定在此存在的世界存在还是不存在，我以现象学方式判断的东西都有其自身的正当性；于是我就例如这样一个体验下判断："我现在经验到某某事物"，就这个朴素的经验活动本身及其一切内容下判断。正如我在以自然方式给予我的幻想的情况下或纯粹想象的虚构的情况下，也能够实行一种正是这样的反思而不同时实行任何自然地实行的——而在这里被拒绝的——表态一样。现在我在这里作为反思所获得的东西，显然是直接确实的和毫无疑问的，并且是作为被看到之物而被直接把握的，因此它有自明性。这使我们想起**笛卡儿**的方法。

笛卡儿的方法使我们的目光——或更确切地说，使作为认识者和基本考察的实行者的我的目光——转向我的我思(*ego cogito*)。但是它通过以下方法证明这个我思是一个绝对的自为存在，即它怀疑一切客观存在，在经验中被给予的整个自然的存在。即使我在做梦，即使一切感性地经验到的世界不存在，即使我的身体不存在：我，这个经验着它们的我，也仍会存在，而且这个经验活动也仍会存在。或者，即使我怀疑它是否存在，而且这种怀疑是一种可能的怀疑，这种怀疑也仍是绝对确实的，并且可在反思中作为绝对确实的被把握，即我在怀疑。这样我就第一次意识到，我，这个我所是的我，按照最终的真实性并不是人的自我，而是为我绝对存在着，并且是作为绝对的体验活动之自我统一而存在，作为在流动的意识——其中包括这样一种意识，它在这里被称作外部经验并

427 且显示出在从经验到经验的进展中自身的一致性,但偶尔也有进展中的不一致性,幻想,取消相信等等——中生活着的自我统一而存在。我意识到——通过进一步的反思——,我,作为自然地进行经验的和不论以其他任何方式平淡地生活的,采取态度的,进行思想的,进行评价的,进行意愿的自我,对处于绝对的存在中的我曾是隐蔽不现的;在认识方面隐蔽不现的,如果我虽然曾存在并在流动的意识中生活,但并没有在课题的行为中——在进行经验—进行把握的以及以任何其他方式指向这里的行为中——在认识上意识到我的绝对的存在和生活。我意识到,唯有现象学的态度才能成就这件事,并因此在绝对的自我中发生一种**分裂**——这种分裂并不取消自我,而且也不分解我的存在,而是**在**自我的意识生活之流**中**:这个纯粹的自我,这个我绝对地最终地所是的自我,引起一种反思的生活,在其中我将我自己,这个也许刚才还具有朴素自然倾向的自我,以及它的自然的,它的非反思的生活,变成了课题。现在我观察我自己,观察我的绝对的存在与生活,并将我在这里在以反思方式进行注意的,进行阐明的,进行理解的,进行规定的行为中看到的东西确定下来。此外我还认识到,这个成为课题的自我作为**我**,这个我,我刚才在认识上是不知道的,对于我是隐蔽不现的——而**现在**这个在现象学上**进行反思**的自我及其进行反思的生活是隐蔽不现的。但是在一种新的反思中,这个自我,这个处于其反思功能之中的自我,也会变成课题,并且在这里对于我们变成课题,只要我们谈到它,而且正是在这种反思的基础上谈到它。我认识到,我能够"一再地"进行反思,这种反思可以无限地重复进行,因此我总是能够**先验地**说:我所是的这个自我过着一种**隐蔽**

的，但却任何时候都能作为课题揭示出来的生活，一种绝对的生活，一种作为对……的意识之流的生活。但是在这种对……的意识中，我只是在现象学的反思和还原中才有一种绝对的东西(即这样一种东西，它本身是对……的意识)作为课题。在自然的态度中，我实行外部的和内部的经验，实行一种意识，它的意向性指向超越之物，指向某种在意识中被意指的东西，或者被经验的东西，被知觉的东西，在知觉上越来越完善地"表明"的东西，但这并不是而且绝不是绝对的存在，绝对的生活。只有在意识是通过现象学的反思(通过排除掉一切超越的客观性东西的超越论的反思)被给予的地方，就是说，只有在我"使"有关客观东西之自然设定"不起作用"，代替直接地实行这种自然设定，而对它进行反思，并且只是将它作为意识而当成课题的地方，只有在这里，我才**把握住**纯粹意识，我才拥有绝对主观性的这种纯粹的，绝对的存在和生活。心理学的意识，"心灵生活"，超越的心灵生活，是客观的、超越的统觉之内容；它受到现象学的还原。

由于这个具有纯粹反思之更高价值的自我(作为超越论的— 428
现象学的自我)将自然态度的自我以其超越论的纯粹性当成课题，它当然就没有仿佛它要使自己对它们视而不见那样排除掉的自然态度的自我之诸客观设定，客观洞察(被认识到的诸真理)。如果有客观的设定那将是荒唐的。相反地，我，这个现在想成为现象学的自我而且只想成为现象学的自我的我，恰恰因此不想以自然的自我之方式设定客观性，因此同样也不想如我不是现象学家时所做的那样行事，就是说，关于纯粹的意识毫无所知。相反，**我的第一个课题就是对这个自然的自我及其自然生活的现实性东西和纯**

粹可能性东西之多样性,以其超越论的纯粹性并以其充分的具体性,按照本质上属于它的全部内容加以考察。因此,如果自然的自我,当它以某种方式将事物、生物、被赋予灵魂的身体、共同体、文化构成物联合到世界之中时,经验到世界,经验到人类历史的发展和文化历史的发展,在继续进展的经验中或多或少正当地确信这个世界,对它进行思考,指向它的真正的现实性并指向有关它的理论,指向它的理论上真的存在,证明这种或那种存在是真正的存在,建立有关它的理论,并有洞察力地证明该理论的正当性,如此等等,——那么**现象学的自我**就对所有这些进行观察,与此同时使自己明白,自然态度之一切可陈述的东西,因此它的一切被给予性东西,都在自然态度的纯粹意识中获得其意义赋予;其中也包括客观存在,与现实的短暂的经验、知觉、回忆、经验的指示等等对比的有关它的可陈述的"自在"存在,同样还有作为真正现实性的,作为自明地被奠立的现实性的特征。现象学的自我研究这些关系,指出它们的本质必然的类型学,并由此指明一切客观存在和一切客观有效的述谓之最终的、绝对的真理意义,使该意义成为可以理解的。它证明当下自明性的绝对本质,每一个由自明性获得的认识之"正当性",由此证明处于其基本本质变化之中的真正认识之本质,并在这里使下面所有这些东西成为可以理解的:即自然的主观当作"正当性"所寻求并发现的东西,以及所有这一切如其在现实生活中被引起那样在现实生活中所是的东西;本质上属于我—经验客观东西的这个"我经验"[①],它的诸本质形态看上去是怎样的,

① 必须明确地说,以自然态度生活的"我"作为人存在于世界中,而这个通常意义上的"我"本身被放到括号中,如此等等。

它的诸可能的本质变化是怎样的，哪些本质可能性处于证明和拒 429
绝、原初的自身给予、有关纯粹自身给予性的经验之预设性的向外抓取等等这些标题下；由此它证明真正客观的存在是某种处于如此这般状态的意识的，并因此相关联地是绝对的进行认识的主观性的相关项成就，相关项理念，并证明是与它不可分离的。但此外现象学也提供同一的对每一个自我呈现的真正的存在，因此也是就这个绝对者之内在领域而言的同一的真正的存在，并且同时澄清了现象学的认识与自己本身的本质的返向联系。

如果这件事情做成了，那么整个世界——或更确切地说，作为真正存在着的世界的一般可能的世界——就处于与认识世界的主观性的关系之中，并且被证明是与它不可分离的，并得到了理解。因此现象学还原在这里产生了一种作为现象学认识的对可能世界的认识，即对作为相应的绝对的意识之相关项的可能世界的认识，并且证明这种认识是每一个在自然态度中实行的可能的世界认识之绝对的意义，而且是一切可能的自然科学之成果的一切形而上学应用之规范。同时现象学还原还将一切可能的自然地确定的存在放入与其不可分割的绝对的主观性之本质关联中，并由此得出关于一切可能的存在的一切本质可能性东西之绝对物的本质科学。在应用于自然地被给予并事实上被给予的世界以及与它相关联的自然科学时，这种本质科学就是具体的**形而上学**，不仅是具有有关绝对意义上的存在者之普遍规定的一般形而上学，而且是**具体的**形而上学，就是说，它提供一切自然科学之形而上学应用，同时提供对于按照它们的应用并在它们的前提下还会产生的那些问题的看法和可能的解答。有关事实性之本质学的现象学和现象学

的哲学，最终成为关于被给予的绝对的现实性和一切可能的绝对的现实性以及处于其必然的彼此关联之中的这二者的一切可能的绝对的科学之全体，或者成为普遍的和绝对的科学。——

据此我们会说：现象学家不是站在自然的基础上，他不是从事自然的—独断论的科学。现象学家实行经验，实行任何种类的自身给予行为，如同它们在自然的生活态度中被实行的那样，但不是以如其在自然的生活态度中被实行的方式，不是以“朴素性”的方式实行。他的方法方面的首要东西，就是从根本上改变这整个的自然的态度；其中包括：将一切在自然态度中给予他的对象性东
430 西，一切在自然态度中接受的或主动奠立的有效性“放到括号里”，以某种方式“使其不起作用”；因此首先“使”整个实存的世界，“使”最广义上的宇宙“不起作用”。这个宇宙在自然的经验中以经久的证实被给予，一再地被获知，按照总是新的事物和过程被知道；它是这样一个宇宙，它也许而且并不少见地在自身中带有对已获得的认识之改变，将在此以前的和无可争议地实行的经验划掉；这个宇宙被以各种神话形式解释，或在诸科学（这些科学也许以后会被贬斥为伪科学）中被从理论上认识，等等。

现象学家不想继续去经验“这个”世界，去思考“这个”世界，去评价“这个”世界，通过行为到“这个”世界中起作用。他不想通过实行经验而以自然的倾向生活，他不想做这些，而是想普遍地研究经验活动，研究采取态度的活动，研究整个流动着的生活，这个在其中“这个”世界被获知，在其中“这个”世界向他“表明”其特性，在其中“这个”世界通过显示为真实存在的和如此存在的而按照一定方法如此这般地作为科学上真的而得到规定等等的生活——我重

复说一遍，他想研究经验活动的，理论研究活动的以及其他的自我生活的这整个生活。因此他不是判断说："这个世界在空间上存在，这个事物是有活力的，一切物体都有重量"，等等，而是判断说："我判断——世界在空间上存在"，"我经验到——这个事物是有活力的"（或者说得更确切些："我根据经验判断说……"），而且到处都如此。然后他接下来问：这个"我判断 A"是怎样的，作为关于这个事物的经验的经验是怎样的——如此等等。但他又不是像具有自然倾向的人由于坚持自然的经验基础和自然的认识基础所能对此问的并且经常问的那样问这些东西，就是说，例如不是如**心理学家**那样问；心理学家在所坚持的世界（这个世界对于他是一个没有争议的，尽管是不完善地被认识的存在基础）内部将人举出来——比如自己本身，这个实行自身经验的人，这个身体—精神的生物，他除去身体的东西还有心灵事件，其中包括这个"我判断"。相反，现象学所特有的东西就是，它在反思中是**普遍的和彻底的**，它不以朴素的方式接受**任何**自然的给予性，相反地，它将**一切被给予性**都追溯到意识，追溯到现实的和可能的意识之全体，在其中这个自然是被意识之物，被以为之物，或者"被证实为真之物"，等等，并且每一个被给予性不是在可能带来危害的个别化中存在，而是每一个被给予性都和每一个其他现实的和可能的被给予性在一起存在——在下面这个根本性的决心之统一中，即不把任何自然的此在看成是被给予的，而是将意识之全体，并且只是将这个全体，当成课题，但在这种情况下想将自然的此在只是**当作**在这种意识中被经验的东西，以任何其他方式被以为的东西、被思想的东西而拥有和考察。

431 因此,现象学的态度整体上包括全部自然的意识连同作为自然意识之课题的一切自然的表态,并且包括自然意识之一切被给予东西,不是作为自然意识的被给予东西,而是作为自然意识的课题包括;因此包括一切科学,不是作为科学本身包括,而是作为自然意识之构成物,也许还作为自然意识之课题包括,并且包括被这些科学断定为真实存在的和如此存在的一切对象,一切就科学的领域而被断定的单个的或法则性的事态——**作为**以自然态度进行探究的、进行经验的、进行实验的、进行观察的、进行理解的、进行理论研究的意识之课题的事态。就是说:我通过思想理解作为科学所呈现给我的东西,理解某些命题体系,我理解提供根据的经验、概念的行为、述谓的行为、推论、进行证明的洞察,也许还有在其中清晰的和模糊的科学东西能够如此向我呈现出来的各种各样其他的意识。再换句话说:我实行处于自然态度中的科学;但只是为了过渡到现象学的态度,为了将一切在唯一应是我的课题的这种意识关联中出现的构成物以及一切作为这种意识的对象的对象,作为这些谓词之主词的对象,只**看作相关项**。作为现在是我的课题的那个意识当中的课题,它们本身以某种方式一起属于意识这个课题;但是在这种间接性中,它们对于我以完全不同的方式存在,它们是某种意识之被以为的东西,被表明的东西,被证实的东西"**本身**",是单纯的意识相关项。

因此,一切科学(只要我能够理解它的赋予它意义的和论证真正存在的思想活动,并能够如同我可以假定的那样做这件事),都属于这种态度的改变,这是一种课题上的改变,并且对于自然的被给予之物来说是一种使其有局限性的改变,是一种将其置于以前

不熟悉的环境之中,同样也置于现象学之中的改变。但是在这种改变中自然科学不再是自然科学,它的真正的和被证实的存在根本不是真正的存在,而是纯粹的主观性之意向构成物,并且作为“真正的”构成物是一种具有被突出出来的主观的性格的构成物。

“我将自然之实存排除掉”,将它放到括号里,同样将一切世界科学的命题,一切自然科学的命题,也放到括号里。“现在没有任何东西会对我有效”;一切数学命题也同样如此。这会意味着什么呢? 首先意味着:我的**使命**不是自然科学,我的使命现在不是任何一种“自然的”使命。我的使命是研究纯粹的主观性。并且正如一切意识都属于纯粹的主观性一样,提供出自然的(经验着自然的)意识,自然科学的意识,也属于纯粹的主观性。

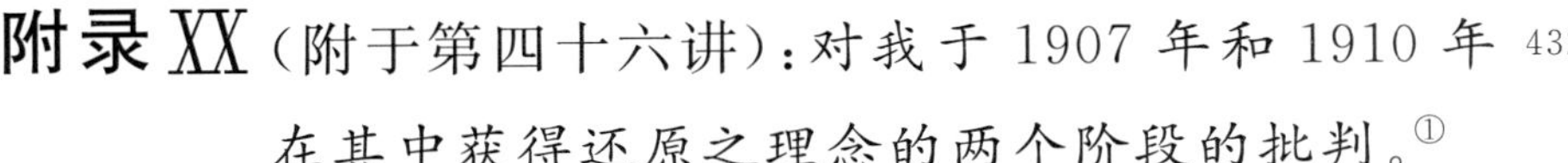

附录XX(附于第四十六讲):对我于1907年和1910年在其中获得还原之理念的两个阶段的批判。[①] 432

现象学的还原开启了“超越论的主观性”之经验领域。不允许任何朴素地实行的,作为“前提”的,最广义上的对“世界”的相信。与此同时,一般命题也被禁止。那么什么是可设定的,什么是可能经验之统一的全体呢? 于是我就必须谈到“超越论的”知觉(谈到超越论的主观性)和一般超越论的经验,我本身作为进行现象学研究的,但是匿名的自我,是它的执行的主体。

---

① 约写于1924年。——选自一束手稿,在其封面上胡塞尔注明:“于‘1924年’已准备好,用于拟好的稿件=用于已计划好的1924年的‘著作’”;即用于已计划好的要将《**第一哲学(1923/24)**》的讲课修改为一部著作的资料。——编者注

澄清超越论的主观性以及在这里出现的新的知觉——这些知觉在系统地起作用时展示出新的存在基础——这个课题,造成了比我原来想象的更多的困难。

1)首先最好是避免现象学的**“剩余物”**这种说法,同样也避免**“排除世界”**这种说法。这种说法容易诱使人们以为,从今以后在现象学的课题中就没有世界了,代替它只有与世界关联的主观的行为,显现的方式等等才是课题。这在某种正确理解的方式中,是正确的。但是如果处于其充分普遍性之中的这种普遍的主观性,更确切地说,超越论的主观性,被设定为合法地有效的,那么在相关项方面世界本身就作为合法地存在着的,按照它的一切事实上所是而存在于超越论的主观性之中:因此一种普遍的超越论的研究在其课题中就也包括按照其全部真实存在的世界本身,因此包括全部有关世界的科学,而且作为本质学的超越论科学包括有关世界的一切先验的存在论,而作为“经验的”超越论科学包括有关事实世界的一切事实科学。

2)但在另一方面还有一点是必须特别注意的,并且应该防止危险的先入之见。乍看起来,下面一点显得是不言而喻的,即这个通过还原作为剩余物而获得的主观性是我自己的,这个进行现象学研究的自我的“纯粹的”主观性[①]。在这种情况下在不言中进行指导的东西,是下面这种东西:即在自然的客观的经验态度中,我发现我如同所有其他人一样是作为具有物理的身体性和心灵的存在的,或更确切地说,心灵的生活的人。如果我现在实行现象学的

① 所谓我的私人的自我。

悬搁，那么我就禁止一切“客观的判断”（δόξα）。由此有关实在事 433
物的一切判断，因此还有我和其他人的身体，因此还有其他人，就都受到了还原。那么我的心灵的生活还保留着吗，我在这个生活中，作为我思（*ego cogito*）中的自我（*ego*），剩余下来了吗？但我的纯粹的心理生活也仍是在世界之中存在的。向这里还原只不过是在这个存在着的世界中抽象出心灵东西这个层次。相反，我要获得的是超越论的“纯粹的”自我和自我生活。每一个客观的统觉都应受到禁止，即使是对作为自我—人，作为心灵的我的统觉。

我从下面这种情况出发，即在自然的生活中我首先实行自然的反思并与此同时对作为人的人格的我实行统觉。我作为现象学家对此进行考察；这种统觉的有效性受到还原，它作为纯粹的统觉，作为纯粹的意识，本身一起属于能够归入我的超越论的经验范围的东西。因此这种还原就意味着向由对我的人性，特别是对我的心灵的“纯化”而来的“纯粹的”意识还原，向在自然态度中对我有效的“作为人的自我”这个客体之“心灵的侧面”之纯粹东西还原。在这里，我最初在这种还原中过分强调了意识流，仿佛涉及的是向它还原。

在1907年引入现象学还原时我最初的理解肯定就是如此[①]。在这种理解中有一个根本性的，虽然并不很容易看出的错误[②]。这个错误由于在1910年秋季的讲课中将现象学还原“扩展”到单

---

① 参看胡塞尔的《**关于现象学理念的五次讲课**》；本版《**全集**》第Ⅱ卷。——编者注

② 查看，在这里用向我思（*ego cogito*）还原是否真的仅仅是指向意识流还原！

434 子式的共主观性而被消除了[①]。那时我就已经说明：看起来向“意识流”还原很可能会得出一种新式的唯我论。但是如果我们弄清楚，还原首先不仅导致**现实的**意识流（及其自我极），而且每一个经验事物——同样还有作为当下在流动着的经验中有效的世界（而且首先作为自然）的整个世界——如1910年所说的，都是关于**可能**经验之无限多样性的“**标志**”，那么这种困难就会消除。进一步的阐明依据对一切准当前化都能够经验到的**双重还原**的证明，即对作为当前体验的准当前化的还原，和“在”这些准当前化中的还原。由此就揭示出了那种“动机形成”之体系，这个体系以原初的正当性属于每一个被朴素地设定的“在此存在的”事物，这种事物的当下的此在有效性——今天我可以说——恰好不涉及纯粹是眼前的体验，而是**意向地关联**到这个扎根于眼前体验的、但当然只是

① 1910/11年冬季学期胡塞尔在哥丁根大学——除去在本卷中已经提到的有关“**作为认识之理论的逻辑学**”的每周四个课时的讲课（见上，第225页。——编者注①）外——举行了每周两个课时的有关“**现象学的基本问题**”的讲课。胡塞尔这次讲课的速记稿保存于卢汶胡塞尔档案馆FⅠ43目录号下，在该同一札手稿中还有1907年的“**关于现象学理念的五次讲课**”的速记稿。关于“**现象学的基本问题**”的手稿胡塞尔注明道：“这些东西只是这些讨论与之有关的最初几周的讲稿。后来我没有讲稿自由讲述”。此外卢汶胡塞尔档案馆保存有在20年代由兰德格雷贝在胡塞尔指导下完成的“为1910年10—11月讲课拟好的稿件”（它来源于上面提到的速记稿，有三个部分：MⅢ9Ⅵa，MⅢ9Ⅵb，MⅢ9Ⅶ），胡塞尔更确切地称它是“与关于《**作为认识之理论的逻辑学**》那次讲课并列的1910/11冬季第二次讲课的未完稿之由兰德格雷贝完成的稿件（现象学还原和超越论的移情作用——有关超越论的共主观性学说之最初的开端）”。

关于1910/11年的“**现象学的基本问题**”讲课的意义，胡塞尔曾在《**形式逻辑和超越论的逻辑**》（《**哲学与现象学研究年鉴**》第Ⅹ卷，以及马克斯·尼迈耶，哈勒/萨尔1921年单行本第215页）的注释中，以及在《**我的〈理念〉的后记**》（德文版最早发表在《**哲学与现象学研究年鉴**》第Ⅺ卷第549页以下，单行本1930年），本版《**全集**》第Ⅴ卷第150页，注释②中指出。——编者注

作为地平线的、可能的前后一致的经验之在风格方面完全确定的体系之整体。因此推测之无限性就包含在经验着世界的生活之事实的流中——并且从每一个新的经验时刻起就是新的而且改变着——，包含在具有合法效力的(＝一致的)动机形成中，总是意向地包含在存在着的，有效的世界之普遍的地平线预设中，这个世界在从一个时刻到另一时刻地改变着时，保持着一种**风格**，这种风格总是能够被作为当下事物的及其——从知觉的意义出发不断地揭示出来的——整个的知觉环境等等的构成之先验的风格揭示出来。

通过实行现象学的态度，一切客观的判断——作为直接的—直向的判断——都被置于无效，或更确切地说，被禁止；但是作为替代，进行经验的、一般意向的生活之整个领域以及纯粹存在于其中并总是能从中提取出来、“推断”出来的处于意向地被揭示的关联中的合法性力量就生效了——或更确切地说，在从可能的经验，可能的意向性向其他的，从现在起被要求的可能经验之进展中形成的合法性力量，就生效了。更仔细的观察表明，这个“标志”的东西[①]只不过就是这样一个东西：即如果我脑海中直向地浮现一个知觉客体，它直接地作为在此存在的而对我有效，那么这种我在其中拥有这样“我知觉”及其相信作为事实的纯粹现象学反思就得出，由此某些其他的现实的和可能的知觉(尽管并不是以清楚的规定性)就被——按照动觉的设定——引起，并且当我使相应的动觉起作用时，就“一定会”以某种风格在其有效范围内“出现”。被给 435

① 在外知觉之中。

予的知觉是“归纳的”[①]系统之核心,我能解释、能构成这个系统,并且当我坚持将在进行经验时被以为的客体之同一性作为我的知觉行为的目的时,这个系统从一开始就随身带有其授权。在我澄清了——当然是粗略地——这一点以后,重要的下一步就是指出,正如带有其当下客观的意义内容和客观的设定的自己的意识体验原初被引起一样,同样他人的意识体验也——在移情作用这样题目下——被引起,尽管不是作为对于我的意识关联而言“原本地”被引起的。

或者:每一个具有“人”这种形式的客体都是一种新式系统的标志,这个系统奠基于“身体的事物”这种已经可以理解的系统之中——“身体的事物”作为由**我的**原初性构成的系统是可以理解的。一种向“他人的”心灵生活和他人的自我的“归纳”,一种有关“意识”的新式的准当前化,一种有关并非我的,而是他人的意识的间接呈现,是借助这种具有移情作用的经验实行的。属于这种间接呈现的有一种有关可能的这样的准当前化的系统(在与有关身体性东西的基本体验的统一中)——作为一个由意向和充实构成的系统,在其中恰好有一个他人在此为我存在,而且是以合法形式在此为我存在。如果这个**在我之中**发生的构成物,作为“在此存在着的异己的人”,以纯粹现象学的方式受到考察,那么在这种构成物中就不仅有**我的**一致的现实的和可能的移情作用之体验系统,而且此外还有**另一个人**以准当前化的方式而有效,但是作为纯粹

① 归纳的:如果我在其动觉的指引下纯粹向显现方式看去,那么在这里事实上就有一种关于如果—则的归纳系统,而且我 1910 年就运用了这个系统。

主观性而有效。

在原初奠立的第一阶段上，我并没有失去自然，而是代替(原初的)绝对的自然，我拥有被经验的自然本身，作为首先是我的、原初固有的基本的诸体验之极，并且是在这些基本体验中作为事实上被证明的而拥有，尽管正是由于这种预设而处于非存在之经常敞开的可能性之中。这对于身体，自己的身体和他人的身体，也是有效的。如果我现在从本质上，而且纯粹从本质上弄清了这个他人以及一般而言的动物这个客体种类，那么我就有了一个扩展了的基本的系统——我的纯粹意向性之系统，但是其中包括，由于一致的证明而意向上被证明正当地包含他人本身和**他的**基本生活，就是说，他的意向的生活；但是这个他人并不处于我经验我自己，他经验他自己的那种最初的形式，原初的

形式的原本性之中，而是处于作为被我经验的，并且在我之中被 436
原初经验的他人这种派生的原本性之中，并且最终是作为我面对的人，作为与我面对面的人，作为“他人”原本地被给予我的，并且总是能够按照总能由我揭示的风格之形式以这同一的原本性而证明的。(当然，如同自然一样，人们，世界一般，也是通过他人间接地被构成的。)

现象学的还原恰恰只不过就是态度的改变，在这种态度的改变中，经验世界作为可能的经验之世界受到前后一贯的、普遍的考察，而这就是说，进行经验的生活受到考察，在这种生活中，被经验的东西总是——而且普遍地是——具有某种意向地平线的经验的意义。

但是现在必须开始一种更严格的澄清。如果现象学还原不是

向我私人的主观性还原,那就肯定必须在我自己的存在与生活,作为在我本身中原本度过的,并且在现象学的反思中以最初的原本性发现的存在与生活,和另一方面一切对于我而言的别人的存在与生活——这种生活在我本身之中,但是作为“被反映之物”,显示出来,并且能够在我之中揭示出来,正如它连同物体的身体被归纳为原本被给予我的那样[①]——之间加以区分。

向超越论的主观性还原就是返回到**我的**纯粹的我思(*ego cogito*)。但是这不可以被误解为局限于在我的**私人的**存在和意识生活意义上的我的存在和我的意识生活,仿佛我只可以,或更确切地说,只应该设定我的私人的自己的存在,和我存在于其中的我自己的生活,因此完全只应该设定我的意识流为存在着的。从一开始,这就意味着“我思——所思之物”(*ego cogito—cogitata*),而且这后者纯粹作为所思之物(*cogitata*)而对我有效。并且如果我——“通过说明”这种关联之诸地平线——考察我的进行思想的生活,并如其综合地统一起来的那样加以考察,此外在这当中考察所思之物,作为前后一贯地坚持着的同一性东西被构成的,作为对象极被构成的所思之物——连同它的保持同一的并且前后一贯地得到证实的诸性质(存在的质料)——,并且如果我,不是考察个别的这样的所思之物和自身证明的系列,而是将我的整个生活,我的具体而完整的有效生活之普遍的证明样式当成课题,并将该生活

① 在这里到处都谈论的这个“归纳”,乃是意向的“说明”。在我的流动着的现在中关联到——原初地关联到——我的过去和将来。在我的原初性中(并且因此在我的生动的现在中,就已经)“关联到”他人的现在,他人的原初性。——一切秘密都存在于对关联与说明,地平线与标志等等的澄清中。

的本质的地平线之样式，并且持续不断地将新的地平线的构成物当成课题；那么我就在我的被还原了的领域中，不仅发现了我，发现了我的生活，以及其中的一般被以为的东西，而且作为总是并且必然是被以为的东西，我首先发现了一种统一的原初的自然，被不可动摇地证明的，对我真正存在的，并且由于这种敞开的“无限的” 437
证明而对我必然有效的自然；我不能怀疑这个自然——**作为**这种一致的普遍的经验之自然。在现象学的态度中，这个自然对于我而言是以连续一致的经验这种特殊的方式“被以为的”——虽然带有一种持续的地平线预设。这种一致性是在背景经验环境中之特殊的个别事物的经验中进行的一致性；个别的细节也许会随情况而改变（校正）。个别来看，这种一致性是这样的，即它将以下情况搁置起来，即动机形成的情况可能会改变，我现在可能想放弃迄今以前必然的存在确信等等。因此，这个自然，首先是我自己的私人的，作为以现象学方式构成的自然，就是如此。但它首先只是作为在我之中“原本地”原初地被构成的自然才是这样的东西。它只是作为这样的东西才是纯粹由我的意识生活而来的证明的统一[①]。

如果严格思考，当我将世界放到括号中并追溯到作为本身较早存在东西（被必然“当作前提”的东西）的我的我思（*ego cogito*）时，我就又必须在这个我思（以及它的作为所思之物的所思之物［*cogitata*］）本身的领域实行还原：我的自我和意识生活本身先于

① 它的作为整个自然的证明是非本真的，“隐蔽的证明”——不是作为辨明性的证明的证明，——这种证明需要说明；它需要特别的澄清。在本真的证明中有非本真的证明作为前提。

我的一切习惯性东西[1]——甚至我的生动的意识的现在也先于一切习惯性东西,即先于我的意识的过去,以及更多东西——,但我暂时不理会这种情况,而必须只是实行向我的意识生活一般以及作为在其中生活着的并具有习惯性东西的我的习惯的自我还原(不实行那些在以后变得很重要的更精细的还原)。然后紧接着的还原,就是在超越性方面存在的还原,作为向原初的,以最初的原本性构成的自然的还原。在这种情况下第一位的东西,就是我在*所思之物*(*cogitata*)方面作为相关项,但却是作为一种真正存在着的超越的(超越我的存在的)存在领域而划定界限的东西,只不过是这样一个存在领域,它完全是由我的最初的—原本的生活获得其存在意义,因此这个自然完全是作为在我的最初的,原初的生活中作为超越的自然而“原本地”构成的。但是在自然态度中,这个自然意味着在可能由作为可能的共同经验者的每一个人那里获得存在规定这种意义上的**客观的**自然[2]。

438 那么关于他人的情况如何呢?他们也在与被还原的自然(被还原到它的对于我而言的原本可经验性的自然)相同的意义上是属于我本身的统一,作为在我之中被构成的,作为与我的普遍的得到证明的生活及其习惯性东西不可分割地“在”我“之中”存在着的吗?只当我在我的作为超越论的领域的领域中拥有这些他人,我

---

[1] 我的自我——这显然就是后来被称作我的原初的自我和原初的生活的东西,——但是在一种在其中不涉及移情作用的特殊意义上。

[2] 1)我的生活,对我而言可以原本地进入的——,仅仅是设想自己处身于其中的他人的生活;2)我的原初的—原本的(原初的)生活——他人以及他的原初的—原本的生活;这两种区分不可混淆!

才能够以超越论的—共主观的被构成之物的有效性不仅设定他们，而且设定**客观的**自然。

现在如果我询问这些他人，那么他们作为世间的被经验的，并由关于世界的经验而被设定的，作为在身体—心灵上被规定的人，首先是处于括号中的人。但他们对于我来说的确是他们以其整个的存在意义（正是由**我的**经验之以一致性方式综合统一的多样性而来的存在意义）存在的东西，而这些经验在这里是一种特殊的和显然是多层次的经验，这些经验十分不恰当地被用“移情作用”这个词来称谓。它们是对人经验，对动物经验。

如果对于我，这个超越论的自我（*ego*），实际上存在的一切东西，只是作为我的进行证明的生活之统一而存在，并由这种生活获得其意义，那么在这里一切我自己的意义构成物，作为这样的东西，本身岂不就不仅是附属于我的生活，而且是与它的存在不可分离的吗？它岂不就是被“暗含”在这当中，“被包含”在这当中的意向的统一吗？又像原初的自然那样是意向的统一吗？这种原初的东西对于对我而言的存在来说，是本质上在先的东西，是进行奠基的有效性。当然对于每一个作为对我来说是原初地—自我学地存在着的和被证明的物体的他人的身体，事实上也是如此。在这里就开始了他人的主观性的，或更确切地说他人的人的构成的问题，并因此开始了人的一般存在的问题：原初的东西奠立起对于我而言的非原初的东西。因此在这里还原重又发挥其作用：将被放到括号中的人还原到他的身体—物体，而且纯粹作为在我的原初领域中被构成的身体—物体。由此出发我们首先达到由他在我的原初的—自我学的动机形成中所引起的，被连带指示的“他人的”超

越论的主观性。只当我以超越论方式获得其他人,我才有另一个自我,并且区分我的自我和别人的自我,我的作为有效性的承担者的自我和作为暗含地有效的别人的自我。并且只有由此出发,我们才能达到作为世界成员的人之存在意义,并达到世界本身之存在意义。——

他人的超越性,与此同时客观世界的超越性,客观自然的超越性,其他的人的超越性等等——与原初的自然之超越性相对。原初的自己的生活,作为在它固有的内在的时间中真正事实上存在着的生活——我的原本的意识流——;这个"真实存在",这个意识流之能够合法地说明的,能够证明的"真实存在","暗含"在我的生动流动着的,由我而发源的现在之中,隐藏在这个起源之中。

439 在我的生活中,在这种通过说明能够以作用范围的不确定性构成的生活中,作为存在有效性之背景,"世界",一个原初的"世界",被构成,诸原初的"事物"等等被构成。它们与我,与我的原初的存在——与意识流——"不可分离地"存在着,**只要**这些能力的地平线属于意识流,只要我恰好是在它当中生活着的自我,这个能力的自我,——这是什么意思?我也不是这个意识流之"真实的"组成部分。另一方面,如果没有作为能力的—自我的我,这个我已经设定为前提的能力的—自我,作为由根源上构造它的能力的—自我,这个意识流就什么也不是。事物——存在者,这些原初的存在者,如其所是地是不可分割地相互关联的;是与在我之中被构成东西不可分割的。第二阶段:在我之中根据原初性被构成的他人,与处于第二阶段的我不可分割。但是这些他人是作为别的自我被包含在我之中,并且每一个都与每一个不可分割。

附录XXI（附于第四十七讲）：关于对潜在东西之揭示的重复。[①]

我——以及作为进行反思者，作为进行认识的物理学家、心理学家、认识论者的我们——

1）自然的态度：——作为这样的自我我看到——我们看到——这个世界——当下的事物、人们、动物、艺术品等等。当我看世间的东西时，我看这种东西的看的活动，在这种情况下是认识—**功能**的这整个主观的东西，是**潜在的**。如果它在朴素的反思之中，比如在认识论者的反思之中，是“显在的”，那么它就是我的看的活动之“心理的”行为。此外我在世界的经验中还遇到“属于”物理的身体的主观东西；因此在作为人的我身上遇到了我的经验活动、我的思想活动等等；同样在其他人身上也遇到了他的经验活动、他的思想活动等等——在这件事情上这个**在这里起功能作用的**认识生活又是潜在的。只要它变成显在的（又是在新的认识功能之中），它就在经验时被看作我的或其他人的同样也处于经验之中的身体性东西之**心理东西**。

2）在“超越论的”态度中，我就空间世界实行普遍的悬搁并将它还原到主观性，在主观性的经验活动和思想活动中，“这个世界”（以包括我的心理东西和所有的心理东西的充分的普遍性）作为有

① 约写于1924年。——选自一札手稿，在其封面上胡塞尔写道：“于‘1924’年已准备好；用于1924年拟好的稿件＝用于计划好的‘著作’”；即用于计划好的将《**第一哲学**（1923/24）》的讲课修改成一部著作的资料。——编者注

效性的统一而表现出来,并得到证实。

在自然的态度中,我实行对世界的经验,并实现自明性,我遵循基于世界经验的思想活动之自明性,我实现它,我生活于直截了
440 当的实行当中,我总是预先就已经有了有效的世间的存在。如果我对在这里发挥功能的认识生活进行反思,那么这是以下面的方式进行的,即我总是预先拥有这个作为对我有效的,并且如同对我有效一样也对所有其他人有效的世界的世界(我的环境,我的身体等等)。我和其他人作为人存在于世界之中,而世界本身作为他们的世界,对他们有效的世界,被假定为前提——并且他们本身对于自己本身作为有效的被假定为前提。

但是,如果我实行普遍的(超越论的)悬搁,那么我就又有了发挥功能的经验活动、思想活动和认识活动,我生活于这种活动之中,在这种活动中“超越论的主观东西”对我是现实性和可能性,并且是自明地显示的东西——作为这样的活动,是一种未被揭示的生活,它暂时仍是未被思考和未被经验的,如此以至无穷。但是我也以世间的形式,心理学的形式拥有这种重复,一次我拥有这个世界和在这个世界中的我们,我如其所是地认识它;另一次我拥有所称的超越论的主观性,我又一次如其所是地认识它。在从一种态度向另一种态度的过渡中,我认识到世界与对它进行认识的主观性之关联,每一个都是存在者,并且一个与另一个有关联。这是对的。但是现在应该注意以下几点:

1)当我一旦有了超越论的基础①,我就能够**继续**揭示这种潜

① 超越论的主观性并不是“预先给予的”。

在东西的。当然，我达不到**最后的东西**——但我正是将这最后的东西认为是原初的本质必然性，并且我能够确定构成这种超越论的经验活动的认识本身之**风格**，并因此能够按照其被隐藏的现实的和可能的结构连同当下在其中作为显现的而被给予的东西确定一般超越论的主观性之风格。

2)进行现象学研究的自我和对于它来说是课题的现象学的自我。——应该区分：

a)作为实行还原的现象学家的自我，和我的现象学的生活，

b)自我和我在这里作为超越论的生活而认出的生活，就是说，我的当下现实的，只是被不充分地揭示的，世界和无论什么东西在其中被我认识到的生活。

在我的进行揭示的现象学的认识生活中，在先后一致地进行时，我也通过产生恰好是一种新的、以后又可能成为并且一定会成为课题的现象学的生活，认识到处于其当下状态的这种现象学的认识生活本身。现象学的揭示不可能意味着建立起那样一种生活，这种生活具有被认识之物（被经验之物等等），但不是**在一种认识活动中**具有，这种生活作为被揭示的生活本身**以完整性**处于一个层面上，这样以至它为之存在着的我，连同我的全部生活都处于个层面上。我现实地生活于其中的**这种**生活——以及作为这种生活之起功能作用的自我的我——**总是**潜在的。但是“我—在”就在 441
于：我能够实行对自身的思考，并且在继续进行时，通过把握住可能的我—在和我—生活的这整个的风格而实行对自身的思考。

3)此外在继续进行时我能够实行纯粹的重复，在继续进行时能够澄清处于隐蔽的朴素性之中的进行认识的行为之“成就”，并

澄清使之有效的和证明的方式，完全澄清自身给予性之界限和正当性赋予之各种不同的样式。我能够彻底澄清意义并澄清正当性之类型，澄清为在“存在者”这个标题下在这里出现的一切东西赋予正当性之诸阶段，这种“存在者”只有作为“被视为”存在着的“东西”，作为“被授予”存在者的“权利”的东西——作为纯粹超越论的一主观的样式——才能出现。

4）在超越论的领域中我看到了作为自然经验（这种经验现在在悬搁中是课题）之被经验物等等的**世界**。悬搁使它变成了对我如此这般主观有效的世界，并且是作为某些预设的基底，证明这些预设的基底等等而主观有效的世界。现在我可以说：现象学是对存在于意义和意义赋予中的必然性东西之全面的和前后一贯地实行的普遍的思考，是对一切对作为自我的我和作为我们的我们来说可以想到的各种对象按照其在意识生活中被意识到的和将被意识到的方式的思考，按照其被以为的方式，按照其作为存在着的而有效的方式，以及这种当下的有效性得到主观证明的方式和持久地具有或能够具有真实存在之性格的方式，相关联地，按照有效者被证明为可疑的东西或无足轻重的东西等等的方式思考，而且是对所有这些和这样的存在者之全体，对宇宙的思考。

除非是在某种意识之样式中，否则任何东西都不能为我和为每一个可能想到的自我和我们有效，并且凡是对我和“每个人”应该能够具有真理之有效性的东西，就一定是“能够证明的”，他的生活——以及在其中被一起构成的别的主观的生活——之风格，也就由此而被预先规定了，这种风格从它那个方面随身不可分割地带有有效的和通用的真理。被预先设定的真正的存在（仿佛它是

某种可与意识的主观及其我们分离开的东西）是一种幼稚或神话。客观的存在（与意识相对的超越的存在），并不是神话式的自在，而是这样一种自在，它本身纯粹主观地获得其意义，而且作为意义是与其意义的构成不可分的，因此本身是单纯主观性的一种样式。

现象学作为有关处于现象学还原之方法中的主观性的科学，是有关处于其无限相关性之中的一切可以想象的——在我们的主观性中，在我们的我们之中可以想象的——存在者之虽然是本质学的但却是具体的科学。实在的东西是与意识相关联的：与超越论的主观性相关联的——不是作为后来在某种关联中与主观性 442
发生关系的某种自为的东西，而是这种相关性本身属于超越论的主观性之完整的范围——作为在“实在性”这个标题下在其中被构成的极—系统和“客观真理”之基底的系统，作为可确定性。能与这种世间的—实在的东西相对而标明为“单纯主观的”——虽然已经是超越论的主观的——东西，本身又是被构成的，尽管现在不再作为实在的，而这个进行构成者从它那个方面又是被构成者，并且如果在这里预示着一种无穷的复归，那么这对于以下情况并没有任何改变，即人们在这个当下的阶段上，恰好能够证明那种构成，并能够完全地查明和理解当下阶段的统一如何是统一极和基底以及它如何在自身背后具有可以指出的起功能作用的多种多样东西。

即使是在预示着后退的地方，人们也必有勇气说出人们看到的东西，并按照其自明性承认它。美杜莎* 只对于预先就相信它

* 希腊神话中的蛇发女妖，被其目光触及者皆化为石头。——译者注

并惧怕它的人才是危险的。在这里可能暂时留下了谜团,但它们正是谜团,无法解答的谜团是无意义的。

5)直接地就世界,就各种世间东西下判断,以不论什么方式,作为人们在实践上或以任何其他方式当作周围世界而与之打交道的现存东西“直接地拥有”它,这就是占有认识上的获得物,占有有所成就的主观性之获得物;但却是以这样的方式占有它的,即这个获得物本身,这个作为某物的认识之构成物——连同在其中它被构成并隐藏于其中的意义——,作为某种属于最大的范围的东西而占有。这就是以早已习惯的方式对待它。

实在的经验阐明了,然而是在一种模糊不清的环境中阐明的。如果人们仍然停留于实在的经验和实在的判断方式之朴素性中,那么人们就会遇到自然,但也会——与此不可分地具体地——遇到人的和动物的主观性,遇到人格的东西、性格、习惯等等,而这些东西又回溯到心理的状态,回溯到处于经验活动中,处于痛苦与行为中的个人意识生活之风格。

前后一贯地和纯粹地指向心理东西:作为这个人的心理东西,它在有效性方面在自然东西中有牢固基础,因此是心理物理的东西。

我们能够暂抛开我思行为(*cogito*)之当下的自我(*ego*)借以“具有”一种性格,一种人格的特征,人格的习惯,已获得的各种习性,并借助所有这一切起作用的那种统觉。

此外我们能够抛开心理物理的统觉。更确切地说:一切我思行为(*cogito*)都被看作是人的规定,人的人格的规定和动物学上的人的规定。在这里这与每一个经验有关,在每一个经验中都有效。但是我们能够"抛开"这些理解方式，使它们不起作用，并将目光指向在固有本质上属于思维(*cogitationes*)的东西。我们抛开一切超出现象以外的东西，就是说，抛开诸实在的规定。这样我就 443
获得了纯粹意识，于是由它出发我就以前后一贯性进入到一切纯粹意识之关联中，此后我就转向与这些关联不可分割的统一东西，转向对象极的构成等等吗？——这当然就会是向心理学上纯粹的意识等等的心理学还原。

附录XXII(附于第四十八讲)：在自然的(心理学的)态度之范围中向心理学的内在性还原[1]。

在自然的态度中我发现：**处于**空间—时间的自然之中的意识，意识是"部分"，是实在的世界之实在组成部分。现在人们能够进一步这样说吗：自然之这个部分，被以自我—"意识"称谓的心灵，具有下面这种值得注意的特点，即它能够被以现象学方式还原，人们能够使在它本身中实行的并与它结合在一起的诸自然的设定不起作用，将它们排除于我们的判断之外；并且在这种情况下"它本身"作为纯粹内在的存在，作为某种并非自然的东西等等剩余下来——？

在这里我必须更明确，更清晰地说明这种还原：

1)就他人进行还原。——如果我处于自然的态度中，并且在我面前有某个实行某种意向体验的人，那么只要我通过理解他而

[1] 约写于1924年。——编者注

一起提出有关他的命题,我就能够由此命题而后退,并在此范围内实行向他的单纯的体验还原。这个他人始终是在那里的这个人,这种还原只不过是以纯粹性将他的全部内在的体验,他的全部内在的“心理的东西”,提取出来。当然在这当中同时包含着意向的内容,处于其确定的显现方式之中的他的主观的周围世界之对象性东西:**作为**被他以为,被他设定的东西。这些相关项属于体验,不论在那里的这个他人是在“幻想”,还是正确地进行经验和思想等等。这样在关于这个他人及其体验流对于其余的世界本身处于什么样的实在关系中的一切询问以前,我就在相关的揭示当中获得了心理的,而且是现实的意识,获得了处于其纯粹性之中的他人的体验流。使他处于在实在关系中对他存在着的世界之外,这当然也就是说,运用由他在其意向体验中实行的意向的客观关联和存在设定之**权利**。但是在所有的情况下,每一个这样的意向体验本身都是心理的东西,在自身中都有与对象东西的关联,而且**这种**关联不是**实在的**关系,就是说,不是实体的—因果性的关系。实在
444 的关系可能存在,但在这种情况下只是这样存在,即意识流——按照人—统觉之意义——具有其与身体的实在的关联;并且人认识这个世界,对这个世界有意识的关联。但是在这种关联中他的意识并不是与世界实在统一的(那是荒谬的),而是以心理物理的方式与实在东西联结着的,并因此处于——也许是很间接地——对于“直接在此存在的”事物之实在的关联中。

我就以这种方式从有关他人的经验出发,**在他们身上实行**心理学的还原,我通过区分而理解到了超出他人之被给予的身体,在这个他人身上作为他的实在的心理的内在性东西,而且是作为他

的全部体验之在这里存在的东西。在这种情况下他的体验流是作为客观一实在地属于这个在这里存在的身体的东西而被给予的。我保持在有效性之中，我确实经常提出有关客观的自然之命题：他人的身体**在那里**在空间上存在着，它贯穿客观时间而延续着，与此同时心灵的体验之内在性也一起延续着并与此紧密结合着。

2)那么当我，这个采取心理学态度的主观，将**我本身**，我这个进行心理学研究的人，当作课题并想为我获得心灵体验的内在性时，情形如何呢？

我发现：这里的这些事物，这个周围世界——被处于空间—时间之无限性中的未被知觉的，或多或少确定地想象的，已知的和未知的世界所超出的这个周围世界；其中有作为物理事物的我的身体，这个事物如同所有这样的事物一样，能够占有在空间中的每一个位置。我发现，我对于这些事物的心灵行为——我满意或不满意这些事物等等——，我有关并非当前的现实的事物或虚构的事物的表象，我有关它们的思想活动，等等。我还注意到，这个事物按照它对于我，对于我的感官，我的身体的位置，在外观上是变化不定的，并且注意到，这种外观并不是该事物本身，如此等等。

我如何发现自己是身体—心灵的实在的生物，是自然之中的人呢？是这样发现的，即我在一定程度上用别人的眼光来观察我自己，这样我将我解释为是身体—心灵的东西，并想象我处于任意一个空间位置，如我这样想象一个别人一样。

附录XXIII(附于第四十八讲):批判1923/24年冬季讲课中关于心理学的还原与超越论的还原之区别的错误表述。[①]

关于"纯粹心灵的全体"(第142页第15行):考虑到也许本来
445 应该指出的心灵与心灵结合的纯粹心灵的统一,要是称作"**全一性**"会更好。

对于这整个论述的意图能够一般地说[②]:

不能看出,为什么强调**在个别行为**上的连续的还原,然后强调个别的心灵(仿佛不存在纯粹单子的共同体)。如果我作为心理学家想要看到并描述处于其纯粹性之中的个别心灵,那么在传统的心灵概念中(至少从**笛卡儿**以来)就的确已经有了以下的认识,即心灵是一切纯粹心灵东西(**自我**[*ego*]的纯粹心灵东西,或更确切地说,身体的纯粹心灵东西)之自身完整的统一。(这就是对纯粹的精神实体,纯粹的心灵之笛卡儿式揭示的心理学转向。)现在为了获得我自己的正是处于原初性之中的纯粹心灵(作为我具有关于它的原初经验的唯一的心灵),我实际上必须就世界以及一切对我有效的理想的客观性实行**普遍的悬搁**:因为考虑到这样一种认识,即一切客观的东西,不论是实在的还是理想的,现在对我有效的以及有一天会对我有效并能对我有效的一切客观东西,正是唯有在我的有效活动中,在我的相信经验的活动中,在我的进行知觉

① 这里所指的是关于"第一哲学"的讲课。这个自我批判的考察可能写于1925年。所提到的出处都改成了印刷页的出处。——编者注

② 对从第139页第32行起的论述以及此外关于所有以后东西的反对意见。

的体验活动中，进行回忆的体验活动等等中，此被经验的诸事物而对我有效，然后接下来是作为被思想之物——这个被思想之物从它那个方面又与被经验之物相关联——对我有效。因此所有这些必须在一种必然是以不同方式进行的描述中说明。

这种心理学上的普遍的悬搁（而不仅是在个别的行为上连续实行的个别的悬搁），对于作为心理学家的我来说只是一种纯化的手段。我处于其中的，我在其中进行课题化的以及我在其中为自己选定一个领域作为认识目标的我的实证的普遍的领域，就是**世界**，并且我的领域正是世界之中的心灵东西。这当然就造成它的诸种困难。我将这个世界保持在绝对有效的状态中，从一开始我就拥有它，并且经常是以毫无疑问的有效性——以最终的有效性——拥有它。一切主观的东西（各种意义上的心理的东西，精神的东西）——还有我，这个心理学家，和所有的人一样——以世间的方式出现于它之中；在心理物理的统觉之实行中的一切东西，都在世界中出现。

进一步阐明还原的动机。——但是人们——特别是他们的主观的生活——有一个值得注意的特征，即在世间存在着，同时又经验着、个别地并且最终也是普遍地判断着、以各种各样方式“意指着”世间的东西，客观的东西。因此我们不仅将作为物理东西的客观的东西和心理的东西**外在地**连结起来，将心灵的东西连结到作为奠基的东西的身体的—物理的东西上，而且同时还**内在地**通过“意指”使心灵的东西与身体的—物理的东西，而且也与其余的客 446
观世界发生关系。正是这种情况要求在心理生活中到处都实行心

理学的**还原**;并且当涉及我自己的,这位心理学家的心灵时,我就必须实行**普遍的**还原,普遍地将世界排除掉。应该注意到,为此目的我必须也对并非我的心灵组成部分的其他的人的主观加括号。

现在应该立即就补充说:在我企图将世界中一切纯粹心灵东西以及心理学上的共主观性突出出来时,在我的主观东西上实行还原并获得**我的**纯粹心灵之后,我必须通过相应的改变再就其他的,在移情作用中被给予的人们以相似的方式行事:如果我在此之前就已对作为存在着的而对我有效的世界实行了普遍的还原,那么我现在则是就对**其他人**有效的世界还原;然而**我**现在却同时设定这个世界,并且又设定异己的身体和人们。排除世界,并且正是排除作为对他人有效的世界连同对他人有效的诸性质等等,是一种将"被"他"体会到的"心灵还原到纯粹状态的手段,但这种纯粹状态同时又是客观的,对于作为心理学家的我是客观有效的,作为在进行外部经验时给予我的那个身体之上的心灵。

如同一切客观的经验和经验认识(即作为空间—世界的经验认识)一样,心灵在共主观性中,即在与多种多样心理学上主动发挥功能的主观发生关联时,获得了共主观的有效性和在这第二种意义上的客观性之性格。我们以这种方法共同地认识这种客观的—世间的纯粹心灵的东西,这种纯粹心灵的东西变成了一种纯粹由"内在经验"——在一种新的意义上的内在经验,在作为纯粹自身经验之变样的还原的自身经验和还原的移情经验意义上的内在经验——而来的有关心灵的一般理论本身的课题——。

但是还必须再继续走一步,而这一步是迄今任何心理学都没有走过的。即与个别的还原——即对个别心灵的还原——相对,存在一种向这样一个将一切心灵联结成一个在世界之中的心灵的因此是人格的共同体的,而且是纯粹心灵的共同体关联的还原。这是这样一条道路,它从我的被还原了的心灵开始,首先通过在其中进行而引向与我进行交往的他人的心灵。——

在这里应该思考能在以下两方面之间进行的显而易见的区分

Ⅰ)我作为发挥功能的心理学家所拥有的意见,信念,洞察:a)一部分是作为"基本的"信念,它们为我建立一个预先给予性之领域,一个我存在于其中的世界,也许还有我当作前提的诸科学,如自然的生物学,物理学,——b)一部分是我作为科学家为我建立的信念;

Ⅱ)另一方面是我当成课题的,我归于我的心灵的,我归于对 447
于我而言的心理学中的共同客体的那些意见,特别是那些意向性体验。但是现在我们会说:这涉及一切起功能作用的行为和习惯。心理学上的课题化活动和获取活动在其中进行的这种起功能作用的行为—生活,不也一起属于课题吗?我可以对此进行反思,并且只要我这样做了,它就是心灵的东西,和心理学的课题。

如果我是具有自然倾向的,并且如果我保持这种世界财产,那么对于我的起功能作用的生活之反思就导致我这个人,正是作为处于与自身关联之中的并且以某种特殊方式发挥功能的人,而这种情况会在一切反思中重复发生。我还能一般地看到,我,这个人,能够一再地进行反思,并且在这种反思地理解之前一再地发挥功能,并通过反思而发现而且一定会发现作为我的人的发挥功能活动的这种发挥功能的活动。在这种态度中很明显,每一种自身反思的成分都适应我的身体之心灵的内容,同时适应作为人的我的心灵的内容。这种情况当然也传布到我在他人身上体验到的那些现实的和可能的反思上,因此我在他人那里也进行区分:起功能作用的自我,作为对这个自我而言任何时候都是非课题的并且经常总是匿名的主观性之必然的成分,其中包括在其一切行为中的这种指向课题本身,——以及对于这个自我是课题的东西,特别是这种作为课题的心理的东西。这二者都属于当下的这个人。

如果我在我身上实行心理学的还原,通过排除掉对我有效的世界而还原到知觉的显现,还原到在知觉时被指向的东西……,还原到一切为我遗留下来的"纯粹主观的东西",那么一切自然的反思就变成了现象学的反思,于是我就发现了一切隐蔽的主观的被动性东西和主动性东西,我就发现了能够一再地对自身进行反思的,对作为中心的这个特殊的自我,对其行为,对其越来越高程度的涉及自己本身及其行为的反思进行反思的这个起功能作用的自我。

如果我这样地首先在心理学的态度中,并且在对这个普遍的而且也许是被统一起来的心灵东西的指向中,获得了这种普遍的纯粹性——普遍纯粹的主观性之普遍的纯粹性——,那么现在向超越论态度转变当然就十分容易了。作为心理学家,我虽然坚持具有最终有效性的世界,并且只是在这个世界中才寻找并找到了这种纯粹心灵的东西——就是说,这样找到的,以至于我能够系统地将它揭示出来并加以描述。但是我仍然拥有着超越论的东西,纯粹的精神性东西,而且——在进行还原时——可以说从只是在背景中才有效的——甚至是最终有效的——世界之中没有任何东西保留下来,但这种有效性在我的作为课题的被给予之物的内容中和断定的内容中丝毫也未受影响，只是赋予这个整体一种地平线的标志——纯粹“心灵的东西”。在这里不是几乎直接摆着这样 448
一种想法吗，即我为自己开辟了一个普遍经验和普遍认识之领域，这种经验和认识独立于一切世间的经验，一切有关世界的设定，并因此独立于对世界的认识？

我曾经将这个世界当成前提，并且我现在仍设定它。但是我不是在这里进行设定的那个人吗，而且以下的情况不是很明显吗，即我只是借助于这些如此形成的体验和主观的习惯，现在拥有并过去拥有这个世界，而且世界、人们以及一切客体，是在主观东西中如此这般地进行的，在这里，如同我在过渡到纯粹的可能性东西和本质学的必然性东西时看到的那样，存在有诸本质的法则，它们属于一切世界的有效性和对于这种有效性的证明——按照这些本质法则，真正的存在是主观性之确定的性质之标志，等等？下面的情况不是很明显吗，即主观性之存在，正如它就其本身以纯粹性被揭示和被认识的那样，是先行于一切其他认识的，而且是这样地先行于一切其他认识，即它在一切客观地被断定的东西那里已经在存在方面被当作前提了，此外，客观的真理在其证明中以纯粹自为的主观性本身的证明为前提，而且是按照这种证明的主观有效性为前提？这种如其所是的起功能作用的生活自在自为地存在着，它的真正存在就是对在其本身中在更高阶段上实行的进行认识的证明之认识，并且只是由此而是有效的，但首先是一种能以最终的有效性从这个生活之自我本身中看出的有效性。

因此我一定会认识到，这个绝对地被设定的世界并不是一个绝对地而且在纯粹主观性之认识设定以前就有效的，并且能以最

终有效性认识的世界。按照认识和存在，这个纯粹的主观性预先就存在着，并且世界如其所是——并且按照存在和可认识性——是这个主观性之相关项构成物，是属于主观性本身的。在作为现象学家按一定方法行事时，我能够为了某种目的将这个世界排除掉，这意思就是，不想直接对它下判断——：在对这些纯粹主观的关联按照现实性和被引起的可能性之追踪活动中，人们获得了这个作为相关项的世界，因此是**在**纯粹主观东西**之中**获得这个世界。悬搁就是取消世界这个前提，取消直接的判断活动和绝对的判断活动——，现在，这个世界是在纯粹主观性内部，作为在其中的因素（即使不是作为在其中的体验）而被获得的。自然的世界是在无意识的，未被揭示的传统中被设定的世界；而在超越论的主观性中被揭示出来的世界，是在这种被揭示的传统中作为“构成物”，作为被理解的真正的理念而被设定的世界，而且正是按照其真实性作为主观东西被设定的。悬搁将我从先入之见中解放出来；建立在悬搁之基础上的现象学，揭示出这种世界设定之正当性以及这种世界设定之真正意义由之产生的发源地。

如果心理学家向前推进到纯粹的共主观性，那么所有这一切
449 对于他就是显而易见的。即在下面这样一种认识当中向前推进到纯粹的共主观性，即直向态度之对世界的经验和对世界的认识，是一种朴素性，它并不是站在独立的经验基础和正当性基础之上的；而且是在下面这样一种认识当中，即只存在一种普遍的，绝对为自己担保并为自己本身而建立起来的基础：即超越论的共主观性这个基础，一切真理和一切真正的存在都在此基础上而有其意向的来源，因此心理学家本来就应该成为超越论的哲学家。但对于他

来说这只表明他的认识之一种确定的正当性运用，而绝不表明放弃心理学。

客观世界肯定不是虚构，而正是如它由自然的经验而是的东西，虽然自然的经验是“抽象的”，具有隐蔽的（而现在对于心理学家是已知的）主观的基础和主观的功能性前提。自然的世界包含着被客观化了的精神、心灵、人的人格、动物等等。因此那些任务继续存在，揭示纯粹心灵的世界关联等等这样的要求继续存在。现在情况就是这样：这位纯粹的现象学家认识到“人的世界”这个事实的类型，并且认识到为主观性存在着的诸本质的可能性和本质的必然性，即主观性在自己本身中构成物理的自然，有机的自然，和被客观化了的精神性，构成心灵在空间中的分配。因此纯粹的现象学家也认识到——或者能够认识到——客观认识之一切原初的方法，因此还有心理学认识之一切原初的方法。因此合意的情况就会是，超越论的现象学一劳永逸地，并且为一切目的而被形成——因此超越论的现象学不是内在的心理学——，而它对于心理学家来说恰好同时被用作内在心理学。作为心理学家他可能——这当然会放弃最后的科学性——仍然是朴素的—独断论的，他无需去看，对于他来说心理学的还原之超越论的转向是显而易见的。现在在这种情况下，他本来应该不顾超越论的思想进程将超越论现象学的描述作为纯粹心理学来考察并运用；本来应该单独地形成一种目的，一种纯粹的心理学，在那里，它的任务和学说之整个体系会在超越论的现象学中内容同一地得到发展。

但是如果他如他出于最终科学性的愿望必须做的以及每一个独断论的研究者都必须做的那样站到超越论的基础上，那么他就

是在这种最后的基础之上,由最终的正当性证明,最终的自明性之
源泉出发,从事他的特殊的科学。因此他就处于普遍的认识关联
之中并且是哲学家,正如它的客观的科学变成了哲学的一个分支,
变成了由最终的认识源泉而来的科学之一个分支一样,这种科学
将一切相对的存在者,就是说带有未被揭示的相对性东西的存在
者,追溯到绝对的存在者,唯有在这种科学中,每一种认识才能成
450 为完全充足的,完全可以理解的和毫无疑问的。在这种情况下心
理学就仅仅是哲学这个唯一的、普遍的、绝对的科学之环节和工
具。

当然,在实行作为绝对的悬搁的对世界的悬搁(正如对世界的设定是绝对的设定一样)和实行作为在世界这个总命题的假设之下并作为在世界内部获得纯粹心灵之手段的悬搁的对世界的悬搁之间的区分,也被转用到超越论的立场上,并呈现出某种改变。在这里对世界的悬搁是无条件的、绝对的悬搁。如果我——具有超越论哲学的倾向并受过科学教育——设定这个世界——又是在直向的经验和判断中进行设定——,那么这种直向的设定就只是相对的。我知道,世界存在意味着什么;这个设定具有一种地平线,我可以激活这种地平线,并且如现象学已经做过的,澄清作为已经存在着的和能够重新激活的认识的它的主观相关项。但现在对于这种主观的东西我并不作为课题感兴趣,尽管它在这个课题范围之外也一起有效。我是直向地,就是说,非反思地下判断——这不再是:绝对地设定世界,而是直向地对世界下判断,然而现在每一个判断都有只不过未表达出来的超越论的地平线。我作为心理学家所实行的悬搁与此相适应。它现在意味着:凡是有动物,人,社

会性这种课题上的统一,并且世界被承认具有精神性,被以多种多样方式赋予生命的地方,在那里我就规定自己走上一种片面的判断的方向(或者更确切地说,已经是经验的方向),以至于我不在一切人的主观等等中,也不在我本身之中,连带实行已实行的世界设定,而是为了纯粹性的目的排除这种世界设定。因此这种悬搁是一种相对的悬搁,虽然如我们所知道的,它在任何时候都能够改变为超越论的悬搁。那时我就又获得了纯粹的主观性——它是超越论的主观性——,但是作为在超越论的主观性中被客观化了的主观性,它因此仍是与超越论的主观性同一的东西。因此在将我理解为纯粹的和绝对的自我,此外客观地理解为人—自我时,我就只能说:我是同一的,只不过我一度被统觉为人—自我——,当然是由作为超越论的自我的我本身统觉的。

当人们可以说只是为实在性东西而受教育时,自我和具体的主观性(单子)之自身关联,它的在为—自己—本身—存在中的存在,只不过是一种怪论。它虽然包藏着奇异的特性,但却是直观,解释,理解完全可以通达的,因此这种奇异性恰好只是正在展示出来的诸种洞察的新颖之处的奇异性。

附录XXIV(附于第四十九讲):关于样式的自身给予。与期待相对的重新回忆——关于充实。[1] 451

阐明外部被经验物之非存在的原则可能性:一切个别经验的

---

① 选自《**第一哲学**(1923/24)》下卷手稿;约写于1924年。——编者注

和一切不管被引向多么远的经验系列的正当性，正当性要求，都只是有条件的：即以继续下去的经验之一致的进程为先决条件。

凡是不存在具有与经验矛盾或重新唤起早先的经验这种形式的相反动机，或不存在具有相似情况的相反动机的地方，经验的相信本身就是确信，正是没有争议的确信。如果我在这种相信的地平线方面，比如在未来的地平线方面，“清晰而明确地”有这种相信，那么这就意味着：我就进行预期的意向为我产生进行充实的向前回忆。这些向前回忆（在进行向前回忆的展开中）是为一种处于在连续的一致这种意义上的确信和完全无争议性之样式中的经验统觉而进行的；并且是以进行预期的意向和向前回忆的充实之连续地相互套叠之方式进行的，而这些向前回忆的充实本身在这里就是关联，就是说，是对作为预期的预期之充实，就是说，是预期本身的自身给予，是作为未来之物的未来之物的自身给予。我们也

622 可以说：预感由此变成了预见。

但是预期有两种充实的形式：预见会变成现实的**看见**。被预见到的东西在一种指向**目的**的期待中是由诸被预见性构成的连续体之终点，但始终仍是被预见到的东西。进行充实的**知觉**将每一个被预见的东西或被预感的东西变成相应的真实的自身在此。即使在敞开的地平线中也是如此。然而对于向后的回忆虽然也存在向后转向的“预感”，即唤醒，并且存在作为重又看到（被再准现前化的重又看到）的对于这种预感进行充实的“回顾”，但对于它不存在任何进一步的充实。它提供过去的东西本身。

此外：向前回忆就是确信。它很可能是清晰的预见，但它仍留下一种可能性，即不是被预见的经验进程出现，而是一种不同的经

验进程出现，更确切地说，一种不同的东西存在和发生。这种连续地建立起来的预见与连续地建立起来的不同的存在和非存在之可能性一致，与会将我现在对当前东西所具有的经验的相信，还有知觉的相信消除掉的可能性一致。

可能性之自身给予。——这里还应该在处于空洞的可能性意 452
识中的这种可能性之空洞的"表象"和这种意识的充实之间进行区分。即使这种可能性意识也不是无力的**想象**或由自我而来的对于作为想象的可能性的纯粹想象的对象性东西之设定。宁可说，这种与现实的知觉相连接的或能够相连接的可能性意识本身是一种**断定的行为**，是相信之一种样式，是确信之一种变化形式，确信在这种变化形式中有这个"实在的"可能性借以获得其原初的自身给予性的众多形态。

一切原初的自身给予性都是正当地给予的，原初地进行规范的或有能力进行规范的。一切相信的样式都有其规范的形态，并相关联有其"对象性"。对此我不仅应该想到作为相信的稳定的一般相信之**逻辑的**样式，作为确信的确信之逻辑的样式。即使是稳定的确信之方式也会按照赋予意义的，构成对象的统觉而以某种方式发生变化；就是说（在这里，这在保持相信样式的情况下相应于统觉的变化），在保持对象性东西之一致性和同一性的情况下，通过处于其对同一的统觉方式而言改变着的方式中的相信的质料而发生变化。对于对象的经验的相信，是作为知觉真正自身给予的，但同时又是预期的，而且是在现实的和可能的预见——在期待的系列之进程中现实地被引起的和假设地被引起的预见（可能的知觉系列）——之连续中进行预期的。在这里我们对于预见，对于未来的知觉,对于在我们的知觉活动之可能方向上作为被要求的并在考虑时可预见的知觉活动有自明性。因此在这方面我们有自明的经验判断。但它的正当性要求只不过就是预见的自明性或包含在经验的统一(由知觉和回忆的确信支撑的经验统一)之中的预期的自明性。这种正当性[①]由我们肯定能够以自身给予性明白地意识到的另一种存在之诸可能性的正当性限定。这种限定意味着,这两种自明性是**一起存在的**。

于是我们就知道了,在经验的确信中也会出现一些相反的动机,因此出现一些获得经验判断的,或更确切地说,预先准备经验确信的新的方法;出现盖然性判断、假设等等。经验科学表达存在的确信和存在的盖然性,并探究它们的结构。另一种存在的可能性并不妨碍它们,这种可能性只是为了相反的动机才一定会变成怀疑,等等。

453 附录XXV:现象学的心理学和超越论的现象学。[②]

我们如何从现象学的心理学达到超越论现象学呢?

世界为我在此存在并为我保持在自然的有效性之中,而且诸实证的科学也为我保持在有效性之中。现在我面对一些认识论的动机;我将我的兴趣指向作为世界认识之拥有者和获得者的我,并且指向作为已被我认识的和可被我认识的世界的世界;同样也指

① 更确切地说:正当性的范围,尽管不是正当性的限度。

② 约写于1925年;或1924年?

向世界和作为对世界进行认识的主观以及一般主观共同体之相互关系。但是在这种认识论的态度中，我仍然是实行实证的态度并以有效性方式拥有实证态度的自然的认识主观。

我对我说：我有关世界的全部知识都追溯到外部的经验。如果没有外部经验，那么我对于空间世界就毫无所知。如果我随意地重新进行虚构，以至我的经验几乎都被破坏了，由于不断的矛盾而作废了，而不是以一致性保持它们的力量，保持前后一贯地为我在此存在的世界有效，那么我所有的就是一堆乱七八糟的和瓦解了的对事物的统觉。其他的主观现在也不再为我在此存在了；对我来说，在“空间世界”的“这些”事物中间就不存在诸如身体，如其曾被给予我的，曾能够提供理由表明它们指示他人的主观性的那些身体。一切以移情作用进行的证明都以对存在着的事物，其中包括对这些身体之一致的经验相信为前提。但是在这里我意识到，在世界可能对我不存在中，就是说，在缺少任何相信世界存在之根据的情况下，并未涉及关于我自己的存在之信念。对自身的经验，按照其根据，先于对世界的经验；如果我不存在，并且对于我自己来说是不可认识的，那么在询问对于这种经验活动的连同一致地或者也许不一致地生成着的经验活动的进程之证实以前，我甚至不能说，我甚至不会**以为**我在经验世界。现在我也会注意到，单纯的经验活动不能使我将世界设定——而且是有根据地，并以最终有效性设定——为现实性，而是这当中同时包含着下面这种假设，即经验活动之前后一贯的一致性，作为空间世界的经验活动的前后一贯的一致性，将会保持下去。在世界现实地自在存在着这个方面(对此怀疑论是怀疑的或是否定的或是根本就宣布为不

可理解的),不需要进一步询问这种假设之更详细的意义和正当性,以及这种前后一贯的一致性之正当性,我认识到,我能够将所有这些,并因此也将真实的实存(因此不管它具有什么样的意义和
454 什么样的正当性),悬置起来,完全不对它作决定;然而我却留了下来(这未被所有这些问题涉及,而且按照其有效性必然仍被当作前提):我存在,并且我的经验活动之过程存在,正如它本身所是那样;回顾迄今为止的经验活动,我同样也能够确信,我曾有过关于世界的经验,有过进行经验的体验之流(不管它的客观有效性曾是怎样的)。由此我也会注意到我的"意识"的完整具体的,自身完整的生活,我的纯粹的自我—生活,注意到这个我思(*ego cogito*)。现在这种生活是"超越论的"生活:它不是人的,身体—心灵的生活,而是那样一种生活,在其中世界显现出来,而我的身体又在世界中显现出来,并且通过与身体一起被空间化和世间化,我的人的心灵生活在世界中显现出来。

就这样我由预先给予的并且是自然地对我有效的世界和有关世界的科学开始——而以下面这种情况结束,即代替世界而只有我;但不是只有作为世界的部分的我,而是拥有作为"超越论的"自我的我,和我的超越论的生活之流。在这种生活之流当中,包含着我借以认识世界的作为超越论的事实的全部认识活动——而且是在询问它的有效性之前就首先包含于其中。我看到:一切对我有效的东西,前理论地或理论地对我有效的东西,在知性方面或者在情感和意志方面对我有效的东西,都是在我的纯粹的主观性中,在我自己的行为之形态中,对我有效的;如果我进行论证,那么这种论证的活动又是我自己的纯粹生活,并且如果在这当中证明被以

为的东西是合法地存在着的东西，是真实的东西，那么被以为的东西就是内在的存在，正如性格是“合法地存在着的”一样；有效性的样式和存在的样式当然也是如此，如被看作估计的、可能的、盖然的，并且被认识到是能够合法期待的真正可能的、真正盖然的，等等。

让我再一次退回到自然的态度，实证性的态度，退入到实证的科学理论，而且是心理学之中。在这种态度中作为对我直接有效的东西，我经常预先给予了一切实在性东西，预先给予了世界，在这个世界中的人们，在这个世界中的作为这个人的我本身，连同这个生动地发挥功能的身体，连同这种意识生活。现在我再说一遍：一切对于我作为现实性东西，作为自然，作为精神，作为科学和法，作为宗教等等而有效的东西，都是通过我的经验，我的评价，我的判断，洞察等等而有效的，——而这些就是我的心灵生活之体验。对于每一个其他人也是一样：在他的意识中，在经验活动，知觉活动，回忆活动，预期活动，判断活动等多种多样的行为中，他与客观世界相关联，他只有借助于这些体验才能知道关于这个客观世界的某种东西。如果我作为心理学家想纯粹地获得这些体验，并且就如同它们在当下时刻作为主观的体验进行的那样按照其纯粹性描写它们，我就不该考虑在其中被以为的——而且也许是被合法地以为的——作为存在着的现实东西（以及它在多大程度上是现实的）的客观性东西；我只应该一起描述如这种以为的活动本身在 455
自身中所以为的并且不可分割地包含的被以为的东西。因此对于意识生活如其现实进行的那样加以纯粹把握，就要求一种对于在其中被看作现实的现实性东西的排除：我，这个心理学家，现在不

应对它作任何陈述,不提有关它的情况如何的问题。这些体验甚至也可能是假象的经验,错误的判断,错误的评价等等。不论是能证明为合法的,还是能作为错误的而加以摒弃——它们如其所是那样,都是事实,并且在这里只有如其被意识的那样的被意识的东西属于它们,而正当性证明的问题以及一切涉及客观实在性本身的陈述,则属于完全不同的系列,而不属于对意识生活本身进行断定或者通过描述而进行确定的系列。如果我作为心理学家概观世界之中一切心灵的存在——虽然是以通过思考而超出现实经验的意指活动之方式——,并且如果我想要超出世界的现实性而意指处于其全部现实性之中的纯粹心灵的存在,并且将它设定为整体的现实性而将它当成课题,那么我就抽去了一切心理—物理的东西,我就抽去了一切在心理之外的世界(而在自然方式中所有这些都作为现实性东西对我有效的);在这种情况下,我就保留下了这种普遍的纯粹的"内在生活"。可是在这种内在生活中,包含着曾作为客观的现实性而对这些心灵的主观显示的一切东西,这些心灵的主观曾在认识方面断定为有根据的一切东西等等。我所看到——而且是首先看到——的是普遍的,分布在世界之中的纯粹的意识生活,在这种情况下我必须学会以正确的方法将它作为意识生活来描述,为此必须就在其中被设定的一切客观东西和有关这些客观东西的一切陈述实行悬搁,并且只是在被改变了的意义形态中谈到客观东西:"在任何一种心灵生活中——其中包括在任何一种知觉活动等等中——,正如它是在其中被意识的东西那样"谈论被意识的东西本身,在这里,正是这个被意识东西本身而不是任何其他东西是这种有关的体验活动本身之描述的成分。

因此在这里由我这个心理学家“实行了”一种有关世界的总的命题——或者宁可说：世界仍处于不可动摇的有效性和继续有效性之中，并且我在这种总的有效性之内部“进行抽象”，我不考虑诸心理物理的有效性，而且也不考虑有关被看作是课题的意识体验的那些命题的有效性，就是说，我作为心理学家在这里不使用这些有效性，在这里，我意指纯粹意识并且也许个别地或以类型的方式描述纯粹意识，而且我对于这些有效性的真正的有效或无效不感兴趣（对于它们的正当性证明不感兴趣），而只对以下问题感兴趣，即它们对有关的主观有效，它们也许对这些主观具有洞察之体验的性格，等等。如果以后我在另外一些心理学研究的关联中使用这些被排除了的有效性，——那么我就是处于心理物理的思考中，等等。

以下二者有本质的不同： 456

1）在普遍包含的世界有效性内部和在被这种有效性所涉及的普遍的认识兴趣内部，不考虑与一个世界领域相关联的诸特殊的有效性范围（意见，信念的范围），不想抽象地利用它们，在方法上不允许运用它们；

2）另一方面，使我的一切有效性之整个领域，使一切迄今曾对我有效并且现在仍对我有效的东西，全都受到悬搁，代替所有这些东西而使一种全新的东西有效。

在后一种情况下我使自己明白了，一切迄今对我有效的东西，都是通过我的使之有效和我的以有效性而拥有的行为而对我有效的，并且我使自己明白了，当我怀疑一切曾作为存在的而对我有效的东西时，在这种情况下，这个怀疑的行为本身以及看作是存在着的这个行为本身，仍未受触动。但是它本身现在被看作是存在的，如果我又对于它有怀疑,那么我就又有被当作前提的东西,又有预先存在着的东西。这种被当作前提的东西的自明性总是而且必然是发生在先的,并且现在我能够最终地不考虑客观东西的宇宙,即那种不是意指,而只是被意指之物的东西的宇宙,而且能仅仅将这个意指——在意指行为的和被意指之物本身的双重意义上——的宇宙变成课题;因此这不是在我以自然的方式通常作为预先发生的和继续进行的有效性所拥有的客观性的总命题内部。

现在我可以首先从我的自我(*ego*)这个普遍的事实出发,然后过渡到对这个自我之纯粹可能性东西进行本质学的研究。我能够发现一条通向相应的绝对的设定超越论的共主观性——作为与一个处于可能性之中的可能的自我紧密结合的(作为属于一般自我的诸可能性的)超越论的共主观性——的道路。这样一种有关超越论的意识的本质学,在一种完全类似的而且在内容方面按照一切本质的特殊规定都与之相一致的心理学的本质学中当然有其相关物;另一方面,心理学的本质学具有属于身体之心灵的本质学的征兆。作为这样的东西,它本身必然在超越论的本质学一定会为可能的超越论的共主观性指出的诸科学之可能性的内部出现——作为诸可能性之一;正如超越论的本质学本身当然是一种这样的可能性一样——,并且在这当中它的根本的与—自己—本身—相关也得到证明。

如果我作为超越论的自我构成超越论的主观性之诸可能性,那么我当然就发现了意识之一切可能的形态和一切可能的自我—行为以及一切由实证性获得的统觉,因此就发现了一切可能的世界经验,其中包括发现了一切可能的个别事物性的经验,发现了某

个确定的或相对不确定的意义之一切可能的有限的部分；而且我 457
最终看到，现实世界对于自我而言根本只能具有一种在一致的经验中被证实的世界的含义和能够在合法的预期中证明是无限进展的和能够自由地起作用的一致性之相关项的含义。我看到，我在超越论的态度中虽然在开始时曾使世界的有效性不起作用；但是在自由地建立纯粹的主观性以及建立能够在与纯粹主观性的关联中证明的现实性东西和可能性东西的过程中，我重又获得了对于世界的设定。就是说，作为相关项"包含"在一致的经验之如此这般被形成的系统之自明性中的世界设定：一种在这种情况下必然存在的经验世界之自明性；或更确切地说，在应用中：世界的设定是在如此这般的经验进程中被自明地引起的。在这种情况下世界可以说是随时可用于一个自明的设定的。世界的确总是这样；但是如果我现在实行自然的命题，那就已经不是朴素地和简单地实行自然的命题（在实证态度中实行，这种实证态度对于进行设定的意识以及它的超越论的纯粹性和自成一体性毫无所知），相反是实行本质上属于世界设定以及可科学地认识的系统之意识方式，如我现在所看到的，没有这些意识方式，世界就是不可设想的，因为世界没有意识就是毫无意义的；严格地说，就是荒谬的，此外在这里甚至表明，世界本身，绝对地和全面地考察，只是被充实的意义——或者宁可说，只是一种被充实的意义之理念，即将一切都包含在这个理念中的那个基本的自身给予之系统的理念。

对于这个世界来说，超越论的研究并不是一种要将世界抛弃或剥夺它的自然的或更确切地说固有的意义的方法，而是一种以下面的方式获得世界的方法，这种方法首先揭示世界——正是自

然生活的世界和在自然生活中建立起来的实证科学的世界——的意义。这种意义作为实证的意义是在经验中毫无疑问地被给予的,并且此外是在继续进展的经验中,在从理论上进行揭示的世界科学中,被揭示出来的——;但是实证的意义仍然是片面的意义,因为一切对象性的意义都是由进行赋予意义的主观性而来的意义;并且只当这种意义被由主观性中获得并在主观性中被看到,它才获得不可分离地属于它的诸种超越论的规定,这些规定作为不可分离的、但是在实证性态度中被隐蔽了的规定才建立起绝对的全面的和最终有效的世界认识。

普遍的世界认识要求普遍的本质认识,要求对一般可能的世界之按照一切“原则上”被包含于其中的东西的本质学的认识。这结果就是共同包含于这种不可分割地统一的普遍的存在论之中的诸存在论之体系。在其中包含着如自然之存在论,同样还有与身体性之存在论相关联的心灵的主观性和共主观性之存在论。诸存在论的这种相互交错地奠立和紧密联系是与关于一切世间的存在之普遍的和多种多样的相对主义相对应的。

458 附录 XXVI(附于第五十二讲):进入作为普遍的和绝对被证明为正当的科学的哲学之两条道路。[1]

从科学之理念出发有两条道路通向作为普遍的和绝对被证明为正当的科学之哲学:

---

[1] 写于 1924 年。——编者注

1）直接的，能由这个理念本身的主导思想开启的，在笛卡儿的《**沉思录**》中铺设的道路。这条道路必然通向现象学的还原，并通向建立超越论现象学，通向对超越论的经验和超越论的自身认识按照其全部形态的确真批判：因此通向建立一种确真的自身认识或现象学。由此出发对经验世界和经验科学进行绝对的解释，建立一种使之在超越论的规范指导下变得可以理解的新的实证性和新的实证科学，甚至所有任何可能的实证科学。在将一切世间的科学向上提升到超越论领域中的同时，也将一切能够重新提出的“形而上学的”问题向上提升，这些问题是超出结构问题，即较低阶段的静态的和发生学的结构问题由普遍的实证性和一般超越论的普遍性提出的。就是说超越论的单子论的最高的问题，最高的普遍性之问题，即在世界的构成中它们的和谐之问题，普遍的，由“理念”所引导的生成之问题，超越论的—绝对的“历史”之问题。作为有关普遍的超越论的历史（在其中，诸单子构成有理念指向的有意义的发展之统一）之哲学的绝对的历史哲学。

2）由人的精神生活出发，由自然——精神，自然的决定——精神的自由之对立出发，特别是由心理学和一般精神科学出发的道路。

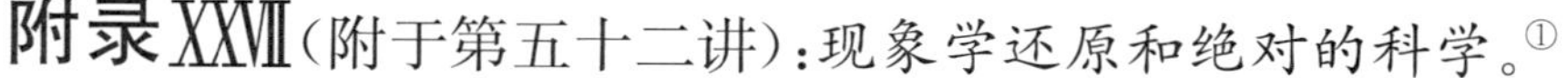

附录XXVII（附于第五十二讲）：现象学还原和绝对的科学。[①]

自然的态度是正常地清醒地生活的态度。按照其基本特征，

① 约写于1924年。——选自一束手稿，在其封面上胡塞尔注明：“于‘1924’年已准备好；用于拟好的稿件＝用于计划好的1924年的‘著作’”，即是用于已计划好的将《**第一哲学（1923/24）**》的讲课修改成一部著作的资料。——编者注

这种生活是清醒地到经常地和朴素地预先给予的世界中去生活。更确切地说：在自然地活生生时，我们总是在连续的相继和共同之
459 中实行新的特殊的行为，实行对经验活动，思想活动，评价活动，意图活动，行动等等的操控，在这些活动的每一个当中都有某种东西——当下被知觉到的东西，被回忆起的东西，被想到的东西，等等——以**存在的确信**被我们意识到，作为存在着的对我们**有效**。例如主动的知觉活动，这就是以对于"它现在在这里或在那里存在"的现实的确信而这样或那样（前述谓地）生活等等。正常的清醒的生活之所有这些行为，在现实的—朴素的—实行的—确信之中生活之所有这些行为，都是由**确信之普遍的基础**支撑的，当这些行为开始时，这种基础就总是已经被意识到了，但却不是以特殊行为之形式被意识到的。这是对自然的特殊行为之我们所确信的一切对象都属于它的这个**世界**之连续的确信。这是一种流动的，不断变化着的普遍的确信，它同时为一切现实的个别的确信奠定基础，并将它们纳入到自身之中；当它将这些经常流逝着的而且变成非现实的确信仍然作为**继续有效的**保存下来时，就将这些特殊的确信纳入自身之中。

我们总是已经生活在对世界的确信之中，这种确信贯穿于自然的清醒的生活之每一个阶段。在不断变动着的特殊内容和特殊地平线中，它确实是关于**这个**（这个唯一的，只不过总是一再以不同方式呈现的）世界之统一的确信。每个新的行为都设定**一个**存在者有效，但只是以这样的方式设定有效，即它在已经有效的世界之基础上设定该存在者为**这个世界之中的某种东西**。这种情况也以某种方式被转用到判断活动上，并且特别是被转用到自然态度

的科学(实证科学)之理论的判断活动上。这些判断活动都在总是已经预先给予的，有效的，而且是继续有效的世界中有其判断基础。并且对于我们来说这个世界最终是由不断地而且是总体一致地流逝着的**"世界经验"**之统一而存在着的。世界由于其朴素生动的并且毫不动摇的存在确信，可以说就是这整个的自然生活——并因此一切实证科学的生活——无言地建立于其上的经常性前提。

与**现象学的悬搁**之实行一起随之发生的是自然的态度之根本的改变。朴素而生动地实行世界有效性受到了禁止——就是说，我们彻底放弃了作为判断基础的普遍的世界经验和一切作为其他判断活动之前提的在其中已被奠立的——不论是正确的还是不正确的，不论是有洞察力地还是无洞察地获得的——判断；我们放弃使用"这个"世界，即放弃使用通过它世界作为存在的和如此存在的而对我们有效的那种确信——放弃作为前提的这种自然的使用。作为现象学家我虽然具有理论倾向，但完全不是在实证科学意义上具有理论倾向。我所追求的科学不问预先为我们存在的，我们以我们的全部生活在其中度日的这个世界是怎样的。

如果我在超越论的还原中使我消除了自然的判断基础，那么 460
我就获得了一种新的，而且是首先获得一种新的经验基础：超越论的经验基础；代替我的自然的经验确信之世界，我获得了世界这个"现象"，即纯粹地获得在我的进行经验的生活中，在我的有效性和继续有效性中经验到的世界本身；代替我的在自然的自身给予性中经验到的自我——作为我，这个人，在空间—时间的存在地平线

内部在其他实在性东西中存在的，并且使用外在于（空间上外在于）我的事物的，与其他人进行交往等等的自我——，我在超越论的自身经验中获得作为超越论的自我的自我，纯粹作为实行超越论还原的和作为通过这种还原与所有在这种经验领域中一致地显示出来的东西一起被设定有效的自我。（属于这里的首先有在我的移情活动的体验中被经验到的，并且一致地作为存在着的别的自我显示出来的我的**他者**；因此不是作为在我的人—自我之外的人，而是作为在我的超越论的此在之中在现实的和可能的超越论的经验中显示出来的其他的超越论的自我。）

在超越论还原中，我的自我（*ego*）——作为超越论地为我，这个自我，存在着的自我（*ego*）——原初地呈现出来；并且全部流逝着的清醒的行为—生活以及它的被动的背景，作为最初的经验领域，因此还有世界借以为我达到自然的存在确信的一切自然的知觉活动，以及其他的经验活动，自然的思想活动，评价活动，意愿活动，行动，原初地呈现出来。代替在其中朴素地生活，朴素地实行这种存在确信，我纯粹作为不参与的旁观者，**观察**这种生活，作为旁观者，我将一切连带的设定都放到括号中，以便正是仅仅通过看而观察流动着的生活作为意识生活如何使变化着的“内容”被意识到，达到某种有效性——；并且在变化中使同一的“对象”为我实现：首先是作为在多种多样的显现中对我显现着的，在共同一致的显现中以确实性存在着的，这样地对我有效的而实现。我的一切“起移情作用的”体验也属于我的这种“被还原了的生活”，它们的特征是，通过经验使处于任何时候都是他人的自我（*ego*）之他人的意识流之中的他人的体验准当前化，并使之达到一致的经验确信。

在这种形式中以超越论方式进行经验时（因此总是在超越论的还原中），我发现了作为生活之主观的他人的超越论的主观，在这种生活中他们，作为一致地经验着世界的主观，和我一样经验着这同一个世界；或者我发现了作为这样一种生活的主观，在这种生活中我们不仅在自己的每一经验中，而且还通过被移情了的他人的经验，共同地意识到这同一个世界，并且，首先是在共同经验时，以确信获得作为为我们大家存在着的、具有同一些事物的这同一的世界。

借助于这种完全新式的态度，我们称作超越论的态度（由超越论还原产生的态度），我们可能**想要**什么呢——我们作为理论上感 461
兴趣的主观以这种新式的经验基础**能**做什么呢，能为一种建立在这种基础上的科学提出什么样的目标呢？它当然不能作为在已经存在的科学中的，在诸实证科学中的通常意义上的新科学出现。一切现实的和尚能建立的实证科学之全体都是与这个世界——作为唯一的，由自然—朴素的，空间—时间的经验预先给予我们人的和预先有效的世界（尽管是首先应按照其真实的状态加以规定的世界）相关联。因此这些科学全都是这唯一的朴素的世界科学之分支，这种科学的朴素性我们也可以描述如下，即它在它的一切分支中，在它的一切认识和认识阶段中，在它的一切不管多么精确的理论中，都是被支撑在一种**普遍的"先入之见"**上——被支撑在一种前述谓的，绝没有以述谓方式表达出来的，由自然的经验之朴素性得来的经验相信上，这种相信的有效性——作为当下内容或意义的有效性——绝没有就其起源被询问过。就是说：进行经验的生活绝没有就以下问题被询问过：即在这种生活本身中"世界"这

种存在意义按照内容和有效性是如何实现的，普遍的生活究竟显得是怎样的，世界，某种个别的意义的和某些普遍的形式结构的实在性东西之全体，就是通过这种普遍的生活为我和我们存在的，对于我们大家来说，这个同一的，证明是一致的世界始终存在——在这件事情上即使这个证明活动也是一种在我们本身之中共同地进行的证明活动。现象学的转换表明，**这个世界**是**实证态度之普遍的先入之见**——一种先入之见，一种普遍有效性的统一，如立即就表明的那样，这种普遍有效性，按照其前理论的方式，本身是一种极其复杂地被奠立起来的有效性，并且有赖于一种隐蔽的生成。一切实证性的根据本身都是一种极其复杂地被奠立的根据；如果包含于经验之意义赋予的和存在有效性的结构之中的这些未知的前理论的根据没有被揭示出来——而这是在超越论的回溯和说明之必然的超越论的方法中，在一种彻底沉思的，将“世界”之整体的和局部的意义之意义和存在有效性回溯至其奠立的说明之必然的超越论的方法中，完成的——，那么一切实证的认识活动和认知活动，就都是悬空的，有关它的有效性就都是没有得到最终的论证的。被奠立的意义并不是与进行奠立的意义并存的意义，而只是作为“意向地在自身中带有的”进行奠立的意义而存在。

以现象学还原开始的并且唯有借助于这种还原才能具有对于它来说是本质的方法上的意义和进程的那种普遍的而且首先是真正彻底的思考，显然本质上首先实现了作为一种**普遍的**，通观世界
462 生活和世界科学之普遍性的，而且是超越论地——在摆脱了朴素性的态度之中——进行通观的态度。超越论的悬搁使我们放弃献身于平淡的生活和认可行为这种朴素性，它使我们变成“不参与

的”，对世界及其一切朴素的有效性都加以怀疑的旁观者。代替朴素地实行有效性的生活，代替自然地平平淡淡过日子，我们站得高于这种生活，恰恰是纯粹地观察和询问这种生活如何使存在的意义有效，在这里有效性如何在有效性中建立起来，有效性的意义如何在已经有效的意义中建立起来，等等，如已经说过的，这首先是以普遍性实行的。

我们已经开始了普遍的思考，就是说，开始认识到，由经验而不言而喻地为我们存在的世界恰恰是不言而喻地**为我们**存在的世界——个别地由存在的有效性变为非有效性（假象），但整体上总是贯穿于有效性之连续的统一之始终——，并且这是由我们的经验而来的，是和世界根据在我们生活中的这种经验已具有和已获得的其他的存在意义在一起的；此外，我们认识到，世界如同一切“本质”一样，实际上并不是在我们个别地归于它的每一个东西中存在的；而且即使我们确信它自在地存在着，并且作为可能的最终有效的真理（“真理自身”）之课题存在着，它也只能由我们的生活而获得这种意义，真理有赖于可能的证实——并且作为“最终有效的真理”有赖于在我们本身之中产生的关于这种证明之可能无限进展的**理念**。除去为我们“显现着的”，由我们的显现和意指获得意义的世界，没有任何其他存在着的世界，我们除去其自在是在我们本身之中获得意义并按照其方式而获得被证实的有效性的世界，没有任何自在存在着的世界，我们除去由我们的证明之阶段发展中和由这种阶段发展在我们自身中——个别地和共同地——构成的诸**理念**而来的真理，没有任何真理。

这个第一的，最普遍的沉思（如果我们足够彻底地严肃对待它

并坚持它），会导致现象学还原的普遍性，借助于这种普遍性就获得了彻底沉思的根本方法，并克服了朴素的实证性。我们还可以说，接下来的事情就是一种普遍的并且只是在以后才由普遍性向越来越具体的特殊性进展的**认识论**，而且很显然是一种全新的认识论。这种认识论与传统的朴素的认识论对立，传统的朴素的认识论公开地或（如在传统意义上自称是超越论的认识论那里的情况那样）隐蔽地将世界作为判断的基础而当作前提，因此陷入朴素的实证态度之中。代替所有那些关于处于其心理的内在性之中的人的经验是如何得到自在存在的世界的，它如何能确信“自在的存在者”，以及它如何能（尽管只是在协调一致的显现中）达到显现的

463 真理，为我们存在的真理（那时在这个真理的背后剩余下的也许就是不可知的自在之物）的询问；并且代替关于如何由作为一致地得到证实的直观的真理的经验真理能够生成一种绝对客观的理论的，逻辑的自在真理，——代替这些以及相似的问题，我们现在有一些真正的，能够在我们的新的意义上理解的超越论的问题，在这些问题中，我们将经验的世界和理论的真理以及有关世界的科学纯粹看作是世界在其中获得存在意义和存在有效性的超越论的意识生活中的**现象**。我们恰恰是与此相关联地询问，这是如何发生的和如何能发生的，在主观的有效性和有效性之奠立的哪些阶段上——与变化着的意义（内容）一起——发生的；我们作为纯粹的观察者询问，这个流动着的意识生活是怎样的，它必然在什么样的本质类型学中进行，它作为“意识”如何——以极其多种多样的样式——是“关于”某物的意识；这个某物——这个流动着的意义现象和有效性现象，这个在其显现方式之“如何”中，在其主观样式之

“如何”中的流动着的被以为的存在物——，在其中作为“意向的”对象性东西，作为有效性的统一“存在”，但却并不被实项地——作为局部，作为片段——包含于其中。我们通过考察追寻意识与意识连结成**一个**意识的诸方式[①]，追寻不同的意识体验——而且按照可能性是无限多种多样的体验——能够在对同一个某物的意识中综合地相联合，或者甚至能够联合成对于不同东西，对于众多东西等等的意识的诸方式。

于是在从普遍性向越来越充实的特殊性的进展中，提出了一些由意识客体之具体的类型学得出的更确定的问题：现实的和可能的经验看上去是怎样的，可能经验一般之系统的多样性是如何被规定的，在那些经验中**物理的自然**被构成，特别是心灵的存在——抽象地——被构成，在那些经验中一切诸如此类的东西，另外，在一种在这里必然地被意识的整体之内部，“世界”，这个同一的世界，被意识到，而且——在朴素的自身证明中——始终以继续有效性被意识到。

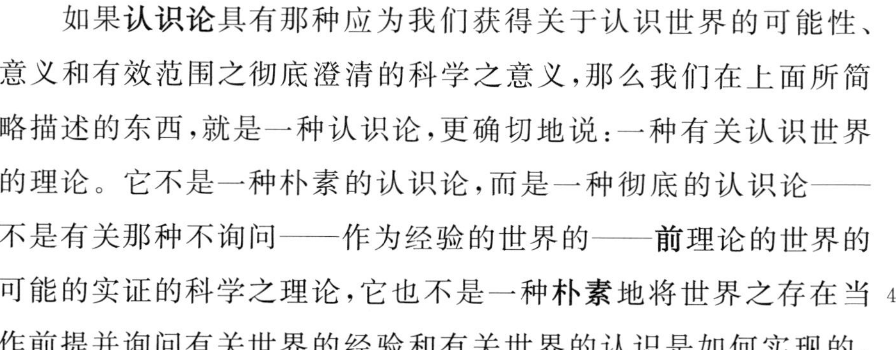

如果**认识论**具有那种应为我们获得关于认识世界的可能性、意义和有效范围之彻底澄清的科学之意义，那么我们在上面所简略描述的东西，就是一种认识论，更确切地说：一种有关认识世界的理论。它不是一种朴素的认识论，而是一种彻底的认识论——不是有关那种不询问——作为经验的世界的——**前**理论的世界的可能的实证的科学之理论，它也不是一种**朴素**地将世界之存在当 464
作前提并询问有关世界的经验和有关世界的认识是如何实现的，

① “意识”——需详细解释！

在何处实现的,和在多大程度上,以什么样的完善性,以什么样的对于我们人是不可缺少的表象方式等等实现的"关于经验的理论"。彻底的认识论与这些由朴素性而来的错误相反,正是从一开始就考虑到,世界,一般存在者,只是对于我们而言存在着,并且如其所是那样地存在着,即作为在这样或那样的意识方式中,以某种内容或意义对我们**有效的东西**,因此作为在最广泛意义上的**被认识之物**,存在着。任何一种内容(有效性的意义)之在意识方面的有效(确信及其样式)达到什么程度,转入理论的态度的,转入获取确切意义上的认识的,获取真正的存在的,最终是获取科学上的存在的敞开的可能性也就达到了那个程度。

据此就很清楚,这种在提出认识论的——首先是有关世界的认识论的——任务中的彻底精神,当然就要求克服自然的朴素性,并要求实行我们称作超越论的转换的那种根本的转换,这种转换是被当作超越论的—现象学的还原充分有意识地实行的。同样清楚的是,建立并实现彻底真正的科学之任务只有以这种态度才是可能的。普遍的认识论只是勾画出有关这种需要建立的真正的科学之可能性的最一般草图,而这种向可经验和可想象的世界之具体物下降的理论则必须突出本质上属于这个理念的世界领域(相关联地归于它的诸存在区域),而且是作为它的进行经验的意识方式之相关项突出的,并必须由此出发勾画出区域科学之本质可能的形式,它的问题和它的方法之本质形式。最后剩下的是有关事实上被经验的世界之基于与作为可能进行认识的我的一般经验的世界和超越论的主观性相关联的认识的世界之本质洞察的诸科学之草图。

由此而提供出在新的科学理念，即超越论的科学理念指导之下的对于一切科学的根本改革。我们的一切科学——实证的科学——都是朴素的。它们缺少由对一切有效性的奠立（它们普遍的课题“世界”就是由这种有效性的奠立而朴素地预先给予的）之揭示而来的最终的论证。彻底真正的科学是建立于超越论的和普遍的根据之上的科学——建立于超越论的共主观性根据之上的科学，一切存在的有效性都来源于这种超越论的共主观性，这些存在的有效性按照它们的根据或者是能够坚持住的，或者是不能坚持住的，或者是能够证明的或者是不能证明的。绝对在自己本身中并为自己本身被构成的主观性实行一切——不论是内在的还是超越的——意义赋予和存在证明。存在者作为被以为的和被证明的 465
存在者，是超越论的成就。第一的真正的科学，**基础科学**，就是对超越论的主观性之本质与存在实行最普遍的理论的沉思，对超越论的主观性就其作为在意识上完成成就的活动的固有存在进行理论的—描述的反思。

因此不可将超越论的悬搁误解为应该**根本不考虑**世界的存在和如此存在。其实，**排除世界所意味的是排除作为朴素的“先入之见”的世界**；譬如排除朴素的经验（此外也排除其他朴素的意识），这种朴素的经验在设定世间的东西时总是而且必然是也同时预先推定了它所设定的东西。不仅世界之如此存在是先入之见，而且世界之存在本身就已经是先入之见了。从世界的经验回溯到更完善的世界的经验，即最终不再是任何进行预先推定的经验，是无法想象的。但是这里所要求的和所考虑的，不是一个——荒谬的，而且甚至是作为无比荒谬的——**切合的**世界经验，而是回溯到超越论的意识生活,这种意识生活——作为一切被信以为真的和也许得到证实的世界有效性之绝对基础——**先行于**被以为的"这个"世界之存在,并且总是在自身中作为存在之意义已经构成了并且现在仍在构成着"这个"世界。正是这种客观—世界的存在在超越论的主观性中的**构成**是**普遍的研究课题**。

附录 XXVIII(附于第五十三讲,a):内在的切合性和确真性以及在流动着的—当前的我—在中构成的客观的主观性或该我—在本身的主观的(为这个生动的自我构成的)客观性之作为确真形式的内在时间。①

对事物的(或更确切地说,对世界的)知觉和对"我在"的自身知觉——将对事物的知觉和对我—在的知觉还原到真正的被知觉之物。

向真正的被知觉物还原,向流动之中的纯粹现前还原,在**事物**那里通向**显现着的方面**;它在我的**自我**那里通向**内在的现前**,一种**切合的**,因此是**确真的被给予性**。**在事物那里**这个显现者——即显现着的事物方面——是非切合地和非—确真地被给予的,而切合地被给予的只是"关于……的显现"和这个"显现者本身",尽管这显现着的方面确实是"自身显现的",是事物的自身显现者;在另一方面,切合地被给予的是自我—当前本身,就是说,是在流动的

① 写于 1925 年 11 月 2 日。——编者注

现在从具体的自我真正知觉到的东西：我们还原到其纯粹内容的 466
在流动的现在之中的这个真正被知觉到的东西，是一种绝对的自身，而不再是通过表达被表达的东西。当然它是具体自我的当前，而这个“……的”是不可从这里拿掉的；这就是说，在这里存在着**意向的地平线**，而且这个具体的主观性在某种意义上，但是在这个主观性**固有的**意义上，是一种**被表达的东西**，并且一再地（对于它本身）被表达的东西。但是在这里我们有被还原了的当前，它作为进行表达的当前（就是说，作为这个具体的自我和一切属于它的非当前东西，通过记忆或其他方式在其中表现的东西），**不再次被表达**，不在它仅仅作为必须首先得到充实的“意向”之照准点而被给予这种意义上再次进行显现，更不要说它只能这样地被给予了。对于**自我之**一切非当前的东西，一切并非在进行原本被给予的知觉中自身给予的当前东西（因此并非在内在意识中——并在课题上——在一种穿过意识而有指向的、在看到时加以把握的活动中被给予的东西），也许情况就是这样；但对于这个知觉之流动的领域恰好不是这样。

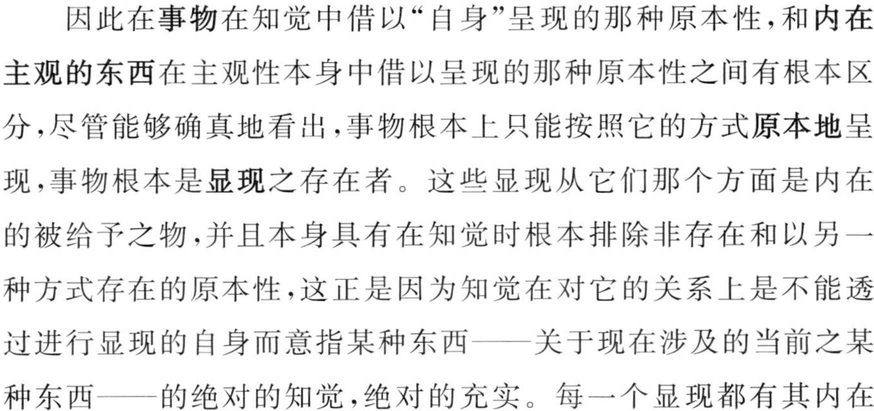

因此在**事物**在知觉中借以“自身”呈现的那种原本性，和**内在主观的东西**在主观性本身中借以呈现的那种原本性之间有根本区分，尽管能够确真地看出，事物根本上只能按照它的方式**原本地**呈现，事物根本是**显现**之存在者。这些显现从它们那个方面是内在的被给予之物，并且本身具有在知觉时根本排除非存在和以另一种方式存在的原本性，这正是因为知觉在对它的关系上是不能透过进行显现的自身而意指某种东西——关于现在涉及的当前之某种东西——的绝对的知觉，绝对的充实。每一个显现都有其内在的地平线——而不仅是外在的地平线——，一种关于在它之中“真正”被知觉的东西的地平线本身，这个地平线是在它之中被包含的诸关联之**无限性的名称**，这些关联能够以某种方式由地平线从主观方面（尽管并不是在预先被包含的具体规定性中）说明。在这里那样一些显现之“无限性”属于每一个显现，那些显现，尽管它们依次相继地进行并且在这种情况下在其被还原了的**现在的**当前中不会再表达对象，却返向地与它自身相关联——即作为我现在可能
467 已经有了它们的，并且它们会属于这个现在的，而且是当自身真的以不同方式，但却是以一致性的风格进行时，它们就将事物作为自身变化着的事物在其被改变了的以后的阶段中表现出来的显现。然而尽管这也是一种很不充分的描述，它却足以清楚说明这种**对比**，并且在这种对比中，一种在内在性中通过被称作显现的绝对的事件表现着的非内在的“**超越的**”对象性东西之意义，就对比于绝对地表现的**绝对的存在**之意义，此外是作为就自己本身而言的主观性，并且是在自身知觉的范围内，在其向真正自身被知觉到的东西之还原中绝对地表现的**绝对的存在**之意义，清楚地说明了。

这种切合性，这种原本的自身给予之形式，本来也涉及**存在样式**，首先是**作为时间样式的存在样式**。**具体的流动着的当前**，作为持续着的东西和在变动着的内容之流动着的持续中统一地表现出来的东西的内在东西——比如感觉到的时高时低的声音，或者由自我中心而来的主动产生的处于主观规定关系之中的判断等等，它在其内在连续性之流动中展开统一的被暗含地意指的意义——，是以其绝对的原本性**作为**持续着的东西，并且是如此这般地展开着的东西，而表现出来的。

但是我必须还原到这种作为确真地和切合地被给予的当前的具体的当前。我并不因此而拥有我的生活之无限性，更谈不上拥有我的自我本身——作为我所是的自我，并且不仅是我所度过的生活，而且是我的能力的和我的因此而可能的生活的主体。因此：我必须还原到现在持续着的生活之生动的流，在这个范围内这个流是**生动的**“现象”，并且具有它的生动的，但在流动中变化着的有效范围——没有真正的界限，但却是被限定的，而且是被可变动地限定的。这就是我的生活之具体的当前的显现。这种生活通过在再回忆等等中的揭示而达到经验时的（真正客观的）自身给予。

主观的流动的当前被切合地给予我。我还原到“真正被知觉之物”。但是在这里重要的是，区分不同的态度及其被给予之物。

1）**目光指向流动着的现在**以及在其中的被给予之物。我如同现在在流动那样从现在进展到现在，我跟随并遵循这种绝对原本地被给予之物，这种真正被知觉到的东西。它例如是一种声音的感觉，甚至是一种地道的声音，一种空间上显现着的声音。我通过在听觉上与车辆的行驶并行而跟踪车辆的行驶[①]。这个客观的行驶显现出来。468 我进行还原，实行悬搁，于是我就有了这个从现在到现在地继续流动的这个显现活动本身。我在随同进行时就注意到这个显现活动，并且在其中，比如说，特别地注意到客观东西在其中发生了透视变形的这个声音的现在。现在这二者——尽管应该区分——的确得到了考虑。如果我这样做，那么这个客观的东西就总是显现，它作为显现的统一而被构成。但是这后者，这个延续

① 或者我反思地，作为旁观者，跟踪判断活动的进程、它的意义内容的生成。

着的东西,时间上的行驶进程,**显现出来**,而我**并没有设定它有效,并没有作为课题拥有它**。

2)但是它还以另一种方式显现出来。当我仅仅将这种**内在的东西**当成课题,当我纯粹探究我有关客观东西的流动着的显现时,**某种我在这里没有当成课题而且肯定没有当成课题的东西,也会显现出来**:就是说,这些显现本身在其流之中**恰恰是作为这个流之过程**而被统一地构成的,在这个流之中,每一个新的显现的现在,都是发源地,而过去的暂时的显现正是作为过去而是**这个流动之过程的具体的过去之片刻**;合在一起的这个整体则是这个流动之在每一个新的现在之中**显现着的过程**——作为总是以新的现在显现着的过程的过程。当然属于这里的还有新的现在之未来的地平线和构成向前、向未来的流动抓取的显现过程之未来的地平线。

3)现在如果我说,在内在的当前之流动中,在向它还原时,而且在课题上仅仅指向它时,**我把握住一种确真地被给予的切合的东西**,那么这就意味着,我在这种目光指向中拥有了**对于我的进行意指的意向的完全充实**,而与此同时我随情况对我的确信实行改变则是不可想象的。

另一方面**这并不是一种时间样式上的被给予性**:我在这里所把握的东西并不是作为有别于过去或将来的生活——或更确切地说,现在的,过去的,将来的具体的主观性——的这种不同的时间样式的我的流动着的生活之现在的现在这种时间样式。在这当中当然存在着它的存在设定,它的客观的设定,但却是以时间上定向的方式存在的,而且不仅如此。以上作为流动着的被充实的现在而处于切合的把握中的东西,**并不是**对于**第二种**意义上的流动着的现在的把握,作为对于**当前之流的当前**的把握,在这个把握中,这个流被设定,但却是如它以时间样式现在生动地延续着那样被设定的,从现在的显现到现在的显现地向前延续着,然而却是在坚持过去东西的情况下延续着。恰恰是从这种时间的样式还原到生动的流动,只要达到它的现实的生动性,这种确真性就会继续得到证实。

另一方面:**事物性过程**在其显现之绝对的延续中并不同样也 469
是**绝对显现着的过程**——但却是如其对于事物理应的那样原本地显现的:即具有未被揭示东西之无限性的地平线。这些未被揭示的东西提供今后的矛盾和被取消之诸种可能性。这种区分毕竟持续地贯穿于存在之一切样式中,和使存在被意识到的直观之一切样式中——并且在以后贯穿到一切与存在相关的意指(作为以借助直观而充实为目的的意指)的样式中:内在地重新回忆——对超越的东西重新回忆;相关联地,内在的过去——和超越的过去;等等。一切都是以某种方式由这种区分开始:按照意向性之全部基本形式的本质关联,确信的诸样式也是由这种区分开始的。

在一般内在东西的元原本性中——它从它那个方面又有它的原本性的区分,只要在内在东西中的知觉对于直观和意指之一切其他样式来说又是元原本的成就——存在着**一切确真性的来源,至少对于个别东西来说是确真性的来源**。即使上帝也做不到使世间的存在以绝对方式给予他,而不是作为超越的显现物给予他(那会是一种矛盾)。即使是对于他,对世界的知觉和对事物的知觉,也是有无限多假设的。

我—在的这种内在的被给予性不仅在当前——作为在**真正被**

知觉到的和被还原了的具体的当前这种意义上被还原了的当前——中有其切合性和不可消除性。**我能够自由地揭示当前的地平线**，能够从重新回忆到重新回忆地进展，并且当知觉的当前必然地进展时，**生活于重新回忆之中**。但是在这种情况下应该在具有其对象的重新回忆，和被重新回忆起的过去之间进行划分，于是在我面前出现了**一种新的描述方法**:过去在当前"显现";在这种情况下我一方面发现我—"一再地"—能，另一方面，我看到一种**普遍的结构**:无限的，能由每一点出发"一再地"在我—能中唤起的过去，这种过去在我们称作**形式**的普遍性中**被切合地给予**——作为过去或诸过去之系列被给予——，而且是不可删除地被给予，而个别的具体的内容却是极限，是理念，但却是一种处于切合的—确真的范围之中的理念。我的处于其流动着的延续之中的当前的—自我，作为流动着的现在存在着自我，显然是作为**非独立的**而存在的，它

470 没有其诸过去是不可能存在的。但它的存在设定是绝对的，有关过去的知觉只能从对于知觉的现在获得其支撑物——是现在本身提供关于过去的知觉的回忆，而现在的确真性将回忆的确真性带入到某物中——只要回忆是足够的。

我还能够切合地看到，现在沉降到过去，"这个"过去是不能个别地删除的，尽管它的具体内容并不是绝对地被给予的。我能够看到，这种形式具有内容，而且必然具有内容，这种内容在总是能够被唤醒的东西中作为"显现"呈现出来，但是这种呈现，这种穿透显现之光是**绝对的**;并且原则上能够看出，形式没有内容是不可想象的，而这种显现是**绝对的显现**。但是当我经历诸过去的这种绝对的关联时，我就在有关的——具有同一内容的过去的，有关同一

事件的诸重新回忆等等的——同一东西的显现之绝对的综合中，揭示出，“同一的过去”在分离的现在的重新回忆中的一切“重复”（这种重新回忆在同一化的综合中联结在一起），都提供在不同的“主观的”样式——显现的样式（时间上定向的）——中的“同一的东西”。我能够“一再地”返回到这同一的东西，并且原则上能够普遍地看到——在切合的和确真的被给予性中看到——，这种样式一定会变化，而过去的内容则仍是同一的。凡是涉及内在东西的地方，这种过去的内在东西就是同一的——一再地以新的方式，以新的时间样式（时间上定向的样式）显现着。

因此在现实的当前中和在当前进行着的重新回忆之生产的自由中，包含着作为时间序列的，我的体验本身的时间序列的，我的过去本身。我所是的我就是这个**具体地**在属于我的时间形式中存在着的自我，这个现在当前的自我，这个自我逐渐变为过去，在这种时间形式的“客观性”中（在自—在中），获得其位置，并且“永远”保持这种位置——为我保持着，这个我一定会说，现在是当前的东西，会变成过去的东西，那时就是可能的——对于我可自由产生的（如果我未受到妨碍）——重新回忆的无限性之显现统一；——并因此对于我总是能够以对于相同东西的综合的意识通达的，总是可认识的东西。

但是我的当前的生活也有未来东西的，“被预期东西”的将来的地平线，而且这**个将来东西的这种形式也是不可删除的，作为必然的形式**是可切合地揭示的和可认识的。这种“未来”又是**一个当** 471
前的因素，正是这个未来东西在其中借以被意识的**预期的**因素。但是这种预期并不是**可唤醒状态**的一个领域，而是**预先准直观**，预

先准当前化之领域。

但是现在还缺少一件重要东西;因为没有探究,**每一个重新回忆都有一个将来的地平线**,已经结束的将来的地平线,只要每一个过去都是其过去被预期的东西以确定的内容**出现的**过去了的现在;由此每一个重新回忆都有一个将来的地平线——**可借助重新回忆唤醒的**地平线,每一个重新回忆都连续地向前指向以流动着的当前而告终的继续的重新回忆。这种情况投射到作为将来的那个现实的向前预期上,而这个将来是被作为**将来的过去**所预期的,但是这个被如此想象的将来在自己之前就有这种原初的预期,关于这一点上面已经谈到了。

1)只是**在其当前之中生活的现实的当前的自我;2)对于自己本身来说的客观的自我**,它拥有自己的经验和**这种经验的综合,与自己本身的同一性**——处于属于它的生活流的自身经验之**多样性中的同一性**。

我经验作为自我的,作为具体的自我的我,这个自我是在重复的经验中作为同一的而被经验到的:我对于我**客观地**存在着。在我的存在中就有:我总是(在广义上)知觉到我——自身知觉是我的存在之基本结构。我不仅存在,而且即使我不说我存在,这种对自身的知觉也存在,它的述谓的表达就是我—在,我的生活的经久的要素就是我—在。

我能够将我的进行把握的目光指向**我的知觉的现在**——就我在这里**从我身上真正知觉到的东西**。这种在场也是在我—在之中被主观—客观地设定的我的主观性之客观的东西,客观的要素。

正如这个自我在它是多种多样的自身经验——自身知觉，而且还
有能够唤醒的自身回忆的，和其他的进行追溯的和进行前瞻的自
身把握的多样性——之同一东西范围内是自在存在的，同样，属于
我的这个在场要素也是这个在场的知觉和多种多样重新回忆之同
一东西。每一个这样的重新回忆，作为属于一个新的在场的重新
回忆，是我，作为这个重新回忆的现在的我借以说："我曾在"的介
体。这个曾经存在过的自我是曾作为现在的自我存在过的自我。
这个曾存在过的在场是体验之在场，而这个体验能在一切重新回
忆中作为同一的体验一再被认出——并且作为这样的东西它是客
观的，它在主观的时间中有位置。但是这个自我作为客观的自我，
在主观的时间中并没有位置，而是任何时候都处于属于它的时间 472
之形式中。它的生活在这种时间中度过，并且它本身，即作为一切
行为都由它开始，一切刺激都向它冲去的自我极，以自己的方式在
它的时间和它的生活中存在，它在这种生活的时间连续中到处都
是同一的，而不像他的体验那样，在时间中个别化。这个具体的自
我（我，这个我现在现实地生活着，并且曾有过过去的，曾是现在的
生活），任何时候都存在，但是作为具体的自我充实着那个是我的
时间的时间。我对于我是客观存在的，只要我将我经验为对于一
切时间都是同一的东西。但是"我—在"——这就意味着：我现在
生活，并且继续地生活。在这种现实的意义上，现实生活的意义
上，我不是客观地存在，我只是现在存在，并且始终只是现在存在。
我曾存在，这意味着，我作为我曾是的我，现在不再存在，我只是现
在存在，当然是作为这样一个我现在存在；即它曾存在过，而且是
作为那个他曾存在。

我客观地存在——我是多种多样自身经验之同一东西;但是这种多种多样的东西本身属于我的现在的和过去的生活,属于我本身。我存在——并且在我的存在中我有对自身的经验——作为我的存在之脉动的对自身的经验。我存在而且我曾存在——并且在我的时间之统一中是同一的东西,但这种同一东西就是:在我自身之中发生的可能的综合之相关项。

附录XXIX(附于第五十三讲,a):在现象学还原的道路上最深刻地奠立作为普遍科学的哲学之诸种困难。[1]

现象学本身之穿越朴素态度的必然性。两个重要的阶段:1)朴素的现象学;2)有关所实行的现象学方法的理论与批判(对于现象学的自明性之批判)。

开始现象学还原的诸种困难。

现象学还原的动机是最终被奠立的科学之无前提性。一种这样的科学必须有一种**直接的**认识之开端,这种开端不可依赖于任何尚必须首先被论证的,也许甚至留下错觉之可能性,非存在之可能性的假设。向**最终的前提**回溯最后必然导致**确真的东西**,导致对存在者的**直接的认识**,这种认识使非存在成为不可能的。

实证态度的前提是世界,作为通过经验而**被预先给予的**,通过

① 约写于1923年。——编者注

思想活动能够在自在真理中间接认识的世界[①]。世界的存在，作 473
为空间时间上存在着的实在东西的世界的存在，总是已经“被当作前提了”。实证科学并不是无前提地开始的，为自己选定一个**领域**（如果我们作为物理学家，所说的就是普遍的物理的事实）作为课题的科学家，**预先假定**，这个领域是在他的经验中，一切现实的和可能的经验中，**作为现实性而被给予的**，而且他使用的每一个个别的物理东西都是他从经验中“取来的”。他不问，经验如何将存在者，自然的经验如何将自然，作为确实存在着的奠立起来，尽管他——如同每一个人一样——以某种方式十分清楚地知道，经验可能变成假象的经验，经验的确信可能变成非存在的确信，单纯假象的确信，并且他清楚知道，人们在实践上能够以某种非常熟悉的方式相信这一点。但是这种知道，这种实践上的熟悉，并不是由对经验活动的——以及对在其中我们确信世界是存在着的世界的整个意识生活的——**理论研究**而来的。我作为科学家，在我的科学生活中总是以主观的操作、以我的生活方式活动，在这些生活方式中世间的东西时而这样时而那样地显现，在这些生活方式中显现者以确实性之样式——也许是自明的确实性之样式——出现。在这些成果之中不存在任何这种主观的东西，而只存在存在着的和如此存在着的客观东西。但是这位科学家在他的科学行为中肯定经常思考他的方法方面的一切东西，然而彻底的奠立却以下面的情况为前提，即他将方法方面的东西，将方法方面的东西处于其中的生活，将方法的东西所完成的成就，以及这些成就的有效范围**当**

① 间接的——什么样的间接性？

作课题。最后极为普遍的是:他不允许将任何他没有真正有意识地而且是通过“令人信服的”证据查明的东西作为对于他已经存在的,已经按照其存在或如此存在加以肯定并加以断定的,而**假定为前提**。

因此**最严格的科学就会要求,在开始时不假定关于世界的任何东西,也不假定**作为在其中已经有某种东西——比如在这里的这个当作课题的东西——存在的**世界本身的存在为前提**。因此**这个开端肯定不是任何东西——任何世间的东西**。剩下的是什么呢?当然就是在其中世界总是已经——以这些或那些实在性东西的和地平线的形式——作为存在着的呈现出来了的那个**主观东西本身**。这种开端不可能是这样一个问题:地球上的什么东西能够在可普遍认识的真理中陈述出来——在这里地球的存在被当作前提——,或者一般地说:这个**世界**(这个不言而喻地经常被经验到

474 的并且总是被以某些知觉内容知觉到的**世界**)上的什么东西可以被陈述呢?而是这样一个问题:什么东西使某些实在东西的,地球的,自然的,一般世界的**存在**对于我成为确定无疑的——因此首先是这样一个问题:在其中世间的存在和如此存在被我意识到的所有这些主观东西,我们的而且最终是我的,这个认识者的主观东西,看上去是怎样的,其**自身的存在在**询问世界的存在与非存在**之前**肯定被当作了前提,并且在有关世界的存在与非存在的一切断定中被当成了前提的所有这些主观的存在和生活看上去是怎样的?此外奠立客观的存在和如此存在的一切认识活动在主观的存在和生活中是如何发生的?因此,**最终的**客观的奠立是以对这种纯粹主观东西和纯粹在其中进行的意识活动之研究为前提的——

对纯粹主观性的系统研究本身先行于对“客观性”的系统研究。

但在这里立即就出现了困难:

a)**超越论的心理学主义**之困难:主观东西=主观及其意识生活——不是连我们也存在于世界、人们等等之中吗?

b)同样还有这个主观领域的**确真性之有效范围**的困难——或者为这种确真性划定界限方面的困难。

就后一种困难(就b)来说,开端总归就是朴素的自身沉思;因此(就a来说)人们也许能够按照以下方式行事:

1)世界作为——通过我的进行经验的生活以及其他的生活——预先给予我的世界,就其作为可疑的现实的存在和如此存在而言,恰好将处于其生活中的我自己的存在当作前提:这个预先给予的世界包含作为人的我,世界中的一切,实在东西之宇宙中的一切;被包含的东西,以我的生动的此在,我的生动的发挥功能活动为前提;因此预先给予的世界——按照它的存在的确实性和证明——以我的生活的存在确实性和证明,或更确切地说,以我的人的存在的存在确实性和证明为前提。当我认识到,对于我存在着的世界——连同人类的存在——是我的多种多样现实的和可能的存在有效性、内容、显现等等之有效性统一,当我认识到,所有这些都存在于一种最终有所成就的生活之中,存在于我之中,存在于最终发挥功能的“自我”之中时,我就是在实行超越论的还原。因此就此而言,我存在于为我存在着的**最终的存在范围**中——在我的为我本身的纯粹存在中的自我。

但是**关于对这种存在的**和对在“我在”这个名目下的存在者之多样性的**知道**的情况如何呢?**这种知道不是导致无限的倒退吗**?

因为在我知道我自身时，却必须也拥有关于这种知道的知道；但在我所知道的那个东西之中，关于这个对该物的知道仍然未被知道；或者：与对于任何一个存在者的认识相比，对于这种认识的认识是
475 一种新的东西，不同的东西。如果我遵循这种经验，那么我就能够说：借助现象学的还原，我的纯粹的自我就作为经验领域为我展示出来；但是我对于我自己的存在的经验活动，例如，我对于有关我的被还原了的对世间东西的经验活动的经验活动，本身在这里并不像我为了获得对它的了解和认识而必须在经验中从它那个方面拥有它那样是被经验的东西；如果我进行反思，那么我就正是在这种反思中重又拥有这样的肯定会首先（在课题上）被经验的东西——如此以至无穷。**因此首先应该问：对自身的认识**——对这个处于其整体之中的超越论的—纯粹的自我的认识——**如何可能**，尽管立即就能肯定，我能够**以个别的方式**由属于我的东西获得经验。

但是不仅如此：如果看起来从现实的经验出发很容易达到至少是对个别主观东西的认识，那么更仔细的思考就表明，即使在这里也能够提出一些问题。**经验不是某种易逝的东西**，流动的短暂的东西吗？我如何获得一种**持久的认识**，获得一种有关同一的意义的对于我来说今后持久有效的陈述，具有同一地可证明性的陈述？我所形成的每一种新的经验，或者求助于重新回忆时，每一个重新回忆和每一个被重复的重新回忆又是易逝的东西，我可以在经验时观看它——但是一种作为持久的获得物的**认识的获得物**如何可能呢，这个“持久的获得物”究竟是什么呢？肯定不是一种仅仅在现在之中发生的和保持在现在之中的体验。如果我诉诸**自明**

性，特别是诉诸**确真的自明性**，那么我就不仅是问：它看上去是怎样的？而且是问：它是如何超出这个体验活动——这个易逝的瞬间的体验活动的，它是如何超越这个易逝的瞬间的体验活动的？

如果科学被设计为进行最终奠立的，进行最终证明自身正当的科学，人们能够回避这样的问题吗？

2）但是另一方面，人们能够要求**立即**就开始从事这样的科学吗？然而人们一定会说：我们应该批判的必须是已经在此存在的。我们就其成就批判某种有所成就的生活，我们批判实证科学——作为科学的生活之成就，作为进行追求的进行生产的行为之成就。我们批判在自然的经验中经验到的世界——作为在进行经验的生活之关联中发生的意义成就和这种意义的存在意指。**作为有所成就的生活的生活发生在前**，有某种东西在这种生活中发生，它在这种生活中被意指，被经验，经验被校正，假象被消除，思想行为被证实，被结合，被纠正，如此等等。在有所成就的过程中度过的，但本身并不是当成这种课题的生活，在这种批判中会成为课题，而且按照其意义（其目的），其道路，其所得和所失，被询问，被批判。但是 476
这种进行批判的生活本身以后可能——而且也许一定——会在更高的阶段上又被揭示出来，就是说，被当成课题，并且就它那个方面受到批判。**这种生活**，更确切地说，一种系统地指向这个或那个目标的并专注于这些目标的生活——发生在前；情况不正是这样的吗，即我们在超越论的主观性方面首先使一种“朴素的”认识生活起作用，使一种有关这种主观性的科学（就是说，有关我的主观性的科学，如果我是这个认识者的话）起作用，这种主观性朴素而直向地进行认识，如实证科学在自然存在着的世界之基础上做的

那样？在这种情况下我遵循朴素的自明性和朴素地指引着我的科学的目标设定。如果我确信我的纯粹的主观性之持续存在，并且如果我能够自明地在任何时候将我的进行经验的目光指向它，那么我也就肯定能够按照它固有的特性描述它，确定与它有固有本质关联的真理；完全如我能在自然的经验中通过主动实行理论上感兴趣的经验而把握由自然的经验预先给予我的自然，按照个别的实在东西，按照一般的类型，并按照普遍的、持久不变的结构，在诸描述科学中探讨它一样。在直向地指向经验的被给予之物，并在一致地向前进展的经验之实行中考察和描述它们时，我不提出任何对由经验活动和表达活动之短暂的行为而来的永久的经验真理之可能性的询问。

因此建立一种绝对正当的（一种能够彻底建立的）科学之回溯的道路，从揭示存在于**世界**对于实证科学如已经对于前科学的经验生活那样的**预先给予性之中**的前提，通向要求对这种前提提出根据；由此而前后一贯地通向要求将世界之实存"放到括号中"（通向将世界的实存前后一贯地搁置起来），并且通向揭示有关的存在与之相联系并且判定与论证的一切道路都与之相联系的经验的基础和存在的基础。这种存在基础，作为最终被奠立的世界认识之认识前提，现在必须成为课题。对纯粹的（超越论的）主观性的认识必然存在于实证科学的一切认识之前。

在这里**首要的事情**显然就是，借助于进行观察的经验将这个新的存在领域变成课题，并对它进行系统描述。然而在这个进程中所涉及的**首先**仅仅是最终发挥功能的纯粹的主观性，就它**使世界——作为据称总是已经为我，这个认识者，存在着的，并且能在**

经验和思想中进一步认识的世界——成为预先给予性并被有效地认识而且是以所谓的正当性使之成为这样的东西而言。我意识 477
到，一切对—我—有效的活动，连同它的作为我的成就的一切证明活动，都是在我自己的意识生活中进行的，因此我意识到，这种使之有效的活动之最终的清晰性和意义和正当性，正是要求对它在其中进行的这个自我生活进行研究。在这里这个自我生活在这种沉思中达到必然的“净化”——通过超越论的还原。但是如果人们现在想要研究这种“构成着世界的”认识生活，——或更确切地说，这个就这种认识生活而言的纯粹的自我——，那么事先就应认识到，纯粹的自我，比起人们暂把握到的，以及至少必须就其整个具体性被研究的，要伸展得远得多。无论如何，我们要将这作为任务提出来，而无需首先知道，这个任务有多么大，以及在这里能够获得的成果之有效范围有多么大——比如甚至无需首先知道，这个任务肯定已经包括整个普遍的哲学。

我曾说过，普遍的**“描述”**是有关纯粹主观性的科学之第一项任务。这种描述肯定应该是**科学的**，就是说，按照要求，是准备用于提供最后说明的，因此是能够存在的。在这里我们处于一种不寻常的处境之中。因为我们提出一个一般性的问题，即这种描述性的认识如何可能——比如就经验活动是一种短暂的、流去的和消逝的体验而言，就应由这样的体验获得持久的认识，而这种持久的认识本身之存在却又只能以转瞬即逝的自明性被看到而言——；如果我们提出这些问题，那么我们在其中就已经使用了由描述取来而且自身中已包含有持久有效性的概念——作为前提。一切对自我（*ego*）的需要和对它的任何成分的需要，作为存在着的都已经假定主观东西得到了区分并在其中指出了同一东西等等为前提。对存在之认识的可能性被假定为前提——而且肯定会为这种可能性提供说明。

显然只能首先遵循朴素的自明性,直向的自明性,获得系统的描述——特别是具有普遍洞察的本质描述——,然后又是通过重复和反思以及实行反思的描述而相信,在多大程度上未被揭示的前提存在于那种直接的描述的程序之中,在多大程度上对它的揭示就会导致那种描述的**有效范围**能够借以得到澄清和界定的新的主观的—描述的断定。但这只是在直到这种重复变成断定之反复,变得认识到,这样一来,即使在反思当中也能够一再地得到进展,而且认识到,此外没有任何新的本质洞察能够产生时,才能发生。其实在这里就包含有下面这种意思,即超越论的主观性作为自己本身在进行认识和课题化时所实行的普遍的本质的描述,一

478 定会带有它的系统,它在按照这种系统开始朴素的描述并系统地向前进展时,必然一定会达到那些在其中一切朴素性都被消除的描述;以至于这样的描述同时导致对其自身的程序之批判,在实践上导致在其有效范围之界限中对它的正当性证明,并且最终导致对于系统的阶段顺序之普遍描述,这种系统的阶段顺序之朴素性完全被消除,并且唯有借助于那些提供有效范围之规定的更高的描述才会得到补充。

有关纯粹自我(*ego*)的"现象学"至少划分为:

1)**朴素的—直向的现象学;**

2)更高阶段的反思的现象学:作为**有关现象学的理性之理论与批判**(对于**进行现象学研究的自我**之批判),或者有关现象学方

法之理论与批判，或对于现象学的自明性之批判。应该看到，一切彻底的认识理论都由此得到详尽阐明。

至于开始时**心理学主义的困难**，那么向自我（*ego*）还原首先就被以自然的方式理解为**向人的心灵**还原，即使的确证明了对于世界之存在与非存在的判定——对于世界作为预先给予性的确真的实存之证明，和在世界中的我的人的存在之证明——已经以作为自我（*ego*）的我为前提。但是鉴于这种情况，就很容易想到会有下面这种说法："我的自我的存在，具体说，我的心灵的存在，对于我来说，在认识方面发生在所有其他实在存在之前，而且是确真地发生在前。有关世界之实在性东西的一切间接认识，肯定都是建立于在其中实在性东西被直接经验的那种直接的认识之上的；但是这种经验必然仍是感性的经验，而且是作为我的自我之生动功能，因此是作为我的心灵的行为而发生的。因此作为第一的东西，我并没有世界本身，而是拥有这个世界的一小部分：即我的心灵"；但是心灵仅仅作为**赋予**这个如其所是的实在的有机的身体以**灵魂**的东西，作为世界之非独立的部分，不就是世间的吗，不就是空间—时间的实在性东西之世界的组成部分吗？但如果是这样，我就一定又会说：这不就是"心灵"吗，纯粹处于自身之中，处于其进行经验的生活之中的"心灵"吗，在这种"心灵"中，这个物体的身体被认为是存在的，而且被以为是被证实了的——而且它的器官的存在对于一切有关实在东西之一般感性经验又是被证明了的？**如果这种证明成了问题，那么由此心灵作为心灵的存在也就成了问题**。在其中构成世界、自然和自然之中的物体性东西之证明的，的确就是**纯粹的**主观性，并且在这种**纯粹的**主观性之中，当主观性实行这

种物体的有效性,而且以确真充分的权利实行这种有效性时,**它**因
此就**在自己本身中**确真地与在其中被构成的物体的身体发生关
系,并且赋予作为心灵的**自己以世界的有效性**,然而这种赋予它本
479 身以世界有效性的行为却**先于**它本身而存在。——但是在开始时
并不需要对此作任何判定,不需要提供有关世界自明性的任何可
以理解的解释,只要由于还原,在开始时不存在在世界中的作为具
体存在的人的心灵,而是存在在**自身**中具有人(我,这个人)这种
"现象"的主观性:即那个处于其超越论的生活中的,经常实行世界
有效性的,实行经验世界的自明性的主观性,就足够了。

附录XXX(附于第五十三讲,b):臆想的困难,即停留于悬搁之中的人"绝回不到世界之中"。①

哲学之道路是最彻底地摆脱一切先入之见——最终是摆脱世间性的先入之见——的道路;是从超越论的自我(*ego*)出发,以超越论方式重建普遍科学的道路,这个自我因此就是哲学认识的主观。我,这个无先入之见的自我,实行一系列"无先入之见的断定";无先入之见——这首先就是说:摆脱一切自然的—世间的,自然的—人的先入之见。我陈述我以这种无先入之见的态度看到和能够一再看到的东西。这种对世间性的先入之见之抛弃,以及这条不以世界的存在为前提的,不容忍有关存在或非存在的任何成见(也不容忍有关作为可能性或盖然性的存在样态的任何成见)的

① 约写于1924年。——编者注

新的哲学道路，使以下情况对于我，这个超越论的和进行现象学研究的主观（作为这样的主观，我将我置于行动之中，其中包括将我置于设定之中），成为显然的，**即我在超越论的经验的关联本身中和超越论的认识的关联本身中达到世界的存在——作为能够由我，这个超越论的自我，设定的世界的存在**。这条道路（开辟超越论的存在领域的道路）首先将我引致作为自我（*ego*）的我的超越论的生活，引致内在的一时间的自己存在的领域，而“世界现象”就属于这个领域；于是我就发现了超越论的共主观性及其超越论的一内在的时间性：当我肯定会保持在这种风格中时，世界的设定就会由于以下情况而变成可能的，即为我证明，如果我在这个方向上**达到普遍性，世界这个现象**就会获得作为超越论的理念的**世界本身**之存在的意义。

详细地说，在超越论态度中达到这样一种设定：超越论的以为活动和被以为东西本身，超越论的自我（*ego*）之当下现今的生活，以及在其中被以为的——和以某种内容而被相信的——世界本 480
身；此外作为被我和以超越论方式与我一起存在的人所相信的世界本身的这个世界，最后，作为在整个具体的我们一共同体中，在其完整的单子的时间性中，以贯穿诸纠正的一致的相信，以对保持能在未来的纠正中通过证明而证实的这种风格的经常的假定而被综合地坚持到底的同一的世界的这个世界。但是我现在看到，作为自然的自我的我作为世界所拥有的东西，以及我们作为世界以稳定的确信所拥有的东西，根本不是别的——，在自然意义上真实的世界只不过是在这种证明过程中被预先规定的理念。

只要我没有把握住超越论的主观性之**充分的普遍性**，而且没有作为超越论的经验活动和思想活动中的**共**—主观性把握住，并在这种把握中将**世界**认为是这种**共主观性的相关项**（认为是现实的和假定可能的经验而且是共同的经验之普遍的综合的世界现象），换句话说，只要我将这种超越论的主观性按照其全部的范围解释为是生活于人类的或自然世界的境况之中的（并且作为人的共同体只存在于世界之中的），而不是超越论的，并且对于我和我的我们也不这样地作超越论的理解，——在这个范围内就存在**世界的表象**——个别来说，只不过是主观的人的关于世界东西之表象——与存在着的，现实的**世界本身之间的对立**。在这里，世界表象，事物表象，意味着：我的和我们的人的表象活动之被表象物。只当我选择了最终的—超越论的立场，并由此出发按照其整体性把握住超越论的全部主观性之无限性——在世间遇到的，并且作为在以世间的主观的体验而平淡生活于世界中的全部主观性之无限性而遇到的——**，这种对立才会消失，表象与现实性之间的区分才会消失**。

如果人们以超越论的—哲学的方式行事，而且是以超越论的自我（*ego*），以这个以超越论方式适应人—自我，而且是作为第一个可设定的东西适应人—自我的自我开始，并以人自己的作为对世界进行表象的生活的生活开始，这种对立看来就好像是一个不可消除的对立。**如果人们停留于悬搁之中，人们如何会有一天超出有关世界的表象呢？**也许人们想将世界解释为“幻想”，假象？也许人们想说：不存在任何现实存在的世界，只存在我的有关世界的表象？并且如果有人发现某一条以超越论方式达到其他人以及
481 他们有关世界的表象，但却必须将他们宣布为只不过就是诸世界

表象的关联，也许还有他们固有的诸体验的关联的道路，——那么由此有什么东西被改变了吗？只不过是我们拥有了更多纯粹心理学的主观和更多序列的有关世界的表象。我们并没有由此达到世界的现实性，并且如果以下情况是真的，即无先入之见的哲学**只有作为超越论的哲学**（作为纯粹意识现象学的哲学，或作为如我的《**理念**》[①]一书的许多读者代替纯粹意识现象学的哲学所称的纯粹心理学的哲学），才能开始，才能由此出发而得到实行，那么看起来就很清楚，只要这种无先入之见停留于纯粹超越论态度中，因此是在单纯世界表象范围中运动，那么这种无先入之见性对于想要认识这个**世界**的我们就**不会有任何帮助**。这整个的计划**岂不从一开始就是错的吗**，因为它固执地坚持这个“超越论的”领域，但却想通过思想活动去认识世界；假定思想活动在这里能够成就某种事情，为什么不使它起作用，以便从**表象**过渡到**现实性**，并在思想时去询问在表象中被表象的、真正的现实性，并且通过思想回答这些问题呢？

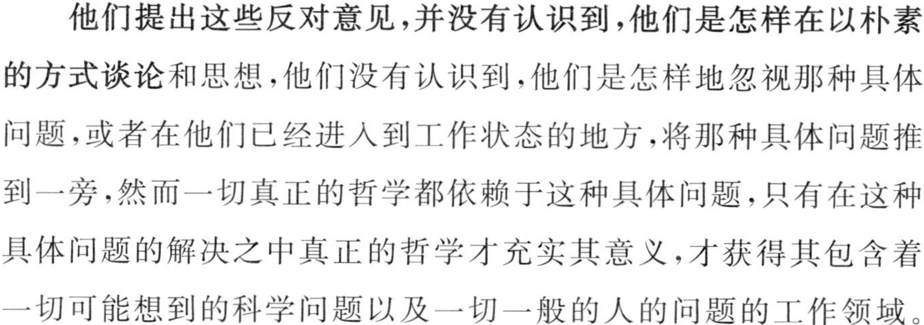

他们提出这些反对意见，并没有认识到，他们是怎样在以朴素的方式谈论和思想，他们没有认识到，他们是怎样地忽视那种具体问题，或者在他们已经进入到工作状态的地方，将那种具体问题推到一旁，然而一切真正的哲学都依赖于这种具体问题，只有在这种具体问题的解决之中真正的哲学才充实其意义，才获得其包含着一切可能想到的科学问题以及一切一般的人的问题的工作领域。

① E. 胡塞尔，《*关于纯粹现象学的和现象学哲学的理念*》第一卷；参看全集版第Ⅲ卷。——编者注

如果人们想进入这种空洞的,这种远离事物的反论证之中的话,那就是一种完全无用的,本身是空洞的反论证。在这里唯一可能的回答,就是按照方法、问题和具体进行阐明的工作建立现象学本身。在超越论现象学的奠立和阐明中,首先表明了下面这种必然性,即一种绝对证明自身正当的认识,就是说,一种在真正意义上严格的认识,是以**超越论**的方式开始的,或者这样说也是一样,是由消除**世界—先入之见**开始的。此外因世界现实性表面上的消失而担忧乃是一种对毫无疑问的必然性之回避。在接下来的那种一步一步地指出这些人们绝不能回避的必然性的阐明中,为世界现实性的担心消除了,并且必须与现实世界相关联的对自身的认识
482 的担心也消除了,而且这种担心是由于对世界之现实存在和一般现实存在**所意味**的东西:即对这种存在在自然生活本身中所意味的东西,对其本质变成了普遍的超越论的课题的东西之无比新的极有洞察力的理解,而消除的。

与此同时,经验能够成就什么和思维活动能够成就什么,也就会十分清楚了,就会清楚,**思维活动**,作为一种本身在超越论的共主观性之内发生的而且只是在其中显示的成就,**根本就不能超出这种主观性**,超越论的主观性在自己本身中总是只能预先规定超越论的主观性,理想的超越论的构成物从它们那个方面又只能停留于超越论的东西之中,这些构成物的理想性,它们的自在,绝不可能意味着超出超越论的范围(即使是超越论的个别行为和个别主观之范围,事实上个别的关联之范围等等),一般来说,超出全部超越论的主观性的现实存在和理想存在,根本就是一种**荒谬**,并且绝对应该看成这样的东西。

但是对这种情况的——对超越论现象学的唯心主义的——发现，绝对不是现象学的全部内容，正如它并不标明现象学的课题一样。现象学的内容乃是那种一切可以想象到的存在论问题都必然与之相联结的**一切存在意义之**形式预先规定的结果。一切**哲学的**存在论都是**超越论的—唯心主义的存在论**：一切存在（ὄντα）的领域，都是那样一些存在（ὄντα）的领域，按照它们的真正的，以超越论哲学方式澄清的存在意义，是超越论的理想性东西，在超越论的全体主观性中被构成的统一性东西。

附录XXXI（附于第五十四讲）：超越论唯心主义之奠立。彻底克服唯我论。[1]

最终有效性之理念。

自然如何被构成以及如何能成为自然科学的课题；主观，自己的主观和他人的主观，如何在自我（*ego*）之中被构成；身体，人们，周围世界等等，如何被构成，共同体，而且在这种情况下是超越论的共同体，如何被构成。

有关存在方式之中的区分之超越论的澄清：自然之存在（和客观世界之存在）——作为人的主观的主观之存在——单子—主观性之存在。

内　　容

外在经验判断的偶然性。经验的无可怀疑性并不是绝对的无

① 1923年。为《**第一哲学1923/24**》的讲课而写。——编者注

可怀疑性。缺乏根本的最终有效性。这种最终有效性的意义。在483 自然科学中及其科学的经验判断中包含的有关某种最终有效性（新的意义上的最终有效性）之理念。相对的最终有效性——与经验认识之当下状况有关的，以随后的经验之相应一致的进展为先决条件的最终有效性＝自然的—经验科学的最终有效性。

1）全部外部经验的风格。其中也包括关于一切不一致性都又会变成一致性这种情况的经验。原初合法的假定，即这种风格将会得到保持。附属的：存在着的现实的世界之继续有效的理念。这个总命题是自然科学之基础，是在最终有效性这个理念之下的自然理论之基础。前后一贯地向这种最终有效性接近，但是没有绝对的最终有效性。理论的确信绝不是绝对地被给予的并以切合的洞察被给予的。

2）自我学的经验认识之绝对最终有效性。能够预期到，据此一种作为经验理论的有关纯粹主观性之切合的理论必然是可能的。

a）自我（*ego*）之指向其处于唯我论限制之中的纯粹主观东西的态度。现象学的悬搁。以这种态度对于两种经验方式和判断方式，一般活动方式通过观察进行描述：I）直向的，自然的态度——II）指向纯粹主观性的态度，超越论的态度。第II）种态度以第I）种态度为前提。对于超越论的生活之可能性的询问。在超越论的生活中我的自然作为极的系统。自然对于我的真正存在。一切客观的东西只有作为主观事件的名目才是可以想象的。真实内在东西的存在——超越的存在（事物的超越的存在）是由在透视中不断实现的原初的（透视的）表现而来的统一。因此它没有任何绝对的自身；它是在不断的假设之中存在着的。自然的事实被包含于我的主观性的事实之中，或更确切地说，被包含于我的诸可能的经验的事实之中。

b)对于我而言的他人的主观及其处于对自然事物的现实性之关系中的现实性。他人的主观不是作为透视的统一被给予的，不是如事物对象那样在精神的内在性中被给予的。它们是如何被给予的。经验人—自身，首先是经验身体—自身(而且在这种情况下就是对人—自我，人格的人—自我的经验)。我的自我与我的身体的原初关联；通过身体与身体以外的实在性东西的关联。相比于自己的身体和外部世界而不同的纯粹的自我，人格及其构成。作为两个方面的统一的，我的身体属于它而且我的人格的自我属于它的我的人—自我——与此相对的外部世界。这个纯粹人格的自我不是透视变形的统一。人的和纯粹人格的"我做"不是超越论的体验活动。

移情作用：其他人如何被我经验。对于事物的存在方式和其他人的存在方式之区别的超越论的阐明和对于它们的超越性之差异的超越论的阐明。诸单独的主观之共同体。对于由共同体的建立而产生的不同的基本的统一之阐明。对于每一个人来说，一切 484
事物都是可共主观地知觉的——人格只对于自己本身才是可知觉的。对于主观与事物之不同的客观性和超越性的阐明。对唯我论的彻底克服，不仅克服朴素的——和在自然态度中可能的——唯我论，而且克服超越论的唯我论。

在一切经验判断和不管多么完善的经验认识中，都存在着**偶**

然性,由于这种偶然性,任何确信,不管它多么合法,都不是**最终有效**的;没有任何确信是这样形成的和能够被改变成一个这样形成的确信,即出现一些一旦被奠立就永远被奠立的判断:它们在它们的确信方面是不可动摇的。在某种意义上肯定也存在没有任何东西反对它们的那些"经验的"确信;就是说,在一致的经验中被奠立的东西,以确信由它们获得的东西,仍然是继续有效的确信,只要这种一致性保持不变,只要新的经验——或是复活了的和迄今无效的旧的经验——并不反对这种继续下去的确信。只要情况不是如此,一切怀疑就被排除了。怀疑,同样还有否定,并不是任意的事情,而是以它的理据为前提。与此相对,我们心目中有**另外一种**具有**最终有效的认识**之性格的无可怀疑性。它是与下面这种毫无怀疑的洞察一起建立起来的,即没有任何其他得到论证的(有洞察力的)认识之可能的进程能够要求(引起)抛弃有关的确信并抛弃通过经验而建立这种确信的洞察,——不论是以可能的有洞察力地得到论证的怀疑之形式抛弃,还是以否定(顺便说说,这是等值的)之形式抛弃。

一切**经验判断**,一切与作为事实的世界及其特殊的实在性东西有关的一般判断,因此还有一切自然科学的判断(不管它是多么精确的物理学判断),只是在第一种意义上是没有怀疑的。它**从原则上**缺少最终有效性。它根本就不是在一劳永逸这种意义上建立起来的,不是作为任何将来的经验都不再能改变的确信建立起来的。当然,一切有充分根据的——特别是科学的——经验判断,也在自身中**包含着**最终有效性东西,或更确切地说,能够——以改变了的意义——**变成**这样的东西。因为我总是能够说:在我的(或者还有共主观的）经验认识之当前状况中——**在未来经验之一致进程的条件下——这种确信是最终有效的**。或者：一切这样的确信都有一种**假定的有效性**，一种与全部时间关联的假定的正当性。

外部经验实际进程之式样。 485

此外在这里应该说：有充分根据的经验判断，事实上肯定是经常被抛弃的，有时作为假判断完全被排除，有时容忍对它们的意义的修改——又将它们变成确信的那些修改。但这就是说：经验之一致的过程——以及与它相关联的一致的确信——总是又一再贯通一致性之一切断裂被建立起来——对于不一致东西之否定性的排除与由另外一些事态（但不是被抛弃的事态）之代替相联系，这些事态适应一致性并在经验的关联中被给予并被要求。

对世界的相信之经验上的正当性——作为经验的世界认识之合法的基础。处于总命题中的存在着的世界之理念——作为自然科学之基础。——自然科学以及关于存在着的自然之理念（假设）；与此相关联，关于自然之最终有效的理论之理念。

因此我们不仅有不折不扣的经验，而且还有关于以下情况的经验，即不一致又变为一致和经验的同形性具有其相关项是被经验的**自然**之同形性的那种有效性。因此我们在经验的洞察中以经验的正当性假定被经验的**自然**总会这样地保持着，并相关联地假定存在着一个经验的世界。

随之而来的是下面这种有充分根据的信念，即按照这个**存在**

着的世界之有效的理念，应获得其**最终有效性**的经验的判断和经验的理论之构成是可以想象的；就是说，由于以下情况是可以想象的，即这种构成**预先推定**那种存在于一切不和谐，一切骗人的假象背后的可能经验之一致性的进程，在这种进程中，存在着那些肯定以这些假象之否定、无效为基础的实证性东西。真正的自然之理念和真正的理论之理念指引着**自然科学**；即使自然科学并不真正相信真的能发现这种理念，但它仍相信下面这种可能性，即与经验之可能的扩展一起并与经验中包含的进行创造的经验动机之合法性一起，可能完成科学及其理论的一种飞升，据此——在对于理念之前后一致的接近中——产生出一些越来越好地适合于"自然本身"之过程并因此越来越好地接近于有关自然的真正理论之理念的理论。

674 486 没有任何有关自然的理论是切合地有洞察力的并因此是绝对最终有效的。

因此在这里我们有**作为理念的最终有效性**，但是绝没有由下面这种洞察得来的**自身被给予的**和**绝对的**最终有效性：这种确信绝不会被排除——不管有什么样新的洞察也不会被排除，排除这种确信完全是不可想象的。**一切经验的最终有效性都是与迄今为止的经验相联系的，而且只是假定的有效性**。

内在的经验认识之绝对的最终有效性。

与此相对，**自我学**的经验所建立的**经验认识**已经是绝对有效的，最终有效的。这里就包含：如果我坚持被知觉的东西并且在任意的重新回忆中将它视为同一，那么它就总是保持相同的正当性——即这样一种正当性，它不可能被任何未来的经验所增加或中断。一切个别的自我学的经验在自身中都有其绝对的正当性，而不是单纯假设的正当性。记忆的可靠性问题属于另一系列。这个问题同样也涉及外部经验。外部经验假定，或只要它足够它就认为，一切外部的知觉（可能在后来的重新回忆中以其正当性复制的外部的知觉），后来都会失去其可靠性；而内在的知觉却不会失去其可靠性。内在的经验建立最终有效的认识，它作为存在着的而把握住的东西，不可能被抛弃；被重复的记忆只要真的是知觉的再复制，并作为这样的东西表现出来，在这个范围内这种正当性就仍是绝对的，这个存在者就仍是存在的。

然而我也可以就**现实的**内在的知觉之当前——就知觉上被把握的体验、行为等等之过程——说：当我这样地生活于内在的当前，纯粹向它看去时，我不能设想，也许将来这样的知觉上的事件能够对这种经验的正当性有某种改变。我会认为这样的情况是不可能的。

就我来说，我对我是绝对毫不怀疑的，对处于当前和过去的我的同一的自我，对我的体验，首先是对处于现实的当前之中的我的体验，然后是在以对象方式进行同一化的把握之中对作为被重复的回忆之统一的我的体验，毫不怀疑：对一切作为在其内在时间次序中同一的并与我的同一的自我相关联的体验的体验都毫不怀疑。

但是在这种情况下紧接下来的问题就是：纯粹主观经验之最终有效性岂不当然就是有关主观性的经验理论之基础吗？在存在论方面也是一样：自然存在论和有关纯粹主观性的本质学有本质

上不同的基础。主观性作为可能的主观性是切合地被给予的。自然作为可能的自然是作为前后一致的假设之理念被给予的。

487 孤独的自我对准它的纯粹的主观性——现象学的悬搁。

让我们设想处于其生活之中的**唯我论的自我**，而且是按照在该生活中**先验地**包含的诸种可能性来设想。或者更确切地说：**我进行反思并实行现象学的态度**。我放弃有关这个宇宙的判断；我甚至放弃在此之前我为我构成的，我作为我的持久的意见、信念在我心中拥有的，我不管怎样在重新激活中承认是我的——不管怎样产生的，不管怎样有根据的——信念的**一切**判断。我采取一种仅仅看**我的**超越论的主观性的态度，就是说，我观看在此之前我如何生活，我如何经验，思想等等。当我在这期间重又转入到自然的态度时，我就又能够如此行事。我能够再一次地进行反思，而且作为现象学的自我以反思的方式通过观察注视它，正如我刚才已经通过下面这种方法所做的那样，即我谈论我拥有的现象学的态度和它的看的活动和被看到的东西；并且一再地，反复地这样做。于是我看到，我能够以**两种不同的经验方式和判断方式，活动方式**，以及自成一体地流动着的生活的方式生活，或更确切地说，以两种不同的方式作为自我进行活动：

1)我以直向的自然的态度实行自我一行为，并且作为判断者——为了局限于这种态度上——我设定了这些或那些对象，它们对我有效；并且在意识的进展中，在识别行为的实行中，在经验的一致进展中，在对判断的证明中，它们对于我正是它们所是的东西，就是说，作为在判断方面它们对我有效的东西。它们是被证明

的谓词之在证明当中作为现实的而表明出来的基底；即使我没有证明它们，由于我的判断活动它们仍对我有效，作为这样的对象，它们在判断活动中达到了决定性的设定——并且只要被如此规定，只要相反的动机，否定并不取消旧的判断，并不将迄今被看作存在着的东西变成非存在的东西等等，它们就有效。这样我就具有了多种多样存在着的对象，多种多样可能的和盖然的对象，多种多样被证明的和被认为真实存在的对象等等。我可能为自己提出这样一个目标，即仅仅突出**真实东西**，并且掌握——通过证明真理并剔除假象、非存在——真实对象性东西之系统。在这种情况下，诸真实的世界——现实的世界，诸理想的世界，数学的流形，等等——可以说就是目的理念——部分实现了的，具有由尚未达到东西构成的诸敞开的地平线的目的理念。

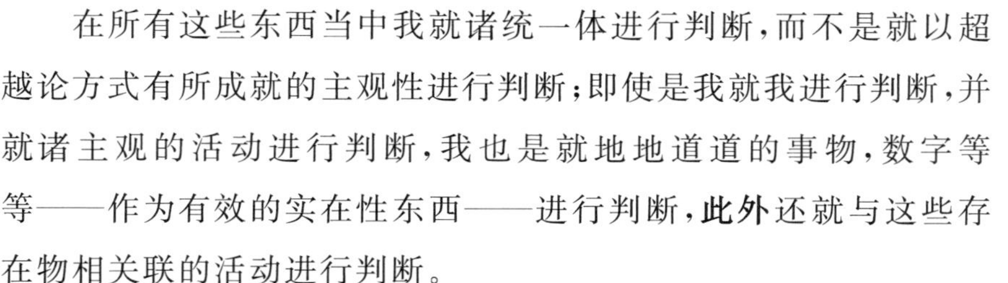

在所有这些东西当中我就诸统一体进行判断，而不是就以超越论方式有所成就的主观性进行判断；即使是我就我进行判断，并
就诸主观的活动进行判断，我也是就地地道道的事物，数字等 488
等——作为有效的实在性东西——进行判断，**此外**还就与这些存在物相关联的活动进行判断。

2）当我将迄今有效的一切东西，以及在进行辨认的和进行判断的活动中确定为一个东西和为我存在着的东西的东西，从我的判断范围中排除掉，并将我的考察转向纯粹的主观性和我自身，我的体验，我的行为——这些东西在自然的判断活动中本身都是被隐蔽了的，现在成了反思的课题——时，我就抛弃了自然的态度。然后我又进行判断，实行一种新的生活，而这种生活本身肯定又是被隐蔽了的；我对我以前的迄今一直被隐蔽了的超越论的生活进行判断,并对我的以后的生活进行判断,在这个范围内这种生活仍具有朴素的形式。**一切超越论的经验都以自然的经验为前提,都是自然经验之折回,**一般来说就是如此。正如已经说过的,我能够对此重复,并且一般来说,我现在能够追寻超越论的生活——绝对的,毋庸置疑的生活——之诸可能性,**我的**诸可能性,我的诸绝对的可能性,而**在这当中**我发现了**自然**,世界,诸理想的可能性和必然性等等,——作为某些行为和行为过程之具有某些特征的同一性的极。

在这些极上在其性质方面可能发生什么样的变化,最终有效性之理念的情况如何,真正的存在——与仅仅暂时有效的东西以及被经验为真实存在着的东西,或者在假象、错觉等等的名目下重又被抛弃的东西相比的真正的存在——的情况如何,所有这些我都能**先验地**进行研究。

我看到,在超越论的领域中我肯定能够遇到我曾以自然方式遇到的,被认为现实性东西的,已证明是最终有效的现实性东西的一切东西,我并且看到,一切在这里作为真实存在着的东西——并且已证明是真实存在着的东西——而发生的东西,正是在超越论的自我(*ego*)中的主观事件;一切客观东西只有作为关于主观事件和这样的事件——被视为同一的和通向进行证明的经验的事件——的综合之名称,作为在经验之无限一致性的理念之下被想象的东西,和被有洞察力地看到的东西,以及被以有洞察力的方式认为是能够一再地认出的东西等等,才是可以想象的。

内在的存在真实地属于超越论的领域,超越的存在始终只是在主观的表现中以显现方式实现的原初表现之统一，因此并不是绝对的自身。

但是这需要一种论证，而且从某种意义上说需要一种校正。

1)知觉是自身给予着的意识。我们以超越论方式看待它。如果我们设想一种**绝对地把握**被知觉之物的知觉，那么这种在知觉中被绝对把握的东西，就不仅被以为是生动地自身现前的，而且这 489
个生动的自身是在知觉中实现的并且与知觉不可分离的，**“内在于”**知觉之中的。因此这样的存在者就直截了当地属于超越论的一主观的领域。

2)但是如果被知觉之物是**超越的东西，那么这种被知觉之物在其中**——在这个知觉中——**就只能生动地**“显现”，就是说，在这里，在这种知觉中，绝对地存在着一种该显现者在其中**原初地表现出来**的内容。

如果超越之物的**意义**就是这样一种意义，即这种内在地实行的而且是原初的表现之统一存在着，那么这种超越之物不外就是某种主观上作为这样的统一实现的东西。因此它**并没有绝对的自身**——而只有原初表现之自身。超越的外部的知觉是假设性的，并且随身带有对于下面这种可能性的确信，即能够以一致的知觉**无限地继续进展**，并且能够使一切将会是事物的东西在某一条道路上逐渐地获得自身表现。但是这也包括下面这些可能性，即本来能够使**曾经是**事物的东西按照其所有一切方面获得表现；并且**对于这个时刻**事实上是对象的东西——即它所具有的某个规定本身——，对于每个时刻都是一个**理念**。因此在这里，这个全面的完整的（尽管是无限地继续进展的）知觉之理念，并不属于存在者。

它始终是一个可经验物的,一个某物的**理念**,人们能够获得或本来能够获得关于这个某物的经验,并且它作为诸规定(这些规定的每一个都能够通过经验证明或曾能证明)之不确定的总体之基底,这就是它所是的东西。

因此所有这些都是不充分的描述。如何能够描述由这些主观地被引起的、为每一事物和该事物之每一时刻限定经验之可能性的范围的诸敞开的可能性构成的这个体系呢?不管更详尽的描述是怎样的,它必须回溯到这样一种情况,即**真正的经验**——处于现实的知觉或回忆(其中包括潜在的回忆)以及附属的真正被奠立的动机之形式中的经验——**预先规定了诸经验可能性一般之体系,其中包括一致的经验可能性之体系**,在这个体系中恰好预先规定了有关诸设定,诸经验判断之**可能性**——并因此预先规定了有关这些判断之可经验的和可证明的**基底**之可能性。**这些基底作为基底与主观性不可分离,并且被包含于主观性本身之中**,虽然不是作
490 为总是被实现了的极、基底而被包含的。超越的事物作为可能的一致的经验多样性之统一,被包含于主观性之中;在主观性中存在着对于它是可能的经验之可揭示的规则,这些规则固定在主观性的现实的,刚刚流去的或已经流去但在记忆中被保存下来并能够重又唤醒的知觉之事实性中。**事实的自然被包含于作为可能的经验和可能的经验判断的主观性的我的主观性之事实中**,这些经验判断应该能够是一致的,并且它们同样也合法地假定这种一致性。

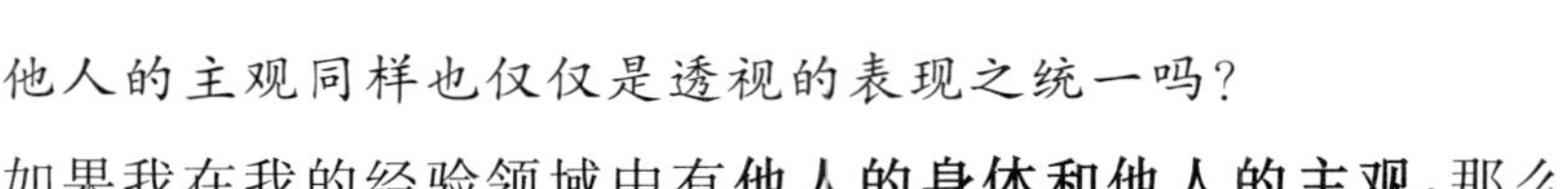

他人的主观同样也仅仅是透视的表现之统一吗?

如果我在我的经验领域中有**他人的身体和他人的主观**,那么

情况会怎样呢？它们也只是我的可能的经验之表现的统一吗？在某种意义上说——是。正如我经验到其他事物一样，我确实经验到他人的身体。而且我不是经验到其他的人和动物吗？在某种意义上，这也是确定无疑的。但是我们也看到**区别**：一个单纯的事物，按照一切它所是的东西，是可经验之物——并且对于我，这个认识者，来说，是可经验之物；在这一点上与我的生活相似，与一切在我的生活流之统一中出现的或将会出现的东西相似。在它的时间之一切要素中它实际上只是作为被经验的东西才存在，这种情况对于我的生活有效，而对于超越的事物—实在东西则是无效的。**内在的东西**——它是关于这种情况的等价物——**本身是我的生活之真实要素**，而且只是这样地、真实地存在于我的生活中的。**事物—超越的东西**则**不是真实地**存在于我的生活中，而是**以理念的方式**，即作为基底的统一而存在于其中，这种基底的统一在现实的和可能的经验中，在透视中，在被经验的规定之内容中出现，并具有以下特征，即它尽管在我们称作有关它的显现活动的有关的体验上的出现中，能够作为显现物，而且是生动的显现物指出来，但它**在被分割的或时间上彼此远离的不同的诸显现中是同一的东西**。时间上不同的诸显现之显现着的某物的这种同一性，能够在综合中绝对地自身被给予。另一方面，这种同一性虽然能够被给予，因此对象能够作为同一个对象而自身被给予——然而却不能"在真实的意义上"存在。真实的存在意味着：根据它在其中曾被给予或者它在其中以确信而被一致地引起的迄今一致的经验，预先为事物—实在规定了**无限经验体系**（关于它的可能的一致的经验之无限的体系）**之理念**：我在下判断时必须按照某些规定——并

491 且按照敞开的,但是在形式方面是稳固的规定——将此在和如此存在以确信归于这种经验体系;而与此同时,我却必须承认作为敞开的可能性的不同的存在和非存在。因此事物就是一种总是**能够经验的**,然而却总是**假设的**某物;并且总是作为可能的经验证实之基底和能够证实的判断之基底而确信,在现实地被经验的地方,总是作为某些经验规定的、判断确信的基底被给予,并能辨认为是同一的——但原则上不能想象为是不同的东西。

外部对象之理念的内在性。

因此这就表示**事物对象**在进行经验的意识之中的**理念的内在性**,或更确切地说,在进行经验的具体的主观性之中的理念的内在性:事物对象是可能的一致的经验和经验判断之潜在的极,并在现实的经验中变为现实,这些现实的经验,在发生时就为了新的证实而对经验之已完成的和已证实的一致性之体系加以扩展。

自身—人—经验,经验着自己本身的人—自我;首先是:自己的身体。

如果我们现在考察**自己的身体**,那么它也是事物—客体,但它也是身体,因此具有任何其他事物都没有的特性之层面。它是我的**器官**,我的进行知觉的行为的,但也是例如闯入事物世界之中,挤入事物世界之中等等的有效的行为的器官。它是我的器官,而且是由彼此相关的诸器官(它们之中的每一个都能由我而自由运动)之体系形成的器官。**由其他事物对身体的触动,不同于这些事物的相互触动:**“我”被触动——身体具有一个触动的领域,而且这个领域是内在事实的领域。在我的身体**作为身体发挥功能**的方式与方法中，以及特殊的身体的事件具有其紧密相关性，具有其经验的—联想的联系之方式与方法中，表现出一种独特的东西：身体从一开始就被理解为身体的功能作用之诸可能性的统一，它的外在的显现行为具有表现之与内在的事件，与具有附属的生活内容（运动的感觉，触动的事实等等）和内在的自我—行为（当比如我—运动—手，我—运动—眼睛，我—以—手—碰撞时）的自我之内在地受刺激相和谐的特性。

我的自我与我的身体的原初关联——以及通过我的身体与身体以外的世界的关联。纯粹的自我（人格上）与身体和外部世界的不同：这个自我作为特殊的统一与我的整个周围世界对立。我的人—自我——附属的我的身体**和**我的人格的自我：因此双重的统一。人格的自我的统一不是透视变形的统一。纯粹的人格的自我—行为不应与超越论的体验活动混淆。

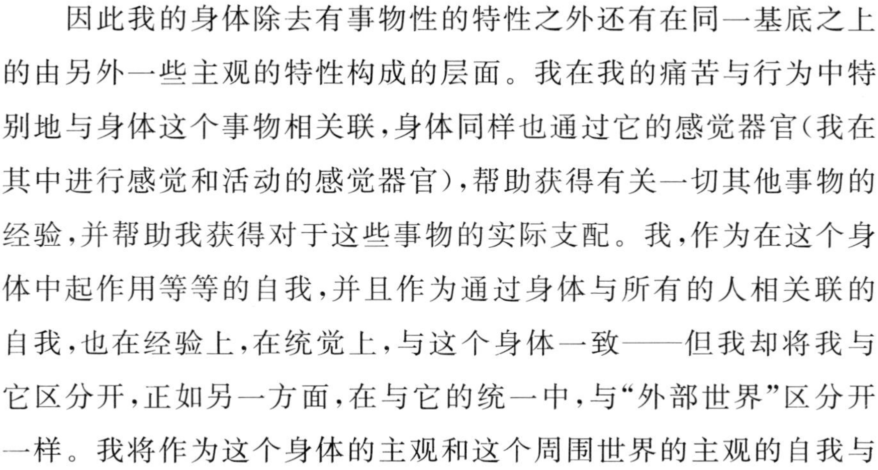

因此我的身体除去有事物性的特性之外还有在同一基底之上 492
的由另外一些主观的特性构成的层面。我在我的痛苦与行为中特别地与身体这个事物相关联，身体同样也通过它的感觉器官（我在其中进行感觉和活动的感觉器官），帮助获得有关一切其他事物的经验，并帮助我获得对于这些事物的实际支配。我，作为在这个身体中起作用等等的自我，并且作为通过身体与所有的人相关联的自我，也在经验上，在统觉上，与这个身体一致——但我却将我与它区分开，正如另一方面，在与它的统一中，与“外部世界”区分开一样。我将作为这个身体的主观和这个周围世界的主观的自我与

我的身体和我的周围世界区分开:作为受它刺激的,作为在与它的关系中活动的,与它交往的主观,作为使用作为器官的这个身体的,到处都运用它的主观,我本身获得一种**特殊的统一**,我的"人的"经验(经验信念),我的习惯,我的知识,我的熟练,道德等等的统一。这就是说:我是通常意义上的自我,人—自我,它的身体的器官属于它的那个人—自我,而这个自我,是一个与身体的基底一致的双重的统一,在这个统一中特殊的自我基底是诸人格特性的承担者,而身体具有相互关联的,与自我关联的诸特性,这些特性在这里是在具有其事物性特性的事物基底上被经验到的。

所有这一切迄今都是在**我的超越论的主观性中的构成物**,而且它们的现实性是在其中被构成的现实性。即使是人格的统一,作为人格的自我,也是一种基底的统一,——尽管具有与事物的统一完全不同的结构,因为这个人格的自我并不是借助进行透视变形的显现构成的,而是具有其人格的自身经验之方式,并且首先是自身知觉之方式,这种自身知觉**以**对于身体的知觉(包括再次特殊的对自己身体的知觉)和有关外部世界的空间事物,外部事物的知觉**为前提**。自我—受苦和自我—行为并不是单纯超越论的体验活动和意向上的被关联状态,而是带有一种**"统觉的"层面**,带有一种假设的统觉——例如带有作为我的行为之"像习惯那样的"风格,作为在经验的我—能中并按照能力实行的行为。一般来说,我是能力的主体,我的行为是作为能力之实现而被知觉到的。

被我经验到的其他人。

如果我经验到一个作为身体的**其他人的身体**,情况会怎样呢?

在这里我“首先”经验到一个如同其他事物那样的事物——作为我的进行经验的显现的和一般可能的这样的显现的基底；首先——就是说，它至少是而且在这里必然是有关一定会在此存在，即使一切他人的身体性都消除了并且我变成了孤独的自己（*solus ipse*） 493
也一定会在此存在的这种意向结构的一个层面。但是这种身体—物体在那里被统觉为身体——却不是在其较高的，特殊身体的规定层面中真正被知觉的。在那里我按照那种外在类型上与我的身体的在类型的形式，类型的运动方式——这些形式与运动方式在我的身体中有自我的类似物并且它们现在在这里以统觉上转移的方式随身带有这些类似物（通过将曾经验到的东西正常地转移到类型方面相似的情况上，但却没有比较）——等等方面的同一性，将这个事物“认识”为身体。因此在这里存在着自我（作为人格的本来的自我）和作为这个自我的器官的身体，但这是一个**间接呈现的自我**，是一种贯穿于准现前化之中的随之发生的对一个并非是我的自我现前的自我现前之连带设定；我的自我现前——这是唯一的，真正知觉上被经验到的自我现前，唯一的原初现前的自我现前，在一个原初呈现着的，恰恰是进行知觉的意识中的自我现前。而由于这个自我是间接呈现的，它作为自我就是连带地被给予的，它知觉到它的身体，它运动它的作为知觉器官的身体，通过身体知觉到它的周围世界，等等。对于这个自我来说，它的身体是在它的经验系统中构成的，我的经验的经验之统一，在它的经验的经验之统一中有一种类似物；并且这二者，我的经验和我的敞开的诸经验可能性之统一，与由间接呈现的自我实行的和对于它而言是可能的诸经验之统一（这对于我是被准当前化的经验和经验可能性之

间接呈现的，就是说是被准当前化的基底），处于原初的符合之中；我看作身体—物体的同一个东西，也是被他我（*alter ego*）看到的东西；对于整个周围世界也是如此，这还需要进一步阐明。

但是现在很清楚，对**于事物—实在性的本质和人格的实在性的本质之超越论的阐明**，肯定会具有非常不同的结果。第二个人格作为“在”那里的这个身体—类似物“中”起功能作用的，赋予身体的器官以生命的主观，间接呈现。但是这种间接呈现其实意味着，这个被间接呈现的他人以某种方式与被统觉为处于对于他已定位的被经验的周围世界之原点中的事物的**他的**身体经验之基底对比。但是由于他人被间接呈现为经验的人格，超越论的主观性，这个人格——而且是这个处于对他的围绕他的身体—物体如此这般被定位的周围世界之关系中的人格——在其中被构成的第二个超越论的主观性，也被间接呈现。此外**这个人格还与作为纯粹在这第二个超越论的主观性中被构成的周围世界的周围世界相关联**，至少在那里它是进行经验的，用眼睛和耳朵等等进行感觉的自我。

494 由于这个进行间接呈现的统觉在**我的**超越论的主观性中产生出来了，因此我的超越论的主观性就与第二个超越论的主观性发生了关联；或者，如果对他人身体和他人人格的统觉在经验之继续进展中，就是说，在这种相互配合的总是新的统觉之继续进展中，**得到证实**，它就存在，我就受触动去**设定它**，合法地设定它。与此同时，在我的主观性中被构成的，直接在知觉上为我在此存在的他人的身体，与在起移情作用的统觉中被准现前化的，在他所具有的而且唯有他才能具有的**显现方式中的**他人的身体之视为同一的符合，也一起得到证实；因此对于这另一个人而言，自己的身体是围绕它而被定位的空间事物的世界之原点物体，中心环节，正如对于我而言，我的身体是我的通过定位而为我显现的周围世界之原点物体，中心环节一样。

通过建立共主观性而对诸基本统一之序列加以阐明。

被我所知觉到的而且是在我的定向形式中被知觉到的空间事物与相应的被**他**一起看到的而且是在他的定向形式中被知觉到的空间事物在更广泛的诸序列中符合。于是这里包括多种多样东西，即下面这些东西：正如我将他的身体知觉为外部事物一样，他也将我的身体知觉为外部事物，他的身体或者我的身体对于我们在事物显现方式中的每一位置改变，或在事物的诸方位中的位置的每一改变，都引起一些用下面的话表达的这种变化：如果我站到“他的”位置上，我就会具有与他从他的位置上具有的“相同的”显现方式，反过来也如此。由于这种移情作用生效，这些其他人，其他的人格，在这里就不仅对于我的自我—人格的主观性存在，并且反过来我的**人格**为其他人存在，而且**他人的超越论的主观性在我的超越论的主观性之中被准当前化，反之亦然**。

与此同时，对于我来说，我的事物性的周围世界的特征在**人格的**关联方面被描述为**共主观的周围世界，对于每一个人而言同一的周围世界**，就是说，对于在我的主观性中间接呈现的和可间接呈现的每一个人而言同一的周围世界；作为不仅仅在**一个**超越论的主观中，而且在这些主观之共同联结起来的全体中，同一的周围世界，作为对于每一个人而言的基底极，他的可能的诸知觉的以及一

切在他之中间接呈现的他人——这些他人都带有被辨明是同一的基底的附属的诸基底——的可能的诸知觉的系统之基底极而构成。

至于诸人格的主观,那么它们(如同它们的身体而且如同它们
495 的全部精神活动一样)也是客观的,**即可共主观地经验的**。它们是**每一个人**在自己本身中,就是说,在它的超越论的,绝对的主观性中,原初地在知觉上构成的,而且正是每一个其他人都能经验到的诸性质和关系之统一,基底。

688

但是在这里我们有下面这种重要的**区别**,即**每一个人都能知觉一切事物**,而这就是说,每一个人都在自身中原初地构成了一切事物,或者暗含地连带构成了一切事物,以至于**如果另一些主观不存在了**,那么**事物的世界**只是被改变了,但是**在其实存方面并未被触动**。正如另一方面,即使它不被任何想到的主观真正经验,它**仍是**其所是。事物的世界在诸主观中被构成,这属于它的本质,它不外就是一种基本的系统之基底。但是这个或那个主观是否存在,这个或那个主观是否具有完善的对于事物的知觉,是否具有外部统觉之发展了的"能力",这并不重要。只不过具备这些规定的诸主观,毕竟肯定存在,而且至少有一个主观肯定存在,以至于在其生活之进展中一定会形成一种有关世界的统觉[①]。

另一方面,至于**人格的本质**,那么只有一种本质能在每一个超越论的主观性中在知觉上原初地被构成;因此每一个人格本身也只能作为人格按照其人格的东西,按照状况,按照活动,按照性

① 这一点必须谨慎地理解。

格特性**被知觉**，或更确切地说，**原初地被经验**。因为人格的统觉是这样一种统觉，它以其统觉的魅力吸引在这种情况下显现为纯粹心灵内在性的这个人格的全部超越论的主观性。在这里每一个超越论的主观性都形成一种统觉，一种自身表象，它将它的全部超越论的生活——现实的和可能的，被反思地把握的和能在可能的反思中把握的超越论的生活——一起包括到这种统觉，这种自身表象中①。

① 对此应该附加以下重要注释：

1)在主观性中在知觉上原初地被构成的东西，或更确切地说，能够在知觉上被原初构成的东西，作为相关项，也原初地属于**这个**主观性，因此内在于它之中，尽管并不是直接地真实地内在于它的真实体验活动中。

2)在主观性中只能通过间接呈现，但**不能**通过知觉被构成的东西，也就不再是内在于它之中的东西，**既不是真实地内在于它之中，也不是理念地内在于它之中**。任何这样的超越性，主观性对自己本身的所有这些的超出和超越，本身都是以**移情作用**为根据，以**原初的解释**为根据。**在这里这个唯一真正能如此称谓的超越性**，以及一切在其他情况下仍称作超越性的东西，如客观世界，都是以他人的主观性之超越性为根据，并在以下方面有其意义，即通过解释性的经验，处于与彼此超越的主观性关联之中的共同体被建立起来，内在于每一个别主观之中的对象性东西，如果它们不是真实内在的，就能够通过共主观地视为同一而被经验为同一的，并能被认为是同一的。因此**世界是共主观的—理念的—内在的**。

一切"存在者"都是理念：都是有效的，证明自身为正当的并且无限地进一步对自身进行规定的或以不同方式对自身进行规定的，然而却仍必然以有效性保持着的**X**；——是理念或只是作为理念，可客观化的理想的极(对于真实内在的东西是理想极)。据此，以上的区别属于诸理念。

但是诸理念能够**切合地**被构成，以至于它们在完整的构成中(原初的自身给予中)就被**尽善尽美地**给予了：**数学之理想对象就是如此**。

但是**其他的理念**得到的也可能是不切合的，而且**只**能是不切合的自身给予，如**事物**就是借助于具有无限的原初假设的知觉而得到自身给予的。在这里有必然的不确定性和确定性。在一种情况下，结构能够很容易地被每一个其他的主观所接受，在另一种情况下，每一个其他的主观都能够更详细规定这种不确定的东西。

496 超越论的生活是这样进行的,即它将它的自我极纳入到统觉之中并赋予它的感觉内容以统觉,同样也赋予情感内容以统觉,通过这些统觉,自我被构成为**它的个人生活之人格**,被构成为**它的身体的所有者**,并被构成为身体—心灵的本质,被构成为与周围世界相关联的动物和人;超越论的生活是这样进行的,即它同时知道自己是人格方面多种多样的人们之**同伴**,这些人彼此间处于现实的和可能的意见一致关系之中,并且现在处于对**作为共同的世界的世界**,自然的世界和文化的世界的关联之中。**这个宇宙包括个别主观的一切心灵的内在性东西——,而另一方面,它只不过是它在其中作为世界而被构成的诸绝对的主观之多样性的基本统一。超越论的自我符合于每一个经验的自我。世界**就是这个被构成的存在之全体,并且**要求一种超越论的解释**,通过这种解释,世界就被认为是被构成的世界。并非任何存在都是自然,是心灵的存在,是人格的存在,是精神的存在,但任何这样的**客观存在都如其所是地是**发展着的和以超越论方式形成着的绝对的主观性之"产物":这种绝对的主观性不可以再被理解为人格。

反对唯我论,人格的唯我论和心灵的唯我论,同样也反对超越论的唯我论。现象学的还原并不是向孤独的自己还原。

认为自我,心灵的本质,是**唯**一存在的,一切其他东西都仅仅是现象的那种唯我论——是荒谬的。我以非—我、身体与事物为前提,在自然的意义上自我是人。

但是,即使将唯我论改变为超越论的唯我论——这种唯我论

497 已经在自我和超越论的主观性之间作了具体划分,并认为现象学

的还原和对自然之超越论的解释有关他人的主观性的,甚至有关超越论的主观性的一切可能设定——,也是荒谬的。对移情作用之超越论的解释表明一种自身证明为正当的向他人的主观性过渡,与此同时也向超越论的主观性过渡。正如我在我的超越论的主观性中不仅合法地经验到我直接知觉到的东西,而且还有合法的回忆,合法的预期,联想的预示,准当前化,同样我还有一种建立于相同正当性之上的对于超越论的意识的准当前化——作为移情作用。

附录XXXII(附于第五十四讲):现象学的还原和绝对的正当性证明。[①]

现在转向现象学还原。它真正应该做的是什么?还原到超越论的主观性。同时将有关世界之自然的设定,或更确切地说,世界之在此存在,和有关世界的一切自然的存在的判断,"放到括号中"。为了使超越论的基础成为显然可见的,并且为了按照这种基础之自成一体的性质,**利用世界之非存在的可能性**,就是说,运用关于世界事实上不存在这种**估计**,并因此而突出作为反思的现象学的经验(提供这个我思[*ego cogito*]本身的经验)之领域的我思(*ego cogito*)之确真必然的存在,一定要遵循这种方法。

但是如果我们在这种情况下在这个我思行为(*cogito*)的范围

① 根据胡塞尔推算约写于1921年以前;但很可能于1924年前后才写成。——编者注

内拥有**仅仅作为现象的世界**并且遵循有关世界之现实的和可能的经验以及经验认识，那么**在这个领域中**我的问题也就**纯粹**是：**什么东西使有关世界的认识成为被证明为正当的认识**，什么时候在最高意义上的客观的判断是被证明为正当的和“科学的”判断，并且进行认识的主观能够借助于这些判断将它的意向的对象性东西作为真的来使用，以及如何能够在每一个方面理解客观上科学的认识活动之理性成就[①]。

如果我由于达到自我（*ego*）而立即使自己明白，一切为我“在此”存在的东西，因此我进入其中起作用而且我经常受其影响的整个世界，对于我来说只是作为**我的经验的**以及其他由经验产生的

498 表象的，与表象有关的思想行为等等的**意向的对象性在此存在的**——，那么我的客观认识之最终正当性证明的整个任务就归结为，在这种纯粹自我学的态度中，使这种朴素的经验活动和朴素的经验思维活动，朴素的科学思维活动，摆脱其朴素性，并且可能通过适当的改变使这种活动在纯粹现象学领域中如此形成，以使它彻底满足最终正当性证明的要求。但为此我必须以现象学方式，按照其种类，形式，本质可能性，了解**一般**认识成就——首先是在一切正当性询问之前十分一般地了解；然后是全面阐明**理性意识**之本质和进行获取的认识活动之本质，或者这种获取活动之本质上可能的完善性和不完善性，并使我达到理解；我必须按照其一切可能性，一切成就，获得**有关认识的认识**，研究达到目标的活动，未达到目标的活动和目标本身——作为在认识本身中被意识到的或

① 本文直到这里的开始部分在手稿中被胡塞尔删除了。——编者注

被给予的目标——，而且我必须使我达到切合的认识，达到自身给予的和最清晰的直观。我必须通过原初的创造活动而据此形成一切认识概念和一切规范的概念。

因此在这种研究中所涉及的是**超越论的主观性一般的**以及它的意识（它的我思行为[*cogito*]之种类，形式，综合的统一）**的本质**；一般而言，涉及自我，自我的痛苦和行为一般，自我的占有知识之方式以及其他成就一般（在习惯之形式中）之方式等等。特别涉及**认识的主观性一般**之本质——超越论的本质——，更特别地还涉及**有效的，目标正确的和自身达到目标的认识**之本质和本质条件，可能性条件，涉及有关论证以及判断证明之本质与可能性，相关联地，涉及在真正达到目标中**自身被把握的目标**及其**真理之本质**，涉及在其中突显出来的**真理的意义**，涉及真理之处于与**恒常的持久的真理自身之关系中的本质特性**——作为与目标之能够一再地重新达到和自身占有的可能性的关联——，而且是对人们能够以它将会经受住一切论证的确信一再地追溯它的那个目标的占有本身，如此等等；所有这一切都是以普遍性然而却是按照可能的认识之一切特殊类型涉及的。

现象学作为彻底的认识论。

认识作为合法的，“真正的”认识，真实的存在作为认识之意向的东西，以及意向对象之本身自在存在以真正性或真理这种相关项性格面对认识，——所有这些就是本质研究之**相关的题目**，这种本质研究由于它借以研究超越论主观性的那种全面性，以及在这些方面研究超越论的主观性，当它正是使认识之一切可能的事件， 499

而且是在与认识之关联中(例如,在多大程度上主观本身是进行认识的并有所成就的,等等),达到自身给予的直观,并达到规定之最终可想象的清晰性时,就使超越论的主观性得到最终的理解。

在这里所完成的东西当然是某种不同于在较低阶段的认识中,自然的认识中,直向的认识中,完成的东西。这里研究的绝对不是对象性的东西,例如物理的自然,而是研究认识,研究作为对自然之认识的认识。这里从事的不是自然科学,而是自然科学认识的理论——但是以超越论的纯粹性,因此是纯粹在超越论的主观性之形态中及其固有的关系中从事这种理论。

当然我并不作任何存在论的假设,以便在它们上面从事科学的建构;就是说,我正是不从事自然科学,不从事自然存在论。因为有关可能性的完整的科学,有关自然科学的认识以及从事自然认识的主观性本身之本质的,以及关于自然真理和作为在这种认识中——直至在科学的认识中——被认识的自然本身之本质的完整的科学,**并不是有关自然本身的科学**。

我不由自然科学形成任何**前提**,或者在这里,在本质学的态度中,不由自然存在论形成任何**前提**。自然存在论并不提供给我任何“前提”。我也不在自然之“不存在”这个假设下进行研究——尽管有现象学的还原。至于后者,这种不存在之被设定的可能性,只是用于将我引致超越论的态度,使我注意到作为具有其全部现实形态的超越论的主观性的具体的主观性,并且——现在就取决于这一点——促使我注意到它的纯粹可能的诸形态,并用于防止我陷入到经验的—心理学的态度中,陷入到客观的态度中,在这种客观的态度中,我以自然的方式直截了当地设定世界,而不是将它设定为绝对主观性之现象；在本质学的态度中：我直截了当地设定一个可能的世界，而不是将它设定为处于对可能性之意识中的现象，不是将它设定为可能经验之世界，设定为可能经验之意向的东西①。

但是严格地说我不仅没有抛弃有关世界之存在的或世界之可能性的信念，而且也绝没有要求我就它实行实际上的悬搁。我能 500
够先**一般地**研究认识之本质和真正认识之可能性；在这种情况下并不特别地谈论对自然的认识，因此也不谈论自然。然而我在研究真正的，达到其目的的认识之可能性时通向了该认识的**相关项——真实的存在**（处于可能性之样式中的真实的存在），而且这里包括这样的情况，即当我将这样的真正的认识认作是**可能性**并确定为**可能性**时，我在其中也就**设定了**作为普遍的可能性和个别地示例的可能性的**可能的存在**。

但是如果以后我作为可能的认识之**特殊的**本质类型而通向可能的自然认识，而且是通向有充分根据的自然认识，通向一种真正的，完善的自然科学之认识的诸关联之**可能性**——我设想这种认识的关联之可能性是由“我”在系统的论证关系中建立起来的——，那么我在这种**可能的认识**之构成中当然也就作为相关的可能性连带**设定了自然之可能性**。

因此超越论的还原不可能具有下面这种意义，即排除可能的自然，正如为了**运用**本质现象学和为了恢复指向我的**事实的**超越论的自我的态度，而**取消**纯粹本质学的态度，毕竟绝不以前后一贯

① 参看：《纯粹现象学和现象学哲学之理念》的方法。

地克制一切自然的经验相信的方法取消我的一切有关世界的判断一样。**事实上**我现在有我的现实的生活以及它的一切真正的和被以为的知识,其中包括我作为哲学家已经占有的**作为事实的**现象学的知识,以及**追求最终可能的知识的**,追求绝对的知识的,追求哲学的**哲学意志**:正是因此我也具有我自己的诸认识可能性,不仅是关于我的,而且是关于我所经验的自然的认识可能性;我能够开始进行这种作为可能性,作为对于这个事实上由我经验的自然的可能性的完善的自然认识,并因此根据本质现象学而追求我的哲学目标。

现在我不实行纯粹自然的—朴素的自然科学,正如我作为本质学的现象学家也没有拟定一种自然的—朴素的自然存在论一样;而是如我曾以本质学的方式,而且是在**可能的**对自然进行构成的经验的和对自然进行规定的——而且是以合法性进行规定的——思想的全部——由我系统地构成的——关联中,获得**作为**(本身被我研究的)进行自然认识的理性之构成物的自然存在论一样,同样我在事实的科学上,**作为**对经验—事实的自然进行认识的**事实的**理性等等的**构成物**,而获得经验的自然科学。

501 这种哲学的成就本身有其我能在更高反思中把握的本质要素。当我首先以朴素的倾向而直向地经验并且运用经验的思维,**然后通过反思**而转入到超越论的意识,并在超越论的关联中按照其全部真实的和意向的规定和联结观察被经验的东西本身,并且在作为主导线索的对象之统一性的引导下,就是说,考虑到可能经验的一致性,而研究诸种关联及其结构,与此相对照研究不一致性的相反关联;对于理论的成就也是如此时,我只能获得有关自然的现象学。但是与此同时还应该考虑到，一种更高阶段的形式的现象学已经突出了对于经验活动（对于知觉活动，原本的自身给予等等）和逻辑的思维活动而言的**最普遍的东西**，这种东西只是后来才被转用到对自然的经验活动和对自然的思维活动之上，但在这里需要对它进行分别的—单独的研究。

但是现在事情并不像它在**事实的历史的发展**中那样进行：仿佛一种独断论的基础科学本身永远有其存在和正当性，于是一种现象学的科学必须仿效它，或者说得更确切些，前者能够保持分开的状态，而后者只是对它进行**补充**。虽然人们首先就会想到这种分离的可能性，而且是以一种对于现象学的科学来说不会导致对独断论科学之诸成分重复的方式想到的。在现象学的我—经验到—我—在经验中，这种朴素的我—在经验被消除了。尽管如此，但是人们也许会说：

如果我直向地进行经验并直向地实行对经验的思想活动时，以**自然的充分的自明**性行事，那么我就得到了完善的直向的科学[①]。如果我后来成了现象学家并且——在对现象学的主观性加以研究的基础上，而且根据普遍的现象学和特别是有关逻辑东西的现象学以及有关自然经验的现象学——澄清了有关作为"感性"之超越论成就的自然之意义，并且根据有关普遍知识（*Mathesis universalis*）的现象学澄清了自然理论一般之意义，那么我就能够以现象学方式解释自然科学的某些自然理论，并因此不仅有了直

---

① 有诱惑力的东西就存在于这种"充分的自明性"中：它并不是从天上掉下来的，或从通常的研究者自身中得来的，作为"充分的"自明性，它仅仅以现象学的形式存在。

向的自然科学,而且此外——作为补充——还有一种与它相关联的,以现象学方式对它进行澄清的科学。

以前我自己就是这样认为的。但是现在在我看来,或者现在
502 我宁肯相信,一种完善的直向的科学就已经是不可能的了,因为只有从根本上得到分析和理解的经验,才能成为这样一种科学的基础,而且只有一种在自身中包含有真正的认识论的思维论的那种现象学的逻辑学,才会使一种在每一步上都证明自身正当的科学方法,就是说,一种逻辑上精确的方法,成为可能。

因此**加括号的意义**就在于提醒,在具有自明性的自然的活动中,不要直向地在存在方面下判断,不要从存在的判断向存在的判断进展,不要直向地探究该领域中的事物及其关联;更确切地说,应该服从下面这样的要求:即将每一个暂时直向地做出的判断放入到与进行判断的主观性之关联中,作为判断活动之被判断物,作为论证活动之被论证物等等,加以研究。

当然,直向的判断活动,推论活动,理论研究活动必然发生在前。但是对于使之有效的行为及其动机,对于被动地和主动地发生的论证行为,对于意向和充实,就一切基本阶段按一定方法进行反思,以及对当下的意向在多大程度上全面地充分地达到充实的检查,对同时与充实一起未被充实的地平线在多大程度上呈现出来的检验,等等,属于正当性证明,属于连续的,涉及每一步骤的,充分的正当性证明。——

因此如果在"自我学的",超越论的—主观的领域中,我研究有关被给予自我(*ego*)的世界——心理物理的,包含有动物和人的世界——的可能的经验,那么在这种超越论的研究之意义中就包含

有：我对诸**可能的**世界实行了**加括号**。

在想象中专心致志于诸可能的世界，与此同时以纯粹本质学的态度——当然是在纯粹直观地对本质加以概括中——研究可能世界一般的本质要素，这就是**存在论**，这就是**直向地**实行的有关世界一般本身的认识。

但是作为超越论哲学家，作为自我学家，我研究我的可能的超越论的主观性一般，而且在这里特别是研究我的可能的主观性，如果这个主观性在纯粹可能性中认识某一个世界，经验它，并且通过探究这个世界之经验的意义，使自己全面地一致地获得有关这个世界的不断进展的经验，在经验的基础上从事可能的经验科学，——那么我作为自我学家，就不是直向地研究诸可能的世界或世界一般之可能性，而且不是直向地致力于存在论，而恰恰是研究对于可能世界之**认识方式**，而且纯粹作为这样的东西，在纯粹内在性中加以研究。我不是朴素地直向地实行可能的经验活动和可能的理论研究活动（在想象中的），而是实行在其中这个经验活动 503
和思想活动是我的课题的第二阶段上的反思的经验活动：现在除去在这种经验活动当中自身从本质要素和本质法则上被给予的东西之外不应有任何东西对我有效。我首先承认这种被直向地认识的东西，然后我将它看成是，并理解成是被以超越论方式研究的认识活动之被认识物，而且正是在下面这种意义上看待它，在这种意义上，如超越论的反思表明的，它从认识成就本身中获得它的意义。

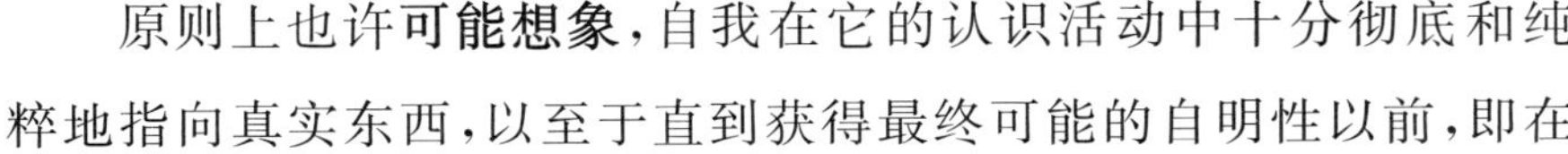

原则上也许**可能想象**，自我在它的认识活动中十分彻底和纯粹地指向真实东西，以至于直到获得最终可能的自明性以前，即在

揭示出在其中有效性依赖于有效性(理据)的那些意向之结构,在每一个方面都使意向得到充实并得到被意指之物之最终可能的自身给予以前,它不会停止。但是科学的特性就是,**总是相信目标正确和目标真实**,因此在转向主观时总是以**认识论的**方式一步一步地思考:我在这里意指什么,认识在多大程度上真的得到论证,我的主导性的意指在多大程度上真的得到了证实,未被揭示的地平线在多大程度上仍是有效的,在多大程度上这里还存在被连带意指的东西?因此这种意指在多大程度上依赖于这些未被看到的,未被确定下来的前提,理据?就是说,在多大程度上我在这里可以使用我在那里已获得的自明性,或更确切地说,自明的真理?这种真理曾与之有关的"诸情况"在这里是相同的吗?我必须将所有有助于意义赋予的东西以及所有相关联地形成意义的东西,确定下来。

最后,一种**规范的认识论**一定会被形成,有关科学的工作方法之普遍的反思规则一定会被拟定出来,并且会为每一个特殊的领域拟定出一种有关认识活动的特殊的**方法论**,这种方法论并不会使以下情况成为必然的,即对每一个暂时的认识步骤特别地进行认识论的考察——这将会使一切认识活动成为不可能——,而是使以下情况成为可能,即认识者在每一个步骤上都有可能,在进行正当性证明时根据已形成的习惯每次都与一些普遍的洞察联系起来,作为提供理解和提供正当性的东西而指向它们,并由此而保证他的行动正确。

一切彻底的科学的工作方法都是"认识论的",并且以"认识论"为前提——在认识论完全属于它的那种普遍的超越论的现象

学之范围内[①]。另一方面，每一种前后一贯地阐明了的这样的现 504
象学，一定会达到**作为可能认识之对象性东西的一切可能的对象性东西**，并且对于一切对象性东西来说，由此开始将它作为直向地被给予的，但却作为纯粹的可能性东西和纯粹的本质类型——作为直向地被以为的东西和可能的被经验东西——来把握，并且以后一定会将这种直向的态度改变为超越论态度，因此对以为的活动，经验的活动，作为真实存在而自身显示的活动等等，就其本质并就其可能性加以研究。但是在这种情况下立即就得出，这是些不可分割的任务（一切存在的统一，一切认识的统一）：因此一切**存在论**都包含于现象学的领域中——但是作为认识之相关项包含于现象学的领域中。然而在这里存在着现象学的还原，而且在这里存在着对在超越论现象学领域中能够获得的认识进行最终可能的正当性证明的成就，对处于其不可分割的统一之中的一切种类和形式的自明性之提供正当性的功效进行最终可能的正当性证明的成就。现象学本身构成提供真正正当性之一切可能的形态，并因此为认识活动和被认识之物，为真理与真实存在，为作为真正理论的理论，而且也为个人的和社会的一切可能的评价活动和意愿活动，构成一切可能的**规范**，构成规范理念；它指出，在所有这样的"真正的"情感行为中，同时存在着认识的成就，首先是"经验"，价

① 但是对此应该说，最先遇到的认识论仍然是朴素的逻辑学；因此这最后一句话在这里并没有得到充分的解释。它们已经是先验的逻辑的思维论之部分，指向目标的认识行为之先验法则能够以朴素性展开（作为心理学的认识论），而这并不是真正超越论的现象学（真正的超越论的逻辑学）。因此在这里考虑的是更高的阶段：这种超越论的逻辑学之意义以及与它一起，一切客观地被认识物之意义。仍然存留着"谜"的维度。

值、真正的善等等的原初自身给予，并且指出，在这个较高阶段的经验之上后来又建立起理论研究，科学研究。简言之，**精神科学之认识论**，正如有关自然的和动物心灵的认识论一样，属于自我学的范围。而超越论的意识，从一开始就是普遍的意识，它包括一切意识，也包括全部情感和意志的意向性；所有这些并不是彼此并列的，而是处于——如正在表明的——其不可分割的统一之中的。

他我（*alter ego*）。

由于我包括我的自我（*ego*）之一切可能的改变，我也就包括我的自我（*ego*）之一切可能的自然和我的对于自我而言是可能经验之统一的一切改变。但是我也获得了一切可能的他我（*alter ego*）——不仅是作为处于可能的自我（*ego*）之中的意向的对象性东西，而且是作为合法地相似地一起在知觉上被认识到的和被证明为正当的他我（*alter ego*），它们对于我是“他人”，但对于自己则

505 是自我；超越论的还原对于他们只是意味着，**在**我由移情认识的方法以超越论方式将这种可能性之合法**意义**[①]确定下来**以前**我不能使用他们的可能性。

然后我由此进一步获得了“客观的”世界之“意义”和“客观的”（共主观的）世界科学之“意义”，首先是自然之“意义”和有关作为共主观地自在存在着的自然的自然的自然科学之“意义”，和存在着的人的世界之“意义”，此外获得了社会性东西之“意义”，社会地构成的世界事件，文化世界之“意义”；这样我就为一切以合法的真

① “意义”在这里意味着正确的超越论的解释。

实性存在着的东西获得了——由作为可能的个人间的和交往的认识的创造意义和合法的意义的认识获得了——合法的意义[①]。这个整体必然是**超越论的"唯心论",然而却又是现象学的"唯心论"**,这种唯心论并不**否认**物理的自然,物质的存在,以使心灵的存在代替它作为真实的存在登上帝王宝座,**而是**它由被澄清的认识——为一切存在和一切真理赋予意义的认识(并且由这样一种认识,即这种赋予意义的认识乃是超越论的自我[*ego*]的和与它交往的可能的众多自我[*ego's*]的认识)——取得下面这种**绝对自明的洞察,即一切存在都在意向上返向关联到**(而且是从本质上返向关联到)**诸自我**(*ego's*)**的存在**。这些自我从它们那个方面**只是**返向地关系到**自己本身**,因为它们对于自己本身是意向地存在的,而且是为自己本身被构成的,然而它们**相互间**却只能间接地——借助于它们自己的主观性之被称作事物和身体的基本成就——作为他我(*alter ego*)被构成。

单子论。

据此,唯有处于其交往的相互联系之中的诸自我(*ego's*)才是**绝对**存在的。它们在其**共同体**中是**世界之绝对承担者**,世界的存在是为—它们—存在和为—它们—被构成的—存在。它们作为绝对的诸自我(*ego's*)并不是世界的**部分**,它们不是在经验的"实在性东西"意义上的**实体**——就是说,正好是世界的环节,具有其在世界之中的真实存在的诸"实在的"性质之基底。它们是**绝对的东**

① 每一个区域恰好有其基本的区域的意义和相关联的超越论的意义。

西，它们是主观性，没有它们的作为完全是一种在最广词义上的进行认识的构成活动的思想生活，一切**实在的**实体就**不会存在**。

但是只要它们不仅是**为自己**存在，而且是作为**他我**而**彼此互为**存在，它们就是这种东西，而且它们唯有通过**进行实体化的意义赋予**才能是这种东西，这种意义赋予是它们彼此相互地交托给对
506 方的，并在这种情况下，在这种相互关联中，彼此交托给自身的——在对**动物性和人性**的实体化或**实在化**中。因此它们有**双重的**存在：**绝对的存在**和——由成就了自身的统觉而来的——**自为地和相互地显现的活动，即显现为**动物的和人的主观（这个主观、赋予世界之中的身体以灵魂并作为动物和人而属于实体的和实在的世界）的那种活动。于是一切**社会性东西**都属于这里，但是这种社会性东西之**绝对的**存在就存在于每一个自我（*ego*）自身之绝对的存在中和每一个我—你—关系之绝对的存在中，存在于每一个从一个自我到另一个自我或到更多的其他的自我的共同体关联之中，这种共同体关联的指标**在被动的方面**被称作自然，而**主动的方面**就是积极地进行规定的活动，而这种活动借助于设定自然这个中介，由一个自我进入另一个自我中起作用，并反过来将另一个自我的行为纳入到自身中，就这样将自己变成了起功能作用的异己的精神性之承担者。

只有这种现象学的唯心主义才提供给自我并提供给绝对的交往的主观性（这种主观性是人性之绝对的东西）以**真正的自律**，并提供给它以力量以及按照其自律的意志而**绝对地形成自身**和形成世界之合理的可能性。在这种情况下，只有这种绝对的主观性，才是进一步的绝对校准的研究之课题，因此是一切**神学的**和**目的论**

的研究之课题，有关**一切历史之发展和意义**——超越论的—目的论的意义——的一切绝对的问题，都包括于这些研究之中。

绝对地来看，每一个自我(*ego*)都有其**历史**，而且它只是作为一种历史的，他的历史的主体而存在。并且由绝对的自我，绝对的主观性构成的每一个交往的共同体——在充分的具体的意义上，世界的构成也属于这种交往的共同体——都有其**“被动的”**和**“主动的”历史**，而且仅仅**存在于**这种历史之中。**这种历史乃是绝对的存在之重要的事实**；并且诸最终的问题，诸最终的形而上学的和最终的目的论的问题，都是与对于历史之绝对意义的询问相一致的。

593 # 在本书中提示参阅的
胡塞尔的其他讲课和著作[①]

---

① 对所提到的未发表的著作的更详细提示，见提到该著作的那一页的编者注。另外请参看本卷的“编者导言”。

* 这里的页码为德文版页码，中译本用边码标出。——译者注

594

译 名 索 引

* 此页码为德文版页码,中译本用边码标出。——译者注

译 后 记

这个《第一哲学 1923/24》的中译本，是根据《胡塞尔全集》德文版第Ⅶ和第Ⅷ两卷译出的，其中略去了两卷中的“校勘附注”。在德文版两卷的“编者导言”中，编者对这部著作本身和编辑工作都作了很好的介绍。关于这部著作的重要性，这里特别提请读者注意编者所指出的，它构成从 1913 年《纯粹现象学和现象学哲学的理念》到 1929 年《笛卡儿式的沉思》之间胡塞尔思想进程中现象学发展的里程碑和高峰；以及胡塞尔 1923 年 8 月 31 日致茵加登的信中所说的，这是一个在现象学意义上的，并具有“第一哲学沉思”形式的哲学体系之构想，这些沉思作为“开端”，一定会从根本上开启真正的哲学。

胡塞尔在这里将他的超越论现象学的哲学称作“第一哲学”，是要强调，它是一种由最终根源奠立的普遍科学之开端部分和基础部分，它正是要研究那些最初的东西和自身包含一切存在与真理之起源的东西，即超越论的主观性，纯粹的自我。在这个意义上，胡塞尔又称“第一哲学”为“考古学”。第一哲学将严格科学的哲学当作最高目的理念。这种严格科学的哲学是彻底有根据的哲学。它是以确定的绝对自明的基础为根据，按照最严格的方法自下而上建立起来的。

《第一哲学1923/24》由上卷《批判的理念史》和下卷《现象学还原的理论》两卷组成。

上卷"批判的理念史"构成一个完整的整体,是对超越论的现象学和现象学哲学的历史导论。在其中,胡塞尔按照由苏格拉底和柏拉图对诡辩哲学的反应中产生的,并作为内在的主导目的决定以后科学发展进程的哲学目的理念,对哲学的历史进行了批判的考察。根据这种哲学理念,哲学应该是由认识者对他的认识成就进行普遍的和最后的自身考察,自身理解,自身辩护而来的认识,或者说,哲学应该是绝对证明自身正当的科学,而且应该是普遍的科学。在这种批判的考察中,使胡塞尔感兴趣的是历史上对作为认识之统一来源的超越论的主观性的认识。考察要揭示贯穿于数千年哲学史中的动机之统一。这种动机作为发展的推动力,存在于一切想要成为真正的哲学,想要获得真正哲学方法的哲学之中。胡塞尔说,对于历史上的哲学的进步来说,决定性的转折在于,从前想要成为科学的诸哲学之所谓的科学程序受到批判的怀疑。因而关键在于,要以全新的方式在严格科学的意义上建立哲学这种完全自觉的意愿。这种意愿在古代支配了苏格拉底和柏拉图的哲学革命,在近代支配了笛卡儿的哲学革命。它并且激励了17到18世纪的哲学,并以坚强的活力激励了康德的理性批判。

这里提到的哲学史上统一的动机,在胡塞尔看来,就是追求严格科学的哲学,追求绝对证明自身正当的哲学之理想,而在其历史的具体实现过程中,这种动机就变成了追求实现超越论哲学之理想的各种不同尝试。胡塞尔的理念史批判正是针对这些尝试之成就与问题的。

在**古代怀疑论哲学**中，胡塞尔就已经看出了超越论哲学最早的倾向。古代的怀疑论哲学就已经以“超越论方式”将实在的宇宙，一般可能的客观性全体，当作意识的一般对象来考察了，它第一次实现了从朴素地专注于呈现着的对象向反思态度的转变，使进行认识的意识作为实行超越论功能的主观性进入到人们的视线中。古代怀疑论通过将科学的目的理念追溯到进行认识的主观性，将真实的存在本身追溯到科学真理，并追溯到认识真理的主观性，使当时新发现出来的实在宇宙与主观性之本质关联所带有的不清晰性变得清晰可见。因此它具有划时代意义。

在**苏格拉底哲学**中，胡塞尔看到了理性批判的萌芽形式。苏格拉底的伦理学批判正是回溯到一切正当性的最初源泉，即确真的自明性。他第一个认识到理性的普遍方法的必要性，并认识到这种方法正是一种以确真的自明性圆满实现的进行澄清的自身沉思。他第一个认识到纯粹的和普遍的本质之自身存在。这种本质能够在普遍的和绝对的直观中自身呈现出来。苏格拉底的方法是通过本质直观进行彻底澄清的方法。他要求用由这种本质直观而来的普遍理念对道德生活进行正当性证明。

胡塞尔给予**柏拉图哲学**以最高评价，称柏拉图有关严格科学的基本思想决定了欧洲文化发展的本质特征和命运。在柏拉图那里已经有了“全部科学的总体”这个概念和“普遍科学的统一”这个概念，而这所意味的正是新的哲学。这种新的哲学的理念就是要成为绝对证明自身正当的科学，它力求在每一个步骤和每一个方面都达到最终的有效性。在这里已经有了关于这种哲学之必然奠立和必然划分为“第一哲学”和“第二哲学”两个等级的概念。柏拉图将存在者看成是意义，并且认为，只有确真自明的被给予之物才可作为真理来认识。柏拉图第一个从诡辩哲学的悖论中看出了属于哲学之理念的真实存在、真理和认识活动三者的本质联系。柏拉图的辩证法就是认识论。它是第一个科学论，并第一次使科学成为可能，正是因此它是科学之历史的起源。柏拉图意义上的科学不是一般的认识，而是这样一种认识，它要求对它的每一个论断，每一个论证步骤，都能够作出普遍原理的说明。

关于**近代哲学**，胡塞尔认为，它的发展的最深刻意义，就是要以一种新的更严肃的主观主义，一种以理论上最彻底的、最认真的态度绝对证明自身为正当的主观主义，即超越论的主观主义，克服那种否定客观认识和客观科学之可能性的、似是而非的、不严肃的、轻率的主观主义。

胡塞尔说，近代是从**笛卡儿**开始的。笛卡儿是哲学的真正开始者。在超越论哲学的历史上，胡塞尔给予笛卡儿以最高的评价，称笛卡儿是一切真正的超越论哲学之父。笛卡儿以他的《关于第一哲学的沉思》为哲学的发展提供了一个全新的方向。笛卡儿发现了一切真正哲学之开端的基本形式。笛卡儿认为哲学应该成为绝对证明自身为正当的普遍科学。哲学所思考的是普遍的绝对的认识之正当性证明的方法，它拟定这种方法，并论证这种方法的正当性。笛卡儿第一个试图从理论上满足作为怀疑论论证之基础的无可争辩地为真的东西，并第一个从理论上占有了即使是最极端的怀疑论也要以之为前提的，并在以怀疑论进行否定时要返向地联系于其上的最普遍的存在基础，即对自身毫不怀疑的、进行认识的、超越论的主观性。他将超越论的自我看作是一切认识的根源，看作是真正的哲学应该借以实现系统的绝对可靠的发展之“阿基米德点”。正是笛卡儿的这种对超越论的主观性的发现，才使超越论哲学得以开始。但是胡塞尔说，笛卡儿本人并没有了解这种发现的真正意义，他对于超越论的意识科学毫无所知，他完全囿于客观主义的先入之见中。

胡塞尔指出，如果说笛卡儿在追求一种作为绝对被奠立的，绝对证明自身为正当的科学体系的真正的真实的哲学时，偶然发现了认识问题，并要求一种应该先行于一切真正科学的有关知性的理论，那么**洛克**正是想要真正阐明这种理论，而且正是为了这样的目的。洛克的新颖之处正就是他将我思当成课题。洛克在其“观念”学说中就预见到了超越论的直观主义。洛克的哲学不仅按照它的原初形式，而且按照它以后继续发展成内在哲学的形式，都是通向真正的方法道路上的一个重要里程碑。但洛克是按照自然主义的观点行事的，在洛克那里，自我是预先给予的世界之中的心灵。

胡塞尔认为**贝克莱**是近代最彻底的，并且事实上是最有独创性的哲学家之一。他是近代经验主义和近代心理学最伟大的先驱者。正是贝克莱第一次系统地尝试使在进行认识的主观性中构成实在世界（物理的世界，动物和人的世界）成为理论上可以理解的。是他第一个提出了关于外在性作为纯粹自身封闭的意识内在性之现象的基本理论。贝克莱有关他人的身体与他人的精神生活的理论，是第一个以内在性为根据而建立的有关超越性的理论。当然，贝克莱仍囿于洛克的白板论的自然主义。

胡塞尔在**休谟**的《人性论》中看到了有关纯粹现象学的第一个构想，尽管它具有纯粹感觉论和纯粹经验现象学的形态。胡塞尔认为，在休谟的理论问题提法中第一次呈现出一些可以看作是新现象学的基本问题之预备形式的问题。休谟式的实证主义是怀疑论的完成，同时又是迈向超越论的基础科学的决定性准备步骤。休谟式的心理学是对于有关纯粹意识之被经验物的科学之第一次尝试，是第一个具体的和纯粹内在的认识论。在超越论哲学的历史中，是休谟第一个通过具体内在的分析，通过对于内在领域的实际研究，寻求解答关于超越的客观性如何在纯粹的主观性中，在纯粹意识中被构成，以及与此有关的认识如何可能等问题。几乎在休谟所有的论述中，都能够同时看到现象学的关联。尽管在休谟的怀疑论中没有一个命题能从科学上得到真正支持，但它却是一种直观主义的和内在的哲学，因此是真正的直观主义哲学，即现象学的预备形式。但是休谟的怀疑论只能导致一切哲学和科学的终结，而且休谟也同样陷入自然主义之中。

胡塞尔认为，**莱布尼茨**是近代理解了柏拉图理念论之最深刻的、最有价值的意义，并据此将理念认作是在特殊的理念直观中自身呈现之统一的第一人。对于莱布尼茨来说，直观作为自身呈现的意识，就已经是真理的和真理之意义的最后来源，任何以纯粹自明性看到的普遍真理，都具有绝对的含义。莱布尼茨在对单子的根本特征进行研究时，把握住了意向性的根本特征，但是对这种特征作了形而上学式的理解，他没有认识到，意向性能变成科学上可以理解的，并可以是科学研究的课题。莱布尼茨系统地构想了一种有关作为意识生活的主观并在自身中构成客观性的那个自我之纯粹的和绝对必然的本质的科学，认为以绝对自明性看到的自我之本质特征要求一种完全是绝对的意义。他将这种有关自我之本质的科学认作是一切一般认识和科学之最终根源性——这种根源性的先验性是一切先验性都在其中在更高阶段上被构成的最深刻的先验性——的科学。但是胡塞尔指出，莱布尼茨的哲学仍是朴素的和客观主义的，在他那里，世界是在自然意义上被给予的，并且是按照自然的真理被认识的。

胡塞尔也给予**康德**的哲学以最高的评价。他说，康德在哲学史上无与伦比的重要性就在于人们谈论得很多却理解得很少的对于世界之意义解释的“哥白尼式的”转向，同时又在于他建立起一种全新的科学——超越论的科学。他将这种科学看成是对于世界的意义之严格科学解释的唯一形式。胡塞尔认为，康德的超越论哲学是对全部哲学思想方式的革命，它标志哲学研究的一种全新的形式和一种新式的哲学理论类型。康德是将超越论哲学引入真正可实行的理论形态中的第一人。康德实际上拟定了科学的超越论哲学之最初的体系，拟定了一种关于在超越论的主观性中建立真正的客观性之原则可能性的超越论的科学的理论。康德的哲学是从自然的认识方法向超越论的认识方法转向，从实证的或独断论的世界认识和世界科学向超越论的世界认识和世界科学转向在历史上的第一次实现，是将自然，直观的自然和数学自然科学的自然，作为在超越论的主观性之内在性中被构成的构成物而从理论上加以理解的第一次尝试。因此康德的超越论哲学构成了向超越论现象学过渡的一个环节。但康德只是超越论哲学的开路先锋，而不是它的完成者。

胡塞尔对康德的哲学进行了严厉批判，认为康德的理性批判以独断论的客观主义为基础，到处运用了超越的形而上学的假

设。康德不知道现象学还原。他陷入令人捉摸不透的人类学主义。他将人的主观当成心理能力的主体来讨论，将心灵和人格性的主观看作是与现实的意识相符合的超越物，表明他仍停留于心理学主义的立场上。总之，康德的理性批判是与认识本质固有的意义相矛盾的，它完全属于科学的认识论之前形态，本身并不是科学，即使按照可以作为科学之最微小的开端来看，也不是科学。

尽管有这些严厉的批判，胡塞尔并不否认自己的哲学与康德的哲学之间的联系。他说，尽管他自己的现象学从起源上就不是由康德及其学派直接决定的，仍必须承认，它是一种将康德的研究之最深刻的意义付诸实际行动的一种尝试。

可以看出，胡塞尔的理念史批判完全是从他作为严格科学的哲学的超越论现象学哲学观点出发的，其批判的范围也严格限定于历史上可以看作本身具有超越论哲学之倾向、萌芽，或某种预备形态的哲学。这种批判一方面展示出在哲学史发展中处于预备阶段根中的超越论哲学所呈现的各种形态和所取得的各种进步，另一方面，也揭示出这些哲学的不足与缺陷，表明它们由于根本的不彻底性而陷于客观主义，人类学主义，心理学主义，一句话，陷入自然主义。因此这些哲学没有一种是真正的超越论哲学。而根本的原因是它们都不知道现象学还原的方法。这种批判的积极结果，就是引发了胡塞尔要重新开始的动机，即开始从根源上建立真正科学的哲学，即超越论现象学的哲学。

那么胡塞尔的哲学与这些历史上的哲学处于一种什么样的联系之中呢？

古代苏格拉底和柏拉图关于严格科学的哲学之理念，显然是胡塞尔哲学的一个来源。

就近代哲学而言，胡塞尔将他的哲学思想发展与历史上的哲学之联系归结为两条路线。他吸取了笛卡儿《沉思录》和洛克《人类理智论》的最内在的意图，这为他的现象学发展之可能性创造了前提。他一方面吸取了洛克心理学之合理的最内在核心，另一方面吸取了笛卡儿关于被绝对奠立的普遍科学之合理意义，以及为它服务的向超越论的自我还原的方法之目的设定的合理意义。在这些动机的共同作用中，他将被澄清了的经验的自我还原为超越论的自我，也就是将洛克的纯粹心灵的经验还原为超越论的经验，使超越论的主观性变成直接经验的领域，并变成经验研究的领域。在这种情况下，他的超越论研究是由心理学的描述的研究和发生学的研究产生出来的。这是胡塞尔思想发展的一条路线。

胡塞尔思想发展的另一条路线，是从莱布尼茨的动机出发的，而且是从莱布尼茨的柏拉图式的动机出发的。洛采对于柏拉图理念学说的解释对他的影响，与这条路线有联系。由此产生出一种柏拉图主义。将对于莱布尼茨作为"形式存在论"的普遍意义之再发现，以及莱布尼茨关于每一个对象领域都可以直观地获得的先验科学之要求——又是对于旧的莱布尼茨的动机之再发现——，前后一贯地转用到心理学和超越论哲学领域，就产生出对可以用本质学方式实行的纯粹心理学和超越论哲学的必然认识。布伦塔诺对意向性的重要发现，对于这种哲学的真正实行提供了一种具有决定意义的因素。但是布伦塔诺在对意识领域之理解中，仍束缚于普遍的自然主义，因此并未达到意向分析和意向描述的真正的方法。

所有这些有时被胡塞尔从一个侧面追求的动机(但在这种情况下它们是彼此相互联系的),最终导致一种以越来越高的自信为自己辩护的有关超越论的主观性的严格科学,即超越论的现象学。

胡塞尔由上卷“批判的理念史”的历史批判得出,哲学按照理念本来应该是绝对证明自身正当的科学,但是历史上的哲学由于所指出的种种原因,并没有实现这种理念。胡塞尔由历史的批判还得出,一切正当性证明都在进行认识的,并能以超越论的纯粹性把握的主观性统一中有其最后的来源。因此哲学需要重新开始。因此需要一种有关超越论的主观性的科学,一种有关根源的科学,一种“第一哲学”。一切真正的科学都必须从这种科学中寻求它们的全部基本概念和原理的,它们的一切方法的,一切其他原则的最后来源。其他的科学由于它们的最终来源领域的这种共同性,本身必然呈现为这门唯一哲学的分支。但是历史上没有一种哲学是这样的哲学,只有超越论现象学的哲学才会成为这样的哲学。在这样获得了超越论现象学之预备性概念——最普遍的目的理念——之后,胡塞尔就要开始单独实现这个目的理念,就是说,使符合这个目的理念的哲学——超越论现象学的哲学——从其最初的开端起引致现实的生成。本书下卷“现象学还原的理论”就是要完成这项任务。

本书下卷虽然讨论的是方法问题,但实际上是要通过对现象学还原方法的讨论建立一种超越论的现象学形态的“第一哲学”,因此它涉及了胡塞尔哲学的广泛内容。胡塞尔之所以将重点放到现象学还原的方法上,可能是出于以下一些原因。首先,一般来说,方法的构想与论证是哲学本身的本质部分。哲学按照其固有的意义,只有借助于一种能够从科学上进行最后辩护的思想而构想和论证的方法,才是可能的。哲学只有就其普遍的方法之系统形态达到最高的和最后的意识上的清晰性,才能获得真正的和真实的存在。其次,现象学还原的方法是一种全新的反思方法,是完全不同于自然态度的"非自然的"态度。自然态度的生活是专注于世界,忘我于世界的生活,而这种非自然态度的生活是一种彻底的和纯粹的对自身思考的生活。它要求系统地摆脱自然的现世主义态度,使一切世间东西都超脱世间性并将它们提升到纯粹的主观性。正是因为它的这种非自然的,非世间的超越论的性质,在自然的世间的生活中并没有关于它的任何提示说明的样板。因此给人们的理解造成了严重困难。除此之外也许还有一种更具体的原因,即为了弥补此前在《纯粹现象学和现象学哲学的理念》一书中对还原论述的缺陷。胡塞尔说,在那里采取的"笛卡儿式的还原的道路"虽然好像是通过一种跳跃就已经达到超越论的自我,但是因为这个自我毕竟缺少任何预先的说明,看上去是内容空洞的,因此人们就不知道由这条道路会得到什么,甚至不知道如何会由此获得一种对于哲学具有决定意义的,完全新式的基础科学。因此正如对该书的反应所表明的,人们很容易就屈服于本来就很具诱惑力的朴素的自然的态度,并且在一开始就立即倒退回这种态度。由于这些原因,全面阐明现象学还原的方法就成了一项迫切的任务,因而也成了本书下卷的主要课题。而且正如本书编者在"编者导言"中说的,从 1920 年起,胡塞尔关于现象学"根本问题"的思考就已经集中于"通向还原的道路"了。为方便读者理解,这里就下

卷的几个主要问题作一简要说明。

一、普遍的科学哲学之理念，绝对正当性证明原则和确真自明性原则

胡塞尔的现象学哲学所追求的目的理念，是普遍的科学哲学，而他所遵循的原则是绝对正当性证明的原则和确真自明性的原则。

胡塞尔说，哲学的彻底精神使它本质上不同于任何停留于朴素性之中的其他文化信念，哲学从根本上反对一切朴素性，并试图通过克服一切朴素性而获得最终真理。一切实证科学由于没有从理论上研究被认识客体的起源（认识活动之赋予意义，确立存在的功能），没有研究进行认识的超越论生活和有所成就的活动，因此是朴素的，抽象的，片面的。即使是将主观性及其认识活动当成课题的心理学，也是如此。因此，面临开始的哲学家，对以前以朴素的实证的态度获得的一切认识成果，真理，理论和科学，不再满意了。于是对于继承下来的哲学和科学的朴素性的批判就成了第一哲学的沉思之最初的和必然的部分。这种批判，一方面使人们认识到，以实证主义精神建立完全是直向地指向世界和一切可认识物之绝对意义的科学与哲学，是根本不可能的。另一方面，将人们的目光引向一切认识成就的根本东西，引向形成意义和有效性的意识的主观性，引向进行认识的和有所成就的认识活动和被认识的存在之间的相互关联。因此使人们能够预期一种新式的科学和哲学，一种返向地指向作为一切进行认识的理性和理性形态的，作

为一切科学的根源领域的"超越论的"主观性的科学。由此获得一种作为普遍的和绝对的科学的有关这种原初提供根据的主观性的普遍的科学哲学之理念,并由这个哲学理念之可理解性中产生出绝对正当性证明之原则。开始的哲学家只想要绝对被证明为正当的、系统的、普遍的认识。他必须对这个目的之意义和实现这个目的之可能性进行思考,而这些思考的内容就构成通向哲学之道路的必然的开端,并形成方法之基本部分。哲学本身的内容正是从这种方法的运用中,作为被绝对证明为正当的理论之体系产生出来的。因此胡塞尔说,这种普遍的科学哲学必须将绝对正当性证明的原则放到前面,要求在最严格意义上遵守这个原则。它要求哲学的确信应该是绝对自明的确信,是一种进行看的确信,一种绝对自身给予的确信,并将自身给予的绝对的最佳值看成是一切判断,一切意见之正当性的最后标准。这就是有关认识和合目的活动之方法上的第一原则,即自明性原则。

但是一切自明性又必须作为自明性而证明自身为正当的。在反思的意识中,将以判断的确信被意指的意义内容的诸成分,与自身给予之物的诸成分比较,就意义内容的诸成分之被充实程度逐一检查。得到完善充实的成分被称作具有切合的自明性。切合的自明性的特征是,这种由绝对自身给予而被把握的东西不可能是非存在或可疑存在。因此这样的自明性又被称作确真的自明性。

切合的并因此是确真的自明性这个指导原则,是认识的正当性证明之"形式的"而且实际上是不可超越的理想,也是哲学开端的指导原则。针对开端本身的考察涉及的正是询问作为最初的自明性必须获得的那些切合的自明性,因此所涉及的是要获得被规定用于整个哲学建筑之基础的那些被证明为正当的认识之基本领域，即超越论的主观性。实行现象学还原正是为了获得这个具有切合的自明性的基本领域。

二、现象学还原的两条道路

对现象学还原方法的论述是本书下卷的中心内容。胡塞尔在这里提出了现象学还原的两条道路。第一条道路是通过对世间经验的批判通向超越论主观性的道路，由于这条道路只不过是对在笛卡儿的最初几个沉思中隐藏的——而且也对笛卡儿本人隐藏的——深刻内容的澄清和突出强调，胡塞尔又称它为超越论还原的笛卡儿式的方法。第二条道路胡塞尔称作由心理学还原而通向超越论现象学还原的道路。下面就这两条道路分别作一些简介。

第一条道路：通过对世间经验的批判通向超越论主观性的道路

胡塞尔是由探讨外部经验是不是切合的知觉这个问题开始的。他通过对个别空间事物的知觉的结构，全面联合的总体知觉的结构，以及处于连续进展之中的知觉过程的结构的分析指出，由于其本质结构的缺陷，世间的经验不可能达到切合性。他说，每一个别知觉一方面具有在它当中真实地被意识到的诸规定内容，另一方面又具有一些空的附带意指和预先意指的内容，这后一种内容并不是真正自身给予的。被知觉的空间事物总是依赖人们的经验的继续证实，而经验只能由经验证明自身的正当性，而且始终只是假定地证明为正当的。由于知觉本身的这种普遍本质结构，知觉的不切合性是不可消除的。因此空间事物性被给予之物的不同存在甚至非存在是无限可能的。

全面联合的总体知觉之普遍的连续性使我们持续地意识到一个统一的世界。但是外部知觉活动的连续的流事实上是以连续校正的形式进行的，通过校正消除一切不和谐而达到和谐，使人们总是能够意识到一个同一的世界在此存在。尽管迄今为止普遍的世界知觉一直是以这种和谐统一的方式进行的，但是并不能保证今后一定会继续这样进行。这种和谐统一的结构也可能会解体，因此为世界根本不存在留下了可能性。因此根本谈不上世界确真存在的必然性。

不仅个别的知觉和全面联合的总体知觉的结构有这种偶然性性质，而且连续进行的知觉过程之普遍结构也具有这种偶然性性质。每一个知觉作为对事物的知觉都随身带有对未来一致的过程或通过可能的校正达到一致的过程之预期，就是说，相信知觉以后仍继续以这样的方式进行。这是世界知觉连续进程的普遍结构。但这是一种单纯经验上的相信，因此可能得不到证实，前后一贯的校正过程的结构可能会解体。因此世界的实存是十分可疑的，世界可能是一个单纯的假象。

在这样完成了对世间经验和世界实存的批判以后，胡塞尔就将这种批判的结果用于哲学的目的。他说，这种批判的结果表明，世界并不需要存在，不需要曾存在过，也不需要今后存在。开始的哲学家作为首先想到的开端将一切科学普遍推翻之后，呈现给他的就是这个认识："我在"；还有这个认识："世界存在"。但是世界的存在是在完全不切合的经验中被给予的，因此世界的存在也必须包括到普遍的推翻之中。那么“我在”的情况如何呢？

胡塞尔说，如果假定这个世界不存在，那么作为世界之部分的我的身体也不存在，因此作为人的我也不存在，于是就什么也没有剩下。然而被所有这些当作前提的知觉世界的活动却存在，并且我本身作为知觉活动的主观和世间的知觉活动在其中进行的整个具体的心理生活的主观，连同我的全部生活都存在，并且仍是我之所是。因此，如果我的经验的客观世界被消灭了，那么我，经验这个世界的纯粹的我，并没有因此被消灭。因此必须区分：在世间的自身经验中，知觉上原初给予我的人的此在，和在超越论的自身经验中，在纯粹反思的自身经验中，原初给予我的超越论的此在。在世间的自身经验中，我是心灵和心灵的自我，它属于被经验到的身体，这个自我会和身体，和世界一起消失。而纯粹的或超越论的自我并不随世界的消失一起消失，它并不拥有由我的世间经验而来的实存的意义，它的确不是什么世间的东西。我的纯粹的自我及其进行经验的生活仍然有效，它是我的考察得以进行的整个基础，如果抛开这个基础，我的考察就会是绝对无意义的。

这种对世界的排除，就是实行现象学还原。胡塞尔说，揭示超越论的主观性的方法根本是必不可少的。单纯的反思，不管多么完善，如果没有这种方法，就仍是自然的心理学的反思。在自然的平淡的生活中，没有理由要超出这种自然的态度。但是如果在我朴素地实行世间经验时，我赋予世间经验的那种有效性不起作用了，我将这个世界完全勾销了，那么这种超出自然的态度就成为必然的了。这时保留下来的就只是我的经验这个世界的自我和我的生活本身。因此在这里就是：“我存在，当我经验着这个对世界的经验时，我存在。”即使没有任何东西存在，并且不管世界和人等等是否存在，这个进行经验的生活都存在，我的生活都存在。只不过这是一种超越论的生活，在其中实行的是将世界排除的态度。于是超越论的主观的存在及其生活领域就被作为超越论批判的课题揭示出来了。

第二条道路：从心理学还原通向超越论还原的道路

胡塞尔说，建立在被经验的世界可能不存在这种证明之上的笛卡儿式的还原，只具有一种有限的结果。它通过设定被经验的世界不存在，将目光仅仅指向作为进行经验的，此外也作为未被这种不存在涉及的主观性的主观性。因此这种方法必须得到进一步扩展，以使任何有关世界的思想设定完全失效，也使任何理想的对象性东西完全失效。为了划定超越论的主观性的整个范围，必须做一些补充的研究。只当这种研究结束，现象学还原的方法本身才能作为一种成熟的方法建立起来。这条新的还原道路，即从低级阶段的单纯现象学—心理学还原有步骤地上升到高级阶段的超越论还原的道路，具有一种巨大的优点，即它向我们展示出对主观东西本身的结构（悬搁的可能性就是基于这些结构）之最广泛、最深刻的理解，并提供出对主观性的纯粹意义之最深刻理解。因此胡塞尔说，它不仅提供了现象学还原的方法，而且同时还提供了一种现象学的还原的现象学。

这条新道路从那个实行随便什么行为并以自然方式与随便什么意向客体关联的自然的朴素的自我出发，对每一个别行为实行一种类似于在笛卡儿道路上针对世界与世界经验实行的悬搁。在这里进行反思的自我有可能在以自然方式实行反思时同时就变成

漠不关心的自我，他排除对被反思的自我之当下兴趣的一切参与，禁止在这个方面进行的批判和认识中指向真实存在的一切企图。于是这个进行反思的自我在这样的悬搁中就发现了现象学上纯粹的行为，但这种纯粹性尚不是超越论意义上的纯粹性，而是现象学意义上的纯粹性，是经验心理学意义上的纯粹性。但是胡塞尔说，在经验的—人的自身行为上实行的这种个别的还原中，能够展示出一条获得超越论的主观性的道路。其方法就是，代替上述的操作，我直接将自己构想为超越论的—现象学的自我，这个自我实行超越论的—现象学的还原，将自己的超越论的主观性变成一般现象学的经验和研究之敞开的无限的领域。这样，我就变成了超越论的观察者，我的悬搁本身由于它在一种以前的心理学的还原尚不知道的意义上是普遍的和彻底的，而变成了超越论的悬搁。在这条道路上，我不仅获得了作为超越论的我的我本身，而且还通过将他人的主观性也包括到这种方法中，而获得了超越论的共主观性，作为以超越论方式把握的个别自我的超越论的共同体的超越论的全体自我。

在这里应该注意胡塞尔关于现象学心理学还原的特征说明。胡塞尔说，处于自然态度之中的心理学家，生活在他熟悉的周围世界中，并不需要放弃现实的世界和理想的世界，放弃客观的东西。为了获得纯粹心灵的东西，他只要求对个别行为及其意向性东西实行某种程度的还原，对被当下行为设定有效的客观东西暂时加括号，世界与人在背景中作为已经获得的习惯财富仍然有效。因此他实行的是一种抽象的行为，通过抽象，一方面获得单纯物理的身体这个成分，另一方面获得纯粹的心灵这个成分，而且正是作为

“成分”获得的。而在以自然的普遍性实行这种抽象时，则导致整个世界的心灵成分，即一切人和动物之存在的纯粹心灵全体。胡塞尔说，这种个别地进行的，只对个别呈现的存在有效性加括号的现象学还原是不充分的。因为我们是处于无限的生活关联的普遍统一之中，处于自己的和共主观的历史生活的无限性之中的。这种生活本身是无限生产的，而且又是在对现在的地平线、过去的地平线和将来的地平线之侵入中无限呈现着的有效性之普遍统一。因此这种个别的还原始终还是留下了一些隐蔽的有效性和这些有效性之无限的作用范围。

在胡塞尔关于超越论的普遍悬搁的说明中，起主要作用的是关于地平线意识的揭示，也即关于对具体的知觉行为结构中的前景意识和背景意识的区分。前者指自我行为特别地指向的课题，以及课题本身所涉及的一切东西。后者指使空间对象的背景被意识到的意识地平线。胡塞尔说，我的生活的本质特征之一就是，我绝没有无地平线意识的被知觉物。每一个被知觉物只是作为具有其看不见的里面和看不见的背面的正面之呈现而被给予的。这种未被看到的里面和背面，是“非直观地”被意识到的，但是这种直观上空洞的意识仍然还是意识，是一个意识的地平线，当注意的目光指向那里时，人们就会注意到它。而且每一个被知觉物不仅有其非直观的内在的地平线，同样也有其非直观的外在的地平线，即它的空间和空间事物性的环境。这种环境首先是一个确定的预示的领域。实际被知觉到的东西由这个领域让人们去注意直接地邻近地共同在此存在的东西或能够预期的东西。这种预示任何时候都能够变成现实。当注意力指向那里时，被指示的东西就被意识为

一起在此存在的现实性。这些空的地平线包括整个世界，将整个世界当作可经验的无限性包括于其中。世界之总是新的领域会在可能知觉活动之理想的全体中逐渐被知觉到。这种意识地平线不仅包括现在的周围世界，而且还包括过去与将来之敞开的无限性。在生动地流动着的现在本身中，包含着被意识到的过去的领域和将要到来的领域。这种地平线以特殊的方式包含着所关联的有效性之无限性。这种关于现实周围世界地平线的分析，对于理想的世界也是适用的。相关联地，在流动着的经验之每一阶段的结构中，都以地平线形式具有关于我的周围世界在此存在的确信。

正是这种有关地平线意识的说明，为胡塞尔提供了一种能使连续流动着的生活所包含的一切有效性一下子全部失效的手段。胡塞尔说，我的反思不仅能够针对我的各种各样个别的行为，而且也能够针对我的一段生活，最后也能够普遍地通观我的整个生活，并为我的整个生活作决定。如果我为了一种普遍的批判并为了能够由真理和真实性之根源形成新的和真正的生活之目的，而去追踪最高的意义，并去探询所谓的极限状态，我就能够达到一种与对生活之普遍概观相关联的以反思方式进行的自身规定，即同时禁止现在对我有效，以前曾对我有效，和将来会对我有效的一切有效性，将一切有效性普遍悬搁起来。这种普遍的悬搁之所以可能，是因为通观我的生活，相关联地，同时就意味着通观世界。这种通观也是一种行为，它的对象是我的这整个生活对于在其中曾被设定和正被设定的对象性全体的意向关联。我对这里的对象加括号，使我的行为之地平线含蓄地包含的全部有效性失效，而只保留地平线意识本身作为进行设定的意识为有效。于是我就获得这个通观自身的行为之纯粹主观东西。如果我不仅对我现在的生活,而且对我过去的和将来的生活也如此行事,我就能够获得本身绝对自成一体的我的全部纯粹的生活,不管过去、现在和将来为我在此存在的周围世界之存在与非存在的情况如何。因此我能够纯粹就其本身考察我的纯粹的普遍的生活。

胡塞尔说,这样我就彻底实行了超越论还原这种新方法。超越论还原的方法使我放弃一切对世界的自然相信,使我停止将我看成一个现世主义者,一个自然的人,由此而为我敞开一个全新的经验之无限领域,即超越论的主观性之经验领域。这个新经验领域对我这个正在开始的哲学家所以是最重要的,正是因为"我—在"之在最初的把握中已经显露出来的确真的自明性。这种东西并不包含在自然的宇宙中,也不可能包含在其中。胡塞尔说,在我思的自明性中,以及以能够间接奠立的超越论的共主观性中,就存在具有绝对正当性证明的和具有我所寻求的并能够最终达到的哲学意义的一切可能的真理与科学。对超越论的自我的认识,是在最后的和最高的意义上真正令人满意的一切科学认识的,使哲学的生活成为可能的一切哲学认识的唯一源泉。正是因此,胡塞尔将哲学本身定义为:超越论的主观性根据超越论的自身经验及其派生物对自身之以系统的超越论的理论研究形式进行的系统阐明。胡塞尔说,超越论的方法是这样一种方法,它通过排除一切自然的真理,通过普遍的改革,而自动地实现绝对证明为正当的一切真理,将真理由其有效性之隐蔽的相对性中突出出来,并置于绝对的基础之上,在这个基础上,一切相对性东西都处于清澈的主题之中,并在普遍的转换中变成绝对认识的主题。

另一方面，忠实于彻底精神的胡塞尔又指出了纯粹现象学的超越论的朴素性之可能性和对超越论的经验实行确真批判的任务。他说，如果我们完全抛开哲学的目的，我们仍能够实行心理学阶段的现象学悬搁和超越论阶段的现象学悬搁，并能够实行所属的一切意识分析。在这种情况下，朴素的经验和超越论的经验，朴素的科学和超越论的科学，同样也是对立的，而且正是在“朴素的”和“超越论的”二者对比的意义上是对立的。但是胡塞尔说，我们也能够通过以下方式规定“朴素的认识”的第二个概念，即指并非由绝对的认识之理念指导的，并非由绝对的和全面的正当性证明而来的认识之理念指导的认识活动。我们也能够更普遍地就每一种采取态度，每一种理性生活，按照这样的对立理解。在这种意义上，不仅未被超越论的悬搁触及的一切自然的认识活动是朴素的，而且建立在超越论的主观性基础之上的认识活动也可能是朴素的，只要它没有受到确真的批判，只要它对超越论认识的绝对正当性证明不做任何询问。

三、超越论的自我学和向共主观性还原

胡塞尔说，超越论还原是向超越论的主观性还原，因此是向这个进行还原的我的超越论的自我和我自己的超越论的生活还原。在这里，我能看到的真正存在的东西，只不过就是我自己的——这个认识者的——生活之意向的事件。这样我就处于超越论的唯我论之中。因此超越论的现象学就只有作为超越论的自我学才是可能的。作为现象学家我必然是唯我论者。胡塞尔说，这就是他对

于现象学还原最初的认识，而且在他发现移情作用的道路以前许多年里他都没有看到将它形成为共主观认识的任何可能性。移情作用道路的发现，对于使一种完整的超越论的现象学成为可能，并在更高的阶段上，使一种超越论现象学的哲学成为可能具有决定意义。

胡塞尔说，超越论还原直接地得到了我的自我，间接地得到了借助于可经验的身体而被指示的或可被指示的这个和那个超越论的他我，并且一般而言，得到了无限多的超越论的主观。

借助这种移情作用首先得到了他人。胡塞尔说，我的身体是我唯一能在其上以绝对直接的方式原初地经验到心灵生活之体现的东西。我的身体是知觉他人身体的原身体，所有关于其他身体的经验都是由这个原身体派生出来的。他人的身体只是就其与我的身体和在我的身体上赋予其物理性行为以赋有灵魂的表现的那种东西相似而言，才能被理解为身体。但是在对他人身体的知觉之意义中包含有某种间接性，正是这种间接性将对他人身体的知觉与对我自己身体的知觉从本质上区分开了。在他人身体中体现的心理东西是以间接呈现的方式被意指的。在我自己的原初身体性中，我有一种关于主观东西结合到事物性显现者中的原初体验。当我在他人身体上知觉到这个在全部举止中与我的身体相似的事物时，我只能将它理解为在其中有主观东西得到体现的东西。借助移情作用，我作为自我就以知觉形式拥有关于其他主观，任何他我“亲身”在此存在的意识。我的这种移情作用也可以在他人身体中或借助他人的身体表现出来。据此我能将另一个人经验为某人，他本身又能够以另一个他人这种形式经验第三人，而这第三人

又能够以同样方式经验第四人，如此等等。根据这种相互在此存在的原初形式，就形成极其多种多样的我—你—行为和我们—行为。这些行为对于其他人和作为统一的相互交往的众多人，又是可以移情的。这样一来，极其多种多样的共同体生活就变成可能了。不仅是众多的主观在生活，而且他们每一个人都能借助移情的经验的意向性，提供作为他的他人的所有其他人，这些其他人作为共同在此存在的其他人，处于他的实存领域之中。而且每一个人都直接或间接地与所有这些其他人处于社会联系之中。

胡塞尔说，如果在移情作用上以还原方式获取其现象学成分，就会遇到根本新奇的东西。我可以如同在我自己身上做的那样，通过仿佛进入到他们的行为生活中为他们的每一个行为，每一个知觉，回忆，预期，想象等等，将纯粹主观性突出出来。于是我就在他我中发现了作为他人意向成分的一切体验。在这种情况下，在直接的意向性和间接的意向性中，可能有相同的东西同时被给予，并作为相同的东西视为同一；例如，我经验到某物，同时我经验到我的邻人通过经验指向同一个东西，一个第三者在观察这个邻人指向这个东西，等等。因此对移情作用的超越论解释表明一种向他人的主观性过渡，与此同时也向超越论的主观性过渡。胡塞尔说，在这里自然经验的每一个部分都被改写为超越论的经验。并在超越论的经验中表明其真正的意义。所有那些在各个方面都属于持久的和总是能够得到证明的对一个世界——一个由时而经验到，时而没有经验到，有的知道，有的不知道的事物构成的世界——的确信的东西，在超越论上不外就是一种具有稳定的本质结构的现实的和可能的经验之能够确定地描述的系统，一种具有

连贯的超越论的联系的经验和经验可能性之系统；我能够在超越论的经验中和进行构成的直观中经历到这种联系。事物本身的此在，经验对象的此在，都不可分割地包含在超越论的经验关联的这种系统之中，如果没有这种关联，它就是不可想象的，并且根本就是虚无。其他主观随身带有的也正是这样的经验系统，并且一个主观的经验系统之意向客体，与另一个主观的经验系统之意向客体是同一个东西。

由于移情作用生效，我与他人在被知觉到的空间事物方面的广泛序列中相符合。而且他人的超越论的主观性在我的超越论的主观性中被准当前化，我的超越论的主观性也在他人的超越论的主观性中被准当前化。正是在这里胡塞尔将事物性的周围世界在与人格关联方面的特征称作是共主观的，即对于每一个人而言同一的周围世界，对于在我的主观性中间接呈现的和可间接呈现的每一个人而言同一的周围世界，不仅在一个超越论的主观性中，而且在这些主观性之共同联结起来的全体中同一的周围世界，并且是每一个人可能的诸知觉之系统的以及一切在他之中间接呈现的他人的可能的知觉之系统的基底极，而这些他人都带有被辨明是同一基底的附属的诸基底。

在主观性中只能通过间接呈现，但不能通过知觉被构成的东西，也就不再是内在于它之中的东西，而是超越性东西。这是在这里唯一能如此这般称谓的超越性，即他人的主观。只是通过这种解释性的经验，与彼此超越的诸主观性相关联的共同体才被建立起来。内在于每一个别主观之中的对象性东西，如果不是实项地内在的，就能够被共主观地视为同一的。因此，世界是共主观的—

理念的—内在的。胡塞尔的结论是，一切客观存在都是超越论的绝对的共主观的“产物”，而超越论的共主观性不可以再被理解为人。

四、现象学还原通向超越论的唯心主义

由现象学还原揭示出超越论的自我，超越论的他我，和超越论的共主观性以后，胡塞尔便谈到了现象学还原的哲学意义。他说，由于对现象学还原的意义和成就的误解，人们以为纯粹现象学唯有作为超越论的自我学才是可能的，因此只能作为超越论唯我论才是可能的。只有最深刻地理解现象学还原的意义，才能防止这样的误解。胡塞尔说，现象学还原的道路通向超越论的唯心主义。其实在正确理解的现象学还原中，已经预先指出了通向超越论唯心主义的进军路线。因为整个现象学只不过就是这种唯心主义的第一个严格科学的形态。超越论的现象学作为最严格的科学，是对这种唯心主义之真正意义的第一次精确的澄清，是以最有说服力的形式对这种唯心主义所做的第一次真正的证明。

胡塞尔说，在自然态度的反思中已经表明，世界，我总能有意义地谈论的世界，是我的认识活动之被认识物，我的意识之被意识物。当我转入到现象学的态度以后，就比自然的反思者更认真地实行这种对于一切认识事件之主观性的认识，在超越论的主观性之普遍关联中，从超越论的起源上，对从理性认识中产生的“真正存在”这个概念进行最后的澄清和意义规定。如果我设想，在我的周围世界中根本没有其他人的身体出现，因此我对于他人的身体

毫无所知。在这种情况下，一切客观的现实性，整个世界，就只不过是我的现实的和可能的经验之系统的相关项统一，而“真正存在”就会是作为我的可能的普遍一致的经验过程同一性之相关项的可构成的理念，在我的可能的经验之理想的系统之外，它就什么也不是。如果我允许他人的身体，在这里就有他人的存在。我就能以移情作用的方式获得一切可能的他我——不仅是作为处于我之中的意向对象性东西，而且是作为合法地相似地一起在知觉上被认识到的和被证明为正当的他我，他们对于我是“他人”，但对于自己则是“自我”。借助普遍的现象学还原，我就能在与我自己的自身意识中流逝着的生活之联系中，提供出第二种超越论的生活。这种超越论还原对于他们只是意味着，在我由移情作用方法以超越论方式将这种可能性之合法意义（超越论解释的意义）确定下来以前，我不能使用它们的可能性。如果我在与我自己的超越论生活之联系中考察他人的生活，那就会认识到，由于这种联系，我的事物世界的意向构成同样也获得与他人实行的意向构成的联系，而且是作为同一事物世界的意向构成的联系。我能够借助移情作用，在被我与另一些人知觉到的事物是同一的这种意识中，使我的知觉与他们的知觉达到综合的统一。一切对于我而言是真实的东西，对于每一个人而言也都是真实的，并且具有在每一个人的认识生活中作为认识生活的相关项而被构成的基本认识统一的超越论的存在。我由此获得了“客观的”（共主观的）世界之意义和“客观的”世界科学之意义，为一切以合法的真实性存在着的东西获得了合法的意义。但是这种统一的绝对的存在是共主观的存在，作为为自己本身而被原初构成的存在；而总体的绝对的存在，是共同存

在于现实的和可能的共同体中的超越论的主观性之全体的存在。这里有关主观性的理论之整体必然是唯心论，但是超越论现象学的唯心论。这种唯心论并不否认物理的自然，物质的自然，以使心灵的存在代替它作为真实的存在登上帝王宝座。而是由被澄清了的认识——即关于超越论的自我为一切存在和一切真理赋予意义的认识——取得下面这种绝对自明的洞察，即一切存在本质上都在意向上返向关联到自我的存在，而这些自我从他们那个方面只是返向地联系到自己本身，他们对于自己本身是意向的存在，是为自己本身被构成的，而他们相互间只是间接地作为他我被构成。

胡塞尔又进一步将这种现象学的唯心论归结为莱布尼茨式的单子论。他说，根据对共主观性的分析，唯有处于其相互关联之中的诸自我才是绝对存在的。它们作为绝对的诸自我并不是世界的部分，并不是经验实在性意义上的实体。它们是绝对的主观性，没有它们进行认识的构成活动，一切实在的实体就不能存在。诸自我不仅为自己存在，而且彼此互为存在。而且是通过进行实体化的意义赋予而是这种东西的。社会性东西之绝对的存在就存在于每一个自我之绝对的存在和每一个我—你关系之绝对的存在中，存在于一些自我与另一些自我的共同体关联中。它们在共同体中是世界之绝对的承担者，世界的存在是为它们而被构成的存在。

胡塞尔说，只有这种现象学意义上的唯心主义才提供给自我并提供给绝对的交往的主观性以真正的自律，并提供给人以力量，及其按照自律的意志而绝对地形成自身，形成世界之合理的可能性。因此，只有这种绝对的主观性，才是进一步研究的课题，是神学和目的论研究的课题，是有关历史之发展和意义研究的课题，最

终是形而上学研究的课题。

五、超越论的现象学作为彻底的认识论

超越论的现象学还原到超越论的主观性，将作为反思的现象学经验领域之确真必然的存在突出出来，使之成为显然可见的，以作为超越论研究的基础。在这个基础上所进行的研究，是认识论研究。

胡塞尔说，现象学是最彻底的认识论。现象学不是研究诸可能的世界或世界一般之可能性，不是直向地致力于存在论，而是对进行认识的主观进行研究，它将经验活动和思想活动以及这些活动的本质要素和本质法则当成研究的课题。这种研究的任务就是以现象学方式按照其种类，形式，本质可能性，研究有效的认识活动之本质，本质条件，和可能性条件，研究认识的目的本身，以及真理之本质和意义，以获得有关认识的认识，形成有关认识的一切概念和规范。为要突出经验活动和逻辑思维活动之最普遍的东西，这里需要一种形式的现象学，一种现象学的逻辑学，以使在每一步骤上都证明为正当的科学方法，逻辑上正确的方法成为可能。这种研究最后一定会形成一种规范的认识论，拟定出一种有关科学的工作方法之普遍的反思规则，并且会为每一特殊科学领域拟定出一种有关认识活动的，使认识者在每一步骤上都有可能在进行正当性证明时与一些作为提供理解和提供正当性的东西的普遍的洞察联系起来，并由此而保证他的认识行为正确的特殊的方法论。现象学本身构成提供正当性的一切可能形态，并因此构成一切可

能的规范，为认识活动和被认识之物，为真理与真实存在，为作为理论的理论，而且也为个人的和社会的一切可能的评价活动和意愿活动，构成规范的理念。精神科学的认识论如同自然科学的认识论一样，也属于现象学范围。在超越论现象学范围内，一切彻底的工作方法，都是认识论的，并以认识论为前提。

因此这里所研究的正是有关认识的理论，而且是以超越论的纯粹性，在超越论的主观性之固有形态中研究认识的。这种研究不做任何自然存在论的假设，不由自然存在论形成任何前提。但是前后一贯地阐明了的现象学，一定会达到作为可能认识之相关项的对象性东西，达到处于其可能样式之中的真实存在。对认识活动就其本质和可能性进行研究，就会得出不可分割的存在论的任务，因此一切存在论都包含于现象学领域中——但是作为认识的相关项包含的。如果在这里作为可能的认识之特殊类型通向可能的自然认识，在这种可能的自然认识中就作为相关的可能性连带设定了自然之可能性。于是就能够进行完善的自然认识，并根据本质现象学追求哲学的目的。在本质现象学中，在可能的对自然进行构成的经验和对自然进行规定的思想之全部关联中，获得作为进行自然认识的理性之构成物的自然存在论；另一方面，作为对经验的事实的自然进行认识的事实的理性之构成物，获得经验的事实科学。就这样得到了有关自然的现象学。

因此，在超越论的现象学中，在认识论研究的基础上，存在论，方法论，与认识论达到理论上的统一。当这种研究使认识之一切可能的事件在与认识的关联中达到自身给予的直观，并达到规定之最终可想象的清晰性时，超越论的主观性也就得到了

最终的理解。

胡塞尔在这部著作中一方面通过理念史的批判将自己的超越论现象学的哲学与历史上已发生的种种超越论哲学尝试加以对比，以突出自己的超越论现象学的哲学之特征与本质；另一方面，又通过对自己哲学的方法的详细阐明突出了自己哲学的最根本问题，由此而将自己的哲学作为一门全新的哲学之整体向世人展示出来。由于这两个部分的这种独特设计和巧妙配合，大大减轻了人们在理解他的哲学方面的困难，为人们正确理解他的思想提供了非常有益的指导。

本书胡塞尔哲学用语的中译，大体上沿用了译者在《欧洲科学的危机与超越论现象学》（商务印书馆，2001 年出版）一书中的译法，其理由在该书的“译后记”中已有说明，只是 intersubjektiv 一词，出于简洁的理由，这里改译为“共主观的”。

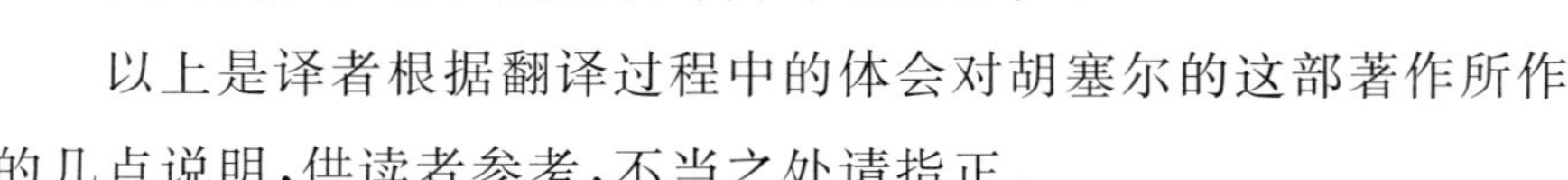

以上是译者根据翻译过程中的体会对胡塞尔的这部著作所作的几点说明，供读者参考，不当之处请指正。

译者

2003 年 12 月于北京

图书在版编目(CIP)数据

第一哲学/(德)胡塞尔著;王炳文译.—北京:商务印书馆,2017
(汉译世界学术名著丛书:120年纪念版:珍藏本)
ISBN 978-7-100-14725-5

Ⅰ.①第… Ⅱ.①胡… ②王… Ⅲ.①胡塞尔(Husserl,Edmund 1859-1938)—现象学—哲学理论 Ⅳ.①B516.52

中国版本图书馆CIP数据核字(2017)第157329号

汉译世界学术名著丛书
(120年纪念版·珍藏本)
第一哲学
(上下卷)
〔德〕胡塞尔 著
王炳文 译

商 务 印 书 馆 出 版
(北京王府井大街36号 邮政编码100710)
商 务 印 书 馆 发 行
北 京 冠 中 印 刷 厂 印 刷
ISBN 978-7-100-14725-5

2017年12月第1版　开本710×1000 1/16
2017年12月北京第1次印刷　印张81¾
定价:408.00元